Estudos em Homenagem
ao Professor Doutor Alberto Xavier
Assuntos Europeus, Direito Privado, Direito Público e Vária

Estudos em Homenagem
ao Professor Doutor Alberto Xavier
Assuntos Europeus, Direito Privado, Direito Público e Vária

Volume III

Organizadores
Eduardo Paz Ferreira
Heleno Taveira Torres
Clotilde Celorico Palma

ALMEDINA

**ESTUDOS EM HOMENAGEM
AO PROFESSOR DOUTOR ALBERTO XAVIER**
ASSUNTOS EUROPEUS, DIREITO PRIVADO, DIREITO PÚBLICO E VÁRIA
Volume III

ORGANIZADORES
Eduardo Paz Ferreira
Heleno Taveira Torres
Clotilde Celorico Palma

EDITOR
EDIÇÕES ALMEDINA, S.A.
Rua Fernandes Tomás, nºˢ 76-80
3000-167 Coimbra
Tel.: 239 851 904 · Fax: 239 851 901
www.almedina.net · editora@almedina.net

DESIGN
FBA.

PRÉ-IMPRESSÃO
G.C. – GRÁFICA DE COIMBRA, LDA.

IMPRESSÃO E ACABAMENTO
NORPRINT
Fevereiro, 2013

DEPÓSITO LEGAL
355156/13

Toda a reprodução desta obra, por fotocópia ou outro qualquer processo, sem prévia autorização escrita do Editor, é ilícita e passível de procedimento judicial contra o infractor.

 GRUPOALMEDINA

BIBLIOTECA NACIONAL DE PORTUGAL – CATALOGAÇÃO NA PUBLICAÇÃO
ESTUDOS EM HOMENAGEM A ALBERTO XAVIER
Estudos em homenagem a Alberto Xavier.
3 v. – (Estudos de homenagem). – 3º v: p.
ISBN 978-972-40-4903-8
CDU 34

O regime de pessoal e a mobilidade nas empresas municipais

ANA NEVES
Profª Auxiliar Convidada na Faculdade de Direito de Lisboa

SUMÁRIO: 0. Introdução. I – O regime de pessoal das empresas municipais. 1. Os elementos determinantes do regime laboral. 2. O regime geral do emprego nas empresas municipais 2.1. O regime laboral privado dos trabalhadores das empresas municipais. 2.2. As vinculações jurídico-públicas. 2.2.1. Os princípios do procedimento de contratação. 2.2.2. Os princípios relativos à relação jurídica de emprego. 2.2.3. Os trabalhadores das empresas municipais como funcionários para efeitos da lei penal. 2.2.4. O acesso à informação sobre as relações laborais. 3. O regime laboral jus-administrativo nas empresas municipais. 3.1. Os trabalhadores autárquicos integrados em empresas municipais. 3.2. Os trabalhadores em situação de cedência de interesse público. 4. O controlo administrativo da gestão do pessoal. 5. A jurisdição relativa aos litígios laborais das empresas municipais. 5.1. Os litígios emergentes do contrato individual de trabalho. 5.2. Os litígios relativos ao procedimento de recrutamento e à validade dos contratos. 5.3. Os litígios relativos à responsabilidade civil extracontratual. 3.4.Os litígios relativos à tutela de direitos fundamentais. II – A mobilidade do pessoal das empresas municipais. 1. A mobilidade e o Direito da União Europeia. 2. A mobilidade intersubjetiva. 2.1. A mobilidade dos trabalhadores da Administração Pública para as empresas municipais e vice-versa. 2.1.1. A mobilidade através de concurso. 2.1.2. A mobilidade por força da transmissão de estabelecimento. 2.1.3. A mobilidade por cedência de interesse público. 2.2. A mobilidade entre empresas do sector público. 2.3. A mobilidade de e para as associações de municípios. 3. A mobilidade na empresa municipal. 4. A mobilidade especial. Conclusões.

0. INTRODUÇÃO

O regime jurídico dos trabalhadores das empresas municipais é, fundamentalmente, o Direito laboral comum. As empresas públicas têm também trabalhadores com vínculos jurídico-administrativos, aos quais é aplicável o regime correspondente, mitigado por disposições daquele. Parte destes trabalhadores está em situação de mobilidade, isto é, a empresa municipal não é de raiz o seu empregador (**I**). Independentemente das previsões normativas, há que ponderar as razões que determinam o regime de trabalho das empresas municipais (**1.**). Depois, importa analisar os aspetos de regime em que se manifestam (**2.**). Quanto aos vínculos de natureza jurídico-administrativa, a preocupação é com a sua contextualização e identificação dos casos em que são utilizados (**3.**). Relevante é ainda saber qual a relação do «dono da empresa» com a mesma no que respeita à gestão por esta dos seus trabalhadores e quais as formas de controlo desta (**4.**). Em função da natureza dos vínculos laborais e, sobretudo, do regime que os respetivos litígios convocam, estes são dirimíveis por tribunais judiciais ou pelos tribunais administrativos, em casos gerais que se procura delimitar (**5.**).

A mobilidade de trabalhadores de outras entidades para as empresas municipais é fonte importante dos seus recursos (**II**). É uma mobilidade intersubjetiva – que permite manter uma linha de continuidade com o vínculo laboral de origem, o qual, em regra, o trabalhador conserva – em decorrência da "filiação orgânica" anterior das empresas municipais, que assim asseguram a disponibilidade imediata de trabalhadores, e do enquadramento europeu da mobilidade do trabalho, do regime da transmissão do estabelecimento e da igualdade de tratamento no emprego e na atividade profissional (**1.**). A mobilidade, temporária ou definitiva, tem diferentes títulos jurídicos, que importa precisar (**2.**). Quando a mobilidade é intrasubjetiva, ocorre nos termos gerais definidos pelo Direito laboral comum, como se precisará (**3.**). A mobilidade especial é uma forma específica de racionalização e redistribuição de recursos humanos na Administração Pública, associado à extinção de postos de trabalho, cujo sentido de afastamento às empresas do sector público importa perceber (**4.**).

As relações de emprego que consideramos não incluem as dos dirigentes das empresas municipais, não porque não sejam também trabalhadores – uma vez que realizam uma atividade com valor económico em favor da mesma pela qual são remunerados – mas porque são igualmente representantes ou mandatários dos acionistas ou do «titular da empresa», cujos interesses corporizam[1], com especificidades correspondentes de regime[2].

---

[1] Cf. Christian Garbar, Le Droit Applicable au Personnel des Entreprises Publiques, Bibliothèque de Droit Public, Tome 175, L.G.D.J, 1996, p. 38, Miguel Assis Raimundo, As Empresas Públicas nos Tribunais Administrativos, Contributo para a delimitação do âmbito da jurisdição administrativa face às entidades empresariais instrumentais da Administração Pública, Setembro, 2007, pp. 261 a 265, e Ac. do TJCE de 03-07-1986, Deborah Lawrie-Blum contra Land Baden-Württemberg, *maxime*, considerandos 16 e 17.

[2] O regime aplicável é o estatuto do gestor público – Decreto-Lei nº 71/2007, de 27.3, alterado pela Lei nº 64-A/2008, de 31.12, e pelo Decreto-Lei nº 8/2012, de 18.1.

I - REGIME DE PESSOAL DAS EMPRESAS MUNICIPAIS

1. **Os elementos determinantes do regime laboral**
Os trabalhadores das empresas municipais são parte dos recursos cuja disposição é instrumental à sua "racionalidade económica"[3] e à obtenção do "rendimento global ótimo" na prossecução das suas atribuições[4]. É próprio de uma empresa, enquanto "estrutura produtiva para a sistemática troca vantajosa"[5], ou produção de ganhos ou resultados economicamente contabilizados, desenvolver a sua ação em regime de concorrência[6]. É a forma de posicionamento regra ditada pelo Direito da União Europeia para as empresas[7]-[8]. A concorrência impõe por si a eficiência e eficácia na utilização e gestão dos recursos (artigo 267º, nº 2, da

---

[3] A empresa, "como estrutura produtiva para a sistemática troca vantajosa", sujeita-se a uma "estrita racionalidade económica" – Orlando de Carvalho, "Empresa e Direito do Trabalho", Temas de Direito do Trabalho, Direito do Trabalho na Crise, Poder empresarial, Greves atípicas, IV Jornadas Luso-Hispano-Brasileiras de Direito do Trabalho, Coimbra Editora, 1990, pp. 11, 16 e 17, e A. S. Mescheriakoff, "L'autonomie des entreprises publiques", Revue du Droit Public et de la Science Politique en France et à l'Étranger, 6-1985, pp. 1589 e segs.
[4] Yvon Mathieu, "Un statut pour l'entreprise publique (en droit belge)", Rivista delle Società, anno 21º, gennaio-apriele 1976, fascicolo 1º/2º, p. 65.
[5] Orlando de Carvalho, nota 3, supra.
[6] Yvon Mahieu, "Un statut pour l'entreprise publique...", cit., pp. 65 e 66, Juan José Fernández Domínguez e Susana Rodríguez Escanciano, Hacia un nuevo Régimen Jurídico del personal al servicio de las Administraciones Públicas, Instituto Andaluz de Administración Pública, Sevilla 2006, pp. 205 e 207, e Bernard Großfeld e Susanne Erlinghagen, "European Company and Economic Law", in The common law of Europe and the future of legal education, Le droit commun de l'Europe et l'avenir de l'enseignement juridique, edited by – sous la direction de Bruno de Witte & Caroline Forder, Metro, Kluwer, 1992, pp. 304 a 306 (que destaca que a legislação europeia relativa à concorrência está no centro das "aspirações jurídicas da Europa").
[7] Manuel Porto, "A lógica de intervenção nas economias: do Tratado de Roma à Constituição Europeia", in Boletim da Faculdade de Direito da Universidade de Coimbra, Colóquio Ibérico: Constituição Europeia, Homenagem ao Doutor Francisco Lucas Pires, 2005, Coimbra Editora, pp. 636 e 637, e Vincenzo Cerulli Irelli, "Impresa pubblica, fini sociali, servizi di interesse generale", Rivista Italiana di Diritto Comunitario, Anno XVI, Numero 5/2006, p. 761. Cf., ainda, a Directiva 2006/111/CE da Comissão de 16-11-2007, relativa à transparência das relações financeiras entre os Estados-membros e as empresas públicas, bem como à transparência financeira relativamente a certas empresas, e a Resolução do Conselho de Ministros nº 64/2010, publicada no DR, 1ª série, nº 168, de 30.8.2010.
[8] Charlotte Denizeau, L'Idée de Puissance Publique à L'épreuve de L'Union Européenne, L.G.D.J., 2004, pp. 93 a 100, Ac. do TJCE de 23-04-1991, Klaus Höfner e Fritz Elser contra Macrotron GmbH, processo C-41/90, e Ac. do TJCE de 14-09-2001, Renato Collino, Luisella Chiappero e Telecom Itália SpA (considerando 33).

CRP)⁹. Um elemento de paridade empresarial é dado pelo segundo as mesmas formas jurídicas¹⁰, neste caso o regime laboral privado¹¹. A centralidade que confere à autonomia individual e coletiva é consentânea com a natureza empresarial¹².

A criação de uma empresa municipal, como qualquer empresa pública, deve ser aferida, à luz do seu objeto, por um critério de eficiência económica, de acordo com "um princípio de economicidade e de sã gestão financeira"¹³. A concorrência depõe no sentido da fidelidade a estes referentes¹⁴ ¹⁵. Seja porque a concorrência assim depõe seja porque o capital ou "fundo social" é público, cuja gestão cuidada o carácter «diluído» do «proprietário» tende a não tornar juridicamente efetiva, há um cuidado adicional que se impõe, quer na aplicação do Direito laboral comum, quer na operacionalização dos valores jurídicos da eficiência e eficácia. A responsabilidade pela função e, concomitantemente, o "interesse próprio e específico de prosseguir a realização do seu objeto"¹⁶,

---

⁹ Peter Cane, An Introduction to Administrative Law, second, Clarendon Press, Oxford, 1992, p. 378 ("...nenhuma organização pode responder às pressões do mercado se não tiver um funcionamento interno eficiente para o assegurar").

¹⁰ Michel Vasseur e Monique Guilberteau, "La réglementation des entreprises publiques en France", Rivista delle Società, anno 21º, gennaio-apriele 1976, fascicolo 1º/2º, p. 22, e Ricardo Rivero Ortega, Administraciones Públicas y Derecho Privado, Marcial Pons, 1998, pp. 165 a 169.

¹¹ Francesco Galcano enuncia a ideia de que a iniciativa económica pública deve, tendencialmente, usar as mesmas formas jurídicas da iniciativa privada – "La riforma dell'impresa", Rivista delle Società, anno 21º, gennaio-apriele 1976, fascicolo 1º/2º, p. 491. Ver, também, Paulo Otero, Vinculação e Liberdade de Conformação Jurídica do Sector Empresarial do Estado, Coimbra Editora, 1998, p. 267 e p. 235, e Eduardo García de Enterría e Tomás-Ramón Fernández, Curso de Derecho Administrativo, I, decimotercera edición, Thomson, Civitas, 2006, p. 421.

¹² A. S. Mescheriakoff, "L'autonomie des entreprises publiques", cit., p. 1575 ("A autonomia constitui o coração do regime jurídico das empresas públicas").

¹³ Vincenzo Cerulli Irelli, "Impresa pubblica, fini sociali, servizi di interesse generale", Rivista Italiana di Diritto Comunitario, Anno XVI, Numero 5/2006, p.786.

¹⁴ Muitas das empresas municipais não operam em domínios concorrenciais ou em situação de concorrência. Os seus clientes não têm outras escolhas ou uma outra empresa nem sempre fornece os respetivos bens ou serviços – Yvon Mahieu, "Un statut pour l'entreprise publique ...", cit., pp. 66 e 96.

¹⁵ Quando não existe concorrência ou suficiente concorrência, outros instrumentos jurídicos devem estar disponíveis para garantia daqueles valores – Heinz Schäffer, "Modernização da Administração como desafio à legislação. Ideias sobre a Nova Administração Pública na Áustria", in Legislação, nº 27, Janeiro-Março 2000, pp. 5 a 11, e A. S. Mescheriakoff, "L'autonomie des entreprises publiques", cit., p. 1601 ("Distingue-se entre o controlo inorgânico que resulta do livre jogo do mercado, e o controlo estatutário que resulta das disposições jurídicas") e pp. 1606 e 1607.

¹⁶ Trata-se de empresas detidas ou sujeitas ao controlo de pessoas coletivas públicas locais e que servem os interesses destas, numa expressão de descentralização funcional da Administração local autárquica – ver Sentencia do Tribunal Constitucional espanhol nº 14/1986, de 31-01-1986: "... la instrumentalidad de los entes que se personifican o que funcionan de acuerdo con el Derecho Privado, remiten su titularidad final a una instancia administrativa inequívocamente pública, como

importa a regulação pública do acesso da comunidade aos seus empregos, isto é, que seja induzida *competitive market pressure*, onde ela falta, e, também em certa medida, de aspetos do regime da respetiva relação jurídica de emprego[17]. É diversa a situação dos trabalhadores das empresas do sector privado nas quais estejam delegados serviços públicos locais. Com efeito, no essencial, a responsabilidade pela função é contratualmente definida entre a pessoa coletiva pública e a empresa do sector privado[18]; o compromisso dos trabalhadores é para com esta, cujo desempenho pode moldar e cuja remuneração assegura.

Em relação aos trabalhadores das empresas municipais cujo regime é o aplicável aos trabalhadores da Administração Pública em geral, tal reflete a circunstância de estas empresas resultarem da transformação de serviços autárquicos, a sub-rogação das mesmas na posição de empregador, com a salvaguarda essencial do conteúdo da anterior relação jurídica de emprego, ou traduz uma situação de mobilidade para as mesmas de trabalhadores de outra pessoa coletiva.

2. O regime geral do emprego nas empresas municipais
2.1. O regime laboral privado dos trabalhadores das empresas municipais

O regime jurídico dos trabalhadores das empresas do sector empresarial local é o do contrato de trabalho ou o "direito comum do trabalho"[19] [20]. Aplica-se aos trabalhadores das empresas municipais societárias, pessoas coletivas de Direito

---

público es también el ámbito interno de las relaciones que conexionan dicho entes con la Administración de la que dependen, tratándose en definitiva de la utilización por la Administración de técnicas ofrecidas por el Derecho Privado, como un medio práctico de ampliar su acción social y económica" (http://www.boe.es/aeboe/consultas/bases_datos/doc.php?coleccion=tc&id=SENTENCIA-1986-0014) – 28-12-2011); *Sentencia* do mesmo tribunal nº 52/1994, de 24-02-1994, Eduardo García de Enterría e Tomás-Ramón Fernández, Curso de Derecho Administrativo, I, decimotercera edición, Thomson, Civitas, 2006, pp. 412 e 422 (também as sociedades anónimas públicas em que a Administração "aparece como sócio exclusivo", são expressão de descentralização funcional) e A. S. Mescheriakoff, "L'autonomie des entreprises publiques", cit., p. 1621

[17] . Atinentes, por exemplo, à definição de incompatibilidades, à garantia de continuidade do serviço e ao exercício nos limites do princípio da igualdade da respetiva atividade laboral.

[18] A vinculação ao exercício da função administrativa é estritamente contratual e nos limites destes. Sobre o assunto em geral, Rui Guerra da Fonseca, Autonomia Estatutária das Empresas Públicas e Descentralização Administrativa, Contributo para o Estudo da Descentralização Administrativa Sob Formas Empresariais, Almedina, 2005, p. 230.

[19] Cf. Christian Garbar, Le Droit Applicable au Personnel des Entreprises Publiques, Bibliothèque de Droit Public, Tome 175, L.G.D.J, 1996, p. 23.

[20] Cf. artigo 45º, nº 1, da LSEL (Lei nº 53-F/2006, de 29.12, na versão atualizada). O artigo 45º localiza-se sistematicamente no capítulo IX da, penúltimo capítulo do diploma, sob a epígrafe "outras disposições", capítulo que, na verdade, é um capítulo relativo ao pessoal.

privado, e às entidades empresariais locais, pessoas coletivas de Direito público[21]. Não obstante as diferenças, ambos os tipos de empresa têm em comum regerem--se, substancialmente, pelo Direito privado, o carácter económico da sua atividade, a base autárquica das atribuições para que remete o seu objeto e o mercado relativamente ou insuficientemente concorrencial em que operam[22]. As empresas do sector empresarial local podem ser parte em acordos coletivos nos termos definidos no Código do Trabalho[23], os quais podem dispor sobre, designadamente, as formas de resolução dos litígios emergentes de contratos de trabalho, as condições de prestação de trabalho relativas à segurança e saúde e sobre direitos e deveres dos trabalhadores e empregadores, nomeadamente a retribuição base[24].

Uma das questões que se pode colocar é a de saber se o poder de conformação coletiva das relações de trabalho, designadamente, em matéria de retribuições pode ser restringido por limites salariais estabelecidos no Orçamento do Estado. Na Auto nº 858/1985, de 4.12, processo nº 729/1985, o Tribunal Constitucional considerou que "a dependência do Orçamento do Estado, e em consequência de vontades alheias aos próprios sujeitos que dirigem [as empresas], pode justificar una modelação do direito à negociação coletiva"[25], "típico da empresa privada", com uma submissão dos "trabalhadores ao serviço da Administração a uma superior pressão dos interesses públicos e dos interesses gerais servidos pela política económica". O Tribunal Constitucional espanhol, na Sentença 96/1990, de 24.3, analisou a questão em relação a disposição orçamental que estabeleceu um limite percentual ao aumento das retribuições, entre outros, dos trabalhadores de empresas dependentes das Comunidades Autónomas e das "Corporações locais". Discutiu-se a violação da sua autonomia financeira e a do princípio da igualdade por comparação com a não sujeição do direito à negociação coletiva das empresas do sector privado a tal tipo de limites. O Tribunal não censurou a disposição. Invocou, para tal, a competência estadual para regular as bases do

---

[21] Cf. artigo 2º, nº 1, e 3º, nºs 1 e 2, da LSEL. Sobre a "organização empresarial e administração pública em sentido orgânico-subjetivo", ver Paulo Otero, Vinculação e Liberdade de Conformação ..., cit., pp. 221 a 230.

[22] Cf. Nicolás Maurandi Guillén, "Las personificaciones jurídicas del sector público español. tipología y régimen de personal", XXIV Jornadas de Estudio El Ámbito Privado del Sector Público, 11, 12 y 13 de diciembre de 2002, Ministerio de Justicia, D.L. 2003, Imprenta Nacional de Boletín Oficial del Estado, pp. 622 a 628, António Cândido de Oliveira, "Empresas municipais e intermunicipais: entre o público e o privado", in Os Caminhos da Privatização da Administração Pública, IV, Colóquio Luso-Espanhol de Direito Administrativo, Stvdia Ivridica, 60 Colloquia – 7, Universidade de Coimbra, Boletim da Faculdade de Direito de Coimbra, pp. 131 a 133 e 139 a 144, e Christian Garbar, Le Droit Applicable ..., cit., pp. 29 e 30.

[23] Cf. artigo 45º, nº 2, da LSEL.

[24] Cf. artigos 492º, nº 2, alíneas f), c) e e) e artigo 3º do Código do Trabalho (Lei nº 7/2009, de 12.2).

[25] http://www.boe.es/aeboe/consultas/bases_datos/doc.php?coleccion=tc&id=AUTO-1985-0858.

regime das retribuições dos trabalhadores da Administração Pública e a competência estadual para a direção da atividade económica geral, designadamente, para adotar medidas de "contenção de aumentos relativamente a um dos componentes essenciais dos gastos públicos", que são as remunerações. Notou, no entanto, que se é legítimo, do ponto de vista dos "objetivos da política económica geral, que o Estado predetermine os aumentos máximos das quantias das retribuições", isto é, o "volume total das retribuições correspondentes", já não o é quanto à retribuição de cada um dos trabalhadores[26].

[26] Número registro: 252, 265, 276 y 279/1985 (acumulados), in http://www.boe.es/aeboe/consultas/bases_datos/doc.php?coleccion=tc&id=SENTENCIA-1990-0096.
Nesta linha, o artigo 19º, nº 9, alínea t), da Lei nº 55-A/2011, de 31.12, relativamente à redução remuneratória fixada nas normas do artigo 19º, dispõe que a sua aplicação aos "trabalhadores das empresas públicas de capital exclusiva ou maioritariamente púbico, das entidades públicas empresariais e das entidades que integram o sector empresarial regional e municipal" se faz "com as adaptações autorizadas e justificadas pela sua natureza empresarial". O artigo 20º, nº 3, alínea b), da Lei nº 64-B/2011, de 30.12 (Lei do Orçamento de Estado para 2012), estabelece que as "adaptações a que se refere a alínea t) do nº 9 do artigo 19º da Lei nº 55-A/2010, de 31 de Dezembro, alterada pelas Leis nºs 48/2011, de 26 de Agosto, e 60º-A/2011, de 30 de Novembro, relativas a reduções remuneratórias no sector público empresarial, são efetuadas: [pelos] (...) // Titulares dos órgãos executivos próprios das regiões autónomas e da administração local, relativamente às adaptações aplicáveis às entidades do sector empresarial regional e local, respetivamente nos termos do respetivo estatuto e regime jurídico."
No sentido da admissibilidade constitucional da imposição pelo "poder legislativo soberano do Estado" de redução remuneratória aos diferentes sectores da Administração Pública, ver Acórdão do Plenário do TC nº 613/2011, de 13.12, processos nº 188/11 e nº 189/11, no qual foi ponderado o seguinte: "Acontece que a sustentabilidade das contas públicas, com a correspondente redução do défice e o controlo da dívida, é algo que, no entender justificável do legislador parlamentar, só poderá ser eficazmente garantido se for feito, não apenas ao nível do Estado, mas também, articuladamente, ao nível das entidades públicas que estão, de uma forma ou de outra, financeiramente relacionadas com esse mesmo Estado. É algo que só pode ser eficazmente levado a cabo num quadro de 'unidade nacional' e de 'solidariedade entre todos os portugueses' e através de medidas universalmente assumidas enquanto atos de 'soberania do Estado' legitimados pela sua própria subsistência financeira bem como da de toda a economia nacional (cf. artigo 225º, nºs 2 e 3, da Constituição)."
No Acórdão do Plenário do TC nº 251/2011, de 17.5, foi discutida a questão de saber se a redução do vencimento dos deputados às Assembleias Legislativas das regiões autónomas e membros dos governos regionais, estabelecida nas normas do nº 1 e nº 2, alínea g) e h), do artigo 11º da Lei nº 12-A/2010, de 30.6, interfere na reserva de estatuto consagrada no artigo 231º, nº 7, da CRP, quando este dispõe sobre o estatuto remuneratório. O Tribunal declinou tal interferência a partir, em suma, da distinção entre estatuto remuneratório e *quantum* remuneratório, distinção que nem todos os juízes do Tribunal reconheceram.

Os estatutos da empresa[27], ato definidor da sua individualidade jurídica e fonte autónoma da respetiva disciplina, podem dispor sobre aspetos do regime do seu pessoal[28], nos limites das disposições imperativas da legislação laboral e das vinculações jurídico-públicas. No exercício de poder regulamentar, as empresas podem tratar da organização e disciplina do trabalho, definindo regras de aplicação e de integração da disciplina legislativa. Por vezes, estes normativos fazem uma aproximação ao regime aplicável à generalidade dos empregos na Administração Pública, o que a filiação das empresas em anteriores serviços das pessoas coletivas locais pode, em parte, explicar. Estando em causa disciplina laboral, e no quadro do exercício das competências legalmente conferidas às estruturas representativas dos trabalhadores, deve ser assegurada a participação destas na sua elaboração[29].

No caso das empresas concessionárias de serviço público local, o contrato de concessão integra, muitas vezes, disposições sobre o regime laboral dos trabalhadores que passam a exercer funções nas mesmas em situação de mobilidade ou nelas integrados, disposições a cujo cumprimento se obriga o concessionário, e que se traduzem, em parte, na preservação do regime laboral de base[30].

2.2. A existência de vinculações jurídico-públicas

O carácter público dos recursos financeiros – estes não são do próprio empregador mas da coletividade, não jogando o empregador na empresa o seu pecúlio pessoal –, a responsabilidade pela função – trata-se de empresas que prosseguem atribuições das autarquias ou associações de municípios[31], muitas vezes encarregues da gestão de serviços essenciais[32] – o imperativo da concorrência que induza ou garanta por si a eficiência e eficácia na gestão e a dificuldade na fidelização do empregador à prossecução de interesses alheios (públicos) fundamentam a exigência de vinculações públicas relativamente às relações laborais jurídico-priva-

---

[27] Cf. artigo 53º, nº 2, alínea l), da Lei das autarquias locais (LAL), e artigos 6º, 8º, nº 5, e 33º, nº 5, da LSEL.
[28] Os estatutos das empresas municipais têm autonomia não apenas substantiva mas também formal. Sobre o assunto em geral, Rui Guerra da Fonseca, Autonomia Estatutária..., cit., pp. 209 a 210.
[29] Cf. artigo 99º do Código do Trabalho.
[30] Cf. artigo 33º, nº 3, da Lei nº 55-A/2010, de 31.12.
[31] Cf. artigo 5º, nº 2, da LSEL.
[32] As empresas públicas são "personificações instrumentais para o desempenho de funções e competências cometidas pelo ordenamento jurídico à Administração" e "uma mera técnica de organização utilizada para o desempenho de atribuições a cargo da Administração" – Encarnación Montoya Martín, Las Empresas Públicas Sometidas al Derecho Privado, Marcial Pons, 1996, respetivamente, p. 567 e p. 577.

das das empresas municipais, em medida proporcional à sua razão de ser[33], cujo regime é susceptível de otimizar.

2.2.1. Os princípios do procedimento de contratação

Nos termos ora expostos, não é indiferente quem realiza a atividade ou tarefas em que se desdobra a prossecução das atribuições da empresa, do ponto de vista quer da capacidade funcional e de prestação quer da observância dos princípios da atividade administrativa e de relacionamento com os administrados[34]. O recrutamento dos trabalhadores deve ser concorrencial, isto é, obedecer a um procedimento aberto que obrigue à "escolha do parceiro mais idóneo" e que confira "legitimidade processual a essa escolha"[35]. A concorrência postula liberdade de acesso, igualdade de tratamento e objetividade da escolha[36] e garantias que o assegurem como as garantias da predeterminação e estabilidade de critérios, da publicidade, da fundamentação,...[37/38].

Neste mesmo sentido, depõe o princípio da livre circulação de trabalhadores, que obriga à abertura à concorrência dos empregos em geral do sector público[39] e o direito à não discriminação e à igualdade de tratamento no acesso

---

[33] Diana Santiago Iglesias, "Las sociedades de economía mixta gestoras de servicios públicos locales en el derecho español", Direito Regional e Local, nº 11, Julho/Setembro 2010, pp. 43 e 45, e Pedro Gonçalves, Regime Jurídico das Empresas Municipais, Almedina, Coimbra, 2007, pp. 210 a 214 e 221.

[34] Cf. artigos 266º, 268º, nºs 1 a 3, e 269º, nºs 1 e 2, da CRP.

[35] Sobre estas razões "que justificam a utilização de um concurso para a celebração de um contrato" no Direito Privado, ver António Menezes Cordeiro, "Da abertura de concurso para a celebração de um contrato no Direito Privado", in BMJ nº 369, Outubro de 1987, pp. 33 a 35.

[36] Juan José Fernández Domínguez e Susana Rodríguez Escanciano, Hacia un nuevo Régimen Jurídico ..., cit., p. 209. No Direito espanhol, o pessoal das entidades públicas empresariais deve ser "selecionado mediante convocatória pública baseada nos princípios da igualdade, mérito e capacidade" e em relação às sociedades comerciais, a aplicação do Direito privado é temperada por disposições públicas nas matérias orçamental, contabilística, de controlo financeiro e contratação. Ver Nicolás Maurandi Guillén, "Las personificaciones jurídicas...", cit., pp. 624 e 631.

[37] Cf. a síntese do «estado do Direito» na matéria constante da "Comunicação interpretativa da Comissão sobre o direito comunitário aplicável à adjudicação de contratos não abrangidos, ou apenas parcialmente, pelas directivas comunitárias relativas aos contratos públicos" (2006/C 179/02, de 1.8.2006, in http://eur-lex.europa.eu/LexUriServ/LexUriServ.do?uri=OJ:C:2006:179 :0002:0007:PT:PDF

[38] Nesta perspetiva, tenha-se presente, *mutatis mutandis* e atento o paralelismo essencial entre a contratação pública em geral e a contratação de trabalhadores, que o Tribunal de Justiça da União Europeia e a Comissão Europeia têm reiteradamente destacado a necessidade de realizar um procedimento de contratação de acordo com certos princípios e garantias.

[39] Para uma síntese do que está em causa, ver Comunicação da Comissão Europeia COM(2002) 694 final, de 11.12.2002, Livre circulação de trabalhadores – realização integral de benefícios e potencial (www.euro-lex).

ao emprego decorrente da Directiva 2000/78/CE, de 27 de Novembro de 2000, que estabelece um quadro geral de igualdade de tratamento no emprego e na atividade profissional[40]. A um mesmo resultado conduzem os princípios gerais da atividade administrativa e os preceitos do Código do Procedimento Administrativo que concretizam disposições constitucionais, os quais se aplicam à atividade de gestão privada e técnica (artigo 266º da CRP e artigo 2º, nº 5, do CPA).

O recrutamento concorrencial, comparativo e objetivo impõe-se, pois, juridicamente, para além de expressas e específicas previsões normativas. À prevenção de prática contrária aproveita o enunciado formal desta exigência, em convenções coletivas e nos estatutos das empresas[41].

2.2.2. Os princípios relativos à relação jurídica de emprego

Uma vez celebrado o contrato de trabalho, a relação jurídica constituída não fica imune aos parâmetros enunciados. Existe um mínimo denominador comum de regime cuja aplicação aos empregos do sector empresarial local é inafastável. Com efeito:

a) Há que garantir a subordinação exclusiva dos trabalhadores das empresas municipais aos interesses públicos que esta prossegue (os interesses a cargo do respetivo empregador) – artigo 269º, nº 1, da CRP; e o cumprimento do dever de serviço para com as pessoas abrangidas pela esfera

---

[40] Assim, por exemplo, o Advogado-Geral Paolo Mengozzi, no processo C-415/10, Meister c. Speech Design Carrier Systems GmbH, nas conclusões apresentadas em 12-01-2012, relativamente à "questão de saber de que modo o candidato a um emprego pode, em seu benefício, invocar o respeito do princípio da igualdade de tratamento caso a sua candidatura a um emprego tenha sido rejeitada pelo empregador sem este ter indicado qualquer motivo da rejeição ou fornecido qualquer informação relativamente ao processo de seleção e ao seu resultado", propôs que o Tribunal de Justiça respondesse que "[n]os termos dos artigos 8º, nº 1, da Diretiva 2000/43, 10º, nº 1, da Diretiva 2000/78, e 19º, nº1, da Diretiva 2006/54, o órgão jurisdicional de reenvio deve apreciar a atitude do empregador, de não fornecer as informações solicitadas pelo candidato ao emprego que tenha sido preterido, sobre a questão do recrutamento e sobre os critérios utilizados pelo empregador para admitir um dos candidatos ao emprego em causa, sem se limitar a tomar em consideração apenas a falta de resposta do empregador mas, pelo contrário, enquadrando-a no contexto factual mais lato em que se inscreve. A este propósito, o órgão jurisdicional de reenvio pode tomar em consideração elementos como a adequação manifesta do nível de qualificação do candidato ao emprego, a não convocação para uma entrevista e eventual persistência do empregador em não convocar esse mesmo candidato, caso tenha procedido a uma segunda seleção de candidatos para o mesmo lugar".

[41] Encarnación Montoya Martín refere a previsão em convenções coletivas, estatutos e atos legislativos de criação de empresas públicas da obrigatoriedade de realização de procedimento de seleção dos trabalhadores segundo os princípios da igualdade, do mérito e da capacidade – Las empresas públicas ...cit., pp. 568 e 589.

de atuação da empresa (artigos 266º e 268º da CRP)[42], parte da "legitimidade do exercício"[43] administrativo;
b) Também em relação aos empregos do sector empresarial local deve existir separação do poder político, não podendo os respetivos trabalhadores ser prejudicados ou beneficiados em virtude do exercício de direitos políticos, designadamente, por opção partidária (artigo 269º, nº 2, da CRP);
c) Assim, na perspectiva da separação do plano administrativo e do plano político e da garantia da equidade na disputa eleitoral (artigo 269º, nº 2, e artigo 50º da CRP)[44], os trabalhadores de empresas constituídas por autarquias locais, ou em que estas detenham posição maioritária, que nelas exerçam funções de direção, não são elegíveis em relação aos órgãos das autarquias locais dos "círculos eleitorais onde exercem funções ou jurisdição", salvo se suspenderem funções na data da candidatura[45]. A suspensão não afeta a manutenção de eventual situação de mobilidade em que se encontre o trabalhador nem tem "repercussão negativa na situação e carreira do funcionário no lugar de origem, contando para todos os efeitos legais, excetuando os remuneratórios", o que é fundamentalmente justificado "pela garantia dos cidadãos contra os riscos da discriminação ou prejuízo adveniente do exercício de cargos políticos"[46];
d) Aos respetivos trabalhadores devem ser asseguradas as garantias de audiência e defesa em procedimento disciplinar (artigo 269º, nº 3, da CRP) e o conhecimento do critério do exercício do poder disciplinar[47];

---

[42] Em geral, sobre esta relação de responsabilidade direta dos trabalhadores da Administração para com os indivíduos e os grupos em que se integram como parte do objetivo de democratização do poder público, ver Luís Ortega Álvarez, "La función pública", in Manual de Derecho Administrativo, coordenação de Luciano Parejo Alfonso, 2ª edición corregida y aumentada, Barcelona, 1992, p. 503.

[43] Pierre Rosanvallon, La légitimité démocratique, Impartialité, réflexivité, proximité, Editions du Seuil, 2008, p. 153, pp. 139 e 140 e p. 112.

[44] Cf. artigo 7º, nº 1, alínea d), da Lei Orgânica nº 1/2001, de 14.08, e a anotação de Maria de Fátima Abrantes e Jorge Miguéis à lei eleitoral dos órgãos das autarquias locais, in http://www.prof2000.pt/users/j.pinto/matematica/acompanhamento/MACS/Textos_Macs/lei_aut.htm e Acórdãos da 2ª Subsecção do CA do STA de 30-01-2001, processo nº 047051 e de 23-04-2003, processo nº 0671/03.

[45] O que não decorre por si das situações de mobilidade.

[46] Cf. Parecer do Conselho Consultivo da PGR nº 112/2002, de 10-04-2003, p. 38.

[47] Pedro Gonçalves – in "Natureza jurídica das sociedades de capitais exclusiva ou maioritariamente públicos – Ac. do STA de 20.5.2010, P. 1113/09", CJA nº 84, Novembro/Dezembro 2010, p. 31 –, relativamente aos atos administrativos de sociedades de capitais exclusiva ou maioritariamente públicos (no caso decisão disciplinar aplicada ao abrigo do regime disciplinar administrativo), observa que, atenta a natureza privada destas não se lhes aplicam as disposições do CPA de alcance subjectivo, mas apenas as de natureza objetiva, como as disposições relativas à audiência prévia e aos impedimentos.

e) Hão de estar sujeitos a um regime de incompatibilidades que garanta o respeito dos interesses públicos (artigo 269º, nº 5);
f) Igualmente, em relação aos respetivos trabalhadores não há de ser livre, designadamente, em nome de tais interesses, a acumulação do respetivo emprego com outros empregos ou cargos públicos (artigo 269º, nº 4, da CRP); por exemplo, o exercício simultâneo de funções no município e nas empresas municipais, intermunicipais e metropolitanas[48], desde logo, por estas pressuporem a devolução de poderes ou a descentralização funcional, o que prejudica a manutenção dos postos de trabalho correspondentes.
g) O regime jurídico de responsabilidade civil extracontratual das entidades empresariais locais é o regime de responsabilidade civil do Estado e demais pessoas coletivas públicas[49]; o regime é também aplicável "à responsabilidade civil de pessoas coletivas de direito privado e respetivos trabalhadores, titulares de órgãos sociais, representantes legais ou auxiliares, por ações ou omissões que adotem no exercício de prerrogativas de poder público ou que sejam reguladas por disposições ou princípios de direito administrativo"[50]. Daqui resulta que os seus trabalhadores são pessoalmente responsáveis pelas ações ou omissões ilícitas e dolosas ou gravemente negligentes que envolvam o exercício de prerrogativas de autoridade ou que sejam reguladas pelo Direito Administrativo. A este título, podem ser demandados por terceiros lesados ou pelo empregador a título de direito de regresso. A responsabilidade civil pode resultar da prática de um crime cometido sobre o empregador ou outro sujeito. Os interesses tutelados são os da integridade patrimonial e os do exercício confiável, efetivo e responsável das funções. O sujeito público empregador pode responder administrativamente também por falta de "um modelo de gestão e controlo anticrime" ou de um que seja adequado e eficaz[51], densificado por concretas atuações ilícitas e gravemente culposas. Quanto à violação dos deveres e obrigações laborais gerais a que os trabalhadores estão vinculados para com a empresa, isto é, pelo exercício da respetiva atividade laboral, respondem disciplinarmente e civilistica-

---

[48] Cf. o artigo 47º da LSEL, que dispõe que é "proibida o exercício simultâneo de funções nas câmaras municipais e funções remuneradas a qualquer título nas empresas municipais, intermunicipais e metropolitanas", e Yves Delaire, La délégation des services publics locaux, 3.ᵉ édition, Berger-Levrault, novembre 2008, p. 160.

[49] Cf. artigo 1º, nºˢ 1 e 2, do Regime da Responsabilidade Civil Extracontratual do Estado e Demais Entidades Públicas, aprovado pela Lei nº 67/2007, de 31.12.

[50] Cf. artigo 1º, nº 5, do Regime cit. ult.

[51] Alessandro M. Basso, "Enti e lavoratori subordinati: la responsabilitá amministrativa e derivante da reato", http://www.diritto.it/docs/29854 (15-07-2010; último acesso em 06-01-2012).

mente, respetivamente, nos termos do Código do Trabalho e nos termos civilísticos gerais[52].

2.2.3. Os trabalhadores das empresas municipais como funcionários para efeitos da lei penal

A atuação delituosa, no exercício da atividade laboral, dos trabalhadores de empresa municipal releva como atuação delituosa de funcionário no exercício de funções públicas. Para o efeito da aplicação da lei penal, os trabalhadores das empresas de capitais públicos ou com participação maioritária de capital público e de empresas concessionárias de serviços públicos são equiparados aos funcionários[53]. O conceito de funcionário é um conceito funcional e mais amplo do que o conceito no Direito Administrativo, onde é delimitado apenas pela distinção face aos titulares de cargos políticos[54]. O relevante não é o tipo de vínculo laboral ou o título jurídico ao abrigo do qual a atividade é exercida mas sim a participação, ainda que indireta, no exercício de funções públicas, isto é, de funções relativas ao "bem comum ou interesse geral coletivo ou social"[55]. Nos crimes praticados por funcionários ou qualificados pela sua autoria ou participação estão em causa atuações que, para além de outros bens jurídicos, violam a exigência de "conduta objetiva ao serviço do interesse geral"[56].

2.2.4. O acesso à informação sobre as relações laborais

O acesso à informação administrativa pelas pessoas diretamente interessadas e pelas dotadas de interesse legítimo e o acesso aos arquivos e registos administrativos por parte de qualquer pessoa constituem direitos fundamentais (artigo 268º, nºs 1 e 2, da CRP)[57] e concretizam os princípios gerais da atividade administrativa da transparência e da colaboração com os particulares (artigo 266º, nº 1, da CRP e artigos 7º, 8º e 10º do CPA). Quer enquanto manifestações destes princípios

---

[52] Cf. artigo 1º, nº 5, *a contrario*, do Regime da Responsabilidade citado.
[53] Cf. artigo 386º, nº 2, do Código Penal.
[54] Cf. Artigo 386º, nº 4, do Código Penal e Ac. da 2ª Secção do TC nº 41/00, processo nº 41/97.
[55] Encarnación Montoya Martín, Las empresas públicas..., cit., pp. 587 e 589.
[56] Encarnación Montoya Martín, Las empresas públicas ..., cit., p. 591, José Manuel Damião da Cunha, O Conceito de Funcionário, para Efeito de Lei Penal e a "Privatização" da Administração Pública: uma revisão do comentário ao artigo 386º do Código Penal – Comentário Conimbricense do Código Penal, Coimbra Editora, 2008, e Frederico de Lacerda da Costa Pinto, "A intervenção penal na corrupção administrativa e política", in Revista da Faculdade de Direito da Universidade de Lisboa, Coimbra Editora, 1998, pp. 519 e segs.
[57] O acesso à informação das empresas públicas não pode ser desligado, como refere Miguel Assis Raimundo, do "carácter qualificado dos direitos de acesso à informação administrativa e do tratamento que os mesmos merecem na Constituição Portuguesa" – As Empresas Públicas nos Tribunais Administrativos, cit., pp. 223 e 224.

quer enquanto preceitos que organizam o exercício daqueles direitos, as disposições do regime jurídico correspondente são aplicáveis ao exercício da função administrativa ainda que meramente técnica ou de gestão privada[58]. Quando estão em causa vínculos laborais administrativos não se discute a sua aplicação[59]. Também não se discutirá o acesso aos documentos que traduzem a aplicação de vinculações jurídico-públicas às relações laborais privadas. Tratando-se do acesso a informação relativa às relações laborais privadas, é possível observar o seguinte:

a) Nem sempre é possível separar o reflexo de vinculações jurídico-públicas sobre as relações laborais privadas daquilo que corresponde à aplicação do regime comum destas;

b) E, bem assim, separar a garantia do acesso a documentos de uma empresa pública, ainda que sob a forma privada, relativos à respetiva prestação de serviço público[60] ou à satisfação de necessidades coletivas públicas[61], do acesso a documentos que só relevam para estas de forma instrumental[62];

c) Relativamente às relações laborais privadas, a publicidade de aspetos como a "identidade civil", a "categoria profissional, a profissão, a situação profissional, as habilitações, o número de Segurança Social, as datas de nascimento, de admissão na empresa, da última promoção, as remunerações pagas, designadamente a remuneração base, as diuturnidades, as prestações regulares e irregulares e as horas extraordinárias dos trabalhadores" foi considerada pelo Tribunal Constitucional como não colidente com o direito à reserva da intimidade da vida privada e o direito à proteção dos cidadãos contra a recolha e tratamento abusivo de dados informatizados de natureza pessoal (respetivamente, artigo 26º, nº 1, da CRP

---

[58] Cf. artigo 266º da CRP, artigo 2º, nº 5, do CPA, e artigo 4º, nº 1, alínea f), conciliado com o artigo 3º, nº 1, alínea a), da Lei de Acesso aos Documentos Administrativos (de acordo com o qual o acesso os documentos na posse dos "órgãos das empresas regionais, intermunicipais e municipais" é regulado por esta lei).

[59] No Acórdão da 2ª Secção do TC nº 575/00, de 13.12, processo nº 759/99, o TC considerou não contrária à Constituição a qualificação como uma relação jurídica administrativa da relação jurídica decorrente do exercício do direito à de informação pelos trabalhadores requisitados na empresa Águas de Gaia – EM e, portanto, a submissão do litígio atinente aos tribunais administrativos. O Tribunal destacou que os trabalhadores requisitados mantêm os direitos inerentes ao vínculo laboral de base, que a empresa municipal em que exercem funções tem a qualidade de pessoa coletiva pública e que o ato em causa, qualificável como um mero ato de gestão pública (não necessariamente um ato administrativo), é susceptível de afetar interesses particulares relevantes.

[60] Acórdão da 1ª Subsecção do CA do STA de 06-01-2010, processo nº 0965/09.

[61] Parecer da CADA nº 246/2006, de 6.12.2006, processo nº 254/2006.

[62] Miguel Assis Raimundo, As Empresas Públicas ..., cit., pp. 229 a 231.

e artigo 35º, nº 4, da CRP)[63]. Na argumentação do Tribunal destaca-se a referência, por um lado, ao facto de estarem em causa "aspetos relevantes da e para a relação laboral" e dados de identidade pessoal do conhecimento público e não aspetos relativos à vida privada (como seria o caso da informação sobre as convicções políticas e religiosas do trabalhador) e, por outro lado, o facto de estar em causa "a prossecução de um interesse constitucionalmente relevante que é o de garantir aos trabalhadores a não discriminação no seio da empresa"[64];

d) O fornecimento de informação sobre os recursos humanos, independentemente do tipo de vínculo, dificilmente contende com a capacidade competitiva da empresa ou a sua dimensão comercial. A eficiência e eficácia no sector público reclama publicidade e agilização no fornecimento de informação[65] que possam induzir concorrência onde ela falta[66/67]. Por outro lado, os documentos que respeitam ao «segredo» do negócio ou à estratégia empresarial são, na economia dos documentos da empresa, apenas uma sua parte[68];

e) Em relação aos próprios trabalhadores, a questão do acesso à informação que aos mesmos respeita não se coloca, seja nos termos laboralísticos gerais, em que a prestação de informação pertinente constitui um dever do empregador, seja como manifestação do respeito devido numa relação leal entre sujeitos de direito[69];

f) As empresas do sector privado têm obrigações de informação dirigidas ao seu «público» (aqueles que têm interesses específicos relativamente à

---

[63] Acórdão da 3ª secção do TC nº 555/2007, de 13.11, processo nº 395/07.
[64] Acórdão da 3ª Secção do TC nº 555/2007, de 13.11, processo nº 395/07.
[65] Ou seja, ao invés de existirem procedimentos mecanizados de rápido fornecimento de informação, a Administração enreda-se na negação sucessiva da mesma.
[66] É o que acontece quando são diminutas as garantias de recrutamento concorrencial para as empresas municipais.
[67] Não só é residual a situação configurada por João Caupers como excludente da qualificação dos documentos das empresas públicas como relevando da atividade administrativa pública, ou seja, aquela em que a empresa é desprovida de "quaisquer poderes de natureza pública, que operam numa pura lógica de mercado e de livre concorrência", como, no sector público, a publicidade é um instrumento fundamental da sujeição das empresas à concorrência. Cf. "Sobre o conceito de documento administrativo", Cadernos de Ciência da Administração, nº 75, Maio/Junho 2009, pp. 3 e segs., *maxime*, pp. 9 e 10.
[68] Pedro Gonçalves, "O direito de acesso à informação detida por empresas do sector público", in Cadernos de Justiça Administrativa, nº 81, Maio/Junho 2010, pp. 10 e 11.
[69] Cf. artigo 126º do Código do Trabalho.

mesma) e ao mercado em geral; as empresas do sector público devem ter obrigações de informação em função do seu «mercado» e do seu «público»[70];
g) A disponibilidade de informação é uma decorrência natural dos mecanismos de controlo público a que estão sujeitas[71].

3. O regime laboral jus-administrativo nas empresas municipais

Nas empresas do sector empresarial local, podem existir relações de emprego sujeitas a um regime laboral tendencialmente administrativo. Correspondem quer a situações de mobilidade quer de preservação no essencial das relações jurídicas de emprego no quadro da transformação de serviços em empresas municipais ou do cometimento a estas de certas tarefas[72].

3.1. Os trabalhadores autárquicos integrados em empresas municipais

A transformação de serviços autárquicos em empresas municipais, ou a concessão ou devolução às mesmas de tarefas autárquicas[73], pode dar lugar à integração nestas dos seus trabalhadores. A situação pode ser enquadrável na transmissão de estabelecimento de acordo com cujo regime os "direitos e obrigações do cedente emergentes do contrato de trabalho ou de uma relação de trabalho existentes à data da transferência são, por esse facto, transferidos para o cessionário"[74/75], sem prejuízo do "acordo entre a pessoa coletiva pública de origem e o trabalhador no sentido de este continuar ao serviço daquela"[76]. Quando não seja possível o enquadramento na figura da transmissão de estabelecimento, a mudança de empregador faz-se necessariamente com o consentimento do trabalhador,

---

[70] Miguel Assis Raimundo, As Empresas Públicas..., cit., pp. 231 a 236.
[71] Peter Leyland e Gordon Anthony, Textbook on Administrative Law, Sixth Edition, Oxford University Press, 2009, pp. 46 e 69.
[72] Ac. da 1ª Secção do CA do TCA Norte de 10-11-2005, processo nº 00160/04.
[73] Cf. artigo 46º, nº 5, da LSEL e artigo 33º, nº 3, da Lei nº 64-A/2008, de 31.01 (Lei do Orçamento para 2009).
[74] Cf. artigo 3º da Directiva 2001/23/CE do Conselho, de 12 de Março de 2001, relativa à organização das legislações dos Estados-Membros respeitantes à manutenção dos direitos dos trabalhadores em caso de transferência de empresas ou de estabelecimentos, ou de partes de empresas ou de estabelecimentos.
[75] O artigo 7º, nº 1, da Lei nº 59/2008, de 11.9, prevê a aplicação, na hipótese de não colocação em mobilidade especial, do disposto nos artigos 16º a 18º da Lei nº 23/2004, de 22.6, sendo que o artigo 16º, nº 1, estabelece que "[o]s contratos de trabalho celebrados por pessoas coletivas públicas transmitem-se aos sujeitos que venham a prosseguir as respetivas atribuições, nos termos previstos no Código do Trabalho para a transmissão de empresa ou de estabelecimento", a qual pode ocorrer, nomeadamente, "nos casos em que haja transferência da responsabilidade pela gestão do serviço público para entidades privadas sob qualquer forma" (nº 2).
[76] Cf. artigo 16º, nº 4, da Lei nº 23/2004, de 22.6.

na expressão de uma vontade livre e esclarecida[77]. A alternativa para este é a da reafectação a outro serviço do município, com eventual modificação ainda que não significativa da sua situação jurídica[78]. A manutenção no essencial do regime laboral de base é um fator ponderoso nesta decisão[79].

3.2. Os trabalhadores em situação de cedência de interesse público

As empresas municipais podem ter trabalhadores sujeitos ao Direito Administrativo laboral em cedência de interesse público[80]. A cedência, não prejudicando a manutenção da relação jurídica de base, importa a suspensão parcial do respetivo regime[81], salvo disposição em sentido contrário, isto é, que a afaste, disponha sobre os aspetos em que incida ou lhe confira uma maior extensão[82]. Em relação às empresas municipais, a lei prevê que o trabalhador possa optar pelo estatuto de origem[83] e, por maioria de razão, em princípio, apenas quanto a parte deste[84]. Não fazendo tal opção, aplica-se o regime geral da suspensão parcial, quanto aos aspetos previstos. A remuneração afere-se pelo regime e segundo o paralelismo de qualificação profissional estabelecido com outros trabalhadores da empresa. A aplicação do estatuto remuneratório de origem não desobriga da verificação dos pressupostos da atribuição dos seus componentes, designadamente dos suplementos remuneratórios[85]. Quanto à duração, é possível aceitar que a cedência de interesse público tem lugar por tempo indeterminado, na medida em que as empresas não constituem relações jurídicas de emprego público (no sentido legal

---

[77] Acórdão da 1ª Secção do TCA Norte de 10-11-2005, processo nº 00160/04, pp. 12 e 13.
Tal como acontece com a cessão de posição contratual, depende, pois, estruturalmente, do consentimento da outra parte na relação jurídica (artigo 424º do Código Civil).
[78] Não tendo o trabalhador optado pela integração fica automática e necessariamente a pertencer a estrutura orgânica do município – cf. Acórdão da 1ª Secção do CA de 25-02-2010, do TCA Norte, processo nº 02085/05.4BEPRT.
[79] O artigo 46º, nº 4, da LSEL prevê a manutenção do estatuto de origem.
[80] Cf. artigo 46º, nº 1, da LSEL: "Os trabalhadores com relação jurídica de emprego público podem exercer funções nas entidades do sector empresarial local por acordo de cedência de interesse público, nos termos da Lei nº 12-A/2008, de 27 de Fevereiro."
[81] O trabalhador poder exercer certos direitos decorrentes do vínculo laboral de base, fica sujeito ao estatuto disciplinar de origem e ao poder disciplinar do cedente quando estão em causa penas expulsivas. Cf. artigos 3º e 58º da Lei nº 12-A/2008, de 27.02 (LVCR).
[82] Cf. artigo 58º, nºs 1 e 2, da LVCR, e artigo 11º do Decreto-Lei nº 209/2009, de 03.09 (diploma "procede à adaptação à administração autárquica do disposto" naquela lei).
[83] Cf. artigo 46º, nº 4, da LSEL.
[84] E também por aplicação do artigo 46º, nº 1, da LSEL, que remete para a LVCR.
[85] Sobre o assunto, embora reportado a um regime legal diferente, ver Parecer do Conselho Consultivo da PGR nº 81/1991, de 17-06-1993.

que a lei lhe atribui[86]) por tempo indeterminado[87]. Tal não significa que cedência não possa cessar por iniciativa de qualquer das partes mediante pré-aviso[88]. O trabalhador em situação de cedência é parte em duas relações jurídicas de emprego: uma relação jurídica de emprego de base (estabelecida, por exemplo, com uma autarquia) e uma relação jurídica de emprego funcional estabelecida com a empresa municipal. Salvo quanto à cessação da relação jurídica de base, os poderes do empregador e a concomitante gestão da relação laboral cabe à empresa cessionária[89].

4. O controlo administrativo da gestão do pessoal

Os instrumentos gerais de relacionamento do «dono» da empresa com a mesma permitem o acompanhamento e fiscalização da gestão dos respetivos recursos humanos, seja na perspetiva da legalidade, seja da economia, eficácia e eficiência na realização da despesa correspondente. O órgão deliberativo da pessoa coletiva autárquica, para além do poder de dispor quanto à sua criação e estatutos, pode apreciar de forma geral mas também concreta a prática ou o agir da empresa[90]. Na qualidade de acionista ou de dono estatutário da empresa, a pessoa coletiva autárquica (por via do seu órgão executivo) pode influir nela através da sua representação na empresa e através de orientações para a sua gestão[91]. Como controlo circunstancial à empresa, há que registar, igualmente, a fiscalização por revisor ou sociedade revisora de contas e os deveres especiais de informação. No plano externo, prévio e *a posteriori*, o controlo é assegurado pelo Tribunal de Constas,

---

[86] Ver artigo 9º da LVCR.
[87] Por aplicação do artigo 58º, nº 13, da LVCR.
[88] Cf. artigo 58º, nº 8, da LVCR e artigo 11º do Decreto-Lei nº 209/2009, de 03.09.
[89] *Mutatis mutandis*, ver, por exemplo, Acórdão da 2ª Secção do STA de 20-05-2009, processo nº 01037/08: o Tribunal considerou que, "tendo ficado provado que o funcionário A..., embora funcionário da Câmara Municipal de Sintra, prestou, por requisição, serviço na oponente, durante o qual sofreu um acidente, é esta a responsável pelo reembolso do referido capital de remição pago pela Caixa Nacional de Pensões, daí decorrendo, como entidade responsável pelos encargos, a sua legitimidade no processo de execução fiscal".
Sobre o exercício do poder disciplinar nas empresas municipais, ver de João Pacheco de Amorim, "Duas Questões de Direito Disciplinar Suscitadas pela Criação de Empresas Municipais", in Revista de Direito e Estudos Sociais, XLII, 1 e 2, pp. 5 e segs.
[90] Cf. artigo 53º, nº 5, da LAL.
[91] Kurt Holmgren, "La réglementation des entreprises publique en Suède", Rivista delle Società, anno 21º, gennaio-aprile 1976, fascicolo 1º/2º, p. 143 (O "controlo exerce-se e as directivas são dadas da mesma maneira que no caso do acionista de uma sociedade anónima ordinária, quer dizer na prática pela escolha, aquando da assembleia geral, de pessoas qualificadas para constituir o conselho de administração") e artigos 8º, nº 1, 15º, 16º, 17º, 34º, nº 1, 38º e 39º da LSEL e artigo 64º, nº 1, alínea i), da LAL.

pela Inspeção-geral de Finanças[92][93], pela Autoridade para as Condições de Trabalho[94] e pelo Ministério Público, os quais devem verificar a legalidade, racionalidade financeira e conformidade ao princípio da concorrência do seu agir[95]. Saliente-se que a obrigação legal de notícia ao Ministério Público da constituição da empresa, dos seus estatutos e respetivas alterações constitui um instrumento privilegiado para a eficácia do correspondente controlo[96].

5. A jurisdição relativa aos litígios laborais das empresas municipais
5.1. Os litígios emergentes do contrato individual de trabalho

Os litígios que opõem a empresa e a generalidade dos seus trabalhadores são da competência dos tribunais judiciais, o que decorre da submissão das relações de trabalho ao Direito laboral comum. Trata-se de litígios emergentes do contrato de trabalho[97]. No que se refere aos instrumentos de regulamentação coletiva, em geral, a resolução dos litígios cabe também àqueles tribunais, salvo na medida da intervenção administrativa delimitada pela lei. Assim, por exemplo, é possível o recurso à intimação para a prestação de informações, passagem de certidões ou consulta de processos em relação a procedimento de elaboração de regulamento de extensão, intentar ação administrativa especial de impugnação da decisão de recusa de depósito e intentar ação administrativa comum de efetivação de responsabilidade civil extracontratual fundada em ato de requisição civil ilegal[98]. Os litígios laborais estão, noutro plano, submetidos aos procedimentos de resolução de conflitos previstos na legislação geral do trabalho[99].

---

[92] Cf. artigo 2º, nº 1 e nº 2, da Lei nº 79/2007, de 29.3.
[93] E pela Inspeção-Geral da Administração Local – artigo 3º, nº 1, do Decreto-Lei nº 326-A/2007, de 28.09, sem prejuízo da prevista fusão desta na Inspeção-Geral de Finanças.
[94] Cf. artigo 3º, nº 3, do Decreto-Lei nº 326-B/2007, de 28.09.
[95] Veja-se, com interesse, o *DECRETO-LEGGE 24 gennaio 2012, n. 1, Disposizioni urgenti per la concorrenza, lo sviluppo delle infrastrutture e la competitività*. (12G0009) *GU n. 19 del 24-1-2012 – Suppl. Ordinario nº 18 testo in vigore dal: 24-1-2012*, http://datastorage02.maggioli.it/data/docs/moduli.maggioli.it/001.pdf (28-01-2012), nos termos do qual se prevê um específico controlo das disposições contrastantes com "a tutela ou a promoção da concorrência" nas Regiões e entes locais italianos (v.g., artigo 4º).
[96] Cf. artigo 8º, nº 5, e artigo 33º, nº 5, da LSEL, e Pedro Gonçalves, *Regime Jurídico …, cit.*, pp. 241 e segs., e Rui Guerra da Fonseca, *Autonomia Estatutária …, cit.*, pp. 241 e segs.
[97] Cf. artigo 4º, nº 1, alínea d), do ETAF. A atribuição das controvérsias laborais aos tribunais administrativos e aos tribunais judiciais acompanha, no essencial, o respetivo regime jurídico. Ver, por exemplo, Michele Corradino, *Il Diritto Amministrattivo alla luce della recente jurisprudenza*, Cedam, 2007, pp. 1027 e segs.
[98] Cf., por exemplo, Ac. do 2º Juízo do CA do TCA Sul de 31-03-2005, processo nº 00452/04, e Ac. do 2º Juízo do CA do TCA Sul de 08-11-2007, processo nº 00392/04.
[99] Cf., *v.g.*, artigos 506º e segs. do Código do Trabalho.

5.2. Os litígios relativos ao procedimento de recrutamento e à validade dos contratos

Os conflitos que se situem *a montante* da relação jurídica de emprego são da competência da jurisdição administrativa. Tal decorre do enunciado da lei, que separa o "nascimento da relação para a qual o contrato tem valor constitutivo"[100] do procedimento de recrutamento que a precede[101]. O recrutamento tem uma feição organizativa[102] e obedece a princípios e regras específicos que protegem os interesses públicos e privados dos vários sujeitos envolvidos, em relações jurídicas multilaterais. A discussão da validade do contrato pode estear-se no seu processo formativo[103]: decorrer, no limite, da ausência de um procedimento público seletivo, ou de um procedimento que desrespeite aqueles princípios e regras; nesta medida, a sua apreciação é da competência dos tribunais administrativos[104]. De referir que o procedimento de recrutamento interno para um posto de trabalho da empresa, importando uma novação objetiva do vínculo, é assimilável a um procedimento de admissão, sem se reconduzir à mera execução do contrato[105].

As possibilidades do agir judicial administrativo são várias: i) pode pensar-se numa ação administrativa especial em que se discute a validade da decisão do procedimento pré-contratual ou da decisão de contratar (conjugada com uma providência cautelar de suspensão de eficácia) e, cumulativamente, a validade do contrato[106]; ii) não é de excluir que seja deduzida, noutra perspetiva, em ação administrativa comum, pretensão inibitória da celebração do contrato enquanto se mantiver a conduta administrativa violadora dos princípios referidos[107] conjugada com a providência cautelar de intimação para a abstenção de uma conduta[108]; iii) pode, também, intentar-se ação administrativa comum para obter a

---

[100] Cf. Decisione n. 8341, de 18-12-2003, do Consiglio di Stato italiano, sez. V (www.giustizia-amministrativa.it/), e Michele Corradino, Il Diritto Amministrattivo ..., cit., p. 1036.

[101] A alínea d) do nº 3 do artigo 4º do ETAF refere-se aos litígios relativos a contrato celebrado e não aos litígios relativos ao procedimento pré-contratual e a alínea e) do nº 1 do artigo 4º do ETAF, à validade dos atos pré-contratuais.

[102] Decisione n. 8341, de 18-12-2003, citada, e Michele Corradino, Il Diritto Amministrattivo ..., cit., p. 1036.

[103] O contrato celebrado com violação de disposições legais imperativas é nulo, desde logo, nos termos civilísticos gerais (artigo 294º do Código Civil).

[104] Cf. artigo 4º, nº 1, alínea e), do ETAF.

[105] Michele Corradino, Il Diritto Amministrattivo ..., cit., pp. 1099 a 1046.

[106] Cf. artigo, 40º, nº 1, alíneas c) a f) e 63º, nº 2, do CPTA.

[107] Na expressão de Miguel Assis Raimundo, As empresas Públicas nos Tribunais Administrativos ..., cit., p. 269.

[108] Cf. artigo 37º, nº 1, alínea c), e artigo 112º, nº 2, alínea f), do CPTA.

invalidade do contrato que resulte da invalidade do ato em que se fundou a sua celebração[109].

5.3. Os litígios relativos à responsabilidade civil extracontratual

O apuramento da responsabilidade civil extracontratual dos sujeitos privados aos quais seja aplicável o regime específico da responsabilidade do Estado e demais pessoas coletivas de direito público cabe aos tribunais administrativos[110]. Este regime define a responsabilidade pelo exercício da função administrativa[111]. E estende o regime de responsabilidade pública aos trabalhadores das pessoas coletivas privadas que exerçam a função administrativa[112]. A aplicação deste regime pressupõe uma ação ou omissão de tais trabalhadores que importe o exercício de prerrogativas de poder público ou que a sua actividade laboral seja regulada por disposições ou princípios de direito administrativo, como referido, o que não será o comum, dado o carácter instrumental das relações jurídicas de emprego e dado que a responsabilidade pela função é da pessoa coletiva privada com base num título jurídico específico, legal ou contratual.

5.4. Os litígios relativos à tutela de direitos fundamentais

A vinculação das empresas municipais aos direitos fundamentais não é a vinculação de um qualquer sujeito privado, a que se refere o artigo 18º, nº 1, da CRP; mas é a de um sujeito privado de «mão ou raiz pública» que prossegue atribuições autárquicas ou intermunicipais. Neste quadro, pode ser obtida tutela nos tribunais administrativos contra empresas municipais que violem direitos fundamentais, por exemplo, direitos dos trabalhadores no quadro das relações de emprego constituídas ou no procedimento tendente à sua constituição[113]. É também reconduzível à tutela dos direitos fundamentais do acesso à informação e aos arquivos e registos administrativos o direito de acesso à informação sobre as relações laborais, nos termos assinalados, a qual é assegurada pela jurisdição administrativa, no essencial, através do processo urgente de intimação (no caso de empresa municipal), para prestar informações, permitir a consulta do processo ou passar certidões relativas às mesmas[114].

---

[109] Cf. artigo 4º, nº 1, alínea b), do ETAF.
[110] Cf. artigo 4º, nº 1, alínea i), do ETAF.
[111] Por ações e omissões que envolvem o exercício de prerrogativas de poder público ou ações ou omissões reguladas por disposições ou princípios de direito administrativo (artigo 1º, nº 2, do Regime da responsabilidade civil extracontratual do Estado).
[112] Cf. artigo 1º, nº 5, do Regime da responsabilidade civil extracontratual do Estado ...
[113] Cf. artigo 4º, nº 1, alínea a), do ETAF, Miguel Assis Raimundo, As Empresas Públicas ..., cit., pp. 243 e segs., e Pedro Gonçalves, Regime Jurídico das Empresas Municipais, cit., pp. 207 e segs.
[114] Cf. artigo 2º, nº 2, alínea l), artigo 36º, nº 1, alínea c) e artigos 104º a 108º do CPTA.

II – A MOBILIDADE DO PESSOAL NAS EMPRESAS MUNICIPAIS

A mobilidade dos trabalhadores em relação às empresas municipais tem, fundamentalmente, especificidades na sua dimensão intersubjetiva. Quanto às demais formas de mobilidade interna ou intrasujetiva, rege em geral o Direito laboral comum.

1. A mobilidade e o Direito da União Europeia

O princípio da livre circulação de trabalhadores é tendencialmente inteiramente aplicável aos empregos nas empresas municipais, isto é, sem derrogações, isto porque a atividade que caracteriza uns e outros não envolve o exercício ordinário e predominante de poderes de autoridade pública[115]. Um dos postulados essenciais do princípio é o da continuidade de funções, de acordo com o qual o percurso profissional do trabalhador releva na determinação da sua situação laboral atual, quer num quadro de mobilidade intraeuropeu, quer num quadro de mobilidade entre sujeitos empregadores nacionais, públicos ou privados[116].

2. A mobilidade intersubjetiva

A mobilidade intersubjetiva consiste no exercício da atividade laboral pelo trabalhador para um empregador diferente daquele que é parte na respetiva relação jurídica de emprego. Pode ser temporária, com duração determinada ou indeterminada, caso em que o trabalhador fica juridicamente ligado a dois empregadores. Sendo definitiva, implica a mudança de empregador.

2.1. A mobilidade dos trabalhadores da Administração Pública para as empresas municipais e vice-versa

2.1.1. A mobilidade através de concurso

Os trabalhadores das empresas municipais podem candidatar-se a concurso aberto por pessoa coletiva pública, sendo neste caso candidatos externos[117]. Os condicionamentos administrativo-financeiros que o Estado impõe a si próprio e impõe, em

---

[115] Charlotte Denizeau, L'Idée de Puissance Publique ..., cit., pp. 40 a 70.

[116] Cf., entre muitos, Ac. do TJCE de 15-01-1998, processo C-15/96, Kalliope Schöning-Kougetopoulou e Freie und Hansestadt Hamburg, Ac. do TJCE de 09-09-2003, processo C-285/01, Isabel Burbaud e Ministère de l'Emploi et de la Solidarité, Ac. do TJCE de 29-04-2004, processo C-102/02, Ingeborg Beuttenmüller e Land Baden-Württemberg, Ac. do TJUE de 5-5-2011, processo C-434/09 (considerando 56) e as conclusões do Advogado-Geral M. Poiares Maduro apresentadas no processo C-119/04, Comissão das Comunidades Europeias contra República Italiana.

[117] Cf. artigos 6º, 52º e 53º da LVCR. A habilitação a concurso para qualquer posto de trabalho não depende da prévia constituição de relação jurídica de emprego público, sem prejuízo da precedência do recrutamento interno, e a sua seleção opera através de método que não pressupõe ter o trabalhador uma determinada categoria ou exercer as funções a cujo exercício se destina o concurso.

maior ou menor medida, a outras pessoas coletivas, mas não às empresas municipais, nem, em regra, às pessoas coletivas da Administração local autárquica – dados o posicionamento jurídico mútuo dos respetivos sujeitos e a reserva de autonomia administrativa e financeira, constitucional e legalmente definidas – justificam a não prefiguração dos trabalhadores das empresas municipais como candidatos internos (face ao âmbito institucional do regime geral do emprego público)[118].

Os trabalhadores da Administração Pública em geral podem habilitar-se aos procedimentos de recrutamento organizados pelas empresas municipais nas condições que estas definam nos limites dos princípios da liberdade de acesso, da igualdade e do mérito.

2.1.2. A mobilidade por força da transmissão de estabelecimento

As empresas municipais resultam, muitas vezes, da transformação de serviços municipalizados ou do «destacamento» ou autonomização de certa tarefa ou atividade autárquica, com os quais guardam uma linha de continuidade, como referido. Existe, por outro lado, a possibilidade de, na sequência da extinção da empresa ou por termo de contrato de concessão, a pessoa coletiva autárquica retomar a respetiva atividade[119]. Estas situações podem corresponder a uma "transferência de empresa ou de estabelecimento ou de parte de empresa ou estabelecimento, quer essa transferência resulte de uma cessão convencional quer de uma fusão" ou decorra de decisão unilateral[120] [121]. A transferência de estabelecimento ocorre quando a "entidade económica" – entendida como "um conjunto

---

[118] Cf. artigos 235º, 237º e 242º da CRP.

[119] Ver, por exemplo, a situação objeto do Ac. de 29-07-2010, processo C-151/09, Federação de Servicios Públicos da UGT (UGT-FSP) contra Ayuntamiento de La Línea da Concepción, María del Rosario Vecino Uribe, Ministerio Fiscal, na qual, pelo "Decreto 5983/80 da Presidência da Câmara Municipal de la Línea de la Concepción de 25 de Agosto de 2008, foi decidida a reversão (e a transferência de todo o pessoal empregado pelas empresas concessionárias) das seguintes concessões de serviços públicos municipais: (i) as portarias das escolas públicas, (ii) a limpeza das escolas públicas, (iii) a limpeza viária e (iv) a manutenção dos parques e jardins".

[120] O "facto de a transferência resultar de decisões unilaterais dos poderes públicos e não de um concurso de vontades não exclui a aplicação da referida diretiva" (Directiva 2001/23/CE do Conselho de 12.3.2001, relativa à aproximação das legislações dos Estados-Membros respeitantes à manutenção dos direitos dos trabalhadores em caso de transferência de empresas ou de estabelecimentos, ou de pares de empresas ou de estabelecimentos) – considerando 25 do Ac. do TJUE de 29-07-2010, processo C-151/09, considerando 45 do Ac. do TJCE de 26-09-2000, processo C-175/99, Didier Mayeur, e considerando 34 Ac. do TJCE de 14-09-2001, Renato Collino, Luisella Chiappero e Telecom Itália SpA.

[121] A transmissão do estabelecimento, sendo uma forma de a "unidade económica" subsistir e de permitir a continuação das prestações laborais, oferece uma alternativa à caducidade dos contratos por impossibilidade superveniente, definitiva, absoluta e objetiva de o empregador receber aquelas. Ver Sílvia Galvão Teles, "Impossibilidade superveniente, absoluta e definitiva de a entidade patro-

organizado de pessoas e elementos que permita o exercício de uma atividade económica que prossegue um objetivo próprio"[122], tenha ou não um fim lucrativo[123] – mantém a sua identidade, o que resulta designadamente da "continuação efetiva da exploração ou da sua retoma"[124]. "Só a reorganização de estruturas da Administração Pública ou a transferência de atribuições administrativas entre Administrações Públicas está excluída" da figura da transmissão do estabelecimento[125]; no essencial, a exclusão reporta-se a "atividades que se enquadram no exercício de prerrogativas do poder público" (considerando 43 do Ac. do TJUE de 06-11-2011, C-108/10).

A proteção dos trabalhadores correspondentes importa a transferência das relações de emprego para o novo empregador[126]. Os trabalhadores têm o direito de "ficar ao serviço" deste "nas mesmas condições que as acordadas com o cedente", transitando para "a nova relação laboral ...os direitos relativos à representação dos trabalhadores [e] os termos e as condições de trabalho", os quais "podem ser melhores ou piores (no todo ou em parte) do que os da força de trabalho que já se encontra ao serviço da nova entidade patronal"[127], mas não devem ser menos favoráveis dos que a auferia antes da transmissão do estabelecimento pelo simples facto desta[128]. Se uma modificação substancial das condições de trabalho resultar diretamente da transmissão (por exemplo, diminuição da remuneração por exceder manifestamente a remuneração que, nos termos da lei, o

nal receber a prestação de trabalho", in Estudos em Homenagem ao Professor Doutor Inocêncio Galvão Telles, Volume IV, Novos Estudos de Direito Privado, 2003, pp. 1096 e segs.

[122] Considerando 26 do Ac. de 29-07-2010, processo C-151/09, Federación de Servicios Públicos da UGT..., cit., e considerando 32 do Ac. do TJCE de 26-09-2000, processo C-175/99, Didier Mayeur e Association Promotion de l'information messine (APIM).

[123] Considerando 30 do Ac. do TJCE de 14-09-2001, Renato Collino, citado.

[124] Considerando 23 do Ac. do TJUE de 29-07-2010, processo C-151/09 e considerandos 29 e 30 do Ac. do TJCE de 20-11-2003, processo C-340/01, Carlito Abler e a. e Sodexho MM Catering Gesellschaft mbH, Sanrest GroBküchen Betriebsgesellschaft mbH. A identidade resulta em regra também de outros elementos – considerandos 49 e 52 do Ac. do TJCE de 26-09-2000, processo C-175/99, Didier Mayeur e considerandos 33 e 34 do Ac. Abler cit. ult.

[125] Cf. considerando 30 do Ac. do TJCE de 11-11-2004, processo C-425/02, Joahanna Maria Delahaye, Boor pelo casamento, contra Ministre de la Fonction publique et de la Réforme administrative.

[126] Cf. considerando 3 da Directiva 2001/23, de acordo com o qual "é necessário adotar disposições para proteger os trabalhadores em caso de mudança de empresário especialmente para assegurar a manutenção dos seus direitos". O Tribunal de Justiça procura conciliar este objetivo com o de "permitir o surgimento de empresas competitivas" (considerando 66 das conclusões do Advogado--Geral M. Poiares Maduro apresentadas em 27-01-2005, processo C-478/03, Celtec Ltd contra John Astley, Julie Owens, Deborah Lynn Hawkes).

[127] Cf. considerando 84 das Conclusões da Advogada-geral Eleanor Sharpston no processo C-151/09, Federación de Servicios Públicos de la UGT (UGT-FSP) ..., citado.

[128] Considerando 37 do Ac. do TJCE de 14-09-2001, Renato Collino, citado.

empregador pode fixar atentas as funções do trabalhador e a sua qualificação e a dos que tenham a mesma qualificação e exerçam funções análogas[129]), a rescisão do contrato de trabalho que consequencie considerar-se-á da responsabilidade do empregador[130]. A dificuldade está no apuramento concreto do grau devido de preservação do respetivo conteúdo e dos aspetos relativos ao estatuto dos trabalhadores (como, por exemplo, a manutenção do estatuto de representante dos trabalhadores até à extinção do respetivo mandato[131] e a consideração pelo novo empregador, nos termos decorrentes da relação de emprego estabelecida com o cedente, da antiguidade para o cálculo de direitos de natureza pecuniária[132])[133].

A preservação da relação jurídica ocorre independentemente da vontade do trabalhador e não obsta à modificação do respetivo regime em momento subsequente[134]. Por outro lado, a transmissão de estabelecimento, segundo o Direito da UE, abrange os trabalhadores com vínculos jurídico-privados, mas não necessariamente os demais trabalhadores[135]. Para estes, a definição da sua situação jurídica em face da empresa é objeto de tratamento normativo específico[136] ou de estipulação convencional[137]. Em termos gerais, trata-se de "evitar o carácter preceptivo da extinção da relação primeira, convertendo a obrigação em von-

[129] Cf. do Conselho de Estado francês, o *avis* nº 299307 *du* 21 *mai* 2007.
[130] Considerando 32 do Ac. do TJCE de 11-11-2004, Delahaye.
[131] Considerandos 11 a 13 das Conclusões da Advogada-geral Eleanor Sharpston, citadas.
[132] Considerandos 50 e 51 do Ac. do TJCE de 14-09-2001, Renato Collino.
[133] Medida que deve contemplar as situações de abuso traduzidas no sobredimensionamento do conjunto dos trabalhadores ou no incremento das condições laborais contratuais previamente à reversão de atividade exteriorizada. Sobre estas Juan José Fernández Domínguez e Susana Rodríguez Escanciano, Hacia un nuevo Régimen Jurídico del personal ..., cit., pp. 225 a 228.
[134] A "sub-rogação produz os seus efeitos *ipso facto*" – Juan José Fernández Domínguez e Susana Rodríguez Escanciano, Hacia un nuevo Régimen, p. 217 e pp. 218 e 219.
[135] O Direito da União não impõe, nesta sede, "uma definição uniforme do conceito de trabalhador ou dos direitos emergentes do contrato de trabalho" – considerando 17 das conclusões do Advogado-Geral M. Poiares Maduro apresentadas em 27-01-2005, processo C-478/03, Celtec Ltd contra John Astley, Julie Owens, Deborah Lynn Hawkes.
[136] Nos termos do artigo 45º, nº 2, do Decreto-Lei nº 53/2006, de 7.12, na redação dada pelo artigo 38º da Lei nº 64-B/2011, de 30.12, "no caso de reorganização de serviços abrangidos pelo âmbito de aplicação objetivo estabelecido no artigo 2º que implique a transferência de atribuições e competências para entidades públicas empresariais, aplica-se o procedimento previsto no artigo 13º ou nºs 7 e seguintes do artigo 14º, consoante o caso, devendo aquelas entidades dispor de um mapa de pessoal com postos de trabalho destinados aos trabalhadores com relação jurídica de emprego público que lhes venham a ser reafetos nos termos daquelas disposições, a extinguir quando vagar".
[137] Cf., por exemplo, artigo 16º, nº 3, do Decreto-Lei nº 209/2009, de 03-09.

tade e permitindo [ao trabalhador] optar por conservar o *status* precedente"[138]. Na falta de específica previsão legal ou convencional, deve aplicar-se o regime da transmissão de estabelecimento, seja por aproveitar ao trabalhador o sentido essencial do mesmo, seja porque a alternativa da colocação em mobilidade especial pode ser menos favorável. Não tem sido este o caso; antes, como referido, são oferecidas duas concretas alternativas ao trabalhador: constituir uma nova relação jurídica de emprego com a empresa gestora do serviço; manter a relação jurídica de emprego público, seguida de mobilidade junto daquela ou passar a exercer a sua atividade num outro serviço do mesmo empregador. De notar que que a associação à prestação de um serviço público de uma empresa privada não descaracteriza as relações de emprego desta[139], o que significa que as relações jurídicas de emprego constituídas antes e depois da delegação são relações jurídicas entre privados disciplinadas nos termos laborais comuns.

2.1.3. A mobilidade por cedência de interesse público

Os trabalhadores do sector empresarial local podem exercer funções na Administração Pública em geral ao abrigo de acordo de cedência de interesse público e vice-versa. A cedência de interesse público é o instrumento de mobilidade pelo qual o trabalhador exerce, com carácter temporário, funções para com um outro empregador com regime laboral (estruturalmente) diferente mantendo a relação jurídica de emprego de anterior[140]. A relação jurídica de emprego fica sujeita a um regime jurídico misto, pois o regime jurídico do pessoal do cessionário não se aplica, desde logo, quando está em causa a cessação da relação jurídica de emprego, antes é o da relação jurídica de base, assim como em matéria de proteção social, aqui de acordo com a opção do trabalhador, cujos períodos de desempenho funcional relevam, igualmente, no âmbito daquela[141]. A suspensão do estatuto jurídico desta é, assim, apenas parcial e pode não ter lugar se for dis-

---

[138] Juan José Fernández Domínguez e Susana Rodríguez Escanciano, Hacia un nuevo..., cit., pp. 221 a 224, e Emmanuel Aubin, Droit de la Fonction publique, mémentos, Gualino éditeur, 2001, pp. 28 a 31.
[139] Yves Delaire, La délégation ..., cit., p. 160.
[140] A distinção é entre os empregadores públicos com um regime laboral especifico e empregadores (públicos ou privados) com o regime laboral comum.
[141] Designadamente: i) aplica-se o estatuto disciplinar de origem e a aplicação das sanções expulsivas são da competência do empregador de base; ii) o trabalhador mantém o direito à contagem do tempo de serviço na relação jurídica de base; iii) mantém o direito ao regime de proteção social de origem, com os descontos a serem efetuados sobre a remuneração que ao trabalhador competiria na categoria de origem; iv) mantém o direito à evolução profissional na relação jurídica de base com sujeição aos correspondentes procedimentos e pode vir a ocupar outro posto de trabalho em outro serviço ou organismo.

posto em contrário. A cedência pressupõe o acordo escrito subscrito por todas as partes, que exiba, *inter alia*, o não prejuízo para os interesses públicos prosseguidos pelo cedente. E pressupõe a existência de um vínculo por tempo indeterminado, por ser contraditória com a lógica ou os fundamentos da contratação a termo.

2.2. A mobilidade entre empresas do sector público

A cedência ocasional[142] é aplicável à mobilidade de trabalhadores entre empresas, seja entre empresas municipais, seja entre empresas municipais e quaisquer empresas públicas e entre estas e aquelas[143] [144]. Trata-se de uma vicissitude do contrato de trabalho, um "evento esporádico" deste[145], uma "modificação subjetiva temporária", isto é, uma modificação ao nível do sujeito empregador (pois há uma dissociação, por um determinado período[146], entre este e a "pessoa que exerce o poder de direção"[147]). O trabalhador exerce a sua atividade para outro empregador a cujo poder de direção fica sujeito sem deixar de manter o vínculo laboral inicial[148]. O regime de trabalho aplicável é, em parte, o do cessionário e, em parte, o do cedente. Quanto ao primeiro, aplica-se quando está em causa o modo de prestação do trabalho, o local de trabalho, a duração e horário de trabalho, a suspensão do contrato de trabalho, a segurança e saúde no trabalho, o acesso a equipamentos sociais, as férias, subsídios de férias e de Natal e outras prestações regulares e periódicas a que os trabalhadores do cessionário têm direito por idêntica prestação de trabalho[149]. A cedência deve observar as condições constantes do contrato de trabalho[150], considerando-se aqui o tempo de cedência para efeitos da relevância que aquele atribui à antiguidade[151]; de igual modo, quanto à avaliação feita pelo cessionário do seu desempenho. O poder disciplinar

---

[142] Cf. artigos 288º a 293º do Código do Trabalho.
[143] Cf. artigo 46º, nº 2, da LSEL.
[144] Diferente, a mobilidade entre empresas públicas estaduais, nos termos do artigo 17º-A do Decreto-Lei nº 558/99, de 17.12: "Os trabalhadores das empresas públicas podem exercer, em comissão de serviço, funções de carácter específico em outras empresas públicas, mantendo todos os direitos inerentes ao seu estatuto profissional na empresa de origem, incluindo os benefícios de reforma e sobrevivência, considerando-se todo o período da comissão como serviço prestado na empresa de origem".
[145] Júlio Gomes, Direito do Trabalho, relações individuais, 2007, p. 836.
[146] Luís Manuel Teles de Menezes Leitão, Direito do Trabalho, 2ª edição, 2010, p. 412.
[147] Júlio Gomes, Direito do Trabalho ...cit., p. 842.
[148] Cf. artigo 288º do Código do Trabalho.
[149] Cf. artigo 291º, nº 1 e nº 5, alínea b), do Código do Trabalho.
[150] Cf. artigo 288º, nº 6, do Código do Trabalho.
[151] Cf. artigo 290º, nº 2, do Código do Trabalho. No termo da cedência, o trabalhador mantém os direitos que tinha antes do início da cedência contando-se na antiguidade o período da cedência (artigo 290º, nº 2).

mantém-se na esfera do cedente, sem prejuízo da possibilidade de delegação por acordo entre as partes[152], salvo quanto estiver em causa a aplicação da sanção de despedimento. A empresa cedente é o devedor da retribuição, sem prejuízo do acordo no sentido do seu pagamento pelo cessionário. O trabalhador tem direito à retribuição mínima que corresponda às suas funções por força de instrumento de regulamentação coletiva ou à praticada pelo cessionário para tais funções ou à auferida no momento da cedência, consoante a que for mais elevada[153].

No que se refere às condições para a cedência, são as seguintes: i) o acordo escrito das partes; ii) a duração indeterminada do contrato de trabalho que vincula o trabalhador ao cedente; iii) a duração de um ano, renovável até o limite de cinco. Quanto à relação existente entre o cedente e o cessionário, a exigência geral é a de que sejam sociedades coligadas, em relação societária de participações recíprocas, de domínio ou de grupo, ou empregadores com estruturas organizativas comuns. A estas situações deve acrescentar-se a previsão específica da sua utilização no regime do sector empresarial local[154].

2.3. A mobilidade de e para as associações de municípios

Aos trabalhadores das associações de municípios de fins específicos, pessoas coletivas de direito privado, é aplicável o regime jurídico do contrato individual de trabalho na Administração (contrato de trabalho em funções públicas). As associações de municípios de fins múltiplos, pessoas coletivas de direito público, dispõem de trabalhadores em situação de mobilidade nos termos gerais e de trabalhadores com contrato de trabalho, sem que a lei especifique o regime deste, o qual – atenta a sua natureza e dada a previsão legal para as associações de fins específicos – só pode ser o regime do contrato de trabalho em funções públicas. Nos termos deste, a mobilidade das associações de município para as empresas municipais opera através de cedência de interesse público; de igual modo, a mobilidade das empresas municipais para aquelas associações[155].

3. A mobilidade na empresa municipal

A mobilidade no interior das empresas municipais opera nos termos do direito laboral comum, no essencial, por mobilidade funcional e geográfica. A mobilidade funcional traduz a exigência temporária ao trabalhador, quando o interesse da empresa o exija, de tarefas não compreendidas na atividade contratada, desde

---

[152] Aplicação analógica do artigo 329º, nº 4, do Código do Trabalho.
[153] Cf. artigo 291º, nº 5, alínea a), do Código do Trabalho.
[154] Cf. artigo 46º, nº 2, da LSEL.
[155] Cf. artigos 2º, nºs 1, 2 e 4, 21º e 37º, nº 1, alínea a), da Lei nº 45/2008, de 27.08, e artigo 3º e 58º da LVCR.

que tal não implique modificação substancial da sua posição laboral[156]. De destacar é o exercício de funções em comissão de serviço por parte de trabalhador da empresa, o que acontece quando se trate do exercício de "cargo de administração ou equivalente, de direção ou chefia diretamente dependente da administração ou de diretor-geral ou equivalente, funções de secretariado pessoal do titular de qualquer desses cargos, ou ainda, desde que o instrumento de regulamentação coletiva de trabalho o preveja, funções cuja natureza também suponha especial relação de confiança em relação a titular daqueles cargos"[157].

A mobilidade geográfica consistente na modificação do local de trabalho, fixado no clausulado do contrato, por transferência temporária ou definitiva do trabalhador resultante de decisão do empregador[158].

4. A mobilidade especial

A mobilidade especial consiste na colocação temporária, mas indeterminada, na situação de inatividade de trabalhador por força da extinção do respetivo posto de trabalho, determinada por alterações organizativas associadas ao redimensionamento das atribuições dos serviços ou organismos públicos ou dos recursos a elas afetos. A mobilidade especial não extingue o vínculo laboral, no pressuposto da possibilidade de recolocação do trabalhador em órgão ou serviço sob a direção de um mesmo empregador ou entidade ou sob a superintendência e tutela do Estado-Administração[159]. O posicionamento jurídico intersubjetivo das empresas municipais não permite esta recolocação no «mercado interno» do emprego público[160]. Depois, enquanto empresa, está sujeita a uma contabilidade de ganho que não a permite ser indiferente aos "motivos de mercado" e, sobretudo, aos motivos "estruturais" e "tecnológicos" relativos à empresa ou que a afetam[161]. Neste quadro, rege o regime da extinção dos postos de trabalho, do Direito laboral comum, que pode ser causa de despedimento[162].

---

[156] Cf. artigo 120º, nº 1, do Código do Trabalho.
[157] Cf. artigo 161º, do Código de Trabalho.
[158] Cf. artigos 106º, nº 3, alínea b), 129º, nº 1, alínea f), 142º, nº 2, 170º, nº 2, 193º a 196º, 207º, nº 2, alínea b), 215º, nº 1, alínea c), do Código do Trabalho.
[159] Cf. artigo 16º, nº 3, do Decreto-Lei nº 209/2009, de 03-09, e Lei nº 53/2006, de 7.12, e Lei nº 11/2008, de 20.02.
[160] Cf. artigo 2º, nº 3, da Lei nº 53/2006, de 7.12. Sem prejuízo, os trabalhadores da Administração Pública em geral podem ser colocados em entidades públicas empresariais (artigo 35º, nº 1, do mesmo diploma).
[161] Cf. artigo 367º do Código do Trabalho.
[162] Cf. artigo 368º, nº 4, do Código do Trabalho.

Conclusões

1. O regime de pessoal das empresas municipais é, fundamentalmente, o Direito laboral comum, o que é consentâneo com a sua natureza empresarial e o posicionamento concorrencial correspondente.
2. A responsabilidade pela função, a heteronomia dos interesses prosseguidos e a dependência dos recursos públicos, por um lado, e a necessidade de funcionarem segundo as regras concorrência e de eficiência económica, por outro lado, impõem modelações jurídico-públicas ao regime laboral privado das empresas do sector público.

    Com efeito, o reflexo da concorrência e da vinculação aos interesses do empregador nas relações laborais existe, por si, no sector privado; nas empresas públicas, designadamente municipais, precisa de ser induzida.
3. O recrutamento dos trabalhadores das empresas municipais deve ser aberto, comparativo e seletivo mediante um procedimento público que assegure a sujeição à concorrência dos respetivos empregos.
4. Na aplicação do regime laboral privado, destacam-se entre modelações jurídico-públicas as exigências de imparcialidade (regime de incompatibilidades e inelegibilidades), responsabilidade (civil extracontratual e penal) e de transparência (acesso à informação relativa às relações laborais).
5. As empresas municipais podem ter trabalhadores com vínculos laborais de natureza administrativa: trata-se de trabalhadores em situação de mobilidade (cedência de interesse público) e de trabalhadores com relação jurídica de emprego público prévia em que a preservação do estatuto jurídico de origem foi determinante para a opção de constituição de uma relação jurídica de emprego com a empresa municipal.
6. Os conflitos laborais são em regra da competência dos tribunais judiciais, salvo se a sua resolução assentar em disposições que corporizam vinculações jurídico-públicas e os conflitos respeitarem aos vínculos laborais jus-administrativistas.
7. O controlo político-administrativo da gestão dos recursos humanos das empresas municipais opera através da representação acionista na empresa ou das orientações de gestão do dono estatutário da empresa. Cabe, bem assim, do ponto de vista da legalidade, da racionalidade financeira e conformidade ao princípio da concorrência, ao Tribunal de Contas, à Inspeção-geral de Finanças, à Autoridade das Condições de Trabalho e ao Ministério Público.

8. A mobilidade intersubjetiva para empresa municipal através de cedência de interesse público e de cedência ocasional, que importam uma modificação temporária parcial do objeto imediato da relação jurídica de emprego. A mobilidade intrasubjetiva opera nos termos gerais do Direito laboral comum.

A aplicação da tramitação prejudicial urgente no espaço de liberdade, segurança e justiça pelo Tribunal de Justiça: um primeiro balanço

ANA SOARES PINTO
Assistente na Faculdade de Direito da Universidade de Lisboa

SUMÁRIO: Considerações introdutórias. I. A tramitação prejudicial urgente. a) Significado. b) Génese e justificação. c) Tramitação. II. A aplicação da tramitação prejudicial urgente. a) As condições de aplicação da tramitação prejudicial urgente. b) O pedido de aplicação da tramitação prejudicial urgente. c) Os prazos da tramitação. III. Considerações conclusivas.

1. Considerações introdutórias[1/2]

O Tribunal de Justiça da União Europeia[3] decide a título prejudicial, a pedido dos órgãos jurisdicionais nacionais, sobre a interpretação do direito da União e sobre a validade dos actos aprovados pelas instituições, órgãos e organismos da União Europeia (artigo 19º/3/b' TUE conjugado com o artigo 267º TFUE).

O processo de questões prejudiciais, mecanismo de cooperação entre o TJUE e os órgãos jurisdicionais nacionais[4], é fundamental para garantir a interpreta-

---

[1] V. no final do presente estudo a lista de abreviaturas utilizadas.
[2] Informação actualizada a 31.12.2011.
[3] O Tribunal de Justiça da União Europeia inclui o Tribunal de Justiça (ex- Tribunal de Justiça das Comunidades Europeias), o Tribunal Geral (ex-Tribunal de Primeira Instância) e os tribunais especializados (ex-Câmaras jurisdicionais) – artigo 19º/1 TUE. A U.E. dispõe actualmente de um único tribunal especializado, o Tribunal da Função Pública da União Europeia.
[4] O conceito de órgão jurisdicional nacional releva do direito da União e para apreciar se determinado órgão tem a natureza de "órgão jurisdicional" o TJ tem em conta elementos, como a origem legal do organismo, a sua permanência, o carácter obrigatório da sua jurisdição, a natureza contraditória do processo, a aplicação de normas jurídicas pelo organismo, bem como a sua independência.

ção e a aplicação uniforme do direito da União[5]. Tem contribuído para o desenvolvimento de importantes princípios do direito da União como o primado, o efeito directo, a interpretação conforme, a protecção cautelar pelos tribunais nacionais de direitos subjectivos reconhecidos pelo direito da União e a responsabilidade civil extracontratual dos Estados-membros por incumprimento do direito da União.

Nos termos do artigo 267º TFUE, as questões prejudiciais podem ser facultativas ou obrigatórias. Qualquer órgão jurisdicional de um Estado-membro da União, ao qual tenha sido submetido um litígio que envolva a aplicação do direito da União, pode submeter uma questão prejudicial ao TJUE sempre que o considere necessário ao julgamento da causa (artigo 267º §2 TFUE). No entanto, o órgão jurisdicional estará obrigado a colocar a questão prejudicial sempre que as suas decisões não sejam susceptíveis de recurso judicial, previsto no direito interno, ou seja, sempre que naquela causa em concreto esteja a decidir em última instância (artigo 267º §3 TFUE).

A jurisprudência do TJ flexibilizou a distinção constante do artigo 267º TFUE. Em primeiro lugar, tornou facultativa a obrigação de submissão de uma questão prejudicial para o órgão jurisdicional nacional de cujas decisões não caiba recurso judicial quando: a) a questão suscitada não seja pertinente; b) exista jurisprudência do Tribunal de Justiça da União Europeia sobre a matéria; ou c) a correcta interpretação do direito da União se imponha com tal evidência que não dá lugar a qualquer dúvida razoável (teoria do acto claro) (acórdão *Cilfit*[6]). Em segundo lugar, tornou sempre obrigatória a submissão de uma questão prejudicial quando o órgão jurisdicional tenha dúvidas sobre a validade do acto

---

V. designadamente, acórdão de 30.6.1966, *Vaassen-Göbbels*, processo 61/65, *Col.* 1966, p. 367; e o acórdão de 16.12.2008, *Cartesio*, processo C-210/06, *Col.* 2008, p. I-9641.

[5] A bibliografia sobre o processo de questões prejudiciais é vasta, à luz do Tratado de Lisboa, v. designadamente, Renè BARENTS – "The Court of Justice after the Treaty of Lisbon", *Common Market Law Review*, 47, 2010, pp. 709-728; Stephen CARRUTHERS – "The Treaty of Lisbon and the reformed jurisdictional powers of the European Court of Justice in the field of justice and home affairs", *European Human Rights Law Review*, 2009, nº 6, p. 784-804; Koen LENAERTS – "The contribution of the European Court of Justice to the Area of Freedom, Security and Justice", *International and Comparative Law Quarterly* 2010, v. 59, n. 2, April, p. 255-301; Steve PEERS – "Mission accomplished? EU Justice and Home Affairs Law after the Treaty of Lisbon", *Common Market Law Review*, 48, 2011, p. 661-693; e, em língua portuguesa, João de Mota CAMPOS – *Manual de direito europeu*, Coimbra editora, 6º ed., 2010; Miguel GORJÃO-HENRIQUES, *Direito da União*, Almedina, 2010; Jónatas MACHADO, *Direito da União Europeia*, Coimbra editora, 2010; Maria José de Rangel MESQUITA – *A União europeia após o Tratado de Lisboa*, Almedina, 2010; Nuno PIÇARRA, "A União Europeia como espaço de liberdade, segurança e justiça: uma caracterização geral", in *Estudos comemorativos dos 25 anos do ISCPSI*, Almedina, 2009.

[6] Acórdão de 6.10.1982, *Cilfit*, processo 283/81.

de direito derivado da União, mesmo quando ainda caiba recurso judicial da sua decisão (acórdão *Fotofrost*[7]).

A competência para decidir um pedido prejudicial é, na prática, exclusiva do TJ. Apesar do artigo 256º/3 TFUE atribuir também ao Tribunal Geral competência para conhecer das questões prejudiciais, submetidas por força do artigo 267º, em matérias específicas determinadas pelo Estatuto[8], a persistente omissão do Estatuto, determina que, na prática, apenas, o TJ detenha tal competência.

A tramitação regra dos pedidos de decisão prejudicial encontra-se regulada no artigo 23º do Estatuto do Tribunal de Justiça da União Europeia (ETJUE) e no artigo 104º do Regulamento de Processo do Tribunal de Justiça (RPTJ). Em 1 de Fevereiro de 2001 entrou em vigor a tramitação acelerada, aplicável em todos os domínios *"quando as circunstâncias invocadas justifiquem a urgência extraordinária em responder à questão submetida a título prejudicial"* (actualmente regulada no artigo 23º-A do ETJUE e no artigo 104º-A do RPTJ). Em 1 de Março de 2008 com o fundamento de que *"o tratamento rápido de um número importante de pedidos de decisão prejudicial apenas é possível introduzindo uma tramitação prejudicial urgente que limite e simplifique as etapas do processo prejudicial"*[9], entrou em vigor uma tramitação urgente para os pedidos de decisão prejudicial relativos ao espaço de liberdade, segurança e justiça.

Não pretendemos analisar o processo de questões prejudiciais, objecto de vasta e extensa bibliografia, o nosso objectivo é, decorridos quase quatro anos da entrada em vigor da tramitação urgente dos pedidos de decisão prejudicial relativos ao espaço de liberdade, segurança e justiça, proceder ao seu enquadramento e à avaliação da sua aplicação prática.

---

[7] Acórdão de 22.10.1987, *Foto-Frost*, processo 314/85, *Col.* 1987, p. 4199. De acordo com a jurisprudência *Foto-Frost* o órgão jurisdicional nacional cujas decisões são susceptíveis de recurso judicial de direito interno pode apreciar a validade de um acto de direito da União e, se não considerar procedente os fundamentos de invalidade que as partes invocam, pode rejeitar esses fundamentos concluindo que o acto é plenamente válido. Pelo contrário, os órgãos jurisdicionais, sejam as suas decisões susceptíveis ou não de recurso judicial de direito interno, não são competentes para declarar a invalidade dos actos das instituições, órgãos e organismos da União – esta é uma competência exclusiva do Tribunal de Justiça da União Europeia – logo, quando tenham dúvidas sobre a validade do acto estão obrigados a submeter a questão prejudicial.

[8] Competência reconhecida ao Tribunal de Primeira Instância (actual Tribunal Geral) pelo Tratado de Nice, que entrou em vigor em 1 de Fevereiro de 2003, mas que continua por concretizar.

[9] Considerando nº 3 da alteração ao RPTJ que criou a tramitação prejudicial urgente, *JOUE* L24, de 29.1.2008, p. 39-41.

I - A TRAMITAÇÃO PREJUDICIAL URGENTE (PPU[10])[11]

a) Significado

A tramitação prejudicial urgente é aplicável aos pedidos de decisão prejudicial relativos ao espaço de liberdade, segurança e justiça, ou seja, a matérias abrangidas pelo Título V da Parte III do TFUE – políticas relativas aos controlos nas fronteiras, ao asilo e à imigração, à cooperação judiciária em matéria civil, à cooperação judiciária em matéria penal e à cooperação policial. É regulada pelo artigo 23º-A do Protocolo (nº 3) relativo ao Estatuto do Tribunal de Justiça da União Europeia e pelo artigo 104º-B do Regulamento de Processo do Tribunal de Justiça.

O PPU simplifica as diferentes etapas do processo no Tribunal de Justiça, o que permite reduzir a duração média de um processo de questões prejudiciais de 16 meses para pouco mais de 2 meses[12]. Os processos submetidos a tramitação urgente são confiados a uma secção de cinco juízes especialmente designada e a fase escrita decorre, na prática, essencialmente por via electrónica e é extremamente reduzida, tanto em termos de duração – graças à limitação das suas etapas e à diminuição dos prazos impostos – como do número de intervenientes autorizados a submeter observações escritas, intervindo a maioria na fase oral do processo, que é obrigatória.

---

[10] A opção pela abreviatura PPU, em lugar da portuguesa TPU, deve-se à designação de todos os processos prejudiciais submetidos a tramitação prejudicial urgente por PPU (C-[número do processo]/[ano da entrada do pedido na secretaria do TJ] PPU), expressão, entretanto, generalizada entre a doutrina e os aplicadores do direito da União.

[11] Sobre a tramitação prejudicial urgente v., designadamente, Catherine BARNARD – "The PPU ["procédure préjudicielle d'urgence"]: is it really worth the candle? An early assessment", *European Law Review*, 2009, v. 34, nº 2, April, p. 281-297; Elsa BERNARD – "La nouvelle procédure préjudicielle d'urgence applicable aux renvois relatifs à l'espace de liberté, de sécurité et de justice", *Europe* 2008, v. 18, n. 5, mai, p. 5-8; Caroline NAÔMÉ – "La procédure accélérée et la procédure préjudicielle d'urgence devant la Cour de justice des Communautés européennes", *Journal de droit européen* 2009, v. 17, n. 162, octobre, p. 237-247; Editorial – "Speeding up the preliminary reference procedure – fast but not too fast", *European Law Review*, 33, Outubro 2008, p. 617-618; Ana Maria Guerra MARTINS, "Algumas notas sobre o espaço de liberdade, segurança e justiça no Tratado de Lisboa", *Ensaios sobre o Tratado de Lisboa*, Almedina, 2011, p. 127-141.

[12] A duração média do processo de questões prejudiciais foi de 16,8 meses em 2008; 17,1 meses, em 2009 e de 16,1 meses, em 2010, enquanto a de um processo prejudicial urgente foi de 2,1 meses; 2,5 meses e de 2,1 meses, respectivamente, informação disponível em *Estatísticas judiciárias do TJ*, no sítio da Curia http://curia.europa.eu.

b) Génese e justificação

O Tratado de Amesterdão[13] consagrou como um objectivo fundamental da União Europeia "*a manutenção e o desenvolvimento da União enquanto espaço de liberdade, de segurança e de justiça, em que seja assegurada a livre circulação de pessoas, em conjugação com medidas adequadas em matéria de controlos na fronteira externa, asilo e imigração, bem como de prevenção e combate à criminalidade*"[14]. O espaço de liberdade, segurança e justiça assentava numa "dualidade de Tratados, de procedimentos decisórios e de fontes de direito"[15], abrangia a matéria da cooperação policial e judiciária em matéria penal – ex-III pilar da U.E., ex-artigos 29º a 42º ex-TUE – e a matéria de vistos, asilo, imigração e outras políticas relativas à livre circulação de pessoas – ex-I pilar da U.E., ex-artigos 61º a 69º TCE (Título IV TCE), "comunitarizada" com o Tratado de Amesterdão.

A dualidade estendia-se igualmente aos regimes de questões prejudiciais com a previsão do regime específico do ex-artigo 68º ex-TCE, em matéria de vistos, asilo, imigração e outras políticas relativas à livre circulação de pessoas, e do regime específico do ex-artigo 35º TUE, em matéria de cooperação policial e judiciária em matéria penal – distintos ainda do regime regra previsto no então artigo 234º ex-TCE (actual artigo 267º TFUE).

O Tratado de Amesterdão estabelecera como contrapartida da comunitarização da matéria de vistos, asilo, imigração e outras políticas relativas à livre circulação de pessoas, um período transitório de 5 anos a contar da data da entrada em vigor do Tratado de Amesterdão, findo o qual (ou seja, a partir de 1 de Maio de 2004), o Conselho poderia[16] aprovar uma decisão destinada a adaptar as disposições relativas à competência do TJ (ex-artigo 67º/2/2º travessão ex-TCE). Tal decisão permitiria abolir o regime específico de questões prejudiciais, então criado, que limitava a possibilidade de submissão de questões prejudiciais aos órgãos jurisdicionais nacionais cujas decisões não fossem susceptíveis de recurso interno e permitia que o Conselho, a Comissão ou um Estado-membro pudessem solicitar ao TJ que se pronunciasse sobre a interpretação do direito da União em matéria de vistos, asilo, imigração e outras políticas relativas à livre circulação de pessoas (ex-artigo 68º TCE).

O Tratado de Nice[17] não introduziu alterações nesta matéria.

---

[13] O Tratado de Amesterdão foi assinado em 2.10.1997 e entrou em vigor em 1.5.1999, *in JOUE* C 340, de 10.11.1997.

[14] Artigo 2º§4 TUE.

[15] Na sugestiva expressão de Nuno PIÇARRA, *Elementos de Direito Comunitário Especial*, disponível no sítio da Faculdade de Direito da Universidade Nova de Lisboa, www.fd.unl.pt.

[16] Por deliberação por unanimidade, após consulta ao Parlamento Europeu.

[17] O Tratado de Nice foi assinado em 26.2.2001 e entrou em vigor em 1.2.2003, *in JOUE* C 80, de 10.3.2001.

O Tratado Constitucional, assinado a 29 de Outubro de 2004[18], eliminava os regimes específicos e previa que sempre que uma questão prejudicial fosse suscitada em processo pendente, perante um órgão jurisdicional nacional, relativamente a uma pessoa que se encontre detida, o TJ se pronunciaria com a maior brevidade possível[19]. Em Novembro de 2004, o Conselho Europeu decidiu que, "*na perspectiva do Tratado Constitucional há que pensar em conceber uma solução a aplicar com vista a um tratamento rápido e adequado dos pedidos de decisões prejudiciais que digam respeito ao espaço de liberdade, segurança e justiça*", convidando a Comissão a, após consulta ao TJ, apresentar uma proposta para esse efeito[20]. Perante o fracasso do Tratado Constitucional, em 2006, na sequência dos referendos negativos francês e neerlandês, a Comissão apresentou a *Comunicação sobre a adaptação das disposições do Título IV do TCE relativas às competências do TJ, por forma a assegurar uma tutela jurisdicional mais efectiva*[21] que, continha em anexo um projecto de Decisão do Conselho que adaptava as disposições relativas ao TJ nos domínios abrangidos pelo Título IV da Parte III do TCE – vistos, asilo, imigração e outras políticas relativas à livre circulação de pessoas. O projecto de Decisão aplicava a esta matéria as regras gerais do TCE, nomeadamente, o artigo 234º TCE (actual artigo 267º TFUE) e eliminava a exclusão da competência do TJ em matéria de manutenção da ordem pública e de garantia da segurança interna, previstas no artigo 68º/2 TCE e no artigo 2º/1§3 do Protocolo que integra o acervo de Schengen no âmbito da UE. A comunicação admitia a criação de regras especiais que permitissem um tratamento imediato de casos particularmente urgentes.

Em Setembro de 2006, no quadro da decisão do Conselho Europeu de Novembro de 2004, tendo presente a Comunicação apresentada pela Comissão, o TJ apresentou um *Documento de reflexão sobre o tratamento das questões prejudiciais relativas ao espaço de liberdade, segurança e justiça*[22] que continha duas opções para a criação de uma tramitação prejudicial urgente. No essencial, distinguiam-se por, na primeira opção, apenas o Estado-membro do órgão jurisdicional que suscitara a questão prejudicial ser parte no processo, enquanto na segunda opção,

---

[18] O Tratado que estabelece uma Constituição para a Europa foi publicado no *JOUE* C 310, de 16.12.2004.
[19] Artigo III-369º§4 Tratado que estabelece uma Constituição para a Europa.
[20] Conclusões do Conselho Europeu de 4 e 5 de Novembro de 2004.
[21] *Comunicação sobre a adaptação das disposições do Título IV do Tratado que institui a Comunidade Europeia relativas às competências do Tribunal de Justiça, por forma a assegurar uma tutela jurisdicional mais efectiva* – COM(2006)346.
[22] Doc.13272/06 do TJUE. Em Dezembro de 2006 o Tribunal de Justiça apresentou novo documento com descrição detalhada das duas opções (doc. st.17013/06).

todos os Estados-membros eram parte[23]. A primeira opção limitava a participação às partes no litígio perante o órgão jurisdicional nacional, ao Estado-membro a que pertence o órgão jurisdicional que suscitou a questão, à Comissão e às instituições autoras do acto cuja interpretação ou apreciação da validade fosse suscitada. Esta opção permitia uma tramitação significativamente mais rápida, designadamente, por evitar a tradução para todas as línguas oficiais, contudo tornava necessário um mecanismo que permitisse que todos os Estados-membros pudessem requerer um reexame da decisão do TJ[24].

A maioria dos membros do Conselho considerou que a celeridade na tramitação não deveria ser alcançada à custa da exclusão da intervenção dos Estados-membros e, assim, o Conselho informou o TJ que poderia aceitar a criação de uma tramitação prejudicial urgente aplicável a todo o espaço de liberdade, segurança e justiça, convidando-o a apresentar uma proposta formal com base na segunda opção. A opção do Conselho causou algum embaraço ao TJ, como bem o demonstra a consagração do que podemos designar como uma terceira opção na proposta apresentada, por aquele tribunal, em Julho de 2007[25]. De acordo com a nova opção, todos os Estados-membros podiam participar no processo, mas essa participação era limitada à fase oral. A participação na fase escrita ficava limitada às partes no processo perante o órgão jurisdicional nacional, ao Estado-membro a que este pertence, bem como à Comissão e às instituições autoras do acto cuja interpretação ou apreciação da validade fosse suscitada.

A adaptação da competência prejudicial do TJ em matéria de vistos, asilo, imigração e outras políticas relativas à livre circulação de pessoas, proposta pela Comissão, acabou por ficar dependente do prévio acordo na criação da tramitação prejudicial urgente aplicável a todo o espaço de liberdade, segurança e justiça. O progresso na revisão dos tratados, durante o ano de 2007, que culmi-

---

[23] De acordo com a descrição feita pelo próprio TJ, no *Documento de reflexão sobre o tratamento das questões prejudiciais relativas ao espaço de liberdade, segurança e justiça*, na opção 2 participariam todas as entidades previstas no artigo 23º ETJ, mas segundo regras práticas mais estritas (tradução para todas as línguas apenas da questão prejudicial, fixação de um prazo de resposta mais curto do que no quadro da tramitação acelerada, fixação do volume máximo das observações, ou mesmo não apresentação de observações escritas, inexistência de conclusões do advogado-geral, o qual seria porém ouvido).

[24] Na primeira fase, seria possível apresentar breves observações escritas e/ou organizar uma audiência, consoante os casos. O TJ decidiria através de despacho, a comunicar seguidamente a todos os Estados-Membros e às instituições. Como compensação da sua exclusão, os Estados-Membros e as instituições poderiam requerer um reexame, no prazo de um mês. Quando o reexame não fosse requerido o despacho teria carácter definitivo.

[25] Projecto de Decisão do Conselho "*Tratamento das questões prejudiciais relativas ao espaço de liberdade, segurança e justiça – Alterações ao Regulamento de Processo do Tribunal de Justiça*" – doc.11759/07.

naria na assinatura do Tratado de Lisboa, acabou por adiar, por o Conselho ter considerado desnecessária, a aprovação da decisão proposta pela Comissão.

Em Dezembro de 2007, durante a Presidência Portuguesa do Conselho da União Europeia, foi assinado o Tratado de Lisboa[26] e foi aprovada a Decisão que cria a tramitação prejudicial urgente[27], que consagra a terceira opção apresentada pelo TJ.

Em 20 de Dezembro de 2007 é aprovada a Decisão 2008/79/CE, Euratom, que altera o protocolo relativo ao Estatuto do Tribunal de Justiça e cria a tramitação prejudicial urgente, entrando em vigor, em 1 de Março de 2008, na vigência do Tratado de Nice.

O Tratado de Lisboa eliminou os regimes específicos de questões prejudiciais aplicáveis ao espaço de liberdade, segurança e justiça consagrados no anterior artigo 68º TCE[28] e no anterior artigo 35º TUE[29]. Manteve, todavia, a exclusão da competência do TJ para fiscalizar a validade ou a proporcionalidade de operações efectuadas pelos serviços de polícia ou outros serviços responsáveis pela aplicação da lei num Estado-membro, bem como para decidir sobre o exercício das responsabilidades que incumbem aos Estados-membros em matéria de manutenção da ordem pública e de garantia da segurança interna (artigo 276º TFUE[30]).

A uniformização do controlo jurisdicional do espaço de liberdade, segurança e justiça teve, ainda, como contrapartida a previsão da manutenção em vigor do regime do anterior artigo 35º TUE relativamente aos actos em matéria de cooperação policial e judiciária em matéria penal, aprovados antes da entrada em vigor do Tratado de Lisboa e que não sejam, entretanto, alterados, pelo período máximo de cinco anos a contar da data da entrada em vigor do Tratado de Lis-

---

[26] O tratado de Lisboa foi assinado em 13.12.2007 e entrou em vigor em 1.12.2009.
[27] Decisão 2008/79/CE, EURATOM, do Conselho, que altera o protocolo relativo ao Estatuto do Tribunal de Justiça e cria a tramitação prejudicial urgente, in JOUE L 24 de 29.1.2008.
[28] Em matéria de vistos, asilo, imigração e outras políticas relativas à livre circulação de pessoas.
[29] Em matéria de cooperação policial e judiciária em matéria penal.
[30] Disposição que retoma o disposto no artigo III-377º Tratado que Estabelece uma Constituição para a Europa.

boa, ou seja, até 1 de Dezembro de 2014[31] (artigo 10º/1 a 3 do Protocolo (nº 36) relativo às disposições transitórias anexo ao Tratado de Lisboa[32]).

A criação da tramitação prejudicial urgente não é uma imposição da previsão no Tratado[33] da obrigação do TJ se pronunciar com a maior brevidade possível sempre que uma questão prejudicial seja *"suscitada em processo pendente perante um órgão jurisdicional nacional relativamente a uma pessoa que se encontre detida"*.

O PPU resulta antes, da preocupação com o potencial aumento dos pedidos de decisão prejudicial relativos a actos do espaço de liberdade, segurança e justiça, em consequência do número crescente de actos aprovados nesta matéria e da previsível eliminação do(s) regime(s) específico(s) de questões prejudiciais[34] – processos cujo tratamento pelos órgãos jurisdicionais nacionais deve ser efectuado em prazos reduzidos e estritos, impostos tanto pela legislação da União como pela legislação interna dos Estados-membros[35].

O conteúdo dos actos relativos ao espaço de liberdade, segurança e justiça, atendendo ao seu impacto na situação jurídica das pessoas envolvidas, é potencialmente gerador de situações incompatíveis com a duração da tramitação

---

[31] Em conformidade com o artigo 2º do Decreto do Presidente da República nº 65/99, de 19 de Fevereiro, Portugal aceitou a competência do TJ e permite a submissão de uma questão prejudicial em matéria de cooperação policial e judiciária em matéria penal a qualquer órgão jurisdicional nacional (*in DR* nº 42, de 19.2.1999). Para um ponto de situação das declarações relativas à aceitação da competência do TJUE para decidir, a título prejudicial, sobre a validade e a interpretação dos actos a que se refere o ex-artigo 35º ex-TUE, em vigor, até 1 de Dezembro de 2014, v. a *Informação sobre as declarações da República de Chipre e da Roménia sobre a sua aceitação da competência do Tribunal de Justiça da União Europeia para decidir, a título prejudicial, sobre os actos a que se refere o artigo 35º do Tratado da União Europeia*, in *JOUE* L 56, de 6.3.2010.

[32] Para uma crítica ao artigo 10º do Protocolo relativo às disposições transitórias v. Nuno Piçarra, "O Tratado de Lisboa e o espaço de liberdade, segurança e justiça", in AAVV (coord. Nuno Piçarra) – *A União Europeia segundo o Tratado de Lisboa*, Almedina, 2011, p. 127-155, em especial p.146-147.

[33] Artigo III-369º§4 Tratado Constitucional, disposição retomada pelo Tratado de Lisboa no artigo 267º§4 TFUE.

[34] Eliminação do regime específico previsto no artigo 68º TCE, proposta pela Comissão Europeia, ao abrigo do ex-artigo 67º/2§2 TCE ou eliminação dos dois regimes específicos aplicáveis ao espaço de liberdade, segurança e justiça, o do ex-artigo 68º TCE e o do ex-artigo 35º ex-TUE, na sequência da eventual entrada em vigor do Tratado Constitucional. A eliminação dos regimes específicos só seria concretizada com a entrada em vigor do Tratado de Lisboa.

[35] Cfr. nesse sentido o *Documento de reflexão sobre o tratamento das questões prejudiciais relativas ao espaço de liberdade, segurança e justiça* do TJ, de Setembro de 2006 (Doc. st13272/06). O Tribunal de Justiça cita inúmeros exemplos de prazos impostos pela legislação comunitária para a decisão do tribunal nacional, diga-se que, todos em matéria do então Título IV TCE – vistos, asilo, imigração e outras políticas relativas à livre circulação de pessoas. O documento de reflexão previa, todavia, a aplicação da tramitação prejudicial urgente ao espaço de liberdade, segurança e justiça, não a restringindo ao Título IV TCE.

prejudicial normal, designadamente, quando no processo principal esteja em causa a protecção da liberdade pessoal ou o respeito por um direito fundamental, sempre que o atraso na protecção desse direito possa provocar um prejuízo grave e irreparável à pessoa em causa[36]. Para além dos detidos, ao abrigo de um mandado de detenção europeu, pense-se em todas as situações em que a pessoa em causa é objecto de medidas que limitam as suas liberdades fundamentais durante a pendência do processo em tribunal ou nos casos em que se aguarda a execução de uma decisão em matéria de responsabilidade parental, após a deslocação ou retenção ilícita de uma criança por um dos progenitores.

c) Tramitação

A tramitação prejudicial urgente corresponde à proposta apresentada pelo Tribunal de Justiça na terceira opção. Contrariamente à tramitação prejudicial normal, são partes no processo, as partes no litígio no processo perante o órgão jurisdicional nacional, o Estado-membro do órgão jurisdicional, a Comissão e a instituição, órgão ou organismo da União autores do acto cuja validade ou interpretação é questionada, apenas, estas participam integralmente no processo. Os demais Estados, que são partes na tramitação normal, são notificados em momento posterior, tendo, apenas, intervenção na fase oral do processo. Aliás, o artigo 104º-B RPTJ designa-os, sintomaticamente, por "outros interessados", distinguindo-os das partes que intervêm em todo o processo[37].

Quando a aplicação do PPU tenha sido requerida pelo órgão jurisdicional nacional ou, a título excepcional, oficiosamente pelo presidente do TJ, o pedido prejudicial é imediatamente notificado às partes com intervenção em todo o processo, isto é, é notificado às partes no litígio no processo perante o órgão jurisdicional nacional, ao Estado-membro a que pertence o órgão jurisdicional, à Comissão e à instituição, órgão ou organismo da União que tenha aprovado o acto cuja validade ou interpretação se questiona (artigo 104º-B/2 RPTJ).

A decisão de aplicar ou não a tramitação urgente é tomada pela "Secção de urgência"[38] (artigo 104º-B/1 RPTJ) – a secção ou as secções de cinco juízes[39] encarregadas de apreciar, pelo período de um ano, os processos susceptíveis de justificar a tramitação prejudicial urgente (artigo 9º/1 RPTJ), com base num rela-

---

[36] Cfr. nesse sentido o *Complemento ao documento de reflexão sobre o tratamento das questões prejudiciais relativas ao espaço de liberdade, de segurança e de justiça*, do TJ, de Dezembro de 2006 (Doc. st.17013/06).
[37] "*Efectuada a notificação prevista no primeiro parágrafo, o pedido de decisão prejudicial é igualmente notificado aos outros interessados referidos no artigo 23º do Estatuto além dos destinatários da referida notificação (...)*."
[38] Após tradução do pedido de decisão prejudicial para a língua de trabalho do TJ.
[39] As secções de cinco juízes são compostas pelo presidente da secção, pelo juiz-relator e por três juízes, em conformidade com o disposto no artigo 11º-C RPTJ.

tório do juiz relator, ouvido o advogado-geral. A "secção de urgência" é designada pelo TJ, pelo período de um ano e essa designação é publicada no *JOUE*[40], não é uma secção especializada em matéria de espaço de liberdade, segurança e justiça. O juiz-relator é escolhido entre os juízes da "secção de urgência"[41].

A decisão da "secção de urgência" é imediatamente notificada às partes com intervenção em todo o processo. Se a resposta for negativa, o processo segue a tramitação prejudicial normal, prevista no artigo 23º ETJUE e no artigo 104º RPTJ. Se a decisão for positiva, fixa igualmente o prazo para a apresentação de alegações ou observações escritas, podendo precisar as questões jurídicas a abordar e fixar a extensão máxima das peças.

O texto do pedido prejudicial e a decisão de aplicar ou não a tramitação prejudicial urgente são "comunicados" aos "outros interessados" (artigo 104º-B//2 §3 RPTJ). As versões oficiais do RPTJ em línguas inglesa e francesa, apenas, prevêem a notificação às partes com intervenção em todo o processo, estabelecendo para os "outros interessados" uma mera obrigação de "comunicação". Questionavelmente, a versão oficial portuguesa não acolheu esta distinção[42]. De facto, a "comunicação" não é imediata, fica dependente da tradução para todas as línguas oficiais da União[43], somente se admitindo a substituição da tradução na íntegra do pedido de decisão prejudicial pela tradução de um resumo do pedido *"quando seja adequado, devido à extensão da decisão do órgão jurisdicional nacional"* (artigo 104º-B/3 §1 RPTJ).

O TJ notifica às partes com intervenção em todo o processo e aos "outros interessados" as alegações e observações escritas apresentadas, bem como a data da audiência[44] (artigo 104º-B/3 §1 a 3 RPTJ). Esta notificação é acompanhada, no caso dos "outros interessados", do pedido de decisão prejudicial e respectiva tradução (na íntegra ou de um resumo do pedido), elementos que, frequente-

---

[40] A publicação no *JOUE* da designação da secção encarregada dos processos referidos no artigo 104º-B RPTJ tem, contudo, ocorrido já após o início de funções da "secção de urgência" designada. A publicação da designação da "secção de urgência" para o período de um ano que termina em 6 de Outubro de 2012 foi publicada a 17.12.2011 (*JOUE* C 370, p. 4) e a respeitante ao período que terminou em 6.10.2011 a 20.11.2010 (*JOUE* C 317, de 20.11.2010, p. 7).
[41] Se a secção de urgência decidir não submeter o processo a tramitação urgente, o presidente do Tribunal pode reatribuir o processo a um juiz-relator afecto a outra secção.
[42] *"Efectuada a notificação prevista no primeiro parágrafo, o pedido de decisão prejudicial é igualmente **notificado** aos outros interessados referidos no artigo 23º do Estatuto além dos destinatários da referida notificação, e a decisão de submeter ou de não submeter o pedido de decisão prejudicial a tramitação urgente é **comunicada** a esses interessados logo que efectuada a notificação referida no segundo parágrafo".*
[43] A União Europeia tem 23 línguas oficiais: alemão, búlgaro, checo, dinamarquês, eslovaco, esloveno, espanhol, estónio, finlandês, francês, grego, húngaro, inglês, irlandês, italiano, letão, lituano, maltês, neerlandês, polaco, português, romeno e sueco.
[44] A data previsível da audiência deve ser informada logo que possível (artigo 104º-B/2§4 RPTJ).

mente, apenas, lhes são "comunicados" com esta notificação. A notificação aos "outros interessados" permite que tenham conhecimento dos elementos da fase escrita do processo, na qual não podem participar, para que, caso o desejem, possam preparar a sua participação na audiência, pronunciando-se sobre a questão prejudicial colocada ou respondendo às observações apresentadas na fase escrita.

Em casos de *"extrema urgência"*, a secção de urgência pode decidir suprimir a fase escrita do processo (artigo 104º-B/4 RPTJ), restringindo-se a tramitação prejudicial urgente à audiência.

A "secção de urgência"[45] profere a sua decisão após a audiência, depois de ouvir o advogado-geral (artigo 104º-B/5 RPTJ). Contrariamente à tramitação normal, o advogado-geral não apresenta conclusões. Não obstante o RPTJ, apenas, exigir a sua audição, em regra, o advogado-geral tem reduzido a escrito a sua tomada de posição.

Os actos processuais reputam-se apresentados com a transmissão de uma cópia do original assinado e das peças e documentos em apoio, à Secretaria do Tribunal, através de telecopiador ou de outro meio técnico de comunicação de que o Tribunal disponha (artigo 104º-B/6 RPTJ). O TJ pode, assim, proceder imediatamente ao tratamento do pedido e à notificação das partes com intervenção em todo o processo, sem que, como sucede na tramitação regra do TJ, seja necessário aguardar pela transmissão do original do acto e respectivos anexos à Secretaria[46] (artigo 37º/1 e 3 RPTJ)[47].

A celeridade processual do TJ foi recentemente reforçada com a entrada em vigor no dia 2 de Outubro de 2011, da aplicação e-curia. Esta aplicação informática permite a apresentação e a notificação de actos processuais por via electrónica e dispensa a apresentação física, na Secretaria do TJ, do original, das cópias autenticadas do acto apresentado e eventuais anexos (Decisão do Tribunal de Justiça, de 13.9.2011, relativa à apresentação e à notificação de actos processuais através da aplicação e-Curia[48]). A e-curia é aplicável a todos os processos do TJ e é comum às três jurisdições que compõem o Tribunal de Justiça da União Europeia[49].

---

[45] A secção de urgência pode decidir conhecer do processo em formação de três juízes ou optar por remeter o processo ao Tribunal para que este o atribua a uma formação de julgamento mais importante (artigo 104º-B/5§ 2 e 3 RPTJ).
[46] V. nesse sentido, Elsa BERNARD – "La nouvelle procédure préjudicielle d'urgence applicable aux renvois relatifs à l'espace de liberté, de sécurité et de justice", *Europe* 2008, v. 18, n. 5, p. 7.
[47] A transmissão do original do pedido à Secretaria continua, porém, a ser exigida.
[48] Publicada no *JOUE* C 289, de 1.10.2011, p. 7-8.
[49] No *JOUE* C 289, de 1.10.2011, foram publicadas decisões, com conteúdo idêntico à do TJ, do Tribunal Geral (p. 9-10) e do Tribunal da Função Pública da União Europeia (p. 11-12).

II – A APLICAÇÃO DA TRAMITAÇÃO PREJUDICIAL URGENTE

a) As condições de aplicação da tramitação prejudicial urgente.

i. Aplicação ao espaço de liberdade, segurança e justiça

A tramitação prejudicial urgente é aplicável ao espaço de liberdade, segurança e justiça, ou seja, aos pedidos de decisão prejudicial que suscitem uma ou várias questões relativas aos domínios objecto do Título V da Parte III do TFUE – políticas relativas aos controlos nas fronteiras, ao asilo e à imigração, à cooperação judiciária em matéria civil, à cooperação judiciária em matéria penal e à cooperação policial (artigo 104º-B RPTJ).

A submissão a PPU foi considerada inadmissível, com fundamento na sua inaplicabilidade material, num único processo[50], o processo C-375/08, *Pontini*[51/52]. O órgão jurisdicional nacional suscitara uma questão prejudicial de interpretação de um regulamento comunitário em matéria agrícola – o Regulamento 1254/1999[53], que estabelece a organização comum de mercado no sector da carne de bovino. A questão prejudicial foi colocada, no âmbito de um processo penal pela prática dos crimes de associação criminosa e de burla agravada e continuada em prejuízo da Comunidade Europeia, relacionados com a alegada recepção indevida de subvenções financeiras comunitárias relativas a prémios especiais para bovinos.

Com efeito, o elemento determinante para a aplicabilidade da tramitação prejudicial urgente é o objecto da questão prejudicial colocada. O pedido prejudicial de interpretação ou de apreciação da validade (artigo 267º/a' e b' TFUE) tem de incidir sobre o direito da União em matéria do espaço de liberdade, de segurança e de justiça – artigos 67º a 89º do Título V da Parte III do TFUE e actos de direito derivado, aprovados ao abrigo destas disposições ou do ex-III Pilar e do ex-Título IV TCE.

Apesar do artigo 267º §4 TFUE estabelecer que «*Se uma questão desta natureza [questão prejudicial] for suscitada em processo pendente perante um órgão jurisdicional nacional relativamente a uma pessoa que se encontre detida, o Tribunal pronunciar-se-á com a maior brevidade possível.*», obrigação que tem sido entendida, por alguma

---

[50] De acordo com as Estatísticas do TJUE, informação disponível em http://curia.europa.eu/jcms/upload/docs/application/pdf/2011-05/ra2010_stat_cour_final_pt.pdf.

[51] Decisão de 21.08. 2008, da Terceira Secção do TJ, que indeferiu o pedido de aplicação da tramitação urgente no processo C-375/08, *Pontini*. O TJ alegou que o pedido de decisão prejudicial não abrangia um domínio coberto pela tramitação urgente e que, de qualquer forma, não tinha a urgência exigida para a aplicação da referida tramitação.

[52] Acórdão de 24.6.2010, *Pontini*, processo C-375/08, *Col.* 2010, p. I-5767.

[53] Regulamento (CE) 1254/1999, do Conselho, de 17.05.1999, que estabelece a organização comum de mercado no sector da carne de bovino, in *JOUE* L 160, de 26.6.1999, p. 21-47.

doutrina, como uma remissão para o PPU, esta tramitação, apenas, se aplica a questões prejudiciais relativas ao espaço de liberdade, segurança e justiça. Assim, sempre que seja suscitada uma questão prejudicial de interpretação ou de apreciação da validade de direito da União, não abrangida pelo espaço de liberdade, segurança e justiça, em processo pendente relativamente a uma pessoa detida, a única tramitação que pode permitir uma pronúncia com a maior brevidade possível é a tramitação acelerada, prevista no artigo 104º-A RPTJ[54].

Questões formais determinaram que o TJ considerasse inadmissível o pedido de aplicação do PPU, no processo C-66/08, *Kozłowski*[55]. O pedido prejudicial enquadrava-se no espaço de liberdade, segurança e justiça, respeitava à interpretação da Decisão-Quadro 2002/584/JAI[56], relativa ao mandado de detenção europeu, um acto de cooperação judiciária em matéria penal. O órgão jurisdicional nacional fundamentou a aplicação do PPU no facto de Kozłowski, cuja pena de prisão na Alemanha terminava em 10 de Novembro de 2009, poder ser colocado em liberdade condicional a partir de 10 de Setembro de 2008, antes da conclusão da tramitação prejudicial normal. O pedido foi considerado inadmissível por ter dado entrada no TJ, em 18 de Fevereiro de 2008, antes da data da entrada em vigor das disposições que regulam a tramitação prejudicial urgente – 1 de Março de 2008. Em homenagem ao espírito de cooperação subjacente às relações entre os órgãos jurisdicionais nacionais e o TJ, este decidiu submeter o pedido prejudicial à tramitação acelerada prevista no artigo 104º-A RPTJ[57]. O acórdão foi proferido em tempo útil, em Julho de 2008, antes do término do prazo para a concessão da liberdade condicional.

Todos os pedidos de aplicação da tramitação urgente admitidos são pedidos prejudiciais de interpretação de actos de direito derivado da União. A aplicação do PPU, apenas, foi suscitada em pedidos de interpretação de direito originário da União e de direito derivado da União no processo C-123/08, *Wolzenburg*, e nos processos apensos C-261/08 e C-348/08, *Zurita García*. A aplicação do PPU foi considerada inadmissível nos dois processos.

---

[54] A submissão a tramitação acelerada do pedido prejudicial, *Pontini*, processo C-375/08, foi igualmente rejeitada (Despacho do Presidente do TJ de 29.9.2008).
[55] Acórdão de 17.7.2008, *Kozłowski*, processo C-66/08, *Col.* 2008, p. I-6041.
[56] Decisão-Quadro 2002/584/JAI, do Conselho, de 13.06. 2002, relativa ao mandado de detenção europeu e aos processos de entrega entre os Estados Membros, *in JOUE* L 190, de 18.7.2002, p. 1-20.
[57] Despacho de 22.2.2008, *Kozłowski*, processo C-66/08.

Nos 10 pedidos admitidos e já decididos pelo TJ, seis[58] respeitam à interpretação do Regulamento "Bruxelas II bis"[59] (cooperação judiciária em matéria civil), dois[60] à Decisão-Quadro "mandado de detenção europeu" (cooperação judiciária em matéria penal) e dois[61] à Directiva "regresso dos nacionais de países terceiros em situação irregular"[62] (política de imigração).

O TJ admitiu, ainda, a aplicação do PPU em dois processos que não foram objecto de pronúncia final pelo TJ.

No processo C-105/10 PPU, *Gataev e Gataeva*, o órgão jurisdicional do Estado-membro de execução de um mandado de detenção europeu pretendia ver esclarecida a articulação das disposições da Decisão-Quadro "mandado de detenção europeu" com as da Directiva "procedimento de concessão e retirada do estatuto de refugiado"[63]. A dúvida fora suscitada por a pessoa, cuja entrega era pedida, ter solicitado asilo naquele Estado-membro, pedido esse que ainda não fora objecto de decisão. Confrontado com o direito do requerente de asilo permanecer no Estado-membro até à decisão sobre o seu pedido, previsto na directiva e o elenco taxativo dos motivos de recusa da execução do mandado de detenção europeu, pretendia saber se era possível recusar a execução do mandado de detenção europeu, emitido contra pessoas que tenham solicitado um pedido de asilo nesse Estado, para efeitos de cumprimento de pena de prisão. O órgão jurisdicional nacional decidiu retirar o pedido de decisão prejudicial e o TJ ordenou o cancelamento do processo do registo do tribunal[64].

---

[58] Acórdão de 11.07.2008, *Rinau*, processo C-195/08 PPU, *Col.* 2008, p. I-5271; acórdão de 23.12.2009, *Detiček*, processo C-403/09 PPU, *Col.* 2009, p. I-12193; acórdão de 1.7.2010, *Povse*, processo C-211/10 PPU, ainda não publicado; acórdão de 5.10.2010, *McB*, processo C-400/10 PPU, ainda não publicado; acórdão de 22.12.2010, *Aguirre Zarraga*, processo C-491/10 PPU, ainda não publicado; e acórdão de 22.12.2010, *Mercredi*, processo C-497/10 PPU, ainda não publicado.

[59] Regulamento (CE) 2201/2003, do Conselho, de 27.11.2003, relativo à competência, ao reconhecimento e à execução de decisões em matéria matrimonial e em matéria de responsabilidade parental e que revoga o Regulamento (CE) 1347/2000, in *JOUE* L 338, de 23.12.2003, p. 1-29, com a rectificação publicada *JOUE* L 174, de 28.6.2006, p. 11.

[60] Acórdão de 12.8.2008, *Santesteban Goicoechea*, processo C-296/08 PPU, *Col.* 2008, p. I-6307 e acórdão de 1.12.2008, *Leymann e Pustovarov*, processo C-388/08 PPU, *Col.* 2008, p. I-8993.

[61] Acórdão de 30.11.2009, *Kadzoev*, processo C-357/09 PPU, *Col.* 2009, p. I-11189 e acórdão de 28.4.2001, *El Dridi*, processo C-61/11 PPU, ainda não publicado.

[62] Directiva 2008/115/CE, do Parlamento Europeu e do Conselho, de 16.12.2008, relativa a normas e procedimentos comuns nos Estados-Membros para o regresso de nacionais de países terceiros em situação irregular, in *JOUE* L 348, de 24.12.2008, p. 98-107.

[63] Directiva 2005/85/CE, do Conselho, de 1.12.2005, relativa a normas mínimas aplicáveis ao procedimento de concessão e retirada do estatuto de refugiado nos Estados-Membros, in *JOUE* L 326, de 13.12.2005, p. 13-34.

[64] Despacho de 3.4.2010, *Gataev e Gataeva*, processo C-105/10 PPU.

No processo C-155/11 PPU, *Mohammad Imran*, relativo à interpretação da Directiva "reagrupamento familiar"[65] (política de imigração)[66] o TJ decidiu, por Despacho de 10.6.2011, não conhecer do mérito do pedido prejudicial por o litígio no processo principal ter ficado sem objecto. Na sequência de uma reclamação apresentada por Imran, foi emitida, na pendência do processo de questão prejudicial, uma autorização de residência provisória que revogou a anterior decisão de indeferimento, contra a qual o recurso fora apresentado. O Despacho do TJ contrariou o órgão jurisdicional nacional, que pretendia manter o pedido prejudicial, uma vez que Imran declarara desejar intentar uma acção de indemnização, mas a *ratio* do processo de questões prejudiciais é a necessidade inerente à resolução efectiva de um litígio, litígio que deixara de existir.

ii. Circunstâncias em que seja absolutamente necessário que o TJ profira uma decisão sobre o pedido de decisão prejudicial o mais rapidamente possível

Nos termos do nº 1 do artigo 104º-B RPTJ, o pedido do órgão jurisdicional expõe as circunstâncias de direito e de facto comprovativas da urgência e que justificam a aplicação do PPU. A *Nota informativa relativa à instauração de processos prejudiciais pelos órgãos jurisdicionais nacionais*[67], elaborada pelo TJ, ainda que desprovida de efeitos vinculativos, esclarece que o PPU "*só deve ser requerido em circunstâncias em que seja absolutamente necessário que o Tribunal profira uma decisão sobre o pedido de decisão prejudicial o mais rapidamente possível*". O reconhecimento da impossibilidade de enumerar exaustivamente essas situações, não impediu o TJ de enunciar duas das situações em que um pedido de tramitação prejudicial urgente pode ser apresentado. A primeira situação apresentada é a prevista no artigo 267º §4 TFUE, quando a resposta à questão prejudicial é determinante para a apreciação da situação jurídica de pessoa detida ou privada de liberdade. A segunda é o caso de um litígio relativo ao poder parental ou à guarda de crianças, quando a competência do juiz chamado a julgar a causa nos termos do direito da União dependa da resposta à questão prejudicial.

---

[65] Directiva 2003/86/CE, do Conselho, de 22 de Setembro de 2003, relativa ao direito ao reagrupamento familiar, in JOUE L 251, de 3.10.2003, p. 12-18.
[66] Decisão da 1ª Secção do TJ de 14.4.2011 que submete o pedido a PPU.
[67] Publicada no *JOUE* C 160, de 28.5.2011, p. 1-5, que retoma o disposto na *Nota informativa relativa à apresentação de pedidos de decisão prejudicial pelos órgãos jurisdicionais nacionais*, publicada após a entrada em vigor do Tratado de Lisboa (*JOUE* C 297, de 5.12.2009, p. 1-6) e na *Nota Informativa relativa à apresentação de pedidos de decisão prejudicial pelos órgãos jurisdicionais nacionais – Complemento na sequência da entrada em vigor da tramitação urgente aplicável aos pedidos de decisão prejudicial relativos ao espaço de liberdade, segurança e justiça* (*JOUE* C 64, de 8.3.2008, p. 1-2).

Todos os pedidos admitidos e já decididos pelo TJ são reconduzíveis às duas situações descritas na Nota Informativa. Quatro respeitam a processos pendentes relativamente a pessoas detidas ou privadas de liberdade – pessoas detidas, nos dois pedidos de interpretação da Decisão-Quadro "Mandado de detenção europeu" (processo C-296/08 PPU, *Santesteban Goicoechea*[68], e processo C-388/08 PPU, *Leymann e Pustovarov*[69]) e num pedido de interpretação da Directiva "Regresso dos nacionais de países terceiros em situação irregular" (processo C-61/11 PPU, *El Dridi*[70]) e uma pessoa privada de liberdade, no pedido de interpretação da Directiva "Regresso dos nacionais de países terceiros em situação irregular" (processo C-357/09 PPU, *Kadzoev*[71]). Seis reportam-se a litígios relativos ao poder parental ou à guarda de crianças em casos de deslocação ou retenção ilícita de crianças por um dos progenitores – os pedidos de interpretação do Regulamento "Bruxelas II *bis*" (processo C-195/08 PPU, *Rinau*[72]; processo C-403/09 PPU, *Detiček*[73]; processo C-211/10 PPU, *Povse*[74]; processo C-400/10 PPU, *McB*[75]; processo C-491/10 PPU, *Aguirre Zarraga*[76]; e processo C-497/10 PPU, *Mercredi*[77]).

Sintomaticamente o único processo em que o PPU admitido não se enquadrava nestas situações, o processo C-155/11 PPU, *Mohammad Imran*[78], estava igualmente em causa a preocupação com os direitos das crianças e com a guarda de crianças. O pedido prejudicial de interpretação da Directiva "reagrupamento familiar" fora colocado no âmbito do recurso da decisão de recusa de autorização de residência, para poder residir com o seu cônjuge nos Países Baixos, ao abrigo do direito ao reagrupamento familiar. Imran era mulher de um cidadão de um país terceiro que residia legalmente nos Países Baixos e mãe de oito filhos, sete dos quais menores, que também residiam legalmente naquele Estado-membro. O TJ acabaria por não conhecer do mérito do processo, na sequência da concessão, na pendência do processo, de uma autorização de residência provisória[79].

---

[68] *Op. cit.*
[69] *Op. cit.*
[70] *Op. cit.*
[71] *Op. cit.*
[72] *Op. cit.*
[73] *Op. cit.*
[74] *Op. cit.*
[75] *Op. cit.*
[76] *Op. cit.*
[77] *Op. cit.*
[78] Decisão da Primeira Secção do TJ de 14.4.2011.
[79] V. *supra* ponto II a) i.

O TJ considerou inadmissível a aplicação do PPU requerida por órgãos jurisdicionais nacionais em quatro processos prejudiciais respeitantes ao espaço de liberdade, segurança e justiça[80]. Um respeitante à interpretação do Código de Fronteiras Schengen e do ex-artigo 62º TCE, os processos apensos C-261/08 e C-348/08, *Zurita García*[81]; e três respeitantes à interpretação da Decisão-quadro "mandado de detenção europeu", o processo C-261/09, *Mantello*[82]; o processo C-264/10, *Kita*[83] e o processo C-123/08, *Wolzenburg*[84], que suscita ainda questões sobre a interpretação de disposições do ex-TCE.

Criticavelmente os textos das decisões da "secção de urgência" de submeter ou de não submeter o pedido de decisão prejudicial a PPU não estão disponíveis no sítio do Tribunal de Justiça[85].

A não publicitação das decisões de aplicação da tramitação prejudicial urgente é, em parte, compensada pela indicação das circunstâncias de facto e de direito invocadas pelos órgãos jurisdicionais nacionais para justificar a aplicação do PPU. Não são, contudo, publicitados os fundamentos de facto e de direito que estão na origem da decisão, da "secção de urgência", de aplicar o PPU.

Esta prática, pouco transparente, é ainda mais grave nas decisões de não submissão a PPU, porquanto nem as circunstâncias invocadas, em apoio do pedido de PPU, nem os fundamentos subjacentes à decisão de recusa são conhecidos.

Assim, a análise das circunstâncias em que é absolutamente necessário que o TJ profira uma decisão sobre o pedido de decisão prejudicial o mais rapidamente possível pressupõe, para além da análise dos acórdãos PPU, a minuciosa investigação das conclusões dos advogados-gerais e dos acórdãos prejudiciais em matéria de espaço de liberdade, segurança e justiça, para extrair dos seus considerandos, as decisões de não submissão do pedido de decisão prejudicial a PPU e extrapolar, a partir da matéria de facto do litígio principal, ainda que falivelmente, as razões subjacentes à decisão de não sujeição a PPU.

---

[80] Não dispomos de dados referentes a 2011 sobre eventuais decisões de não sujeição de processos prejudiciais a PPU.
[81] O pedido do órgão jurisdicional de 13.6.2008, deu entrada no TJ a 19.6.2008, a Terceira Secção do TJ, por decisão de 25.6.2008, decidiu não submeter o pedido prejudicial a tramitação urgente.
[82] O pedido do órgão jurisdicional de 29.6.2009, deu entrada no TJ em 14.7.2009, a secção de urgência por decisão de 20.7.2009, decidiu não submeter o pedido prejudicial a tramitação urgente.
[83] O pedido do órgão jurisdicional de 15.4.2010, deu entrada no TJ em 28.5.2010, a Terceira Secção do TJ, por decisão de 8.6.2010, decidiu não submeter o pedido prejudicial a tramitação urgente. A aplicação da tramitação acelerada foi igualmente rejeitada por despacho de 15.7.2010.
[84] O pedido do órgão jurisdicional de 17.3.2008, deu entrada no TJ a 21.3.2008, a Terceira Secção do TJ, por decisão de 2.4.2008, decidiu não submeter o pedido prejudicial a tramitação urgente.
[85] Admitimos que o TJ poderá disponibilizar o texto das decisões, mediante pedido fundamentado, possibilidade que não exploramos e que não permite, no entanto, afastar a crítica de falta de transparência.

No caso de uma pessoa detida ou privada de liberdade, deve considerar-se absolutamente necessário que o TJ profira uma decisão sobre o pedido de decisão prejudicial o mais rapidamente possível, quando:

1. A decisão prejudicial possa determinar a sua libertação, designadamente, porque:
    i. Se encontra detida, unicamente à ordem de um processo de extradição/entrega, em aplicação de legislação cuja aplicabilidade ao caso concreto é questionada – acórdão *Santesteban Goicoechea* [86] sobre a interpretação da Decisão-Quadro "mandado de detenção europeu" e da "Convenção relativa à extradição entre os Estados Membros da União Europeia" de 1996;
    ii. Se encontra detida unicamente para execução de pena a que foi condenada, em aplicação de legislação interna cuja compatibilidade com o direito da União é questionada – acórdão *El Dridi*[87] sobre a interpretação da Directiva "regresso de nacionais em situação irregular";
    iii. O nacional de país terceiro, objecto de processo de regresso se encontre detido para efeitos de afastamento e haja dúvidas sobre se o prazo máximo de detenção imposto pela legislação da União se encontra esgotado – acórdão *Kadzoev*[88] sobre a interpretação da Directiva "regresso de nacionais em situação irregular".

2. A decisão prejudicial do TJ, no prazo da tramitação prejudicial normal tenha implicações na sua libertação, nomeadamente, porque:
    i. Pode ser, entretanto, colocada em liberdade condicional – acórdãos sobre a interpretação da Decisão-Quadro "mandado de detenção europeu": *Leymann e Pustovarov*[89], no qual foi aplicado o PPU e *Kozłowski*[90], no qual a não aplicação do PPU se deveu, somente, a razões formais; e, implicitamente, o despacho, no processo *Kita*[91], que rejeita a submissão a tramitação acelerada do pedido prejudicial de interpretação do MDE;

---

[86] Acórdão de 12.8.2008, processo C-296/08 PPU, *op. cit.*, considerandos 33 e 34.
[87] Acórdão de 28.4.2001, processo C-61/11 PPU, *op. cit.*, considerandos 27 e 28.
[88] Acórdão de 30.11.2009, processo C-357/09 PPU, *op. cit.*, considerandos 32 e 33.
[89] Acórdão de 1.12.2008, processo C-388/08 PPU, *op. cit.*, considerandos 25 e 38.
[90] *Op. cit.*
[91] Despacho do TJ de 15.7.2010, no processo C-264/10, *Kita*, que rejeita a submissão a tramitação acelerada. Os fundamentos invocados nesta decisão parecem-nos transponíveis para a decisão de não aplicação do PPU de 8.6.2010, da 3ª secção do TJ, à qual não temos acesso e cuja existência só tivemos conhecimento por ser mencionada no despacho de não submissão a tramitação acelerada. O processo foi cancelado do registo do tribunal por despacho do Presidente do TJ de 19.10.2010.

ii. A sua libertação pode ser antecipada – acórdão *Leymann e Pustovarov*[92] e, implicitamente, o despacho *Kita*[93].

No processo C-264/10, *Kita*, não obstante o seu enquadramento no disposto no artigo 267º§4 TFUE, os pedidos apresentados, separadamente, de aplicação do PPU ou de submissão a tramitação acelerada foram rejeitados. O detido fora condenado, por acórdão transitado em julgado, a uma pena de quinze anos de prisão, com dedução do período de prisão preventiva já cumprido. O TJ concluiu que, dos elementos de facto e de direito, expostos pelo órgão jurisdicional nacional, não resultava que o período de prisão, entretanto cumprido, lhe pudesse conceder, no imediato, a possibilidade de beneficiar de liberdade condicional ou antecipada. O TJ considerou, ainda, que a incerteza quanto ao Estado-membro de cumprimento da pena (Áustria ou Roménia), apesar, das suas evidentes repercussões nas condições de detenção e nas relações familiares, não justifica a aplicação de uma tramitação derrogatória da tramitação prejudicial normal, uma vez que Kita se encontrava detido na Áustria – Estado onde deseja cumprir a sua pena, por razões de proximidade com a sua família.

Assim, ainda que, falivelmente julgamos poder retirar-se da fundamentação do TJ que, a decisão prejudicial será, também, urgente:

3. Em situações de incerteza quanto ao Estado-membro de cumprimento da pena, quando a decisão prejudicial possa ter implicações na "transferência" do detido para o Estado-membro de maior proximidade com a sua família[94] – implicitamente, o despacho *Kita*[95].

Paradoxalmente, dos acórdãos *Mantello*[96] e *Wolzenburg*[97] parece decorrer que o cumprimento dos prazos estritos, impostos pela legislação da União e pela legislação interna, em matéria de espaço de liberdade, segurança e justiça – fundamento subjacente à proposta de criação da tramitação prejudicial urgente apresentada pelo TJ[98] – não é justificativo da aplicação do PPU. O pedido de submissão a tramitação urgente, motivado pela preocupação do órgão jurisdi-

---

[92] *Op. cit.*, considerando 38.
[93] *Op. cit.*
[94] Garantir o cumprimento da pena no Estado-membro de maior proximidade com a família é, aliás, uma preocupação reiteradamente reconhecida pela jurisprudência do TJ em matéria de mandado de detenção europeu.
[95] *Op. cit.*
[96] Acórdão de 16.11.2010, *Mantello*, processo C-261/09, ainda não publicado.
[97] Acórdão de 6.10.2009, *Wolzenburg*, processo C-123/08, *Col.* 2009, p. I-9621.
[98] V. *supra* ponto I.b.

cional nacional de não alongar o processo de entrega de Mantello, ao abrigo do "mandado de detenção europeu", foi indeferido, por decisão da "secção de urgência" de 20.7.2009[99]. Embora, as conclusões do advogado-geral e o acórdão *Wolzenburg* sejam omissos quanto aos fundamentos, tanto do pedido de submissão a PPU, como da decisão de não submissão, a sua não aplicação prejudicou, inevitavelmente, o cumprimento dos prazos de execução do mandado de detenção europeu. Desde a entrada do processo no TJ à prolação do acórdão decorreram mais de 16 meses, no processo *Mantello*[100], e mais de 18 meses, no processo *Wolzenburg*[101].

No processo *Zurita García e o.*, as conclusões do advogado-geral[102] e o acórdão[103] não contêm, igualmente, qualquer indicação dos fundamentos invocados para requerer a aplicação do PPU ou das razões subjacentes à decisão de não aplicação. A decisão prejudicial não é, no entanto, considerada urgente quando um nacional de um país terceiro se encontre em situação irregular no território de um Estado-membro, porque não preenche ou deixou de preencher as condições relativas à duração da estada, se encontre em liberdade e o órgão jurisdicional nacional tenha dúvidas sobre a compatibilidade da legislação interna que permite a substituição da expulsão pela aplicação de uma multa com o direito da União que, alegadamente impõe a expulsão. O TJ concluiu que a expulsão constitui uma faculdade em todas as versões linguísticas do artigo 11º do Código de Fronteiras Schengen, com excepção da versão oficial em língua espanhola que impõe tal obrigação. Consequentemente, a interpretação uniforme do direito da União determina que aquele artigo deva ser interpretado como não obrigando os Estados-membros a ordenar a expulsão.

No caso de um litígio relativo ao poder parental ou à guarda de crianças, deve considerar-se que "é absolutamente necessário que o TJ profira uma decisão sobre o pedido de decisão prejudicial o mais rapidamente possível":

1. *"Em situações de deslocação de crianças, designadamente quando a separação de uma criança do progenitor ao qual a guarda foi previamente atribuída, mesmo que apenas a título provisório, possa deteriorar ou prejudicar as relações entre esse progenitor e a criança, e causar danos psíquicos"*, urgência que o próprio TJ reconhece, no acórdão *Aguirre Zagarra*, decorrer da sua jurisprudên-

---

[99] Considerando 31 do acórdão *Mantello, op. cit.*.
[100] O pedido prejudicial deu entrada em 14.7.2009 e o acórdão foi proferido em 16.11.2010.
[101] O pedido prejudicial deu entrada em 21.3.2008 e o acórdão foi proferido em 6.10.2009.
[102] Conclusões apresentadas em 19.5.2009.
[103] Acórdão de 22.10.2009, *Zurita García*, processos apensos C-261/08 e C-348/08, *Col.* 2009, p. I-10143.

cia[104] – acórdãos prejudiciais de interpretação do Regulamento Bruxelas II *bis*: acórdão *Rinau*[105]; acórdão *Detiček*[106]; acórdão *Povse*[107]; acórdão *McB*.[108]; acórdão *Aguirre Zagarra*[109]; e acórdão *Mercredi*[110].

2. Quando a competência do juiz chamado a julgar a causa nos termos do direito da União dependa da resposta à questão prejudicial – acórdãos *Mercredi*[111] e *Detiček*[112]. Esta situação, expressamente prevista na Nota Informativa, apenas, terá sido explicitamente invocada nestes dois processos.

A necessidade de garantir o cumprimento dos prazos estritos impostos pelo Regulamento Bruxelas II *bis* – designadamente o prazo de seis semanas para a pronúncia do tribunal ao qual seja apresentado um pedido de regresso de menor estabelecido no artigo 11º/3 – foi invocada nos pedidos prejudiciais *Rinau*[113] e *McB*[114], mas, não parece ter sido determinante para a decisão de aplicação do PPU.

b) O pedido de aplicação da tramitação prejudicial urgente.
A aplicação da tramitação prejudicial urgente depende, em princípio, de pedido fundamentado do órgão jurisdicional nacional. A título excepcional, a sua aplicação pode ser decidida oficiosamente pelo TJ (nº 1 do artigo 104º-B RPTJ).

Nos dez casos já decididos pelo TJ, o PPU foi aplicado oficiosamente num único caso, no acórdão *Aguirre Zagarra*, e contra a vontade do órgão jurisdicional de reenvio[115].

Em três casos, o pedido de PPU foi apresentado posteriormente ao pedido de decisão prejudicial. No primeiro processo em que foi aplicada, *Rinau*; no processo *Kadzoev*, e no processo, *El Dridi*.

---

[104] Acórdão de 22.12.2010, processo C-491/10 PPU, *op. cit*, considerando 39.
[105] Acórdão de 11.07.2008, processo C-195/08 PPU, *op. cit*, considerandos 44 e 45.
[106] Acórdão de 23.12.2009, processo C-403/09 PPU, *op. cit*, considerando 30.
[107] Acórdão de 1.7.2010, processo C-211/10 PPU, *op. cit*, considerando 35.
[108] Acórdão de 5.10.2010, processo C-400/10 PPU, *op. cit*, considerando 28.
[109] *Op. cit.*, considerando 40.
[110] Acórdão de 22.12.2010, processo C-497/10 PPU, *op. cit*, considerando 39.
[111] *Op. cit.*, considerando 38.
[112] *Op. cit.*, considerando 30.
[113] *Op. cit.*, considerando 44.
[114] *Op. cit.*, considerando 27.
[115] Nas palavras da tomada de posição do advogado-Geral Yves Bot, apresentada em 7.12.2010, "O tribunal de reenvio precisou, além disso, que não solicitava a aplicação do processo prejudicial urgente, com o fundamento de que as suas duas questões eram fundamentais e que o seu exame devia fazer-se no quadro de um processo prejudicial aprofundado.", considerando 7.

No acórdão *Rinau* o órgão jurisdicional nacional pediu a submissão ao PPU por despacho de 21 de Maio de 2008, apresentado na Secretaria do TJ em 22 de Maio de 2008, quando o pedido de decisão prejudicial de 30 de Abril de 2008 tinha dado entrada no TJ em 14 de Maio de 2008. No acórdão *Kadzoev* o pedido de 10 de Agosto de 2009, deu entrada no TJ em 7 de Setembro de 2009 e é completado a 10 de Setembro de 2009. No acórdão *El Dridi*, o pedido prejudicial de 2 de Fevereiro de 2011, deu entrada no TJ em 10 de Fevereiro de 2011 e foi completado com o pedido de submissão a PPU em 11 de Fevereiro de 2011. Este desfasamento temporal parece-nos indicar que terá sido o próprio TJ a informar o órgão jurisdicional nacional da possibilidade de pedir a submissão a PPU.

Não obstante a urgência, em todos os processos submetidos a PPU o pedido prejudicial foi suscitado por um órgão jurisdicional de recurso. Facto compreensível, atento o regime especial de questões prejudiciais em matéria de vistos, asilo, imigração e outras políticas relativas à livre circulação de pessoas, vigente até à entrada em vigor do Tratado de Lisboa, que limitava aos órgãos jurisdicionais cujas decisões não sejam susceptíveis de recurso interno a possibilidade de suscitar uma questão prejudicial (ex-artigo 68º TCE)[116]. Contudo, o regime especial em matéria de cooperação policial e judiciária em matéria penal (ex-artigo 35º ex-TUE) não permite justificar inteiramente esta realidade. Dos vinte e sete Estados-membros, vinte e um aceitaram a competência prejudicial do TJ, ao abrigo do ex-artigo 35º ex-TUE. A Espanha foi o único Estado-membro que, ao aceitar esta competência, limitou a possibilidade de submissão de questões prejudiciais aos órgãos jurisdicionais nacionais cujas decisões não são susceptíveis de recurso. Com efeito, a aplicação até Dezembro de 2014, nos termos do artigo 10º do Protocolo nº 36 relativo às disposições transitórias, anexo ao Tratado de Lisboa, do regime do ex-artigo 35º ex-TUE aos actos em matéria de cooperação policial e judiciária em matéria penal, aprovados antes da entrada em vigor do Tratado de Lisboa e que não sejam entretanto alterados – como é o caso da Decisão-Quadro "mandado de detenção europeu"[117] – não impedirá que, em pelo menos, vinte Estados-membros, qualquer tribunal possa submeter uma questão prejudicial ao TJ e requerer a aplicação do PPU.

Aguardamos que o alargamento a qualquer órgão jurisdicional nacional da possibilidade de submeter uma questão prejudicial relativa ao espaço de liberdade, segurança e justiça, consagrado pelo Tratado de Lisboa (artigo 267º TFUE) tenha repercussões na prática judicial.

---

[116] V. *supra* ponto I.b.
[117] V. *supra* ponto I. b.

c) Os prazos da tramitação

A aplicação da tramitação prejudicial urgente[118] demonstra que, desde a entrada do pedido de decisão prejudicial ou do pedido de submissão a PPU, quando este seja posterior, até à prolação do acórdão do TJ decorreram, no mínimo, 40 dias (processo C-296/08 PPU, *Santesteban Goicoechea*) e, no máximo, 87 dias (processo C-388/08 PPU, *Leymann e Pustovarov*).

A fase escrita do processo nunca foi omitida, mas generalizou-se a prática de a comunicação do pedido prejudicial aos outros interessados somente ter lugar após a decisão de o submeter a PPU. Provavelmente, dada a morosidade da tradução para todas as línguas oficiais e o reduzido hiato de tempo entre a decisão de submissão a PPU e a realização da audiência, esta comunicação acaba por coincidir com a notificação das alegações ou observações escritas, entretanto, apresentadas. Com efeito, da decisão da secção de urgência de aplicar o PPU à realização da audiência decorreu, em média, um mês e alguns dias, entre o prazo mínimo de 30 dias (processo C-296/08 PPU, *Santesteban Goicoechea*) e o prazo máximo de 54 dias (processo C-388/08 PPU, *Leymann e Pustovarov*).

A celeridade da tramitação prejudicial urgente pode ser comprovada no quadro seguinte que reproduzimos *infra*[119].

III - CONSIDERAÇÃO CONCLUSIVAS

A tramitação prejudicial urgente relativa aos pedidos de decisão prejudicial relativos ao espaço de liberdade, segurança e justiça, é regulada pelos artigos 23º-A do Estatuto do Tribunal de Justiça da União Europeia e 104º-B do Regulamento de Processo do Tribunal de Justiça.

O quarto parágrafo do artigo 267º TFUE que estabelece que, a partir da entrada em vigor do Tratado de Lisboa, o TJ se pronunciará com a maior brevidade possível sempre que uma questão prejudicial seja suscitada em processo pendente relativamente a uma pessoa que se encontre detida, não pode ser entendido como uma imposição da aplicação da tramitação prejudicial urgente.

Em primeiro lugar, o PPU apenas se aplica a questões prejudiciais relativas a matérias do espaço de liberdade, segurança e justiça, ou seja, à interpretação dos artigos 67º a 89º TFUE e à interpretação ou apreciação da validade de actos das instituições, órgãos e organismos da U.E. aprovados ao abrigo destas disposições ou do ex-III Pilar e do ex-Título IV TCE. Consequentemente, quando o órgão jurisdicional nacional suscite uma questão prejudicial que não incida sobre o espaço de liberdade, segurança e justiça, em processo pendente relativamente a uma pessoa detida ou privada de liberdade, o PPU não é aplicável.

---

[118] V. *supra* ponto I. c.
[119] Informação actualizada a 31.12.2011.

TRAMITAÇÃO PREJUDICIAL URGENTE

*	Órgão jurisdicional nacional	Estado-membro do órgão jurisdicional nacional	Acto interpretado	Data de entrada do pedido na secretaria do TJ	Data de decisão de abertura da PPU	Data da audiência	Data da tomada de posição do Advogado-geral**	Data do acórdão	Duração do processo
Rinau, C-195/08 PPU	Lietuvos Aukščiausiasis Teismas	Lituânia	Regulamento Bruxelas II bis	14.05.2008 (pedido PPU – 22.05.2008)	23.05.2008	26 e 27.06.2008	1.07.2008	11.07.2008	50 dias
Santesteban Goicoechea, C-296/08 PPU	Cour d'appel de Montpellier	França	Mandado de detenção europeu	03.07.2008	07.07.2008	06.08.2008	6.08.2008	12.08.2008	40 dias
Leymann e Pustovarov, C-388/08 PPU	Korkein oikeus	Finlândia	Mandado de detenção europeu	05.09.2008	11.09.2008	04.11.2008	***	1.12.2008	87 dias
Kadzoev, C-357/09 PPU	Administrativen sad Sofiagrad	Bulgária	Directiva 2008/115/CE (Regresso dos nacionais de países terceiros em situação irregular)	07.09.2009, completado a 10.09.2009	22.09.2009	27.10.2009	10.11.2009	30.11.2009	81 dias
DetiDek, C-403/09 PPU	Višje sodišče v Mariboru	Eslovénia	Regulamento Bruxelas II bis	20.10.2009	27.10.2009	07.12.2009	9.12.2009	23.12.2009	64 dias
Povse, C-211/10 PPU	Oberster Gerichtshof	Áustria	Regulamento Bruxelas II bis	03.05.2010	11.05.2010	14.06.2010	16.06.2010	01.07.2010	58 dias
McB, C-400/10 PPU	Supreme Court	Irlanda	Regulamento Bruxelas II bis	06.08.2010	11.08.2010	20.09.2010	22.09.2010	05.10.2010	60 dias
Aguirre Zarraga, C-491/10 PPU	Oberlandesgericht Celle	Alemanha	Regulamento Bruxelas II bis	15.10.2010	28.10.2010 (oficiosa)	06.12.2010	7.12.2010	22.12.2010	68 dias
Mercredi, C-497/10 PPU	Court of Appeal (Inglaterra e Gales) (Civil Division)	Reino Unido	Regulamento Bruxelas II bis	18.10.2010	28.10.2010	01.12.2010	6.12.2010	22.12.2010	65 dias
El Dridi, C-61/11 PPU	Corte d'appello di Trento	Itália	Directiva 2008/115/CE regresso de nacionais de países terceiros em situação irregular	10.02.2011 (pedido PPU 11.02.2011)	17.02.2011	30.03.2011	1.04.2011	28.04.2011	75 dias

* Não incluímos os dois processos submetidos a tramitação prejudicial urgente que foram objecto de Despachos de cancelamento do registo do tribunal: *Gataev e Gataeva* (C-105/10 PPU) e *Mohammad Imran* (C-155/11 PPU)

** Regra geral, os advogados-gerais são ouvidos na audiência, reduzindo a escrito posteriormente a sua tomada de posição.

*** O texto da tomada de posição do advogado-geral não se encontra disponível no sítio da Curia e o acórdão *Leymann e Pustovarov* limita-se a indicar que o advogado-geral terá sido ouvido na audiência e a sua tomada de posição não foi reduzida a escrito.

Em segundo lugar, o RPTJ exige a exposição das circunstâncias de direito e de facto comprovativas da urgência e que justificam a aplicação do PPU (artigo 104º-B).

A *Nota informativa relativa à instauração de processos prejudiciais pelos órgãos jurisdicionais nacionais*, elaborada pelo TJ, apresenta duas situações potencialmente justificativas da submissão de um pedido prejudicial a PPU: i. quando a decisão prejudicial seja determinante para a apreciação da situação jurídica de pessoa detida ou privada de liberdade; e ii. quando a competência do órgão jurisdicional nacional, em litígio relativo ao poder paternal ou à guarda de crianças, dependa da resposta à questão prejudicial.

Em vigor desde 1 de Março de 2008, o TJ admitiu a sua aplicação em apenas doze processos, dos quais somente dez foram objecto de pronúncia do tribunal.

Os processos decididos respeitam, quatro, a processos pendentes relativamente a pessoas detidas ou privadas de liberdade e, seis, a litígios relativos ao poder parental ou à guarda de crianças em casos de deslocação ou retenção ilícita por um dos progenitores.

A jurisprudência do TJ reconhece a urgência em decidir prejudicialmente i. em processos pendentes relativamente a pessoas detidas ou privadas de liberdade, quando a decisão pode determinar a sua libertação ou quando a decisão, se seguir a tramitação prejudicial normal, tenha implicações na sua libertação antecipada ou condicional; ii. em situações de deslocação de crianças, designadamente, quando a separação da criança do progenitor ao qual a guarda foi previamente atribuída possa deteriorar ou prejudicar as relações entre esse progenitor e a criança; e iii. em situações de não concessão de autorização provisória de residência, ao abrigo do reagrupamento familiar, quando esteja em causa a separação do cônjuge e de crianças.

A submissão oficiosa a tramitação prejudicial urgente ocorreu em um único processo e contra a vontade do órgão jurisdicional nacional.

A tramitação prejudicial urgente permitiu reduzir a duração média dos processos prejudiciais, desde o momento da sua entrada até à prolação do acórdão, a pouco mais de dois meses.

Lista de abreviaturas

Col.   – Colectânea de jurisprudência
ETJUE   – Estatuto do Tribunal de Justiça da União Europeia (Protocolo nº 3 anexo ao Tratado de Lisboa)
Ex-TUE – Tratado da União Europeia, na redacção anterior à do tratado de Lisboa
JOUE   – Jornal Oficial da União Europeia
PPU   – Processo prejudicial urgente (pedido de decisão prejudicial submetido a tramitação prejudicial urgente)
RPTJ   – Regulamento de Processo do Tribunal de Justiça
TCE   – Tratado da Comunidade Europeia, na redacção anterior à do tratado de Lisboa
TFUE   – Tratado sobre o Funcionamento da União Europeia
TJ   – Tribunal de Justiça
TJUE   – Tribunal de Justiça da União Europeia
TUE   – Tratado da União Europeia
UE   – União Europeia

"Normas corporativas" e diplomas privados como fontes do Direito

ANTÓNIO MENEZES CORDEIRO
Prof. Catedrático da Faculdade de Direito da Universidade de Lisboa

SUMÁRIO: I – Corporativismo e "normas corporativas": 1. O corporativismo social; 2. A politização do corporativismo; 3. O corporativismo português; 4. As "normas" corporativas; 5. A eventual sobrevivência das normas corporativas. II – Os diplomas privados: 6. As convenções coletivas de trabalho; 7. A sua natureza; 8. Os negócios normativos; 9. Os regulamentos privados.

I – CORPORATIVISMO E "NORMAS CORPORATIVAS"

1. O corporativismo social

I. O corporativismo designa uma corrente de pensamento, primeiro social e, depois, sócio-política, que se desenvolveu a partir dos finais do século XIX. Na origem, teve preocupações cristãs suscitadas pela questão social e pela dureza da luta de classes dela resultante.

A questão social foi causada pela revolução industrial: primeiro em Inglaterra e, depois, em diversos países da Europa e do Mundo. A generalização do motor a vapor permitiu um incremento da indústria, assente numa organização que punha, frente a frente, os proprietários das fábricas, das máquinas e das matérias-primas e os trabalhadores assalariados. Este fenómeno, que já era conhecido de períodos históricos anteriores[1], ganhou dimensões novas, pela extensão das suas implicações sociológicas. Assim, ele levou a um êxodo em direção às cidades e aos centros industriais nascentes, com o abandono dos campos e a

---

[1] Quanto às formas industriais, desde o Renascimento à Revolução Francesa, *vide* FRANS VAN DER VAN, *Sozialgeschichte der Arbeit*, 2 (1972), 249 ss..

formação de consideráveis massas de assalariados. A breve trecho – e num movimento que se foi atenuando à medida que se passa dos espaços desenvolvidos para a periferia, onde a industrialização foi mais lenta ou, até, incipiente – toda a estruturação económica, depois social e, por fim, política, foi alterada[2].

II. A revolução industrial levantou uma problemática social nova, fonte de conflitos e tensões, que se arrastaram durante o século XIX e conduziram, no seu termo, a novas estruturações: essa situação ficou conhecida como a questão social[3]. A procura do lucro condicionada pela forte concorrência existente na indústria nascente, a abundância da mão de obra, a especialização crescente com o concomitante abandono da auto-suficiência individual, só possível em comunidades agrícolas, a não-sensibilidade dos poderes públicos para a nova problemática, as grandes concentrações humanas sem as necessárias infra-estruturas, a falta de cautelas com o ambiente, a ocorrência cíclica de crises económicas e uma incapacidade cultural de entender, de imediato, o alcance, nas sociedades humanas, dos passos tecnológicos efetuados, conduziram a uma situação de grande degradação da posição dos trabalhadores por conta de outrem: baixos salários, alongamento do dia de trabalho, más condições de laboração e, em geral, de vida e de cultura, e falta de proteção na infância, na maternidade, na doença, nos acidentes e na velhice.

A questão social deu azo a reformas progressivas, destinadas a proteger os trabalhadores e que se foram sucedendo, na segunda metade do século XIX[4]. Mas além disso, propiciou movimentos de massas[5], bem como doutrinas, destinadas a enquadrá-los. Assim nasceram o marxismo, as várias orientações socialistas, a doutrina social da Igreja e o cooperativismo[6].

III. De entre as doutrinas surgidas no rescaldo da questão social conta-se a do corporativismo.

---

[2] RUDOLF REBBERT, *Geschichte der Industrialisierung* (1972), 17 ss. (Inglaterra) e 52 ss. (Continente).
[3] *Vide* o clássico GUSTAV SCHMOLLER, *Die soziale Frage/Klassenbildung, Arbeiterfrage, Klassenkampf* (1918); certos aspetos da questão social podem ser confrontados em FRIEDRICH ENGELS, *A situação da classe trabalhadora em Inglaterra*, trad. port. (1975); uma visão cristã pode ver-se em JOHANNES MESSNER, *Die soziale Frage*, 6ª ed. (1956), especialmente 293 ss.. Com elementos jurídicos: ULRICH SELLIER, *Die Arbeiterschutzgesetzgebung im 19. Jahrhundert* (1998), 21.
[4] Com indicações, *vide* o nosso *Isenção de horário/Subsídios para a dogmática actual do Direito da duração de trabalho* (2000), 27 ss..
[5] O mais emblemático foi o da Comuna de Paris (18-Mar.-1871 a 28-Mai.-1871), que envolveu a tomada da Capital francesa por assembleias eleitas, predominantemente operárias e que se saldou pela retomada de Paris pelo exército, seguida de violenta repressão, que envolveu cerca de 20.000 fusilamentos, sem julgamento. Antes disso, a Comuna, em represália, havia executado diversos reféns, entre os quais o arcebispo de Paris (GEORGES DARBOY) e diversos dominicanos e jesuítas.
[6] Na base das cooperativas, a não confundir com o corporativismo, na origem das corporações.

O corporativismo adveio de uma corrente cristã sócio-romântica, que via, no regresso a uma organização medieval edílica, a solução para os dramas sociais. Na Idade Média, os mestres, os companheiros e os aprendizes estavam enquadrados em corporações profissionais, que fixavam mínimos e asseguravam uma certa assistência social. No seio das (hoje ditas) empresas dominava uma ideia de cooperação e de assistência mútua, em que cada um ocupava o seu lugar. Os trabalhadores de base, em vez de se organizarem entre si, articulavam-se numa estrutura vertical, de acordo com a arte ou ofício que exercesse; o mesmo sucederia com o dono da exploração. O corporativismo entendia poder recriar essa realidade: as empresas e, mais latamente, os setores de atividade, articular-se-iam na vertical, aproximando, num espírito de solidariedade de setor, trabalhadores e patrões, de modo a substituir a ideia de luta e de confrontação por uma solidariedade profissional.

2. A politização do corporativismo

I. O corporativismo não implicava, em si, nenhum plano para a tomada do poder político. Ele apenas surgia como uma peça nas doutrinas que intentavam resolver pacificamente a questão social, o corporativismo não implicava nenhum plano de tomada do poder. Todavia, na conturbada Europa subsequente à Grande Guerra de 1914-1918, que viu surgir as primeiras revoluções comunistas, com relevo para a Revolução de Outubro na Rússia, depois União Soviética, o corporativismo foi aproveitado para dar cobertura linguística a regimes autoritários ou, mesmo, ditatoriais, centrados no poder pessoal de líderes carismáticos.

II. A partir dessa altura, o corporativismo dobra-se de uma doutrina política e económica difícil de definir, dada a multiplicidade de orientações que comportou[7]. Oficialmente, apresentava-se como uma terceira via entre o liberalismo e o socialismo, procurando suplantar o dilema indivíduo/Estado, com recurso a entes intermédios: as corporações que, por setores, agrupariam os trabalhadores e os patrões, em torno de um ideário nacionalista de colaboração entre classes. A literatura portuguesa da época é abundante. Muitos dos mais ilustres universitários portugueses da área do Direito associaram o seu nome ao estudo, prin-

---

[7] ALBERTO XAVIER, *Direito corporativo* (1972), 3 ss.. Com diversas precisões: MAURICE-H. LENORMAND, *Manuel pratique du Corporatisme* (1938), 399 pp.; FERRUCCIO PERGOLESE, *Corporativismo*, NssDI IV (1959), 861-864, com indicações; AMADO DE AGUILAR, *Donde veio e para onde vai o corporativismo português/Ensaio sobre o lugar do corporativismo na História* (s/d), 72 pp.; AUGUSTO DA COSTA, *Factos e princípios corporativos* (1934), 263 pp.; idem, *A nação corporativa/Textos legais, comentados e justificados*, 3ª ed. (1937), 474 pp.; ANTÓNIO RIBEIRO DA SILVA E SOUSA, *Diálogos fáceis sobre a economia corporativa, moral e humana* (1941), 95 pp.; JOÃO MANUEL CORTEZ PINTO, *A corporação/Subsídios para o seu estudo* (1956), 348 pp..

cipalmente jurídico, da matéria[8]. Houve, mesmo, escritos de nível metodológico e filosófico elevado, sobre a matéria[9].

III. O termo "corporativismo", bem como algumas das suas ideias, foram aproveitadas, em moldes ora propagandísticos ora efetivos, pelo regime fascista de Mussolini e por certos regimes autoritários, como o do Estado Novo, designadamente para combater o sindicalismo livre. Resultou, daí, um descrédito acentuado. Algumas das suas teses, com outros epítetos, têm encontrado abrigo em programas políticos muito variados; assim, por exemplo, o relevo dado ao "poder local" ou às "associações culturais". As referências a um neocorporativismo surgiram nos escritos da década de oitenta do século XX, tendo, depois, caído em desuso, com o incremento do liberalismo subsequente a 1989 e ao desabar do comunismo soviético.

IV. Na Alemanha, o ideário corporativo traduziu-se pela introdução no Direito do trabalho, de uma relação comunitário-pessoal entre o empregador e o trabalhador[10]. Todavia, o regime nazista assumiu uma tal expressão de força, assente no *Führerprinzip*, que dispensou meandros linguísticos.

Em Itália, o corporativismo foi associado ao fascismo de Mussolini (1922-1943). Deu azo, não obstante, a grandes reformas, particularmente no Direito do trabalho, onde foram montadas as corporações[11]. Também por aí, a ideia das corporações chegou ao Código Civil italiano de 1942 daí passando ao português, de 1966. Alguns pensadores de nível deram cobertura ao fascismo, pelo menos no início: tal o caso de Giovanni Gentile (1875-1944), através de interpretações neo-hegelianas.

Manifestações do ideário corporativo, normalmente para encobrir experiências autoritárias anti-liberais e anti-soviéticas surgiram em França, com Pétain (1940-1945), em Espanha, com Franco (1938-1975), em diversos países do Leste europeu até ao termo da II Guerra Mundial e, fora da Europa: no Brasil (Getú-

---

[8] *Vide*: MARCELLO CAETANO, *Lições de Direito Corporativo* 1, 1935; FEZAS VITAL, *Curso de Direito Corporativo*, 1940; ADRIANO MOREIRA, *Direito Corporativo*, Lisboa, 1951; SOARES MARTINEZ, *Manual de Direito Corporativo*, 3ª ed. cit.; OLIVEIRA ASCENSÃO, *Direito corporativo* (1964, reimpr. 1971); ALEXANDRE COELHO DO AMARAL, *Corporativismo e Direito corporativo* (1969/70); SÉRVULO CORREIA, *Sumários de Direito Corporativo* (1971); ALBERTO XAVIER, *Direito corporativo* cit.; VITAL MOREIRA, *Direito corporativo* (1973).
[9] NUNO CABRAL BASTO, *Ordem natural e organização plural*, ESC VI, 24 (1967), 115-154 e RUI MACHETE, *Os princípios e classificações fundamentais do corporativismo*, SI XVIII, 99-100 (1969), 398-440.
[10] *Vide* o nosso *Da situação jurídica laboral: perspectivas dogmáticas do Direito do trabalho*, sep. ROA, 1982.
[11] Assim sucedeu com a *Carta del lavoro* italiana de 1927; *vide* CELESTINO ARENA, *La carta del lavoro: schema dell'ordine corporativo* (1938), VIII + 548 pp..

lio Vargas, 1930-1945), na Argentina (Péron, 1943-1952) e no México (Cardenas, 1934-1940). Cumpre ter presente que os movimentos deste tipo são, em regra, fortemente populistas. Assentam na propaganda e na exaltação nacionalista e saldam-se, numa primeira fase, pelo restabelecimento da ordem pública e por reformas que melhoram as condições dos trabalhadores e das classes mais pobres.

A doutrina portuguesa da fase final do Estado Novo intentava ultrapassar o incómodo representado pelas conexões anti-democráticas do corporativismo com recurso à distinção entre o corporativismo formal e o substancial. No formal, as corporações são meros instrumentos ao serviço do Estado; no substancial, elas são formadas de modo espontâneo e natural, com valores e interesses próprios, devendo ser respeitadas pelo Estado[12].

O corporativismo material era aproximado do pensamento institucionalista, o qual se apoiaria em sete princípios: espontaneidade, pluralismo, subsidiariedade, solidariedade, cooperação voluntária, autonomia e personalismo[13]. A esta luz, podemos admitir que o regime do Estado Novo, a ter-se democratizado, teria permitido a evolução das corporações – ou de algumas delas – para instituições livres, com um papel útil no domínio da cultura, da assistência social e da regulação de alguns mercados.

Hoje, sabemos pela (dura) experiência, que o mercado livre, só por si, não resolve os problemas, antes os agrava; e a História mostrou que a planificação estadual não é praticável. A haver terceira via, ela poderia passar por esquemas auto-regulativos a que, em homenagem às antigas corporações medievais, se poderiam chamar "corporações". Não houve visão e a História não espera.

3. O corporativismo português

I. O corporativismo português correspondeu ao período da II República ou Estado Novo (1926-1974)[14]. Sob o poder pessoal de António de Oliveira Salazar, desenvolveu-se uma cobertura ideológica de cariz tradicionalista e populista, que aproveitou as ideias, um tanto vagas, do corporativismo[15].

---

[12] ALBERTO XAVIER, *Direito corporativo* cit., 1, 4.
[13] *Idem*, 7 ss..
[14] O Estado Novo foi, obviamente, uma República (a segunda), ainda que autoritária: república e democracia não são sinónimos; e as melhores democracias do Mundo são monarquias. Não tem alcance científico nem rigor histórico vir negar a natureza republicana do Estado Novo e chamar, ao regime derivado da Constituição de 1976 ... II República.
[15] Apontam-se como, influências ideológicas do Estado Novo, CHARLES MAURRAS (1863-1952), defensor de um nacionalismo integral e o Integralismo Lusitano, movimento primeiro monárquico e depois nacionalista, que desenvolveu algumas ideias a partir de 1913, mas cujos dirigentes acabaram por se tornar oposicionistas ao regime do Estado Novo.

Foi no Direito do trabalho que o corporativismo do Estado Novo deixou mais marcas jurídicas. Podemos distinguir dois subperíodos: (a) de 1926 a 1966; (b) de 1966 a 1974.

O primeiro subperíodo foi marcado pela formação e consolidação, em termos jurídicos, do pensamento social do Estado Novo. A ação estadual foi decisiva, tendo o Direito do trabalho conhecido, nessa altura, um desenvolvimento central. De início, apenas se registou a proibição da greve – Decreto nº 13.138, de 15 de Fevereiro de 1927. Um sistema mais completo seria prenunciado pela Constituição de 1933 e pelo Estatuto do Trabalho Nacional, aprovado pelo Decreto-Lei nº 23.048, de 23 de Setembro de 1933.

Na linha das constituições sociais programáticas, filiadas na experiência de Weimar, a Constituição de 1933 veio consagrar direitos relativos ao trabalho, de efetivação mais ou menos imediata; assim o direito ao trabalho – artigo 8º/1-A – e a liberdade de escolha da profissão – artigo 8º/7. Os elementos corporativos levaram-se a proscrever, expressamente, a luta de classes, com reflexos imediatos no Direito do trabalho coletivo. Assim,

> artigo 35º A propriedade, o capital e o trabalho desempenham uma função social, em regime de cooperação económica e solidariedade, podendo a lei determinar as condições do seu emprego ou exploração conformes com a finalidade coletiva.

> artigo 39º Os conflitos coletivos nas relações de trabalho serão dirimidos nos termos da lei, por conciliação ou por arbitragem, não sendo permitida a suspensão de atividade por qualquer das partes com o fim de fazer vingar os respetivos interesses.

Desta contraposição resultou uma dupla linha de evolução jurídico-laboral no Estado Novo:

- o Direito do trabalho individual e o Direito das condições de trabalho seguiram, com alguns desvios menores, um rumo comparável ao dos outros ordenamentos ocidentais;
- o Direito coletivo do trabalho, em função das proibições que incidiram sobre as lutas laborais coletivas e a liberdade de associação apresentou uma feição distorcida.

II. Os principais diplomas de Direito do trabalho cifram-se, neste período no que segue:

- a Lei nº 1.952, de 10 de Março de 1937, aprovou o regime do contrato individual de trabalho, constituindo o primeiro diploma a ocupar-se da matéria;

- o Decreto-Lei nº 24.402, de 24 de Agosto de 1934, aprovou as regras relativas à duração de trabalho, com alterações posteriores;
- a Lei nº 1.942, de 27 de Julho de 1936, veio dispor sobre acidentes de trabalho e doenças profissionais;
- o Decreto-Lei nº 23.870, de 18 de Maio de 1934, veio punir a greve e o despedimento coletivo;
- o Decreto-Lei nº 36.173, de 6 de Março de 1947, veio aprovar o regime das convenções coletivas de trabalho.

O segundo subperíodo acusou a necessidade de modernização, imposta por novas circunstâncias e pelo desenvolvimento económico-social então registado. Assim:

- a Lei nº 2.127, de 3 de Agosto de 1965, veio aprovar o regime dos acidentes de trabalho e das doenças profissionais;
- o Decreto-Lei nº 47.032, de 27 de Maio de 1966, substituído pelo Decreto-Lei nº 49.408, de 24 de Novembro de 1969, veio aprovar o regime do contrato individual de trabalho;
- o Decreto-Lei nº 49.212, de 28 de Agosto de 1969, veio aprovar o regime das relações de trabalho coletivas;
- o Decreto-Lei nº 409/71, de 27 de Setembro, veio aprovar o regime da duração do trabalho.

A evolução neste segundo período confirma a dupla linha acima enunciada: as grandes especificidades cifravam-se no Direito coletivo do trabalho. Note-se, no entanto, que o Decreto-Lei nº 49.212, de 28 de Agosto de 1969, correspondia já a uma elaboração doutrinária considerável, embora incompleta.

Uma referência favorável é, também, merecida pelo Decreto-Lei nº 409/71, de 27 de Setembro, abaixo referido, a propósito das convenções coletivas de trabalho.

III. O sistema jurídico corporativo não se limitava a versar as relações de trabalho. Através de uma série de organismos (corporações) de filiação obrigatória, ele regia áreas significativas da economia, fixando preços, margens, condições de comercialização e qualidades dos produtos. De certo modo, podemos dizer que ele antecipou, ainda que numa base formalmente associativa, aquilo que hoje se chama "regulação" e "entidades reguladoras".

As corporações vinham previstas na Constituição de 1933. O seu artigo 16º dispunha:

Incumbe ao Estado autorizar, salvo disposição da lei em contrário, todos os organismos corporativos morais, culturais ou económicos, e promover ou auxiliar a sua formação.

O artigo 17º do mesmo diploma explicitava que esses organismos:

(...) visarão principalmente objetivos científicos, literários, artísticos ou de educação física; de assistência, beneficiência ou caridade; de aperfeiçoamento técnico ou de solidariedade de interesses.

IV. O sistema infraconstitucional foi fraco: o Estado Novo não parecia acreditar nas corporações: organismos potencialmente incómodos, caso se auto-organizassem. O Decreto-Lei nº 29:110, de 12 de Novembro de 1938, estabeleceu um primeiro quadro-geral, explicitando que as corporações seriam criadas por decreto, precedendo parecer do Conselho Corporativo. O Decreto-Lei nº 29:111, do mesmo dia, fixava os interesses e atividades representados na Câmara Corporativa, agrupando-os (artigo 4º) em (a) interesses económicos, culturais e morais; (b) autarquias; (c) administração pública, acrescentando ainda (artigo 5º) representantes dos advogados, dos médicos, dos engenheiros e dos agrónomos, silvicultores e veterinários. O sistema foi sendo montado: mas com pouca convicção.

As bases para a instituição das corporações foram promulgadas, apenas, pela Lei nº 2086, de 22 de Agosto de 1956: trinta anos após a queda da I República. Entre outros aspetos, esse diploma – uma Lei de Bases: considerava as corporações pessoas coletivas de Direito público (I); fixava os órgãos das corporações (VIII); sujeitava os regimentos das corporações a aprovação ministerial (XIII); previa, como primeiras corporações a instituir, as da lavoura, da indústria, do comércio, dos transportes e turismo, do crédito e seguros e da pesca e conservas.

O sistema corporativo foi-se desenvolvendo, alcançando alguma complexidade[16]. Tínhamos organismos corporativos:

(a) morais e culturais;
(b) económicos, que abarcavam, como organismos primários, os sindicatos e os grémios, as casas do povo e as casas de pescadores, como organismos intermédios, as federações e uniões de sindicatos e, na cúpula, as corporações, incluindo as da lavoura, dos transportes e turismo, do crédito e seguros, da pesca e conservas, da indústria, do comércio, da imprensa e artes gráficas e dos espetáculos.

Todas estas entidades implicavam os seus diplomas legais, regras internas, poder regulativo e regras de fundo.

---

[16] *Vide* a enumeração de ALBERTO XAVIER, *Direito corporativo* II (1972), com a colaboração de CARLOS PAMPLONA CORTE-REAL, 18 ss..

4. As "normas" corporativas

I. O Código Civil português de 1966 refere normas corporativas no seu artigo 1º/1, 1º/2, 2ª parte, 1º/3 e 3º/2. Recordemos os textos:

Artigo 1º
(Fontes imediatas)

1. São fontes imediatas do direito as leis e as normas corporativas.
2. (...) são normas corporativas as regras ditadas pelos organismos representativos das diferentes categorias morais, culturais, económicas ou profissionais, no domínio das suas atribuições, bem como os respetivos estatutos e regulamentos internos.
3. As normas corporativas não podem contrariar as disposições legais de caráter imperativo.

Artigo 3º
(Valor jurídico dos usos)

2. As normas corporativas prevalecem sobre os usos.

No anteprojeto de Manuel de Andrade[17], as normas corporativas já surgiam, ao lado das leis, como fontes, embora se não lhes chamasse "imediatas". A definição de normas corporativas surgia no artigo 1º/II, b), em termos mais simples que os depois inseridos no Código:

São normas corporativas as ditadas por organismos representativos de categorias profissionais ou económicas, nos limites das suas atribuições, bem como os respetivos estatutos e regulamentos internos.

O projeto final acrescentou, como se vê, as "categorias morais" e as "categorias culturais", de modo a completar o mapa oficial das corporações, adotado pelo Estado Novo[18] e de que acima foi dada conta.

O mesmo projeto de Manuel de Andrade já subordinava as normas corporativas às disposições legais imperativas (1º/III), fazendo-as prevalecer sobre os usos (3º/II).

---

[17] MANUEL DE ANDRADE, *Fontes de direito/Vigência, interpretação e aplicação da lei*, BMJ 102 (1961), 141-152 (141-142).
[18] E constante do artigo 17º da Constituição Política de 1933, como refere, de resto, o próprio MANUEL DE ANDRADE, *Fontes de direito* cit., 147-148.

II. O modelo de Manuel de Andrade e, depois, do Ministro Antunes Varela, foi o do Código Civil italiano, mas apenas em parte. Com efeito, o Código italiano era mais explícito, compreendendo, sobre o tema em estudo:

- o artigo 1º, que colocava as normas corporativas entre os regulamentos e os usos, no elenco das fontes do Direito;
- o artigo 5º que considerava normas corporativas:
 (...) as ordenações corporativas, os acordos económicos coletivos, os contratos coletivos de trabalho e as sentenças da magistratura do trabalho nas controvérsias coletivas.
- o artigo 6º que remetia a formação e a eficácia das normas corporativas para o Código Civil e as leis especiais;
- o artigo 7º, que impedia as normas corporativas de derrogar as disposições imperativas da lei e dos regulamentos;
- o artigo 8º, que fazia prevalecer as normas corporativas sobre os usos.

Como se vê, o Código italiano estabelecia um sistema coerente para as normas corporativas, às quais dava um conteúdo alargado. Já Manuel de Andrade e, depois, o Código vieram retirar (ou não vieram referir), entre as normas corporativas, os acordos económicos coletivos, os contratos coletivos de trabalho e as sentenças da magistratura do trabalho.

III. Seguindo os movimentos transalpinos dos anos trinta, o Código Civil fez questão de marcar a supremacia do Estado (as normas corporativas não podem contrariar leis imperativas) e a da organização sócio-económica pública, sobre o Direito comercial (as normas corporativas prevalecem sobre os usos). Politicamente, quer esta opção quer a própria referência, num diploma como o Código Civil, a "normas corporativas", tendo em conta a sua conotação com o fascismo italiano e isso mais de vinte anos após a queda do regime de Mussolini, regime esse com o qual ninguém, após 1945, ousaria identificar-se, surgem surpreendentes: foram sufragadas por professores universitários do mais alto nível, dos quais seria de esperar contenção e bom senso[19]

Em termos formais, estranha-se a contraposição entre "leis" e "normas corporativas": ou se dizia "normas legais" e "normas corporativas" (fórmula inadequada já que as fontes contêm normas mas não são, elas próprias, normas) ou se optava por "leis" e "diplomas corporativos". Andrade não chegou a rever o seu projeto e Varela decidiu entronizá-lo, mesmo contra a vontade do seu Autor.

[19] DIOGO FREITAS DO AMARAL, *Manual de introdução ao Direito* 1 (2004), 358, considera que se tratou de uma homenagem tardia ao "sistema corporativo" criado pelo Estado Novo.

Em termos materiais, não se entende como considerar as "normas corporativas" como "fontes imediatas": parece claro que elas retiram a sua jurídica-positividade da lei e não de elas próprias.

Em suma: a meio século de distância, todo este episódio se afigura uma ligeireza surpreendente.

IV. As "normas corporativas" do Código Civil eram assim consideradas não pela sua materialidade, mas pela origem: provinham dos organismos corporativos[20]. As próprias regras (estaduais) relativas às corporações eram leis.

Por seu turno, as normas corporativas pela origem podiam ser puramente orgânicas (regiam a sua estrutura e o seu funcionamento) ou materiais, quando visassem a sua atividade e as dos seus membros. Nestas últimas podiam-se incluir as convenções coletivas de trabalho[21]. Evidentemente: a mera origem das "normas" era fraco apoio para justificar uma dogmática autónoma. A preocupação em cercear uma verdadeira materialidade não-estadual matou, no berço, uma autonomia efetiva da fonte em causa.

5. A eventual sobrevivência das normas corporativas

I. As normas corporativas, pela sua origem e pela sua conexão com o fascismo italiano, estavam formalmente ligadas à II República ou Estado Novo. Pergunta-se, por isso, se a queda desse regime, em 25-Abr.-1974, e a entrada em vigor da Constituição de 1976 não terão revogado ou feito caducar tais normas.

Para além das conexões político-culturais acima sublinhadas, as normas corporativas não exprimiam, na sua generalidade, nada de especialmente incompatível com o regime pós-25 de Abril. Pelo contrário: a lógica dirigista que enformava muitas delas até poderia ir ao encontro do ideário estatizante que dominou o País, mormente durante o ano de 1975 e que encontrou lugar em muitas das disposições iniciais da Constituição de 1976. As normas corporativas, em si, não são materialmente contrárias à Constituição. Poderia haver uma ou outra situação em que essa contrariedade surgisse: mas nessa altura, não ofereceria dúvidas considerá-las revogadas ou inconstitucionais.

II. Tem ainda interesse verificar como foi resolvido o problema em Itália. Após a queda do regime de Mussolini, em 1942[22], as normas corporativas continuaram em vigor. O Decreto Legislativo nº 369, de 23-Nov.-1944, suprimiu as

---

[20] ALBERTO XAVIER, *Direito corporativo* 1 cit., 41 ss..
[21] *Idem*, 44.
[22] Esse regime foi ainda restabelecido, durante dois anos, no Norte de Itália, pela força das armas alemãs.

fontes corporativas. Mas deixou em funcionamento as normas corporativas já emanadas, com a eficácia originária, sem prejuízo das ulteriores modificações (artigo 43º).

O funcionamento das normas corporativas manteve-se, em tudo o que elas não contraditassem os princípios constitucionais.

III. Após a queda da II República, e ao contrário do que sucedeu em Itália, não se procedeu a uma supressão global dos organismos corporativos. Antes se foram sucedendo os diplomas de extinção setorial, os quais se prolongaram por duas décadas.

Os sindicatos recuperaram, logo no plano dos factos, a sua independência. Aliás, ainda antes de 25-Abr.-1974, em vários sindicatos-chave, já haviam sido eleitas direções que se opunham frontalmente ao regime do Estado Novo.

Quanto às corporações económicas, em síntese: o Decreto-Lei nº 443/74, de 12 de Setembro, extinguiu as corporações dependentes do Ministério da Economia; não terá sido prontamente executado uma vez que, dez anos depois, foi alterado pelo Decreto-Lei nº 203/84, de 15 de Junho; o Decreto-Lei nº 482/74, de 25 de Setembro, extinguiu os grémios da lavoura[23]; o mesmo sucedeu com os grémios da banca (Decreto-Lei nº 296/75, de 19 de Junho) e dos seguros (Decreto-Lei nº 306/75, de 21 de Junho). Pouco antes, o Decreto-Lei nº 293/75, de 16 de Junho, dera 60 dias aos grémios de inspiração facultativa, para passarem a associações patronais, prazo esse que foi prorrogado pelo Decreto-Lei nº 684/75, de 10 de Dezembro, em nova demonstração da morosidade da extinção.

Algumas corporações cobravam determinadas taxas, das quais dependiam. Uma das vertentes do desmantelamento do sistema foi a da abolição de tais taxas. Assim, o Decreto-Lei nº 122/75, de 10 de Março, extinguiu as taxas dos organismos corporativos do setor da panificação; o Decreto-Lei nº 144/76, de 19 de Fevereiro, extinguiu todas as taxas; o Decreto-Lei nº 253/77, de 15 de Junho, veio ainda extinguir as taxas cobradas pelo Grémio dos Armadores de Pesca do Bacalhau e da Comissão Reguladora do Comércio de Bacalhau; o setor da pesca foi, de resto, particularmente resistente: o Decreto-Lei nº 116/82, de 19 de Outubro, extinguiu o Grémio dos Armadores da Pesca da Sardinha e o Decreto-Lei nº 107/94, de 23 de Abril, alterado pelo Decreto-Lei nº 281/95, de 26 de Outubro, o dos Armadores de Pesca do Arrasto.

---

[23] Os grémios da lavoura, para além das dimensões "corporativas", tinham um papel técnico e científico importante, no apoio aos agricultores. A sua extinção, acompanhada pela destruição física de muito do seu espólio, levada a cabo, em certas localidades, por circunstâncias políticas que não ficarão na História, contribuiu para a decadência da agricultura.

A extinção de organismos corporativos levou a que o respetivo pessoal transitasse para o correspondente organismo do Estado.

As normas corporativas orgânicas foram, assim, desaparecendo progressivamente.

IV. Pergunta-se, agora, pelo destino das normas de produção corporativa, previstas no Código Civil.

Tais normas, na medida em que não tenham sido implícita ou explicitamente revogadas pela legislação posterior à queda do Estado Novo, subsistem, até aos nossos dias. Muitas delas, designadamente as resultantes de convenções coletivas de trabalho, foram sendo incorporadas pelas convenções subsequentemente negociadas e adotadas[24]. Mantêm a natureza de "normas corporativas"? E se surgirem novas regras similares, serão normas corporativas?

V. Uma "sobrevivência" de normas corporativas, após a extinção dos organismos corporativos, só teria alcance jurídico-científico quando fosse possível indicar um teor material para as normas em causa.

O regime do Estado Novo não logrou fazê-lo: a categoria "normas corporativas", tal como emerge da 2ª parte do artigo 1º/1, define-se pelo traço formal da sua origem (produção corporativa) e pelo do seu objeto (estatutos e regulamentos internos). Mas subentende-se a mensagem: haveria normas jurídicas de produção não-estadual. O corporativismo, ao considerar *ad nutum* as corporações como pessoas coletivas de Direito público (base I da Lei nº 2086, de 22 de Agosto de 1956) matava (no ovo), essa hipótese: em termos substanciais, as corporações acabavam por se reconduzir ao Estado, em sentido muito amplo, mas ainda real: a jurídica-positividade das normas corporativas advinha da autoridade estadual. A liberalização da sociedade, posterior à Constituição, tornou, paradoxal e teoricamente possível, verdadeiras "normas corporativas".

Esse lugar afigura-se-nos preenchido pelo que abaixo chamaremos "diplomas privados": verdadeiras fontes do Direito, de produção não-pública (não estadual, em sentido amplo), com uma dogmática diferenciada. Todavia, não vemos vantagem em ressuscitar as "normas corporativas" do Código Civil: isso implicaria uma reconstrução que iria contundir com a letra da lei e com a História, tal como ocorreu.

As normas corporativas vão desaparecendo paulatinamente, à medida que venham a ser substituídas ou, simplesmente, revogadas.

---

[24] Quanto ao setor bancário, *vide* o nosso *Convenções colectivas de trabalho e Direito transitório: com exemplo no regime da reforma no sector bancário*, Est. Oliveira Ascensão II (2008), 1489-1511.

II - OS DIPLOMAS PRIVADOS

6. As convenções coletivas de trabalho

I. As convenções coletivas de trabalho correspondem a acordos, por vezes de grande extensão, concluídos entre entidades representativas dos trabalhadores (os sindicatos) e dos empregadores (as associações patronais) e que se destinam a reger, em termos gerais e abstratos, as diversas questões que possam cair sob o seu âmbito. Ficam abrangidas as prestações diretamente laborais, a duração do trabalho, as categorias, as promoções, as prestações acessórias, o sindicalismo na empresa, as regalias circum-laborais e diversos aspetos assistenciais, incluindo reformas[25]. A matéria consta, hoje, do Código do Trabalho de 2009: artigos 476º a 509º[26]. Qual a origem desta matéria?

II. Na sequência do liberalismo, que aboliu as anteriores corporações e da revolução industrial, os trabalhadores ficaram numa situação grave de carência: dado o êxodo rural, havia uma sobreoferta de trabalho, que esmagava os salários e as condições de vida. A presença de aglomerados de trabalhadores e a difusão de diversas doutrinas de teor social levaram a que os trabalhadores se unissem, se organizassem em sindicatos e recorressem à greve: a cessação concertada do trabalho, de modo a obter melhores condições remuneratórias e ambientais.

A greve deu azo a que os sindicatos, através dos seus representantes, negociassem, com as entidades empregadoras ou com as entidades que a estas representassem, os diversos aspetos relevantes para o universo laboral.

Assim surgiram os contratos coletivos de trabalho, que têm, entre outras, uma interessante característica: embora negociados e concluídos como contratos, eles dão, depois, azo a regras gerais e abstratas (normas jurídicas) capazes de se aplicar a uma infinidade de situações singulares.

A contratação coletiva floresceu em diversos instrumentos[27], facultando uma dogmática cada vez mais especializada.

---

[25] *Vide* o nosso *Manual de Direito do trabalho* (1991), 231 ss..
[26] *Vide* LUÍS GONÇALVES DA SILVA, em PEDRO ROMANO MARTINEZ e outros, *Código do Trabalho anotado*, 8ª ed. (2009), 1155 ss..
[27] MARIA DO ROSÁRIO PALMA RAMALHO, *Negociação colectiva atípica* (2009).

III. O Direito inglês foi o primeiro a reconhecer as convenções coletivas[28]. No Continente, foram pioneiros os alemães[29], sendo as convenções praticadas (e respeitadas) muito antes do seu reconhecimento legal, pela *Tarifvertragsverordnung* de 1918[30]. A conclusão de convenções coletivas generalizou-se, depois, nos diversos países, impostas pelas necessidades reais de ultrapassar, no terreno, os conflitos de trabalho.

Em Portugal, as primeiras convenções coletivas surgiram no século XX. O desinteresse universitário votado, na época, a essa matéria, não permite proceder à sua datação exata[31]. Quanto a referências doutrinárias: em 1905, Cunha Gonçalves afirma, quanto ao contrato coletivo, que:

(...) não entrou elle ainda nos hábitos do nosso operariado (...)[32].

Nessa ocasião, Ruy Ulrich defende as vantagens da contratação coletiva, fonte de progresso social e laboral[33].

O Decreto nº 10.415, de 27 de Dezembro de 1924, veio atribuir, às federações e uniões de sindicatos, capacidade para celebrar contratos coletivos de trabalho.

IV. O Estado Novo admitiu a figura, sujeitando-a, contudo, a homologação estadual. Assim, o Estatuto do Trabalho Nacional, aprovado pelo Decreto-Lei nº 23.048, de 23 de Setembro de 1933, veio dispor:

---

[28] *Collective bargaining* e *collective agreement*. Vide ELIAS/NAPIER/WALLINGTON, *Labour Law/Cases and Materials* (1980), 1 ss. e 60 ss., C. D. DRAKE, *Labour Law*, 3ª ed. (1981), 220 ss. e RIDEOUT/DYSON, *Principles of Labour Law*, 4ª ed. (1983), 345 ss..
Uma exposição alargada sobre o Direito do trabalho no sistema anglo-saxónico pode ser confrontada, em língua latina, na obra de MARCO PAPALEONI, *Il diritto del lavoro nei paesi a "common law"*, 2 volumes (1982).
[29] A primeira convenção coletiva de trabalho alemã foi celebrada em 1873, com os tipógrafos; em 1906, já havia 3.000 e, em 1913, 13.000.
[30] REINHARD RICHARD, *Kollektivegewalt und Individualwille bei der Gestaltung des Arbeitsverhältnisses* (1968), 212 ss.. A bibliografia é infindável, remetendo-se para o *Tratado* II/2, § 10º.
[31] M. TAVARES DA SILVA, *Direito do trabalho* (1964), 408 e 411, afirma que não há indicações precisas sobre a contratação coletiva antes de 1933; BERNARDO XAVIER, *Convenção colectiva de trabalho*, Enc. Pólis 1 (1983), 1303-1311 (1305), escreve, por seu turno: "Parece, contudo, que se celebraram os primeiros contratos coletivos após o reconhecimento do direito à greve".
[32] CUNHA GONÇALVES, *A evolução do movimento operário em Portugal* (1905), 95.
[33] RUY ULRICH, *Legislação operária portugueza* (1906), 440 ss.; diz este Autor, ob. cit., 442:
Como se vê, na organização collectiva operaria tudo se liga ao contracto collectivo. E a explicação é simples: é porque esse contracto, como toda a organização collectiva do trabalho, surge e impõe-se como producto natural da organização industrial moderna.

Artigo 32º Os sindicatos nacionais e os grémios ajustam entre si contratos coletivos de trabalho destinados a regular as relações entre as respetivas categorias de patrões e de trabalhadores. O contrato coletivo de trabalho consubstancia a solidariedade dos vários fatores de cada ramo das atividades económicas, subordinando os interesses parciais às conveniências superiores da economia nacional.

Artigo 33º Os contratos coletivos de trabalho, uma vez sancionados pelos organismos corporativos superiores aprovados pelo Governo obrigam os patrões e trabalhadores da mesma indústria, comércio ou profissão, quer estejam ou não inscritos nos grémios e sindicatos nacionais respetivos[34].

Foram-se sucedendo os regimes relativos às convenções coletivas de trabalho: a Lei nº 1952, de 21 de Março de 1937, estabeleceu um primeiro regime, sujeitando-as à aprovação do Subsecretário de Estado das Corporações e Previdência Social. Não obstante, a doutrina que primeiro se ocupou dessa matéria, trouxe-a para o Direito privado[35], ainda que certas vozes apelassem, antes, ao Direito público[36]. Um sistema mais desenvolvido adveio do Decreto-Lei nº 36.177, de 6 de Março de 1947. Finalmente, o Decreto-Lei nº 49.212, de 28 de Agosto de 1969, alterado pelo Decreto-Lei nº 492/70, de 22 de Outubro, veio dotar a Ordem Jurídica portuguesa de um regime atualizado da matéria. Só não foi até ao fim, por não (re)conhecer a greve e as lutas laborais coletivas.

V. Após a queda do Estado Novo, foram tomadas diversas medidas para tentar controlar a desordem nas empresas[37]. Apenas o Decreto-Lei nº 164-A/76, de 28

---

[34] O artigo 34º do ETN dispunha, também, sobre contratos coletivos, determinando o seu conteúdo obrigatório.
[35] Assim, CUNHA GONÇALVES, *Tratado de Direito civil*, 7 (1933), 576 ss.; desse Autor, *Tratado* 1 vol. (1929), 324, onde, quatro anos antes do ETN, se falava no contrato coletivo de trabalho, dizendo, designadamente:
E, se essa convenção é aplicável a operários que nela não intervieram, não é porque ela seja um acto-regra ou uma lei, mas sim por serem cláusulas permanentes do contrato de trabalho, às quais cada operário, pedindo trabalho, dá a sua tácita adesão, como sucede nos contratos de transportes urbanos ou e caminho de ferro, nos seguros, e outros casos análogos.
[36] RAÚL VENTURA, *Teoria da relação jurídica de trabalho*, 1 (1944), 183; este mesmo Autor – ob. cit., 176 – afirma que o estudo do contrato coletivo compete ao Direito corporativo e não ao do trabalho.
ANTÓNIO DA MOTTA VEIGA, *A regulamentação do salário* (1944), 149 ss. (154 ss.). Anteriormente, esta posição foi assumida pela interessante sentença de MANUEL REBELO DE ANDRADE, Juiz da 3ª Vara do Tribunal do Trabalho de Lisboa, de 8-Fev.-1941, ROA 1, 2 (1941), 477-485 (478-479): defende-se, aí, com base na doutrina italiana, uma visão normativista do contrato coletivo, ainda que referindo posições contrárias.
[37] Vejam-se algumas indicações no *Tratado* II/2, 123-124.

de Fevereiro, revogou o Decreto-Lei nº 49.212, de 28 de Agosto de 1969, substituindo-o por novo regime, não muito diverso. Seguiram-se diversas alterações e, depois, um novo regime: o do Decreto-Lei nº 519-C/79, de 29 de Dezembro, que se manteve em vigor até ser absorvido pelo Código do Trabalho de 2003 e, depois, pelo de 2009. O Código do Trabalho regula a formação das convenções coletivas, a sua vigência e a sua revisão.

As convenções coletivas comportam um conteúdo obrigacional, que estabelece direitos e obrigações entre os sindicatos e as entidades empregadoras que as celebrem e um conteúdo regulativo, que rege, em termos gerais e abstratos, as situações neles previstas.

As hipóteses regulativas das convenções em causa são muito latas[38]. Como exemplo, elas podem conter:

- regras atinentes ao conteúdo dos contratos individuais de trabalho: as cláusulas próprias que regem as diversas situações jurídicas podem ser moldadas pelas convenções coletivas, nos seus diversos aspetos: salários, tipo de trabalho e condições da sua prestação, pausas, férias, promoções, etc.;
- regras relativas ao modo de celebração dos contratos individuais: pode ser tratada a forma de celebração desses contratos e, até – ainda que com limites – a fórmula para o recrutamento do pessoal;
- regras sobre a cessação da situação laboral: os diversos aspetos relativos à cessação do contrato de trabalho, com relevo para o processo disciplinar, constituem campos regulativos idóneos para as convenções coletivas;
- regras sobre as condições de trabalho: todo o condicionalismo que preside à prestação do trabalho, nos aspetos diretos e ambientais – portanto abrangendo elementos que se prolongam desde os instrumentos laborais até a fatores circundantes, como cantinas ou infantários –, surge na regulação coletiva convencionada;
- regras sobre a empresa: cabe, por fim, referir o domínio, hoje decadente no Sul, das normas relativas à empresa, maxime no que toca à participação dos trabalhadores na sua gestão.

Naturalmente: as convenções têm limites. Segundo o artigo 478º/1 do Código do Trabalho, elas não podem contrariar normas legais imperativas, não podem regulamentar atividades económicas e não podem conferir eficácia retroativa às suas cláusulas, salvo se de natureza salarial.

---

[38] P. ex., SCHAUB/KOCH/LINCK, *Arbeitsrecht-Handbuch*, 11ª ed. (2005), 1939 ss..

7. A sua natureza

I. A discussão quanto à natureza das convenções coletivas de trabalho é clássica, surgindo diversas teorias[39]. Podemos agrupá-las em três grandes grupos:
- teorias negociais;
- teorias sociais;
- teorias público-normativas.

As teorias negociais intentam explicar a eficácia das convenções coletivas sem recorrer a esquemas público-jurídicos de legitimação dos seus comandos: a chave residiria no acordo fechado entre as partes coletivas. As teorias sociais procuram encontrar, de algum modo, um ponto de equilíbrio entre as posições negociais e as público-normativas; servem, para o efeito, explicações que vão desde teses institucionais até ao apelo ao pluralismo normativo. As teorias público-normativas recorrem, por fim, às comuns hierarquias de produção normativa, nelas integrando as convenções coletivas.

II. A problemática posta pela natureza das convenções coletivas obedeceu, em termos históricos, às tentativas de as emancipar, dando-lhes eficácia prática e autonomia conceitual, mas mantendo a sua independência perante o Estado. À vertigem publicizadora, provocada pela necessidade de alargar os seus efeitos, seguia-se a necessidade de autonomização privada[40]. A experiência mostra que, mais do que as tradicionais soluções autolimitativas do Direito público, o Direito privado consegue os melhores resultados no controlo do poder. Mas a simples consideração da matéria deixa entender como o Direito privado não foi diretamente pensado para enquadrar semelhante problemática. Haverá sempre adaptações, com reflexos qualitativos.

A Constituição garante a liberdade sindical – artigo 56º – nos termos mais latos. Designadamente, os trabalhadores podem constituir as associações sindicais que quiserem – nº 1, *a*) – e inscreverem-se livremente nelas – nº 1, *b*). A independência dos sindicatos está garantida, em termos formais – artigo 56º/4.

---

[39] Vide MANFRED O. HINZ, *Tarifhoheit und Verfassungsrecht/Eine Untersuchung über die tarifvertragliche Vereinbarungsgewalt* (1971), 34 ss. e HANS HOFBAUER, *Der Rechtscharakter der Tarifverträge und der Allgemeinverbindlicherklärung* (1974), 15 ss., cujas recolhas de opiniões são bastante envolventes. Com múltiplas indicações, abaixo retomadas, REINHARD RICHARDI, *Kollektivgewalt und Individualwille bei der Gestaltung des Arbeitsverhältnisses* (1968), 130 ss.. Em geral, cf. ainda WOLFGANG ZÖLLNER, *Die Rechtsnatur der Tarifnormen nach deutschem Recht/Zugleich em Beitrag zur Abgrenzung von Rechtssetzung und Privatautonomie* (1966). Entre nós: NUNO CABRAL BASTO, *A natureza da convenção colectiva de trabalho. Supostos epistemológicos da sua indagação*, ESC 30 (1969), 60-87.

[40] As convenções coletivas são, ainda, um poder privado de conformação de situações jurídicas: MICHAEL COESTER, *Vorrangprinzip des Tarifvertrages* (1974), 62 ss..

As associações de empregadores atuam, por seu turno, como associações privadas – artigo 440º/2 do CT – garantidas, também, na Constituição – artigo 46º. As convenções coletivas são celebradas pelos sindicatos e pelas associações de empregadores ou pelos empregadores. As convenções coletivas obrigam apenas as pessoas que as celebrem ou que estejam filiadas nas entidades celebrantes – artigo 496º/1, do Código do Trabalho.

Há autonomia e num plano de igualdade: a autonomia é privada.

Com as particularidades, que têm a ver com deveres instrumentais, as convenções coletivas surgem no termo do livre exercício de poderes de celebração e de estipulação. Elas formam-se nos moldes contratuais e têm eficácia porque as pessoas constituíram livremente associações para que estas, também em liberdade, contratassem em termos coletivos.

Os poderes que explicam este mecanismo não são originários, antes assentando numa normativização conferida pelo Direito objetivo. Mas isso ocorre precisamente com os diversos negócios jurídicos incluindo os contratos.

A autonomia coletiva representa assim uma particular forma de autonomia privada; as convenções coletivas de trabalho são negócios (privados) coletivos[41].

III. As convenções coletivas de trabalho são verdadeiras fontes de Direito. Elas contêm normas (proposições gerais e abstratas) aplicáveis aos casos nelas previstos, normas essas que se obtêm pela interpretação: uma interpretação que, de resto, se aproxima mais da lei do que da dos negócios. Pode haver lacunas e conceitos indeterminados aos quais se prestarão os cuidados competentes, nessas eventualidades. Permitem a construção de princípios. Podem entrar em conflito: temporal, espacial, hierárquico ou pessoal. Temporal quando duas ou mais convenções se sucedam no tempo; espacial sempre que uma situação tenha conexões territoriais com mais de uma convenção (p. ex., ao trabalhador que vá de Lisboa para o Porto, aplica-se a convenção coletiva do distrito de Lisboa ou a do distrito do Porto, quando sejam distintas?); hierárquico quando vários instrumentos laborais coletivos de diversa natureza sejam tendencialmente aplicáveis à mesma situação e pessoal quando, a uma mesma pessoa, possam ser tendencialmente aplicáveis convenções distintas[42].

---

[41] Nesse sentido, RICHARDI, *Kollektivgewalt und Individualwille* cit., 164. *Vide*, ainda, quanto à natureza privada das convenções coletivas, por vários prismas, LAURA CASTELVETRI, *Analisi critica dei sistema contrattuale vigente nelle valutazioni della dottrina*, RDLav 1 (1982), 385-425 (397 ss.) e DORA BRIGUORI SPINA, *Contributo all'analisi dei rapporti tra la norma inderogabile e il contratto collettivo*, RDLav 1 (1982), 249-286 (251 ss., 281). Entre nós, a qualidade de negócio da convenção coletiva é enfatizada por PEDRO ROMANO MARTINEZ, *Direito do trabalho*, 7ª ed. (2007), 1153.

[42] *Vide* os nossos *O princípio do tratamento mais favorável no Direito do trabalho actual*, DJ III (1987-88), 111-139 e *Dos conflitos temporais de instrumentos de regulamentação colectiva de trabalho*, em *Estudos em*

Em suma: trata-se de fontes efetivas do Direito, de natureza privada e com uma dogmática própria. São facultadas pela lei, que lhes fixa limites: mas a sua força criativa advém delas próprias e dos parceiros quer as subscrevam.

8. Os negócios normativos

I. As convenções coletivas de trabalho nasceram e desenvolveram-se num nicho problemático próprio: os conflitos laborais e os problemas a eles ligados. Não foram antecipadamente previstas por nenhum legislador e obrigaram a um grande esforço dogmático para serem reconhecidas, aprofundadas e enquadradas.

Depara-se-nos, agora, uma outra hipótese de fonte do Direito, mas de índole ainda mais marcadamente privada: a dos negócios normativos.

II. O negócio jurídico, designadamente quando tenha natureza contratual, visa, à partida, solucionar uma questão concreta. Não origina normas jurídicas: estas, marcadas pela generalidade e pela abstração, aplicam-se a um conjunto indefinido de situações.

Sucede todavia que certos contratos, designadamente quando visem situações duradouras, estejam de tal modo montados que, deles, resultem proposições estruturalmente normativas.

Pense-se num contrato de sociedade. Concluído entre os sócios fundadores, ele vai originar uma série de regras que se irão aplicar no futuro, caso ocorram os factos nelas previstos e sejam quais forem as pessoas (e poderão ser milhares) que venham a ser sócias. Este fenómeno leva a que, ao contrato de sociedade, se apliquem regras de interpretação próximas da das leis e não da dos negócios[43].

Outra situação conhecida é a do contrato-quadro (*Rahmenvertrag*)[44]. As partes, sabendo que no futuro irão celebrar diversos contratos, fixam antecipadamente regras gerais e abstratas a que eles vão obedecer. A figura da norma jurídica perfila-se, de novo.

III. Em termos exclusivamente culturais, os negócios normativos são (meros) negócios. Advêm do exercício da autonomia privada e vinculam apenas quem, a eles, tenha aderido. Mas isso não lhes retira a imperatividade: também muitas leis se aplicam, apenas, a quem, voluntariamente, se coloque no seu campo de aplicação.

É ainda certo que os negócios, mesmo normativos, retiram a sua jurídica-positividade da lei: designadamente, do artigo 406º/1, que determina que

---

Memória do Professor Doutor João de Castro Mendes (1994), 457-473.
[43] Vide o nosso *Direito das sociedades* I, 3ª ed. (2011), 494 ss..
[44] LARENZ/WOLF, *Allgemeiner Teil*, 9ª ed. (2004), § 23, Nr. 112-114 (428).

os contratos sejam cumpridos. Não deixam, todavia, de revelar as normas jurídicas que contenham. De resto, a própria lei é vinculativa porque assim o determina a Constituição: por essa ordem de ideias, a única fonte de Direito seria a *Grundnorm* kelseniana[45].

Apoiados na tradição das convenções coletivas de trabalho, temos, aqui, uma margem para inserir os negócios normativos numa teoria das fontes de Direito, através dos diplomas privados.

9. Os regulamentos privados

I. Algumas entidades privadas, designadamente associações, adotam regulamentos internos. Tais regulamentos complementam os estatutos nas mais diversas áreas: direitos e deveres dos sócios; funcionamento da direção ou da fiscalização; uso de bens sociais; competições e certames organizados pela associação; exercício do poder disciplinar e sanções. Esses regulamentos podem ser aprovados pela assembleia geral ou pela direção.

Juridicamente, eles retiram a sua força vinculativa dos próprios estatutos. Em certos casos, os interessados em certas prestações subordinam-se, voluntariamente, ao competente regulamento. Por exemplo, aquando de um concurso de automóveis, os concorrentes declaram submeter-se ao regulamento. E os regulamentos tendem a ser acompanhados de sanções: ou não surtiriam efeito[46]. Nalguns casos, como na justiça dispositiva, estão montados esquemas complexos para aplicação de tais sanções, no plano nacional e internacional. Temos, ainda, regulamentos nas sociedades, os quais podem ter natureza laboral[47].

II. Pergunta-se pela natureza de tais regulamentos. A sua natureza privada não levanta dúvidas: eles nascem e conformam-se fora de quaisquer poderes de soberania estaduais. Mas a sua potencialidade normativa não deixa de se impor: os regulamentos privados são fonte de proposições imperativas, gerais e abstratas, que se aplicam quando se concretizem os factos neles previstos.

III. Os regulamentos privados são, deste modo, fontes materiais de Direito. O artigo 1º/2, *in fine*, do Código Civil, considerava fontes imediatas do Direito, a título de normas corporativas, os estatutos e os regulamentos internos das

---

[45] Hans Kelsen, *Reine Rechtslehre*, 2ª ed. (1960, reimp., 1967), 196 ss. (204 ss.).
[46] *Tratado* IV, 3ª ed., 758 ss..
[47] Segundo o artigo 104º/1 do CT,
A vontade contratual do empregador pode manifestar-se através de regulamento interno da empresa e a do trabalhador pela adesão expressa ou tácita ao mesmo regulamento.
Vide Pedro Romano Martinez, *Código do Trabalho anotado*, 8ª ed. cit., 305 ss..

diversas corporações. As corporações do Estado Novo eram, todavia, entidades públicas, pelo que tais elementos poderiam desaguar na lei. Hoje, falamos de verdadeiras e próprias entidades privadas.

Reconduzimos, com tranquilidade reforçada, os regulamentos aqui em causa à categoria dos diplomas privados.

IV. Finalmente, podemos inserir ainda nesta rubrica os códigos de conduta. Certas entidades, nomeadamente associações representativas de setores económicos, podem aprovar regras coerentes de certa extensão ("códigos"), relativas à atuação profissional dos seus membros[48]. Tais códigos, em regra publicitados junto dos potenciais clientes dessas entidades, dão azo a efetivas normas de conduta. São diplomas privados.

V. Os regulamentos aprovados por entidades associativas de Direito público, como sucede com as ordens profissionais, têm a natureza de regulamentos e, portanto, de leis em sentido muito amplo. A matéria documenta-se perante o acórdão do TC nº 3/2011, de 4 de Janeiro, que declarou com força obrigatória geral a inconstitucionalidade do artigo 9º-A/1 e 2, do Regulamento Nacional de Estágio da Ordem dos Advogados, aprovada pela deliberação nº 3333-A/2009, de 16 de Dezembro, do Conselho Geral[49].

---

[48] Quanto a códigos de conduta no campo financeiro: o nosso *Manual de Direito bancário*, 4ª ed. (2010), 194 ss..

[49] TC nº 3/2011, de 4 de Janeiro (João Cura Mariano), DR I Série, nº 17, de 25-Jan.-2011, 502-507 (506/II).

Catástrofes naturais e acidentes industriais graves na União Europeia: a prevenção à prova nas directivas Seveso

CARLA AMADO GOMES
Profª Auxiliar da Faculdade de Direito da Universidade de Lisboa
Profª convidada da Faculdade de Direito da Universidade Nova de Lisboa

SUMÁRIO: 0. Introdução; 1. Prevenção de catástrofes naturais e de acidentes industriais na União Europeia: uma dualidade justificável?; 1.1. Preliminarmente: a dificuldade da noção de *catástrofe natural*; 1.2. A prevenção de catástrofes naturais no Direito Internacional: notas breves; 1.3. A prevenção de catástrofes naturais na União Europeia: um regime emergente; 1.4. A prevenção de acidentes industriais graves – sequência; 2. A prevenção de acidentes industriais graves na União Europeia: 2.1. A directiva Seveso I; 2.2. A directiva Seveso II; 2.3. As alterações de 2003; 2.4. Observações finais

0. Introdução

O esmagador terramoto ocorrido no Japão em Março de 2011 constitui um dos exemplos mais recentes de uma (mega)catástrofe natural – entretanto, já lhe sucederam outros sismos na região do Pacífico, devastadores incêndios no Texas e tufões vários na costa leste dos EUA. O fortíssimo sismo, acompanhado de um maremoto de efeitos arrasadores, provocou estragos de magnitude proporcional à força telúrica e atesta como poucos a capacidade destrutiva puramente natural do meio ambiente terrestre[1] – análoga à das erupções vulcânicas. No entanto, os seus invisíveis efeitos colaterais estão longe de deixar inocente o Homem: as fugas na central nuclear de Fukushima, cuja minimização está entregue a um grupo de

---

[1] Sendo certo que já há vozes na comunidade científica a estabelecer relações entre a construção de grandes barragens e a eclosão de sismos – cfr. a revista *Super Interessante*, nº 290, Abril 2011, p. 60 (nº intitulado *A fúria da Natureza*).

funcionários e cientistas já glorificados como *kamikaze*, são o mais actual exemplo dos riscos tecnológicos a que a sociedade se submete, em nome da continuidade do modelo civilizacional iniciado com a Revolução industrial do século XIX.

"Entrámos na era das consequências", afirmou ao *Nouvel Observateur* o Director Geral da delegação francesa da WWF, Serge Orru, a propósito do acidente de Fukushima[2]. A sequência torrencial de catástrofes, ambientais e tecnológicas, nas últimas décadas confere um significado amplificado a esta afirmação, colocando a tónica, mais do que nunca, na prevenção. O problema da metodologia de antecipação de riscos de catástrofes tem sido objecto de sucessivas abordagens, quer no plano mundial – na Conferência de Hyogo, realizada no Japão, em Janeiro de 2005, sobre minimização dos riscos de catástrofes naturais, da qual resultou o Quadro de Acção 2005/2015[3] –, quer no plano regional – com várias iniciativas da União Europeia em sede de prevenção do risco de acidentes industriais e catástrofes naturais.

A evolução dos desastres naturais é relativamente animadora – de 1970 a 1990, houve uma redução de 2 milhões de mortes para menos de 800.000. No entanto, o número de afectados triplicou para 2 milhões e os prejuízos económicos quintuplicaram. Segundo dados da ONU, os desastres naturais relacionados com o clima, a actividade sísmica e a actividade vulcânica foram responsáveis, na década 1995/2005, por mais de 531 000 mortes, 2,5 mil milhões de pessoas afectadas e mais de 545 mil milhões de euros de prejuízo[4]. Já a Agência Europeia do Ambiente, para o período compreendido entre 1998/2009, avança dados mais detalhados, relativos ao espaço europeu[5]: perdas humanas de cerca de 100.000, mais de 11 milhões de pessoas afectadas, prejuízos orçados em cerca de 150 biliões de euros; o evento de maior capacidade letal foi o calor, tendo provocado, no Verão de 2003, mais de 70 000 mortes na Europa; os factores de risco mais onerosos são as inundações e tempestades (gerando prejuízos de 52 e

---

[2] Cfr. http://tempsreel.nouvelobs.com/actualite/opinion/20110402.OBS0660/tribune-fukushima-et-le-temps-des-refugies-atomiques.html (consulta em 3 de Abril de 2011).

[3] Que, por seu turno, vem na sequência da *Estratégia de Yokohama* (*Yokohama Strategy for a safer world: Guidelines for natural disaster prevention, preparedness and mitigation*) e do seu Plano de Acção, adoptada em 1994, em Conferência com objecto similar. Sobre estes documentos, Daniel Farber, Jim Chen, Robert Verchick, Lisa Grow Sun (coord.), **Disaster Law and Policy**, 2ª ed., New York, 2010, pp. 403 segs, *max.* 407-411.

[4] Cfr. a publicação electrónica *World climate news*, nº 24, Janeiro 2004, p. 3, disponível em http://www.wmo.int/pages/publications/world_climate_news/documents/WCN24.pdf (acesso em 7 de Maio de 2011).

[5] Dados disponíveis no Relatório da AEA *Mapping the impacts of natural hazards and technological accidents in Europe*, Technical report nº 13/2010 – disponível para download em http://www.eea.europa.eu/publications/mapping-the-impacts-of-natural.

44 biliões de euros, respectivamente), enquanto os eventos geofísicos como os sismos e erupções vulcânicas resultaram em 19 000 mortes e prejuízos de cerca de 29 biliões de euros; os acidentes tecnológicos são responsáveis pelos maiores impactos no ecossistema, no curto e longo prazo, neles avultando os derrames dos petroleiros Erika (1999) e Prestige (2000), e as fugas de resíduos tóxicos provenientes da actividade de mineração em Aznacollar (Espanha, 1999) e Baia Mare (Roménia, 2000).

A estatística relacionada, que resulta da conjugação de factores sociais – expansão urbana e industrial; ocupação de zonas ribeirinhas; exploração intensiva do solo –, ecológicos – erosão costeira; desertificação – e climáticos – secas; inundações; furacões; ondas de calor – tende a agravar-se com o aquecimento global, independentemente agora do apuramento das suas causas[6]. Tendo em conta que a política de ambiente da União Europeia abrange quer a salvaguarda da saúde das pessoas, quer a protecção do meio ambiente em sentido estrito (cfr. o artigo 191/1 do TFUE); que a luta contra as alterações climáticas foi expressamente entrelaçada com a política de ambiente com a entrada em vigor do Tratado de Lisboa (cfr. o artigo 191/1, 4º travessão, do TFUE); e que a cooperação no âmbito da política de prevenção de catástrofes naturais foi introduzida, a título de política de coordenação (cfr. o artigo 6/f) do TFUE), pelo Tratado de Lisboa, passando a constar do Título XXIII do TFUE (artigo 196), não é de estranhar o aprofundamento da actuação da União no campo da prevenção de riscos associados a eventos catastróficos, num sentido ambiental amplo, ou mais restrito.

Esta cruel – e em alguma medida inevitável – realidade tem merecido, como se mencionou, diversas respostas no plano europeu. É sobre elas que nos vamos debruçar, não sem tecer algumas considerações preliminares sobre a noção de catástrofe natural – e, reflexamente, tecnológica. Na verdade, podemos distinguir, no Direito da União Europeia, duas dimensões de actuação: de uma banda, a prevenção de acidentes industriais graves causados por libertação de substâncias perigosas – em geral, já densificada em duas directivas (as directivas Seveso I e II), e em especial, no tocante a acidentes por poluição de hidrocarbonetos (através da aprovação do Regulamento (CE) 1726/2003, do Parlamento Europeu e do Conselho, de 22 de Julho, que altera o Regulamento (CE) 417/2002, relativo à introdução acelerada dos requisitos de construção em casco duplo ou equivalente para os navios petroleiros de casco simples); de outra banda, a prevenção de catástrofes naturais (e humanas), com um primeiro assomo sectorial

---

[6] Cfr. o *International Strategy Disaster Reduction Report* 2009, elaborado no âmbito da ONU e da Estratégia de Hyogo – http://www.preventionweb.net/english/hyogo/gar/report/index.php?id=9413&pid:34&pif:3

no domínio da prevenção do risco de inundação (cfr. a directiva 2007/60/CE, do Parlamento Europeu e do Conselho, de 23 de Outubro) e, numa perspectiva mais ampla e estratégica, ainda em fase de construção.

1. Prevenção de catástrofes naturais e de acidentes industriais na União Europeia: uma dualidade justificável?

1.1. Preliminarmente: a dificuldade da noção de *catástrofe natural*

A delimitação do conceito de catástrofe natural é duplamente complexa[7]: por um lado, coloca-se a questão da *mensurabilidade* – o que tendencialmente nos arrasta para uma perspectiva antropocêntrica, pois o termo anda associado a sofrimento humano, quer físico, quer emocional, quer patrimonial (não sendo estes factores forçosamente cumulativos)[8]; por outro lado, defrontamos a questão da *natureza das causas*, sendo actualmente árduo isolar eventos naturais cujas causas decorrem exclusivamente do funcionamento dos processos biofísicos – realçando-se, a este propósito que, mesmo quando isso acontece, as causas estritamente naturais podem ver agravados os seus efeitos através da conjugação com riscos provocados por actividades humanas, por acção (mais uma vez, sismo seguido de maremoto no Japão, que provocou fugas no reactor nuclear da central de Fukushima), ou por omissão (falhas estruturais de construção de edifícios redundaram num aumento exponencial de perdas humanas no terramoto do Haiti, em 2010)[9].

O *Centre for Research on the Epidemiology of Disasters* (agência da ONU) define desastre (tecnológico ou natural) como "situation or event, which overwhelms local capacity, necessitating a request to national or international level for external assistance; an unforeseen and often sudden event that causes great damage, destruction and human suffering"[10].

Os critérios de lesividade que integram o evento na categoria de catástrofe são, cumulativamente:

- 10 ou mais mortes humanas (efectivas e presumidas);
- pelo menos 100 pessoas atingidas (necessitando de comida, água, cuidados básicos e sanitários; desalojados e feridos);
- ter sido declarado o estado de emergência;
- ter havido um pedido de ajuda externa;

---

[7] Para uma análise exaustiva das dificuldades de configuração deste conceito, Philippe Ségur, **La catastrophe et le risque naturels. Essai de définition juridique**, *in RDPSP*, 1997/6, pp. 1693 segs.

[8] Ou seja, um evento natural extremo pode arrasar uma floresta de milhares de hectares numa zona desabitada, e poderá não ser considerado uma catástrofe.

[9] Chamando a atenção para este aspecto de co-causalidade humana nas catástrofes "naturais", Daniel Farber *et alli.*, **Disaster Law...**, *cit.*, p. 3.

[10] Cfr. http://www.unisdr.org/disaster-statistics/introduction.htm

No tocante a desastres naturais, o Centro considera três grupos: hidro-metereológicos (cheias, tempestades, secas, desabamentos de terras, avalanches); geofísicos (sismos, maremotos e erupções vulcânicas); e biológicos (epidemias e pragas de insectos).

O primeiro plano de análise exige, naturalmente, *uma tomada de posição político-legislativa*, pelo menos desde que da qualificação como catástrofe decorra a aplicação de um regime. Essa tomada de posição enfrenta o dilema moral da avaliação do catastrofismo em número de mortes e feridos, e gravidade dos ferimentos — mas a objectividade é um imperativo. Se para uma família a morte de um filho é uma tragédia, para um Estado é um óbito. Logo, a quantificação deve ser apresentada como pressuposto de classificação de um evento como grave, catastrófico ou calamitoso.

Deve, de resto, acrescentar-se que uma catástrofe raramente é considerada pela sua dimensão natural ou ecológica: a catástrofe tem causas naturais mas o que faz dela catástrofe, em regra, é a sua reflexão no *modus vivendi* humano. A relação entre catástrofes naturais e ambiente não é, portanto, tão evidente como poderia parecer à primeira vista — pelo menos no que toca aos danos e reparação dos mesmos.

O segundo patamar problemático depara-se com a *miscigenação de causas* que a introdução da técnica no meio ambiente, através das pressões da industrialização intensa e da sociedade de consumo do modelo capitalista em que vivemos, provoca. Um furacão seria, há 30 anos, encarado como um fenómeno natural; actualmente, é duvidoso que o seja exclusivamente, em virtude dos efeitos (directos ou colaterais) da actuação humana no meio ambiente, que ganham expoente através da magna questão das alterações climáticas. O mesmo se pode dizer de uma onda de calor, de uma inundação, de uma praga de insectos...

Perante a urgência de minimização de prejuízos, dir-se-ia indiferente a determinação exclusiva ou concorrente de causas de uma catástrofe. Todavia, no plano da responsabilidade, a identificação de acções ou omissões que possam ter concorrido, de forma directa ou indirecta (conquanto adequada), para a eclosão do evento, é determinante em termos de imputação[11]. Bem assim como, ainda antes da questão da reparação, cumpre ponderar da previsibilidade ou imprevisibilidade do evento — se "acto de homens" ou "acto de Deus" –, a fim

---

[11] Desenvolvidamente sobre os modelos de responsabilidade em caso de catástrofes naturais e tecnológicas, Richard DESGAGNÉ, **Les fondements de la responsabilité civile dans les regimes de Droit privé applicables aux catastrophes naturelles et industrielles**, e Maria GAVOUNELI, **Responsibility for catastrophes: new concepts in their conventional application**, ambos incluídos na obra coordenada por David Caron e Charles Leben *Les aspects internationaux des catastrophes naturelles et industrielles/The international aspects of natural and industrial catastrophes*, Académie de Droit International de la Haye, Hague/Boston/London, 2001, pp. 593 segs, e 637 segs, respectivamente.

de fixar obrigações de prevenção[12]. Note-se que a figura da "força maior" pode ser esgrimida como cláusula excludente de responsabilidade em face de eventos irresistíveis e imprevisíveis[13], os "acts of God", pelo que cumprirá, em caso de alegada omissão de deveres de prevenção, ou demonstrar a total imprevisibilidade do evento (por recurso a critérios empíricos, estatísticos, científicos), ou a sua inevitável ocorrência, ainda que aqueles tivessem sido escrupulosamente observados, sob pena de imputação de danos[14].

A esta complexidade, junta-se uma característica de *relatividade* na qualificação de uma catástrofe, natural ou tecnológica – que, de algum modo, se liga à questão da mensurabilidade a que aludimos. Com efeito, a magnitude de consequência catastrófica está fortemente dependente dos meios de mitigação dos efeitos do evento, da capacidade de resposta da comunidade afectada no sentido da reposição da normalidade social no período posterior à eclosão do fenómeno perturbador daquela. Ora, tal capacidade varia enormemente de Estado para Estado, pelo que um evento de alto potencial destrutivo como o furacão Katrina foi um desastre natural nos Estados-Unidos mas teria sido uma catástrofe no Haiti ou no Bangladesh.

Esta relatividade é particularmente nítida nas catástrofes de longo curso (*creeping catastrophes; catastrophes rampantes*), quer por força da acumulação de circunstâncias de risco, quer em razão da persistência dos factores de risco. Pensamos nas epidemias, que grassam e dizimam em larga escala em terrenos de miséria social e degradação ambiental, verificando-se uma erradicação rápida no seio dos países desenvolvidos – ou, pelo menos, um leque muito mais alargado de medidas de prevenção e mitigação (*v.g.*, AIDS).

Uma última nota: LIENHARD chama a atenção para que, numa sociedade fortemente mediatizada como aquela em que vivemos, é frequente o *baptismo* de um evento natural anormal como catastrófico ser feito pelos meios de comuni-

---

[12] Sobre a natureza da obrigação de prevenção de riscos, tecnológicos e naturais, Abelkhaled BERRAMDANE, **L'obligation de prévention des catastrophes et des risques naturels**, *in RDPSP*, 1997/6, pp. 1717 segs, 1726 segs.

[13] Sobre a consideração da força maior pela jurisprudência administrativa francesa em sede de danos ocorridos na sequência de catástrofes naturais, Abelkhaled BERRAMDANE, **L'obligation de prévention..**, *cit.*, pp. 1748-1750.
Veja-se também o artigo 4/1/b) da directiva 2004/35/CE, do Parlamento Europeu e do Conselho, de 21 de Abril, que exclui do âmbito de aplicação da directiva sobre prevenção e reparação do dano ecológico os danos ou ameaças provocados por "fenómenos naturais de carácter excepcional, inevitável e irresistível".

[14] Sendo certo que o modelo mais eficaz de reparação e compensação de danos subsequentes a catástrofes naturais é o assistencial e não propriamente o indemnizatório. Sobre as vantagens e inconvenientes de ambos os modelos, veja-se Jean-Marie PONTIER, **L'Etat et les calamités naturelles**, *in RISA*, 1981/1, pp. 1 segs, 4 segs.

cação social[15]. Este aviso releva para caracterizar uma certa dimensão de irracionalidade a que os fenómenos que envolvem o risco, natural ou tecnológico, se prestam. Por isso se torna imprescindível incorporar a comunicação de riscos, prévia e posterior à eclosão dos eventos catastróficos, na política de gestão do risco, a fim de assegurar aquilo a que o Autor denomina como um "direito à verdade"[16].

Dito isto, e de forma assumidamente precária, pode afirmar-se que *uma catástrofe natural constitui o resultado de um evento biofísico extremo, fora dos limites habitualmente verificados na zona e período do ano em causa, cujas causas directas se prendem com a acção de um ou vários elementos naturais e cujos efeitos se reflectem dramaticamente nas pessoas, nos bens e no ambiente das zonas afectadas, podendo reclamar assistência internacional*[17].

1.2. A prevenção de catástrofes naturais no Direito Internacional: notas breves

A atenção à prevenção de acidentes tecnológicos antecedeu, curiosamente, a preocupação com a prevenção de desastres naturais no plano do Direito Internacional. O alheamento ter-se-á devido, porventura, a uma noção de inevitabilidade e imprevisibilidade da catástrofe puramente natural. Todavia, a maior frequência de fenómenos climáticos extremos[18], bem como o avanço da Ciência no estudo da periodicidade de erupções vulcânicas ou sismos, reclama uma actuação preventiva das autoridades públicas, ainda que mais num sentido de mitigação de efeitos do que da sua evitação.

A Resolução da Assembleia Geral da ONU 44/236, adoptada em 22 de Dezembro de 1989, lançou a Década internacional de prevenção das catástrofes naturais, cujo primeiro documento mais expressivo terá sido a *Yokohama Strategy and Plan of Action for a safer world: Guidelines for natural disaster prevention, preparedness and mitigation*, adoptada em 1994. Aí se traçaram linhas de acção que vêm sendo renovadas, quer no plano internacional, quer no plano regional: troca de informação entre Estados e sensibilização das populações para comportamen-

---

[15] Claude LIENHARD, **Pour un Droit des catastrophes**, *in Ch. Dalloz*, 1995/13, pp. 91 segs, 94.
[16] Claude LIENHARD, **Pour un Droit des catastrophes**, *cit.*, p. 98.
[17] Cfr. a proposta de definição de Philippe SÉGUR, **La catastrophe...**, *cit.*, p. 1704: «une catastrophe naturelle est un phénomène anormal et irrésistible dont la cause immédiate est un agent naturel et qui entraîne pour les biens et les personnes des dommages d'une importance exceptionnelle, jugée intolérable».
[18] Na década de 1994/2004, 2/3 das catástrofes naturais foram cheias e ciclones – cfr. **Review of the Yokohama Strategy and Plan of Action for a Safer World – Note by the Secretariat**, disponível em http://www.unisdr.org/2005/wcdr/intergover/official-doc/L-docs/Yokohama-Strategy-English.pdf (acesso em 7 de Agosto de 2011).

tos úteis, obrigação de planeamento/zonamento, realização de avaliações de impacto ambiental, implementação de sistemas de alerta, entre outras. Mas a necessidade de cooperação preventiva através da prestação de informação, dever de consulta e notificação do evento lesivo (além, claro, da assistência em termos de apoio à investigação e transferência de tecnologia por parte dos Estados mais desenvolvidos relativamente aos mais carenciados), já vinha sendo anunciada desde há décadas, no plano da prevenção de acidentes de causa humana[19].

Com efeito, o dever de o Estado informar outros Estados sobre fontes de risco presentes em território sob sua jurisdição ou controlo foi afirmado pelo Tribunal Internacional de Justiça no *Caso do Estreito de Corfu* (1949). A Albânia foi condenada numa acção de efectivação de responsabilidade por perdas e danos materiais e humanos apresentada pelo Reino Unido em virtude de ter omitido informação sobre minas submarinas colocadas no estreito sob sua jurisdição (aí colocadas pelas forças alemãs durante a II Guerra), cujo rebentamento provocou a destruição de dois navios e a morte de cerca de quatro dezenas de marinheiros. A responsabilidade internacional por omissão de informação juntava-se assim à responsabilidade internacional por emissões poluentes transfronteiriças, firmada na decisão arbitral *Trail Smelter* (1938/41). Enquanto o segundo princípio foi claramente expresso na Declaração de Estocolmo (princípio 21, 2ª parte), o primeiro não foi claramente autonomizado da cooperação preventiva, directriz afirmada no §2º do princípio 24 da Declaração.

Na Declaração do Rio, contudo, o princípio da informação surge com clareza, desdobrado até em várias dimensões de cooperação preventiva: dever de informação prévia sobre projectos susceptíveis de causar impactos transfronteiriços; dever de consulta sobre projectos susceptíveis de causar impactos transfronteiriços; dever de notificação de desastres naturais e outras emergências – princípios 19, 1ª parte; 19, 2ª parte e 18, respectivamente. Esta universalização em muito é tributária do protagonismo concedido a concretizações do princípio da prevenção promovidas pela Convenção das Nações Unidas para o Direito do Mar, em sede de luta contra a poluição marinha, no Cap. XII, nomeadamente dos princípios de notificação de acidentes, monitorização de componentes ambientais e divulgação de informação.

---

[19] Desenvolvidamente sobre o dever de informação no contexto da prevenção e mitigação de eventos catastróficos, Nina NORDSTROM, **Managing transboundary environmental accidents: the state duty to inform**, *in* David Caron e Charles Leben (coord.), *Les aspects internationaux...*, *cit.*, pp. 291 segs.

No que toca mais concretamente a catástrofes naturais, os Princípios do PNUA sobre a gestão de recursos naturais partilhados (1978)[20] incluem um princípio 9 especialmente dedicado à notificação de emergências resultantes da eclosão de *fenómenos naturais graves e repentinos que envolvam recursos naturais partilhados*. O princípio 18 da Declaração do Rio, no que toca a desastres naturais, entronca aqui – e os princípios desenvolvidos em Yokohama e Hyogo são desenvolvimentos desta lógica de cooperação preventiva assente na informação. No fundo, e ainda que a prevenção possa revestir mais um sentido de minimização do que de evitação, a prestação de informação atempada e a notificação do evento lesivo mais não são do que corolários da proibição de provocar dano transfronteiriço, bem ancorada na jurisprudência *Trail Smelter*.

Tão importante como traçar deveres de conduta é precisar o seu conteúdo – e aí começa a incerteza. Em geral, as convenções remetem para o dever de cooperação de boa fé (cfr. o artigo 197 da Convenção de Montego Bay), apontando para uma obrigação de meios que se reconduz à "due diligence"[21]. Numa tentativa de densificação, há textos que buscam arrimo em fórmulas como as "melhores técnicas disponíveis" ou as "melhores práticas", procurando harmonizar um nível de cumprimento mínimo – o qual é difícil de aferir, não só em razão da constante mutabilidade da técnica como também em face da grande heterogeneidade da capacidade de observância de deveres de cuidado por parte de Estados com níveis de desenvolvimento diversos.

Para além das Estratégias de Yokohama e de Hyogo – que aqui nos eximiremos de examinar em detalhe mas que têm forte eco nas iniciativas da Comissão Europeia referidas no ponto seguinte (em termos de objectivos e instrumentos de concretização), deixamos aqui uma última nota sobre os *Draft articles on Prevention of Transboundary Harm from Hazardous Activities,* apresentado pela Comissão de Direito Internacional à Assembleia Geral da ONU em 2001[22], os quais reúnem um conjunto de princípios de actuação preventiva dos Estados no sentido de evitar ou minorar os efeitos lesivos provocados por actividades perigosas. Note-se que este catálogo, ao contrário do que pode parecer à primeira vista, também tem préstimo em sede de catástrofes naturais – para além de acidentes industriais, na ausência de regulação especial e enfatizando-se o seu carácter não vinculante – na medida em que, em razão de dados empíricos,

---

[20] *Principles of conduct in the field of the Environment for the guidance of States in the conservation and harmonious utilization of natural resources shared by two or more States* – Decisão 14/30, de 19 de Maio de 1978.
[21] Cesare ROMANO, **L'obligation de prévention des catastrophes industrielles et naturelles**, in David Caron e Charles Leben (coord.), *Les aspects internationaux..., cit.,* pp. 379 segs, 387 segs.
[22] Disponível em http://untreaty.un.org/ilc/texts/instruments/english/commentaries/9_7_2001.pdf

estatísticos e/ou técnico-científicos, se possa caracterizar um dever de adopção de medidas preventivas ou de contenção relativamente a determinadas zonas do território, componentes ambientais ou equipamentos mais vulneráveis a fenómenos climáticos extremos cuja eclosão possa vir a ser causa próxima de danos transfronteiriços.

1.3. A prevenção de catástrofes naturais na União Europeia: um regime emergente

A segurança dos cidadãos é um dos valores que o Estado tem a seu cargo. A União Europeia, não sendo um Estado, não fica indiferente à necessidade de salvaguardar as liberdades de circulação e estabelecimento dos cidadãos, a leal concorrência entre as empresas, a assistência a Estados afectados por calamidades naturais que perturbem o desenvolvimento harmónico de políticas comuns (como a agricultura ou os transportes). Acresce, como já introdutoriamente se avançou, que a União Europeia assumiu expressamente a missão de lutar contra as alterações climáticas através, quer da política de ambiente – com iniciativas como a implementação do mercado de títulos de emissão de CO_2 –, quer da política de energia, contribuindo intensamente para a reconversão do pacote energético pela via do incentivo à produção de electricidade e de biocombustíveis. Enfim, a nova política de coordenação de esforços em sede de protecção civil perante a ocorrência de catástrofes naturais, introduzida pelo Tratado de Lisboa, demonstra que o bem-estar dos cidadãos e a reposição da normalidade institucional são preocupações partilhadas – embora não ao nível de harmonização legislativa – entre Estados-membros e União.

Terá sido esta a alavanca decisiva para a União começar a ponderar a definição de um quadro normativo geral de prevenção de catástrofes naturais. Na *Communication from the Commission to the European Parliament, the Council, the European Economic and Social Committee and the Committee of the regions*, 7075/1/09 REV 1, COM (2009) 82 final[23], a Comissão lançou as bases de uma abordagem europeia à problemática da prevenção de desastres naturais e humanos ("natural and man-made disasters"). Nesta Comunicação, exortam-se as instituições político-legislativas da União a ter em atenção alguns pressupostos básicos, verdadeiras fundações de uma política europeia de prevenção de catástrofes, a saber:

– a disparidade de critérios de qualificação de uma "catástrofe natural";
– a necessidade de utilizar as potencialidades do *instrumentarium* já conhecido e aplicado em domínios específicos, nomeadamente no tocante às inunda-

---

[23] Disponível em http://register.consilium.europa.eu/pdf/en/09/st07/st07075-re01.en09.pdf (acesso em 3 de Abril de 2011).

ções e aos acidentes industriais, nesta sede – além de poder incorporar a gestão de riscos de catástrofes em *modus operandi* de carácter geral, como a avaliação de impacto ambiental ou a avaliação ambiental estratégica;
- o imperativo de construir cartas de risco para definir um zoneamento de áreas de risco natural no território da União;
- a conveniência de desenvolver estudos científicos no campo das alterações climáticas e dos sistemas de alerta precoce, e de os tornar acessíveis às entidades com responsabilidades na área da prevenção e aos peritos da matéria de gestão de riscos naturais.

A coordenação entre autoridades locais e nacionais, europeias e internacionais, cientistas e práticos, é um vector muito sublinhado. O entrelaçamento de informação e a sua tradução em instrumentos de planeamento, cuja elaboração deve contar com a participação de actores de vária natureza e de diversa incidência territorial, é essencial à racionalização de esforços e à maximização de resultados[24]. Outro ponto fulcral é a difusão da informação, antes, durante e depois da ocorrência do evento natural, no sentido de guiar comportamentos preventivos e minimizar os efeitos lesivos.

Alguns meses mais tarde, o Conselho Europeu de Ministros da Justiça e Assuntos internos, reunido em Bruxelas em Novembro de 2009, retoma a questão. As *Council Conclusions on a Community framework on disaster prevention within the EU 2979th Justice and Home Affairs Council meeting*[25] enfatizam a lógica dual em que deve assentar a prevenção de catástrofes no plano europeu: responsabilidade nacional e solidariedade da União (cfr. o ponto 16 das Conclusões). Este documento: acentua a importância da partilha da informação através da construção de plataformas informáticas e da criação de uma rede informal de representantes das autoridades nacionais de protecção civil; reforça a necessidade de importação adaptativa dos instrumentos legislativos já existentes nos domínios do ambiente e da prevenção de acidentes industriais; exorta à edição, pela Comissão, de *guidelines* com critérios mínimos de prevenção para certas regiões estatisticamente sujeitas a certos tipos de riscos; apela à partilha de informação, quer de base empírica ("lessons learnt"), quer de base científica; incentiva a optimização de sistemas de alerta precoce e o seu cruzamento com bases de dados de entidades com competência na área da Meteorologia; enfim, convida à

---

[24] Vincando a importância do zoneamento como suporte privilegiado da política de prevenção de riscos, Abelkhaled BERRAMDANE, **L'obligation de prévention..**, *cit.*, p. 1737.
[25] Disponível em http://www.consilium.europa.eu/uedocs/cms_data/docs/pressdata/en/jha/111537.pdf – consultado em 3 de Abril de 2011.

inventariação dos sistemas europeus de auxílio em caso de catástrofes em ordem a evitar a sobreposição e a criar sinergias – entre outros.

Estas Conclusões incluem um conjunto de convites aos Estados, dos quais destacamos um, no sentido de, até final do ano de 2011, desenvolverem, ao nível nacional, procedimentos de análises de risco que incluam projecções incorporando o cenário de alterações climáticas nos seus territórios e de comunicarem os resultados à Comissão. No mais, exortam à comunicação de riscos à população, à partilha de informação, à criação de estruturas coordenadas de prevenção de riscos, ao tratamento de dados estatísticos de eventos naturais extremos, bem assim como dos seus efeitos sociais, económicos e ambientais.

Como se depreende de ambos os documentos mencionados, o Direito da União Europeia já contempla, em circunscrita medida, dispositivos legais sobre prevenção de riscos. Deixa-se aqui nota da directiva 2007/60/CE, do Parlamento Europeu e do Conselho, de 23 de Outubro, sobre avaliação e gestão do risco de inundações – um dos riscos com uma causa directamente natural mas muitas causas concorrentes antrópicas, tanto ligadas ao aquecimento global, como à urbanização excessiva e em zonas de risco. A directiva distingue entre avaliação de risco – traduzida na elaboração de cartas de zonas inundáveis e de cartas de inundações (artigo 6) –, e gestão do risco de inundações – baseada nos objectivos definidos no nº 2 do artigo 7: "redução das potenciais consequências prejudiciais das inundações para a saúde humana, o ambiente, o património cultural e as actividades económicas, e, se forem consideradas adequadas, em iniciativas não estruturais e/ou na redução da probabilidade de inundações".

A metodologia passa, conforme descreve o §3º do nº 3 do mesmo artigo, pela implementação de "sistemas de previsão e de alerta precoce, tendo em conta as características de cada bacia ou sub-bacia hidrográfica. Os planos de gestão dos riscos de inundações podem também incluir a promoção de práticas de utilização sustentável do solo, a melhoria da retenção da água e a inundação controlada de determinadas zonas em caso de cheia".

A gestão dos riscos de inundação através dos planos enunciados importa na adopção de medidas de prevenção, protecção e reparação que têm um custo. A eficácia das disposições jurídicas depende da análise entre o preço da prevenção e o custo da reparação – sendo certo que há custos incomensuráveis, traduzidos em vidas humanas. No entanto, para Estados que enfrentam a escassez de recursos financeiros, a abordagem custo-benefício na tarefa de gestão do risco é inevitável, tendendo o esforço financeiro a ser rigorosamente proporcional à amplitude estimada dos efeitos lesivos e às zonas previsivelmente mais afectadas. Uma política preventiva *de minimis* é compreensível à luz de argumentos de priorização de objectivos (prevalência do imediato sobre o longínquo, do certo sobre o eventual, do provável sobre o possível), mas pode revelar-se dramática, todavia, em cenários de crescente incerteza como aqueles com que nos defrontamos actualmente.

O ponto que pretendemos ressaltar é o de que o "custo" da não prevenção pode ser demasiado alto – se atentarmos na infungibilidade dos interesses em presença. O investimento em medidas preventivas tende a ser descartado ou menorizado em situações de riscos de incidência baixa contra custos de implementação elevada. Porém, um risco de probabilidade 1/10.000 pode, a ocorrer, provocar prejuízos inestimáveis e irreparáveis – ou seja, o custo a ponderar no *balancing process* não deve ser apenas o provável (pois as estatísticas destroem-se a cada novo evento extremo) mas também o possível – embora em menor grau de ponderação.

Dilemático é que, mesmo ponderando uma ampla escala de riscos possíveis, as variantes que eles podem revestir são inesgotáveis, consideração que pode neutralizar uma avaliação que se julgaria adequada – *vide* o acidente de Fukushima, que se deu apesar de uma exaustiva ponderação de *worst case scenarios*, porque o pior cenário concebível à luz do histórico foi suplantado por um evento de magnitude inimaginável. Note-se, de resto, que a possibilidade de verificação do cenário calamitoso pode não impedir a intervenção – ou justificar o investimento na medida preventiva –, desde que a probabilidade seja tão baixa que os benefícios suplantem os riscos. No auge da consideração do *worst case scenario* pelas agências norte-americanas, traduzido na jurisprudência *Sierra Club vs. Sigler* (1983), o Fifth Circuit sublinhou que o decisor administrativo não tinha forçosamente que vetar um projecto perante a magnitude de um risco possível no pior cenário concebível, mas deveria incorporar a sua probabilidade na equação decisória não só para legitimar medidas de prevenção e mitigação como para justificar a realização do próprio projecto numa lógica de custo-benefício social[26].

Nos Considerandos preambulares, a directiva 2007/60/CE não deixa de sublinhar que a avaliação e gestão de riscos se serve das melhores técnicas disponíveis "que não acarretem custos excessivos no domínio da gestão de riscos de inundações" (consid. 18). Problemático é saber o que deve ser considerado um custo excessivo quando estão em causa bens de valor superior e em grande número. E a ponderação torna-se ainda mais complexa – e cara – quando, além de envolver efeitos circunscritos a um factor de risco (natural), se co-envolve

---

[26] Cfr. Daniel Farber, Jim Chen, Robert Verchick, Lisa Grow Sun (coord.), **Disaster Law and Policy**, *cit.*, pp. 287-288. A exigência de ponderação do *worst case scenario* pelas agências americanas, emergente das *Guidelines* do *Council on Environmental Quality* de 1981, foi afastada uma década mais tarde, após uma torrente de críticas sobre o seu pessimismo e intrusividade na margem de livre decisão das agências.

com factores diversificados, como riscos culturais (populações apegadas aos seus lares, resistentes à evacuação), riscos sociais (presença ocasional nas regiões de população nómada), riscos tecnológicos (*vide* a alusão das alíneas c) e d) do nº 5 do artigo 6 da directiva à existência de instalações ou focos de poluição significativa nas zonas potencialmente afectadas).

Enfim, a directiva insiste ainda em três tónicas que julgamos dever ressaltar: *primo*, a solidariedade, que impede um Estado-membro de transferir ou agravar um factor de risco de inundação para outro Estado, independentemente de este fazer parte da União (artigo 7/4); *secundo*, a transparência comunicacional, que obriga os Estados-membros a promover a participação activa do público interessado na elaboração, revisão e actualização dos planos de gestão do risco de inundações (artigo 10); e *tertio*, a revisibilidade, que deve acompanhar a dinâmica de alteração das circunstâncias físicas e climatéricas das zonas em jogo (artigo 14).

1.4. A prevenção de acidentes industriais – sequência

Para além do risco de inundações, que não é forçosamente um risco de catástrofe – cfr., aliás, o consid. 11 da directiva 2007/60/CE, onde se pode ler que os "riscos de inundações em certas zonas da Comunidade podem ser considerados não significativos, como é o caso das zonas pouco povoadas ou das zonas em que os bens económicos ou o valor ecológico são limitados" –, a União Europeia já dedicou atenção à prevenção de acontecimentos de consequências dramáticas pela sua lesividade (em extensão e intensão) com causas humanas – embora as consequências sejam predominantemente ecológicas. Um exemplo é o da introdução da regra de construção de petroleiros com casco duplo, para tentar reduzir o risco de derrame em caso de fractura do casco através do Regulamento 1726/2003, do Parlamento Europeu e do Conselho, de 22 de Julho, na sequência dos acidentes do Erika e do Prestige.

A técnica é aqui compreensivelmente diversa da prevenção de inundações: não se trata de uma acção planificada mas de uma prevenção concreta, navio a navio; não estamos perante riscos conjugados, mas ante um risco exclusivo – embora circunstâncias biofísicas (ventos, correntes) e outras (acumulação de poluição pretérita na zona do derrame) possam agravar o efeito inicial; a principal responsabilidade de adopção de medidas preventivas cabe aqui aos armadores, enquanto que, no tocante ao risco de inundações, a primacial tarefa de avaliação e gestão do risco incumbe ao Estado.

Mais próximas da directiva 2007/60/CE andam as directivas Seveso, sobretudo a segunda. Cuidando embora de riscos de fonte tecnológica – logo, humana –, o *instrumentarium* utilizado na gestão de risco de inundação vai delas retirar inspiração, nomeadamente à técnica do zoneamento. A elas dedicaremos os pontos seguintes.

2. A prevenção de acidentes industriais graves na União Europeia

Segundo o Relatório da Agência Europeia do Ambiente *Mapping the impacts of natural hazards and technological accidents in Europe*, no período de 1998 a 2009 foram registados pelo MARS (*Major Accident Reporting System*) 339 acidentes, dos quais resultaram 169 mortes[27]. Os dois maiores verificaram-se no domínio dos transportes de substâncias perigosas (um domínio subtraído às directivas Seveso), em Itália (Viareggio, 2009: 32 mortos) e na Bélgica (Ghislenghien, 2004: 24 mortos)[28]. Apenas 22 acidentes tiveram impacto ecológico.

A prevenção de acidentes tecnológicos começou a interessar a União Europeia quando ainda fazia prosa sem o saber. Aludimos à fase anterior à entrada em vigor do Acto Único Europeu, em que a Comunidade Económica Europeia desenvolvia uma política de ambiente baseada fundamentalmente num acto político, a Declaração de Paris de 1972. Com efeito, a Directiva Seveso I – directiva 82/501/CEE, do Conselho, de 24 de Junho – foi adoptada com base nos (então) artigos 100 e 235 do Tratado de Roma, invocando-se a sua dupla dimensão de quadro regulatório da prevenção de riscos para a população e para os trabalhadores, e de harmonização de condições de funcionamento de instalações cujas disparidades são susceptíveis de perturbar a leal concorrência entre operadores no mercado comum (cfr. os consid. 12 e 13 do Preâmbulo).

A Directiva Seveso I deve a sua designação ao acidente que lhe deu causa: a libertação de vários quilos de dioxina TCDD para a atmosfera, na localidade de Seveso, em Itália, em Julho de 1976. Milhares de animais morreram na sequência do acidente e houve registos de cloracne em perto de uma centena de residentes na região da Lombardia. O acidente, registado durante um fim de semana em que a instalação não se encontrava em funcionamento, constituiu um exemplo da perigosidade de um vasto conjunto de substâncias químicas e da necessidade imperiosa de regulamentar a sua utilização e armazenamento – **2.1.**.

A sua sucessora, a Directiva Seveso II – directiva 96/82/CE, do Conselho, de 9 de Dezembro – encontrou já um suporte habilitante diferente, bem enraizado no então artigo 130S/1 do Tratado de Roma (actual 192/1 do TFUE), disposição operacional da política de ambiente formalizada com o Acto único Europeu. Este instrumento ficou bem mais sedeado no imperativo de prevenção de riscos que está subjacente à política de ambiente e vem na sequência do acidente na cidade indiana de Bhopal, em 1984, onde uma fuga de gás metílico provocou a

---

[27] Citado, pp. 111 segs.
[28] Para o período de 2003-2009, já sob a égide da alteração à directiva Seveso II, o MARS contabilizou 125 acidente graves no Espaço Económico Europeu (que abrange, além dos 27 Estados--membros o Lichenstein, Noruega e Islândia), 2 deles em Portugal (Porto e Guimarães) – ver quadro a págs. 114 e 155.

morte imediata de mais de 2.000 pessoas, deixando um rasto de incapacidades duradouras que ainda hoje se faz sentir – **2.2.**.

A segunda alteração à Directiva Seveso teve origem na directiva 2003/105/CE, do Parlamento Europeu e do Conselho, de 16 de Dezembro, e reagiu, uma vez mais, a um conjunto de acidentes ocorridos nos alvores do século XXI, envolvendo as indústrias mineira (Baia Mare, Roménia, 2000), pirotécnica (Enschede, Holanda, 2001) e de produção de adubos à base de nitrato de amónio (Toulouse, França, 2001). O âmbito de aplicação da directiva foi alterado, mas houve também incremento dos deveres de informação dos operadores – **2.3.**.

Percorramo-las sumariamente e compulsemos as evoluções sofridas, de 1982 a 2003.

2.1. A directiva Seveso I

O propósito da Directiva Seveso I (=DS1) é prevenir e minimizar os riscos de acidentes industriais que, pela libertação de substâncias perigosas que provocam para o ambiente, são susceptíveis de provocar consequências graves para a saúde de trabalhadores, em especial, e para o público, em geral, bem assim como para o ambiente.

A DS1 elenca as substâncias perigosas nos seus Anexos e define [no artigo 1/2/c)] *acidente grave* como

"Um acontecimento tal como uma emissão, um incêndio ou uma explosão de carácter grave, relacionado com um desenvolvimento incontrolado de uma actividade industrial, provocando um perigo imediato ou retardado, grave para o homem, tanto no interior como no exterior do estabelecimento industrial, e/ou para o ambiente, e que envolva uma ou mais substâncias perigosas".

Excluídas do âmbito de aplicação da DS1 ficavam as instalações nucleares, as instalações militares, as instalações pirotécnicas, as actividades extractivas e as instalações destinadas à eliminação de resíduos tóxicos já sujeitas a regulamentação que incorpore deveres de prevenção de acidentes graves (artigo 2) – adiante veremos que algumas destas actividades estão hoje submetidas ao regime de prevenção de acidentes, por força da alteração de 2003.

O sistema de prevenção da DS1 assenta, fundamentalmente, em três tipos de deveres:

– por um lado, no dever de notificação do operador às autoridades das características da sua instalação e das substâncias com que lida, bem assim como das medidas adoptadas no sentido de evitar e/ou minimizar os efeitos lesivos de um eventual acidente, nomeadamente através da elaboração de planos de emergência internos (artigo 5);

– por outro lado, no dever de elaboração de planos de emergência externos por parte das entidades públicas com competências na matéria da prevenção de acidentes industriais (artigo 7/1, 3º trav.);
– enfim, no dever de informação dos Estados à população potencialmente afectada por um acidente grave dos comportamentos reactivos a adoptar em caso de ocorrência de um sinistro – sendo certo que a informação deve ser igualmente disponibilizada a outros Estados-membros cujos territórios e populações possam sofrer os efeitos de um acidente grave (artigo 8).

O primeiro destes deveres está expressamente sujeito a um princípio de revisibilidade, sempre que as circunstâncias industriais se alterarem significativamente (cfr. o artigo 6), embora este imperativo de actualização se devesse, em nosso entender, considerar extensível aos outros dois, por uma questão de efectividade do dever de prevenção de riscos.

A DS1 veio a ser plenamente revogada em 1998[29], como veremos já de seguida.

2.2. A directiva Seveso II

A Directiva Seveso II (=DS2) modificou substancialmente o regime de prevenção inscrito na sua antecessora, quer ao nível do âmbito de aplicação (*i.*), quer ao nível dos deveres de prevenção, do operador (*ii.*) e de entidades públicas (*iii.*), quer ao nível dos instrumentos disponíveis (*iv.*), quer, enfim, no plano do controlo da observância dos deveres por parte do operador (*v.*)[30].

Preliminarmente, comece-se por referir que a noção de *acidente grave*, cuja definição é fundamentalmente idêntica à da DS1 (e constante do artigo 3/5), passa a contar com critérios de qualificação bem especificados. Vale a pena reproduzir o Anexo VI, onde esses critérios se inscrevem agora:

"I. Deverão ser notificados à Comissão todos os acidentes abrangidos pelo ponto 1 ou que tenham, pelo menos, uma das consequências descritas nos pontos 2, 3, 4 e 5.

1. Substâncias em causa

Todo e qualquer fogo ou explosão ou descarga acidental de substâncias perigosas que envolvam uma quantidade, pelo menos, igual a 5 % da quantidade de limiar prevista na coluna 3 do anexo I.

---

[29] Como a implementação da directiva Seveso II deveria envolver um período de transição, em face das novidades introduzidas no sistema de prevenção de acidentes graves, o legislador comunitário utilizou uma técnica de vigência paralela de ambas entre Dezembro de 1996 e Dezembro de 1998 (cfr. os artigos 23 a 25 da directiva Seveso II) – daí que aludamos a revogação plena (a partir de Dezembro de 1998).
[30] Sobre a directiva SEVESO II, veja-se Christian KIRCHSTEIGER, **Il rischio industriale nell'Unione europea**, *in RGd'A*, 2000/2, pp. 227 segs.

2. Danos causados a pessoas ou bens

Acidentes que envolvam directamente substâncias perigosas e provoquem um dos seguintes acontecimentos:

- um morto,
- seis feridos no interior do estabelecimento e hospitalizados, pelo menos, durante 24 horas,
- uma pessoa situada no exterior do estabelecimento hospitalizada, pelo menos, durante 24 horas.
- alojamento ou alojamentos no exterior do estabelecimento danificados e inutilizáveis devido ao acidente,
- evacuação ou confinamento de pessoas durante mais de 2 horas (pessoas × horas): o valor deverá ser, pelo menos, igual a 500,
- interrupção dos serviços de água potável, electricidade, gás, telefone durante mais de 2 horas (pessoas × horas): o valor deverá ser, pelo menos, igual a 1 000.

3. Prejuízos imediatos no ambiente

- *Danos permanentes ou a longo prazo causados a* habitats *terrestres*
- 0,5 ha ou mais de um *habitat* importante do ponto de vista do ambiente ou da conservação e protegido pela lei,
- 10 ha ou mais de um *habitat* mais amplo, incluindo terrenos agrícolas;
- *Danos significativos ou a longo prazo causados a* habitats *de águas de superfície ou a* habitats *marinhos*;
- 10 km ou mais de um rio, canal ou ribeiro,
- 1 ha ou mais de um lago ou tanque,
- 2 ha ou mais de um delta,
- 2 ha ou mais de uma zona costeira ou do mar,
- *Danos significativos causados a um aquífero ou a águas subterrâneas*;
- 1 ha ou mais.

4. Danos materiais

- Danos materiais no estabelecimento: a partir de 2 milhões de ecus;
- Danos materiais no exterior do estabelecimento: a partir de 0,5 milhão de ecus.

5. Danos além-fronteiras

Todos os acidentes que envolvam directamente substâncias perigosas as quais estejam na origem das consequências no exterior do território do Estado-membro em causa.

II. Deverão ser notificados à Comissão os acidentes ou «quase-acidentes» que, do ponto de vista dos Estados-membros, apresentem para a prevenção de acidentes graves e para a limitação das respectivas consequências um interesse técnico específico e que não correspondam aos critérios quantitativos acima referidos".

Deve assinalar-se não só a preocupação de conferir uma maior objectividade à noção, como o destaque da categoria de "quase-acidentes", cujo registo, embora sem desencadear as consequências-regra, deve ser efectuado por razões de pedagogia das metodologias de gestão do risco ("lessons learnt")[31].

Uma terceira observação, em sede inicial, deve deixar-se, a propósito da introdução da noção de "efeito-dominó", resultante da proximidade entre várias instalações de risco a qual, em caso de acidente, pode agravar exponencialmente os efeitos lesivos (artigo 8).

i.) A DS2 abandona a técnica da identificação de tipos de instalações + tipo de substâncias para se centrar nestas últimas. Como se explica no considerando 11 do Preâmbulo,

"... a utilização de uma lista especificando determinadas instalações e excluindo outras com perigos idênticos é uma prática inadequada e pode conduzir a que fontes potenciais de acidentes graves não sejam abrangidas pela regulamentação; [logo], o âmbito de aplicação da Directiva 82/501/CEE deve ser alterado de modo a tornar as disposições aplicáveis a todos os estabelecimentos onde existam substâncias perigosas em quantidades suficientemente elevadas para criar um perigo de acidente grave".

Esta intenção traduziu-se na alteração da definição de "instalação" e "estabelecimento" inscrita no artigo 3/1 e 2, que remete para o Anexo I, no qual se constata que, independentemente do tipo de actividade envolvida, o factor determinante da aplicação da directiva é a presença de substâncias perigosas (em certas quantidades).

ii.) O operador fica investido em deveres substancialmente agravados no confronto com a DS1. A simples notificação do tipo de instalação a que estava obrigado vê-se transformada numa verdadeira *inversão do ónus da prova da diligência na evitação de riscos de acidentes graves* – a "obrigação geral" a que se refere o artigo 5/1.

Esta obrigação genérica – aplicável quer a instalações novas, quer a instalações já existentes[32] – traduz-se em vários deveres específicos:

– de **notificação** das substâncias utilizadas, do tipo de actividade desenvolvida, e da descrição da área circundante do estabelecimento (artigo 6);

---

[31] Refira-se, todavia, que segundo o Relatório *Mapping the impacts...*, *cit.*, há muito poucos registos de "quase-acidentes".
[32] Quanto às primeiras, a notificação deve surgir num "prazo razoável"; quanto às segundas, até 30 de Dezembro de 1998, nos termos dos artigos 6/1, 2º trav., e 24/1 da DS2.

– de desdobramento dos documentos que condensam o modelo de gestão do risco de acidentes, nos termos do princípio da proporcionalidade – equação: índice de risco/exigências de prevenção (cfr. o Anexo III, corpo do artigo). Conjugando o artigo 7/3 com os artigos 9 e 11, depreende-se que, de um lado, haverá operadores de estabelecimentos que lidam com substâncias perigosas em níveis inferiores aos previstos no Anexo I que nem por isso ficam isentos de assinalar a presença da instalação e de apresentar um *Sistema de gestão de segurança* e, de outro lado, aqueles que se integram, em razão das características da sua actividade, de pleno no âmbito de aplicação da DS2, ficando sujeitos à apresentação de um ***Relatório de Segurança*** e de um ***Plano de Emergência interno***, de acordo com as especificações veiculadas pelos artigos 9 e 11, respectivamente.

A diferença entre estes dois últimos resume-se ao seu contexto de utilização e elisão do respectivo *onus probandi* da diligência devida. DE um lado, o *Relatório de Segurança* destina-se, nos termos do artigo 9/1, a:

"b) Demonstrar que foram identificados os perigos de acidente grave e que foram tomadas as medidas necessárias para os evitar e para limitar as consequências desses acidentes para o homem e o ambiente;

c) Demonstrar que a concepção, a construção, a exploração e a manutenção de qualquer instalação, local de armazenagem, equipamento e infra-estrutura ligados ao seu funcionamento, que tenham uma relação com os perigos de acidente grave no estabelecimento, são suficientemente seguros e fiáveis";

ou seja, a atestar que a instalação reúne, apesar do seu nível de risco, condições de funcionamento razoavelmente seguras; já o *Plano de Emergência* – que deve, de resto, ser apresentado juntamente com o Relatório de Segurança (cfr. o artigo 9/1/d), 1ª parte) – tem por objectivos, conforme estabelece o artigo 11/2:

"– circunscrever e controlar os incidentes de modo a minimizar os seus efeitos e a limitar os danos ocasionados no homem, no ambiente e nos bens,

– aplicar as medidas necessárias, para proteger o homem e o ambiente dos efeitos de acidentes graves,

– comunicar as informações necessárias ao público e aos serviços ou autoridades pertinentes da região,

– prever disposições para a reabilitação e o saneamento do ambiente na sequência de um acidente grave",

devendo ser elaborados com a participação do pessoal empregado na instalação e com respeito pelas indicações obrigatórias plasmadas no Anexo IV (das quais ressaltamos a descrição de medidas paliativas, a referência à existência de sistemas de alerta e de informação e a indicação das tarefas a desempenhar pelo pessoal, em caso de acidente).

A DS2 fixa prazos de elaboração e comunicação destes documentos às autoridades competentes, variando sensivelmente consoante a instalação seja nova, antiga mas já submetida ao dever de notificação inscrito na DS1, ou antiga e não submetida a dever algum (prazo razoável; três anos a contar de Dezembro de 1998; dois anos a contar de Dezembro de 1998, respectivamente – artigo 9/3, 1º, 2º e 3º trav.). Em caso de actualizações desencadeadas por autos de inspecções periódicas, a revisão deve fazer-se "o mais rapidamente possível" (artigo 9/3, 4º trav.).

A participação do público é essencial na elaboração de novos *Relatórios de Segurança* e de alterações aos já existentes (cfr. o artigo 13/5). Este imperativo de comunicação do risco prolonga-se ao texto do Relatório final, tendo embora em consideração alguns limites de confidencialidade (sigilo industrial, comercial, pessoal, relativo á segurança pública ou à defesa nacional), que podem justificar a divulgação parcial do documento (artigo 11/4 – e também 20). O reforço da participação pública, assinalando a fulcralidade da tarefa de comunicação do risco, contribui para um alargamento dos actores da gestão do risco na DS2: conforme realça KIRCHSTEIGER, "a gestão do risco co-envolve uma multitude de partes, traduzida em operadores, entidades públicas (nacionais e supranacionais), grupos de interesses e público em geral"[33].

Uma vez elaborado, o *Relatório de Segurança* deve ser periodicamente revisto e actualizado, em princípio, pelo menos de cinco em cinco anos (artigo 9/5, 1º trav.), e "em qualquer outro momento, por iniciativa do operador ou a pedido da autoridade competente, sempre que factos novos o justifiquem ou para ter em conta novos conhecimentos técnicos relativos à segurança, resultantes, por exemplo, da análise dos acidentes ou, tanto quanto possível, dos «quase-acidentes», e a evolução dos conhecimentos no domínio da avaliação dos perigos" (artigo 9/5, 2º trav.). Identicamente, o Plano de Emergência será objecto de reexame "com uma periodicidade adequada que não deve exceder três anos. Este reexame terá em conta as alterações ocorridas nos estabelecimentos em questão, nos serviços de emergência relevantes, bem como os novos conhecimentos técnicos e os conhecimentos no domínio das medidas necessárias em caso de acidentes graves" (artigo 11/4).

Enfim, a revisão destes documentos, bem como do (simplificado) sistema de gestão de riscos, é também obrigatória em caso de alteração "de uma instalação, de um estabelecimento, de um local de armazenagem, de um procedimento, ou

---

[33] Christian KIRCHSTEIGER, **Il rischio industriale...**, *cit.*, p. 232.

da natureza e das quantidades de substâncias perigosas, que possam ter repercussões importantes no domínio dos perigos associados a acidentes graves" (artigo 10).

– de prestação de **informação** (*ex ante*) relativa ao plano de emergência ao público em geral (artigos 12/2, 3º trav.)[34] e, em especial, ao público susceptível de ser afectado por um acidente grave (artigo 13), e de informação (*ex post*), sobre o acidente, às entidades com competências de fiscalização destas instalações, nomeadamente, segundo o artigo 14/1/b) e c), comunicar:

"– as circunstâncias do acidente,
– as substâncias perigosas em causa,
– os dados disponíveis para avaliar os efeitos do acidente no homem e no ambiente, e
– as medidas de emergência tomadas;
c) Informá-la das medidas previstas para:
– minimizar os efeitos a médio e longo prazo do acidente,
– evitar que o acidente se repita;
d) Actualizar as informações fornecidas, se um inquérito mais aprofundado revelar novos elementos que alterem essas informações ou as conclusões delas tiradas".

Estas informações estão, como se vê, sujeitas a revisão sempre que novos elementos surjam, no sentido da sua melhor correspondência com a realidade física e técnica, e da salvaguarda da saúde das pessoas e da integridade dos bens ambientais.

Agravado dever de informação coloca-se aos operadores na hipótese de estabelecimentos se encontrarem numa situação de "efeito dominó", conjuntura que obriga a um especial intercâmbio de informação e de cooperação entre eles, com vista a uma melhor percepção do risco global, das medidas de minimização adequadas e da suficiente elucidação do público (artigo 8/2)[35].

---

[34] A DS2 alude ao *público*, não definindo esta noção. Julgamos que pode ser aproveitada a noção de "público em causa" que resulta da directiva 2003/35/CE, do Parlamento Europeu e do Conselho, de 26 de Maio (que estabelece a participação do público na elaboração de certos planos e programas relativos ao ambiente e que altera, no que diz respeito à participação do público e ao acesso à justiça, as directivas 85/337/CEE e 96/61/CE do Conselho, inscrita nos artigos 3 e 4:
"«Público em causa»: o público afectado ou susceptível de ser afectado pelos processos de tomada de decisão no domínio do ambiente a que se refere o nº 2 do artigo 2, ou neles interessado. Para efeitos da presente definição, consideram-se interessadas as organizações não governamentais que promovem a protecção do ambiente e cumprem os requisitos previstos na legislação nacional".
[35] Realce-se que estes deveres vinculam apenas Estados-membros, podendo complicar-se muito o quadro de prevenção caso o acidente que provoca o efeito dominó se situe numa instalação não

***iii.*)** As entidades públicas, nos termos da DS2, estão constituídas num dever de actuação subsidiário e, atrevemo-nos, de garante (em termos de responsabilidade solidária) da observância dos deveres do operador – leiam-se os artigos 5/2, 6/1, 7/1, 9/1, 10/1, 11/1...

Ainda que sobre o operador recaia o dever de prevenção e minimização primário em caso de acidente, no plano externo, este dever é partilhado com as autoridades públicas, que devem actuar nos termos do *Plano de Emergência externo* que têm de elaborar [artigo 11/1/c)], cujos dados lhes são obrigatoriamente fornecidos pelos operadores [nos prazos previstos no artigo 11/1/b)]. A este Plano aplicam-se as normas de conteúdo e de revisão descritas para o *Plano de Emergência interno* (v. *supra*). Ou seja, a Administração tem o dever de jurídico de impor o respeito dos deveres de prevenção por parte do operador, e o dever material de operacionalizar o Plano de Emergência externo em caso de acidente.

O facto de a DS2 só prever prazos de apresentação dos Planos de Emergência internos levou a Comissão a propor junto do TJ uma acção por incumprimento contra o Estado espanhol por alegadamente não ter aprovado estes instrumentos – em 2006, Espanha só havia elaborado 35,2% dos planos devidos.

Espanha defendeu-se invocando a omissão do artigo 11/1/b) no tocante a prazos imputáveis às Administrações estaduais. A Advogada Geral Julianne Kokott, nas Conclusões apresentadas em 10 de Dezembro de 2009 no processo C-392/08, admite esta lacuna mas recomenda o seu suprimento a partir do dever de boa administração ínsito no artigo 41/1 da Carta dos Direitos Fundamentais da União Europeia, que obrigaria Espanha a desincumbir-se de tal tarefa num prazo razoável ou, por outras palavras, "não protelando desnecessariamente a elaboração de Planos de Emergência externos" (Consid. 16).

Tendo em consideração a plena entrada em vigor da DS2 em Dezembro de 1998, parece manifesta a falta de diligência do Estado espanhol que, em 2006, nem 1/3 dos Planos havia elaborado. É certo que, nessa altura, a Carta não era vinculante – tendo apenas vindo a revestir tal dimensão desde Dezembro de 2009. Ainda assim, e tratando-se de um domínio tão sensível relativamente à segurança e à saúde de pessoas e da integridade de bens ambientais, o princípio da prevenção que co-envolve a aplicação da directiva – por força do actual artigo 191/1 – sempre forçaria o cumprimento mais diligente deste dever.

O Tribunal de Justiça, em acórdão de 25 de Março de 2011, condenou Espanha por incumprimento, enfatizando a desrazoabilidade da inobservância do dever de adopção dos planos num tão longo espaço de tempo (apesar de não ter invocado o artigo 41 da Carta na fundamentação).

sujeita à directiva.

Deve acrescentar-se que Portugal também foi condenado, em acórdão anterior[36], por não cumprimento do dever de aprovar planos de emergência externos, dado que em 30 de Janeiro de 2009, dos 57 estabelecimentos que deveriam ser dotados destes documentos (no continente, mais um na Região Autónoma da Madeira, que estava aprovado), apenas 5 o possuíam...

Dever igualmente imputado a Administração é o de informação, *ex ante* e *ex post*: ao público, sobre os riscos e sobre os comportamentos a adoptar em caso de acidente (artigo 13/1); aos Estados-membros, caso os efeitos do eventual acidente possam ter âmbito transfronteiriço[37] (artigo 13/2). À Comissão Europeia o Estado onde o acidente ocorreu deve também comunicar o sucedido, identificando operador e instalação em causa, bem assim como descrevendo sucintamente as substâncias envolvidas e seus efeitos imediatos para o homem e para o ambiente, e ainda indicando as medidas de minimização adoptadas e os comportamentos recomendados (artigo 15).

Este intercâmbio de informação com a Comissão não tem apenas por efeito o registo da ocorrência, mas também e sobretudo o objectivo de recolha, tratamento e divulgação de dados de experiências que podem ser úteis à prevenção de futuros sinistros no espaço europeu (cfr. o artigo 19). O *Major Accident Reporting System* (MARS) existe desde a DS1 mas foi consideravelmente incrementado com a DS2, na medida em que do Anexo VI passaram a constar os critérios a que devem obedecer as notificações de acidentes à Comissão, insuflando objectividade e rigor no sistema.

iv.) A DS2, apontando para uma abordagem estratégica da gestão do risco, prevê a identificação dos estabelecimentos sujeitos ao seu regime nos instrumentos de planeamento vigentes dos diversos Estados-membros, de forma a reduzir, no longo prazo, a proximidade entre estas instalações e zonas residenciais, zonas de utilização pública e zonas sensíveis do ponto de vista ecológico.

A planificação das áreas de risco industrial veicula, para além de uma organização estratégica do uso do solo, a introdução de dois factores fundamentais na metodologia de gestão do risco tecnológico: por um lado, a intervenção de um órgão de competência técnica especializada que analise as características dos estabelecimentos existentes e a instalar eventualmente num futuro próximo, analisando a adequação da sua presença na área e as medidas de minimização necessárias; por outro lado, a participação do público na tomada de decisão de

---

[36] Acórdão de 15 de Outubro de 2009, caso C-30/09.

[37] A directiva não prevê expressamente o dever de notificação do acidente aos Estados-membros. Entendemos que, mesmo que se não entenda que ele decorre por maioria de razão dos artigos 13/2 e 15/1 da DS2, sempre resultaria do dever geral de notificação de acidentes inscrito no princípio 18 da Declaração do Rio.

planeamento – e de condicionamento da implantação de futuras instalações –, promovendo a gestão democrática e transparente do risco nos moldes previstos na (hoje vigente) Convenção de Aarhus.

Deve sublinhar-se aqui a importância do entrelaçamento de um modelo de antecipação de riscos como a avaliação ambiental estratégica, introduzida pela directiva 2001/42/CE, do Parlamento Europeu e do Conselho, de 27 de Junho, que prevê a inclusão de um relatório ambiental fundamentante das opções de utilização do espaço ou da realização de uma infra-estrutura no plano ou programa que as suporte. A localização de instalações potencialmente geradoras de acidentes graves deverá constituir objecto de cuidada ponderação em atenção às características dos espaços e às suas utilizações possíveis – actuais ou futuras.

v.) Finalmente, é de registar o incremento do grau de efectividade da directiva, contemplando-se sanções a aplicar pelas Administrações dos Estados--membros ao operador negligente, quer relativamente aos seus deveres de prevenção materiais (adopção de sistemas de segurança adequados), quer no que toca aos seus deveres de notificação e informação tal como descritos *supra*.

Com efeito, a DS2 prevê: *primo*, a não concessão da autorização de exploração da instalação em caso de manifesta insuficiência do sistema de gestão de riscos apresentado pelo operador (*maxime*, inexistência) – artigo 17/1; *secundo*, suspensão ou mesmo proibição de laboração em caso de incumprimento de deveres procedimentais, como de notificação ou de informação nos prazos fixados – artigo 17/2; *tertio*, suspensão ou proibição de funcionamento em caso de incumprimento de deveres materiais ou procedimentais na sequência de revisão, periódica ou conjuntural, dos sistemas de segurança – artigo 17/1 e 2, lido à luz do princípio de actualização inerente à gestão efectiva dos riscos tecnológicos.

Acresce a especificação de procedimentos de inspecção, a realizar pelo menos de ano a ano, que permitam às autoridades nacionais avaliar, por um lado, o cumprimentos dos deveres de prevenção dos operadores e, por outro lado, as concretas condições de funcionamento da instalação e o grau e tipo de risco que esta envolve com vista a complementar informações já veiculadas destinadas a suportar o Plano de Emergência externa, da responsabilidade das entidades públicas (artigo 17/3).

A DS2 foi alterada pela Directiva 2003/105/CE, do Parlamento Europeu e do Conselho, de 16 de Dezembro, como veremos de seguida.

2.3. As alterações introduzidas pela directiva 2003/105/CE (=DS2r), a incorporar nos ordenamentos dos Estados-membros até Julho de 2005 (nos termos do seu artigo 2/1) reflectem-se, sobretudo, a seis níveis:
i.) Em primeiro lugar, no plano do âmbito de aplicação, novamente alargado, quer tendo em consideração novas actividades –(em reacção a três acidentes industriais

recém ocorridos e já mencionados *supra*): inclusão dos sectores mineiro, pirotécnico (pela positiva) e de tratamento e eliminação de estéreis (pela negativa, ou seja, eximindo-os da exclusão a que os condenava a antiga alínea f) do artigo 4 da DS2) –, quer incluindo novas substâncias (carcinogéneas) e baixando o limiar de risco relativamente às quantidades das já contempladas[38];

ii.) Em segundo lugar, no tocante aos prazos fixados para o cumprimento dos deveres do operador, a sua redução ao mínimo possível para os estabelecimentos novos: notificação "sem demora"; sistema de segurança, três meses; Plano de emergência interno e Relatório de Segurança, um ano após a entrada em vigor da DS2r[39];

iii.) Em terceiro lugar, os mecanismos de planeamento devem, para além das zonas descritas, prever distâncias de segurança dos estabelecimentos perigosos relativamente também a zonas de recreio e lazer e, na medida do possível, a vias principais de circulação rodoviária[40].

A este respeito, cumpre deixar nota das Conclusões da Advogada-Geral Sharpston no processo C-53/10, apresentadas em 14 de Abril de 2011, num processo de questões prejudiciais desencadeado pelo *Bundesverwaltungsgericht* alemão, a propósito da inclusão do factor "distância de segurança" na ponderação de procedimentos autorizativos relativos a construções em zonas de risco, na ausência de plano aplicável à zona em questão. A Advogada-Geral defende uma interpretação do direito nacional em conformidade com a directiva, que resulta numa adição de um factor de ponderação à equação de interesses a ter em conta pelas autoridades administrativas aquando da emissão da decisão final autorizativa (consid. 30).

Assim, independentemente de haver ou não plano e independentemente de o vector "distância de segurança" não incorporar a legislação nacional urbanística, a decisão de autorizar uma nova utilização do edificado ou a edificar em zona de segurança de uma instalação perigosa deve ter em conta a presença desta, o adicional de risco trazido pela nova utilização, das circunstâncias envolventes e as medidas de segurança já existentes. Conforme se pode ler no considerando 39 das Conclusões:

"Em primeiro lugar, a expressão «distâncias adequadas» deixa margem para diversas interpretações. Tal é natural e inevitável, pois não pode haver limites precisos, abso-

---

[38] *Vide* a nova redacção do artigo 4 e as alterações ao Anexo I.
[39] *Vide* a nova redacção dos artigos 6, 7, 9 e 11.
[40] *Vide* a nova redacção do artigo 12.

lutos e objectivos para a «zona perigosa» à volta de qualquer estabelecimento e tais limites serão em qualquer caso, variáveis de acordo, nomeadamente, com a natureza do risco e as medidas de segurança postas em prática. Assim, sempre que a necessidade de manter tais distâncias for tida em conta, será necessário que a distância relevante seja avaliada. Dependendo das circunstâncias, a avaliação pode ser feita em abstracto, de acordo com critérios normalizados com base em factores relevantes, ou em concreto, caso a caso, se necessário, ao nível da autorização de construção individual. Pode dar origem a um limite arbitrário, absoluto (por exemplo, uma proibição de qualquer utilização pública de terrenos ou instalações localizados a uma determinada distância do estabelecimento) ou adoptar uma abordagem mais flexível, baseada em circunstâncias específicas (tais como as características geográficas, a direcção predominante dos ventos ou a frequência e a intensidade da utilização pelo público). Nenhuma das abordagens parece ser excluída pela directiva".

iv.) Em quarto lugar, o dever de informação *ex ante* das medidas a tomar em caso de acidente, actualizado e oficioso, relativamente a "todas as pessoas e todos os estabelecimentos que recebam o público (como as escolas ou os hospitais) susceptíveis de serem afectados por um acidente grave"[41]. Sublinhe-se a vertente dinâmica e cada vez mais acentuada dos deveres de comunicação do risco como deveres de protecção do Estado, na linha, de resto, da Convenção de Aarhus e da jurisprudência do Tribunal de Estrasburgo[42].

v.) Em quinto lugar, o dever de as empresas envolvidas fornecerem formação em medidas reactivas e paliativas aos funcionários da empresa, com vista à maximização do potencial do Plano de Emergência interno e à sua própria segurança[43];

vi.) Em sexto lugar, o incentivo à intensificação da cooperação no plano da articulação da informação e da acção reactiva com base nos Planos de Emergência externos, apelando a DS2r à implementação de mecanismos de cooperação reforçada na assistência dos serviços de protecção civil em caso de grandes emergências – alteração ao artigo 11, com a inserção de um nº 4A. Note-se que, com a introdução, pelo Tratado de Lisboa, de uma nova política de coordenação

---

[41] *Vide* a nova redacção do artigo 13.
[42] Cfr., entre os mais recentes, o caso *Tatar contra a Roménia*, decidido por Acórdão de 27 de Janeiro de 2009 (proc. 67021/01), no qual o Tribunal censurou o Estado romeno pela insuficiência de cumprimento dos deveres de informação sobre os riscos associados à mina de ouro de *Baia Mare* que causaram graves danos à frágil saúde do recorrente.
[43] *Vide* as alterações ao Anexo III.

no âmbito da protecção civil contra catástrofes, esta previsão deve ser lida à luz do artigo 20 do TUE.

2.4. Observações finais

O balanço que o Relatório *Mapping the impacts of natural hazards and technological accidents in Europe* faz da aplicação do sistema Seveso indica que o número de acidentes graves se tem mantido estável, embora eles tendam a ver diminuída a sua lesividade. O Relatório conclui, contudo, que existe um défice de informação, na medida em que, não só há domínios não cobertos (ou nem para todo o período cobertos) pelo quadro Seveso (por exemplo: transportes; mineração – até 2003), como os 10 Estados-membros que aderiram à União Europeia em 2004 registam apenas uma percentagem de 15% de indústrias químicas na sua economia, além de se mostrarem ainda pouco familiarizados com o sistema de notificação de acidentes.

Acrescentaríamos que as directivas Seveso, pela filosofia que lhes subjaz (prevenção de acidentes), iluminam eventos bem identificados no tempo, traduzidos numa manifestação inicial (explosão; derrame) de efeitos imediatamente lesivos, internos e/ou externos à instalação, pessoais, patrimoniais e eventualmente também ambientais. Fora do seu alcance – mas não do âmbito de aplicação de outros instrumentos, como o licenciamento ambiental e os deveres de fiscalização que lhe são inerentes, e a reparação de danos ecológicos – ficam catástrofes geradas por danos cumulativos resultado de emissões industriais poluentes.

Um estudo sobre a necessidade e viabilidade de revisão da directiva Seveso II foi apresentado pela Direcção Geral do Ambiente da Comissão Europeia em Setembro de 2010 – *Impact assessment study into possible options for amending the Seveso II Directive* – Final Report[44]. Acidentes viários continuam de fora na hipótese de alteração, que assenta fundamentalmente na articulação da directiva Seveso II com o sistema REACH – o qual pode justificar a supressão de várias substâncias do Anexo I na medida em que incrementa o controlo destas a montante –, mas também na consideração de inclusão de novas substâncias como o dióxido de carbono, o petróleo, o hidrogénio e os aerosóis, que alargaria exponencialmente o universo de operadores afectados e igualmente sobrecarregaria os Estados com mais deveres de prevenção.

O custo da revisão da directiva, sobretudo na época de crise que a Europa atravessa, constitui um forte facto dissuasor de alterações ou, pelo menos, de minimização dos pontos a rever (o Relatório admite vários cenários). No

---

[44] Disponível em http://ec.europa.eu/environment/seveso/pdf/Seveso%20IA_Final%20report.pdf (acesso em 7 de Maio de 2011).

entanto, a cadência recente de desastres naturais que podem, fora da margem de risco previsível, provocar efeitos colaterais em instalações industriais ou potenciar efeitos de acidentes aí ocorridos convida ao aumento dos patamares de protecção, nomeadamente das substâncias cobertas pela directiva Seveso II e dos deveres de prevenção dos actores – aí realçados os deveres de informação, prévia e posterior ao sinistro[45]. Quanto mais alto for o custo da consequência, mais se deve investir na prevenção das causas. Ainda que eventuais.

Lisboa, Maio de 2011

---

[45] Que devem ser norteados pelo quadro da Convenção de Aarhus, nomeadamente quanto à divulgação de informação confidencial – cfr. o ponto 5.1.3. do Relatório.

O Tribunal de Estrasburgo, o Tribunal de Justiça da União Europeia e os Tribunais Constitucionais nacionais: perigo de um "Triângulo das Bermudas"? – A Complexa Interacção Multinível entre as Instâncias Jurisdicionais de Protecção dos Direitos Fundamentais – [1]

CATARINA SANTOS BOTELHO
Assistente na Escola de Direito do Porto da Universidade Católica Portuguesa

Resumo: A actual alquimia jurídico-política favorável à integração europeia levanta questões pertinentes relativamente à articulação das instâncias jurisdicionais (nacionais e internacionais) na importante missão da protecção dos direitos fundamentais. O relacionamento entre as várias jurisdições assume uma *forma triangular*, organizando-se em torno dos seguintes vértices: tribunais nacionais, Tribunal de Justiça da União Europeia e o Tribunal Europeu dos Direitos do Homem. Após explanarmos os diversos mecanismos de protecção constitucional dos direitos fundamentais que o nosso ordenamento jurídico oferece, abordaremos as relações que se estabelecem entre as várias jurisdições, centrando-nos particularmente no eixo tribunais constitucionais nacionais«Tribunal Europeu dos Direitos do Homem.

Abstract: The current legal and political alchemy in favor of European integration raises pertinent questions regarding the articulation between jurisdictions (national and international) in the important mission of upholding the fundamental rights of the individual. The interaction between the various jurisdictions assumes a *triangular shape*, organizing itself according to the following vertices: national courts, the Court of Justice of the European Union and the European Court of Human Rights. After outlining the various constitutional

---

[1] O presente texto corresponde à intervenção proferida, em 17 de Dezembro de 2010, no âmbito da unidade curricular "Protecção Estadual de Direitos Fundamentais" do *Mestrado em Direitos Humanos*, a convite da Escola de Direito da Universidade do Minho.

safeguard mechanisms of the fundamental rights of the individual present in our legal system, we look at the interactions which take place between the jurisdictions, focusing particularly on the axis: "national constitutional courts«European Court of Human Rights".

ÍNDICE: Considerações introdutórias; I – A criação de mecanismos de protecção de direitos fundamentais; 1. O movimento constitucional como impulsionador da catalogação de direitos fundamentais; 2. A heterogeneidade de patamares de protecção. II – O modelo português de protecção constitucional dos direitos fundamentais. III – A articulação entre as várias instâncias jurisdicionais (nacionais e internacionais) na protecção de direitos fundamentais; 1. A possível conflituosidade entre a jurisdição constitucional e a jurisdição ordinária; 2. As tensões entre a jurisprudência do Tribunal de Estrasburgo e a jurisprudência do Tribunal de Justiça da União Europeia – Concorrência ou interferência? 3. Os eventuais atritos entre a jurisdição nacional e a jurisdição internacional regional; 3.1. O impressionante acréscimo de trabalho do Tribunal de Estrasburgo e a necessidade de estabelecer filtros à admissibilidade das queixas individuais; 3.2. A limitada possibilidade de execução dos acórdãos do TEDH; 3.3. Limites ao acatamento da jurisprudência de Estrasburgo? O acórdão *Görgülü*; 3.4. Existe um constitucionalismo internacional regional? IV – Breves notas finais: aposta num diálogo transconstitucionalista e na reprovação de investidas supra-constitucionais

Considerações introdutórias

Nos nossos dias, a maioria dos Estados privilegia a catalogação de direitos e liberdades fundamentais num acto jurídico-público normativo de valor superior – a Constituição[2]. Sabemos, porém, que a efectividade de um regime de direitos fundamentais não se basta com a sua consagração constitucional, mas depende de um conjunto de mecanismos processuais que garantam a sua protecção, *maxime* através da sindicabilidade judicial. Por outras palavras, a possibilidade de tornar os direitos efectivos judicialmente é o elemento que permite fazer a distinção entre os direitos fundamentais e aqueles direitos que não podem ser classificados como tal[3]. Aliás, como dita o provérbio anglo-saxónico: *"justice must not only be done; it must also be seen done"*[4].

Particularmente relevante nesta temática é o direito ao amparo jurisdicional, que se pode definir como o direito à protecção dos direitos através dos tri-

---

[2] KARL LÖWENSTEIN, *Verfassungslehre*, J. C. B Mohr, 2ª ed., Tubinga, 1975, p. 333.
[3] JUAN JOSÉ SOLOZÁBAL ECHAVARRÍA, "Una revisione della teoria dei diritti fondamentali", AAVV, *Tecniche de Garanzia dei Diritti Fondamentali*, Quaderni Per La Ricerca, G. Giappichelli Editore, 2001, Turim, pp. 55-68, p. 56.
[4] MATTHIAS HARTWIG, "Il gesetzlicher richter di cui all'art. 101, 1º comma, 2ª proposizione, del Grundgesetz", AAVV, *Il Principio di Precostituzione del Giudice*, Quaderni del Consiglio Superiore della Magistratura, 66, Roma, 1993, pp. 82-103, p. 103.

bunais. Para tornar eficaz esse mesmo direito ao amparo é imperativo introduzir, mediante legislação processual específica, os pressupostos para fazer valer o direito ao amparo. Estes pressupostos dizem respeito ao âmbito material de protecção, à legitimidade activa e passiva, ao objecto, aos prazos, à tramitação processuais e aos efeitos do decretamento do amparo.

Ora, podemos autonomizar três modalidades de amparo jurisdicional: o amparo *judicial*, o amparo *constitucional* e o amparo *internacional*. Numa perspectiva global, a internacionalização do direito e do recurso de amparo verificou-se em duas frentes. Por um lado, através do *amparo internacional (europeu)*, confiado ao Tribunal Europeu dos Direitos do Homem (TEDH). Por outro lado, foi igualmente relevante a instituição do *amparo inter-americano*, reconhecido na competência contenciosa do Tribunal Inter-Americano dos Direitos do Homem.

No que respeita ao recurso de amparo *constitucional*, este possui três particularidades que o diferenciam e posicionam face ao amparo judicial: (*i*) em primeiro lugar, tem natureza subsidiária, ou seja, permite aos particulares lesados nos seus direitos fundamentais interporem uma acção perante o tribunal constitucional somente após o esgotamento prévio das vias judiciais ordinárias; (*ii*) em segundo lugar, não se imiscui na análise da legalidade ordinária, mas apenas no exame de eventuais lesões de direitos constitucionais (em particular, dos direitos fundamentais; (*iii*) e, por último, possui carácter extraordinário, não operando como um mecanismo normal ou ordinário para a protecção dos direitos fundamentais[5].

Como se pode desde logo antever, a possibilidade de os particulares poderem tutelar os seus direitos, quer a nível nacional (através do Tribunal Constitucional ou dos demais tribunais), quer a nível internacional regional ou, em termos mais limitados, ao nível do Direito da União Europeia, levanta sérios problemas de sobreposição ou conflituosidade entre as várias jurisdições. A actual tendência de equiparar o Direito Constitucional ao "contencioso constitucional dos direitos e liberdades" esteve na base do surgimento da ideia da construção de um *direito constitucional europeu*[6].

Argumenta alguma doutrina que esta assimilação pode ser redutora, uma vez que não assenta nos pilares constitucionais ditos "normais", ou seja, na ideia de Constituição como organização de um sistema político, mas baseia-se somente na defesa de direitos fundamentais, podendo redundar numa certa "banaliza-

---

[5] CATARINA SANTOS BOTELHO, *A Tutela Directa dos Direitos Fundamentais – Avanços e recuos na dinâmica garantística das justiças constitucional, administrativa e internacional*, Almedina, 2010, p. 85.
[6] RONNY ABRAHAM, "Les incidences de la CEDH sur le droit constitutionnel et administratif des États parties", *Revue Universelle des Droits de l'Homme*, 1992, pp. 409-418, p. 417.

ção" destes mesmos direitos[7]. Na verdade, a jurisprudência do Tribunal de Estrasburgo acaba por influenciar decisivamente os tribunais constitucionais dos Estados parte do Conselho da Europa, de modo que "o direito constitucional 'político' dá lugar a um direito constitucional 'jurídico'"[8]. Deste problema trataremos na última parte da nossa exposição.

I – A CRIAÇÃO DE MECANISMOS DE PROTECÇÃO DOS DIREITOS FUNDAMENTAIS

1. O movimento constitucional como impulsionador da catalogação de direitos fundamentais

Um dos principais marcos do último quartel do século XVIII foi o início de uma tendência, que rapidamente se alastrou a nível mundial, de positivação de um catálogo de direitos e liberdades fundamentais em constituições escritas, formais e rígidas. Tal aposta, inicialmente tímida, começou por centrar-se num núcleo restrito de direitos de defesa dos cidadãos contra o Estado (*Abwehrrechte*), para mais tarde se desenvolver e dar lugar a novas gerações/dimensões de direitos. Assim, ao passo que as primeiras constituições escritas prescreviam essencialmente liberdades individuais, o processo de democratização aliado ao processo de industrialização esteve na base da consagração de direitos de participação (*Mitwirkungsrechte*) na vida política. Posteriormente, os inegáveis problemas sociais que uma emergente "sociedade técnica de massas" trouxe consigo reivindicaram uma acrescida intervenção do Estado na sociedade, mediante a criação de uma nova categoria de direitos, designados direitos a prestações (*Leistungsrechte*)[9].

Mais recentemente, o surgimento de novos direitos fundamentais associados às inovações tecnológicas e ao meio ambiente justificam que alguma doutrina classifique o Estado hodierno como um "Estado preventivo do risco" (*Staat der*

---

[7] JEAN-FRANÇOIS FLAUSS, "La contribution de la jurisprudence des organes de la Convention Européenne des Droits de l'Homme à la formation d'un droit constitutionnel européen", *Revue Universelle des Droits de l'Homme*, 1995, pp. 373-383, p. 381.
[8] *Idem, op. cit.*, p. 383.
[9] Para mais desenvolvimentos, cfr., entre outros, BODO PIEROTH e BERNHARD SCHLINK, *Grundrechte Staatsrecht II*, 22ª ed., C. F. Müller Verlag, Heidelberg, 2006, pp. 16-27, FRIEDHELM HUFEN, *Staatsrecht II – Grundrechte*, 2ª ed., Verlag C.H. Beck, Munique, 2009, pp. 14-32, João CARLOS LOUREIRO, "Da sociedade técnica de massas à sociedade de risco: prevenção e tecnociência. Algumas questões juspublicistas", AAVV, *Estudos em Homenagem ao Prof. Doutor Rogério Soares*, Coimbra, 2001, pp. 797-891, JOSÉ CARLOS VIEIRA DE ANDRADE, *Os Direitos Fundamentais na Constituição Portuguesa de 1976*, 4ª ed., Almedina, 2009, pp. 53-67, KONRAD HESSE, *Grundzüge des Verfassungsrechts der Bundesrepublik Deustchland*, 20ª ed., C. F. Müller, Heidelberg, 1999, pp. 91-95, e ROLF SCHMIDT, *Grundrechte sowie Grundzüge der Verfassungsbeschwerde*, 11ª ed., Dr. Rolf Schmidt GmbH, Bremen, 2009, pp. 5-32.

Risikovorsorge). Estes direitos da idade tecnológica procuram antecipar os riscos e perigos que enfrentarão a humanidade[10].

Como já escrevemos, "toda a eloquência filosófica e literária que se pode extrair das proclamações de direitos e liberdades dos cidadãos não lhes atribui, automaticamente, uma sustentabilidade jurídico-positiva. De facto, após a Segunda Grande Guerra, tornou-se cada vez mais evidente o imperativo da sujeição expressa dos poderes públicos à Constituição e da criação de eficazes mecanismos de salvaguarda dos direitos fundamentais por violações cometidas pelo próprio Estado"[11]. Em sintonia, surgiram catálogos de direitos fundamentais, com assento constitucional, especialmente nos Estados que haviam assistido à vigência dos regimes nacional-socialista (Alemanha), fascista (Itália), autoritário de extrema-direita (Grécia, Portugal e Espanha), ou autoritário comunista (Hungria, Eslovénia, Eslováquia, e Polónia). A amplitude desta catalogação tende a variar proporcionalmente, de acordo com a gravidade das violações massivas de direitos fundamentais sofrida por cada Estado[12]. O caso das Constituições portuguesa e espanhola mostra à saciedade a preocupação em elencar exaustivamente os direitos e deveres fundamentais.

Em reforço desta ideia, relembramos que a realidade constitucional destes países se encontrava particularmente sensibilizada para as violações de direitos fundamentais que ocorreram sobre a égide destes regimes e quis evitar que as gerações futuras fossem vítimas dos mesmos erros, através de uma codificação "sem lacunas" e, portanto, algo ingénua[13]. Tratou-se mesmo de procurar informar, de forma didáctica, as futuras gerações de cidadãos acerca dos seus direitos. Ao invés, nos Estados que não sofreram rupturas político-institucionais opressoras dos direitos fundamentais, verifiquei que o elenco de direitos é mais reduzido, pois a continuidade constitucional permitiu que se entranhasse, na cultura constitucional, uma ordem de valores e de princípios pautados pelo respeito e salvaguarda da dignidade da pessoa humana.

Não se estranhará, assim, que se conclua que a positividade dos direitos fundamentais e das suas várias dimensões de protecção, ainda que importante e frutuosa, *não implica impreterivelmente uma maior efectividade da justiça constitucional.*

---

[10] Martin Schulte, "Zur Lage und Entwicklung der Verfassungsgerichtsbarkeit", *Deutsches Verwaltungsblatt*, 111 (18), 1996, Carl Heymanns Verlag, Colónia, pp. 1009-1020, pp. 1012-1013.

[11] Catarina Santos Botelho, *A Tutela Directa dos Direitos Fundamentais... cit.*, pp. 17-18.

[12] Neste sentido, cfr. José Casalta Nabais, *Por uma liberdade com responsabilidade – Estudos sobre direitos e deveres fundamentais*, Coimbra Editora, Coimbra, 2007, p. 63.

[13] Catarina Santos Botelho, *A Tutela Directa dos Direitos Fundamentais... cit.*, pp. 79-81, e Giancarlo Rolla, "I diritti fondamentali nel costituzionalismo contemporaneo: spunti critici", *in* AAVV, *Tecniche de Garanzia dei Diritti Fondamentali*, Quaderni Per La Ricerca, G. Giappichelli Editore, 2001, Turim, pp. 3-26, p. 22.

Em bom rigor, como afirmou JUAN JOSÉ SOLOZÁBAL ECHAVARRÍA, "os direitos fundamentais protegem-se pela sua importância, mas, obviamente, não devem a sua importância à sua protecção"[14]. Consequentemente, podemos conceber a hipótese de um Estado não ter constitucionalizado formalmente os direitos fundamentais, mas conseguir garanti-los na prática, com eficiência, mediante um conjunto de mecanismos processuais destinados a acautelar esses direitos. Veja-se, a título exemplificativo, o caso da Nova Zelândia ou da Finlândia, onde a força normativa da Constituição não é superior à da lei.

Uma vez percorridas, ainda que brevemente, as várias etapas históricas da consagração dos direitos fundamentais, irei abordar a questão do modelo de justiça constitucional adoptado. Lembramos que a crescente reivindicação de tutela por parte dos cidadãos se espelhou igualmente nos modelos de justiça constitucional instaurados em diversos Estados. Alguns optaram por criar, de acordo com os ensinamentos de HANS KELSEN, um Tribunal especializado na garantia da constitucionalidade (modelo austríaco da *Verfassungsgerichtsbarkeit*). Outros Estados, inspirados no modelo norte-americano da *judicial review of legislation*, confiaram essa tarefa aos tribunais ordinários. De forma menos frequente, outro grupo de Estados optou por conciliar ambas as dimensões de protecção e criar uma espécie de *tertium genus* de justiça constitucional (é o caso português).

Parece significativo, por outro lado, que, independentemente do modelo de justiça constitucional que um Estado adopte, a jurisdição ordinária esteja sempre vinculada aos ditames constitucionais. O princípio da interpretação da lei ordinária em conformidade com a Constituição (*die verfassungskonforme Auslegung von Gesetzen*) foi desenvolvido pela doutrina e jurisprudências alemãs e visa "assegurar a validade da lei". Demais, sublinhe-se que este princípio interpretativo se afigura, "no seu aspecto jurídico-funcional, como o da primazia do legislador na concretização da Constituição"[15].

Um ponto que se deve ter por irrefutável é o de que esta aposta numa jurisdicionalização do controlo da Constituição manifesta com peculiar clareza a revolucionária *prevalência do princípio da constitucionalidade* sobre o princípio da legalidade. Esta "justiciabilidade do Direito Constitucional" (*Justiziabilität des Verfassungsrechts*) prende-se essencialmente com a necessidade de colocar certos direitos acima das voláteis decisões da maioria[16]. Como bem sintetiza MARIA LÚCIA AMARAL, esta força irradiante da cultura jurídica da Europa continental,

---

[14] "Los derechos fundamentales en la Constitución española", *Revista de Estudios Políticos*, 105, 1999, Centro de Estudios Constitucionales, Madrid, pp. 9- 28, p. 22.
[15] KONRAD HESSE, *op. cit.*, pp. 31-32.
[16] ALFRED RINKEN, "Artikel 93º – Zustandigkeit des Bundesverfassungsgericht", AAVV, *Kommentar zum Grundgesetz für die Bundesrepublik Deutschland*, vol. III, Kriftel: Luchterhand, 2001, p. 54.

nomeadamente após a segunda metade do século XX, com todas as diferenças e particularidades nacionais, pode resumir-se em breves palavras: "uma *cultura de constitucionalidade*"[17].

Dito isto, não se deixará sem acento que a Constituição deixa de ser perspectivada como um documento de valor literário, filosófico ou histórico de proclamação de direitos, para ser encarada como um genuíno compromisso para o futuro, que encarna em si uma pretensão de durabilidade e a árdua incumbência de tornar operantes os direitos nela salvaguardados. Ora, a normatividade da Constituição garante-se não apenas mediante o acompanhamento cuidado da evolução da realidade constitucional, mas, e sobretudo, pelo compromisso em exigir e implementar técnicas efectivas de tutela dos direitos fundamentais[18].

2. A heterogeneidade de patamares de protecção

Após algumas fases crepusculares, o ideário dos direitos e liberdades fundamentais foi ganhando uma força verdadeiramente notável. Daí que, no raiar do século XXI, NORBERTO BOBBIO tenha anunciado que havíamos entrado na "era dos direitos do homem" (*"Das Zeitalter der Menschenrechte"*)[19]. Neste sentido, alguma doutrina germânica considera que, após a Segunda Guerra Mundial, se avançou de uma democracia do Estado constitucional (*Verfassungsstaat*) para uma "democracia dos direitos fundamentais", transformados em centro de gravitação do Direito (*Gravitationszentrum*)[20].

A confirmar esta tendência, no plano internacional regional, assistiu-se a uma multiplicação dos instrumentos de tutela dos direitos do homem. Seguindo uma ordem cronológica, indicamos, *v.g.*, a Convenção Europeia dos Direitos do Homem (1950), a Convenção Americana Sobre os Direitos Humanos (1969), a Carta Africana dos Direitos do Homem e dos Povos (1981) e a Declaração Islâmica dos Direitos do Homem (1981).

No período que se seguiu à Segunda Guerra Mundial, os imensos esforços tendentes à catalogação de mecanismos de protecção internacional dos direitos do homem iniciaram-se, em 1948, através da Declaração Universal dos Direitos

---

[17] "Justiça constitucional, protecção dos direitos fundamentais e segurança jurídica" ou "Que modelo de justiça constitucional melhor protege os direitos fundamentais?", AAVV, *Anuário Português de Direito Constitucional*, vol. II/2002, Coimbra Editora, pp. 11-22, p. 12.

[18] Assim, LUIGI FERRAJOLI, "Sobre los derechos fundamentales", AAVV, *Teoría del neoconstitucionalismo – Ensayos escogidos*, Editorial Trotta, Madrid, 2007, pp. 71-89, p. 72.

[19] *Apud* ANDREAS VOSSKUHLE, "Protection of Human Rights in the European Union. Multilevel Cooperation on Human Rights between the European Constitutional Courts", *Our Common Future*, Hannover/Essen, 2-6 November 2010.

[20] JOSÉ DE MELO ALEXANDRINO, *A estruturação do sistema de direitos, liberdades e garantias na Constituição Portuguesa*, vol. I, Almedina, Coimbra, 2006, p. 118.

do Homem e, em 4 de Novembro de 1950, mediante a assinatura da Convenção de Salvaguarda dos Direitos do Homem e das Liberdades Fundamentais – correntemente denominada Convenção Europeia dos Direitos do Homem (CEDH), que entrou em vigor a 3 de Setembro de 1953[21]. A entrada em vigor da CEDH foi de uma importância crucial, se atendermos ao facto de que, na altura da sua adopção, existirem ainda poucas jurisdições constitucionais nacionais[22].

No que respeita, por sua vez, à integração comunitária, é interessante relembrar que os Tratados fundadores da Comunidade Europeia não faziam referência a um catálogo de direitos e liberdades, limitando-se a um projecto de integração económica regional. A preocupação em tutelar os direitos e liberdades fundamentais teve início, de jeito pretoriano, quando, na década de 70, o então Tribunal de Justiça da Comunidades Europeias reconheceu os direitos do homem como "princípios gerais de Direito comunitário"[23]. Mais tarde, no conhecido *acórdão Hoechst*, o Tribunal atribuiu uma importância particular à Convenção Europeia dos Direitos do Homem, de entre os demais tratados internacionais estipuladores de normas consagradoras de direitos do homem[24].

No actual quadro jurídico comunitário, o artigo 2º do Tratado da União Europeia (TUE) dispõe de forma cristalina que a União se funda "...nos valores do respeito pela dignidade humana, da liberdade, da democracia, da igualdade, do Estado de direito e do respeito pelos direitos do Homem...", pelo que "reconhece os direitos, as liberdades e os princípios enunciados na Carta dos Direitos Fundamentais da União Europeia, de 7 de Dezembro de 2000" (artigo 6º do TUE).

Centrando-nos, agora, nos modelos constitucionais europeus, podemos atestar a *diversidade de patamares de protecção* dos direitos fundamentais, pelo que se pode e deve até falar-se em diversos graus de juridicidade dos direitos fundamentais[25]. Esta heterogeneidade quanto à protecção dos direitos justifica que

---

[21] Cfr. JEAN LE GLOAN, "L'influence croissante de la jurisprudence de la Cour européenne des Droits de l'Homme sur les droits nationaux", *Revue du Droit Public (et de le Science Politique en France et a l'étranger)*, 6, 1999, Editions Dalloz, Paris, pp. 1765-1783, p. 1766.

[22] LOUIS FAVOREU, "Corti costituzionali nazionali e Corte europea dei diritti dell'uomo", *Rivista di Diritto Costituzionale*, 2004, G. Giappichelli Editore, Turim, pp. 3-24, p. 4.

[23] FRANK SCHIMMELFENNIG, "Competition and community: constitutional courts, rhetorical action, and the institutionalization of human rights in the European Union", *Journal of European Public Policy*, 13, 2006, pp. 1247-1264, pp. 1252-1257.

[24] Acórdão de 21 de Setembro de 1989.

[25] Cfr. CATARINA SANTOS BOTELHO, "Lost in translations – A crescente importância do Direito Constitucional Comparado", AAVV, *Estudos em Homenagem ao Professor Doutor Carlos Ferreira de Almeida*, vol. I, Almedina, 2011, pp. 53-106, para um estudo sobre a importância do recurso à comparação constitucional.

alguma doutrina proceda a uma distinção entre modelos que consagram uma tutela subjectiva máxima, média e mínima[26].

Nesta esteira, a tutela subjectiva *máxima* (ou o modelo forte) ocorre em ordenamentos jurídicos como o alemão, o espanhol (e, em menor escala, o suíço, austríaco e o brasileiro), em que está gizada, ainda que com consideráveis flutuações de amplitude, a possibilidade de um acesso directo dos titulares de direitos e liberdades fundamentais ao Tribunal Constitucional. Por sua vez, Portugal e Itália apresentam uma tutela subjectiva *média* (modelo intermédio), na qual está instituída a fiscalização concreta, se bem que desacompanhada de recurso de amparo ou queixa constitucional.

O exemplo clássico de um sistema de tutela subjectiva *mínima* era o ordenamento jurídico francês, que apenas previa a fiscalização preventiva das leis e dos tratados. De facto, no panorama europeu, a França era o único Estado onde a faculdade de controlar a constitucionalidade das normas se encontrava fortemente restringida e limitada a um insuficiente controlo preventivo, que não evitava aplicações inconstitucionais das normas aprovadas pelo poder legislativo[27]. Mais recentemente, a esmagadora revisão constitucional de 23 de Julho de 2008, introduziu um mecanismo de controlo concreto da constitucionalidade de leis já promulgadas – a questão prioritária de inconstitucionalidade, o que parece profetizar o fim da "excepção francesa"[28].

De seguida, irei centrar-me nas diversas possibilidades que se oferecem ao legislador aquando da ponderação político-legislativa da criação de instrumentos de protecção dos direitos fundamentais[29]. No meu entender, o recurso de amparo deve ser classificado como o principal instrumento global de tutela directa dos direitos fundamentais[30]. Historicamente, o recurso de amparo/queixa constitucional tem-se revelado um instrumento de enorme eficácia na

---

[26] Cfr., entre outros, CATARINA SANTOS BOTELHO, *A Tutela Directa dos Direitos Fundamentais... cit.*, pp. 76-81, e CARLOS BLANCO DE MORAIS, "Fiscalização da Constitucionalidade e Garantia dos Direitos Fundamentais: Apontamento sobre os passos de uma evolução subjectivista", AAVV, *Estudos em Homenagem ao Prof. Doutor Inocêncio Galvão Telles*, Almedina, Coimbra, 2003, pp. 89-93.

[27] ANDRÉ ROUX, "Le nouveau Conseil constitutionnel – Vers la fin de l'exception française?", *La Semaine Juridique – Édition Générale*, 31-35, 2008, Hebdomadaire, Paris, pp. 48-54, p. 52, e YVES GAUDEMET, "La conformité des lois à la Constitution", *Recueil Dalloz*, 25, 2008, pp. 1703-1704, p. 1703.

[28] BENOÎT PLESSIX, "Des droits nouveaux pour les citoyens", *La Semaine Juridique – Édition Générale*, 31-35, 2008, Paris, pp. 59-63, e CATARINA SANTOS BOTELHO, "A Revisão Constitucional Francesa de 2008 e a Questão Prioritária de Constitucionalidade – Uma Revisão Platónica ou um Genuíno Acréscimo na Tutela dos Direitos Fundamentais?", *in* AAVV, *Estudos em Homenagem ao Professor Doutor Jorge Miranda*, no prelo.

[29] Para uma enumeração exemplificativa, cfr. CATARINA SANTOS BOTELHO *A Tutela Directa dos Direitos Fundamentais... cit.*, pp. 82-84.

[30] Idem, *A Tutela Directa dos Direitos Fundamentais... cit.*, p. 85.

protecção de direitos fundamentais. A este respeito, uma análise de Direito Constitucional Comparado permite-nos afirmar que a esfera de incidência constitucional deste mecanismo se tem vindo a globalizar. Assim, no espaço europeu, podemos apontar a Alemanha, a Áustria, a Espanha e a Suíça. Mais recentemente, foi sendo introduzido nos países da Europa Central, Oriental e da ex-União Soviética. Este instituto aparece também previsto em 16 Estados latino-americanos e, ainda que numa escala mais reduzida, este mecanismo expandiu-se também aos continentes africano e asiático, em particular, Cabo Verde, Coreia do Sul e Macau[31].

II – O MODELO PORTUGUÊS DE PROTECÇÃO CONSTITUCIONAL DOS DIREITOS FUNDAMENTAIS

Tendo por assente que as garantias "nos mostram a sinceridade do ordenamento" cumpre investigar até que ponto a nossa Constituição torna efectiva a normatividade dos direitos e liberdades dos seus destinatários[32]. Deste modo, analisarei sucintamente alguns dos *principais* meios de defesa jurisdicionais e não jurisdicionais que o ordenamento jurídico português oferece[33].

a) O direito de acesso ao direito e à tutela jurisdicional efectiva

Como já elucidava o velho brocardo latino *"ubi ius, ibi remedium"*, a atribuição de um direito substantivo necessita de uma concretização processual, sob pena de não passar de um direito somente nominal. Como se explanou, os direitos fundamentais não podem ser perspectivados de forma estática, pelo contrário, necessitam de toda uma dinâmica de efectivação e democratização.

Daí que se fale, hoje mais do que nunca, num *"status activus processualis"*, ou seja, na projecção dos direitos fundamentais sobre o procedimento[34]. A dimensão processual dos direitos fundamentais desvenda-se primacialmente através da consagração constitucional de direitos fundamentais de conteúdo processual, mas também mediante direitos fundamentais "dependentes de um procedimento". Helmut Goerlich colocou a tónica nos direitos fundamentais como "garantias de procedimento" (*Verfahrensgarantie*), isto é, a participação no procedimento pertenceria à dimensão intrínseca dos próprios direitos fundamen-

---

[31] Idem, *A Tutela Directa dos Direitos Fundamentais... cit.*, pp. 86-88.
[32] M. A. GARCÍA HERRERA *apud* ROSARIO TUR AUSINA, *Garantía de Derechos y Jurisdicción Constitucional – Efectividad del Amparo tras la Sentencia Estimatoria*, Tirant to Blanch, Valência, 2008, p. 129.
[33] Seguiremos de perto o nosso estudo, CATARINA SANTOS BOTELHO, *A Tutela Directa dos Direitos Fundamentais... cit.*, pp. 113-135.
[34] PETER HÄBERLE, "El Tribunal Constitucional como poder político", *Revista de Estudios Políticos*, 125, 2004, Centro de Estudios Constitucionales, Madrid, pp. 9-37, p. 29.

tais[35]. Nesta última hipótese, a plena efectividade do direito subjectivo atribuído irá depender da exequibilidade que lhe for dada pelo legislador ordinário, através da regulação dos respectivos meios de tutela.

O princípio da tutela jurisdicional efectiva, entendido como um direito geral à protecção jurídica, assume uma estrutura multifacetada, sendo inclusive classificado por alguma doutrina como um *"cluster-right"*, isto é, um feixe de direitos, com vários afloramentos no texto constitucional[36]. Consequentemente, o direito de acesso ao direito e à tutela jurisdicional efectiva (artigo 20º da CRP) desdobra-se em: direito de acesso ao direito (nº 1, 1ª parte), direito de acesso aos tribunais (nº 1, 2ª parte), direito à informação e consulta jurídicas (nº 2, 1ª parte), direito ao patrocínio judiciário (nº 2, 2ª parte), direito à assistência de advogado (nº 2, 2ª parte, *in fine*), direito à protecção do segredo de justiça (nº 3), direito a uma decisão em prazo razoável (nº 4, 1ª parte), direito a um processo equitativo (nº 4, 2ª parte) e direito à tutela efectiva (nº 5).

b) O direito de resistência
O artigo 21º da CRP atribui a todas as pessoas, singulares ou colectivas, uma dupla modalidade de resistência. Por um lado, é-lhes atribuído um direito de resistência *passiva* a qualquer ordem que ofenda os seus direitos, liberdades e garantias, *v.g.*, uma ordem do superior hierárquico cujo cumprimento implique a prática de um crime (nº 3 do artigo 271º da CRP) ou a recusa do pagamento de impostos que não tenham sido criados de acordo com a Constituição (nº 3 do artigo 103º da CRP). Por outro lado, confere também um direito de resistência *defensiva*, permitindo repelir pela força qualquer agressão, quando não seja possível recorrer à autoridade pública.

c) O direito de petição
O direito de petição – previsto no artigo 52º, nº 1, da CRP – possui uma dupla natureza. Se, por um lado, é classificado como um *direito de participação política* dos cidadãos e tem por objecto quer a defesa de direitos pessoais (reclamações e queixas), quer a defesa da Constituição, das leis ou do interesse geral (petições e representações), por outro lado, consubstancia também uma *garantia* não contenciosa para a defesa de direitos e interesses legalmente protegidos.

---

[35] Mais em pormenor, cfr. J.J. Gomes Canotilho, "Constituição e Défice Procedimental", *Estudos Sobre Direitos Fundamentais*, Coimbra Editora, 2004, pp. 69-84, pp.72-74, e Robert Alexy, *Teoría de los Derechos Fundamentales*, Centro de Estudios Políticos y Constitucionales, Madrid, 2002, pp. 454-459.
[36] Expressão de José de Melo Alexandrino, José de Melo, *Direitos Fundamentais – Introdução Geral*, Princípia, Estoril, 2ª ed., 2011, p. 87.

O direito de petição abarca o direito a um procedimento, ou seja, o dever de as autoridades públicas receberem, examinarem e responderem num prazo razoável[37]. Os sujeitos *activos* do direito de petição podem ser somente uma pessoa (petição individual) ou um conjunto de pessoas (petição colectiva). Paralelamente, os sujeitos *passivos* podem ser os órgãos de soberania, órgãos de governo próprio das regiões autónomas ou quaisquer autoridades públicas. Convém, todavia, aditar que não existe um formalismo pré-determinado para a apresentação da generalidade das petições, sendo que, nos nossos dias, alcança cada vez maior relevância a petição electrónica, na qual a recolha de assinaturas é também efectuada através da *Internet*[38].

Não constitui novidade que, muitas vezes, o sucesso de uma petição dependerá do modo como o cidadão ou o grupo de cidadãos consiga captar a atenção dos meios de comunicação social, aproveitando as suas potencialidades. O direito de petição tem vindo a assumir uma importância crescente, tanto no direito interno, como no foro internacional e comunitário. Em Portugal, assiste-se a uma progressiva utilização do direito de queixa perante autoridades administrativas independentes, nomeadamente a Entidade Reguladora da Comunicação Social, a Comissão de Acesso aos Documentos Administrativos, a Comissão Nacional de Eleições, entre outras.

d) O Provedor de Justiça

Esta figura foi inspirada no *Ombudsman* escandinavo e tem como missão proteger, de forma célere e gratuita, os particulares contra actos dos poderes públicos[39]. A principal função do Provedor de Justiça é a defesa e a promoção de todos os direitos constitucionalmente consagrados, isto é, não apenas dos direitos, liberdades e garantias, mas também, dos direitos económicos, sociais e culturais. A legitimidade activa pertence não só aos cidadãos (artigo 3º da Lei nº 9/91), que poderão apresentar-lhe queixas, através do exercício do direito de petição (artigo

---

[37] Regulados nos artigos 6º e 8º da Lei nº 43/90, de 10 de Agosto (alterada pelas leis nº 6/93, de 01/03, e nº 15/2003, de 04/06), que regula o exercício do direito de petição.

[38] Cfr. a Lei nº 15/2003, de 4 de Junho, que alterou o regime do direito de petição.

[39] Esta instituição foi introduzida em Portugal pelo Decreto-Lei nº 212/75, de 21 de Abril, e constitucionalizada na versão original da Constituição da República Portuguesa, constando hoje do artigo 23º. O estatuto do Provedor de Justiça vem regulado na Lei nº 9/91, de 9 de Abril, alterada pela Lei nº 30/96, de 14 de Agosto, que reforça as competências e independência do Provedor de Justiça. Sobre o tema, cfr. MARIA LÚCIA AMARAL, "O Provedor de Justiça: garantia constitucional de uma instituição ou garantia de uma função?", AAVV, *O Cidadão, o Provedor de Justiça e as Entidades Administrativas Independentes*, Provedoria da Justiça – Divisão de Documentação, Lisboa, 2002, pp. 53-73, p. 55.

52º, nº 1, da CRP), mas também ao próprio Provedor, a título oficioso (artigos 4º e 24º da Lei nº 9/91).

O objecto da competência do Provedor de Justiça abrange todas as "acções ou omissões dos poderes públicos" (artigo 23º, nº 1, da CRP). Assim, excluindo, pela sua própria natureza, os actos jurisdicionais e políticos, o seu domínio de eleição será toda a actividade da Administração Pública central, local, regional, das Forças Armadas, dos institutos públicos, das empresas públicas ou de capitais maioritariamente públicos ou concessionárias de serviços públicos ou de exploração de bens do domínio público (artigo 2º da Lei nº 9/91).

É sabido que as competências do Provedor se prendem, essencialmente, com a elaboração das recomendações necessárias para prevenir e reparar injustiças. O elenco de meios de acção ao dispor do Provedor consta do artigo 20º da Lei nº 9/91, no qual saliento a "divulgação do conteúdo e do significado de cada um dos direitos e liberdades fundamentais". Convirá notar, no entanto, que o Provedor não possui competência decisória, não lhe cabendo a revogação, anulação ou suspensão dos actos da Administração[40]. Em síntese e parafraseando uma expressão bem conhecida, estamos perante uma "magistratura de opinião"[41].

e) A responsabilidade civil das entidades públicas

Esta temática não caminhou a par e passo com a afirmação do Estado de Direito, uma vez que em alguns Estados europeus apenas se tornou uma realidade no desenrolar do século XX[42]. Em Portugal, o Código Civil de 1966 previa apenas o regime da responsabilidade do Estado e doutras pessoas colectivas públicas pelos danos causados a terceiros no exercício de actividades de gestão privada, deixando de fora os actos de gestão *pública*. Com o objectivo de preencher essa lacuna, aprovou-se o Decreto-Lei nº 48 051, de 21 de Novembro de 1967, que versava precisamente o regime geral da responsabilidade civil extracontratual do Estado e demais pessoas colectivas públicas no domínio dos actos de gestão pública.

Após a aprovação da Constituição da República Portuguesa, a responsabilidade civil do Estado logrou obter um estatuto constitucional, pelo que a doutrina alertou para a necessidade de nova regulamentação na matéria.

---

[40] Cfr. o artigo 22º, nº 1, da Lei nº 9/91, de 9 de Abril.
[41] MANUEL ARAGÓN REYES, "La tutela diretta dei diritti fondamentali", AAVV, *Tecniche de Garanzia dei Diritti Fondamentali*, G. Giappichelli Editore, 2001, Turim, pp. 69-88, p. 69.
[42] MANUEL AFONSO VAZ, *A Responsabilidade Civil do Estado – Considerações breves sobre o seu estatuto constitucional*, Publicações da Universidade Católica, Porto, 1995, p. 5, e RUI MEDEIROS, *Responsabilidade Civil dos Poderes Públicos – Ensinar e Investigar*, Universidade Católica Editora, Lisboa, 2005, p. 14. Para uma abordagem recente desta temática, cfr. MÁRIO AROSO DE ALMEIDA, "A Responsabilidade do legislador no âmbito do artigo 15º do novo regime introduzido pela Lei nº 67/2007, de 31 de Dezembro", *Julgar*, nº 5, 2008, pp. 39-50.

Entretanto, a ausência de regulamentação legal teve como resultado que se continuasse a aplicar, durante um largo período de tempo, o Decreto-Lei nº 48 051. Não obstante este cenário, as preces doutrinais foram finalmente ouvidas e, através da Lei nº 67/2007, de 31 de Dezembro, alterada em 17 de Julho, pela Lei nº 31/2008, instaurou-se o novo regime da responsabilidade civil extracontratual do Estado e das demais entidades públicas. Em termos necessariamente simplificados, adianto que esta legislação procede a uma divisão da responsabilidade pelas várias funções do Estado: (*i*) função administrativa (artigos 7º a 11º); (*ii*) função jurisdicional (artigos 12º a 14º); (*iii*) função político-legislativa (artigo 15º).

Destaco que, quanto à função administrativa, a responsabilidade pode resultar de facto ilícito ou ser responsabilidade pelo risco. Já no que respeita à função jurisdicional, a responsabilidade é sempre por factos ilícitos. Por último, relativamente à responsabilidade político-legislativa, esta tem lugar quando se tiverem provocado "danos anormais" aos cidadãos, apesar de o nº 6 do artigo 15º salvaguardar uma limitação do montante indemnizatório.

f) **As tentativas fracassadas de introdução de um recurso de amparo ou queixa constitucional**
A ideia de criar uma acção directa de controlo da constitucionalidade para a defesa de direitos, liberdades e garantias não é inovadora e foi, inclusivamente, apresentada nas Revisões constitucionais de 1989 e de 1997, ainda que sem sucesso. Actualmente, percebe-se que foram essencialmente *quatro as principais objecções* à introdução do recurso de amparo constitucional ou figura similar[43]: (*i*) dificuldade de harmonização do instituto do recurso de amparo constitucional com o nosso peculiar sistema de fiscalização concreta da constitucionalidade; (*ii*) alegou-se o facto da justiça constitucional não ser o único meio jurisdicional de defesa dos direitos fundamentais existente no nosso ordenamento jurídico, dado que o acesso ao direito e à tutela jurisdicional efectiva mereceram acolhimento constitucional, no nº 5 do artigo 20º; (*iii*) outro argumento, a que se atribuiu um grande peso, foi o receio da sobrecarga do TC com um número avultado de processos, comprometendo-se a sua operacionalidade; (*iv*) por último, algumas vozes alertaram que a consagração de um recurso de amparo que incida sobre decisões judiciais, possibilitaria o surgimento de atritos no relacionamento entre

---

[43] Nesta questão, seguiremos de perto o estudo de FERNANDO ALVES CORREIA, "Os Direitos Fundamentais e a sua Protecção Jurisdicional Efectiva", *Boletim da Faculdade de Direito de Coimbra*, LXXIX, 2003, pp. 63-96, p. 72.

o Tribunal Constitucional e os restantes tribunais ordinários, particularmente os tribunais superiores[44].

Seja como for, a Revisão constitucional de 1997 deixou-nos um legado deveras relevante. Numa perspectiva dogmático-constitucional, o recém-introduzido nº 5 do artigo 20º veicula uma norma preceptiva dependente de *interpositio legislatoris*, pelo deixou à livre apreciação do legislador ordinário a possibilidade de optar entre: (*i*) reformar os meios processuais em vigor, acrescentando-lhes regras que assegurem a celeridade e a prioridade da defesa de direitos, liberdades e garantias; (*ii*) ou em alternativa, seguir o exemplo dos ordenamentos jurídicos espanhol e alemão e criar vias próprias para a tutela jurisdicional desses direitos. O nosso legislador optou pela primeira alternativa, como adiante veremos quando abordarmos a reforma da justiça administrativa. Em qualquer caso, cumpre asseverar que estando aqui veiculado um *direito constitucional de amparo*, não estamos perante o *recurso de amparo*[45].

Em todo o caso, a doutrina portuguesa, por muito que não defenda unanimemente a inserção do recurso de amparo constitucional, acaba por reconhecer que o modelo português de protecção jurisdicional dos direitos fundamentais não é tão garantístico, nem eficaz quanto o modelo do recurso de amparo[46]. Da pesquisa jurisprudencial que efectuei, parece-me surpreendente o número avultadíssimo de acórdãos do Tribunal Constitucional que *concluíram pela impossibilidade do conhecimento do recurso de constitucionalidade* (fundado na al. b) do nº 1 do artigo 280º da CRP e na al. b) do nº 1 do artigo 70º da Lei da Organização, Funcionamento e Processo do Tribunal Constitucional) de decisões judiciais, *por não se achar consagrado*, no nosso universo jurídico-constitucional, *um recurso de amparo ou de queixa constitucional*[47].

De forma esquemática, creio que a inserção de um recurso de amparo constitucional teria as *seguintes vantagens*: (*i*) em primeiro lugar, uma tal "democratização" da justiça constitucional alteraria significativamente o modo como os

---

[44] Para uma exposição crítica destas objecções, cfr., desenvolvidamente, CATARINA SANTOS BOTELHO, "Haja uma Nova Jurisdição Constitucional – Pela introdução de um mecanismo de acesso directo dos particulares ao Tribunal Constitucional", *Revista da Ordem dos Advogados*, ano 70, vol. I-IV, 2010, Almedina, Coimbra, 2011, pp. 591-623, JORGE REIS NOVAIS, "Em Defesa do Recurso de Amparo Constitucional (ou uma Avaliação Crítica do Sistema Português de Fiscalização Concreta da Constitucionalidade)", *Themis*, VI (10), 2005, pp. 91-117, e MARIA LÚCIA AMARAL, "Queixas Constitucionais e Recursos de Constitucionalidade (Uma Lição de 'Direito Público Comparado')", AAVV, *Estudos Comemorativos dos 10 Anos da Faculdade de Direito da Universidade Nova de Lisboa*, vol. I, Almedina, 2008, pp. 473-501.

[45] CATARINA SANTOS BOTELHO, *A Tutela Directa dos Direitos Fundamentais... cit.*, p. 150.

[46] *Idem*, *A Tutela Directa dos Direitos Fundamentais... cit.*, p. 144.

[47] *Idem*, *A Tutela Directa dos Direitos Fundamentais... cit.*, pp. 145-146.

cidadãos perspectivam o TC, incutindo neles uma cultura democrática, com substrato na protecção efectiva dos direitos fundamentais dos particulares e promoveria uma atitude de militância em defesa dos seus direitos; (*ii*) depois, não os deixaria tão profundamente reféns de uma atitude generosa do TC e/ou do mérito técnico-jurídico do seu advogado, permitindo maior certeza e segurança jurídicas; (*iii*) algo inesperadamente, a jurisdição ordinária também lucraria, com um acréscimo de confiança no aparelho judicial, dada a hipótese do cidadão poder recorrer contra decisões judiciais lesivas de direitos, liberdades e garantias e direitos fundamentais de natureza análoga; (*iv*) e, por fim, teria como consequência a atribuição ao TC de uma tarefa de unificação hermenêutica da interpretação sobre o conteúdo e alcance dos direitos fundamentais[48].

III – A ARTICULAÇÃO ENTRE AS VÁRIAS INSTÂNCIAS JURISDICIONAIS (NACIONAIS E INTERNACIONAIS) NA PROTECÇÃO DOS DIREITOS FUNDAMENTAIS

Nos nossos dias, podemos atestar que se multiplicaram os sistemas de protecção dos direitos fundamentais – entendidos aqui em sentido amplo, isto é, abarcando os direitos humanos (dimensão universal) e os direitos naturais (dimensão jusnaturalística). Na verdade, deixando de parte a protecção internacional global, podemos representar a actual arquitectónica jurídica como um *triângulo*, que se organiza em torno dos seguintes vértices: (*i*) os vários tribunais nacionais (ordinários e o Tribunal Constitucional); (*ii*) o Tribunal de Justiça da União Europeia; (*iii*) e o Tribunal de Estrasburgo.

Ora, emergidos numa "pluralidade de garantias jurídicas fundamentais" (*"Pluralität grundrechtlicher Gewährleistungen"*)[49] torna-se evidente a necessidade de limar arestas e definir balizas, para que a lógica de cooperação entre as várias jurisdições minimize a possibilidade de conflitos. Com efeito, uma vez que este terreno é bastante fértil não apenas para o diálogo jurisdicional, mas igualmente para o surgimento de atritos e conflitos, importa não degenerar o *triângulo de cooperação* num nebuloso "triângulo das Bermudas", aniquilador dos direitos e liberdades individuais[50]. O sucesso do diálogo passará por, numa situação de

---

[48] Reproduzimos, na íntegra, as conclusões do nosso estudo em CATARINA SANTOS BOTELHO, *A Tutela Directa dos Direitos Fundamentais...* cit., pp. 161-162. Para uma análise muito recente sobre este tema, cfr. JOSÉ DE MELO ALEXANDRINO, "Sim ou não ao recurso de amparo?", *Julgar*, nº 11, 2010, pp. 41-49.

[49] HEIKO SAUER, "Bausteine eines Grundrechtskollisionsrechts für das europäische Mehrebenensytem", *Europäische Grundrechte Zeitschrift*, 38, Heft 8-9, Mai 2011, N. P. Engel Verlag, Kehl am Rhein, pp. 195-199, p. 195.

[50] LECH GARLICKI, "Cooperation of courts: The role of supranational jurisdictions in Europe", *International Journal of Constitutional Law*, 6 (3&4), 2008, pp. 509-530, p. 512.

"competição entre jurisdições" ("*inter-court competition*") conseguir-se um "fortalecimento mútuo" ("*mutual empowerment*")[51].

Com uma boa dose de ironia, OLIVIER DORD assegura que, no actual discurso político, é de bom-tom resumir as complexas relações que se estabelecem entre as jurisdições em termos simplistas e recorrer a expressões tranquilizadoras, tais como: "a guerra entre juízes não tem lugar" e a necessidade de estabelecer "o necessário diálogo de jurisdições"[52].

Mas será mesmo assim? É este o tema que nos propusemos a tratar de seguida.

1. A possível conflituosidade entre a jurisdição constitucional e a jurisdição ordinária

A distinção entre o âmbito de actuação da jurisdição constitucional e o da jurisdição ordinária tornou-se mais complexa nos ordenamentos jurídico-constitucionais que adoptaram um modelo misto ou híbrido de fiscalização da constitucionalidade, tal como o português ou o espanhol[53]. Nestes Estados, os tribunais ordinários são também chamados a partilhar a tarefa de salvaguarda da Constituição. Veja-se o caso português, em que a própria Constituição, no artigo 204º, exorta os todos os tribunais nacionais a desaplicarem normas que padeçam de inconstitucionalidade.

Um dos possíveis focos de crispação que existe no ordenamento jurídico português reside na possibilidade de o juiz da causa *desaplicar uma norma*, por entender que esta é inconstitucional (artigos 204º e 280º, nº 1, al. a), da CRP)[54]. É esta peculiaridade que introduz uma novidade relativamente ao clássico modelo de suspensão da instância característico de tantos países europeus, no qual, quando a questão da inconstitucionalidade de uma norma é suscitada pelo juiz *a quo*, a instância se suspende e o processo é remetido para a jurisdição constitucional, que decide a questão da inconstitucionalidade como questão prévia relativa-

---

[51] KAREN ALTER *apud* JÖRG LUTHER, "Jueces europeos y jueces nacionales: la Constitución del diálogo", *ReDCE*, 3, Enero-Junio de 2005, pp. 159-181, p. 163.
[52] "Systèmes juridiques nationaux et cours européennes: de l'affrontement à la complémentarité?", *Revue Française d'Études Constitutionnelles et Politiques*, 96, 2001, Pouvoirs, Paris, pp. 5-18, p. 6.
[53] Mais desenvolvidamente, CATARINA SANTOS BOTELHO, "Quem Deve Ser o Guardião da Constituição? Animosidade ou Cooperação Entre o Tribunal Constitucional e os Demais Tribunais?", in AAVVV, *Estudos em Memória do Professor Doutor J. L. Saldanha Sanches*, vol. IV, Coimbra Editora, Coimbra, 2011, pp. 105-137.
Sobre a hierarquia de actos normativos na Constituição portuguesa, FILIPA URBANO CALVÃO/ MANUEL FONTAINE CAMPOS/ CATARINA SANTOS BOTELHO, *Introdução ao Direito Público*, Almedina, 2011, pp. 127-131.
[54] WALTHER FÜRST e HELLMUTH GÜNTHER, *Grundgesetz: Das Verfassungsrecht der Bundesrepublik Deutschland in der Grundzügen*, Erich Schmidt Verlag, 2ª ed., Berlim, 1978, p. 211.

mente ao juízo da causa e com efeitos *erga omnes*[55]. Todo o ambiente convida, pois, a que alguma doutrina entenda que o modelo de suspensão da instância apresenta vantagens relativamente à delimitação de competências entre a jurisdição constitucional e a jurisdição ordinária[56].

2. As tensões entre a jurisprudência do Tribunal de Estrasburgo e a jurisprudência do Tribunal de Justiça da União Europeia – Concorrência ou interferência?

Como anteriormente referimos, a Carta dos Direitos Fundamentais da União Europeia (CDFUE) representa, no fundo, o resultado de um esforço de catalogação de uma miríade de direitos e liberdades que resultavam já plasmados em vários tratados e convenções internacionais (tais como a Convenção Europeia dos Direitos do Homem, a Declaração Universal dos Direitos do Homem, entre tantos outros) e nas tradições constitucionais dos Estados parte. Alguns destes direitos foram "importados" literalmente para a Carta, outros foram aperfeiçoados e o seu âmbito de protecção foi maximizado[57].

A inserção da Carta no *corpus iuris* comunitário, através da atribuição de força vinculativa a este diploma (através do nº 1 do artigo 6º do TUE), assinalou um compromisso do legislador em assegurar essa mesma protecção ao nível da União Europeia[58]. O nº 2 do preceito mencionado consagra a adesão da União à CEDH, sendo que ""do direito da União fazem parte, enquanto princípios gerais, os direitos fundamentais tais como os garante a Convenção Europeia para a Protecção dos Direitos do Homem e das Liberdades Fundamentais e tal como resultam das tradições constitucionais comuns aos Estados-Membros".

Nestes termos, pergunta-se: qual o interesse numa adesão formal da União Europeia à CEDH se esta já fazia parte do Direito da União enquanto princípio geral de Direito? Como elucida ARACELI MANGAS MARTÍN, se os próprios

---

[55] Em Espanha, basta o juízo de dúvida do juiz *a quo* (artigo 163º CE, e os artigos 35º, nº 3, e 38º, da LOTCE), ao passo que, na Alemanha, exige-se que o juiz *a quo* não duvide da ocorrência de uma violação da Constituição (artigos 100º, nº 1, da GG, e os artigos 13º, nº 11 e 31º, nº 3, da BVerfGG).

[56] Cfr., para o efeito, a argumentação doutrinal recolhida por CATARINA SANTOS BOTELHO, *A Tutela Directa dos Direitos Fundamentais... cit.*, pp. 72-75, e o estudo de RUI MEDEIROS, *A decisão de inconstitucionalidade – os autores, o conteúdo e os efeitos da decisão de inconstitucionalidade da lei*, Universidade Católica Editora, Lisboa, 1999, pp. 363-387.

[57] "Anotação ad artigo 52º – Âmbito e interpretação dos direitos e dos princípios", *Anotações Relativas à Carta dos Direitos Fundamentais*, 2007/C 303/02.

[58] Cfr., entre outros, CATARINA SANTOS BOTELHO, "A recepção da Carta dos Direitos Fundamentais da União Europeia na ordem jurídico-constitucional portuguesa: uma dinâmica pro unione ou pro constitutione?", in AAVV, *Liber Amicorum em Homenagem ao Professor Doutor João Mota de Campos*, 2012, no prelo, e SOFIA OLIVEIRA PAIS, *Estudos de Direito da União Europeia*, Almedina, Coimbra, 2012, pp. 115-132.

Estados-membros se submetem a essa fiscalização e a ser parte do Conselho da Europa "seria incongruente que a União, que comparte os nossos valores, não aceitasse reconhecer à cidadania europeia essa garantia frente às actuações das suas instituições e organismos" submetendo-se à sindicância de uma jurisdição externa à União[59]. Em reforço deste cenário, recentemente, o TJUE não hesitou em afirmar, no acórdão *McB versus L.E.*, que "na medida em que a Carta contenha direitos que correspondam a direitos garantidos pela CEDH, o seu sentido e âmbito são aqueles que foram definidos pelo TEDH"[60].

Ora, no elenco de disposições gerais – também designadas como disposições "horizontais ou transversais"[61] – que regem a interpretação e a aplicação da CDFUE consta que "na medida em que a presente Carta contenha direitos garantidos pela Convenção Europeia para a Protecção dos Direitos do Homem e das Liberdades Fundamentais, o sentido e o âmbito desses direitos são iguais aos conferidos por essa Convenção. Esta disposição não obsta a que o direito da União confira uma protecção mais ampla" (nº 3 do artigo 52º da CDFUE). De facto, em algumas matérias – tais como a tutela jurisdicional efectiva – o TJUE superou os níveis de protecção tutelados pela jurisdição de Estrasburgo[62].

Da mesma forma se procurou enfatizar que "na medida em que a presente Carta reconheça direitos fundamentais decorrentes das tradições constitucionais comuns aos Estados-membros, tais direitos devem ser interpretados de harmonia com essas tradições (nº 4 do artigo 52º da CDFUE) e que "as legislações e práticas nacionais devem ser plenamente tidas em conta tal como precisado na presente Carta (nº 6 do artigo 52º da CDFUE). Conforme se pode atestar na leitura das Anotações Relativas à Carta dos Direitos Fundamentais, "de acordo com essa regra, em vez de seguir a abordagem rígida do «menor denominador comum», os direitos em causa consignados na Carta deverão ser interpretados de forma a proporcionar um elevado nível de protecção que seja

---

[59] "Introducción. El compromiso con los derechos fundamentales", in AAVV, *Carta de Derechos Fundamentales de la Unión Europea – Comentario Artículo por Artículo* (dir.: Araceli Mangas Martín; coord.: Luis N. González Alonso), Fundación BBVA, 2008, Bilbao, pp. 71-72.
[60] Parág. 53, caso nº 400/10, julgado a 05/10/2010. Para um estudo mais detalhado deste acórdão, cfr. NIAL FENNELLY, "Human Rights and the National Judge: His Constitution; The European Union; The European Convention", *ERA Forum*, 12, 2011, pp. 87-103, pp. 95-96.
[61] ARACELI MANGAS MARTÍN, "Artículo 52. Alcance e interpretación de los derechos y principios", in AAVV, *Carta de Derechos Fundamentales de la Unión Europea... cit.*, p. 828.
[62] *Idem, ibidem*, p. 839, e RUI MEDEIROS, "A Carta dos Direitos Fundamentais da União Europeia, a Convenção Europeia o Estado Português", in AAVV, *Nos 25 Anos da CRP de 1976 – Evolução Constitucional e Perspectivas Futuras*, Associação Académica da Faculdade de Direito de Lisboa, Lisboa, pp. 227-293, p. 245.

adequado ao direito da União e esteja em harmonia com as tradições constitucionais comuns"[63].

Este preceito da CDFUE evidencia uma certa "prudência política", no sentido de passar a mensagem de que a Carta não tem como intuito substituir as Constituições nacionais[64]. É de lembrar que, a propósito das "tradições constitucionais comuns dos Estados, o TJUE havia já, no *acórdão Nold* (de 1974) reconhecido que "os padrões jurídicos constitucionais fazem parte do princípio geral do ordenamento da União Europeia"[65]. Mais concretamente, no *acórdão E. Schmidberger, Internationales Transporte und Planzüge c. Áustria*, a jurisdição comunitária entendeu que, no conflito entre o direito comunitário fundamental de livre circulação de mercadorias e o direito de manifestação protegido pela Constituição austríaca, este último deveria prevalecer[66].

Quanto ao nível de protecção, o artigo 53º da CDFUE preceitua que "nenhuma disposição da presente Carta deve ser interpretada no sentido de restringir ou lesar os direitos do Homem e as liberdades fundamentais reconhecidos, nos respectivos âmbitos de aplicação, pelo direito da União, o direito internacional e as Convenções internacionais em que são Partes a União ou todos os Estados-membros, nomeadamente a Convenção Europeia para a Protecção dos Direitos do Homem e das Liberdades Fundamentais, bem como pelas Constituições dos Estados-Membros". Esta norma garante, destarte, o nível de protecção mais elevado possível[67]. Estamos com José Martín Y Pérez de Nanclares quando afirma que o artigo 53º tem a virtualidade de dar argumentos que sustentam tanto as posições europeístas – que vêem a Carta e o Direito da União formalmente protegidos contra tentativas de agressão por parte dos tribunais constitucionais nacionais – como aquelas mais eurocépticas, que perspectivam este preceito como um limite à interpretação evolutiva do TJUE[68].

---

[63] Anotação ad artigo 52º – Âmbito e interpretação dos direitos e dos princípios"... *cit.*
[64] José Martín Y Pérez de Nanclares "Artículo 53 – Nivel de protección", in AAVV, *Carta de Derechos Fundamentales de la Unión Europea... cit.*, p. 866.
[65] Araceli Mangas Martín, "Artículo 52. Alcance e interpretación... *cit.*, p. 841.
[66] Acórdão de 12/06/2003, C-112/00. Sobre a relação entre o Tribunal de Justiça da União Europeia e as demais instituições, cfr. Patrícia Fragoso Martins, "Um 'Supremo Tribunal' para a União? Reflexões sobre o lugar do TJCE na arquitectura judiciária europeia", AAVV, *Estudos Dedicados ao Professor Doutor Luís Alberto Carvalho Fernandes*, vol. III, Universidade Católica Editora, Lisboa, 2011.
[67] Nele Matz-Lück, "Die Umsetzung von Richtlinien und nationaler Grundrechtsschutz", *Europäische Grundrechte Zeitschrift*, 38, Heft 8-9, Mai 2011, N. P. Engel Verlag, Kehl am Rhein, pp. 207- -211, p. 208.
[68] "Artículo 53 – Nivel de protección... *cit.*, p. 867.

De facto, como elucida HEIKO SAUER, as diferentes formas de interferência no domínio dos direitos fundamentais – expressão de uma avaliação diversificada acerca do âmbito do direito fundamental – são: (*i*) as "coexistências" (*Koexistenzen*); (*ii*) as "convergências" (*Konvergenzen*); (*iii*) e as "colisões" (*Kollisionen*)[69]. Assim sendo, numa situação de "coexistência" entre *v.g.* disposições da CEDH e disposições constitucionais, o Tribunal de Estrasburgo deverá aplicar a doutrina da margem nacional de apreciação. A "convergência" entre as ordens jurídicas *a priori* conflituantes pode ser resolvida, por exemplo, através do mecanismo do reenvio prejudicial plasmado no artigo 267º do Tratado sobre o Funcionamento da União Europeia (TFUE). Apenas existe uma verdadeira concorrência (*Konkurrenz*) quando estamos perante genuínas "colisões", que suporiam uma impossibilidade de conciliar as ordens jurídicas em conflito. Nesta hipótese, será importante reter o artigo 351º do TFUE, que estipula que "as disposições dos Tratados não prejudicam direitos e obrigações decorrentes de convenções concluídas antes de 1 de Janeiro de 1958 ou, em relação aos Estados aderentes, anteriormente à data da respectiva adesão, entre um ou mais Estados-Membros, por um lado, e um ou mais Estados terceiros, por outro".

A terminar, refira-se que a entrada em vigor da CDFUE como direito vinculativo para os Estados-membros não traz *per se* um acréscimo de focos de tensão ou de conflito entre as jurisdições nacionais e a jurisdição comunitária. O que se pretende é evitar a *reformatio in peius* neste domínio, uma vez que, em matérias respeitantes aos direitos fundamentais, não se pode aplicar a regra *lex posterior derrogat priori*[70].

3. Os eventuais atritos entre a jurisdição nacional e a jurisdição internacional regional

3.1. O impressionante acréscimo de trabalho do Tribunal de Estrasburgo e a necessidade de estabelecer filtros à admissibilidade das queixas individuais

A Convenção Europeia dos Direitos do Homem é o maior produto da integração regional europeia dentro do Conselho da Europa e, desde a sua criação, tem vindo a desenvolver-se e a maximizar a sua esfera de influência[71]. Em especial, o Protocolo Adicional nº 11 criou o mecanismo de queixa individual, também apelidado de *amparo internacional*, vazado nos artigos 34º e seguintes da CEDH e procurou dar resposta a um dos aspectos mais veementemente criticados no sistema da Convenção, que residia no facto de esta apenas admitir a apresentação

---

[69] *Op. cit.*, p. 195.
[70] ARACELI MANGAS MARTÍN, "Artículo 52. Alcance e interpretación... *cit.*, p. 829.
[71] Cfr. CATARINA SANTOS BOTELHO, *A Tutela Directa dos Direitos Fundamentais... cit.*, pp. 315-320.

de queixas pelos Estados⁷². A implicação é óbvia: os indivíduos, enquanto titulares de um direito de amparo perante um tribunal internacional regional, foram erigidos a verdadeiros sujeitos de Direito Internacional.

Mais recentemente, em 1 de Junho de 2010, entrou em vigor o Protocolo Adicional nº 14, depois da ratificação do mesmo por parte da Rússia durante a Conferencia de Interlaken – celebrada nos dias 18 e 19 de Fevereiro de 2010. O objectivo desta legislação foi o de garantir, a longo-prazo, a eficácia e operacionalidade do Tribunal de Estrasburgo. A razão do problema salta à vista. Importa recordar que a adopção do Protocolo nº 11 abriu a queixa individual a 800 milhões de pessoas. Por outro lado, desde a adopção do Protocolo nº 11 até à adopção do Protocolo nº 14, treze novos Estados ratificaram a Convenção, o que implicava que mais 240 milhões de indivíduos passavam a estar protegidos pela Convenção e seus Protocolos[73].

Na verdade, diversos dados estatísticos comprovam, com particular clareza, a urgência em instaurar *mecanismos de filtragem* das queixas, de modo a afastar os *petty issues*. Senão veja-se: se, em 1999, o número de queixas individuais rondavam as 8.400, em 2008, ultrapassavam as 50.000. Em inícios de 2010, o número de queixas pendentes era superior a 100.000. Por outro lado, constata-se outra revelação curiosa: o número de queixas apresentadas por contra um Estado não é proporcional à sua população. De facto, mais de 80% das queixas são apresentadas contra uma dezena de Estados dos 47 Estados parte, sendo que mais de 50% das queixas são intentadas contra quatro Estados: a Rússia, a Roménia, a Turquia e a Ucrânia. Por último, importa referir que 90% das queixas apresentadas perante o Tribunal de Estrasburgo foram consideradas inadmissíveis[74].

De forma esquemática, o Protocolo nº 14 introduziu *três alterações fundamentais* no sistema de controlo da Convenção: (*i*) criou figura do Juiz único que, assistido por *rapporteurs* (relatores) não judiciais, membros da Secretaria do Tribunal, declarará inadmissíveis ou arquivará os casos até agora decididos pelos Comités de 3 membros, sempre que se trate de uma situação que não careça de "exame complementar"[75]; (*ii*) permitiu aos Comités de três membros, além de decidir por unanimidade e de maneira definitiva a inadmissibilidade da queixa – como sucede até agora – decidir conjuntamente sobre a admissibilidade e o

---

[72] Sobre esta questão, cfr. LOUIS FAVOREU, *op. cit.*, e STEVEN GREER, *The European Convention on Human Rights – Achievements, problems and prospects*, Cambridge University Press, Nova Iorque, 2006, pp. 33-41.

[73] CARMEN MORTE GÓMEZ, "¿El Protocolo nº 14 y la Conferencia de Interlaken: soluciones mágicas al colapso del TEDH?", *Revista Europea de Derechos Fundamentales*, núm. 15, 2010, pp. 113-135, p. 117.

[74] Estes números podem confirmar-se em dados estatísticos recolhidos no estudo de CARMEN MORTE GÓMEZ, *op. cit.*, p. 118.

[75] *Idem, op. cit.*, p. pp. 121-124.

fundo da mesma, também com carácter definitivo, nos casos em que exista uma jurisprudência claramente estabelecida do Tribunal na matéria; (*iii*) em terceiro lugar, estabeleceu um novo requisito de admissibilidade, segundo o qual o Tribunal poderá declarar inadmissíveis queixas nas quais o demandante não tenha sofrido um dano significativo.

Podemos concluir que se instituiu uma necessária lógica *de minima non cura praetor*, ainda que o sucesso da protecção internacional regional dos direitos do homem não deva recair inteiramente na responsabilidade do TEDH, mas também numa correcta interpretação e aplicação da Convenção feita pelos magistrados dos tribunais nacionais, em homenagem a um genuíno princípio da subsidiariedade. Com efeito, o desenvolvimento da protecção internacional regional dos direitos do homem assenta numa base de consenso. Ainda que se possa argumentar que o consenso "tanto pode ser fonte de progresso como uma causa de impasse"[76], a verdade é que a existência do consenso promoverá a descoberta de novos direitos ou de novas dimensões de direitos fundamentais, assim como a inexistência de consenso entre os Estados signatários da CEDH acabará por obstar a um retrocesso de direitos[77].

3.2. A limitada possibilidade de execução dos acórdãos do TEDH

A configuração das relações internacionais, que sempre almejou prezar pela menor agressão possível à soberania dos Estados, justifica que os efeitos das decisões do Tribunal de Estrasburgo sejam apenas *inter partes*. Primeiramente, é preciso refrescar a memória para o facto de as decisões do TEDH não possuírem força executiva directa, mas tão-somente *declarativa e reparadora*, sendo que a sua execução depende, em larga medida, da vontade colaboradora do Estado[78]. Fala-se, assim, de uma "eficácia persuasiva" e de uma "força interpretativa" das decisões, no sentido de que a sua publicitação provocará, no Estado inadimplente, um certo desconforto e servirá de incentivo a que tome atitudes para cessar a violação. Por conseguinte, o Tribunal não poderá, por exemplo, anular actos administrativos praticados pelas autoridades públicas nacionais, nem indicar o modo como

---

[76] "Le rôle du consensus dans le système de la Convention européenne des Droits de l'Homme", *Cour Européenne des Droits de l'Homme – Séminaire*, Strasbourg, 25 de Janeiro de 2008.
[77] CATARINA SANTOS BOTELHO, "*Quo vadis* 'doutrina da margem nacional de apreciação?' O amparo internacional dos direitos do homem face à universalização da justiça constitucional", AAVV, *Estudos Dedicados ao Professor Doutor Luís Alberto Carvalho Fernandes*, vol. I, Universidade Católica Editora, Lisboa, 2011, pp. 331-372.
[78] Cfr. CATARINA SANTOS BOTELHO, *A Tutela Directa dos Direitos Fundamentais... cit.*, p. 319, e DIRK EHLERS, "La Protección de los derechos fundamentales en Europa – Una contribución desde la perspectiva alemana", *Revista Española de Derecho Constitucional*, 26 (77), 2006, Madrid, pp. 27-50, p. 47.

as suas decisões deverão ser implementadas e, muito menos, revogar o direito nacional do Estado inadimplente.

No entanto, o facto de as decisões do Tribunal de Estrasburgo não terem força executória não significa que não sejam obrigatórias. Por força do artigo 46º, nº 1, da CEDH, as decisões do Tribunal são obrigatórias, na medida em que os Estados signatários "comprometem-se a acatar os julgamentos definitivos do Tribunal nos litígios em que sejam parte". A primeira observação a registar é que o esquema de protecção europeia dos direitos do homem é um sistema de convenção internacional multilateral que se impõe a Estados soberanos. Dito de outro modo, o TEDH *não pode ser considerado uma última instância de recurso* face aos tribunais nacionais, no sentido de se sobrepor à justiça constitucional, ou de actuar como um órgão de revisão integrativa supranacional.

Um ponto, porém, parece inquestionável: o Tribunal de Estrasburgo não perde a sua qualidade de último intérprete da Convenção, revestindo, por isso, a sua jurisprudência, capital importância para a interpretação e aplicação dos direitos recebidos na Convenção. Num esforço de integração, o Tribunal teve de criar uma panóplia de técnicas argumentativas que fossem aceites pelos Estados membros do Conselho da Europa e que fossem também compatíveis com uma enorme diversidade de sistemas jurídicos[79]. Este jogo de equilíbrio foi conseguido, *v.g.*, através do recurso, por exemplo, da polémica *doutrina da margem nacional de apreciação*. Através deste instrumento, o TEDH delimita aquilo que é próprio de cada comunidade – e que, por isso, pode ser decidido a nível local – daquilo que, em virtude da sua fundamentalidade, terá de ser necessariamente imposto a cada Estado signatário da Convenção, independentemente da sua cultura específica[80].

3.3. Limites ao acatamento da jurisprudência de Estrasburgo? O acórdão *Görgülü*

O sobejamente conhecido "acórdão *Görgülü*" explicita, de forma transparente, as reticências dos tribunais alemães em acatar as decisões do Tribunal de Estrasburgo[81]. Em causa estava o direito de um pai biológico a ter contacto com o seu

---

[79] JANNEKE GERARDS e HANNEKE SENDEN, "The structure of fundamental rights and the European Court of Human Rights", *International Journal of Constitutional Law*, 7 (4), 2009, pp. 619-653, p. 619.
[80] Para um estudo detalhado deste mecanismo de auto-contenção jurisprudencial, cfr. CATARINA SANTOS BOTELHO, *A Tutela Directa dos Direitos Fundamentais... cit.*, pp. 329-371, e *idem*, "Quo vadis 'doutrina da margem nacional de apreciação?'... *cit.*, pp. 331-372.
[81] Acórdão do TEDH, de 26/02/2004, *in* http://www.echr.coe.int. Sobre este acórdão, cfr., entre outros, CATARINA SANTOS BOTELHO, *A Tutela Directa dos Direitos Fundamentais... cit.*, pp. 196-198, CHRISTIAN PESTALOZZA, "Die echte Verfassungsbeschwerde", *Schriftenreihe der Juristichen Gesellschaft zu Berlin*, 181, 2007, De Gruyter Recht, Berlin, pp. 36-37, par. 87, LECH GARLICKI, *op. cit.*,

filho, nascido fora do casamento. Após ter esgotado as vias judiciais na Alemanha, o requerente apresentou uma queixa no TEDH, invocando que a recusa dos tribunais alemães em conceder acesso e custódia do seu filho violava o respeito pela vida familiar (protegida no artigo 8º da CEDH) e revelava parcialidade do tribunal (em contradição com o preceituado no artigo 6º). Na sua decisão, o TEDH entendeu que houve uma violação do artigo 8º, ao ter sido negado ao requerente o acesso e a custódia do seu filho menor.

Não obstante, uma vez que o pai biológico continuava a ver o acesso ao seu filho negado pela jurisdição alemã, intentou uma queixa constitucional no Tribunal Constitucional Federal alemão (*Bundesverfassungsgericht*) contra a execução insatisfatória do julgamento do TEDH. No seu aresto, o Tribunal Constitucional salientou que as autoridades e os tribunais alemães, no exercício da sua actividade, estavam obrigados a "ter em conta, em certas condições" as disposições da CEDH, tal como são interpretadas pelo TEDH. Segundo o acórdão *"ter em conta* significa ter conhecimento da interpretação que o TEDH faz das disposições da Convenção e aplicá-la ao caso, desde que essa aplicação não viole direito posicionado num patamar superior, nomeadamente o direito constitucional"[82].

Deste modo, a primeira consequência de um julgamento do TEDH que alerte para uma violação da Convenção será precisamente a de que o Estado em questão não poderá continuar a defender que a sua actuação é conforme à Convenção e terá que, na medida do possível, reconstituir a situação em que o requerente estaria se não tivesse ocorrido essa violação[83]. Caso isto não aconteça, o Estado cometerá uma nova violação da CEDH[84], a não ser que justifique fundamente o motivo pelo qual, mesmo após a condenação do TEDH, continua a entender que não é de acolher a interpretação da Convenção feita pela jurisdição europeia[85].

---

pp. 518-522, CHRISTIAN TOMUSCHAT, "The Effects of the Judgments of the European Court of Human Rights According to the German Constitutional Court", *German Law Journal*, vol. 11, no. 5, 2010, pp. 513-526, em especial, pp. 520-526, MATHIAS HONG, "Caroline von Hannover und die Folgen – Meinungsfreiheit im Mehrebenensystem zwischen Konflikt und Kohärenz", *Europäische Grundrechte Zeitschrift*, 38, Heft 8-9, Mai 2011, N. P. Engel Verlag, Kehl am Rhein, pp. 214-218, e VOLKER SCHLETTE, "Les interactions entre les jurisprudences de la Cour européenne des droits de l'homme et de la Cour constitutionnelle fédérale allemande", *Revue française de Droit Constitutionnel*, 28, 1996, PUAM, Paris, 1997, pp. 747-768, p. 763.

[82] Cfr. o acórdão da 2ª Secção do Tribunal Constitucional Federal alemão (TCFA), de 14/10/2004, nº 1481/04, par. 62.

[83] FRANK HOFFMEISTER, "Germany: Status of European Convention on Human Rights in domestic law", *International Journal of Constitutional Law*, 4, 2006, Oxford University Press, pp. 722-731, p. 725.

[84] Acórdão da 2ª Secção do TCFA, de 14/10/2004, *cit.*, par. 41 e 47 e acórdão da 1ª Subsecção, da 1ª Secção, de 10/06/2005, nº 2790/94, pars. 33-38.

[85] Acórdão da 2ª Secção do TCFA, de 14/10/2004, *cit.*, par. 50.

Ainda que o Tribunal Constitucional Federal alemão tenha concluído que esta desconsideração pelo tribunal ordinário alemão do julgamento do TEDH, consubstanciava uma violação do artigo 6º da Convenção[86], a introdução sub-reptícia de limites à sua lealdade perante a jurisdição dos Direitos do Homem provocou uma indignação não apenas entre os comentadores académicos mas também na imprensa e levou os juízes de Estrasburgo a deixarem a sua habitual reserva e exortar a sua frustração em público[87]. A discussão não ficou selada. Por tais razões, HANS-JÜRGEN PAPIER, então presidente do Tribunal Constitucional Federal alemão, não deixou de enfatizar a *natureza cooperante* das jurisdições constitucional e de Estrasburgo[88].

3.4. Existe um constitucionalismo internacional regional?

Não será exagero dizer que, à medida que a jurisprudência do Tribunal de Estrasburgo se vai entranhando nos sistemas jurídicos nacionais, fica a impressão de que este se afasta das suas origens como um Tribunal internacional regional e aparenta mais ser um Tribunal constitucional supra-nacional[89]. Com efeito, a clássica dicotomia entre os direitos fundamentais constitucionais (correspondente à esfera nacional) e os direitos do homem (relativa ao domínio internacional regional), tem vindo a desvanecer paulatinamente[90]. De resto e em bom rigor, apesar de o TEDH não ter sido criado numa lógica de jurisdição constitucional, certo é que o sistema internacional regional de protecção dos direitos do homem foi concebido com um intuito de *dinâmica evolutiva*, pelo que qualquer uma das considerações previamente tecidas acabarão por desembocar em meros exercícios de futurologia.

Nos nossos dias, não faltam vozes que advogam a existência de um "constitucionalismo transnacional", que terá operado através de um processo de constitucionalização de determinadas organizações internacionais que são responsáveis pela garantia da aplicabilidade dos direitos do homem[91]. Ora, esta alegada "uni-

---

[86] Par. 67.
[87] NICO KRISCH, "The Open Architecture of European Human Rights Law", *The Modern Law Review*, 2008, pp. 183-216, p. 183.
[88] "Koordination des Grundrechtsschutzes in Europa – die Sicht des Bundesverfassungsgerichts", *Zeitschrift für Schweizerisches Recht*, 124, 2005, pp. 113-127.
[89] Neste sentido, cfr. JEAN-FRANÇOIS FLAUSS, *op. cit.*, p. 375.
[90] NICO KRISCH, *op. cit.*, p. 184.
[91] Sobre o tema, J.J. GOMES CANOTILHO, *'Brancosos' e interconstitucionalidade – Itinerários dos discursos sobre a historicidade constitucional*, Almedina, Coimbra, 2006, pp. 259-300, e LOUIS FAVOREU, *op. cit*, pp. 4-6. Para um acompanhamento da doutrina que defende a existência de um constitucionalismo "global" ou constitucionalismo "internacional", conceito que rompe com a perspectiva clássica de "Constituição" como termo reservado ao constitucionalismo nacional, cfr. as obras de ERIKA DE

versalização da justiça constitucional"[92] provoca uma questão deveras interessante acerca da natureza da CEDH: será que o sistema europeu de protecção dos direitos do homem, especialmente após a criação e aperfeiçoamento do Tribunal de Estrasburgo, não se terá transfigurado numa jurisdição constitucional europeia? Esta metamorfose significaria, antes de mais, que a Convenção passaria a fazer parte integrante do Direito Constitucional do respectivo Estado[93].

Segundo me parece e aproveitando o ensinamento de ELODIE SAILLANT, importa não confundir o "transconstitucionalismo" ou o "desenvolvimento de um património constitucional comum a toda a Europa", com uma "pseudo-ambição constitucional" do Tribunal de Estrasburgo[94]. Enquanto alguma doutrina o classifica de "Tribunal quase-constitucional, *sui generis*"[95], outra doutrina – rejeitando o conceito de hierarquia ou de pirâmide – prefere qualificar a nova ordem de *pluralística*, na qual não existe uma norma "superior" como padrão de referência das normas inferiores. Em vez disso, encontramos diferentes normas e actores a competir pela última autoridade, mediante *políticas judiciais*, e não através de argumentos legais[96].

Julgamos que esta última visão é mais ponderada e que tem sustento na própria jurisprudência de Estrasburgo que, como atrás procuramos evidenciar, relembra amiúde que não é uma quarta instância de jurisdição[97]. Em sintonia,

---

WET, "The International constitutional order", *International and Comparative Law Quarterly*, 55, 2006, Oxford University Press, pp. 51-76, MANUEL ARAGÓN REYES, "La Constitución como paradigma", AAVV, *Teoría del neoconstitucionalismo – Ensayos escogidos*, Editorial Trotta, Madrid, 2007, pp. 29-40, pp. 38-39, MARK TUSHNET, "The Inevitable Globalization of Constitutional Law", *Virginia Journal of International Law*, 49, 2009, pp. 985-1006, e MIGUEL POIARES MADURO, "A Crise Existencial do Constitucionalismo Europeu", AAVV, *Colectânea de Estudos em Homenagem a Francisco Lucas Pires*, Universidade Autónoma de Lisboa, Lisboa, 1999, 201-215.

[92] Cfr. FRANCISCO FERNÁNDEZ SEGADO, La justice constitutionnelle devant le XXIème siècle", *JUS – Rivista di Scienze Giuridiche*, LI, 2004, Vita e Pensiero – Pubblicazioni dell'Università Cattolica del Sacro Cuore, Milão, pp. 311-352, p. 311, e PETER HÄBERLE, "El Estado constitucional europeo", *Cuestiones Constitucionales*, 2, 2000, Instituto de Investigaciones Jurídicas, México, pp. 87-104.

[93] Em Portugal, sobre o tema, cfr. JORGE MIRANDA, *Manual de Direito Constitucional*, VI, 3ª ed., Coimbra Editora, 2008, p. 164.

[94] "Conseil constitutionnel, Cour européenne des Droits de l'Homme et protection des droits et libertés: sur la prétendue rivalité de systèmes complémentaires", *Revue du Droit Public*, 6, 2004, Editions Dalloz, Paris, pp. 1497-1546, p. 1511.

[95] Cfr. JANNEKE GERARDS e HANNEKE SENDEN, *op. cit.*, p. 637, LUZIUS WIDLHABER, "A Constitutional Future for the European Court of Human Rights?", *Human Rights Law Journal*, 23, 2002, pp. 161-165, e STEVEN GREER, "What's Wrong with the European Convention on Human Rights?", *Human Rights Quarterly*, 30, 2008, pp. 680-685.

[96] No mesmo sentido, MIREILLE DELMAS-MARTY, *Towards a Truly Common Law: Europe as a Laboratory for Legal Pluralism*, Cambridge University Press, 2002, e NICO KRISCH, *op. cit.*, p. 185.

[97] JEAN LE GLOAN, *op. cit.*, p. 1767.

Louis Favoreu insiste que os tribunais constitucionais são o último baluarte da soberania do Estado, pelo que não podem ser controlados externamente, excepto no quadro de um Estado Federal europeu, que, até agora, não foi ainda instaurado[98].

Segundo esta perspectiva, os sistemas nacionais constitucionais e o sistema europeu assentam em pilares comuns, avessos a uma hierarquização de jurisdições e adeptos de uma *lógica de cooperação e de promoção dos direitos e liberdades*[99]. Aliás, como bem salienta Rui Moura Ramos, se é verdade que a jurisprudência do Tribunal de Estrasburgo "tem funcionado como fonte inspiradora quer da jurisprudência constitucional, (...) quer do próprio legislador de revisão constitucional" não é menos verdade "que nem a Constituição lhe reserva um lugar próprio e especial, nem a jurisprudência ainda o elevou a mais do que isso, e designadamente ao papel de critério autónomo de apreciação da constitucionalidade das leis, ainda que se possa dizer que a evolução a este propósito se não possa considerar fechada"[100]. Porventura, em lugar de uma relação piramidal, talvez se devesse falar numa *relação horizontal entre os tribunais*[101].

Nico Krisch vai mais longe e lembra que a história da convergência entre os tribunais nacionais e o TEDH tem – *erradamente* – acentuado a ideia de que foram os tribunais nacionais que beneficiaram, em maior medida, da esfera de influência da jurisprudência europeia[102]. Ora, não nos chocaria de sobremaneira visualizar um cenário algo diverso e menos unilateral. Não prescindindo obviamente da extrema relevância didáctica e esclarecedora da jurisprudência de Estrasburgo, talvez, num saldo final, possamos afirmar que o maior proveito está do lado do TEDH, uma vez que, na ausência de mecanismos de execução das suas decisões, esteve inicialmente dependente da aceitação voluntária por parte dos órgãos judiciais nacionais.

---

[98] *Op. cit.*, p. 11.

[99] Elodie Saillant, "Conseil constitutionnel, Cour européenne des Droits de l'Homme et protection des droits et libertés: sur la prétendue rivalité de systèmes complémentaires", *Revue du Droit Public (et de le Science Politique en France et a l'étranger)*, 6, 2004, Editions Dalloz, Paris, pp. 1497-1546, p. 1503.

[100] "O Tribunal Constitucional português e as normas de outros ordenamentos jurídicos", AAVV, *Estudos em Memória do Conselheiro Luís Nunes de Almeida*, Coimbra Editora, 2007, pp. 781-826, pp. 812-813.

[101] Cfr. Anne-Marie Slaughter, "A Typology of Transjudicial Communication", *University of Richmond Law Review*, 29, 1994, pp. 99-137, pp. 124-125, e Christopher Mccrudden, "A Common Law of Human Rights? Transnational Judicial Conversations on Constitutional Rights", *Oxford Journal of Legal Studies*, 20, 2000, pp. 499-532, em especial, pp. 503-510.

[102] *Op. cit.*, p. 206.

Com efeito, apesar das formulações textuais muitos próximas, não existe uma identidade perfeita de sistemas de protecção dos direitos fundamentais nos Estados membros da Convenção Europeia, mas apenas uma convergência ou, se se quiser, *complementaridade mútua*[103]. Nem tal deverá ser de surpreender: de uma banda, os juízes nacionais colaborarão, em nome da boa administração da justiça e de um reforço do Estado de Direito; de outra banda, o próprio TEDH continuará a socorrer-se do Direito Comparado e a apelar à "prática dos Estados parte", ao "standard geralmente admitido pelos Estados membros do Conselho da Europa" ou ainda aos "princípios que prevalecem numa sociedade democrática"[104].

Assim sendo, aquilo que integra (neste momento) e aquilo que integrará (no futuro) as tradições constitucionais comuns aos Estados dependerá não apenas dos *inputs* que forem sendo aduzidos pelos Estados – quer mediante as evoluções registadas na sua legislação, quer através da sua jurisprudência – mas também por toda uma dinâmica de adaptabilidade e de "sistema de vasos comunicantes" entre estes mesmos Estados.

IV – BREVES NOTAS FINAIS: APOSTA NUM DIÁLOGO TRANSCONSTITUCIONALISTA E NA REPROVAÇÃO DE INVESTIDAS SUPRA-CONSTITUCIONAIS

Para finalizar e em síntese, cabe concluir que, em pouco mais de meia década, a Europa se encontra radicalmente transformada, tendo passado de uma sub--protecção dos direitos fundamentais para uma super-protecção dos mesmos[105]. Como procuramos ilustrar, em cada país europeu, coexistem sistemas de protecção dos direitos individuais, a saber: o sistema constitucional nacional, o sistema da CEDH e – para 27 Estados membros – a União Europeia.

Esta protecção multinível requer uma séria tarefa de coordenação e de permeabilização, não apenas entre os tribunais nacionais e os tribunais supranacionais, mas também entre os próprios tribunais supranacionais[106]. Este "paralelismo da protecção dos direitos fundamentais" (*Parallelität des Grundrechtsschutzes*) é vital para o aperfeiçoamento e desenvolvimento do Direito, fenómeno este que cada vez mais é o resultado de reflexões de Direito comparado[107].

---

[103] Como etapas do mesmo discurso, cfr. ELODIE SAILLANT, *op. cit.*, p. 1521, e FRANCESCO COCOZZA, "Les droits fondamentaux en Europe entre justice constitutionnelle «transfrontière» de la CEDH et justice constitutionnelle nationale – Les lignes incertaines d'une relation structurée", *Revue Française de Droit Constitutionnel*, 28, 1996, pp. 707-726, p. 708.
[104] OLIVIER DORD, *op. cit.*, p. 14.
[105] LOUIS FAVOREU, *op. cit.*, pp. 21-22.
[106] LECH GARLICKI, *op. cit.*,, p. 511.
[107] NELE MATZ-LÜCK, op. cit., p. 211.

Como solução de último recurso e na eventualidade de os esforços conjuntos falharem, sempre se poderia pensar em avançar para uma institucionalização da cooperação entre as diversas ordens jurisdicionais, através da criação de um mecanismo de cooperação formal entre estas. Perante este quadro, resulta evidente que se os diálogos *in foro unionis* e *in foribus nationum* assentarem meramente uma troca de ideias vertical e uni-direccional (*"one-way conversation"*) não estaremos perante um genuíno diálogo, mas sim um monólogo. Por conseguinte, importa ressalvar a importância de levar a cabo – de forma horizontal, com interacção recíproca e responsabilidades partilhadas – a tarefa de interpretação e aplicação do património constitucional comum aos Estados parte do Conselho da Europa e do União Europeia[108].

Quadratura do círculo? Nem por isso. A ginástica intelectual e retórica que o admirável mundo novo nos apresenta justificou que, com bastante clarividência, JOHAN CALLEWAERT alertasse para o surgimento de um processo recíproco de *"conventionisation"* do Direito da União Europeia e de *"unionisation"* do direito europeu regional.

Desta forma, parece-nos que, mesmo numa inevitável conjuntura de alguma "competição constitucional intra-Europeia" (*intra-European constitutional competition*)[109] os conceitos de "cooperação multinível" (*"Verbundkonzept"*) e de "aprendizagem mútua" (*Lernverbund*) continuem a ser os mais adequados para, numa lógica de cooperação assente na horizontalidade, levar a cabo a importante missão de tutela de direitos e liberdades fundamentais[110]. Em jeito de conclusão, podemos afirmar, com JEAN-PAUL COSTA, que o constante labor jurisprudencial contribui para o nascimento e desenvolvimento de um *"jus commune* europeu" no domínio dos direitos fundamentais[111].

---

[108] JÖRG LUTHER, *op. cit.*, p. 169-177.
[109] FRANK SCHIMMELFENNIG, *op. cit.*, p. 1252.
[110] ANDREAS VOSSKUHLE, *op. cit.*, pp. 6-7.
[111] "Concepts juridiques dans la jurisprudence de la Cour Européenne des Droits de L'Homme : De l'influence de différentes traditions nationales", *Revue Trimestrielle des Droits de L'homme*, 57, 2004, pp. 101-110, p. 103.

Prova, justificação e convicção racional
– A propósito do conceito de verdade proposicional no processo decisório jurisprudencial

CLÁUDIA TRINDADE
Assistente Convidada na Faculdade de Direito de Lisboa. Advogada-Estagiária

1. Introdução. Questões jus-filosóficas fundamentais no âmbito do processo decisório jurisprudencial

A presente exposição incide sobre quatro questões fundamentais do processo de formação de uma decisão jurisprudencial – estrutura lógico-dedutiva do processo, critérios normativos reguladores, papel da convicção do juiz e fim último do processo – cuja resolução depende da análise de um conjunto de problemas de segundo grau que são tratados no âmbito da Filosofia.

A formação de uma decisão jurisprudencial pode ser abordada de dois prismas: de um prisma exclusivamente sequencialista, que vê o processo como uma sequência de actos pré-ordenados destinados à tomada de uma decisão justa[1], ou de um prisma lógico-racional, que aborda o processo enquanto actividade decisória do juiz baseada num conjunto de proposições sobre factos e dependente de um processo lógico-dedutivo fundado em critérios decisórios objectivos. É neste último prisma que se situa a análise levada a cabo na presente exposição.

No decurso do processo decisório jurisprudencial o juiz vai formando uma *convicção* sobre a *verdade* das alegações de facto trazidas a juízo pelas partes pro-

---

[1] No âmbito civil, o processo é definido como *sequência de actos destinados à justa composição de um litígio de interesses privados comuns, mediante a intervenção de um órgão imparcial da autoridade, o tribunal*. Assim, CASTRO MENDES, *Direito Processual Civil*, I, AAFDL, Lisboa, 1961, p. 34. No âmbito penal, e nas palavras de GERMANO MARQUES DA SILVA, *Curso de Processo Penal*, I, 5ª ed., Verbo, Lisboa, 2008, p. 18-19, o processo é uma *sequência de actos juridicamente preordenados praticados por certas pessoas legitimamente autorizadas em ordem à decisão sobre se foi praticado algum crime e, em caso afirmativo sobre as respectivas consequências jurídicas e sua justa aplicação*.

cessuais. É sobre estas proposições enunciativas, que afirmam ou constatam factos[2], que o tribunal realiza um juízo *a posteriori* sobre factos passados e forma o *conhecimento* necessário à tomada de uma decisão. Estas afirmações sobre o processo decisório, aparentemente consensuais, encerram uma panóplia de questões fundamentais complexas e passíveis de larga discussão, que reclamam a intervenção da Filosofia no âmbito do Direito. Entre essas questões fundamentais encontram-se problemas relacionados com o conceito de verdade, com a estrutura do conhecimento e da justificação e com o papel da linguagem. Diferentes concepções de verdade e de conhecimento geram diferentes formas de encarar o processo de formação de uma decisão, desde os critérios normativos que o regulam, passando pela sua estrutura lógica, pela importância da justificação de uma decisão e pelo papel da convicção racional do juiz, até ao fim último do processo.

Pretendendo oferecer-se um contributo para a compreensão destes aspectos do processo decisório, analisar-se-ão os seguintes conjuntos de questões:

A) Sobre o conceito de verdade e o papel da linguagem: se o processo se baseia num juízo sobre a verdade de proposições factuais, em que consiste essa verdade? É essa verdade acessível ao ser humano? Supondo que o ser humano pode chegar à verdade, é possível saber que o fez? Quais são os critérios de aferição da verdade de uma proposição?

B) Sobre a estrutura do conhecimento e da justificação: em que consiste o conhecimento proposicional? O que se entende por convicção da verdade de uma proposição ou da realidade de um facto?

C) Sobre o fim último do processo: conhecida a verdade de uma proposição, em que é que essa qualidade se traduz? Na demonstração inequívoca que um facto ocorreu da forma x ou apenas na probabilidade de que um facto tenha ocorrido de um determinado modo e não de outro?

Estas questões, e outras com elas intrincadas ou por elas implicadas, serão analisadas de um ponto de vista jus-filosófico, uma vez que os dois primeiros conjuntos de questões são resolvidos de forma diversa por diferentes teorias filosóficas da verdade e da estrutura do conhecimento e da justificação. O último grupo de problemas depende da resolução dos dois primeiros e, embora se revele uma questão jurídico-prática, a sua base é inteiramente filosófica.

Embora a presente exposição não seja um trabalho de pura Filosofia, esta é imprescindível para a compreensão de vários problemas e questões de carácter

---

[2] Sobre as características das proposições enunciativas, KARL LARENZ, *Metodologia da Ciência do Direito*, 3ª ed., Fundação Calouste Gulbenkian, Lisboa, 1997, p. 350.

jurídico, entre eles o funcionamento do juízo decisório jurisprudencial e a compreensão do conceito de convicção do juiz. Os fundamentos da resolução dos problemas jurídicos relativos à formação de uma decisão jurisprudencial debatidos no presente trabalho devem ser procurados também e fundamentalmente na Filosofia e não apenas no próprio Direito.

Começará por analisar-se as duas teorias da verdade actualmente mais significativas – verdade-correspondência e verdade-coerência –, tomando posição sobre o conceito de verdade de uma proposição e sobre o critério de atribuição dessa qualidade. Com base na posição tomada, apresentar-se-á a estrutura lógica[3] do juízo de facto e de direito realizado pelo julgador, chamando à colação os seus elementos fundamentais – a prova e a coerência entre proposições – e estabelecendo as relações entre eles. A partir dessas relações demonstrar-se--á que a prova e a coerência proposicional são critérios normativos da decisão jurisprudencial e com base nestes chegar-se-á ao conceito de *conhecimento* e de *convicção* relevantes no âmbito da actividade decisória. Demonstrar-se-á seguidamente que, à luz das posições filosóficas tomadas relativamente aos conceitos de verdade e de conhecimento, o fim do processo decisório não é descobrir a verdade absoluta, mas sim atingir *a mais elevada probabilidade* de coincidência entre a hipótese factual levada a juízo e a situação factual real. Por fim, estabelecer-se-á a relação entre a força da prova e da rede proposicional, por um lado, e a *probabilidade* de correspondência entre uma proposição e a realidade, por outro.

2. Verdade de uma proposição, realidade e linguagem
2.1. O juízo do julgador sobre a verdade de uma proposição: correspondência *versus* coerência

As várias teorias filosóficas da verdade actualmente existentes resolvem o problema do conceito de verdade de uma proposição e dos critérios da sua aferição de forma diferente, com implicações práticas ao nível da estrutura e do conteúdo do processo decisório. Na impossibilidade de proceder a um estudo analítico exaustivo de todas as teorias da verdade[4], restringe-se a análise comparativa à teo-

---

[3] Entende-se por *lógica*, no presente trabalho, o conjunto de regras e princípios que regem a construção de raciocínios e juízos e permitem chegar ao conhecimento (ou *justified true belief*).

[4] De entre as teorias relativas à verdade de uma proposição, contam-se a teoria da correspondência, a teoria da coerência, a teoria deflacionária e a teoria da identidade. Sobre as duas últimas, DANIEL STOLJAR e NIC DAMNJANOVIC, *The Deflationary Theory of Truth*, 2010, disponível em http://plato.stanford.edu/entries/truth-deflationary/, STEWART CANDLISH e NIC DAMNJANOVIC, *The Identity Theory of Truth*, 2011, disponível em http://plato.stanford.edu/entries/truth-identity/.

ria que é pressuposta pela maioria das pessoas e à sua maior oponente. São elas a teoria da verdade-correspondência[5] e a teoria da coerência, respectivamente.

O juízo decisório baseia-se em proposições sobre os factos, que são verdadeiras ou falsas, dependendo da sua conformidade com um determinado *critério de verdade*[6].

O conceito de verdade pode ser entendido em vários sentidos[7]. Aquele que aqui interessa é o conceito relacional de verdade, de acordo com o qual a verdade é uma relação entre dois termos: as proposições que descrevem a realidade *e* a própria realidade *ou* outras proposições descritivas, conforme a teoria da verdade adoptada.

A propriedade *verdade de uma proposição* é aferida através de um *critério de verdade*, o qual poderá ser a *correspondência* entre a proposição e os factos – o que é típico da teoria da correspondência – ou a *coerência* entre a proposição e um *conjunto específico de proposições* – o que é próprio da teoria da coerência.

Segundo os coerentistas, o conjunto específico de proposições *consists of propositions believed or held to be true*[8]. De entre as várias correntes sobre a constituição do conjunto específico de proposições[9], a presente exposição seguirá uma adaptação da posição *moderada*, segundo a qual *the specified set consists of those pro-*

---

[5] A teoria da verdade-correspondência é pressuposta pela maior parte das pessoas, incluindo juristas, uma vez que é a mais intuitiva das teorias da verdade, por supôr a existência de um mundo anterior aos seres humanos e às suas representações sobre ele e por permitir o solucionamento de problemas e situações limite do dia-a-dia de forma relativamente simples, através da comparação entre a descrição proposicional de um facto e o próprio facto. Na doutrina nacional, são seguidores da teoria da verdade-correspondência, por exemplo, CASTRO MENDES, *Do Conceito de Prova em Processo Civil*, Ática, Lisboa, 1961, p. 369-370 e 375, TEIXEIRA DE SOUSA, *A Livre Apreciação da Prova em Processo Civil*, Separata da Revista "Scientia Ivridica", tomo XXXIII, nºs 187-188, Livraria Cruz, Braga, 1984, p. 19 e RUI RANGEL, *O Ónus da Prova no Processo Civil*, 3ª ed., Almedina, Coimbra, 2006, p. 39. Também o direito probatório português se baseia na teoria da verdade-correspondência. Veja-se por exemplo a redacção do artigo 341º, do Código Civil (doravante CC) e do artigo 516º, do Código de Processo Civil (doravante CPC).

[6] Como é comummente assumido, a verdade é uma propriedade das proposições, enquanto que a existência é uma característica do mundo ou dos factos que o compõem. Assim, RICHARD RORTY, *The Contingency of Language*, "Contingency, Irony and Solidarity", Cambridge University Press, Cambridge, 1989, p. 5; DONALD DAVIDSON, *Truth & Predication*, Harvard University Press, Cambridge, 2005, p. 107; KARL LARENZ, *Metodologia, cit.*, p. 350-351.

[7] Sobre os vários conceitos de verdade, CASTRO MENDES, *Do Conceito de Prova, cit.*, p. 369 e ss. O AUTOR distingue a *veritas proprie* ou verdade em sentido próprio, que é a relação entre uma representação mental e a realidade, a *veritas rei* ou *essendi*, ou seja, *aquilo que tem efectiva existência* e a *veritas cognoscendi*, que se refere à representação intelectual da verdade.

[8] JAMES YOUNG, *The Coherence Theory of Truth*, 2008, disponível em: http://plato.stanford.edu/entries/truth-coherence/, 1., par. 4.

[9] Resumidas em JAMES YOUNG, *The Coherence Theory, cit.*, 1., par. 4 e 5.

positions which will be believed when people like us (with finite cognitive capacities) have reached some limit of inquiry[10]. Como se poderá verificar à medida que se avançar no presente trabalho, o conjunto específico de proposições com que uma proposição do juízo decisório tem de ser coerente para ser verdadeira não é sempre o mesmo, mas está dependente do nível de informação/investigação a que o juiz, com finitas capacidades cognitivas, consiga chegar através da prova.

Em termos lógicos, o problema da aferição da verdade de uma proposição resume-se da seguinte forma:

i) Segundo a teoria da correspondência, *a proposição P é verdadeira se e só se o facto f existir no mundo*;

ii) Para a teoria da coerência, *a proposição P é verdadeira se e só se for coerente com o conjunto específico de proposições X*.

Para os partidários da teoria da correspondência, a verdade consiste na correspondência entre uma proposição e os factos objectivos por esta descritos, ou seja, o mundo real. Tal pressupõe a aceitação da existência de um mundo objectivo independente das representações humanas[11], com o qual é comparado o conteúdo das proposições[12] e que dita a verdade ou a falsidade destas, ou seja, implica uma posição *realista* perante o problema ontológico da existência e da dependência ou independência da realidade relativamente aos esquemas conceptuais mentais[13]. Sendo a verdade a correspondência entre uma proposição e a realidade e sendo esta independente das representações sobre ela, então a verdade é independente das convicções de um sujeito[14]: pode um sujeito estar totalmente convicto de algo e, todavia, a verdade ser totalmente diferente dessa convicção. Por exemplo, sendo S o sujeito e P a proposição, S pode estar convicto de P e P não ser verdadeira, por não corresponder à realidade.

---

[10] *Idem*, l., par. 4.
[11] JOHN SEARLE, *La Construcción de la Realidad Social*, Paidós, Barcelona, 1997, p. 163.
[12] Esta ideia pressupõe a consideração de que a linguagem possui uma função de representação da realidade, funcionando como um espelho dos factos. Esta visão da linguagem é pressuposta pela teoria da correspondência e rejeitada por vários filósofos da linguagem que são também coerentistas. Por exemplo, DONALD DAVIDSON, *Truth & Predication, cit.*, *passim* e expressamente na p. 10 e RICHARD RORTY, *The Contingency of Language, cit.*, especialmente p. 10 e ss.
[13] Sobre o realismo, por exemplo JOHN SEARLE, *La Construcción, cit.*, p. 159 e ss e ALEXANDER MILLER, *Realism*, 2010, disponível em: http://plato.stanford.edu/entries/realism/.
[14] Este entendimento da verdade é *radicalmente não-epistémico*, por afastar qualquer dependência do conceito de verdade das convicções subjectivamente formadas e é communmente denominado pelos filósofos da linguagem e do conhecimento como *realismo transcendental*. Sobre as visões realista e epistémica da verdade, DONALD DAVIDSON, *Truth & Predication, cit.*, p. 33 e ss.

Outra questão, não identificável com a anterior, é a possibilidade de o ser humano obter representações da realidade absolutamente verdadeiras, ou seja, formular proposições inequivocamente correspondentes à realidade, atingindo a objectividade epistémica completa. Ainda que tal seja possível, não será comum, tendo em consideração que as representações humanas da realidade são realizadas em contextos históricos, culturais e pessoais específicos[15], que levam o ser humano a filtrar a realidade e a subjectivizá-la.

Diferente da possibilidade de atingir a objectividade epistémica completa é a possibilidade de o ser humano conhecer que a atingiu. Supondo que é possível atingir a correspondência inequívoca entre uma proposição e os factos, o que está em causa é se o ser humano pode conhecer que uma proposição por ele construída corresponde, inequivocamente, à realidade. Responder de forma negativa é defender que o mundo objectivo não é conhecível na sua forma pura, sem o filtro da linguagem, porque tudo o que o ser humano consegue fazer é representar a realidade usando a linguagem, não tendo forma de percepcionar a realidade directamente, ou seja, sair fora do seu sistema de convicções[16]. Note-se que dizer que não é possível ao ser humano saber se atingiu a realidade é diferente de afirmar que essa realidade é inatingível. Podem as representações da realidade coincidir com a própria realidade, sem que seja cognoscível essa coincidência[17].

Concordar com a afirmação de que o ser humano não consegue sair do seu sistema de convicções é dizer que uma proposição não pode ser directamente comparada com a realidade. Se assim o é, o critério de verdade de uma proposição não pode ser a correspondência entre ela e os factos. Se o ser humano não consegue abstrair-se do seu sistema de representações, então toda a realidade é expressa exclusivamente através da linguagem, por via das proposições, pelo que o critério de aferição da verdade de uma proposição tem de ser a coerência com outras proposições. E tal entendimento é, *prima facie*, próprio das teorias da coerência[18].

---

[15] JOHN SEARLE, *La Construcción, cit.*, p. 160-161.
[16] Defendendo que o ser humano não consegue apartar-se do seu sistema de convicções, DONALD DAVIDSON, *A Coherence Theory of Truth and Knowledge*, "Truth and Interpretation. Perspectives on the Philosophy of Donald Davidson", Basil Blackwell, Oxford, 1986, p. 310 e RICHARD RORTY, *Philosophy and the Mirror of Nature, cit.*, p. 178.
[17] CASTRO MENDES, *Do Conceito de Prova, cit.*, p. 373, afirma, na esteira de KANT, que *a inteligência trabalha sempre sobre representações da realidade (...); não tem nenhuma forma de conhecer a realidade em si mesma, para a confrontar com as representações sobre que trabalha.*
[18] Segundo RICHARD RORTY, *Philosophy and the Mirror of Nature, cit.*, p. 178, *it is merely to say that nothing counts as justification unless by reference to what we already accept, and that there is no way to get outside our beliefs and our language so as to find some test other than coherence.*

Uma visão coerentista *radical* defende que a verdade de uma proposição é aferida unicamente através da sua coerência com um conjunto de outras proposições, não podendo o critério de verdade consistir em condições objectivas[19], ou seja, não podendo as proposições corresponder a factos objectivos, exactamente por ser impossível ao ser humano sair do seu sistema de convicções. Por este motivo também, para a visão radical o objectivo das proposições não pode ser representar o mundo real, ainda que este exista[20]. O coerentismo extremo propugna ainda que a verdade não pode transcender o conjunto das convicções e rejeita que uma proposição possa ser verdadeira ainda que não seja possível conhecer da sua verdade[21]: se uma proposição é verdadeira, a sua verdade é conhecível. Assim, o coerentismo radical implica uma posição idealista, ou seja, a consideração da dependência da realidade dos esquemas conceptuais mentais e a rejeição do realismo ao nível da transcendência, já que este considera que uma proposição pode ser verdadeira ainda que não se possa saber que o é. O coerentismo radical envolve ainda uma visão epistémica da verdade, por fazer depender esta *on what can somehow be verified by finite rational creatures*[22], ou seja, de um conjunto de convicções coerentes entre si e previamente aceites como verdadeiras.

Já o coerentismo *moderado*[23] considera que existe um mundo objectivo independente da linguagem e das representações, não obstante a impossibilidade de comparação directa entre estas últimas e aquele[24], e que a verdade consiste na correspondência com a realidade[25]. Admitindo uma forma de realismo, o coerentismo moderado assume que a verdade pode transcender o conjunto das convicções, o que é dizer, que as convicções (expressas por meio de proposições) podem ser falsas[26], ainda que formadas em coerência com um conjunto específico de outras convicções. Mas se o mundo real não é passível de conhecimento

---

[19] JAMES YOUNG, *The Coherence Theory*, cit., 2.2., par.5.
[20] *If we cannot get outside of our system of beliefs, then it is hard to see how we can be said to represent a mind-independent* reality, escreve JAMES YOUNG, *The Coherence Theory*, cit., 4., par. 3.
[21] Sobre o facto de a teoria da coerência implicar a rejeição do realismo e as dimensões dessa implicação, *vide* JAMES YOUNG, *The Coherence Theory*, cit., 1., par. 5.
[22] DONALD DAVIDSON, *Truth & Predication*, cit., p. 33.
[23] Do qual é um dos mais significativos teorizadores DONALD DAVIDSON, no seu *A Coherence Theory*, cit..
[24] Segundo DONALD DAVIDSON, *A Coherence Theory*, cit., p. 307, *if meanings are given by objective truth conditions there is a question how we can know that the conditions are satisfied, for this would appear to require a confrontation between what we believe and reality; and the ideia of such a confrontation is absurd. (...) We can accept objective truth conditions as the key to meaning, a realist theory of truth, and we can insist that knowledge is of an objective world independent of our thought or language.*
[25] *Idem*, p. 309
[26] *Ibidem*, p. 308.

directo, embora a verdade consista na correspondência com o mundo objectivo, o único critério de verdade acessível é o da coerência entre proposições[27].

Uma corrente *moderada* da teoria da correspondência pode, tal como o faz uma teoria da coerência *moderada*, considerar que, embora a verdade consista na correspondência com os factos objectivos, não é possível conhecer directamente destes, mas apenas da coerência de uma proposição com um conjunto de proposições já existentes[28].

Não obstante esta coincidência de base entre as vertentes moderadas da teoria da correspondência e da teoria da coerência[29], ambas partem de um pressuposto de que se discorda e que é fundamental na análise da estrutura lógico-dedutiva do processo de formação de uma decisão: a possibilidade de confrontar directamente a realidade com uma representação da mesma. Em determinadas situações, a realidade pode ser directamente percebida pelo ser humano, pelo que o critério de verdade para esses casos é a correspondência entre a proposição formulada e a realidade directamente percebida e não um conjunto de outras proposições.

Nos casos em que se trate de uma situação traduzível por meio de uma proposição simples e respeitante ao mundo físico, como fenómenos naturais ou objectos físicos imediatamente percepcionados pelos sentidos, o critério de verdade não é a existência de outra proposição mas sim a correspondência entre a proposição simples e a realidade, esta última directamente percepcionada por via da *sensação*. A sensação possibilita o contacto directo com os factos objectivos[30], sem necessidade, aliás, de os traduzir por meio da linguagem. Por exemplo, um sujeito percepciona directamente, por via dos sentidos, que está a chover ou que um cão está a ladrar. O facto de estar a chover ou o facto de o cão estar a ladrar não se apresentam ao sujeito por meio de uma proposição, mas por meio da

---

[27] Afirma DONALD DAVIDSON, *A Coherence Theory*, cit., p. 307 que *if coherence is a test of truth, then coherence is a test for judging that objective truth conditions are satisfied*.

[28] JAMES YOUNG, *The Coherence Theory*, cit., 2.2., par. 4.

[29] Curiosamente, DONALD DAVIDSON já defendeu, numa fase mais remota do seu trabalho, a teoria da correspondência, o que não é despiciendo na compreensão da aproximação entre as correntes moderadas da verdade-correspondência e da verdade-coerência. Veja-se, do AUTOR, *True to the Facts* (1969) "Inquiries into Truth and Interpretation", 6ª ed., Clarendon Press, Oxford, 1991, p. 37.

[30] Faz-se aqui referência aos factos e não a objectos físicos ou a dados, por o âmbito da presente investigação se centrar no processo decisório jurisprudencial, o qual, em rigor, trabalha com factos e não com outras entidades. No âmbito das teorias epistemológicas da percepção, no entanto, questiona-se se o objecto da experiência dada pela sensação são os próprios objectos físicos – *realismo ingénuo* – ou aquilo a que a doutrina apelida de *sense data*, ou seja, *private, non-physical entities that actually have the immediately experienced sensory qualities that a person experiences* – *sense-datum theory*. Sobre o objecto da experiência perceptiva, LAURENCE BONJOUR, *Epistemological Problems of Perception*, 2005, disponível em: http://plato.stanford.edu/entries/perception-episprob/, par. 1.

sensação. É certo que tais factos podem ser traduzidos por meio de proposições, como quaisquer outros, nomeadamente para transmissão a outrem, mas o que confere verdade às proposições que os veiculam não são outras proposições, mas sim uma correspondência com os factos garantida pelas sensações. As proposições *"Está a chover"* ou *"O cão está a ladrar"* são directamente sindicáveis por meio da visão ou da audição, ocorrendo aqui uma relação meramente causal entre a existência do facto e a sensação, desde que o contacto com a realidade seja vivenciado pelo próprio sujeito, num momento temporalmente determinado. As convicções sobre o mundo físico são justificadas com base na experiência sensorial[31], pelo que a verdade de uma proposição sobre o mundo físico é determinada pela sua correspondência com a realidade, a qual por sua vez é verificada por via da existência da sensação, não sendo necessário um processo lógico de justificação da proposição[32].

Assim, uma proposição simples pode, num conjunto limitado de situações, ser directamente confrontada com a realidade. Nestes casos, a sensação proporciona o conhecimento da totalidade da realidade. Nos restantes casos, nomeadamente quando a factualidade é expressa por via de proposições complexas, o conhecimento da realidade é geralmente apenas parcial, ou seja, não se conhece ou não se pode conhecer a totalidade de aspectos pertencentes a uma dada situação, pelo que as proposições não correspondem a enunciados sobre a totalidade de uma situação fáctica, não sendo aptas, por isso, a fornecer a verdade absoluta, mas apenas uma verdade individual, condicionada pela linguagem e pela subjectividade das representações.

Assim, considera-se excessivo afirmar que em condição alguma se poderá saber se uma proposição corresponde à verdade, entendida esta no sentido de correcta representação dos factos, ainda que se considere que o ser humano não consegue sair fora das suas convicções e da sua linguagem. O conhecimento directo da realidade ocorre quando o facto é directamente percepcionado pelos sentidos, sendo a realidade traduzível por meio de uma proposição simples.

Pelo que foi dito, segue-se uma teoria da verdade-correspondência moderada, a qual difere da apresentada no presente estudo na medida em que se considera que, em determinadas situações, a realidade pode ser directamente conhecida pelo ser humano, sendo nesses casos a correspondência o critério de verdade das proposições. Nos restantes casos, largamente maioritários, em que

---

[31] LAURENCE BONJOUR, *Epistemological Problems of Perception, cit.*, par. 1.
[32] Detalhadamente sobre a teoria da formação de convicções através da sensação e respectiva crítica, DONALD DAVIDSON, *A Coherence Theory, cit.*, p. 310 e ss e LAURENCE BONJOUR, *Epistemological Problems of Perception, cit., passim.*

não é possível conhecer directamente dos factos descritos pelas proposições, o critério de verdade destas é a coerência com outras proposições.

Assim, constituem base filosófica da presente exposição os pressupostos seguintes:

a) Existe um mundo objectivo que, salvo os casos de percepção imediata dos factos por via dos sentidos, não é passível de conhecimento directo.

b) A verdade consiste na correspondência entre as representações humanas da realidade e os factos, uma vez que existe um mundo objectivo independente dos esquemas conceptuais mentais, anterior aos próprios seres humanos e às suas representações.

c) Nos casos em que a realidade é directamente percepcionável pelos sentidos, o critério de verdade de uma proposição é a sua correspondência com os factos.

d) Quando a realidade não é directamente conhecível, o critério de verdade de uma proposição é a sua coerência com um conjunto específico de proposições. A coincidência *indicia* a correspondência de uma proposição com o facto que descreve, ou seja, a verdade da proposição[33].

e) As representações da realidade podem corresponder à própria realidade, mas essa correspondência não é cognoscível pelo ser humano.

f) A verdade transcende o conjunto das convicções, isto é, uma proposição pode não corresponder à realidade ainda que seja coerente com um conjunto específico de proposições.

2.2. Limitações ao conhecimento da verdade pelo juiz: O juízo sobre factos passados. A coerência como critério de aferição da verdade

Sendo o juízo do julgador um juízo *a posteriori* sobre factos passados, não percepcionados directamente pelo próprio, a verdade das proposições que os afirmam não pode ser verificada com base numa sensação.

As proposições exemplificadas no sub-capítulo precedente[34] apresentam-se ao juiz da seguinte forma: "*Estava a chover*" ou "*O cão ladrou*". Sobre estas ou outras proposições, que traduzam acontecimentos ou acções (ou omissões) passados, não tem o juiz percepção directa por via de sensações, necessitando de realizar uma reconstrução posterior dos acontecimentos[35].

---

[33] Sobre a coerência enquanto indicador da verdade de uma proposição adequado mas falível, JAMES YOUNG, *The Coherence Theory*, cit., 2.2., par. 1 e 4.

[34] Sub-capítulo 2.1..

[35] Como afirma NEIL MACCORMICK, *Legal Narratives*, "Rethoric and the Rule of Law. A Theory of Legal Reasoning", Oxford University Press, Oxford, 2005, p. 221, *courts of law can never enter into the raw history of the facts and events they decide upon.*

Significa isto que o juízo não é realizado sobre a situação ou a realidade factual em bruto[36], mas sim com base em proposições que descrevem um acontecimento ou uma série de acontecimentos, um comportamento ou uma série de comportamentos, ocorridos no passado.

Os factos que permitem a reconstrução de uma cadeia de acontecimentos são previamente seleccionados pelo julgador, de acordo com as possibilidades da sua subsunção a uma norma jurídica e, como tal, da sua potencial relevância jurídica. Uma vez que a realidade referente a acontecimentos passados apenas pode ser descrita por meio de conceitos e categorizada através da linguagem, qualquer selecção ou representação daquela, realizada pelo julgador, encontra-se filtrada por um sistema de classificação seleccionado/construído pela mente humana de forma convencional e arbitrária[37].

A selecção factual realizada pelo julgador encontra-se condicionada também pelo pré-entendimento deste relativamente ao facto proposicionalmente expresso e ao modo como ele se apresenta, isto é, a sua contextualização. Este pré-entendimento é construído com base em vivências do sujeito-intérprete, factores de índole pessoal, económica e socio-cultural, entre outros, introduzindo uma subjectivização que condiciona a abordagem, a compreensão e a atribuição de relevância aos factos que se apresentam ao indivíduo por meio de proposições.

Por outro lado, é muito provável que a base factual a partir da qual o juiz selecciona os factos relevantes – contida na narrativa factual trazida a litígio – esteja incompleta ou que os meios probatórios que o juiz tem à sua disposição não sejam todos os possíveis para a demonstração daquela situação de facto[38]. Isto é, o juízo decisório nunca tem – ou raramente terá – à sua disposição todos os factos que constituem a situação factual e todos os meios de prova que poderiam comprová-los.

---

[36] As referências à "situação factual em bruto", à "realidade factual em bruto" ou aos "factos em bruto", que serão realizadas ao longo da presente exposição, não deverão ser reconduzidas ao conceito de "situação de facto em bruto" de KARL LARENZ, *Metodologia, cit.*, p. 399 e ss. O AUTOR utiliza tal expressão para denominar uma associação de imagens representativas às quais é atribuído um nome, e que assentam na percepção e na interpretação. A realidade factual em bruto, no sentido utilizado no texto, é aquela que não foi alvo de qualquer interpretação ou selecção realizada pelo jurista nem descrita por meio da linguagem.
[37] Segundo JOHN SEARLE, *La Construcción, cit.*, p. 170, *todas las representaciones de la realidad son relativas a algún conjunto de conceptos más o menos arbitrariamente seleccionado*. Sobre o relativismo conceptual e a sua consistência com o realismo externo, de acordo com o qual *a realidade existe independentemente das nossas representações dela*, idem, p. 169 e ss.
[38] No âmbito da *common law*, escreve ALEX STEIN, *Foundations of Evidence Law*, Oxford University Press, Oxford, 2005, p. 120: *Evidence that fact-finders need for making accurate decisions is always incomplete*.

O julgador constrói, então, enunciados fácticos que são já filtros da realidade em bruto, representações mentais derivadas de uma interpretação condicionada pela narrativa factual disponível, pelas provas apresentadas e pelos pré-entendimentos e objectivos com que é abordada a situação factual. As representações proposicionais da realidade são construídas através sistemas de conceitos arbitrariamente criados que, conjuntamente com os restantes factores limitativos do conhecimento dos factos, impedem a mente humana de conhecer se atingiu a realidade, isto é, de se afastar da influência dos factores subjectivos e de comparar as representações que realizou com o mundo objectivo.

Assim, existe uma realidade factual que não é passível de conhecimento directo pelo juiz, isto é, despida das suas representações subjectivas e sem intervenção da linguagem. A impossibilidade de conhecimento directo dos factos que constituem a narrativa factual trazida a juízo implica que o juiz não possa saber que se atingiu a realidade dos factos, isto é, a absoluta correspondência entre a proposição e o facto objectivo, pelo que o melhor critério de verdade a que pode aceder é o da coerência entre as proposições que se formam ao longo do juízo decisório.

As proposições que constituem a narrativa factual relevante para a decisão do caso concreto exprimem a realidade apenas parcialmente, pelo que a decisão jurisprudencial baseia-se em representações da realidade sempre incompletas (ou raramente completas) e, por isso, o juízo de verdade realizado não poderá nunca ter-se por infalível. Assim, é forçoso admitir que persiste sempre uma margem de erro no julgamento e, consequentemente, que a verdade transcende o conjunto das convicções.

Embora a verdade consista na correspondência das representações com a realidade, o que se coaduna com a ideia da verdade absoluta enquanto valor norteador da actividade decisória, a correspondência entre as proposições e os factos não é um critério adequado ao juízo decisório, uma vez que o tribunal não percepciona directamente os factos que fazem parte da narrativa factual trazida a litígio. O critério operativo, isto é, acessível e com resultados percepcionáveis pelo espírito do juiz, é o da coerência entre proposições, o qual é consentâneo com a defesa da *probabilidade de correspondência* como o valor que se pode atingir com a actividade decisória[39]. A maior ou menor coerência proposicional *indicia* a maior ou menor correspondência de uma proposição com a realidade, mas não garante essa correspondência em absoluto. A coerência entre proposições é um mero indicador: ainda que haja coerência perfeita entre uma proposição e um conjunto específico de proposições, a proposição pode não corresponder

---

[39] Sobre a probabilidade de correspondência com a realidade como fim último do processo decisório e sobre a verdade absoluta como mero valor norteador da actividade decisória, *infra*, ponto 4.2..

aos factos objectivos. Coerência e correspondência são assim compatíveis e não antagónicas⁴⁰, porquanto a primeira é o critério de aferição da segunda.

3. As relações de coerência proposicional no juízo decisório

Definida a coerência entre proposições como o critério operativo da verdade proposicional, cabe clarificar em que consiste a coerência e entre que proposições tem de existir essa coerência, ou seja, com que conjunto específico de proposições tem uma proposição que ser coerente para ser verdadeira.

3.1. Coerência narrativa *versus* coerência como critério de verdade. Relação entre a prova e as proposições integrantes do juízo decisório

Afirmou-se *supra* que, sendo o juízo realizado pelo julgador referente a factos passados, implica uma reconstrução de uma cadeia de acontecimentos, entendidos como eventos naturais ou acções.

Uma cadeia de acontecimentos toma lugar, sequencialmente, ao longo de um determinado horizonte temporal passado, estando tais acontecimentos ligados por determinadas causas naturais – tratando-se de factos jurídicos *stricto sensu* – ou por propósitos ou valores – no caso de actos jurídicos (manifestações da vontade humana)⁴¹.

A reconstrução de uma cadeia de acontecimentos passados é no fundo a narração de uma história, ainda que de forma incompleta⁴². A sequência de eventos apresentada pelas partes ou reconstruída pelo tribunal tem de apresentar, para que lhe seja atribuída relevância e credibilidade, uma coerência entre os acontecimentos que a constituem, não só em termos de causalidade, como também em termos de motivação/finalidade do agente⁴³. O que se pretende é, então,

---

⁴⁰ DONALD DAVIDSON, *A Coherence Theory, cit.*, p. 309, propugna que que a verdade é dada pela correspondência com a realidade e que uma teoria da coerência deve ser consistente com uma teoria da correspondência e com o realismo. Contra, BLANSHARD, *apud* JAMES YOUNG, *The Coherence Theory, cit.*, 2.2., par. 1., defendendo que se a coerência é um teste de verdade, a verdade não pode consistir na correspondência. Discorda-se desta última posição, que parte do princípio que coerência e correspondência são mutuamente exclusivas. Como afirmado no texto, a coerência indicia a correspondência, nada impedindo que um teste de coerência seja um mero indicador de uma verdade-correspondência.
⁴¹ Sobre a relação entre o tempo, as acções e a narração de acontecimentos, NEIL MACCORMICK, *Legal Narratives, cit.*, p. 214.-219.
⁴² Esta analogia, bastante expressiva, é feita por NEIL MACCORMICK, *Legal Narratives, cit.*, p. 219 e 221, ao afirmar que *we read legal cases as stories of a particular kind* e ao chamar a atenção para o facto de *one could not in any event tell the whole story of the past, however hard one might try*.
⁴³ A esta coerência chama NEIL MACCORMICK, *Legal Narratives, cit.*, p. 214, *narrative coherence*. Tomam-se aqui por adequados, como princípios explicativos de uma sequência de eventos ou acções, os princípios da *causalidade universal* e da *motivação racional*. Sobre estes princípios, o refe-

uma contextualização lógico-sequencial de um conjunto de acontecimentos que tomaram lugar num determinado horizonte temporal.

Atento o que se defendeu em 2.2., os acontecimentos passados a reconstruir no presente apenas podem ser narrados por meio de proposições. Donde, a coerência entre uma cadeia de eventos ou acções é traduzida por meio da coerência entre proposições factuais. Se as proposições factuais são coerentes, os acontecimentos que elas expressam também o são.

Cada uma das *proposições factuais* que descrevem cada um dos acontecimentos pertencentes a uma mesma cadeia tem de ser coerente com as restantes proposições descritivas dos acontecimentos dessa mesma cadeia, em termos lógico--causais e motivacionais.

As *proposições factuais* são aquelas proposições em que as partes descrevem os factos que integram a causa de pedir ou as proposições escolhidas pelo tribunal conforme um juízo prévio de subsunção a uma norma jurídica. Neste momento do juízo decisório não se realizou ainda qualquer actividade probatória, sendo a coerência proposicional de que se fala uma mera *coerência narrativa* e não um teste de verdade das proposições factuais. Veja-se:

Duas conclusões inferenciais contraditórias entre si – (X)*"A matou B"* e (Y)*"A morte de B foi acidental"* – poderão ser compatíveis com um mesmo conjunto de proposições factuais da mesma cadeia, sem que possa afirmar-se que (X) é verdadeira e (Y) é falsa, ou vice-versa. Da verificação da compatibilidade entre qualquer uma das conclusões inferenciais e o conjunto de proposições factuais ou do conjunto de proposições factuais entre si não resulta qualquer avanço na determinação de qual das conclusões é verdadeira. Em si, as premissas factuais não têm um valor de verdade definido, porque não foram ainda confrontadas com um qualquer critério que defina esse valor de verdade. O que se verifica neste nível de coerência é apenas uma coerência espacio-temporal meramente causal e motivacional entre as proposições factuais e a conclusão inferencial. Essa coerência é dada pelas regras e máximas gerais da experiência, as quais implicam apenas um raciocínio conjectural que prescinde da prova científica e que dá à conclusão inferencial a *aparência* de ser verdadeira e não a *prova da sua verdade*[44].

---

rido AUTOR, p. 217 e 222. Sobre o princípio da causalidade universal, também TEIXEIRA DE SOUSA, *A Livre Apreciação, cit.*, p. 29.

[44] PIERO CALAMANDREI, *Verità e Verosimiglianza nel Processo Civile*, "Rivista di Diritto Processuale", I, Cedam, Padova, 1955, p. 169-170 e a ANTONIO CARRATA, *Prova e Convincimento del Giudice nel Processo Civile*, "Rivista di Diritto Processuale", I, Cedam, Milani, 2003, p. 45-46, consideram que o juízo baseado em máximas de experiência é um juízo de *verosimilhança*, que estabelece a *aparência de verdade* de uma proposição. Afirmam os AUTORES que a verosimilhança e a probabilidade são graus de aproximação à verdade, que se distinguem pela forma como se procede à comparação

Para que a coerência proposicional seja um teste de verdade, é necessário introduzir um elemento externo à narrativa factual que funcione como base do raciocínio de coerência. Esse elemento é a prova, enquanto meio para a demonstração de afirmações de facto[45].

Os meios probatórios podem consistir em objectos – como no caso da prova documental – ou em factos – como na prova testemunhal. O juiz percepciona directamente os factos e os objectos que constituem os meios de prova, através dos seus sentidos (visão, audição, etc.), pelo que as proposições que traduzem tais factos ou objectos – e a que se atribuirá a designação de *premissas probatórias* – não necessitam de um processo lógico-dedutivo de justificação, sendo a sua verdade determinada pela existência da sensação[46].

Exemplificando:

Suponha-se que um dos meios probatórios utilizados em juízo é o testemunho. A prova testemunhal consiste nos seguintes factos probatórios: *i)* "A testemunha A disse que viu D no local do crime às 23 horas"; *ii)* "A testemunha B disse que viu D no local do crime às 23 horas"; *iii)* "A testemunha C disse que viu D no local do crime às 23 horas". O juiz percepciona directamente, através da audição, aquilo que as testemunhas dizem. Os factos referidos são traduzíveis nas seguintes premissas probatórias: *1. "A viu D no local do crime às 23 horas"; 2. "B viu D no local do crime às 23 horas"; 3. "C viu D no local do crime às 23 horas"*. Se se preferir, todas estas premissas probatórias podem ser englobadas numa só: "A, B e C viram D no local do crime às 23 horas".

A relação entre os meios de prova e as premissas probatórias não é uma relação de coerência. Esta apenas se estabelece entre proposições, e não entre objectos ou factos e proposições. A verdade da premissa probatória é determinada directamente pela correspondência entre ela e o facto directamente percepcionado pelo juiz através dos sentidos – "a testemunha A disse que viu D no local do crime às 23 horas" –, uma vez que o facto ocorre concomitantemente à sua análise pelo juiz, o que permite o seu conhecimento imediato por este.

---

entre o facto e a realidade. Por contraposição com o juízo de verosimilhança, o juízo de *probabilidade* implica um processo inferencial apoiado em provas, podendo a proposição sobre a qual recai tal processo ser *provada como verdadeira*.

[45] Segundo TEIXEIRA DE SOUSA, *A Livre Apreciação, cit.*, p. 5 e 19, *a prova judiciária é a demonstração convincente de afirmações de facto*, sendo a verdade expressa *por uma proposição que relaciona uma descrição com um facto*. Também CASTRO MENDES, *Do Conceito de Prova, cit.*, p. 281-282 considera que a prova tem uma função de demonstração e não de descoberta da verdade, dado que *ao passo que a demonstração ou verificação pressupõe uma hipótese, que vai ou não confirmar, a descoberta prescinde de qualquer representação prévia da verdade, mesmo provisória*.

[46] Recorde-se o que se disse supra em 2.1. sobre a sensação como base para a convicção.

Tendo agora dois conjuntos de proposições – as premissas probatórias e as proposições factuais – pode aferir-se das relações entre ambas. As premissas probatórias têm a sua verdade já estabelecida pelo referido processo de percepção sensorial directa e exprimem o resultado da produção de prova. A prova, por sua vez, permite a maior aproximação à realidade em bruto possível no juízo decisório, já que é uma forma de percepção imediata da realidade pelo juiz. Assim, as premissas probatórias são aptas, pela sua base e processo de formação, a constituir critério de verdade das proposições factuais.

Como acima se referiu, antes da actividade probatória, as proposições factuais têm um valor de verdade indefinido. A sua coerência com as premissas probatórias é que permite atribuir-lhes um valor de verdade definido: cada uma das proposições factuais é verdadeira *se e só se* for coerente com um conjunto de premissas probatórias, formadas a partir dos meios de prova apresentados em juízo. As premissas probatórias resultantes da prova apresentada em juízo são, então, o conjunto específico de proposições que constitui o critério de verdade de cada uma das proposições factuais.

Por exemplo, se a proposição factual (A) *"D estava no local do crime às 23h"* é coerente com um conjunto de premissas probatórias dadas pelos vários meios de prova, no qual se inclui a premissa *"A, B e C viram D no local do crime às 23 horas"*, então (A) é verdadeira.

As premissas factuais que forem coerentes com o conjunto de premissas probatórias são *verdadeiras* e, como tal, contêm os *factos provados* que suportam uma dada conclusão inferencial[47]. Esta conclusão inferencial, uma vez coerente com as premissas factuais, será também verdadeira. As premissas factuais não coerentes com as premissas probatórias são *falsas* e, por consequência, contêm os *factos não provados*, pelo que não suportam uma conclusão inferencial.

Exemplificando: A conclusão inferencial (X) *"D matou F"* é verdadeira se coerente com um conjunto de premissas factuais, nas quais se pode incluir (A) *"D estava no local do crime às 23h"*. Se a premissa probatória for *"A, B e C não viram D no local do crime imediatamente depois de este ser cometido"*, a proposição factual (A) *"D estava no local do crime às 23h"* não é coerente com uma das premissas probatórias, sendo portanto falsa. Assim, a presença de D no local do crime é um facto não provado e (A) não sustenta (X).

Introduz-se aqui um novo grau de coerência: a coerência entre as proposições factuais e uma conclusão inferencial. A verdade de uma conclusão inferencial depende da sua coerência com um conjunto de proposições factuais.

---

[47] Inferencial no sentido de obtida através de uma operação mental na qual uma verdade é dada pela sua relação com outra verdade e assim sucessivamente.

Em termos silogísticos, a conclusão inferencial descreve o preenchimento da previsão de uma norma jurídica, ou seja, corresponde à premissa menor do silogismo judiciário[48]. Se *"D matou F"*, está preenchida a previsão normativa da norma jurídica contida no artigo 131º do Código Penal: *Quem matar outra pessoa*. Sendo a conclusão inferencial um caso da referida previsão, vigora para a situação de facto a consequência prevista na norma em questão: *é punido com pena de prisão de oito a dezasseis anos*.

Em resumo, e fazendo o percurso dedutivo no sentido inverso, a conclusão inferencial é verdadeira em razão da sua coerência com um conjunto de premissas factuais; cada premissa factual é verdadeira em razão da sua coerência com um conjunto de premissas probatórias; cada premissa probatória é verdadeira em razão de uma percepção directa dos factos e dos objectos que constituem os meios de prova. Assim, a prova é a base do processo inferencial, permitindo, *directamente*, que uma premissa probatória seja considerada verdadeira e, *indirectamente*, que uma premissa factual e uma consequente conclusão inferencial sejam *provadas como verdadeiras*.

3.2. Complexidade das relações de coerência proposicional: a *rede proposicional*
O esquema de coerência premissas probatórias-premissas factuais-conclusão inferencial foi acima descrito e exemplificado de uma forma muito simples, sem introduzir especiais níveis de complexidade.

Na prática, na maioria dos casos submetidos a litígio a factualidade apresentada é bem mais extensa, podendo atingir níveis de elevada complexidade, sendo utilizados vários meios de prova ou um só meio de prova que origina várias premissas probatórias. Essas várias premissas probatórias são coerentes (ou não) com numerosas proposições factuais, havendo a possibilidade de o conjunto poder sustentar, em abstracto, mais do que uma conclusão inferencial. As várias premissas probatórias têm ainda de ser coerentes entre si, assim como as várias premissas factuais têm de apresentar coerência interna. Portanto, a coerência não se estabelece apenas verticalmente, mas também horizontalmente, originando uma *rede de coerência*. A rede de coerência será tão mais extensa, originando um número crescente de relações verticais e horizontais, quanto mais complexo for o problema, ou seja, o caso concreto.

Considere-se o seguinte caso, com um grau de complexidade intermédio: o arguido D confessou, integralmente e sem reservas (artigo 344º, nºs 1, 2 e 4, do Código de Processo Penal, doravante CPP), ter morto F. Imagine-se que os fac-

---

[48] Sobre a estrutura do silogismo judiciário, por exemplo, KARL LARENZ, *Metodologia, cit.*, p.380 e ss, TEIXEIRA DE SOUSA, *A Livre Apreciação, cit.*, p. 11-13 e CASTRO MENDES, *Do Conceito de Prova, cit.*, p. 204 e ss.

tos probatórios que constituem a confissão são, simplificadamente, em número de nove, entre os quais se encontram: 3. "D disse que entrou em casa de F, às 23 horas"; 6. "D disse que estava armado"; 9. "D afirmou ter disparado a arma na direcção da cabeça da vítima". Suponha-se que o tribunal decidiu não produzir qualquer outra prova quanto aos factos confessados pelo arguido (artigo 344º, n.ºs 1, 2, alínea a) e 4, do CPP). Considere-se que cada um dos factos probatórios se traduz numa premissa probatória, e que os factos 3., 6. e 9. originam as seguintes premissas: (3) *"D entrou em casa de F, às 23 horas"*; (6) *"D estava armado"*; (9) *"D disparou a arma na direcção da cabeça da vítima"*. As proposições factuais constantes da acusação são: (A) *"D encontrava-se no local do crime às 23 horas"*; (B) *"D trazia consigo um revólver 32*; (C) *"D atirou sobre F"*. A conclusão inferencial é (I) *"D matou F"*. Suponha-se, por fim, que as premissas (1), (2) e (3) sustentam a proposição factual (A), as premissas (4), (5) e (6) a proposição factual (B) e as premissas (7), (8) e (9) a proposição factual (C).

Aqui, estabelecem-se as seguintes relações de coerência:

a) Entre cada conjunto de premissas probatórias e a respectiva premissa factual que apoia: [(1) (2) (3)] com (A); [(4) (5) (6)] com (B); [(7) (8) (9)] com (C);

b) Entre cada uma das premissas factuais e a conclusão inferencial: (A) com (I), (B) com (I) e (C) com (I).

c) A nível do próprio conjunto de premissas probatórias: (1) com cada uma das restantes premissas probatórias, (2) com todas as outras premissas probatórias e assim sucessivamente.

d) Entre as próprias proposições factuais: (A) com (B) e (C); (B) com (A) e (C); (C) com (A) e (B).

Traduzindo estas relações, através de um diagrama:

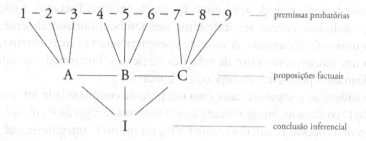

Pode suceder, por exemplo, que:

a) Haja coerência entre [(1) (2) (3)] e (A), [(4) (5) (6)] e (B), [(7) (8) (9)] e (C);

b) [(1) (2) (3)], [(4) (5) (6)] e [(7) (8) (9)] sejam coerentes entre si;
c) (A), (B) e (C) sejam coerentes entre si;
d) Mas (1) seja incoerente com (8), havendo um problema de coerência ao nível das relações horizontais.

Qualquer incoerência na rede de relações proposicionais, quer seja ao nível vertical quer ao nível horizontal implica a existência de um erro na decisão jurisprudencial.

Ao nível das premissas probatórias, é possível que um mesmo meio de prova ou diferentes meios de prova originem premissas probatórias contraditórias ou logicamente inconsistentes entre si. Por exemplo, se uma das testemunhas afirmar que viu D no local do crime às 23 horas e a outra afirmar que D não se encontrava no local do crime às 23 horas, as premissas probatórias originadas são contraditórias entre si. Naturalmente, não poderão ser ambas consideradas numa rede de coerência que pretenda chegar a uma mesma conclusão inferencial. Possivelmente, como acontece no exemplo apontado, as premissas probatórias contraditórias levarão a conclusões inferenciais diferentes, ou mesmo opostas: (I) *"D matou F"* e (II) *"D não matou F"*.

Caso haja premissas probatórias não coerentes oriundas de um mesmo ou de diferentes meios de prova, o problema terá de ser resolvido com recurso a outros meios probatórios, que irão corroborar ou afastar uma das premissas probatórias incoerentes entre si, tendo em vista uma determinada conclusão inferencial. A determinação da premissa probatória que se mantém na rede de coerência dirigida a sustentar uma determinada conclusão inferencial poderá ter como critério o número de provas que apoiam cada uma das premissas ou a comparação entre a força probatória dos meios probatórios que sustentam uma premissa probatória e a força probatória dos meios de prova que apoiam a premissa contrária.

Assim, se a premissa probatória (1) *"A viu D no local do crime às 23 horas"*, resultar do testemunho de A e a premissa probatória (2) *"B não viu D no local do crime às 23 horas"* resultar do testemunho de B, pode suceder que (1) tenha a apoiá-la a confissão de D (artigo 344º, n.ᵒˢ 1 e 2, alínea a) e 4, do CPP), pelo que (1) será mantida na rede de coerência que sustenta a conclusão inferencial (I) e (2) será afastada.

Num exemplo no âmbito do processo civil: pode suceder que a premissa probatória (3), resultante de um testemunho, seja inconsistente com a premissa probatória (4), resultante de outro testemunho. Todavia, (3) tem a apoiá-la documento autêntico, enquanto (4) é sustentada apenas por um outro testemunho. Ora, tendo o documento autêntico força probatória plena (artigo 371º, nº 1, do Código Civil, doravante CC) e sendo o testemunho prova livre (artigo

396º, do CC) que tem mero valor de prova bastante (artigo 346º, do CC), (3) será provavelmente mantida na rede de coerência e (4) afastada.

O critério da força probatória não é um critério infalível, nem afasta outros critérios que se adequem no caso concreto, por não ser logicamente forçoso que um meio de prova com força probatória superior afaste premissas probatórias resultantes de um meio probatório com força probatória inferior. Tudo dependerá de quais sejam os meios probatórios em confronto – poderão até ser meios com a mesma força probatória –, do número de meios que sustentam uma e outra premissa e do valor probatório atribuído pelo juiz às provas livres, dependendo a decisão, ao nível da coerência entre premissas probatórias, de critérios qualitativos e quantitativos. Ainda assim, a força probatória é uma bitola normativa sobre o valor abstracto de um meio de prova, ou seja, sobre a capacidade intrínseca de este *indicia[r], com frequência uniforme, a realidade de um facto*[49], pelo que se pode considerar um bom critério de desempate para o problema em apreço[50].

Caso se mantenha a incoerência entre premissas probatórias e ambas sejam consideradas numa rede de proposições específica destinada a sustentar uma mesma conclusão inferencial, então a decisão estará viciada por um *erro na apreciação da prova*.

Se a incoerência se situar entre proposições factuais, ou entre premissas probatórias e proposições factuais, há *erro na apreciação da matéria de facto*. No processo civil, em qualquer destas hipóteses e ainda no caso de incoerência entre premissas probatórias, a decisão jurisprudencial poderá ser considerada nula por contradição entre os fundamentos e a decisão (artigo 668º, nº 1, alínea *b*), do Código de Processo Civil, doravante CPC), cabendo recurso da mesma (artigos 668º, nº 4 e 685º-B, do CPC). No processo penal, a decisão é recorrível, à luz dos artigos 410º, n.ºs 1 e 2, alíneas *b*) e *c*), 430º, nº 1 e 434º, do CPC.

Se a incoerência se verificar entre as proposições factuais e uma conclusão inferencial, há um *erro de direito*, podendo a decisão ser alvo de recurso nos termos do artigo 685º-A, n.ºs 1 e 2, nomeadamente a alínea *c*), do CPC – no caso de processo civil – e dos artigos 410º, n.ºs 1 e 2 e 434º, do CPP – no âmbito do processo penal.

3.3. O sentido das relações de coerência

A coerência entre proposições pode ser de vários tipos, não sendo opinião uniforme entre os coerentistas no que deve consistir a relação de coerência pro-

---

[49] Teixeira de Sousa, *A Livre Apreciação*, cit., p. 9.
[50] Sobre a utilidade do critério do valor probatório, mais detalhadamente *infra*, em 4.3.

posicional[51]. Considerar-se-ão aqui as seguintes visões objectivas das relações de coerência, ou seja, as que se referem às relações lógicas entre proposições[52]: *consistência lógica, implicação lógica lato sensu* e *implicação lógica stricto sensu*. Duas proposições são logicamente consistentes entre si quando o seu conteúdo não é contraditório ou inconciliável. Há implicação lógica *lato sensu* entre proposições quando estas proporcionam um apoio explicativo ou interpretativo entre si e implicação lógica *stricto sensu* se uma e *uma só* proposição for necessariamente implicada pelas outras proposições do mesmo conjunto[53].

Relativamente à relação de coerência ao nível das premissas probatórias, estas têm de ser *logicamente consistentes* entre si, ou seja, os seus conteúdos não podem ser contraditórios ou excluir-se mutuamente. Por exemplo, as premissas probatórias (1) *"A viu D no local do crime às 23 horas"* e (2) *"B não viu D no local do crime às 23 horas"* são contraditórias entre si, e apoiam proposições factuais igualmente contraditórias: respectivamente, (A) *"D estava no local do crime às 23 horas"* e (B) *"D não estava no local do crime às 23 horas.* (1) e (2) são, portanto, incoerentes entre si. As relações de *implicação lógica* são próprias de raciocínios dedutivos, sendo aptas a traduzir relações verticais. No raciocínio dedutivo de coerência como teste de verdade, passa-se de uma primeira verdade para uma segunda verdade implicada pela primeira e desta segunda verdade para uma terceira verdade implicada pela segunda. Ora da verdade de uma premissa probatória não resulta a verdade de outra premissa probatória. Quanto muito, de uma premissa probatória resultará a verdade de uma proposição factual. Assim, horizontalmente, não há relações de implicação lógica: a premissa probatória (1) *"A viu D no local do crime às 23 horas"* não implica necessariamente, ou sequer fornece qualquer apoio explicativo às premissas probatórias (2) *"D estava armado"* ou (3) *"D disparou arma na direcção da cabeça da vítima"*. De A ter visto D no local do crime não resulta que D estivesse armado ou que tivesse disparado sobre a vítima.

O mesmo tipo de raciocínio vale para a coerência entre proposições factuais, que se estabelece também a nível horizontal. Aliás, demonstrou-se para estas *supra*, em 3.1, que este tipo de coerência não é um teste de verdade, assumindo-se meramente como consistência lógico-causal e motivacional. Entre proposições factuais, basta uma mera não contradição ou não exclusão.

[51] Sobre o tipo de relações de coerência que podem ser estabelecidas entre uma proposição e um conjunto específico de proposições, JAMES YOUNG, *The Coherence Theory, cit.*, 1., JONATHAN KVANVIG, *Coherentist Theories of Epistemic Justification*, 2003, disponível em http://plato.stanford.edu/entries/justep-coherence/, 2.2. e LAWRENCE BONJOUR, *The Structure of Empirical Knowledge*, Harvard University Press, Cambridge, 1988, p. 95 e ss.
[52] Por oposição às visões subjectivas das relações de coerência, que se relacionam com o tipo e a força das convicções formadas. Uma abordagem subjectiva será realizada *infra*, em 4.1..
[53] JAMES YOUNG, *The Coherence Theory, cit.*, 1.

Já as relações de coerência verticais, ou seja, na cadeia premissas probatórias – proposições factuais – conclusão inferencial, devem ser entendidas no sentido de *implicação lógica*. Todavia, o tipo de implicação lógica não é o mesmo ao nível premissas probatórias-proposições factuais e ao nível proposições factuais-conclusão inferencial.

As premissas probatórias têm de fornecer um apoio explicativo ou interpretativo às premissas factuais, ou seja, a relação é de implicação lógica *stricto sensu*. Um conjunto de premissas probatórias pode ser coerente com mais de uma proposição factual, ou seja, de um conjunto de premissas probatórias pode não resultar apenas *uma e uma só* premissa factual. Por exemplo, [(1) (2) (3)] pode ser coerente simultaneamente com (A) e com (B) e [(7 (8) (9)] com (B) e com (C).

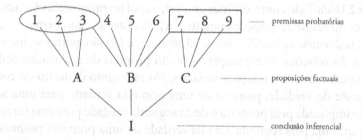

Se a relação de implicação tivesse de ser exclusivamente estabelecida entre *um* conjunto de premissas probatórias e *uma e uma só* premissa factual, tratar-se-ia de implicação lógica *stricto sensu*. Não existindo esta relação de necessidade ou exclusividade, a relação de coerência entre premissas probatórias e premissas factuais é de implicação lógica *lato sensu*.

Uma conclusão inferencial é coerente com um conjunto de proposições factuais *se e só se* for *necessariamente implicada* por estas últimas. Significa isto que de um conjunto de proposições factuais só pode resultar uma conclusão inferencial ou, dito de outra forma, *só uma* conclusão inferencial pode ser coerente com um conjunto específico de proposições factuais. Dado um conjunto de premissas factuais verdadeiras, a conclusão inferencial não pode ser outra. Recorrendo ao exemplo que tem acompanhado todo o raciocínio da presente exposição, do conjunto de proposições factuais (A), (B) e (C) só pode resultar a conclusão inferencial (I) *"D matou F"*, não sendo possível que desse mesmo conjunto advenha (II) *"D não matou F"*[54].

---

[54] Desta relação de implicação necessária não resulta, naturalmente, que haja apenas uma norma jurídica a regular o caso. Uma conclusão inferencial pode preencher a previsão normativa de várias normas jurídicas, aplicando-se, assim, mais do que uma consequência jurídica.

Se, aplicado o grau de coerência mais exigente, as premissas factuais não implicarem necessariamente nenhuma das conclusões inferenciais possíveis no caso concreto como verdadeira, originando uma situação de *non liquet*, o caso é resolvido *contra a parte a quem o facto aproveita* (artigo 516º do CPC) – tratando-se de um litígio que corra nos tribunais civis – ou há decisão absolutória do arguido (artigo 376º, do CPP)[55] – no caso de procedimento criminal.

Em resumo, nas relações horizontais da rede de coerência – premissas probatórias entre si e premissas factuais entre si – tem de existir consistência lógica. Já nas relações verticais, a coerência é do tipo implicação lógica, *lato sensu* entre premissas probatórias e proposições factuais e *stricto sensu* entre estas últimas e a conclusão inferencial.

Esquematizando:

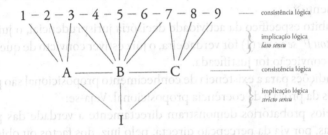

4. Prova, *justificação* e *convicção racional*
4.1. A prova e a coerência proposicional como critérios normativos de decisão. O lugar da *justificação* e da *convicção racional* do juiz no processo decisório

No subcapítulo 3.1., afirmou-se que a prova é a base do processo proposicional inferencial e que a verdade de uma proposição é dada pela sua relação de coerência com um conjunto de proposições pertencentes a uma mesma rede. Como tal, o *conhecimento* de uma conclusão inferencial – por exemplo (I) *"D matou F"* – que vai servir de base à subsunção do caso a uma norma jurídica e permitir, assim, uma decisão, depende simultaneamente da prova e da coerência da rede proposicional.

O *conhecimento* de uma conclusão inferencial, ou de qualquer outra proposição pertencente à rede proposicional de que faz parte a conclusão inferencial, é designado *conhecimento proposicional*[56]. É traduzível através do enunciado *"S sabe que P"* e depende de três condições *cumulativas*:

---

[55] Ou arquivamento do inquérito (artigo 277º, nº 2, do Código de Processo Penal, doravante CPP) ou despacho de não pronúncia (artigo 308º, nº 1, *in fine*, do CPP).
[56] *Propositional knowledge*, na doutrina anglo-saxónica. MATTHIAS STEUP, *The Analysis of Knowledge*, 2006, Disponível em: http://plato.stanford.edu/entries/knowledge-analysis/, par. 1.

i) Uma *condição de verdade*: a proposição P ser verdadeira;
ii) Uma *condição de convicção*: o sujeito S estar convencido de P;
iii) Uma *condição de justificação*: S ter uma justificação para estar convicto de P.

Esta estrutura do conhecimento é típica de um tipo de análise do conhecimento denominado *justified true belief*[57], e que se denominará no presente trabalho como *convicção verdadeira justificada*. Segundo esta teoria, para que haja conhecimento não basta uma qualquer convicção da verdade de uma proposição, formada por exemplo fortuitamente ou em virtude de meras crenças irracionais. O conhecimento implica uma concordância entre a proposição e o seu objecto baseada na racionalidade, ou seja, num processo lógico fundado em critérios objectivos que permitam provar e sindicar aquela concordância, pelo que o acaso e as crenças não podem ser considerados formas de adquirir conhecimento[58].

No âmbito específico da actividade decisória jurisprudencial, o juiz *sabe que* (I) *"D matou F" se e só se* (I) for verdadeira, o juiz estiver convicto de que *"D matou F"* e a sua convicção for justificada.

As condições para a existência de conhecimento proposicional são preenchidas através da prova e da coerência proposicional. Veja-se:

Os meios probatórios demonstram directamente a verdade das premissas probatórias, por via da percepção directa, pelo juiz, dos factos ou objectos que os constituem. A partir das premissas probatórias constrói-se a rede proposicional específica dentro da qual as relações de coerência demonstram a verdade ou falsidade das várias proposições pertencentes à mesma rede proposicional. Sendo a coerência o melhor indicador possível da correspondência entre a proposição e a realidade objectiva e consistindo a verdade nessa correspondência, sendo uma proposição coerente com as restantes da mesma rede proposicional, é (provavelmente) verdadeira.

Demonstrando logicamente a verdade das proposições, a prova e a coerência proposicional *justificam* uma determinada decisão, levam a que esta seja expectável ou provável do ponto de vista de um observador externo e tornam o processo decisório repetível por terceiros ao mesmo.

Por outro lado, a prova e a coerência proposicional são *critérios racionais* para que o juiz decida que uma conclusão inferencial é verdadeira, ou seja, que a decisão correcta é *x* e não *y*. A prova e a coerência funcionam aqui como uma razão para decidir do modo *x* e não de outro modo, isto é, têm uma *função de per-*

---

[57] MATTHIAS STEUP, *The Analysis of Knowledge, cit.*, 1.1., par. 1.
[58] Afirma MATTHIAS STEUP, *The Analysis of Knowledge, cit.*, 1.2., par. 1.que *to identify knowledge with true belief would be implausible because a belief that is true just because of luck does not qualify as knowledge.*

suasão racional[59], impedindo que a convicção da verdade de uma proposição seja baseada no acaso ou tenha bases subjectivas irracionais[60].

A prova e a coerência proposicional são, então, *justificações* para dar como verdadeira a conclusão inferencial (I) e também, na maioria dos casos, uma razão para que o juiz forme a *convicção racional*[61] de que (I) é verdadeira. A prova e o teste de coerência geram exigências de conformidade expressas num *deve decidir-se assim* ou num *a decisão x é a decisão correcta*[62], pelo que se qualificam como critérios normativos de decisão.

Significa isto que uma qualquer convicção subjectiva do juiz, não apoiada num processo objectivo e racional que leve à dedução de uma conclusão inferencial a partir das premissas probatórias resultantes da produção de prova não pode fundar uma decisão[63], sendo irrelevante para o processo decisório o processo mental de fundamentação intersubjectiva que leva o juiz a formar uma convicção *não justificada*, isto é, não baseada nos critérios normativos apontados.

A ideia de que é a justificação que é fundamental ao nível do processo decisório, sendo irrelevante uma convicção não apoiada na prova e num processo racional lógico-dedutivo é reforçada pela exigência de fundamentação da decisão jurisprudencial. Exige a legislação nacional que uma sentença seja *fundamentada*, sob pena de nulidade (artigo 205º, nº 1, da Constituição da República Portuguesa, artigos 374º, nº 2 e 379º, nº 1, alínea *a*), do CPP e artigos 158º, 653º, nº 2, 659º, nºˢ 2 e 3, 668º, nº 1, alíneas *b*) e *c*) e 712º, nº 3, do CPC). A fundamen-

---

[59] Defendendo o modelo de persuasão racional como *modelo racional de justificação da livre convicção judiciária sobre a actividade probatória*, TEIXEIRA DE SOUSA, *A Livre Apreciação, cit.*, p. 20 e ss. Segundo este modelo, o juiz tem de basear a sua decisão em *critérios racionalmente perceptíveis* que permitam justificar e fundamentar a mesma.

[60] Segundo MATTHIAS STEUP, *The Analysis of Knowledge, cit.*, 2., par. 8, *the role of the justification condition is to ensure that the analysans does not mistakenly identify as knowledge a belief that is true because of epistemic luck*.

[61] Racional no sentido de apoiada na prova produzida e num raciocínio lógico-dedutivo. *Vide* TEIXEIRA DE SOUSA, *A Livre Apreciação, cit.*, p. 35, que afirma que a *racionalidade pressupõe dedução lógica de uma conclusão das premissas fornecidas*.

[62] Tece-se aqui, ao nível das funções da prova e da coerência proposicional, um paralelismo com a distinção de HART entre os aspectos externos e internos das regras, que já tinha sido avançada, em moldes um pouco diferentes, por MICHAEL PARDO, *The Field of Evidence and the Field of Knowledge*, 2004, disponível em http://papers.ssrn.com/sol3/papers.cfm?abstract_id=691703, p. 23. Afirma MICHAEL PARDO que *the evidence, process, or method that, from the external perspective, justifies a belief by making it objectively likely to be true may also, from the internal perspective, be a reason, evidence, for accepting or retaining the belief*. Sobre os aspectos internos e externos das regras, HERBERT HART, *O Conceito de Direito*, Fundação Calouste Gulbenkian, Lisboa, 2007, p. 65-66 e 316 e ss.

[63] Em sentido convergente, TEIXEIRA DE SOUSA, *A Livre Apreciação, cit.*, p. 21 e GERHARD WALTER, *Libre Apreciación de la Prueba. Investigación acerca del Significado, las Condiciones y Límites del Libre Convencimiento Judicial*, Temis Libreria, Bogotá, 1985, p. 153.

tação da decisão jurisprudencial permite o seu controlo pelos tribunais superiores, em termos objectivos. Ao reexaminar a decisão tomada pelo tribunal *a quo*, os juízes do tribunal superior não sindicam a convicção do juiz do tribunal inferior. Esta é formada através de um processo de índole subjectiva, para o qual dificilmente se encontrarão requisitos homogéneos que permitam um controlo exterior. Mais, não obstante a base objectiva que é dada à convicção pelos meios probatórios e pela coerência proposicional, é possível que o juiz forme uma convicção contrária àquela que o processo de justificação aconselha, quer em virtude de elementos relacionados com o seu pré-entendimento e as suas vivências pessoais, culturais, sociais ou económicas, quer por as provas com base nas quais o juiz formou a sua convicção não poderem ser utilizadas em juízo. O tribunal *ad quem* sindica, antes, a conformidade do processo lógico-dedutivo de justificação da decisão, ou seja, se a rede de proposições em que se baseou a decisão é coerente e se esta e a prova apoiam, ou não, a decisão tomada pelo tribunal *a quo*. Há uma análise objectiva dos pressupostos que têm de estar preenchidos para que um litígio seja decidido da forma x e não da forma y[64], impedindo uma sequência de apreciações unicamente baseadas em convicções subjectivas.

Não obstante, a *convicção racional* do juiz pode originar um resultado diferente daquele que resulta da *justificação*, ou seja, pode haver uma discrepância entre o que resulta do processo interno e do processo externo de decisão. Dito de outra forma, a prova apresentada em juízo pode originar determinadas premissas probatórias que sustentam um conjunto de proposições factuais, que por sua vez contêm os factos concretos aptos a justificar uma determinada conclusão inferencial, mas não convencer racionalmente o juiz da verdade dessa conclusão.

Imagine-se que do teste de coerência resulta que (I) é verdadeira, mas o juiz está racionalmente convicto de que (I) é falsa. Por exemplo: as provas 1., 2. e 3. formam as premissas probatórias i), ii) e iii), desenvolvendo-se uma rede de coerência proposicional que sustenta a conclusão inferencial (I) *"A morte de F foi acidental"*. Há ainda uma prova 4., que consiste na confissão de D a A em como tinha morto F, interceptada por meio de escutas ilegais, e que forma a premissa probatória *iv)*, e uma rede de coerência que sustenta a conclusão inferencial (II) *"D matou F"*. O juiz tem acesso à prova 4. e forma a sua convicção com base nela, estando convicto de que (II) é verdadeira e (I) é falsa. Todavia, a utiliza-

---

[64] Para que a sindicância do processo decisório seja devidamente realizada pelos tribunais superiores, é necessário que a fundamentação da decisão inclua a enumeração dos factos considerados provados e não provados – ou seja, as premissas probatórias – e os meios de prova que fundaram o raciocínio lógico-indutivo que levou a uma determinada conclusão. Sobre a evolução histórica e o conteúdo do dever de fundamentação, TEIXEIRA DE SOUSA, *A Livre Apreciação, cit.*, p. 33 e ss e MICHELE TARUFFO, *La Motivazione della Sentenza Civile*, Cedam, Padova, 1975, p. 319 e ss.

ção da prova 4. em juízo é proibida, à luz do artigo 190º, do CPP, em conjunto com o artigo 126º, nº 3, do mesmo diploma. As provas 1., 2. e 3. são utilizáveis e sustentam um resultado que é contrário à convicção racional do juiz. Como não pode fundamentar a sua decisão com base na prova 4., o juiz é obrigado a fundamentá-la com base nas provas 1., 2. e 3., dando como provada a conclusão inferencial (I), embora esteja convicto, racionalmente, de que (I) é falsa e (II) é verdadeira[65]. Prevalece a *justificação* sobre a *convicção racional* do juiz. Significa isto que o juiz tem conhecimento de (I), profere uma decisão baseada em (I), mas não está dela convicto. Nesta situação, há conhecimento sem convicção racional[66].

Noutro exemplo: imaginem-se duas conclusões inferenciais contraditórias entre si, (A) *"Alberto é proprietário de x"* e (B) *"Alberto não é proprietário de x"*. A prova 1., que consiste num documento particular assinado, origina uma rede de proposições que sustenta a conclusão inferencial (A). Todavia, o documento particular é evidentemente falso, o juiz apercebe-se dessa falsidade, mas a parte sobre quem recai a prova do contrário não alega a falsidade[67]. Neste caso, o juiz forma uma convicção racional, porque baseada na prova apresentada em juízo, de que a conclusão inferencial verdadeira é (B) e não (A). Todavia, não podendo declarar oficiosamente a falsidade do documento particular (artigo 376º, nº 1, do CC), o juiz tem de decidir com base numa suposta veracidade do mesmo, vindo o advogado a justificar, a final, que a conclusão (A) é verdadeira, embora o não seja e o juiz esteja racionalmente convicto de que não o é. Este exemplo não só demonstra a prevalência da justificação sobre a convicção racional como também que a prova e a coerência proposicional indiciam, mas não garantem, a correspondência de uma proposição com a realidade.

No caso de a justificação e a convicção racional apontarem em sentidos diferentes, *prevalece* o resultado da prova e do teste de coerência e não a convicção

---

[65] O exemplo comprova a conclusão de que nem todas as convicções verdadeiras constituem conhecimento, no sentido de serem a base para a fundamentação de uma decisão. Sobre isto, escreve DONALD DAVIDSON, *A Coherence Theory*, cit., p. 319: *We cannot, alas, draw the picturesque and pleasant conclusion that all true beliefs constitute knowledge. For though all of a believer's beliefs are to some extent justified to him, some may not be justified enough, or in the right way, to constitute knowledge.*

[66] Afirma MATTHIAS STEUP, *The Analysis of Knowledge*, cit., 1.1., par. 1, que *although initially it might seem obvious that knowing that p requires believing that p, some philosophers have argued that knowledge without belief is indeed possible.*

[67] O ónus da alegação e o ónus da prova andam associados: compete à parte a quem os factos aproveitam alegá-los e prová-los. Vide o artigo 342º, nºs 1 e 2, do CC. Sobre o ónus da prova subjectivo, RUI RANGEL, *O Ónus da Prova no Processo Civil*, cit., p. 130-132.

racional do juiz[68]. Significa isto que a justificação é *condição necessária e suficiente* para uma decisão jurisprudencial mas a convicção racional do juiz é meramente *eventual*, não legitimando, *per si*, uma decisão. A decisão jurisprudencial depende, em primeiro lugar, do resultado objectivo do teste de verdade que é a coerência entre uma proposição e um conjunto de premissas probatórias, as quais, por sua vez, têm a sua própria base objectiva de existência: a prova apresentada em juízo. O juiz julga segundo a coerência proposicional, a prova em que esta se baseia e as regras probatórias estabelecidas pela lei (como as relativas ao ónus da prova, ao valor probatório, à admissibilidade dos meios de prova e à decisão em caso de *non liquet*). Se o resultado dos critérios normativos de decisão for contraditório com a convicção do juiz, ainda que racional, está vedada a este último uma tomada de decisão não consentânea com aqueles critérios normativos, ou seja, exclusivamente baseada na sua convicção não racional da verdade de uma conclusão inferencial ou racionalmente apoiada em elementos objectivos que, contudo, não podem relevar no âmbito do litígio em apreço. Uma conclusão contrária levaria a uma inadmissível discricionariedade do juiz e à submissão das partes ao arbítrio deste último[69].

Dito de outro modo, a convicção racionalmente formada pelo juiz é *justificada se e só se* for estritamente baseada num processo proposicional lógico-dedutivo baseado nas provas permitidas em juízo e consentâneo com estas e com as regras probatórias legalmente estabelecidas (por exemplo, no caso do documento par-

---

[68] CASTRO MENDES, *Do Conceito de Prova*, *cit.*, p. 104, distingue entre o resultado probatório derivado da convicção do juiz do resultante da prova legal. Considerando o que se expôs no texto, tal distinção não se pode ter por correcta. Em princípio, a convicção racional será consentânea com as regras legais, caso em que o resultado probatório derivado daquela e o resultado probatório dado por estas serão coincidentes. Se o resultado probatório de uma e de outras diferir, só o derivado das regras legais releva. O resultado dado pela convicção não tem relevância *per se*.

[69] Tendo em consideração os actuais modelos decisórios jurisprudenciais no âmbito do processo civil, penal e administrativo, o termo *discricionariedade* não é aplicável à função jurisdicional. O juiz não tem discricionariedade nas suas decisões, no sentido técnico que é atribuído ao vocábulo no âmbito da função administrativa. A discricionariedade administrativa significa que a lei confere à Administração Pública o poder de escolher entre um leque de alternativas de actuação juridicamente possíveis. A Administração pode escolher agir ou não agir, optar por uma das hipóteses de actuação previstas na lei ou definir a sua própria actuação concreta, dependendo a sua conduta de uma *discricionariedade volitiva*. No caso da função jurisdicional, não existe uma *discricionariedade volitiva*, pois o juiz não se limita a escolher, de entre os factos submetidos a juízo, aqueles que *prefere* dar como provados. A decisão jurisprudencial implica um processo de cognição objectivo baseado nos critérios normativos elencados no texto, enquanto que a decisão administrativa se baseia num processo volitivo baseado em preferências. Sobre a discricionariedade administrativa, por exemplo, MARCELO REBELO DE SOUSA e ANDRÉ SALGADO DE MATOS, *Direito Administrativo Geral*, I, 3ª ed., Dom Quixote, Lisboa, 2004, p. 184 e ss. Traçando uma comparação entre a discricionariedade administrativa e a livre apreciação do juiz, GERHARD WALTER, *Libre Apreciación*, *cit.*, p. 190-192.

ticular apresentado *supra*, estão em causa o princípio do dispositivo – artigo 264º, nº 1, do CC – e as regras do ónus da prova – artigo 342º, nº 2, do CC). Se a convicção do juiz for formada por via de outro processo apto à formação de uma convicção racional, mas não admissível à luz do direito probatório, essa convicção é indiferente para a decisão jurisprudencial.

Em termos epistemológicos, o exposto reconduz-se à distinção entre *convicção verdadeira justificada* ou *conhecimento* e *convicção verdadeira simples* ou *convicção acidental*[70]. No campo decisório, um processo lógico apto à formação de uma convicção racional não baseado nas relações de coerência e na prova, com respeito pelas regras relativas a esta, leva a uma *convicção acidental* da verdade de uma conclusão inferencial. Retomando as condições do *conhecimento proposicional* estabelecidas no início deste sub-capítulo, sucede que o juiz está convencido de P, mas não tem uma justificação para essa convicção. A convicção forma-se com uma base de apoio que, embora possa ser relevante ou aceite noutros campos do saber, não o é ao nível do processo decisório. Neste último, somente a convicção que respeite os critérios normativos e as regras probatórias estipulados para o juízo decisório é considerada *conhecimento*. A convicção assim formada é uma convicção *justificada*, isto é, apoiada num processo lógico aceite e, por isso mesmo, *não acidental*.

A *justificação* corresponde, então, ao processo lógico-objectivo que respeita os critérios normativos da prova e da coerência proposicional e as regras legais sobre prova, conduzindo a uma decisão jurisprudencial *adequada*[71]. A *convicção verdadeira justificada* ou *conhecimento* é aquela que é formada com base nesse processo.

4.2. A *probabilidade* de correspondência com a realidade como fim do processo decisório

Tendo em consideração que os factos não podem ser directamente percepcionados pelo juiz, que a representação da realidade através da linguagem é de carácter parcial e que o único critério de verdade acessível é a coerência entre pro-

---

[70] As expressões no texto são uma adaptação das utilizadas pela doutrina inglesa que se debruça sobre o problema da estrutura do conhecimento e da justificação. Nesta literatura, o *conhecimento* é definido como *non accidentally true belief* ou *justified true belief*, enquanto uma qualquer convicção é designada por *mere true belief*. Sobre o assunto, MICHAEL PARDO, *The Field of Evidence, cit.*, p. 3 e ss, JONATHAN KVANVIG, *Coherentist Theories, cit.*, 2.2., MATTHIAS STEUP, *The Analysis of Knowledge, cit.*, 1..

[71] Tendo em consideração que se defendeu que a verdade enquanto valor norteador da actividade jurisdicional se relaciona com a correspondência absoluta entre uma proposição e os factos e que a coerência proposicional é o melhor indicador dessa correspondência, podendo apenas fazer-se um juízo de probabilidade e não de certeza, uma *decisão adequada* é aquela que traduz a probabilidade mais elevada de correspondência entre a rede proposicional e a realidade factual.

posições[72], é forçoso admitir que a verdade pode transcender o conjunto das convicções e que, portanto, a coerência entre uma proposição e um conjunto de proposições específicas pode oferecer uma solução que não corresponde à realidade factual. Isto admitindo que, embora a coerência seja o melhor indicador possível da realidade factual, a verdade consiste na correspondência entre uma proposição e os factos. Simplesmente, essa correspondência perfeita não é sindicável pelo ser humano, pelo que uma decisão pode ser a mais adequada face à realidade factual, e o juiz não conhecer dessa adequação.

Por ser inacessível ao ser humano o conhecimento de que atingiu a correspondência absoluta entre proposição e realidade, todo o juízo sobre acontecimentos factuais se limita a um cálculo de probabilidades[73], sendo forçoso considerar que permanece sempre uma margem de erro na tomada de decisões jurisprudenciais. A verdade é, assim, um mero valor ideal que norteia a actividade jurisdicional[74] e não um objectivo atingível. De facto, não faz sentido que o objectivo da actividade decisória seja procurar a verdade absoluta, se o conhecimento de que se atingiu esta é vedado ao espírito humano, não sendo racionalmente exigível ao juiz uma *certeza* de que a realidade se tenha passado da forma *x* ou *y*. Faz antes sentido a exigência de uma *convicção verdadeira justificada* da *elevada probabilidade* de que a prova e a rede de coerência sustentem proposições verdadeiras e de que, por consequência, a hipótese factual reconstruída em juízo corresponda à situação factual real[75] [76].

---

[72] *Supra*, 2.1. e 2.2.

[73] Relacionando verdade e probabilidade, afirma Castro Mendes, *Do Conceito de Prova, cit.*, p. 374, que *como conceito de verdade basta-lhe* [ao Direito] *o conceito probabilístico e quantitativizante (...) que dá* Sauer: *"a maior concordância possível de uma proposição (de um juízo) com o seu objecto"*.

[74] Neste sentido, Piero Calamandrei, *Verità e Verosimiglianza, cit.*, p. 191.

[75] Em sentido semelhante, Planck, *apud* Gerhard Walter, *Libre Apreciación, cit.*, p. 150, que afirma: *La certeza jurídica es certeza histórica o certeza empírica. Desde el punto de vista de la certeza matemática no es más que vesosimilitud, pero una verosimilutud de un grado tan alto que es el único que el ser humano alcanza cuando comprueba hechos... Del juez no se exige ni puede exigirse más, porque de lo contrario se le estaría pidiendo lo imposible*. Também Castro Mendes, *Do Conceito de Prova, cit.*, principalmente p. 320 e ss, assumindo-se como partidário da *corrente probabilística*.

[76] As ideias da verdade enquanto valor norte e a probabilidade elevada enquanto objectivo da actividade decisória constituem as bases da chamada *teoria da verosimilhança preponderante*, originária da Escandinávia e adoptada por parte da doutrina alemã. Seria mais adequado denominar esta teoria como teoria da *probabilidade* preponderante, pois, como já alertado em (44), *verosimilhança* e *probabilidade* são conceitos com um significado preciso no processo decisório. Enquanto o juízo de probabilidade se apoia num processo inferencial baseado na prova que permite que uma proposição seja *provada como verdadeira*, o juízo de verosimilhança é baseado em máximas de experiência, dispensando a actividade probatória e estabelecendo meramente uma *aparência de verdade* de uma proposição. Sobre a teoria da verosimilhança preponderante, Gerhard Walter, *Libre Apreciación, cit.*, nomeadamente p. 158 e ss e 193 e ss.

A apreciação da prova não é, assim, um meio de *descoberta* da verdade, mas um meio de *demonstração* da probabilidade de correspondência entre a hipótese factual e a situação factual real[77], assim como o é a coerência de uma rede de proposições.

A partir da prova e da coerência proposicional, o juiz estima a probabilidade[78] de um facto ter ocorrido e de ter ocorrido da forma *x*. Tratando-se de um juízo de probabilidade, mantém-se sempre a hipótese de o facto não ter ocorrido ou de ter ocorrido da forma *y*, ou seja, de o juízo realizado estar errado[79].

Embora o juízo decisório seja um juízo de probabilidade, esta última traduz apenas a maior ou menor correspondência entre a hipótese factual e a realidade factual, e já não um qualquer grau de convicção racional formado pelo juiz. O juiz forma a convicção racional de que é provável que a realidade se tenha passado *assim* e não de outra forma, isto é, convence-se racionalmente de que é provável que hipótese e realidade correspondam. Mas a própria convicção racional não pode ser expressa em moldes de probabilidade ou, se se preferir, através de uma escala de intensidade[80]. Ou o juiz está convicto de que uma proposição é verdadeira e de que um facto se passou *assim* ou não está. O convencimento do juiz não é provavelmente maior ou menor, conforme seja maior ou menor a probabilidade de correspondência entre uma rede de proposições e os factos. A partir de um certo grau de probabilidade de correspondência entre a hipótese e a realidade, o juiz convence-se, racionalmente, de que a factualidade apresentada em juízo *existe* e que a decisão correcta é a *x* e não a *y*. Nos processos em que

[77] Segundo Teixeira de Sousa, *A Livre Apreciação*, cit., p. 5 e 19, *a prova judiciária é a demonstração convincente de afirmações de facto*, sendo a verdade expressa *por uma proposição que relaciona uma descrição com um facto*. Também Castro Mendes, *Do Conceito de Prova*, cit., p. 281-282 considera que a prova tem uma função de demonstração e não de descoberta da verdade, dado que *ao passo que a demonstração ou verificação pressupõe uma hipótese, que vai ou não confirmar, a descoberta prescinde de qualquer representação prévia da verdade, mesmo provisória*.
[78] Naturalmente que a probabilidade de que se fala não é uma probabilidade matemática, dada em termos percentuais, por não se estar no campo das ciências exactas, mas das ciências humanas. No processo decisório jurisprudencial, a probabilidade é expressa através de conceitos indeterminados, como *previsivelmente, muito provavelmente, probabilidade elevada*. Afastando o conceito probabilístico matemático da área da decisão jurisprudencial, Gerhard Walter, *Libre Apreciación*, cit., p. 150, 159 e *passim*.
[79] Como bem nota Von Canstein, *apud* Gerhard Walter, *Libre Apreciación*, cit., p. 149 (5), *la conviccion es solamente la conciencia de la suma verosimilitud y no excluye la posibilidad de que aquello de cuya verdad estamos convencidos podría no obstante no ser verdad*.
[80] No sentido apontado no texto, Castro Mendes, *Do Conceito de Prova*, cit., p. 324. Parecendo apontar no sentido contrário, Teixeira de Sousa, *A Livre Apreciação*, cit., p. 25, na medida em que distingue entre probabilidade objectiva e probabilidade subjectiva, sendo a primeira *a frequência relativa do acontecimento de um facto* e a segunda *a convicção sobre a realidade de um facto*.

é exigido um grau de probabilidade menor de correspondência entre a hipótese e a realidade – *maxime* nos processos de composição provisória de litigios, como as providências cautelares (artigos 381º, nº 1, 384º, nº 1 e 387º, nº 1, do CPC) – essa menor probabilidade não se refere à convicção racional do juiz mas sim ao suporte justificativo desta, ou seja, a uma menor exigência na apresentação da factualidade que sustenta a pretensão, da prova que a demonstra e do grau de coerência entre as proposições que constituem o processo decisório. A instrução é menos complexa e o grau de probabilidade de correspondência entre hipótese e realidade a partir do qual o juiz se convence da necessidade de tutela jurisdicional é menor do que o exigido para o processo ordinário de cognição.

4.3. A relação entre a probabilidade de correspondência com a realidade e o valor probatório dos meios de prova e da rede proposicional

Estando o processo decisório sujeito aos critérios normativos da prova e da coerência, a probabilidade de correspondência entre a hipótesese factual reconstruída em juízo e a situação factual real depende das características da prova e da rede proposicional.

A capacidade de um meio probatório e de uma rede de proposições em espelhar a factualidade objectiva denomina-se *valor probatório*[81]. No caso dos meios probatórios, distingue-se o valor probatório *abstracto*, o qual é intrínseco a cada meio de prova, dependendo da sua própria natureza e características, e o valor probatório *concreto*, porque dependente da contextualização factual e do próprio objecto sobre o qual o meio de prova incide[82]. Já as proposições possuem um valor probatório *concreto*, porque este depende, em cada situação submetida a litígio, das outras proposições da mesma rede proposicional e do suporte que a esta é dada pelas provas produzidas em juízo.

O valor probatório pode referir-se, por um lado, ao *grau de certeza com que as provas demonstram a realidade dos factos a que se referem, isto é, a eficácia de um meio de prova*[83]. O valor de um determinado meio de prova é aferido de acordo com a sua natureza e a sua maior ou menor capacidade intrínseca de *indicia[r], com frequên-*

---

[81] Relativamente às proposições que constituem o juízo decisório, MICHAEL PARDO, *The Field of Evidence, cit.*, p. 51-52 e 55.

[82] Por exemplo, o valor probatório da prova testemunhal depende tipicamente da credibilidade de cada testemunha que presta o seu depoimento.

[83] Por todos, a definição de ANA PRATA, *Dicionário Jurídico*, I, 5ª ed., Almedina, Coimbra, 2008, p. 682. Também SCHREIBER, apud GERHARD WALTER, *Libre Apreciación, cit.*, p. 162: *El valor probatorio de un medio de prueba es la verosimilitud de la verdad de que lo que el medio de prueba expresa concuerda com la realidad*. MANUEL DE ANDRADE, *Noções Elementares de Processo Civil*, Coimbra Editora, Coimbra, 1979, p. 212, REMÉDIO MARQUES, *Acção Declarativa à Luz do Código Revisto*, Coimbra Editora, Coimbra, 1987, p. 383.

cia uniforme, a realidade de um facto[84]. Tendo um meio de prova uma capacidade uniforme de expressar fielmente a realidade factual[85], o seu valor probatório é legalmente fixado. Um meio probatório pode, em processo civil, ter um valor legalmente estabelecido[86] [87]de:

a) Prova bastante, só podendo ser contrariada por meio de contraprova (artigo 346º, do CC), a qual torna duvidosa ou incerta a realidade do facto contido na premissa probatória;
b) Prova plena, que apenas cede perante a prova do contrário (artigo 347º, do CC), isto é, com a demonstração de um facto contrário ao suportado pela premissa probatória ou pela prova de que o facto não é verdadeiro;
c) Prova pleníssima, a qual não cede nem perante contraprova nem prova do contrário.

Já os meios probatórios que, pela sua natureza, espelhem a realidade factual de forma não uniforme, dependendo a sua capacidade de demonstrar os factos do caso concreto, não têm o seu valor legalmente fixado, dependendo da convicção racionalmente formada pelo juiz sobre o valor que se lhes deva atribuir[88].

Em processo penal não há, em rigor, uma atribuição de valores legais determinados a cada meio de prova, sendo esta, em regra, livremente apreciada (artigo 127º, do CPP). Ainda assim, a livre apreciação da prova conhece várias limitações, podendo inclusivamente a valoração do meio probatório ser subtraída ao juízo do julgador, como no caso da prova pericial (artigo 163º, do CPP) ou de documentos autênticos ou autenticados (artigo 169º, do CPP).

---

[84] TEIXEIRA DE SOUSA, *A Livre Apreciação, cit.*, p. 9.
[85] Como sinónimos desta capacidade utilizar-se-ão as palavras *idoneidade, aptidão* e *fiabilidade*.
[86] É o caso da confissão judicial escrita e da confissão extrajudicial feita por meio de documento autêntico ou particular (artigo 358º, n. os 1 e 2, do CC), dos documentos autênticos (artigo 371º, nº 1, do CC), dos documentos particulares (artigos 377º e 371º, nº 1 para os documentos particulares autenticados e 374º, nº 2, do CC, para os documentos particulares não autenticados mas assinados) e das presunções legais (artigo 350º, nº 2, do CC).
[87] Sobre o valor das provas legais, *vide* MANUEL DE ANDRADE, *Noções Elementares de Processo Civil, cit.*, p. 212 e TEIXEIRA DE SOUSA, *A livre apreciação, cit.*, p. 31-32, PIRES DE LIMA e ANTUNES VARELA, *Código Civil Anotado*, I, 4ª ed., Coimbra Editora, Coimbra, 1987, principalmente as anotações aos artigos 346º, 347º, 358º, 371º, 376º 377º, 389º, 391º e 396º
[88] É o caso da confissão extrajudicial provada por testemunhas (artigo 358º, nº 3, do CC), da confissão judicial não escrita (artigo 358º, nº 4, do CC), da confissão extrajudicial feita a terceiro ou contida em testamento (artigo 358º, nº 4, do CC), dos documentos particulares não assinados, da perícia (artigo 389º, do CC), da inspecção (artigo 391º, do CC) e da prova testemunhal (artigo 396º, do CC).

Sendo os meios de prova a base da rede proposicional, a verdade das proposições a esta pretencentes depende em parte do seu suporte probatório. Assim, a probabilidade de correspondência entre a rede de proposições e os factos objectivos depende das características qualitativas e quantitativas da prova apresentada em juízo[89]. Quanto maior o apoio que os meios de prova derem à rede proposicional, maior a probabilidade de que as proposições que a constituem sejam verdadeiras e, por conseguinte, que os factos alegados em juízo existam. Diferentes meios de prova podem proporcionar diferentes suportes probatórios a uma rede específica de proposições.

A nível da rede proposicional, o valor probatório é aferido em concreto, consistindo na *força que uma rede de proposições específica dá a uma conclusão inferencial num determinado contexto constituído por múltiplas proposições factuais*[90]. Tal força depende, por um lado e como já se viu, do valor probatório dos meios de prova. Por outro lado, depende do tipo de coerência existente dentro da rede proposi-

---

[89] Relacionando a probabilidade de correspondência entre uma hipótese factual e a situação factual real e o suporte probatório, ALEX STEIN, *Foundations, cit.*, p. 81-82. Para o AUTOR, *any probability estimate (...) is conditioned upon its evidential base: the stronger the base, the stronger the estimate. (...) In other words, probability estimates differ in weight, depending on how rich their supporting evidence is.*

[90] A concepção de força probatória adoptada é em quase tudo semelhante à de MICHAEL PARDO, *The Field of Evidence, cit.*, p. 51-52 e 55: *probative value (...) is a conclusion that refers to the strength an evidential premise provides a particular inference in a particular multi-premise context and not to kinds of evidence or likelihood ratios.* O AUTOR tece considerações sobre a força probatória no contexto de uma teoria da verdade denominada *Reabilism*, e que nasce da crítica ao "problema do retrocesso", tipicamente apontado às teorias da coerência. De acordo com esta crítica, para as teorias da coerência as proposições são representações de um sistema de convicções, pelo que *the beliefs about the beliefs (including the belief that the beliefs are known) would need to be justified, and so on, and on* (o citado AUTOR, p. 25). Donde, a suposta necessidade de uma teoria que fizesse o *shift* das convicções baseadas em outras convicções para as convicções baseadas num processo de justificação objectivo (o AUTOR, p. 26 e ss). Contudo, uma teoria da coerência moderada (ou uma teoria da correspondência moderada) não implica a formação de convicções sobre convicções e é compatível com um processo de justificação objectivo. Na construção que se veio a formular no texto, uma coisa é o processo de justificação, objectivo, formado através da prova e do teste de verdade e outra coisa é a convicção subjectiva, formada com base nesses mesmos elementos, mas que pode diferir da justificação objectiva e que não prevalece sobre esta. Consegue-se assim a decorrência de dois processos paralelos, um objectivo e outro (intra)subjectivo, em que: *a)* O resultado do processo objectivo prevalece sobre o resultado do processo subjectivo; *b)* Embora no processo subjectivo a convicção seja baseada noutras convicções e assim sucessivamente, o processo objectivo é formado por um teste lógico-dedutivo de coerência e apresenta, no seu grau último, um elemento também ele objectivo, que permite um *input* da realidade; *c)* Sendo o processo objectivo aquele que prevalece, no grau último da cadeia já não está outra convicção, mas um meio probatório, que permite uma ligação com a realidade que não se consegue num puro sistema de convicções. Sobre o facto de o sistema proposicional ir assimilando a realidade, sendo um sistema dinâmico, LAWRENCE BONJOUR, *The Structure, cit.*, p. 139-146.

cional. Quanto maior for a coerência da rede proposicional, isto é, quanto mais forte for a relação de coerência entre proposições, maior a probabilidade de correspondência entre a hipótesese factual reconstruída em juízo e a situação factual real.

De acordo com o exposto, a probabilidade de o resultado do processo decisório ser adequado à situação factual real será tanto maior quanto maior for o valor probatório de um meio de prova e quanto maior for a força que uma rede de proposições der a uma conclusão inferencial.

Estas duas vertentes do valor probatório – a dos meios de prova e a da rede ppoposicional – são conciliáveis e até complementares entre si[91]: a prova justifica uma decisão não só pelo seu valor probatório intrínseco e concreto, mas também porque suporta, num caso concreto, uma rede de proposições que dão força a uma hipótese factual[92]. O valor probatório dos meios de prova condiciona a força das premissas probatórias e a formação do conjunto proposicional com base no qual se vai estabelecer a verdade de uma conclusão inferencial.

Por exemplo, se uma premissa probatória for formada com base numa confissão judicial escrita, a qual tem força probatória plena (artigo 358º, nº 1, do CC), podendo ser contrariada apenas pela prova do contrário (artigo 347º, do CC), essa premissa terá uma força superior na justificação da conclusão inferencial (X) como verdadeira do que uma premissa formada por via de prova testemunhal (artigo 396º, do CC), que pode ser ilidida por mera contraprova (artigo 346º, do CC).

Assim, existe uma relação directa entre o valor probatório de um meio de prova, o valor probatório de uma rede proposicional específica, a verdade de uma conclusão inferencial e a correspondência à realidade.

A probabilidade de correspondência aos factos objectivos é directamente proporcional à probabilidade de uma conclusão inferencial ser verdadeira. Esta última é directamente proporcional à probabilidade de verdade das proposições factuais, que por sua vez depende da força que um conjunto de premissas probatórias lhe dá. A força das premissas probatórias está condicionada pela capacidade intrínseca dos meios probatórios em espelhar a realidade. Quanto maior a probabilidade de correspondência aos factos objectivos, maior a probabilidade de existência de um facto.

[91] Contra aquilo que propugna alguma doutrina anglo-saxónica, segundo a qual *weight or probative value (like relevance) is, of course, a relational concept referring to the connection between a premise and a conclusion in a particular multi-premise context. Thus, it is non-sensical to discuss the weight or probative value of types of evidence in the abstract.* Assim, MICHAEL PARDO, *The Field of Evidence*, cit., p. 55-58.
[92] Contra, MICHAEL PARDO, *The Field of Evidence*, cit., p. 58, afirmando que *evidence does not justify (provide reason) for a judgement because it has high probative value; evidence has that value because of the strength it provides the inferences in which it serves as premises (the strength of the reasons in the context).*

Não obstante o valor probatório abstracto dos meios de prova ser uma bitola normativa que estabelece uma ligação entre um tipo de meio de prova e a probabilidade de correspondência com a realidade, essa bitola não implica um resultado necessário ou forçoso, como já se indiciou em 3.2.. Logicamente, é *provável* que determinados meios probatórios, pela sua natureza, espelhem a realidade mais adequadamente do que outros. O que não significa que, em concreto, perante as provas apresentadas num determinado litígio, o juíz não possa vir a concluir que uma certa prova cujo valor esteja submetido à sua apreciação transmite de forma mais fiável a situação factual real do que uma prova cujo valor se encontre legalmente fixado. Por exemplo, pode o juiz considerar que, num determinado litígio concreto, a testemunha que ouviu é altamente credível e considerar que o valor probatório do testemunho é o de prova plena, o que o equipara ao valor de um documento particular assinado (artigo 376º, nº 1, do CC) que haja sido apresentado em juízo. O testemunho, que por defeito apenas faz prova bastante dos factos, podendo ser contrariado por mera contraprova, passa a ter, naquele litígio concreto, um valor probatório superior, cedendo apenas perante prova do contrário. Assim, o testemunho, que em abstracto tem uma capacidade intrínseca de demonstração da realidade factual inferior ao documento particular assinado, apresenta, em concreto, a mesma fiabilidade demonstrativa dos factos que o documento particular assinado.

Por outro lado, quando o valor probatório de um meio de prova é livremente apreciado pelo tribunal, este pode decidir da capacidade concreta desse meio de prova em demonstrar a realidade factual com base em regras e máximas da experiência, o que lhe permite atribuir um valor não correspondente aos valores definidos em normas sobre o valor probatório ou decidir da maior ou menor fiabilidade de dois meios probatórios com o mesmo valor probatório legal. Por exemplo, a confissão judicial e a confissão extrajudicial feita em documento particular possuem o mesmo valor probatório abstracto (fazem prova plena, à luz dos artigos 358º, n.ºs 1 e 2 e 376º, nº 1, do CC). Todavia, diz a experiência que uma confissão realizada em tribunal é mais fidedigna do que uma confissão realizada extrajudicialmente[93], pelo que o juiz pode atribuir um peso superior à primeira, embora legalmente o seu valor probatório seja o mesmo.

Mais, o suporte probatório de uma rede proposicional é frequentemente constituído por uma panóplia de meios probatórios com diferentes valores probatórios, pelo que o apoio que a prova dá a uma rede proposicional pode não ser uniforme. Por exemplo, as provas 1., 2. e 3., com o valor de prova bastante, originam a premissa probatória (1), enquanto a prova 4., com o valor de prova plena, origina a premissa probatória (2). Imagine-se que (1) e (2) são contraditórias.

---

[93] No mesmo sentido, ALEX STEIN, *Foundations, cit.*, p. 119.

Qual prevalece? (1) porque tem 3 provas a sustentá-la, embora de valor probatório inferior à prova 4. ou (2) porque a prova que a origina tem valor probatório superior a 1., 2. e 3., embora estas sejam em maior número? Este caso apenas pode ser resolvido em concreto e demonstra que o valor probatório não afasta outros critérios que operem numa situação concreta de litígio.

Por fim, diga-se ainda que, sendo a probabilidade de coincidência entre a hipótese factual e a situação factual real dependente não só do valor probatório dos meios de prova como também de um critério próprio das relações entre proposições – a coerência – pode suceder que os dois critérios não coincidam na probabilidade de demonstração da realidade factual: se uma proposição altamente coerente com as restantes proposições de uma mesma rede for sustentada por uma prova qualitativamente fraca não se deverá ter por muito provável que seja verdadeira; da mesma forma, uma proposição sustentada por um meio de prova com uma força probatória elevada que seja sistematicamente inconsistente com as restantes proposições da rede específica será de verdade duvidosa.

Assim, o valor probatório abstracto é um critério que oferece uma *probabilidade* de correspondência entre a hipótese factual e a situação factual real, não sendo no entanto a única bitola aplicável e devendo ser combinado com outros critérios que se adequem ao litígio concreto, nomeadamente as regras e máximas de experiência e a ponderação quantitativa dos meios de prova. Acresce a tal que o critério do valor probatório tem de ser consistente com o critério da coerência para que o juiz possa chegar a uma conclusão sobre a probabilidade de correspondência entre a hipótese factual e a realidade.

A Informação como Objeto de Direitos*

DÁRIO MOURA VICENTE
Professor Catedrático da Faculdade de Direito da Universidade de Lisboa

> «*The general rule of law is, that the noblest of human productions – knowledge, truths ascertained, conceptions, and ideas – became, after voluntary communication to others, free as the air to common use.*»
>
> LOUIS BRANDEIS, J., *in International News Service v. Associated Press*, 248 U.S. 215 (1918).

I – Posição do problema

Vamos ocupar-nos nesta exposição da questão de saber se e em que medida pode a informação constituir objeto de direitos subjetivos.

Importa, para este efeito, precisar o conceito de informação[1]. Numa aceção ampla, ele exprime duas realidades distintas: os dados ou conteúdos que podem ser objeto do conhecimento humano e o próprio ato ou processo pelo qual a informação é comunicada a outrem. O sentido que aqui nos interessa é tão-somente o primeiro.

---

* Conferência proferida em Florianópolis, em 30 de setembro de 2010, no *Seminário Internacional Sobre Sociedade da Informação* da Universidade Federal de Santa Catarina.
[1] Sobre o ponto, *vide* Jean-Christophe Galloux, «Ébauche d'une définition juridique de l'information», *Recueil Dalloz*, 1994, Chroniques, pp. 229 ss. ; Ulrich Sieber, «The Emergence of Information Law: Object and Characteristics of a New Legal Area», *in* Eli Lederman/Ron Shapira, *Law, Information and Information Technology*, Haia/Londres/Nova Iorque, 2001, pp. 1 ss.; Maria Eduarda Gonçalves, *Direito da Informação*, Coimbra, 2003, pp. 7 ss.; Michael Kloepfer, *Informationsrecht*, Munique, 2002, pp. 23 ss.; e Thomas Hoeren, *Internet- und Kommunikationsrecht*, Colónia, 2008, p. 1.

É bem sabido que a informação passou nos últimos anos a condicionar as relações sociais de modo mais decisivo do que nunca. Este fenómeno é atribuível, essencialmente, a dois fatores. Por um lado, o advento da tecnologia digital, que trouxe novas possibilidades de processamento, armazenagem e comunicação de informação, ao permitir a conversão daquela em dígitos suscetíveis de serem reconhecidos e interpretados pelos computadores. Por outro, o surgimento da Internet, através da qual a informação pode ser instantaneamente colocada à disposição de um público vastíssimo, cujos membros ficam habilitados a aceder a ela a partir do lugar e no momento em que quiserem.

Em virtude da facilidade e da rapidez do acesso à informação proporcionadas por estas inovações tecnológicas, e da consequente abundância de informação disponível, esta assume hoje um papel nuclear na vida social, tanto no plano económico como no cultural e no político.

Com efeito, a automatização e a simplificação da atividade empresarial associadas ao uso das tecnologias da informação permitem reduzir substancialmente os custos das transações e constituem hoje a principal força motriz do aumento da produtividade. A facilitação do acesso à informação abriu também novas perspetivas ao ensino e à investigação científica, do mesmo passo que constitui um importante fator de aculturação. Além disso, a informação ocupa em vários países uma indústria em rápido crescimento, responsável por parte significativa do produto nacional de muitos países. O acesso à informação condiciona ainda o funcionamento dos sistemas políticos, na medida em que, por um lado, o livre acesso à informação é um dos esteios da «sociedade aberta» mas, por outro, ela constitui um importante instrumento de controlo dos cidadãos pelo Estado.

É este fenómeno, assaz complexo e de contornos não inteiramente definidos, que correntemente se designa através do conceito de *sociedade da informação*.

Ora, o advento da sociedade da informação está na origem de uma multiplicidade de novos problemas jurídicos.

Não sofre dúvida, com efeito, que, na aceção referida, a informação é um *bem*: uma coisa apta a satisfazer necessidades humanas.

Trata-se por outro lado, não raro, de um bem dotado de alto valor económico. Mas este último tem muitas vezes um caráter efémero, pois depende de a informação ser conservada em poder do seu criador ou detentor. Se a informação for partilhada com outros, perde o seu valor económico.

A não ser, evidentemente, que a utilização e a exploração económica da informação, ainda que divulgada publicamente, sejam colocadas na dependência do consentimento do seu criador ou detentor.

A questão fundamental que a este respeito se coloca é, pois, a de saber se a informação pode em alguma medida ser objeto de *direitos de exclusivo* sobre a sua utilização e exploração. É deste problema que vamos curar no presente estudo.

Ocupar-nos-emos, porém, aqui apenas da existência de direitos patrimoniais sobre a informação: direitos de propriedade, direitos autorais, direitos industriais ou outros direitos de exclusivo *sui generis*. Fora do âmbito da nossa indagação fica, assim, o problema – só por si merecedor de um estudo autónomo – de saber se a informação, na medida em que consista em dados pessoais, pode ser objeto de direitos de personalidade.

II – Alguns casos. Interesses em jogo

Consideremos, antes de mais, alguns casos em que o problema aludido pode colocar-se.

A, jornalista, faz publicar em determinado órgão de comunicação social uma notícia relativa a um acontecimento recente. Pode opor-se à sua divulgação não autorizada por outro órgão de comunicação social?

B descobre as causas genéticas de certa patologia humana e revela-as num artigo científico. Um laboratório farmacêutico, baseando-se na informação assim divulgada, produz e comercializa um medicamento que visa combatê-la. Pode *B* reclamar do laboratório um pagamento?

C, fabricante de um refrigerante, conserva há muitos anos em segredo a respetiva fórmula química. Um concorrente seu descobre a fórmula. Pode *C* opor-se a que o produto do seu concorrente seja comercializado sem a sua autorização?

D, tendo adquirido um exemplar de um programa de computador, analisa-o e determina o algoritmo que se encontra na sua base. Pretende em seguida utilizá-lo num programa concorrente, que se propõe comercializar. Pode fazê-lo sem autorização do titular do primeiro programa?

E recolhe numa base de dados, ao longo de vários anos, informações que lhe foram sendo gratuitamente fornecidas por diversas Universidades sobre o género, idade e naturalidade dos estudantes de Direito que as frequentam. Um investigador pretende utilizar essas informações num estudo científico. Pode fazê-lo sem autorização de *E*?

Como é bom de ver, a atribuição de direitos de exclusivo sobre a utilização e exploração deste tipo de informações permite recompensar o esforço e os avultados investimentos que a recolha e o tratamento da informação por vezes requerem, os quais em alguma medida pressupõem a existência de estímulos económicos para o efeito.

Mas ela contende inevitavelmente com o livre acesso do público à informação, na medida em que fica assim reservada a alguns a sua utilização. Restringe-se também deste modo a inovação tecnológica, que pressupõe a livre circulação da informação.

Além disso, essa atribuição de direitos constitui um limite à concorrência entre os agentes económicos e à descida dos preços dos produtos e serviços proporcionada pela concorrência entre os respetivos fornecedores.

É este conflito de interesses que o Direito tem de resolver. Vejamos em que termos o faz.

III – Direitos de propriedade sobre a informação?

A primeira questão que pode colocar-se a este respeito consiste em saber se a informação é suscetível de constituir objeto de direitos de propriedade.

É esta a tese sustentada em França por Pierre Catala, que admite inclusivamente a aplicação das regras sobre a acessão às hipóteses de transformação de informação alheia[2].

Segundo aquele autor, «a informação é, em princípio, apropriada desde a sua origem; [...] ela pertence [...] ao seu autor, quer dizer, àquele que lhe dá forma para a tornar comunicável [...]»[3]. «Juridicamente», acrescenta, «não deve existir informação "vaga e sem dono"»[4]. Em suma, no seu entender «o bem informação, em princípio, acede à vida jurídica sob o signo da propriedade do seu autor»[5].

Esta tese depara, no entanto, com sérias dificuldades.

De jure condendo, porque é altamente indesejável a admissão, como princípio geral, de que a informação é suscetível de apropriação individual, tendo em conta que a inovação e o progresso tecnológico sempre dependeram em alguma medida da sua livre disseminação[6].

De jure condito, porque a informação é um *bem incorpóreo*, que não tem, por si só, existência física. Tal como outros bens incorpóreos, não pode, por isso, constituir objeto do direito de propriedade[7].

De resto, a informação pode ser reproduzida, divulgada e utilizada ao mesmo tempo por diversas pessoas e em diversos lugares sem que isso diminua a sua

---

[2] Cfr. «Ebauche d'une théorie juridique de l'information», *Recueil Dalloz Sirey*, 1984, pp. 97 ss. Ver ainda, do mesmo autor, «La propriété de l'information», *in Le droit à l'épreuve du numérique. Jus ex Machina*, Paris, 1998, pp. 245 ss. Um ponto de vista distinto é porém sustentado, perante o ordenamento jurídico francês, por Christian Le Stanc, «The rights of the creator of information in France», *European Intellectual Property Review*, 1989, pp. 32 s., e por André Lucas/Jean Devèze/Jean Frayssinet, *Droit de l'informatique et de l'Internet*, Paris, 2001, pp. 271 ss.
[3] Cfr. «Ebauche d'une théorie juridique de l'information», cit., p. 99.
[4] *Ibidem*, p. 103.
[5] *Ibidem, idem*.
[6] Nesta linha de orientação, veja-se Pamela Samuelson, «Information as Property: Do *Ruckelshaus* and *Carpenter* Signal a Changing Direction in Intellectual Property Law?», *Catholic University Law Review*, 1988-1988, pp. 365 ss.
[7] Haja vista, em Portugal, ao disposto no art. 1302º do Código Civil.

disponibilidade ou utilidade. Nisto se traduz a sua *ubiquidade*. Por este motivo, a informação não é suscetível de posse: a ninguém é dado exercer o domínio físico sobre ela. Uma vez divulgada, não pode ser restituída à respetiva fonte. A reivindicação, por exemplo, seria destituída de sentido quanto a ela.

Faltam, por isso, à informação alguns dos carateres fundamentais dos bens que se encontram sujeitos ao direito de propriedade.

Naturalmente que o Direito pode criar, a favor de certo ou certos sujeitos, exclusivos de outra natureza sobre bens incorpóreos, reservando-lhes, em determinadas condições, a respetiva utilização ou exploração económica. Veremos adiante se, e em que medida, esses outros exclusivos são extensíveis à informação.

Tão-pouco pode extrair-se do direito de propriedade sobre um bem corpóreo um exclusivo de utilização e exploração comercial da informação respeitante a esse bem.

O problema pôs-se recentemente num caso julgado pelo *Oberlandesgericht* de Brandeburgo[8] e pelo *Bundesgerichtshof*[9].

Curava-se, na espécie, de saber se uma fundação alemã, proprietária de diversos parques e jardins sitos em Berlim, podia opor-se validamente à comercialização *online*, pelo titular de um sítio Internet, de fotografias desses imóveis, tiradas sem a sua autorização.

Segundo a fundação, autora numa ação que decorreu nos tribunais alemães, essa prerrogativa compreender-se-ia no seu direito de propriedade sobre os ditos imóveis.

O *Oberlandesgericht* de Brandeburgo rejeitou, porém, essa alegação no acórdão que proferiu sobre o caso.

A reprodução comercial de fotografias de uma coisa própria não corresponde, no entender do Tribunal, a um direito de exclusivo de que o proprietário dessa coisa seja titular. Os direitos que os §§ 903 e 1004 do Código Civil alemão reconhecem a este último apenas podem ser exercidos quando a utilização da coisa seja afetada, o que não seria o caso.

De outro modo, acrescentou o Tribunal, a possibilidade de fotografar sem correr o risco de lesar direitos alheios ficaria restrita às coisas próprias e ao alto mar.

A pretensão da autora envolveria, além disso, um alargamento do âmbito de proteção da propriedade aos bens imateriais. Ora, este é regulado por disposições legais específicas, nomeadamente as que constam do Direito das Patentes,

---

[8] Cfr. o acórdão de 18 de fevereiro de 2010, reproduzida na *Zeitschrift für Urheber- und Medienrecht*, 2010, pp. 356 ss.
[9] Cfr. o acórdão de 17 de dezembro de 2010, disponível em http://lexetius.com.

do Direito das Marcas, do Direito de Autor e do Direito Geral de Personalidade; e não pelas regras atinentes ao direito de propriedade.

O *Bundesgerichtshof* afastou-se, no entanto, parcialmente deste entendimento, considerando que o proprietário de um imóvel pode opor-se, dentro de certas condições, à captação e comercialização de fotografias do mesmo sem a sua autorização prévia.

O referido Tribunal reconheceu, é certo, que a captação de fotografias não afeta a substância do direito de propriedade, pois não impede o desfrute do bem que constitui objecto deste.

Admitiu, além disso, que o proprietário de um imóvel não tem um direito exclusivo à captação e comercialização de fotografias análogo ao dos autores.

Mas do direito aos frutos produzidos pelo imóvel, previsto no § 99, número 3, do BGB, decorreria, segundo o *Bundesgerichtshof*, a faculdade de o proprietário se opor à captação de tais fotografias a partir do interior do mesmo.

Já as fotografias tiradas a partir de sítios públicos ou de outros imóveis seriam lícitas mesmo sem autorização prévia do proprietário.

IV – Direitos de autor sobre a informação?

Vejamos agora se o Direito de Autor atribui direitos de exclusivo sobre a informação.

A resposta a esta questão deve ser em princípio negativa. Na verdade, o Direito de Autor não protege simples informações, mas antes *obras intelectuais*, i. é, criações do espírito humano[10].

Para tanto, é aliás ainda necessário que tais obras relevem do domínio literário, científico e artístico[11]. Não é obra protegida pelo Direito de Autor, por conseguinte, toda e qualquer criação intelectual. Esta qualificação também se aplica, com efeito, às invenções, aos modelos de utilidade e aos desenhos e modelos industriais; mas estas criações apenas são, quando muito, tuteladas pelo Direito da Propriedade Industrial, não pelo Direito de Autor.

Exige-se, por outro lado, que as referidas criações sejam dotadas de *originalidade*[12]: a obra deve ser fruto de um *esforço criador* do sujeito a quem é atribuída,

---

[10] Ver sobre o ponto, José de Oliveira Ascensão, *Direito de autor e direitos conexos*, Coimbra, 1992, p. 57; idem, *Direito Autoral*, 2ª ed., Rio de Janeiro, 1997, pp. 27 ss.; Gerhard Schricker/Ulrich Loewenheim, *Urheberrecht. Kommentar*, 2ª ed., Munique, 1999, pp. 57 ss. ; André Lucas/Henri-Jacques Lucas, *Traité de la propriété littéraire et artistique*, 3ª ed., Paris, 2006, pp. 53 ss.; Manfred Rehbinder, *Urheberrecht*, 14ª ed., Munique, 2006, pp. 59 ss.; Haimo Schack, *Urheber- und Urhebervertragsrecht*, 4ª ed., Tubinga, 2007, pp. 93 ss.; e Reto Hilty, *Urheberrecht*, Berna, 2011, pp. 67 ss.

[11] Cfr., em Portugal, o art. 1º, nº 1, do Código do Direito de Autor e dos Direitos Conexos (doravante CDADC).

[12] Cfr. Luiz Francisco Rebello, *Introdução ao Direito de Autor*, vol. I, Lisboa, 1994, pp. 87 ss.

ou, dito de outro modo, deve representar um contributo intelectual próprio do autor[13], refletindo de alguma sorte a sua personalidade[14].

Finalmente, a proteção pelo Direito de Autor pressupõe que as criações em causa sejam *exteriorizadas* de certa forma (escrita, oral, etc.). Excluem-se, portanto, do âmbito da proteção do Direito de Autor as simples ideias, os processos, os sistemas, os métodos operacionais, os conceitos, os princípios e as descobertas. Na realidade, o que o Direito de Autor tutela é apenas a forma de expressão de uma criação intelectual, e não a substância desta última. O que bem se compreende, pois a concessão de exclusivos sobre simples ideias entravaria irremediavelmente o progresso cultural e científico, que de alguma sorte sempre dependeu da possibilidade de se debaterem e reelaborarem ideias alheias.

A informação que não obedeça a estes requisitos não é, portanto, protegida pelo Direito de Autor.

Nalguns casos, ainda que a informação preencha os requisitos referidos, está subtraída à proteção jusautoral. Tal o caso das «notícias do dia» e dos «relatos de acontecimentos diversos com caráter de simples informações»[15]. A lei confere nestes casos primazia ao interesse público em aceder à informação[16] sobre o interesse particular do autor das simples notícias.

Mas há desvios ao referido princípio.

Estabelecem-se, com efeito, nas leis de diversos países regras especiais para certas categorias de obras. É o que sucede, por exemplo, em matéria de programas de computador[17], relativamente aos quais se consagra hoje um regime um tanto diverso do que vale para a generalidade das obras intelectuais[18].

Por um lado, porque se prevê que o «utente legítimo» de um programa de computador – mas só ele – pode, sem autorização do titular do programa, observar, estudar ou ensaiar o funcionamento deste, para determinar as ideias e os princípios que estiverem na base de algum dos seus elementos, quando efetuar qualquer operação de carregamento, visualização, execução transmissão ou armazenamento[19]. O que inevitavelmente implica alguma restrição ao princípio da liberdade de circulação das ideias em que, como dissemos, assenta o Direito de Autor.

---

[13] Assim Xavier Linant de Bellefonds, *Droits d'auteur et droits voisins*, Paris, 2002, p. 44.
[14] Cfr. Pierre-Yves Gautier, *Propriété littéraire et artistique*, 5ª ed., Paris, 2004, p. 50 ; André Lucas/Henri-Jacques Lucas, *Traité de la propriété littéraire et artistique*, cit., p. 72.
[15] A que se refere o art. 7.º, n.º 1, alínea *a*), do CDADC.
[16] Que a Constituição portuguesa protege no art. 37º, nº 1.
[17] Cfr., em Portugal, o CDADC, art. 36º, e o D.L. nº 252/94, de 20 de outubro.
[18] Ver, sobre esse regime, com particular referência ao Direito português, José Alberto Vieira, *A protecção dos programas de computador pelo Direito de Autor*, Lisboa, 2005.
[19] D.L. nº 252/94, art. 6º, nº 1, alínea *b*).

Por outro, porque apenas é lícita a «descompilação» (*reverse engineering*) das partes de um programa de computador com certas limitações. Essa operação só é permitida, com efeito, na medida do necessário à *interoperabilidade* (ou seja, à interação funcional) do programa em causa com outros programas e quando for essa a via indispensável para a obtenção de informações necessárias a essa interoperabilidade[20]; não, por exemplo, para a elaboração de um programa concorrente.

Além disso, as informações obtidas através da descompilação não podem ser utilizadas de modo a lesar a exploração normal do programa originário ou a causar um prejuízo injustificado aos interesses legítimos do titular do direito, nem podem ser comunicadas a outrem quando tal não for necessário para a interoperabilidade do programa criado independentemente[21].

Reserva-se assim ao titular do programa a utilização de certas informações que estão na base dele. A própria informação é, deste modo, elevada à condição de objeto de direitos.

V – Direitos industriais sobre a informação?

A questão que colocámos a respeito do Direito de Autor pode também pôr-se quanto ao Direito da Propriedade Industrial. Pergunta-se por isso: concederá este último direitos de exclusivo sobre a informação?

Supomos que também neste caso a resposta deve ser negativa.

De acordo com um princípio universalmente aceite, não são patenteáveis as descobertas, as teorias científicas e os métodos matemáticos[22]. Por descobertas quer-se significar, para este efeito, a revelação de causas, propriedades ou fenómenos existentes na natureza[23].

A informação científica não é, pois, em si mesma patenteável. Só as suas aplicações à resolução de problemas concretos, i.é, as invenções, podem sê-lo, desde que sejam novas (*hoc sensu*, não compreendidas no estado da técnica). Assim, por exemplo, a descoberta de que a introdução de uma mistura de ar e combustível num cilindro, que seja depois comprimida por um pistão, tem um efeito explosivo, ou de ignição, gerando assim energia, é insuscetível de ser patenteada. Mas uma máquina concebida especificamente para este efeito, *v.g.* o motor de um automóvel, pode sê-lo.

---

[20] *Idem*, art. 7º, nº 1.
[21] *Idem*, art. 7º, nº 4.
[22] Cfr., em Portugal, o art. 52º, nº 1, alínea a), do Código da Propriedade Industrial (doravante CPI).
[23] Assim, William Cornish/David Llewelyn, *Intellectual Property: Patents, Copyright, Trade Marks and Allied Rights*, 6ª ed., Londres, 2007, p. 215.

Bem se compreende que assim seja. De outro modo, o progresso científico ficaria restringido, pois toda a utilização da informação científica, ainda que para fins desinteressados, teria de ser licenciada.

Aliás, caso se concedessem patentes sobre a informação científica sem se especificar qual ou quais as suas utilizações práticas, os exclusivos a elas inerentes teriam um âmbito potencialmente muito vasto – porventura até indeterminável. O que acarretaria riscos muito graves para a sociedade, que ficaria à mercê do respetivo titular.

Mesmo as invenções, a fim de serem patenteadas, têm de ser reveladas publicamente. A informação subjacente à invenção não é, pois, em si mesma objeto de um exclusivo. Este incide apenas sobre os diferentes modos possíveis de exploração da invenção[24], ou seja, sobre as aplicações práticas da informação em causa. A divulgação da informação científica é, nesta medida, a contrapartida fundamental do direito exclusivo.

Além disso, o titular da patente é obrigado a explorá-la e a comercializar os resultados obtidos, por forma a satisfazer as necessidades do mercado[25], sob pena de ser concedida a terceiro uma licença obrigatória sobre a patente[26].

O interesse público domina, por conseguinte, o regime dos direitos industriais, limitando fortemente a possibilidade de apropriação individual da informação científica.

Claro que o criador ou detentor da informação pode optar por não solicitar uma patente, antes a mantendo em segredo. É o chamado *segredo comercial* ou *segredo de negócio*.

Pergunta-se por isso: haverá neste caso algum direito de exclusivo sobre a informação em causa? O problema é do maior relevo, dado o elevadíssimo valor económico de muitos segredos de negócio.

A matéria foi regulada no Acordo Sobre os Aspetos dos Direitos de Propriedade Intelectual Relacionados com o Comércio (TRIPS ou ADPIC)[27], anexo ao Acordo que instituiu a Organização Mundial de Comércio (OMC), assinado em Marraquexe a 15 de abril de 1994[28].

---

[24] Cfr. o art. 101º, nº 1, do CPI.
[25] Art. 106º, nº 1, do CPI.
[26] *Idem*, art. 107º, nº 1, alínea *a*).
[27] Aprovado para ratificação, em Portugal, pela Resolução da Assembleia da República nº 75-B/94, de 15 de dezembro de 1994, *in Diário da República*, I série-A, nº 298, de 27 de dezembro de 1994, 5º suplemento.
[28] Sobre o qual podem consultar-se, por muitos, Daniel Gervais, *The TRIPS Agreement: Drafting History and Analysis*, 2ª ed., Londres, 2003; e Carlos M. Correa, *Trade Related Aspects of Intellectual Property Rights. A Commentary on the TRIPS Agreement*, Oxford, 2007.

O art. 39º, nº 1, deste Acordo, que integra a secção 7 intitulada «informações não divulgadas» (*undisclosed information, renseignements non divulgués*), dispõe que, ao assegurar uma proteção efetiva contra a concorrência desleal, conforme previsto no artigo 10º-*bis* da Convenção de Paris para a Proteção da Propriedade Industrial, de 20 de março de 1883[29], os Estados membros do TRIPS protegerão as informações não divulgadas em conformidade com o disposto no nº 2 e os dados comunicados aos poderes públicos ou organismos públicos em conformidade com o disposto no nº 3[30].

Acrescenta o nº 2 da mesma disposição que as pessoas singulares e coletivas terão a possibilidade de impedir que informações legalmente sob o seu controlo sejam divulgadas, adquiridas ou utilizadas por terceiros sem o seu consentimento, de forma contrária às práticas comerciais leais, desde que essas informações sejam *secretas* (no sentido de não serem geralmente conhecidas ou facilmente acessíveis, na sua globalidade ou na configuração e ligação exatas dos seus elementos constitutivos, para pessoas dos círculos que lidam normalmente com o tipo de informações em questão); tenham *valor comercial* pelo facto de serem secretas; e hajam sido objeto de *diligências consideráveis*, atendendo às circunstâncias, por parte da pessoa que detém legalmente o controlo das informações, no sentido de as manter secretas.

Submete-se, pois, neste Acordo o segredo comercial ao regime da concorrência desleal, mandando-se aplicar-lhe as correspondentes disposições da Convenção de Paris. Nos termos desta, constitui ato de concorrência desleal qualquer ato de concorrência contrário aos usos honestos em matéria industrial ou comercial[31].

Consagra-se, assim, uma proteção potencialmente muito vasta do segredo comercial, a que estão sujeitos todos os Estados membros da OMC.

No entanto, o Acordo TRIPS, embora classifique o segredo comercial, no art. 1º, nº 2, como uma «categoria de propriedade intelectual», não o protege em si mesmo, mas tão-só nas relações entre concorrentes e na medida em que a sua divulgação, aquisição ou utilização se mostrem contrárias às «práticas comerciais leais».

---

[29] Revista por último através do Ato de Estocolmo de 14 de julho de 1967, aprovado para ratificação, em Portugal, pelo Decreto nº 22/75, de 22 de janeiro. Veja-se, a respeito desta Convenção, o nosso *A Tutela Internacional da Propriedade Intelectual*, Coimbra, 2008, pp. 138 ss., com mais referências.

[30] Ver, sobre essa disposição, François Dessemontet, «Protection of Trade Secrets and Confidential Information», *in* Carlos M. Correa/Abdulqawi A. Yusuf (orgs.), *Intellectual Property and International Trade: The TRIPS Agreement*, 2ª ed., Austin, etc., 2008, pp. 271 ss.

[31] Cfr. o art. 10º-*bis*, nº 2.

O chamado *reverse engineering*, ou «desmontagem conceptual» do produto, não é, por conseguinte, proibido[32]: qualquer um pode, pelos seus próprios meios, desvendar um segredo comercial – *v.g.* a fórmula química que está na base de certo medicamento – e fazer uso dele, uma vez que o segredo não está protegido contra a respetiva utilização em geral, ao contrário do que sucede nas patentes.

O art. 39º não cria, pois, um direito de exclusivo sobre o segredo de negócio análogo ao que incide, por exemplo, sobre as invenções patenteadas.

O titular do segredo comercial não pode, por isso, impedir um terceiro de fazer uso das informações em causa se este as tiver obtido por meios lícitos. Assim se procura conciliar no Acordo TRIPS os interesses atrás referidos.

O art. 318º do Código da Propriedade Industrial português, que tem a epígrafe «informações não divulgadas», transpôs para a ordem jurídica interna a citada disposição do Acordo TRIPS.

Nos termos desse preceito, apenas são proibidos em Portugal os atos de divulgação, obtenção ou utilização das informações em causa sem o consentimento do respetivo titular se houver uma *relação de concorrência*, traduzida na disputa da mesma clientela em certo mercado e desde que esses atos tenham caráter desleal, por serem contrários às *normas e usos honestos* de certo ramo da atividade económica.

Compreendem-se no conceito de «segredo de negócio», utilizado no referido preceito o *segredo industrial*, i. é, os conhecimentos técnicos, patenteáveis ou não, e as técnicas, fórmulas e práticas industriais inovadoras; e o *segredo comercial stricto sensu*, no qual se abrangem os métodos de gestão, de comercialização e de trabalho utilizados pelas empresas.

Consagra-se, por conseguinte, naquela disposição o segredo comercial em sentido amplo.

Cabem neste conceito invenções (*v.g.* fórmulas para o fabrico de produtos, máquinas, processos), compilações de dados (incluindo listas de clientes e de fornecedores), simples ideias (estratégias empresariais, métodos de publicitação, venda e distribuição, etc.) e outras informações não compreendidas nas categorias anteriores (por exemplo, relativas a atividades de investigação e desenvolvimento).

Em suma, também a lei portuguesa, embora dê proteção aos segredos de negócio, se abstém de atribuir aos seus detentores qualquer direito de exclusivo sobre a respetiva utilização.

---

[32] Ver Denis Borges Barbosa, *Uma introdução à propriedade intelectual*, 2ª ed., Rio de Janeiro, 2003, p. 655.

VI – Direitos *sui generis* sobre a informação?

Para além dos direitos conferidos pelas normas de Direito de Autor e de Direito Industrial, importa averiguar se existem direitos *sui generis* sobre a informação, que não se reconduzam a qualquer dos tipos de exclusivos concedidos por esses ramos da propriedade intelectual.

O problema põe-se designadamente a propósito das chamadas bases de dados.

Entende-se por base de dados um «conjunto de informações inter-relacionadas organizado segundo um esquema para servir uma ou mais aplicações acessíveis por meio de um programa»[33].

Nos Estados-Membros da União Europeia, os fabricantes de bases de dados beneficiam hoje, na sequência da transposição da Diretiva 96/9/CE, de 11 de março de 1996[34], de um direito, com a duração de 15 anos, de proibir a extração ou a reutilização da totalidade ou de uma parte substancial, avaliada qualitativa ou quantitativamente, do conteúdo da base de dados.

Trata-se, pois, de um direito que incide sobre a utilização do conteúdo da base, i.é, a informação dela constante[35].

Na origem deste novo direito estão, por um lado, a perceção do elevado risco de utilização comercial não autorizada do conteúdo das bases de dados disponíveis eletronicamente, a qual se encontra hoje muito facilitada; e, por outro, os consideráveis custos que a recolha e ordenação dos dados em causa podem implicar (razão por que aquele risco constituiria, segundo alguns, uma «falha de mercado»).

Ora, o direito do fabricante da base de dados é um exclusivo: um *direito de proibir*, na expressão da Diretiva. Mas qual a sua natureza?

Para que haja proteção nos termos previstos na Diretiva, é necessário, como requisito essencial, que a obtenção, verificação ou apresentação do conteúdo da base de dados represente um «investimento substancial do ponto de vista qualitativo ou quantitativo»[36].

Não se requer, em contrapartida, que tenha ocorrido uma criação intelectual. Qualquer «coletânea de obras, dados ou outros elementos independentes, dispostos de modo sistemático ou metódico e suscetíveis de acesso individual

---

[33] Cfr. Academia das Ciências de Lisboa, *Dicionário da língua portuguesa contemporânea*, vol. I, Lisboa, 2001, p. 494.

[34] Publicada no *Jornal Oficial das Comunidades Europeias*, nº L 77, de 27 de março de 1996, pp. 20 ss. Foi transposta para a ordem jurídica portuguesa pelo D.L. nº 122/2000, de 4 de julho.

[35] Assim, Oliveira Ascensão, «Direito intelectual, exclusivo e liberdade», *Revista da Ordem dos Advogados*, 2001, pp. 1195 ss. (pp. 1211 s.).

[36] Art. 7.º, n.º 1, da Diretiva.

por meios eletrónicos ou outros»[37], por trivial que seja, merece proteção nos termos da Diretiva, desde que tenha implicado o referido investimento.

Daí que o direito do fabricante não possa ser qualificado como um direito de autor, o qual, como dissemos acima, protege a obra enquanto formalização de uma criação intelectual original[38].

Trata-se, por certo, de um direito intelectual; mas a sua finalidade precípua consiste em proteger o investimento realizado pelo fabricante da base de dados na recolha e apresentação destes[39].

O direito do fabricante é, aliás, segundo a própria Diretiva, independente de a base de dados ser protegida pelo direito de autor ou por outros direitos[40].

A Diretiva consagra também – cumpre notá-lo – a proteção jusautoral das bases de dados; mas esta é necessariamente limitada, pois apenas se tutelam desse modo as bases que, «devido à seleção ou disposição das matérias, constituem uma criação intelectual específica do respetivo autor»[41], e não os dados em si mesmos, ainda que a sua recolha tenha exigido avultados recursos económicos.

Através do aludido direito do fabricante das bases de dados tem-se em vista prevenir situações de parasitismo: a utilização comercial dos dados constantes da base por quem não investiu na sua recolha ou ordenação.

Ora, o parasitismo, já o vimos, é sancionado em diversos países através das regras que reprimem a concorrência desleal. Como, porém, na União Europeia esse instituto não está harmonizado – pois os sistemas jurídicos do Reino Unido e da Irlanda não lhe conferem autonomia –, criou-se o direito sobre as bases de dados.

Eis por que já se tem visto nele um sucedâneo da concorrência desleal: um direito intelectual estreitamente ligado ao Direito de Autor (ao menos no plano sistemático), mas que visa finalidades próprias do Direito Comercial[42].

---

[37] *Idem*, art. 1º, nº 2.
[38] Neste sentido se pronuncia também Alberto Sá e Melo, «Tutela jurídica das bases de dados (A transposição da Diretriz 96/9/CE)», in AAVV, *Direito da Sociedade da Informação*, vol. I, Coimbra, 1999, pp. 111 ss. (p. 160).
[39] Reconhece-o expressamente o considerando 40 da Diretiva. Ver ainda, no mesmo sentido, os acórdãos do Tribunal de Justiça da União Europeia de 9 de novembro de 2004, processo C-203/02, *The British Horseracing Board Ltd. e o. contra William Hill Organization Ltd.*, nºs 45 s., e de 9 de outubro de 2008, processo C-304/07, *Directmedia Publishing GmbH contra Albert-Ludwigs-Universität Freiburg*, nº 33, ambos disponíveis em http://curia.europa.eu.
[40] Art. 7º, nº 4. Ver ainda a este respeito, por último, o acórdão do Tribunal de Justiça da União Europeia de 1 de março de 2012, processo C-604/10.
[41] Art. 3º, nº 1.
[42] Cfr. José de Oliveira Ascensão, «Bases de dados eletrónicas: o estado da questão em Portugal e na Europa», in AAVV, *Direito da Sociedade da Informação*, vol. III, Coimbra, 2002, pp. 9 ss. (p. 17).

Compreende-se, assim, que o direito do fabricante da base de dados seja qualificado pela própria Diretiva como um direito *sui generis*[43]: um direito insuscetível de ser reconduzido a qualquer das categorias até aqui examinadas.

De notar, em todo o caso, que este direito *sui generis* é uma criação do Direito Europeu, até hoje não acolhida nos Estados Unidos da América e no Brasil. Ao que não serão estranhas as fortes críticas que foram dirigidas ao modelo europeu de regulação das bases de dados, pelos riscos de apropriação privada da informação que envolve e pelos elevados custos sociais a ela inerentes[44].

VII – Balanço e conclusões

A atribuição de direitos de exclusivo sobre bens intelectuais, incluindo a informação, tem, à luz de quanto se disse, caráter excecional.

O facto de a informação ser um bem dotado de valor económico não constitui, por si só, fundamento para se admitir a respetiva apropriação individual, a qual inevitavelmente limita o acesso do público à mesma com todos os inconvenientes a isso associados.

Só a informação que se traduza numa *criação intelectual* suscetível de proteção nos termos das regras do Direito de Autor ou do Direito Industrial merece, em princípio, ser objeto de direitos de exclusivo. Qualquer outra solução subverteria o regime desses dois ramos do Direito.

Ainda assim, nenhuma dessas vertentes da denominada propriedade intelectual protege a informação em si mesma, antes se tutela através delas tão-só a sua *particular expressão*, no caso do Direito de Autor, ou as suas *concretas aplicações práticas*, no caso do Direito Industrial.

O sistema jurídico vigente admite, é certo, direitos *sui generis* sobre a informação, mormente no caso das bases de dados, que escapam aos princípios gerais daqueles dois ramos do Direito. Mas tais direitos apenas existem se e na medida em que a lei os preveja. Os tipos de bens incorpóreos suscetíveis de constituírem objeto de direitos de exclusivo estão, pois, sujeitos a um *numerus clausus*.

Sempre que seja possível conferir proteção ao esforço e ao investimento realizados na recolha e no tratamento da informação sem conceder direitos de exclusivo, *v.g.* fazendo apelo às regras da concorrência desleal, é desnecessário

---

[43] Cfr. o considerando 18 da Diretiva e a epígrafe do capítulo III.

[44] Foi, aliás, rejeitada pelo Congresso norte-americano uma proposta de lei no sentido da adoção de um regime análogo ao instituído na Diretiva europeia de 1996. Ver Jane Ginsburg, «Copyright, Common Law, and Sui Generis Protection of Databases in the United States and Abroad», *University of Cincinnati Law Review*, vol. 66 (1997/1998), pp. 151 ss.; J. H. Reichman/Pamela Samuelson, «Intellectual Property Rights in Data?», *Vanderbilt Law Review*, 1997, pp. 49 ss.

e indesejável sob o ponto de vista da disseminação da informação consagrar tais direitos.

Não existe, por isso, no Direito vigente qualquer princípio geral de apropriação da informação pelo seu criador ou detentor. Ao invés: a utilização da informação deve considerar-se submetida a um *princípio de liberdade*. Só deste modo a sociedade da informação realizará o seu desígnio de contribuir para o progresso do conhecimento.

A (i)legitimidade da criação ou participação em sociedades comerciais por associações de empregadores: consequências jurídicas

EDUARDO PAZ FERREIRA
Professor Catedrático da Faculdade de Direito da Universidade de Lisboa

ANA PERESTRELO DE OLIVEIRA
Professora Auxiliar da Faculdade de Direito da Universidade de Lisboa

1. O problema à luz da atual compreensão da capacidade das pessoas coletivas

A legitimidade da criação ou participação pelas associações de empregadores em sociedades comerciais que oferecem bens e serviços no mercado tem colocado justificadas dúvidas, práticas e teóricas, no campo do direito laboral e societário, tendo em conta o disposto nos artigos 443º do Código do Trabalho e 160º do Código Civil. A atividade destas entidades, diretamente herdeiras das associações patronais, é regulada, como é sabido, não só pelas regras civis gerais em matéria de associações, mas também pelo Código do Trabalho, que precisamente restringe o respetivo objeto, numa regra com já longa tradição: do revogado decreto-lei nº 215-C/75, de 30 de abril, ela transitaria para o artigo 510º do Código de Trabalho de 2003 e hoje está presente, ainda que com diversa formulação, no artigo 443º do Código do Trabalho (CT).

Nos termos desta norma, as associações de empregadores não podem dedicar-se à produção ou comercialização de bens ou serviços ou de qualquer modo intervir no mercado, sem prejuízo de lhes ser permitido prestar serviços de caráter económico ou social aos seus associados. Não obstante, são conhecidos os casos em que a regra é posta em causa e alegada a legitimidade da criação ou participação em sociedades comerciais. O atual contexto de alargamento da capacidade das pessoas coletivas e a tendência para a erosão do princípio da especialidade, literalmente consagrado no artigo 160º do Código Civil, serviria de argumento para sustentar a admissibilidade de uma prática que parece contrariar o disposto na legislação laboral. Perante a perda da rigidez tradicional daquele princípio – cuja origem tem sido localizada, recorde-se, nos direitos anglo-saxónicos, onde conhece, ainda hoje, uma inflexibilidade que perdeu nos ordenamentos continentais[1] –, alega-se que as associações de empregadores podem desenvolver atividades lucrativas (*maxime,* por intermédio de sociedades comerciais) desde que com o fim mediato de beneficiar os seus associados. Considerando o escopo último não lucrativo destas associações, é certo que uma visão rígida do princípio da especialidade ditaria a invalidade de todo e qualquer ato praticado tendo em vista o lucro e logo se concluiria pela ilegitimidade da constituição ou participação em sociedade cujo objeto fosse a oferta de bens ou a prestação de serviços não apenas à associação ou aos seus associados, mas também em termos externos, ao mercado em geral. Nenhuma análise adicional seria requerida: nos termos do artigo 160º do CC, a oferta de serviços ao mercado, com finalidade lucrativa, ultrapassa os fins da associação – por natureza de índole não lucrativa –, sendo os atos *ultra vires* nulos nos termos do artigo 294º do CC. A solução seria, de resto, confirmada pelo artigo 443º/3, do CT. Mais profunda indagação estaria, pois, dispensada.

Não é este, porém, o entendimento atualmente dominante do princípio da especialidade, compreensivelmente mais flexível e abrangente. É à luz deste que cumpre desenvolver a nossa análise, tendo em vista apurar a procedência da argumentação utilizada para a intervenção das associações de empregadores no mercado por intermédio de sociedades comerciais. Começaremos, por isso, por determinar qual o sentido a atribuir hoje ao artigo 160º do Código Civil, para, de seguida, apurar o fundamento da restrição colocada pelo Código do Trabalho ao objeto das associações de empregadores, aparentemente em contradição com a lógica predominante de superação daquele princípio.

---

[1] Sobre esta origem, cf., por todos, MENEZES CORDEIRO, *Tratado de Direito Civil*, vol. III, Coimbra, 2007, 643 ss. Não obstante essa progressiva flexibilização, o princípio foi consagrado no Código Civil português de 1966 e, anos mais tarde, aparece, novamente, no Código das Sociedades Comerciais, cujo artigo 6º igualmente determina que a capacidade da sociedade abrange todos os direitos e obrigações necessários ou convenientes à prossecução do seu fim, salvo aqueles que, por lei ou pela sua natureza, sejam inseparáveis da personalidade singular. Apesar da origem antiga do princípio, deve lembrar-se que, no processo de elaboração do Código Civil, a solução não surgiu linear. O anteprojeto de FERRER CORREIA consagrava uma redação, por muitos aplaudida, que implicava um alargamento do âmbito da capacidade das pessoas coletivas, que poderiam ser titulares de todas as situações jurídicas desde que não contrariassem a sua natureza e, portanto, sem qualquer limitação decorrente do fim. Nas revisões ministeriais regressar-se-ia, porém, à solução tradicional, prevendo-se, no artigo 160º, a limitação da capacidade das pessoas coletivas em função do seu fim: ao contrário das pessoas singulares, dotadas, em princípio, de uma capacidade de gozo genérica, a capacidade das pessoas coletivas seria específica.

Pergunta-se, na realidade, se, tendo em conta a atual tendência para o alargamento da capacidade das pessoas coletivas e para a sua equiparação à capacidade das pessoas singulares, é possível a constituição ou participação, pela associação de empregadores, em sociedade que oferece ao mercado bens e serviços, para além de por vezes o fazer à própria associação e respetivos associados. I.e., cabe questionar se, apesar de o artigo 160º do CC e do artigo 443º/3, do CT proibirem a constituição ou participação, pela associação de empregadores, em empresa com escopo lucrativo (e não apenas com o objetivo prestar serviços de caráter económico aos associados), é possível sustentar a legitimidade da constituição da mesma. Veremos que a resposta é negativa.

2. A relevância atual do fim na delimitação da capacidade das pessoas coletivas: capacidade, legitimidade e vinculação

A favor da possibilidade de constituição de sociedade que opera no mercado nos termos gerais, poderia invocar-se, à luz do que escrevemos, que o fim não lucrativo das associações não obstaria à prática de atos lucrativos – diretamente ou através da constituição de sociedade comercial – desde que com a finalidade última de proporcionar maiores benefícios aos associados. Nesse sentido jogaria, nos termos expostos, a atual visão da capacidade jurídica das pessoas coletivas e do princípio da especialidade.

Este tem sido, aliás, como também dissemos, argumento apresentado – mas frequentemente rejeitado – junto dos tribunais chamados a pronunciarem-se sobre o problema. Assim, por exemplo, no acórdão da Relação do Porto de 28 de fevereiro de 2005[2], a ré alegava que «a participação em tais instituições é instrumental, relativamente aos objectivos da Associação e visa, sempre, a procura de uma mais eficaz realização de tais fins e, em consequência, proporcionar mais benefícios aos seus associados». Acrescentava-se que «a constituição de empresas ou a participação no seu capital e a obtenção de receitas através da prestação de serviços a terceiros, em abstracto e por si só, não significa "intervir no mercado" (...) nem desvirtua o escopo das associações patronais». Deixando este último argumento para depois – já que merece tratamento autónomo –, importa indagar a validade do primeiro. Na sentença, após se expor, com recurso à doutrina atual, a evolução respeitante à capacidade das pessoas coletivas, o Tribunal concluiu que mesmo essa evolução não determinava, no caso, a suscetibilidade de participação em sociedade comercial por parte da associação

Embora se apoie a tendência para a ampliação da capacidade, tal não significa, na verdade, a aniquilação das diferenças entre os vários tipos de pessoas coletivas e, consequentemente, da sua distinta vocação e legitimidade para a

---

[2] Proc. nº 0550484, disponível em www.dgsi.pt

prática de atos em concreto, sob pena de destruição do princípio da tipicidade, que rege a constituição de pessoas coletivas, e que veda a criação de pessoas coletivas que não estejam expressamente previstas e reguladas por lei. A elasticidade dos tipos não vai ao ponto de se destruírem as fronteiras entre eles, pondo em causa a própria segurança jurídica essencial ao tráfego jurídico-económico. Seja o problema encarado em sede de capacidade ou em sede diversa – *maxime* de legitimidade –, é inequívoco que há diferenças entre os tipos de pessoas coletivas da perspetiva dos atos e das situações jurídicas que lhes são acessíveis, sem prejuízo de se preverem regras de tutela de terceiros, mesmo nos casos em que os limites jurídicos da sua atuação são excedidos.

I.e., ainda que possa aproximar-se a capacidade das pessoas coletivas da capacidade das pessoas singulares – aspeto que cumprirá dilucidar –, tal não pode significar uma permissão de irrestrita atuação por parte das diferentes pessoas coletivas, nem pode implicar uma diluição dos tipos legalmente consagrados. É assim que permanecem limites à respetiva atuação, ainda que possa admitir-se que as associações desenvolvam atividades lucrativas, como meio para alcançar os seus fins últimos, de tipo não lucrativo, da mesma maneira que se reconhece que as sociedades podem praticar atos ou mesmo visar fins não lucrativos, não obstante o artigo 6º do Código das Sociedades Comerciais. Hoje tende mesmo a afirmar-se a superação da contraposição fim lucrativo/fim não lucrativo[3]. No

---

[3] Cf., por todos, MENEZES CORDEIRO, *Manual de Direito das sociedades* I, Coimbra, 2007, 290 e 291. Como expõe o Autor, «nada impede que uma função puramente benemérita seja desenvolvida por uma sociedade (comercial, civil sob forma comercial ou civil pura) especialmente congeminada para esse fim: trata-se de uma questão de mercado ou de técnica de gestão. Quanto às pessoas ditas sem fins lucrativos: é muitas vezes desejável que elas disponham de rendimentos próprios, normalmente obtidos através de atuações lucrativas. Nessa altura, o seu objetivo geral poderá ser lucrativo, ainda que afetando os lucros a fins beneméritos». Cf., igualmente, PAIS DE VASCONCELOS, *Participação social nas sociedades comerciais*, 2ª ed., Coimbra, 2006, 25 ss. Um bom exemplo da superação da contraposição fim lucrativo e não lucrativo é a configuração atual das cooperativas como sociedades, não obstante estas não visarem a distribuição de lucros pelos cooperantes. De resto, nos termos do artigo 9º do Código Cooperativo, para colmatar as lacunas que não possam ser integradas «pelo recurso à legislação complementar aplicável aos diversos ramos do setor cooperativo, pode recorrer-se, na medida em que se não desrespeitem os princípios cooperativos, ao Código das Sociedades Comerciais, nomeadamente aos preceitos aplicáveis às sociedades anónimas». Cf., *v.g.*, STJ 6-Abr.-2000 (Miranda Gusmão), www.dgsi.pt. A este respeito, não deve esquecer-se que a experiência estrangeira já se tem orientado precisamente no sentido da aproximação das cooperativas às sociedades comerciais, o que demonstra como o fim, de facto, já não é decisivo. Designadamente, a Reforma italiana do *Codice Civile*, de 2003, incidindo profundamente na disciplina das cooperativas, modificou substancialmente a sua configuração, conforme foi, aliás, reconhecido pelos tribunais italianos. Na sentença do Consiglio di Stato, Sez. V, 7-Out.-2008, nº 4901, por exemplo, diz-se expressamente que a Reforma operou uma assimilação substancial das «sociedades cooperativas» (definidas no artigo 2511 CIt. como «sociedades de capital variável

caso da sociedade, o fim social mais não será, sob esta perspetiva, do que o objetivo geral que aquela se propõe alcançar através das atividades que desenvolve, podendo mesmo, segundo alguns, ser lucrativo ou não lucrativo: a forma societária de atuação e, em especial, o recurso à sociedade comercial, não é, segundo julgamos, incompatível com objetivos últimos não lucrativos. O lucro, pressuposto na noção de sociedade do artigo 980º do CC, assumir-se-ia, neste caso, como «fim» meramente instrumental de um outro, surgindo como *meio* para a obtenção de fim não lucrativo no caso das sociedades *non profit* e das sociedades--veículo (*maxime*, no âmbito dos grupos de sociedades). No que toca às associações, o problema seria, por seu lado, simétrico.

Na sua versão extrema, esta conceção poderia levantar dúvidas do ponto de vista da compatibilidade com a lógica de repartição dos lucros entre os sócios, presente, como referido, no artigo 980º do CC[4]. No entanto, se a sociedade não pode ser constituída para prosseguir o lucro e, de forma imprevista, abandonar esse propósito, tal não obsta a que o próprio contrato defina o fim social, lucrativo e não lucrativo: o artigo 6º do CSC alude ao fim mas não o clarifica; o

com escopo mutualista») às sociedades de capitais. Sobre esta e outras sentenças em matéria de cooperativas no Direito italiano, cf. ALBERTO CAMELLINI, *Le società cooperative. Rassegna di giurisprudenza*, GiurCom 36.2, Mar.-Abr. 2009, 235/II-261/II. Particularmente relevante é, por este prisma, a limitação da responsabilidade do sócio (nos termos do artigo 2511 CIt., «nas sociedades cooperativas pelas obrigações sociais responde apenas a sociedade com o seu património»), bem como a regra do artigo 2519 CIt., que remete para a regulamentação das sociedades anónimas o preenchimento de quaisquer lacunas legais em matéria de cooperativas. Esta assimilação das cooperativas às sociedades de capitais não permite, naturalmente, ignorar que as vantagens visadas pela relação mutualista são bem diversas do escopo lucrativo em sentido estrito, não obstante o seu caráter (pelo menos parcialmente) económico (*v.g.*, poupança na utilização de bens ou na aquisição de serviços). Sobre o ponto, cf. BRUNO JOSSA/MARIA PIA REALE, *Le cooperative degli economisti e quelle esistenti*, GiurCom 34.6, Nov.- Dez. 2007, 710-724 (717). Por outro lado, a natureza societária das cooperativas não significa que não haja especificidades, *maxime* no que toca ao respetivo governo, decorrentes do escopo mutualista (cf. ROBERTO GENCO, *Il governo dell'impresa cooperativa*, GiurComm 33.4, Jul.-Ag. 2006, 603-626). Sobre a transformação das cooperativas em sociedades lucrativas, cf. ANDREA PACIELLO, *La transformazione delle società cooperative*, GiurComm 32.4, Jul.-Ag. 2005, 467-484 (471), sublinhando que esta é hoje considerada operação conforme com o sistema.

[4] Se a sociedade lucrativa será a situação normal, seguramente não pode deixar de considerar-se a noção do artigo 980º do CC excessivamente rígida e incapaz de servir no âmbito das sociedades comerciais, como aponta PAIS DE VASCONCELOS, *A participação* cit., 25. O autor chama a atenção, em especial, para a importância de se aceitarem sociedades não lucrativas no âmbito dos grupos de sociedades, onde existem, legitimamente, sociedades cuja função não é a obtenção e a distribuição de lucros (*v.g.*, sociedades instrumentais ou veículos especiais e as próprias SGPS). Aqui chegados, resta esclarecer que deve, quanto a nós, privilegiar-se uma visão contratualista do fim social (o que é coisa bem diversa de adotar uma visão contratualista do direito das sociedades comerciais em si: trata-se, aqui, de pôr em relevo, tão-somente, o papel primordial do contrato na definição do fim).

art. 980º do CC, por seu lado, deve ser interpretado de forma flexível quando aplicado às sociedades comerciais; as regras quanto a montantes mínimos de atribuição de lucros distribuíveis (artigos 217º e 294º, relativos às sociedades por quotas e anónimas, respetivamente) pressupõem a inexistência de cláusula do contrato a afastar a obrigatoriedade de distribuição, comprovando a liberdade contratual na matéria. Tudo a favor, pois, do alargamento da capacidade da sociedade comercial, num movimento que terá necessariamente paralelo no campo das associações.

Contudo, independentemente da superação do princípio da especialidade, a prossecução dos fins ou o desenvolvimento das atividades pela pessoa coletiva ficam sempre condicionados pelo respeito pelas limitações legais em vigor, que, no caso em estudo, assumem particular preponderância, tendo em conta a especial regulamentação do âmbito de atuação das associações de empregadores pelo Código do Trabalho.

Por outras palavras, sem prejuízo das conclusões de índole geral a que se possa chegar em matéria de capacidade, i.e., ainda que deva reconhecer-se à pessoa coletiva uma capacidade genérica, próxima da das pessoas singulares, de forma alguma pode daí retirar-se qualquer ilação quanto à possibilidade de constituição e participação no capital social de sociedades comerciais com objeto completamente distinto daquele que é o objeto da associação e com uma finalidade pura de angariação de receitas. Com efeito, além do problema primeiro da *capacidade*, e dos limites decorrentes do princípio da tipicidade, deve ainda analisar-se a *legitimidade* concreta da pessoa coletiva para a prática do ato. A ressalva não deve estranhar-se: também a capacidade genérica das pessoas singulares não implica a inexistência de limites à respetiva atuação, o mesmo se passando com as pessoas coletivas.

Simplesmente, a limitação que se pretenda estabelecer à sua atividade pode ser obtida por via legal direta, sem necessidade de se restringir a capacidade da pessoa coletiva em si. Além disso, caso a questão fosse encarada como relevando da capacidade, a nulidade do ato que se desviasse do fim – imposta pelo artigo 280º ou pelo artigo 294º do CC – traduzir-se-ia, potencialmente, numa lesão da confiança dos terceiros contratantes, que não conhecem nem têm de conhecer o fim da sociedade, ao passo que a visão do problema em sede de legitimidade concreta consente solução diversa.

Assim sendo, e em suma, aceita-se, hoje, que a capacidade das pessoas coletivas só conhece as restrições resultantes da própria natureza da personalidade coletiva, a que acrescem limitações externas, decorrentes da lei, fundadas em motivos específicos. Tal é suficiente para que não se duvide que da superação do princípio da especialidade não podem extrair-se consequências automáticas no que respeita à suscetibilidade de desenvolvimento de determinada atividade pela pessoa coletiva: em diversos domínios[5] e por razões várias, há atividades lucrativas, potencialmente capazes de permitir à pessoa coletiva a obtenção de rendimentos instrumentais do seu fim não lucrativo, que o legislador entendeu, não obstante, impedir.

Em rigor, cumpre reconhecer que não nos confrontamos com problema de capacidade mas de legitimidade para a prática dos atos considerados. Ao contrário daquela, que exprime a medida dos direitos e deveres de que a pessoa (coletiva) é suscetível de ser titular e que é um conceito absoluto, a legitimidade surge como conceito relacional, traduzindo a possibilidade de a pessoa coletiva agir em relação a uma determinada situação jurídica[6].

Daqui se retira, portanto, que mesmo um entendimento mais amplo e flexível do princípio da especialidade não implica, como temos insistido, a inexistência de quaisquer restrições quanto à titularidade de situações jurídicas ou à possibilidade de agir em relação a elas, ainda que as consequências jurídicas previstas sejam menos severas do que a nulidade.

Pense-se, paradigmaticamente, nas restrições em matéria de objeto, no que toca quer à possibilidade de exercício direto da atividade, quer à participação em sociedade e, portanto, ao exercício indireto. Sem prejuízo da possibilidade de dissolução quando reiteradamente é exercida atividade de facto não compreendida no objeto da pessoa coletiva, a lei não determina as consequências de esta ultrapassar o seu objeto estatutário, pelo menos nos casos em que o ato praticado surge em termos isolados. Por razões de proteção de terceiros, admite-se que o ato possa produzir efeitos e vincular a pessoa coletiva: trata-se de regra expressamente consagrada nos artigos 260º e 409º do CSC, a propósito das sociedades por quotas e anónimas, respetivamente, e que pode ser generalizada[7].

Ainda que por razões específicas de tutela de terceiros se considere o ato válido e eficaz perante a sociedade, nem por isso é legítima a prática de atos fora do objeto, a qual gera responsabilidade civil. Por isso mesmo, o exercício de

---

[5] Alguns exemplos são conhecidos e costumam ser invocados: pense-se na proibição, constante do Regime Geral das Instituições de Crédito e Sociedades Financeiras, de as instituições de crédito adquirirem imóveis que não sejam indispensáveis à sua instalação e funcionamento ou à prossecução do seu objeto social (artigo 112º/1): apesar de os bancos e outras instituições de crédito terem, em abstrato, capacidade para adquirirem os imóveis em jogo, razões específicas conduzem o legislador a estabelecer este particular limite ao âmbito das situações jurídicas de que podem ser titulares e, consequentemente, ao seu objeto social. Assim se veda, inclusivamente, o acesso a uma atividade de caráter lucrativo, que surgiria como instrumental da atividade principal das instituições de crédito, dirigida à realização do lucro, como escopo social último.

[6] Sobre o conceito de legitimidade, cf., por todos, OLIVEIRA ASCENSÃO, *Direito Civil. Teoria Geral*, vol. I, 2ª ed., 147 ss.

[7] Cf. PEDRO PAIS DE VASCONCELOS, *Teoria geral do direito civil*, Coimbra, 2005, 157 ss.

atividade que não corresponde ao objeto é causa de dissolução. Ou seja, apesar de a capacidade nestes casos não ser afetada, não é conferida à pessoa coletiva uma total liberdade de atuação ou de escolha dos meios para obter os seus fins últimos (sejam eles lucrativos ou não lucrativos).

Sob este ponto de vista, mais relevantes que os limites decorrentes dos estatutos são as restrições resultantes da própria lei. É o caso do artigo 443º do CT, que, não sendo um limite à capacidade das associações de empregadores em si, é, seguramente, um limite legal à sua atividade.

3. As limitações legais à atividade das associações de empregadores

As associações de empregadores sujeitam-se aos limites impostos pelo Código do Trabalho à atividade das associações de empregadores: em virtude do seu particular papel, estabelecem-se restrições específicas, que as associações em geral não conhecem. A determinação do preciso alcance das mesmas depende, pois, da compreensão das funções que lhes são cometidas e que as afastam das comuns associações, exclusivamente regidas pelo Código Civil.

Do artigo 440º/2, do CT resulta a liberdade de os empregadores constituírem associações para defesa e promoção dos seus interesses empresariais. Estas, apesar de se submeterem ao regime geral dos artigos 167º ss. do CC, beneficiam de alguns privilégios e sujeitam-se a algumas restrições. O particular estatuto de que gozam obriga também ao seu registo no Ministério do Trabalho e à publicação dos respetivos estatutos no Boletim do Trabalho e Emprego (artigo 447º).

Não obstante depararmos com associações de direito privado e de vigorar o princípio geral da liberdade de constituição, o seu estatuto não se confunde, assim, com o das restantes associações de direito privado. As funções de interesse público que desempenham justificam, designadamente, a impenhorabilidade dos respetivos bens móveis e imóveis cuja utilização seja indispensável ao seu funcionamento, nos termos do artigo 453º do CT. Também devido à particular fisionomia destas associações, do Código do Trabalho resultam limites no que respeita às suas atribuições[8], tendo em vista garantir a primazia das funções laborais.

O estatuto das associações de empregadores resulta, na realidade, das atribuições relacionadas com as relações laborais dos seus associados e que compreendem, desde logo, a legitimidade para outorgarem convenções coletivas de trabalho, mas também, por exemplo, determinados poderes para a defesa e promoção dos direitos e interesses dos seus associados, *maxime* na concertação social. Além disso, à semelhança dos sindicatos, têm o direito de participar na elaboração da legislação de trabalho.

---

[8] Sobre todo este ponto, cf. Pedro Romano Martinez, *Direito de trabalho*, 5ª ed., Coimbra, 2010, 1189.

As associações de empregadores podem, é certo, desenvolver funções extralaborais, mas apenas a título secundário: em particular, é-lhes permitida a prestação de *serviços de caráter económico e social aos seus associados*, que podem só indiretamente ter repercussões no domínio laboral. Porém, o artigo 443º/3 veda às associações de empregadores o direito de exercer atividades industriais e comerciais e prestar serviços a terceiros. Impede-se, inclusive, a prestação de serviços aos próprios associados se não apresentarem caráter económico e social. Visa-se, assim, como dissemos, concentrar a associação nas suas funções laborais – o que, designadamente, justifica a referida regra da impenhorabilidade dos bens, por exemplo –, assim como evitar a preterição de regras de direito da concorrência.

Resulta, portanto, do Código do Trabalho a proibição de prestação de serviços, direta ou indiretamente, quer a terceiros, quer aos associados salvo com caráter económico e social. Em consequência, tem-se afirmado um absoluto impedimento de constituição de sociedades (ou outras entidades) para prestar serviços a terceiros. Veda-se ainda, por outro lado, quaisquer outras formas de intervenção no mercado (*v.g.*, acordos com produtores/distribuidores para a fixação de preços).

Estes limites colocados ao objeto das associações de empregadores têm já longa tradição, como dissemos. O Código do Trabalho não só os confirmou como até acentuou, quando confrontada a legislação anterior. Com efeito, o artigo 443º/1, *b)*, do CT restringe a prestação de serviços aos associados àqueles serviços de «caráter económico e social», enquanto no anterior Código do Trabalho, de 2003, se admitia a prestação de serviços aos associados, sem se especificar quais os serviços admissíveis. Se à luz da anterior legislação era já duvidoso qual o âmbito dos serviços cuja prestação nas relações internas era aceite, hoje resulta da lei a exigência de os serviços, além de interesse económico, terem repercussão social.

Assim, a prestação de serviços aos associados conhece fortes restrições, ao mesmo tempo que a prestação de serviços a terceiros é completamente excluída pelo Código do Trabalho. À luz deste diploma, é irrelevante a obtenção de receitas propiciada pela prestação de serviços a terceiros, que poderiam ser empregues no desenvolvimento das funções primárias a que se destinam as associações em causa: o legislador entendeu estabelecer uma proibição absoluta de atuação nos termos referidos, optando, portanto, por um regime acentuadamente restritivo no que respeita às atividades desenvolvidas pelas associações de empregadores, o que bem se compreende, tendo em conta as especiais funções que estas desempenham.

Tal explica-se, em especial, por força do papel que assumem na elaboração da legislação laboral, que torna inadmissível qualquer intervenção no mercado, quer direta quer indireta, suscetível de lesar as regras de direito da concorrência. Como também escreve Pedro Romano Martinez[9], «(...) seria estranho que uma associação que se dedica à produção e ao comércio de bens, ainda que por intermédio de sociedades por ela controladas, pudesse ao mesmo tempo intervir activamente na elaboração de legislação de trabalho e celebrar convenções coletivas de trabalho, fixando regras aplicáveis a terceiros». O mesmo objetivo de salvaguardar a concorrência foi sublinhado no acórdão do STJ de 15 de outubro de 1996[10].

Deste modo, independentemente da amplitude que se deva reconhecer à capacidade das pessoas coletivas em geral, e das associações em especial, no caso das associações de empregadores, há que contar com limites específicos que mais não são do que o reflexo das suas funções laborais, as quais, de resto, justificam também determinados privilégios, conforme atrás apontámos. Por outras palavras, seria erróneo invocar a erosão do princípio da especialidade e a evolução doutrinária e jurisprudencial relativa à capacidade das pessoas coletivas para defender a legitimidade de uma associação de empregadores constituir uma sociedade que presta serviços a terceiros e intervém no mercado: existe uma proibição legal expressa e com um fundamento claramente identificado.

A proibição abrange, naturalmente, quer a prestação direta de serviços a terceiros, quer a sua prestação por intermédio de entidade distinta, *maxime* através de sociedade comercial, inclusive *v.g.* de sociedade gestora de participações sociais, que tem por objeto a gestão de participações como forma indireta de exercício da atividade económica. Tal resulta da interpretação da norma do artigo 443º/3, além de constituir imperativo do princípio da primazia da materialidade subjacente, enquanto princípio concretizador do princípio da boa fé, que determina a desconsideração da personalidade coletiva, quando esta seja utilizada abusivamente ou para defraudar a lei[11].

Sucede, por vezes, os estatutos das associações de empregadores preverem a prossecução dos seus fins tomando todas as iniciativas e desenvolvendo todas as atividades que se mostrem necessárias ou úteis, desde que não contrariem o disposto na lei ou nos estatutos. Não raro, admite-se expressamente que as associações possam constituir ou fazer parte de sociedades, qualquer que seja a sua forma ou natureza, apenas com o requisito de que a respetiva atividade possa contribuir para uma mais eficaz prossecução dos fins da associação.

Determinado que a constituição ou a participação em sociedades não pode ter lugar para prestar serviços a terceiros ou para, de qualquer forma, intervir

---

[9] *Direito* cit., 1200.
[10] Cf. RLJ 130, 202 ss.
[11] Cf. MENEZES CORDEIRO, *O levantamento da personalidade colectiva no direito civil e comercial*, Coimbra, 2000, *passim*.

no mercado, como resulta de expressa proibição do Código do Trabalho, resta afirmar que os estatutos da associação de empregadores que permitam atividade vedada pela legislação laboral são ilegais. Impõe-se, pois, considerar o problema da validade da cláusula dos estatutos que preveja a atuação por intermédio de sociedade comercial, bem como as consequências no que toca à ilícita constituição ou participação da associação de empregadores em sociedade comercial como forma de prossecução dos fins daquela.

4. Consequências jurídicas da constituição ou participação ilícita em sociedade comercial

4.1. A invalidade da cláusula estatutária que permita a participação em sociedade comercial; interpretação conforme à lei

Concluímos pela inequívoca ilicitude da constituição ou participação pela associação de empregadores em sociedade comercial que exerce a sua atividade no mercado. A violação do Código do Trabalho pela cláusula estatutária que permite a atividade considerada determina a nulidade desta, em conformidade com o artigo 280º do Código Civil. Sendo o objeto contrário à lei, o Ministério Público tem o dever de pedir a declaração de nulidade nos termos do artigo 158º-A do CC.

Os efeitos da declaração de nulidade não afetam, contudo, o contrato como um todo, não implicando, por isso, a extinção e liquidação da associação, solução que, por analogia com o artigo 52º do CSC, seria de acolher no caso de invalidade total. É possível, na realidade, o recurso ao regime da redução do negócio jurídico: nos termos do artigo 292º do CC, a nulidade da cláusula não determina a invalidade de todo o ato constitutivo da associação, salvo quando se demonstre – o que não será, normalmente, o caso – que este não teria tido lugar sem a parte viciada.

Independentemente disso, admitimos, ainda, uma interpretação da própria cláusula em conformidade com a legislação laboral, capaz de afastar a sua invalidade, no sentido de apenas ser permitida a constituição ou participação em sociedade comercial que preste serviços à própria associação ou aos associados, sem intervir no mercado, i.e., numa lógica *in-house* pura.

É sabido que os estatutos da pessoa coletiva, independentemente do seu cariz corporativo – seja ela associação ou sociedade –, devem ser interpretados de forma objetiva, em termos similares aos prescritos no artigo 9º do CC para a interpretação da lei, e não nos termos próprios da interpretação do negócio jurídico (artigo 236º do CC)[12]. Na constituição da associação é possível, na realidade, distinguir a área puramente negocial, na qual os associados se identificam e manifestam a vontade de constituir a associação, e a parte estatutária, em que

---

[12] MENEZES CORDEIRO, *Manual* cit., 405 ss.

é disciplinada a nova entidade. As regras da interpretação do negócio jurídico, apelando para a vontade hipotética das partes, não se adaptam às características da componente estatutária e à sua vocação de permanência, independentemente dos concretos associados (fundadores ou não). Melhor é, pois, a solução de recorrer às regras de interpretação da lei e de proceder, portanto, à interpretação objetiva dos estatutos.

Nesta linha, admitimos uma interpretação restritiva da cláusula, capaz de salvaguardar a sua validade: a criação de sociedade será possível, em conformidade com o Código do Trabalho, mas somente quando tiver por objeto serviços de interesse económico e social a prestar exclusivamente aos associados. Interpretação diversa conduz, inevitavelmente, à nulidade, nos termos gerais, ainda que não determine, como dissemos, a invalidade do contrato como um todo e a consequente liquidação da associação. A extinção poderia ocorrer, todavia, no caso extremo de o fim associativo ser *sistematicamente* prosseguido por meios ilícitos ou imorais, nos termos do artigo 182º/2, c), do CC.

4.2. Consequências para a sociedade ilicitamente participada: o *favor societatis*

Independentemente da eventual declaração de nulidade da cláusula dos estatutos da associação, cumpre ponderar as consequências da ilícita constituição ou participação em sociedade comercial que, direta ou indiretamente, presta serviços a terceiros e intervém no mercado.

Com efeito, a subscrição ou aquisição da participação viola diretamente o Código do Trabalho, para além de incumprir os estatutos da associação, no caso de se subscrever a interpretação anterior, única capaz de salvaguardar a validade da cláusula. Porém, nem o Código do Trabalho nem o Código Civil estabelecem as consequências jurídicas da ilicitude descrita. Apesar de a legislação societária também não regular diretamente o problema, julgamos que fornece os elementos que permitem integrar, com segurança, a lacuna detetada. Que de verdadeira e própria lacuna se trata, carente de integração, não deve haver dúvidas. Sendo incontestavelmente ilícita a participação da associação em sociedade comercial com as características consideradas, é imperativo descobrir os efeitos da ilicitude à luz dos princípios jurídico-societários em vigor.

Repare-se que o vício não atinge a própria sociedade mas antes um dos seus sócios (ainda que, por vezes, por força das regras de imputação de votos). Designadamente, não nos confrontamos com hipótese de ilicitude do objeto da sociedade. Nesta cabem as situações em que a atividade é proibida em si e ainda aquelas em que esta, apesar de não ser em si mesma interdita, se encontra vedada a pessoas coletivas de determinado tipo[13]. Podia pensar-se em acrescentar às

---

[13] Cf. RAÚL VENTURA, *Dissolução e liquidação de sociedade*, 1987, 74 e 75.

causas de ilicitude do objeto as situações que atrás qualificámos como de ilegitimidade. As situações seriam valorativamente equivalentes: seria irrelevante que o objeto não possa ser prosseguido por qualquer sociedade ou por aquela sociedade em particular. Em ambos os casos, o ordenamento jurídico determinaria a nulidade das sociedades ilicitamente constituídas (artigo 42º do CSC) e, nas hipóteses de ilicitude superveniente ou de sanação da ilegalidade preexistente, permitiria a dissolução da sociedade (artigo 142º do CSC). Sem prejuízo das regras de tutela dos credores vigentes, a constituição *ilícita* de sociedades – seja por ilicitude do objeto em si, seja por ilegitimidade da própria constituição – determinaria a nulidade do contrato (quando originária) ou a dissolução (quando superveniente).

Não é assim, todavia: o objeto da sociedade ou sociedades consideradas é, em si mesmo, lícito; ilícita é apenas a participação da associação de empregadores. Diferente é a situação em que certa atividade está vedada a sociedade de determinado tipo: aí é a própria sociedade que não pode atuar no domínio considerado. Pretender que a participação ilícita por parte de um sócio afeta a sociedade como um todo contraria não só os princípios gerais do direito civil, mas o próprio princípio do *favor societatis* que está subjacente a todo o regime da invalidade do contrato de sociedade, constante dos artigos 41º ss. do CSC.

A aplicação das regras gerais do Código Civil, sem adaptação, iria pôr em causa a posição de terceiros e afetar a segurança e a confiança no fenómeno societário, surgindo, por isso, regras que procuram, por um lado, reduzir o número de situações em que o contrato pode ser invalidado, e, por outro lado, atenuar as consequências da invalidade.

Entre essas regras conta-se, em primeiro lugar, a limitação das causas da nulidade após o registo do contrato: enquanto antes do registo o artigo 41º admite a relevância da generalidade dos vícios previstos no Código Civil, o artigo 42º contém um elenco taxativo daqueles que são suscetíveis de relevar depois do registo. Acresce que o nº 2 do artigo 42º admite a sanação de vários desses vícios. Por seu lado, o artigo 44º limita a legitimidade e o prazo para a proposição da ação de declaração de nulidade (salvo tratando-se do Ministério Público). Finalmente, o artigo 52º atenua significativamente os efeitos da nulidade, *maxime* excluindo, em boa medida, o seu caráter retroativo: prevê-se a liquidação, salvaguardando-se terceiros de boa fé. Não se aplicam, pois, as regras do artigo 289º do Código Civil, que implicariam restituições incompatíveis com as características e o funcionamento da sociedade. A solução decorre, de resto, da I Diretiva sobre sociedades comerciais. Assim, os sócios têm direito a verem partilhado o ativo resultante da liquidação mas não têm direito à restituição do que prestaram a título de entrada.

Também no que toca à anulabilidade, situações que, no direito civil geral e no direito societário até ao registo, gerariam a anulabilidade do contrato passam, a partir do registo, a constituir meramente fundamento de exoneração – caso dos vício da vontade – ou de anulação limitada ao específico contraente atingido – caso da incapacidade (artigo 45º).

À luz das regras apresentadas torna-se claro que a ilicitude da participação imputável à associação de empregadores não deve, em princípio, afetar a própria sociedade.

4.3. A exclusão do sócio cuja participação é ilícita. Concretização prática

Não obstante a lacuna no que respeita à participação ilícita na sociedade, é possível, tendo em conta os princípios do sistema de invalidades descrito, encontrar uma solução capaz de garantir os valores conflituantes em jogo, i.e., suscetível de, por um lado, tutelar a sociedade, os terceiros e, em geral, a confiança no tráfego jurídico-societário (*favor societatis*) e de, por outro lado, assegurar a expurgação do vício decorrente da participação ilícita da associação na sociedade em causa.

Já excluímos, nos termos expostos, que o contrato de sociedade como um todo seja afetado. Deve igualmente rejeitar-se a nulidade do ato de subscrição ou de aquisição: a destruição retroativa da participação na sociedade, pelas consequências restitutórias que acarreta e pela necessidade de reconstrução de toda a situação societária, é em absoluto incompatível com o fenómeno societário. Assim, tal como nos casos em que o contrato excecionalmente é nulo a consequência é a liquidação da sociedade – não valendo os efeitos gerais da nulidade do negócio – e tal como nos casos de vícios da vontade o regime protetor da anulabilidade é substituído pelo direito de exoneração, também nesta hipótese se deve entender que a consequência é a exclusão do acionista que está legalmente impedido de participar na sociedade.

Trata-se, aqui, de verdadeira e própria exclusão, e não de exoneração, como sucede no artigo 45º: enquanto nesta norma se tutela o próprio contraente – como é próprio das causas de anulabilidade do negócio jurídico –, as regras que vedam a participação em sociedades comerciais por parte das associações de empregadores tutelam interesses públicos, gerando a sua violação, em princípio, a nulidade. Por outras palavras, se a anulabilidade e os seus efeitos protetores do interesse do sujeito cuja vontade está viciada são substituídos, perante a especificidade do fenómeno societário, pela *exoneração*, a nulidade e os valores de ordem pública que visa garantir dão lugar à *exclusão* do sócio cuja participação é ilícita.

A solução integra-se perfeitamente no sistema societário descrito: respeita-se o *favor societatis*, salvaguardando-se a sociedade, mas garante-se, do mesmo passo, a observância dos vetores injuntivos do ordenamento jurídico.

O facto de a participação da associação de empregadores poder ser indiretamente detida nada altera: sendo-lhe a participação imputável, a exclusão aplica-se, naturalmente. Vale, na realidade, no Código das Sociedades Comerciais (tal como no Código dos Valores Mobiliários), uma regra de equiparação da titularidade material à titularidade formal, relevando ambas simultaneamente[14]. Assim, enquanto determinada participação for imputável à associação de empregadores, ela é ilícita e o seu titular fica, naturalmente, sujeito à exclusão.

O recurso a este instituto de *ultima ratio* é, pois, plenamente justificado e representa, no caso, um *minus* em relação à solução alternativa, que consistiria na nulidade da participação ou, no caso extremo, do contrato de sociedade. Com efeito, apesar de a exclusão – tal como a simétrica exoneração – representar, em princípio, forma extrema de resolução dos conflitos de interesses na sociedade, resulta do sistema legal (e, no caso da exoneração, diretamente do artigo 45º) a sua imposição como forma de obstar às consequências gerais da invalidade e de assim preservar a sociedade e os diversos interesses que a rodeiam.

A exclusão de sócios radica, aliás, historicamente, na ideia de utilidade da empresa social e no imperativo de proteger as sociedades comerciais e os centros de atividade económica por elas erigidos de todas as causas que possam afetar a continuidade e normalidade do seu funcionamento[15]. Na evolução posterior, a ideia permaneceu, despida embora das vestes institucionais com que, por vezes, foi envolvida. Compreensivelmente: a exclusão justifica-se, ainda e sempre, pela necessidade de preservação da sociedade em face do sócio. É a inexigibilidade de manutenção do sócio na sociedade que serve de fundamento à sua exclusão, mediante o pagamento de uma contrapartida, sem a qual apresentaria caráter confiscatório e seria, por isso, ilegítima[16]. A especificidade consiste, no caso, no facto de a exclusão não depender da vontade dos restantes sócios, em virtude da própria ilicitude da situação de sócio, devendo intervir o Ministério Público, enquanto garante da legalidade. Mais até do que *inexigibilidade*, ocorre, aqui, verdadeira *insuscetibilidade* de manutenção do *status socii*, com as consequências inerentes.

---

[14] Cf., na área dos grupos de sociedades, ANA PERESTRELO DE OLIVEIRA, in *Código das Sociedades Comerciais anotado* (coord.: MENEZES CORDEIRO), Coimbra, 2009, artigo 483º.

[15] A. J. AVELÃS NUNES, *O direito de exclusão de sócios nas sociedades comerciais* (reimpr. da ed. de 1968), Coimbra, 2002, 47 ss., escrevendo que «a ordem jurídica deve, portanto, facilitar o afastamento daquele sócio cuja presença é elemento pernicioso para o seu normal funcionamento e para a prosperidade da sua empresa. A contradição que possa existir entre o interesse do sócio a excluir e a sociedade que quer continuar deve resolver-se favoravelmente ao desenvolvimento das forças produtivas e não de forma que conduza à destruição do seu valor económico».

[16] Isto sem prejuízo da eventual indemnização a que a sociedade e os sócios tenham direito, em virtude da violação dos deveres do sócio excluído.

A solução vigora independentemente do tipo societário e, portanto, inclusivamente nas sociedades anónimas. Não obstante a restritividade com que a exclusão é encarada no âmbito destas – atento o predomínio do fator capitalístico, a facilidade de saída da sociedade e o caráter de *ultima ratio* do instituto –, deparamos com um dos casos em que a exclusão excecionalmente se impõe como forma de salvaguardar a própria sociedade, os restantes sócios e os interesses do tráfego.

A concretização prática da exclusão – a determinar por via judicial – deve passar pela amortização da participação social ou pela aquisição da mesma pela sociedade ou por terceiros. É a solução que resulta dos princípios gerais do direito societário, estando expressamente consagrada no que toca à exclusão judicial por iniciativa dos sócios e à exoneração, nas sociedades por quotas (artigos 242º/3 e 240º/4), mas também em áreas paralelas (*v.g.*, oposição à transmissão por morte: artigo 227º/2) e que deve aqui ser aplicada por identidade de razão. Caso a sociedade não proceda à amortização e a participação social não seja adquirida pela sociedade, por outro sócio ou terceiro, não pode, naturalmente, a exclusão ficar sem efeito, sob pena de perpetuação de uma situação *contra legem*. Vale, aqui, por analogia a regra do artigo 240º/4: pode ser requerida a dissolução da sociedade. Trata-se de solução extrema, a impor apenas quando a ilegalidade da participação não seja eliminada por outra via, menos gravosa.

Resta ponderar a legitimidade para requerer a exclusão judicial. Independentemente da iniciativa dos demais sócios, não deve esquecer-se que o Ministério Público, na qualidade de garante da legalidade, tem o dever de assegurar que a sociedade é constituída e opera com respeito pelas normas jurídicas em vigor. É no âmbito das referidas funções em matéria de sociedades comerciais que, por exemplo, o artigo 44º/2 atribui ao Ministério Público o poder-dever de requerer a declaração de nulidade do contrato de sociedade a todo o tempo (ao contrário dos demais sujeitos com legitimidade nos termos do artigo 44º/1) ou que o artigo 172º lhe atribui poderes(-deveres) de fiscalização da sociedade, que vão ao ponto de requerer a liquidação judicial, nos casos extremos de falta de forma ou de ilicitude (originária ou superveniente) do objeto, sem prejuízo de prévia notificação da sociedade ou dos sócios tendo em vista a regularização da situação em prazo razoável.

Por maioria de razão, deve entender-se que o Ministério Público, no exercício das referidas funções de tutela da ordem pública, pode, em vez de requerer a liquidação da sociedade, pedir a exclusão judicial do sócio cuja participação contraria vetores injuntivos do sistema jurídico, nos termos que expusemos, sem prejuízo de a liquidação poder ser requerida no caso de incumprimento do dever de amortizar a participação, de a adquirir ou fazer adquirir. Há, na realidade, identidade valorativa das situações.

A luta pela Universidade nos Estatutos da Faculdade de Direito de Lisboa: a autonomia como elemento comum estruturante das normas estatutárias[1]

EDUARDO VERA-CRUZ PINTO
Professor Catedrático da Faculdade de Direito da Universidade de Lisboa

A FDL inicia hoje (11.11.08) a discussão do seu Estatuto, em obediência ao determinado numa lei que pretende acabar com a autonomia da Universidade e, na Universidade, com a autonomia da Faculdade, tal como ela foi constituída no Direito Universitário e está expressa na interpretação que fazemos da Constituição da República. Por isso, este não é um momento para comemorar ou saudar, mas um momento necessário de reflexão sobre um processo que nos trouxe até aqui; e de responsabilização no sentido de apresentar propostas para o futuro da Escola.

Para iniciar esta reflexão, na FDL, importa começar por estabelecer como pressuposto das opiniões aqui expressas que as reformas legislativas positivaram em lei muitas das aspirações e propostas dos universitários a respeito da necessidade de maior transparência e abertura nos concursos de acesso e de progressão na carreira docente; fixaram mecanismos mais flexíveis de organização interna; e permitiram maior racionalidade em parte da gestão quotidiana. A reforma dos diplomas legais era inevitável face aos novos paradigmas de ensino universitário.

Do mesmo modo a alteração dos Estatutos da Universidade de Lisboa, impostos por lei, foram aproveitados para tentar uma maior coesão da Universidade e para a modernização que se impunha. O Reitor adoptou as posições adequadas face à situação que a Universidade enfrentou, resistindo a uma descaracterização institucional desejada pelo legislador e denunciando as falácias argumentativas em que tal linha de acção política assentou. Fê-lo como resultado dos consensos aqui gerados e apoiado pelos universitários e pelos directores de Faculdades.

---

[1] Texto que serviu de base à carta dirigida pelo Presidente do Conselho Directivo aos membros da assembleia estatutária da Faculdade de Direito de Lisboa, a 11 de Novembro de 2008.

Isto assente, e com o respeito devido por quem entende ser com esta lei e com estes Estatutos que a Universidade de Lisboa poderá começar a preparar o seu futuro e dando o benefício da dúvida às ideias que sustentam o actual modelo seguido na nossa Universidade, consideramos que para o essencial da reforma ficar como projecto de futuro, faltou a coragem de resistir a uma centralização de decisões no poder executivo, no Conselho Geral e no Reitor prejudicial ao ensino e atentatório da ideia da missão da Universidade.

Cabe, assim, à FDL, no âmbito da aprovação e vivência dos seus Estatutos potenciar o contraditório quanto às normas (legais e estatutárias) já aprovadas e colocadas como limite à sua autonomia normativa; arrojar nas soluções a aplicar à sua organização interna, lembrando que a concretização do modelo referencial da lei e dos Estatutos só a ela cabe; lembrar e aplicar o Direito Universitário sobre as ideologias do legislador ordinário e estatutário. Como Presidente do Conselho Directivo da Escola entendo ser meu dever deixar aqui expressa a minha posição quanto à lei e aos Estatutos da Universidade e os princípios em que ela assenta.

Começo por referir que a leitura da Lei e do Estatuto da Universidade de Lisboa revela, desde logo, uma habilidade normativa: a Universidade tem formalmente alguma autonomia, muito menos que antes, face ao Governo; as Faculdades não têm autonomia decisória (apenas executória e por delegação de competências do Reitor), nem face ao Governo (pois tudo passa pela Universidade, leia-se Reitoria); nem face à Reitoria. Pode assim, no plano formal e no discurso político, falar-se em autonomia universitária dando exemplos retirados da lei e dos Estatutos, tendo acabado com ela, na sua concretização pelos universitários (professores e alunos).

São as Faculdades que têm os alunos, os professores e os funcionários necessários para a prestação do serviço público de ensino; é nelas e por elas que os saberes são titulados; são elas que elegem os seus dirigentes e representantes; são elas, no seu conjunto, a Universidade: sem elas ou apesar delas não existe Universidade. Logo, se as Faculdades não têm autonomia decisória, nem os meios para o seu exercício, não existe autonomia universitária. Sem autonomia efectiva e completa não há Universidade.

Já na vigência da lei de Autonomia de 1988, que desenvolveu, de forma tímida, o preceito constitucional da autonomia da Universidade em Portugal, a burocracia governamental transferiu para o discurso legislativo e para a norma legal uma terminologia que afastava os conceitos essenciais da missão pedagógico-científica e da estrutura jurídico-orgânica da Universidade (as disciplinas passaram a ser "unidades curriculares"; as Faculdades, "unidades orgânicas"...)[2].

---

[2] Esta forma de conseguir pela pequena burocracia minar as decisões políticas – com um controlo dos decisores exercido pela tribo dos assessores na forma de redigir diplomas legais, com o pretexto

Foi um primeiro passo, bem colocado e sistematicamente seguido pelos ministros desde então, para dar uma aparência despolitizada ao combate governamental contra a autonomia da Universidade em Portugal. A selecção dos conceitos a colocar na lei das Universidades, não era feita ou participada por universitários mas por burocratas das Direcções-gerais e do corpo de assessores e adjuntos de ministros e Secretários de Estado. A batalha de fazer dos conceitos jurídicos conceitos legais ficou então perdida pela Universidade, sendo ganha pelas estruturas administrativas, instrumento de execução das políticas governamentais.

Mas, existia à época a protecção da "lei de Autonomia" e aos poucos – vencendo as barreiras colocadas por uma interpretação negativa da autonomia universitária feita através dos conceitos legalmente fixados; pelo sub-financiamento do Estado[3]; e pelos obstáculos político-administrativos colocados pelos poderes executivos – a nossa comunidade educativa, na FDL, foi dando substância e densidade normativa regulamentar ao disposto pelo legislador, criando, em democracia participada por todos os actores universitários, um esteio decisório por órgãos de governo próprio, sem precedentes na História da Universidade Portuguesa.

Foi na FDL possível manter um certo rumo universitário no ensino no Direito, com todas as dificuldades de percurso impostas por legisladores e governantes e algumas opções internas erradas. Foram, assim, temporariamente disfarçadas (não superadas) a falta de ideias e de criatividade dos que governam para reformar a Universidade além do modelo único que copiam das universidades anglo-saxónicas sem adaptação nem inovação.

A FDL não se pode cingir ao que lhe é dado pelas leis e pelo Estatuto da Universidade de Lisboa. Nem pode aceitar que não existe alternativa ao que lhe está a ser imposto. Quem procura apenas a sobrevivência da Escola só alcança a subserviência institucional. A autenticidade da Escola exige à sua Assembleia estatutária atrevimento, competência, fulgor e sonho.

do "conhecimento técnico" – é uma das expressões menos conhecidas e estudadas do centralismo político e administrativo responsável pelo fracasso de quase todas as reformas estruturais tentadas em Portugal.

[3] Não é aqui o lugar para a crítica de uma ausência de modelo de financiamento que aumenta o arbítrio do decisor político no financiamento (?) da Universidade. Mas não podemos deixar de referir como é nefasta a influência de "assessores especialistas" de Ministros e Secretários de Estado, que invocam a "competência técnica" dos seus gabinetes para esconder a sua incompetência política. Pessoal que decide sobre a Universidade sem qualquer conhecimento, experiência ou cultura universitária, sem ouvir professores titulados em concursos públicos com anos de exercício de funções governativas nas suas escolas eleitos pelas comunidades escolares a que pertencem.

Nos nossos Estatutos é necessário que a FDL ganhe o futuro não permitindo nem uma amputação democrática na tomada de decisões nem uma mutilação cultural na organização curricular dos graus de ensino do Direito, pois esse é o resultado que fica quando passarem os efeitos da propaganda política do legislador e do poder executivo e dos cortes orçamentais efectuados.

Com todas as críticas feitas ao longo do processo, com decisões e opções muito discutíveis, com algumas perdas de eficácia e concessões a regimes de avaliação menos rigorosos a FDL, cumpriu a regra da autonomia com a vantagem, entre muitas outras, de tomar as decisões mais importantes com a participação activa dos representantes dos destinatários, procurando construir a Universidade em democracia orgânica, com o envolvimento efectivo de todos os seus membros, deliberando pela maioria dos eleitos, com respeito pelas opiniões minoritárias.

O modelo da Lei de Autonomia de 1988, carecendo de adaptações e melhoramentos, permitiu à FDL projectar o seu ensino além-fronteiras, inseri-lo no paradigma do Estado constitucional democrático e afirmar-se na comunidade pelos valores cívicos, éticos e jurídicos que sustentam a possibilidade de justiça nas decisões de governantes, legisladores e juízes. Foi também com e por esse modelo de organização que a FDL educou jovens e adultos pelo Direito para a Justiça e fez pedagogia democrática.

Esse percurso já longo, não foi nem pacífico nem consensual, mas ergueu-se como uma solução possível e desejável, servindo de exemplo e referência a muitas outras Faculdades da nossa e de outras Universidades, na forma de construir a Universidade Portuguesa do futuro. A FDL soube vencer os obstáculos que lhe foram colocados na vivência democrática do seu quotidiano de ensino do Direito e, com isso, inscreveu-se na História do ensino superior universitário do Direito e da Universidade em Portugal.

A Faculdade de Direito da Universidade de Lisboa orgulha-se do empenho dos seus professores, alunos e funcionários que, pela activa participação nos processos decisórios dentro da Faculdade e da Universidade e também ao nível dos tribunais, do Parlamento e do Governo, deram contributos de cidadania ao País, ao ajudarem a construir um Estado de Direito democrático que só existe com uma Universidade com órgãos legitimados por eleições e dotada de autonomia efectiva, pela concretização da norma constitucional.

Assentes estes pressupostos é meu dever como Presidente do Conselho Directivo e membro eleito da Assembleia estatutária alertar os membros desta assembleia para os efeitos negativos de uma aplicação literal das regras legais, regulamentares e estatutárias vigentes, que estão a ser impostas na leitura governamental, condicionando a sua interpretação, e assim as opções dos representantes da nossa comunidade escolar para a assembleia estatutária.

Qualquer tentativa de imposição do Governo, pela via legal, e da Universidade, pela via estatutária, das regras do Estatuto que se aplicará à FDL, corresponde a uma invasão do espaço de normatividade própria da nossa Escola que a ser aceite entra em contradição total com o que tem significado a FDL para a comunidade jurídica, universitária e democrática de Língua Portuguesa e que está expressa nas suas produção doutrinária, experiência pedagógica, independência científica, liberdade política e cultura humanista.

Na FDL sempre existiram professores e assistentes que defenderam, de forma argumentada, modelos próximos daqueles que hoje estão plasmados na lei e nos Estatutos da Universidade de Lisboa. Mas tais modelos e respectivas soluções foram sempre rejeitados pela maioria da Escola, quando chamada a pronunciar-se, em eleições, sobre a organização a adoptar aqui.

A eleição desta assembleia estatutária, após o longo processo eleitoral que a precedeu, revela mais uma vez que a FDL tem, apesar das muitas divergências nas formas de a concretizar, uma ideia de governo partilhado pelos vários órgãos; de participação nas decisões de todos os seus membros; de envolvimento de todos os docentes, independentemente da categoria, naquilo que cabe aos docentes decidir[4]; de reconhecimento do papel institucional da AAFDL; de audição dos representantes dos funcionários; de transparência nos processos decisórios e de responsabilização dos titulares dos cargos.

Os que a partir dos cargos e funções que ocupam na Universidade de Lisboa colaboraram com o legislador na definição do modelo normativo que regulamentou ao mínimo pormenor a forma como a Universidade e as Faculdades passariam a funcionar e, assim a ensinar, fizeram-no no entendimento que esse seria o melhor caminho para a nossa Universidade.

Parece-me, no entanto, que apenas conseguiram inculcar através da lei soluções que as Faculdades, que são no seu conjunto a Universidade, em democracia orgânica e liberdade de escolha, sempre recusaram por serem contrárias à sua essência e missão. As proximidades organizativas, no que tange aos fins, entre o

---

[4] A participação dos docentes, independentemente da categoria em que se encontram, na vida institucional da FDL tem de ser cada vez mais incentivada. Essa estratégia é essencial numa carreira de docência universitária onde a vulnerabilidade dos professores é programada pelo legislador, enfraquecendo os vínculos com a instituição através de contratações com prazos cada vez mais curtos e com um descomprometimento institucional total face ao empenhamento dos docentes mais novos na investigação e na docência. Neste ambiente de fragilização dos docentes aumentam os conflitos internos, a luta pelas vagas e a possibilidade de alguns optarem por, assim, não participar na vida da Escola, afastando-se para uma docência que se esgota na formalidade da aula, sem vontade de eleger ou ser eleito, sem crença na acção dos órgãos de governo da FDL, sem ânimo de resistir à menorização institucional da nossa Faculdade.

modelo legal actual e o que estava vigente antes da Revolução de Abril são uma desagradável surpresa.

Usando a democracia apenas como forma, tendo a lei como argumento para tudo, e com o fim de eliminar os conteúdos democráticos e a essência autónoma e criativa das Faculdades, o poder político cumpriu uma estratégia de cerco à Universidade através de uma actuação legislativa metódica e sistemática e com um discurso comunicacional bem colocado.

Foi conseguido o propósito de debilitar política e financeiramente as instituições universitárias, enfraquecer os vínculos de cooperação entre professores e alunos, transferindo a conflitualidade das soluções legislativas para o interior das escolas; e tentando desacreditar junto da "opinião pública" os que na Universidade denunciavam e resistiam ao ataque em preparação.

O resultado do assalto legal à Universidade foi maior do que se esperava: a auto-censura e a demissão de participar nas decisões são a regra entre os docentes[5]; a submissão burocrática, a fiscalização inspectiva e a dependência financeira são as actuais formas de controlo governamental da Universidade. Estes expedientes de governamentalização/centralização estão a protelar anos a recuperação de uma já atrasada Universidade Portuguesa. É aqui que agora estamos.

O poder executivo foi urdindo um conjunto de normas legais aplicado às Faculdades, tipo aranha, que condiciona o comportamento dos titulares eleitos de órgãos de governo universitário e que bloqueia qualquer possibilidade de intervenção institucional que não seja imediatamente rotulada de "corporativismo" e colocada na opinião pública como "exercício de privilégios".

Assim, num bom exemplo de demagogia populista ao serviço do autoritarismo legal vigente, a densificação estatutária da autonomia da Universidade nas Faculdades é entendida não como um dever dos universitários em Escolas públicas, ou até como um direito inerente à sua função docente e ao seu magistério, mas antes como um desafio aos poderes legislativos e executivos. A universitários eleitos cabe apenas copiar o que a lei já dispôs ou escolher entre duas ou três soluções, pouco diferentes umas das outras e todas igualmente más para a Universidade.

Interpretar a lei e procurar outras soluções, no limite do aí disposto, como é dever do jurista e do universitário docente de Direito, na busca das melhores soluções para a FDL, ameaça desencadear as reacções mais radicais e sujeitar os que assim procedem a todo o tipo de ofensas e acusações. Considerar, sem mais,

---

[5] As propostas de alteração do Estatuto da Carreira Docente no Ensino superior universitário que foram anunciadas ficam muita aquém do necessário, mantendo todas as condições para que na progressão da carreira docente universitária a obediência e o silêncio possam sobrepor-se ao mérito e à irreverência crítica dos candidatos.

a interpretação da lei que contraria a vontade política de quem legisla como ilegalidade, não é correcto nem aceitável.

Hoje, existe uma "questão estatutária" na Universidade de Lisboa porque os eleitos na FDL recusam que tudo se esgote na forma da lei vigente; no que é legal ou ilegal face ao texto da norma, como forma de exaurir a possibilidade da nossa intervenção na aprovação dos Estatutos. Assim não se fala da essência do ser da Universidade, nos seus elementos constitutivos, nem se constroem os conteúdos normativos que a efectivam.

Relativizados o conceito e a missão da Universidade, pulverizadas as suas competências em múltiplas normas espalhadas por diferentes leis e regulamentos, o essencial vira acessório e o lateral ocupa o centro.

Apesar de óbvio convém lembrar aos "pequenos ditadores" que a Universidade Pública não pode ser um instrumento do Governo na efectivação das suas políticas nem projectar a visão dos governantes sobre o que seja a Universidade. A Universidade Pública é do Estado, não é do Governo; a lei que a disciplina deve ser orientadora e não regulamentadora; a autonomia da Universidade e a sua natureza jurídica constituem-se como limites ao legislador ordinário; a densificação da autonomia é feita pelos representantes eleitos da universidade e da Faculdade, no exercício da sua autonomia normativa.

Tudo isto foi propositadamente ignorado e substituído por opções políticas expressas na lei que define os modos de exercício e regulamenta minuciosamente o que pode e não pode ser feito, considerando que quem tem legitimidade para governar deve não só determinar o governo das Universidades, mas governá-las, através dos Reitores, cada vez mais atarefados a cumprir burocracias impostas pelo Governo e manietados por fiscalizações e auditorias constantes às Universidades que as "opções de financiamento" colocaram de joelhos.

Não se é universitário por estar na Universidade ou nela ocupar cargos, mas por saber interpretá-la naquilo que a define e a estrutura como tal, respeitando a pluralidade de opiniões e cumprindo as deliberações das maiorias eleitas nos órgãos da Universidade e da Faculdade, com possibilidade de interpretação argumentada nas decisões tomadas em concretização das normas legais aplicáveis.

Em momentos de crise e de ataque à liberdade universitária e à autonomia institucional face ao legalismo autoritário, aos poderes executivos e aos tentáculos da sua burocracia centralizadora, a Universidade precisa da coragem e da dignidade daqueles que a corporizam. Ainda mais quando esse ataque é feito com profissionalismo e competência através de um discurso demagógico e populista, pretensamente técnico, que usa o financiamento (a falta dele) para atingir objectivos políticos na Universidade e a adesão da opinião pública é conseguida através da difusão de meias-verdades, sem contraditório.

Quando alguns poucos colaboram, muitos calam e quase todos os que intervêm fogem ao discurso necessário; falar com frontalidade opondo-se com competência ao "é assim e acabou" do discurso oficial, requer a lucidez de não situar a denúncia da ruína das soluções legais e estatutárias nos temas onde a propaganda dos poderes os coloca.

Aceitar fazê-lo, com uma agenda política e mediática que excluí tudo o que a Universidade reivindica por direito, tem permitido uma manipulação com êxito da "questão universitária" que coloca os universitários em posições defensivas, de justificação. Contra esta forma de actuar a Universidade pouco ou nada pode, pois não é esse o seu discurso, nem o seu campo de intervenção, nem essa a sua missão na sociedade.

A oposição a esta forma de fazer, de legislar, de decidir, de solucionar, com total desrespeito por aqueles que fazem a Universidade, pela escolha, através do voto, da comunidade académica; e com quem a comunidade portuguesa identifica a Universidade, requer a denúncia de uma mentalidade centralizadora, arrogante e autocrática, que substitui a política pela burocracia; as opções financeiras pela contabilidade, a democracia pela autocracia, a subsidiariedade pela concentração; o diálogo pela audição; a participação pela obediência.

A postura autoritária e desconfiada do legislador e colaborante daqueles que na Universidade se opõem ao critério democrático das maiorias, com a participação de todos os que estão na Universidade, como forma de governo próprio e à liberdade de organização e de decisão como prova de maturidade institucional, expressa nas autonomias, levou-os a programar uma Universidade assim.

A Universidade que resulta da lei e dos Estatutos da Universidade de Lisboa não corresponde, como foi expresso pelos candidatos à assembleia estatutária da Faculdade de Direito, ao que deve ser uma Universidade de conhecimentos e saberes, num Estado de Direito democrático ao serviço da comunidade e das pessoas que a integram.

Cumprir o aí estabelecido é obrigação da FDL, mas pode isso ser feito através de uma interpretação que amenize os efeitos negativos dessas normas na nossa Faculdade. A nossa opção pode desagradar a quem legislou ou a quem na Universidade aderiu ao que se fixou nas normas, na sua literalidade, mas é uma forma legítima, lícita e correcta (até imperiosa) de aplicar a lei e os Estatutos da Universidade na feitura do nosso Estatuto.

O legislador não quis deixar nada para o poder normativo dos universitários e regulou com tal pormenor e prazo tudo o que quis que a Universidade fosse, que ficou logo aí sentenciada a impossibilidade das suas soluções totalitárias e rápidas poderem singrar em ambiente académico sereno onde a Universidade vive e os universitários exercem a docência professando no magistério. No nosso espaço, com tempo, a falácia e o logro de uma "reforma legislativa" que se auto-justifica pela modernização da Universidade, ficam bem claros.

A Faculdade de Direito de Lisboa, apesar das suas fraquezas e contradições, é esse espaço de que se faz a Universidade e não abdica de o ser e de o representar. A comunidade académica da Universidade de Lisboa conhece-nos, sabe a nossa história recente e a responsabilidade que nos cabe. Olha para o nosso Estatuto e com esperança aguarda as soluções adequadas ao momento que vivemos.

A assembleia estatutária é o lugar onde, pelas instituições, podemos resistir, mesmo que apenas com uma persistência de Sísifo. É por aqui e pelo que aqui conseguirmos fazer que todos ficarão a saber o que está a ser feito, ao abrigo das leis, à nossa Universidade e à nossa Faculdade.

A liberdade dos membros eleitos da assembleia estatutária da FDL nas soluções a fixar nos nossos Estatutos foi desrespeitada por outros eleitos, no Governo e na Universidade, com outras fontes de legitimidade que não deveriam ter servido para tanto. Querer cobrir, num caso e noutro, com a legitimidade que é sua, as directivas políticas dadas, de forma impositiva, para a elaboração dos Estatutos da FDL, não nos parece correcto e não pode ser aceite sem mais.

Com estas atitudes e soluções o nosso legislador revelou desconhecer o que é a Universidade, a sua missão, o seu papel na Comunidade e o papel que o Estado deve ter na organização da Universidade.

O legislador inseriu a densificação estatutária dentro da sua área de normação, retirando-a das competências institucionais das Universidades e das Faculdades. O Estatuto da Universidade de Lisboa, aperfeiçoou e alargou a invasão do nosso espaço próprio de conformação normativa, pelos Estatutos.

Se não houver resistência eficaz agora, no plano institucional através dos Estatutos, ao que aí vem pelo menos ninguém pode dizer que não sabia. Despertar a consciência dos universitários significa manifestar, com efeito na norma estatutária, a liberdade de denunciar esta imposição legislativa, na senda de outras recentes, mais do que como um engano, como um logro. Pela sua impossibilidade de futuro estas leis fazem a Universidade perder um tempo precioso para a sua modernização e consolidação em prol da comunidade e aos universitários desvia-os do estudo, da investigação e da docência.

Com respeito pela opinião contrária (que pensa só ser possível reformar impondo contra quem está), não é assim, por obrigação legal e contra os universitários que se faz uma reforma da instituição, das mentalidades e das estruturas do ensino universitário. Todas as reformas que duraram e se traduziram em ganhos para as comunidades que as fizeram foram levadas a cabo com normas gerais e claras e com o empenho da Universidade traduzida em normas próprias resultantes dos consensos nelas conseguidos.

Conhecendo-se a resistência à mudança de instituições milenares como a Universidade, o tipo de actuação dos poderes legislativo e executivo que está expresso nas leis actuais só dificulta a acção reformadora dos universitários empenhados na modernização, avaliação e internacionalização da Universidade.

Aceitar o modelo de governo imposto pelo poder executivo usando a lei e fiscalizado pela Administração Pública, de forma acrítica e submissa, significaria renegar a Universidade, na experiência constitucional de 1976, e ser cúmplice com uma degradação da Universidade Pública que cobra o seu preço elevado à liberdade de decidir na Escola, expressa na autonomia universitária que, por Lei Fundamental, não está na disposição do legislador ordinário, mas se impõe à sua liberdade de conformação legal.

Como aqui ensinamos, existe um Direito que limita o legislador e serve de referência ao intérprete da lei. Não se pode invocar a obediência à lei no Estado de Direito, para condicionar as assembleias estatutárias impedindo-as de interpretar as normas que balizam a sua acção, pois o Estado de Direito não pode ser reduzido, pela conveniência dos poderes ou passividade dos destinatários, a uma obediência cega à lei, sem liberdade para interpretar a norma.

O Estado de Direito é sobretudo a prevalência da regra de Direito na legislação, a participação dos destinatários das leis nas soluções, e muito em especial, o respeito dos poderes políticos, na expressão legislativa, pelos espaços próprios de regulação institucional universitária, através de limites até aqui comummente aceites. Esses limites foram claramente ultrapassados, na forma como o legislador tudo regulamentou, nada deixando de essencial aos universitários na definição dos estatutos internos de Universidades e de Faculdades.

Na Universidade é preciso saber conviver com o auto-governo das Faculdades, com a decisão responsável de órgãos democráticos em que participam professores, funcionários e alunos, com a liberdade de escolher fundada na autonomia e na responsabilidade daqueles que estão mais perto dos problemas a resolver.

Nada disso respeitou o legislador, nem acautelou o Estatuto da Universidade de Lisboa não restando à nossa assembleia estatutária senão resistir em defesa de valores, de princípios, de regras que erguem e estruturam a organização da Universidade.

Os que na Universidade de Lisboa e nas suas Faculdades concordam com as soluções legais tal como elas são queridas pelo poder executivo e aqueles que a elas se opõem, com vontade de participação e espírito de serviço, tinham a obrigação candidatar-se a lugares elegíveis e, com a legitimidade dos eleitos, efectivar as soluções que julgam mais adequadas para a Universidade e a Faculdade. Seja como for é na Escola que o universitário deve procurar aprovação para as suas ideias e aceitação para as propostas que apresenta, através de eleições.

Uma Universidade não é uma Direcção-Geral, nem os seus serviços uma mera emanação da administração pública que permite ao ministro da tutela exercer o seu poder sobre ela; o poder do Ministro na Universidade deve ser meramente inspectivo e não é a lei que muda essa limitação, pois ela é imposta pela norma constitucional, pela natureza jurídica e pela missão social da Universidade.

Uma Universidade não é uma Reitoria com Faculdades, mas Faculdades com uma Reitoria. O poder do Reitor não pode ser exercido como o de uma autoridade administrativa qualquer; o poder do Reitor só deve ser exercido, em prol da Universidade, a partir da sua *auctoritas* académica, que requer o reconhecimento dos seus pares, sobretudo quando a sua base de legitimidade foi fragilizada pelo modo de eleição e o seu vínculo com as Faculdades cortado pelo modelo de governo.

Tudo isto que faz uma Universidade parece estar invertido na Lei e, em parte, nos Estatutos da Universidade. Mas, não pode ser por nós esquecido, nem tolerado.

Calar agora, não é uma opção. Recebermos, de forma imperativa e fechada, modelos de governo das instituições universitárias e normas de organização e de competências que só a Universidade e as Faculdades podem fixar ao abrigo da sua autonomia, porque foi assim decidido pelo Governo e aprovado por leis, é apenas uma forma inábil que se encontrou para contornar a intromissão directa do executivo na Universidade. Usar a lei para o fazer torna a lei que efectiva tal intromissão ilegítima face aos direitos constitucional e universitário.

Na Faculdade de Direito, há pelo menos 20 anos que se faz pedagogia democrática no governo da instituição, formando as gerações que chegam à Escola na necessidade de participar no seu governo e na responsabilidade de decidir o que temos de cumprir. A imposição legal de entregar as decisões da Universidade e da Faculdade a titulares de cargos unipessoais ou a órgãos de representação orgânica controlada por eleição indirecta, com afastamento dos órgãos colegiais de eleição directa por todos os membros da comunidade escolar, representa uma regressão institucional que não pode ser aqui efectivada.

Não é apenas o modelo de organização atomizado, contraditório e incoerente nas soluções legislativas e regulamentares da Universidade que penaliza a FDL.

A nossa Escola está hoje submetida a um conjunto de normas aplicáveis à administração pública, sem qualquer correspondência com a realidade dos nossos serviços; está sujeita a um excesso de regulamentos e portarias que tudo procuram prever e regular, numa uniformidade excessiva e inútil; tem um deficit de financiamento que elimina a possibilidade de continuar a sua natureza pública, pelo volume de financiamento privado que a mantém; vive com um estatuto da carreira docente completamente inadequado; sobrevive com uma empresarialização dos modelos de gestão no discurso oficial e nas normas de organização, em contradição com o modelo legal fixado; está obrigada a gerir sem plano, programa ou saldo para ficar à mercê de quem financia; e enfrenta a necessidade de manter a qualidade do ensino em estruturas que só o degradam.

Apesar desta acção corrosiva, inconsequente e errática dos poderes executivos a Faculdade de Direito tudo tem feito para mitigar os efeitos de actuação tão irresponsável, julgando estar a interpretar o serviço público e o interesse universitário.

Apesar de um preconceito crescente contra o ensino do Direito e das Humanidades, em ambiente social, criado pelo poder político, propício a culpar as elites de jurisprudentes universitários por qualquer obstáculo a uma reforma (no seu dizer) "necessária para o País a que se opõem os professores porque constitui uma ameaça aos seus privilégios", numa conhecida técnica de convencimento da opinião pública (com provas já dadas em outros casos), os professores da FDL, conscientes do seu papel na construção da Universidade e da sua importância na possibilidade de Justiça pelo Direito na nossa sociedade, nunca deixaram de participar no processo de mudança da Universidade e dentro daquilo que lhes foi solicitado tudo fizeram para que decorresse com normalidade.

Dentro da Universidade de Lisboa, onde são parte imprescindível do que ela possa ser como instituição pública de ensino superior universitário, participando nas suas estruturas institucionais na procura de soluções que melhor sirvam o ensino superior do Direito, os titulares dos órgãos de governo próprio da FDL tudo têm feito para explicar que a defesa da autonomia da Universidade e das Faculdades não é a defesa de um poder próprio ou de um interesse egoísta mas uma exigência do "ser universitário", uma característica necessária do Estado democrático de Direito e uma condição indispensável para a formação de quadros superiores responsáveis e para a criação de cultura e de ciência.

Por isso, não podemos seguir aqueles que, nas suas Faculdades, abdicaram da autonomia administrativa, financeira e patrimonial, como forma de passar responsabilidades para as reitorias, abdicando da decisão em matérias que, decididas por outros, condicionam os meios e as formas de exercício das autonomias didáctica, pedagógica e científica. Nunca é demais lembrar que são as Faculdades que têm os alunos, os professores, as salas de aula, os funcionários e os problemas inerentes ao ensino; só a elas cabe decidir como resolver, em concreto, tais problemas; só elas podem dotar-se dos meios financeiros indispensáveis para o fazer.

A solução indicada ao Reitor da Universidade de Lisboa pelo Ministro do Ensino Superior, numa carta-resposta a uma recente deliberação do Senado, no sentido de usar as poupanças das Faculdades que bem governaram e geriram, para suprir as dificuldades financeiras de outras Faculdades, dentro da mesma Universidade, revela bem a forma como o poder executivo pensa usar as normas do RGIEJ, para atacar a autonomia das Faculdades, usando os reitores; forçar soluções políticas internas através da chantagem financeira sobre os reitores; usar a má gestão pontual de algumas Faculdades (que utilizaram a sua autonomia para criar despesa) para atacar o bom governo da maioria das outras Faculdades, que o conseguiram através da sua autonomia (e quanto da má gestão em algumas Faculdades não resultou de más leis; de péssimos orçamentos; de decisões políticas erradas); desresponsabilizar o Estado pelo pagamento das despesas públicas do ensino que quer tutelar; lançar os universitários uns contra os outros e os professores contra os alunos; amedrontar os que, na Universidade, não conhecem os seus direitos.

Isto é conhecido e todos os órgãos da nossa Escola, em defesa da nossa Universidade, se uniram para dizer NÃO. O Reitor entendeu a mensagem e, como universitário que é, agiu em conformidade. As instruções de um ministro que se julga à frente do País e superior aos universitários portugueses foram rejeitadas pelo Reitor e encontrou-se uma outra solução dentro da Universidade de Lisboa.

O Ministro pretende fazer crer que os saldos gerados nas Faculdades como resultado das decisões dos seus órgãos e ao abrigo da sua autonomia financeira, são da Universidade. Não são. O Ministro escreve ao Reitor afirmando que a lei impõe a sua intervenção para "racionalizar os recursos" (traduza-se: retirar os saldos às escolas que fizeram aforro), desrespeitando a autonomia das Faculdades e esquecendo o pressuposto legal que permite a intervenção do Reitor. A intervenção do Reitor, não estando verificado o pressuposto exigido pelo legislador, como a FDL já provou, é ILEGAL. Os doutores do Conselho Científico isso mesmo afirmaram por unanimidade e deixaram escrito em acta. O Reitor entendeu e aceitou a posição da FDL.

A FDL agiu e agirá assim porque não pode permitir que esta oportunista engenharia financeira, no interior da Universidade, pela acção do Reitor, a mando do Ministro, permita esconder dos portugueses, a situação financeira criada na Universidade de Lisboa, por uma série de factores e circunstâncias a que a FDL é completamente alheia. A FDL quer ver aplicado o Direito, defende o seu direito, usa os meios legais e institucionais sempre que seja necessário fazê-lo e conta com o Reitor para que assim seja. Felizmente o Reitor da Universidade de Lisboa tem estado à altura da Universidade que somos.

Noutro plano, muitas dúvidas permanecem sobre a fundamentação jurídica da legitimidade da intervenção nas decisões da Universidade que ensina e investiga para ensinar, de outras componentes integradas na Universidade, mesmo aceitando que são compatíveis nas mesmas estruturas decisórias, a Universidade-ensino, a Universidade-investigação e a Universidade -burocracia. O Estatuto da Universidade de Lisboa mergulhou de cabeça na solução que afasta os docentes e os representantes eleitos das Faculdades das decisões da Universidade. Não concordamos com tal solução, como ficou expresso em actas do Conselho Científico.

Trata-se de uma solução completamente estranha à nossa realidade escolar e à cultura institucional da Universidade de Lisboa. Não existe Universidade sem professores e sem alunos; nem as decisões tomadas por "personalidades" e membros universitários designados ou eleitos de forma indirecta têm legitimidade académica para decidir sozinhos sobre a Universidade e vincular assim os universitários e académicos.

Estas soluções são necessariamente efémeras, mas enquanto duram provocam atritos e incompreensões no interior da Academia, completamente afastada do governo da instituição e com justificadas preocupações sobre o efeito desta forma de decidir e planear, de fora e por fora, no futuro da Universidade de Lisboa. Estar aberto à comunidade, ser avaliado e influenciado pelos representantes da comunidade e pelas personalidades que nela se notabilizam não significa, para as Universidades, muito pelo contrário, serem governadas por elas.

A existência de um Senado com poderes meramente consultivos onde estão reunidos em confusão orgânica e funcional os eleitos das Faculdades (directores, presidentes de conselhos científicos e pedagógicos, dirigentes e representantes de alunos e funcionários) foi o máximo que se conseguiu face ao disposto na lei. Mas é pouco, para não dizer quase nada, naquilo que é necessário colocar nos Estatutos para o bom governo da Universidade de Lisboa.

Por isso, e apesar dos Estatutos da Universidade, os nossos estatutos devem manter firme a legitimidade eleitoral directa dos titulares de poderes nos órgãos de governo; continuar com a diversidade de pessoas na presidência dos diferentes órgãos; não permitir que nenhum dos grupos que integra a Faculdade (professores, alunos e funcionários) seja excluído da participação e votação nos órgãos da Escola.

Importa também criar condições internas nas Faculdades para a democraticidade das escolhas através da pluralidade de projectos para a Direcção das Escolas e das políticas científicas e pedagógicas a seguir nos respectivos Conselhos, institucionalizando os procedimentos eleitorais; e manter a opção por uma Faculdade que ensina e tudo o mais é feito em função disso; não abdicando, no entanto, de desenvolver componentes de não-docência que complementem a sua missão primeira.

Expressei então, como Presidente do Conselho Directivo da FDL, e mantenho hoje sérias dúvidas sobre a orientação centralizadora e a estratégia burocratizante fixada pelo legislador e não mitigada nos Estatutos da Universidade de Lisboa. Reitorias cheias de funcionários, de serviços e de poderes são experiências que já tivemos e não queremos repetir. Sejam quais forem as metas estratégicas e as palavras colocadas na criação de uma Reitoria que se alimenta das energias e dos recursos das Faculdades, o resultado é a fragilização do todo que é a Universidade.

A coesão e a modernização da Universidade de Lisboa só podem acontecer se combatermos a uniformização organizativa, a centralização decisória e a burocratização administrativa. A defesa das autonomias plenas das Faculdades é, por isso, a solução que está de acordo com a nossa cultura institucional e com a missão universitária para a coesão e a modernização da nossa Universidade. Assim, nos termos do direito universitário, o modelo de organização da Universidade deve ser mínimo e referencial para garantir as metas de coesão; não ínfimo e pormenorizado, impossibilitando pela uniformidade a coesão.

A FDL manterá no seu Estatuto a autonomia administrativa e financeira, que integra a autonomia patrimonial, e na sua acção conservará todos os meios para o seu efectivo exercício. Em colaboração institucional com o Reitor, os órgãos estatutários, as Faculdades e as "unidades orgânicas" que a Universidade integra a FDL tem como orientação estratégica reforçar a sua autonomia como único meio para conseguir cumprir a missão de ensino universitário público do Direito que lhe está confiada pela lei.

Assim, sejam quais forem as competências do *Centro de Recursos Partilhados* a FDL colaborará, como é seu dever, na sua criação e actividade, mas não comprometerá, por transferência de serviços ou de meios, os instrumentos que dão sentido e executam a sua autonomia. As garantias dadas à Faculdade são tranquilizadoras, pois apontam para uma rentabilização das despesas actuais sob proposta apresentada à Escola, cabendo a esta aderir ou não em acto de boa-gestão, onde se integra uma análise não apenas do custo económico mas também do custo institucional (possibilidade de perder meios de exercício da sua autonomia decisória).

A constituição desse organismo (*Centro de Recursos Partilhados*) como unidade orgânica (como são as Faculdades) da Universidade de Lisboa parece-nos, no entanto, ser mais um passo no sentido de aumentar a despesa e a burocracia numa estrutura já pesada como é a da actual Reitoria. Assim, dificilmente poderá cumprir aquilo a que se propõe sem diminuir os meios de exercício da autonomia das Faculdades (autonomia de decisão e meios próprios para as executar), mas só o futuro o dirá[6].

---

[6] Propus insistentemente ao Reitor Sampaio da Nóvoa uma solução, dentro da visão centralizadora que está a ser imposta, em que os SPUL (Serviços Partilhados da Universidade de Lisboa) seriam inicialmente uma estrutura de coordenação entre os vários serviços das Faculdades que iria assumindo progressivamente os serviços em condições de serem transferidos para uma estrutura comum a toda a Universidade. Infelizmente para a Universidade tudo parece seguir por um caminho

Também muitas dúvidas ficam sobre a imposição de um modelo comum de Estatutos a todas as Faculdades da nossa Universidade, com poucas e inúteis escolhas a fazer por cada assembleia na sua Escola. Uma Faculdade organiza-se em função do fim – ensinar – e do seu objecto de ensino resultam diferenças organizativas óbvias. Por isso, a FDL não seguiu o modelo standard apresentado pela Reitoria como roteiro a seguir pelas assembleias estatutárias das Faculdades.

São essas diferenças que fazem a pluralidade da instituição universitária e constituem a própria essência da Universidade de Lisboa. Qualquer tentativa de uniformização de Faculdades por modelos únicos de Estatuto aprovados na Reitoria, seja qual for o órgão e a fonte de legitimidade (muito mais grave, feita em unanimismo ou em cedência, por pressão política do Ministro ou do Reitor e invocando a imposição legal), constituem uma ofensa à nossa Universidade e à diversidade de culturas institucionais que ela comporta.

As confusões conceptuais ou as retóricas discursivas que pretendem fazer passar a uniformidade normativa dos Estatutos das várias Faculdades, que garante uma condução política hierarquizada e autoritária da Universidade, com marginalização dos eleitos nas Escolas das decisões que elas requerem ou da sua participação nas deliberações que vinculam a Universidade, aqui não irão singrar.

A coesão da Universidade de Lisboa que garante a modernização desejada passa pelo respeito da autonomia das suas Faculdades. Sem tal autonomia, sem a densidade de conteúdos que ela requer e potencia, nem sequer existe uma Universidade. Tem sido essa a leitura que fazemos das intervenções internas e externas que o Reitor tem produzido nos últimos meses.

Seja como for, a FDL mantém a sua firme e empenhada colaboração com a Universidade, como parte integrante do seu todo, e respeita as decisões dos órgãos legalmente existentes, mantendo uma perspectiva crítica e correctora das deliberações aí tomadas. Falando por aqueles que a representam, eleitos na Escola para tal, a FDL interpretando o que deve ser uma Universidade, responde com soluções criadas na sua assembleia estatutária e exclusivamente no plano institucional.

Face ao panorama normativo, que já qualifiquei como um cerco legal-regulamentar às instituições de ensino superior universitário, a FDL não pode deixar de fazer Estatutos que sirvam a Escola em primeiro lugar, na decisão dos seus

diferente, com uma estrutura burocrática e megalómana que vai convocar todas as resistências. Depois um serviço destes deve ficar sob a alçada de um Conselho de Directores, presidido pelo Reitor: não apenas pelo Reitor que está longe de tudo e não pode controlar ou coordenar nada daquilo que fica a chefiar.

eleitos para tal, através de uma interpretação das normas da lei e dos Estatutos da Universidade, orientada por esse fim.

É preciso enfrentar com coragem o problema, decidir com equilíbrio e determinação e assumir a responsabilidade que o momento requer. A via da legitimidade eleitoral e a decisão situada no plano institucional são a garantia de que a FDL expressa a sua vontade como determina a lei e fá-lo com transparência no âmbito do processo estatutário em curso na Universidade de Lisboa.

Só com essa prioridade dada à Escola e aos seus membros por aqueles que melhor a conhecem; compreendem a sua circunstância; respeitam a sua história; e aceitam ser candidatos a cargos de responsabilidade, ao seu serviço – é possível não comprometer o ensino que nela se faz e está avaliado, em avaliação externa de qualidade, como o primeiro do País.

Na diversidade de opiniões sobre o tema dos Estatutos todos os docentes da FDL estão empenhados na vida da Escola, no seu prestígio institucional e na qualidade e no rigor do seu ensino, na formação de juristas de excelência, no contributo para a consolidação da Universidade de Lisboa.

Ninguém pode reivindicar como própria, no sentido de só sua, nenhuma destas preocupações. Cabe aos eleitos a legitimidade de decidir por deliberação, qual a norma do Estatuto; aos que discordam manifestá-lo e ter a pretensão de mudar as maiorias que assim deliberaram; e à Escola o compromisso de manter aberta esta pluralidade enriquecedora de perspectivas e de projectos que a constroem como Faculdade de Direito.

No momento actual a primeira trincheira da batalha por um Estatuto que sirva a Escola é a AUTONOMIA. Por isso, o ponto de partida para a elaboração do Estatuto da FDL é a reafirmação da autonomia plena e sem concessões da nossa Faculdade. Esse foi o consenso que fixou como opção primeira da assembleia estatutária a manutenção e aprofundamento da autonomia da FDL, sem qualquer recuo naquilo que já foi conquistado e provou bem.

Essa opção requer uma adequada tradução em normas da rica experiência autonómica da FDL nos anos de vigência da Lei de 1988, corrigindo o que de mal se fez e densificando-a em todas as formas da sua manifestação, pois não há autonomia científica, didáctica e pedagógica sem autonomia administrativa e financeira, únicas que permitem aos órgãos de auto-governo optar livremente pelos meios do seu exercício.

A FDL, desde o início da auto-designada "reforma da Universidade", cumpre o estipulado na lei de forma crítica e com oposição frontal e expressa a soluções anti-universitárias impostas pelo legislador. O seu mais ilustre representante, o Prof. Doutor Jorge Miranda, alertou a tempo para alguns dos efeitos negativos do sistema de Bolonha, sendo completamente ignorado pelas instâncias políticas. O mesmo aconteceu com o Reitor, Prof. Doutor Sampaio da Nóvoa, em relação à forma como o sistema de Bolonha foi interpretado e utilizado pelo legislador contra as Universidades.

Hoje a inspiração do legislador vem de outras geografias e de ideologias de ensino que bem conhecemos, mas não partilhamos. Espero estar enganado, mas julgo que a tal "reforma da Universidade" é, no plano político, apenas um triste retorno ao pior da nossa tradição centralizadora, burocrática e autoritária com novas vestes formais e meios administrativos mais eficazes mas fiel aos mesmos objectivos de intromissão dos poderes executivos na Universidade.

O legislador, com juras de audição permanente, numa linguagem de inversão de sentidos e de deturpação de conceitos, fez exactamente o contrário do que prometeu e impôs os *curricula* da licenciatura por lei, definindo o *quantum* de instrução (número de créditos) deve ter um licenciado em Direito.

Os conteúdos programáticos do ensino são condicionados pelas ideias difundidas de formação para o "mercado de trabalho" e para os "quadros superiores de que o País precisa"; o resto do condicionamento programático do ensino é conseguido pelas metas a atingir para ser financiado. Formalmente há liberdade de ensinar; materialmente a liberdade está condicionada, manietada e instrumentalizada por uma teia de normas e de pressupostos ideológicos, políticos e idiossincráticos que acabaram com a liberdade de ensinar e aprender na universidade pública e, assim, com a autonomia da Universidade.

O resultado está à vista, com as melhores Faculdades de Direito da Europa a abandonarem o sistema de Bolonha e o ensino financiado pelo Estado, juntando-se a outras Escolas que nunca aderiram. A oportunidade de voltar a ter uma Universidade de saberes, não de competências, e de âmbito europeu, não regional ou ibérico, fracassou na deriva autoritária dos nossos Governos, bem mais zelosos que os dos outros Estados-membros.

A FDL, que poderia ter colhido o melhor das "propostas de Bolonha" para a sua reforma interna, com expressão nos Estatutos, foi empurrada à pressa e à força para um sistema único e para um modelo uniformizado que não servem para o ensino do nosso Direito. Não estar na versão governamental de Bolonha significou ficar fora da lei.

De nada adiantou o empenho e a responsabilidade colocados nas intervenções dos nossos professores que alertaram para os efeitos muito negativos de alguns aspectos do RJIES, por comprometerem a possibilidade de, com a organização fixada, se fazer universidade e de manter o ensino universitário do Direito ao nível em que está, melhorando-o como era exigido. Mais uma vez, o legislador impôs o modelo, considerando que as críticas só podiam resultar de ignorância, má-compreensão, oposição partidária ou corporativismo.

Assim reduzida a nada a possibilidade de participação dos universitários críticos na legislação que se estava a fazer; com um contraditório pré-definido e limitado a uma caricatura da democracia; com as audições da instituição universitária esgotadas na formalização vácua das antigas "conversas em família"; com uma representação das Universidades atribuída pelo legislador ao CRUP, sem qualquer base ou critério de legitimação fundado nos representados, que não aceitamos – a Universidade passa a ser a ideia do governante que tutela e caminha para ser um instrumento de exercício do poder executivo.

Participando na Assembleia Estatutária da Universidade e mesmo agora no Conselho Geral, o representante da FDL, o eminente professor e constitucionalista Jorge Miranda, numa participação acompanhada pelos órgãos de governo da FDL, tem, muitas vezes em questões essenciais, votado sozinho e defendido soluções para o Estatuto da Universidade que nos parecem as melhores e que não são sufragadas, ou sequer discutidas.

Nada disso esmoreceu o empenho da FDL no processo de revisão estatutária e de reforma institucional da Universidade de Lisboa ainda em curso. O legislador permite e até encoraja a secessão das Faculdades face às Universidades. Mas isso não nos importa. A FDL é também Universidade de Lisboa e não desiste de o ser e influenciar esse Ser que é também seu. A nossa escolha é ser uma Faculdade da Universidade de Lisboa.

Por isso, cumprindo tal persistência, dando continuidade a esse trabalho e ao empenho institucional da FDL, devemos continuar a expressar as nossas opiniões e divergências nos limites da participação orgânica que nos é conferida por lei. Temos na Faculdade a base que sustenta estas orientações e no Reitor um interlocutor respeitado e respeitador.

Fazer um Estatuto tal como foi desenhado, até ao ínfimo pormenor, na lei e nos Estatutos da Universidade deve ser uma preocupação da nossa assembleia; mas a nossa primeira obrigação é fazer um Estatuto que sirva a FDL e a comunidade jurídica. Se para tal tivermos de, aqui e ali, interpretar as imposições legais e estatutárias de forma diversa da que é pretendida pelos seguidores de tais soluções, devemos fazê-lo. Para o fazer basta recorrer ao direito universitário que afasta a leitura de tais normas legais e regulamentares do sentido atrás referido.

Devem, por isso, os membros da assembleia estatutária em cumprimento do dever que assumiram perante os eleitores da FDL, de defender o interesse da Escola – que, como eleitos, têm legitimidade de definir – votar as normas do Estatuto com essa orientação e com o sentido de responsabilidade que se lhes exige face ao desafio.

Só, pela instituição e na instituição esta forma de agir pode ter êxito. Um Estatuto que se esgote no modelo pré-definido que nos foi apresentado – e que não pode deixar de ser considerado como uma forma de tentar condicionar a nossa liberdade de propor e de votar as normas estatutárias – logo sem Faculdade de Direito, não é solução.

Um Estatuto fora da FDL, feito a partir da Reitoria, ou na FDL em querelas opinativas, sem a legitimidade própria das eleições, ou mesmo através de outros órgãos da escola, também não é solução. A Faculdade tem nos membros eleitos da assembleia estatutária e no Direito que funda as soluções a adoptar, os instrumentos suficientes e os únicos legítimos para fazer os seus Estatutos.

Como Presidente do Conselho Directivo considero estar em causa a autonomia que nos identifica como Universidade e que constitui o nosso modo de existir; estamos em risco, por factores que são externos e estranhos à FDL, de não poder cumprir com obrigações básicas de funcionamento, por estarem fragilizados os instrumentos de execução do planeamento efectuado ao longo de anos, que garantia um crescimento sustentado e consistente da Escola, sem problemas de financiamento.

Face ao panorama legal e estatutário actual, só com instrumentos próprios, de planeamento, programação e execução, podemos pensar numa Faculdade de Direito, no âmbito da Universidade de Lisboa, com futuro. A centralização de poderes no Director e a concentração de competências num Reitor eleito de forma indirecta, com as decisões essenciais a ficarem para o Conselho Geral, marginalizando os eleitos das Faculdades do processo decisório da Universidade é um erro que aqui não pode ser repetido.

Num momento tão particular e perigoso da vida da FDL comprometo-me, em articulação com os outros órgãos de governo da Escola, a cumprir o que for determinado pela assembleia estatutária e a participar nas medidas adequadas para que actuações que coloquem em causa a paz necessária para o ensino e a autonomia, essenciais para se cumprir a missão da Escola, não se efectivem, com prejuízo para todos.

Numa situação em que: são os alunos a pagar, com as suas propinas, as despesas de funcionamento e já uma parte significativa dos salários dos seus docentes; são os funcionários que trabalham além das horas de serviço, sem qualquer remuneração ou reconhecimento, para suprir o cada vez maior número de tarefas que executam por obrigação legal, sendo eles cada vez menos; são os professores que desempenhando funções não-docentes, não devidamente remuneradas, ou dando aulas, trabalham além das horas fixadas na lei em regime de avaliação contínua e permanente que não lhes permite investigar ou preparar-se para a docência – que apelo aos membros da assembleia estatutária para, com a seriedade que a situação exige, empenharem-se, apresentando proposta e discutindo as soluções, na feitura dos Estatutos que melhor sirvam a FDL.

Aproveito para convidar professores, alunos e funcionários que não estando na assembleia estatutária têm propostas e ideias que gostavam de ver concretizadas como normas do nosso estatuto que participassem no debate que está aberto e que entreguem as propostas para serem discutidas na assembleia. Por vezes os consensos e ainda pior as unanimidades são os maiores inimigos da democracia, da clareza normativa e da responsabilidade requerida a quem decide.

Com abertura para o diálogo e mantendo livre a possibilidade de terem mais razão aqueles que pensam de forma diversa ou oposta creio que aquilo que nos é apresentado como uma reforma da Universidade que a moderniza, não passa de um perigoso regresso, com raras excepções, ao pior da de um passado recente de intromissão das "vanguardas dirigentes" na Universidade.

Em vez de modernizar a partir da experiência existente e das regras de autonomia longamente trabalhadas até à lei de 1988, o legislador aproveita Bolonha para retomar no estilo e nas soluções uma Universidade que julgávamos já enterrada. Sem imaginação ou criatividade, sem vontade e profundidade, numa aparência sem conteúdos, sem contraditório ou alternativa, o reformador, numa campanha constante contra a Universidade que parece desconhecer ou detestar, imita sem adaptação modelos importados de tradições diversas e de economias mais fortes.

Esta atitude provocará um irremediável atraso na formação de uma Universidade que cumpra a sua missão naquilo que Portugal merece ser. Outra legislação virá por imposição da realidade que será construída a partir destas leis e por necessidade de haver Universidade em Portugal ao serviço do Estado, com autonomia e liberdade de ensino. O tempo que se perdeu agora não será recuperado. Outros processos inevitavelmente se seguirão a devolver às Universidades, às Faculdades e às comunidades académicas aquilo que agora lhes está a ser tirado.

É com orgulho que desempenho o cargo de Presidente do Conselho Directivo da FDL e foi com a responsabilidade de defender a sua autonomia que me candidatei à assembleia estatutária da Escola. Exercerei, por eleição, o mandato que me foi confiado fiel a esse objectivo.

Temos, na assembleia estatutária, pelas condições já criadas a oportunidade de corresponder às expectativas daqueles que na Faculdade de Direito, na Universidade de Lisboa e no País ainda acreditam que é possível existir uma Universidade que cumpra a sua missão, mesmo que em condições tão adversas e condicionadas, no Estado e ao serviço da comunidade, pelos valores que a fizeram como instituição prestigiada, independente e fiável.

Só o futuro dirá se o caminho mais adequado para a nossa Universidade é o que está expresso nos aspectos dos actuais Estatutos que limitam a nossa autonomia ou o que poderá sair de um novo Estatuto da Universidade de Lisboa que aceite o desafio de modernizar com respeito pelos elementos identitários da instituição universitária, pela nossa experiência de ensino e de exercício de cargos electivos nas Faculdades e não pela imposição da lei.

O Estatuto da FDL pode ser já, porque é urgente fazê-lo desde já, o início do caminho para o retorno à pluralidade da e na Universidade e à autonomia das Faculdades, como prova de maturidade não tutelada da Universidade de Lisboa e das seus universitários. Estamos nós à altura desse momento, que é aqui e agora.

A minha homenagem a Alberto Xavier

FAUSTO DE QUADROS
Professor Catedrático da Faculdade de Direito da Universidade de Lisboa

Razões da minha vida académica e profissional, em Portugal e no estrangeiro, não me deixaram tempo para eu escrever um artigo científico para este livro em homenagem a Alberto Xavier. De qualquer modo, não quero deixar de aproveitar estas linhas para lhe manifestar, simultaneamente, o meu grande apreço pessoal e académico e a minha amizade.

Conheci Alberto Xavier na Faculdade de Direito de Lisboa. Fomos contemporâneos naquela Faculdade e cedo nos tornámos Amigos. Alberto Xavier era uns anos mais adiantado do que eu no Curso. No seu Curso brilhavam pelas suas qualidades académicas António de Sousa Franco e ele. É importante referi-lo, desde logo, porque a Faculdade perdeu cedo o contributo de ambos, embora em épocas e por motivos diferentes, empobrecendo com isso muito a Faculdade.

Alberto Xavier era neto de um grande Jurisconsulto e um grande Homem de Letras de quem recebeu o nome. Nascido em Goa em 1881, o Avô Alberto Xavier, entre outras actividades jurídicas, foi em Lisboa Juiz do Tribunal de Contas e Director Geral da Fazenda Pública, e dedicou-se à literatura, deixando uma vasta obra literária, dentro das quais se destacam "Camilo Romântico", "Créditos e débitos internacionais" e "Memórias da Vida Pública".

Concluída a Licenciatura, Alberto Xavier fez, em 1964-65, o Curso Complementar de Ciências Político-Económicas, o antigo "6º ano". Esse 6º ano, que também nós concluímos dois anos mais tarde, correspondia à soma dos actuais Mestrados de Ciências Jurídico-Políticas e de Ciências Jurídico-Económicas e era composto por entre cinco a seis disciplinas, todas obrigatórias, para além de uma dissertação, tendo tudo de ser concluído num único ano lectivo e com uma longa e única prova pública conjunta sobre a dissertação e sobre todas as disciplinas. Nesse Curso Complementar Alberto Xavier elaborou uma monografia muito útil sobre " O conceito de procedimento administrativo gracioso", matéria que nesse tempo era muito esquecida pelo Legislador e pela doutrina. Recordo que só em 1991 essa matéria viria a ser regulada por lei especial, o Código do Procedimento Administrativo. Ele apresentou a sua dissertação sobre "Portugal e a Integração Económica Europeia", publicada depois, em 1969, pela Almedina. A obra era exaustiva e muito bem fundamentada. Além disso, foi das primeiras dissertações apresentadas sobre as questões económicas da integração europeia na nossa Faculdade.

Mais tarde, em 1972, fez o seu doutoramento com uma muito boa dissertação com o título "Conceito e natureza do acto tributário".

Alberto Xavier ensinou diversas disciplinas do Grupo de Ciências Jurídico--Económicas na Faculdade de Direito de Lisboa, mas aquela a que mais se dedicou foi o Direito Fiscal. Publicou nessa disciplina o seu "Manual de Direito Fiscal", em 1974. Entre outras obras, um ano antes havia dado à luz uma monografia sob a epígrafe "Economia de Mercado e Justiça Social", uma obra que continua plenamente actual pela profundidade do pensamento aí expresso pelo Autor.

Teve que interromper a docência em Portugal por força das circunstâncias que o País viveu em 1974, e decidiu emigrar para o Brasil. Aí obteve o sucesso esperado tanto na docência como na advocacia como na consulta jurídica, sobretudo em Direito Fiscal, quer nacional, quer internacional. Publicou vastíssima obra científica, sobretudo em Direito Fiscal Internacional, Direito das Sociedades e Investimento Estrangeiro, das quais me permito destacar o seu manual sobre "Direito Tributário Internacional", de 2007, livro que é citado pela melhor doutrina estrangeira. Alberto Xavier passou a ser um dos mais conceituados e respeitados Advogados e Jurisconsultos em Direito Fiscal, e em matérias afins, em todo o continente americano. O sucesso de Alberto Xavier nas Américas foi proporcional à perda que a sua emigração trouxe para a Faculdade de Direito de Lisboa, para a Ciência Jurídica e para a Doutrina do Direito portuguesas. Note--se, todavia, que a distância nunca impediu que Alberto Xavier continuasse a cultivar relações de amizade e de carácter profissional com Portugal.

Fazemos votos para que a Faculdade de Direito onde ele ensinou em Portugal e o País que ele tão bem serviu criem condições para que, ainda que separados pelo Atlântico, os seus Amigos, sobretudo os mais antigos, encontrem formas de com ele manter um profícuo convívio científico e de reforçarem a sua recíproca amizade.

A pena de morte no âmbito do sistema jurídico-penal – reflexões críticas

FERNANDO CONDE MONTEIRO
Professor da Escola de Direito da Universidade do Minho

I – ASPECTOS EPISTEMOLÓGICOS INERENTES AO DIREITO PENAL

1. Introdução
O facto de recentemente termos sido convidados para uma palestra sobre o tema em epígrafe suscitou-nos naturalmente a questionação de alguns dos tópicos a esta temática atinentes. Efectivamente, falar da pena de morte implica desde logo considerar a questão da vida humana, do seu valor face a outras realidades e mais do que isso da sua inserção num sistema jurídico-penal que se pretende racional, tanto quanto possível, e portanto portador de uma legitimidade, também ética (jurídica).

Iremos dentro desta lógica debruçarmo-nos antes de mais sobre alguns aspectos essenciais inerentes ao direito penal para a partir daqui darmos a nossa atenção a esta sanção.

2. O sistema jurídico-penal
2.1. Questão prévia
O modelo de intervenção jurídico-penal dominante nas nossas sociedades é de cariz sancionatório. Problema de base é naturalmente o de saber da sua legitimidade. Trata-se assim de uma questão epistemológica. Disto nos iremos ocupar seguidamente.

2.2. O modelo terapêutico: questões epistemológicas
Uma alternativa aos modelos sancionatórios poderia ser buscada num plano exclusivamente terapêutico. Aqui, tratar-se-ia de, em primeiro lugar, realizar um diagnóstico que assimilasse a infracção criminal a um conceito de doença mental

(teoria sintomática do crime). Depois, tratar-se-ia de estabelecer métodos de tratamento dessas eventuais doenças. O primeiro aspecto referido implica uma questão a ser resolvida em termos negativos. Efectivamente, se há crimes que podem provir de determinadas patologias (esquizofrenia, sociopatia, distúrbios da vontade, etc.), a maioria destes provem de pessoas normais[1] e mesmo quando provenientes de doentes mentais, há sempre que averiguar da efectiva relação entre o estado mórbido e a prática do crime. Sem isto a doença pode ser irrelevante para a prática do facto criminal.[2] A segunda questão perde naturalmente sentido a partir daqui. De qualquer maneira, ainda que abstraíssemos disso e enveredássemos por um modelo desta natureza, baseado tão só na perigosidade do agente, problemas inextricáveis teriam aqui lugar, inevitavelmente. Efectivamente que terapêuticas adoptar para evitar que as pessoas cometessem crimes? Se alguém injuriou outrem, através de uma opinião que emitiu, como garantir que de futuro algo de semelhante não acontecesse? Deveria-se, neste plano, adoptar terapias comportamentalistas, cognitivistas, um misto destas, terapias humanistas, modelos médicos, etc.? Que cientificidade estaria aqui presente?[3] Ou como garantir também que não haveria futuramente qualquer outro acto dessa natureza, sem necessidade de qualquer intervenção? Depois, se se entendesse que não deveria haver qualquer tipo de actuação, por exemplo, pense-se num homicídio passional, em que estatisticamente a repetição deste tipo de actos é pouco frequente por parte do respectivo agente, como pensar esta não intervenção no plano de terceiros, quer sob a óptica da imitação ou da afirmação de fidelidade jurídica? Também se, por via, da repetição do facto, pense-se, por exemplo, em pequenos furtos, se se achasse que para a prevenção da perigosidade do agente este deveria ser sujeito a um tratamento altamente lesivo da sua personalidade ou ser subordinado a uma medida de segurança muito longa, isto faria sentido? Que garantias é que os cidadãos teriam relativamente à espécie e medida dos tratamentos a adoptar?

Poderíamos assim ser convolados para um sistema de intervenção altamente arbitrário, podendo dele resultar ou um laxismo totalmente inoperante ou um terrorismo sem limites. O descrédito em todo o caso seria inevitável.[4] Tal de qualquer maneira não invalida o facto de, em particulares casos, este modelo

---

[1] Neste sentido e por todos, Pedro Polónio, Psiquiatria Forense, Lisboa, 1975, p. 141 e segs.
[2] Vide art. 20º nº 1 do CP português.
[3] Com Luís Joyce-Moniz, A Modificação do Comportamento: Teoria e Prática da Psicoterapia e Psicopedagogia Comportamentais, 5ª ed., Lisboa, Livros Horizonte, 2005, Cap. I, § 2, al. b), poderemos fazer nossas as suas palavras:"Como no albergue espanhol, cada um pode encontrar o que deseja, mesmo quando ignora o que procura."
[4] Neste sentido, o nosso artigo Algumas Reflexões Epistemológicas Sobre o Direito Penal, in Estudos de Homenagem ao Prof. Doutor Jorge de Figueiredo Dias, vol. II, Coimbra, 2009, pp. 766-7.

se tornar o único plausível, pense-se, por exemplo, nos crimes provenientes de inimputáveis.[5]

2.3. O modelo sancionatório: justificação epistemológica

2.3.1. Introdução

Os modelos jurídico-penais existentes, como referimos já, assentam na sua generalidade em sanções. São por isso na sua índole sistemas sancionatórios, não terapêuticos. Efectivamente, têm na sua base a ideia de que, aplicando sanções a quem infrinja as suas normas, tal constituirá uma forma de defesa dos princípios axiológicos ou bens jurídicos inerentes a essas mesmas normas.[6]Naturalmente que em casos excepcionais, como anteriormente referimos, nada impedirá que a protecção em causa possa ser realizada através de medidas de segurança (meios terapêuticos).

Deste modo, a natureza, espécie de sanções e o seu específico funcionamento revelam-se fundamentais para o assegurar desta finalidade básica, inerente a qualquer sistema jurídico-penal.

2.3.2. As sanções penais: legitimidade epistemológica em face de um direito penal moderno. Considerações gerais

As sanções penais assentam num plano antes de mais de eficácia. Efectivamente e ao contrário da ética, o direito penal não se circunscreve à regulamentação de relações sociais definindo espaços de (i)legitimidade das mesmas. Vai para além desta função. Visa uma intervenção operativa no plano do inter-relacionamento humano. Para isso utiliza uma metodologia própria. É assim uma técnica. Enquanto tais, as sanções não assentam em processos científicos de validação das mesmas. Tal de facto configura-se como algo impossível de levar a cabo. Problemas ontológicos e também éticos impedem-nos de compreender plenamente os factos criminais e a sua prevenção. Efectivamente, se alguém matou outrem, não podemos retroagir o fenómeno em causa ao momento anterior à sua concreta execução, decompondo-o sucessivamente nos seus vários elementos constitutivos para deste modo estabelecermos relações determinísticas entre esses elementos, a terem lugar. O que se poderá fazer (e é feito) é tentar estabelecer correlações estatísticas, mais ou menos grosseiras, entre determinados factos a partir de dados da experiência corrente ou mesmo da ciência. De qualquer maneira, os fenómenos criminais na sua complexidade escapam-nos, naturalmente. Por outro lado, a própria intervenção penal está subordinada a princípios éticos. Prevenir factos criminais é agir sobre seres humanos e estes não devem ser encara-

---

[5] Infra I.2.3.2.
[6] Assim, op. cit., p. 768 e segs

dos como meros objectos a tratar, como quaisquer coisas. Por outro lado ainda, a realidade criminal não é necessariamente uniforme. Comporta uma multiplicidade de aspectos (ontológicos, éticos, culturais, etc.). Daqui que não se deva tratar por igual aquilo que se apresenta como diferente. Deste modo, a relativa eficácia ou mesmo uma certa ineficácia pode ser compreendida face à possibilidade de uma intervenção, eventualmente mais eficaz, mas com custos éticos, ontológicos demasiadamente elevados. No fundo, o crime ao longo da história também se apresentou com características positivas.[7] De resto, nenhuma sociedade no mundo inteiro vive sem a companhia do crime e mais, todos somos intrinsecamente criminosos[8] – uma punição de todos os actos criminais seria impossível de realizar, desde logo em termos de facto. Portanto a defesa social é assim algo de cariz necessariamente relativo.

Neste plano, pode-se desde já compreender que a intervenção jurídico-penal assente num âmbito essencialmente sancionatório. A incapacidade de uma actuação terapêutica poder levar a cabo adequadamente aquilo que a priori se esperaria desta[9] e o facto de um sistema sancionatório, moderado por uma intervenção ética, assentar numa universal ideia de que as sanções, como males são mais ou menos operativas em termos de moderar, eliminar ou prevenir comportamentos anti-sociais, justificam esta escolha. Tal não invalidará, de qualquer maneira, a existência de medidas de segurança para casos específicos (como anteriormente referimos), onde as penas manifestamente não possam operar, caso desde logo de agentes portadores de doenças mentais, distúrbios psíquicos, compulsões, etc., em que no momento da sentença persista a perigosidade do agente relativamente à prática futura de factos criminosos.[10]

2.3.2.1. As sanções penais: legitimidade epistemológica em face de um direito penal moderno. Aspectos caracterizadores

As sanções penais visam antes de mais a protecção de princípios axiológicos inerentes ao agir humano e às suas concretizações práticas sob a forma de bens jurídicos.[11] No entanto este princípio protectivo não se realiza de forma uniforme, como já deixámos referido. Antes de mais atende ao valor objectivo do bem a

---

[7] Pensemos desde logo em Cristo, Tomás Morus, Joana d'Arc., Mandela, na revolução francesa, nas guerras pela independência na América do Norte que estiveram na origem da criação dos EUA, no 25 de Abril, etc. Sobre a questão em geral, Figueiredo Dias/Costa Andrade, Criminologia. O Homem Delinquente e a Sociedade Criminógena, Coimbra, Coimbra Editora, 1984, P. II, Cap. VI, I.3.
[8] Lembremos desde logo Freud, Stekel ou Glover, sobre isto, idem, PII, Cap. V, III, 3.
[9] Supra I.2.2.
[10] Para uma síntese neste âmbito, o nosso artigo, op. cit. pp. 776-7.
[11] Neste sentido, idem, p. 763 e segs.

proteger. A vida naturalmente, por via da sua natureza de bem suporte de todos os outros,[12] ocupa naturalmente um papel dominante neste plano. Não é, portanto, por acaso que as penas mais graves (incluindo a pena de morte) se encontram frequentemente previstas para este bem jurídico.[13] Mas não só aspectos ligados aos bens jurídicos em si é que contam em termos de protecção dos mesmos. O seu impacto no âmbito funcional do sistema social não deve ser obviamente obliterado.[14] Como também a violação dos mesmos bens jurídicos pode reclamar uma intervenção mais incisiva.[15]Depois a própria protecção poderá ser reactiva ou antecipada, ou seja, pode-se esperar pela concreta violação de um bem jurídico ou intervir num estágio anterior face à existência de riscos, em princípio concretos. [16]Naturalmente que uma intervenção deste teor deverá ser doseada adequadamente. A pena pela lesão de um bem jurídico claramente que não poderá ser a mesma no caso de agora se tratar de uma relação de perigo. Por outro lado, a intervenção jurídico-penal não abdica do processo interno do agente conducente à realização da infracção penal. Um mesmo resultado pode implicar juízos éticos totalmente diferentes tendo em conta aspectos como o dolo, negligência, motivos, finalidades, sentimentos, etc. A questão em causa densifica-se no plano da aplicação concreta do direito penal. Aqui, a eticidade da conduta ou condutas a apreciar torna-se dominante e determina largamente a efectiva pena a aplicar ao respectivo agente.[17]

Por outro lado, a um princípio da protecção como o referido acima contrapõe-se modernamente um princípio de socialização (ou não dessocialização)

---

[12] Neste sentido, Gomes Canotilho/Vital Moreira, Constituição da República Portuguesa Anotada, (Artigos 1º a 107º), Vol. I, Coimbra, Coimbra Editora, 2007, pp. 446-7, ao afirmarem ser o direito à vida "um direito prioritário, pois é condição de todos os outros direitos fundamentais.", "...em termos ontológicos no ter e ser da vida...".
[13] Cf. art. 132º do CP português. Sobre a vigência ainda da pena de morte em termos mundiais, vide http://pt.wikipedia.org/wiki/Pena_de_morte, acesso em 24/11/2011.
[14] Pense-se desde logo no âmbito da criminalidade económica e financeira, sobre isto, em relação ao direito penal tributário, Mário Monte, Da Legitimação do Direito Penal Tributário – em Particular, os Paradigmáticos casos de Facturas Falsas, Coimbra, Coimbra Editora, 2007, p. 391 e segs.
[15] Pense-se agora nos crimes contra o património, que, com o surgimento do Código Penal de 1982, eram mais severamente punidos do que os crimes contra a integridade física! De qualquer maneira, a repetida violação de tipos legais de crime pode, no limite, ser índice de uma inadequação do sistema jurídico-penal, caso dos designados crimes sem vítima, como, por exemplo, o aborto, jogo ilícito, homossexualidade, etc. Sobre estes últimos, Edwin Schur, Crimes Without Victims: Deviant Behavior and Public Policy: Abortion, Homosexuality, Drug Addiction, Prentice Hall, 1965.
[16] Sobre isto, cf. Figueiredo Dias, Direito Penal. Parte Geral, T I, 2ª ed., Coimbra, Coimbra. Editora, 2007, p. 133 e segs.
[17] Cf. nosso artigo, op.cit., pp. 774-6.

do agente.[18] Do que aqui se trata é de procurar, na medida do possível, com a aplicação das penas salvaguardar a pessoa do condenado ao mesmo tempo que se busca assegurar a protecção da colectividade. Tal desiderato é modernamente levado a cabo através do estabelecimento de um conjunto mais ou menos abrangente de penas alternativas e substitutivas da pena de prisão, encarada esta, enquanto pena mais severa do sistema jurídico-penal,[19] sendo a aplicação destas então reservadas para os crimes de menor gravidade (pequena e média criminalidade)[20] Por outro lado, também expressando tendências modernas do direito penal[21] e obedecendo também a esta mesma ideia socializadora (mas não só), encontramos cada vez mais institutos que visam estabelecer mecanismos alternativos de resolução do conflito jurídico-penal, fora do próprio sistema (mediação penal[22], crimes semi-públicos e particulares[23]) ou dentro do mesmo (suspensão provisória do processo).[24] Tudo isto expressa, em maior ou menor medida, para além de uma impossibilidade fáctica de intervenção do sistema penal em moldes clássicos, uma ideia de ir ao encontro também da vítima e dos seus interesses enquanto tal.[25]

Em conclusão, encontramo-nos perante um direito sancionatório relativizado em função de pertinentes considerações éticas, onde a pessoa do delinquente, longe de constituir um objecto a castigar, se erige como pessoa dotada originalmente de uma esfera própria de acção (latu sensu concebida) e como tal valorizada jurídico-penalmente.

---

[18] Sobre este, o nosso artigo, op. cit., p. 769 e segs.
[19] Como acontece entre nós, cf. art. 41º do CP.
[20] Neste sentido, Figueiredo Dias, Direito Penal Português, As Consequências do Crime, Lisboa, Aequitas, Editorial Notícias, 1993, pp. 52-3.
[21] Estamos naturalmente a referirmo-nos a ao direito penal continental e às suas áreas geográficas de influência. O direito penal anglo-saxónico há muito que convive com o fenómeno tratado seguidamente.
[22] Sobre esta, André Leite, A Mediação Penal de Adultos. Um Novo «Paradigma» de Justiça? Análise Crítica da Lei nº 21/2007, de 12 de Junho, Coimbra: Coimbra Editora, 2008.
[23] De notar que relativamente a estes últimos, não se trata de qualquer inovação, dado existirem longamente, mesmo em sistemas jurídico-penais mais conservadores.
[24] Sobre esta, arts. 281/2 do CPP português.
[25] Sobre isto, nosso artigo O Problema da Verdade em Direito Processual Penal (Considerações Epistemológicas), in Que Futuro para o Direito Processual Penal, Simpósio em Homenagem a Jorge de Figueiredo Dias, por ocasião dos 20 anos do Código de Processo Penal Português, coord. Mário Monte, (Dir.)/Maria Calheiros/Conde Monteiro/ Flávia Loureiro, Coimbra, Coimbra Editora, 2009, p. 325.

II - A PENA DE MORTE: DA SUA (I)LEGITIMIDADE NUM MODERNO DIREITO PENAL

1. Aspectos históricos

A pena de morte andou ligada ao direito penal desde a sua origem.[26] Antes de mais, ela surgiu como expressão de emancipação relativamente à vindicta, assim superando o princípio da auto-defesa a esta associado.[27] Neste plano, sempre esteve ligada a finalidades de prevenção, antes de mais, especial (de carácter absoluto) e geral negativa,[28] particularmente no plano da sua execução. A par disto, a sua ligação à lei de talião é igualmente um facto indesmentível, exprimindo deste modo uma pretensa relação de proporcionalidade entre o delito e a sua respectiva sanção.[29]

Dentro destes parâmetros ela continuou a vigorar durante toda a Idade Média e para além desta. A sua fundamentação moderna tem na sua base também aspectos religiosos (pense-se, por exemplo, no Islão),[30] sempre questões de prevenção especial (absoluta), de intimidação geral, de culpa, a par da ideia de estabilização contra-fáctica do direito penal.[31]

2. O caso português

A pena de morte vigorou em Portugal desde a sua fundação, como de resto era prática corrente à época. O primeiro acto legislativo relativo à sua abolição teve lugar, relativamente a crimes políticos, em 1852 (art. 16º do Acto Adicional à Carta

---

[26] E desde muito cedo aos crimes políticos, Boaventura Sousa Santos, Os Crimes Políticos e a Pena de Morte, in Pena de Morte, Colóquio Internacional Comemorativo do Centenário da Abolição da Pena de Morte em Portugal, II, 1967, p. 124 e segs.

[27] Neste sentido, Guilherme Braga da Cruz, O movimento abolicionista e a abolição da pena de morte (resenha histórica), in Pena de Morte, Colóquio Internacional Comemorativo do Centenário da Abolição da Pena de Morte em Portugal, II, 1967, pp.423-4; dúvidas sobre a clareza deste processo, exprime-as António Almeida Simões, Breves considerações sobre a Pena de Morte, idem, I, 1967, p. 97.

[28] Assim, Boaventura Sousa Santos, idem, II, 1967, p.135.

[29] Sobre a relação entre a lei de talião e a proporcionalidade neste âmbito, Eduardo Correia, Direito Criminal, Com a colaboração de Figueiredo Dias, I, Coimbra, Almedina, 1971, reimpressão, I, § 4º, 18, I.

[30] Sobre estes, Paul Savey-Casard, Les arguments d'orde religieux dans les controvers sur la peine capitale en France au XIXe siècle, in Pena de Morte, Colóquio Internacional Comemorativo do Centenário da Abolição da Pena de Morte em Portugal, II, 1967, p. 219 e segs. Cf. ainda Paul Bockelmann, Für und wieder die Todesstrafe, idem, I, 1967, pp. 54-6; Jürgen Baumann, Die Todesstrafe im System Strafrechtkichtlicher Reaktionen, idem, pp.104-5.

[31] Sobre a utilização desta perspectiva no âmbito da desumanização do ser humano, Günter Jakobs, Manuel Cancio Melia, Direito Penal do Inimigo, Noções e Críticas, Trad. André Luís Callegari e Nereu José Giacomoli, Livraria do Advogado, 2005.

Constitucional de 5 de Julho).[32] Pela Lei de 1 de Julho de 1867 aboliu-se a pena de morte relativamente a crimes comuns. Apenas os crimes militares permaneceram sob a égide desta sanção. Com a Constituição de 1911, foi abolida a pena de morte em relação a todos os crimes. Algo que teve, de resto, uma vigência efémera, pois a Lei nº 635, de 28 de Setembro de 1916, por via da participação do nosso país na 1ª Guerra Mundial, repôs esta consequência novamente em relação a crimes militares (art. 3º, que deu nova redacção ao art. 59º -A § único).[33] Assim, só com a Constituição da República de 1976 foi definitivamente abolida (art. 24º nº 2).

3. Enquadramento sistémico-jurídico
3.1. A Constituição da República portuguesa

Como referimos a Constituição portuguesa consagra no seu art. 24º nº 2 a proibição absoluta da pena de morte. Este artigo ocupa-se do direito à vida e afirma desde logo no seu nº 1 que esta ("vida humana") é inviolável.

A declaração de inviolabilidade da vida textualmente é um paradoxo. De facto, não conhecemos nenhum Estado em que não se aceite, juridicamente e antes de mais em termos éticos, a violação da vida em nome de outros interesses, naturalmente mais altos. De resto, as nossas sociedades modernas são muito pródigas no que se refere à flexibilização do direito à vida. Desde a prática do aborto, dependendo somente de um acto de vontade de apenas um progenitor[34] até à aceitação de um sem número de actividades de alto risco que todos os anos produzem mortes em maior ou menor quantidade (pense-se desde logo na condução de veículos motorizados), passando pela consideração da intemporal e universal legítima defesa,[35] é todo um acervo de situações que continuamente têm lugar e que são mais ou menos aceites pacificamente como preços a pagar pelo progresso (independentemente do sentido a dar a este termo), por outros valores mais altos, enfim, pelo modo (também e acima de tudo) ético de nos situarmos na nossa existência. Deste modo, não seria pelo simples facto de se afirmar o carácter inviolável da vida humana que ipso facto resultaria a ilegitimidade da pena de morte. Se o legislador ordinário entendesse que a protecção

---

[32] Sobre isto, Boaventura Sousa Santos, op. cit., p. 123.
[33] Sobre tudo isto, Guilherme Braga da Cruz, idem., p. 423 e segs; cf. ainda Karl Engisch, Todesstrafe-Ja Oder Nein?, in Pena de Morte, Colóquio Internacional Comemorativo do Centenário da Abolição da Pena de Morte em Portugal, II, 1967, p. 275 e segs.
[34] Cf. art. 142º nº 1 al. e) do CP português.
[35] Sobre esta, cf. nosso artigo O Uso de Armas de Fogo e a Legítima Defesa, Comentário ao artigo 42º da Lei nº 5/2006, de 23 de Fevereiro, (Regime das Armas e das Munições), in Liber Amicorum de José de Sousa e Brito, em comemoração do 70º Aniversário, Estudos de Direito e Filosofia, org. João Lopes Alves et al., Almedina, p. 795 e segs. Em termos mais genéricos, a nossa tese de mestrado *A Legítima Defesa: Um Contributo para a sua Fundamentação (Esboços de uma Tese)*, Coimbra, 1994.

de determinados bens jurídicos tivesse de ser levada a cabo através desta sanção extrema, violando assim a vida humana, a priori, não haveriam razões sérias, desde logo num plano sistemático, para prejudicar tal posicionamento. Assim, entende-se a razão de ser da proibição expressa da aplicação (previsão) da pena de morte. Se constitui uma extensão do direito à vida, também não é menos verdade que se configura, para além disso, como uma realidade autónoma no plano da legitimidade (constitucional) das consequências jurídico-penais. Expressa, por outro lado, uma óbvia tomada de decisão em favor da máxima extensão do conteúdo atinente à dignidade humana (art. 1º da CRP). Nunca o sistema jurídico-penal português poderá assim conter qualquer disposição que estabeleça a pena de morte, por maior que o crime realizado seja, por mais repugnante que se afigure o delinquente. E se tal vale intramuros, ainda que se trate de estado de sítio ou emergência (art. 19º nº 6 da CRP), também conservará a sua validade relativamente a ordenamentos externos, ou seja, nunca o Estado português deverá extraditar (ou entregar a qualquer título) um cidadão para um Estado em que a pena de morte possa ser aplicada em virtude da fundamentação do respectivo pedido de extradição ou de entrega (art. 33º nº 6 da CRP). Algo de resto estendível a casos de aplicação de penas corporais (arts. 19º nº 6 e 33º nº 6 acima citados).

3.2. O direito internacional
3.2.1. O Segundo Protocolo Adicional ao Pacto Internacional dos Direitos Civis e Políticos e os Protocolos nºs 6 e 13 à Convenção Europeia dos Direitos do Homem

Estes textos de direito internacional, fazendo parte do direito interno português, dão expressão a um movimento internacional de abolição da pena de morte. Particularmente o Protocolo nº 13 da Convenção Europeia dos Direitos do Homem vem em definitivo pôr termo à excepção da proibição da pena de morte por actos cometidos em tempo de guerra ou de ameaça iminente de guerra (cf. com o respectivo preâmbulo) e no seu art. 1º vem abolir a pena de morte, declarando taxativamente que "Ninguém será condenado a tal pena, nem executado". Trata-se assim de expressar o concluir de um lento mas decidido processo da humanidade no sentido de abolir em termos absolutos a pena de morte. Certamente que ainda terão de ser dados mais passos, dado que existem ainda muitos países que mantêm esta pena em vigor nos seus Estados, mas obviamente que o processo estando em andamento será (assim o cremos) irreversível. [36]

---

[36] Para uma visão panorâmica do quadro evolutivo neste âmbito n. 13 in fine.

4. Considerações jurídico-penais a favor da pena de morte

A pena de morte pode ser justificada no plano do sistema jurídico-penal a partir de várias considerações, como já anteriormente deixámos dito. Por um lado, como forma de neutralização pura e simplesmente do delinquente.[37] Depois como forma de intimidação geral. Por outro lado, num plano ético-retributivo, como expressão de uma elevada culpa atinente não somente ao bem jurídico postergado, mas igualmente ao modo da sua violação, através da prática de um acto livre e culpável e nessa medida merecedor de uma alta censura ético-jurídica. Pode igualmente ser justificada pela comunidade no seu todo face a uma elevada censura relativamente ao acto praticado e assim justificando um enorme alarme social, eventualmente justificativo de uma sanção também ela "enorme" que possa devolver à comunidade a sua paz jurídica no seu todo, como também já fizemos referência. A própria vítima ou quem a represente podem invocar a mesma pena de morte por via da gravidade do acto cometido, quer no plano da consideração do bem jurídico, quer pelo modo da sua realização.

5. Análise crítica destes posicionamentos

O primeiro dos argumentos acima aduzidos (prevenção especial absoluta) implica uma eficácia total relativamente à possibilidade do agente vir a cometer novos crimes no futuro, naturalmente. O único problema é obviamente o do seu custo ético. A eficácia sem mais não pode ser uma grandeza absoluta no direito penal, como já deixámos referido. Limitações éticas são aqui necessárias, não apenas por estarem presentes no próprio existir do sistema penal, que pressupõe a ética enquanto categoria irrenunciável do mesmo,[38] mas também por razões atinentes à própria eficácia.[39] Por outro lado, a desconsideração do princípio da ressocialização do delinquente é aqui óbvia.[40] A ideia da ligação da pena de morte à intimidação em geral de possíveis criminosos (efeito de imitação) sempre esteve presente ao longo da história do direito penal, como já anteriormente referimos. Não apenas a propósito desta pena, mas igualmente em relação à justificação de todo o tipo de penas cruéis e infamantes existentes no direito penal. De facto, desde

---

[37] Supra n. 28.
[38] Supra I. 2.3.
[39] De facto, penas demasiadamente graves poderão naturalmente implicar um sentimento de compaixão para com o delinquente, neste sentido, o nosso artigo As Finalidades das Penas no Âmbito do Artigo 40º do Código Penal, in Estudos de Homenagem a Joaquim M. da Silva Cunha, Fundação Portucalense Infante D. Henrique, 1999, p. 332.
[40] Neste sentido, entre outros, Paul Bockelmann, Für und Wider Todesstrafe, in Pena de Morte, Colóquio Internacional Comemorativo do Centenário da Abolição da Pena de Morte em Portugal, I, 1967, p. 58; Jürgen Baumann, Die Todesstrafe im System Strafrechtlicher Reaktionen, idem, pp. 106-7; Karl Engish, op. cit., pp. 303-6.

a Antiguidade até ao Iluminismo (no quadro das nossas sociedades ocidentais) sempre o direito penal foi usado como forma teatral de mostrar o seu carácter de exemplo para possíveis criminosos. A sua execução pública (lembremos desde logo e neste plano o baraço e o pregão), como espectáculo a todos aberto e de forma grátis, destinava-se a servir de aviso a todos aqueles que ousassem cometer crimes. Naturalmente que a execução da pena de morte constituiu sempre o espectáculo por excelência, a apoteose deste tipo de sentimentos. E mais as coisas se tornavam impressionistas a partir do momento em que subjacente à morte se encontrava a sua concreta execução em termos de provocar um sofrimento mais ou menos lento e cruel do sacrificado.[41]

A partir daqui o que se poderá referir neste domínio? Naturalmente e antes de mais, que apesar de todo este aparato, sempre o crime coexistiu ao lado desta realidade e da respectiva mentalidade de suporte. De facto, e na esteira desde logo de Montesquieu, poderemos afirmar que não é a gravidade das penas o principal elemento dissuasor do crime, mas antes a probabilidade da sua execução. A maior parte das vezes o criminoso realiza o seu acto na consideração de que não vai ser descoberto. De facto, milhares de anos de execução da pena de morte não conseguirem fazer com que o crime deixasse de existir. De resto, ainda ninguém conseguiu provar a eficácia da pena de morte no controlo da criminalidade a que se aplica. É sabido que nos EUA, onde se aplica a pena de morte em muitos dos seus Estados, tal tenha efectivamente contribuído para a baixa de homicídios – de resto, este é um país com altas taxas destes crimes.[42] Portanto encontramo-nos perante uma sanção altamente gravosa sem que daí possam surgir (ou demonstrar) efectivos benefícios para quem quer que seja.[43]

O mesmo se poderá dizer relativamente à ideia de com a pena de morte se poder acalmar as pessoas (agora na faceta de cidadãos conformistas para com as normas ou bens jurídico-penais). Aqui, falham estudos de campo. Depois, uma pena de morte pode até gerar situações de compaixão para com o delinquente, transformado agora em vítima. Por outro lado, nos numerosos países em que a pena de morte não é aplicada não se tem assistido a movimentos no sentido de a repor, ou tal tem tido pouco relevo. O máximo que acontece neste plano é a aplicação de penas perpétuas. Portanto este tipo de raciocínio também não convence.

A reclamação da pena de morte por parte de vítimas ou de quem as represente não tem tido concretas expressões, basta pensar no nosso país. De resto, a

---

[41] Pense-se desde logo no caso de Cristo, condenado por subversão e portanto sendo punido de forma particularmente cruel e infamante.
[42] Assim, Paul Bockelmann, op. cit., p.62.
[43] Sobre isto, cf. Karl Emgisch, idem., pp. 299-3.

questão em causa é algo que pertence antes de mais à colectividade no seu todo, não a concretos grupos ou pessoas.

O problema da correlação entre o juízo moral (ético-jurídico) e a pena de morte apresenta desde logo óbices de monta. Por um lado, a censurabilidade do acto, eventualmente hediondo, carece de base epistemológica. Até agora nunca ninguém conseguiu provar a liberdade de agir fundamentadora do juízo de culpa. Assim, o mérito ou demérito do acto fica sem fundamentação. Por outro lado, é impossível deste modo fundamentar uma realidade basicamente empírica (protecção social) através de meras considerações morais. A eventual maior ou menor culpa nunca de per se poderá fundamentar a espécie de pena, que só poderá ser legítima através de considerações preventivas no caso inexistentes ou até agora indemonstradas.[44]

6. As fragilidades epistemológicas do direito penal

Como se referiu o direito penal não assenta em considerações determinísticas, quer no que toca ao seu conteúdo ético, quer no plano sancionatório. A crença, a tradição histórica, aspectos idiossincráticos, cultura, etc. desempenham um papel que ninguém minimamente avisado pode ignorar. Deste modo, a construção de um sistema jurídico-penal comporta óbvios factores de aleatoriedade. Factores estes que mais se reforçam com o seu funcionamento concreto. Efectivamente, para além dos dispositivos legais, há a sua compreensão, cuja tarefa se apresenta como sempre inacabada, lacunar, imperfeita. Por outro lado ainda, a sua concretização ao nível processual penal ainda gera maior incerteza. A averiguação de quem cometeu um crime, formas de actuação, etc. é um processo altamente aleatório desde o impulso de investigar até à decisão final. Aspectos ligados à avaliação da prova, posição social dos arguidos, meios técnicos disponíveis pelo tribunal, sistemas de crenças dos operadores judiciários, tudo isto confere uma dose em maior ou menor grau de incerteza e aleatoriedade, particularmente significativas num direito de interioridade como é o direito penal. Deste modo, a assunção deste estado de coisas implica necessariamente uma postura de humildade para com todos aqueles que estão mais ou menos ligados ao sistema jurídico-penal. O mesmo é dizer de toda a comunidade. A aplicação de uma pena tão grave quanto a pena de morte também se encontra subordinada a toda esta incerteza e portanto muito sujeita ao erro e mesmo ao arbítrio e manipulação.[45]

---

[44] Cf. neste sentido, Paul Bockelmann, op. cit., p. 59; Jürgen Baumann, op. cit., p. 108 e segs; Karl Engish, op. cit., pp. 294-299; Reinhart Maurach, Auch in der Bundesrepublik Deutschland – nie wieder Todesstrafe!, idem, I, 1967, pp. 248-249.

[45] Sobre a questão do erro judiciário, entre outros, Boaventura Sousa Santos, op. cit., p. 136; Paul Bockelmann, idem, pp. 69-71; Wolf Middendorff, Todesstrafe und politischer Mord, Eine historiche –kriminologische Studie, idem, p. 309.

7. A contribuição da sociedade para a realização de crimes. Algumas referências genéricas

Desde pelo menos a criação da criminologia, na sua versão original de ciência que se ocupava tão só do estudo das causas do crime, que a questão dos factores sociais inerentes ao fenómeno criminoso foi objecto de atenção por parte dos estudiosos.[46] Neste plano, ficou célebre a afirmação de Lacassagne, numa altura em que as teses lombrosianas eram dominantes, de que toda a sociedade tem os criminosos que merece.[47] De facto, se partirmos de uma construção formal e meramente empírica de crime, rapidamente constatamos que o direito penal foi ao longo da história da humanidade utilizado como forma de afirmação do poder instituído, muitas vezes sem a utilização de qualquer critério material de legitimidade e assim como expressão de uma força, a si própria autolegitimada. O resultado disto foi altamente lamentável a partir desde logo de uma perspectiva ética, ancorada numa visão do ser humano enquanto portador de direitos próprios, inerentes à sua natureza. De facto, desde as guerras motivadas apenas por instintos de poder até à repressão de meros direitos de livre expressão, sempre a história nos mostrou que também a pena de morte desempenhou um papel mais ou menos importante neste âmbito. É efectivamente incomensurável o número e qualidade de execuções em consequência desta pena, desde rebeliões de oprimidos até à simples perseguição de pessoas humanas.[48] Ainda actualmente se assiste em muitos Estados a atropelos sistemáticos dos direitos fundamentais dos seres humanos.[49] Em boa verdade, desde a desigual distribuição de bens numa dada colectividade até aos fanatismos de diferente índole, é todo um calvário de situações que efectivamente têm e continuam a ter imensas repercussões no âmbito criminal. No fundo ninguém sabe ao certo do peso das variáveis relacionadas com a actividade criminal,[50] mas incontestavelmente que um modelo ou modelos sociais diferentes dos actuais vigentes poderiam evitar muita criminalidade e assim implicar também a não aplicação da pena de morte (onde ela ainda

---

[46] Sobre isto, Figueiredo Dias/Costa Andrade, op. cit., PI, Cap. IV.
[47] Cf. Teresa Beleza, Direito Penal, 1º Vol., 2ª ed., 1984, p. 274.
[48] Particularmente tendo em conta os crimes políticos e sobre a aplicação da pena de morte a estes, Boaventura Sousa Santos, op. cit., p.123 e segs. Sobre a pena de morte na Alemanha, Ebehard Schmidhäuser, Beitrag zun Kolloquium, das die Juristische Fakultät der Universität Coimbra veranstaltet, um das Jahrhundert der Abschaffung der Todesstrafe in Portugal zu feiern, idem, pp. 21-23.
[49] Sobre isto, vide o relatório de 2011 da Amnistia Internacional in http://www.amnistia-internacional.pt/files/relatorioanual/Relatorioanual2011/AIR2011_complete_web.pdf, acesso em 29/11/2011.
[50] Supra I. 2.3.2.

existe).[51] Em larga medida todos somos responsáveis em maior ou menor grau pela existência de crimes, nem sequer sabermos se algum dia os poderemos eliminar.[52] Isto implica necessariamente uma atitude de humildade, por um lado e por outro de cuidado em termos de intervenção jurídico-penal. A não utilização de penas muito graves e desde logo da pena em causa, será, nesta perspectiva, uma decisão antes de mais epistemológica: não sabemos se efectivamente a punição de um concreto delinquente não é mais do que um processo de transferência de culpa do social para o plano do indivíduo (teoria do bode expiatório).[53]

8. Conclusão sobre a ilegitimidade da pena de morte

Por tudo o que se referiu a existência da pena de morte consubstancia-se como algo a ser banido do sistema jurídico-penal. Ela não tem suporte empírico suficientemente credível para justificar a sua alta lesividade. Anula, noutra perspectiva, por inteiro a função socializadora do direito penal, o seu efeito de prevenção especial negativa ou de correcção do delinquente. Não se sustem no plano da prevenção geral negativa ou positiva e nem sequer encontra fundamentação no âmbito da protecção da vítima. Por outro lado, não encontra igualmente suporte na ética, como deixámos dito.

A par disto, revela-se ainda perigosa do ponto de vista ético, por via da própria responsabilidade social no cometimento de delitos e também pelo funcionamento do sistema jurídico-penal, dadas as aludidas fragilidades do mesmo, com a agravante, há muito referida, de uma vez tendo lugar, não puder haver qualquer reparação para o executado.

Por tudo isto a sua abolição em termos absolutos operada pela Constituição de 1976 configura-se como uma atitude político-criminal de aplaudir totalmente. E se as sociedades se podem também avaliar pela forma como tratam alguns daqueles que as mais maltratam, então, a renúncia à vingança em favor

---

[51] Efectivamente e à primeira vista, grande parte dos problemas humanos poderiam ser resolvidos de forma racional através da instituição de uma sociedade (idealmente mundial, ainda que com a possibilidade de extensas franjas de autonomia nacional), baseada na solidariedade e no bem-estar geral, onde todos tivessem possibilidade de acesso aos bens igualmente de todos (desculpem-me o pleonasmo). Contudo as experiências históricas tidas redundaram no fracasso desta perspectiva. Será que apesar de tudo ainda haverá espaço para pensar na utopia ou estaremos inevitavelmente condenados ao estado presente dos factos?

[52] Pensemos, por outro lado, na própria questionação radical do direito penal. Neste sentido, tenha-se em consideração a já clássica Peines perdues. Le système penal en question, Paris, 1982 de Louk Hulsmann/Jacqueline de Cellis. Afirmando o carácter necessariamente relativo da ideia de controlo do crime pelo direito penal, o nosso artigo Algumas Reflexões Epistemológicas Sobre o Direito Penal in Estudos de Homenagem ao Prof. Doutor Jorge de Figueiredo Dias, vol. II, Comibra, 2009, p. 771.

[53] Sobre esta, Eduard Naegeli, Das Böse und das Strafrecht, Kindler, München, 1960.

de uma ética jurídico-penal de dignificação humana e em que desde logo a abolição da pena capital tenha lugar, só poderá exprimir uma efectiva superioridade civilizacional, a superioridade da ética sobre a técnica, do jurídico sobre o político, do ser humano sobre o instinto – algo a que ALBERTO XAVIER, enquanto Homem e Jurista, sempre soube dar plena expressão.

Abuse of Dominance by Undertakings with Exclusive Rights

GONÇALO COELHO

The dichotomy of special and exclusive rights

Article 106(1) of the Treaty on the Functioning of the European Union ("TFEU")[1] jointly refers to public undertakings and undertakings with special or exclusive rights. However, the wording of the Treaty provides no guidance for the definition of such concepts:

> *"In the case of public undertakings and undertakings to which Member States grant special or exclusive rights, Member States shall neither enact nor maintain in force any measure contrary to the rules contained in the Treaties, in particular to those rules provided for in Article 18 and Articles 101 to 109."*

The Treaty's 'Siamese' reference to exclusive and special rights was initially echoed by the Court of Justice of the European Union ("Court of Justice" or "Court") in the *Ahmed Saeed* judgment[2]. By the same token, the Commission referred indistinctively to special and exclusive rights in the 1990 Telecommunication Services' Directive[3].

This amalgamation of concepts was only brought to an end with the early nineties *Telecommunications* cases[4]. In these cases, the Court ruled that the defi-

---

[1] Article 106(1) TFEU corresponds to the former Article 86(1) which repealed Article 90(1) of the European Community Treaty ("ECT").
[2] Case 66/86 *Ahmed Saeed* [1989], ECR 803, at 50.
[3] Article 1(1) and recital 2 of Commission Directive (EEC) 90/388 on competition in the markets for telecommunication services [1990] Official Journal ("O.J"). L192/10.
[4] Joined Cases C-271, 281 and 289/90, *Spain and others v Commission (Telecommunication Services)* [1992] ECR I-5833, paragraphs 28-32; Case C-202/88, *France v Commission (Telecommunications Terminal Equipment)* [1991] ECR I-1270, paragraphs 45-47.

nition used by the Commission was only valid *vis-à-vis* exclusive rights, forcing the Commission to amend the Directive and to provide for a new definition of special rights[5]. According with this new definition:

> *"special rights are in practice rights that are granted by a Member State to a limited number of undertakings through any legislative, regulatory or administrative instrument which, within a given geographical area,*
> *– limits to two or more the number of such undertaking [sic] authorised to provide a service or undertake an activity, otherwise than according to objective, proportional and non-discriminatory criteria, or*
> *– designates, otherwise than according to such criteria, legal or regulatory advantages which substantially affect the ability of any other undertaking to provide the same telecommunication service or to undertake the same activity in the same geographical area under substantially equivalent conditions.*[6]*"*

Even though this definition is limited to the scope of the Directive, *"the absence of an alternative definition, either in the legislation or in the case law, has made it the obligatory reference point for interpreting the concept of special rights within Article 86(1) of the Treaty."*[7] Exclusive rights, on the other hand, are defined in Article 1(6) of the Electronic Communications' Directive as: *"the rights that are granted by a Member State to one undertaking through any legislative, regulatory or administrative instrument, reserving it the right to provide an electronic communications service or to undertake an electronic communications activity within a given geographical area."*

For B. SIERRA the Telecommunication's Directive definition of exclusive rights is *"incomplete, unnecessarily restrictive and unduly formalistic*[8]*"* and does not capture the core of the concept, *i.e.* the *jus prohibendi* of the holder of the right to exclude the access of third parties to the activity that is the object of the right[9].

---

[5] The definition is currently stated in Article 1(6) of Commission Directive 2002/77/EC of 16 September 2002 on competition in the markets for electronic communications networks and services [2002] O.J. L249/21-26 which repealed Commission Directive (EC) 94/46 amending Directive (EEC) 88/301 and Directive (EEC) 90/388 in particular with regard to satellite communications [1994] O.J. L268/15.

[6] *Ibid.*, Article 2(1)(a)(ii).

[7] B. SIERRA, *Exclusive Rights and State Monopolies under EC Law. Article 86 (former Article 90) of the EC Treaty*, Oxford, Oxford University Press 1999, reprinted 2004, pp. 65-66. The same definition is used in Commission Directive 2006/111/EC of 16 November 2006 on the transparency of financial relations between Member States and public undertakings as well as on financial transparency within certain undertakings, O.J. L 308/17 of 17 November 2006 (hereinafter, "Transparency Directive"): see Article 1(5) for exclusive rights and (6) for special rights.

[8] *Ibid.*, p. 5.

[9] This right of exclusion may, a fortiori, allow for the holder of the exclusive right to grant licenses to third parties to carry out the exclusive activity. *Ibid.*, p. 7.

Accordingly, B. SIERRA presents the following alternative definition of exclusive right:

> *"a measure taken by a Member State in the exercise of its functions as a public authority, by which exclusivity is granted through any legal instrument in favour of a single undertaking, public or private, such exclusivity being for the exercise of a given economic activity in a given territory for a given period of time.*[10]*"*

Pursuant to the definitions above, special rights differ from exclusive rights definition in the sense that they are shared rights (at least between two firms). Thus, the situation is of *"a limited number of potential competitors, protected from direct competition from others but-at least in theory-in competition amongst themselves.*[11]*"* The limitation inherent to the concept of special rights may either relate to the number of operators allowed to carry an economic activity in a certain geographical area, or to the existence of certain competitive advantages that are restricted to some operators, even in cases where market access is theoretically unrestricted[12].

Finally, according with the Commission's definition, the limitation of the number of operators or of their advantages is not sufficient to determine the existence of a special right. State discretion must be present as well in one of the following stages: the limitation in the number of operators must not be objectively justified and the designation of the operators must be carried in the exercise of the State's discretionary powers. For instance, assuming that the limitation of the number of operators in the market is the result of a *de facto* situation objectively justified (*v.g.*, allocation of limited spectrum), special rights will still exist as long as *"the exercise of State discretion plays a role in the designation of the operators"*[13].

B. SIERRA summarises the core argument behind the Commission's definition in the following terms:

> *"the essential point is that the concession of the advantage derives from the exercise by the State of its discretion powers, which supposes State influence over the undertaking benefiting from the right.*[14]*"*

---

[10] *Ibid.*, p. 6.
[11] *Ibid.*, p. 66.
[12] B. SIERRA, distinguishes for this purpose between "Special rights-limitation" and "Special rights-advantage" – *Ibid*, pp.66-69.
[13] *Ibid.*, p. 67.
[14] *Ibid.*, p. 69.

This is the argument traditionally used to justify the procurement regulation of private entities in the utilities markets. In fact, it has been argued that public procurement rules' intention is to eliminate governmental interference over the purchasing behaviour of the holders of special and exclusive rights[15]. These companies would also be "owing a debt to State" which would make them less likely to open the award of contracts to European wide competition. On the other hand, such "debt" to the State is assumed not to exist if the latter had no discretion in the choice of the company which was granted the right. Hence, the company would be "free" from State influence, being unnecessary to make it subject to the strict constraints of the Utilities Procurement Directive:

> *"(...) if the entity has obtained rights – even exclusive rights – to carry on one of the activities referred to in the Directive on the basis of 'objective, proportional and non-discriminatory' criteria, such rights do not constitute exclusive or special rights within the meaning of the new Utilities Directive (...) if it is conducted on the basis of objective, proportional and non-discriminatory criteria, the private entities operating on the basis of such rights are not to be regarded as contracting entities within the meaning of the new Utilities Directive.[16]"*

The extension of the objective, proportional and non-discriminatory criteria outside the field of the Telecommunications Directive was, however, set aside by Advocate General ("AG") JACOBS in its *Amblulanz Glöckner* Opinion[17]. According to AG JACOBS, only the following elements of the Telecommunications' Directive definitions can be extended to the concepts of exclusive and special rights under Article 106(1) TFEU: (i) the right must be granted by the authorities of a Member State; (ii) to one undertaking or to a limited number of undertakings; and (iii) it must substantially affect the ability of other undertakings to exercise the economic activity in question in the same geographical area under

---

[15] C. BOVIS, *EC Public Procurement: Case Law and Regulation*, Oxford University Press, Oxford, 2006, pp. 189-191.

[16] Commission Explanatory Note – Utilities Directive: definition of exclusive or special rights, CC/2004/33 of 18 June 2004, at paragraph 6. See also the analysis of the Commission's reasoning by T. KOTSONIS, "The Definition of Special or Exclusive Rights in the Utilities Directive: Leased Lines or Crossed Wires", *Public Procurement Law Review*, 2007, Number 1, p. 84: *"for a right not to constitute a special or exclusive right it is sufficient for such right to have been awarded on the basis of objective, proportionate and non-discriminatory criteria, even if it is awarded exclusively or to a limited number of undertakings. Thus, for example, the Commission appears to consider that if an entity is given the exclusive right to operate a transport concession, such as a tramway system in a particular area, such right would not constitute a "special or exclusive" right for the purposes of the Directive if it was awarded competitively on the basis of objective, proportionate and non-discriminatory criteria."*

[17] Opinion of Advocate General Jacobs delivered on 17 May 2001 in Case C-475/99, *Amblulanz Glöckner* [2001] E.C.R. I-8089 at 88.

substantially equivalent conditions. As per the fourth element (absence of objective, proportional and non-discriminatory criteria), AG JACOBS argues that the liberalisation process in the telecommunications sector was designed to be applicable only to those rights whose grant is not justified. Thus, its purpose is to distinguish between legitimate and illegitimate special and exclusive rights.

> "*In Article 86(1), however, the concept of special or exclusive rights serves only the purpose of determining the scope of application of that provision. The separate and further question whether those rights are legitimate is to be determined according to the Treaty provisions to which Article 86(1) refers and according to Article 86(2).*[18]"

The combined application of Articles 106(1) and 102 TFEU to exclusive and special rights

State measures that may lead to potential abuses of dominant position
In light of the case law concerning the joint application of Articles 106(1) and 102 of the Treaty on the Functioning of the European Union ("TFEU"), EDWARD and HOSKINS have identified four possible approaches to the creation and maintenance of exclusive rights by the Member States:

> "*– Member States have exclusive competence in relation to the grant of legal monopolies ("the Absolute Sovereignty Approach");*
> *– Member States are free to grant legal monopolies provided that the operation of the monopoly does not have the necessary consequence of contravening the rules of the EC Treaty ("the Limited Sovereignty Approach");*
> *– The mere grant of a legal monopoly is a "per se" violation of Article 90 since the Member State necessarily places the relevant undertaking in a dominant position, free of the normal market constraints, so that it is able to pursue abusive practices ("the Absolute Competition Approach"); and*
> *– Member States may create legal monopolies only where this is justified by a legitimate national objective and where the consequent restriction of competition is limited to what is necessary to achieve this objective (""the Limited Competition Approach")*[19]"

---

[18] *Ibid.*, The same opinion is shared by U. NEERGAARD, "The Concept of Concession in EU Public Procurement Law Versus EU Competition Law and National Law", *The New EU Public Procurement Directives*, Djøf Publishing, 2005, p. 173 and in "Public Service Concessions and Related Concepts – the Increased Pressure from Community Law on Member State's Use of Concessions", *Public Procurement Law Review* (2007) Number 6, p. 395.

[19] D. EDWARD and M. HOSKINS, "Article 90: Deregulation and EC Law. Reflections Arising From the XVI FIDE Conference", Common Market Law Review 32, 1995, p. 159.

If the "Absolute Sovereignty approach" has been set aside by the Court of Justice in the *Telecoms Terminal Equipment*[20] case, the same cannot be said of the other Absolute approach. According to Edward and Hoskins, the Court has applied the "Absolute Competition approach" in two different cases (*ERT*[21] and in *Merci convenzionale*[22]). In both cases, the mere fact that the undertaking which enjoyed special or exclusive rights was capable of abusing its dominant position sufficed to conclude that such rights were illegal. Hence, the Court did not establish a causality link between the State measures and the abuses.

Differently, in the "Limited Sovereignty approach", there is a presumption that Member States have the freedom to create legal monopolies. This freedom shall however be restricted if: (i) there was a breach of Article 102TFEU by an undertaking (ii) being that breach necessarily caused by the behaviour of a Member State. An example of this approach would be the *Höfner* case[23], in which the Court ruled that:

> *"any measure which maintains in force a statutory provision that creates a situation in which a public employment agency cannot avoid infringing Article 86 is incompatible with the rules of the Treaty.*[24]*"*

The presumption changes under the "Limited Competition approach": legal monopolies are *prima facie* illegal since they inherently lead to a restriction of competition; however, such restriction may be justified by the need to pursue a national legitimate interest (as long as the restriction is limited to what is necessary to attain such objective[25]).

An example of this approach can be found in *Corbeau*[26]. In this case, the Court neither assessed the existence of an abusive behaviour, nor an extension of a dominant position (as the Commission suggested). Instead, it went straight to the assessment of whether the exclusive right awarded was justified under the obligation of universal postal service in Belgium, therefore presuming *"that the concession of the exclusive right itself was an infringement of Articles 86(1) and 82"*[27].

---

[20] Case C-202/88, *France v Commission (Telecommunications Terminal Equipment)*, supra note 4.
[21] Case C-260/89 *ERT* [1991] ECR I-2925.
[22] Case C-179/90 *Merci Convenzionale* [1991] ECR I-5889.
[23] *See* D. Edward and M. Hoskins, supra note 27, p. 161.
[24] Case C-41/90, *Höfner* [1991] ECR I-1979, at 27.
[25] *See* D. Edward and M. Hoskins, supra note 27, p. 167.
[26] Case C-320/91, *Corbeau* [1993] ECR 1993 I-2533.
[27] J. Maillo, "Article 86 EC. Services of General Interest and EC Competition Law", in *EC Competition Law. A Critical Assessment*, Giuliano Amato and Claus-Dieter Ehlerman (eds.), Hart Publishing, 2007, p. 602.

In conclusion, a literal interpretation of the four approaches set forth by EDWARD and HOSKINS suggests that the Court has been far from coherent in the review of exclusive and special rights under Competition law. In fact, only the "Absolute Sovereignty Approach" appears to have been eliminated outright by the Court.

In the following sections one will try to show that the Court has been eroding the boundaries between the "ideal" approaches indicated by EDWARD and HOSKINS and that the four approaches do not exhaust the scope of cases which fall under the joint application of Articles 106(1) and 102 TFEU.

The "Limited Sovereignty Approach"

EDWARD and HOSKINS argue that there is case law supporting the application of the "Absolute Competition Approach". However, it seems more like *ERT* and *Merci Convenzionale* still fall under the broad *Höfner* formula which has blurred the boundaries of the "Limited Sovereignty approach" by encompassing cases in which the Court presumes the link between the abuse and the exclusive right, as it happens in the "Absolute Competition approach"[28].

As previously mentioned, in *Höfner*, the Court ruled that a State measure is in breach of Article 106(1) TFEU if it creates a situation in which an undertaking *"cannot avoid infringing"* Article 102 TFEU.[29]

In *Silvano Raso*, the Court adopted a different wording by ruling that:

> *"although merely creating a dominant position by granting exclusive rights within the meaning of Article 90(1) of the Treaty is not in itself incompatible with Article 86, a Member State is in breach of the prohibitions contained in those two provisions if the undertaking in question, merely by exercising the exclusive rights granted to it, is led to abuse its dominant position or when such rights are liable to create a situation in which that undertaking is led to commit such abuses.*[30]*"*

Even though the *Silvano Raso* formula (*"is led to"*) is apparently broader than the *Höfner* one (*"cannot avoid to"*)[31], they appear to have been used as synonyms by the Court. When describing the case law after *Höfner*, J. T. LANG claims that *"the Court has made a number of rulings, saying almost the same thing in different*

---

[28] The use of presumptions in Competition law also takes place in the identification of restrictions by object in the context of Article 101 TFEU (ex Article 81 ECT).
[29] See *Höfner*, supra note 32, at 27.
[30] Case C-163/96 *Silvano Raso* [1998] ECR I-5889, at 27.
[31] Bernd Meyring, "Silvano Raso: When is a Statutory Monopoly Contrary to the E.C. Treaty", European Law Review 1998, p. 367.

words.[32]" The same opinion is shared by U. NEERGAARD, for whom in the *"ERT, Merci, Corsica Ferries, Crespelle and Banchero*[33] *Cases* [t]*here exists a certain variation of formulation which however has no real importance.*[34]"

In fact, in the recent case *MOTOE*, the Court still quotes *Höfner*, even though the formula used basically reproduces *Silvano Raso*:

> *"[A] Member State will be in breach of the prohibitions laid down by those two provisions if the undertaking in question, merely by exercising the special or exclusive rights conferred upon it, is led to abuse its dominant position or where such rights are liable to create a situation in which that undertaking is led to commit such abuses (Höfner and Elser, [...]paragraph 29; ERT, [...] paragraph 37; Case C-179/90 Merci convenzionali porto di Genova [1991] ECR I-5889, paragraphs 16 and 17; and Case C-323/93 Centre d'insémination de la Crespelle [1994] ECR I-5077, paragraph 18).*[35]"

All of these cases are addressed under the "Limited Sovereignty Approach", *i.e.*, the Court appears to consider the exclusive or special rights as *prima facie* legitimate, as long as they do not lead to the violation of a Treaty provision, namely of Article 102 TFEU.

Three types of situations have been found to breach the *Höfner/Silvano Raso* formula: (i) limitation of demand, (ii) conflict of interests and (iii) serious and reiterated abuses.

In *Höfner* it was found that an exclusive right that is granted to an undertaking that is unable to adequately meet the demand for one good or service leads automatically to a breach of Article 102(b) TFEU, as it is limiting the output to the prejudice of consumers[36] ("limitation of demand" case)

Conflict of interests abuses[37] relate to State measures that place a dominant undertaking in a conflict of interests, either by granting regulatory powers to

---

[32] J. T. LANG, "European Union law rules on State measures restricting competition", (2003) Finnish Competition Law Yearbook, Helsinki, available at http://www.coleurop.be/content/gclc/documents/288536_2.pdf, pp. 7-8.

[33] *ERT*, supra note 29; *Merci Convenzionale*, supra note 30; Case C-18/93, *Corsica Ferries* [1994] ECR I-1783; *Crespelle*,; and Case C-387/93, *Banchero* [1995] ECR I-4683.

[34] U. NEERGAARD, "Modernising Article 82 EC – With Particular Focus on Public and Otherwise Privileged Undertakings", Europarättsligt Tidskrift, 2007, p. 60.

[35] Judgment of the Court of 1 July 2008 in Case C-49/07, *Motosykletistiki Omospondia Ellados NPID (MOTOE)*, [2008] ECR I-04863, at paragraph 49.

[36] See *Höfner*, supra note 32, at 94.

[37] See J. MAILLO, supra note 35, pp. 600-601.

an undertaking that is active in the regulated market[38] (or by bundling regulatory and commercial activities[39]); or when the reservation of certain commercial activities in the same undertaking leads to abusive practices.

An example of the latter situation occurred in the *ERT* case[40] where a company held both the exclusive right to broadcast in-house programs and programs produced abroad was found to lead to a discriminatory broadcasting policy which would benefit its own programs. The Court addressed this issue again in *MOTOE*:

> *"a rule which gives a legal person such as ELPA the power to give consent to applications for authorisation to organise motorcycle events without that power being made subject by that rule to restrictions, obligations and review, could lead the legal person entrusted with giving that consent to distort competition by favouring events which it organises or those in whose organisation is participates.*[41]*"*

In *Merci convenzionale*, the Court considered that reiterated serious abuses by an undertaking with an exclusive right lead to the presumption that it is the very own existence of the right that favours the commission of abuses and for that reason is incompatible with Articles 106(1) and 102 TFEU. As regards *Merci convenzionale*, EDWARD and HOSKINS stress that *"there is no clear indication in the judgment that the Italian laws necessarily led to an abuse of a dominant position (...). They simply created a situation in which an abuse was possible.*[42]*"*

However, this possibility of establishing presumptions of a breach of Articles 106(1) and 102 TFEU also appears to be safeguarded by the broad *Höfner/Silvano Raso* formula referred to above (*"such rights are liable to create a situation in which that undertaking is led to commit such abuses"*).

Hence, the Court has been willing to establish that in cases of conflict of interests and of serious and reiterated abuses committed by an undertaking with special or exclusive rights, there is an irrebuttable presumption of illegality of such rights ("Absolute Competition Approach"). In a nutshell, it appears that the Court has been slowly eroding the need to establish a causal link between the State measure and an abuse of a dominant position. This is mostly evident

---

[38] *See France v Commission (Telecommunications Terminal Equipment)*, supra note 4, at 48-52; *RTT*, [1991] ECR I-5941, at 25-28; A.G. KOKOTT's Opinion of 6 March 2008, in *MOTOE*, at 98.
[39] Case C-169/91 *Decoster* [1993] ECR I-5335 at 21.
[40] *See ERT*, supra note 29 and *Silvano Raso*, supra note 38.
[41] *See MOTOE*, supra note 43.
[42] *See* D. EDWARD and M. HOSKINS, *supra* note 27, p. 163.

in the Court's presumption that conflict of interest situations tantamount to a breach of Article 106(1) read in combination with Article 102 TFEU.

The "Limited Competition" approach

The "Limited Competition" approach has been applied to a set of cases in which the core monopoly is not at stake but rather the scope or the extension of the right (extension of dominant position cases).

The prohibition of extension of a dominant position is said to derive from the *GB-INNO (RTT)* case[43] of 1991, in which the Court ruled that a Member State must not extend the dominant position of an undertaking with special or exclusive rights. According to J. T. Lang[44], this rule flows from the underlying aim of Article 3(g) ECT[45] of maintaining a competitive market structure, as well as from the Member States' duty not to deprive Community competition rules of their effectiveness, established in *GB-INNO v. ATAB*[46]. This rule was reaffirmed by the Court in *Ambulanz Glöckner*[47], where a State measure extended an undertaking's exclusive right over urgent transports in ambulances to non-urgent transport.

J. T. Lang sustains that a State measure which strengthens or extends an existing dominant position is unlawful, unless justified, without being need to show that it is likely to lead to an abuse:

"The test of likelihood of abuse is needed only where the measure does not extend dominance, and therefore, the only objection to the State measure is that it is likely to lead to behaviour contrary to Article 82.[48]*"*

The same approach should be applicable to cases concerning the scope of an exclusive right, even if they are not assessed as extension of dominant position cases (*v.g., Corbeau*).

Referring to the similarities between *GB-INNO (RTT)* with *Corbeau*, G. Davies argues the following:

---

[43] See *RTT, supra* note 46, at 20-21; Such extension of a dominant position cannot take place without sufficient justification, as the Court ruled in Case T-266/97, *Vlaamse Televisie*, [1991] ECR II-2329 at 108. This principle was confirmed in *Ambulanz Glöckner, supra* note 22, at 40-43.
[44] *See* J. T. Lang, *supra* note 40, p. 13.
[45] Article 3(g) ECT foresaw that the activities of the Community include *"a system ensuring that competition in the internal market is not distorted"*. The TFEU eliminated this reference from the body of the Treaty and moved it to the Protocol No 27 on the internal market and competition.
[46] *See GB-Inno v ATAB, supra* note 15, at 31.
[47] *See Ambulanz Glöckner, supra* note 22, at 40-43.
[48] *See* J. T. Lang, *supra* note 40, p. 9.

"In both cases an undertaking was entrusted with a monopoly over a given public service, in the former case telecoms services and in the latter postage. The core monopoly as such could be justified as necessary to guarantee a universal service, and was not in issue. However, its precise scope was challenged in both cases. In GB-INNO one of the privileges that the dominant undertaking, the RTT, enjoyed, was regulatory authority over telecoms equipment. Anyone wishing to sell phones on the Belgian market had to have them approved by the RTT, as the network operator. Competitors claimed that granting this power to RTT was in violation of Article 86(1) since it amounted to an unjustified extension of a dominant position, something that, if done by the undertaking itself, would be in violation of Article 82.[49]"

In light of the *MOTOE* judgment, it could be argued that *GB-INNO (RTT)* would now be treated as a conflict of interest case, under which the Court would not carry out a justification exercise[50], *"because RTT was placed in a position where it could approve entry to the telecoms equipment market by competitors, something which invites abusive behaviour. This certainly counts as liable to create a situation where an undertaking is led to commit abuse..[51]"*

---

[49] G. DAVIES, "Article 86, the EC's Economic Approach to Competition Law, and the General Interest", *European Competition Journal*, August 2009, p. 554.
[50] *See RTT, supra* note 46, at 22.
[51] *See* G. DAVIES, *supra* note 57, p. 558.

O direito à não auto-incriminação no Direito da Concorrência – O diálogo jurisprudencial e o silêncio do arguido

HELENA GASPAR MARTINHO*
Advogada no Departamento Jurídico e do Contencioso da Autoridade da Concorrência

Introdução

Desde a génese do Direito processual da concorrência europeu que foi atribuído à Comissão Europeia, pelo *primeiro Regulamento de execução dos artigos 85º e 86º do Tratado*[1] (Regulamento nº 17), de 1962[2], o poder de pedir a empresas e associações de empresas as informações necessárias à aplicação dos mencionados artigos. A não prestação das informações requeridas, bem como a prestação de informações incorrectas, podiam ser sancionadas com a aplicação de coimas e sanções pecuniárias compulsórias[3].

---

* Doutoranda na Faculdade de Direito da Universidade Nova de Lisboa. As opiniões expressas neste artigo são estritamente pessoais.
A autora agradece, reconhecida, à Mestra Teresa Moreira os comentários que teceu ao presente artigo.

[1] Presentemente, artigos 101º e 102º do Tratado sobre Funcionamento da União Europeia – TFUE.
[2] JO P 13 de 21.2.1962, p. 204.
[3] A Comissão podia solicitar informações quer através de pedidos (artigo 11º, nº 2, do Regulamento nº 17), quer através de decisões (artigo 11º, nº 5, do Regulamento nº 17), sendo que apenas a resposta a estas últimas era obrigatória. Na primeira hipótese apenas poderia ser aplicada uma sanção em caso de prestação de informação inexacta (artigos 11º, nº 3, e 15º, nº 1, al. *b*), do Regulamento nº 17). Já na hipótese de as informações serem solicitadas através de decisão, seria possível não só aplicar uma coima em caso de prestação de informação inexacta, como também aplicar uma sanção pecuniária compulsória por cada dia de atraso de forma a compelir as empresas a fornecerem, de forma completa e exacta, as informações requeridas (artigos 11º, nº 5; 15º, nº 1, al. *b*); e 16º, nº 1, al. *c*), todos do Regulamento nº 17).

Os pedidos de informação, assim delineados, constituíam, a par da realização de diligências de inspecção[4], uma das principais ferramentas ao dispor da Comissão para recolha dos elementos necessários às investigações relativas a práticas restritivas da concorrência por violação dos, então, artigos 85º e 86º do Tratado.

Porém, o mesmo Regulamento que previa e regulava, os poderes de investigação da Comissão Europeia, era parco, senão praticamente omisso, no que tocava aos direitos – em particular, aos direitos de defesa – dos investigados.

Com efeito, e ao contrário do sugerido pelo Parecer do Parlamento Europeu e pelo Relatório Déringer[5], a versão final do Regulamento nº 17 nada dispôs, por exemplo, a respeito da protecção do segredo profissional (aqui, com particular premência, a protecção das comunicações trocadas com advogados), ou do direito à não auto-incriminação[6].

Neste cenário, a questão (na realidade, descomposta em várias questões) acabaria por impor-se no âmbito dos processos relativos a práticas restritivas da concorrência conduzidos pela Comissão Europeia e, em particular, nos recursos interpostos junto do Tribunal de Justiça da União Europeia[7]: teria o direito à não auto-incriminação lugar no Direito da concorrência europeu? E, caso a resposta fosse positiva, com que amplitude? Seriam as empresas investigadas obrigadas a entregar elementos que pudessem ser utilizados como prova para a sua condenação?

Como se depreende dos parágrafos que antecedem, a resposta a estas, como a múltiplas outras questões relacionadas com os direitos de defesa no âmbito do Direito da concorrência europeu, passa, imperativamente, por uma análise cuidada da jurisprudência do Tribunal de Justiça da União Europeia.

Mas se tal análise é incontornável para o tratamento do problema, poderá, no entanto, não ser suficiente. Com efeito, volvidos mais de 20 anos sobre a

---

[4] Artigo 14º do Regulamento nº 17.
[5] Doc. do Parlamento Europeu 57/1961.
[6] Veja-se, a este respeito, Luís Miguel Pais Antunes, *Direito da Concorrência – Os poderes de investigação da Comissão Europeia e a protecção de direitos fundamentais*, Coimbra: Almedina, 1995, pp. 119 ss. (quanto ao direito a não testemunhar contra si próprio) e 130 ss. (quanto à protecção da confidencialidade da correspondência trocada entre as empresas e o seu advogado). A respeito desta última temática, Helena Gaspar Martinho, "Comentário de jurisprudência da União Europeia – Acórdão do Tribunal de Justiça de 14 de Setembro de 2010 no processo C-550/07 P – *Akzo Nobel Chemicals Ltd e Akcros Chemicals Ltd c. Comissão Europeia*", in *Revista de Concorrência e Regulação*, nº 4, 2010 (pp. 257-271), p. 258.
[7] O Tribunal de Justiça da União Europeia (anteriormente designado Tribunal de Justiça da Comunidade Europeia) é composto por três jurisdições: o Tribunal de Justiça, o Tribunal Geral (criado em 1988 e anteriormente designado Tribunal de Primeira Instância) e o Tribunal da Função Pública.

decisão fundamental e paradigmática do Tribunal de Justiça sobre esta matéria – que chegou mesmo a ser plasmada no considerando 23 do novo *Regulamento relativo à execução das regras da concorrência estabelecidas nos artigos 81º e 82º do Tratado* (Regulamento nº 1/2003)[8] – a discussão sobre a aplicação do direito à não auto-incriminação no Direito da concorrência parece estar longe de finda e continua a apaixonar práticos e académicos.

A aprovação de um novo Regulamento relativo à execução das regras da concorrência, que viria reforçar os poderes de investigação da Comissão[9], bem como o aumento do valor das coimas aplicadas às práticas restritivas da concorrência – impulsionando mesmo alegações de que se tratariam de sanções de natureza criminal, à luz da Convenção Europeia de Protecção dos Direitos do Homem e das Liberdades Fundamentais (CEDH) – viriam incrementar a discussão em torno dos direitos de defesa no Direito da concorrência e, em particular, em torno do direito à não auto-incriminação. Mas também a recente entrada em vigor do Tratado de Lisboa, que atribui à Carta dos Direitos Fundamentais o mesmo valor jurídico que os Tratados e prevê a adesão da União Europeia à CEDH, contribuiu para que esta temática crescesse em importância e complexidade.

É, pois, neste contexto que floresce a discussão em torno da aplicação do direito à não auto-incriminação no Direito da concorrência, quer no âmbito do ordenamento jurídico da União Europeia, quer no âmbito do ordenamento jurídico nacional – uma vez que a Lei nº 18/2003, de 11 de Junho, que aprovou o

---

[8] Regulamento (CE) nº 1/2003 do Conselho, de 16 de Dezembro de 2002, JOCE L/1, de 4.1.2003.
[9] Como expressamente reconhecido no considerando 25 do Regulamento nº 1/2003: "Uma vez que a detecção de infracções às normas da concorrência se torna cada mais difícil, é necessário, para proteger eficazmente a concorrência, reforçar os poderes de inquérito da Comissão. [...]". Considerando 25 do Regulamento nº 1/2003. Este novo Regulamento atribuiu à Comissão Europeia poderes que não constavam do Regulamento nº 17. Assim, a Comissão "pode ouvir qualquer pessoa singular ou colectiva que a tal dê o seu consentimento para efeitos da recolha das informações sobre o objecto de um inquérito" (artigo 19º, nº 1). É também uma inovação do Regulamento nº 1/2003 a atribuição de poderes à Comissão para apor selos em quaisquer instalações, livros ou registos relativos à empresa por período e na medida necessária à inspecção (artigo 20º, nº 2, al. e)), bem como para "[s]olicitar a qualquer representante ou membro do pessoal da empresa ou da associação de empresas explicações sobre os factos ou documentos relacionados com o objecto e a finalidade da inspecção e a registar as suas respostas" (artigo 20º, nº 2, al. e)) – o que significa que, ao contrário do que sucedia na vigência do Regulamento nº 17 (artigo 14º, nº 1, al. c)), estas pessoas podem ser ouvidas sobre matérias que não se restringem aos documentos em questão. Foi ainda conferido à Comissão o poder de realizar inspecções noutros locais que não apenas as instalações das empresas – incluindo os domicílios dos dirigentes e colaboradores das empresas (artigo 21º do mesmo Regulamento).
Estes poderes são reforçados com o aumento do valor das coimas (até 1% do volume de negócios) que podem ser impostas às empresas ou associações de empresas se fornecerem informações inexactas ou deturpadas ou caso sejam quebrados os selos apostos (artigo 23º, nº 1).

regime jurídico da concorrência, atribuiu à Autoridade da Concorrência (AdC), poderes semelhantes aos da Comissão Europeia no que toca à possibilidade de exigir a prestação de informações completas e verdadeiras necessárias à investigação de práticas restritivas da concorrência.

Para o tratamento da problemática que aqui nos ocupa, impõe-se, antes de mais, uma breve reflexão sobre direitos em conflito – o direito à não auto-incriminação, por um lado, e o direito da concorrência, cuja defesa justificou a imposição de especiais deveres de colaboração, por outro – (capítulos I e II) – seguida do exame da jurisprudência que consideramos mais relevante sobre esta matéria (capítulo III) e, por fim, uma análise crítica do problema (capítulo IV).

I. O DIREITO À NÃO AUTO-INCRIMINAÇÃO

1. Origem histórica

O direito à não auto-incriminação encontra-se expresso no brocardo latino *nemo tenetur se ipsum accusare* ou *nemo tenetur se degetere*[10].

A consagração *nemo tenetur* surge como reacção aos procedimentos inquisitórios da *High Commission*, um tribunal eclesiástico responsável pelo julgamento dos hereges que, recusando a religião oficial, representavam também uma ameaça para a coroa. Este tribunal exigia que todos testemunhassem sob juramento respondendo às questões que lhes fossem colocadas sem qualquer informação sobre as acusações ou suspeitas que sobre si incidiam. O uso de juramentos, considerado à época particularmente opressivo (uma vez que poderia conduzir à aplicação de sanções legais, mas, sobretudo, a sanções bem mais gravosas na outra vida) constituía uma parte importante do procedimento conduzido pelos tribunais eclesiásticos. Há autores que defendem que o *nemo tenetur* surgiu como forma de protecção contra determinado tipo de interrogatórios particularmente opressivos, e não consagrando um verdadeiro direito ao silêncio[11] (até porque a regra, nos tribunais comuns, continuava a ser a do interrogatório dos suspeitos, desde que não ajuramentados)[12].

---

[10] LILIANA DA SILVA SÁ, "O dever de cooperação do contribuinte *versus* o direito à não auto-incriminação", in *Revista do Ministério Público*, nº 107, 2006 (pp. 121-163), p. 134; VÂNIA COSTA RAMOS, "*Corpus Juris* 2000 – Imposição ao arguido de entrega de documentos para prova e o *nemo tenetur se ipsum accusare* – Parte I", in *Revista do Ministério Público*, nº 108, 2006 (pp. 125-149), p. 131.
[11] ALBERT W. ALSHULER, "A peculiar Privilege in Historical Perspective: The Right to Remain Silent", in *Michigan Law Review*, vol. 94, nº 8, 1996 (pp. 2625-2672), p. 2632.
[12] ANGUS MACCULLOCH, "The Privilege Against Self-Incrimination in Competition Investigations: Theoretical Foundations and Practical Implications", in *Legal Studies*, vol. 26, nº 2, Junho 2006 (pp. 211-237), p. 214.

De curial importância seria a sua consagração na 5ª emenda da Constituição norte-americana: *"No person [...] shall be compelled in any criminal case to be a witness against himself"*. Note-se, porém, que mesmo nesta fase, era muito discutível que se pretendesse atribuir um verdadeiro direito ao silêncio. O intuito seria antes o de proibir a tortura e outras formas impróprias de interrogatório[13].

Apenas no século XIX, com a crescente importância do papel desempenhado pelos advogados, o *nemo tenetur* passou a abarcar o direito ao silêncio dos acusados em processos criminais[14].

O *nemo tenetur* surge, assim, como corolário do *fair trial* – conceito de "origem anglo-saxónica (ligado à própria estrutura do processo acusatório) [que] é constituído por um conjunto de princípios que devem reger o processo, para que seja justo, visando, *prima facie*, a protecção do arguido, reconhecido como verdadeiro sujeito do processo"[15].

Se esta brevíssima análise histórica é fundamental, não deixa, porém, de ser insuficiente para compreender os fundamentos no Direito moderno do *nemo tenetur* (e menos ainda, acrescentaríamos, para compreender qual o âmbito de aplicação deste princípio a uma realidade absolutamente distante e diversa como a do Direito da concorrência). É a esta análise que nos dedicaremos de seguida.

2. Fundamentos do direito à não auto-incriminação no Direito moderno

Podemos identificar duas grandes correntes quando procuramos os fundamentos do direito à não auto-incriminação: uma substantiva e outra processualista.

2.1. A corrente de pendor substantivo

Segundo a corrente de pendor substantivo, este direito emana da dignidade da pessoa humana. Desta perspectiva, o *nemo tenetur* é o garante do direito geral de liberdade[16], um reflexo dos direitos à integridade pessoal e ao desenvolvimento da personalidade: "só quando se atribui ao indivíduo um direito ao silêncio no processo penal se lhe assegura aquela área intocável de liberdade humana, em absoluto subtraída à intervenção do poder estadual"[17]. Insere-se ainda nesta cor-

---

[13] ALBERT W. ALSHULER, cit. p. 2631.
[14] ANGUS MACCULLOCH, cit, p. 214 e VÂNIA COSTA RAMOS *"Corpus Juris ... Parte "* cit., p. 137.
[15] VÂNIA COSTA RAMOS, *"Corpus Juris ... Parte I"*, cit.", p. 134.
[16] VÂNIA COSTA RAMOS, *"Corpus Juris 2000 – Imposição ao arguido de entrega de documentos para prova e nemo tenetur se ipsum accusare – Parte II"*, in *Revista do Ministério Público*, nº 109, 2007 (pp. 57-96), p. 61.
[17] JORGE DE FIGUEIREDO DIAS & MANUEL DA COSTA ANDRADE, "Poderes de supervisão, direito ao silêncio e provas proibidas (Parecer)", in *Supervisão, direito ao silêncio e legalidade de prova*, Coimbra: Almedina, 2009 (pp. 11-56), p. 40.

rente substantiva a teoria segundo a qual o fundamento no Direito moderno do *nemo tenetur* é o de proteger a privacidade – no sentido de proteger a identidade, a autonomia e a personalidade[18].

Vemos com alguma dificuldade que este seja o principal fundamento do *nemo tenetur*, uma vez que padece de diversas insuficiências e contradições. De facto, "[o] próprio ímpeto egoísta e auto-favorecedor do arguido que segue o seu instinto de sobrevivência não parece encaixar na dignidade da pessoa humana"[19]. Com efeito, ainda que o direito à não auto-incriminação possa ter alguma relação, mais mediata, com a dignidade da pessoa humana (que recobre vasta matéria penal e processual penal), será, cremos, pouco exacto e demasiado inclusivo considerar este como o seu principal fundamento[20].

Também a teoria que fundamenta o direito à não auto-incriminação na protecção da privacidade levanta sérios óbices: o que justifica, então, que não se proíba que o domicílio do suspeito seja objecto de buscas, ou que a sua pessoa seja revistada, ou ainda que tenha de fornecer as suas impressões digitais ou amostras corporais, quando todos esses procedimentos envolvem uma invasão da privacidade[21]?

2.2. A corrente de pendor processual

Já segundo a corrente processualista, o *nemo tenetur* encontra o seu fundamento nas garantias processuais. Esta é a corrente que prevalece no nosso ordenamento jurídico nacional, não sendo, porém, absolutamente unânime a identificação do seu fundamento mais concreto. Assim, se alguma doutrina e jurisprudência identifica este direito (em particular o direito ao silêncio) como uma componente ou manifestação das garantias de defesa asseguradas no artigo 32º da Constituição

---

[18] Embora os autores anglo-saxónicos não distingam claramente a corrente substantiva da processualista, fazem referência a fundamentos do *nemo tenetur*, por vezes menos explorados pelos autores continentais, mas que podemos, com alguma facilidade, enquadrar de acordo com as mencionadas teorias – *in casu*, a protecção da privacidade: ANGUS MACCULLOCH, cit., pp. 215 ss. e IAN DENNIS, "Instrumental Protection, Human Right or Functional Necessity? Reassessing the Privilege Against Self-Incrimination", in *Cambridge Law Journal*, 52, 1995 (pp. 342-376), pp. 356 ss.

[19] VÂNIA COSTA RAMOS, "*Corpus Juris* ... Parte II", cit., p. 62.

[20] Cf. *Ibidem* e JORGE DE FIGUEIREDO DIAS & MANUEL DA COSTA ANDRADE, cit., p. 41. ADRIANA DIAS PAES RISTORI (*Sobre o silêncio do arguido no interrogatório do processo penal português*, Coimbra: Almedina, 2007, p. 90) parece não excluir esta possibilidade: "Colaborar ou não com o fim do processo penal é um ato que não pode ser restringido, limitado ou imposto pelo poder público, sob risco de fazer do homem um objeto da acção estatal, o que é veementemente vedado pelo princípio da dignidade humana, mesmo porque seria afetado o âmago da intimidade do homem. É possível exigir que o homem confesse a sua própria torpeza?".

[21] IAN DENNIS, cit., p. 357.

da República Portuguesa (CRP)²², outros há que encontram o seu fundamento no princípio da presunção de inocência (artigo 32º, nº 2, da CRP)²³, ou na garantia do processo equitativo (artigo 20º, nº 4, da CRP)²⁴. Neste ponto, concordamos com aqueles que embora encontrando uma relação próxima entre o direito à não auto-incriminação e o princípio da presunção de inocência, rejeitam que este seja o seu principal fundamento²⁵. Com efeito, se tal princípio determina que o arguido se presume inocente até prova em contrário e que, em situação de dúvida, ou se a culpa não ficar totalmente provada, deve ser absolvido, não determina, por si só, que a prova não possa ser obtida através do próprio arguido.

Não raras vezes, defende-se a prevalência da corrente processualista assente em mais do que um dos seus fundamentos e, mesmo entre os que propugnam um fundamento processualista do *nemo tenetur*, é muito comum entender-se que, de forma mediata e mais afastada, tem também uma natureza material ou substantiva, ligada à dignidade da pessoa humana²⁶.

Assim, no seu recente Acórdão, no qual se discutia, justamente, a aplicação do direito à não auto-incriminação no Direito da concorrência (e que adiante

---

²² Neste sentido, FREDERICO DA COSTA PINTO, "Supervisão do mercado, legalidade da prova e direito de defesa em processo de contra-ordenação (parecer)", in *Supervisão, direito ao silêncio e legalidade de prova*, Coimbra: Almedina, 2009 (pp. 57-125), p. 99; FERNANDA PALMA, "A constitucionalidade do artigo 342º do Código de Processo Penal (O direito ao silêncio do arguido)", in *Revista do Ministério Público*, nº 60, 1994 (pp. 101-110), p. 109; Acórdão do TC 695/05. Para estes últimos, o conteúdo essencial do direito ao silêncio reside no tratamento do arguido como sujeito e não como objecto do processo.
²³ LILIANA DA SILVA SÁ, cit., pp. 132 e 133; MARIA DE FÁTIMA REIS SILVA, "O direito à não auto-incriminação", in *Sub Judice*, 2007 (pp. 59-74), p. 63; bem como a jurisprudência do Tribunal de Comércio de Lisboa que analisaremos *infra*. Rejeitando expressamente este fundamento para o direito ao silêncio, VÂNIA COSTA RAMOS, "*Copus Juris* ... Parte II", cit., pp. 67 e 68 e FREDERICO DA COSTA PINTO, cit., p. 98. Na doutrina estrangeira, com intesse para a análise desta questão, veja-se IAN DENNIS, cit., pp. 353-356; e GUY STESSENS, "The Obligation to Produce Documents Versus the Privilege Against Self-incrimination: Human Rights Protection Extended Too Far?", in *European Law Review*, 22, 1997, Checklist No. 1, p. 53.
²⁴ VÂNIA COSTA RAMOS, "*Corpus Juris* ... Parte II", cit., pp. 70 e 71.
²⁵ Rejeitando expressamente este fundamento para o direito ao silêncio, VÂNIA COSTA RAMOS, "*Copus Juris* ... Parte II", cit., pp. 67 e 68 e FREDERICO DA COSTA PINTO, cit, p. 98. Na doutrina estrangeira, com intesse para a análise desta questão, veja-se IAN DENNIS, cit., pp. 353-356; e GUY STESSENS, "The Obligation to Produce Documents Versus the Privilege Against Self-incrimination: Human Rights Protection Extended Too Far?", in *European Law Review*, 22, 1997, Checklist No. 1, p. 53.
²⁶ Neste sentido, JORGE DE FIGUEIREDO DIAS & MANUEL DA COSTA ANDRADE, cit., p. 42. Embora elegendo como fundamento imediato do *nemo tenetur* o direito a um processo equitativo, admite a sua relação mediata com a dignidade da pessoa humana VÂNIA COSTA RAMOS, "*Corpu Juris*... Parte II", cit., pp. 62, 63 e 70.

analisaremos com maior detalhe), o Tribunal Constitucional (TC) reiterou o seu entendimento de que "o direito à não auto-incriminação encontra o seu fundamento jurídico-constitucional imediato nas garantias processuais de defesa do arguido, destinadas a assegurar um processo equitativo, relacionando-se, de forma mediata ou reflexa, com os direitos fundamentais de matriz substantiva aludidos supra" [i.e., dignidade da pessoa humana, direito à integridade pessoal e desenvolvimento da personalidade, consagrados nos artigos 25º e 26º da Lei Fundamental][27].

Sobretudo autores anglo-saxónicos identificam ainda como fundamental a teoria segundo a qual o *privilege against self-incrimination* visa minimizar o risco de condenações injustas ou erradas[28]. Esta visão parece ser a suportada pela jurisprudência no Reino Unido, que identifica, essencialmente, dois fundamentos para o *nemo tenetur*: evitar que os suspeitos sejam maltratados e que produzam confissões duvidosas ou que não correspondam à realidade[29]. Esta função instrumental do direito aplicar-se-ia, sobretudo, aos interrogatórios desenrolados na esquadra de polícia[30]. Muito próxima desta corrente, embora também com pendor que remete para a dignidade da pessoa humana, está a doutrina que defende que o *nemo tenetur* permanece como forma de protecção contra interrogatórios opressivos, identificando o seu núcleo essencial com a proibição de tortura[31]. Para todos eles, a entrega de documentos ou outros elementos objectivos não colide com o *nemo tenetur*[32/33]. Para todos eles há que distinguir entre declarações prestadas perante órgão policial (onde o risco potencial de abuso de poder, da possibilidade de ser aplicada pressão física e psíquica e de falta de fiabilidade da prova recolhida se faz sentir de forma mais premente), das declarações prestadas perante o juiz ou outros processos de recolha de prova.

---

[27] Acórdão nº 461/2011 do TC, de 11 de Outubro de 2011, p. 21.

[28] ANGUS MACCULLOCH, cit., pp. 220 ss. e IAN DENNIS, cit., pp. 348 ss.

[29] ADRIAN KEANE, JAMES GRIFFITHS & PAUL MCKEOWN, *The Modern Law of Evidence*, Oxford: Oxford University Press, 2010, p. 593.

[30] IAN DENNIS, cit., p. 348.

[31] FRANCISCO MUÑOZ CONDE, "De la prohibición de autoincriminación al derecho procesal penal del enemigo", in Manuel da Costa Andrade; Maria João Antunes; e Susana Aires de Sousa (orgs.), *Estudos em Homenagem ao Prof. Doutor Jorge de Figueiredo Dias*, vol. III, Coimbra: Coimbra Editora, 2009-2010 (pp.1013-1039), pp. 1025 e 1034.

[32] *Idem*, p. 1035 e IAN DENNIS, cit.

[33] "*I can for myself see no argument in favor of the privilege against producing a document the contents of which may go to show that the holder has committed a criminal offense. The contents of the document will speak for itself and there is no risk of false confession which underlies the privilege against having to answer questions that may incriminate the speaker*": AT & T Istel Ltd. and Others v. Tully and Others, 1992, All E.R. 523 a 533, per Lord Griffiths, *apud* GUY STESSENS, cit., p. 51.

Da jurisprudência supranacional, em particular, do Tribunal de Justiça e do Tribunal Europeu dos Direitos do Homem (TEDH), que analisaremos de seguida com maior detalhe, nem sempre resulta absolutamente claro qual o fundamento atribuído ao direito à não auto-incriminação, embora pareça prevalecer uma corrente de pendor processual (no Tribunal de Justiça, alicerçada nos direitos de defesa, no TEDH baseada no direito a um processo justo e equitativo e/ou, por vezes, na presunção de inocência, assumindo nesta jurisprudência também especial relevância a dignidade da pessoa humana).

II. O DIREITO DA CONCORRÊNCIA

1. O Direito da Concorrência na União Europeia

O Direito da concorrência desempenhou um papel fundamental na reconstrução da Alemanha no pós-guerra e na integração da Europa[34]. A História do Direito da concorrência na Europa está intimamente relacionada com a História do pós-guerra, com a necessidade de construir uma paz duradoura, uma democracia forte, uma sociedade livre, próspera e equitativa – algo que, do ponto de vista de políticos e académicos apenas seria atingido e sustentado através de uma economia de mercado e de uma ordem económica livre e concorrencial.

Foi neste contexto que, primeiro na Alemanha[35], por influência dos EUA[36] e com grandes contributos da escola ordoliberal alemã e, logo depois, na então Comunidade Económica Europeia (CEE), o Direito da concorrência ganharia uma relevância constitucional, como pedra toque de uma economia de mercado numa sociedade livre. O mercado competitivo é colocado no centro de uma ordem política livre e, deste ponto de vista, não tem apenas um valor económico, mas também social[37]. A constituição económica partilha os objectivos e prin-

---

[34] DAVID G. GERBER, "Anthropology, History and the 'More Economic Approach' in the European Competition Law – A Review Essay", in *International Review of Intellectual Property and Competition Law*, vol. 41, nº 4, 2010 (pp. 441-449), p. 449.

[35] A recuperação económica da Alemanha passou a ser vista como essencial para minimizar o risco de este país ser controlado por um regime comunista, bem como para criar uma base para a estabilidade económica da Europa Ocidental: HANNA L. BUXBAUM, "German Legal Culture and the Globalization of Competition Law: A Historical Perspective on the Expansion of Private Antitrust Enforcement", in *Berkeley Journal of International Law*, vol. 23, nº 2, 2005 (pp. 101-122), p. 105.

[36] O nacional socialismo não era apenas incompatível com a ideia norte-americana de democracia política, mas também com as suas concepções económicas de livre comércio e concorrência: GIULIANO MARENCO, "The Birth of Modern Competition Law in Europe", in Bogdandy; Mavroidis & Mény (orgs.), *European Integration and International Co-ordination*, The Hague; London; New York: Kluwer Law International, 2002 (pp. 279-304), p. 282.

[37] ALBERTO PERA, "Changing Views of Competition, Economic Analysis and EC Antitrust Law", in *European Competition Journal*, 2008 (pp. 127-167), p. 145.

cípios da constituição política e social: "*Competition Law, along with its economic objectives, gains a political, i.e., democratic and freedom-oriented dimension*"[38].

Desde o primeiro momento, a concorrência desempenhou um papel fundamental na Comunidade, sendo-lhe atribuído um valor "constitucional" pelos Tratados. Logo no Tratado de Roma, de 1957, que instituiu a, então, CEE, a concorrência, ou, mais especificamente, "um regime que garanta que a concorrência não seja falseada no mercado interno", foi contemplado, no artigo 3º[39], como um dos meios para atingir os objectivos da Comunidade, plasmados no artigo 2º, que podem resumir-se como o desenvolvimento harmonioso e equilibrado da economia, dentro de um mercado comum.

As normas substantivas foram consagradas nos, então, artigos 85º e 86º do Tratado (presentemente, artigos 101º e 102º do TFUE) proibindo, respectivamente, acordos e práticas concertadas, bem como práticas de empresas em posição dominante que restrinjam as concorrência.

A tarefa de defender a concorrência seria atribuída à Comissão Europeia e em 1962 seria aprovado o já mencionado Regulamento nº 17, no qual se previa já o dever de prestação de informações pelas empresas investigadas que aqui nos ocupa. Presentemente, o Regulamento nº 1/2003 – que, como acima se assinalou, reforçou os poderes de investigação da Comissão Europeia – não estabeleceu alterações muito significativas no que tange aos pedidos de informações[40] (instrumento considerado fundamental para a protecção efectiva da concorrência).

---

[38] JOSEF DREXL, "Competition Law as Part of the European Constitution", in Bogdandy & Bast (orgs.), *Principles of European Constitutional Law*, Oxford and Portland, Oregon: Hart Publishing (pp. 633-674), p. 634.

[39] Originariamente, na al. *f)* do artigo 3.º que, posteriormente, com as revisões dos Tratados, passaria a al. *g)*.

[40] Nos termos do artigo 18º, nº 1, do Regulamento nº 1/2003, a Comissão pode, mediante simples pedido ou decisão, solicitar às empresas e associações de empresas que forneçam todas as informações necessárias. Ao contrário do que sucedia no regulamento nº 17, a Comissão pode agora optar por um simples pedido de informações, que apenas sujeita as empresas ao pagamento de uma coima em caso de fornecimento de informações inexactas ou deturpadas, não obrigando as empresas a prestar informações (artigo 18º, nº 2, do Regulamento nº 1/2003) ou por uma decisão que sujeita as empresas ao pagamento de uma coima quer em caso de prestações inexactas, incompletas ou deturpadas, quer em caso de não prestação das informações no prazo estabelecido (artigo 18º, nº 3, do Regulamento nº 1/2003). Ao abrigo do Regulamento nº 17 a Comissão tinha, primeiro, de formular um simples pedido e apenas caso a empresa não respondesse no prazo estabelecido podia, mediante decisão, exigir a prestação de informação (artigo 11º, nº 5 do Regulamento nº 17). A principal diferença entre os dois Regulamentos no que toca aos pedidos de informações prende-se, porém, com as coimas aplicáveis que podem agora ascender até 1% do volume de negócios das empresas. Nos termos do artigo 18º, nº 3, do Regulamento nº 1/2003: "[s]empre que solicitar, mediante decisão, às empresas ou associações de empresas que prestem informações, a

A concorrência era e é um valor constitucional no contexto europeu[41/42]. O Direito da concorrência constitui parte integrante da constituição material da Comunidade e agora da União Europeia[43]. A protecção constitucional da concorrência acaba por impor-se na União Europeia e nos seus Estado-membros como direito fundamental, desenvolvido pelas tradições filosóficas, morais e constitucionais das democracias liberais[44], num modelo fortemente influenciado pela concepção humanista da liberdade económica propugnada pela escola ordoliberal[45].

2. O Direito da Concorrência em Portugal

Em Portugal, a defesa da concorrência apenas ganhou alguma expressão na década de 80[46], tendo sido de curial importância para a implantação e desenvolvimento do Direito da concorrência no nosso país a adesão à, então, CEE[47].

Hoje dispõe a CRP, no artigo 81º, al. *f)*, que "[i]ncumbe prioritariamente ao Estado no âmbito económico e social [...] [a]ssegurar o funcionamento eficiente dos mercados, de modo a garantir a equilibrada concorrência entre empresas,

Comissão deve indicar o fundamento jurídico e a finalidade do pedido, especificar as informações que são necessárias e o prazo em que as informações devem ser fornecidas. Deve indicar igualmente as sanções previstas no artigo 23ºe indicar ou aplicar as sanções previstas no artigo 24º. Deve indicar ainda a possibilidade de impugnação da decisão perante o Tribunal de Justiça".

[41] OLES ANDRIYCHUK, "Rediscovering the Spirit of Competition: On the Normative Value of the Competitive Process", in *European Competition Journal*, 2010 (pp. 575-610), pp. 585 ss.

[42] Algo que não foi alterado com o Tratado de Lisboa: CHRISTOPHE LEMAIRE, MICHAEL WALBROECK & MICHEL PETITE, "Quel sera l'impact du nouveau Traité sur le droit de la concurence? Regards juridiques", in *Concurrences*, nº 1, 2008 (pp.12-18).

[43] JOSEF DREXL, cit., p. 635.

[44] OLES ANDRIYCHUK, cit., p. 586.

[45] CLAIRE MONGOUACHON, "L'ordolibéralisme: Contexte historique et contenu dogmatique", in *Concurrences*, nº 4, 2011 (pp. 70-78), p. 74.

[46] Apesar de o primeiro regime jurídico da concorrência datar de 1972, nunca entrou em vigor devido à falta de regulamentação. Depois da revolução de 25 de Abril de 1974, "só após a superação desta crise de identidade [entre o modelo de economia de mercado e o modelo de economia planificada] e a opção mais ou menos clara no sentido da integração europeia foi possível considerar a necessidade de um normativo de defesa da concorrência, o que veio a acontecer pela primeira vez, ao nível constitucional, com a revisão de 1982, pelo aditamento da alínea *f)* ao artigo 81º", segundo a qual fazia parte das atribuições do Estado assegurar a equilibrada concorrência entre as empresas. Esta disposição devia, porém, ser interpretada à luz do artigo 85º, nº 1, que estabelecia que o Estado protege as pequenas e médias empresas economicamente viáveis – JOSÉ LUÍS CARAMELO GOMES, cit., pp. 212 e 213.

[47] Foi na iminência da adesão de Portugal à, então, CEE que foi aprovado o primeiro regime jurídico de defesa da concorrência, pelo Decreto-Lei nº 422/83, de 3 de Dezembro. Volvidos 10 anos este regime seria revisto (Decreto-Lei nº 371/93).

a contrariar as formas de organização monopolistas e a reprimir os abusos de posição dominante e outras práticas lesivas do interesse geral".

A defesa da concorrência é, por seu turno, instrumental à livre iniciativa económica privada, consagrada no artigo 61º da CRP – direito análogo aos direitos liberdades e garantias.

A salvaguarda da concorrência é, portanto, um "princípio constitucional estruturante do funcionamento dos mercados, cuja eficiência é cometida ao Estado, a título de incumbência económica prioritária"[48].

O regime jurídico da concorrência nacional é fortemente inspirado no regime jurídico da concorrência da União Europeia, quer no domínio substantivo (como revela a grande similitude dos artigos 4º e 6º da Lei nº 18/2003 com os artigos 101º e 102º do TFUE), quer no domínio processual (no que concerne, em particular, aos deveres de colaboração, a Lei nº 18/2003 atribui à AdC poderes de pedir informação similares aos da Comissão Europeia, plasmados no Regulamento nº 1/2003)[49].

Segundo o TC, "os deveres de colaboração, plasmados na lei" são de ordem "a conferir protecção efectiva aos interesses, constitucionalmente valiosos, da concorrência e do funcionamento equilibrado dos mercados – estruturantes do Estado de direito democrático[50].

III. O TRATAMENTO JURISPRUDENCIAL DO PROBLEMA

1. O Acórdão *Orkem* – A decisão paradigmática do Tribunal de Justiça
Data de 1989 a decisão paradigmática do Tribunal de Justiça sobre a aplicação do *nemo tenetur* ao Direito da concorrência europeu[51].

No âmbito uma investigação sobre a existência de acordos e práticas concertadas contrários ao, então, artigo 85º, nº 1, do Tratado (presentemente, artigo 101º do TFUE) a Comissão solicitou informações, mediante decisão, a várias empresas, de entre as quais a empresa recorrente (a Orkem). A Orkem contestou o dever de responder ao pedido de informações alegando, essencialmente,

---

[48] Acórdão nº 461/2011 do TC, de 11 de Outubro de 2011, p. 28.
[49] *Vide* artigos 17º, 18º e 43º, nº 3, al. b) da Lei nº 18/2003, bem como o artigo 8º dos Estatutos da AdC.
[50] Acórdão nº 461/2011 do TC, de 11 de Outubro de 2011, p. 28.
[51] Acórdão do Tribunal de Justiça, de 18 de Outubro de 1989, *Orkem, S.A. contra Comissão*, Processo 374/87. Para uma análise das várias decisões do Tribunal de Justiça sobre esta matéria: MIGUEL MOURA E SILVA, *Direito da Concorrência – Uma introdução jurisprudencial*, Coimbra: Almedina, 2008, pp. 86 ss.; HELENA GASPAR MARTINHO, "O direito ao silêncio e à não auto-incriminação nos processos sancionatórios do Direito comunitário da concorrência – Uma análise da jurisprudência dos tribunais comunitários", in *Revista de Concorrência e Regulação*, nº 1, 2010 (pp. 145-174).

que pela decisão impugnada a Comissão obrigou-a a incriminar-se a si própria, confessando ter infringido as regras da concorrência e a denunciar outras empresas. Alegou a recorrente que ao agir deste modo, "a Comissão teria violado o princípio geral que consagra o direito a não testemunhar contra si próprio, que faz parte do direito comunitário enquanto princípio consagrado pelos direitos dos Estados-membros, pela Convenção Europeia de Protecção dos Direitos do Homem e das Liberdades Fundamentais, de 4 de Novembro de 1950 [...] e pelo Pacto Internacional relativo aos Direitos Civis e Políticos, de 19 de Dezembro de 1966 [...]" e que, assim, teria violado os direitos da defesa[52].

Face aos argumentos aduzidos pela recorrente e reconhecendo o Tribunal a ausência de um direito ao silêncio expressamente consagrado pelo Regulamento nº 17, então em vigor, começou por "apreciar se (e em que medida) os princípios gerais do direito comunitário, de que os direitos fundamentais fazem parte integrante e à luz dos quais todos os textos de direito comunitário devem ser interpretados, impõem, como sustenta a recorrente, o reconhecimento de um direito de não fornecer os elementos de informação susceptíveis de serem utilizados para provar, contra quem os forneça, a existência de uma infracção às regras da concorrência"[53].

Para o efeito, analisa o Tribunal de Justiça, em primeiro lugar, as ordens jurídicas dos Estados-membros, em busca de um princípio comum. Mas se o Tribunal encontra um princípio em geral partilhado, que consagra o direito a não testemunhar contra si mesmo, conclui que tal princípio se torna cada vez menos comum à medida que nos afastamos do processo criminal clássico: "A análise comparativa dos direitos nacionais não permite, assim, concluir pela existência desse princípio comum aos direitos dos estados-membros em proveito das pessoas colectivas e no domínio das infracções de natureza económica, nomeadamente em matéria de direito da concorrência"[54].

Quanto à aplicação do artigo 6º da CEDH, que consagra o direito a um processo justo e equitativo, o Tribunal de Justiça limita-se a declarar que não resulta do seu texto nem da jurisprudência do TEDH que essa disposição reconheça um direito a não testemunhar contra si próprio.

Face ao exposto, é à luz da sua própria jurisprudência, que consagra a necessidade assegurar o respeito pelos direitos de defesa como um princípio fundamental da ordem jurídica comunitária[55], bem como a necessidade de certos

---

[52] § 18 do Acórdão.
[53] § 28 do Acórdão.
[54] § 29 do Acórdão.
[55] Cf. § 32 do Acórdão, referindo-se o Tribunal de Justiça ao seu Acórdão de 9 de Novembro de 1983, *Michelin*, 322/82.

direitos de defesa deverem ser respeitados desde a fase de inquérito prévio[56], que o Tribunal de Justiça resolve a questão fundamental deste processo: saber se existe um direito à não auto-incriminação nos processos sancionatórios de concorrência e, a existir, qual a sua extensão. Fá-lo em dois parágrafos que continuam a ser incessantemente referidos e citados e que, como veremos, continuam a determinar qual o ponto de equilíbrio entre os poderes de investigação da Comissão e os direitos de defesa das empresas investigadas:

"Assim, se, para preservar o efeito útil dos n°s 2 e 5 do artigo 11.° do Regulamento n.° 17, a Comissão tem o direito de obrigar a empresa a fornecer todas as informações necessárias relativas aos factos de que possa ter conhecimento e, se necessário, os documentos correlativos que estejam na sua posse, mesmo que estes possam servir, em relação a ela ou a outra empresa, para comprovar a existência de um comportamento anticoncorrencial, já no entanto não pode, através de uma decisão de pedido de informações, prejudicar os direitos de defesa reconhecidos à empresa.
Deste modo, a Comissão não pode impor à empresa a obrigação de fornecer respostas através das quais seja levada a admitir a existência da infracção, cuja prova cabe à Comissão"[57].

Portanto, segundo esta jurisprudência, se o direito à não auto-incriminação tem aplicação no âmbito do Direito da concorrência europeu, enquanto manifestação do direito de defesa, a sua aplicação não será aqui tão ampla como no Direito criminal clássico. A conciliação feita pelo Tribunal entre a necessidade de proteger a concorrência (determinando a consagração de deveres de colaboração e, em concreto, de entregar documentos e informações factuais e objectivas, mesmo que possam ser utilizadas para determinar que quem as entregou cometeu uma infracção), bem como os direitos de defesa (*in casu*, determinando que as empresas investigadas não poderiam ser obrigadas a confessar que cometeram uma infracção), prevalece ainda hoje como a regra, como se retira do considerando 23 do Regulamento nº 1/2003.

Tal não significa, porém, que o percurso tenha sido feito sem sobressaltos e, sobretudo, que a fórmula encontrada pelo Tribunal seja isenta de críticas. A Jurisprudência do TEDH sobre a aplicação do *nemo tenetur* desempenhou, neste contexto, um papel particularmente relevante, como veremos de seguida.

---

[56] Cf. § 33 do Acórdão, referindo-se o Tribunal de Justiça ao seu Acórdão de 21 de Setembro de 1989, *Hoechst/Comissão*, 46/87.
[57] §§ 34 e 35 do Acórdão.

2. A jurisprudência do TEDH

Se numa primeira fase, a defesa dos direitos fundamentais não era prioridade numa Comunidade cujos objectivos eram essencialmente económicos, o "agnosticismo valorativo"[58] por que se pautou o Tribunal de Justiça até ao final da década de 60, seria progressivamente substituído por um controlo activo com base nos direitos fundamentais. A construção jurisprudencial do Tribunal de Justiça viria, pouco a pouco, a alargar as fontes reveladoras de direitos fundamentais – não só as tradições constitucionais dos Estados-membros, como as próprias constituições dos Estados-membros e os textos internacionais relativos à protecção dos direitos do homem aos quais estes tivessem aderido, em especial, a CEDH.

Depois do caso *Rutili*[59], em que, pela primeira vez, o Tribunal de Justiça faz referência expressa à CEDH como elemento de interpretação para definição do âmbito de protecção dos direitos fundamentais no, então, Direito comunitário, as referências à Convenção para este efeito tornaram-se habituais:

"A jurisprudência comunitária descobriu na CEDH um instrumento de construção progressiva do catálogo comunitário de direitos fundamentais, interpretado e aplicado segundo critérios hermenêuticos adequados à especificidade do processo de integração"[60].

"De uma forma gradual, à medida dos casos que lhe eram submetidos, o TJCE 'apropriou-se' do Direito da Convenção"[61].

A definição do grau de protecção dos direitos de defesa no âmbito do Direito da concorrência não foi excepção a este processo de "fertilização". Note-se, aliás, que no Acórdão *Orkem*, analisado *supra*, o Tribunal de Justiça procurou na CEDH e na jurisprudência do TEDH uma fonte de inspiração para determinar o âmbito de aplicação do direito à não auto-incriminação nos processos sancionatórios do Direito da concorrência – à data, sem qualquer efeito prático, uma vez que o *nemo tenetur* não tinha consagração expressa no artigo 6º da CEDH e o TEDH não se tinha ainda pronunciado a este propósito. Tal situação viria, porém, a mudar. É, pois, neste contexto que tem particular relevância a análise da jurisprudência do TEDH – uma análise que, importa sublinhar, não passará em revista toda a jurisprudência do TEDH sobre o direito ao silêncio e

---

[58] Socorremo-nos aqui da expressão utilizada por MARIA LUÍSA DUARTE, *A União Europeia e direitos fundamentais – No espaço da internormatividade*, Lisboa: AAFDL, 2006, p. 38.
[59] Acórdão do Tribunal de Justiça, de 28 de Outubro de 1975, Proc. nº 36/75.
[60] MARIA LUÍSA DUARTE, cit., p. 105.
[61] MARIA LUÍSA DUARTE, cit., p. 106.

à não auto-incriminação, mas apenas algumas decisões que, por serem decisões paradigmáticas e/ou apresentarem mais pontos de contacto com a realidade dos deveres de colaboração no Direito da concorrência, poderão contribuir para a discussão do problema que nos ocupa.

2.1. A formulação ampla e indiscriminada do Acórdão *Funke*

Foi em 1993, 4 anos depois de ter sido proferido o Acórdão *Orkem*, que o TEDH adoptou uma decisão fundamental no que tange à aplicação do *nemo tenetur*, comummente designada por Acórdão *Funke*[62].

No caso em apreço, o TEDH pronunciou-se sobre a condenação de um cidadão francês (o Sr. Funke) a uma multa e sanção pecuniária compulsória por ter-se recusado a entregar à administração alfandegária francesa extractos de contas bancárias no estrangeiro, que poderiam ser utilizados como prova contra ele. A administração alfandegária francesa solicitou os referidos documentos na sequência de uma busca realizada no domicílio do Sr. Funke, em que foram descobertos livros de cheques de contas bancárias localizadas no estrangeiro.

O Sr. Funke alegou que as autoridades francesas haviam infringido o seu direito a um julgamento justo e equitativo, consagrado no artigo 6º, nº 1, da CEDH[63], uma vez que haviam violado o seu direito à não auto-incriminação ao iniciar um procedimento criminal contra ele com o objectivo de obriga-lo a colaborar na sua própria acusação. Segundo o Sr. Funke este método seria tanto mais inaceitável quanto nada impedia as autoridades francesas de procurar colaboração internacional no sentido de obterem elas próprias as provas necessárias junto de Estados estrangeiros[64].

O TEDH considerou que o direito de não fornecer provas contra si próprio havia sido violado no seu núcleo essencial, uma vez que não havia processo-crime instaurado e o investigado estava a ser usado como única fonte para a descoberta de possíveis indícios da prática de crime, o que constituía uma violação do direito a um processo equitativo (artigo 6º, nº 1, da CEDH).

Não só o TEDH considerou que o artigo 6º da CEDH continha algum tipo de protecção relativamente ao direito à não auto-incriminação, como entendeu que este direito se aplicava a documentos incriminatórios e não apenas a confis-

---

[62] *Funke vs. França*, Petição nº 10828, Acórdão de 25 de Fevereiro de 1993.
[63] Dispõe o artigo 6º, nº 1, CEDH: "Qualquer pessoa tem direito a que a sua causa seja examinada, equitativa e publicamente, num prazo razoável por um tribunal independente e imparcial, estabelecido pela lei, o qual decidirá, quer sobre a determinação dos seus direitos e obrigações de carácter civil, quer sobre o fundamento de qualquer acusação em matéria penal dirigida contra ela".
[64] Cf. § 41.

sões. O TEDH parece, assim, ter adoptado um critério bastante mais abrangente do que o Tribunal de Justiça no caso *Orkem*[65].

Esta decisão lançou a dúvida sobre as conclusões a que chegou o Tribunal de Justiça no caso *Orkem*. De acordo com a jurisprudência *Funke* parece que os investigados podem não apenas recusar-se a prestar respostas através das quais sejam levadas a admitir a existência da infracção, mas também a fornecer documentos e informação puramente factual[66].

Assim, alguns autores defenderam que a jurisprudência comunitária deveria ser revista à luz da nova jurisprudência do TEDH[67].

Esta decisão do TEDH não é, porém, ela própria isenta de críticas, sobretudo pela sua formulação demasiado ampla e pouco fundamentada. Com efeito, o Tribunal não procedeu a uma análise dos fundamentos do direito, não considerou que soluções eram preconizadas pelos Estados contratantes, nem ponderou que situações seriam afectadas por esta decisão. Segundo Butler, a formulação deste Acórdão é tão ampla e indiscriminada que não pode ser sustentada, uma vez que coloca em risco demasiadas técnicas de investigação tidas como normais e aceitáveis pelos Estados contratantes e abrange demasiados tipos de infracções[68]:

> *"While it is true that the principle against self-incrimination is one of the most important elements of a fair trial, that principle is not designed to radically reduce the sources of reliable evidence against an accused. But that, unfortunately, is the result Funke brings about"*[69].

2.2. O Acórdão *Saunders* – Uma visão mais restritiva do *nemo tenetur*

A jurisprudência do TEDH conheceria brevemente novos desenvolvimentos. Em 1996, no caso *Saunders*[70], o TEDH pronunciou-se sobre a queixa do Sr. Saunders, baseada no facto de terem sido usadas declarações por si prestadas num processo administrativo sob "coerção" (sob cominação de desobediência) como prova num

---

[65] Veja-se neste sentido Bo Vesterdorf, "Legal Professional Privilege and the Privilege Against Self-Incrimination in EC Law: Recent Developments and Current Issues", in Barry E.Hawk (org.), *Fordham Corporate Law Institute*, New York: Juris Publishing, 2005 (pp. 701-730), p. 712.
[66] Cf. Peter R. Willis, "You Have the Right to Remain Silent...", or do you? The Privilege Against Self-Incrimination Following Mannesmannröhren-Werke and Other Recent Decisions", in *European Competition Law Review*, 2002, (pp. 313-321), p. 315.
[67] Veja-se neste sentido Walter B. J. Van Overbeek, "The Right to Remain Silent in Competition Investigations: The Funke Decision of the Court of Human Rights Makes Revision of the ECJ's Case Law Necessary", in *European Competition Law Review*, 3, 1994 (pp. 127-133).
[68] Andrew S. Butler, "Funke v. France and the Right Against Self-Incrimination: A Critical Analysis", in *Criminal Law Forum*, vol.11, nº 4, 2004, (pp. 461-505), p. 462.
[69] *Idem*, p. 482.
[70] *Saunders vs. Reino Unido*, Petição nº 19187/91, Acórdão de 17 de Dezembro de 1996.

processo-crime subsequente, no qual foi condenado a 5 anos de prisão. Alegou o Sr. Saunders que havia sido violado o seu direito à não auto-incriminação, implicitamente consagrado no artigo 6º, nºs 1 e 2,[71] da CEDH e reconhecido também pelo Tribunal de Justiça no Acórdão *Orkem*[72].

Desta feita, o Tribunal dedica mais do que o parco parágrafo do Acórdão *Funke* para decidir a questão, tecendo algumas considerações sobre os fundamentos do *nemo tenetur*. O TEDH declarou que embora não especificamente mencionados no artigo 6º da CEDH, o direito ao silêncio e à não auto-incriminação estão no âmago da noção de *processo equitativo*, protegido pelo referido artigo, e que a razão de ser destes direitos reside na *protecção do acusado contra uma compulsão imprópria das autoridades assim contribuindo para que se evitem erros judiciais*. Por outro lado, o Tribunal considera que estes direitos estão intimamente relacionados com o princípio da *presunção de inocência*, consagrado no artigo 6º, nº 2, da CEDH, pressupondo que num processo criminal cabe à acusação procurar provar o caso sem recurso a provas obtidas sob métodos coercivos ou opressivos em desrespeito da vontade do acusado[73].

Mas se num parágrafo o Tribunal indica vários dos fundamentos de pendor mais processual, acrescenta, no parágrafo seguinte, que "[o] direito à não auto-incriminação concerne, em primeiro lugar, ao respeito pela vontade de um acusado em manter o silêncio", parecendo destacar como fundamento do *nemo tenetur* a necessidade de protecção da dignidade humana e da autonomia do acusado[74].

Porém, a principal novidade deste Acórdão face à jurisprudência anterior e o que tornou esta decisão paradigmática e ainda hoje citada como uma decisões fundamentais sobre esta matéria, prende-se com distinção entre materiais e documentos que têm uma existência independente da vontade do acusado, de outras provas, em particular, que resultem de declarações e testemunhos obtidos sob "coerção".

Assim, segundo o Tribunal, o direito à não auto-incriminação, "tal como é interpretado na generalidade dos sistemas jurídicos das Partes contratantes da Convenção e não só [...] não abrange a utilização, em quaisquer procedimentos penais, de dados que possam ser obtidos do acusado recorrendo a poderes coercivos, contanto que tais dados existam independentemente da vontade do

---

[71] Artigo 6º, nº 2, CEDH: "Qualquer pessoa acusada de uma infracção presume-se inocente enquanto a sua culpabilidade não tiver sido legalmente provada".
[72] Cf. § 60 ss.
[73] § 68.
[74] ARIANNA ANDREANGELI, *EU Competiton Enforcement and Human Rights*, Cheltenham//Northampton: Edward Elgar, 2008, p. 137.

suspeito, tais como, *inter alia*, os documentos adquiridos com base em mandado, as recolhas de saliva, sangue e urina, bem como de tecidos corporais com vista a uma análise de ADN"[75].

O TEDH adoptou, portanto, face à sua jurisprudência anterior, uma posição mais restritiva quanto ao âmbito de aplicação do direito à não auto-incriminação, tida como coincidente com a doutrina adoptada pelo Tribunal de Justiça no Acórdão *Orkem*[76].

Ainda assim, esta decisão foi alvo de algumas críticas por ter uma formulação demasiado ampla.

Segundo os juízes Martens e Kuris, cujo voto vencido ficou lavrado, ao sublinhar que o direito à não auto-incriminação se prende, sobretudo, com o respeito pela vontade do acusado, o tribunal parece centrar o fundamento do direito ao silêncio e à não auto-incriminação no respeito pela dignidade e autonomia da pessoa humana, numa formulação que parece implicar que o direito à não auto-incriminação tem um carácter mais absoluto do que na visão dos juízes[77]. Do seu ponto de vista, deve ser possível uma maior restrição ao direito à não auto-incriminação de forma a permitir o combate efectivo ao crime e a protecção de legítimos interesses da comunidade[78].

2.3. O Acórdão *JB* – A revogação da jurisprudência *Saunders*?

Em 2001 a comunidade jurídica seria confrontada com uma nova decisão do TEDH que relançaria a discussão sobre o âmbito de aplicação do *nemo tenetur*.

No caso *JB*[79] foi submetido à análise do TEDH um caso em que a administração fiscal suíça, tendo notado que o queixoso havia feito diversos investimentos cujos montantes não haviam sido declarados entre os anos de 1981 e 1988. Foi

---

[75] § 69, no original em língua inglesa: *"The right not to incriminate oneself is primarily concerned, however, with respecting the will of an accused person to remain silent. As commonly understood in the legal systems of the Contracting Parties to the Convention and elsewhere, it does not extend to the use in criminal proceedings of material which may be obtained from the accused through the use of compulsory powers but which has an existence independent of the will of the suspect such as, inter alia, documents acquired pursuant to a warrant, breath, blood and urine samples and bodily tissue for the purpose of DNA testing"*.
[76] Neste sentido, veja-se a declaração de voto vencido dos juízes Marten e Kuris, § 12. Apontam os juízes como sendo, neste contexto, particularmente relevante a referência do TEDH, no citado § 69 do Acórdão em análise, ao entendimento dos Estados contratantes *"and elsewhere"*.
[77] Cf. §§ 9 e 11 da declaração de voto vencido.
[78] *"'Human dignity and autonomy' have an absolute ring, but in our modern societies must remain possible to protect the community against forms of crime, the effective combat of which makes it imperious to compel (specific categories of) suspects to cooperate in bringing about their own conviction. I believe that especially the broader privilege against self-incrimination may be restricted by law in order to protect legitimate interests of the community"* – § 10 da declaração de voto vencido.
[79] *JB vs. Suíça*, Petição nº 31827/96, Acórdão de 3 de Maio de 2001.

neste contexto que, por diversas vezes, foi o queixoso interpelado para entregar todos os documentos relativos a certas empresas e a declarar a fonte de certos rendimentos. Não tendo respondido a diversos pedidos da administração fiscal, foi condenado ao pagamento de coimas[80].

O Tribunal considerou que o queixoso não podia excluir a hipótese de que se resultasse da informação solicitada que havia recebido rendimentos adicionais que não haviam sido tributados, poderia ser acusado de evasão fiscal[81] e concluiu que tinha havido uma violação do direito à não auto-incriminação, nos termos do artigo 6º, nº 1, da CEDH[82]. Esta decisão foi algo surpreendente, uma vez que parece entrar em contradição com a decisão *Saunders*, na medida em que parece conferir um âmbito de aplicação mais amplo ao direito à não auto-incriminação, sem que da fundamentação transpareça a razão desta aparente mudança de posição[83]. O TEDH parece, assim, ter tratado indistintamente pedidos documentos, prestação de informações e declarações.

3. A jurisprudência nacional

Como tivemos oportunidade de referir, a problemática da aplicação do *nemo tenetur* ao Direito da concorrência tem também lugar no ordenamento jurídico nacional, uma vez que a AdC tem, à semelhança da Comissão Europeia, poderes para, quer ao abrigo de procedimentos de supervisão, quer no âmbito de processos sancionatórios, exigir a entrega de documentos ou prestação de informações[84]. Também a Lei nº 18/2003 tipifica como contra-ordenação punível com coima até 1% do volume de negócios do ano anterior a não prestação ou a prestação de informações falsas, inexactas ou incompletas, em resposta ao pedido da Autoridade no uso dos seus poderes sancionatórios ou de supervisão[85].

O Tribunal de Comércio de Lisboa (TCL) foi, assim, também ele, chamado a pronunciar-se sobre os deveres de colaboração nos processos relativos a práticas

---

[80] Cf. § 9 ss.
[81] Cf. § 66.
[82] Cf. § 71.
[83] O argumento essencial avançado pelo TEDH para a rejeição dos argumentos do Governo suíço (designadamente, o argumento de que o direito à não auto-incriminação não se aplicaria a documentos pré-existentes, segundo a jurisprudência *Saunders*), e para a adopção desta decisão parece ter sido a persistência com que com que as autoridades fiscais haviam requerido a informação – cf. § 69. Criticando a falta de coerência e de fundamentação na jurisrpudência do TEDH sobre o direito à não auto-incriminação veja-se Arianna Andreangeli, cit., pp. 139 e 140; Tim Ward & Piers Gardner "The Privilege Against Self-Incrimination: In Search of Legal Certainty", in *European Human Rights Law Review*, Issue 4, 2003, pp. 393 e 394.
[84] *Vide* artigos 17º, nº 1, als. *a*) e *b*), 18º e 43º, nº 3, al. *b*) da Lei nº 18/2003, bem como o artigo 8º dos Estatutos da AdC.
[85] Artigo 43º, nº 3, al. *b*) da Lei nº 18/2003.

restritivas da concorrência e a sua conciliação com o *nemo tenetur*[86]. Fê-lo considerando, em primeiro lugar, as normas relevantes no ordenamento jurídico nacional [constantes da Lei nº 18/2003, do Regime Geral das Contra-Ordenações (RGCO), do Código de Processo Penal (CPP) e da CRP] e, de seguida, a jurisprudência do Tribunal de Justiça e do TEDH (designadamente, a *supra* analisada).

Assim, tratando-se dos procedimentos sancionatórios por práticas restritivas da concorrência, em violação dos artigos 4º e 6º da Lei nº 18/2003, de processos contra-ordenacionais especiais, aos quais poderá aplicar-se subsidiariamente o RGCO e o CPP[87], é necessário averiguar, em primeiro lugar, se é necessário e admissível recorrer aos preceitos de Direito processual penal. Se a resposta às duas questões (necessidade e admissibilidade) for positiva, terá ainda que se determinar se as regras processuais penais devem ser literalmente aplicadas ou se devem ser devidamente adaptadas à estrutura, funcionamento, valores e fins do processo de contra-ordenação.

Uma vez que o poder de formular perguntas e pedir elementos está exaustivamente regulado na Lei nº 18/2003, entendeu o tribunal que o legislador quis expressamente afastar a aplicabilidade de preceitos em contrário, pelo que não teria aqui aplicação o artigo 61º, nº 1, al. *d*) do CPP, que dispõe que o arguido goza do direito de "[n]ão responder a perguntas feitas, por qualquer entidade, sobre factos que lhe forem imputados e sobre o conteúdo das declarações que acerca deles prestar".

Mas logo acrescenta o tribunal que importa verificar se o *nemo tenetur* se aplica aos processos sancionatórios de concorrência por via da aplicação directa da CRP e, em concreto, do seu artigo 32º, nº 10, que dispõe que "[n]os processos de contra-ordenação, bem como em quaisquer processos sancionatórios, são assegurados ao arguido os direitos de audiência e de defesa".

Segundo o TCL, o direito à não auto-incriminação é uma decorrência do princípio da presunção de inocência, consagrado no artigo 32º, nº 2, da CRP[88], tendo ambos aplicação no processo contra-ordenacional. Sublinha, porém, que tal não implica que o direito à não auto-incriminação seja aplicável com toda a amplitude que lhe é reconhecida no processo penal.

---

[86] No presente artigo analisamos as Sentenças do TCL, de 8 de Maio de 2007, proc. nº 205/06.0TYLSB e de 10 de Agosto de 2007, proc. nº 1050/06.9TYLSB. No entanto, o TCL já se havia pronunciado sobre a questão na sua Sentença de 28 de Julho de 2006, proc. nº 261/06.1TYLSB, no sentido de que o direito à não auto-incriminação não se aplicava aos processos sancionatórios da AdC. Este aresto seria confirmado pelo Acórdão do TRL, de 17 de Março de 2007, proc. nº 2007.9.
[87] Por força dos artigos 22º da Lei nº 18/2003 e 41º do RGCO.
[88] "Todo o arguido se presume inocente até ao trânsito em julgado".

Chegado a este ponto, declara o Tribunal que "[i]mporta agora, para saber se as normas em causa previstas para os procedimentos sancionatórios de concorrência devem ceder e em que medida, identificar a razão de ser e o interesses protegido por essas normas"[89].

Assim, se por um lado o princípio da presunção de inocência é instrumental da liberdade e segurança, e se encontra protegido pelo artigo 32º da CRP, a defesa da concorrência (artigo 81º, al. f) da CRP) é instrumental à livre iniciativa económica ou iniciativa privada (artigo 61º da CRP), um direito fundamental económico, social e cultural, de natureza análoga aos direitos, liberdades e garantias.

O TCL chega assim à mesma conclusão que o Tribunal de Justiça no caso *Orkem*, que entende ser compatível com a CEDH.

Esta jurisprudência foi, na íntegra, confirmada pelo Tribunal da Relação de Lisboa[90].

Muito recentemente pronunciou-se também o TC sobre esta matéria, chegando praticamente à mesma conclusão:

> "A compressão do conteúdo potencial máximo do direito à não auto-incriminação, exercida pela protecção constitucional do princípio da concorrência, implica que o domínio de abrangência de tal direito não abarque, assim, a possibilidade de o arguido, em processo contra-ordenacional por práticas anticoncorrenaciais, recusar a prestação de informações e a entrega de documentos, que estejam em seu poder e lhe sejam solicitados pela Autoridade da Concorrência, pressuposta a dimensão objectiva desses elementos, desprovidos de conteúdo conclusivo ou juízo valorativo, no sentido auto-incriminatório"[91].

Apesar do sentido praticamente unívoco da jurisprudência nacional, em vários processos e em várias instâncias, e do seu alinhamento com a jurisprudência do Tribunal de Justiça a respeito da conciliação ou concordância prática entre o direito à não auto-incriminação e os deveres de colaboração no Direito

---

[89] P. 61.
[90] Acórdão do TRL, de 25 de Novembro de 2008, proc. nº 6067/08-5.
[91] Acórdão nº 461/2011 do TC, de 11 de Outubro de 2011, p. 27. O TC pronunciou-se neste Acórdão sobre a questão suscitada pela empresa recorrente quanto à alegada "inconstitucionalidade normativa que resulta da interpretação conjugada dos artigos 17º, nº 1, al. *a*), 18º e 43º, nº 3, da Lei nº 18/2003, no sentido de obrigar o Arguido a revelar com verdade e de forma completa, sob pena de coima, determinadas informações e documentos à Autoridade da Concorrência".

da concorrência, tal não significa que tenha ficado isenta de críticas por parte de alguma doutrina[92].

IV. UMA ANÁLISE CRÍTICA DO PROBLEMA

É chegado, pois, o momento de procurar fazer uma análise crítica dos problemas que nos ocupam no presente artigo: aplicar-se-á o direito à não auto-incriminação no Direito da concorrência? E, caso a resposta seja positiva, qual, afinal, o âmbito de aplicação do *nemo tenetur* neste domínio? Como conciliá-lo com os deveres de colaboração plasmados no Regulamento nº 1/2003 e na Lei nº 18/2003?

A resposta pela afirmativa à primeira questão parece ser relativamente pacífica, como se retira quer da jurisprudência, quer da doutrina analisadas. Já as respostas às questões seguintes parecem ser mais problemáticas e espinhosas – o que se compreende, desde logo, tendo em conta que o âmbito de aplicação natural do *nemo tenetur* é muito diverso daquele onde agora pretendemos aplicá-lo. Com efeito, a realidade onde nasceu e se desenvolveu o *nemo tenetur* (o Direito criminal, numa íntima relação com a necessidade de protecção contra interrogatórios opressivos) são bem diversos desta nova realidade onde pretendemos aplicá-lo (um Direito recente, de natureza económica, onde tratamos, nos casos analisados, de pedidos de informação e documentos feitos por escrito a pessoas colectivas). Parece, aliás, que da jurisprudência analisada poderão resultar soluções diversas para estas questões. Alguns autores defendem mesmo que a jurisprudência do Tribunal de Justiça não é suficientemente protectora e deve ser revista à luz da jurisprudência do TEDH – aparentemente mais restritiva quanto à possibilidade de ser exigida certa prova incriminatória "sob coerção" (nos casos analisados, sob cominação de ser aplicada uma sanção pecuniária)[93].

---

[92] VÂNIA COSTA RAMOS, "*Nemo tenetur se ipsum accusare* e concorrência – Jurisprudência do Tribunal de Comércio de Lisboa", in *Revista de Concorrência e Regulação*, nº 1, 2010 (pp. 175-198), p. 191, afirmando que "[t]ão rebuscada construção teórica levanta vários óbices".

[93] Defendendo que a jurisprudência do TEDH exigiria a revisão da jurisprudência do Tribunal de Justiça da União Europeia: WALTER B. J. OVERBEEK, cit., pp.127-133; e PETER R. WILLIS & TAYLOR WESSING, "The Privilege Against Self-Incrimination in Competition Investigations", University of Oxford Centre for Competition Law and Policy, Guest lecture programme, 27 de Janeiro de 2006, disponível em: http://denning.law.ox.ac.uk/competition/portal.php [consultado em 9.1.2012]). Defendendo uma interpretação ainda mais restrita da jurisprudência do TEDH, que não admitiria, sequer, a entrega de documentos, veja-se: VÂNIA COSTA RAMOS, "O direito à não auto-incriminação no domínio da concorrência, Acórdão do Tribunal da Relação de Lisboa de 25 de Novembro de 2008 (Proc. nº 6057/08-5, 5ª secção)", in *Boletim Informativo da Faculdade de Direito da Universidade de Lisboa, Instituto de Direito Penal e Ciências Criminais*, nº 2 e 3, 2009. Em sentido contrário, WOUTER WILS, "Self-Incrimination in EC Antitrust Enforcement: A Legal and Economic Analysis", in *World Competition*, vol. 26, nº 4, 2003 (pp. 567-588).

Na realidade, nas múltiplas vezes que teve oportunidade de pronunciar-se sobre esta matéria, e apesar das referências expressas à CEDH e à jurisprudência do TEDH (designadamente, aos acórdãos que analisámos)[94], o Tribunal de Justiça nunca alterou o seu entendimento fundamental expresso na decisão *Orkem* – declarando mesmo que os princípios e direitos reconhecidos pelo, então, Direito comunitário conferem, no domínio da concorrência, uma protecção equivalente à garantida pelo artigo 6º da CEDH[95], que os desenvolvimentos da jurisprudência do TEDH não são de natureza a pôr em causa os princípios enunciados e referidos no Acórdão *Orkem* e que não decorre daquela jurisprudência que os poderes de inquérito da Comissão tenham sido limitados no que respeita à apresentação de documentos que se encontrem na posse de uma empresa objecto de inquérito[96].

Pelo contrário, e embora tenhamos, como referido, seleccionado a jurisprudência do TEDH cuja factualidade poderia apresentar maior similitude com a problemática que aqui nos ocupa, nunca tal Tribunal se pronunciou, concretamente, sobre os deveres de colaboração das empresas no Direito da concorrência europeu (ou mesmo no Direito da concorrência nacional de um qualquer Estado-membro) e a sua conciliação com o direito à não auto-incriminação. Ademais, o casuísmo das suas decisões, por vezes até aparentemente contraditórias entre si, torna difícil e aconselha especiais cautelas na transposição da jurisprudência do TEDH para o domínio do Direito da concorrência. Se a análise da jurisprudência do TEDH permite que se conclua que o direito à não auto-incriminação não é um direito absoluto e admite restrições quando confrontado com outros interesses juridicamente tutelados, desde que se preserve seu o núcleo essencial, concretizar qual será o âmbito de tal restrição noutras realidades – *in casu*, face aos deveres de colaboração consagrado no Direito da concorrência – poderá não ser tarefa fácil.

Para podermos responder ao problema exposto e às questões enunciadas, impõe-se um exercício de ponderação de acordo com o princípio da proporcionalidade e uma análise crítica de algumas características do Direito da concorrência, bem como da sua correlação com o direito à não auto-incriminação.

---

[94] Acórdão do Tribunal de Justiça, de 15 de Outubro de 2002, *Limburgse Vinyl Maatschappij NV (LVM)* e outros *contra Comissão*, Processo C-238/99 e outros, § 274.

[95] Acórdão do TPI, de 20 de Fevereiro de 2001, *Mannesmannröhren-Werke contra Comissão*, Processo T-112/98, § 77.

[96] Acórdão do Tribunal de Justiça, de 29 de Junho de 2006, *Comissão contra SGL Carbon AG*, Processo C 301/04 P, §§ 43 e 44.

1. A ponderação à luz do princípio da proporcionalidade

Como salienta a mais autorizada doutrina, "[a] solução dos conflitos e colisões entre direitos, liberdades e garantias ou entre direitos e valores comunitários não pode [...] ser resolvida sistematicamente através de uma preferência abstracta, com o mero recurso à ideia de uma ordem hierárquica dos valores constitucionais"[97].

E também os direitos económicos são valores constitucionais susceptíveis de justificar limitações das liberdades e de outros direitos fundamentais[98].

É necessário, pois, procurar proceder à conciliação, harmonização ou concordância prática entre os valores constitucionais da concorrência e do funcionamento equilibrado dos mercados, estruturantes do Estado de direito democrático[99] (cuja protecção justificou que se estabelecessem deveres legais de colaboração, no ordenamento jurídico da União Europeia e no ordenamento jurídico nacional) e do *nemo tenetur* (que parece encontrar os seus fundamentos no direito a um processo equitativo e, de forma mediata, da dignidade da pessoa humana)[100] à luz do princípio da proporcionalidade, verificando se a restrição do *nemo tenetur* (que pode ocorrer em processos sancionatórios por força dos mencionados deveres de colaboração) é (i) adequada; (ii) necessária; e (iii) proporcional em sentido estrito. Embora este exercício só possa ser plenamente executado perante as situações concretas de colisão entre os dois direitos em conflito, cremos que podemos avançar, face aos dados de que dispomos e tendo em conta que a maioria das situações concretas de colisão terão um quadro comum e muito similar entre si, com um exercício de conciliação dos dois bens jurídicos em jogo, de acordo com o princípio da proporcionalidade. Em todo o caso, importa tomar em consideração certas características essenciais do quadro factual e jurídico onde se verifica a colisão de direitos que motivou este trabalho.

Assim, (i) parece-nos indiscutível que a imposição deveres de colaboração, como forma de recolha de informação relevante à investigação, é uma forma *adequada* e apta à prossecução do objectivo de protecção do bem constitucional protegido: a defesa da concorrência e funcionamento equilibrado do mer-

---

[97] Vieira de Andrade, *Os direitos fundamentais na Constituição portuguesa de 1976*, Coimbra: Almedina, 2009, p. 302.
[98] *Idem*, p. 378. Recorde-se que a defesa da concorrência, determinada pelo artigo 81º, al. *f*), da CRP, é instrumental à livre iniciativa económica ou iniciativa privada (artigo 61º da CRP), direito fundamental económico, social e cultural de natureza análoga aos direitos liberdades e garantias.
[99] Acórdão nº 461/2011 do TC, de 11 de Outubro de 2011, p. 28.
[100] Para uma análise detalhada deste problema, Catarina Anastácio, "O dever de colaboração no âmbito dos processos de contra-ordenação por infracção às regras da concorrência e o princípio do *nemo tenetur se ipsum accusare*", in *Revista de Concorrência e Regulação*, nº 1, 2010 (pp. 199-236).

cado[101]; (ii) é *necessária*, uma vez não existem formas alternativas menos onerosas que permitam atingir o mesmo fim (em particular, quando se investigam práticas tão gravosas e secretas como os carteis, em que os únicos que, em princípio, dispõem de elementos que possam servir de prova desta prática são os próprios envolvidos). Não podemos, neste ponto, concordar com a doutrina que defende que não pode entender-se como cumprido o requisito da necessidade, uma vez que a AdC [tal como a Comissão] tem, como meios alternativos de recolha de prova, a realização de buscas nas instalações das empresas, bem como o regime da clemência[102]/[103]. Com efeito, as buscas são, na nossa opinião, um meio mais gravoso de obter prova – desde logo porque são um meio mais intrusivo e porque paralisam o funcionamento das empresas enquanto decorram[104]. Já a clemência, não pode ser vista como uma verdadeira alternativa, uma vez que a entrega da prova depende exclusivamente da iniciativa dos envolvidos no ilícito – em troca do perdão ou redução da pena[105]; (iii) quanto a saber se estamos perante uma medida *proporcional em sentido estrito*, cabe indagar se a restrição é equilibrada e corresponde à justa medida, através da ponderação do peso relativo de cada um dos concretos bens jurídicos em confronto – o direito à não auto-incriminação, que é objecto da restrição e a concorrência e o funcionamento dos mercados, que justificam a lei restritiva – dois bens que têm protecção constitucional. Uma vez que "[a] questão do conflito de direitos ou de valores depende [...] de um procedimento e de um juízo de *ponderação*, não dos valores em si, mas das formas ou modos de exercício especiais dos direitos, nas circunstâncias do caso concreto, tentando encontrar e justificar a solução mais conforme ao conjunto

---

[101] Tal não é questionado mesmo pela doutrina mais crítica e com a visão mais restritiva dos deveres de colaboração – VÂNIA COSTA RAMOS, "Nemo tenetur...", in *Revista Concorrência e Regulação*, cit., p. 192.

[102] No quadro do ordenamento jurídico nacional, aprovado pela Lei nº 39/2006, de 25 de Agosto; no quadro do Direito da União Europeia, veja-se a *Comunicação da Comissão relativa à imunidade em matéria de coimas e à redução do seu montante relativos a cartéis*, publicada no JOUE de 8.12.2006 (2006/C 298/11).

[103] VÂNIA COSTA RAMOS, "Nemo tenetur...", in *Revista Concorrência e Regulação*, cit., p. 192.

[104] Partilhando do nosso ponto de vista, HELENA MAGALHÃES BOLINA, "O direito ao silêncio e o estatuto dos supervisionados à luz da aplicação subsidiária do processo penal aos processos de contra-ordenação no mercado de valores mobiliários", in *Revista do CEJ*, nº 14, 2010 (pp. 383-430), p. 416.

[105] Sobre o regime da clemência veja-se TERESA MOREIRA, "O novo Instituto da Clemência – a dispensa e atenuação especial da coima aplicável a práticas restritivas da concorrência", in *Sub Judice*, 40, 2007 (pp. 75-97). Acresce que o regime da clemência apenas funciona quando exista um forte receio de detecção e punição das práticas anticoncorrenciais. Sem meios de investigação efectivos (como os pedidos de elementos às empresas), também o regime de clemência será ineficaz.

de valores constitucionais"[106], cremos que nesta sede tem particular relevância a análise de algumas particularidades do quadro factual e jurídico onde agora discutimos a aplicação do *nemo tenetur* (como vimos referindo, diverso do seu campo de aplicação natural).

1.1. A natureza dos investigados

Quer a jurisprudência do Tribunal de Justiça, quer a jurisprudência nacional analisadas pronunciaram-se quanto à aplicação do direito ao silêncio e à não auto--incriminação a pessoas colectivas – às empresas investigadas, a quem era exigida colaboração através da entrega de informações e elementos que poderiam ser utilizados como prova para a sua própria condenação – e não a pessoas singulares ou "naturais"[107].

Esta realidade não é, cremos, absolutamente indiferente para a resolução do problema que nos ocupa. Como referimos no capítulo I. 2., a corrente de pendor substantivo continua a encontrar como fundamento, no Direito moderno, para o direito à não auto-incriminação, a dignidade da pessoa humana. E, mesmo a doutrina e jurisprudência que defendem corrente processualista, não deixam de encontrar também o fundamento deste direito, ainda que de forma mediata ou reflexa, na dignidade da pessoa humana[108].

A CEDH e, no que importa para o caso, o seu artigo 6º, onde o TEDH encontrou o fundamento para o direito à não auto-incriminação, foram desenhados para pessoas singulares ou naturais e nunca aquele Tribunal se pronunciou quanto à aplicação do *nemo tenetur* a pessoas colectivas. Como bem sublinhou nas suas conclusões Advogado-Geral Geelhoed no caso *SGL Carbon*, numa posição que é partilhada por, pelo menos, parte da doutrina, nas situações em que o TEDH estende certos direitos às pessoas colectivas, fá-lo com as devidas adaptações e o nível de protecção conferido não é o mesmo[109].

---

[106] Vieira de Andrade, cit., p. 305.
[107] Com efeito, no Direito da concorrência europeu, apenas as empresas podem ser condenadas por práticas anticoncorrenciais. A Lei nº 18/2003 privilegia claramente o combate às práticas anticoncorrenciais através da condenação das empresas e não dos indivíduos, embora seja possível, também, aplicar sanções a pessoas singulares (ou naturais). Na vigência desta lei, apenas uma vez foram condenados, para além das empresas, os seus administradores.
[108] *Vide* capítulo I. 2.2., bem como a análise da jurisprudência *Saunders*, do TEDH, no capítulo III. 2.2.
[109] Cf. §§ 63 e 65 das conclusões do Advogado-Geral I. A. Geelhoed, apresentadas em 19 de Janeiro de 2006, Processo C 301/04 P. No mesmo sentido, Kris Dekeyser & Céline Gauer, "The New Enforcement System for Articles 81 and 82 and the Rights of Defence", in Barry E. Hawk, (org.), *Fordham Corporate Law Institute*, New York: Juris Publishing, 2005, (pp. 549-585), p. 562: "*the ECHR has also stressed that in the case of legal persons, the content of the rights protected may be different, or the intrusion of the State may go further. This nuance is essential for competition cases and is perfectly consistent with a number of national systems, within the Union and outside*".

Em alguns ordenamentos jurídicos, o direito ao silêncio e à não auto-incriminação não é, sequer, atribuído às pessoas colectivas[110].

Tal não é, seguramente, o caso no ordenamento jurídico português, onde, à luz do artigo 12º da CRP, se tem entendido que as empresas gozam de tal direito, uma vez que é compatível com a sua natureza[111].

Em todo o caso, cremos que mesmo no ordenamento jurídico nacional, o exercício de aplicação do direito ao silêncio e à não auto-incriminação a pessoas colectivas não deverá ser automático e acrítico, mas feito com as devidas adaptações. Por um lado e desde logo, porque o artigo 12º da CRP não consagra, na realidade, uma equiparação entre pessoas singulares e colectivas no que toca ao gozo de certos direitos[112]. Por outro lado, recorde-se que no seu recente Acórdão, o TC, embora encontrando o fundamento jurídico-constitucional imediato do direito à não auto-incriminação nas garantias processuais do arguido, não deixou de relacioná-lo, de forma mediata ou reflexa com a dignidade da pessoa humana, o direito à integridade pessoal e desenvolvimento da personalidade, consagrados nos artigos 25º e 26º da Lei Fundamental.

---

[110] A jurisprudência norte-americana rejeita a extensão da *fifth amendment* da Constituição (que consagra o direito ao silêncio e à não auto-incriminação) a pessoas colectivas. Veja-se, a título de exemplo, a decisão do caso *United States vs. White*, 322 U.S. 694 (1944): *"The constitutional privilege against self-incrimination is essentially a personal one, applying only to natural individuals. [...] it cannot be utilized by or on behalf of any organization, such as a corporation"*. De igual modo, também no Canadá (*R. V. Amyway Corp.* (1989) 1 S.C.R. 21), na Austrália (*Environment Protection Agency v. Caltex refining Co.* (1993) 68 A.L.J.R. 127) a jurisprudência tem afastado a aplicação do direito ao silêncio e à não auto-incriminação a empresas. Também o Tribunal Constitucional Alemão sustentou que o direito à não auto-incriminação não se aplica a pessoas colectivas uma vez que o seu fundamento reside na protecção da dignidade da pessoa humana – WOUTER WILS, "EU Antitrust Enforcement Powers and Procedural Rights and Guarantees: The Interplay between EU Law, National Law, the Charter of Fundametnal Rights of the EU and the European Convention on Human Rights", in *World Competition*, 34, nº 2, 2011, (pp. 189-213), p. 206.
A respeito do direito à não auto-incriminação das empresas, veja-se: SCOTT A. TRAINOR, "A Comparative Analysis of a Corporation's Right Against Self-Incrimination", in *Fordham International Law Journal*, 18, 1995. Critica este autor a jurisprudência australiana e norte-americana por não estenderem o direito ao silêncio e à não auto-incriminação a empresas e aponta a jurisprudência comunitária como um modelo de equilíbrio entre a necessidade de protecção dos interesses dos cidadãos em geral e o direito de defesa das empresas. Defende o autor que embora as empresas estejam em melhor posição do que os indivíduos face ao Estado, necessitam, ainda assim, de protecção contra possíveis abusos por parte das autoridades.
[111] FREDERICO DA COSTA PINTO, cit., p. 97; ADRIANA PAES RITORI, cit., p. 110.
[112] JORGE MIRANDA & RUI MEDEIROS, *Constituição da República Portuguesa anotada*, Tomo I, Coimbra: Coimbra Editora, 2005, p. 113.

1.2. A natureza não criminal dos processos por violação do Direito da concorrência

O direito à não auto-incriminação não é um direito absoluto e admite restrições, mesmo no âmbito do Direito penal. Tais restrições poderão conhecer um carácter mais amplo fora do Direito penal (*stricto sensu*), ainda que em domínios de Direito sancionatório.

Na jurisprudência analisada do TEDH (capítulo III. 2. *supra*) existia sempre a possibilidade de a prova recolhida ser utilizada para condenar o queixoso num processo criminal (o senhor Saunders seria mesmo condenado a uma pena de 5 anos de prisão).

Apesar de o Regulamento nº 1/2003 dispor que as decisões de aplicação de coimas da Comissão Europeia no âmbito de processos relativos a práticas restritivas da concorrência não têm carácter penal[113], o que é facto é que o TEDH consagrou um conceito amplo de processo penal para efeitos da aplicação do artigo 6º da CEDH que poderá abranger processos formalmente não classificados como tal[114].

Embora o Direito da concorrência possa ser incluído nesse conceito amplo de processo penal[115] (apenas para efeitos de aplicação do artigo 6º da CEDH), o próprio TEDH traçou uma clara distinção entre processos de natureza criminal *stricto sensu* e processos que não pertencem à categoria tradicional de Direito criminal (onde o próprio Tribunal inclui o Direito da concorrência) [116]. Esse conceito amplo de processo criminal abrange assim acusações "com diferentes pesos", concluindo o próprio TEDH que aos casos que não pertencem ao Direito criminal clássico não se aplicam necessariamente as garantias deste Direito com o mesmo rigor e com a mesma extensão[117].

---

[113] Artigo 23º, nº 5.

[114] *Engel e outros vs. Holanda*, Petição nº 5100/71; 5101/71; 5102/71; 5354/72; 5370/728, 8 de Junho de 1976; *Öztürk vs. Alemanha*, Petição nº 8544/79, 21 de Fevereiro de 1984; *Stenuit vs. França*, Petição nº 11598/85, 27 de Fevereiro de 1992; *Schmautzer vs. Austria*, Petição nº 15523/89, 8 de Setembro de 1995; *Janosevic vs. Suécia*, Petição nº 34619/97, 21 de Maio de 2003; *Senator Lines GmbH vs. 15 Estados-membros da União Europeia*, Petição nº 56672/00, 10 Março de 2004; *Jussila vs. Finlandia*, Petição nº 73053/01, 23 de Novembro de 2006; *Hüseyin Turan vs. Turquia*, Petição nº 11529/02, 4 de Março de 2008; *Dubus S.A. vs. França*, Petição nº 5242/04, 11 de Setembro de 2009.

[115] No caso *Societé Stenuit vs. França*, Petição nº 11598/85, Acórdão de 27 de Fevereiro de 1992, relativo a um processo em que havia sido aplicada uma coima pela autoridade administrativa francesa a uma empresa por violação Direito nacional da concorrência, o TEDH não teve oportunidade de pronunciar-se quanto à possível natureza criminal (em sentido amplo e apenas para efeitos da aplicação do artigo 6º da CEDH) do processo em questão, uma vez que o queixoso retirou a queixa.

[116] *Jussila vs. Finlandia*, Petição nº 73053/01, 23 de Novembro de 2006, § 43.

[117] *Ibidem*. Veja-se no mesmo sentido a recente decisão do TEDH no processo *Menarini Diagnostics S.R.L. vs. Itália*, Petição nº 43509/08, 27 de Setembro de 2011: *"Par ailleurs, la Cour rappelle que*

O que se retira, pois, da jurisprudência do próprio TEDH é que, no âmbito dos processos sancionatórios por infracção ao Direito da concorrência, o direito ao silêncio e à não auto-incriminação poderá sofrer maiores restrições do que no âmbito do Direito penal clássico[118].

A conclusão é igualmente válida para o Direito da concorrência nacional, onde assume a natureza de Direito contra-ordenacional (embora de um direito contra-ordenacional especial) e é suportada também quer pela doutrina[119], quer pela jurisprudência nacionais[120]. Também aqui se admitem restrições ao *nemo tenetur* no âmbito do próprio Direito penal clássico[121] – restrições que, por maioria de razão, poderão ocorrer no processo contra-ordenacional e aí conhecer maior amplitude:

"O direito à não auto-incriminação, nomeadamente na vertente do direito ao silêncio, tendo o seu campo de eleição no âmbito do direito criminal, estende-se a qualquer processo sancionatório de direito público.

Porém, o seu conteúdo é diferenciado, consoante o domínio do direito punitivo em que se situe a sua aplicação"[122].

É, pois, legítima "uma compreensão do estatuto de defesa garantística menos exigente do que aquele que caracteriza o domínio criminal"[123].

---

la nature d'une procédure administrative peut différer, sous plusieurs aspects, de la nature d'une procédure pénale au sens strict du terme. Si ces différences ne sauraient exonérer les Etats contractants de leur obligation de respecter toutes les garanties offertes par le volet pénal de l'article 6, elles peuvent néanmoins influencer les modalités de leur application" – § 62.

[118] No sentido de que o controlo exercido pelo TEDH quanto à protecção de direitos em áreas económicas, envolvendo pessoas colectivas, seria minimalista por oposição ao que sucede noutras áreas veja-se Arianna Andreangeli, cit., pp. 145-146 e Marius Emberland, *The Human Rightas of Companies – Exploring the Structure of the ECHR Protectition*, Oxford: Oxford University Press, 2006, pp. 164-165.

[119] Jorge de Figueiredo Dias & Manuel da Costa Andrade, cit., p. 48 e Frederico da Costa Pinto, cit., pp. 87 ss.

[120] Jurisprudência do TCL, do TRL e do TC *supra* analisada – capítulo III. 3.

[121] Designadamente: o dever de o arguido responder com verdade às perguntas sobre a sua identidade; obrigatoriedade de realizar determinados exames, por exemplo de alcoolemia ou de substâncias psicotrópicas; a obrigatoriedade de sujeição a exames no âmbito das perícias medico-legais.

[122] Acórdão nº 461/2011 do TC, de 11 de Outubro de 2011, p. 21.

[123] *Idem*, p. 25.

1.3. Actividade não livre e regulada

No caso *O' Halloran e Francis*[124], o TEDH aceitou que a *"especial natureza do regime regulatório"* podia exigir uma interpretação mais limitada do direito à não auto-incriminação[125].

Entendeu o TEDH, neste caso, que as pessoas que escolhem possuir e conduzir veículos a motor aceitam certas responsabilidade e obrigações que fazem parte da regulamentação aplicável aos veículos a motor – nomeadamente, a obrigação de informar as autoridades da identidade da pessoa que conduzia no momento da infracção[126].

A fundamentação do Tribunal neste caso vai ao encontro do argumento invocado por parte da doutrina para justificar algumas restrições e condicionamentos (nomeadamente, do direito ao silêncio e à não auto-incriminação através da imposição de deveres de colaboração) nos processos sancionatórios por infracções à concorrência. Assim, segundo Paulo de Sousa Mendes, as actividades económicas ligadas ao exercício da livre iniciativa privada não são absolutamente livres:

> "Do lado dos particulares, digamos que, se quiserem ser autorizados a exercer uma actividade económica, então têm de abdicar, no âmbito em causa, das tradicionais garantias de protecção diante do Estado, aquelas de que desfrutam quando se trata simplesmente da sua actuação livre no campo dos direitos fundamentais. É o preço que têm de pagar"[127].

Entendeu igualmente o TC que os deveres de colaboração funcionam como contrapartida pelo exercício de actividades económicas sujeitas a regulação[128].

---

[124] *O' Halloran e Francis vs. Reino Unido*, Petições n.ºˢ 15809/02 e 25624/02, Acórdão de 29 de Junho de 2007. Veja-se também o caso *Weh vs. Aústria*, Petição nº 38544/97, Acórdão de 8 de Abril de 2004.
[125] Cf. § 62.
[126] Cf. § 57.
[127] Paulo de Sousa Mendes, "O procedimento sancionatório especial por infracções às regras de concorrência", in Eduardo Paz Ferreira; Luís Silva Morais, & Gonçalo Anastácio (orgs.) *Regulação em Portugal: Novos tempos, novo modelo?*, Coimbra: Almedina, 2009 (pp. 705-720), p. 717. Veja-se no mesmo sentido: Frederico da Costa Pinto, cit., p. 85. Sustenta o autor que o dever de colaboração no âmbito do mercado dos valores mobiliários "é contrapartida do privilégio de acesso profissional ao mercado". Embora com uma leitura bastante mais restritiva dos deveres de colaboração, mas admitindo que empresas sujeitas a certas obrigações legais possam estar sujeitas a deveres de colaboração mais amplos do que indivíduos (pessoas naturais) que não actuem na qualidade de empresas, Vânia Costa Ramos, "*Corpus Juris...* Parte II", cit., pp. 85 e 86.
[128] Acórdão nº 461/2011 do TC, de 11 de Outubro de 2011, p. 25.

Conclusão

A ponderação e a realização óptima dos valores constitucionais em conflito dependem, portanto, "da intensidade ou do modo como os direitos são afectados no caso concreto, atento o seu conteúdo e a sua função específica"[129]. Ora, num quadro jurídico e factual com as características analisadas, o peso relativo do *nemo tenetur* tenderá a ser menor do que no seu campo de aplicação natural, podendo aqui sofrer maiores restrições (e conhecer maior amplitude os deveres de colaboração). Com efeito, se a *"função específica"* do *nemo tenetur* é proteger o arguido de interrogatórios opressivos, evitar confissões que conduzam a condenações injustas ou erradas e/ou garantir (ainda que de forma mediata) a dignidade da pessoa humana, o direito à integridade pessoal e o desenvolvimento da personalidade, é natural que se aplique neste campo com menor intensidade. Não pode, porém, deixar de proteger-se ou permitir que seja afectado o seu núcleo essencial. Também nos processos por infracções anticoncorrencias tem de ser garantido um processo justo e equitativo, preservando o espaço último de liberdade do arguido de confessar (ou não) a infracção. É por isso que o dever de colaboração "cessa a partir do momento em que dessa colaboração resulte uma admissão expressa e não voluntária de participação numa infracção"[130]. Se à empresa investigada pode ser exigida a entrega de documentos ou a resposta a questões puramente objectivas (não podendo tal empresa escusar-se a entregar essa informação alegando que é potencialmente auto-incriminatória), a mesma já não pode ser forçada a confessar a infracção[131].

Esta é, pois, a conciliação possível entre os interesses em conflito.

---

[129] Vieira de Andrade, cit., p. 304.
[130] Catarina Anastácio, cit., p. 217.
[131] I.e., a prestar "declarações que, por si só, isoladamente (isto é, independentemente de outras provas) e sem valorações (ou seja sem margem para interpretações sobre o seu significado) sejam equivalentes à admissão da participação na infracção e como tal sejam suficientes para a prova da infracção" – Catarina Anastácio, cit., pp. 223-224.

Grupos societários de facto: a confiança como fundamento da responsabilidade das sociedades dominantes perante credores das sociedades dependentes [1]

JOÃO VALBOM BAPTISTA
Advogado – estagiário

SUMÁRIO: 1. Introdução; 2. A posição dos credores: grupos de direito e grupos de facto; 2.1. Grupos de direito e grupos de facto: distinção e noção; 2.2. A tutela dos credores nos grupos constituídos por contrato de subordinação ou por domínio total; 2.3. A tutela dos credores nos grupos de facto: aplicação analógica do art. 501º do CSC?; 3. Insuficiência do direito societário na tutela dos credores nos grupos de facto; 4. A relevância do comportamento da sociedade dominante como fundamento de responsabilidade perante os credores da sociedade dependente; 4.1. O problema; 4.2. Condutas relevantes da sociedade dominante: fenomenologia; 4.3. Enquadramento dogmático da responsabilidade da conduta da sociedade dominante; 4.3.1 *Culpa in contrahendo* própria da sociedade dominante; 4.3.2. Responsabilidade por declarações reconduzíveis a cartas de conforto; 4.3.3. «*Konzernvertrauenshaftung*»: pretenso critério autónomo da imputação da confiança nos grupos societários.

---

[1] Abreviaturas: Associação Académica da Faculdade de Direito de Lisboa (AAFDL); *Aktiengesetz* (AktG); Boletim da Faculdade Direito (BFD); Boletim do Ministério da Justiça (BMJ); *Bürgerliches Gesetzbuch* (BGB); *Bundesgerichtshof* (BGH); *Schweizerisches Bundesgericht* (BGE); Código Civil (CC); Código das Sociedades Comerciais (CSC); Direito das Sociedades em Revista (DSR); Fundação Calouste Gulbenkian (FCG); *Neue Juristische Wochenschrift* (NJW); Revista da Ordem dos Advogados (ROA), Revista de Direito das Sociedades (RDS); Revista de Direito e de Estudos Sociais (RDES); Revista de Direito e Economia (RDE); Supremo Tribunal de Justiça (STJ); *Schweizerische Zeitschrift für Wirtschafts- und Finanzmarktrecht* (SZW/RSDA).

1. Introdução

Os grupos de facto constituem, no Código das Sociedades Comerciais, o parente pobre dos grupos societários (em sentido amplo). O regime jurídico que lhes está associado não se afigura satisfatório: basta pensar no frequente exercício abusivo da influência dominante por parte das sociedades dominantes, designadamente, o enfraquecimento da posição jurídica dos credores das sociedades dependentes na sequência da subcapitalização destas. A situação torna-se ainda mais evidente ao atentar no regime jurídico estabelecido no art. 501º do CSC para os grupos societários formados com recurso a um contrato de subordinação ou à detenção de uma participação societária totalmente dominante. Aquele preceito surge como parte da contrapartida da existência de um poder de direcção entregue à sociedade directora ou a uma participação totalmente dominante, ao estatuir a responsabilidade das sociedades directoras ou totalmente dominantes por dívidas da sociedade subordinada ou totalmente dependente.

Pretende-se, com o presente estudo, aferir da susceptibilidade de aplicação analógica daquele preceito aos grupos de facto. A ser possível, muitos dos problemas que atingem os credores sociais da sociedade dependente perdem fulgor. Contrariamente, a concluir-se que não existe analogia, deve o intérprete-aplicador encontrar vias de resposta do sistema. Se necessário, deve este recorrer a institutos clássicos do direito civil para, em maior ou menor medida, encontrar *formas de tutela* daqueles que vejam os seus créditos colocados em risco em virtude do redireccionamento de *interesses* operado nas coligações grupais. Entre estas *formas de tutela* estão a responsabilidade civil por *culpa in contrahendo*, por informações e pela confiança que cuidam (tão-só ou também) da tutela da confiança – que como fundamento de responsabilidade é o critério central que presidirá a este estudo.

2. A posição dos credores: grupos de direito e grupos de facto
2.1. Grupos de direito e grupos de facto: distinção e noção

O presente estudo enquadra-se no âmbito da responsabilidade da sociedade dominante perante dívidas da sociedade dependente, *i.e.*, a responsabilidade externa[2] nos grupos de facto. De forma a enquadrar o plano sobre o qual assen-

---

[2] Por contraposição à responsabilidade interna, ou seja, àquela posicionada no seio do grupo. A responsabilidade externa, na perspectiva dos credores, o reverso do exercício do poder de direcção da sociedade directora ou totalmente dominante sobre a sociedade subordinada ou totalmente dominada (cf. art. 503º do CSC e art. 491º do mesmo diploma), encontra-se prevista no art. 502º do CSC para os grupos de direito constituídos por contrato de subordinação ou domínio total. Já nos grupos de facto, não existindo um regime idêntico, a questão ganha contornos mais sinuosos, ensaiando-se um conjunto de soluções com recurso a diferentes mecanismos jurídico-societários.

tará este estudo, importa, ainda que a título sumário, traçar a fronteira entre este tipo de coligação societária e os grupos de direito.

A contraposição entre estas categorias tipológicas é uma classificação doutrinária[3] que tem por base a existência ou não de um instrumento jurídico na criação do grupo, bem como a previsão de um regime jurídico àquele associado. Tradicionalmente, entendem-se como grupos de direito aqueles que são criados mediante instrumentos previstos especificamente[4] pela lei (enquanto tipos taxativos) e aos quais esta associa um regime jurídico, também ele específico (excepcional[5]). Entre nós, podem assinalar-se como instrumentos constitutivos de grupos de direito: o domínio total inicial ou superveniente (arts. 488º e 489º do CSC), o contrato de subordinação (art. 493º do CSC) e o grupo paritário (art. 492º do CSC). Nos dois primeiros casos[6], a lei encerra uma disciplina jurídica que, por um lado, tende a estabelecer a legitimidade e o exercício do poder de direcção da sociedade-mãe sobre as sociedades-filhas, e, por outro lado, uma *compensação* face ao exercício desvantajoso para estas que é susceptível de resultar de tal poder. Entre estas *compensações* inclui-se a obrigação de responder nos termos do art. 501º do CSC perante os credores da sociedade subordinada ou totalmente dominada (*ex vi* art. 491º do CSC). Por seu turno, a noção de grupos de facto pode ser encontrada *a contrario*: correspondem às coligações societárias cuja constituição não se funda nos instrumentos previstos acima referidos. Assim, são grupos de facto aquelas coligações grupais em que «o poder de direcção detido pela sociedade-mãe sobre as suas filhas teve a sua origem num outro instrumento – *maxime*, participações maioritárias, acordos parassociais, contratos inter-empresariais, uniões pessoais, relações económico-fácticas de dependência –, ao qual a lei não fez associar expressamente qualquer regime jurídico especial – o que significa que aquele poder, a existir e a ser exercido, apenas o

---

[3] ENGRÁCIA ANTUNES, *Os grupos de sociedades*[2], Almedina, Coimbra, 2002, pp. 73 e ss. e ANA PERESTRELO DE OLIVEIRA, *Código das Sociedades Comerciais anotado* (Coord. A. MENEZES CORDEIRO), arts. 482º e 486º, Almedina, 2009, pp. 1125 e 1139 e ss.

[4] ELISEU FIGUEIRA, «Disciplina jurídica dos grupos de sociedade – Breves notas sobre o papel e função do grupo de empresas e sua disciplina jurídica», *Colectânea de Jurisprudência*, 1990, tomo IV, pp. 35-59; ENGRÁCIA ANTUNES, *Os grupos...*, cit., pp. 279, ROSÁRIO PALMA RAMALHO, *Grupos...*, cit., p. 132;

[5] Notando o cariz excepcional do regime dedicado aos grupos de facto pelo Código das Sociedades Comerciais, ENGRÁCIA ANTUNES, *Os grupos...*, cit., p. 73. Em sentido contrário, MARIA DA GRAÇA TRIGO, «Grupos de sociedades», *O Direito*, a. 123, n. 1 (1991), pp. 41-114 (57 e ss. e 106).

[6] Atendendo ao objecto do presente estudo, não relevam os grupos paritários, onde a questão da subordinação e responsabilidade perante credores de uma das sociedades perde interesse no contexto que se propõe discutir. Isto porque não existe uma direcção unitária e comum determinada mediante a subjugação contratual ao interesse social de apenas uma delas.

poderá ser como mero poder de facto, que vive sujeito e enquadrado pelos cânones gerais do direito das sociedades»[7].

As coligações entre sociedades operam sem que seja afectada a conservação da respectiva independência jurídica. Não obstante, existe uma direcção comum resultante do recurso à subordinação a um *interesse*[8]. Os grupos de facto encon-

---

[7] ENGRÁCIA ANTUNES, *Os grupos...*, cit., p. 73.

[8] Não é abarcável pelo presente estudo uma análise, mesmo que superficial, do sentido e dos limites do «interesse de grupo». Desde logo, porque a sua existência não é tida como certa. Porém, não deixa de se verificar que, conforme nota ENGRÁCIA ANTUNES (cf. *Os grupos...*, cit., p. 738) e, na sua esteira, ANA PERESTRELO DE OLIVEIRA (cf. *A responsabilidade civil dos administradores nas sociedades em relação de grupo*, Almedina, 2007, pp. 98-99), nos grupos constituídos mediante a celebração de um contrato de subordinação ou com recurso à detenção de uma participação totalmente dominante, o *interesse do grupo* contribui para a construção de um limite, sentido e alcance das instruções vinculativas da sociedade-filha, *i.e.*, tem o mérito de ser um critério de avaliação suficientemente operativo quer do poder de direcção da sociedade-mãe, quer do cumprimento daquelas instruções. Em todo o caso, a existir, o *interesse do grupo* será determinado mediante a síntese de (eventuais) focos de *(sub)interesses*: o *interesse social* de cada uma das sociedades que constitui a coligação societária e um interesse comum que pode resultar de um absorção de um pelo outro ou da cumulação de interesses. Entre nós, há quem expressamente aceite a existência de um *interesse do grupo* e o conceba como um *interesse* moldado pela sociedade-mãe e imposto à(s) sociedade(s) filha(s), formando, nessa altura, um *interesse do grupo* (cf. MARIA AUGUSTA FRANÇA, *A estrutura das sociedades anónimas em relação de grupo*, AAFDL, 1990, p.54). Em sentido próximo, também MARQUES ESTACA (cf. *O interesse da sociedade nas deliberações sociais*, Almedina, Coimbra, 2003, pp. 48-49), entende que, em virtude do disposto no art. 503º do CSC, a sociedade-filha se encontra numa situação de subordinação ficando ao serviço do *interesse* da sociedade-mãe. Assim, o A. conclui que o órgão competente desta sociedade (o órgão de administração) deve pautar a sua actividade segundo o *interesse do grupo*, que não corresponde simplesmente ao interesse da sociedade-mãe, mas sim a consideração global de todas as unidades do grupo. Pese embora o carácter sugestivo desta concepção, a mesma não parece aceitável. Com ANA PERESTRELO DE OLIVEIRA (cf. *A responsabilidade...*, cit., p. 99), deve ter-se em conta que, mesmo nos grupos de direito, a (pelo menos, aparente) entidade económica – o grupo societário – não corresponde a uma entidade jurídica (cf. neste sentido, ARRIBA FÉRNANDEZ, *Derecho de Grupos de Sociedades*, Civitas Ediciones, Madrid, 2004, p. 213). Na verdade, a coligação societária não é dotada de personalidade jurídica, deixando, assim, cair o suporte jurídico onde fosse imputável o interesse do grupo. Deve notar-se que se a concepção dos citados AA. é dificilmente aceitável nos grupos de subordinação ou em domínio total (inicial ou superveniente), mais difícil ainda é de aceitar inteiramente no plano dos grupos paritários. Nestes, não existe uma subordinação a fins unilaterais que possam justificar o sacrifício do interesse da sociedade subordinada ou totalmente dominada nos termos do art. 503º, nº 2 do CSC, existindo antes uma coordenação de interesses (cf. neste sentido, ANA PERESTRELO DE OLIVEIRA, *A responsabilidade...*, cit., p. 100-101; COUTINHO DE ABREU, «Interés social y deber de lealtad de los sócios» (trad. espanhola, M. A. Díaz Gómez, *Revista de Derecho de Sociedades*, nº 19 (2002-2), pp.39-56 (47) e ENGRÁCIA ANTUNES, *Os grupos...*, cit., p. 648).
No que toca aos grupos de facto, não há razões que permitam chegar a conclusão diferente (cf. COUTINHO DE ABREU, «Interés social...», cit., p. 47). Nestes, as sociedades dominantes não têm um direito a emitir instruções vinculantes, não existindo, simetricamente, o correspectivo dever as

tram-se previstos no art. 486º do CSC («sociedades em relação de domínio») que, no seu nº 1, estatui que uma sociedade – directa ou indirectamente (cf. nº 2 do mesmo preceito) – pode exercer uma influência dominante (*beherrschende Einfluß*). Assim, o legislador parte do conceito de influência dominante[9] sem, contudo, avançar uma noção do mesmo.

acatar por parte da sociedade dependente. Não existe, pois, um corpo de normas mediante as quais seja possível sequer encontrar um critério de prevalência de um *interesse* face a outro. Com excepção dos escassos efeitos jurídicos advindos do reconhecimento de uma relação de domínio (cf. art. 486º, nºs 1 e 2 do CSC) – o disposto no art. 487º do CSS –, não existe, relativamente aos grupos de facto, um regime jurídico semelhante ao dedicado pelo Código das Sociedades Comerciais aos grupos de subordinação e grupos constituídos por domínio total. Nestes, o seu regime jurídico prevê a subordinação da gestão da sociedade-filha ao interesse da sociedade-mãe (cf. art. 491º e 493º do CSC), bem como a previsão do poder de direcção desta (art. 503º, nº 1 e 2 do CSC). Estas normas comportam uma excepção ao princípio geral da prossecução do *interesse* próprio das sociedades comerciais. Na verdade, nos grupos de facto, a desfuncionalização da sociedade dependente opera mediante os instrumentos de domínio que anteriormente assinalámos (*v.g.*, detenção da maioria dos direitos de voto) [cf. Così Santagata, «Autonomia privata e formazione dei gruppi nelle società di capitali», *Il nuovo diritto dele società*, Liber Amicorum Gian Franco Campobasso (Dir. P. Abbadessa /G.B. Portale), vol. III, UTET, Torino, 2007, pp. 799-830 (800 e ss.)]. Entende-se, pois, que devido à instrumentalização de que é alvo em face reafectação do seu *interesse* em prol de um *interesse* de outra sociedade, a sociedade dependente possa deixar de exercer uma actividade funcionalmente direccionada para o seu próprio proveito sem que para isso exista uma permissão normativa específica que consagre tal subversão de *interesses*.

[9] Entre nós, o conceito de influência dominante não tem o protagonismo que a *beherrschende Einfluß* detém no ordenamento jurídico alemão. Ainda assim, é possível retirar da disciplina dedicada às relações de domínio uma linha de orientação teleológica do conceito de influência dominante. Este enunciado linguístico é um conceito normativo (cf. Karl Engish, *Introdução ao pensamento jurídico*[10] (Trad. J. Baptista Machado), FCG, Lisboa, 2008, p.210 e ss..) dotado de indeterminação e apenas percepcionável quando colocado em conexão com o mundo das normas. Na esteira de Paula Costa e Silva (cf. *Direito dos Valores Mobiliários. Relatório*, Coimbra Editora, Coimbra, 2005, p. 239.) e Ana Perestrelo de Oliveira [cf. «Os credores e o governo societário: deveres de lealdade para os credores sociais?», RDS, a. 1 (2009), n. I, pp. 95-133 (113 e ss.)], pode dizer-se que corresponde ao poder detido por uma sociedade dominante de, imediata ou mediatamente, agir sobre o governo da sociedade dependente, determinando a sua vontade juridicamente relevante. Na verdade, o conceito de influência dominante assume-se como um conceito funcional (*funktionsbestimmte Rechtsbegriff*) [cf. Karl Larenz, *Metodologia da Ciência do Direito*[3] (trad. José Lamego da 6.ª ed. do original, 1991), FKG, 1997, pp. 686 e ss. e aplicados por Werner Flume, *El negocio jurídico* (trad. de Allgemeiner Teil des Bürgerlichen Rechts. Das Rechtsgeschäft[4], vol. II, 1992), Fundación Cultural del Notariado, Madrid, 1998, pp. 48 e ss., na sua construção do conceito de negócio jurídico, constituem um aperfeiçoamento da concepção hegeliana de conceito concreto. Fundamentalmente, os conceitos orientados pela função permitem, no seio de um determinado complexo regulativo, a aplicação equitativa de normas jurídicas relativamente às quais estão implícitos como elemento da previsão ou também da consequência jurídica. O conceito de influência dominante existe para fazer face aos efeitos da actuação sociedade dominante sobre a sociedade dependente que mediante

Presume-se que uma sociedade é dependente de uma outra quando se verifiquem os factos conformadores das presunções de domínio plasmadas nas als. a), b) e c) do art. 486º, nº 2 do CSC[10]. São elas: a detenção pela sociedade dominante de uma participação maioritária no capital da sociedade dominada; a disposição, por parte da sociedade dominante, de mais de metade dos votos da sociedade dominada; ou a possibilidade de designar mais de metade dos membros do órgão de administração ou de fiscalização da sociedade dominada pela sociedade dominante[11].

Ainda nos grupos de facto distinguem-se os grupos de facto simples (*einfachen faktischer Konzern*) e os grupos de facto qualificados (*qualifizierten faktischer Konzern*). A diferença entre ambos prende-se com a intensidade com que a direcção unitária é efectivamente exercida[12]. Neste último, a influência dominante revela-se em termos semelhantes à direcção unitária exercida nos grupos constituídos por contrato de subordinação ou mediante domínio total. Porém, esta ingerência da sociedade dominante não é acompanhada de nenhuma com-

instrumentos jurídico-societário ou instrumentos de facto, intervindo efectivamente ou sendo apenas susceptível de intervir, coloca esta sob direcção (efectiva ou potencial).

[10] As presunções agora referidas têm carácter ilidível nos termos do art. 350º, nº2 do CC (cf. neste sentido, ENGRÁCIA ANTUNES, *Os grupos...*, cit., p. 554 e 556 e 557 e ANA PERESTRELO DE OLIVEIRA, *Código das Sociedades Comerciais anotado*, art. 481º, cit., pp.1142-1141; considerando-as inilidíveis, ELISEU FIGUEIRA, *Disciplina jurídica dos grupos de sociedades*, cit., p. 47). Cabe ainda referir que a influência dominante conforma um critério material, ou seja, ainda que não se verifiquem os factos que consubstanciam uma das presunções acima assinaladas, isso não impede a existência de influência dominante (*v.g.*, acordos parassociais, direitos especiais, etc.).

[11] Existindo uma situação de domínio societário, o regime jurídico aplicável revela-se muito limitado. A sociedade dominante e a sociedade dependente ficam obrigadas à menção do factor de domínio nos casos em que a lei obrigue à publicação ou à declaração de participações (486º, nº 3 do CSC). Ainda que não esteja expressamente previsto, deve entender-se que a este dever acresce o dever de comunicação de uma sociedade a outra quando esteja em causa a aquisição e alienação de participações sociais que se encontra previsto para as relações de participação simples e de participação recíproca nos artigos 484º, nº 1 e 485º, nº 1 do CSC. A não ser assim, neste ponto, o regime das situações de participação minoritária seria mais exigente que o estabelecido para participações maioritárias (cf. neste sentido, ENGRÁCIA ANTUNES, *Os grupos...*, cit., p. 341).
Há ainda que ter em conta a proibição geral de a sociedade dependente adquirir, a título oneroso, directa ou indirectamente, quotas ou acções da sociedade dominante, conforme dispõe o art. 487º, nº 2 do CSC. No caso das sociedades anónimas, esta norma tem ainda de ser conjugada com os limites estabelecidos para aquisição de acções próprias, especialmente os art. 325º-A e 325-B do CSC. Em caso de violação desta regra, conforme a natureza do acto aquisitivo: o negócio é nulo ou, quando se trate de uma subscrição em bolsa, o negócio é válido, sendo porém aplicadas inibições ao exercício dos direitos inerentes à participação social (cf. art. 485º, nº 3 e 487º, nº 2 do CSC).
[12] KARSTEN SCHMIDT, *Gesellschaftsrecht*[4], Carl Heymanns, Köln, Berlin, Bonn, München, 2002, p.1224.

pensação legalmente estabelecida. Já os grupos de facto simples são aqueles em que a influência dominante é exercida de forma mais descentralizada.

2.2. A tutela dos credores nos grupos constituídos por contrato de subordinação ou por domínio total

Conforme assinalado, à emissão de instruções vinculativas nos termos do art. 503º do CSC contrapõe-se a responsabilidade da sociedade directora ou totalmente dominante pelas dívidas da sociedade subordinada ou totalmente dominante[13/14]

---

[13] O art. 491º do CSC remete o regime jurídico aplicável aos grupos fundados mediante participação social totalitária para as regras que regulam os grupos constituídos por contrato de subordinação. Ficando, nessa medida, adstritos ao disposto nos arts. 501º a 504º, ambos do CSC, que regem os efeitos jurídicos advindos da titularidade do poder de direcção das sociedades directoras e sociedades totalmente dominantes sobre as sociedades subordinadas e totalmente dominadas, respectivamente.

[14] Este preceito corresponde ao art. 492º do projecto [cf. BMJ, n. 327 (1983), pp. 43-339 (328)[. Esta norma tem como fonte o art. 29º da 9ª Directiva relativa à coligação e aos grupos de sociedades que estabelece que, existindo um contrato de subordinação, há lugar a responsabilidade da sociedade directora pelas dívidas da sociedade subordinada. Sobre este diploma, RAÚL VENTURA, «Grupos de sociedades – uma introdução comparativa a propósito de um projecto preliminar de directiva da CEE», ROA, ano 41 (1981), vol. I-II, pp. 23-81 e 305-362. Este projecto tem hoje apenas interesse histórico. O texto tinha como objectivo estabelecer um denominador comum em matéria de grupos societários nos vários ordenamentos dos Estados-Membros no que concerne à tutela dos accionistas, credores e trabalhadores das sociedades integradas em grupo e correspondia a um modelo orgânico de regulação dos grupos com as características acima expostas (COUTINHO DE ABREU, *Da empresariabilidade – as empresas no Direito*, Almedina, Coimbra, 1999, p. 250 e ANA PERESTRELO DE OLIVEIRA, *A responsabilidade...*, cit., p. 54, nota 104). Todavia, este projecto não veio a ter seguimento, sendo alvo de críticas, designadamente referentes ao seu âmbito alargado (incluía de forma aparentemente inexplicável a protecção concedida aos trabalhadores). Sobre estas críticas, MENEZES CORDEIRO, *Direito Europeu das sociedades*, Almedina, Coimbra, 2005, p. 773. Não obstante, o Projecto teve influência na disciplina dos grupos plasmada no CSC. Neste sentido, MENEZES CORDEIRO assinala uma transposição desmedida [cf. «Evolução do Direito europeu das sociedades», ROA, ano 66 (2006), vol. I, pp. 87-118 (108)]. Igualmente importante como fonte do art. 501º do CSC é a Proposta de lei *Cousté* (1978) que na hipótese de existência de um *contrat d'affiliation* (cf. arts. 7º a 33º da proposta), previa a responsabilidade da sociedade dominante pelas dívidas da filial. Não pode negar-se ainda a influência do § 322 do AktG (1965) que, nos casos de *Eingliederung* (integração) a sociedade principal responde solidariamente pelas obrigações constituídas a partir desse momento perante os credores da sociedade englobada como devedor conjunto. A esta norma acresce ainda o direito dos credores da exigirem caução nos termos do § 321 do AktG e o § 324 III, segundo o qual a sociedade principal tem o dever de compensar qualquer prejuízo registado no balanço da sociedade incorporada quando este exceda o montante da reserva legal. No fundo, funcionando como a contrapartida ao facto de nas *Eingeglierte Gesellschaften* a sociedade principal ter o direito de dar instruções à administração da sociedade incorporada (cf. § 323 do AktG). Sobre cada uma destas *compensações*, vide EMMERICK/HABERSACK, *Konzernrecht*[8], Verlag C. H. Beck, München, 2005, pp. 145 e ss..

operando, assim, uma «redistribuição do risco da exploração empresarial»[15] mediante um levantamento da personalidade *ex lege*[16]. Nos termos do nº 2 do art. 501º do CSC, a responsabilidade da sociedade directora (ou totalmente dominante) não pode ser exigida antes de decorridos 30 dias sobre a constituição em mora da sociedade dominada[17]. Trata-se de uma responsabilidade de quem exerce

---

[15] Ac. STJ de 31 de Maio de 2005 (FERNANDES MAGALHÃES), disponível em www.dgsi.pt.
[16] No plano dos grupos societários visados pelo art. 501º do CSC estão plenamente verificados os fundamentos da limitação da responsabilidade. O poder de direcção da sociedade directora ou totalmente dominante (art. 503º do CSC) introduz uma confusão de esferas jurídicas e uma potencial subcapitalização da sociedade subordinada ou totalmente dominada que justificam o recurso à desconsideração da personalidade. É por esta via que este instituto de aplicação excepcional repõe um equilíbrio imposto por uma necessidade do sistema: a personalidade jurídica não pode ser usada de forma abusiva de modo a prejudicar terceiros. Cf., a propósito do papel da desconsideração da personalidade jurídica como necessidade do sistema, A. MENEZES CORDEIRO, *O Levantamento da Personalidade Colectiva no Direito civil e comercial*, Almedina, Coimbra, 2000, pp. 81 e ss. Na jurisprudência, sobre a mesma questão, Ac. Rel. Coimbra, de 18 de Janeiro de 2011 (FONTES RAMOS), disponível em www.dgsi.pt. Reconhecendo o art. 501º do CSC como uma expressão do instituto do levantamento da personalidade, J.OLIVEIRA ASCENSÃO, *Sociedades Comerciais. Parte geral*, vol. IV, AAFDL, Lisboa, 2000, pp. 612 e ss.; J. CALVÃO DA SILVA, *Banca, Bolsa e Seguros - Tomo I - Direito Europeu e Português*[3], Almedina, Coimbra, 2011, p. 86 e ANA PERESTRELO DE OLIVEIRA, . *Grupos de sociedades e deveres de lealdade. Por um critério unitário de solução do «conflito de grupo»*, Almedina, Coimbra, 2012, p. 660. Contra, MENEZES CORDEIRO, «A responsabilidade...», cit., p. 114, afirma que apenas está em causa uma «válvula de segurança do sistema, funcionando como concretização do abuso de direito e da boa-fé».
[17] A natureza desta responsabilidade tem sido discutida entre nós. Qualificando esta responsabilidade como solidária, ainda que com algumas reservas, F. PEREIRA COELHO, *Grupos de sociedades*, BFC, v. 64 (1988), pp. 297-353 (350); TERESA ANSELMO VAZ, «A responsabilidade do acionista controlador», *O Direito*, nº 128 (3-4), 1996, pp. 329-405 (398); A. PEREIRA DE ALMEIDA, *Sociedades comerciais. Valores mobiliários e mercados*[6], 2011, p. 622; ROSÁRIO PALMA RAMALHO, *Grupos...*, cit., p. 168; M. DE FÁTIMA RIBEIRO, *A tutela dos credores da sociedade por quotas e a «desconsideração da personalidade jurídica»*, Almedina, Coimbra, 2009, pp. 417, nota 96; ANA R. GOMES DE ANDRADE, *A responsabilidade da sociedade totalmente dominante*, Almedina, Coimbra, 2009, pp. 76 e 77; ANA PERESTRELO DE OLIVEIRA, *Código das Sociedades Comerciais Anotado* (Coord. A. Menezes Cordeiro), Almedina, Coimbra, 2009, p. 1297. Como responsabilidade solidária *sui generis*, RAÚL VENTURA, *Novos estudos sobre sociedades anónimas e em nome colectivo*, Almedina, Coimbra, 1994, p. 123; ENGRÁCIA ANTUNES, *Os grupos...*, cit., p. 797; MARIA DA GRAÇA TRIGO, «Grupos de sociedades», cit., p. 93; Mais recentemente, JANUÁRIO DA COSTA GOMES [cf. «A sociedade com domínio total como garante. Breves notas», RDS, a. 1 (2009), n. 4, 865-883 (866 e ss.] pronunciou-se no sentido de que a responsabilidade em causa não é puramente solidária, vindo MENEZES CORDEIRO [cf. «A responsabilidade da sociedade com domínio total (501º/1 , do CSC)», RDS,a. III (2011), n. 1, 83-115 (105 e ss.)] a aderir a esta posição. A responsabilidade da sociedade directora (ou totalmente dominada) nos termos do art. 501º revela dois desvios ao regime da solidariedade das obrigações. Por um lado, o nº 2 deste preceito não admite que a prestação seja exigida, inicialmente, à sociedade directora (ou totalmente dominada) e sociedade subordinada (ou dominada totalmente) dado que é exigida

o poder de direcção, isto é, de quem, mediante instruções vinculantes, subordina a gestão da sociedade subordinada (ou totalmente dominada). Nestes termos, pode existir um sacrifício do *interesse* desta sociedade dada a admissibilidade de instruções desvantajosas (art. 503º, nº 2 do CSC). Todavia, este sacrifício atinge não apenas a sociedade subordinada (ou totalmente dominada), mas também os credores sociais desta. A responsabilidade por perdas da sociedade subordinada (ou totalmente dominada) vertida no art. 501º, nº 1 do CSC assegura a robustez patrimonial desta e, nessa medida, a garantia patrimonial dos credores sociais. Aliás, deve entender-se que esta é uma responsabilidade pela estrutura (*Strukturhaftung*)[18]. A responsabilidade, muito embora encontre justificação no poder de direcção da sociedade directora ou totalmente dominada (art. 503º do CSC), não se vê limitada ao nexo causal entre a emissão de uma instrução vinculante e a contracção de uma dívida, *i.e.*, sem que releve ilicitude ou culpa, de fonte contratual ou extracontratual[19]. Este regime, ao qual se junta o disposto no art. 502º do CSC[20], revela-se particularmente garantístico para os interesses dos credores sociais da sociedade subordinada (ou totalmente dominada)[21].

2.3. A tutela dos credores nos grupos de facto: aplicação analógica do art. 501º do CSC?

Percebe-se, então, que se a tutela dos credores nos grupos de direito é evidente, já nos grupos de facto a posição dos credores sociais da sociedade dependente revela-se fragilizada. A ausência de um regime jurídico expresso equivalente ao

---

uma interpelação admonitória (805º, nº1 do CC) à qual acrescem, mesmo quando a interpelação seja dispensada nos termos do art. 805º, nº2 do CC, 30 dias para que esta responsabilidade seja exigível.

[18] Conforme sustenta ANA PERESTRELO DE OLIVEIRA (cf. *Grupos...*, cit., p. 621, nota 1979), existe uma responsabilidade pessoal e ilimitada por todas as obrigações da sociedade subordinada ou totalmente dominada constituídas antes ou depois da celebração do contrato de subordinação ou da aquisição do domínio total até ao termo da relação de grupo.

[19] ENGRÁCIA ANTUNES (cf. *Os grupos...*, cit., p. 803, nota 1572), embora não contestando este resultado extraído da norma, revela que *de iure condendo* deveria existir uma relação entre o exercício do poder de direcção e as dívidas pelas quais responde a sociedade directora ou totalmente dominante sendo isto acompanhado por uma necessária inversão do ónus da prova. Defendendo esta posição *de iure constituto*, ELISEU FIGUEIRA, «Disciplina...», cit., p. 51. Em face da letra do preceito, esta posição não parece ser defensável. Por outro lado, a possibilidade de fazer prova da inexistência de tal nexo causal poderia resultar na criação de situações de incerteza no tráfego jurídico que obrigaria a uma necessária e nem sempre fácil de concretizar ponderação daqueles com quem a sociedade subordinada ou totalmente dominada se relacionem. Além disso, nos casos em que esteja em causa uma responsabilidade extracontratual, esta análise dificilmente seria equacionável.

[20] Não obstante, o disposto neste preceito apenas indirectamente pode ter pretensões de tutela dos credores.

[21] Basta comparar com o direito alemão, que estabelece a responsabilidade da sociedade principal apenas nos casos de *Eingliederung* (cf. §322 do AktG).

do art. 501º do CSC acarreta, pelo menos *a priori*, a aplicação do regime geral do Direito societário, o que é equivalente à afirmação de que o desvio operado por aquele preceito às regras da limitação de responsabilidade não é acolhido, promovendo-se, por esta via, uma entorse no princípio da correlação entre o poder (domínio) e a responsabilidade, que vigora nos grupos de direito por via dos arts. 501º e 502º do CSC. Este desequilíbrio, potenciado pela abstenção regulativa, incorre em contradições valorativas não negligenciáveis e dificilmente explicáveis à luz do sistema. Mais ainda, quando nos termos do art. 486º do CSC o legislador veio reconhecer a susceptibilidade de existência de influência dominante[22]; porém, retiram-se deste reconhecimento escassos efeitos jurídicos. Esta inconsequência legislativa leva a que os accionistas livres (*maxime*, minoritários) da sociedade dependente, tal como os credores sociais desta, se coloquem numa situação jurídica potencialmente desvantajosa. Esta configuração do direito dos grupos português a partir do contrato de subordinação não colhe. Este tipo contratual é precisamente um exemplo de contrato legalmente típico, mas socialmente atípico[23]. A *law in action* desmente claramente a *law in books* uma vez que os grupos de facto são a forma de coligação societária mais difundida no plano das coligações societárias grupais.

Considerando este aspecto, parte da doutrina portuguesa já se pronunciou no sentido da aplicação analógica do disposto naquele preceito aos grupos de facto[24], especialmente aos grupos de facto qualificados, em termos próximos ao

---

[22] O uso de presunções de domínio pelo legislador não é inocente. Da conjugação dos arts. 349º e 350º do CC, retira-se que são ilações que a lei ou o julgador tira de um facto conhecido para firmar um facto desconhecido. As presunções previstas no art. 486º, nº 2 do CSS, embora ilidíveis, estabelecem uma implicação de factos que dispensam, conforme o disposto no art. 350º, nº1 do CC, a prova do facto presumido. Ora, como quaisquer outras presunções, estas baseiam-se em juízos de experiência, *i.e.*, na circunstância de que, normalmente, uma sociedade colocada naquela situação pode exercer uma influência dominante. Contudo, este reconhecimento, mesmo não se consubstanciando numa ficção legal, ainda antes de ser plasmado na letra da lei, requer um juízo avisado e, nessa medida, pouco falível. Deste modo, deve reconhecer-se que, sendo conhecedor das implicações que os factos ali prescritos têm, o legislador foi, pelo menos, pouco consequente.

[23] PAIS DE VASCONCELOS, *Contratos...*, cit., p. 1.

[24] O. VOGLER GUINÉ, «A responsabilidade solidária nas relações de domínio qualificado – uma primeira noção obre o seu critério e limites», *ROA*, a. 66 (2006), v. I, 295-325 (309); Id., *Da Conduta (Defensiva) da Administração «Opada»*, Almedina, Coimbra, 2009, pp. 68, nota 96; A. PEREIRA DE ALMEIDA, *Sociedades comerciais. Valores mobiliários e mercados*[6], 2011, p.612; J. CALVÃO DA SILVA, *Banca...*, cit., pp. 88-89; MARIA DE FÁTIMA RIBEIRO, *A tutela dos credores da sociedade por quotas e a «desconsideração da personalidade jurídica»*, Almedina, Coimbra, 2009, pp. 450 e ss.

ensaiado no passado pela doutrina alemã e pelo BGH (especialmente, os casos *Autokran, Tiefbau, Video, Stromlieferung, TBB*²⁵)²⁶.

A tese da analogia, porém, está longe de gozar de plena aceitação²⁷.

A extensão do estatuído no art. 501º do CSC aos grupos de facto afigura-se tentadora e não restam dúvidas que, em determinados casos, corrigiria situações em que a sociedade dominante *instruiu*²⁸ a sociedade dependente em termos tais que hajam resultado num efectivo prejuízo para os credores desta. Porém, a extensão analógica *ex lege* daquele preceito, enquanto processo de integração de lacunas intrassistemático, obedece a um método rigoroso. Desde logo, importa perceber se inexiste efectivamente uma regra para regular uma situação jurídica. Na verdade, não parece sequer que exista uma lacuna regulativa. Não exis-

---

²⁵ Cf. *Autokran* (NJW 1986, p.188), *Tiefbau* (NJW, 1989, p. 1800), *Video*, (NJW, 1991, p. 3142), *Stromlieferung* (NJW, 1992, p. 505) e *TBB* (NJW, 1993, p. 1200).

²⁶ Sobre as implicações e a sua amplitude, WALTER STIMPEL, «Autokran – Tiefbau – Video: stand der rechtsprechung», *Der qualifizierte faktische Gmbh-Konzern* (Coord. P. Hommelhoff, W. Stimpel, P. Ulmer), Verlag Dr. Otto Schmidt KG, Köln, 1992, pp. 5-20; PETER HOMMELHOFF, «Protection of minority shareholder, investors ad creditors in corporate groups: the strengths and weaknesses og german corporate group law»,*Unternehmensgruppen in mittel- und osteuropäischen Ländern* (Coord. Klaus J. Hopt,Christa Jessel-Holst e Katharina Pistor), Mohr Siebeck, Tübingen, 2001, pp. 59-78 (69 e ss.); ILARIA CHIEFFI, *Il grupo di fatto qualificato*, G. Giappichelli Editore, Torino, 1996, pp. 75 e ss. Entre nós, ENGRÁCIA ANTUNES, *Liability of corporate groups. Autonomy and control in parent-subsidiary relationships in US, German and EU Law*, Kluwer Law and Taxation Publishers, Deventer-Boston, 1994, p. 440 e ss. e ANA PERESTRELO DE OLIVEIRA, *Grupos de sociedades...*, cit., p. 65 e ss., 177 (nota 522) e 633 e ss. A extensão do regime do AktG às GmbH e, em especial, os §§ 302 e 303 aplicáveis aos grupos contratuais. A extensão analógica destes preceitos levada a cabo pelo BGH e, assim, da obrigação de compensação das perdas da sociedade dependente (§ 302) e da obrigação da sociedade dominante prestar garantias quando os credores da sociedade dependente assim o exijam (§ 303 do AktG) foi tida por justificada pela identidade entre os efeitos conseguidos pelo poder de direcção nos grupos contratuais e os efeitos da criação e manutenção de uma estrutura centralizada. As sucessivas decisões judiciais evidenciaram alguns desvios, sendo evidente em *TBB* o cariz mais restritivo relativamente às anteriores sentenças e a consagração de uma responsabilidade pelo comportamento. Nesta sentença, o BGH não considerou que apenas a direcção unitária justificava a presunção de que a vontade juridicamente relevante da sociedade dependente havia sido ignorada e exigiu um efectivo exercício abusivo de influência dominante (*objektiver Missbrauch der Leitungsmacht*) (cf. EMMERICK/HABERSACK, *Konzernrech...*, cit.,p. 405). Esta concepção jurisprudencial foi aceite até à sentença *Bremer-Vulkan* que será *infra* referida.

²⁷ DIOGO PEREIRA DUARTE, *Aspectos do levantamento da personalidade colectiva em sociedades em relação de domínio – contributo para a determinação do regime da empresa plurissocietária*, Almedina, Coimbra, 2007, pp. 346-347; ANA PERESTRELO DE OLIVEIRA, *Código das Sociedades Comerciais Anotado* (Coord. A. Menezes Cordeiro), Almedina, Coimbra, 2009, p. 1208 e MENEZES CORDEIRO, «A responsabilidade...», cit., p. 112 e ss.

²⁸ Em rigor, podem não existir «instruções». A referência abarca qualquer forma de determinar a vontade juridicamente relevante da sociedade dependente.

tindo um contrato de subordinação ou uma situação de domínio total e, assim, não se formando um grupo de direito, rege o regime geral societário[29]. Por outro lado, mesmo que se admita a existência de uma lacuna, sempre haveria de conciliar a integração desta com as proibições de analogia. Entre estas, destaca-se, *in casu*, a (tradicional) proibição de analogia de regras excepcionais prevista no art. 11º do CC[30]. A excepcionalidade de uma regra é aferida por referência a um regime geral e, com efeito, o art. 501º do CSC implica uma entorse nas regras da personalidade jurídica, em especial, a limitação de responsabilidade (cf. arts. 197º e 271º co CSC)[31]. Ainda assim, não parece ser este um argumento inatacável uma vez que a solução estabelecida no art. 11º do CC não parece estar isenta de críticas[32], não sendo por esta via que se deve afastar uma pretensa aplicação analógica aos grupos de facto do art. 501º do CSC que apenas contém uma regra formalmente excepcional[33].

---

[29] MENEZES CORDEIRO, «A responsabilidade...», cit., p. 112 e ANA PERESTRELO DE OLIVEIRA, *Grupos de sociedades...*, cit., p.269

[30] DIOGO PEREIRA DUARTE, *Aspectos...*, cit., pp. 246 e 247.

[31] Embora, mais remotamente, verifica-se que este preceito contraria o postulado no art. 601º do CC, *i.e.*, não respondem pelas obrigações apenas bens do devedor. Neste sentido, MENEZES CORDEIRO, «A responsabilidade...», cit., p. 112.

[32] Entre nós, excluindo o carácter absoluto do preceituado no art. 11º do CC, *vide*, *v.g.*, A. CASTANHEIRA NEVES, *Metodologia jurídica. Problemas fundamentais*, Studia Juridica 1, Coimbra Editora, Coimbra, 1993, pp. 273 ss.; J. PINTO BRONZE, *Lições de introdução ao Direito*², Coimbra Editora, Coimbra, 2006, pp. 897 e ss. e PEDRO DE ALBUQUERQUE, *A representação voluntária em Direito civil*, Almedina, Coimbra, 2004, pp. 1072, nota 1833. Fundamentalmente, estes AA. Entendem que o postulado no art. 11º do CC vale na medida do possível: quando se verifique um caso jurídico se assemelha mais a uma regra excepcional que a uma regra geral deve abrir-se a porta à analogia.

[33] Uma norma com este sentido apenas pode ter cabimento num sistema sem lacunas em que os factos se subsumam à previsão de uma regra geral ou de uma regra excepcional. Tal como qualquer princípio, a proibição da aplicação analógica de regras excepcionais está sujeita a restrições e compressões (PEDRO DE ALBUQUERQUE, *A representação...*, cit., p. 997, nota 1669). A admissão de analogia de regras excepcionais deve estar sujeita a um juízo prévio relativo à excepcionalidade: esta pode ser formal ou substancial. Aquela apenas contraria uma regra geral sem que contrarie valores fundamentais do sistema. Contrariamente, a excepcionalidade substancial insere uma solução de um caso jurídico que, dada a sua particularidade, se contrapõe à regra geral (cf. M. TEIXEIRA DE SOUSA, *Introdução ao Direito*, Almedina, Coimbra, 2012, pp. 399-401). Ora, nestes termos, apenas regras substancialmente exepcionais não admitem aplicação analógica Por fim, mesmo que a aplicação analógica do 501º do CSC pudesse ser admitida por estar em causa uma excepcionalidade formal, esta forma de integração de lacunas estaria condenada ao insucesso. Aquilo que o art. 501º do CSC consagra corresponde ainda ao dever de prestar da sociedade directora ou totalmente dominante. Não pode esquecer-se que esta *compensação* surge como forma equilíbrio de prestações. Isto é, surge numa relação de correspectividade relativamente ao poder de direcção que o art. 503º do CSC atribui à sociedade directora ou totalmente dominada. Por seu turno, nos grupos de facto, esta lógica de reposição de equilíbrio não existe. De forma variável, existe sim a susceptibilidade

3. Insuficiência do direito societário na tutela dos credores nos grupos de facto

Conforme se fez referência *supra*, numa primeira fase, a ordem jurídica alemã acolheu a aplicação, por analogia, do regime dos grupos contratuais plasmado no AktG a grupos de facto formados por sociedades por quotas. Mas, mesmo neste ordenamento jurídico, esta construção foi afastada, a partir de 2001, com a sentença *Bremer-Vulkan* que gozou de aceitação na doutrina e igualmente em sentenças judiciais posteriores do BGH[34]. A doutrina semeada no caso *Bremer-Vulkan* estabeleceu uma responsabilidade por medidas destruidoras da existência da sociedade dependente (*Existenzvernichtungshaftung*)[35/36]. Esta evolução jurisprudencial veio a consagrar aquilo que já era assinalado na doutrina: as limitações do *Konzernrecht*. Estas limitações ficam a dever-se em grande medida à centralização da regulação do direito dos grupos a partir dos grupos contratuais[37/38]. Nos gru-

---

da sociedade dominante impor uma conduta com recurso à utilização de instrumentos jurídico-societários. Nestes casos, havendo um dano causalmente relacionado com comportamentos que instrumentalizem a sociedade dependente, haverá lugar a responsabilidade civil. Ora, o dever de indemnizar não é passível de ser confundido com um dever de prestar.

[34] *Bremer-Vulkan* (NJW, 2001, p. 3622); *L-Kosmetik* (NJW, 2002, p. 1803), *KBK* (NJW 2002, p. 3024) e *Trihotel* (NJW, 2007, p. 2687).

[35] EMMERICK/HABERSACK, *Konzernrech...*, cit.,p. 425 e ss.. Entre nós, COUTINHO DE ABREU, «Diálogos com a jurisprudência. II – Responsabilidade dos administradores para com credores sociais e desconsideração da personalidade jurídica», DSR, a. 2 (2010), n. 1, pp. 49-64 (58 e ss.) e ANA PERESTRELO DE OLIVEIRA, *Grupos de sociedades...*, cit., pp. 68 e ss..

[36] Naquela sentença, o BGH não aplicou por analogia as normas do AktG como até então. O tribunal afastou a limitação de responsabilidade consagrada no § 13 II do GmbH com base numa redução teleológica desta regra e, nos termos do *Durchgriffshaftung*, aplicou a responsabilidade por *aniquilação da existência – Existenzvernichtungshaftung* – tendo esta doutrina sido repetida em *L.Kosmetik* e em *KBV* [cf. EMMERICK/HABERSACK (*Konzernrech...*, cit.,p. 429-430)].
Porém, em *Trihotel*, o BGH abandonou o levantamento do véu e aplicou uma responsabilidade (aquiliana) interna dos sócios perante a sociedade dependente conforme o disposto no § 826 do BGB (dano causado dolosamente contrário aos bons costumes).

[37] ANA PERESTRELO DE OLIVEIRA, *Grupos de sociedades...*, cit., p. 70

[38] Embora o sistema italiano não detenha um conjunto de normas relativas aos grupos societários de forma sistematizada – um Direito dos grupos –, prevê-se nos arts. 2497 a 2497-*septies* (resultado da Reforma de 2003 do *Codice Civile*) que a existência de uma direcção unitária é um fenómeno legítimo, embora passível de originar focos de tutela jurídica junto da sociedade controlada. O texto actual do art. 2497-1 do *Codice Civile* consagra *principi di corretta gestione societária* que imputam à entidade controladora a responsabilidade pelo abuso de direcção unitária por referência ao princípio da efectividade. A posição jurídica dos sócios e credores da sociedade controlada (e dirigida) encontra abrigo nos arts. 2497 e ss. do *Codice Civile* que determinam a existência de responsabilidade civil da *capogruppo* quando se verifique a violação dos *principi di corretta gestione societaria e imprenditoriale delle società*. Deste modo, os sócios externos da sociedade controlada encontram a solução para o dano que dá fundamento à acção de responsabilidade civil. Este dano prende-se essencialmente com os efeitos patrimoniais negativos verificados na sociedade na qual

pos de facto, a tutela dos sócios livres e credores sociais da sociedade dependente é especialmente ineficiente[39], ainda que o seu regime, plasmado no AktG, seja significativamente mais desenvolvido que o previsto para as relações de domínio no Código das Sociedades Comerciais (cf. art. 486º e ss.). Esta ideia ganha ainda mais força entre nós, onde a susceptibilidade de exercício de influência dominante por parte da sociedade dominante em termos que lese os interesses dos credores sociais da sociedade dependente não encontra uma resposta que seria exigível e coerente com acolhimento do conceito de influência dominante no citado preceito. Mais ainda, quando, conforme se viu, existe uma impossibilidade de aplicação analógica do art. 501º do CSC. Assim, os credores sociais nos grupos de facto aparentemente ficam condenados à protecção comum de tutela do crédito e aos mecanismos resultantes do direito societário comum que, essencialmente, tem sede no princípio da conservação do capital social (art. 32º do CSC)[40]. Com

---

detêm uma participação social. Os credores sociais da sociedade dependente são ressarcidos pelo enfraquecimento patrimonial desta, o que corresponde a um forma de prevenir a diminuição do património (garantia geral das obrigações) passível de ser executado.

[39] Tal como no Código das Sociedades Comerciais, também o AktG, embora não definindo, funda os grupos de facto na noção de influência dominante *(beherrschende Einfluss)*. O preenchimento da previsão normativa do § 17 permite a aplicação do regime constante dos §§ 311 a 318. Estas normas têm como pressuposto a ideia de que a posição da sociedade dependente é um alvo permeável à direcção abusiva da sociedade dominante. Assim, no § 311 *da AktG* prevê-se o dever de compensação do exercício desvantajoso de direcção do grupo. A desvantagem *(Nachteil)* deve ser entendida como um resultado que um administrador diligente e independente não teria prosseguido [Hans-Georg Koppensteiner, «Os grupos no Direito societário alemão», *Miscelâneas* n. 4 (IDET), Almedina, Coimbra, 2006, pp. 9-21 (17)]. Sem embargo do dever de compensação a que haja lugar, esta possibilidade abre a porta à legitimação de instruções desvantajosas por parte da sociedade dominada. Nos termos do § 312 da AktG, a administração da sociedade dependente deve elaborar um relatório relativo às relações com a sociedade dominante *(Abhängigkeitsbericht)*. Deste devem constar os negócios jurídicos celebrados com a sociedade dominante ou sociedades com esta coligadas. A isto acresce a determinação das medidas/instruções levadas a cabo pela sociedade dominante e as vantagens por esta obtidas, tal como factos de natureza económica que o revelem (cf. § 312 I, 3 e 4 da AktG). Este relatório é posteriormente analisado por um auditor e pelo conselho de fiscalização da sociedade dependente (§§ 313 e 314 da AktG, respectivamente). Os §§ 317 e 318 da AktG disciplinam a responsabilidade da sociedade dominante quando não tenha havido lugar a compensação, isto é, quando exista uma violação do dever estabelecido no § 311 da AktG.

[40] Conforme refere Ana Perestrelo de Oliveira *(Grupos de sociedades...*, cit., p. 603), há determinadas medidas da sociedade dominante que colocam em causa o princípio da conservação do capital social operando, nestes casos, o art. 34º do CSC que comina a violação deste princípio consagrado no art. 32º do CSC com a restituição à sociedade dos bens ilicitamente transferidos para os sócios, prevendo o seu nº 3 a possibilidade de os credores sociais se sub-rogarem na posição da sociedade no exercício do pedido judicial de restituição de distribuições indevidas (cf. 78º, nº 2 a 5 do CSC). Contudo, estas regras estão longe de ser suficientes para uma cabal protecção dos credores sociais da sociedade dependente até porque, tão simplesmente, a influência dominante exercida por uma

excepção da protecção conferida em virtude da violação deste princípio, os credores sociais da sociedade dependente não podem, nos casos de domínio intersocietário interno, exigir ao órgão de administração da sociedade dominante que prossiga o interesse social da sociedade sob a qual detém e exerce uma influência dominante. Por outro lado, dado o cariz excepcional da desconsideração da personalidade jurídica[41] (e assim, da limitação de responsabilidade) percebe-se que apenas em circunstâncias muito particulares (especialmente, subcapitalização) esta venha a ser considerada. Fora deste âmbito têm sido apontadas outras formas de responsabilização da sociedade dominante por via, nomeadamente, da responsabilidade por *culpa in contrahendo,* do abuso de direito e da responsabilidade pela confiança[42].

A doutrina *Bremer-Vulkan* tem o mérito de chamar a atenção para o facto de a tutela dos credores sociais não se cingir à lei societária, sendo cada vez mais explorado o recurso ao direito civil comum, às suas instituições e princípios para justificar a responsabilidade da sociedade que exerce uma influência dominante perante credores da sociedade alvo desta influência, como é o caso da *Existenzvernichtungshaftung*.

4. A relevância do comportamento da sociedade dominante como fundamento de responsabilidade perante os credores da sociedade dependente
4.1. O problema

A sociedade dominante não deixará amiúde de instrumentalizar a sociedade dependente por forma a prosseguir um *interesse* próprio. Em muitos casos, a vontade juridicamente relevante desta é determinada por aquela, incluindo a celebração de negócios jurídicos. Embora em termos variáveis, consoante a maior ou menor centralização da determinação da política empresarial do grupo, a sociedade dominante pode, directa ou indirectamente, influir de forma determinante nas negociações cujos efeitos jurídicos directamente se verificam apenas na esfera jurídica da sociedade dependente. Esta manifestação da detenção de uma influência dominante (cf. art. 486º, nº1 do CSC) pode colocar em causa a correlação domínio-responsabilidade. Pese embora o cariz inconsequente do regime

---

sociedade é passível de ter relevância mediante instrumentos que não a participação social, *v.g.,* por via contratual (contrato de franquia, dependência perante instituições bancárias credoras num contrato de mútuo, *etc.*). Sobre a questão, PAULO CÂMARA, Anotação ao art. 32º do CSC, *Código das Sociedades Comerciais Anotado* (Coord. A. Menezes Cordeiro), Almedina, Coimbra, 2009, pp. 158 e ss..

[41] Conforme se referiu, no espaço jurídico alemão, a sentença *Bremer-Vulkan* correspondeu a um caso *Durchgriffshaftung,* embora posteriormente o BGH tenha afastado esta doutrina dando lugar à aplicação da cláusula de ofensa aos bons costumes (§ 826 do BGB) para fundar a responsabilidade pela *aniquilação da existência* da sociedade dominante.

[42] ENGRÁCIA ANTUNES, *Os grupos...*, cit., pp. 597-598, nota 1167

jurídico dos grupos de facto plasmado no Código das Sociedades Comerciais, não se pode deixar de encontrar outras vias de redistribuição do risco empresarial e, nessa medida, também tutelar os credores sociais da sociedade dependente cujo risco de crédito pode ser ampliado. Ademais, tendo em conta que estes não podem ser considerados simplesmente *terceiros* em relação à sociedade dominante[43]. A influência dominante cria uma conexão de grupo que, em parte, torna a posição dos credores sociais da sociedade dependente reféns da susceptibilidade do património desta sociedade ser afectado por *instruções* desvantajosas que prejudiquem o seu *interesse* e, com isso, potenciem uma subcapitalização que se consubstancie num aumento do risco de incumprimento, bem como o risco de solvabilidade devido a uma eventual delapidação do património social (garantia geral das obrigações). Em rigor, embora formalmente a sociedade dominante possa ser considerada terceiro face à relação contratual estabelecida entre a sociedade dependente e os credores desta, a influência dominante pode contribuir para uma *quebra de bilateralidade*, havendo, nessa medida, motivos para exigir mais que a mera tutela fundada em responsabilidade aquiliana[44].

Esta *desfiguração* do figurino subjectivo da ligação contratual entre a sociedade dependente e os seus credores sociais advém de diversas condutas levadas a cabo pela sociedade dominante que, como se verá, pisa terrenos caros a diferentes institutos de Direito Civil. Ainda que se considere que a conduta da sociedade dominante (*v.g.*, ingerência ou conformação da conduta da sociedade dependente, declarações perante terceiros ou simples aparência pública de unidade económica) é legítima, não pode deixar de se reconhecer que existe a possibilidade de serem criadas situações de confiança[45] que gerem expectactivas relativamente aos credores sociais da sociedade dependente por parte da sociedade dominante. Especialmente, no que toca à solidez financeira da sociedade dependente ou ao *apoio* concedido pela sociedade dominante a esta. Ora, o Direito não é alheio a situações de confiança, nem deixa de lhes conferir eficácia

---

[43] ANA PERESTRELO DE OLIVEIRA, *Grupos de sociedades...*, cit., p. 270.
[44] ANA PERESTRELO DE OLIVEIRA, *Grupos de sociedades...*, cit., p. 271. Conforme nota CARNEIRO DA FRADA [*Tutela da confiança e responsabilidade civil*, Almedina, Coimbra, 2007 (reeimp. 2004), p. 277 e ss.], a responsabilidade civil aquiliana não tutela posições jurídicas previamente atribuídas ao lesado. Em causa devem estar condutas que atentem contra a defesa dos sujeitos, da sua esfera de bens e interesses perante ingerências, sem que exista relação prévia relevante entre agente e lesado.
[45] Enquanto valor, a confiança exprime-se como uma situação em que alguém «adere, em termos de actividade ou de crença, a certas representações, passadas, presentes ou futuras, que tenha por efectivas» [cf. MENEZES CORDEIRO, *Da boa fé no Direito Civil*, Almedina, 2011 (4ª reimp.), Almedina, Coimbra, p. 1236].

quando assim se justifique⁴⁶. Assim, os credores sociais da sociedade dependente podem, eventualmente, carecer de um protecção jurídica. Como se verá adiante, esta tarefa não é empresa simples devido à multiplicidade de formas de actuação da sociedade dependente. Todavia, esta tutela não pode ser considerada como alternativa a uma responsabilidade pelo controlo intersocietário idêntica à do art. 501º do CSC⁴⁷.

4.2. Condutas relevantes da sociedade dominante: fenomenologia

A sociedade dominante pode adoptar múltiplas formas de se imiscuir no *ambiente negocial* estabelecido entre a sociedade dependente e *terceiros* com quem ela contrate. Impõe-se, então, proceder à distinção de condutas possíveis dentro do espectro sobre o qual recai a análise, isto é, a existência de uma relação mais ou menos remota com o ambiente negocial.

Desde logo, verifica-se que, não raras vezes, as sociedades dominantes participam nas negociações levadas a cabo pela sociedade dependente seja através de suporte técnico, participação pessoal e, claro está, dando a anuência ou reprovando a matéria contratual, *i.e.*, os termos em que a sociedade dependente se vincula perante outrem. Em casos mais extremos, participam como *quase-parte*, ficando a vinculação formal a cargo apenas da sociedade dependente. Nestes casos, participam activamente no processo negocial, não constando, porém, como parte no enunciado de contratos reduzidos a escrito.

Um segundo grupo de casos prende-se com declarações de *apoio* de intensidade variável da sociedade dominante à sociedade dependente, proferidas perante aqueles que contratam com esta.

Um último grupo de casos congrega declarações expressas exaradas em documentos publicitários ou circunstâncias propiciadas pela sociedade dominante das quais seja possível deduzir que existe uma unidade económica entre esta e a sociedade dependente. Neste último caso é comum fazê-lo através do uso

---

⁴⁶ Desde logo, a confiança pode presidir à *ratio* de disposições legais (*v.g.*, o caso de aquisição tabular previsto no art. 17º, 2 do CC). Por outro lado, ainda ser uma resposta do sistema fundada em institutos gerais onde se inclui a responsabilidade civil.

⁴⁷ A responsabilidade pela confiança não pode ter a pretensão de servir de alternativa à ausência de protecção conferida aos credores da sociedade dependente, nos grupos de facto. Do que se disse, depreende-se que o problema se coloca na antecâmara do plano negocial, ou seja, tem como vector uma relação contratual estabelecida entre a sociedade dependente e outra entidade à qual a sociedade dominante é (formalmente) terceira. Trata-se de ajuizar as implicações da aparência pública de uma unidade económica, em concreto, no que toca à confiança defraudada. Como bem se entende, esta é uma pequena parte do problema da tutela dos credores dos grupos de facto. Existem várias formas de ingerências passíveis de subcapitalizar a sociedade dependente que não colidem com o princípio da conservação do capital social (cf. art 32º do CSC). Deste modo, a responsabilidade pela confiança no grupo é tão-só um sub-problema da tutela dos credores da sociedade dependente.

dos mesmos sinais distintivos (*v.g.*, logotipo, marcas ou denominações comuns) que consubstanciam a criação de uma imagem de grupo, comum às sociedades do grupo e capaz de desempenhar funções valiosas a nível reputacional, criando em terceiros expectativas eventualmente carecidas de tutela.

Como se acaba de ver, de comum estas intervenções da sociedade dominante têm cariz mais ou menos comunicativo. Porém, não é certo que a conduta da sociedade dominante se consubstancie numa declaração de vontade já que, em muitos casos, apenas estão em causa declarações de ciência. A abordagem desta questão promana dos mais árduos problemas da teoria do negócio jurídico: o fundamento e limites da autovinculação. Ora, não é este o local adequado para tratar de tamanho problema. Ainda assim, o enquadramento dogmático da conduta da sociedade dominante, enquanto *problema*, carece de, pelo menos, o afastamento de condições justificativas logicamente prévias (*iter* intermédio) susceptíveis de ser solução válida. É o caso das *teorias performativas do negócio jurídico* e da *teoria da autovinculação sem contrato* que já foram afastadas entre nós com justificações convincentes[48/49]. Resta, então, em face de intervenções no

---

[48] As sociedades dominantes emitem, como se enunciou, diferentes tipos de declarações. Declarações estas que, na perspectiva destas teorias, são aptas a produzir efeitos jurídico-negociais ficando as partes vinculadas nesses precisos termos.
As teorias performativas do negócio jurídico qualificam este como um acto de comunicação. A vinculação jurídica corresponde à revelação exteriormente apreensível de um significante capaz de gerar expectativas a terceiros. Ou seja, o papel da vontade no negócio jurídico prende-se tão-só com a susceptibilidade de conformar um significante que, juntamente com o significado (uma previsão normativa) dê lugar a um *signo linguístico*, traduzido num efeito jurídico-negocial. Este preenchimento de uma previsão normativa à qual sejam associados efeitos jurídicos deve ser dotado de compreensibilidade sendo, assim, desprendido da vontade ou de outras formas justificativas dos efeitos jurídico-negociais. Em suma, dir-se-ia que a eficácia jurídica de uma declaração subjaz a uma consciência de juridicidade. Sobre a teoria performativa do negócio jurídico, *vide*, por todos, com acolhimento FERREIRA DE ALMEIDA (cf., *Texto e enunciado na teoria do negócio jurídico*, I, Almedina, Coimbra, 1992, *passim*, mas especialmente p. 113; pp. 121 e ss.; 131 e ss. e 225 e ss.). Não é possível envidar esforços para uma apreciação crítica de tão singela exposição, ainda assim, deve referir-se a não aceitação generalizada desta teoria na doutrina portuguesa. Desde logo, porque atropela a vontade como pretenso fundamento da autonomia privada. Ora, o negócio jurídico entendido apenas com fundamentos declaratistas e objectivistas é dificilmente aceitável. Neste sentido, *v.g.*, CARNEIRO DA FRADA (*Tutela...*, cit., pp. 50 e ss. e 601 e ss.); PEDRO DE ALBUQUERQUE, *A representação...*, cit., p. 997, nota 1669 e NUNO TRIGO DOS REIS, «A eficácia da mensagem publicitária», *Temas de Direito Comercial. Cadernos O Direito*, n. 4, Almedina, Coimbra, 2009, pp. 183-278 (199). Como princípio e, como tal, embora passível de excepções, não pode aceitar-se que alguém se vincule perante outrem não porque *quer*, mas porque despertou em outrem a expectiva de *ter querido*.

[49] Também a teoria da *autovinculação sem contrato* (JOHANNES KÖNDGEN, *Selbstbindung ohne Vertrag zur Haftung aus geschäftsbezogenem Handeln*, Mohr, Tübingen, 1981, pp. 1 e ss.), como se verá, não parece ser aceitável. Esta teoria promove uma superação da vontade como fundamento da vinculação, centrando o seu fundamento na auto-representação (*Selbstdarstellung*). Segundo a teoria de KÖND-

ambiente negocial relativo a contratos celebrados entre a sociedade dependente e *terceiros,* indagar do enquadramento dogmático daquelas e, havendo lugar a ressarcimento de danos, concluir a que título é feita a imputação de responsabilidade à sociedade dominante.

4.3. Enquadramento dogmático da responsabilidade da conduta da sociedade dominante

4.3.1. *Culpa in contrahendo* própria da sociedade dominante

Conforme se fez referência anteriormente, especialmente quando estejam em causa grupos de facto qualificados, a sociedade dominante exerce a influência dominante (cf. art. 486º do CSC) em termos que permitam determinar vontade juridicamente relevante da sociedade dependente em seu próprio interesse, levando a que se assuma como sujeito autónomo da relação de negociação[50] em relações pré-contratuais onde a sociedade dependente é *parte.* Este conceito impõe a recolocação da noção de *terceiro* relativamente a uma relação pré-contratual. Mais concretamente, um alargamento do seu âmbito[51] quando, por um motivo ou por outro, beneficie com os efeitos da relação contratual alheia[52].

GEN, a acção comunicativa tem subjacente a autovinculação do interlocutor perante o receptor que, por seu turno, formula expectativas (de continuidade) por referência a comportamentos. Neste sentido, a vinculatividade existiria, quando um acto ou um comportamento fosse valorado como apto a concretizar expectivas. Aliás, isto sucederia quando houvesse reciprocidade: a uma promessa deve corresponder uma contraprestação (*idem, ibidem,* pp. 233 e ss.). Tal como as teorias performativas do negócio jurídico, também a teoria da *autovinculação sem contrato* foi rejeitada entre nós. Ter como eixo central o recurso a conceitos sociológicos como *autorepresentação* e *reciprocidade* pode implicar uma ausência de valoração de factos sociais. Ora, dificilmente o Direito se coaduna com a ausência de um crivo de relevância: apenas devem ser considerados relevantes e, eventualmente, produtores de expectativas aqueles factos sociais que a ordem jurídica o reconheça como tal. No essencial, neste sentido, PEDRO MÚRIAS, *Representação legal e culpa in contrahendo,* Relatório de mestrado, BFDL, Lisboa, 1996, pp. 31 e ss.; CARNEIRO DA FRADA, *Tutela...,* cit., pp. 775 e ss. e NUNO TRIGO DOS REIS, «A eficácia...», cit., pp. 207 e ss.. Igualmente rejeitando a concepção de KÖNDGEN, SINDE MONTEIRO, *Responsabilidade por conselhos recomendações ou informações,* Almedina, Coimbra, 1989, pp. 484 e 485; PAULO MOTA PINTO, *Declaração tácita e comportamento concludente no negócio jurídico,* Almedina, Coimbra, 1995, pp. 164 e ss.

[50] Referindo-se a esta hipótese, ANA PERESTRELO DE OLIVEIRA, *Grupos de sociedades...,* cit., p. 624. Conforme já se teve ensejo de referir, a sociedade dominante não pode ser considerada verdadeiramente um *terceiro* face à relação contratual estabelecida entre a sociedade dependente e a sociedade dominante. Sobre o conceito de sujeito autónomo da relação de negociações, CARNEIRO DA FRADA, *Tutela...,* cit., pp. 155 e ss.

[51] No plano da responsabilidade pré-contratual, a ideia de conceito amplo de *terceiro* foi equacionada por FERREIRA DE ALMEIDA, *Texto...,* cit., II, pp. 1007-1008. Referem-no igualmente MENEZES CORDEIRO, *Da boa fé...,* cit., pp. 632 e ss..

[52] CARNEIRO DA FRADA, *Tutela...,* cit., p. 116.

A sociedade dominante, não estando numa negociação levada a cabo pela sociedade dependente, pode *intervir* no processo negocial e, dessa forma, determinar decisivamente o enunciado contratual. Tendo isto em conta, autores como CARNEIRO DA FRADA[53] reconhecem que um *terceiro* pode violar um dever pré-contratual[54]. Efectivamente, a *intromissão*, mais ou menos directa, da sociedade dominante no contexto negocial da sociedade dependente pode acarretar a criação de expectativas, eventualmente, susceptíveis de virem a corresponder a um *Tatbestand* da responsabilidade por *culpa in contrahendo*[55]. Se, tal como uma parte contratual, a sociedade dominante suscitar situações de confiança que, posteriormente, venha a defraudar, esta violação de uma confiança legítima pode dar origem a responsabilidade[56]. Por esta via, a sociedade dominante

---

[53] CARNEIRO DA FRADA, *Tutela*..., cit., pp. 155 e ss..

[54] Recorde-se que CARNEIRO DA FRADA procede a uma cisão entre a responsabilidade pré-contratual e protecção da confiança (cf. *Tutela*..., cit., *passim* mas incisivamente pp. 482 e ss.). Também OLIVEIRA ASCENSÃO (cf. *Direito civil/Teoria geral*, II, Coimbra Editora, Coimbra, pp. 371 e ss.) se mostra avesso ao apelo à ideia de confiança para justificar a *culpa in contrahendo* ainda que apenas remeta para a boa fé. Igualmente, PEDRO MÚRIAS, *Representação*..., cit., pp. 11 e ss. e 26. Segundo CARNEIRO DA FRADA, a *culpa in contrahendo* não tem como efeito uma adaptação do contrato à expectativa do beneficiário do dever pré-contratual incumprido. Embora a violação de um dever pré-contratual (dever de lealdade e dever de informação) possa dar origem a um contrato não conforme as legítimas expectativas de uma das partes, contudo, isso não autorizaria o ressarcimento do dano enquanto expectativa defraudada. Nestes casos, o A. entende que, quando for o princípio da boa fé a impor uma conduta, como o dever de informar e o dever de promover uma esclarecida e consciente formação da vontade, mesmo que a violação de um daqueles deveres contenda com as expectactivas do beneficiário do dever violado, não é esse o fundamento da responsabilidade. No caso da ruptura das negociações já estaria em causa a tutela da confiança e a inerente responsabilidade pela confiança. Ora, segundo CARNEIRO DA FRADA, estes casos não constam do *Tatbestand* do art. 227º, nº 1 do CC.

[55] Admitindo a tutela da confiança como um vector explicativo da *culpa in contrahendo*, v.g., C. MOTA PINTO, *Cessão da posição contratual*, Atlântida Editora, Coimbra, 1970, pp. 320-351, BAPTISTA MACHADO, «Tutela da confiança e *venire contra factum proprium*», *Obra Dispersa*, vol. I., *Scientia Ivridica*, Braga, 1991, pp. 345-423 (364); ALMEIDA COSTA, *Direito das obrigações*[9], Almedina, Coimbra, 2001, p. 271; FERREIRA DE ALMEIDA, *Texto*..., cit., II, p. 1006; MENEZES CORDEIRO, *Tratado de Direito civil português* I/1, Almedina, Coimbra, 2007, p. 507, DÁRIO MOURA VICENTE, *Da responsabilidade pré-contratual em Direito Internacional Privado*, Almedina, Coimbra, 2001, p. 43; PEDRO DE ALBUQUERQUE, *A representação*..., cit., p. 652; P. MOTA PINTO, *Interesse contratual negativo e interesse contratual positivo*, vol. I, Coimbra Editora, Coimbra, 2008, *passim*, v.g., p. 22 e PINTO DE OLIVEIRA, *Princípios de Direito dos contratos*, Coimbra Editora, Coimbra, 2011, pp. 208 e ss..

[56] Entre nós, foi sobretudo a propósito da responsabilidade do representante que foi aberta a porta ao alargamento subjectivo da *culpa in contrahendo* (cf. OLIVEIRA ASCENSÃO/CARNEIRO DA FRADA, «Contrato celebrado por agente de pessoa colectiva. Representação, responsabilidade e enriquecimento sem causa», RDE, a. 16-19 (1990-1993), pp. 43-77 (67 e ss.); P. MOTA PINTO, «Aparência de poderes de representação e tutela de terceiros: reflexão a propósito do artigo 23 do Decreto-Lei n. 178/86, de 3 de Julho», BFD, v. 69 (1993), pp. 587-645 (639-640); RAÚL GUICHARD ALVES, «Notas

responde, enquanto sujeito que dirige bens e interesses de outrem sendo apenas formalmente arredados do enunciado contratual. Aliás, em muitos casos, a sociedade dominante tem um interesse económico superior ao da sociedade dependente – formalmente, porém, apenas esta última é parte num contrato – que não raras vezes é instrumentalizada de modo a que aquela sociedade que exerce sobre si uma influência dominante obtenha um proveito próprio[57]. Trata-se, pois, de uma adequação entre a realidade económica e a jurídica que, de resto, permite associar a violação de um dever de conduta constante do art. 227º do CC – que, como se sabe, não visa apenas declarações – ao dever de indemnizar em virtude da lesão das expectativas dos (futuros) credores sociais da sociedade dependente.

4.3.2. Responsabilidade por declarações recondutíveis a cartas de conforto

Um caso típico de emissão de cartas de conforto é precisamente aquele que inclui a sociedade dominante, sociedade dependente e um financiador ou potencial credor desta[58]. Com efeito, estas *operações de conforto* sucedem não só em casos de financiamento da sociedade dependente, em que os futuros credores sociais exigem garantias por parte da sociedade dominante[59].

Não obstante, as cartas de conforto surgem igualmente quando as sociedades dependentes se encontram num mercado novo ou especialmente exigente.

---

sobre a falta e limites do poder de representação», RDES, s. 2, a. 37 (1995), n. 1-3, pp. 3-53 (22 e ss.) e PEDRO MÚRIAS, *Representação...*, cit., *passim*;

[57] Em geral, com estes argumentos, CARNEIRO DA FRADA, *Tutela...*, cit., p. 118. Neste sentido, ANA PERESTRELO DE OLIVEIRA, *Grupos de sociedades...*, cit., p. 625, nota 2000.

[58] Entre nós, JANUÁRIO DA COSTA GOMES, *Assunção fidjussória de dívida*, Almedina, Coimbra, 2000, pp. 406 e ss.; MENEZES CORDEIRO, *Das cartas de conforto no Direito bancário*, Lex, Lisboa, 1993, passim; *Idem, Manual de Direito bancário*, Almedina, Coimbra, 2010, pp. 771 e ss.; ENGRÁCIA ANTUNES, *Os grupos...*, cit., pp. 596-597; CALVÃO DA SILVA, «Cartas de conforto», *Estudos de Direito comercial (Pareceres)*, Almedina, Coimbra, 1996, pp. 369-394 (370 e ss.); PINTO MONTEIRO, *Sobre as cartas de conforto na concessão de crédito, Ab uno ad omnes: 75 anos da Coimbra Editora*, Coimbra Editora, Coimbra, 1998, 413-467 (419 e ss.); CARNEIRO DA FRADA, *Tutela...*, cit., pp. 528 e MENEZES LEITÃO, *Garantias das obrigações*², Almedina, Coimbra, 2008, pp. 150 e 151. Noutros quadrandes, especialmente relevante, ANNALISA ATTI, «Il patronage e i gruppi di società: le fattispecie e il valore giuridico», *Contratto e Impresa*, 1985, pp. 878-937.

[59] Especialmente nos casos de financiamento e quando estejam esgotadas as garantias reais, o recurso a garantias pessoais parece ser o caminho a seguir (cf., JANUÁRIO DA COSTA GOMES, *Assunção...*, cit., p. 408), sendo habitual a resistência à prestação de fiança e o recurso a garantias atípicas (cf. uma súmula de motivos, MENEZES CORDEIRO, *Manual de Direito bancário*, cit., p. 774 e MENEZES LEITÃO, *Garantias...*, cit., pp. 154 e 155.

São os casos em que, no exercício da sua actividade, seja exigido um *plus* de credibilidade e reconhecimento de solvabilidade[60] por aqueles com quem contrata. Neste contexto as cartas de conforto enfrentam, pelo menos, dois obstáculos: um primeiro, relativo à capacidade da sociedade dominante de prestar uma garantia (cf. art. 6º do CSC), especialmente quando prestadas a título gratuito que, ainda que não unanimemente, se pode considerar superado[61]; um segundo, que se prende com a juridicidade das cartas que igualmente no plano da prática comercial não oferece hoje resistências significativas[62].

As cartas de conforto podem desempenhar um papel muito importante nos grupos de facto. Se é certo que, dada a abrangência do art. 501º, nº 1 do CSC, nos grupos de direito os credores têm sua posição resguardada[63], já nos grupos de facto, o risco de solvabilidade enquanto factor que influencia a decisão de contratar ganha contornos não despiciendos. Na verdade, as cartas de conforto emitidas por parte da sociedade dominante podem ser um elemento desbloqueador de situações de incerteza por parte dos possíveis credores sociais da sociedade dependente.

---

[60] É recorrente em casos em que a sociedade dependente é recém-criada e não detém ainda um «nome» no mercado, pertencendo porém a um grupo cuja cúpula tem reconhecida solvabilidade (Cf., neste sentido, MENEZES CORDEIRO, *Manual de Direito bancário*, cit., p. 774).

[61] Existe hoje uma superação do princípio da especialidade que, no que agora importa, supõe uma interpretação do art. 6º, nº 3 do CSC no sentido de permitir uma tendencial capacidade ilimitada das sociedades comerciais que se coaduna com a prestação de garantias no seio do grupo (como são as cartas de conforto). Neste sentido, MENEZES CORDEIRO, *Manual de Direito das sociedades*, I, Almedina, Coimbra, 2007, p.339; PEDRO DE ALBUQUERQUE, «A vinculação de sociedades comerciais por garantia de dívidas de terceiros», ROA, a. 55 (1995), n. 3, pp. 689-711 (706 e ss.) e JANUÁRIO DA COSTA GOMES, *Assunção...*, cit., pp. 573 e ss.) Especialmente, no contexto em análise, ANA PERESTRELO DE OLIVEIRA, *Grupos de sociedades...*, cit., p. 522-523. Em sentido contrário, COUTINHO DE ABREU, *Curso de Direito Comercial*[3], Almedina, Coimbra, 2009, pp. 198-199; OSÓRIO DE CASTRO, «Da prestação de garantias por sociedades comerciais a dívidas de outras entidades», ROA, a. 56 (1996), n. 2, pp. 565-593 (580) e SOVERAL MARTINS, *Código das sociedades comerciais em comentário* (Coord. Coutinho de Abreu), art. 6º, pp. 114 e ss..

[62] A eficácia jurídica das cartas de conforto deve ser reconhecida na medida em que dificilmente se compaginam com a actividade própria das sociedades comerciais práticas altruístas e a inexistência de, pelo menos a título mediato, a intenção de minimizar de perdas e maximizar de lucro. Ora, neste sentido, seria pouco justificável deixar de fora da relevância jurídica declarações susceptíveis de contribuir para a celebração de negócios jurídicos. Isto basta para que exista uma presunção de juridicidade. Neste sentido, *v.g.*, MENEZES CORDEIRO, *Manual de Direito bancário*, cit., p. 775 e CARNEIRO DA FRADA, *Tutela...*, cit., pp. 529.

[63] Ainda que a questão não possa necessariamente ser excluída neste tipo de grupos, apenas se deve ter em conta que, no que diz respeito ao efeito e, assim, à eficiência económica das cartas de conforto, esta pode ser almejada *ex lege*.

As declarações ínsitas às cartas de conforto podem ser múltiplas e criam problemas relativos à interpretação das declarações das sociedades dominantes. Assim, este tipo de contratação mitigada resulta num jogo de dúplice face: por um lado, quem emite as cartas de conforto não pretende vincular-se a uma garantia como a fiança ou, a fazê-lo, quererá que isso ocorra nos termos menos compromissórios possíveis; por seu turno, quem recebe o *conforto*, de tudo fará para as assumir como verdadeiros compromissos contratuais[64].

A multiplicidade de declarações passíveis de ser insertas nas cartas de conforto[65], levou a que a doutrina tenha tentado estabelecer classificações como é o caso das cartas de conforto *fortes* ou *fracas*[66].

As hipóteses menos problemáticas prendem-se com as declarações (negociais) correspondentes a uma promessa de pagamento ou outros negócios jurídicos unilaterais. Nestes casos não há espaço para dúvidas: é aplicável o regime do incumprimento das obrigações (art. 798º do CC)[67].

Já no que toca às cartas de conforto *fracas*, haverá que distinguir se, em concreto, a declaração é colocada em causa em virtude da sua falta de veracidade ou se se trata de um incumprimento daquilo que haja sido exarado numa carta de conforto. Sendo certo que sempre se estará no plano da criação de uma situação de confiança mediante um agir comunicativo cuja defraudação é tutelável por diversas vias. Essencialmente, nas cartas de conforto *fracas* estão em causa, *v.g.*, declarações de conhecimento e aprovação do crédito, de informação de controlo ou de participação na sociedade beneficiária, de conhecimento da situação da empresa e de confiança na sua gestão, de políticas próprias da sociedade, entre outras. Qualquer uma delas corresponde a declarações de ciência, ou seja, são meras declarações de factos e, em especial, são declarações de tipo infor-

---

[64] Sobre esta «maravilhosa ambiguidade», com referências, JANUÁRIO DA COSTA GOMES, *Assunção...*, cit., pp. 408 e ss..

[65] Exemplificativamente, MENEZES LEITÃO, *Garantias...*, cit., pp. 152 e 153.

[66] Adoptanto a uma configuração bipartida, PINTO MONTEIRO, «Sobre as cartas...», cit., p. 459; JANUÁRIO DA COSTA GOMES, *Assunção...*, cit., pp. 573 e MENEZES LEITÃO, *Garantias...*, cit., p. 155; A. NAVARRO DE NORONHA, *As cartas de conforto*, Coimbra Editora, Coimbra, 2005, pp. 152 e ss. Para uma classificação tripartida, v.g., MENEZES CORDEIRO, *Manual de Direito bancário*, cit., p. 776 e CALVÃO DA SILVA, «Cartas...», cit., pp. 378. ROMANO MARTINEZ/FUZETA DA FONTE, *Garantia de cumprimento*[5], Almedina, Coimbra, 2006, pp. 157 e ss.. A opção por uma classificação bipartida expõe-se menos à difícil distinção entre obrigações de meios e obrigações de resultado que, neste contexto, tipicamente estão associadas ao *quantum* de esforço no cumprimento daquelas. Todavia, não sendo um critério definitivo.

[67] PINTO MONTEIRO, «Sobre as cartas...», cit., p. 459 e ss; ROMANO MARTINEZ/FUZETA DA FONTE, *Garantia...*, cit., pp. 161-162; MENEZES LEITÃO, *Garantias...*, cit., p. 155 e CARNEIRO DA FRADA, *Tutela...*, cit., pp. 530-531.

mativo⁶⁸. Em suma, encontramo-nos no plano do *ser* e, por isso, os enunciados passíveis de serem verdadeiros ou falsos e não válidos ou inválidos, pelo que, sendo premissas factuais, em princípio, não se pode deles deduzir um *dever ser*.

Ainda que se possa perspectivar a aplicação do art. 485º, nº 2 do CC⁶⁹ que cuida do enquadramento de falsidade ou de falta de correcção das informações fornecidas, desde que exista, por parte de quem emite declarações, um dever de prestar informação imposto pelos deveres acessórios de informação como é um dever resultante do art. 227º do CC⁷⁰ (*v.g.*, a situação financeira da sociedade dependente), a responsabilidade da sociedade dominante em tema de cartas de conforto fracas com prestação de informações encontra acolhimento na responsabilidade por *culpa in contrahendo* e na responsabilidade pela confiança.

Apesar da sociedade dominante não ser, nem querer vir a ser parte formal do contrato em preparação, o facto de interferir com autonomia no desenvolvimento das negociações dá-lhe um papel categórico na conformação da vontade de contratar daqueles que negociam com a sociedade dependente. Ora, deve,

---

⁶⁸ A informação constitui uma forma de dar a conhecer factos objectivos que podem incidir sobre pessoas, coisas ou relações (cf. Sinde Monteiro, *Responsabilidade por conselhos, recomendações ou informações*, Almedina, Coimbra, 1989, pp. 14 e ss.).

⁶⁹ Menezes Cordeiro, *Das cartas...*, cit., p. 71; Januário da Costa Gomes, *Assunção...*, cit., pp. 409, nota 23; Pinto Monteiro, «Sobre as cartas...», cit., p. 447 e 459; Sinde Monteiro, *Responsabilidade...*, cit., p.557, nota 351e Calvão da Silva, «Cartas...», cit., pp. 383. Também e Menezes Leitão (cf. *Garantias...*, cit., p. 156) admite esta possibilidade, embora a par de *culpa in contrahendo* (art. 227 do CC) e abuso de direito (art. 334 do CC). O agir comunicativo da sociedade dominante tem como propósito gerar confiança a outrem quanto ao conteúdo da carta de conforto.

⁷⁰ Mesmo para quem entenda que não se pode daqui retirar um dever jurídico de informar, esta solução não seria prejudicada quando se interprete extensivamente o preceito, como faz Baptista Machado [cf. «A cláusula do razoável», *Obra Dispersa*, vol. I., *Scientia Ivridica*, Braga, 1991, vol. I, pp. 457-621 (550)]. O A. afirma que a responsabilidade do emitente por via do art. 485º CC, quando este tenha agido com dolo ou manifesta negligência, ainda que não houvesse o dever jurídico de informar, na medida em que o emitente da carta pode não assumir (voluntariamente) a responsabilidade, mas actua *sob* responsabilidade, isto é, vinculado por um dever de cuidado e de protecção. Em todo o caso, deve entender-se que o art. 485º, nº 2 do CC é uma norma *aberta* (cf. Sinde Monteiro, *Responsabilidade...*, cit., pp. 333 e ss.), *i.e.*, vive ligada a institutos do direito geral das obrigações dos quais consta a responsabilidade por *culpa em contrahendo*. Contudo, embora não se negue que a indução dolosa à celebração de um contrato de financiamento através de uma carta de conforto é relevante do ponto de vista aquiliano, há algo que ultrapassa o *neminem laedere*. O dever de conduta violado funda-se numa relação especial entre o autor da carta e a entidade beneficiária. Assim, o art.485º, nº 2 é aplicável apenas quando a sociedade dominante haja assumido uma responsabilidade por danos relativos a informações prestadas. Neste sentido, Carneiro da Frada, *Tutela...*, cit., pp. 533-534, nota 561.

pois, a sociedade dominante ficar vinculada à regra da conduta de boa fé pré-contratual que impõe os deveres de informação, verdade e lealdade[71].

Por fim, pode ainda aceitar-se que, em determinadas hipóteses, estejam criadas expectativas tuteláveis cuja violação possa dar lugar a uma responsabilidade pela confiança[72]. Não obstante, deve ter-se em atenção que, tendo existido um contacto entre a sociedade dominante e os (futuros) credores da sociedade dependente, existiu igualmente uma tomada de posição que poucas dúvidas levanta: as partes não se vincularam contratualmente. Assim, o espaço deixado à criação de expectativas relativas a aparências jurídicas é muito reduzida. Assim, as informações falsas e inexactas provenientes das declarações de conhecimento, de participação ou de *policy* apenas podem ter consequências no plano acima indicado seja pela via do art. 485º CC, seja pela via intermédia que encontra apoio no art. 227º CC., seja ainda pelo próprio art. 227º CC. Já a responsabilidade pela confiança estará invariavelmente circunscrita a casos de *venire contra factum proprium* quando, v.g., através de uma mera declaração de participação, induz um (futuro) credor da sociedade dependente numa aparência propícia à celebração de um contrato, assumindo, posteriormente, um comportamento contrário ao da declaração, alienando parte ou a totalidade das suas participações. Percebe-se, então, que a responsabilidade derivada de uma carta de conforto fraca não se reduz aos referidos casos de omissão de esclarecimento ou de prestação de informação falsa e deficiente. Todavia, como se disse, a tutela da confiança mediante, concretamente, a responsabilidade pela confiança tem um espaço de actuação bastante exíguo[73]. Nestas circunstâncias, há lugar, pois, a um comportamento contrário às expectativas de conduta futura que se acalentou, pelo que o *venire* constitui *Tatbestand* de responsabilização[74]. Como salienta Carneiro da Frada[75], deve notar-se que, não existindo uma vinculação à realização de expectativas, a responsabilidade não deriva de um acto ilícito (contrário à lei ou a um negócio anteriormente celebrado), pelo que apenas pode abranger

---

[71] Carneiro da Frada, *Tutela*..., cit., pp. 533-534, nota 535.
[72] Embora reitere a não fundação da tutela da confiança no princípio da boa fé, Carneiro da Frada, *Tutela*..., cit., pp. 532-533..
[73] Carneiro da Frada, *Tutela*..., cit., pp. 532.
[74] Conforme se verá adiante, também aqui a responsabilidade pela confiança está sujeita aos pressupostos gerais: a) uma situação de confiança efectiva e imputável a determinada pessoa (imputação da confiança); b) justificação da confiança suportada por dados objectivos e credíveis; c) investimento de confiança, causado por esta e traduzido em actos concretos e externos, com ou sem expressão financeira imediata; d) boa fé de quem confiou. Cf. Baptista Machado, «Tutela da confiança ...», cit., 416 e ss.. e Menezes Cordeiro (cf., *Tratado* ..., cit., I/1, pp. 411-412).
[75] Carneiro da Frada, *Tutela*..., cit., pp. 543.

a indemnização do prejuízo que a destinatária da carta não teria sofrido se não tivesse confiado[76].

Tudo visto e somado, nas cartas de conforto fracas apenas se está perante uma concessão de informações e um dever genérico de diligência, o que não obsta a que daqui se possam retirar consequências no plano da responsabilidade civil, conforme se acaba de ver.

4.3.3. «*Konzernvertrauenshaftung*»: pretenso critério autónomo da imputação da confiança nos grupos societários

I – Cabe agora analisar a repercussão no plano da tutela da confiança do aparecimento público como uma unidade económica da sociedade dominante e da sociedade dependente, bem como da utilização de publicidade, sinais distintivos tais como, por exemplo, marca e logotipos. Mais especificamente, discute-se a atendibilidadade da criação de expectativas de solvabilidade tuteláveis por via da responsabilidade pela confiança de uma sociedade com base no aparecimento público comum. Em termos simples, a *Konzernvertrauenshaftung* corresponde aos casos em que a sociedade dominante e dependente actuem como se tratassem de uma só entidade, sendo que aqueles que, de boa fé, encetem negociações com a sociedade dependente e esta aparente ser um sector ou divisão de uma sociedade dominante, não podem – verificados certos pressupostos – ver as suas expectativas defraudadas. Isto é, se a sociedade dominante for responsável pela criação de uma aparência jurídica, em princípio, não pode posteriormente negar responder pelas dívidas da sociedade dependente. Ao fazê-lo, tendo contribuído para a manutenção de uma falsa percepção da realidade, pode incorrer em *venire contra factum proprium*.

O estudo do problema da confiança como fundamento de responsabilidade nos grupos societários ganhou contornos significativos a partir da sentença *Swissair* do BGE. Todavia, o carácter autónomo da responsabilidade pela confiança no grupos societários já havia sido defendida, primeiramente, por REHBINDER e acolhida por WIEDEMANN[77]. Este primeiro A. admitiu que a unidade económica promovida perante as contrapartes de sociedades dependentes podia ser susceptível de criar uma confiança no grupo (*Konzernvertrauen*), fundamento de responsabilidade. Em causa poderiam estar quer declarações não negociais, quer comportamentos fácticos da sociedade dominante passíveis de ser interpretados como uma assunção de responsabilidade por dívidas imputáveis à

---

[76] Em sentido próximo, PINTO MONTEIRO, «Sobre as cartas...», cit., p. 462. O A. entende que não se pode, pura e simplesmente, acenar *«com a bandeira da tutela da confiança e pretender, sem mais, a responsabilização do emitente da carta»*.

[77] HERBERT WIEDEMANN, *Die Unternehmensgruppe im Privatrecht*, Mohr, Tübingen, 1988, pp. 89-90.

sociedade dependente. O segundo A. considerou que a confiança dos credores da sociedade dependente é digna de protecção, podendo representar uma responsabilidade pela estrutura, declarações ou comportamento. Nos casos em que não existisse uma manifestação, por parte da sociedade dominante, a confiança poderia, ainda assim, ser fundamento de responsabilidade, sendo exigível aos credores de boa fé a prova de que as negociações começaram e prosseguiram porque havia a fundada impressão da existência de uma *empresa* unitária. Esta impressão devia ser sustentada num factor de identidade como é o caso do uso de firmas semelhantes às quais devia ainda acrescer outros factos aptos a justificar tal associação, *v.g.*, a existência de administradores comuns.

II – A jurisprudência suíça foi, por ventura, a grande impulsionadora da responsabilidade pela confiança nos grupos societários[78]. Com efeito, é a partir do

---

[78] Embora de forma mais comedida, também noutros ordenamentos jurídicos da matriz romano--germânica a responsabilidade pela confiança no grupo foi atendida. Na jurisprudência alemã, no caso *DASA*, uma sociedade dependente - a *Daimler-Benz Aerospace AG* -, uma sociedade-filha da *Daimler-Benz AG*, adquiriu o controlo da maioria do capital social da *Fokker N.V.* através de uma participação maioritária. Esta surgiu permanentemente nas várias formas publicitárias como pertencente ao grupo DASA, inclusivamente sendo o logotipo da sociedade-mãe do grupo usado para estes fins. A *Fokker N. V.*, em situação financeira debilitada, deixou de contar com o apoio da sociedade-mãe e sociedade-avó, entrando, por isso, em processo de insolvência. Os credores sociais da sociedade insolvente, muito embora não tivessem feito prova de que existia uma garantia de cumprimento das obrigações da *Fokker N. V.* por parte da *Daimler-Benz Aerospace AG e da Daimler--Benz AG*, alegaram que os fluxos financeiros *downstream* existentes até então lhes conferiam a expectativa de que aquelas sociedades providenciariam as disponibilidades monetárias necessárias em caso de dificuldade da sua devedora. Cf. MARCUS LUTTER, «Haftung aus Konzernvertrauen?», *Gedächtnisschrift für Brigitte Knobbe-Keuk*, Dr. Otto Schmidt, Köln, 1997, pp. 229-245 (231) Também a jurisprudência espanhola, segundo MÓNICA FUENTES NAHARRO (cf. *Grupo de sociedades...*, cit., pp. 430 e ss.), já se debateu o problema da *Konzernvertrauenshaftung*. No caso *Grupo Zeta*, em 2002, uma sociedade-mãe – a *Grupo Zeta, SA* – foi condenada a responder solidariamente por obrigação de indemnizar da sociedade-filha (*Ediciones Panorama, SA*) fundada numa ofensa à honra. Segundo a A., na base daquela decisão judicial esteve a protecção da confiança, uma vez que, na capa da revista onde aquela ofensa teve lugar, a *Ediciones Panorama, S.A.* constava como pertença ao *Grupo Zeta, S.A.*. Não é possível proceder à análise desta decisão, porém, impõe-se uma pequena apreciação crítica. Em primeiro lugar, a sentença em causa que, aliás, veio a ser revogada pelo *Tribunal Supremo* em 2006, refere-se a uma situação de responsabilidade delitual que não parece ser o campo de acção da tutela da confiança. Em causa parece estar a violação de um direito subjectivo, concretamente, de um direito de personalidade à qual a lei associa um juízo de desvalor. Não parece que a responsabilidade delitual, tão ligada que está ao anonimato entre agentes, se compagine com a tutela da *aparência jurídica*. Por outro lado, a A. não negligencia a existência, à data, de uma norma [o já revogado art. 22 da *Ley* 14/1966 (*Ley de Prensa*)] que – aparentemente – incluía no seu escopo as sociedades em grupo e, por isso, obrigava a que a sociedade-mãe respondesse os danos causados em virtude de publicações jornalísticas. Ora, não parece aceitável que, quando a lei reconhece e oferece uma tutela jurídica a uma realidade, esta possa ainda vir a ser *ainda mais*

caso *Swissair*[79/80/81] que surge, em definitivo, a aceitação, na jurisprudência helvética, da responsabilidade pela confiança da sociedade dominante perante os credores sociais da sociedade dependente (*Konzernvertrauen*). Neste caso, o BGE estabeleceu, como pressupostos para tal condenação, a existência de uma situação que objectivamente seja uma defraudação da confiança. Por outro lado, o tribunal federal suíço estabeleceu que a responsabilidade da sociedade dominante se fundava na aparente unidade económica do grupo perante terceiros.

tutelada pela responsabilidade pela confiança. Já não oferece dúvidas a recondução à responsabilidade pela confiança de uma outra decisão judicial posterior: o caso *Hosteles Catalonia*. Aqui, a jurisprudência espanhola parece ter trilhado, um caminho mais aceitável, ao fazer corresponder à existência de um logotipo identificativo da sociedade *Hosteles Catalonia* nos documentos onde foi exarado um contrato celebrado entre a *Doskasde, SA* e *Promotora Puntxet,S.A.* com um terceiro. A isto acrescem ainda os contactos posteriores entre aquelas sociedades e o demandante onde se provou que aquelas actuaram em nome da *Hosteles Catalonia* (cf. MÓNICA FUENTES NAHARRO, *Grupo de sociedades y proteccion de acreedores: una perspectiva societária*, Civitas – Thomson, Navarra, 2007, , p. 432). Nesta decisão, o credor era contratual, o que resolve parte do problema acima identificado no caso *Grupo Zeta*. Porém, ao tribunal aparentemente bastou uma declaração de pertença ao grupo o que, como adiante veremos, pode não ser suficiente. Por outro lado, um vez provada a actuação em nome da *Hosteles Catalonia* , eventualmente, poderia estar em causa uma vinculação efectiva desta nos termos do contrato de mandado o que implicaria a aplicação pura e simples do regime do incumprimento das obrigações. Por seu turno, a jurisprudência francesa, no caso *Marlin* (cf. *Cass*. 20-01-98, *Bulletin Joly Sociétés*,1998, pp. 474 e ss. com anotação de J. P. Dom) não aceitou como *Tatbestand* da responsabilidade pela confiança a existência, em documentos fornecidos pela sociedade-filha, da pertença desta a um grupo societário e, assim, não alargou a responsabilidade à sociedade-mãe.

Na *Common Law*, o *leading case* é o caso *Hertz International Ltd* v. *Richardson* (consultado em http://www.leagle.com). Aqui revelaram a aparência e a semelhança entre os sinais distintivos da *Hertz* inglesa e a *Hertz* norte-americana. Foi celebrado um contrato de aluguer de um automóvel entre aquela e um casal de norte-americanos, tendo este tido um acidente rodoviário em virtude da ineficiência dos travões. O casal que alugou o carro demandou directamente a *Hertz* norte-americana – sociedade-mãe da *Hertz* inglesa – apelando aparência de unidade económica entre as sociedades com o fundamento acima referido – o *Florida District Court of Appeal* reconheceu a existência de expectativas fundadas, tendo condenado a ré a pagar uma indemnização.

[79] Consultado em http://www.servat.unibe.ch.

[80] A *IGR Holding Golf and Country Residences AG*, como contrapartida à construção de imóveis, aceitou um pagamento prévio por parte da *Wibru-Holding AG*. Aquela primeira sociedade era totalmente dominada pela *Swissair Beteiligingen AG* que, aliás, viria a financiar parte do projecto de construção de várias moradias. A *IGR Holding Golf and Country Residences* não logrou contratar o número suficiente de pessoas interessadas, tendo, por isso, o projecto de construção várias residências fracassado. Posteriormente, esta sociedade foi vendida à *Euroactividade AG*, tendo a *Swissair Beteiligingen AG* vindo a adquirir uma participação social, embora não maioritária nela. Após a decisão de restituição das quantias recebidas a título de pagamento prévio, onde se incluía o montante prestado pela *Wibru-Holding*, a *IGR Holding Golf and Country Residences AG* – já insolvente – mostrou-se incapaz de fazer face ao pagamento daquele. A *Wibru-Holding* demandou directamente

A estes acresce a existência expectativas justificadas (*berechtigte Erwartungen*) destes terceiros com base em comportamentos que, efectivamente, justificassem o cumprimento de obrigações da sociedade dependente pela sociedade dominante. O BGE estabeleceu, na sua decisão, um paralelismo entre a posição da sociedade-mãe num contexto em que, dada a ligação especial que mantém com a sociedade filha, tem um dever de informação e de protecção tal como se estivesse em sede de negociação contratual[82].

A exigência de comportamentos por parte da sociedade-mãe que justifiquem a criação de uma *aparência jurídica* veio a ser amplamente discutido na doutrina. Desde logo, MARCUS LUTTER[83] sustentou que as «expectativas justificadas» não poderiam simplesmente ser assentes no conhecimento por parte de terceiros da relação de grupo, em concreto, do fundamento do vínculo em causa. A este respeito, não poderia relevar tão-só o uso por parte das sociedades pertencentes ao grupo de denominações e sinais distintivos similares como a firma[84], mesmo quando inseridas em suportes com fins publicitários. Na maior parte dos casos, as declarações proferidas pela sociedade dominante têm apenas funções «informativas e descritivos»[85], as quais não devem servir de fundamento de confiança a terceiros que contratem com a sociedade dependente, *i.e.*, em nada se confun-

---

a *Swissair Beteiligingen AG* e, em pleito, veio a provar-se que a *IGR Holding Golf and Country Residences AG* havia utilizado em anúncios publicitários a relação de grupo que mantinha com a *Swissair Beteiligingen AG* tal como o logotipo desta e, mais claramente ainda, naqueles anúncios constava uma frase que afirmava que onde a *IGR Holding Golf and Country Residences AG* estivesse, estaria a *Swissair Beteiligingen AG*. Com base nisto, o tribunal suíço decidiu que existia uma confiança no grupo que veio ser defraudada.

[81] Ainda antes desta decisão, o *Bundesgericht* teve aproximações prévias ao conceito de responsabilidade pela confiança no caso *Elisabeth Arden*, em 1969, tal como no caso *Sotheby's*, em 1986 e ainda o caso *CS Holding* [cf. *Bulletin Eidgenössische Bankenkommission*, n. 21 (1991), Berna (consulta disponível em www.finma.ch)]. Mencionando estas decisões como casos de responsabilidade pela confiança, MARC BAUEN/ROBERT BERNET/NICOLAS ROUILLER, *La société anonyme suisse*, Schulthess Verlag, Zurique, p. 265. Entre nós refere-os, ANA PERESTRELO DE OLIVEIRA, *Grupos de sociedades...*, cit., pp. 680 e ss., nota 1972.

[82] EUGEN BUCHER [cf. «La diversidad de significados de *Schuldverhältnis* (relación obligatoria) en el Código Civil alemán y las tradicionales fuentes extralegales de las obligaciones» (trad. Albert Ruda González), *Indret*, n.4, 2006, pp. 1-33 (31-32)] refere que a jurisprudência germânica tem encontrado forma de alcançar resultados idênticos à *Vertrauenshaftung* com fundamentação diferente, especialmente, aplicanda a responsabilidade por *culpa in contrahendo*.

[83] MARCUS LUTTER, «Haftung...», cit., p.239

[84] MARCUS LUTTER, «Haftung...», cit., p. 239. Em sentido contrário, HERBERT WIEDEMANN (cf. *Die Unternehmensgruppe...*, cit., p. 89-90) afirma que o uso da mesma pelas sociedades pertencentes ao mesmo grupo basta para que exista um investimento de confiança equivalente à prestação de uma garantia pela sociedade dominante.

[85] MARCUS LUTTER, «Haftung...», cit., p. 240.

dem com a assunção da obrigação de responder por dívidas desta por parte da sociedade dominante. Porém, mesmo a doutrina mais restritiva[86], admite que já assim não será quando estiverem em causa declarações explícitas com um sentido promissório (*v.g.*, «podem confiar em nós», como sucedeu no caso *Swissair*). A doutrina *Swissair* perdurou na jurisprudência suíça tendo sido corroborada nos casos *Ringer* e *Omni-Holding-Entscheid*[87].

Mais tarde, aquela corrente doutrinária mais restritiva teve respaldo no caso *Motor-Columbus*[88] onde o BGE reconheceu que o mero reconhecimento por parte da sociedade dominante da pertença ao grupo da sociedade dependente não justifica *per se* a responsabilidade pela confiança da primeira. Concretamente, a inclusão em documentos de uma declaração de reconhecimento de que uma sociedade dependente pertence ao grupo não convenceu aquele tribunal que, perante aquelas declarações genéricas, considerou que apenas são relevantes como possível fundamento de responsabilidade pela confiança quando a sociedade dominante crie expectativas concretas e, posteriormente, as defraude.

III – Aqui chegando, é tempo de ponderar a natureza jurídica da *Konzernvertrauenshaftung*. Alguns autores entendem que, mesmo apesar de estarem em causa pressupostos semelhantes aos existentes noutros institutos, está em causa um critério de imputação autónomo de responsabilidade da sociedade dominante perante credores sociais[89]. Ainda que se acolha a responsabilidade pela confiança no grupo como uma forma de responsabilidade nos grupos societá-

---

[86] Marcus Lutter, «Haftung...», cit., p. 240.

[87] Peter Forstmoser, «Haftung im Konzern», *Vom Gesellschafts- zum Konzernrecht* (Org. Charlotte M. Baer), Haupt Verlag, Berna, 2000, pp. 89-144 (132 e ss.) e Benedict Burg/Hans Caspar von der Crone,«Vertrauenshaftung im Konzern», SZW/RSDA, n. 5 (2010), 417-426 (420).

[88] Cf. BGE 124 III 297. Esta decisão tem como mote a responsabilidade pela venda de produtos defeituosos. A *Motor-Colombus AG* era sociedade-mãe da *Telecolombus AG* que, por seu turno, detinha uma participação maioritária na *EOP AG*. Esta vendeu ao demandante um produto defeituoso tendo vindo este a chamar a pleito directamente a *Motor-Colombus AG*. Apesar de ter havido uma decisão de forma devido à falta de legitimidade processual desta sociedade, o BGE não reconheceu que tão-só o facto de existir uma relação de grupo possa justificar *per se* o alargamento da responsabilidade à sociedade cúpula. Aliás, o tribunal deixou claro que nem mesmo o facto de num documento ser dito que a *EOP AG* pertencia ao grupo *Motor-Colombus* poderia servir de fundamento a uma expectativa de alargamento de responsabilidade. O supremo tribunal suíço deixou claro que é necessário para a criação de uma expectativa, além da indispensável relação grupal, um comportamento que firmemente e com concretas implicações possa justificar a tutela da aparência jurídica. Mais recentemente, o BGE voltou a confirmar esta tendência em sentenças de 12-Jun.-2007 (BGE 133 III 449) e de 13-Maio-2008 (BGE 134 III 390). Cf. descrição das mesma em Benedict Burg/Hans Caspar von der Crone,«Vertrauenshaftung...», cit., 420-421.

[89] Herbert Wiedemann, *Die Unternehmensgruppe im Privatrecht*, Mohr, Tübingen, 1988, pp. 89-90.

rios, deve ficar claro que não se está perante um caso de *Strukturhaftung* (responsabilidade pela estrutura). Em primeiro lugar, o âmbito de aplicação de uma e outra são distintos. A responsabilidade pela estrutura é significativamente mais ampla. Tenha-se em consideração o exemplo do art. 501º do CSC: aqui, o Legislador encontrou bons motivos para imputar à sociedade directora ou totalmente dominante as dívidas da sociedade subordinada ou totalmente dominada, sejam elas provenientes de obrigações contratuais ou, por exemplo, de obrigações de indemnizar em caso de responsabilidade civil delitual; tenham ou não um nexo causal com o exercício do poder de direcção previsto (art. 503º do CSC). Não deve, por isso, reconduzir-se a responsabilidade pela confiança no grupo a uma forma de obter um resultado idêntico ao conseguido pelos efeitos da aplicação do art. 501º. Na hipótese agora em análise, a responsabilidade pela confiança deve cingir-se à compensação de uma aparência jurídica.

Apenas pode ser reconhecida autonomia à responsabilidade no grupo quando se prove que existe alguma relação de especialidade em relação às formas comuns de tutela da confiança. Desde logo, qualquer análise da sindicabilidade de uma actuação susceptível de gerar expectativas tuteláveis enfrenta um pesado encargo: o princípio geral de que não existe um dever geral de não defraudar expectativas[90], *i.e.*, este princípio determina que o comportamento de uma pessoa apenas a vincula perante outrem quando corresponda a uma declaração de vontade válida e eficaz. Apenas excepcionalmente um comportamento que não seja uma declaração negocial – ou sendo-o, não seja válida ou eficaz – pode vincular[91]. Parece, pois, que a responsabilidade da sociedade dominante perante os credores da sociedade dependente com base na confiança fica sujeita ao preenchimento dos pressupostos que permitam concluir pela necessidade de aplicação de uma *iustitia correctiva*. Tipicamente, os requisitos da tutela da confiança são: uma situação de confiança, a justificação da mesma, o investimento

---

[90] CARNEIRO DA FRADA, *Tutela...*, cit., p. 396; MENEZES CORDEIRO, «A boa fé nos finais do século XX», ROA, a. 56 (1996), vol. III, pp. 887-912 (896); PINTO DE OLIVEIRA, *Princípios de Direito dos contratos*, Coimbra Editora, Coimbra, 2011, p. 177. Concretamente sobre a questão em causa, ANA PERESTRELO DE OLIVEIRA, *Grupos de sociedades...*, cit., p. 683.
[91] A inexistência de vinculação sem negócio jurídico fundada na confiança encontra resguardo na lei civil. Por exemplo, os arts. 227º, 334º e 762º, nº2 do CC acolhem o princípio da confiança. Aliás, na Lei das Cláusulas Contrauais Gerais, aquele princípio é expressamente consagrado nos arts. 15º e 16º (cf. PINTO DE OLIVEIRA, *Princípios...*, cit., p. 177)

da confiança e, por fim, a imputação da situação de confiança[92], devendo estes pressupostos articular-se num sistema móvel[93/94].

Não basta, pois, como se viu no caso *Motor-Colombus* e na jurisprudência que o sucedeu, a mera existência de um grupo ou mesmo a aparência de pertença ao grupo para alargar o âmbito da responsabilidade em causa à sociedade dominante. À preocupação geral de não restringir desnecessariamente a liberdade dos sujeitos[95] que, aliás, impõe a excepcionalidade da responsabilidade pela confiança acrescenta-se uma outra avançada por LUTTER[96]: a aceitação generalizada desta forma de tutela colocaria em causa o próprio sentido das normas que regulam a protecção dos credores nos grupos de direito. Além disso, em muitos casos, poderia ser colocada em causa de forma injustificada uma das implicações mais importantes do reconhecimento da personalidade jurídica como é a limitação de responsabilidade. A hipótese mais comum referida na jurisprudência estrangeira prende-se especialmente com o uso de sinais distintivos, como a marca ou o logotipo, por forma a associar como uma unidade económica sociedades pertencentes ao mesmo grupo. É ainda frequente a simples menção da pertença ao grupo ser exarada em documentos publicitários. Estes factores podem consubstanciar-se numa situação objectiva de confiança na medida em que os credores sociais da sociedade dependente possam, sem desrespeito pelos deveres de cuidado que se lhe imponham, convencer-se de que a sociedade dominante responde perante eles, no mínimo, a par da primeira. Todavia, dificil-

---

[92] São os pressupostos referidos em MENEZES CORDEIRO (cf., *Tratado* ..., cit., I/1, pp. 411-412) e já antes propostos no essencial por BAPTISTA MACHADO, «Tutela da confiança ...», cit., 416 e ss.. Porém, PINTO DE OLIVEIRA (cf. *Princípios*..., cit., p. 178) não autonomiza o pressuposto do investimento da confiança na medida em que é apenas uma explicitação dos requisitos do dano e de nexo de causalidade entre o facto e o dano em sede de responsabilidade. Todavia, como o A. acaba por reconhecer, o investimento da confiança deve servir para resolver um problema de responsabilidade civil por danos verificados, mas igualmente danos não verificados, não obstante iminentes (cf., a propósito, BAPTISTA MACHADO, «Tutela...», cit., 371-372).

[93] Sobre o conceito de sistema móvel, WALTER WILBURG, «Desenvolvimento de um sistema móvel no Direito Civil» (trad. Raúl Guichard Alves), *Revista Direito e Justiça*, Vol. XIV, 2000, tomo 3, pp. 51-75 e CLAUS-WILHELM CANARIS, *Pensamento sistemático e conceito de sistema*, [trad. da 2.ª ed. alemã de 1983, por António Menezes Cordeiro, 2008, Fundação Calouste Gulbenkian, Lisboa, pp. 127 e ss.. Entre nós, MENEZES CORDEIRO, *Da boa fé*...,cit., pp. 1248-1249.

[94] Entre estes pressupostos não existe uma hierarquia e não deve entender-se que a verificação do preenchimento de cada um dos pressupostos é absolutamente indispensável. Todavia, só assim será quando, pela especial intensidade de um deles, se possa dispensar a verificabilidade de um outro. Contudo, a mobilidade, nestes termos, carece, ainda assim, do controlo da adequação dos resultados preconizada fundamentalmente por princípios e valores cultivados pela ideia de Direito.

[95] CARNEIRO DA FRADA, *Tutela*..., cit., p. 396.

[96] MARCUS LUTTER, «Haftung...», cit., p. 241. Entre nós, também o reconhece ANA PERESTRELO DE OLIVEIRA (Cf. *Grupos de sociedades*..., cit., p. 683).

mente não estará colocada em causa a imputabilidade da confiança à sociedade dominante quando esta não esteja presente em negociações[97].

Em suma, não só não se está perante um critério autónomo de imputação de responsabilidade nos grupos, como a responsabilidade pela confiança no grupo não deixa de estar sujeita aos mesmos pressupostos exigidos por quaisquer outros factores que possam vir a estabelecer uma expectativa jurídica tutelável nos termos da responsabilidade pela confiança.

---

[97] ANA PERESTRELO DE OLIVEIRA, *Grupos de sociedades...*, cit., p. 624.

As Constituições dos Estados de língua portuguesa

JORGE MIRANDA

Prof. das Faculdades de Direito da Universidade de Lisboa e da Universidade Católica Portuguesa

I

1. A comunidade de língua e de cultura jurídica e o interesse que, só por si, tem sempre o Direito Comparado, justificam um tratamento conjunto, ainda que breve, das Constituições dos Estados de língua portuguesa.

Trata-se de Constituições elaboradas em período bem demarcado (relativamente curto ou longo, conforme as óticas). E Constituições cujo conteúdo essencial dir-se-ia hoje coincidir: a preocupação com os direitos fundamentais em largos catálogos, um quadro institucional de democracia representativa, a previsão de formas de fiscalização jurisdicional da constitucionalidade.

Não obstante e não obstante a aproximação histórica, não parece que possa falar-se numa comunidade constitucional lusófona[1] ou numa família constitucional dos países de língua portuguesa. Em primeiro lugar, por o agrupamento de sistemas constitucionais em famílias hoje se revelar improfícuo ou enganador

---

[1] Cfr. PAULO FERREIRA DA CUNHA, *Em demanda dos fundamentos de uma comunidade constitucional lusófona*, in *Perspectivas Constitucionais*, II, obra coletiva, Coimbra, 1997, págs. 11 e segs.; CARLOS BLANCO DE MORAIS, *Tópicos sobre a formação de uma comunidade constitucional lusófona*, in *Ad Uno Ab Omnes – 75 anos da Coimbra Editora*, obra coletiva, Coimbra, 1998, págs. 59 e 60; RUI MEDEIROS, *Constitucionalismo de matriz lusófona. Realidade e projecto*, Lisboa, 2011, *maxime* 53 e segs.

Nenhum destes Autores afirma a existência de uma comunidade ou de uma família constitucional de língua portuguesa. O que vai mais longe é RUI MEDEIROS (*op. cit.*, pág. 59), dizendo, na esteira de PETER HÄBERLE, que a ideia de um constitucionalismo de matriz comum constitui simultaneamente uma *proposta* e um *projeto*, devendo constituir o seu conteúdo uma relação dialética entre unidade e diversidade.

Cfr. ainda, no plano do Direito privado, DÁRIO MOURA VICENTE, *O lugar dos sistemas jurídicos lusófonos entre as famílias jurídicas*, in *Estudos em homenagem ao Prof. Doutor Martim de Albuquerque*, obra coletiva, 2004, págs. 401 e segs., situando esses Direitos na família romano-germânica

em face das interações intensas de elementos de várias matrizes e dos contrastes das estruturas socioculturais, políticas e económicas[2]. Em segundo lugar, por serem muito nítidas as diferenças de realidade constitucional dos países aqui considerados.

Isto não impede, porém, que se ponham em relevo o paralelo muito forte das experiências portuguesa e brasileira, o paralelo não menos significativo das experiências dos cinco países africanos, o caso particularíssimo de Timor-Leste, e, por outro lado, que se procure apresentar, num quadro de microcomparação mais do que de macrocomparação, elementos de identidade ou de semelhança entre as oito Constituições.

2. O constitucionalismo nasceu em Portugal e no Brasil ao mesmo tempo. Nasceu com a revolução de 1820, em consequência da qual se reuniram Cortes Constituintes, em que participaram Deputados eleitos pelas províncias brasileiras.

A Constituição de 1822 seria votada por portugueses e brasileiros (mau grado as desavenças e os mal entendidos, que tanto contribuíram para a separação) e ela formalizaria o Reino Unido de Portugal, Brasil e Algarves (que D. João VI, ainda Príncipe Regente, criara no Rio de Janeiro em 1815)[3].

Mas, embora não tivessem chegado a vigorar no Brasil – porque viria a ser aprovada em 23 de Setembro e, entretanto, a 7 de Setembro, fora proclamada a independência[4] – ela viria a influenciar fortemente o projeto de Constituição de 1823, frustrado pela dissolução da Assembleia Constituinte brasileira por D. Pedro I[5].

A seguir, a Carta Constitucional de 1826 seria (literalmente) decalcada da Constituição brasileira de 1824 e feita no Brasil pelo autor desta: D. Pedro I, IV de Portugal. O seu elemento mais típico, o poder moderador, encontra-se já no texto brasileiro. E, com vicissitudes várias e não sem maior ou menor turbulência, as duas Constituições vigorariam conjuntamente durante cerca de meio século.

Se o movimento republicano brasileiro viria a exercer largo impacto em Portugal, não menor viria a ser a influência da primeira Constituição republicana brasileira, a de 1891, sobre a primeira Constituição republicana portuguesa,

---

[2] Assim, JORGE MIRANDA, *Manual de Direito Constitucional*, I, 8ª ed., Coimbra, 2009, pág. 111.
[3] V. o texto da Carta de lei de 1815, in PAULO BONAVIDES e ROBERTO AMARAL, *Textos políticos da História do Brasil*, Brasília, 1996, I, págs. 238 e 239.
[4] Cfr. MARIA BEATRIZ NIZZA DA SILVA, *Movimento constitucional e separatismo no Brasil – 1821-1823*, Lisboa, 1988 (com interessantes textos e documentos).
[5] V. JORGE MIRANDA, *O constitucionalismo liberal luso-brasileiro*, Lisboa, 2001, págs. 23 e segs.

a de 1911. Alguns relevantíssimos institutos e soluções adotados nesta vieram daquela ou tiveram nela um antecedente comprovado: assim, por exemplo, o *habeas corpus* e a fiscalização judicial da constitucionalidade das leis.

As tendências autoritárias imperantes em Portugal de 1926 a 1974 tiveram paralelo no Brasil por duas vezes: entre 1937 e 1945 (num regime também cognominado de "Estado Novo") e de 1964 a 1985. Não admira que a Constituição de 1933 tenha inspirado, na Constituição brasileira de 1937, a criação de um Conselho de Economia Nacional (idêntico à Câmara Corporativa) e a atribuição ao Presidente da República dos poderes de dissolução da Câmara dos Deputados e da feitura de decretos-leis.

Em contrapartida, ultrapassado o autoritarismo, as Constituições atuais de ambos os países – a de 1976 em Portugal e a de 1988 no Brasil – apresentam muitos traços em comum: a extensão das matérias com relevância constitucional, o cuidado posto na garantia dos direitos de liberdade, a consagração de numerosos direitos sociais, a descentralização, a abundância das normas programáticas. E a Constituição brasileira consagraria regras ou institutos indiscutivelmente provindos da portuguesa: a definição do regime como "Estado Democrático de Direito", alguns direitos fundamentais, o estímulo ao cooperativismo, o alargamento dos limites materiais da revisão constitucional, a fiscalização da inconstitucionalidade por omissão[6].

Registe-se ainda a introdução (no Brasil desde 1969 e em Portugal desde 1971) de cláusulas constitucionais de equiparação de direitos de portugueses e brasileiros, concretizadas através da Convenção de 7 de Setembro de 1971, e hoje do Tratado de Porto Seguro de 22 de Abril de 2000.

3. O acesso à independência dos cinco países africanos de língua portuguesa não se fez ao mesmo tempo e nos mesmos termos em que decorreu o acesso à independência dos demais países da África. Naturalmente tal como por toda a parte, esse tempo e esse modo haviam de determinar os seus sistemas políticos e constitucionais originários.

Com efeito, depois de ter sido longamente retardado, por quinze anos, por causa do regime político em Portugal, deu-se a ritmo acelerado, logo que este regime foi substituído, e em cerca de quinze meses. Os "movimentos de libertação" que tinham conduzido a luta (política-militar ou só política) receberam o poder, praticamente ou quase sem transição gradual, por meio de acordos

---

[6] Cfr. Luís Roberto Barroso, *Influências da reconstitucionalização de Portugal sobre a experiência constitucional brasileira*, in *Themis*, 2006, número especial – 30 anos da Constituição portuguesa, págs. 71 e segs.; José Júlio Florentino dos Santos Mendonça, *A abertura do Direito Constitucional Brasileiro ao Constitucionalismo Português*, in *Revista de Direito Público*, nº 1, Janeiro-Junho de 2005, págs. 139 e segs.

então celebrados com o Estado Português[7]. Nuns casos (Guiné, Moçambique e Angola) os próprios movimentos viriam a proclamar a independência e a outorgar Constituições; noutros casos (Cabo Verde e São Tomé e Príncipe), ela seria declarada formalmente por assembleias eleitas, mas todas dominadas pelos respetivos movimentos, transformados também logo em partidos únicos[8].

As primeiras Constituições[9] foram: a de 1973[10] (depois substituída pela de 1984), quanto à Guiné-Bissau; as de 1975, quanto a Moçambique, S. Tomé e Príncipe e Angola; e a provisória, de 1975 (depois substituída pela de 1980), quanto a Cabo Verde[11].

E tiveram de comum:

a) Conceção monista do poder e institucionalização de partido único (correspondente ao movimento de libertação do país, ou, relativamente a Angola, ao movimento vencedor na capital);
b) Abundância de fórmulas ideológico-proclamatórias e de apelo às massas populares;
c) Empenhamento na construção do Estado – de um Estado diretor de toda a sociedade;
d) Compressão acentuada das liberdades públicas, em moldes autoritários e até, em alguns casos, totalitários;
e) Organização económica do tipo coletivizante;
f) Recusa da separação de poderes a nível da organização política e primado formal da Assembleia Popular Nacional.

Em Cabo Verde e na Guiné-Bissau, os regimes eram definidos como de "democracia nacional revolucionários" (art. 3º em cada uma das Constituições), sendo o Partido Africano de Independência de Cabo Verde ou da Guiné e Cabo Verde a força política dirigente da sociedade e de Estado (art. 4º).

---

[7] De qualificação jurídico-internacional complexa. Relativamente à Guiné-Bissau, o acordo teve por objetivo o reconhecimento por parte do Estado Português da independência declarada um ano antes em Medina do Boé.

[8] De 1975 a 1980 a Guiné-Bissau e Cabo Verde viriam a ser governados pelo mesmo movimento, o Partido Africano da Independência da Guiné e Cabo Verde, em fenómeno inédito similar a uma união pessoal.

[9] Os textos integrais constam da nossa coletânea *Constituições de Diversos Países*, nas edições de 1979-1980 e de 1986-1987.

[10] V. ANTÓNIO DUARTE SILVA, *A Constituição de 24 de Setembro de 1973 da República da Guiné-Bissau*, Lisboa, 1982 e *Invenção e Construção da Guiné-Bissau*, Coimbra, 2010, págs. 183 e segs.; *Estudos Comemorativos dos 20 anos da Faculdade de Direito de Bissau*, obra coletiva, Lisboa-Bissau, 2010.

[11] V. LUÍS MENDONÇA, *O regime político de Cabo Verde*, in *Revista de Direito Público*, nº 3, Janeiro de 1988, págs. 7 e segs.; JORGE CARLOS FONSECA, *O sistema de governo na Constituição Cabo-Verdiana*, Lisboa, 1990.

Moçambique era um Estado de democracia popular, pertencendo o poder aos operários e camponeses unidos e dirigidos pela FRELIMO (art. 2º da sua Constituição).

Em Angola, o MPLA-Partido do Trabalho constituía "a vanguarda organizada da classe operária" e cabia-lhe "como partido marxista-leninista, a direção política, económica e social do Estado nos esforços para a construção da sociedade socialista" (art. 2º da Constituição).

Em São Tomé e Príncipe, era o Movimento de Libertação de São Tomé e Príncipe, como vanguarda revolucionária, a força política dirigente da Nação, cabendo-lhe determinar a orientação política do Estado (art. 3º da respetiva Constituição).

O poder fora conquistado por movimentos de libertação vindos de duras lutas, que exigiam um comando centralizado e, por vezes, personalizado. Por outro lado, a despeito da diferença de condições, na África dos anos 70 e 80 também era o modelo de partido único que prevalecia por toda a parte. Finalmente, Portugal não deixara nos seus antigos territórios nem instituições, nem tradições democráticas, liberais e pluralistas – até porque desde 1926 tão pouco houvera instituições dessa natureza entre nós e foi só a seguir a 1974 (já depois de consumada a separação) que em Portugal se ergueu, de novo e com mais aprofundamento, o Estado de Direito.

Tudo isto poderá explicar o caráter não democrático e o afastamento dos modelos ocidentais nos cinco países de língua oficial portuguesa[12].

4. A partir da segunda metade dos anos 80, os regimes instaurados começaram a revelar nítidos sinais de esvaziamento, de incapacidade para resolver os problemas, de falta de consenso ou de legitimidade – sobretudo em Angola e Moçambique com dramáticas guerras civis alimentadas do exterior.

De 1990 para cá abrir-se-iam em todos os cinco países, embora em termos e com resultados diversos, processos constituintes em resposta a essa situação:

– Em Cabo Verde, São Tomé e Príncipe e Guiné-Bissau, processos de transição verdadeira e própria, por iniciativa dos próprios regimes no poder – processo de revisão constitucional no primeiro e no terceiro casos e culminando na aprovação de uma nova Constituição formal no segundo;

– Em Moçambique e Angola, processos de transição ligados aos processos de paz e conduzindo também a novas Constituições.

---

[12] Cfr. FAFALÁ KOUDAWO, *Governação, guerra e paz – o caso da Guiné-Bissau e o exemplo de Cabo Verde*, in *Direito e Cidadania*, Março-Dezembro de 2001, págs. 263 e segs.; LUÍSA NETO, *Trajectos de independência e consolidação da estrutura estadual nos países africanos de língua portuguesa*, in *Estudos em homenagem ao Prof. Doutor Joaquim Moreira da Silva Cunha*, obra coletiva, Coimbra, 2005, págs. 563 e segs.

Em todos os países viriam a efetuar-se eleições gerais, inclusive com vitória da Oposição em Cabo Verde e em São Tomé e Príncipe; a seguir, em Cabo Verde far-se-ia uma nova Constituição[13].

As atuais Constituições datam de 1984, quanto à Guiné-Bissau (com revisões de 1993, 1995 e 1996); de 1990 (revista em 2004), quanto a São Tomé e Príncipe; de 1992, quanto a Cabo Verde; de 2004, quanto a Moçambique; e de 2010 quanto a Angola[14].

E, tal como nas Leis Fundamentais da primeira era constitucional, não custa reconhecer fortes pontos de semelhança:

a) O reforço dos direitos e liberdades fundamentais, com enumerações largas e relativamente precisas, regras gerais sobre a sua garantia e proibição da pena de morte (como já acontecia em Cabo Verde);

b) A previsão de mecanismos de economia de mercado, bem como do pluralismo de setores de propriedade, e, em geral, a desideologização da Constituição económica;

c) A inserção de regras básicas de democracia representativa e o reconhecimento do papel dos partidos políticos;

d) A superação do princípio da unidade do poder e uma distribuição mais clara das competências;

e) Sistemas de governo com três órgãos políticos significativos – Presidente, Assembleia e Governo – mas com diversos sistemas de relações entre eles;

f) Um primeiro passo no sentido da criação de autarquias locais;

g) A preocupação com a garantia da constitucionalidade e da legalidade[15].

---

[13] Cfr. Luís Barbosa Rodrigues, *A transição constitucional guineense*, Lisboa, 1995; Fafali Koudawo, *Cabo Verde e Guiné-Bissau: da democracia revolucionária à democracia liberal*, Bissau, 2001; António Duarte Silva, *Invenção ...*, cit., págs. 199 e segs.; Jorge Carlos Fonseca, *Cabo Verde – Constituição, Democracia, Cidadania*, Coimbra, 2011.

[14] Cfr. Jorge Miranda, *A Constituição de Angola de 2010*, in *O Direito*, 2010, págs. 9 e segs.

[15] V. Jorge Bacelar Gouveia, *O princípio democrático no novo Direito constitucional moçambicano*, in *Revista da Faculdade de Direito da Universidade de Lisboa*, 1995, págs. 457 e segs., e *Os sistemas político-constitucionais dos Estados africanos de língua portuguesa*, in *Estudos de Direito Público de Língua Portuguesa*, Coimbra, 2004, págs. 287 e segs., e *A fiscalização da constitucionalidade na Constituição da República Democrática de S. Tomé e Príncipe*, in *Direito e Cidadania*, nº 25/26, págs. 101 e segs.; *Sistemas constitucionais africanos de língua portuguesa: a caminho de um paradigma*, in *Themis*, 2006, número especial, págs. 119 e segs.; Jorge Reis Novais, *Tópicos de direito, Política e Direito Constitucional Guineense*, Lisboa, 1996; Emílio Kafft Kosta, *O constitucionalismo guineense e os limites materiais de revisão*, Lisboa, 1997; Paulo Castro Rangel, *Sistema de governo misto – o caso cabo-verdiano*, in *Jus et de Jure – Nos Vinte Anos da Faculdade de Direito da Universidade Católica Portuguesa – Porto*, obra coletiva, Porto, 1998, págs. 717 e segs.; Wladimir Brito, *Um balanço da Constituição de 1992*, in *Direito e Cidadania*, Maio de 1999, págs. 13 e segs., e *A revisão da Constituição de 1992*, ibidem, Março-Junho de 2000, págs. 165 e segs.; Américo Simango, *Introdução à Constituição Moçambicana*, Lisboa, 1999;

Em muitas das fórmulas e das soluções divisam-se diretas influências da Constituição portuguesa de 1976[16].

5. Após mais de vinte anos de ocupação indonésia[17], Timor adquiriu a sua independência em 20 de Maio de 2002. Nesse dia entrou em vigor a Constituição aprovada pela sua Assembleia Constituinte em 22 de Março.

É uma Constituição muito semelhante, em muitos aspetos, à Constituição portuguesa e às dos países africanos de língua portuguesa[18].

II

6. Uma análise comparativa revela pontos muito interessantes, que, a seguir, se sumariam.

Quanto à estrutura textual:

a) Cada uma das Constituições – consideradas sempre pela ordem cronológica da sua feitura – abre com um preâmbulo.

b) A extensão do articulado é variável:

RAÚL C. ARAÚJO, *Os governos de transição democrática nos P.A.L.O.P.*, Coimbra, 2010; CARLOS FEIJÓ, *Problemas Actuais do Direito Público Angolano*, Lisboa, 2001; ANTÓNIO ALBERTO NETO, *Instituições políticas e sistemas constitucionais nos países africanos de expressão portuguesa*, Luanda, 2003; FILIPE FALCÃO OLIVEIRA, *Direito Público Guineense*, Coimbra, 2005; ANTÓNIO DUARTE SILVA, *O constitucionalismo da Guiné-Bissau (1973-2005)*, in *Direito e Cidadania*, nº 25/26, págs. 63 e segs.; PEDRO BACELAR DE VASCONCELOS, *Entre os factos e o Direito: dimensões constituintes na transição política angolana*, in *Scientia Iuridica*, 2007, págs. 401 e segs.; *O semipresidencialismo e o controlo da constitucionalidade na África Lusófona*, número especial de *Negócios Estrangeiros*, Outubro de 2007; MARINA COSTA LOBO e OCTAVIO AMORIM NETO, *O semipresidencialismo e a democratização da lusofonia*, in *O semipresidencialismo nos países de língua portuguesa*, obra coletiva (org. dos Autores), Lisboa, 2009, págs. 15 e segs.

[16] Cfr. CARLOS BLANCO DE MORAIS, op. cit., págs. 55 e segs.; JORGE CARLOS FONSECA, *op. cit.*, págs. 104 e segs.; RUI MEDEIROS, *Constitucionalismo ...*, cit.

[17] Cfr. *Timor e o Direito*, obra coletiva, Lisboa, 2000; MIGUEL GALVÃO TELES, *Timor Leste*, in *Dicionário Jurídico da Administração Pública*, 3º suplemento, 2001, págs. 569 e segs.

[18] Cfr. JORGE MIRANDA, *Uma Constituição para Timor*, in *Revista da Faculdade de Direito da Universidade de Lisboa*, 2000, págs. 535 e segs.; JORGE BACELAR GOUVEIA, *A primeira Constituição de Timor Leste*, in *Estudos de Direito Público de Língua Portuguesa*, págs. 305 e segs.; RICARDO MALHEIROS FIÚZA, *Timor-Leste, o nascimento de um Estado*, in *Revista latino-americana de estudos constitucionais*, 2003, págs. 543 e segs.; VÉRONIQUE HUET, *La première Constitution de Timor Oriental*, in *Revue française de doit constitutionnel*, 2003, págs. 865 e segs.; FLORBELA PIRES, *Fontes de Direito e procedimento legislativo na República Democrática de Timor Leste*, in *Estudos em memória do Professor Doutor António Marques dos Santos*, obra coletiva, II, Coimbra, 2005, págs. 101 e segs.; CARLOS BASTIDE HORBACH, *O controlo da constitucionalidade na Constituição de Timor Leste*, in *Revista da Faculdade de Direito da Universidade de Lisboa*, 2005, págs. 1019 e segs.

– Portugal (hoje) – 296 artigos, 312 no texto inicial;
– Brasil – 250 e 94 artigos do Ato de Disposições Transitórias;
– São Tomé e Príncipe – 160;
– Cabo Verde – 213;
– Guiné-Bissau – 133;
– Timor – 170;
– Moçambique – 306;
– Angola – 244.

c) Em todos os articulados, após a definição dos "Princípios fundamentais" (e, no caso de Moçambique, de um título sobre nacionalidade), o tratamento prioritário dos direitos e deveres fundamentais.

d) Salvo no Brasil, a autonomização do tratamento da garantia da Constituição (ou da garantia e da revisão da Constituição).

7. Nos "Princípios fundamentais" além da afirmação da soberania ou da independência nacional e da república, encontram-se de comum:

a) A proclamação, salvo na Guiné-Bissau e em Timor, da dignidade da pessoa humana:
– Portugal (art. 1º);
– Brasil (art. 1º-III);
– Cabo Verde (art. 1º);
– Timor (art. 1º);
– Angola (art. 1º).

b) A qualificação como Estado de Direito, exceto na Guiné-Bissau:
– Portugal (art. 2º);
– Brasil (art. 1º);
– São Tomé e Príncipe (art. 6º);
– Cabo Verde (art. 2º);
– Timor (art. 1º);
– Moçambique (art. 3º);
– Angola (art. 2º).

c) Salvo no Brasil, a natureza de Estado unitário:
– Portugal (art. 6º);
– São Tomé e Príncipe (art. 5º);
– Cabo Verde (art. 1º);
– Guiné-Bissau (art. 1º);
– Timor (art. 1º);
– Moçambique (art. 8º);
– Angola (art. 8º).

d) A afirmação de princípios e objetivos nas relações internacionais:
   – Portugal (art. 7º);
   – Brasil (art. 4º);
   – São Tomé e Príncipe (art. 12º);
   – Cabo Verde (art. 11º);
   – Guiné-Bissau (art. 18º);
   – Timor (art. 8º);
   – Moçambique (art. 17º);
   – Angola (art. 12º).
e) A receção do Direito internacional:
   – Portugal (art. 8º);
   – Brasil (art. 5º, § 3º);
   – São Tomé e Príncipe (art. 13º);
   – Cabo Verde (art. 12º);
   – Timor (art. 9º);
   – Moçambique (art. 18º);
   – Angola (art. 13º).
f) A aceitação do Tribunal Penal Internacional:
   – Portugal (art. 7º, nº 7);
   – Brasil (art. 5º, § 4º).
g) O português como língua oficial:
   – Portugal (art. 11º, nº 3);
   – Brasil (art. 13º);
   – Cabo Verde (art. 9º), devendo, contudo, o Estado promover a oficialização da língua materna caboverdiana em paralelo com o português;
   – Timor (art. 13º), ao lado do tetum;
   – Moçambique (art. 10º);
   – Angola (art. 19º, nº 1).
h) A afirmação de laços especiais ou privilegiados com os países de língua portuguesa:
   – Portugal (art. 7º, nº 4);
   – São Tomé e Príncipe (art. 8º, nº 3);
   – Cabo Verde (art. 11º, nº 6);
   – Moçambique (art. 21º).
i) A consagração dos símbolos nacionais:
   – Portugal (art. 11º, nºs 1 e 2);
   – São Tomé e Príncipe (art. 14º);
   – Cabo Verde (art. 8º);
   – Guiné-Bissau (art. 22º);
   – Timor (arts. 14º e 15º);

– Moçambique (arts. 13º e 297º e segs.);
– Angola (art. 18º).

8. No tocante aos direitos e deveres fundamentais:
   a) A extensão do catálogo;
   b) A consagração simultânea, nas com distinção, de direitos de liberdade ou de direitos, liberdades e garantias e direitos sociais:
      1. Direitos, liberdades e garantias:
         – Portugal (arts. 24º e segs. e 17º);
         – Brasil (art. 5º);
         – São Tomé e Príncipe (arts. 22º e segs. e 57º e segs.);
         – Cabo Verde (art. 27º e segs.);
         – Timor (arts. 2º e segs.);
         – Moçambique (arts. 35º e segs.);
         – Angola (arts. 30º e segs.).
      2. Direitos sociais:
         – Portugal (arts. 58º e segs.);
         – Brasil (arts. 6º e segs. e 193º e segs.);
         – São Tomé e Príncipe (arts. 42º e segs.);
         – Cabo Verde (art. 67º e segs.);
         – Timor (arts. 50º e segs.);
         – Moçambique (arts. 82º e segs.);
         – Angola (arts. 76º e segs.).
   c) A igualdade entre homens e mulheres:
      – Portugal [arts. 9º, alínea h), 13º, nº 2 e 109º];
      – Brasil (art. 5º-I);
      – São Tomé e Príncipe (art. 15º, nº 2);
      – Cabo Verde (art. 23º);
      – Timor [arts. 6º, alínea f), e 16º, nº 2];
      – Moçambique (arts. 35º e 36º);
      – Angola [arts. 22º, alínea k), e 23º, nº 2].
   d) A cláusula aberta:
      – Portugal (art. 16º, nº 1);
      – Brasil (art. 5º, §§ 2º e 3º);
      – São Tomé e Príncipe (art. 18º, nº 1);
      – Cabo Verde (art. 17º);
      – Timor (art. 23º);
      – Moçambique (art. 42º);
      – Angola (art. 26º).
   e) A receção ou a menção da Declaração Universal:

– Portugal (art. 16º, nº 2);
– São Tomé e Príncipe (art. 12º, nº 2);
– Timor (art. 23º);
– Moçambique (art. 43º);
– Angola (art. 26º, nº 2).

f) O princípio da aplicação imediata:
– Portugal (art. 18º, nº 1);
– Brasil (art. 5º, §§ 1º);
– Cabo Verde (art. 18º);
– Angola (art. 28º, nºs 1 e 2).

g) A vedação da pena de morte:
– Portugal (art. 24º, nº 2);
– Brasil [art. 5º-XLVII, alínea c), embora ressalvando o caso de guerra declarada];
– São Tomé e Príncipe (art. 22º, nº 2);
– Cabo Verde (art. 27º, nº 2);
– Guiné-Bissau (art. 36º, nº 1);
– Timor (art. 36º, nº 1);
– Moçambique (art. 40º, nº 2);
– Angola (art. 59º).

h) A separação entre o Estado e as confissões religiosas ou o Estado laico:
– Portugal (art. 41º, nº 4);
– Brasil (art. 5º-VI e VIII, implicitamente);
– São Tomé e Príncipe (art. 8º);
– Cabo Verde (art. 48º, nº 3);
– Guiné-Bissau (art. 6º);
– Timor (art. 45º, nº 1, sem prejuízo de um princípio de cooperação);
– Moçambique (art. 12º);
– Angola (art. 10º).

i) A existência de um Provedor de Justiça:
– Portugal (art. 23º);
– Cabo Verde (art. 253º);
– Timor (art. 275º);
– Angola (art. 292º).

j) O objetivo de uma sociedade solidária:
– Portugal (art. 1º, *in fine*);
– Brasil (art. 3º-I);
– São Tomé e Príncipe (art. 1º);
– Angola (art. 1º).

9. Quanto ao sistema político:
a) Pluralismo político:
   - Portugal (art. 2º);
   - Brasil (art. 1º-V);
   - Guiné-Bissau (art. 4º, nº 2);
   - Moçambique (art. 3º);
   - Angola (art. 2º, nº 1).
b) Contraposição entre:
   - semipresidencialismo Portugal, Cabo Verde (com forte tendência parlamentarizante), Guiné-Bissau e Timor;
   - e presidencialismo no Brasil, em Angola (com grande concentração de poder no Presidente da República) e Moçambique.
c) Mas, em todos os países, eleição por sufrágio direto do Presidente da República:
   - Portugal (art. 121º);
   - Brasil (art. 77º);
   - São Tomé e Príncipe (art. 78º);
   - Cabo Verde (arts. 103º e 125º);
   - Guiné-Bissau (art. 63º);
   - Timor (art. 76º);
   - Moçambique (art. 147º);
   - Angola (art. 109º, mas sendo eleito Presidente o cabeça de lista, pelo círculo nacional, da candidatura mais votada nas eleições gerais para o Parlamento).
d) Em todos, salvo no Brasil (por ser um Estado federal), unicameralismo.

10. Quanto ao poder local e municipal:
- Portugal (arts. 6º e 235º e segs.);
- Brasil (arts. 18º e 29º e segs.), mas elevando os municípios a entes da União;
- São Tomé e Príncipe (arts. 136º e segs.);
- Cabo Verde (art. 226º e segs.);
- Guiné-Bissau (arts. 105º e segs.);
- Timor (arts. 5º e 72º);
- Moçambique (arts. 8º e 271º e segs.);
- Angola (arts. 213º e segs.).

11. Quanto aos direitos de participação política, em especial:
a) Sufrágio universal:
   - Portugal (arts. 10º e 49º);
   - Brasil (art. 14º);

- São Tomé e Príncipe (art. 6º, nº 2);
- Cabo Verde (art. 103º);
- Guiné-Bissau (art. 57º);
- Timor (art. 7º, nº 1);
- Moçambique (art. 73º);
- Angola (art. 54º).
b) Princípios de Direito eleitoral:
- Portugal (arts. 113º);
- Brasil (art. 14º);
- Cabo Verde (arts. 95º e segs. e 103º e segs.);
- Guiné-Bissau (art. 60º).
c) Consagração e liberdade dos partidos políticos:
- Portugal (arts. 10º, 51º e 114º);
- Brasil (art. 17º);
- São Tomé e Príncipe (art. 6º);
- Guiné-Bissau (art. 4º);
- Timor (art. 7º, nº 2);
- Moçambique (art. 53º);
- Angola (arts. 17º e 55º).
d) Referendo:
- Portugal (arts. 115º, 232º, nº 2, 240º e 256º);
- Brasil (art. 14º-I e II);
- Cabo Verde (arts. 4º e 102º).

12. No concernente à garantia de constitucionalidade:
a) Afirmação dos princípios de constitucionalidade e de legalidade:
- Portugal (arts. 3º, 204º e 277º e segs.);
- São Tomé e Príncipe (art. 71º);
- Cabo Verde (art. 3º);
- Guiné-Bissau (art. 8º);
- Timor (art. 2º);
- Moçambique (art. 2º);
- Angola (art. 6º).
b) Previsão de inconstitucionalidade por omissão:
- Portugal (art. 283º);
- Brasil (arts. 5º-LXXI e 103º, § 2º);
- Timor [art. 125º, nº 1, alínea ???)];
- Angola (art. 223º).
c) Sistemas jurisdicionais de fiscalização de constitucionalidade:
- Portugal (arts. 204º, 221º e segs. e 278º e segs.);

- Brasil (arts. 102º e 103º);
- São Tomé e Príncipe (arts. 129º e 131º e segs.);
- Cabo Verde (arts. 210º, nº 3 e 219º);
- Guiné-Bissau (art. 126º);
- Timor (arts. 120º e 126º);
- Moçambique (arts. 214º e 241º);
- Angola (arts. 180º e 226º e segs.).

d) Existência ou previsão de um Tribunal Constitucional:
- Portugal (arts. 221º e segs.);
- São Tomé e Príncipe (arts. 131º e segs.);
- Cabo Verde (art. 219º);
- Moçambique (arts. 241º e segs.), com o nome de Conselho Constitucional;
- Angola (art. 180º).

13. Quanto a limites materiais de revisão ou emenda constitucional:
- Portugal (art. 288º);
- Brasil (art. 60º, § 4º);
- São Tomé e Príncipe (art. 154º);
- Cabo Verde (art. 285º);
- Guiné-Bissau (art. 130º);
- Timor (art. 156º);
- Moçambique (art. 292º);
- Angola (art. 246º).

A ordem pública como limite à autonomia privada

JORGE MORAIS CARVALHO
Prof. Convidado na Faculdade de Direito da Universidade Nova de Lisboa

1. Introdução

Nos termos do nº 2 do artigo 280º do Código Civil, o negócio jurídico contrário à ordem pública é nulo. O artigo 281º estende a nulidade aos casos em que apenas o fim do negócio, sendo comum a ambas as partes, é contrário à ordem pública. Também a subordinação do contrato a uma condição contrária à ordem pública gera a sua nulidade (artigo 271º, nº 1).

Nestes preceitos, considera-se estar em causa a ordem pública interna do Estado português e não a ordem pública internacional, conceito normalmente utilizado em sede de direito internacional privado (artigo 22º, nº 1, do Código Civil)[1], embora esta conclusão mereça algum aprofundamento ao longo deste texto.

Trata-se de conceito indeterminado, não definido legalmente, pelo que cabe à doutrina e à jurisprudência a sua concretização.

É esse o objectivo deste artigo. Num primeiro momento, são analisadas as soluções de alguns direitos estrangeiros, o que permite perceber que a ordem pública é uma figura que releva como limite à autonomia privada em quase todos os ordenamentos jurídicos próximos do nosso. Num segundo momento, a investigação incide sobre o direito português, procedendo-se a um exame da jurisprudência sobre a matéria e à determinação do sentido e do alcance do conceito. Neste ponto, procede-se ainda a uma análise crítica da distinção entre ordem pública interna e ordem pública internacional e a uma referência ao regime jurídico aplicável no caso de contrariedade à ordem pública.

---

[1] RUI MANUEL MOURA RAMOS, "L'Ordre Public International en Droit Portugais", in *Boletim da Faculdade de Direito da Universidade de Coimbra*, Vol. LXXIV, 1998, pp. 45-62, p. 48.

2. Breve referência a direitos estrangeiros

Antes de analisar o regime jurídico português, procede-se a um estudo das soluções consagradas em alguns ordenamentos jurídicos próximos do nosso, tentando assim compreender melhor o sentido e o alcance do conceito.

Começa-se pelo direito francês, no qual o conceito de ordem pública foi introduzido legalmente pela primeira vez[2].

2.1. Direito francês

O artigo 6 do Code Civil, aprovado em 1804, estabelece que "não podem ser derrogadas, por convenção das partes, as leis que interessem à ordem pública ou aos bons costumes". O respeito pela ordem pública não é referido directamente no artigo 1108 como requisito de validade do contrato, mas o artigo 1131 determina que a causa da obrigação deve ser lícita, sendo ilícita quando for contrária à ordem pública (artigo 1133). Entende-se normalmente que estes preceitos devem ser lidos em conjugação com o artigo 6, impondo-se a condição negativa de o contrato não ser desconforme com a ordem pública[3].

Considera-se que a ordem pública representa a supremacia do interesse social sobre o do indivíduo[4], reprimindo o Estado os acordos que ponham em causa os seus interesses fundamentais[5]. Partindo da letra do artigo 6, a doutrina define essencialmente a ordem pública por referência a normas legais imperativas[6], distinguindo entre ordem pública textual e ordem pública virtual, consoante seja a própria lei a referi-lo expressamente ou essa conclusão resulte da interpretação do preceito[7].

---

[2] Fabrizio Di Marzio, "Ordine Pubblico", in *I Contratti in Generale*, Vol. VI, UTET, Torino, 2000, pp. 181-213, p. 184.
[3] Jean Carbonnier, *Droit Civil*, Vol. II, 3.ª edição, Presses Universitaires de France, Paris, 1962, p. 385 (do mesmo autor, v. *Droit Civil – Introduction*, 24.ª edição, Presses Universitaires de France, Paris, 1996, p. 284), Yves Serra, "Les Fondements et le Régime de l'Obligation de Non-Concurrence", in *Revue Trimestrielle de Droit Commercial et de Droit Économique*, Ano 51º, 1998, pp. 7-15, p. 12, Christian Larroumet, *Droit Civil*, Vol. III – Les Obligations – Le Contrat, 5.ª edição, Economica, Paris, 2003, p. 373, e Alain Bénabent, *Droit Civil – Les Obligations*, 11.ª edição, Montchrestien, Paris, 2007, p. 151.
[4] Henri Capitant, *Introduction à l'Étude du Droit Civil*, 2.ª edição, A. Pedone, Paris, 1904, p. 39.
[5] Jean Carbonnier, *Droit Civil*, Vol. II, cit., p. 386.
[6] Jean Carbonnier, *Droit Civil*, Vol. II, cit., p. 387, e Henri Capitant, *Introduction à l'Étude du Droit Civil*, cit., p. 37.
[7] Jean Carbonnier, *Droit Civil*, Vol. II, cit., p. 387.

Admite-se, também, embora a título excepcional, a independência da ordem pública face à lei, podendo ser recusada a validade de um acordo com base num princípio de direito não escrito socialmente relevante[8].

A par de um conceito de ordem pública política, admite-se actualmente a existência de uma ordem pública económica, que se divide entre ordem pública de protecção e ordem pública de direcção[9]. Na primeira, está em causa a protecção da parte mais fraca de um contrato contra a outra[10], enquanto na segunda o Estado ocupa um papel mais activo, intervindo directamente em alguns aspectos do funcionamento da economia[11].

2.2. Direito alemão

A lei não se refere à contrariedade à ordem pública, estabelecendo o nº 1 do artigo 138 do Bürgerliches Gesetzbuch (BGB) que "um negócio jurídico contrário aos bons costumes é inválido". A expressão utilizada – *guten Sitten* – inclui, no entanto, materialmente, quer os bons costumes quer a ordem pública[12], no sentido em que são entendidos na ordem jurídica portuguesa[13].

---

[8] JEAN CARBONNIER, *Droit Civil*, Vol. II, cit., p. 387. ALAIN BÉNABENT, *Droit Civil – Les Obligations*, cit., p. 122, refere-se a uma ordem pública jurisprudencial, sendo a jurisprudência a guardiã da ordem pública, para salvaguarda do interesse geral (o autor fala também neste caso em ordem pública virtual ou não textual).

[9] JEAN CARBONNIER, *Droit Civil*, Vol. II, cit., p. 389, YVES PICOD, "Droit du Marché et Droit Commun des Obligations – Rapport Introductif", in *Revue Trimestrielle de Droit Commercial et de Droit Économique*, Ano 51º, 1998, pp. 1-5, p. 2, e ALAIN BÉNABENT, *Droit Civil – Les Obligations*, cit., p. 124. RENÉ SAVATIER, *Les Métamorphoses Économiques et Sociales du Droit Civil d'Aujourd'hui*, 3.ª edição, Dalloz, Paris, 1964, pp. 82 e 83, defende que "os contratos sempre foram limitados pela ordem pública", mas que "era, antes, simplesmente, o limite do mal", estando *agora* a desenvolver-se "uma construção do contrato pela lei; a vontade desta substitui-se à vontade das partes".

[10] LAURENT LEVENEUR, "Consensualisme et Liberté Contractuelle", in *Le Discours et le Code – Portalis, Deux Siècles après le Code Napoléon*, Litec, Paris, 2004, pp. 285-300, p. 297, defende mesmo que, "desde o último quarto do século XX, uma das manifestações mais relevantes da ordem pública consiste na organização progressiva da protecção dos consumidores contra os profissionais". YVES PICOD, "Droit du Marché et Droit Commun des Obligations – Rapport Introductif", cit., p. 2, defende mesmo que a ordem pública de protecção "constitui a finalidade do direito do consumo". No mesmo sentido, v. CHRISTIAN LARROUMET, *Droit Civil*, Vol. III – Les Obligations – Le Contrat, cit., pp. 100 a 102.

[11] YVES PICOD, "Droit du Marché et Droit Commun des Obligations – Rapport Introductif", cit., p. 2, defende que é a ordem pública de direcção "que procura promover o direito da concorrência".

[12] Neste sentido, deve notar-se que a tradução inglesa do código constante do site do Ministério da Justiça (http://www.gesetze-im-internet.de/englisch_bgb/englisch_bgb.html), consultado em Fevereiro de 2011, refere-se a negócios jurídicos contrários à *public policy*, ou seja, a um conceito amplo de ordem pública.

[13] No direito alemão, a expressão ordem pública, normalmente indicada em francês (*ordre public*), encontra-se reservada, no essencial, para a ordem pública internacional, funcionando apenas no

Trata-se de uma cláusula genérica e residual[14], que utiliza como referência os bons costumes, mas que inclui as bases e valores fundamentais que regem a sociedade, limitando negativamente a autonomia privada das partes[15].

Na parte que releva para este texto, o seu conteúdo é determinado por princípios ético-jurídicos[16], traduzidos no ordenamento jurídico, nomeadamente através da constituição[17] e da relevância dos direitos fundamentais, sendo uma porta de entrada destes no direito privado, mas também das ideias-chave ou condutoras da legislação[18].

A limitação pode resultar da contrariedade directa aos princípios fundamentais da sociedade ou derivar de outras circunstâncias que reflictam um juízo negativo sobre o negócio ou da sua finalidade[19], nomeadamente quando estejam em causa comportamentos contra terceiros ou contra a sociedade[20].

2.3. Direito italiano

O artigo 1325 do Codice Civile determina que constituem requisitos do contrato o acordo das partes, a causa[21], o objecto e a forma. A causa é ilícita quando contrarie a ordem pública (artigo 1343)[22] e, em relação ao objecto do contrato, o 1346 do Codice Civile estabelece que este deve ser lícito. A contrariedade do objecto do contrato à ordem pública não constitui, assim, requisito autónomo do contrato, sendo contudo integrada no conceito de licitude. Entende-se, por-

---

âmbito do direito internacional privado. Neste sentido, cfr. KARL LARENZ e MANFRED WOLF, *Allgemeiner Teil des Bürgerlichen Rechts*, 9.ª edição, C. H. Beck, München, 2004, p. 735.

[14] AAVV, *Münchener Kommentar zum Bürgerlichen Gesetzbuch*, Vol. I, 3.ª edição, C. H. Beck, München, 1993, p. 1133.

[15] KARL LARENZ e MANFRED WOLF, *Allgemeiner Teil des Bürgerlichen Rechts*, cit., p. 733. AAVV, *Palandt Bürgerliches Gesetzbuch*, 65.ª edição, C. H. Beck, München, 2006, p. 126, referem-se a uma cláusula correctiva da autonomia privada, estabelecendo uma correcção desta face aos princípios gerais.

[16] AAVV, *Palandt Bürgerliches Gesetzbuch*, cit., p. 127.

[17] AAVV, *Münchener Kommentar zum Bürgerlichen Gesetzbuch*, Vol. I, cit., p. 1138, referem que, para a concretização do conceito, deve partir-se do conjunto de valores de um povo num determinado contexto histórico que se encontra fixado na constituição, sendo que, em alguns casos, é necessário atender ao pensamento condutor da sociedade, olhando-se assim também para fora do texto constitucional.

[18] KARL LARENZ e MANFRED WOLF, *Allgemeiner Teil des Bürgerlichen Rechts*, cit., p. 736.

[19] AAVV, *Münchener Kommentar zum Bürgerlichen Gesetzbuch*, Vol. I, cit., p. 1135.

[20] KARL LARENZ e MANFRED WOLF, *Allgemeiner Teil des Bürgerlichen Rechts*, cit., pp. 738 e 739.

[21] Segundo GIOVANNI MARINI, "La Causa del Contratto", in *I Contratti in Generale*, Vol. VI, UTET, Torino, 2000, pp. 1-63, p. 7, causa é aqui o "função económico-individual do contrato, ou seja o interesse económico que os contraentes pretendem salvaguardar" através daquele negócio.

[22] Segundo ANDREA TORRENTE e PIERO SCHLESINGER, *Manuale di Diritto Privato*, 16.ª edição, Giuffrè, Milano, 1999, p. 202, "o ordenamento jurídico não reconhece e não tutela a autonomia privada, se esta tem objectivos contrários à lei e às concepções morais comummente acolhidas".

tanto, que o objecto do contrato não é lícito quando contrarie a ordem pública[23].
A ilicitude da causa ou do objecto do contrato gera a sua nulidade (artigo 1418).
Tal como no direito português, o conceito de ordem pública não é definido legalmente.

A doutrina concretiza[24] o alcance da figura, restringindo-a por vezes às normas legais de ordem pública, com o objectivo de tutelar interesses públicos[25]. Chama-se igualmente a atenção para a relevância actual da ordem pública económica[26], em especial a de protecção[27], operante mesmo na ausência de norma específica que a concretize[28].

Defende-se igualmente, ampliando o seu âmbito[29], que os valores de ordem pública são os valores fundamentais que se encontram explícita ou implicita-

---

[23] Neste sentido, cfr. GUIDO ALPA, *Manuale di Diritto Privato*, 4.ª edição, CEDAM, Padova, 2005, p. 579, GIORGIO BIANCHI, *Nullità e Annullabilità del Contratto*, CEDAM, Padova, 2002, p. 168, ENRICO GABRIELLI, *L'Oggetto del Contratto – Artt. 1346-1349*, Giuffrè, Milano, 2001, p. 77, ANTONINO CATAUDELLA, *I Contratti – Parte Generale*, 2.ª edição, G. Giappichelli Editore, Torino, 2000, p. 29, GUIDO ALPA e ROBERTO MARTINI, "Oggetto e Contenuto", in *Tratatto di Diritto Privato*, Vol. XIII, Tomo III – Il Contratto in Generale, G. Giappichelli Editore, Torino, 1999, pp. 333-391, p. 368, C. MASSIMO BIANCA, *Diritto Civile – III – Il Contratto*, 2.ª edição, Giuffrè, Milano, 1997 (reimpressão da edição de 1987), p. 582, e ALBERTO TRABUCCHI, *Instituciones de Derecho Civil*, Vol. I, trad. de Luis Martínez-Calcerrada, Editorial Revista de Derecho Privado, Madrid, 1967, p. 181.
[24] UMBERTO BRECCIA, "Causa", in *Tratatto di Diritto Privato*, Vol. XIII, Tomo III – Il Contratto in Generale, G. Giappichelli Editore, Torino, 1999, pp. 1-332, p. 162, defende que "todas as definições de ordem pública falharam".
[25] GUIDO ALPA, *Manuale di Diritto Privato*, cit., p. 134.
[26] GUIDO ALPA, *Manuale di Diritto Privato*, cit., p. 134, e FABRIZIO DI MARZIO, "Ordine Pubblico", cit., p. 187. UMBERTO BRECCIA, "Causa", cit., p. 194, defende que, "como cláusula geral, a ordem pública contratual enche-se de conteúdo, [...] com referência a princípios que se definem num processo contínuo de confronto entre indicações textuais de fonte e teor diversos, concepções doutrinárias e regras aplicadas pelos juízes".
[27] ENZO ROPPO, *O Contrato*, trad. de Ana Coimbra e M. Januário C. Gomes, Almedina, Coimbra, 2009, p. 183. LAURENCE KLESTA-DOSI, "L'État Juridique, ou *Status*, de Consommateur en Droit Italien", in *Revue Européenne de Droit de la Consommation*, n.º 4, 1998, pp. 277-288, p. 287, refere-se à ordem pública de protecção, a propósito dos princípios de defesa do consumidor.
[28] GIOVANNI B. FERRI, "L'Ordine Pubblico Economico: a Proposito di una Recente Pubblicazione", in *Rivista del Diritto Commerciale e del Diritto Generale delle Obbligazioni*, Ano LXI, n.ºs 11-12, 1963, pp. 464-473, p. 469, refere que "a ordem pública é uma categoria jurídica necessariamente desvinculada de concretas previsões legislativas", acrescentando que, "mesmo no campo económico, é necessário distinguir das hipóteses que podem ser consideradas como de ordem pública, daquelas em que um preciso texto normativo estabelece outras «técnicas» limitativas da autonomia privada".
[29] RODOLFO SACCO, "Il Contenuto", in *Tratatto di Diritto Privato*, Vol. 10, Tomo 2, 2.ª edição, UTET, Torino, 1995, pp. 337-391, p. 377, salienta que a ordem pública pode ser concebida de dois modos: "como conjunto das normas jurídicas legais inderrogáveis" ou "um conjunto de normas extralegais, para o qual a lei remete". O autor acrescenta que, "em Itália, antes e depois do novo código, encontramos um grande número de intérpretes que entendem a ordem pública como pura repetição do

mente consagrados na Constituição[30] ou mesmo os valores supremos de que depende o funcionamento da sociedade[31].

2.4. Direito espanhol

O artigo 1.255 do Código Civil estabelece que "os contraentes podem estabelecer os pactos, cláusulas e condições que tenham por conveniente, sempre que não sejam contrários às leis, à moral ou à ordem pública". Esta norma constrói-se essencialmente em torno do conceito de autonomia privada (e dos seus limites) e não tanto dos requisitos do objecto, pelo que é nessa sede que a questão é tratada pela generalidade dos autores espanhóis.

Refira-se ainda que o artigo 1.261 determina que constitui requisito do contrato a existência de "um objecto certo que seja matéria de contrato" (cfr. artigo 1.271), acrescentando o artigo 1.275 que os contratos com causa ilícita não produzem efeitos, sendo "ilícita a causa quando se opõe às leis ou à moral"[32]. O artigo 1.300 determina a invalidade destes contratos, impondo o artigo 1.305 algumas sanções no caso de a nulidade resultar da ilicitude da causa ou do objecto e esta ser imputável a ambos os contraentes.

---

direito legal imperativo, ou, pelo menos, apresentam como exemplos de violação da ordem pública hipóteses de negócios contrários a leis imperativas".

[30] ENZO ROPPO, *O Contrato*, cit., p. 179, e FABRIZIO DI MARZIO, "Ordine Pubblico", cit., p. 185. Acrescenta este autor que, "tratando-se de valores essenciais do ordenamento, são identificáveis por via interpretativa, sem que ocorra expressa sanção ou indicação legislativa da proibição". PIETRO RESCIGNO, *Introduzione al Codice Civile*, 7.ª edição, Editori Laterza, Roma, 2001, p. 63, salienta que "o princípio da ordem pública se apresenta idóneo ao controlo das manifestações da autonomia negocial que venham a contrariar princípios constitucionais". C. MASSIMO BIANCA, *Diritto Civile – III – Il Contratto*, cit., p. 584, entende que a "ordem pública indica os princípios basilares do nosso ordenamento social. Larga parte de tais princípios encontra expressão na Carta constitucional". GIORGIO BIANCHI, *Nullità e Annullabilità del Contratto*, cit., p. 162, defende que "a ordem pública tem a função de impedir aos privados a regulação de interesses em contraste com as directrizes e os princípios contidos na Carta constitucional, ou seja em contraste com os princípios fundamentais do ordenamento jurídico".

[31] UMBERTO BRECCIA, "Causa", cit., pp. 162 e 163. O autor acrescenta (p. 171) que não pode negar-se a existência de uma ordem pública para além da que resulta da lei, para dar sentido à tripartição das causas de ilicitude do contrato. ALBERTO TRABUCCHI, *Instituciones de Derecho Civil*, Vol. I, cit., p. 181, refere-se às "normas fundamentais do Estado", admitindo (p. 182) que "os princípios da ordem pública não se encontram necessariamente expressados em normas positivas".

[32] LUIS DÍEZ-PICAZO E ANTONIO GULLÓN, *Sistema de Derecho Civil*, Vol. I, 8.ª edição, Editorial Tecnos, Madrid, 1992, p. 516, defende que a causa se opõe à lei quando o negócio se celebra contra esta ou "quando contraria princípios inspiradores da ordem jurídica e da vida comunitária". No mesmo sentido, v. MANUEL JESÚS MARÍN LÓPEZ, "Requisitos Esenciales del Contrato. Elementos Accidentales del Contrato", in *Tratado de Contratos*, Vol. I, Tirant lo blanch, Valencia, 2009, pp. 533-663, p. 604.

Ao contrário do que parece resultar do elemento textual dos códigos civis francês e italiano, a lei espanhola é clara ao colocar a contrariedade à ordem pública no mesmo patamar que a contrariedade à lei, não se confundindo com esta[33]. Assim, defende-se a existência de um juízo autónomo do intérprete para verificar se o pacto, cláusula ou condição conflitua com a ordem pública[34].

Apesar de se reconhecer a dificuldade de concretização do conceito e a sua conexão com um dado contexto histórico, considera-se que estão em causa os princípios fundamentais da ordem jurídica[35], salientando-se a particular relevância dos valores subjacentes à Constituição[36], aos quais, no entanto, não se reduz[37].

A importância da ordem pública económica é salientada pela generalidade dos autores, englobando as regras básicas de organização da estrutura e do sistema económico da sociedade[38], embora a sua integração num conceito amplo de ordem pública seja criticada[39].

---

[33] Para Luis Díez-Picazo e Antonio Gullón, *Sistema de Derecho Civil*, Vol. I, cit., p. 376, o Código Civil não aceita a sinonímia entre leis imperativas e ordem pública, distinguindo "sempre as leis e a ordem pública como limites diferentes da autonomia privada". Acrescentam os autores que o limite da ordem pública funciona "no campo que as normas imperativas deixam livre", como critério residual de valorização aplicável somente na sua falta. Segundo María del Carmen Gete-Alonso, "La Autonomía Privada", in *Manual de Derecho Civil*, Vol. II, Marcial Pons, Madrid, 1996, pp. 509-526, p. 520, trata-se de uma série de valores que não se encontram expressamente consagrados, dado que, "de outra forma, no caso de se encontrarem escritos, o limite que actuaria seria a lei". José Puig Brutau, *Fundamentos de Derecho Civil*, Tomo Preliminar, 2.ª edição, Bosch, Barcelona, 1989, p. 348, considera que a circunstância de a norma ser imperativa é independente de ser ou não contrária à ordem pública. Manuel Albaladejo, *Derecho Civil – I – Introducción y Parte General*, Vol. II, 14.ª edição, José María Bosch Editor, Barcelona, 1996, p. 138, salienta que é a própria lei que remete para a ordem pública.
[34] Neste sentido, Joaquín Ataz López e José Ramón Salelles Climent, "La Libertad Contractual y Sus Limites", in *Tratado de Contratos*, Vol. I, Tirant lo blanch, Valencia, 2009, pp. 127-270, p. 141, entendem que a ordem pública apenas serve para estabelecer "limitações negativas ao conteúdo contratual não expressamente previstas na lei".
[35] Luis Díez-Picazo e Antonio Gullón, *Sistema de Derecho Civil*, Vol. I, cit., p. 377.
[36] María del Carmen Gete-Alonso, "La Autonomía Privada", cit., pp. 520 e 521.
[37] Joaquín Ataz López e José Ramón Salelles Climent, "La Libertad Contractual y Sus Limites", cit., p. 146.
[38] Luis Díez-Picazo, *Fundamentos del Derecho Civil Patrimonial*, Vol. I, 6.ª edição, Civitas, Navarra, 2007, p. 53, e Joaquín Ataz López e José Ramón Salelles Climent, "La Libertad Contractual y Sus Limites", cit., p. 148.
[39] Federico de Castro, "Notas sobre las Limitaciones Intrínsecas de la Autonomía de la Voluntad", in *Anuario de Derecho Civil*, Vol. 35, nº 4, 1982, pp. 987-1085, p. 1050.

2.5. Direito brasileiro

O artigo 104 do Código Civil estabelece a licitude do objecto[40] como requisito do negócio jurídico, a par da capacidade do agente, da possibilidade, da determinabilidade e do cumprimento das regras sobre forma.

Nos termos do artigo 166, o negócio jurídico é nulo se for ilícito o seu objecto ou o motivo determinante para a sua celebração, neste caso desde que seja comum a ambas as partes.

No conceito de licitude, a doutrina inclui a conformidade com a ordem pública[41], pelo que as partes se encontram limitadas não só pelas normas legais (imperativas[42]) mas também pelo princípio da ordem pública.

2.6. PECL e DCFR

Para terminar esta análise de direitos estrangeiros, refere-se o artigo 15:101 dos Princípios de Direito Europeu dos Contratos (Principles of European Contract Law – PECL), que trata dos contratos contrários a princípios fundamentais, estabelecendo que um contrato contrário a princípios reconhecidos como fundamentais nas leis dos Estados-Membros da União Europeia é ineficaz, não produzindo efeitos.

A referência aos princípios fundamentais reconhecidos pelos Estados-Membros é propositadamente genérica, com o objectivo de abranger realidades e conceitos nem sempre coincidentes, mas que no fundo se reconduzem à ordem pública e aos bons costumes[43].

Estão em causa, numa primeira linha, princípios fundamentais reconhecidos como tal a nível europeu, nos Tratados ou outro tipo de documentos (por exemplo, Carta dos Direitos Fundamentais da União Europeia), e, numa segunda linha, outros princípios fundamentais, desde que reconhecidos como tal pela generalidade dos Estados-Membros.

---

[40] Neste preceito, a noção de objecto parece abranger essencialmente o conteúdo do negócio jurídico. Neste sentido, HUMBERTO THEODORO JÚNIOR, *Comentários ao Novo Código Civil – Livro III – Dos Fatos Jurídicos: Do Negócio Jurídico – Arts. 138 a 184*, Vol. III, Tomo I, 3.ª edição, Editora Forense, Rio de Janeiro, 2006, p. 440.

[41] Neste sentido, MARIA HELENA DINIZ, *Código Civil Anotado*, 12.ª edição, Editora Saraiva, São Paulo, 2006, p. 145, e AAVV (coord. de Ricardo Fiuza), *Novo Código Civil Comentado*, 5.ª edição, Editora Saraiva, São Paulo, 2006, p. 99.

[42] As normas imperativas também são referidas como normas de ordem pública – HUGO NIGRO MAZZILLI e WANDER GARCIA, *Anotações ao Código Civil*, Editora Saraiva, São Paulo, 2005, p. 59.

[43] AAVV, *Principles of European Contract Law – Part III*, Kluwer Law International, London, 2003, p. 211, e JACOBIEN W. RUTGERS, "The Draft Common Frame of Reference, Public Policy, Mandatory Rules and the Welfare State", *The Politics of the DCFR*, in http://ssrn.com/abstract=1300922, 2008, p. 5.

Se o contrato for contrário a um princípio fundamental, para efeitos deste artigo, a sanção é a ineficácia, não podendo ser feito um juízo valorativo do comportamento das partes ou da relevância do princípio em causa[44].

O Projecto de Quadro Comum de Referência (Draft Common Frame of Reference – DCFR) tem como objectivo a unificação do (ou de parte do) direito privado europeu[45], retomando nesta sede o conceito de princípios fundamentais dos PECL.

O artigo II. – 7:301 estabelece que o contrato é inválido na medida em que contrarie um princípio reconhecido como fundamental pelas leis dos Estados--Membros da União Europeia e a invalidade seja necessária para salvaguardar a aplicação desse princípio[46].

Esta norma tem um conteúdo próximo da do artigo 15:101 dos PECL. Acrescenta-se, no entanto, um critério que torna a aplicação do artigo do DCFR menos automática do que o dos PECL. Não basta que se reconheça a existência de um princípio fundamental e que o contrato o contrarie, sendo também necessário que a invalidade seja a consequência mais adequada para salvaguardar a aplicação do princípio em causa.

Assim, o aplicador do direito deve proceder a uma análise quer do contrato quer do princípio, avaliando se a invalidade do contrato é necessária para salvaguardar, em concreto, o respeito pelo princípio afectado.

Os princípios fundamentais podem ter por referência diplomas comunitários (Tratados, Carta dos Direitos Fundamentais, etc...) ou as constituições dos Estados-Membros, desde que se considere existir um consenso a nível europeu em torno do reconhecimento do princípio como fundamental[47].

3. Direito português
3.1. Introdução
No direito português, a lei refere-se directamente à contrariedade à ordem pública como fundamento geral de nulidade do negócio jurídico.

---

[44] AAVV, *Principles of European Contract Law – Part III*, cit., p. 212.
[45] HUGH BEALE, "The European Commission's Common Frame of Reference Project: a Progress Report", in *European Review of Contract Law*, Vol. 2, nº 2, 2006, pp. 303-314, p. 303, refere-se à importância deste texto para o aprofundamento do *acquis communautaire*.
[46] AAVV, *Principles, Definitions and Model Rules of European Private Law – Draft Common Frame of Reference (DCFR) – Outline Edition*, Sellier, Munich, 2009, p. 214.
[47] AAVV, *Principles, Definitions and Model Rules of European Private Law: Draft Common Frame of Reference (DCFR) – Full Edition*, cit., p. 536, salientam que "conceitos meramente nacionais não têm, enquanto tal, relevância nos termos deste artigo e não podem ser invocados directamente".

São três as normas que o determinam⁴⁸.

Em primeiro lugar, é nulo o negócio jurídico que tenha objecto contrário à ordem pública (artigo 280º, nº 1, do Código Civil)⁴⁹.

O conceito de objecto abrange quer a coisa ou direito sobre que incide o contrato (objecto mediato) quer o conteúdo do contrato, ou seja, os seus efeitos jurídicos, resultantes das cláusulas acordadas pelas partes e das normas jurídicas aplicáveis (objecto imediato)⁵⁰.

Entendido em sentido amplo, o conceito de objecto inclui a causa do negócio, como sua função económico-social⁵¹. No direito civil português, considerou-se que seria desnecessária uma referência autónoma à causa como requisito do

---

⁴⁸ Em sede de direito internacional privado, o artigo 22º do Código Civil estabelece que "não são aplicáveis os preceitos da lei estrangeira indicados pela norma de conflitos, quando essa aplicação envolva ofensa dos princípios fundamentais da ordem pública internacional do Estado português", sendo "aplicáveis, nesse caso, as normas mais apropriadas da legislação estrangeira competente ou, subsidiariamente, as regras do direito interno português". Sobre a ordem pública internacional, v. *infra* 3.4.

⁴⁹ JOÃO DE CASTRO MENDES, *Teoria Geral do Direito Civil*, Vol. II, Associação Académica da Faculdade de Direito de Lisboa, Lisboa, 1995 (reimpressão da edição de 1985), p. 403, entende que "o vício é aqui em rigor de *causa* e não de *objecto*".

⁵⁰ Neste sentido, cfr. CARLOS ALBERTO DA MOTA PINTO, ANTÓNIO PINTO MONTEIRO e PAULO MOTA PINTO, *Teoria Geral do Direito Civil*, 4.ª edição, Coimbra Editora, Coimbra, 2005, p. 553, LUÍS CARVALHO FERNANDES, *A Conversão dos Negócios Jurídicos Civis*, Quid Juris, Lisboa, 1993, p. 259, CARLOS FERREIRA DE ALMEIDA, *Contratos*, Vol. II, Almedina, Coimbra, 2007, p. 14, e José ALBERTO VIEIRA, *Negócio Jurídico – Anotação ao Regime do Código Civil (Artigos 217º a 295º)*, Coimbra Editora, Coimbra, 2006, p. 96.

⁵¹ FRANCISCO MANUEL DE BRITO PEREIRA COELHO, "Causa Objectiva e Motivos Individuais no Negócio Jurídico", in *Comemorações dos 35 Anos do Código Civil e dos 25 Anos da Reforma de 1977*, Vol. II – A Parte Geral do Código e a Teoria Geral do Direito Civil, Coimbra Editora, Coimbra, 2006, pp. 423-457, pp. 429 e 441. Neste sentido, v. também DIOGO PEREIRA DUARTE, "Causa: Motivo, Fim, Função e Fundamento no Negócio Jurídico", in *Estudos em Honra do Professor Doutor José de Oliveira Ascensão*, Vol. I, Almedina, Coimbra, 2008, pp. 431-461, pp. 452 e 453, exemplificando com o "negócio nos termos do qual alguém requer de outrem uma prestação para que não pratique um acto ilícito. É que a função de preservação da ilicitude não pode estar na disponibilidade das partes pelo negócio jurídico. A função deste negócio não é admissível, pelo que é nulo, nos termos do artigo 280º do Código Civil. Pode ver-se assim utilidade da configuração da causa-função. Nela se joga uma parte significativa dos próprios fundamentos e limites da autonomia privada e com significativas consequências em matéria de validade dos negócios, tendo por base normativa o artigo 280º do CC". Apesar disso, e embora saliente a manifesta proximidade entre conceitos, o autor considera (p. 457) a causa como potencialmente algo mais do que o objecto, como "a regulação metajurídica admitida".

negócio jurídico[52], por se entender que esta integra o seu objecto[53], em especial o seu conteúdo[54].

Em segundo lugar, é nulo o negócio jurídico que tenha fim contrário à ordem pública, desde que esse fim seja comum a ambas as partes (artigo 281º)[55]. Neste preceito, pressupõe-se a natureza contratual do negócio jurídico, na medida em que se refere a existência de duas partes, embora também se deva conceber a possibilidade de negócio jurídico unilateral com fim contrário à ordem pública, devendo neste caso o fim ter como referência apenas o autor da declaração. Tratando-se de contrato, se apenas uma das partes tiver um fim contrário à ordem pública, não é afectada a sua validade[56].

Em terceiro lugar, o negócio jurídico subordinado a uma condição contrária à ordem pública é nulo (artigo 271º, nº 1). Esta é a consequência quer a condição seja suspensiva quer seja resolutiva, ao contrário do que sucede com as condições física ou legalmente e impossíveis, que apenas geram a nulidade do contrato se a condição for suspensiva, tendo-se por não escritas no caso contrário[57]. No caso de condições contrárias à ordem pública, o seu conflito com o Direito pode ser de tal forma grave que não permita a salvação da parte do contrato não viciada, considerando-se a condição como inexistente e mantendo-se a produção de efeitos do negócio jurídico. O regime jurídico é analisado com mais pormenor num dos últimos pontos deste texto, mas deve salientar-se desde já que,

---

[52] António Menezes Cordeiro, *Tratado de Direito Civil Português – Vol. II – Direito das Obrigações*, Tomo II, Almedina, Coimbra, 2010, p. 627, defende mesmo que "a causa do contrato não tem [...] lugar no Direito civil".

[53] Manuel Domingues de Andrade, *Teoria Geral da Relação Jurídica*, Vol. II, Almedina, Coimbra, 1998 (reimpressão da edição de 1972), p. 349.

[54] José de Oliveira Ascensão, *Direito Civil – Teoria Geral*, Vol. II, 2.ª edição, Coimbra Editora, Coimbra, 2003, p. 309, e Diogo Pereira Duarte, "Causa: Motivo, Fim, Função e Fundamento no Negócio Jurídico", cit., p. 460.

[55] O artigo 2186º do Código Civil também considera nula a disposição testamentária "que foi essencialmente determinada por um fim contrário à [...] ordem pública". Esta norma aplica-se igualmente em sede de doação, por remissão do artigo 967º do mesmo diploma.

[56] Assinale-se que, no projecto apresentado por Rui de Alarcão, "Erro, Dolo e Coacção – Representação – Objecto Negocial – Negócios Usurários – Condição", in *Boletim do Ministério da Justiça*, nº 102, 1961, pp. 167-180, p. 175, se previa a nulidade do contrato também no caso de o fim ser "apenas de uma das partes mas tiver carácter criminoso e a outra parte contratar com conhecimento do carácter criminoso desse fim, a ponto de dever ter-se como evidentemente contrário aos bons costumes o seu procedimento".

[57] Cfr. artigo 271º, nº 2, do Código Civil, que estabelece que "é igualmente nulo o negócio sujeito a uma condição suspensiva que seja física ou legalmente impossível; se for resolutiva, tem-se a condição por não escrita". Pires de Lima e Antunes Varela, *Código Civil Anotado*, Vol. I, 4.ª edição, Coimbra Editora, Coimbra, 1987, p. 251, salientam a relevância da distinção.

em matéria de doação e de testamento, aplicam-se normas especiais[58], tendo-se por não escrita a condição contrária à ordem pública (artigos 967º e 2230º, nº 2, do Código Civil)[59].

Em todas as normas referidas, a contrariedade à ordem pública surge como fundamento de nulidade do negócio jurídico em paralelo com a contrariedade à lei e a ofensa aos bons costumes[60]. Trata-se, portanto, de três níveis autónomos de controlo da validade do contrato[61].

Interessa sobretudo a clara distinção legal entre contrariedade à lei e contrariedade à ordem pública, na medida em que parte da doutrina, portuguesa e estrangeira (apoiada em alguns dos diplomas estrangeiros analisados no ponto anterior, que o justificam nesse contexto), se refere ao limite da ordem pública

---

[58] Relativamente ao testamento, v. MÁRIO JÚLIO DE ALMEIDA COSTA, "Cláusulas de Inalienabilidade", in *Contratos: Actualidade e Evolução*, Faculdade de Direito da Universidade Católica Portuguesa, Porto, 1997, pp. 25-48, pp. 42 e 43.

[59] A este propósito, JOSÉ GABRIEL PINTO COELHO, *Das Clausulas Accessorias dos Negocios Juridicos*, Vol. I, Imprensa da Universidade, Coimbra, 1909, p. 125, defendia que "a regra segundo a qual se deixa subsistir a disposição testamentaria que foi subordinada a uma condição impossivel ou illicita, considerando apenas como não escrita essa condição, contraría sempre e necessariamente o conceito da declaração condicional como um todo inscindivel, e importa uma derrogação aos principios geraes em materia de condição. Trata-se, pois, de uma creação do legislador, determinada por considerações particulares que a justificam, mas que não poderá comportar uma explicação rigorosamente juridica".

[60] Já no artigo 800º, nº 2, também do Código Civil, a lei remete expressamente para "deveres impostos por normas de ordem pública". A opção é criticável, devendo ser interpretada a norma no sentido de que abarca todos os deveres "que, não se encontrando vertidos em concretas disposições legais, sejam necessária consequência das exigências que a ordem pública contém" – ANA PRATA, *Cláusulas de Exclusão e Limitação da Responsabilidade Contratual*, Almedina, Coimbra, 2005 (reimpressão da edição de 1985), p. 759.

[61] Neste sentido, MANUEL CARNEIRO DA FRADA, "A Ordem Pública no Direito dos Contratos", in *Revista da Faculdade de Direito da Universidade do Porto*, Ano IV, 2007, pp. 287-300, p. 288, defende que "a codificação portuguesa distinguiu explicitamente a ordem pública da *contrariedade à lei* e dos *bons costumes*" (do mesmo autor, com conteúdo idêntico, v. "A Ordem Pública no Domínio dos Contratos", in *Ars Ivdicandi – Estudos em Homenagem ao Prof. Doutor António Castanheira Neves*, Vol. II, Coimbra Editora, Coimbra, 2008, pp. 255-268, p. 256). J. DIAS MARQUES, *Noções Elementares de Direito Civil*, 4.ª edição, Petrony, Lisboa, 1970, p. 66, também salienta que se tem em vista "os negócios jurídicos que, embora sem ofenderem qualquer norma escrita, se encontram em contraste com os princípios fundamentais que inspiram o sistema jurídico". Note-se, contudo, que a parte final do artigo 345º, nº 2, do Código Civil, que trata de convenções sobre provas, estabelece que, "se as determinações legais quanto à prova tiverem por fundamento razões de ordem pública, a convenção é nula em quaisquer circunstâncias". Associa-se, assim, nesta norma a contrariedade à lei com a ordem pública.

a propósito das normas de ordem pública⁶². Ora, as normas de ordem pública constituem limite ao objecto ou fim do negócio jurídico ou condição nele inserida, na medida em que a contrariedade à lei gera a nulidade do contrato, mas não relevam para efeito de concretização do conceito autónomo de ordem pública⁶³.

Para além do crivo da lei, nele se incluindo os preceitos legais que respeitam à ordem pública, todos os negócios jurídicos devem adicionalmente passar pelo controlo do respeito pela ordem pública.

A ordem pública é um conceito indeterminado. Trata-se de uma cláusula geral, que deve ser concretizada em cada caso pelo intérprete⁶⁴, tendo em conta

---

⁶² Cfr., para além dos autores citados no ponto anterior a propósito da análise dos direitos estrangeiros, ADRIANO VAZ SERRA, "Objecto da Obrigação. A Prestação – Suas Espécies, Conteúdo e Requisitos", in *Boletim do Ministério da Justiça*, nº 74, 1958, pp. 15-283, p. 137, e MARIA JOÃO MIMOSO, *Arbitragem do Comércio Internacional – Medidas Provisórias e Cautelares*, Quid Juris, Lisboa, 2009, p. 88. Também JOSÉ MANUEL SÉRVULO CORREIA, *Legalidade e Autonomia Contratual nos Contratos Administrativos*, Almedina, Coimbra, 2003 (reimpressão da edição de 1987), p. 459, defende que "na maioria dos casos a relevância da ordem pública é a de permitir qualificar como injuntiva a norma que dela emerge". Contra esta redução do alcance da ordem pública, RODOLFO SACCO, "Il Contenuto", cit., p. 380, salienta que a ordem pública, tal como os bons costumes, "são fornecedores de princípios capazes de desafiar o tempo. Assim, contrapõem-se, de forma frontal, às normas imperativas, que representam o capricho momentâneo do legislador". JOSÉ DE OLIVEIRA ASCENSÃO, *Direito Civil – Teoria Geral*, Vol. II, cit., p. 319, esclarece que, "para ter algum conteúdo, a noção de ordem pública não deve equivaler ao conjunto das regras injuntivas". MANUEL CARNEIRO DA FRADA, "A Ordem Pública no Direito dos Contratos", cit., p. 289, também considera que "ordem pública só tem relevo próprio se lograr impor-se como realidade distinta das normas legais imperativas", sendo esse relevo autónomo "pressuposto pelo legislador civil".

⁶³ Em sede de ordem pública como requisito do negócio, ANTÓNIO MENEZES CORDEIRO, *Tratado de Direito Civil Português – Vol. I – Parte Geral*, Tomo I, 3.ª edição, Almedina, Coimbra, 2005, p. 710, defende que "o sistema não inclui apenas normas, a retirar pelas fontes, pela interpretação: ele abrange antes, também princípios, a construir pela Ciência jurídica. Tais princípios correspondem a vectores não expressamente legislados, mas de funcionamento importante".

⁶⁴ MANUEL CARNEIRO DA FRADA, "A Ordem Pública no Direito dos Contratos", cit., p. 288, entende que "a técnica legislativa utilizada revela que o legislador confiou ao juiz a incumbência de uma concretização no momento da aplicação da noção de ordem pública". Parece que não só o juiz tem essa incumbência, mas qualquer aplicador do direito, nomeadamente a doutrina, estabelecendo as bases para possíveis formas de concretizar o conceito. FEDERICO DE CASTRO, "Notas sobre las Limitaciones Intrínsecas de la Autonomía de la Voluntad", cit., p. 1037, fala em "autorização em branco à doutrina", acrescentando que este conceito "serviu de cobertura" para os juristas delimitarem o âmbito da autonomia privada.

as circunstâncias específicas da situação[65], não sendo possível nem desejável torná-la rígida[66].

O principal objectivo da consagração da contrariedade à ordem pública como fundamento autónomo de nulidade do negócio passa pela existência de uma válvula de salvação do sistema[67], como garantia de que os princípios basilares do ordenamento jurídico são respeitados pelas partes de um contrato[68]. Mesmo que a lei não regule uma determinada situação, impondo limites à autonomia privada dos contraentes, a ordem pública pode ser chamada no sentido de salvaguardar a integridade do sistema jurídico[69].

A definição do conceito de ordem pública é complexa[70], o que dificulta a sua concretização.

3.2. Jurisprudência

No direito português, as decisões jurisprudenciais que recorrem à ordem pública como fundamento (autónomo) de nulidade de um contrato são em número relati-

---

[65] JOÃO BAPTISTA MACHADO, *Lições de Direito Internacional Privado*, 3.ª edição, Almedina, Coimbra, 2009 (reimpressão da edição de 2006), p. 253.

[66] Segundo PIRES DE LIMA e ANTUNES VARELA, *Código Civil Anotado*, Vol. I, cit., p. 251: "A lei não define a *ordem pública* e os *bons costumes*. Era impossível fazê-lo. É matéria que terá de ser apreciada em cada caso pelos julgadores". Para ANTÓNIO FERRER CORREIA, *Lições de Direito Internacional Privado*, Vol. I, Almedina, Coimbra, 2005 (reimpressão da edição de 2000), p. 410, "a vaguidade, a imprecisão da noção de ordem pública é [...] um mal sem remédio". JOÃO BAPTISTA MACHADO, *Lições de Direito Internacional Privado*, cit., p. 259, defende que "o problema não se resolve com uma definição, pois a ordem pública é indefinível conceitualmente, como indefinível é o «estilo» ou a «alma» de uma ordem jurídica".

[67] RUI MANUEL MOURA RAMOS, "Contratos Internacionais e Protecção da Parte Mais Fraca no Sistema Jurídico Português", in *Contratos: Actualidade e Evolução*, Faculdade de Direito da Universidade Católica Portuguesa, Porto, 1997, pp. 331-357, p 341, refere-se a "válvula de segurança do sistema".

[68] JOSÉ SAMPAIO, "Breves Considerações de um Jurista acerca da Evolução de Alguns Aspectos do Direito Civil", in Liber Amicorum – *Francisco Salgado Zenha*, Coimbra Editora, Coimbra, 2003, pp. 653-677, p. 666, refere-se a "expedientes de recuperação da decisão justa".

[69] JOSÉ DE OLIVEIRA ASCENSÃO, *Direito Civil – Teoria Geral*, Vol. II, cit., p. 320, defende que "a ordem pública tem carácter subsidiário" – no mesmo sentido, cfr. Acórdão do Supremo Tribunal de Justiça, de 17 de Fevereiro de 2009, Processo nº 09A141 (Salazar Casanova). MANUEL CARNEIRO DA FRADA, "A Ordem Pública no Direito dos Contratos", cit., p. 288, refere-se à "vinculação da ordem pública a um método susceptível de garantir a realização plena do direito".

[70] FEDERICO DE CASTRO, "Notas sobre las Limitaciones Intrínsecas de la Autonomía de la Voluntad", cit., p. 1022.

vamente reduzido[71]. Começa-se por citar e comentar alguns exemplos, para tentar perceber a orientação dos tribunais portugueses na concretização do conceito[72].

No Acórdão do Tribunal da Relação de Évora, de 24 de Fevereiro de 2005, Processo nº 2788/04-3 (Bernardo Domingos), o tribunal conclui que "a transmissão genérica do direito à exploração da imagem, por configurar uma cedência do próprio direito, é nula e de nenhum efeito por ofensa da ordem pública nacional", aplicando os artigos 81º, nº 1, e 280º do Código Civil. No mesmo sentido, o Acórdão do Tribunal da Relação de Lisboa, de 18 de Dezembro de 2007, Processo nº 7379/2007-2 (Jorge Leal), conclui que "a concessão da exploração comercial do direito à imagem deverá respeitar, conforme estipula o artigo 81º, nº 1, do Código Civil, os princípios da ordem pública", esclarecendo que o preceito deve ser interpretado e concretizado em ligação com o artigo 280º do Código Civil.

Nestes casos, a utilização da figura da contrariedade à ordem pública é claramente induzida pela redacção do nº 1 do artigo 81º do Código Civil[73], que estabelece que qualquer limitação voluntária ao exercício dos direitos de personalidade é nula, "se for contrária aos princípios da ordem pública". Ainda assim, esta norma não esclarece quando é que essa conclusão pode ser tirada. A alienação definitiva de direitos de personalidade, pela sua natureza, será sempre contrária

---

[71] Neste sentido, MANUEL CARNEIRO DA FRADA, "A Ordem Pública no Direito dos Contratos", cit., p. 290, refere que "a expansibilidade das aplicações do conceito de ordem pública assim referenciado não tem sido aproveitada na prática dos tribunais portugueses em matéria contratual. Parece quase de dizer, considerando a escassa atenção que tem recebido no plano das decisões jurídicas, que a ordem pública é, no direito privado interno luso, uma noção reduzidamente explorada e pouco menos que exangue". ANTÓNIO MENEZES CORDEIRO, *Tratado de Direito Civil Português – Vol. I – Parte Geral*, Tomo I, cit., p. 711, entende que "a prática jurisprudencial tem vindo a desenvolver-se".
[72] No Acórdão do Tribunal da Relação de Évora, de 2 de Novembro de 2006, Processo nº 269/06-2 (Sílvio Sousa), o tribunal considera em termos genéricos que, "para impedir os abusos da autonomia privada, são nulos os negócios contrários ao conjunto de princípios fundamentais imanentes ao ordenamento jurídico e que formam as traves mestras em que se alicerça a ordem social e económica (ordem pública) ou às exigências morais (bons costumes). São também nulos os negócios quando a lei não permite uma combinação negocial com os pretendidos efeitos (objecto imediato) ou sobre o desejado objecto mediato".
[73] Como refere PEDRO PAIS DE VASCONCELOS, *Contratos Atípicos*, Almedina, Coimbra, 1995, p. 334, nota 639, "a submissão à ordem pública [...] das convenções que tenham por conteúdo limitações dos direitos de personalidade, consagrada no artigo 81º, embora útil, já resultava do artigo 280º do Código Civil".

à ordem pública[74], mas é mais complexo determinar quando é que uma simples limitação ultrapassa o limiar traçado por este conceito[75].

Nas decisões referidas, o princípio fundamental da ordem jurídica que pode ser afectado pelo contrato celebrado entre as partes é o da dignidade humana[76], uma das bases da República Portuguesa, segundo o artigo 1º da Constituição da República Portuguesa[77], sendo nulo por contrariedade à ordem pública o negócio jurídico que a ponha em causa[78].

O Acórdão do Tribunal da Relação de Coimbra, de 30 de Janeiro de 2007, Processo nº 4720/04.2TBLRA.C1 (Virgílio Mateus), considera que "incorre no vício de contrariedade à ordem pública o negócio jurídico que vise defraudar

---

[74] Cfr. CLÁUDIA TRABUCO, "Dos Contratos Relativos ao Direito à Imagem", in *O Direito*, Ano 133º, II, 2001, pp. 389-459, p. 410, e TEODORO BASTOS DE ALMEIDA, "O Direito à Privacidade e a Protecção de Dados Genéticos: Uma Perspectiva de Direito Comparado", in *Boletim da Faculdade de Direito da Universidade de Coimbra*, Vol. LXXIX, 2003, pp. 355-436, p. 370. JÚLIO VIEIRA GOMES e ANTÓNIO FRADA DE SOUSA, "Acordos de Honra, Prestações de Cortesia e Contratos", in *Estudos Dedicados ao Prof. Doutor Mário Júlio de Almeida Costa*, Universidade Católica Editora, Lisboa, 2002, pp. 861-932, p. 873, referem-se a "prestações avessas a qualquer ideia de obrigatoriedade", como as que resultam de acordos "que envolvem o consentimento numa transfusão de sangue, em retirar uma queixa penal, mudar de religião, vir a casar-se ou a divorciar-se".

[75] ANTÓNIO MENEZES CORDEIRO, *Tratado de Direito Civil Português – Vol. I – Parte Geral*, Tomo III, 2.ª edição, Almedina, Coimbra, 2007, p. 117, admite que a ordem pública "possa, aqui, ser particularmente exigente". No mesmo sentido, DAVID DE OLIVEIRA FESTAS, *Do Conteúdo Patrimonial do Direito à Imagem – Contributo para um Estudo do seu Aproveitamento Consentido e Inter Vivos*, Coimbra Editora, Coimbra, 2009, p. 319, defende que "a cláusula geral da ordem pública deve ser objecto de uma interpretação mais exigente em sede de limitações voluntárias ao exercício de direitos de personalidade do que aquela a que deve estar sujeita relativamente aos negócios puramente patrimoniais". Segundo PEDRO PAIS DE VASCONCELOS, *Teoria Geral do Direito Civil*, 6.ª edição, Almedina, Coimbra, 2010, p. 53, "os mais importantes valores da personalidade são indisponíveis".

[76] PAULO MOTA PINTO, "O Direito à Reserva sobre a Intimidade da Vida Privada", in *Boletim da Faculdade de Direito da Universidade de Coimbra*, Vol. LXIX, 1993, pp. 479-586, p. 502, nota 68, e DAVID DE OLIVEIRA FESTAS, *Do Conteúdo Patrimonial do Direito à Imagem – Contributo para um Estudo do seu Aproveitamento Consentido e Inter Vivos*, cit., p. 321.

[77] JOSÉ CARLOS VIEIRA DE ANDRADE, *Os Direitos Fundamentais na Constituição Portuguesa de 1976*, 4.ª edição, Almedina, Coimbra, 2009, p. 97, defende que "o princípio da dignidade da pessoa humana (individual) está na base de todos os direitos constitucionalmente consagrados", admitindo que "pode ser diferente o grau de vinculação dos direitos àquele princípio". Acrescenta o autor que "alguns direitos constituem explicitações de primeiro grau da ideia de dignidade, que modela todo o conteúdo deles", podendo integrar-se neste grupo, em abstracto, os direitos pessoais abrangidos pelas decisões jurisprudenciais citadas.

[78] PAULO MOTA PINTO, "Autonomia Privada e Discriminação – Algumas Notas", in *Estudos em Homenagem ao Conselheiro José Manuel Cardoso da Costa*, Vol. II, Coimbra Editora, Coimbra, 2005, pp. 313-363, p. 342.

a proibição judicial de venda a terceiro decretada como providência cautelar pedida pelo promissário, com base em contrato-promessa de compra e venda".

Neste caso, a contrariedade à ordem pública resulta de o contrato atentar contra o princípio fundamental do nosso ordenamento jurídico de que todos têm acesso à justiça e a uma decisão judicial eficaz. Este princípio encontra-se consagrado no artigo 20º da Constituição da República Portuguesa, garantindo-se a todos o acesso ao Direito e aos tribunais, com vista a uma tutela efectiva dos direitos. Ora, admitir a validade de um negócio que tenha por fim desconsiderar a decisão do tribunal no âmbito de uma providência cautelar põe em causa o princípio fundamental referido. Neste sentido, concorda-se com a decisão do Tribunal da Relação de Coimbra.

Também no Acórdão do Supremo Tribunal de Justiça, de 6 de Maio de 2010, Processo nº 1687/03.8TBFAR-A.E1.S1 (Alberto Sobrinho), está em causa o princípio fundamental de acesso ao Direito e aos tribunais. O tribunal defende que "a condição aposta num contrato a inibir os cedentes de moverem qualquer processo judicial contra a adquirente, desde que alheio ao cumprimento ou incumprimento das obrigações assumidas no contrato, e assim defenderem judicialmente os seus direitos ou interesses legítimos, mesmo que intoleravelmente violados e razões de sobra lhes assistissem para o efeito, limita incontestável e incondicionalmente o princípio constitucional da garantia de acesso ao direito e à tutela jurisdicional efectiva, plasmado no art. 20º da Constituição da República". É, portanto, nula, por contrária à ordem pública, solução que não merece crítica.

No Acórdão do Supremo Tribunal de Justiça, de 15 de Janeiro de 2008, Processo nº 07A4318 (Azevedo Ramos), está em causa o pedido de exclusão de uma cláusula contratual geral de um contrato de seguro, por falta de comunicação. A cláusula estabelece que o contrato não cobre os riscos resultantes do comportamento de pessoa que conduza sob efeito do álcool, para lá dos limites legalmente permitidos. Segundo o tribunal, "são tidos como contrários à ordem pública os contratos de seguro que garantam, designadamente, o risco de responsabilidade criminal", pelo que, "embora tratando-se de uma cláusula contratual geral, a falta de comunicação ao segurado do teor dessa cláusula, ou a falta de informação sobre o seu concreto alcance e significado, não envolve a exclusão dessa cláusula".

Neste litígio, está em causa a inclusão no contrato de seguro automóvel de uma cláusula que exclui a responsabilidade do segurador no caso de o condutor, no momento do evento gerador de responsabilidade civil, estar sob o efeito do álcool. O segurado entende que a cláusula deve ser excluída por ter sido violado o dever de informação resultante do regime das cláusulas contratuais gerais. O tribunal conclui que, independentemente do cumprimento desse regime, a cláusula sempre estaria incluída no contrato, na medida em que a garantia do risco de responsabilidade criminal por parte de um segurador é contrária à ordem pública.

A ordem jurídica acolhe como dever fundamental implícito de todos o respeito pelas normas penais, que assumem essa natureza por a comunidade entender que são essenciais para o regular funcionamento da vida em sociedade. Pode discutir-se politicamente a questão da criminalização de certos comportamentos, mas não deve deixar de se considerar que uma conduta punida como crime pelo nosso ordenamento jurídico tem sobre si um juízo de especial censurabilidade. Assim, não se justifica que a sua prática possa ser potenciada pela celebração de um contrato de seguro, que garanta a eventual responsabilidade do próprio agente que cometeu o crime[79].

Já do Acórdão do Tribunal da Relação de Lisboa, de 13 de Março de 2008, Processo nº 1758/2008-8 (Salazar Casanova), resulta que "as partes podem outorgar livremente contratos por tempo indeterminado (artigo 405º do Código Civil) conquanto tenham a possibilidade de livre denúncia, constituindo violação de ordem pública (artigo 280º do Código Civil), por inadmissibilidade de contratos de natureza perpétua, a estipulação que não admita a faculdade de denúncia *ad nutum*"[80].

A contrariedade à ordem pública resulta, nesta situação, de a vinculação perpétua afectar o princípio fundamental de liberdade consagrado no nosso ordenamento jurídico e que resulta de vários preceitos constitucionais. Está em causa, também aqui, na medida em que a liberdade é um dos seus pilares, o valor da dignidade humana, podendo encontrar-se a este propósito referências à organização da propriedade e a interesses económicos gerais[81].

No entanto, é necessário interpretar em cada caso o contrato para determinar se o seu carácter perpétuo contraria a ordem pública. Em algumas situações, por razões de ordem pública, o contraente tem obrigação de contratar e de se manter vinculado ao contrato celebrado, o que contraria o princípio de livre denúncia dos contratos perpétuos. A natureza do bem ou serviço e as caracterís-

---

[79] Em sentido contrário, v. José Manuel de Araújo Barros, *Cláusulas Contratuais Gerais*, Coimbra Editora, Coimbra, 2010, p. 252.

[80] Neste sentido, v. João Baptista Machado, "Do Princípio da Liberdade Contratual", in *Obra Dispersa*, Vol. I, Scientia Ivridica, Braga, 1991, pp. 623-646, p. 635. Esta questão também já foi colocada no direito francês. Alain Bénabent, *Droit Civil – Les Obligations*, cit., p. 122, salienta que, em relação a compromissos perpétuos, a faculdade de resolver o contrato é de ordem pública, tendo já sido reconhecida como liberdade fundamental pelo Tribunal Constitucional.

[81] Jacques Ghestin e Christophe Jamin, "Le Juste et l'Utile dans les Effets du Contrat", in *Contratos: Actualidade e Evolução*, Faculdade de Direito da Universidade Católica Portuguesa, Porto, 1997, pp. 123-165, p. 143.

ticas da relação entre as partes podem determinar que, numa situação concreta, as partes não possam desvincular-se do contrato celebrado. É o que sucede nos contratos relativos a serviços públicos essenciais, em que existe o dever de contratar e, portanto, também, a impossibilidade de desvinculação sem justa causa. O mesmo poderia também suceder noutros contratos, para garantir o acesso de todas as pessoas a determinado bem ou serviço. Por exemplo, a ordem pública pode impor que um segurador não possa pôr termo a um contrato de seguro de doença no caso de a pessoa segura atingir uma determinada idade ou ter uma doença, devendo os interesses contratuais daquele ser garantidos apenas pela fixação objectiva de um preço adequado ao risco.

3.3. Sentido e alcance do conceito

Analisada a jurisprudência dos nossos tribunais em matéria de ordem pública, procura-se agora definir critérios para determinar quando é que um contrato, uma cláusula deste ou o seu fim podem ser considerados contrários à ordem pública.

O conceito de ordem pública é sensível ao sistema jurídico em que se encontra inserido e mutável tendo em conta os contextos histórico[82], geográfico[83] e económico. Assim, a concretização do conceito não pode ser feita tendo em conta contexto histórico, geográfico ou económico diverso daquele em que nos encontramos. A democracia e a economia de mercado são duas referências, em termos políticos e económicos, no ordenamento jurídico português do início do século XXI, ao contrário do que sucedeu noutros períodos da nossa história e, ainda hoje, noutros ordenamentos jurídicos.

---

[82] Segundo CARLOS ALBERTO DA MOTA PINTO, ANTÓNIO PINTO MONTEIRO e PAULO MOTA PINTO, *Teoria Geral do Direito Civil*, cit., pp. 430 e 431, a noção "é variável com os tempos". No mesmo sentido, JOSÉ MANUEL SÉRVULO CORREIA, *Legalidade e Autonomia Contratual nos Contratos Administrativos*, cit., p. 459, fala em "certa fase da [...] evolução histórica", e TEODORO BASTOS DE ALMEIDA, "O Direito à Privacidade e a Protecção de Dados Genéticos: Uma Perspectiva de Direito Comparado", cit., p. 372, nota 43, defende que "é difícil definir «ordem pública», porque esta noção varia com os tempos". Também ASSUNÇÃO CRISTAS e MARIANA FRANÇA GOUVEIA, "A Violação de Ordem Pública como Fundamento de Anulação de Sentenças Arbitrais – Acórdão do Supremo Tribunal de Justiça de 10.7.2008, Proc. 1698/08", in *Cadernos de Direito Privado*, nº 29, 2010, pp. 41-56, p. 54, entendem que "o que faz parte ou não da ordem pública interna variará consoante o momento histórico em que se viva – quando falamos em negócios, como é o caso deste acórdão, circunstâncias imprevistas, como a crise financeira que se abateu sobre o mundo, podem determinar diferentes percepções do essencial e do acessório, do justo e do injusto, do equilibrado e do desequilibrado".

[83] Segundo MAGDI SAMI ZAKI, "Définir l'Équité", in *Archives de Philosophie du Droit*, Vol. 35 – Vocabulaire Fondamental du Droit, 1990, pp. 87-118, p. 118, "cada país tem a sua própria concepção de ordem pública".

A materialização do conceito de ordem pública tem de ser feita em concreto[84], tendo em conta todos os elementos relevantes do contrato em questão, nomeadamente o contexto da sua celebração e os seus efeitos para as partes e em relação a terceiros. Não é, assim, possível definir à partida, desconhecendo-se os contornos do caso, se um determinado contrato é contrário à ordem pública.

O juízo acerca da contrariedade à ordem pública é o último[85] recurso do direito[86] para avaliar da conformidade do contrato com os princípios fundamentais do ordenamento jurídico, princípios estes que, pela sua relevância, se sobrepõem por si só à autonomia privada das partes[87].

O funcionamento da cláusula geral de ordem pública depende sempre de uma análise da compatibilização de um contrato ou cláusula contratual com um

---

[84] José de Oliveira Ascensão, *Direito Civil – Teoria Geral*, Vol. II, cit., p. 321.

[85] Por esta razão, entendemos que não se pode concluir, como no Acórdão do Tribunal da Relação do Porto, de 11 de Maio de 2010, Processo nº 2135/04.1TBPVZ.P1 (Maria Eiró), que "esta partilha nesta situação e nas concretas circunstâncias, [...] atenta contra a ordem pública por ofender por via indirecta as leis sobre sucessão legitimária. O negócio jurídico realizado é, assim, incompatível [com a] ordem pública, e portanto por esta desaprovado". Se contende com a lei, o negócio é ilícito ou contrário à lei; sendo uma ofensa por via indirecta, estamos perante uma situação de fraude à lei. Portanto, neste caso não é necessário – nem adequado – recorrer à ordem pública.

[86] João Baptista Machado, *Lições de Direito Internacional Privado*, cit., p. 254, refere que a ordem pública "coordena e limita os institutos e princípios basilares do sistema jurídico, em ordem a garantir a subsistência de cada um, só possível dentro do equilíbrio do todo. Representa, por assim dizer, o sector-piloto do sistema". José de Oliveira Ascensão, *Direito Civil – Teoria Geral*, Vol. II, cit., p. 321, fala em "cláusula de recurso". Manuel Carneiro da Frada, "A Ordem Pública no Direito dos Contratos", cit., p. 292, considera que "a ordem pública é, sobretudo, um *limite acoplado, uma reserva do método jurídico,* uma última ratio *no processo de realização do Direito*".

[87] Segundo Carlos Alberto da Mota Pinto, António Pinto Monteiro e Paulo Mota Pinto, *Teoria Geral do Direito Civil*, cit., pp. 557 e 558, entende-se por ordem pública "o conjunto dos princípios fundamentais, subjacentes ao sistema jurídico, que o Estado e a sociedade estão substancialmente interessados em que prevaleçam e que têm uma acuidade tão forte que devem prevalecer sobre as convenções privadas". António Pinto Monteiro, *Cláusulas Limitativas e de Exclusão de Responsabilidade Civil*, Almedina, Coimbra, 2003 (reimpressão da edição de 1985), p. 49, considera que o conteúdo da ordem pública, "não formulado expressamente, será integrado pelos princípios fundamentais do sistema jurídico". António Menezes Cordeiro, *Tratado de Direito Civil Português – Vol. I – Parte Geral*, Tomo I, cit., p. 710, defende que "a ordem pública constitui um factor sistemático de limitação da autonomia privada", abrangendo princípios correspondentes "a vectores não expressamente legislados, mas de funcionamento importante". David de Oliveira Festas, *Do Conteúdo Patrimonial do Direito à Imagem – Contributo para um Estudo do seu Aproveitamento Consentido e* Inter Vivos, cit., p. 318, entende que "a apreensão e delimitação do conteúdo da ordem pública revelam-se difíceis, mas estão em causa princípios fundamentais da ordem jurídica que se impõem como limite à celebração de negócios jurídicos no contexto da autonomia privada".

princípio fundamental do ordenamento jurídico[88]. Portanto, a ordem pública não pode ser invocada autonomamente, como fundamento de invalidade de um negócio, sem referência ao princípio afectado. O aplicador do direito, ao invocar a ordem pública, tem de referir-se ao princípio afectado pelo negócio e esclarecer de forma fundamentada em que medida se deve concluir pelo juízo de contrariedade à cláusula geral[89], conclusão válida para a interpretação e concretização de qualquer princípio[90], sob pena de se desvirtuar o sentido da norma[91].

Os princípios fundamentais de que depende a aplicação da ordem pública não podem ser elencados de forma rígida. A determinação da contrariedade a qualquer princípio fundamental depende de uma operação a realizar pelo aplicador do direito, que deve ponderar e valorar os aspectos relevantes do negócio à luz dos valores intrínsecos ao ordenamento jurídico, concluindo então se existe algum princípio atingido a ponto de deixar de se aplicar.

---

[88] ANA PRATA, *Cláusulas de Exclusão e Limitação da Responsabilidade Contratual*, Almedina, Coimbra, 2005 (reimpressão da edição de 1985), p. 757, e LUÍS MENEZES LEITÃO, *Direito das Obrigações*, Vol. I, 9.ª edição, Almedina, Coimbra, 2010, p. 121.

[89] Neste sentido, cfr. MANUEL CARNEIRO DA FRADA, "A Ordem Pública no Direito dos Contratos", cit., p. 292.

[90] É preciso ter em atenção que, como refere ANTÓNIO MANUEL HESPANHA, *O Caleidoscópio do Direito – O Direito e a Justiça nos Dias e no Mundo de Hoje*, 2.ª edição, Almedina, Coimbra, 2009, pp. 158 e 159, a "valorização do papel dos juristas no desenvolvimento dos princípios ainda introduz, apesar de tudo, riscos evidentes e sérios de arbitrariedade, na medida em que permite a manipulação dos princípios segundo as preferências ideológicas ou meramente conjunturais de uma maioria", insistindo que "os princípios a desenvolver devem estar [...] positivados, nomeadamente na Constituição", "o desenvolvimento dos princípios terá que obedecer às regras de arte do saber jurídico", dar vida aos conhecimentos, "com a participação, como jurista, na vida da cultura na sociedade em que opera" e "a assunção de um espírito de serviço" ("aos valores culturais e políticos democraticamente positivados na Constituição e nas leis" e "às regras de arte de um saber jurídico que reflicta esta atitude de serviço à democracia pluralista").

[91] CARLOS ALBERTO DA MOTA PINTO, *Cessão da Posição Contratual*, Almedina, Coimbra, 1982, p. 306, entende que "o juiz ponderará a situação, fará a sua valoração à luz da cláusula geral, tendo em vista a função da norma e os interesses materiais presentes no problema. Na ponderação e apreciação do caso, naturalmente, procederá o julgador a comparações com os grupos de hipóteses já decididas anteriormente pela jurisprudência ou pela doutrina, confrontará com os fios condutores dessas decisões a situação sub judice, reconhecerá as identidades existentes, etc.".

No essencial, os princípios fundamentais do nosso ordenamento jurídico encontram-se expressa[92] ou implicitamente[93] consagrados na Constituição[94], mas o texto constitucional não constitui um limite para a determinação dos princípios relevantes em sede de concretização do conceito de ordem pública[95].

Com efeito, alguns princípios fundamentais podem não estar previstos na Constituição, não deixando por essa razão de relevar enquanto limite à autonomia privada na medida em que forem contrariados pelas partes de um contrato.

Face à Constituição da República Portuguesa, a probabilidade de relevarem princípios fundamentais nela não consagrados não é grande[96], já que são utili-

---

[92] JOANA CAMPOS, "O Princípio da Confidencialidade na Mediação", in *Scientia Ivridica* Vol. LVIII, nº 318, 2009, pp. 311-333, p. 330, considera que "seria nulo um acordo de mediação que pretendesse impedir o mediador de testemunhar, no caso de assistir a um assassinato ou a uma agressão durante as sessões, pelo facto de o seu conteúdo ser contrário à ordem pública (art. 280º do Código Civil)", referindo (p. 331) que está em causa a salvaguarda dos direitos constitucionais "à vida, à integridade física e mesmo o direito de propriedade".

[93] Como refere MANUEL CARNEIRO DA FRADA, "A Ordem Pública no Direito dos Contratos", cit., p. 291, pode dispensar-se "um acolhimento normativo-legal expresso. Há princípios e valores fundamentais para a salvaguarda da coexistência social e indispensáveis para a paz jurídica que todos os seus membros devem atender, independentemente de aflorações positivos". No mesmo sentido, cfr. JACINTO FERNANDES RODRIGUES BASTOS, *Das Relações Jurídicas – Segundo o Código Civil de 1966*, Vol. III, sem editor, 1968, p. 189.

[94] Para ANTÓNIO MENEZES CORDEIRO, *Tratado de Direito Civil Português – Vol. I – Parte Geral*, Tomo I, cit., p. 711, "são contrários à ordem pública negócios que atinjam valores constitucionais importantes". MANUEL CARNEIRO DA FRADA, "A Ordem Pública no Direito dos Contratos", cit., p. 289, refere que "alguns desses princípios terão assento constitucional, o que faz da ordem pública uma noção que torna o direito civil permeável às *valorações constitucionais*". Neste sentido, LUÍS DE LIMA PINHEIRO, *Direito Internacional Privado*, Vol. I, 2.ª edição, Almedina, Coimbra, 2009 (reimpressão da edição de 2008), p. 465, considera que "as normas e princípios constitucionais, principalmente os que tutelam direitos fundamentais, não só informam mas também conformam a ordem pública [...]", referindo-se à ordem pública internacional.

[95] ASSUNÇÃO CRISTAS e MARIANA FRANÇA GOUVEIA, "A Violação de Ordem Pública como Fundamento de Anulação de Sentenças Arbitrais – Acórdão do Supremo Tribunal de Justiça de 10.7.2008, Proc. 1698/08", cit., pp. 53 e 54, defendem que "a melhor postura metodológica é a que admite a vigência desses princípios, mas numa perspectiva em simultâneo realista e sistemática. Realista no sentido em que serão princípios vigentes aqueles que a sociedade vislumbra como essenciais, como estruturantes da sua vida social, económica, familiar, etc. Sistemática no sentido em que estes princípios – que serão mais ideias genéricas sobre regras básicas de convivência social – têm de ser incorporados pelo sistema jurídico, o que significa que têm de ser formulados de forma coerente e articulada entre si. Este trabalho cabe, obviamente, aos juristas, que aplicarão critérios que lhes permitam reconhecer os princípios válidos e a sua correcta articulação (norma de reconhecimento)".

[96] Em sentido contrário, MANUEL CARNEIRO DA FRADA, "A Ordem Pública no Direito dos Contratos", cit., p. 290, defende que "*o preconceito corrente da superioridade das normas constitucionais no conjunto do sistema jurídico deve ceder o passo ao reconhecimento da valia (ético-)jurídica não menos fundamental dos princípios do direito comum (privado*, hoc sensu), capazes sem dúvida de valer e vigorar sem

zados alguns conceitos indeterminados, como o de dignidade da pessoa humana (artigo 1º)[97], suficientemente amplos[98] para abarcar a generalidade das situações valoradas negativamente pelo ordenamento jurídico[99]. Assim, em muitos casos, o problema relacionado com a concretização do conceito de ordem pública é ultrapassado através de remissão para outro conceito indeterminado, o de dignidade da pessoa humana, surgindo novo problema de concretização.

Em suma, a invocação da contrariedade à ordem pública como fundamento autónomo de invalidade de um contrato depende de um processo com duas fases. Em primeiro lugar, é necessário analisar todos os elementos relevantes do contrato e avaliar da sua conformidade com a ordem jurídica na sua globalidade. Suspeitando da não conformidade, o aplicador do direito deve, em segundo lugar, verificar se e em que medida algum princípio fundamental da ordem jurídica é afectado pelo negócio[100].

A alegação de uma das partes ou a decisão de um tribunal no sentido da contrariedade do contrato à ordem pública deve sempre fazer referência de forma expressa ao princípio fundamental da ordem jurídica afectado, fundamentando

---

aquelas (ou mesmo acima delas)". Discorda-se desta visão, na medida em que a generalidade dos princípios fundamentais do direito privado tem assento constitucional.

[97] José de Melo Alexandrino, "Perfil Constitucional da Dignidade da Pessoa Humana", in *Estudos em Honra do Professor Doutor José de Oliveira Ascensão*, Vol. I, Almedina, Coimbra, 2008, pp. 481-511, p. 511, conclui que a dignidade da pessoa humana pode ser apreendida como valor, tendo "um carácter *absoluto*, intangível e incondicionado (desde que se preserve a inerente função simbólica e se renuncie à fixação do conteúdo)", como princípio, "*relativizável*, uma vez que a respectiva norma tem de conviver com os efeitos de outras normas de garantia", e como regra, dando "a aparência de *absoluto* [...], ao resolver sem apelo certos casos-limite".

[98] Segundo Maria Lúcia Amaral, "O Princípio da Dignidade da Pessoa Humana", in Liber Amicorum *de José de Sousa e Brito – Em Comemoração do 70º Aniversário*, Almedina, Coimbra, 2009, pp. 947-964, p. 948, "o princípio da dignidade da pessoa humana acaba por ter um conteúdo de tal modo amplo (idêntico afinal de contas a um dos elementos constantes da tradição do Estado de direito) que não chega a ter densidade suficiente para ser fundamento directo de posições jurídicas subjectivas. O que nele se contém é por isso, e ao mesmo tempo, algo mais e algo menos do que um direito. Quando muito o princípio confere ao sistema constitucional de direitos fundamentais *unidade e coerência de sentido*, ajudando as tarefas práticas da sua interpretação e integração. O que se lhe não pode pedir é que ele seja tomado, em si mesmo, como fonte de um *outro e autónomo* direito (fundamental)".

[99] Giovanni B. Ferri, *Ordine Pubblico, Buon Costume e la Teoria del Contratto*, Giuffrè, Milano, 1970, p. 63, salienta que a ordem pública "põe limites à autonomia privada por respeito aos direitos fundamentais do indivíduo".

[100] Parece-nos assim não ser suficiente a referência feita no Acórdão do Supremo Tribunal de Justiça, de 17 de Fevereiro de 2009, Processo nº 09A141 (Salazar Casanova), a que o exercício abusivo do princípio da autonomia privada pode ser contrário à ordem pública.

os termos em que este é atingido e a medida em que se justifica o juízo de censura sobre o negócio.

3.4. Ordem pública interna e internacional

Tradicionalmente, a doutrina distingue de forma clara entre ordem pública interna e ordem pública internacional.

Esta separação entre os dois conceitos parte normalmente da associação entre ordem pública interna e normas imperativas (também designadas de ordem pública)[101], associação que, como já se defendeu, não se justifica, pelo menos no direito português. A ordem pública (dita interna) opera independentemente de uma norma jurídica expressa, por referência aos princípios fundamentais do ordenamento jurídico. Não deve, no entanto, deixar de se salientar que um negócio pode ser ilícito por contrariar a lei e, ao mesmo tempo, pôr em causa princípios fundamentais do sistema jurídico, que essa lei teve como objectivo salvaguardar.

Adoptando uma noção de ordem pública que abstraia da existência de norma legal imperativa, resta o respeito pelos princípios fundamentais do ordenamento jurídico. Ora, também é o desrespeito por estes princípios que desencadeia o funcionamento da cláusula de ordem pública internacional[102]. Assim, considera-se não ser aplicável o direito estrangeiro "quando dessa aplicação resulte uma intolerável ofensa da harmonia jurídico-material interna ou uma contradição flagrante com os princípios fundamentais que informam a sua ordem jurídica"[103], "em razão da sua desconformidade, em concreto, com princípios fundamentais do ordenamento jurídico"[104], "na medida em que essa aplicação venha lesar algum princípio ou valor básico do ordenamento nacional,

---

[101] ANTÓNIO FERRER CORREIA, Lições de Direito Internacional Privado, cit., p. 405, defende que "ordem pública interna é o conjunto de todas as normas que, num sistema jurídico dado, revestem natureza imperativa". ANTÓNIO MARQUES DOS SANTOS, Direito Internacional Privado, Associação Académica da Faculdade de Direito de Lisboa, Lisboa, 1999 (reimpressão da edição de 1987), p. 183, refere que a ordem pública interna é o "conjunto das normas imperativas, injuntivas, inderrogáveis por vontade das partes". MANUEL ALMEIDA RIBEIRO, Introdução ao Direito Internacional Privado, Almedina, Coimbra, 2006 (reimpressão da edição de 2000), p. 58, considera que "a ordem pública interna é constituída por todas as normas que num sistema jurídico revestem natureza imperativa". MARIA JOÃO MIMOSO e SANDRA C. SOUSA, Nótulas de Direito Internacional Privado, Quid Juris, Lisboa, 2009, p. 167, defendem que "a ordem pública interna visa salvaguardar a aplicação de normas imperativas".

[102] O nº 1 do artigo 22º do Código Civil estabelece que "não são aplicáveis os preceitos da lei estrangeira indicados pela norma de conflitos, quando essa aplicação envolva ofensa dos princípios fundamentais da ordem pública internacional do Estado português".

[103] JOÃO BAPTISTA MACHADO, Lições de Direito Internacional Privado, cit., p. 256.

[104] ANTÓNIO MARQUES DOS SANTOS, Direito Internacional Privado, cit., p. 183

tido por inderrogável, ou algum interesse de precípua grandeza da comunidade local"[105] ou "sempre que, perante o conjunto das circunstâncias do caso concreto, esse resultado seja incompatível com princípios e normas fundamentais da ordem jurídica portuguesa"[106].

A operação necessária para analisar a conformidade com a ordem pública é semelhante nos dois casos, passando por determinar se o negócio (ordem pública interna) ou a aplicação da lei estrangeira (ordem pública internacional)[107] contrariam princípios fundamentais do Estado português[108].

No entanto, admite-se que, em alguns casos, apesar de resposta afirmativa à questão da contradição com princípios fundamentais, apenas a ordem pública interna seja afectada, já que o funcionamento da ordem pública internacional depende de que a ofensa seja flagrante ou intolerável[109]. Para afastar a aplicação de uma lei estrangeira com base em princípios internos, é necessário que estes sejam especialmente relevantes, verdadeiramente decisivos[110], e que sejam postos em causa de forma gravemente atentatória[111], tendo em conta as circunstâncias do caso e a sua conexão com a nossa ordem jurídica.

A diferença entre os dois conceitos não é, portanto, muito significativa, relacionando-se apenas com a diferente aplicação do regime em função da graduação da ofensa ao princípio fundamental em causa. Assim, justifica-se o tratamento unitário do conceito de ordem pública, salientando-se depois as especificidades

---

[105] ANTÓNIO FERRER CORREIA, *Lições de Direito Internacional Privado*, cit., p. 406.

[106] LUÍS DE LIMA PINHEIRO, *Direito Internacional Privado*, cit., p. 462.

[107] ANTÓNIO FERRER CORREIA, *Lições de Direito Internacional Privado*, cit., p. 405, salienta, a este propósito, uma diferença entre os dois conceitos, na medida em que "ordem pública interna restringe a liberdade individual" e a ordem pública internacional "limita a aplicabilidade das leis estrangeiras".

[108] Apesar de defender a distinção, por a ordem pública internacional constituir "um círculo mais restrito", JOSÉ DE OLIVEIRA ASCENSÃO, *Direito Civil – Teoria Geral*, Vol. II, cit., pp. 319 e 321, considera que "o facto de ser princípio e não regra permite aplicar à ordem pública (interna) o que está hoje assente entre os estudiosos da ordem pública internacional: a ordem pública funciona em concreto".

[109] Neste sentido, pode aceitar-se que "os princípios e regras veiculados pela ordem pública internacional representam um núcleo mais restrito do que aqueles que subjazem à ordem pública de Direito material" (LUÍS DE LIMA PINHEIRO, *Direito Internacional Privado*, cit., p. 465). ANTÓNIO MENEZES CORDEIRO, *Tratado de Direito Civil Português – Vol. I – Parte Geral*, Tomo I, cit., p. 711, refere-se a um "conjunto de princípios tão consistentes", parecendo também fazer uma distinção de intensidade dos princípios fundamentais do nosso ordenamento jurídico. ASSUNÇÃO CRISTAS e MARIANA FRANÇA GOUVEIA, "A Violação de Ordem Pública como Fundamento de Anulação de Sentenças Arbitrais – Acórdão do Supremo Tribunal de Justiça de 10.7.2008, Proc. 1698/08", cit., p. 52, defendem que "a ordem pública internacional está no coração da ordem pública interna".

[110] Acórdão do Supremo Tribunal de Justiça, de 11 de Março de 2010, Processo nº 2580/08.3TVLSB.L1.S1 (Barreto Nunes).

[111] JOÃO BAPTISTA MACHADO, *Lições de Direito Internacional Privado*, cit., p. 259, refere-se à necessidade de "evitar os resultados chocantes".

de cada uma das suas aplicações. Em primeiro lugar, a ordem pública interna, como fundamento autónomo, actua apenas quando não exista norma expressa que sancione determinado comportamento. Em segundo lugar, a ordem pública internacional actua apenas quando a aplicação da norma estrangeira implicar o desrespeito por norma ou princípio fundamental do ordenamento jurídico e este for especialmente grave, sendo neste sentido menos abrangente do que a ordem pública interna.

Note-se ainda que a área de actuação da ordem pública internacional não se confunde com a das normas de aplicação imediata ou necessária. Estas actuam de forma imediata e independentemente do funcionamento normal das regras de conflito, enquanto aquela só é chamada a intervir depois de se determinar a lei aplicável e a solução desta para o caso concreto[112].

Existe assim algum paralelismo entre estas duas figuras do direito internacional privado, por um lado, e a licitude e a ordem pública como requisitos do objecto do negócio jurídico, por outro.

A ordem pública funciona em ambos os casos como resposta face a soluções contrárias aos princípios fundamentais da ordem jurídica, resultantes da aplicação da lei portuguesa (ordem pública interna) ou da lei competente em consequência do funcionamento normal das regras de conflito (ordem pública internacional).

As normas de aplicação imediata são aplicáveis independentemente de as normas de conflitos remeterem ou não para a lei em que estão inseridas, do mesmo modo que as normas imperativas (que podem ou não ser normas de aplicação imediata) se aplicam, em regra, independentemente de acordo das partes em contrário[113].

3.5. Regime jurídico
Para determinar o regime aplicável em caso de contrariedade à ordem pública, é necessário distinguir em função do elemento do negócio contrário à ordem pública.

---

[112] RUI MANUEL MOURA RAMOS, *Direito Internacional Privado e Constituição – Introdução a uma Análise das suas Relações*, Coimbra Editora, Coimbra, 1994, p. 122, entende que o direito internacional privado "inflecte os resultados do jogo normal das regras de conflitos, [...] em via de excepção, pela utilização da ordem pública, [... e] em via de acção, pela preclusão do funcionamento daquele mecanismo de forma a impedir a aplicação do direito estrangeiro e a garantir assim a solidez da organização estatual de que as leis internas que não podem em algum caso deixar de ser actuadas são pilares fundamentais".

[113] ANTÓNIO MARQUES DOS SANTOS, *Direito Internacional Privado – Introdução*, Vol. I, cit., p. 275, refere-se a "*normas internacionalmente imperativas* e «à prova de conflitos» ou «resistentes aos conflitos»".

Tratando-se do fim do contrato, não há qualquer dúvida de que o negócio é nulo, verificadas as condições previstas no artigo 281º do Código Civil, nomeadamente o fim contrário à ordem pública ser comum a ambas as partes. Assim, se as partes celebram o contrato com o objectivo de contrariar um princípio fundamental do ordenamento jurídico, este não pode aceitar a validade de qualquer parte do negócio.

Tratando-se do objecto do contrato, apesar de o artigo 280º cominar com a nulidade a contrariedade à ordem pública, esta consequência não deve ser aplicada em todos os casos. Com efeito, pode estar em causa a contrariedade à ordem pública de apenas uma cláusula do contrato, pouco relevante para o seu equilíbrio e dispensável para a subsistência de consenso entre as partes em resultado da sua eliminação. É necessário analisar se o juízo de censurabilidade necessariamente presente na conclusão da contrariedade à ordem pública afecta apenas aquela cláusula, deixando de existir se ela for afastada, ou o contrato na sua globalidade. No primeiro caso, deve considerar-se a cláusula nula, mantendo-se o contrato (artigo 292º); no segundo caso, o contrato é nulo, sendo totalmente afectado pela contrariedade da cláusula à ordem pública.

A mesma conclusão deve valer para o caso de se tratar de condição contrária à ordem pública. Apesar de o artigo 271º, nº 1, do Código Civil não admitir expressamente esta possibilidade, ao contrário do que sucede com a condição física ou legalmente impossível[114], se a condição for resolutiva e contrária à ordem pública, tem de se interpretar o contrato na sua globalidade para concluir se, com a eliminação da condição, se mantém o juízo valorativo negativo sobre o negócio, continuando em causa um princípio fundamental da ordem jurídica. Em caso de resposta afirmativa, o contrato é nulo; em caso de resposta negativa, apenas deve ser nula a cláusula, vigorando o contrato como se tivesse sido celebrado sem condição. Se a condição for suspensiva e contrária à ordem pública, o contrato é nulo, pois não existe qualquer possibilidade de que venha a produzir efeitos sem afectar um princípio fundamental do ordenamento jurídico.

A contrariedade à ordem pública internacional tem como efeito, nos termos do nº 1 do artigo 22º do Código Civil, a não aplicação das normas da lei estrangeira indicadas pela norma de conflitos. O nº 2 estabelece que, nesse caso, são aplicáveis as normas mais adequadas dessa mesma lei, só se recorrendo às nor-

---

[114] JACINTO FERNANDES RODRIGUES BASTOS, *Das Relações Jurídicas – Segundo o Código Civil de 1966*, cit., p. 166, refere que "a razão da diferença de tratamento parece residir na natureza incindível da vontade condicionada, que, quando prevista uma condição ilícita, se apresenta, no seu todo, como um querer viciado pela ilicitude da cláusula".

mas do ordenamento jurídico português se aquelas não existirem ou não forem suficientes para regular a questão[115].

4. Conclusão

A ordem pública constitui um limite à autonomia privada. O objecto e o fim do negócio jurídico não podem ser contrários à ordem pública, sob pena de nulidade, total ou parcial consoante o vício afecte ou não o negócio na sua globalidade.

O conceito de ordem pública é indeterminado, variando tendo em conta os contextos histórico, geográfico e económico em que é aplicado. A concretização não pode ser feita em abstracto, devendo o intérprete ter em conta todos os elementos relevantes do negócio jurídico concreto, o que impede uma definição imediata de todos os casos de contrariedade à ordem pública.

Trata-se do último recurso do direito para avaliar da conformidade do contrato com os princípios fundamentais do ordenamento jurídico, pelo que só deve ser utilizado se não for possível recorrer a outra figura, nomeadamente a contrariedade à lei.

A invocação da ordem pública implica a referência expressa ao princípio fundamental da ordem jurídica afectado, fundamentando-se os termos em que este é atingido e a medida em que se justifica o juízo de censura sobre o negócio.

O aplicador do direito deve ponderar e valorar os aspectos relevantes do negócio à luz dos valores intrínsecos ao ordenamento jurídico, concluindo então se existe algum princípio atingido a ponto de deixar de se aplicar.

---

[115] Como refere ANTÓNIO FERRER CORREIA, Lições de Direito Internacional Privado, cit., p. 420, "na hipótese de lacuna, só se recorre à lei portuguesa se na legislação estrangeira competente se não encontrarem «normas apropriadas», isto é, se a partir dessa legislação não conseguir descobrir-se uma solução que seja adequada ao caso, uma solução que não se aparte muito da que a ordem pública forçou a recusar, ou que de toda a maneira dela se afaste menos do que a resultante dos princípios do direito português". JOÃO BAPTISTA MACHADO, Lições de Direito Internacional Privado, cit., p. 272, alude ao "princípio do «mínimo de dano causado à lei estrangeira»".

Os Grupos Societários no Direito da Concorrência

JOSÉ ENGRÁCIA ANTUNES
Prof. Associado da Faculdade de Direito da Universidade Católica Portuguesa

I – INTRODUÇÃO

I. A *concorrência* ("competition", "Wettbewerb", "concurrence", "concurrenza", "competición") constitui um princípio fundamental dos modelos de organização económica de mercado – consagrado no ordenamento constitucional português (art. 81º, f), da Constituição da República Portuguesa) e europeu (arts. 3º, nº 1, b), 101º e seguintes do Tratado de Funcionamento da União Europeia), assegurando uma maior eficiência produtiva (alocação óptima de recursos escassos), garantindo a satisfação dos consumidores (acesso a bens e serviços de melhor qualidade e preço) e promovendo, assim, o próprio desenvolvimento económico-social geral.[1]

II. Esta centralidade regulatória do princípio da concorrência explica que, um pouco por todo o mundo, os legisladores tenham vindo a desenvolver e implementar um conjunto de normas jurídicas que visam proteger e promover a liberdade da concorrência, vulgarmente designado Direito da Concorrência ("antitrust laws", "Kartellrecht", "droit de la concurrence", "derecho de la libre competencia")[2]. Entre nós, estas normas estão hoje essencialmente contidas na Lei nº 19/2012, de 8 de Maio, doravante abreviadamente designada Lei Geral

---

[1] Sobre o princípio da concorrência, sua noção e funções, vide MESTMÄCKER, Ernst-Joachim/ SCHWEITZER, Heicke, *Europäisches Wettbewerbsrecht*, 72 e ss., 2. Aufl., Beck, München, 2004.

[2] Sobre a formação e evolução do Direito da Concorrência, vide MORAIS, L. Silva, *Direito da Concorrência – Perspectivas do seu Ensino*, 59 e ss., Almedina, Coimbra, 2009; GOMES, J. Caramelo, *Lições de Direito da Concorrência*, 75 e ss., Almedina, Coimbra, 2010. Noutras ordens jurídicas, AA.VV., *L'Antitrust Italiano. Le Regole della Concorrenza*, Ed. Il Sole 24ore, Milano, 2003; ELHAUGE, Einer R., *United States Antitrust Law and Economics*, Foundation Press, New York, 2008; EMMERICH, Volker, *Kartellrecht*, 11. Aufl., C.H. Beck Verlag, München, 2008; MARTÍN-CRESPO, M. Pilar/ RODRÍGUEZ, F. Hernández, *Derecho de la Libre Competencia Comunitária e Español*, Thomson/Aranzadi, Navarra, 2009.

da Concorrência (LGC), que prevê e disciplina as *práticas restritivas da concorrência* (arts. 9º e segs.) – mormente, os acordos entre empresas, as decisões de associações de empresas e as práticas concertadas entre empresas que tenham por objecto ou efeito impedir, falsear ou restringir a concorrência no mercado (art. 9º), bem como o abuso de posição dominante (art. 11º) e de dependência económica (art. 12º) – e as *operações de concentração de empresas* (arts. 36º e segs.) – mediante a notificação e a fiscalização prévia do impacto que as operações de fusão ou aquisição de controlo entre empresas são susceptíveis de produzir sobre a estrutura concorrencial do mercado (arts. 37º e 41º).[3]

III. Tradicionalmente, os *grupos de sociedades* não foram objecto de consideração particular por parte do legislador da concorrência: como sublinha Pablo GIRGADO PERANDONES, "a regulação concorrencial raras vezes presta atenção às empresas vinculadas ou aos grupos de empresas"[4]. E, todavia, os grupos estão hoje no epicentro da "praxis" e regulação da concorrência – levantando aí numerosas e espinhosas questões.

Com efeito, as normas jurídico-concorrenciais têm como protagonista central a *empresa* ("Unternehmen", "undertaking", "entreprise", "impresa")[5]: ora, constituindo o grupo societário uma espécie de empresa unitária complexa ou policorporativa que existe e actua através de uma pluralidade de sociedades individuais, questão que nos sai imediatamente a caminho é a de saber se destinatários das referidas normas constituirão apenas as empresas societárias "de primeiro grau" e/ou também a própria empresa de grupo ou de "segundo grau" enquanto tal. Além disso, não se perca de vista que a característica fundamental de um mercado concorrencial reside na *independência* dos actores do mercado, ou seja, das empresas: a concorrência (etimologicamente "cum currere", ou correr conjuntamente) pressupõe uma situação de competição efectiva entre

---

[3] Ao passo que as normas em sede da concentração de empresas têm por objectivo primário e profiláctico a protecção da estrutura concorrencial do mercado, as normas sobre práticas restritivas destinam-se a reprimir e sancionar as condutas anticoncorrenciais. Sobre esta distinção entre normas de comportamento e de estrutura em sede concorrencial, vide MORAIS, L., *Direito da Concorrência*, cit., 221; KNAUDER, Christian, *Kartellverbot und Fusionskontrolle parallel anwendbar – Kein allgemeiner Vorrang der Fusionskontrollvorschriften vor dem Kartellverbot*, in: 4 Zeitschrift für Finanzmarktrecht (2009), Heft 2, 65-69.

[4] *Grupos de Empresas y Derecho Antitrust – La Aplicación de las Normas Anticolusorias en las Relaciones Intragrupo*, 11, Marcial Pons, Madrid, 2007.

[5] Sobre a empresa como sujeito jusconcorrencial, vide, em várias latitudes, CORONA, E. Galán, *La Empresa como Destinataria de las Normas de Defensa de Competencia*, in: II Actas de Derecho Industrial y Derecho de Autor (1975), 291-346; ROTH, Wulf-Henning, *Zum Unternehmensbegriff im europäischen Kartellrecht*, in: "Festschrift für Rainer Bechtold", 393-408, Beck, München, 2006; SPADAFORA, Antonio, *La Nozione di Impresa nel Diritto Comunitario*, 294, in: XL Giustizia Civile (1990), II, 283-301.

empresas independentes que se defrontam no mercado com vista à conquista de potenciais consumidores e clientes[6]. Ora, enquanto forma jurídico-organizativa da empresa moderna que justamente repousa numa combinação entre independência jurídica e dependência económica das sociedades constituintes, os grupos societários constituem, por definição, um fenómeno que pode ser fonte de repercussões ou patologias relevantes na estrutura concorrencial do mercado.[7]

IV. Este relevo do fenómeno dos grupos societários no seio do Direito da Concorrência constata-se essencialmente em dois planos: o da formação e expansão dos grupos (*normas sobre o controlo da concentração de empresas*) e o do respectivo funcionamento (*normas sobre as práticas restritivas da concorrência*).[8]

---

[6] É essa independência que garante que a aquisição de vantagens competitivas pelas empresas é realizada através de factores objectivos ligados à superioridade da oferta (designadamente, binómino "preço/qualidade" dos bens ou serviços prestados) com os consequentes benefícios para a liberdade de escolha e melhoria da qualidade das prestações recebidas pelos últimos ao nível da procura ("Leistungswettbewerbs"). Cf. EMMERICH, V., *Kartellrecht*, cit., 2 e ss.

[7] Salvo indicação em contrário, tomaremos aqui a expressão "grupo de sociedades" no seu sentido mais amplo, e não no seu sentido estrito ou jurídico-positivo (art. 488º e segs. do Código das Sociedades Comerciais, doravante CSC). Sobre a noção de grupo societário, bem assim como as suas acepções ampla e estrita, vide ANTUNES, J. Engrácia, *Os Grupos de Sociedades – Estrutura e Organização Jurídica da Empresa Plurissocietária*, 51 e ss., 2ª edição, Almedina, Coimbra, 2002.

[8] Sobre as relações entre os grupos de sociedades e o Direito da Concorrência, no direito nacional, vide CORDEIRO, A. Robalo, *As Coligações de Empresas e os Direitos Português e Comunitário da Concorrência*, 101 e ss., in: XXIX Revista de Direito e de Estudos Sociais (1987), 81-137 (embora com dados de direito pretérito). No direito comparado, vide BALEKJIAN, Wahe H., *Parent and Subsidiaries Companies Under European Community Competition Law*, in: Campbell, D./Rohwer, C. (eds.), "Legal Aspects of International Business Transactions", 369-461, Elsevier Science, North-Holland, 1984; BOLZE, Christian, *Groupes de Sociétés et Droit de la Concurrence dans la Communauté Économique Européenne*, Diss., Nancy, 1979; DENOZZA, Francesco, *La Disciplina delle Intese nei Gruppi*, Giuffré, Milano, 1994; HARMS, Wolfgang, *Konzerne im Recht der Wettbewerbschränkungen. Eine wirtschafts- und gesellschaftsrechtliche Untersuchung*, Carl Heymanns, Köln, 1968; HEITZER, Eric, *Konzerne im Europäischen Wettbewerbsrecht*, Recht und Wirtschaft Verlag, Heidelberg, 1999; LYON-CAEN, Antoine, *Droit Européen de la Concurrence et Groupe*, in: Goldmann, B./Francesakis, P. (eds.), "L'Entreprise Multinationale Face au Droit", 328-404, Librairies Techniques, Paris, 1977; MACH, Olivier, *L'Entreprise et les Groupes de Sociétés en Droit Européen de la Concurrence*, Georg, Genève, 1974; POHLAMNN, Petra, *Der Unternehmensverbund im Europäischen Kartellrecht*, Duncker & Humblot, Berlin, 1999; WINNEFELD, Robert, *Verbundenen Unternehmen im Kartellrecht*, Diss., Göttingen, 1969.

II - A FORMAÇÃO E A EXPANSÃO DOS GRUPOS SOCIETÁRIOS: O CONTROLO PRÉVIO DAS CONCENTRAÇÕES DE EMPRESAS

1. Os Arts. 36º e seguintes da LGC

I. Em matéria da formação e expansão dos grupos societários, são fundamentais as normas jurídico-concorrenciais relativas ao *controlo prévio das concentrações de empresas* (arts. 36º e segs. da LGC).[9]

As operações de concentração de empresas, encerrando embora algumas vantagens indiscutíveis – obtenção de economias de escala, aumento da eficácia produtiva, dinamização do mercado de controlo empresarial e ganhos na eficiência de gestão –, podem ser lesivas do valor da concorrência, ao conduzir à eliminação de concorrentes no mercado ou à obstrução da entrada de novos concorrentes, à formação de oligopólios ou monopólios, e ao empobrecimento da liberdade de escolha dos consumidores. As normas legais citadas – também conhecidas noutras ordens jurídicas ("merger control", "Zusammenschlüssekontrolle", "contrôle des concentrations") – têm por objectivo central o estabelecimento de uma *apreciação preventiva das operações de concentração interempresarial de dimensão nacional susceptíveis de gerar efeitos nocivos sobre a estrutura concorrencial do mercado*, instituindo um dever de notificação prévia a cargo das empresas envolvidas à Autoridade da Concorrência.

II. Tais normas encontram-se fundamentalmente em sintonia com as normas europeias previstas no Regulamento CE/139/2004, de 20 de Janeiro, relativo ao controlo das concentrações de empresas (*"Regulamento das Concentrações Comunitárias"*, doravante abreviadamente RCC), que são assim também relevantes na interpretação e aplicação do direito português[10]: como veremos adiante, ins-

---

[9] Sobre o tema, vide, entre nós, ANTUNES, J. Engrácia, *Controlo da Concentração de Empresas e Grupos de Sociedades*, in: II Revista de Concorrência e Regulação (2011), nº 6, 60-86; CUNHA, Carolina, *Controlo da Concentração de Empresas – Direito Comunitário e Direito Português*, Almedina/IDET, Coimbra, 2005; FONSECA, M. Rosado/FERREIRA, L. Nascimento, *O Procedimento de Controlo das Operações de Concentração de Empresas em Portugal*, Almedina, Coimbra, 2009; PAIS, S. Oliveira, *O Controlo das Concentrações de Empresas no Direito Português – Decreto-Lei nº 371/93, de 29 de Outubro*, UCP, Porto, 1997; PAIS, S. Oliveira, *O Novo Regime do Controlo das Concentrações de Empresas na Lei nº 18/2003*, in: AA.VV., "Concorrência – Estudos", 71-101, Almedina, Coimbra, 2006. Para um panorama comparativo do "estado da arte" em múltiplas ordens jurídicas, vide DABBAH, Maher/LASOK, Paul (eds.), *Merger Control Worldwide*, Cambridge University Press, New York, 2007.

[10] In: JO L24, de 29.1.2004. Tenha-se ainda em conta o Regulamento CE/802/2004, de 7 de Abril, relativo à execução do RCC (in: JO L133, de 30.4.2004), bem assim como a "Comunicação Consolidada da Comissão em Matéria de Competência" (in: JO C95, de 16.4.2008), que vem clarificar determinados conceitos utilizados no RCC, reflectindo a experiência desenvolvida pelos serviços da Comissão em matéria do controlo de concentrações. Para um comentário

pirando-se no princípio geral "one-stop-shop"¹¹, a repartição de competências entre as normas nacionais e europeias na matéria, bem como das respectivas autoridades de tutela (Autoridade da Concorrência e Comissão Europeia), realiza-se essencialmente com base no critério da dimensão nacional ou comunitária da concentração (arts. 1º e 21º do RCC).¹²

2. Âmbito de Aplicação

I. Em sede geral, os arts. 36º e segs. da LGC cobrem duas modalidades essenciais de concentração interempresarial: a chamada *concentração primária* ou *na unidade* (também designada "concentração económica com concentração jurídica") – é o caso da "fusão de duas ou mais empresas ou partes de empresas anteriormente independentes" (art. 36º, nº 1, a), da LGC) – e a concentração *secundária* ou *na pluralidade* (por vezes dita "concentração económica sem concentração jurídica") – é o caso da "aquisição, directa ou indirecta, do controlo da totalidade ou partes do capital social ou de elementos do ativo de uma ou várias outras empresas, por uma ou mais pessoas que já detenham o controlo de, pelo menos, uma empresa" (art. 36º, nº 1, b), da LGC).¹³

II. Ora, ambas estas modalidades de concentração de empresas (e, muito em particular, a última) têm naturalmente relevo directo no *plano da formação e da expansão dos grupos societários*: com efeito, enquanto empresa unitária de estrutura plurissocietária, o grupo tem usualmente a sua génese em operações de concentração horizontal, vertical ou diversificada através das quais uma sociedade passa a ser titular do controlo de uma ou mais outras sociedades; e, constituindo o controlo intersocietário o "cimento" ou a base da unidade da direcção económica sobre a qual repousa a estrutura do grupo, todo o seu crescimento e reorganização posteriores far-se-á amiúde através do recurso a instrumentos de

---

desenvolvido deste regulamento comunitário, vide LÖFFLER, Heinz, *Kommentar zur europäischen Fusionskontrollverordnung*, Luchterhand, Neuwied, 2001.

¹¹ Sobre este princípio geral, de acordo com o qual uma concentração de empresas deve ser exclusivamente fiscalizada por uma única jurisdição, cf. VARONA, E. Navarro, *Merger Control in the European Union: Law, Economics and Practice*, 3, Oxford University Press, Oxford/New York, 2005.

¹² Sobre o direito comunitário da concorrência na matéria, vide, entre nós, CUNHA, C., *Controlo da Concentração de Empresas*, cit., 35 e ss.; PAIS, S. Oliveira, *O Controlo das Concentrações de Empresas no Direito Comunitário da Concorrência*, Almedina, Coimbra, 1996; para uma visão actual, RUSU, C. Stefan, *European Merger Control: The Challenges Raised by Twenty Years of Enforcement Experience*, Kluwers Wolters International, The Netherlands, 2010. Em particular sobre a articulação entre normas internas e europeias, cf. LAMPERT, Thomas, *Die Anwendbarkeit der EG-Fusionskontrollverordnung im Verhältnis zum Fusionskontrollrecht der Mitgliedstaaten – Rechtsvergleichend zum Verhältnis zwischen dem US-Antitrustrecht des Bundes und der Einzelstaaten*, Carl Heymanns, Köln, 1995.

¹³ Sobre estas formas alternativas de concentração económica, vide já ANTUNES, J., *Os Grupos de Sociedades – Estrutura e Organização Jurídica da Empresa Plurissocietária*, cit., 48 e ss.

controlo jusconcorrencialmente relevantes (v.g., aquisição de participações de capital, contratos de domínio, acordos parassociais).

III. Antes de analisarmos tais modalidades, todavia, haverá que esclarecer que nem todas as operações de formação ou expansão de um grupo de sociedades, que possam ser consideradas como uma operação de concentração à luz do art. 36º da LGC, se encontram automaticamente sujeitas ao regime da notificação e apreciação prévias, sendo ainda necessário que estejam preenchidos cumulativamente um conjunto de pressupostos relativos aos *sujeitos* envolvidos na operação (âmbito subjectivo de aplicação), à respectiva *localização* (âmbito espacial de aplicação) e à sua *dimensão* (âmbito material de aplicação).

2.1. Âmbito Subjectivo de Aplicação

I. Em primeiro lugar, no que toca ao âmbito subjectivo de aplicação, existem pressupostos relativos aos *sujeitos* intervenientes ou envolvidos na operação de concentração: nos termos do art. 3º, nº 1, da LGC, "considera-se empresa, para efeitos da presente lei, qualquer entidade que exerça uma actividade económica que consista na oferta de bens ou serviços num determinado mercado, independentemente do seu estatuto jurídico e do seu modo de funcionamento".

II. Em consonância com esta noção amplíssima de empresa ("Unternehmen", "undertaking", "entreprise", "impresa") que vigora no domínio jurídico-concorrencial, estão aqui abrangidas as operações de concentração cujos protagonistas activos e passivos constituam, não apenas sociedades comerciais, mas quaisquer outras formas jurídicas de organização empresarial que operem no mercado, independentemente da *personalidade jurídica* do seu titular – podendo tratar-se de pessoas singulares ("maxime", empresário individual) ou pessoas colectivas (v.g., sociedades, agrupamentos complementares de empresas, cooperativas, fundações, etc.) –[14], da *natureza privada ou pública* dessa titularidade

---

[14] Tenha-se presente que, também no direito comunitário da concorrência, se adoptou um conceito funcional, e não institucional, de empresa ("funktionaller Unternehmensbegriff") (ROTH, W.-H., *Zum Unternehmensbegriff im europäischen Kartellrecht*, cit., 393 e ss.): em decisão recente, o Tribunal de Justiça da União Europeia voltou a afirmar que por empresa se entende "qualquer entidade que exerça uma actividade económica, independentemente do seu estatuto jurídico ou do seu modo de financiamento" (acórdão de 11 de Julho de 2006, no Proc. nº 205-03 – *Federación Española de Empresas de Tecnología Sanitaria/Comissão*). Tal conceito chega a abranger, quer os indivíduos ou entidades que exerçam uma actividade económica em mercado sem qualquer suporte organizativo de factores produtivos – tal como, designadamente, os profissionais liberais (cf. MICHALSKI, Lutz, *Das Gesellschafts- und Kartellrecht der berufsrechtlich gebundenen freien Berufe*, Verlag Otto Schmidt, Köln, 1989) –, quer até entidades desprovidas de personalidade jurídica própria – tais como comunidades conjugais ou de herdeiros, sociedades civis, sociedades comerciais irregulares, ou associações sem personalidade jurídica (cf. FRIGNANI, Aldo/WAELBROECK, Michel, *Disciplina della Concorrenza nella CEE*, 21 e ss., 3ª ed., Jovene, Napoli,

– incluindo particulares, entidades de direito privado, ou pessoas colectivas de direito público ("maxime", entidades públicas empresariais, institutos públicos) –[15], da *natureza da actividade económica* explorada – abrangendo-se assim, à partida, as actividades agrícolas, artesanais, comerciais, industriais, financeiras, de prestação de serviços ou qualquer outro tipo de actividade económica –[16], do *sector de propriedade dos meios de produção* em que se enquadrem os respectivos titulares – abrangendo assim indistintamente as empresas do sector privado ("maxime", sociedades comerciais de direito privado), do sector público (v.g., empresas públicas estaduais, entidades públicas empresariais, empresas municipais, intermunicipais e metropolitanas) e do sector cooperativo (v.g., cooperativas, empresas em autogestão, empresas mutualistas) –[17], ou até da sua *dimensão* – abrangendo indistintamente micro, pequenas, médias e grandes empresas, incluindo as empresas de dimensão comunitária (no sentido do art. 2º, c), da Lei nº 96/2009, de 3 de Setembro).[18]

De resto, esta amplitude do perímetro subjectivo da lei está bem patente no facto de constituir entendimento dominante na doutrina e jurisprudência, quer nacional quer comunitária, a relevância das chamadas "empresas potenciais" – ou seja, daquelas empresas que, não se encontrando ainda a exercer de facto a sua actividade económica em mercado, estão prontas a iniciá-la ou reiniciá-la num determinado espaço de tempo –[19] e das "empresas indirectas" – ou seja, de empresas que, não exercendo directamente e em nome próprio

---

1983; GROEBEN, Hans/THIESING, Jochen/EHLERMANN, Claus-Dieter, *Kommentar zum EWG-Vertrag*, Band 2, 1340, 4. Aufl., Nomos, Baden-Baden, 1991), além de ser a própria LGC a admitir que possa ser sujeito passivo de uma operação de concentração uma parte ou partes de empresa sem autonomia jurídica (cf. arts. 36º, nº 1, b), e 37º, nº 4). Sobre o conceito jusconcorrencial de empresa, vide ainda MORAIS, L. Silva, *Empresas Comuns (Joint Ventures) no Direito Comunitário da Concorrência*, 331 e ss., Almedina, Coimbra, 2006.

[15] Sobre o Estado e as pessoas colectivas públicas como empresa no sentido das normas concorrenciais, vide EMMERICH, Volker, *Das Wirtschaftsrecht der öffentliche Unternehmen*, Verlag Max Gehlen, Bad Homburg, 1969.

[16] Recorde-se que as empresas bancárias, financeiras e seguradoras (com a ressalva da excepção específica contemplada no art. 36º, nº 4, c), da LGC) se encontram hoje igualmente sujeitas ao regime português do controlo das concentrações, não gozando do privilégio de imunidade de que chegaram a usufruir no direito pretérito (criticamente sobre tal privilégio, vide já PAIS, S., *O Controlo das Concentrações de Empresas no Direito Português*, cit., 78 e ss.).

[17] Cf. também CUNHA, C., *Controlo da Concentração de Empresas*, cit., 195 e ss.

[18] Os critérios dimensionais, todavia, já são relevantes para efeitos da apreciação da dimensão nacional (art. 37º, nº 2, b), e c), da LGC) ou comunitária (arts. 1º e 21º do RCC) da operação de concentração: sobre o ponto, vide ainda *infra* II, 2.3.

[19] Sobre a figura ("potentielle Unternehmen"), vide EMMERICH, V., *Kartellrecht*, cit., 268; entre nós, FONSECA, M./FERREIRA, L., *O Procedimento de Controlo das Operações de Concentração de Empresas em Portugal*, cit., 39.

uma actividade económica, o fazem indirectamente através da titularidade de participações sociais de controlo noutras empresas comerciais ou industriais ("maxime", sociedades gestoras de participações sociais)[20]. Daqui resultam já claramente as enormes diferenças do alcance das normas jurídico-societárias e das normas jurídico-concorrenciais relativamente ao fenómeno da concentração interempresarial: ao passo que as primeiras apenas são aplicáveis às coligações entre empresas que revistam a forma de sociedades comerciais de certo tipo (anónimas, por quotas, comanditárias por acções: cf. art. 481º, nº 1, do CSC)[21], as últimas aplicam-se às empresas de um modo geral, abrangendo, pelo lado activo, qualquer pessoa natural ou colectiva, e, pelo passivo, qualquer tipo de empresa (ou mesmo nalguns casos, como veremos, meras partes de uma empresa).

III. Particularmente relevante é o tratamento do *grupo de sociedades* como uma empresa unitária: nos termos do art. 3º, nº 2, da LGC, "considera-se como uma única empresa o conjunto de empresas que, embora juridicamente distintas, constituem uma unidade económica ou que mantêm entre si laços de interdependência ou subordinação decorrentes, nomeadamente: *a)* de uma participação maioritária de capital; *b)* da detenção de mais de metade dos votos atribuídos pela detenção de participações sociais; *c)* da possibilidade de designar mais de metade dos membros do órgão de administração ou de fiscalização; *d)* do poder de gerir os respectivos negócios".[22]

---

[20] As sociedades gestoras de participações sociais ou SGPS, por vezes designadas "holdings", são um tipo especial de sociedade comercial, previsto e regulado pelo Decreto-Lei nº 495/88, de 30 de Dezembro, que tem por objecto a gestão estratégica de participações sociais como forma indirecta de exercício de actividades económicas (sobre a figura, vide ANTUNES, J. Engrácia, *As Sociedades Gestoras de Participações Sociais*, in: I Direito das Sociedades em Revista (2009), 67-103).
[21] Sobre o âmbito subjectivo de aplicação do regime jurídico das sociedades coligadas e, em particular, dos grupos de sociedades, vide ANTUNES, J., *Os Grupos de Sociedades – Estrutura e Organização Jurídica da Empresa Plurissocietária*, cit., 292 e ss.
[22] Uma curiosidade: esta noção legal foi perfilhada pelo art. 3º, o), do Decreto-Lei nº 12/2004, de 30 de Março, relativo à instalação de estabelecimentos comerciais grossistas e retalhistas, o qual define "Grupo" como "o conjunto de empresas que, embora juridicamente distintas, mantêm entre si laços de interdependência ou subordinação decorrentes da utilização da mesma insígnia ou dos direitos ou poderes enumerados no nº 1 do artigo 10º da Lei nº 18/2003, de 11 de Junho".

À semelhança do legislador pretérito[23], de outros legisladores estrangeiros[24] e do próprio legislador comunitário[25], veio assim o legislador português actual consagrar um *privilégio* ("Konzernprivileg") ou *cláusula especial* ("Verbundklausel") em favor dos grupos, não se havendo como concentração para efeitos da aplicação do regime da LGC as operações realizadas no seio de um grupo entre as respectivas sociedades componentes: assim, por exemplo, serão consideradas como meras operações de reorganização interna, sem relevo jusconcorrencial, a fusão entre duas sociedades-filhas, a compra e venda entre duas sociedades-filhas de uma participação de controlo numa sociedade-neta, a aquisição pela sociedade-mãe da totalidade dos activos de uma sociedade-filha, a constituição de uma empresa comum por duas ou mais sociedades agrupadas, etc.[26]. Sublinhe-se que se adoptou aqui uma acepção ampla de grupo, abrangendo indistintamente todos os grupos de empresas (sob forma societária ou outra), sejam eles grupos de direito (constituídos através de contrato de subordinação, contrato de grupo paritário ou participação totalitária) ou meros grupos de facto (assentes em participações maioritárias de capital ou votos, em direitos especiais de designação maioritária dos órgãos sociais ou noutros instrumentos que confiram o poder de gestão das empresas-filhas), bem assim como grupos de subordinação (cujas empresas componentes se encontram entre si numa relação de dependência) ou grupos de coordenação (cujas empresas componentes, encontrando-se embora submetidas a uma direcção económica unitária, se conservam independentes entre si).[27]

---

[23] Disposições paralelas, embora não inteiramente coincidentes, encontravam-se já previstas no art. 14º, nº 4, do Decreto-Lei nº 422/83, de 3 de Dezembro, e no art. 6º do Decreto-Lei nº 391/93, de 29 de Outubro. Para o direito nacional pretérito, vide CORDEIRO, A., *As Coligações de Empresas e os Direitos Português e Comunitário da Concorrência*, cit., 101 e ss.

[24] Cf. STEINDORF, Ernst, *Wettbewerbliche Einheit und Kartellrechtliche Vermutungen*, Verlagsgesellschaft Recht und Wirtschaft, Heidelber, 1982; WIEDEMANN, Gerhard, *Handbuch des Kartellrechts*, 758 e ss., 2. Aufl., Beck, München, 2008.

[25] Cf. o Processo nº 4M-1172 – *Fortis AG/Generale Bank*, onde a Comissão Europeia expressamente considerou que as reorganizações internas dos grupos não constituem concentrações abrangidas pelo RCC (in: JO C164, de 24.5.1998). Vide ainda MORAIS, L. Silva, *Os Conceitos de Objecto e Efeito Restritivos da Concorrência e a Prescrição de Infracções da Concorrência*, 18 e s., Almedina, Coimbra, 2009; RITTER, Lennard/BRAUN, David, *European Competition Law*, 210, 3th edition, Kluwer Law International, The Hague, 2005.

[26] Vejam-se, por exemplo, as decisões da Autoridade da Concorrência nos Processos nº 38/2005 – *Lease Plan Portugal/Unirent* (ponto 11) e nº 43/2007 – *Luxxotica/Oakley* (ponto 14).

[27] Sobre as classificações dos grupos (em particular, grupos de direito e de facto, grupos de subordinação e de coordenação), vide ANTUNES, J., *Os Grupos de Sociedades – Estrutura e Organização Jurídica da Empresa Plurissocietária*, cit., 72 e ss.

2.2. Âmbito Espacial de Aplicação

I. Em segundo lugar, no que concerne ao âmbito espacial de aplicação, refira-se a existência de pressupostos relativamente à *localização* da operação de concentração: nos termos do art. 2º, nº 2, da LGC, "sob reserva das obrigações internacionais do Estado Português, a presente lei é aplicável às práticas restritivas da concorrência e às operações de concentração de empresas que ocorram em território nacional ou que neste tenham ou possam ter efeitos".

II. Projecção do princípio dos efeitos ou da territorialidade objectiva, tal significa que ficarão sob a alçada do regime legal não apenas as operações de concentração interempresarial que tenham sido realizadas em Portugal, mas também aquelas que, conquanto realizadas em território estrangeiro, *produzam ou possam produzir os seus efeitos em território português*.[28]

De novo, é ostensivo o diferente alcance das normas concorrenciais e societárias em sede das concentrações entre empresas: ao passo que, para o legislador societário, apenas existirá uma coligação empresarial relevante quando todas as empresas societárias envolvidas tiverem a sua sede em Portugal (art. 481º, nº 2, do CSC) – implicando assim, designadamente, que as operações concentracionísticas nas quais uma ou mais das empresas intervenientes tenha a sua sede no estrangeiro não poderão dar origem ao nascimento de um grupo societário sujeito ao regime dos arts. 488º e segs. do CSC[29] –, já para o legislador da concorrência é indiferente a localização da sede (estatutária ou efectiva) das empresas ou da própria operação de concentração, bastando que esta última seja susceptível de projectar ou produzir os seus efeitos em território nacional. Esta amplitude extraterritorial do âmbito da lei justifica uma aplicação particularmente cuidada e equilibrada por parte das autoridades nacionais da concorrência: é que, se tal amplitude favorece decerto uma maior eficácia do controlo das concentrações, também é certo que, quando interpretada de forma literal e em toda

---

[28] FONSECA, M./FERREIRA, L., *O Procedimento de Controlo das Operações de Concentração de Empresas em Portugal*, cit., 30 e ss.; PAIS, S., *O Novo Regime do Controlo das Concentrações de Empresas na Lei nº 18/2003*, cit., 78.

[29] Repare-se que esta conclusão não é sequer infirmada pelas várias excepções previstas no art. 481º, nº 2, do CSC (sobre tais excepções, vide ANTUNES, J., *Os Grupos de Sociedades – Estrutura e Organização Jurídica da Empresa Plurissocietária*, cit., 313 e ss.). É certo que a sua alínea d) admite a formação de um grupo multinacional, ao permitir que uma sociedade com sede no estrangeiro possa estabelecer uma relação de grupo por domínio total com uma ou mais sociedades com sede em Portugal, mediante a aquisição de uma participação totalitária inicial ou originária nestas últimas. Todavia, como melhor será visto adiante, as operações de concentração interempresarial, relevantes para efeitos do regime de controlo previsto na LGC, pressupõem sempre a existência prévia das empresas intervenientes na operação (ainda que porventura não tendo já entrado em funcionamento), o que não se verifica na citada alínea, a qual, ao invés, regula justamente o caso específico da constituição "ab initio" de uma sociedade anónima unipessoal.

a sua extensão, poderá ser fonte de uma significativa insegurança jurídica, ora originando conflitos de jurisdição com autoridades estrangeiras congéneres, ora sujeitando ao crivo do controlo administrativo nacional meras "bagatelas" ou operações interempresariais desprovidas de real impacto jusconcorrencial no mercado nacional.

2.3. Âmbito Material de Aplicação

I. Em terceiro e último lugar, no que toca ao âmbito material de aplicação, existem pressupostos relativamente à *dimensão nacional* da operação de concentração: nos termos do art. 37º, nº 1, da LGC, "as operações de concentração de empresas estão sujeitas a notificação prévia quando preencham uma das seguintes condições: *a)* em consequência da sua realização se crie ou se reforce uma quota superior a 30% no mercado nacional de determinado bem ou serviço, ou numa parte substancial deste; *b)* Em consequência da sua realização se adquira, crie ou reforce uma quota igual ou superior a 30% e inferior a 50% no mercado nacional de determinado bem ou serviço, ou numa parte substancial deste, desde que o volume de negócios realizado individualmente em Portugal, no último exercício, por pelo menos duas das empresas que participam na operação de concentração seja superior a cinco milhões de euros, líquidos dos impostos com estes diretamente relacionados; *c)* O conjunto das empresas que participam na concentração tenha realizado em Portugal, no último exercício, um volume de negócios superior a 100 milhões de euros, líquidos dos impostos com este diretamente relacionados, desde que o volume de negócios realizado individualmente em Portugal por pelo menos duas dessas empresas seja superior a cinco milhões de euros."

II. Tal significa, portanto, que a dimensão nacional de uma concentração interempresarial é aferida por três tipos de critérios alternativos[30]: o critério da *quota de mercado* – que, visando averiguar o "poder de mercado" da concentra-

---

[30] Neste ponto, o direito português (como, de resto, o de outros países europeus) afastou-se do direito comunitário na matéria, que recorre unicamente ao critério do volume de negócios: nos termos do art. 1º do RCC, uma concentração terá *dimensão comunitária* quando o volume de negócios total realizado à escala mundial pelo conjunto das empresas em causa seja superior a 5 000 milhões de euros e o volume de negócios total realizado individualmente no espaço europeu por, pelo menos, duas das empresas em causa for superior a 250 milhões de euros, a menos que cada uma das empresas em causa realize mais de dois terços do seu volume de negócios num único Estado-Membro. Sobre a dimensão comunitária da concentração ("community dimension", "gemeinschaftsweite Bedeutung"), vide, entre nós, PAIS, S., *O Controlo das Concentrações de Empresas no Direito Comunitário da Concorrência*, cit., 197 e ss.; noutros quadrantes, MARTÍN-CRESPO, M. Pilar, *Concentración de Empresas de Dimensión Comunitaria*, Aranzadi, Pamplona, 1997; MESTMÄCKER, E.-J./ SCHWEITZER, H., *Europäisches Wettbewerbsrecht*, cit., 537 e ss.; RITTER, L./BRAUN, D., *European Competittion Law*, cit., 525 e ss.

ção emergente, é construído na dupla dimensão de mercado geográfico (o mercado nacional ou parte substancial deste) e de mercado material (o mercado de determinado bem ou serviço) –[31], o critério do *volume de negócios* – que, visando fundamentalmente aferir o "poder económico" das empresas concentradas, está assente no duplo patamar do volume de negócios global (do conjunto das empresas) e individual (de duas ou mais dessas empresas)[32] –, e o critério misto de quota de mercado e volume de negócios – que assenta numa espécie de combinação entre ambos os critérios anteriores. Pela sua pertinência à nossa temática, merece especial destaque o relevo do grupo no contexto dos métodos de *determinação e cômputo dos limiares legais* em sede da quota de mercado e volume de negócios (art. 39º da LGC): na verdade, sempre que alguma das empresas participantes na operação de concentração se encontrar já integrada no perímetro de um grupo, no cálculo dos limiares legais dever-se-á levar em linha de conta o volume de negócios, não apenas dessas mesmas empresas participantes (incorporante e incorporada no caso de fusão, adquirente e adquirida no de aquisição de controlo, etc.), mas também das respectivas empresas-filhas, da respectiva empresa-mãe ou mães, das demais empresas-filhas do mesmo grupo, e ainda de qualquer filial comum controlada simultaneamente por uma empresa do grupo e por entidades a este estranhas.[33]

3. As Modalidades de Concentração

I. Descritos sumariamente os pressupostos relativos ao âmbito pessoal, espacial e material das normas em sede do controlo da concentração de empresas, cumpre analisar as modalidades ou tipos de operações de concentração relevantes, já atrás referenciadas: a concentração primária ou na unidade (*fusão*) e a concentração secundária ou na pluralidade (*aquisição de controlo*).

II. Antes de o fazer, importa destacar dois aspectos comuns. Desde logo, ambas as modalidades de concentração interempresarial devem conduzir a

---

[31] Sobre este critério, vide CUNHA, C., *Controlo da Concentração de Empresas*, cit., 200 e s.; FONSECA, M./FERREIRA, L., *O Procedimento de Controlo das Operações de Concentração de Empresas em Portugal*, cit., 87 e ss.; PAIS, S., *O Controlo das Concentrações de Empresas no Direito Português*, cit., 68 e ss.

[32] Sobre este critério, vide CUNHA, C., *Controlo da Concentração de Empresas*, cit., 201 e ss.; FONSECA, M./FERREIRA, L., *O Procedimento de Controlo das Operações de Concentração de Empresas em Portugal*, cit., 93 e ss.; PAIS, S., *O Controlo das Concentrações de Empresas no Direito Português*, cit., 73 e ss.; noutros quadrantes, EMMERICH, V., *Kartellrecht*, cit., 427 e ss.

[33] Trata-se, naturalmente, de uma asserção geral, que não prescinde da consideração em concreto dos laços intersocietários e empresariais previstos na lei (cf. elenco das alíneas do art. 39º, nº 1), nem de diversas correcções (art. 39º, nº 2), excepções (art. 39º, nº 4) e até adaptações a casos específicos (art. 39º, nº 5, todos da LGC). Cf. PAIS, S., *O Novo Regime do Controlo das Concentrações de Empresas na Lei nº 18/2003*, cit., 86 e ss.

"uma mudança duradoura do controlo sobre a totalidade ou parte de uma ou mais empresas" (art. 36º, nº 1, da LGC): em nosso entender, o sentido fundamental a atribuir ao inciso legal consiste em excluir do perímetro de relevância legal aquelas operações de fusão e aquisição de controlo que impliquem uma mera *alteração transitória ou fortuita* do controlo empresarial (v.g., "parqueamento" de ações ou ativos de uma empresa numa instituição financeira, obtenção de maiorias de facto ocasionais na assembleia geral dessa empresa, etc.)[34]. Por outra banda, tratando-se de modalidades distintas e alternativas de concentração interempresarial – das quais a última goza uma primazia prática indiscutível[35] –, elas podem entrecruzar-se, mediante a combinação de uma fusão com uma aquisição de controlo ou vice-versa, caso em que haverá que determinar se estaremos diante de uma operação de concentração unitária ou de duas operações autónomas.[36]

3.1. Fusão

I. A primeira modalidade legal é a *fusão* ("merger", "Verschmelzung", "fusion", "fusione"): nos termos do art. 36º, nº 1, a), da LGC, entende-se haver uma concentração de empresas "no caso de fusão de duas ou mais empresas ou partes de empresas anteriormente independentes".

II. À primeira vista, dir-se-ia que este tipo de operação concentracionística seria irrelevante do ponto de vista da constituição e expansão dos grupos societários: com efeito, ao passo que o grupo constitui uma técnica de organização da empresa que repousa na manutenção da personalidade jurídica das sociedades componentes, a fusão constitui uma operação jurídico-económica que acarreta

---

[34] Cf. também Pontos 28 e segs. da Comunicação Consolidada da Comissão em Matéria de Competência (in: JO C95, de 16.4.2008). A formulação legal do art. 36º, nº 1, da LGC deixa algo a desejar, incorrendo em redundâncias em sede da noção de operação de concentração (na qual o conceito de controlo surge simultaneamente referenciado como pressuposto e efeito daquela operação: cf. proémio e alínea a)), do seu objeto (que surge referenciado a empresas ou partes de empresa simultaneamente no mesmo proémio e nas suas alíneas) e das suas características (em que a natureza duradoura do controlo interempresarial surge repetida no citado proémio e no nº 3).

[35] De acordo com os dados da Autoridade da Concorrência relativos a 2008, num universo de 68 operações de concentrações notificadas e apreciadas pela autoridade de tutela, apenas 3 correspondiam a fusões, dizendo as restantes 65 respeito a aquisições de controlo, com particular destaque para a aquisição de participações maioritárias de capital (cf. *Relatório de Actividades e Contas 2008*, 5).

[36] Muito embora ambas as modalidades possuam o mesmo significado substantivo (desencadeando a obrigação de notificação prévia da operação), elas já se distinguem no plano do respectivo regime processual, mormente para efeitos da determinação do evento que desencadeia a obrigação de notificação prévia ("triggering event") (art. 37º, nº 2, da LGC) e, em certos casos, do apuramento do volume de negócios das empresas envolvidas na operação (art. 39º, n.ºs 1 e 4, da LGC).

justamente, por definição, a extinção de uma ou mesmo todas as sociedades envolvidas na mesma (art. 97º do CSC).[37]

Mas não. Na verdade, ao falar da fusão de "empresas ou partes de empresas anteriormente independentes", o legislador jusconcorrencial acolheu um conceito mais amplo do que o seu congénere jussocietário: por um lado, abrangem-se aqui todos os tipos de empresas, ainda que não societárias, sendo assim relevantes as *fusões transgénicas*, celebradas entre quaisquer titulares ou formas jurídico-organizativas de empresas (v.g., sociedade anónima e empresa individual, cooperativa e fundação, etc.); por outro lado, ao dar relevância às operações que tenham por objecto "partes de empresa", abrangem-se aqui as *fusões transtípicas*, resultantes da combinação da fusão com outros veículos jurídico-comerciais de reorganização e concentração empresarial (é o caso da cisão-fusão, prevista no art. 118º, c), do CSC, consistente em operações de cisão societária total ou parcial cujas parcelas destacadas vão ser fundidas com outras sociedades ou parcelas destacadas segundo processo idêntico)[38]; finalmente, abrangem-se aqui as *fusões impróprias*, ou seja, aquelas operações que dêem origem a uma nova e única entidade económica sem que tal seja acompanhado da extinção jurídica das próprias empresas intervenientes na fusão[39]. Neste sentido, pode assim dizer-se que, para efeitos dos arts. 36º e segs. da LGC, se entende por fusão todo o acordo celebrado entre empresas que tenha por objecto e resultado a criação de uma nova *unidade jurídica* ou meramente de uma nova *unidade económica* ("wirtschaftliche

---

[37] Recorde-se que, na fusão-incorporação, a sociedade incorporada se extingue como pessoa jurídica, e que, na fusão-constituição, todas as sociedades intervenientes na fusão desaparecem para dar lugar a uma nova sociedade (art. 97º, nº 4, do CSC), sendo ainda que, em qualquer caso, a operação de fusão tem por consequência uma transmissão universal dos patrimónios e a transumância intersocietária dos sócios. Sobre os efeitos da fusão, em especial a extinção das sociedades incorporadas e fundidas, vide ANTUNES, J., *Direito das Sociedades*, 435 e ss., 2ª edição, Ed. de Autor, Porto, 2011; VENTURA, Raúl, *Fusão, Cisão e Transformação de Sociedades*, 228 e ss., Almedina, Coimbra, 1992. Para um confronto mais desenvolvido entre as figuras da fusão e do grupo, vide ANTUNES, J., *Os Grupos de Sociedades – Estrutura e Organização Jurídica da Empresa Plurissocietária*, cit., 84 e ss.

[38] Sobre a cisão-fusão, vide ANTUNES, J., *Direito das Sociedades*, cit., 425.

[39] Também assim Volker LEHMANN, que distingue entre fusões em sentido jurídico ("rechtliche Fusion") e em sentido económico ("wirtschaftliche Fusion") (*Die europäische Fusionskontrolle*, 17, Grin Verlag, 2010). O único requisito que a lei estabelece é que as empresas sejam "anteriormente independentes" (art. 36º, nº 1, a), da LGC). Tal requisito é especialmente relevante no caso dos grupos empresariais, cujas empresas filhas são, por definição, entidades destituídas de independência económica em virtude da sua subordinação a uma direcção económica unitária exercida pela respectiva empresa-mãe: tal implicará – ao menos, para o comum dos casos – que as fusões entre filiais do mesmo grupo constituirão meras operações de reorganização interna grupal, e não operações de concentração, como tal excluídas do âmbito de aplicação da lei. Em sentido oposto, todavia, vide PAIS, S., *O Controlo das Concentrações de Empresas no Direito Português*, 42 e ss.

Einheit"): em linha com a interpretação de preceito paralelo do RCC, tal poderá ocorrer quando duas ou mais empresas, mantendo a sua personalidade jurídica própria, estabeleçam uma direcção económica unitária ou comum por via contratual – dando assim origem a um agrupamento complementar de empresas, a um consórcio ou até porventura a um grupo paritário ou de coordenação (v.g., o contrato de grupo paritário português do art. 492º do CSC)[40] – ou até quando adoptem a estrutura de uma empresa de dupla cotação na bolsa.[41]

III. Sublinhe-se ainda, por último, que esta concepção muito ampla da fusão empresarial – sobretudo em articulação com a não menos lata visão do fenómeno do controlo, a seguir analisada – pode levar à existência de algumas *zonas cinzentas* de fronteira ou até de sobreposição entre estas duas modalidades concentracionísticas: assim, por exemplo, uma fusão-incorporação, implicando uma aquisição universal dos activos da empresa incorporada por parte da incorporante, poderia subsumir-se no controlo por via da aquisição da propriedade dos activos (art. 8º, nº 3, b), da LGC); e um contrato de grupo paritário pode ocasionalmente enfileirar na galeria do chamado controlo conjunto ou mesmo dos contratos cuja celebração confere uma influência preponderante sobre a empresa controlada (art. 8º, nº 3, c), da LGC).

3.2. Aquisição de Controlo

I. Seja pela sua maior frequência prática, seja até pela superior complexidade operacional, merece atenção especial a segunda modalidade: a *aquisição de controlo* ("acquisition of control", "Kontrollerwerb", "acquisition du contrôle", "acquisizione del controllo").[42]

Nos termos da lei, haverá uma concentração de empresas jusconcorrencialmente relevante no caso de "aquisição, directa ou indirecta, do controlo da totalidade ou partes do capital social ou de elementos do ativo de uma ou várias outras empresas, por uma ou mais pessoas que já detenham o controlo de, pelo menos, uma empresa" (art. 36º, nº 1, b) da LGC). Além disso, "o controlo

---

[40] No mesmo sentido, CUNHA, C., *Controlo da Concentração de Empresas*, cit., 76. Sobre os contratos de ACE e de consórcio, vide ANTUNES, J. Engrácia, *Direito dos Contratos Comerciais*, 398 e ss., 412 e ss., Almedina, Coimbra, 2009; sobre o contrato de grupo paritário, vide ANTUNES, J., *Os Grupos de Sociedades – Estrutura e Organização Jurídica da Empresa Plurissocietária*, cit., 80 e ss., 911 e ss.
[41] Ponto 10 da Comunicação Consolidada da Comissão em Matéria de Competência (in: JO C95, de 16.4.2008).
[42] Sobre a noção jurídico-concorrencial de controlo, em diferentes latitudes, vide BROBERG, Morten, *The Concept of Control in the Merger Regulation*, in: 25 European Competition Law Review (2004), 741-751; LAMANDINI, Marco, *Il "Controllo" – Nozioni e Tipo nella Legislazione Economica*, 83 e ss., Giuffrè, Milano, 1995; ULSHÖFER, Matthias, *Kontrollerwerb in der Fusionskontrolle. Eine Untersuchung im europäischen, deutschen und US-amerikanischen Fusionskontrollrecht*, Baden-Baden, Nomos, 2003.

decorre de qualquer acto, independentemente da forma que este assuma, que implique a possibilidade de exercer, com carácter duradouro, isoladamente ou em conjunto, e tendo em conta as circunstâncias de facto ou de direito, uma influência determinante sobre a actividade de uma empresa, nomeadamente: *a*) aquisição da totalidade ou de parte do capital social; *b*) aquisição de direitos de propriedade, de uso ou de fruição sobre a totalidade ou parte dos activos de uma empresa; *c*) aquisição de direitos ou celebração de contratos que confiram uma influência preponderante na composição ou nas deliberações dos órgãos de uma empresa" (art. 36º, nº 3, da LGC).

II. A clarificação do sentido e do alcance deste intrincado e suculento preceito impõe uma ordenação das ideias, sendo mister analisar separadamente os *sujeitos*, o *conteúdo* e *instrumentos*, e as *modalidades* do controlo.

3.2.1. Sujeitos

I. Relativamente aos sujeitos do controlo, há que distinguir entre os sujeitos activos e passivos. Quanto aos adquirentes do controlo (*sujeitos activos*), eles poderão consistir em uma ou em várias "empresas" – o que, nos termos do conceito amplíssimo atrás passado em revista[43], abrangerá todo o tipo de entidades (singulares ou colectivas, privadas ou públicas) que exerçam uma actividade económica de oferta de bens ou serviços em mercado (v.g., empresários individuais, sociedades, empresas públicas, cooperativas) – ou mesmo uma ou várias "pessoas", colectivas ou singulares, que controlem uma empresa – tal como, por exemplo, o accionista ou accionistas maioritários de uma sociedade anónima.[44]

II. Já quanto ao alvo da aquisição (*sujeitos passivos*), ele deve consistir genericamente numa "empresa": todavia, por forma a garantir a eficácia dos seus próprios normativos perante o carácter multímodo da "praxis", o legislador abrangeu expressamente todos os tipos de operações aquisitivas, sejam uni ou pluriempresariais (ou seja, tenham estas por objecto a aquisição de uma única empresa ou de um conjunto de empresas), sejam totais ou parciais (ou seja, que incidam sobre a totalidade de uma empresa ou apenas uma parte desta). Especialmente relevante é o caso da aquisição parcial, considerando-se como "parte de empresa" para estes efeitos todo o conjunto de activos empresariais (v.g.,

---

[43] Cf. *supra* II, 2.1.

[44] Tal significa, pois, que a aquisição de controlo de uma empresa por parte de uma pessoa singular ou física apenas constituirá uma operação de concentração caso essa pessoa exerça paralelamente uma actividade económica em mercado, seja directamente e em nome próprio ("maxime", empresário individual), seja indirectamente por via da posição de controlo já detida numa outra empresa. Sublinhe-se que nada impede que a aquisição do controlo seja realizada por ambos os protagonistas elegíveis da lei, mediante um negócio em que intervêm simultaneamente uma (ou várias) "empresas" e uma (ou várias) "pessoas singulares" titulares de controlo empresarial.

estabelecimento comercial, carteira de clientes, grupo qualificado de trabalhadores, contratos de fornecimento relevantes, activos incorpóreos como marcas, patentes ou outros direitos de propriedade industrial) que seja susceptível de realizar de forma unitária e autónoma um volume de negócios (cf. ainda art. 39º, nº 4, da LGC).[45]

3.2.2. Conteúdo e Instrumentos

I. Aspecto absolutamente crucial é o relativo ao *conteúdo* e aos *instrumentos* do controlo. À semelhança do legislador europeu (art. 3º do RCC) mas também de outros legisladores estrangeiros (v.g., § 37 da "Gesetz gegen Wettbewerbsbeschränkungen" alemã, sec. 23 do "Enterprise Act" inglês)[46], o legislador português construiu o conceito jurídico-concorrencial de controlo com base numa noção geral – "a possibilidade de exercício de uma influência determinante sobre a actividade de uma empresa" – e num elenco exemplificativo de instrumentos possíveis da sua criação (art. 36º, nº 3, da LGC).

Trilhando aqui muito de perto o filão europeu na matéria, a doutrina e as autoridades nacionais têm identificado consistentemente o cerne da noção legal (poder de exercício de influência determinante) com o *poder de determinar, positiva ou negativamente, as decisões estratégicas da empresa alvo do controlo* (em particular, os respectivos orçamentos e plano de actividades, os investimentos significativos ou a designação do pessoal dirigente), não se exigindo já que determine de modo geral a gestão de todas as actividades daquela.[47]

II. Doutra banda, é também muito vasto o alcance do elenco legal dos *instrumentos* ou meios dessa influência.[48]

---

[45] Inversamente, já não se afiguram relevantes, em princípio, as operações de "outsourcing" através das quais uma empresa externalize determinadas actividades internas (v.g., informática, contabilidade), excepto quando for acompanhada da transferência dos activos pertinentes para entidade que também preste serviços no mercado (cf. Pontos 25 e segs. da Comunicação Consolidada da Comissão em Matéria de Competência, in: JO C95, de 16.4.2008). Sobre o ponto, vide LOHRBERG, Jan/HUHTAMÄKI, Matti, *Outsourcing Transactions and Merger Control*, in: 29 European Competition Law Review (2008), 349-355.

[46] Para o direito alemão ("bestimmenden Einfluss"), vide EMMERICH, V., *Kartellrecht*, cit., 438; para o direito inglês (que distingue, todavia, o conceito de "material influence" do conceito de controlo de direito e de facto), vide SLAUGHTER/MAY, *UK Merger Control Unter Enterprise Act 2002*, 3 e s., Working Paper, London, 2011.

[47] Vide assim, por exemplo, os pontos 28 e segs. do Processo nº 05/2005 – *EDP/National Power (Turbogás)*. Cf. também FONSECA, M./FERREIRA, L., *O Procedimento de Controlo das Operações de Concentração de Empresas em Portugal*, cit., 53; PAIS, S., *O Controlo das Concentrações de Empresas no Direito Português*, cit., 48.

[48] Trata-se de um elenco meramente *exemplificativo*, que não exclui que a aquisição do controlo possa ter a sua base noutros instrumentos nele não previstos. Todavia, ao contrário do que sucede

À cabeça, surge a "aquisição da totalidade ou parte do capital" (art. 8º, nº 3, a), da LGC). Incluem-se aqui, não apenas as participações totalitárias e maioritárias (as quais, de resto, representam o instrumento clássico e mais difundido do controlo empresarial), mas também as próprias participações minoritárias de capital sempre que, em associação com circunstancialismos de direito ou de facto concomitantes (v.g., maioria de facto estável devida à elevada dispersão do capital social, acordos parassociais de voto, etc.), sejam susceptíveis de assegurar ao adquirente a possibilidade de determinar a condução estratégica empresarial.[49]

A lei refere-se ainda à "aquisição de direitos de propriedade, de uso ou fruição sobre a totalidade ou parte dos activos" da empresa controlada (art. 8º, nº 3, b), da LGC). Incluem-se aqui, em abstracto, todos os negócios aptos a realizar a constituição de direitos reais de gozo (v.g., compras e vendas, permutas de activos, fusões, transformações novatórias, dissolução com transmissão global, etc.) ou até de meros direitos pessoais de gozo (v.g., contratos de locação de empresa, contratos de licença exclusiva, contratos de gestão de empresa, etc.) sobre a totalidade ou parte dos activos que integram o património empresarial (v.g.,

com outros elencos legais congéneres (art. 486º, nº 2, do CSC, art. 21º, nº 2, do Código dos Valores Mobiliários), não se nos afigura que se esteja diante de presunções legais absolutas ou sequer relativas do controlo, cabendo assim aos interessados fazer prova, caso a caso, que do concreto acto ou transacção tipificados (v.g., aquisição de participação minoritária, aquisição de activos, celebração de contratos) resultou para o adquirente o poder de impor o cunho da sua vontade no governo estratégico da empresa alvo.

[49] Sobre as participações totalitárias, maioritárias e minoritárias como instrumento da criação de uma relação de domínio intersocietário, vide ANTUNES, J., *Os Grupos de Sociedades – Estrutura e Organização Jurídica da Empresa Plurissocietária*, cit., 485 e ss. Sobre as participações minoritárias "qualificadas" como instrumento de controlo jusconcorrencial, vide MONTAG, Frank/DOHMS, Rüdiger, *Minderheitsbeteiligungen im deutschen und EG-Kartellrecht*, in: 41 Wirtschaft und Wettbewerb (1993), 275-295; GRÄFER, Jens, *Die Erfassung von Minderheitsbeteiligungen durch das Europäische Wettbewerbsrecht: unter besonderer Berücksichtigung des Zusammenschlussbegriffs in der Fusionskontrollverordnung*, Peter Lang, Frankfurt am Main, 2004. Não se perca de vista, todavia, a previsão de excepções relativamente à aquisição de participações sociais com meras funções de garantia, de participações ou activos em empresas insolventes, ou de determinadas participações detidas por determinadas empresas bancárias, financeiras e seguradoras em empresas não financeiras (art. 36º, nº 4, da LGC): sobre tais excepções, vide GORJÃO-HENRIQUES, Miguel, *A Aquisição de Empresas no Direito da Concorrência*, 301 e ss., in: AA.VV., "Aquisição de Empresas", 263-312, Coimbra Editora/Wolters Kluwer, Coimbra, 2011; RICARDO, F. Pereira, *A Aquisição de Participações ou de Activos da Empresa Insolvente e o Conceito de Concentração de Empresas*, in: I Revista de Concorrência e Regulação (2010), nº 4, 53-63.

estabelecimentos comerciais, unidades produtivas, activos incorpóreos, direitos de propriedade industrial como patentes e marcas, carteiras de clientes, etc.).[50]

Enfim, numa proposição que tem também tanto de vasto quanto de impreciso, atribui-se ainda relevo para estes efeitos à "aquisição de direitos ou celebração de contratos que confiram uma influência preponderante na composição ou nas deliberações dos órgãos de uma empresa" (art. 8º, nº 3, c), da LGC). Incluem-se aqui direitos sociais ou estatutários (v.g., direito especial de veto, direito especial de nomeação de administradores, etc.), contratos societários (v.g, contrato de subordinação, convenção de atribuição de lucros, etc.) ou até mesmo contratos comerciais comuns que invistam uma das empresas contratantes num controlo de facto sobre a respectiva contraparte contratual (v.g., contratos de fornecimento duradouros, contratos de empréstimo).[51]

3.3.3. Modalidades

I. Por último, com vista a garantir a eficácia dos seus próprios comandos, o legislador foi extremamente generoso relativamente às *modalidades* possíveis e relevantes da aquisição e titularidade do controlo.

II. Assim, desde logo, o legislador abrangeu aqui indistintamente os casos de *controlo directo e indirecto* (art. 36º, nº 3, proémio, da LGC), não revelando assim se o instrumento de controlo é detido directamente pelo respectivo titular ou

---

[50] Muito embora a lei não o refira expressamente, julgamos que os direitos reais ou meramente obrigacionais de gozo devem incidir, pelo menos, sobre uma *parte substancial* ("wesentliche Teile") dos activos da empresa controlada que, pela sua magnitude no quadro do respectivo património ou pela sua importância estratégica no quadro da respectiva actividade global, seja susceptível de transferir para o adquirente a posição de mercado daquela. Um tal requisito da substancialidade dos activos transaccionados assegura também que ao regime do controlo das concentrações ficarão apenas sujeitas as operações de expansão externa da empresa ("externe Wachstum") com relevância directa na respectiva posição de mercado, deixando de fora os meros casos de expansão interna ou endógena ("interne Wachstum") decorrentes da normal acumulação de activos patrimoniais. Para problema paralelo, embora não totalmente idêntico, KNÖPFLE, Robert, *Zum Zusammenschluß durch den Erwerb eines Vermögensteiles*, in: 45 Neue Juristische Wochenschrift (1992), 472-475; KROITZSCH, Herman, *Der Erwerb eines wesentlichen Vermögensteils im Sinne des § 23, II, Abs. 1 GWB*, in: 27 Wirtschaft und Wettbewerb (1977), 235-256.

[51] Cf. também Ponto 20 da Comunicação Consolidada da Comissão em Matéria de Competência (in: JO C95, de 16.4.2008); na doutrina, para mais desenvolvimentos, GÓMEZ-ACEBO, A. Fernández, *Grupos de Empresas de Base Contractual y Derecho de la Competencia*, in: AA.VV., "Derecho de Sociedades – Libro de Homenage al Prof. Fernando Sánchez Calero", vol. 5, 5357-5424, McGraw Hill, Madrid, 2002 (embora mais centrado nas práticas anticoncorrenciais); PASCHE, Marian, *Der Zusammenschlussbegriff des Fusionskontrollrechts*, Verlagsgesellschaft Recht und Wirtschaft, Heidelber, 1989; WIEDEMANN, G., *Handbuch des Kartellrechts*, cit., 782 e ss. Sobre os contratos como fonte de relações de dependência fáctico-económica, vide desenvolvidamente ANTUNES, J., *Os Grupos de Sociedades – Estrutura e Organização Jurídica da Empresa Plurissocietária*, cit., 508 e ss.

indirectamente através de interposto terceiro. Questão que a lei não resolveu expressamente foi a de determinar quais os terceiros e as formas relevantes dessa titularidade indirecta: seguramente serão aqui aplicáveis os critérios de imputação previstos no art. 483º, nº 2, do CSC (participações de capital ou voto detidos por sociedades dependentes, por sociedades agrupadas ou por terceiros detentores por conta), mas não se pode considerar excluído que a "ratio" legal possa levar a considerar como igualmente relevantes outras formas de titularidade indirecta nos casos concretos, sobretudo tendo em conta a possível natureza não societária de algumas empresas controladas (cujo controlo não passe pela detenção de capital ou votos) e de alguns instrumentos de controlo (v.g., aquisição de direitos de propriedade sobre activos empresariais).[52]

III. Importante é também sublinhar que estão aqui indistintamente abrangidos os casos de *controlo exclusivo e conjunto* (art. 36º, nº 3, da LGC), não relevando assim se o controlo é detido e exercido solitariamente por um único sujeito ou conjuntamente por dois ou mais sujeitos.

No primeiro caso, existe apenas um único titular do controlo ou do poder de influenciar determinantemente a empresa controlada, seja porque apenas este dispõe do poder de determinar as decisões comerciais estratégicas da empresa controlada ("controlo exclusivo positivo"), seja já porque apenas ele dispõe do poder de vetar tais decisões estratégicas, sem que possa, todavia, impor ou determinar positivamente o sentido de tais decisões ("controlo exclusivo negativo")[53].

---

[52] A titularidade indirecta representa hoje, indubitavelmente, um instituto fulcral do Direito Comercial, tanto nacional como comparado, encontrando-se a disposição fundamental nesta matéria prevista no art. 483º, nº 2, do CSC, que reza assim: "À titularidade de quotas ou acções por uma sociedade equipara-se, para efeito do montante referido no número anterior, a titularidade de quotas ou acções por uma outra sociedade que dela seja dependente, directa ou indirectamente, ou com ela esteja em relação de grupo, e de acções de que uma pessoa seja titular por conta de qualquer dessas sociedades". Sobre esta norma fundamental, vide ANTUNES, J., *Os Grupos de Sociedades – Estrutura e Organização Jurídica da Empresa Plurissocietária*, cit., 345 e ss.

[53] O controlo exclusivo negativo não se confunde com o controlo conjunto: ao passo que, neste último, são vários os sujeitos que dispõem simultaneamente do poder de vetar a adopção de decisões estratégicas – sendo justamente deste poder de veto paritário e mutuamente excludente que resulta o controlo de cada um deles sobre a empresa controlada –, no primeiro existe apenas um único titular do poder de veto, sem que existam paralelamente outros sujeitos ou membros da empresa controlada com idêntico potencial de influência positiva ou negativa (sobre o controlo exclusivo negativo, vide FONSECA, M./FERREIRA, L., *O Procedimento de Controlo das Operações de Concentração de Empresas em Portugal*, cit., 55). Daqui resultam também claramente as diferenças do conceito de controlo nas leis jusconcorrencial e societária: nos termos gerais, apenas existirá um domínio jurídico-societário no sentido do art. 486º do CSC quando um accionista possa determinar de forma activa e positiva o governo geral da sociedade dependente, não bastando, em via de regra, que esteja em condições de vetar ou impedir (pela "negativa") a tomada de determinadas deliberações ou decisões, sem que com isso possa determinar o sentido das deliberações a tomar em seu lugar

Já no segundo caso, existem dois ou mais sujeitos independentes entre si que dispõem da possibilidade de influenciar determinantemente a empresa objecto do controlo: a doutrina e jurisprudência, tanto nacional como europeia, têm identificado tal possibilidade com a situação de impasse decorrente da circunstância de dois ou mais sujeitos se encontrarem investidos num poder de impedir ou bloquear reciprocamente a tomada de decisões estratégicas da empresa controlada, resultante da titularidade de instrumentos ou posições de controlo igualitários (v.g., participações de 50% de capital ou votos em empresa comum com dois sócios, direitos paritários de designação dos membros dos órgãos de administração, direitos especiais de veto sobre decisões comerciais estratégicas, etc.).[54]

---

e, muito menos, o sentido geral do governo e gestão social (cf. ANTUNES, J., *Os Grupos de Sociedades – Estrutura e Organização Jurídica da Empresa Plurissocietária*, cit., 474 e ss.).

[54] No direito português, CUNHA, C., *Controlo da Concentração de Empresas*, cit., 81 e ss.; FONSECA, M./ FERREIRA, L., *O Procedimento de Controlo das Operações de Concentração de Empresas em Portugal*, cit., 58 e ss.; PAIS, S., *O Novo Regime do Controlo das Concentrações de Empresas na Lei nº 18/2003*, cit., 81; no direito europeu, EMMERICH, V., *Kartellrecht*, cit., 446 e ss.; HOFFER, Raul, *Alleinige und gemeinsame Kontrolle über ein Unternehmen*, in: 5 Österreichische Blätter für gewerblichen Rechtsschutz und Urheberrecht (2008), 244-251; MESTMÄCKER, E.-J./SCHWEITZER, H., *Europäisches Wettbewerbsrecht*, cit., 560 e ss. (cf. ainda Pontos 62 e segs. da Comunicação Consolidada da Comissão em Matéria de Competência (in: JO C95, de 16.4.2008)). Mesmo tendo em conta a consabida latitude com que o direito da concorrência perspectiva o fenómeno do controlo, interrogamo-nos sobre se um tal conceito de controlo conjunto – construído que está sobre uma pura ideia de controlo negativo (situação de "impasse" ou de "bloqueio" mútuo) – não poderá conduzir a sujeitar ao regime da lei operações de "falso" controlo: com efeito, nos casos em que as entidades titulares de um tal poder paritário de bloqueio não hajam, pura e simplesmente, coordenado a aquisição dos instrumentos do controlo nem o respectivo exercício no seio da empresa "controlada", torna-se claro que nenhuma delas estará em condições de determinar sozinha a condução estratégica da empresa, já que o seu potencial de influência se vem a anular ou bloquear reciprocamente (com a consequência de a administração social da empresa comum ganhar uma autonomia acrescida). Daí que, em nosso entender, de controlo conjunto se deveria falar apenas se e quando os sujeitos do controlo *hajam assegurado, de modo duradouro e estável, o exercício coordenado e unitário do respectivo potencial de controlo* no seio da organização da empresa comum ou controlada (v.g., através de acordos parassociais de voto, de um contrato de grupo paritário, de uma "holding" fiduciária, etc.). Sobre a questão, vide ANTUNES, J., *Participações Qualificadas e Domínio Conjunto*, 74 e ss.; na doutrina estrangeira, cf. GANSWEID, Wolfgang, *Gemeinsame Tochtergesellschaften in deutschen Konzern- und Wettbewerbsrecht*, Nomos, Baden-Baden, 1976; GUACCERO, Andrea, *L'Impresa Comune nella Disciplina Antitrust Nazionale*, in: XCI Rivista del Diritto Commerciale e del Diritto Generale delle Obbligazioni (1993), 747-784; MARCHAND, Gerhard, *Abhängigkeit und Konzernzugehörigkeit von Gemeinschaftsunternehmen*, 59 e segs., Duncker & Humblot, Berlin, 1986; MESTMÄCKER, Ernst-Joachim/BLAISE, Jean-Bernard/ DONALDSON, David, *Gemeinschaftsunternehmen (Joint-Venture/Filiale Commune) im Konzern und Kartellrecht*, Metzner, Frankfurt a.M., 1979; STEINDORF, Ernst, *Gemeinschaftsunternehmen mit zwei paritätisch beteiligten Gesellschaftern*, in: 33 Neue Juristiche Wochenschrift (1980), 1921-1924; ULMER, Peter, *Gemeinsame Tochtergesellschaften im deutschen Konzern- und Wettebewerbsrecht*, in: 141 Zeitschrift

Sublinhe-se ainda que, paralelamente ao controlo conjunto, o legislador atribuiu relevância à figura da chamada *empresa comum de pleno exercício* ("full-function joint venture", "Vollfunktionsgemeinschaftsunternehmen"), entendendo-se por tal aquela empresa que, encontrando-se submetida ao controlo conjunto de duas ou mais outras empresas-mães, desempenhe de forma duradoura as funções de uma entidade económica autónoma (art. 36º, nº 2, da LGC).[55]

IV. Enfim, são também relevantes os casos de *controlo efectivo ou meramente potencial* – bastando que do instrumento do controlo decorra para o seu titular ou titulares "a possibilidade de exercer" uma influência determinante sobre a empresa objecto do controlo (art. 36º, nº 3, proémio, da LGC), sendo indiferente saber se dela fez ou não um uso efectivo ou actual[56] –, de *controlo de direito ou de facto* – já que, tendo a lei mandado tomar em conta "as circunstâncias de direito ou de facto" (art. 36º, nº 3, "proémio, da LGC), se abrangeram indistintamente os casos em que o poder de determinação estratégica da empresa alvo

---

für Handelsrecht (1977), 466-477; WERTENBRUCH, Johannes, *Die Rechtsfolgen der Doppelkontrolle von Gemeinschaftsunternehmen nach dem GWB*, Carl Heymanns, Köln, 1990.

[55] Trata-se de uma autonomia operacional, ou capacidade para operar de forma independente no mercado, sendo elementos relevantes para a respectiva aferição, designadamente, a sua natureza duradoura, a existência de gestão e imagem próprias, a titularidade dos recursos produtivos necessários para tal, e a sua não dependência total relativamente às empresas-mães em matéria de vendas. Sobre a figura, vide entre nós MORAIS, L. Silva, *Empresas Comuns (Joint Ventures) no Direito Comunitário da Concorrência*, espec. 375 e ss., Almedina, Coimbra, 2006; noutros quadrantes, BERGQVIST, Christian, *The Concept of an Autonomous Economic Entity*, in: 24 Eruopean Competition Law Review (2003), 498-503; MÄLZER, Susanne, *Die Stellung von Gemeinschaftsunternehmen im europäischen Wettbewerbsrecht*, in: 40 Wirtschaft und Wettbewerb (1992), 705-714; para um caso de espécie, vide a decisão da Autoridade da Concorrência no Processo nº 43/2008 – *Farcoware/LPL/Codifar/União/Medlog/Disfalog/NewCo*.

[56] Com o exercício potencial ("Potentialität der Einflussname", "influenza potenziale") não se confunde, todavia, a *titularidade potencial ou eventual* do controlo, ou seja, aqueles casos em que o sujeito activo do controlo, não sendo ainda titular jurídico do instrumento de controlo, já assegurou a possibilidade dessa titularidade no futuro, mormente com base num direito legal ou negocial à sua transmissão futura, v.g., contrato promessa, opção, reporte, direito estatutário ou legal de preferência na alienação de acções nominativas, etc. (para um caso de espécie, vide o acórdão do Tribunal Geral da União Europeia de 19 de Maio de 1994, no Processo nº T2-93 – *Air France/Comissão*, onde foi considerado que a titularidade de direitos de opção é base insuficiente para a existência da aquisição de controlo por parte do optante ou beneficiário (in: CJTJ (1994), II-00323)) (cf. ainda GORJÃO-HENRIQUES, Miguel, *A Aquisição de Empresas no Direito da Concorrência*, cit., 284 e ss.). Sobre a titularidade eventual ou futura dos instrumentos do controlo – a que o legislador português deu expressa relevância em vários ramos do universo juscomercialista (v.g., art. 20º, nº 1, e), "ex vi" do art. 16º, nº 2, do Código dos Valores Mobiliários, art. 13º, nº 7, i), do Regime Geral das Instituições de Crédito e Sociedades Financeiras, art. 3º, nº 2, i), do Regime Geral da Actividade Seguradora) –, vide ANTUNES, J., *Os Grupos de Sociedades – Estrutura e Organização Jurídica da Empresa Plurissocietária*, cit., 352 e ss.

tem a sua base em mecanismos de natureza jurídica (v.g., participações sociais, contratos, estatutos sociais, direitos de propriedade, direitos pessoais de gozo, sucessão "mortis causa") ou em meras situações de facto (v.g., maiorias de facto estáveis em assembleias gerais, dependência económica interempresarial, laços pessoais entre estruturas accionistas ou entre administrações) –[57], de *controlo originário ou superveniente* – sendo indiferente se a operação de concentração resulta da aquisição "ex novo" de uma posição de controlo sobre uma determinada empresa ou simplesmente da alteração da titularidade de uma posição de controlo pré-existente (v.g., compra de participação de controlo a accionista maioritário)[58] – ou de *controlo unitário ou fragmentado* – sendo indiferente se os instrumentos ou a posição de controlo foi obtida pelo adquirente através de uma única operação ou transacção ("uno actu") ou se foi obtida de forma fragmentada através de várias transacções individuais e sucessivas relacionadas entre si ("staggered transactions").[59]

3.3.4. O Conceito Jusconcorrencial de Controlo em Perspectiva

I. De todo o exposto, é assim ostensivo que o conceito jurídico-concorrencial de controlo, não excluindo de modo algum o conceito jurídico-societário congénere de domínio (art. 486º do CSC), vai, na realidade, muito para além deste, quer no plano subjectivo – ao abranger, para além das sociedades comerciais, o controlo sobre qualquer tipo de empresas (chegando mesmo ao ponto de atribuir relevo, pelo lado activo, aos indivíduos controladores e, pelo passivo, a simples partes de empresas) –, quer no plano objectivo – ao abranger, para além da "influência dominante" do direito societário (que, em regra, exige o poder de determinar

---

[57] Sobre o controlo de direito e de facto, vide, entre nós, CUNHA, C., *Controlo da Concentração de Empresas*, cit., 78; FONSECA, M./FERREIRA, L., *O Procedimento de Controlo das Operações de Concentração de Empresas em Portugal*, cit., 45 e ss.; noutros quadrantes, EMMERICH, V., *Kartellrecht*, cit., 440 e ss.; WIEDEMANN, G., *Handbuch des Kartellrechts*, cit., 782 e ss.

[58] As *alterações* de controlo jurídico-concorrencialmente relevantes abrangem assim, designadamente, a mudança da identidade do titular de um controlo exclusivo (v.g., entrada de novo accionista de controlo na sequência de uma OPA hostil) ou de um controlo conjunto (v.g., aumento ou redução do núcleo duro dos accionistas co-controladores), bem como a passagem de um controlo exclusivo a um controlo conjunto (ou vice-versa). Inversamente, e em regra, já não estaremos perante alterações relevantes no caso de meras alterações ao nível dos instrumentos de controlo (v.g., reorganização da participação de controlo) ou de certas modalidades de controlo (v.g., passagem do controlo directo para indirecto, de um controlo exclusivo negativo para um controlo exclusivo positivo).

[59] Cf. também Pontos 36 e segs. da Comunicação Consolidada da Comissão em Matéria de Competência (in: JO C95, de 16.4.2008). Sobre as operações interligadas ou fragmentadas, vide, no direito português, FONSECA, M./FERREIRA, L., *O Procedimento de Controlo das Operações de Concentração de Empresas em Portugal*, cit., 71 e ss.; no direito europeu, RUSU, C., *European Merger Control*, cit., 20.

de forma activa e global a condução da vida e gestão da sociedade dependente), também a "influência determinante" (traduzida no poder de determinar, ainda que pela negativa, o "core" estratégico daquela gestão) –, quer mesmo no plano instrumental – ao atribuir relevância expressa a mecanismos e modalidades de controlo que, no contexto jurídico-societário, não configurariam senão meras relações de simples participação (v.g., certas participações minoritárias de capital) ou mesmo relações irrelevantes do ponto de vista do sistema legal das sociedades coligadas (v.g., aquisição de direitos de uso e fruição sobre activos empresariais, dependência fáctico-económica).

III – O FUNCIONAMENTO DOS GRUPOS SOCIETÁRIOS: AS PRÁTICAS RESTRITIVAS DA CONCORRÊNCIA

1. Os Arts. 9º e seguintes da LGC

I. Mas as normas do Direito da Concorrência têm igualmente relevo num segundo plano, mais atrás referido – o da organização e do funcionamento dos grupos societários.

Nesta sede, são especialmente relevantes as normas em matéria das *práticas restritivas da concorrência*, quer internas (arts. 9º e segs. da LGC), quer comunitárias (arts. 101º e 102º do TFUE), as quais, "grosso modo", proíbem os acordos de empresa, as decisões de associações de empresas e as práticas concertadas entre empresas (art. 9º da LGC, art. 101º do TFUE), os abusos de posição dominante (art. 11º da LGC e art. 102º do TFUE) e de dependência económica (art. 12º da LGC), que tenham por objecto ou efeito impedir, restringir ou falsear a concorrência[60]. Com efeito, constituindo a figura da empresa o referente fundamental da aplicação dos comandos deste sector normativo, e representando o grupo societário uma espécie de empresa complexa ou "de segundo grau", questão que nos sai imediatamente a caminho é a de saber se destinatário das referidas nor-

---

[60] A coexistência das normas nacionais e comunitárias origina o problema da determinação do direito aplicável quando uma determinada prática ou comportamento anticoncorrencial tenha por objecto ou efeito impedir, restringir ou falsear a concorrência no mercado nacional art. 9º, nº 1, da LGC) e seja susceptível de afectar o comércio entre os Estados membros (arts. 101º, nº 1, e 102º, nº 1, do TFUE): o Regulamento CE/1/2003, de 16 de Dezembro de 2002, estabelece a aplicação simultânea do direito nacional e europeu da concorrência, devendo o primeiro conformar-se ao último (art. 3º, nº 1). Sobre o ponto, GOMES, J., *Lições de Direito da Concorrência*, cit., 159 e ss.; para mais desenvolvimentos, cf. REHBINDER, Eckard, *Zum Verhältnis zwischen nationalem und EG-Kartellrecht nach der VO Nr. 1/2003*, in: "Festschrift für Ulrich Immenga", 303-318, Beck, München, 2004.

mas constituirão apenas as empresas constituintes (de primeiro grau) ou também a própria empresa de grupo enquanto tal.[61]

II. A importância desta questão pode ser surpreendida em dois planos diferentes: no plano das *relações externas* e das *relações internas* do grupo.

No primeiro desses planos, o problema fundamental consiste em determinar se o grupo enquanto tal poderá funcionar como centro unitário de imputação das normas jurídico-concorrenciais no tráfico jurídico externo, "maxime", se os comportamentos violadores destas normas levados a cabo por uma sociedade pertencente do grupo poderão, ou até deverão, ser imputados à respectiva sociedade-mãe ou ao próprio grupo como um todo. Exemplifiquemos: caso uma determinada sociedade-filha pratique um acto anticoncorrencial – designadamente, celebre com uma terceira empresa estranha ao grupo um acordo que tem por objectivo a fixação dos preços de compra e venda ou a repartição dos mercados (art. 9º, nº 1, a) e d), da LGC) ou, prevalecendo-se da posição dominante no mercado usufruída pelo grupo em que se integra, imponha preços ou aplique condições discriminatórias a outras empresas (art. 11º da LGC) –, dever-se-á imputar tal conduta à respectiva sociedade-mãe, responsabilizando esta directamente pelas consequências civis e contra-ordenacionais daquela porventura emergentes (v.g., nulidade dos acordos, pagamento das coimas)?

No plano das relações internas, a questão é exactamente a inversa. Dado que o grupo constitui uma organização empresarial composta por sociedades que, conquanto juridicamente independentes, se encontram subordinadas a uma direcção económica unitária, podemo-nos interrogar se tal não poderá constituir uma circunstância excludente da ilicitude daqueles aqueles actos ou condutas que, conquanto contrários às normas concorrenciais, hajam sido levados a cabo no seio do grupo ou entre as suas próprias unidades constituintes. Exem-

---

[61] Sobre a questão, vide, para maiores desenvolvimentos, BALEKJIAN, Wahe H., *Parent and Subsidiaries Companies Under European Community Competition Law*, in: Campbell, D./Rohwer, C. (eds.), "Legal Aspects of International Business Transactions", 369-461, Elsevier Science, North-Holland, 1984; DENOZZA, Francesco, *La Disciplina delle Intese nei Gruppi*, Giuffré, Milano, 1994; GEIGER, Andreas, *Europäische Verbundgruppen im EU-Kartellrecht*, Nomos Verlag, Banden-Baden, 2001; HARMS, Wolfgang, *Konzerne im Recht der Wettbewerbschränkungen. Eine wirtschafts- und gesellschaftsrechtliche Untersuchung*, Carl Heymanns, Köln, 1968; HEITZER, Eric, *Konzerne im Europäischen Wettbewerbsrecht*, Recht und Wirtschaft Verlag, Heidelberg, 1999; MACH, Olivier, *L'Entreprise et les Groupes de Sociétés en Droit Européen de la Concurrence*, Georg, Genève, 1974; MIETHKE, Jürgen, *Der Konzern und das Recht der Wettbewerbsbeschränkungen*, Diss., Kiel, 1964; LYON-CAEN, Antoine, *Droit Européen de la Concurrence et Groupe*, in: Goldmann, B./Franceskakis, P. (eds.), "L'Entreprise Multinationale Face au Droit", 328-404, Librairies Techniques, Paris, 1977; PERANDONES, Pablo Girgado, *Grupos de Empresas y Derecho Antitrust – La Aplicación de las Normas Anticolusorias en las Relaciones Intragrupo*, Marcial Pons, Madrid, 2007; POHLAMNN, Petra, *Der Unternehmensverbund im Europäischen Kartellrecht*, Duncker & Humblot, Berlin, 1999.

plifiquemos de novo: caso uma sociedade integrada no perímetro de um grupo, designadamente por razões atinentes à estratégia empresarial definida pela respectiva cúpula hierárquica, celebre acordos com outras sociedades-filhas pelos quais os contratos celebrados entre ambas ficam subordinados a determinadas prestações suplementares ou condições negociais desiguais (art. 9º, nº 1, d) e e), da LGC), será que tal acordo não cairá fora da alçada das normas jurídico--concorrenciais, considerando estarmos aqui perante um mero acordo interno à própria empresa de grupo ("intra-empresarial")?

III. Muito embora não exista ainda uma resposta universal de aplicação automática para estas questões (dependente como está das circunstâncias dos casos concretos), pode afirmar-se que a tendência geral da legislação, jurisprudência e doutrina, tanto no direito nacional como no direito europeu e até comparado, aponta no sentido de entrever no grupo societário, não apenas uma unidade económica, mas também uma *unidade jurídica funcional*: dito doutro modo, contrariando os cânones clássicos do direito societário e do próprio direito privado em geral (tributários do princípio cardinal da independência das sociedades comerciais), o grupo de sociedades vem sendo considerado como uma *empresa* única para efeitos da aplicação das normas em matéria das práticas restritivas da concorrência.[62]

Uma comprovação inequívoca desta tendência encontrámo-la, entre nós, no art. 3º, nº 2, da LGC, preceito que, como já vimos mais atrás, elevou expressamente a figura do grupo a unidade jurídica de imputação das normas concorrenciais ao estabelecer que "considera-se como única empresa o conjunto de empresas que, embora juridicamente distintas, constituem uma unidade económica ou mantêm entre si laços de interdependência (...)"[63]. E entendimentos algo semelhantes vamos encontrar também noutras ordens jurídicas estrangeiras, embora porventura de forma menos impressiva e com matizes muito variados: assim, nos Estados Unidos da América, alguma doutrina e jurisprudência vêm considerando os grupos societários como excluídos do âmbito de aplicação das normas "antitrust" (§1 do "Sherman Act") sempre que aqueles se comportem no mercado como uma verdadeira unidade de acção e decisão económica *(single*

---

[62] Sobre as relações entre os conceitos de empresa e grupo neste terreno, vide DONATIVI, Vicenzo, *Impresa e Gruppo nella Legge Antitrust*, Giuffrè, Milano, 1996; DUWEL, I. Torley, *Signification du Mot «Entreprise» Dans le Sens de l'Article 85 du Traité CEE, à Propos d'Accords Entre Sociétés Mères et Filiales et Filiales Entre Elles*, in: 2 Revue Trimmestrielle de Droit Européen (1966), 400-408.

[63] Cf. *supra* II, 2.1. Alguma doutrina tem mesmo defendido que esta disposição deverá ser analogicamente aplicável também ao domínio das práticas individuais restritivas do comércio, reguladas pelo Decreto-Lei nº 370/93, de 29 de Setembro: nesse sentido, embora reflectindo sobre dados do direito pretérito (art. 13º do Decreto-Lei nº 422/83, de 3 de Dezembro), vide CORDEIRO, A., *As Coligações de Empresas e os Direitos Português e Comunitário da Concorrência*, cit., 103.

economic unit)⁶⁴; do mesmo, na Europa, a jurisprudência e a doutrina de vários países vêm também chamando a atenção para a singularidade do grupo societário como unidade económica *("wirtschaftliche Einheit")*, mormente para efeitos da aplicação das normas comunitárias da concorrência (art. 101º do TFUE), com a consequente marginalização das entidades individuais componentes.⁶⁵

2. As Relações Intragrupo: O Privilégio Grupal

I. No que diz respeito às relações *internas*, tal significa dizer que o grupo de sociedades beneficia de um *privilégio* ou *imunidade* em matéria das normas legais proibitivas das práticas anticoncorrenciais (arts. 9º e segs. da LGC)⁶⁶: ou seja, em via de princípio, sempre que duas ou mais sociedades pertencentes a um mesmo grupo realizem entre si determinados acordos ou práticas concertadas vedadas por tais normas legais, esses acordos ou práticas serão considerados como meros acordos internos ou intraempresariais concorrencialmente irrelevantes ("intra-enterprise conspiracy", "konzerninterne Vereinbarungen", "accords intra-groupe"), funcionando assim a integração ou pertença ao grupo como um fundamento de exclusão ou isenção da aplicabilidade das regras em sede das práticas anticoncorrenciais proibidas.⁶⁷

---

⁶⁴ Sobre o ponto, vide AREEDA, Phillip, *Intraenterprise Conspiracy in Decline*, in: 97 Harvard Law Review (1983), 451-473; AREEDA, Phillip/KAPLOW, Louis/EDLIN, Adlow, *Antitrust Law: Problems, Texts, Cases*, 228 e ss., Aspen Publishers, New York, 2004; ELHAUGE, Einer R., *United States Antitrust Law and Economics*, 507 e ss., Foundation Press, New York, 2008; HYLTON, Keith, *Antitrust Law: Economic Theory and Common Law Evolution*, 78 e ss., Cambridge University Press, Cambridge, 2003; JACOBSON, Jonathan, *Antitrust Law Developments*, 26 e ss., American Bar Association, Chigago, 2006; MENZ, Michael B., *The Intra-Enterprise Conspiracy Doctrine as Applied to Affiliated Corporations under Section 1 of the Sherman Act*, Diss., Georgia, 2002.

⁶⁵ Sobre o ponto, vide HARMS, W., *Konzerne im Recht der Wettbewerbsbeschränkungen*, cit., 147 e ss.; HEITZER, E., *Konzerne im Europäischen Wettbewerbsrecht*, cit., 74 e ss.; MACH, O., *L'Entreprise et les Groupes de Sociétés en Droit Européen de la Concurrence*, cit., 159 e ss.; LYON-CAEN, A., *Droit Européen de la Concurrence et Groupe*, cit., 358 e ss.; PERANDONES, P., *Grupos de Empresas y Derecho Antitrust*, cit., 101 e ss.

⁶⁶ Idêntico o entendimento no direito europeu de há longa data: como era já sublinhado por A. Robalo CORDEIRO, "é esta, também, a solução comunitária, onde se entende que os acordos no seio de um grupo de empresas não estão abrangidos pela disposição do art. 85º, §1, do Tratado de Roma" (*As Coligações de Empresas e os Direitos Português e Comunitário da Concorrência*, 103).

⁶⁷ Sobre esta imunidade, além dos trabalhos referidos *supra* na nota 61, vide BUNTSCHECK, Martin, *Das "Konzernprivileg" im Rahmen von Art. 81 Abs. 1 EG-Vertrag: Analyse der Entscheidungspraxis von Kommission und Gerichtshof unter besonderer Berücksichtigung der Beziehung zwischen Gemeinschaftsunternehmen und ihren Müttern*, Nomos Verlag, Baden-Baden, 2002; PERIS, Juan I. Ruiz, *El Privilegio del Grupo*, Editorial Tirant lo Blanch, Valencia, 1999; GONZÁLEZ-ORÚS, J. Maíllo, *Acuerdos, Prácticas Concertadas y Coordinación Intragrupo: Noción y Tratamiento Bajo el Artículo 81 del Tratado CE*, in: AA.VV., "Derecho de la Competencia Europeo y Español", vol. 3, 31-60, Ed. Dickynson, Madrid, 2000; FLEISCHER, Holger,

II. Em sede geral, semelhante privilégio ou imunidade compreende-se, já que, bem vistas as coisas, as práticas intragrupo não preencherão frequentemente os próprios pressupostos das práticas anticoncorrenciais proibidas: estas pressupõem a existência de um *acordo* ou um concurso de vontades dos participantes no acordo ou concertação (que inexistirá amiúde nos acordos intragrupo, especialmente nos casos em que estes sejam resultantes de instruções ditadas pela sociedade-mãe, sendo difícil, senão por vezes artificial, reconhecer uma liberdade negocial ou autonomia de vontade própria às sociedades-filhas)[68], que os participantes de tais acordos ou práticas sejam *empresas* (quando, na realidade, as sociedades-filhas intervenientes nos acordos intragrupo correspondem frequentemente a meras divisões produtivas de uma empresa unitária mais vasta, o grupo, esse sim sujeito e destinatário das proibições)[69], e que tais acordos ou concertações tenham por finalidade ou efeito impedir, falsear ou restringir a *concorrência* no mercado (quando é certo que, em regra, no seio de um grupo não existe uma situação de concorrência entre as sociedades componentes que possa ser verdadeiramente falseada ou lesada, já que estas não são frequentemente entidades independentes nem concorrentes entre si)[70]. Inversamente, semelhante privilégio já perde o seu sentido relativamente às práticas extragrupo: uma sociedade integrada num grupo não perde o seu estatuto jurídico-concorrencial de empresa para efeitos dos acordos ou práticas concertadas que leva a cabo com outras empresas estranhas ou exteriores ao perímetro grupal.[71]

Konzerninterne Wettbewerbsbeschränkungen und Kartellverbot, in: 42 Die Aktiengesellschaft (1997), 491--502; KOGER, Arnold, *Die konzernbezogenen Ausnahmen im österreichischen und europäischen Kartellrecht*, Diss., Wien, 2010; POTRAFKE, Christian, *Kartellrechtswidrigkeit konzerninterner Vereinbarungen und darauf beruhender Verhaltensweisen nach 1 Sherman Act, Art. 85 EWGV und Wirtschaftspolitik*, Nomos Verlag, Baden-Baden, 1991.

[68] BUNTSCHECK, M., *Das "Konzernprivileg" Im Rahmen von Art. 81 Abs. 1 EG-Vertrag*, cit., 80 e ss.; MIETHKE, J., *Der Konzern und das Recht der Wettbewerbsbeschränkungen*, cit., 63 e ss. Recorrendo à doutrina e jurisprudência norte-americanas, dir-se-ia existir aqui algum paralelismo dos acordos concluídos entre sociedades da mesma empresa de grupo ("intraentreprise conspiracies") com os acordos entre uma sociedade e as suas divisões sem personalidade jurídica ("intracorporate conspiracies"), consabidamente irrelevantes (MENZ, M., *The Intra-Enterprise Conspiracy Doctrine as Applied to Affiliated Corporations under Section 1 of the Sherman Act*, cit., 23 e ss.).

[69] POTRAFKE, C., *Kartellrechtswidrigkeit konzerninterner Vereinbarungen*, cit., 208.

[70] Alguns autores falam aqui da "ausência de uma relação de concorrência" ("Fehlen eines Wettbewerbsverhältnisses") no mercado interno do grupo (EMMERICH, V., *Kartellrecht*, cit., 35). Vide também HEITZER, E., *Konzerne im Europäischen Wettbewerbsrecht*, cit., 179; POHLAMNN, P., *Der Unternehmensverbund im Europäischen Kartellrecht*, cit., 399.

[71] Pode assim afirmar-se que as sociedades agrupadas possuem um estatuto jurídico bifronte: se, nas relações extragrupo ou "para fora", elas se comportam como verdadeiras empresas, sendo destinatárias das normas concorrenciais, já no plano das relações intragrupo ou "para dentro"

III. Naturalmente, a imunidade das sociedades agrupadas às normas dos arts. 9º e segs. apenas poderá valer nos termos do art. 3º da LCG, ou seja, quando o grupo constitua uma *"unidade económica"* – entendendo genericamente a doutrina e jurisprudência por tal os casos em que as sociedades agrupadas deixam de actuar como centros autónomos de decisão, estando subordinadas às instruções do núcleo dirigente do grupo e perdendo a sua qualidade de entidades independentes em mercado –[72] ou a sua estrutura assente em determinados *"laços de interdependência"* – tais como a titularidade de participações totalitárias ou maioritárias de capital ou voto, de direitos especiais de designação maioritária dos membros dos órgãos de administração e de fiscalização, ou até do poder de gerir os negócios.[73]

Sublinhe-se, contudo, que uma aplicação automática e universal de semelhante imunidade grupal poderá conduzir a resultados excessivos e indesejáveis do ponto de vista dos objectivos subjacentes ao sistema legal de defesa da con-

perdem tal qualidade em favor do próprio grupo como um todo (HARMS, W., *Konzerne im Recht der Wettbewerbsbeschränkungen*, cit., 147).

[72] O conceito de "unidade económica" é também o critério central utilizado pela jurisprudência comunitária em sede da isenção grupal no domínio das práticas anticoncorrenciais (art. 101º do TFUE): cf. MESTMÄCKER, E.-J./SCHWEITZER, H., *Europäisches Wettbewerbsrecht*, cit., 236 e ss.; MENZ, Michael, *Wirtschaftliche Einheit und Kartellverbot. Die Stellung des Konzerns im Rahmen des Kartellverbots nach deutschem, europäischem und US-Amerikanischem Recht*, Duncker & Humblot, Berlin, 2004; RAFFAELLI, E. Adriano, *Il Concetto di Unica Entità Economica nell Giurisprudenza Comunitaria*, in: XXVI Rivista di Diritto Civile (1977), II, 396-421. Para uma análise pormenorizada da evolução da jurisprudência comunitária sobre este problema – que inclui, entre outros, os acórdãos do Tribunal de Justiça da União Europeia nos casos *Christian & Nielsen* (in: JOCE [1969], nº L165/12), *Kodak* (in: JOCE [1970], nº L147/24), *Béguélin Import Co. v. G.L. Import-Export* (processo nº 22/71, in: CJTJ [1971], 355-370), *Centrafarm B.V. v. Sterling Drug Inc.* (processos n.ᵒˢ 15/74 e 16/74, in: CJTJ [1974], 475-488), *Suiker Unie and others v. Commission EC* (processos nº 40/73 e segs., in: CJTJ [1975], 568-692) –, vide ANTUNES, J., *Liability of Corporate Groups*, 480 e ss., Kluwer Law International, Boston/Deventer, 1994. Particularmente importante é o caso *Viho Europe BV* (processo nº C-73/95, in: CJTJ [1996], 10, I-5482-5499): cf. FLEISCHER, Holger, *Konzerninterne Wettbewerbsbeschränkungen und Kartellverbot – Zugleich eine Besprechung der Viho/Parker Pen – Entscheidung des Europäischen Gerichtshofs*, in: 42 Die Aktiengesellschaft (1997), 491-502.

[73] Problema em aberto é o da aplicação desta isenção aos grupos horizontais ou paritários: sobre o ponto, vide BAR, Christian von, *Gleichordnungskonzerne und Kartellverbot*, in: Betriebs-Berater (1980), 1185-1191; DEFALQUE, Philippe, *Le Groupe Horizontal de Sociétés et son Traitement en Droit de la Concurrence*, in: 17 Cahiers de Droit Européen (1981), 437-456; GROMANN, Hans-Georg, *Die Gleichordnungskonzern im Konzern- und Wettbewerbsrecht*, 109 e ss., Carl Heymanns, Köln, 1979; JACOB, Carolin, *Die Behandlung von Gleichordnungskonzernen im deutschen und europäischen Wettbewerbsrecht im Vergleich*, Verlag Wissenschaft und Forschung, Berlin, 1995; REPRESA, L. Sacristán, *El Grupo de Estructura Paritaria: Caracterización y Problemas*, in: 165/166 Revista de Derecho Mercantil (1982), 375-398; SANTAGATA, Roberto, *I "Gruppi Paritetici" nella Disciplina Antimonopolistica*, in: 48 Rivista delle Società (2003), 254-292.

corrência – podendo significar, no limite, deixar sem vigilância os operadores e a actividade económica desenvolvida no seio dos grupos. Com efeito, arrancando de uma perspectiva puramente estrutural, o legislador português acabou por estender o privilégio de isenção normativa a todo o tipo de agrupamentos intersocietários de direito ou de facto ("rectius", construídos na base de relações de grupo ou de simples domínio: cf. arts. 486º e segs. do CSC), abstraindo assim da diversidade concreta da organização dos grupos e dos acordos celebrados entre os respectivos membros. Ora, a verdade é que os grupos não são todos iguais entre si – exibindo uma grande variedade de graus de centralização, que vão do controlo altamente centralizado exercido sobre filiais dominadas a 100% até formas muito mitigadas de governo descentralizado ou "at arm's lenght" cujas filiais gozam de uma elevada autonomia –[74], como não o são os próprios acordos ou concertações intragrupo – que podem também ir desde os que são celebrados directamente entre sociedades-mãe e filha com vista à reorganização interna das actividades do grupo até aqueles que são celebrados entre sociedades agrupadas pertencentes a diferentes escalões hierárquicos que actuam independentemente entre si (v.g., entre sociedades-netas sem relações directas) ou que vão mesmo preordenados a defraudar ou contornar as próprias leis concorrenciais[75]. Por essa razão, em nosso entender, o privilégio da imunidade grupal deve ser objecto de uma *aplicação casuística* e *funcional*, que tenha em conta a estrutura organizativa do grupo nos casos concretos (por forma a apenas ser aplicável aos casos em que as sociedades agrupadas participantes sejam objecto de um controlo centralizado ou se encontrem desprovidas de uma autonomia decisória efectiva) e as reais projecções das práticas intragrupo da perspectiva das finalidades da ordem jurídico-concorrencial (por forma a abranger apenas

---

[74] Sobre a centralização e descentralização nos grupos societários, vide ANTUNES, J. Engrácia, *The Governance of Corporate Groups*, in: IV Direito das Sociedades em Revista (2012), 13-48. Recorde-se que, nos Estados Unidos da América, na sequência do caso "Copperweld", a jurisprudência se inclina a isentar da disciplina da concorrência (§1 do "Sherman Act") apenas os acordos celebrados entre a sociedade-mãe e uma sociedade-filha dominada a 100% ("wholly-owned subsidiary"), por se entender estarmos diante de uma única entidade económica ("single economic entity") que persegue um mesmo interesse económico ("common economic purpose") (MENZ, M., *The Intra-Enterprise Conspiracy Doctrine as Applied to Affiliated Corporations under Section 1 of the Sherman Act*, cit., 104).
[75] Recorde-se que, na Europa, em especial na sequência do caso "Centrafarm", a jurisprudência comunitária considera inaplicável a disciplina da concorrência (art. 101º do TFUE) apenas aos acordos que tenham por finalidade exclusiva a organização da actividade interna do grupo (BUNTSCHECK, M., *Das "Konzernprivileg" im Rahmen von Art. 81 Abs. 1 EG-Vertrag*, cit.; GONZÁLEZ-ORÚS, J., *Acuerdos, Prácticas Concertadas y Coordinación Intragrupo*, cit., 31 e ss.).

aqueles acordos ou práticas que revistam um objectivo de racionalização interna da actividade grupal ou um carácter concorrencialmente inócuo).[76]

3. As Relações Extragrupo: A Imputação Grupal

I. No que concerne às *relações externas* do grupo, o relevo jusconcorrencial do fenómeno grupal significa que, quando uma sociedade integrada no perímetro de um grupo pratique um determinado comportamento anticoncorrencial em conluio com (prática concertada) ou no confronto de (abuso de posição dominante) uma terceira empresa, na sequência de instruções directas provenientes do núcleo dirigente do grupo, a realidade material do controlo intersocietário poderá primar sobre o princípio da separação das personalidades jurídicas das sociedades agrupadas, sendo tal comportamento, uma vez reunidas certas circunstâncias, imputável a uma outra sociedade do grupo ("maxime", a sociedade--mãe) ou mesmo ao grupo como um todo.[77]

II. Semelhantemente às relações internas do grupo, pressuposto de uma tal imputação de eventuais comportamentos anticoncorrenciais, bem como das respectivas consequências jurídicas, é que o conjunto das sociedades agrupadas envolvidas possa ser considerado como uma *única "empresa"* em virtude de constituir uma unidade económica ou de a sociedade-mãe deter a totalidade ou maioria do capital ou votos da filial, o poder de designar a maioria dos seus dirigentes ou o poder de gerir os seus negócios (art. 3º da LGC). Quando se verifiquem os pressupostos da imputação, tal poderá significar que os efeitos substantivos, processuais e até contra-ordenacionais da conduta anticoncorrencial formalmente praticada por uma sociedade-filha poderão ser atribuídos e projectar-se na esfera jurídica de outra sociedade do grupo, designadamente a respectiva mãe (arts. 13º e segs., 67º e segs. da LGC, arts. 23º e segs. do Regulamento CE/1/2003, de 16 de Dezembro de 2002).

---

[76] Sobre a necessidade de uma interpretação sectorial ou contextual do fenómeno do grupo, realizada à luz das finalidades gerais do ramo ou sector do direito considerado, vide ANTUNES, J. Engrácia, *Os Grupos de Sociedades – Estrutura e Organização Jurídica da Empresa Plurissocietária*, cit., 284. Esta também a tese de P. Girgado PERANDONES, para quem "quando nos encontramos em presença de empresas integradas num grupo, não podemos sem mais estender a esta condição de «empresa» e inaplicar as normas concorrenciais, mas devemos analisar qual o comportamento de tais empresas para efeitos" (*Grupos de Empresas y Derecho Antitrust*, cit., 83).

[77] Sobre esta imputação, para além das obras referidas *supra* na nota 61, vide LIPOWSKY, Ursula, *Die Zurechnung von Wettbewerbsverstößen zwischen verbundenen Unternehmen im EWG-Wettbewerbsrecht*, Florentz Verlag, München, 1987; PERIS, J. Ruiz, *La Responsabilidad de la Dominante en el Derecho de la Competencia*, Ed. Tirant lo Blanch, Valencia, 2004; ZIMMER, Daniel J./PAUL, Thomas, *Kartellbußgeldrechtliche Haftung und Haftungsbefreiung im Konzern*, in: 10 Wirtschaft und Wettbewerb (2007), 970-980.

III. É mister recordar que a Comissão Europeia e o Tribunal de Justiça da União Europeia têm também vindo a confirmar esta imputação grupal numa extensa série de decisões[78]: como é referido num acórdão recente, "o comportamento anticoncorrencial de uma empresa pode ser imputado a outra quando a primeira não determinar de forma autónoma o seu comportamento no mercado, antes executando essencialmente as instruções que lhe são dadas pela segunda, tendo em conta, em particular, os laços económicos e jurídicos que as unem; o facto de uma sociedade filial ter personalidade jurídica distinta não é suficiente para afastar a possibilidade de a sua actuação ser imputada à sociedade-mãe".[79]

A análise da prática e jurisprudência comunitárias confirma a amplitude dessa imputação, ao abranger um leque variado de estruturas ou relações grupais relevantes (reputando de "unidade económica" a sociedade-mãe, o grupo no seu todo, as "holdings" intermédias, ou até as sociedades-filhas individuais)[80] e de sujeitos responsáveis (incluindo a responsabilidade solidária de sociedade-mãe e filha[81], bem assim como a responsabilidade nos casos de a sociedade-filha ter deixado de existir ou ter sido vendida a terceiros[82]).

---

[78] Para uma análise pormenorizada da evolução da jurisprudência comunitária sobre este problema – que inclui, entre outros, os acórdãos do Tribunal de Justiça da União Europeia nos casos *Imperial Chemical Industries Ltd. v. Commission EC* (processo nº 49/69, in: CJTJ [1972], 209-229), *J.B. Geigy AG v. Commission EC* (processo nº 52/69, in: CJTJ [1972], 293-296), e *Istituto Chemioterapico Italiano SpA and Commercial Solvents Corporation v. Commission* (casos nº 6/73 e 7/73, in: CJTJ [1974], 122-138) –, vide ANTUNES, J., *Liability of Corporate Groups*, cit., 471 e ss. Criticamente, imputando falta de clareza e unidade na fundamentação dogmática desta imputação, vide ZIMMER, D./PAUL, T., *Kartellbußgeldrechtliche Haftung und Haftungsbefreiung im Konzern*, cit., 971 e ss.
[79] Acórdão do Tribunal de Justiça da União Europeia de 24 de Setembro de 2009, no Processo nº C-125/07P – *Erste Group Bank AG/Comissão* (in: CJTJ [2009], 8/9, I-8821-8916).
[80] Cf. a decisão da Comissão Europeia no caso *Karton* (decisão de 13.7.1994, in: JO nº L343).
[81] Cf. o acórdão do Tribunal de Justiça da União Europeia de 6 de Março de 1973, no Processo nº 49/69 – *Imperial Chemical Industries Ltd. v. Commission EC* (in: CJTJ [1972] 209-229).
[82] Cf. o acórdão do Tribunal de Primeira Instância da União Europeia de 30 de Setembro de 2009, no Processo nº T-161/05 – *Hoechst GmbH/Comissão* (in: JO C282, de 21.11.2009).

O artigo 5º do Código de Registo Predial e a Compra e Venda Imobiliária

JOSÉ LUÍS BONIFÁCIO RAMOS
Professor auxiliar

§1 Considerações Gerais

Apesar de o sistema português assentar no título e, por isso mesmo, a inscrição registal não representar uma condição necessária nem suficiente para a aquisição[1], ela não é indiferente para a situação jurídica dos prédios, pois resultam da inscrição registal efeitos de importância muito significativa. Não se pode, por isso, considerar irrelevante ou indiferente a inscrição no registo predial. Aliás, nem o registo enunciativo pode ser entendido como indiferente no que respeita às situações jurídicas que procura publicitar. Basta pensar no registo da mera posse que altera o respectivo prazo de aquisição por usucapião. Todavia, se o registo pode interferir na aquisição de direitos reais é bom recordar o que tem sido enfatizado por Oliveira Ascensão – a base da nossa ordem imobiliária não reside no registo mas na usucapião que não pode ser prejudicada pelas vicissitudes registais[2].

Mas o registo de um facto jurídico a favor de um determinado sujeito não garante, nem pode garantir, que a situação jurídica publicitada não padece de outros vícios e, por isso, se torne indestrutível. Como escreve, Maria Clara Sottomayor, o registo não supre outros vícios derivados de uma alienação ou oneração não registada[3]. Em suma, adoptando a orientação de Orlando de Carvalho, a

---

[1] Cf. Mónica Jardim, "A Segurança Jurídica Gerada pela Publicidade Registal em Portugal e os Credores que Obtêm o Registo de uma Penhora, de um Arresto ou de uma Hipoteca Judicial" in *Boletim da Faculdade de Direito da Universidade de Coimbra*, nº 83, 2007, p. 384.
[2] Para Oliveira Ascensão a usucapião vale por si. Quem acreditou no registo pode ficar defraudado, uma vez que ele nada pode contra a usucapião. Cf. *Direito Civil: Reais*, Coimbra, 1993, p. 382.
[3] Cf. Maria Clara Sottomayor, *Invalidade e Registo: A Protecção do Terceiro Adquirente de Boa Fé*, Coimbra, 2010, p. 332.

verdade material não foi substituída por uma verdade registal ou tabular, pois que o registo oferece a imagem possível da situação jurídica do bem[4]

Pela nossa parte, sem procurar aprofundar as questões atinentes à teoria geral registal, propomos a uma releitura do artigo 5º do Código de Registo Predial, tendo em conta a controvérsia que o preceito tem suscitado na doutrina e na jurisprudência, extravasando, por vezes, aquilo que efectivamente procura regular. No entanto, procuraremos concentrar esforços nos efeitos registais atribuídos ao artigo 5º – designadamente o efeito consolidativo e o efeito atributivo – a propósito da compra e venda imobiliária.

§2 Os efeitos consolidativo e enunciativo

O artigo 5º, encimado pela epígrafe oponibilidade a terceiros, determina no nº 1 que os factos susceptíveis de registo só produzem efeitos contra terceiros depois da data do respectivo registo. Assim, tendo em conta o sistema do título, bem como o princípio da consensualidade, nos termos do qual o direito real se transmite por mero efeito do contrato, parece claro que o preceito não promove um efeito constitutivo mas algo muito dissemelhante. Aliás, basta compreender as respectivas diferenças, em contraste com o conteúdo do artigo 4º, apesar de, nem aí, o efeito constitutivo ser admitido, de modo unânime[5].

O nº 1 do artigo 5º também não decorre da estrita aplicação do artigo 408º nem representa a pretendida contra-face do princípio da consensualidade[6]. Ao determinar que os factos sujeitos a registo só produzem efeitos contra terceiros depois da data do respectivo registo, isso não representa, nem pode representar, uma ligação estrita entre a validade do contrato e a inscrição registal. Ao invés, devemos aceitar a orientação de alguns realistas no sentido de entender o princípio da consensualidade como princípio da eficácia real imediata que atribui o correspondente direito sem necessidade de acto ulterior[7].

---

[4] A imagem não pode nem pretende esgotar os dados relativos à exacta situação do prédio. Cf. Orlando de Carvalho, "Terceiros para Efeitos de registo" in *Boletim da Faculdade de Direito*, Vol. 70, 1994, p. 100.

[5] Oliveira Ascensão sustenta que, no artigo 4º, a lei não recorre à técnica de inscrição constitutiva, distinguindo factos constitutivos e factos condicionantes de eficácia. Cf. *Direito...op. cit.*, pp. 357-8. Aliás, o autor também já tinha manifestado idêntica posição na vigência do anterior Código de Registo Predial. Cf. "Efeitos Substantivos do Registo Predial na Ordem Jurídica Portuguesa" in *Revista da Ordem dos Advogados*, nº 34, 1974, pp. 15-6.

[6] Rejeitamos, portanto, a expressão de André Dias Pereira, "A Característica da Inércia dos Direitos Reais: Brevíssima Reflexão sobre o Princípio da Publicidade" in *Estudos de Homenagem ao Professor Manuel Henrique de Mesquita*, Vol. I, Coimbra, 2009.

[7] Cf. Orlando de Carvalho, *Direito das Coisas*, Coimbra, 1977, pp. 281 e segs.

Se o efeito perante terceiros deriva, não da validade, mas da protecção do negócio em face de outra aquisição sobre o mesmo bem, compreende-se melhor a sua autonomia face ao contrato e até relativamente a factos que lhe são posteriores. Realmente, enquanto a aquisição do direito de propriedade sobre um bem não for registada podem ocorrer vicissitudes, riscos[8], susceptíveis de compreender a sua correlativa desprotecção, em favor de uma outra aquisição registada. Daí que o registo receba uma protecção adicional, uma confirmação[9] das situações jurídicas correspondentes a esses actos, reforçando a sua própria eficácia externa. Mas se a eficácia externa não depende do registo, reconhece-se uma outra imunidade depois da correspondente inscrição. Antes era vulnerável em relação a eventuais actuações de terceiros. Ou seja, antes do registo a eficácia existe mas não se reforça, não se consolida, enquanto não houver registo[10]. Assim, se compreende o significado e a justeza da designação efeito consolidativo. Ele concorre para proteger a titularidade do direito e, por isso mesmo, exercer uma função consolidativa, confirmativa de algo que lhe preexistia.

Inversamente o nº 2 exceptua do efeito consolidativo, da oponibilidade a terceiros, a aquisição por usucapião de direitos de propriedade, usufruto, superfície ou servidão, as servidões aparentes e os factos relativos a bens indeterminados. Como tal, não só a validade não é atingida por falta de registo, como inexiste qualquer protecção adicional em virtude de ter sido efectuado o registo. Este regime destina-se, sobretudo, a situações aquisitivas por usucapião, uma vez que a aquisição originária depende apenas do facto aquisitivo, ao passo que a regularidade da aquisição derivada se apoia, simultaneamente, no facto aquisitivo e na posição jurídica do anterior titular[11]. Ora, o registo de uma situação concorrente com a do sujeito adquirente nos termos do nº 2, não o afecta nem o ameaça, mesmo que ele não tenha registado, tendo em conta a supremacia das situações aí prescritas, em face do efeito proveniente do registo.

Mas se o sujeito decidir registar, o acto correspondente não lhe dá nem lhe retira direitos, embora o registo desempenhe o fim a que se destina, a notícia, a publicidade da situação do prédio. Discordamos, por isso, quando se afirma que o efeito enunciativo não permite ao registo desempenhar a consabida função de

---

[8] Menezes Cordeiro sublinha o risco perante terceiro que deixa de existir se o titular registar o seu direito. Cf. *Direitos Reais*, Vol. I, 1979, p. 392.
[9] Uma outra expressão utilizada por Oliveira Ascensão, de modo a explicar como o registo, ao confirmar situações, elimina a pendência anterior. Cf. "Efeitos..." in op. cit., p. 27.
[10] Cf. Carvalho Fernandes, "Terceiros para Efeitos de Registo Predial" in *Revista da Ordem dos Advogados*, nº 57, 1997, p. 1307.
[11] Cf. Paulo Henriques, "Terceiros para Efeitos do Artigo 5º do Código de Registo Predial" in *Boletim da Faculdade de Direito de Coimbra*, Volume Comemorativo, Coimbra, 2003, p. 9.

publicidade[12]. Pelo contrário, a função de publicidade é sempre desempenhada. Basta haver registo[13]. O elemento característico do efeito enunciativo reside no resultado neutro da inscrição registal, em sede protectora face a terceiros. Ou seja, se a inscrição confere publicidade, ela não reconhece novos direitos nem reforça os direitos já existentes.

A causa aquisitiva mais relevante, abrangida pelo efeito enunciativo, é a usucapião que, como se compreende, atentando no efeito neutral da inscrição registal, revela, por isso mesmo, uma natureza preponderante em relação ao registo predial. Talvez a preponderância estruturante do efeito enunciativo ajude a compreender a inadmissibilidade, nesta sede, do registo constitutivo[14]. Efectivamente a inscrição de um facto não confere uma situação de vantagem, nem a falta de inscrição pode, de alguma sorte, assumir-se como prejudicial em si mesma. Mas a neutralidade descrita do efeito enunciativo não pode significar a irrelevância da inscrição registal. Além da publicidade, a inscrição de factos anteriores à invocação da usucapião pode assumir consequências não despiciendas para a ordem jurídica. Basta recordar que o registo de mera posse confere um prazo aquisitivo mais curto, nos termos dos artigos 1295º e 1296º do Código Civil. Algo de similar decorre do registo do título de aquisição, que também reduz os prazos de prescrição aquisitiva, nos termos e para os efeitos do artigo 1294º do mesmo Código.

§3 A *vexata quaestio*

Além dos números 1 e 2 do artigo 5º, é sem dúvida o nº 4 do mesmo artigo que contribui para densificar a questão relativa aos efeitos decorrentes do registo. Efectivamente, a propósito da noção de terceiro para efeitos de registo, suscitam-se questões complexas que extravasam, por vezes, o âmbito da noção de terceiro e os propósitos do próprio artigo 5º. Pela nossa parte, apesar de não enjeitarmos os argumentos de natureza sistemática nem os daqueles que procuram buscar a coerência do sistema, entendemos terem sido cometidos exageros que em nada

---

[12] Cf. José Alberto Vieira, *Direitos Reais*, Coimbra, 2008, p. 314.
[13] Estamos a pensar na publicidade provocada ou racionalizada, utilizando expressões de alguma doutrina. Cf. Carlos Ferreira de Almeida, *Publicidade e Teoria dos Registos*, Coimbra, 1966, pp. 81 e segs; Menezes Cordeiro, *Direitos*, Vol. I, op. cit., p. 364..
[14] Para Vassalo Abreu a prevalência dada à usucapião, em detrimento do registo, encontra-se indissociavelmente ligada ao efeito enunciativo ou declarativo. Se o efeito constitutivo vier a ser adoptado, o papel da usucapião será consideravelmente reduzido, como sucede noutros países que adoptam sistemas distintos do nosso. Cf. "A Relação de Coexistência entre a Usucapião e o Registo Predial no Sistema Jurídico Português" in *Estudos de Homenagem ao Professor Henrique de Mesquita*, Vol. I, Coimbra, 2009, p. 98.

contribuíram para clarificar as questões em presença, *v.g.* aquela que antecedia todas as outras – o alcance da noção de terceiro.

A amplitude da noção de terceiro pode assumir directas consequências nos efeitos do registo que não se restringem ao adquirente mas afectam outros sujeitos intervenientes nesse ou noutro negócio sobre a mesma coisa ou até num outro acto que contribui, por acção ou por omissão, para a inscrição registal. Por isso, a amplitude da noção de terceiro pode ser importante, quiçá decisiva, tanto para a protecção do titular do direito como daquele que, por via do registo, procura adquirir a titularidade, em detrimento do primeiro adquirente. Aliás, o adquirente pode ter sido enganado pelo facto de não constar no registo a última titularidade, o que o levou, de boa fé, a negociar com o anterior titular que, no momento da celebração de um negócio, alegadamente transmissivo, já não dispunha da titularidade do bem.

Daí a estrita necessidade de fixar um entendimento autónomo de terceiro para efeitos registais. Tanto mais que a noção de terceiro para efeitos civilísticos, de um modo geral aplicável ao artigo 291º do Código Civil, se afigura desadequada para os efeitos registais, reconhecendo-se a diferença de fundamentos entre o plano substantivo e o plano registal[15]. No entanto, como a versão inicial do Código de Registo Predial não continha uma noção de terceiro para efeitos de registo teve de ser a doutrina e a jurisprudência a procurar uma fórmula que permitisse estribar as questões conexas com os efeitos do registo.

Só que a procura da tal fórmula motivou ampla controvérsia que nem cessou depois de se ter constatado a necessidade de emitir acórdãos uniformizadores de jurisprudência nem após o próprio legislador ter intervindo no propósito de dilucidar aquela *vexata quaestio*. Realmente se a versão inicial do Código de Registo Predial, na parte relativa à oponibilidade a terceiros não continha uma noção de terceiro[16], se foi necessário o Supremo proferir um acórdão uniformizador de jurisprudência[17] e alterá-lo posteriormente[18], se o legislador foi cha-

---

[15] Para Luís Couto Gonçalves, o fundamento de protecção de terceiro para efeitos do registo é o princípio da publicidade e a confiança do adquirente numa aparente legitimidade do transmitente. Nesses termos, o primeiro adquirente sofre consequências por não ter cumprido o ónus do registo. Ao passo que o fundamento de protecção do terceiro para efeitos do artigo 291º do Código Civil é o da estabilidade dos negócios jurídicos, punindo o primeiro transmitente por não ter actuado, em prazo razoável, na defesa do seu direito. Cf. "A Aplicação do artigo 291º, nº 2 do Código Civil a Terceiro para Efeitos de Registo" in *Cadernos de Direito Privado*, nº 9, 2005, p. 52.

[16] Cf. o artigo 5º do Código de Registo Predial na versão do Decreto-Lei 305/83 de 29 de Junho

[17] Cf. o Acórdão Uniformizador de Jurisprudência nº 15/97 de 20 de Maio, publicado em Diário da República de 4 de Julho do mesmo ano.

[18] Cf. o Acórdão Uniformizador de Jurisprudência nº 3/99 de 18 de Maio, publicado em Diário da República de 10 de Julho do mesmo ano..

mado a inserir uma noção legal[19], o actual número 4 do artigo 5º, nem assim terminou aquela que é, em nossa opinião, a maior controvérsia do direito registal.

Aliás, a controvérsia assentou num equívoco. Antes de reconhecer a necessidade de procurar uma noção de terceiro para efeitos registais, a doutrina apoiou-se em noções próprias do direito civil. Uma delas assentava numa ideia restritiva que partia da definição de Manuel de Andrade, segundo a qual terceiro é todo aquele que tenha adquirido de um autor comum direitos incompatíveis[20]. A partir dai, diversa doutrina e jurisprudência seguiu esta orientação[21]. O próprio Orlando de Carvalho adopta a ideia restritiva ao identificar os terceiros como aqueles que se encontram em conflito entre si, sobretudo quando um direito é posto em causa por outro[22]. Acrescenta ainda que um terceiro é todo aquele que recebe do mesmo autor direitos sobre o mesmo objecto, total e parcialmente conflituantes[23]. Adoptando perspectiva semelhante, Vaz Serra sublinha a importância do registo predial de modo a assegurar a quem adquire direitos de uma certa pessoa que esta não realizou actos susceptíveis de o prejudicar na sua estrita qualidade de adquirente[24]. Antunes Varela adoptando os pressupostos de Vaz Serra no que respeita à função do registo, começa por reiterar a ideia restritiva de terceiro, pois a inscrição tabular não pode declarar que o contrato de compra e venda, celebrado entre A e B, não tem defeitos que comprometam a sua validade[25], mas, posteriormente, evolui para uma concepção mais abrangente[26].

---

[19] O nº 4 do artigo 5º apenas foi introduzido pelo Decreto-Lei nº 533/99 de 11 de Dezembro.
[20] Cf. Manuel de Andrade, *Teoria Geral da Relação Jurídica*, Vol. II, Coimbra, 1960, pp. 19-20.
[21] Cf. Mota Pinto, *Teoria Geral do Direito Civil*, 1976, Coimbra, pp. 468 e segs; Heinrich Ewald Hörster, *A Parte Geral do Código Civil Português*, Coimbra, 1992, pp. 601 e segs; Acórdão da Relação de Évora de 3 de Julho de 1974, Acórdão do Supremo Tribunal de Justiça de 27 de Maio de 1980; Acórdão da Relação de Coimbra de 24 de Maio de 1988.
[22] Cf. Orlando de Carvalho, "Terceiros para Efeitos do Registo" in *Boletim da Faculdade de Direito de Coimbra*, nº 52, 1994, p. 102.
[23] Idem, p. 105.
[24] Vaz Serra sustenta a posição restritiva, contrariando até, em anotação, um acórdão do STJ que havia adoptado a orientação ampla. "Anotação" in *Revista de Legislação e de Jurisprudência*, nº 97, 1964, p.57.
[25] Daí que Antunes Varela reconheça ser o valor do registo bastante frouxo, apagado e precário. Cf. "Anotação" in *Revista de Legislação e de Jurisprudência*, nº 118, 1985, p. 313.
[26] Numa anotação mais tardia, Antunes Varela, em co-autoria com Henrique de Mesquita, defende que o conceito de terceiro deve incluir não apenas os sujeitos que adquirem do mesmo alienante direitos incompatíveis, mas também aqueles que, sobre determinada coisa alienada, adquiram contra este, direitos de natureza real, por meio de actos permitidos por lei. Cf. "Anotação" in *Revista de Legislação e de Jurisprudência*, nº 127, 1994-5, p. 19.

De modo diverso, Guilherme Moreira, ao contrapor o terceiro a um sujeito, sublinha que o termo não pode designar uma qualquer pessoa estranha a um negócio, mas, apesar disso, deve assumir um sentido muito amplo. Assim, *terceiro* resultaria não da participação directa ou indirecta num determinado acto jurídico mas da qualidade de ser parte noutro acto em conjunto com sujeitos do primeiro acto, assumindo assim uma relação com ele[27]. Em conformidade, contribuindo para promover a autonomização dos dois planos, terceiro, para efeitos de registo, seria aquele que tivesse adquirido e conservado direitos sobre o imóvel, lesado em caso de o acto não registado produzir efeitos em relação a ele[28]. Esta orientação também encontra seguidores. Além de jurisprudência dos tribunais superiores[29], devemos destacar Oliveira Ascensão que, a propósito da necessidade de interpretar o artigo 17º nº 2, entende preferir a noção mais ampla de terceiro, tendo em conta o efeito perante o subadquirente[30].

Atentando no dissídio, o STJ recusa o conceito mais restritivo de terceiro, por considerar que o registo deve contemplar outras situações, além da dupla transmissão de direitos incompatíveis sobre a mesma coisa, assumindo a seguinte orientação uniformizadora: só o conceito amplo de terceiro tem em devida conta os fins do registo e a eficácia dos actos que devem ser registados[31]. Apesar da maioria tangencial e das diversas declarações de voto, alguma doutrina manifestou, como era de prever, concordância com a decisão. Foi o caso de Carvalho Fernandes, embora acabe por reconhecer não bastar um qualquer acto unilateral de terceiro, devendo excluir-se os actos jurídicos em que intervenha exclusivamente a vontade do terceiro que regista[32].

O segundo acórdão uniformizador, ao consagrar a orientação oposta – a orientação restritiva – manifesta preferir a tutela do adquirente, ainda que não registe, em vez do que pretende adquirir *a non domino*. A motivação do acórdão valora o princípio da consensualidade e constata que o sistema do registo não dispõe de um cadastro moderno e eficiente no sentido de promover a segurança no comércio jurídico imobiliário pretendido pelo primeiro acórdão uniformizador[33]. Por isso, sublinhando a ausência de reformas legislativas entendidas como imprescindíveis, de modo a complementar a orientação jurisprudencial anterior, *v.g.* o registo obrigatório e a imediata comunicação ao conservador

---

[27] Cf. Guilherme Moreira, *Instituições do Direito Civil Português*, Vol. I, Coimbra, 1907, p. 523.
[28] Ibidem, pp. 5525-6.
[29] Cf. o Acórdão da Relação de Coimbra de 22 de Julho de 1986; Acórdão do Supremo Tribunal de Justiça de 13 de Fevereiro de 1996.
[30] Cf. Oliveira Ascensão, *Direito*...op. cit., pp. 370 e segs; Idem, "Efeitos..." in op. cit., pp. 28 e segs.
[31] Cf. o Acórdão Uniformizador nº 15/97, op. cit..
[32] Cf. Carvalho Fernandes, "Terceiros..." in op. cit., pp. 1311-2
[33] Cf. o Acórdão Uniformizador nº 3/99, op. cit..

do registo predial, e uma factualidade preocupante – a corrida ao registo das penhoras e a procura da inexistência de escrituras públicas de transferência de propriedade – considerou-se ser mais prudente e sensato regressar ao conceito tradicional de terceiro[34].

Ainda nesse ano, de modo a remover quaisquer dúvidas, o legislador foi chamado a intervir, aditando um nº 4 ao artigo 5º[35], de modo a promover uma clarificação de terceiro para efeitos do registo – aquele que tenha adquirido de um autor comum direitos incompatíveis entre si.

A clarificação não mereceu a concordância de uma parte significativa da doutrina[36], quando enfatizou as desvantagens da inversão de sentido do segundo acórdão e a posterior alteração legislativa. Nesta perspectiva, Teixeira de Sousa manifesta grande inconformismo perante a mudança, alertando para as situações de desprotecção de uma orientação restritiva[37]. Na mesma linha, de modo menos assertivo, Pedro Nunes alerta para aquilo que em sua opinião, representa o esvaziamento de conteúdo do artigo 5º do Código de Registo Predial[38]. Ao invés, outros reconhecem a orientação restritiva como a mais adequada para promover a coerência do princípio da consensualidade, em sede registal[39].

Todavia, a questão extravasou a estrita antinomia entre a noção ampla e a noção restritiva de terceiro para efeitos registais, tendo em conta a variedade

---

[34] Idem.
[35] Cf. o Decreto-Lei nº 533/99 de 11 de Dezembro.
[36] Rui Pinto Duarte manifestou-se nesse sentido. Apesar de reconhecer ao artigo 5º, após o aditamento por via legislativa, o cerne da interpretação do segundo acórdão uniformizador tornou-se incontestável, *de iure condito*. Mas logo sublinha que a alteração legislativa não solucionou todos os problemas anteriormente suscitados. Cf. *Curso de Direitos Reais*, Cascais, 2002, p. 138; Também Isabel Pereira Mendes integra este grupo ao defender que o conceito de terceiro do artigo 5º não pode estar na dependência de qualquer limitação, não pode ser, por isso, um conceito restrito. Cf. *Código de Registo Predial Anotado e Comentado*, 16ª ed., Coimbra, 2007, pp. 152-3; Teixeira de Sousa considera que a concepção restrita de terceiros provoca resultados inadmissíveis. Cf. "Sobre a Eficácia Extintiva da Venda Executiva" in *Cadernos de Direito Privado*, nº 2, 2003, p. 61; Algo de semelhante é dito por João Paulo Remédio Marques, *Curso de Processo Executivo Comum À Face do Código Revisto*, Coimbra, 2000, pp. 219 e segs.
[37] Teixeira de Sousa sublinha a desprotecção do credor exequente e a incompatibilidade com a eficácia extintiva da venda executiva. Cf. "Sobre o Conceito de Terceiros para Efeitos de Registo" in *Revista da Ordem dos Advogados*, 1999, pp. 43 e segs.
[38] Cf. Pedro Nunes, "Análise Metodológica do Acórdão do Supremo Tribunal de Justiça nº 3/99 Sobre o Conceito de Terceiros Para Efeitos de Registo", in *Themis*, nº 11, 2005, pp. 302-303..
[39] Couto Gonçalves partilha desta orientação quando refere que o adquirente regista, não para constituir um direito real mas para o consolidar. Acrescenta ainda que o artigo 5º do Código de Registo Predial não pode desvirtuar a norma civilista do artigo 408º nº 1. Cf. "A Aplicação..." in op. cit. p. 50.

de alternativas⁴⁰ e a defesa de que a noção legal adoptada não esgota a concepção de terceiro para efeitos registais no Direito positivo. Efectivamente, José Alberto Vieira considera a noção de terceiro do nº 4 do artigo 5º aplicável às situações de dupla alienação, mas inaplicável às previstas nos artigos 17º nº 2 e 122º do Código de Registo Predial e 291º do Código Civil⁴¹.

Pela nossa parte, apesar de entendermos que os artigos 17º nº 2 e artigo 122º do Código de Registo Predial não contém uma noção de terceiro, ao invés do nº 4 do artigo 5º, onde o legislador deixa claro que a noção não é apenas aplicável a este preceito mas a *todo* o articulado do registo predial, temos dúvidas de que a *vexata quaestio* contribua para solucionar as questões emergentes dos efeitos do registo predial. Aliás, se reflectirmos sobre algumas das formulações doutrinárias, verificamos que o propósito não está verdadeiramente dirigido ao que se deva entender por terceiro mas, ao fim e ao resto, à necessidade de justificar o alcance de determinados efeitos registais que se apoiam numa ideia de terceiro, por vezes afastada da letra e do espírito da lei.

§4 Efeito atributivo no artigo 5º?

Colocando a problemática do terceiro na sua verdadeira dimensão, devemos prosseguir de modo a procurar dilucidar a dúvida que contamina. Em nossa opinião, a questão reside em saber se o artigo 5º contempla um efeito atributivo semelhante ao previsto nos artigos 17º n º2 e 122º do Código de Registo Predial.

Devemos sublinhar que o efeito atributivo do registo representa uma excepção aos princípios caracterizadores do nosso sistema registal. Por isso, agiremos com cuidado ao analisar o alcance daquele efeito no conjunto das normas em apreço. Propomos como metodologia adequada, partir dos preceitos que claramente consagram o efeito atributivo para, de seguida, estudar o artigo 5º do Código de Registo Predial. Ora, como se sabe, o nº 2 do artigo 17º e o artigo 122º do Código de Registo Predial prescrevem, *expressis verbis*, a protecção dos direitos de terceiro perante a ocorrência de uma vicissitude, a nulidade ou a rectificação do registo. Segundo o artigo 17º nº 2º a declaração de nulidade do registo não prejudica os direitos adquiridos a título oneroso por terceiro de boa

---

⁴⁰ Paulo Henriques recusa a ideia de reduzir a complexidade da questão à noção ampla, restrita ou intermédia de terceiro. Segundo ele, as alternativas seriam, no mínimo, oito pelo que qualquer redução ou simplificação geraria equívoco. Cf. "Terceiros..." in op. cit., pp. 24-5.

⁴¹ José Alberto Vieira defende que o conceito de terceiro possui, para efeitos de protecção registal, uma extensão maior do que a que resulta do nº 4 do artigo 5º. O terceiro protegido pelos artigos 17º nº 2, 122º do CRP e 291º do Código Civil seria distinto do outro previsto pelo artigo 5º. Cf. "A Nova Obrigatoriedade de Registar, o Seu Impacto sobre a Aquisição de Direitos Reais Sobre Coisas Imóveis e a Segurança no Comércio Jurídico Imobiliário" in *Estudos em Homenagem ao Professor Doutor Sérvulo Correia*, Coimbra, 2010, p. 100.

fé, se o registo dos correspondentes factos for anterior ao registo da acção de nulidade. Nos termos do artigo 122º, a rectificação do registo não prejudica os direitos adquiridos por terceiro de boa fé, se o registo dos factos correspondentes for anterior ao registo da rectificação ou da pendência do respectivo processo. Ainda no que respeita à protecção do terceiro de boa fé, o artigo 291º do Código Civil acautela os direitos de terceiro perante a declaração de nulidade ou de anulação de um negócio jurídico que respeite a bens imóveis ou bens móveis sujeitos a registo.

Se estas três prescrições legais consagram, indubitavelmente, um efeito atributivo, será que encontramos algo de semelhante no artigo 5º? Uma apreciação perfunctória só pode concluir em sentido negativo. Efectivamente o artigo 5º não refere a protecção de direitos de terceiro, perante algumas vicissitudes registais ou substantivas. Encontramos no nº 1, de uma eventual oponibilidade a terceiros, o efeito consolidativo ou confirmativo, no nº 2 das excepções que, por sua vez, representam o efeito enunciativo e no nº 4 de noção de terceiro para efeitos de registo. Acrescem ainda os nº 3 e nº 5, relativos à inoponibilidade da falta de inscrição registal aos interessados e à inoponibilidade a terceiros de arrendamento não registado, com duração superior a seis anos, respectivamente.

Em síntese, suscita-se legitimamente a questão: será que existe algo que escape a um intérprete médio e diligente? Se voltarmos a reinterpretar as preceitos citados responderemos negativamente mas se compulsarmos parte muito significativa da doutrina e da jurisprudência portuguesas, constatamos a defesa do efeito atributivo. Ou seja, além do efeito consolidativo, o artigo 5º encerra ainda um efeito atributivo ou aquisitivo. De outro modo o artigo 5º conteria, simultaneamente, um efeito consolidativo e um efeito atributivo. Também se desvaloriza a perspectiva consolidativa e se encontra, principalmente, no artigo 5º, um efeito atributivo. Aliás, esta orientação desvalorizadora do efeito consolidativo, busca raízes numa linha argumentativa que nem sequer lhe atribuía relevância ou autonomia[42].

Em nossa opinião, José Alberto Vieira desvaloriza o efeito consolidativo ao reconhecer, sem mais, que o registo evita a aquisição tabular de um terceiro[43], para, de seguida, a propósito do efeito atributivo, conferir especial relevância ao próprio artigo 5º. Embora reconheça que o sentido literal como indicativo de que o direito real só tem oponibilidade contra terceiro se houver registo, de seguida, recusando a literalidade, sustenta que o objectivo do artigo 5º reside na

---

[42] Menezes Cordeiro não se impressiona com a eliminação do risco por via do registo tempestivo. Acrescenta que a correspondente inscrição, que se diz consolidativa, não configura um efeito autónomo de registo. Cf. *Direitos...*op. cit., p. 392.
[43] Cf. José Alberto Vieira, *Direitos...*op. cit., p. 288.

protecção de um terceiro que, confiando na aparência de uma situação registal desconforme à realidade substantiva, celebra um negócio e regista a sua aquisição[44]. Nestes termos, tendo em conta o desiderato protector para terceiro que contrata com o que figura no registo como titular[45], o registo representa a correlativa extinção de uma primeira aquisição, não registada, a favor das pretensões do terceiro de boa fé[46].

Também Clara Sottomayor perspectiva o artigo 5º como o preceito que dá especial protecção a terceiro, representando séria limitação à eficácia absoluta dos direitos reais, com prevalência da confiança daquele terceiro na titularidade aparente do transmitente[47]. De tal sorte o efeito atributivo se afigura importante que Sottomayor decide destacá-lo, a par do efeito próprio do artigo 291º do Código Civil, nos seguintes termos: se no artigo 5º existe um conflito entre adquirentes do mesmo transmitente, no artigo 291º há um conflito entre o primeiro transmitente e o último subadquirente de uma cadeia de nulidades[48].

Diferentemente, procurando equiparar os efeitos consolidativo e atributivo do artigo 5º, Menezes Leitão atribui relevo a ambos, procurando-os distinguir, a partir de idêntico patamar. Quanto ao primeiro efeito, caracteriza-o como verdadeira consolidação do direito do adquirente porque, depois do registo, o pode opor perante terceiros, de modo eficaz, pois não abala os princípios da consensualidade e da causalidade do artigo 408º[49]. Quanto ao segundo, parte do mesmo número do artigo 5º, o nº 1, afirmando que a aquisição tabular se funda na circunstância de os factos sujeitos a registo só produzirem efeitos contra terceiro depois da data do registo, exigindo uma dupla alienação ou oneração e o registo prévio da segunda alienação[50].

Adoptando uma equivalência semelhante, já Oliveira Ascensão e Carvalho Fernandes haviam colocado, ao mesmo nível, ambos os efeitos imputados ao artigo 5º do Código de Registo Predial. Na opinião de Oliveira Ascensão, o registo consolidativo não confere oponibilidade suplementar, a eficácia absoluta existe *ab initio*, mas, pode ser afastada se outrem adquirir posteriormente um direito incompatível e o registar antes do primeiro titular do direito[51]. Quanto ao

---

[44] A desconformidade com a realidade substantiva assentaria nos casos de registo incompleto em que o terceiro adquire um direito e regista o facto correspondente. Ibidem, p. 292.
[45] Ibidem, p. 295.
[46] Cf. José Alberto Vieira, "A Nova Obrigatoriedade..." in op. cit. p. 99.
[47] Cf. Maria Clara Sottomayor, *Invalidade*...op. cit., p.. 338.
[48] Ibidem, p. 338.
[49] Cf. Luís Menezes Leitão, *Direitos Reais*, 2ª ed., Coimbra, 2011, pp. 268 e segs.
[50] Ibidem, p. 272.
[51] Deste modo, o registo assume a natureza de uma resolução do direito de outrem. Cf. Oliveira Ascensão, *Direito Civil:Reais*, Coimbra, 1993, p. 362.

efeito atributivo, entende o artigo 5º aplicável às incompletudes registais, pelo que o terceiro pode ver a respectiva situação protegida se houver um registo preexistente e se proceder primeiramente à sua inscrição[52]. Carvalho Fernandes, por seu turno, configura o registo consolidativo como requisito de oponibilidade a terceiros de actos que a ele estão sujeitos[53] e o efeito atributivo ou aquisitivo o que atribui a um negócio inválido uma eficácia que não lhe era garantida pelo direito substantivo[54].

De outro modo, atingindo o mesmo propósito, mas sem destacar ou sequer mencionar, de modo equivalente ou prevalente, os efeitos consolidativo e atributivo, outros autores já haviam reconhecido ambas as virtualidades do supra--citado preceito legal. Nessa perspectiva, Antunes Varela, comentando o artigo 5º e a posição de Vaz Serra sobre o artigo equivalente a este, do Código anterior, concorda com o respectivo teor e com a segurança dada pelo registo, uma vez que os actos susceptíveis de prejudicar o adquirente não lhe são oponíveis se não registados[55]. Avançando um pouco mais, entende que o registo não assegura apenas que, pertencendo o direito àquele em cujo nome se encontra inscrito, ele não constitui sobre o imóvel encargos e além dos inscritos no registo, assegura ainda que o mesmo sujeito não o alienara anteriormente a outrem[56]. Assim, a anterior alienação de um imóvel feita anteriormente pelo transmitente, que no registo continua inscrito como titular do prédio, não produz efeitos contra o adquirente posterior que registou a aquisição, em primeiro lugar[57]. Logo o adquirente posterior não adquire do verdadeiro titular mas adquire em virtude de ter registado primeiramente, consistindo o registo, como é bom de ver, numa aquisição por via do registo, um efeito atributivo ou aquisitivo, desta feita por via do artigo 5º.

Será exactamente assim? Estamos de acordo com o reconhecimento de que a principal função do artigo 5º consiste em limitar o princípio da consensualidade[58], pois, apesar de estarmos perante um negócio válido, que produz efeitos reais, estes efeitos podem ser destruídos por via da aquisição atributiva a favor de outrem, nos termos do artigo 291º do Código Civil ou dos artigos 17º nº 2 ou 122º do Código de Registo Predial. Em virtude da vicissitude acima descrita protectora do terceiro de boa fé que regista uma aquisição a título oneroso, em

---

[52] A expressão utilizada a favor deste terceiro também é, curiosamente, uma consolidação. Todavia, não da titularidade, mas de um registo preexistente. Cf. Oliveira Ascensão, *Direito...*op. cit., p. 373.
[53] Cf. Carvalho Fernandes, *Lições...*op. cit., p. 129.
[54] Ibidem, p. 137.
[55] Cf. Antunes Varela, "Anotação" in op. cit., p. 314.
[56] Ibidem, p. 314.
[57] Ibidem, pp. 314-5.
[58] Cf. Maria Clara Sottomayor, *Invalidade...*op. cit., p. 338.

detrimento daquele que, apesar de ter celebrado um contrato válido, vê a sua pretensão desvalorizada, em virtude de não ter registado. Teríamos o efeito aquisitivo.

Pela nossa parte duvidamos que o próprio artigo 5º integra um outro efeito aquisitivo na sua própria prescrição normativa. Consideramos tal raciocínio contraditório e dificilmente inteligível. Como pode o artigo 5º prever a oponibilidade a terceiro de um direito de um titular e, simultaneamente, abranger a eficácia da pretensão de um terceiro que registou? Aliás, intuindo a contradição, José Alberto Vieira escreve que o nº 1 do artigo 5º nada tem a ver com a oponibilidade do direito real[59]. Salvo o devido respeito, o nº 1 do artigo 5º nada tem a ver com o efeito atributivo, respeitando apenas ao efeito consolidativo e, por isso mesmo, a um fortalecimento da oponibilidade do titular perante terceiros.

Em nossa opinião, o nº 1 do artigo 5º pode representar, quanto muito, um entreabrir de porta, uma compatibilização do efeito aquisitivo ou atributivo, exactamente em sede do próprio efeito consolidativo. Nada mais do que isso. Senão vejamos. Aquele que não registar, que não consolidar o seu direito, arrisca-se a sobrevir o efeito aquisitivo, em virtude da estrita aplicação, não do artigo 5º, mas dos artigos 17º nº 2 e 122º do Código de Registo Predial ou do artigo 291º do Código Civil, desde que os respectivos requisitos se encontrem preenchidos. É esse o verdadeiro conteúdo do nº 1 do artigo 5º. Assim, perante a eventualidade de um efeito atributivo a favor de um terceiro, o verdadeiro titular pode evitar aquele efeito, desde que registe, consolidando a respectiva pretensão. Como a epígrafe do preceito e o nº 1 indicam, o artigo 5º não se aplica a terceiros não titulares – para isso dispomos dos preceitos relativos ao efeito atributivo – mas antes ao sujeito que adquiriu o bem ao verdadeiro titular e que pretende acautelar o seu direito, de modo a torná-lo inatacável perante terceiros. O artigo 5º não encerra qualquer conflito entre um titular inscrito e outro não inscrito[60], mas contempla a susceptibilidade de proteger, de modo consolidativo ou confirmativo, o titular de um direito, caso decida inscrever no registo o facto a salvaguardar.

Aliás, a perspectiva descrita é mais lógica, atribui maior coerência ao próprio sistema registal. Senão vejamos. Se o efeito atributivo representa uma excepção ao da *nemo plus iuris in allium transferre potest quam ipse habet*[61] e ao princípio

---

[59] Cf. José Alberto Vieira, *Direitos...*op. cit., p. 299.
[60] Perspectiva defendida por Mónica Jardim, "Segurança..." in op. cit., p. 393.
[61] Heinrich Ewald Hörster dá especial relevo à excepção a este princípio, segundo o qual não se permite transferir mais do que se tem, a propósito do estudo do efeito atributivo. Cf. "Efeitos do Registo, Terceiros, Aquisição *a Non Domino*" in *Revista de Direito e da Economia*, nº 8, 1982, pp. 119 e segs.

da consensualidade, se só alguns preceitos fundam a aquisição tabular, a leitura proposta, ao afastar do âmbito excepcional o artigo 5º, confere menor amplitude ao efeito atributivo do que as demais interpretações. Além disso, adequa-se à letra da lei, porque, como vimos, o artigo 5º não reconhece o efeito atributivo *expressis verbis*. Apenas nos outros artigos supra-citados, desde que se reconheça o título oneroso e o terceiro de boa fé. Reitera-se a inaceitabilidade da perspectiva oposta. Não há, insiste-se, um princípio geral de protecção de terceiro mas somente uma aquisição tabular a favor de terceiro, em situações excepcionais. Tais situações devem estar previstas na lei, constituindo o núcleo protector do terceiro de boa fé, em detrimento do usual ambiente favorável ao adquirente legítimo. Como tal, aquele núcleo, de natureza excepcional – o efeito atributivo ou aquisição tabular – implica um metodologia estrita, incompatível com a interpretação analógica ou até com uma interpretação extensiva. Nestes termos, não conseguimos acompanhar os autores que reconhecem o regime excepcional da protecção de terceiros do registo atributivo, nele incluindo, além dos artigos 17º nº 2 e 122º do CRP e 291º do Código Civil, o próprio artigo 5º[62].

Os outros elementos interpretativos, os factores hermenêuticos[63], também não ajudam a equacionar o suposto efeito do artigo 5º. Como vimos, se o elemento gramatical concorre para afastar o efeito atributivo daquele preceito, temos de assentir que os próprios elementos histórico e racional não permitem solidificar tal alegação. Quanto ao elemento racional ou teleológico, o intuito do artigo 5º, indicado pela respectiva epígrafe é o de promover o reforço da oponibilidade a terceiros de factos sujeitos a registo por parte do legítimo titular. Não prescreve, como se compreende, uma causa autónoma de oponibilidade de terceiro que, como o nome indica, não é, por si só, titular da coisa. Sobre o elemento histórico, lembremos o seguinte artigo 5º corresponde ao antigo artigo 7º do Código de Registo Predial de 1967 que, por sua vez, se inspirou, enquanto projecto, no preceito do Código italiano mas cuja versão final se afastou radicalmente dele, como é por todos reconhecido.

Não estamos só convencidos da justeza do raciocínio proposto como entendemos que a orientação inversa – efeito atributivo do artigo 5º – enfrenta fragilidades importantes e contradições inquietantes. Façamos um simples exercício: admitamos, por hipótese, o efeito atributivo do artigo 5º. Teremos um sério problema. Como se sabe, o efeito atributivo não pode ser desencadeado

---

[62] José Alberto Vieira reconhece como excepcional a protecção do terceiro de boa fé que não permite fundamentar idêntica tutela noutros preceitos legais, além dos artigos 5º nº 1, 17º nº 2 e 122º do CRP e do artigo 291º do Código Civil. Cf. " A Nova..." in op. cit., p. 103.
[63] Expressão usada por João Baptista Machado, *Introdução ao Direito e ao Discurso Legitimador*, Coimbra, 2007, p. 181.

de modo automático, mediante o aparecimento de um terceiro adquirente. O efeito atributivo só merece acolhimento quando, após uma verificação cumulativa, se reconhece existir, pelo menos, os seguintes requisitos[64]: preexistência de um registo desconforme, registo posterior incompatível, boa fé e onerosidade.

Curiosamente, quando tentamos apurar os requisitos propostos pelos apoiantes do efeito atributivo no artigo 5º, constatamos, de modo muito significativo, que os tais requisitos nem sempre coincidem com os indicados para sustentar a aplicabilidade do efeito atributivo nos outros artigos do Código de Registo Predial ou no artigo 291º do Código Civil. Tem mais. Não só se verifica uma dissemelhança, como, por vezes, os requisitos são menos numerosos ou até limitados à mera exigência de um terceiro que regista. Não podemos deixar de sublinhar que este raciocínio revela uma postura assaz contraditória sobre a admissibilidade, a título excepcional, do efeito atributivo.

Examinemos, com maior atenção, alguns argumentos da doutrina que partilha este ponto de vista. Assim, Antunes Varela começa por sublinhar diferenças entre os requisitos próprios do artigo 291º do Código Civil e os do artigo 5º do Código de Registo Predial, sustentando que a boa fé não deve integrar o quadro próprio do efeito aquisitivo deste último preceito[65]. Sob perspectiva semelhante, Mónica Jardim propõe a eliminação da onerosidade e a inexistência de um conceito unitário de terceiro do registo predial, acentuando também a diferença entre os requisitos do artigo 5º e os requisitos dos outros preceitos configuradores do registo atributivo[66]. Paulo Henriques pretende ainda ir mais longe, considerando inexistirem razões para colocar a onerosidade ou a boa fé no elenco de requisitos próprios do efeito atributivo do artigo 5º. Relativamente à onerosidade, observa não ser importante distinguir entre o interesse do adquirente a título oneroso e o adquirente a título gratuito mas verificar, em vez disso, quem acautela os seus interesses, inscrevendo o facto no registo competente,

---

[64] Indicamos os requisitos de maior consenso entre os estudiosos do efeito atributivo. Não procuramos a exaustividade nem indicamos o requisito dos três anos, exclusivo do artigo 291º do Código Civil. Reconhecemos ainda que nem esses requisitos têm desempenhado um papel de denominador comum, entre os demais requisitos propostos. Cf. Oliveira Ascensão, *Direito*...op. cit., pp. 376 e segs; Menezes Cordeiro, *Direitos*..., Vol. I, pp. 378 e segs; Carvalho Fernandes, *Lições*...op. cit, pp. 129 e segs; António Santos Justo, *Direitos Reais*, Coimbra, 2007, pp. 65 e segs; Rui Pinto Duarte, *Curso*...op. cit., pp. 138 e segs; Menezes Leitão, *Direitos*...op. cit., pp. 272 e segs; José Alberto Vieira, *Direitos*...op. cit., pp. 292 e segs..
[65] Antunes Varela considera que o valor ético-jurídico da boa fé, consagrado no Código Civil, não pode reduzir a eficácia do registo. Cf. "Anotação" op. cit., pp. 308 e segs
[66] Para Mónica Jardim o terceiro referido no artigo 5º não é o terceiro do artigo 17º n.º 2 e os interesses do adquirente, a título gratuito, que regista prevalecem sobre o que não acautelar os seus próprios interesses. Cf. "A Segurança..." in op. cit., pp. 395 e segs.

e quem os não acautela[67]. Sobre a boa fé, imagina-a irrelevante e a respectiva exigência susceptível de inviabilizar a publicidade da situação dos bens e, assim, frustrar a estabilidade e a segurança do comércio imobiliário[68].

Discordamos, da desvalorização dos requisitos que se afiguram, em nossa opinião, estruturantes do próprio registo aquisitivo. Ao enfatizar-se a segurança e a confiança promovida pelo registo, nem se percebe como pretende premiar-se o sujeito que se aproveitar da inscrição registal, bem sabendo não ser o legítimo adquirente. Admitir esta possibilidade contribuiria para abalar os fundamentos do reconhecimento do registo atributivo, em concretas e restritivas situações. Em vez de protegermos o sujeito que confia no registo, protegeríamos o que se aproveita de um registo desconforme, o que consegue registar antes do verdadeiro titular. Mesmo que, para a prévia inscrição, tenha usado de estratagemas, de uma actuação reprovável ou fraudulenta. Insistimos, pois, na exigibilidade da boa fé do adquirente que regista, em primeiro lugar, de modo a assegurar o desconhecimento não culposo da existência de direito de outrem[69]. A exigência da boa fé deve ser sublinhada, tendo em conta a defesa de uma concepção ética, não o mero desconhecimento psicológico da tutela de outrem[70]. Quanto à onerosidade, apesar de reconhecermos a sua menor importância, perante a boa fé, a subsistência deste requisito encontra-se prescrito em todos os artigos próprios do registo atributivo[71], pelo que não vislumbramos motivo atendível para o excluir.

Os inconvenientes do reconhecimento do registo atributivo no artigo 5º não ficam por aqui. Se o admitíssemos, com inerente aligeiramento ou supressão dos respectivos requisitos estruturantes, designadamente a boa fé, poderíamos erigir o seguinte paradoxo: reconhecendo que o registo predial não é condição de validade do acto e não possui, de um modo geral, efeito constitutivo, a aceitação de um efeito aquisitivo, com base numa forçada interpretação do artigo 5º dispensadora dos próprios requisitos de aquisição tabular, pode contribuir

---

[67] Cf. Paulo Henriques, "Terceiros..." in op. cit., p. 52..
[68] Cf. Paulo Henriques, "Terceiros..." in op. cit., p. 59.
[69] Para Carvalho Fernandes, que até dispensa a onerosidade, a boa fé do adquirente não deve ser afastada, sob pena de o terceiro não poder ser tutelado para efeitos do registo predial. Cf. "Terceiros..." in op. cit., p. 1310.
[70] Oliveira Ascensão, em defesa da concepção ética da boa fé, considera não bastar o mero facto psicológico do desconhecimento da desconformidade. Cf. *Direito*....op. cit., p 377. De acordo com a mesma perspectiva, José Alberto Vieira socorre-se do nº 3 do artigo 291º do Código Civil, aplicando--o a todas as hipóteses de efeito atributivo do registo predial. Cf. *Direitos*...op. cit., p. 298.
[71] José Alberto Vieira também não prescinde do requisito da onerosidade. Vai mais longe, ao reconhecê-lo no artigo 5º, com base no argumento sistemático extraído a partir dos artigos 17º nº2 e 122º do CRP e 291º do CC. Cf. *Direitos*...op. cit., p. 298.

para criar uma nova função registal. Reparemos no seguinte: no efeito constitutivo, a causa aquisitiva origina a inscrição registal que, depois, reconhece a existência e a validade do direito. Com a alegada interpretação do artigo 5º, permitiríamos a um sujeito, sem causa aquisitiva e sem requisito justificativo, a aquisição de um direito correspondente ao facto inscrito, apenas porque o conseguiu inscrever. Não interessa a motivação, o engenho ou arte. Não interessa se o sujeito está de boa fé, se houve compra e venda ou se o acto de disposição foi praticado com base na situação registal desconforme. Basta ter registado, em momento anterior ao adquirente legítimo. Seria o plano factual da inscrição em detrimento aos demais. Daí ser mais gravoso e bem diferente do efeito constitutivo[72]. Teríamos uma "nova fórmula registal", criadora de direitos, que nos causa a maior perplexidade e preocupação, além de uma fundada discordância, motivada na compatibilização deste raciocínio com o nosso Direito positivo.

§5 O Registo, a penhora e a venda executiva

Apesar de o artigo 5º não parecer consagrar o efeito atributivo, tem-se argumentado, por vezes *a fortiori*, com a necessidade de manter a interpretação relativa ao efeito atributivo, de modo a proteger o efeito derivado dos registos da penhora ou da venda executiva. Cumpre indagar o seguinte: será possível? Será que a protecção do sujeito que promove os registos da penhora ou da venda executiva justifica aquela interpretação do artigo 5º?

Antes de responder a estas questões, cumpre atentar nos preceitos directamente aplicáveis, consagrados nos Códigos Civil e de Processo Civil. Por um lado, o artigo 819º do Código Civil determina que, sem prejuízo das regras de registo, são inoponíveis à execução os actos de disposição ou oneração de bens penhorados. Por outro, o artigo 838º nº 4 do Código de Processo Civil impõe um registo definitivo da penhora antes da consignação judicial ou da venda. Aliás, algo de semelhante sucedia na antiga redacção do nº 4 deste preceito. Efectivamente, dizer que a penhora só produzia efeitos depois da data do respectivo registo, não pode significar mais do que isto mesmo. Também as ilações da sua alteração não podem motivar uma forçada extrapolação[73]. Por conseguinte, sem

---

[72] Mónica Jardim reconhece que o registo do segundo adquirente desempenha uma função constitutiva pois o registo de um negócio inválido atribui um direito ao titular inscrito, em detrimento do anterior adquirente. Cf. "A Segurança..." in op. cit., p. 389.

[73] Depois de colocar a hipótese de saber se o legislador pretendeu dar alguma indicação com a alteração do nº 4 do artigo 838º, v. g. influenciar a interpretação do nº 4 do artigo 5º do Código de Registo Predial, Mariana Gouveia reconhece que isso não sucedeu. Acrescenta ainda que, quanto muito, o legislador deixou antever que a problemática do terceiro para efeitos de registo deve ser regulado pelo registo predial e não pelo Código de Processo Civil. Cf. "Penhora de Imóveis e Registo Predial na Reforma da Acção Executiva" in *Cadernos de Direito Privado*, nº 4, 2003, p. 33. Em

prejuízo de uma análise mais profunda, parece que o regime acima descrito não é susceptível de prefigurar uma inatacável protecção para o sujeito que regista.

Se o beneficiário do registo é o exequente e o executado ainda é o titular do direito, um terceiro não pode obter, depois disso, um registo definitivo a seu favor. Diferente será o caso de o executado já não assumir a titularidade do bem. Neste caso, se o terceiro registar a aquisição, o registo posterior da penhora pode não ser suficiente para proteger as pretensões do exequente. Ademais, o exequente não é imune a situações incompatíveis com a satisfação do seu crédito sem reflexo no registo no momento do registo da penhora mas com efeito posterior. Como refere Paula Costa e Silva nem o acto de nomeação à penhora nem o despacho ordenatório de penhora conferem ao exequente uma garantia de imobilização jurídica dos bens penhorados[74].

Também a alteração do artigo 819º do Código Civil ao introduzir a expressão "inoponíveis", em vez de "ineficazes", não dota o registo da penhora de uma eficácia indestrutível[75], incluindo o afastamento de registos posteriores de factos correspondentes a direitos incompatíveis com as pretensões do exequente. Como se percebe, o artigo 819º pretende dizer o seguinte: os actos de disposição ou de oneração de bens penhorados são inoponíveis. De outro modo, regula os actos relativamente a bens penhorados no momento da disposição ou da oneração. Nada esclarece sobre os actos praticados antes de o bem ter sido penhorado. Quanto a eles, tanto os princípios do registo como a inteligibilidade do preceito concorrem para solidificar a ideia de que eventuais actos de disposição não são ineficazes. Aliás, nem o artigo 824 nº 2 do Código Civil concorre para uma protecção indestrutível, dado prescrever que os bens são transmitidos livres de direitos reais que não tenham registo anterior ao de uma penhora, com excepção dos que, constituídos em data anterior, produzam efeitos em relação a terceiros independentemente de registo.

Em síntese, devemos aceitar a ideia de que uma outra interpretação do artigo 5º nº 4, não a interpretação literal ou histórica[76], permite solucionar situações socialmente relevantes, nomeadamente as do direito do penhorante? Temos de

---

idêntico sentido, defendendo que esta alteração legislativa não atinge a questão relativa ao conceito de terceiros para efeitos de registo predial, cf. Luís Couto Gonçalves, "Terceiros..." in op. cit., p. 932.

[74] Cf. Paula Costa e Silva, "Exequente e Terceiro Adquirente de Bens Nomeados à Penhora" in *Revista da Ordem dos Advogados*, nº 59, 1999, p. 329.

[75] Para Mónica Jardim, embora a nova redacção não elimine todas as dúvidas, a penhora posterior, registada antes do registo de venda, assume prevalência sobre ela, sob pena de se adoptar uma regra de inoponibilidade fragmentária prejudicial para o credor penhorante. "A Segurança..." in op. cit. p. 407.

[76] Couto Gonçalves reconhece a interpretação literal e histórica do nº 4 do artigo 5º, favorável a uma solução de protecção do adquirente em detrimento do penhorante. Cf. "Terceiros para Efeitos

convir, que a ideia de atribuir maior relevância ao registo da penhora não é nova. Mas nem mereceu, noutro tempo, grande acolhimento na doutrina nacional e estrangeira[77]. Entre nós, recordamos a posição de José Alberto dos Reis, ao reconhecer como efeito da penhora, a apreensão judicial dos bens respectivos e ao sustentar que esse efeito não representa uma expropriação da faculdade de dispor, mas antes na criação de um estado de indisponibilidade relativa[78]. Também Vaz Serra admite a ineficácia da alienação de bens penhorados[79]. Aliás, mesmo depois da proposta de alteração do Código Civil, no sentido de consagrar a ineficácia das alienações posteriores à penhora[80], continua a reconhecer que a lei substantiva não resolve o problema[81].

É exactamente a partir deste ponto, da impossibilidade de resolver a questão no plano substantivo, que a doutrina a tenta solucionar no plano registal. Como não existe um preceito atinente aos efeitos do registo da penhora, no Código de Registo Predial, os autores socorrem-se da maior amplitude da noção de terceiro, com o intuito de promover a resolução do assunto que os preocupa. O próprio Vaz Serra admite, de modo muito claro, este raciocínio quando, após a análise da inadequação dos preceitos vigentes, afirma o seguinte: "saber, pois, se os actos de alienação anteriores à penhora sujeitos a registo e registados depois do registo desta são ou não eficazes em relação ao penhorante, depende de este poder ou não considerar-se como terceiro para efeitos do registo predial"[82]. Portanto, depois de assinalar esta importante encruzilhada, opta por uma resposta afirmativa, nos termos da qual o penhorante é terceiro e, ao penhorar a coisa, consegue que ela fique afectada aos fins da execução[83].

---

de Registo e a Segurança Jurídica" in *Estudos em Homenagem do Professor Henrique de Mesquita*, Vol. I, Coimbra, 2009, p. 930.

[77] Cf. Domenico Rubino, *La Fattispecie e Gli Effetti Giuridici Preliminari*, Milão, 1939, pp. 469 e segs.

[78] Cf. José Alberto dos Reis, "Venda no Processo de Execução" in *Revista da Ordem dos Advogados*, 1972, p. 435.

[79] Vaz Serra reconhece a discussão da inalienabilidade dos bens penhorados em face do Código Civil de 1867 e do Código de Processo Civil de 1876, mas defende que a alienação voluntária dos bens penhorados só pode considerar-se inadmissível enquanto ofender os interesses da execução. Por conseguinte, a alienação dos bens penhorados não deve ser nula mas ineficaz em benefício da execução Vaz Serra, "Realização Coactiva da Prestação (Execução), in *Boletim do Ministério da Justiça*, nº 73, 1958, pp. 146-7.

[80] O Anteprojecto determinava, no artigo 403º, a ineficácia em prejuízo do penhorante e dos demais credores intervenientes na execução, das alienações que a lei sujeita a registo, se não forem registadas antes da penhora.

[81] Cf. Vaz Serra, "Anotação" in *Revista de Legislação e de Jurisprudência*, nº 103, 1970-1, p. 161.

[82] Ibidem, pp. 161-2.

[83] Ibidem, p. 162.

Esta via, trilhada por autores que se dedicam ao estudo da acção executiva, pode revelar-se sedutora, tendo em conta os resultados pretendidos. É exactamente esse o percurso de Carvalho Fernandes. Partindo da concepção ampla de terceiro subjacente ao primeiro acórdão uniformizador de jurisprudência, entende ficarem abrangidos pela tutela registal dos terceiros de boa fé os que registam o arresto, a penhora, a hipoteca judicial e a apreensão de bens em processo de falência[84]. Acrescenta ainda, a título de justificação, que do regime contido no artigo 819º do Código Civil e do artigo 838º do Código de Processo Civil não parece poder extrair-se argumentos contra a concepção ampla de terceiro[85].

Todavia, tanto o segundo acórdão uniformizador de jurisprudência como a subsequente actividade do legislador, ao incluir uma noção restritiva de terceiro no nº 4 do artigo 5º, parecem ter recusado a via que tanto apoio reunira na doutrina. Daí a crítica de Teixeira de Sousa ao segundo acórdão, lamentando que ele tenha desfavorecido o credor exequente e, sobretudo, duvidando que seja conciliável com a oponibilidade a terceiros da penhora registada, consagrada no Código de Processo Civil[86]. Mais tarde, depois da entrada em vigor do nº 4 do artigo 5º, continua a verberar a noção restritiva porque a entende responsável por uma contradição insanável perante o artigo 824º nº 2 do Código Civil, uma vez que permite oposição à penhora da parte de um titular de um direito atingido pelo efeito extintivo da venda executiva.

Remédio Marques, adoptando a mesma perspectiva crítica, defende a aplicabilidade do artigo 5º à resolução de conflitos entre o exequente penhorante ou o adquirente da venda executiva e o adquirente que registou a sua aquisição depois do registo da penhora[87]. Nestes termos, porque a resolução do conflito é favorável aos primeiros e a coisa fica numa situação de indisponibilidade para o executado, porque a aquisição da venda executiva é a consequência da penhora, nos termos dos princípios do trato sucessivo e da prioridade, o direito de propriedade do adquirente antes da data do registo da penhora não pode prevalecer[88]. Aliás, mesmo que este entenda requerer a anulação da venda executiva, a

---

[84] Cf. Carvalho Fernandes, "Terceiros..." in op. cit., p. 1312
[85] Idem, p. 1315 e segs.
[86] Teixeira de Sousa defendia ainda a compatibilização do artigo 5º do CRP, antes da inclusão do nº 4, com o artigo 838º nº 4 do CPC. Cf. "Sobre o Conceito..." in op. cit., pp. 35 e segs.
[87] A prioridade do registo da penhora determina que a coisa fique afecta aos fins da execução, pelo que o Estado, ao agir em substituição do executado, não se afasta da previsão de terceiro do nº 4 do artigo 5º. Cf. João Remédio Marques, Curso...op. cit., p. 292.
[88] Ibidem, p. 295.

acção de reivindicação não procede porque a venda assume a natureza de uma aquisição derivada[89].

Mónica Jardim, assentando em pressupostos semelhantes, vai um pouco mais além. Para ela, a penhora definitivamente registada prevalece sobre o direito de propriedade não registado mas adquirido em data anterior, assumindo a natureza de um direito real de garantia, tendo em conta que o exequente é tutelado pelo artigo 5º e, assim, se torna titular de um direito que visa assegurar a satisfação privilegiada do direito de crédito, de modo equiparado a uma hipoteca[90]. Porém, recusa entender que a previsão do artigo 5º inclua todos e quaisquer conflitos originados pela compra e venda de um bem sujeito a registo definitivo de penhora[91].

Ao invés Lebre de Freitas, apesar de admitir a protecção do sujeito que regista a penhora, face aos termos do nº 4 do artigo 5º, reconhece que a consagração da noção restritiva de terceiro retira essa possibilidade[92]. No mesmo sentido, Mariana Gouveia, embora manifeste preferência pela protecção do penhorante com registo, e, por isso, acautelar a inoponibilidade a terceiros de boa fé de factos não registados, reconhece que o conceito de terceiro em vigor permite a oponibilidade do direito do adquirente, não registado, ao penhorante e ao comprador da venda executiva[93].

Claro que também houve autores que recusaram[94], que continuam a recusar[95] atribuir maior amplitude da noção de terceiro para efeitos do registo predial, no sentido de solucionar os efeitos conexos do registo da penhora ou da venda executiva. Outros consideram a opção não decisiva, tendo em conta os princípios estruturantes do registo predial. Assim, para Paulo Henriques, a conjugação dos princípios do trato sucessivo e da legitimação concorre

---

[89] Ibidem, p. 295.
[90] Cf. Mónica Jardim, " A segurança..." in op. cit., pp. 399 e segs..
[91] Mónica Jardim procura demonstrar que o registo definitivo da penhora não assegura, em qualquer caso, a validade da subsequente venda judicial. Realmente se um bem não pertencer ao executado nem a terceiro responsável pelo cumprimento da dívida, o conflito gerado não poderia ser subsumido no artigo 5º do Código de Registo Predial. Cf. "Efeitos Decorrentes do Registo da Penhora Convertido em Definitivo nos termos do Artigo 119º do Código de Registo Predial" in *Cadernos de Direito Privado*, nº 9, 2005, pp. 37-8.
[92] Assim, o princípio da prioridade registal não considera terceiros os adquirentes por causa diversa do titular anterior da inscrição registal. Cf. Lebre de Freitas, *A Acção Executiva Depois da Reforma da Reforma*, 5ª edição, Coimbra, p. 267.
[93] Cf. Mariana Gouveia, "Penhora..." in op. cit., pp. 34-5.
[94] Cf. Orlando de Carvalho, "Terceiros..." in op. cit., p. 105.
[95] Cf. Paula Costa e Silva, "Exequente..." in op. cit., pp. 327 e segs.

para diminuir os conflitos entre adquirentes mediatos[96], pelo que não será o nº 4 do artigo 5º a proteger o beneficiário da inscrição registal, mas a prova dos requisitos dos artigos 291º do Código Civil, 17º nº 2 e 124º do Código de Registo Predial[97].

Por nossa parte, importa reequacionar o debate em torno da natureza jurídica da penhora e, a partir daí, modificar, se for caso disso, a legislação atinente aos efeitos do registo da penhora no direito substantivo. Enquanto isso não sucede, aceitamos que a alteração do artigo 838º do Código de Processo Civil, a propósito da realização da penhora através de comunicação electrónica, contribui para determinar a prioridade entre as situações jurídicas conflituantes sobre um mesmo imóvel[98] e representa, inegavelmente, uma aproximação do momento da constituição dos direitos com o da data do seu registo[99].

§6 Um outro artigo 5º?

Se são estas as nossas considerações, a propósito de uma releitura do artigo 5º, isso não significa pugnar pela sua imutabilidade. Todavia, aceitar a reforma do preceito citado, não pode implicar o reconhecimento da interpretação *contra legem* de alguma doutrina. Mesmo que tal interpretação se funde em pretensões alegadamente atendíveis, v.g. a modernidade do registo predial ou o reforço da protecção do beneficiário da penhora. Quanto à modernidade, porque o regime registal português se afigura antiquado e desajustado, seria necessário reinterpretar o artigo 5º de modo diferente[100]. Sobre a protecção do beneficiário, a interpretação do nº 4 do artigo 5º, em divergência do seu sentido literal, concorre para proteger o penhorante, em desfavor do adquirente que regista a sua aquisição, depois do registo da penhora[101].

Além destas pretensões, subsiste ainda o reconhecimento do alegado efeito atributivo do artigo 5º. Por conseguinte, para os seus defensores, a invocação de uma ideia restritiva de terceiros não produz qualquer efeito útil, pois ignora

---

[96] Na maioria dos casos, o beneficiário do registo baseia o seu direito em facto aquisitivo derivado de titular ou sucessor do facto anteriormente inscrito, procurando manter uma linha ininterrupta de inscrições. Cf. Paulo Henriques, "Terceiros..." in op. cit., p. 19.
[97] Idem, p. 20.
[98] Cf. Paula Costa e Silva, *A Reforma da Acção Executiva*, 3ª ed., Coimbra, 2003, p. 93.
[99] Cf. Mariana Gouveia, "Penhora..." in op. cit., p. 33.
[100] Esta é a postura de Isabel Pereira Mendes ao recusar o conceito restrito de terceiro. Para fundamentar a recusa, acrescenta ser caricato que alguém confie na inscrição registal e, mais tarde, confrontar-se com a possibilidade de uma aquisição fundada naquela inscrição vir a ser posta em causa, em virtude do registo posterior de outrem. Considera anacrónico que a hipótese se funde numa presunção de que o direito existe.. Cf. *Código*...op. cit., p. 153.
[101] Cf. Maria Clara Sottomayor, *Invalidade*...op. cit., pp. 364-5.

o efeito aquisitivo deste artigo[102]. Pela nossa parte, não podemos estar mais de acordo, a ideia ou concepção restritiva de terceiro, que decorre do nº 4 do artigo 5º, concorre para ignorar um efeito que, a nosso ver, o artigo 5º não contém – o aludido efeito atributivo. Como tal não podemos partilhar a preocupação, em sede de *status quo*, nem o correlativo anseio sobre uma futura revisão do artigo 5º, por estritas razões de coerência.

Existem ainda outras considerações sobre o artigo 5º, na perspectiva do Direito a constituir, tanto no que respeita aos sujeitos dignos de protecção registal[103], como à noção de terceiro, sugerindo, uma redacção diferente para o artigo 5º[104] ou uma perspectiva mais vasta, uma orientação mais moderna, que assuma a confiança dada ao registo pela informatização dos serviços e pelo recurso à Internet[105].

Todavia a reflexão no sentido de obviar os problemas detectados não deve ser restringida às fronteiras do artigo 5º, uma vez que o preceito não é a chave ou a pedra angular das questões prementes com que o registo predial se defronta. Devem equacionar-se aspectos mais latos do registo predial que tenham em conta os princípios estruturantes do registo e a modernidade do regime jurídico da compra e venda imobiliária nas suas múltiplas vertentes. Não se deve, ao invés, promover o artigo 5º a algoz ou a santo milagreiro dos problemas atinentes ao registo predial da penhora ou da própria compra e venda. Consideramos, portanto perigoso promover a ideia de uma cirúrgica alteração do conteúdo do nº 4 do artigo 5º.

---

[102] Cf. Mónica Jardim, "A Segurança..." in op. cit., p. 414.
[103] Mariana Gouveia coloca-se neste plano, defendendo a plena eficácia da penhora, na sequência das posições de Vaz Serra, embora reconheça que o Direito vigente não lhe confere apoio ou sustentação. Cf. "Penhora..." in op. cit., pp. 34-5.
[104] Mónica Jardim sustenta a necessidade de consagrar no artigo 5º a seguinte noção: terceiros são aqueles que adquiram do mesmo alienante direitos incompatíveis, mas também aqueles cujos direitos, adquiridos ao abrigo da lei tenham esse alienante como sujeito passivo, ainda que não haja intervindo nos actos jurídicos de que tais direitos resultam. Cf. "Segurança..." in op. cit., p. 421. Para Luís Couto Gonçalves, a actual noção de terceiro é manifestamente insuficiente, retrógrada, justificando-se o alargamento do conceito, de modo a proteger o penhorante e aquele que tenha um direito a incidir sobre um bem que, entretanto, o mesmo titular inscrito haja alienado. Propõe, assim, uma redefinição de terceiro no sentido daquele que tendo efectuado, de boa fé, em relação ao mesmo titular inscrito, o registo de um facto sobre determinado prédio, vê o direito afectado por qualquer outro facto conflituante anterior não registado ou registado em momento posterior. Cf. "Terceiros..." in op. cit., pp. 934 e segs.
[105] Cf. Armindo Matias, "Efeitos do Registo Predial Português" in *Galileu: Revista de Economia e Direito*, nº 5, 2000, p. 63; Mouteira Guerreiro, "Publicidade e Princípios do Registo" in *Temas de Registos e de Notariado*, Coimbra, 2010, p. 35.

Aliás, alguns dos que defendem posições das quais divergimos, nomeadamente a revogação do artigo 824º do Código Civil, insistem na necessidade de reforçar a função de segurança do registo predial[106], parecendo olvidar que a publicidade registal não procura proteger, de modo absoluto e infalível, o titular inscrito, tendo em linha de conta a primazia da regularidade da conformação, em detrimento da sua própria indiscutibilidade[107], confirmando o princípio da prevalência da situação substantiva sobre a situação registal[108].

Ora, as várias tentativas de acentuar a segurança do registo, por meio de argumentos mais ou menos grandiloquentes[109], não podem motivar a nossa adesão. Se o fizermos, desvirtuaremos o sistema de equilíbrio entre os princípios do nosso regime jurídico. À cautela, é bom recordar que ele se estriba no interesse da regularidade na constituição do direito real[110], em detrimento do interesse da segurança e, apesar de alguma doutrina insistir no reforço deste interesse, que não poria em causa o princípio da consensualidade nem a natureza declarativa do registo[111], não podemos acompanhar tal ideia. De qualquer modo, independentemente dos proclamados benefícios que o reforço do princípio da segurança possa trazer ao Direito registal[112], parece-nos que o reforço passa, inegavelmente, por uma reforma global e não por uma circunscrita, confuso alargamento da noção de terceiro inscrita no nº 4 do artigo 5º.

Algo diferente seria a minimização ou o desaparecimento do princípio da consensualidade. Apesar de que a consensualidade nunca ter obtido unanimi-

---

[106] Nesse sentido, cf. Mariana Gouveia, "Penhora..." in op. cit., pp. 34-5; Mónica Jardim, "Segurança..." in op. cit., p. 420..

[107] Orlando de Carvalho apela à compreensão dos princípios da consensualidade e da publicidade, bem como a conciliação dos interesses subjacentes, a regularidade e a indiscutibilidade de conformação, de modo a compreender o que está verdadeiramente em causa. Como em Portugal prevalece o sistema do título, o interesse da regularidade prevalece sobre o da indiscutibilidade, pelo que o requisito da publicidade se limita a uma condição de eficácia, não a uma condição de validade. Cf. *Direito das Coisas*, Coimbra, 1977, pp. 268 e segs.

[108] Cf. José Alberto Vieira, "A Nova Obrigatoriedade..." in op. cit., p. 97.

[109] No sentido de procurar reforçar a aludida perspectiva securitária, Mónica Jardim antevê uma crise do Direito com a destruição dos princípios da segurança que sustentam o sistema jurídico. Cf. "A Segurança..." in op. cit., pp. 420-1.

[110] Expressão feliz de Luís Menezes Leitão, cf. *Direito das Obrigações: Contratos em Especial*, Vol. III, 7ª ed., p. 30.

[111] Cf. Luís Couto Gonçalves, "Terceiros..." in op. cit., p. 935.

[112] Sobre este assunto, cf. Rosario Fernandez, "Publicidad Registral, Seguridad del Mercado y Estado Social" in *Anuário de Derecho Civil*, nº 58, 2005, pp. 1544 e segs.

dade, nem antes[113], nem agora[114], que a consensualidade não representa o único, nem o principal meio de transmissão da propriedade[115], não olvidamos os movimentos em prol da uniformização do Direito europeu quando preconizam o desaparecimento do consensualismo[116]. Não admira, por isso, que se defenda, quase por consequência, a adopção genérica do efeito constitutivo do registo[117] e a correlativa aproximação ao sistema germânico, tanto mais que já se constata uma evolução nesse sentido[118], motivadora de leituras diversas, designadamente da orientação que o nosso registo consagra um efeito semi-constitutivo[119].

Também não recusaremos uma suposta evolução para um registo com predominante preponderância do efeito constitutivo. Porém, também aqui não devemos ter ilusões pois tal modelo não resolverá os problemas equacionados a propósito da interpretação do artigo 5º do Código de Registo Predial. Basta pensar, a título exemplificativo, nas questões emergentes dos actos dispositivos posteriores à pré-inscrição registal[120], nas restrições reconhecidas tanto à ino-

---

[113] Cf. C. Bufnoir, *Propriété et Contrat: Théorie des Modes d'Acquisition des Droits Réels et des Sources des Obligations*, 2ª ed., Paris, 1924, pp. 59 e segs; C. Demolombe, *Traité des Contrats ou des Obligations Conventionelles en General*, Vol. I, Paris, 1887, pp. 25 e segs.

[114] Jean-Pascal Chazal e Serge Vicente defendem que a solução adoptada no *Code Civil* não só não respeitou as origens do Direito Romano como adoptou uma solução eivada da filosofia voluntarista que representou um erro para o Direito Civil. Cf. "Le Transfert de Propriété par l'Effet des Obligations dans le Code Civil" in *Révue Trimestrielle de Droir Civil*, nº 3, 2000, pp. 486 e segs.

[115] Carlos Ferreira de Almeida sublinha que, apesar da lei destacar o modelo da consensualidade, existem outras situações, porventura mais frequentes, onde a causa da transmissão é mais complexa, aproximando-se, inclusivamente, do sistema do título e do modo. Cf. "Transmissão Contratual da Propriedade: Entre o Mito da Consensualidade e a Realidade de Múltiplos Regimes" in *Thémis*, nº 11, 2005, pp. 7 e segs; Adoptando orientação semelhante quanto à importância e amplitude das excepções, Assunção Cristas defende a inaplicabilidade do consensualismo à transmissão de direitos de crédito. Cf. *Transmissão Contratual do Direito de Crédito*; Coimbra, 2005, p. 430.

[116] Cf. Ulrich Drobnig, "Transfer of Property" in *Towards a European Civil Code*, coord por Hartkamp, Londres, 2004, p. 732-3.

[117] Maria Clara Sottomayor perspectiva o futuro desaparecimento do princípio da consensualidade e a adopção do registo constitutivo, como resultado da uniformização do Direito europeu. Cf. *Invalidade...*op. cit., pp. 195 e segs.

[118] Oliveira Ascensão reconhece que o direito registal português partiu do sistema da tutela da segurança dos direitos para se aproximar do sistema germânico da tutela da segurança do tráfego. Cf. "Efeitos..." op,. cit., pp. 33-4.

[119] Para Mouteira Guerreiro o sistema registal português é em parte declarativo e em parte constitutivo, pelo que se pode assumir como semi-constitutivo ou semi-declarativo. Cf. "Publicidade" in op. cit., pp. 32-3. Num outro estudo, Mouteira Guerreiro defende ser mais seguro e mais justo uma aproximação do modelo germânico de registo imobiliário Cf. "A Posse, o Registo e Seus Efeitos" in op. cit., p. 346.

[120] Cf. Mónica Jardim, "O Sistema Registal Germânico" in *Boletim da Faculdade de Direito de Coimbra*, nº 78, 2002, pp. 427 e segs.

ponibilidade do primeiro adquirente ou na prevalência do direito real sobre o direito de crédito[121].

§7 Conclusões

Depois de cumprir o propósito enunciado, a releitura do artigo 5º, estamos em condições de enunciar algumas conclusões, sem prejuízo de, como é óbvio, aprofundar, em momento ulterior, alguns dos assuntos agora trazidos à colação, *v.g.* a aludida reforma do Código de Registo Predial e alguns dos preceitos relativos aos efeitos da penhora, consagrados nos Códigos Civil e de Processo Civil.

Atentando no Direito positivo, somos da opinião de que o nº 1 do artigo 5º consagra o efeito consolidativo ou confirmativo do registo, não o efeito atributivo ou aquisitivo, reservado, de modo exclusivo, para os artigos 17º nº 2 e 122º do Código de Registo Predial e 291º do Código Civil. Nessa perspectiva, o efeito consolidativo do artigo 5º constitui o reverso daqueles preceitos, pois que a efectivação do efeito consolidativo ou confirmativo, a favor do legítimo adquirente, evita a aquisição de um direito conflituante por parte de um terceiro que tenha conseguido inscrever no registo o acto correspondente. No entanto, esse terceiro só adquiriria, nos termos dos outros preceitos citados, não por causa do artigo 5º.

O efeito consolidativo do nº 1 do artigo 5º assume plena coerência com o princípio da consensualidade porque representa, na perspectiva registal, a eficácia real imediata que atribui o correspondente direito sem necessidade de um acto posterior – o registo subsequente só protege ou consolida um direito existente. Ao recusar, em sede do artigo 5º, o efeito atributivo, além do efeito consolidativo, discordamos, como é óbvio, das orientações que promovem o equilíbrio ou a supremacia entre aqueles dois efeitos registais. Em nossa opinião, o nº 1 do artigo 5º não consagra outro efeito a acrescer àquele que a lei prevê, de modo expresso, o efeito consolidativo.

O nº 2 do artigo 5º exceptua da oponibilidade a terceiros a aquisição por usucapião de direitos de propriedade, usufruto, superfície ou servidão, as servidões aparentes e os factos relativos a bens indeterminados. A validade não é atingida por falta de registo e não existe uma protecção adicional em virtude de ter sido efectuado o registo. Trata-se do efeito enunciativo. Logo, se o sujeito decidir registar, o acto correspondente não lhe dá nem lhe retira direitos, embora o

---

[121] Maria Clara Sottomayor, depois de ter alertado para o esbatimento das diferenças entre os sistemas declarativo e constitutivo, sublinha, quanto a este último, a relevância, admitida pela jurisprudência, da fraude ou da má fé de terceiro, com consequências na inoponibilidade e a invalidade da transmissão por ofensa aos bons costumes, pondo assim em causa, a prevalência do direito real. Cf. *Invalidade...*op. cit., p. 198.

registo desempenhe o fim a que se destina, contribuindo para dar publicidade à situação do prédio.

Se aceitamos a noção restritiva de terceiro e a consideramos aplicável, não apenas no artigo 5º mas também a todos os outros preceitos do Código de Registo Predial, reconhecemos, no entanto, que a questão extravasa uma estrita antinomia entre noção ampla e noção restritiva de terceiro para efeitos registais, tendo em conta a proliferação de alternativas citadas pela doutrina. Porém, tais alternativas não permitem justificar a admissibilidade do efeito atributivo no artigo 5º e muito menos admitir o efeito atributivo alegado nos requisitos estruturantes, nomeadamente da boa fé ou da aquisição a título oneroso. Porque não há um princípio geral de protecção de terceiro, a aquisição tabular a favor de terceiro, só pode ser reconhecida em situações excepcionais. Todavia em situações excepcionais prevista na lei, não em quaisquer outras. Além disso, o aligeiramento de requisitos, de modo a fazer actuar o efeito atributivo no artigo 5, a admitir-se, pode gerar um outro efeito, diferente do atributivo ou do constitutivo.

Quanto à penhora e à venda executiva, concordamos com a necessidade de a breve trecho reflectir sobre a natureza jurídica da penhora, de modo a aquilatar a verdadeira extensão e eficácia dos efeitos do registo da penhora. Todavia, se a lei substantiva não resolve os problemas com que se defronta um sector da doutrina, não nos parece que uma forçada interpretação do nº 4 do artigo 5º os possa resolver. Também não nos parece que haver algo de inconciliável com a oponibilidade a terceiros da penhora registada, consagrada no Código de Processo Civil, nem uma contradição insanável perante o artigo 824º nº 2 do Código Civil. Recusamos ainda que a penhora definitivamente registada prevaleça sobre o direito de propriedade não registado mas adquirido em data anterior, assumindo a natureza de um direito real de garantia, em termos semelhantes a uma hipoteca. Seria mais razoável defender que a ideia, apesar de se configurar como teoricamente sedutora, não tem qualquer correspondência com o Direito positivo.

No que respeita ao plano do Direito a constituir, além do debate em torno da natureza jurídica da penhora, reconhecemos que a consensualidade não representa o único, nem o principal meio de transmissão da propriedade e não recusamos, *a priori*, as opiniões favoráveis ao desaparecimento do consensualismo ou à instituição do registo constitutivo. No entanto, temos fundadas dúvidas de que tais medidas solucionem, por si só, as questões atinentes à segurança da compra e venda imobiliária e da consequente inscrição na instituição de registo predial competente. Se, diversamente, não se promove um corte epistemológico com a tradição do Direito registal português, deve recordar-se que o nosso sistema se estriba na regularidade na constituição do Direito real, em detrimento dos interesses da segurança.

Homenagem ao Professor Alberto Xavier

LEONOR XAVIER

Quando o Instituto de Direito Económico Financeiro e Fiscal da Faculdade de Direito de Lisboa me propôs escrever um artigo na obra de homenagem ao Professor Alberto Xavier, hesitei entre uma colaboração de cariz científico e uma participação mais intimista, tendo acabado por pôr de lado o aspecto académico e optar por escrever umas breves linhas de carácter pessoal.

Optei, acima de tudo, por deixar o testemunho de ter acompanhado, desde pequena, a evolução da carreira académica e profissional do meu pai. Lembro--me dos verões passados em Sintra, ora dedicados à tese de Doutoramento, ora a pareceres e outros estudos. Não me esqueço dos serões de conversas sem fim em que ideias eram discutidas e conceitos aperfeiçoados, temperadas pelo humor inteligente, timbre da sua personalidade. Mais tarde, observei o impulso criativo que lhe foi dado pelo Brasil e a determinação com que assim inspirado seguiu o seu caminho como reconhecido Professor e conceituado tributarista.

Desde sempre me recordo do seu trabalho, logo pela manhã, a escrita miudinha, o afinco e seriedade na disciplina, sem, no entanto, renunciar aos lados prazerosos da vida, homem culto e de gostos refinados que sempre foi.

Cedo manifestou o cultivo da intelectualidade e a curiosidade pelo saber, pautados pelo rigor imposto na sua formação. O exercício da inteligência e a peculiar sensibilidade para compreender o mundo e ajustar-se à sua evolução, bem como as complexidades da natureza humana, levaram-no a ser o homem culto e brilhante advogado que conhecemos e a pessoa íntegra e singular que é.

O estudo e o pensamento foram sempre essenciais, numa procura ávida e permanente de conhecimento, na leitura dos clássicos até ao interesse pela ciência e pelas artes, passando pela sociologia e política, até à literatura e história, gastronomia e música, uma lista infindável de interesses.

Pude observar ao longo destes anos a tenacidade com que encarou os seus desafios e a perseverança e entusiasmo sempre presentes em novos projectos, e que me serviram de exemplo e inspiração em momentos importantes da minha vida. As perguntas que lhe fiz, a sensatez das suas respostas, os conselhos que me deu, permitiram-me sem dúvida fazer as escolhas mais acertadas nos caminhos que segui. Nas ocasiões em que trabalhámos juntos, sempre se estabeleceu entre nós um entendimento e cumplicidade, sintonia e respeito, em nada alterada pela nossa relação familiar.

A excelência da vasta obra que produziu e o óptimo relacionamento com os seus pares na universidade e com todos aqueles com quem lidou na sua actividade profissional, aliados à disponibilidade permanente para o debate criativo, levaram-no a ser reconhecido até hoje como mestre de milhares de alunos que com ele se iniciaram no direito tributário no Brasil e em Portugal. O seu nome é uma unanimidade nesta matéria, pelo que é de louvar a iniciativa do Instituto de Direito Económico Financeiro e Fiscal da Faculdade de Direito de Lisboa e saudar esta homenagem e reconhecimento devidos ao Professor Alberto Xavier.

Regulação para a Concorrência: uma proposta de re-leitura dos "Subsídios para uma Lei de Defesa da Concorrência"

LÚCIO TOMÉ FÉTEIRA

Master of Research e doutorado pelo Departamento de Direito do Instituto Universitário Europeu (Florença)

§ 1 – Introdução

Na faceta porventura mais saliente da sua actividade de jurisconsulto e académico, o Prof. Doutor Alberto Xavier é um insigne cultor do Direito Tributário. Foi-o também de outras áreas das ciências jurídico-económicas, incluindo-se nestas o Direito da Concorrência, matéria sobre a qual o presente contributo incidirá e com a qual se pretende comemorar – o vocábulo alemão *Festschrift* é, neste particular, mais expressivo que o português – a vida e obra do homenageado.

Corria então o ano de 1970 quando o Doutor Alberto Xavier, numa das poucas se não mesmo, única incursão pelas matérias do Direito da Concorrência, deu à estampa uma monografia intitulada "Subsídios para uma Lei de Defesa da Concorrência"[1]. A obra viria a constituir, pelo menos na sua letra, fonte de inspiração privilegiada para a Lei nº 1/72, de 24 de Março[2], diploma que promulgou as bases de defesa da concorrência e do qual os *Subsídios* se poderão a justo título considerar o respectivo estudo preparatório. Não pretende este contributo fixar-se numa análise histórica da legislação da concorrência em Portugal – matéria

---

[1] ALBERTO P. XAVIER, *Subsídios para uma Lei de Defesa da Concorrência* (Lisboa, 1970, Cadernos de Ciência e Técnica Fiscal), doravante designado abreviadamente por *Subsídios*.
[2] Reproduzido em anexo e disponível *online* em: http://www.dre.pt/cgi/drls.exe?t=dr&cap=1-1200&doc=19720512%20&v02=&v01=2&v03=1900-01-01&v04=3000-12-21&v05=&v06=&v07=&v08=&v09=&v10=&v11=Lei&v12=&v13=&v14=&v15=&sort=0&submit=Pesquisar (consultado em 31.01.2012).

de resto já abordada por outros autores[3] –, mas antes analisar os *Subsídios* no que os mesmos pretenderam atingir no momento político, económico e jurídico em que vieram a lume. Com esse fito, começarei por revisitar os *Subsídios* no seu contexto, estrutura e conteúdo, para dos mesmos retirar as principais linhas de força e enquadrar a monografia na sua época (§ 2). De seguida, tratarei das traves-mestras do sistema de defesa da concorrência proposto nos *Subsídios*, já que das mesmas resultaria em grande medida o sistema que viria a ser plasmado na Lei 1/72 (§ 3). Seguir-se-á uma análise breve da Lei 1/72 e da proposta de Lei que lhe serviu de suporte, no decurso da qual procurarei por em evidência as principais diferenças face ao sistema proposto nos *Subsídios* (§ 4). Por fim, o texto concluirá com uma apreciação global do contributo dos *Subsídios* (§ 5).

§ 2 – Contexto, estrutura e conteúdo dos *Subsídios*

A incursão do homenageado pelo Direito da Concorrência ocorre num tempo de encruzilhadas. Dentre estas a mais óbvia, e por isso a que carecerá de menores desenvolvimentos, é a político-económica: vigorava então um regime político de cariz autoritário e matriz corporativa que, fosse por tensões internas, fosse por vicissitudes externas, encetava um esforço tímido de liberalização que passou à posteridade como a "Primavera marcelista". Tal esforço passava, na sua vertente económica, por uma liberalização controlada da economia e, em particular, pelo reforço da componente concorrencial da economia de mercado[4]. A concorrência, tradicionalmente olhada com desconfiança pelo sistema corporativo que a encarava como um processo potencialmente destrutivo e fonte de conflitos[5], assomava então como elemento incontornável no quadro da participação de Portugal na EFTA e, em particular, no contexto dos acordos comerciais celebrados com as Comunidades Europeias[6].

---

[3] Vejam-se as referências em XAVIER (1970): 35-52; e, mais recentemente, JOSÉ L. CARAMELO GOMES, *Lições de Direito da Concorrência* (Coimbra, Almedina, 2010), pp. 207-218, com amplas referências bibliográficas.

[4] Neste sentido, veja-se J. L. DA CRUZ VILAÇA, "Introdução à Nova Legislação da Concorrência: *Vicissitudes dos Projectos de Modernização*" in A. GOUCHA SOARES/M. M. LEITÃO MARQUES (coord.), *Concorrência: Estudos* (Coimbra, 2004, Almedina), pp. 13 *et seq.*, *maxime* pp. 13-16.

[5] Neste sentido veja-se, *inter alia*, JOÃO CONFRARIA, "Política económica" in PEDRO LAINS/ÁLVARO FERREIRA DA SILVA (org.), *História Económica de Portugal: 1700-2000*, vol. III: *O Século XX*, 3ª edição (Lisboa, ICS, 2008), pp. 397 *et seq.*, *maxime* p. 398.

[6] VILAÇA in SOARES/MARQUES (2004): 15; e CONFRARIA in LAINS/SILVA (2008): 415. O ponto não deixa de ser reconhecido em XAVIER (1970): 131 ("como parece inelutável, Portugal terá – a curto ou médio prazo – de aceitar a liberalização do comércio inter-europeu, nos quadros da E.F.T.A. ou da associação ao Mercado Comum"). Sobre o acordo de associação à então CEE celebrado ao abrigo do Art. 238º do Tratado de Roma (ao qual corresponde actualmente o Art. 217º TFUE), cfr.

No plano jurídico, a importância da livre concorrência aflora timidamente na revisão constitucional de 1971. Com efeito, a Lei 3/71, de 16 de Agosto, adita ao artigo 31º da Constituição de 1933 um novo parágrafo (6º), segundo o qual incumbe ao Estado "[e]stimular a iniciativa privada e a concorrência efectiva, sempre que esta contribua para a racionalização das actividades produtivas."[7] À alteração constitucional seguir-se-ia a Lei 1/72, a justo título considerada a primeira lei de defesa da concorrência em Portugal[8], diploma que, todavia, não chegaria a entrar em vigor por falta da necessária regulamentação.

A montante da alteração constitucional e da lei que visava concretizá-la encontramos a monografia do Doutor Alberto Xavier. Na análise e propostas incluídas nos *Subsídios* – estas últimas adoptadas em larga medida na Lei 1/72, outrossim na proposta que a antecedeu[9] – perpassa como preocupação central a de dotar o sistema jurídico de um direito da concorrência adequado à realidade portuguesa de então, a do início da década de setenta do século transacto. Esta é uma preocupação que atravessa toda a obra e que, de resto, transparece logo nas páginas iniciais do estudo:

"Por ora, importa apenas ter bem claro que a lei de defesa da concorrência deve ser concebida como um instrumento de politica económica [...]. A definição do regime jurídico em que concretamente se traduza há-de, pois, ser traçada tendo em vista esta natureza instrumental e, portanto, as realidades económicas, jurídicas e políticas da estrutura a que se aplica."[10]

No caso português, a realidade económica subjacente é, num diagnóstico confirmado pelo autor, a de um País com um reduzido mercado interno, altamente dependente do exterior, ocupando um estado intermédio de desenvolvimento económico e caracterizado por um tecido empresarial genericamente

---

em especial ALBERTO P. XAVIER, *A Natureza Jurídica da Associação à Comunidade Económica Europeia* (Coimbra, Almedina, 1970).

[7] O texto original da Constituição de 1933, bem como as suas diversas alterações, encontram-se disponíveis em JORGE MIRANDA, *As Constituições Portuguesas – De 1822 ao texto actual da Constituição* (Lisboa, Livraria Petrony, 1992).

[8] VILAÇA *in* SOARES/MARQUES (2004): 13.

[9] Proposta de Lei 7/X, reproduzida em apêndice em XAVIER (1970): 203-218.

[10] XAVIER (1970): 30-31. Cfr. também XAVIER (1970): 121 ("as leis de defesa da concorrência ou são um instrumento de politica económica – estrutural e conjuntural – bem aderentes à realidade das economias a que se aplicam, num dado momento histórico e com uma dada estrutura e estado de desenvolvimento económico, ou nunca passarão de um dos elementos do «folclore do capitalismo»").

pouco empreendedor e avesso ao risco[11]. É a esta luz que, ao longo dos seis capítulos que o compõem, os *Subsídios* alinham, descrevem e comparam diversas opções possíveis em matéria de política e direito da concorrência para, por fim, avançarem um conjunto de propostas às quais o legislador de então nem sempre soube, pode ou quis ser fiel. Importa por isso passar em revista os contributos e as propostas dos *Subsídios* para a conformação de um novo sistema de defesa da concorrência.

O capítulo inicial ocupa-se dos objectivos e limites das leis de defesa da concorrência (capítulo I), merecendo particular realce dois aspectos cuja presente acuidade no Direito da Concorrência não deve passar despercebida. O primeiro destes aspectos respeita aos objectivos das leis de defesa da concorrência e é, numa primeira leitura, um reflexo claro das concepções então dominantes nos domínios da economia, política e direito da concorrência. A esta luz, os *Subsídios* tomam por objectivo imediato das leis de defesa da concorrência "assegurar uma estrutura e um comportamento concorrencial nos vários mercados em que a economia se desdobra" e, por objectivos mediatos, os decorrentes de um sistema económico assente numa estrutura concorrencial[12]. A associação entre estruturas de mercado, comportamentos e resultados (*structure/conduct/performance*) e o papel da política da concorrência na selecção e conformação de estruturas de mercado em função do seu impacte concorrencial são ambos elementos típicos da Escola de *Harvard* a qual, como é sabido, dominou a abordagem à economia industrial até à década de 70[13]. Mas se os *Subsídios* parecem compartilhar da função da política de concorrência na conformação das estruturas concorrenciais[14], revelam-se a justo título mais cautelosos no que respeita às ilações que se podem retirar das estruturas de mercado existentes ou dos nexos entre estas e os comportamentos das empresas ("[q]uer apenas significar que não sendo possível um juízo global de causalidade necessária ou de correlação probabilística entre estrutura e comportamento do mercado é a este último que nos devemos reportar para apreciar o grau de concorrencialidade de um dado mercado"[15]).

---

[11] XAVIER (1970): 122 e 126. Genericamente sobre a necessidade de adaptar a política e o direito de concorrência às especificidades de pequenas e médias economias em vias de desenvolvimento, ver por todos MICHAL GAL, *Competition Policy for Small Market Economies* (Harvard, Harvard University Press, 2003). Trata-se de um tema que tem vindo a ganhar crescente atenção, a literatura, mas que por razões óbvias de limitação de espaço cumpre apenas aludir.

[12] XAVIER (1970): 15-16.

[13] Sobre este ponto ver, *inter alia*, THOMAS HEIDRICH, *Das evolutorisch-systemtheoretische Paradigma in der Wettbewerbstheorie* (Baden-Baden, Nomos, 2009), pp. 82-84. Com maior profundidade, ver EMMANUEL COMBE, *Économie et politique de la concurrence* (Paris, Dalloz, 2005), pp. 41-48.

[14] XAVIER (1970): 123 ss.

[15] XAVIER (1970): 127.

Nesta linha, a política de concorrência "não teria apenas um objectivo e um fundamento económico" confundindo-se antes os seus objectivos "com os do sistema de livre economia de mercado, [do qual] recebeu igualmente a justificação política que é, de resto, a sua justificação fundamental."[16] A esta luz, a concorrência é perspectivada como "garante essencial da igualdade de oportunidades" e garantia de um "sistema equilibrado de desconcentração de poderes, em que não só os particulares não se possam indevidamente constranger, como também o Estado, confinado às suas atribuições essenciais, permaneça imune ao domínio ou influência de grupos de particulares"[17]. Esta concepção alargada da política de concorrência, na qual cabem outros objectivos para além dos estritamente económicos mais directamente relacionados com a promoção da eficiência e bem-estar, é também um reflexo da multiplicidade de fins que, na óptica de *Harvard* mas não apenas desta, a política de concorrência deveria prosseguir[18]. Se esta abordagem aparenta ser historicamente datada, pelo menos na medida em que a literatura *Post-Chicago* operou a síntese entre a abordagem estruturalista de *Harvard* e a crítica à Escola de *Chicago*[19], os pontos fundamentais em debate – concepção de concorrência (meio v. fim), fins a prosseguir pela política de concorrência[20] – revelam-se de uma extraordinária actualidade, desde logo no contexto do tão propalado debate europeu sobre a *more economic approach*[21].

Ainda no âmbito do capítulo dedicado aos objectivos e limites das leis de defesa da concorrência, cumpre sublinhar um segundo aspecto que mantém grande actualidade no Direito da Concorrência, desta feita relacionado com os limites das leis de defesa da concorrência no que respeita às distorções da con-

---

[16] XAVIER (1970): 16.
[17] XAVIER (1970): 16-17.
[18] Neste sentido, ver HEIDRICH (2009): 83.
[19] Sobre estas distinções e as suas implicações em termos de politica de concorrência, ver por todos COMBE (2005).
[20] XAVIER (1970): 30 ("Vamos partir do princípio de que a lei de defesa da concorrência tem essencialmente um objectivo económico de longo prazo: assegurar o grau de concorrência dos mercados que seja susceptível de promover o desenvolvimento económico do país, nas condições presentes da economia internacional. Desta proposição decorre imediatamente que não se aceita a ideia das teorias clássica e neo-clássica, segundo as quais a concorrência é a única forma possível de obtenção da máxima satisfação do consumidor e condição bastante do crescimento dinâmico da economia no período longo; isto é – que não se aceita a definição da concorrência em termos de meios mas de fins, aferindo a sua admissibilidade pela sua capacidade de, em concreto, os realizar.").
[21] Para uma introdução à *more economic approach* ver, *inter alia*, MICHAEL ALBERS, *Der „more economic approach" bei Verdrängungsmissbräuchen: Zum Stand der Überlegungen der Europäischen Kommission*, disponível online em: http://ec.europa.eu/competition/antitrust/art82/albers.pdf. Cfr. também HEIDRICH (2009): 22-39.

corrência decorrentes da intervenção do Estado[22]. Reconhecendo que as leis de defesa da concorrência não conseguem acorrer a todos os casos de "distorção ou supressão da concorrência"[23], o autor dá particular destaque ao papel do Estado na criação ou agravamento de entraves à concorrência[24]. Cita como exemplos as intervenções directas ou indirectas do Estado na vida económica, englobando o exercício por entes públicos de poder de mercado do lado da procura[25], os mercados agrícolas[26], a política fiscal[27] e a política de condicionamento industrial[28]. No que a esta última concerne, o autor considera-a justamente:

> "apenas a imagem ampliada e deformada de um sistema de intervenção do Estado em que a discricionariedade administrativa se tem vindo a converter em regra. O subsídio, o aval, a comparticipação, a aprovação, a licença, a autorização, no âmbito do direito da economia, dependentes de uma livre apreciação de decisão discricionária de agentes públicos, constituem outras tantas cláusulas de restrição potencial da concorrência pela possibilidade que conferem de definição de situações discriminatórias apenas dependentes do juízo do administrador."[29]

A preocupação com o papel do Estado na criação e agravamento dos obstáculos à livre concorrência é canalizada para a questão da discricionariedade administrativa inerente à intervenção do Estado e revela-se fundamental para a compreensão do sistema de defesa de concorrência proposto nos *Subsídios*. Trata-se de um sistema que, não ignorando as especificidades e condicionalis-

---

[22] Limites esses que se mantém tanto mais actuais quanto a crise financeira e o efeito de contágio que a mesma teve sobre a economia real, reposicionou na ordem do dia a questão dos auxílios públicos. A este ponto acresce outro, ainda há bem pouco tempo na ordem do dia da actualidade nacional – e que previsivelmente voltará a estar no curto/médio prazo –, o qual seja o do capitalismo de Estado, matéria à qual a revista *The Economist*, na sua edição de 21 a 27 de Janeiro do corrente, dedicou um *dossier* especial ilustrativamente intitulado "The Rise of State Capitalism. The emerging world's new model". Sobre a interacção entre as regras do mercado interno e as regras de concorrência na UE, cfr. por todos JÚLIO BAQUERO CRUZ, *Between Competition and Free Movement. The Economic Constitutional Law of the European Community* (Oxford/Portland-Oregon, Hart, 2002).
[23] XAVIER (1970): 17.
[24] XAVIER (1970): 20-26.
[25] XAVIER (1970): 21-22.
[26] XAVIER (1970): 22-24.
[27] XAVIER (1970): 24-25.
[28] XAVIER (1970): 25-26. Sobre os regimes do condicionamento e do licenciamento industrial vigente até 1974 e o seu papel como instrumentos de intervenção do Estado para limitar o acesso à actividade económica, veja-se CONFRARIA *in* LAINS/SILVA (2008): 397-406. Para a aplicação destes regimes a dois estudos de caso, veja-se JOÃO MARTINS PEREIRA, *Para a História da Indústria Em Portugal 1941-1965. Adubos azotados e siderurgia* (Lisboa, ICS, 2005).
[29] XAVIER (1970): 16.

mos de ordem política, económica e jurídica[30], procura minimizar o impacte negativo da discricionariedade administrativa na certeza e segurança jurídicas indispensáveis ao planeamento e actuação dos agentes económicos no mercado. O ponto fundamental subjacente reside no significado económico da ideia de segurança jurídica, da qual é indissociável a vinculação dos poderes públicos, entendida aquela como:

> "garantia institucional da iniciativa privada, já por impedir distorções arbitrárias nas condições de concorrência, já por ser factor de estabilidade nos planos económicos individuais. Iniciativa privada, concorrência, segurança jurídica e vinculação administrativa são, pois, conceitos, cuja coordenação lógica é da essência de um sistema de economia de mercado."[31]

Segue-se uma resenha histórica da protecção da concorrência em Portugal (capítulo II), da qual importa ressaltar dois aspectos marcantes. Por um lado, a aprovação de legislação que, embora formalmente visasse a protecção da concorrência, prosseguia na verdade objectivos que pouco ou nada tinham a ver com a livre concorrência (e.g. concorrência desleal, dirigismo económico, política industrial) e que, em muitos casos, apenas a restringiam[32]. Por outro, a total ineficácia, que de resto se manteria com a Lei 1/72, de toda e qualquer tentativa de aprovar legislação que efectivamente visasse e protegesse a liberdade de concorrência[33].

No capítulo seguinte (capítulo III), o autor debruça-se sobre os limitados esforços empreendidos na esfera internacional para combater as práticas restritivas da concorrência no âmbito do Acordo Geral sobre as Tarifas e o Comércio

---

[30] A matéria da aplicação ao Estado e demais entes públicos das regras de concorrência seria tratada de forma ambígua na Lei 1/72, a qual dispunha que "[a] presente lei não se aplica ao Estado e demais pessoas colectivas de direito público, salvo quando exerçam actividades de natureza comercial ou industrial reguladas pelo direito privado." (Base XV, nº 1).

[31] XAVIER (1970): 26. Estas ideias foram particularmente bem desenvolvidas por *Hayek*, em especial na sua obra *Law, Legislation and Liberty* (Londres, Routleoge, 1982) e são um tema recorrente na literatura sobre *Law & Economics* (cfr., por exemplo Robert D. Cooter e Hans-Bernd Schäfer, *Solomon's Knot: How law can eno end the poverty of nations* (Princeton, Princeton University Press, 2012).

[32] É o caso da tutela da concorrência no Código Penal de 1886, da lei sobre as coligações económicas de 1936 (esta não sem paralelo em experiências estrangeiras coevas, como a legislação alemã sobre a cartelização obrigatória [*Kartellzwang*] de 1933) e do Decreto-Lei nº 41 204, de 24 de Julho de 1957, sobre os delitos anti-económicos e infracções à economia nacional; ver XAVIER (1970): 35-48.

[33] Como no caso do Decreto-Lei nº 44 016, de 8 de Novembro de 1961, visando a protecção da concorrência no espaço económico português, e o projecto de proposta de Lei nº 508/VIII, de 23 de Dezembro de 1964; ver XAVIER (1970): 48-52.

(GATT) e da Organização de Cooperação e Desenvolvimento (OCDE), bem como sobre os limites impostos ao legislador nacional em decorrência de compromissos internacionais assumidos pelo Estado português, em particular os resultantes da Associação Europeia de Comércio Livre (EFTA)[34]. Às obrigações decorrentes da adesão à EFTA somar-se-iam, em 1972, as decorrentes dos acordos de associação de Portugal às Comunidades Europeias (CEE e CECA), no âmbito dos quais se previa de forma clara a incompatibilidade das práticas proibidas pelos então Arts. 85º e 86º do Tratado de Roma, outrossim dos auxílios de Estado proibidos pelo mesmo Tratado[35].

Do plano do Direito internacional público os *Subsídios* evoluem para o plano comparatístico (capítulo IV) em busca das soluções que melhor se adequem à realidade nacional nas suas vertentes jurídica, económica e política. Para o efeito, o autor classifica e analisa diversas legislações europeias de defesa da concorrência, incluindo as disposições pertinentes dos Tratados CEE[36] e CECA[37], tendo em atenção dois eixos estruturantes: a) o tipo de dano concorrencial (potencial, correspondente aos sistemas de abuso ou efectivo, correspondente aos sistemas de proibição) que a legislação pretende acautelar[38]; e b) o sistema de controlo (prévio/*a posteriori*; natureza e função do órgão encarregue de defender a concorrência) das práticas anticoncorrenciais que a mesma institui[39]. Na análise empreendida, é manifesto o cuidado de contextualizar as soluções adoptadas

---

[34] Decorria do Art. 15º da Convenção de Estocolmo (o qual corresponde actualmente ao Art. 18º), tratado que institui a EFTA, que as práticas restritivas da concorrência eram incompatíveis com os princípios fundamentais da organização, cabendo às Partes Contratantes lidar com as mesmas através dos meios legais adequados. A referida Convenção, na sua versão actualizada e consolidada, encontra-se disponível *online* em: <http://www.efta.int/~/media/Documents/legal-texts/efta-convention/efta-convention-texts/efta-convention-consolidated.pdf>

[35] Sobre este ponto, cfr. JOÃO E. PINTO FERREIRA/AZEEM REMTULA BANGY, *Guia Prático do Direito da Concorrência em Portugal e na União Europeia* (Lisboa, AJE, 1998), p. 75.

[36] Artigos 85º e 86º do Tratado CEE, correspondentes aos actuais Artigos 101º e 102º do Tratado sobre o Funcionamento da União Europeia (TFUE).

[37] Artigos 65º e 66º do Tratado CECA, tendo este Tratado caducado em 23 de Julho de 2002, decorridos que eram 50 anos após a sua entrada em vigor.

[38] Como o autor reconhece (XAVIER (1970): 75), esta distinção fazia (e faz) sobretudo sentido no que respeita à repressão de práticas colectivas (acordos, decisões de associações de empresas e práticas concertadas) restritivas da concorrência, já que quanto às práticas individuais (abuso de posição dominante), o principio do abuso é regra. Sobre a distinção entre sistemas de abuso e sistemas de proibição no contexto do Direito europeu da concorrência, cfr. ERNST-JOACHIM MESTMÄCKER, "The EC Commission's Modernization of Competition Policy" reimpresso em ERNST-JOACHIM MESTMÄCKER, *Wirtschaft und Verfassung in der Europäischen Union: Beiträge zu Recht, Theorie und Politik der europäischen Integration*, 2ª edição (Baden-Baden, Nomos, 2006), pp. 221-227.

[39] XAVIER (1970): 71-76.

em cada jurisdição e de as justificar à luz dos condicionalismos locais[40], cuidado de resto que o autor estenderá às soluções propostas para o caso português.

Os dados colhidos ao longo dos quatro precedentes capítulos sustentam a opção vincada por um sistema de defesa da concorrência baseado no dano concorrencial efectivo (capítulo V) e, em termos mais abrangentes, os princípios fundamentais de um sistema de defesa da concorrência (capítulo VI) cujas ideias-chave viriam, pelo menos na sua letra, a plasmar-se, primeiro, na proposta de Lei nº 7/X e, seguidamente, na Lei 1/72. Os capítulos V e VI constituem, por isso, o cerne dos *Subsídios*, na medida em que encerram dois eixos fundamentais do sistema de defesa de concorrência proposto: (i) o tipo de dano que o sistema visa acautelar; e (ii) natureza de controlo das práticas anticoncorrenciais. Ambos constituirão o objecto de análise no parágrafo seguinte.

§ 3 – O sistema de defesa da concorrência proposto nos *Subsídios*

Sem perder de vista a adopção de um sistema que se adeqúe à realidade política económica e jurídica do País[41], o sistema de tutela da concorrência proposto nos *Subsídios* assenta em duas preocupações fundamentais e, por isso, estruturantes do próprio sistema. A primeira preocupação fundamental funda-se por razões de política industrial que se prendiam com a exposição, no curto/médio prazo, à concorrência externa – seja nos quadros da EFTA, seja por via dos acordos de associação ao então Mercado Comum – e com a necessidade de preparar as empresas portuguesas, *maxime* a indústria nacional, para enfrentar as oportunidades e os desafios que a liberalização do comércio inter-europeu abria e colocava. Neste novo contexto, confrontado com as insuficiências resultantes da tradicional dependência nacional de indústrias de trabalho intensivo não qualificado[42], a política de concorrência é encarada como um instrumento[43] ao serviço de uma política industrial destinada a robustecer a capacidade competitiva internacional da indústria portuguesa ou, pelo menos, a amortecer os danos resultantes do confronto com a concorrência estrangeira. É a esta luz que é equacionada a

---

[40] Vejam-se, por exemplo, os comentários introdutórios que precedem a referência à lei alemã contra as restrições da concorrência (XAVIER (1970): 80-81) ou as considerações acerca solução adoptada pela lei austríaca de 1959 (XAVIER (1970): 99).

[41] XAVIER (1970): 121-122 e 160-161.

[42] Neste sentido, ver XAVIER (1970): 131-132. Sobre o mesmo ponto cfr. por todos PEDRO LAINS, *Os Progressos do Atraso. Uma Nova História Económica de Portugal* (Lisboa, ICS, 2003), pp. 169-207.

[43] O carácter instrumental da política de concorrência face a objectivos de política económica é referido amiúde ao longo dos *Subsídios*. Cfr., por exemplo, XAVIER (1970): 121 ("as leis de defesa de concorrência ou são um instrumento de política económica – estrutural e conjuntural – [...] ou nunca passarão de um dos elementos do «folclore do capitalismo», na sarcástica expressão de Thurman W. Arnold").

questão do tipo de dano concorrencial que o sistema de defesa da concorrência deve reprimir[44], e é também a esta luz que é tomada a opção por um sistema que tutele o dano concorrencial efectivo, isto é os comportamentos colusivos que impeçam, falseiem ou restrinjam a concorrência efectiva. O autor alinha quatro razões fundamentais para justificar a preferência por um sistema de concorrência que proíba o dano concorrencial efectivo. O primeiro argumento prende-se com a impossibilidade de estabelecer "um juízo de causalidade necessária ou de correlação probabilística entre estrutura e comportamento do mercado"[45], o que levaria à necessidade de apreciar o impacte anticoncorrencial da conduta apenas em função dos efeitos desta[46]. Implícita parece estar a preocupação de que uma apreciação baseada no dano concorrencial potencial conduzisse com frequência a situações de "falsos positivos" (ou erros de tipo II) e, consequentemente, a uma excessiva e, em última análise, indesejável intervenção do direito da concorrência.

O segundo argumento é de matriz claramente *schumpeteriana* e visa favorecer a concentração de empresas como forma de incentivar o progresso técnico[47]. Como é sabido, *Schumpeter* considerava que apenas as grandes empresas monopolistas ou oligopolistas poderiam dispor dos recursos necessários para investir em investigação e inovação e com isso inovar e ser fonte de destruição criadora no processo concorrencial[48]. Um sistema que apenas reprimisse o dano concorrencial efectivo permitiria assim, segundo o autor, que as empresas ganhassem massa crítica e, ao concentrarem-se, rompessem com a tradicional dependência da economia nacional das pequenas e médias empresas de trabalho intensivo.

---

[44] Sobre a distinção entre sistemas de defesa da concorrência que tutelam o dano potencial e os que tutelam o dano efectivo, distinção que o autor reputa de preferível àqueloutra entre sistemas de proibição e sistemas de abuso, ver Xavier (1970): 73-74 ("Por isso, mais rigoroso seria talvez distinguir entre os sistemas que proíbem as práticas restritivas da concorrência por produzirem um *dano potencial* na economia e os sistemas que reprimem apenas as práticas que se traduzam num *dano efectivo*. Ou, por outras palavras: os sistemas de proibição do *perigo* e os sistemas de proibição do *resultado*." [ênfase em itálico no original]). Importa também notar que, como de resto o autor assinala (Xavier (1970): 75) a distinção entre sistemas de proibição do dano potencial e de proibição do dano efectivo fazia sobretudo sentido no âmbito práticas colectivas (no sentido do Art. 101º TFEU), já que no respeitante ao abuso de posição de dominante e ao controlo das concentrações, o sistema já então geralmente adoptado era o do abuso/dano potencial.

[45] Xavier (1970): 123-129, *maxime* 127.

[46] *Idem, ibidem.*

[47] Xavier (1970): 129-136.

[48] Sobre este ponto, cfr. por todos Heidrich (2009): 122-138.

Um terceiro argumento prende-se com o papel da política de concorrência como instrumento de política económica anti-cíclica[49] e, em particular, a relação entre o grau de concentração do mercado e a estabilização da conjuntura económica. Nesta perspectiva, um sistema concorrencial assente na proibição do dano concorrencial potencial através de proibições *per se* dificultaria, se não mesmo inviabilizaria, "a utilização das leis de concorrência como instrumento anti-cíclico"[50].

O quarto e último ponto é, na verdade, composto por diversos argumentos, todos destinados a contrapor aos reconhecidos efeitos negativos dos monopólios e, em menor medida, dos oligopólios, no bem-estar dos consumidores, outras tantas vantagens ou factores de compensação[51]: a utilização da política de concorrência para promover "campeões nacionais"[52], justificada pela necessidade de conferir às empresas nacionais dimensão suficiente para poderem concorrer no exterior ("impõe-se fomentar a concentração sempre que esta se revele necessária para assegurar uma posição competitiva da nossa economia relativamente ao exterior"[53]); os limites inerentes ao poder de mercado detido pela empresa em posição de monopólio ou oligopólio (genericamente: substituibilidade do lado da procura, substituibilidade do lado da oferta, concorrência potencial) e que contribuiriam para a transitoriedade de muitas destas situações[54]; e, novamente numa linha claramente *schumpeteriana*, o papel dos lucros supra-competitivos na promoção da concorrência dinâmica através do financiamento do investimento em I&D ("em numerosos casos uma política de sobre-lucros é indispensável – mesmo em boas condições de funcionamento do mercado financeiro – para a realização das inovações tecnológicas que a longo prazo vão permitir produções em grande escala e a baixo custo")[55].

A segunda preocupação fundamental evidenciada nos *Subsídios*, também ela um elemento estruturante do sistema de defesa da concorrência proposto, é a

---

[49] Para uma introdução à discussão em sede de Direito da concorrência norte-americano (*antitrust*) se a política de concorrência teria um carácter pro- ou anti-cíclico e concluindo neste último sentido tendo por base estudos recentes, cfr. COMBE (2005): 9-10.
[50] XAVIER (1970): 136-139.
[51] XAVIER (1970): 139-156.
[52] Sobre o conceito, cfr. COMBE (2005).
[53] XAVIER (1970): 145.
[54] XAVIER (1970): 145-153. Estes elementos são tratados com detalhe na *Comunicação da Comissão relativa à definição de mercado relevante para efeitos de direito comunitário da concorrência* (JO 97/C 372/03), disponível *online* em : <http://eur-lex.europa.eu/LexUriServ/LexUriServ.do?uri=OJ:C:1997:372:0005:0013:PT:PDF>. A definição do mercado relevante envolve a identificação dos condicionalismos concorrenciais a que dada empresa está sujeita.
[55] XAVIER (1970): 153-156.

salvaguarda da segurança jurídica dos agentes económicos através da protecção dos particulares contra intervenções discricionárias da Administração. Neste particular, é dado especial realce à segurança jurídica em atenção ao seu "especial significado e valor numa economia de mercado"[56]. Tal preocupação manifesta-se quer relativamente à técnica legislativa de redacção da norma, quer na configuração do órgão a quem incumbirá a aplicação da lei. Importa explicar cada um destes aspectos.

No que se refere à técnica legislativa, os *Subsídios* favorecem o princípio da tipicidade fechada ou *numerus clausus* na definição do âmbito de aplicação da lei porquanto o mesmo representaria "uma poderosa garantia dos particulares em face do arbítrio estadual e instrumento de defesa e segurança jurídica"[57]. Tal opção traduzir-se-ia numa enumeração taxativa dos comportamentos anticoncorrenciais (em alternativa à adopção de uma cláusula geral), englobando condutas unilaterais e concertadas num elenco que mostra claras afinidades com os Arts. 85º e 86º do Tratado CEE[58]. O princípio da tipicidade fechada ou *numerus clausus* deveria, no entanto, ser temperado por aquilo que o autor designa como a *rule of reason* na fase legislativa (a delimitação negativa da tipicidade enquanto expressão de uma opção de política de concorrência plasmada na lei)[59] e a *rule of reason* na fase judicativa (fundamentalmente, um balanço económico no qual se ponderassem os efeitos pró- e anticoncorrenciais da conduta)[60].

---

[56] XAVIER (1970): 168. Neste ponto o autor manifesta particularidades afinidades com o pensamento de *Hayek*, em particular no que respeita à função sinalizadora das normas num contexto de mercado e a importância dada à sua redacção em termos claramente perceptíveis pelos agentes económicos. Sobre a matéria, cfr. em especial FRIEDRICH A. HAYEK, *Law, Legislation and Liberty* (Londres, Routledge, 1982).

[57] *Idem, ibidem*.

[58] Neste sentido, embora crítico da "amálgama entre verdadeiras e próprias infracções à concorrência (ainda que insuficientemente tipificadas, isto é sem que se estabelecesse uma clara distinção entre práticas colusivas e práticas unilaterais de carácter abusivo) e as práticas comerciais desleais, mais tarde designadas práticas individuais restritivas do comércio", ver VILAÇA *in* SOARES/MARQUES (2006): 14-15. Tais práticas incluíam, *inter alia*, a fixação de preços, a recusa discriminatória de transaccionar, a imposição de compras e vendas subordinadas, venda com prejuízo, etc. (XAVIER (1970): 176-185).

[59] XAVIER (1970): 170-171 e 185-191. A exclusão de determinadas práticas do âmbito de aplicação da lei poderia dever-se ao facto das mesmas "não serem por natureza restritivas da concorrência" ou, sendo-o, por "se reputar terem em geral efeitos benéficos na economia" (XAVIER (1970): 185).

[60] XAVIER (1970): 170-171 e 191-193. Na verdade, o autor inclui na *rule of reason* na fase judicativa a "cláusula de proporcionalidade", que se identifica em substância com o balanço económico operado ao abrigo do Art. 101º, nº 3 TFEU e do Art. 10º da actual lei de defesa da concorrência (Lei nº 19/2012, de 8 de Maio), e a "cláusula conjuntural", que visaria ajustar o sistema de concorrência às flutuações conjunturais "como se fora uma causa de justificação análoga ao caso de força maior" e

A preocupação com a segurança jurídica dos administrados manifesta-se igualmente num segundo elemento, a saber, a natureza e composição do órgão ao qual incumbiria aplicar a lei. Neste particular, a solução proposta rompe conscientemente com a orgânica existente na Administração directa e indirecta pois, como o autor bem sublinha, " [o] que sobretudo importa é atribuir estas funções a um órgão cuja composição e cujas garantias lhe dêem a autoridade e o prestígio, que só a competência e a isenção conferem"[61]. Para tal, ao invés de recorrer aos organismos já existentes, os *Subsídios* avançam uma solução duplamente original: um órgão com "características em parte jurisdicionais e em parte administrativas" ao qual competiria "dirigir a instrução dos processos que lhe sejam confiados por iniciativa estranha e definir a solução do caso concreto".[62] Tal órgão, baptizado provisoriamente de *Conselho Superior de Defesa da Concorrência*[63], seria presidido por um juiz do Supremo Tribunal de Justiça e composto por elementos da magistratura, funcionários superiores do Ministério da Economia, pelos presidentes das corporações respectivas e por peritos técnicos, os quais deveriam deliberar com respeito pelo principio do contraditório e cujas deliberações seriam passíveis de reclamação e, ainda que em termos limitados, de recurso para os tribunais ordinários[64]. Quer pela sua natureza – um órgão destacado da administração hierárquica mas ainda assim dependente do Governo – quer pelas suas funções – simultaneamente (para)-jurisdicionais e administrativas -, o *Conselho Superior de Defesa da Concorrência* perfilava-se como um embrião de uma entidade reguladora da concorrência[65]. Reflectindo, é certo, os condicionalismos do regime então vigente e parcialmente dependente do Ministro da Economia – e por isso longe do figurino das autoridades reguladoras independentes -, mas ainda assim destacado da tutela e procurando compensar o elemento corporativo através de uma forte competência técnica decorrente do facto de, por um lado, ter por função exclusiva a instrução e decisão de casos de Direito da concorrência e, por outro, contam com o apoio de peritos e pessoal qualificado na matéria.

---

por esta via "adaptar a lei de defesa da concorrência à sua função de instrumento ou estabilizador anti-cíclico" (XAVIER (1970): 192-193).
[61] XAVIER (1970): 196.
[62] *Idem, ibidem*.
[63] XAVIER (1970): 197.
[64] XAVIER (1970): 196-199.
[65] Sobre VITAL MOREIRA, *Auto-regulação profissional e Administração Pública* (Coimbra, Almedina, 1997), pp. 34-52.

§ 4 – A proposta de Lei 7/X e a Lei 1/72

Pese embora a influência notória dos *Subsídios* nas soluções plasmadas na proposta de Lei 7/X e depois transpostas praticamente na íntegra para a Lei 1/72, há diferenças significativas entre esta última e o sistema de defesa da concorrência avançado nos *Subsídios*. Do cotejo das diferenças resulta a impressão de que as soluções propostas nos *Subsídios* se mostraram em alguns pontos demasiado arrojadas para o legislador da época, o qual preferiu ao invés soluções porventura mais consensuais no âmbito do sistema corporativo. Importa, por isso, passar em revista a Lei de bases do sistema de concorrência, cotejando-o com a proposta de Lei que lhe esteve subjacente sempre que tal se justificar.

As Bases I e II da Lei 1/72 reflectem com eloquente clareza os limites dentro dos quais se ensaiava a implantação de um sistema de defesa da concorrência. Desde logo, o papel que o Estado se arrogava na correcção das situações de concorrência "excessiva" ou "insuficiente" (Base II)[66]. Neste contexto, os inquéritos sectoriais aparecem como instrumentos privilegiados para aferir da existência de 'desequilíbrios' concorrenciais sectoriais que se reflictam na "evolução da produção e das trocas", em "flutuações anormais ou [...] rigidez dos preços" ou na "situação de preponderância das empresas" (Base IV).

No que à defesa da concorrência concretamente se refere, a Lei 1/72 adoptava, na esteira dos *Subsídios*, o critério do dano concorrencial efectivo causado por práticas restritivas. Estas compreendiam "as condutas isoladas ou concertadas, seja qual for a forma que revistam, de uma ou mais empresas, individuais ou colectivas, que impeçam, falseiem ou restrinjam, directa ou indirectamente, a concorrência efectiva no território do continente e ilhas adjacentes" desde que constassem do elenco taxativo da lei[67]. O elenco legal cobria indistintamente práticas individuais e colectivas, entre elas o abuso de posição dominante[68], mas excluía do seu âmbito o controlo das operações de concentração, no que reflectia uma orientação de política industrial apostada na formação de "campeões nacionais" capazes de enfrentar a concorrência internacional[69]. É ainda de ressaltar a restrição do âmbito de territorialidade da lei aos efeitos anticoncorrenciais ocorridos no território do continente e ilhas adjacentes, excluindo portanto as práticas cujos efeitos se produzissem nas então províncias ultrama-

---

[66] Ideia que, de resto, vem na esteira do disposto no Art. 31º, 6º da Constituição de 1933.
[67] Alíneas a) a i) do nº 1 da Base V, assim como as práticas restritivas da concorrência "que como tal forem qualificadas pelas convenções ou acordos internacionais de que Portugal seja parte" (nº 2 da Base V); cfr. anexo. Esta última referia-se, em particular, ao acordo de associação à CEE.
[68] O qual fora excluído do âmbito da lei quer nos *Subsídios* (XAVIER (1970): 172), quer na proposta de Lei 7/X.
[69] Neste sentido, veja-se XAVIER (1970): 172-172; e a exposição de motivos do projecto de proposta de Lei 7/X, reproduzida em XAVIER (1970): 207.

rinas (Base V, nº 1)[70]. Por fim, e ainda no que respeita ao âmbito de aplicação da lei, optou o legislador por excluir do âmbito de aplicação do diploma o Estado e demais pessoas colectivas de direito público, "salvo quando exerçam actividades de natureza comercial ou industrial regulada pelo direito privado" (Base XV, nº 1)[71].

As práticas tidas por restritivas da concorrência e como tal reprimidas eram elencadas, de modo taxativo, na Base IV da Lei 1/72, apresentando a listagem afinidades óbvias com as práticas descritas nos Arts. 85º e 86 do Tratado CEE[72]. Este elenco era complementado por uma cláusula de recepção automática no direito interno das práticas restritivas da concorrência que "como tal [fossem] consideradas pelos acordos ou convenções internacionais de que Portugal seja parte" (Base IV, nº 2), no que constituía uma antecipação do acordo de associação às Comunidades Europeias assinado nesse mesmo ano escassos meses após a publicação em Diário do Governo da Lei 1/72.

Ao lado das práticas restritivas da concorrência descritas na Base V, a Lei 1/72 previa ainda um conjunto de práticas que, na medida em que correspondessem a um balanço económico positivo ("nos casos em que o justifiquem a promoção do progresso técnico ou económico ou as melhores condições de produção de bens e serviços"), não seriam reputadas restritivas da concorrência (Base VI)[73]. Tratava-se da consagração do *rule of reason* na fase judicativa ou decisória, a qual passava pela ponderação de motivos de racionalização, especialização, acréscimo de capacidade produtiva ou de rendimento da empresa como justificações válidas para não considerar determinada conduta como anticoncorrencial[74].

As disposições respeitantes aos órgãos e processo são, porventura, as que apresentam as maiores diferenças face às soluções preconizadas nos *Subsídios*[75]. Desde logo, não subscreveu o legislador a opção de criar um órgão especialmente vocacionado para a instrução e decisão dos processos, preferindo antes confiar estas tarefas a um órgão já existente e que se encontrava na estrita dependên-

---

[70] Na esteira do sugerido em XAVIER (1970): 175-176.
[71] Tal possibilidade não constava do projecto de Lei 7/X; cfr. a respectiva Base XIV, nº 1, reproduzida em XAVIER (1970): 217.
[72] Circunstância à qual não terão sido estranhos os acordos comerciais celebrados em 1972 com a CEE; cfr. neste sentido VILAÇA *in* SOARES/MARQUES (2006): 14-15.
[73] Sobre a matéria, veja-se XAVIER (1970): 185-193. Do confronto entre a proposta de Lei 7/X e o texto da Lei 1/72 resulta o aditamentos a esta última dos "acordos de especialização, com vista a racionalizar a produção de certos produtos" (Base VI, alínea f)).
[74] XAVIER (1970): 191-193.
[75] Sobre a matéria, cfr. XAVIER (1970): 193-199 e 214-217.

cia do Ministro da Economia: o Conselho Superior de Economia[76] (Base VIII). Caberia a este órgão promover a instrução e apreciar o processos relativos às práticas restritivas da concorrência (Base VIII e Art. 2º, alínea c) do Decreto-Lei 403/73), funções que passaria a cumular com as de natureza consultiva que já desempenhava no âmbito do Ministério da Economia[77]. No exercício das funções que lhe eram atribuídas pela Lei 1/72, a composição do Conselho Superior de Economia não divergia significativamente da proposta nos *Subsídios*[78]. Não devendo deliberar sem que tivesse sido assegurada a possibilidade de contraditório (Base X), das suas deliberações caberia recurso directo para o STA com fundamento em ilegalidade (Base XII, nº 1)[79] e, no que respeita ao incumprimento das providências determinadas pelo Conselho Superior de Economia e das multas pelo mesmo aplicadas, para os tribunais criminais de Lisboa e Porto (Base XIV, nº 1 e 2).

Cumpre, por fim, assinalar a consagração da chamada cláusula conjuntural avançada nos *Subsídios*. Consistia a mesma na competência atribuída ao Conselho de Ministros de, sob parecer fundamentado do Conselho Superior de Economia, declarar temporariamente inaplicáveis as disposições do diploma a "determinado sector da economia, caso nele se verifiquem graves perturbações estruturais" ou mesmo "[à] generalidade da economia, em caso de grave e prolongada recessão." (Base XV, nº 2).

Se a natureza e funções do órgão incumbido da aplicação da Lei 1/72 deixavam fundadas dúvidas sobre a operacionalidade e eficácia do sistema instituído pelo referido diploma, tais dúvidas nunca chegariam a dissipar-se. Com efeito, a

---

[76] Criado pelo Decreto-Lei nº 49 122, de 15 de Julho de 1969 como órgão na dependência directa do Ministro da Economia, o Conselho Superior da Economia desempenhava funções puramente consultivas junto daquele Ministro e respectivos Secretários de Estado no respeitante aos "problemas fundamentais da economia nacional" (Art. 2º, nº 1). Na sequência da Lei 1/72, foi aprovado o Decreto-Lei nº 403/73, de 11 de Agosto, o qual revogou o diploma precedente e reorganizou o Conselho Superior de Economia, nomeadamente tendo em vista as funções que lhe eram cometidas pela Lei 1/72.

[77] "São atribuições do Conselho: a) Dar parecer sobre as orientações genéricas da política, industrial e comercial; b) Dar parecer a todas as questões de ordem económica geral ou sectorial que lhe sejam submetidas pelo presidente, nomeadamente sobre os estudos preparatórios e sobre os programas de execução dos planos de fomento nos sectores que estejam a cargo do Ministério da Economia; c) Promover a instrução e apreciar os processos relativos às práticas restritivas da concorrência, nos termos previstos na Lei nº 1/72, de 24 de Março; d) Coordenar a acção de comissões permanentes ou eventuais constituída sob a presidência de vogais efectivos do Conselho." (Art. 2º do Decreto-Lei 403/73).

[78] Cfr. arts. 3º e 4º do Decreto-Lei 403/73.

[79] Esta disposição não constava da proposta de Lei 7/X.

entrada em vigor da Lei 1/72 dependia da aprovação e vigência de decreto que a regulamentasse (Base XVI, nº 2), facto que nunca viria a verificar-se[80].

§ 5 – Conclusão

No contexto dos condicionalismos político-económicos então vigentes, a implantação de um sistema de defesa da concorrência debatia-se com diversas limitações. Porventura a mais óbvia prendia-se com a desconfiança e cepticismo com que o sistema corporativo encarava o princípio da livre concorrência. Desconfiança porquanto concorrência supõe rivalidade e conflito, ambos nos antípodas da convergência de interesses antagónicos subjacente à doutrina corporativa. Cepticismo porquanto a "mão visível" do Estado não se limitava a suprir as falhas do mercado, mas participava activamente de uma política de dirigismo económico que esvaziava em grande medida o princípio da livre concorrência. A esta luz, as bases do sistema de defesa da concorrência lançadas pela Lei 1/72, afiguram-se mais como uma reacção a e, de certo modo, antecipação de desenvolvimentos na esfera internacional, em particular o já referido acordo de associação às Comunidades Europeias, do que uma genuína, ainda que incipiente, profissão de fé nos benefícios da livre concorrência. Neste ponto, porventura menos visível, mas certamente mais substancial, a Lei 1/72 não parece ter acompanhado nem a letra, nem o espírito dos *Subsídios*. O que naquela parece traduzir uma opção hesitante por um mal menor, é nestes um projecto orientado, ainda que condicionado pelas circunstâncias do seu tempo, para a abertura e capacitação da economia portuguesa face à concorrência internacional. Por essa razão, para fazermos jus ao contributo que os *Subsídios* pretendiam dar à implantação de um sistema de defesa da concorrência em Portugal, deveríamos talvez ter a ousadia de lhes apor um subtítulo. Pela minha parte, sugeriria o de "Projecto de regulação para a concorrência"[81].

---

[80] A primeira e única tentativa neste sentido ocorreu já depois de 1974 e sem chegar a bom porto; cfr. FERREIRA/BANGY (1998): 76.

[81] Sobre a questão conexa da utilização do Direito da Concorrência como instrumento regulatório e as fronteiras entre concorrência e regulação no contexto do Direito europeu, cfr., em geral, PABLO I. COLOMO, "On the Application of Competition Law as Regulation: Elements for a Theory" *in Yearbook of European Law* (2010), vol. 29, pp. 261-306.

ANEXOS

Sexta-feira 24 de Março de 1972   I Série — Número 71

DIÁRIO DO GOVERNO

PREÇO DESTE NÚMERO — 1$60

Toda a correspondência, quer oficial, quer relativa a anúncios e a assinaturas do «Diário do Governo» e do «Diário das Sessões», deve ser dirigida à Administração da Imprensa Nacional, Rua de D. Francisco Manuel de Melo, 5, Lisboa-1.

ASSINATURAS

As três séries	Ano 850$	Semestre	450$
A 1.ª série	" 340$	»	180$
A 2.ª série	" 340$	»	180$
A 3.ª série	" 320$	»	170$
Apêndices (art. 2.º, n.º 2, do Dec. n.º 365/70) — anual, 300$		
«Diário das Sessões» e «Actas da Câmara Corporativa» — por cada período legislativo, 300$		
Para o estrangeiro e ultramar acresce o porte do correio		

O preço dos anúncios é de 12$ a linha, acrescido do respectivo imposto do selo, dependendo a sua publicação do pagamento antecipado a efectuar na Imprensa Nacional, quando se trate de entidade particular.

IMPRENSA NACIONAL

AVISO

Por ordem superior e para constar, comunica-se que não serão aceites quaisquer originais destinados ao «Diário do Governo» desde que não tragam aposta a competente ordem de publicação, assinada e autenticada com selo branco.

SUMÁRIO

Presidência da República:
Lei n.º 1/72:
   Promulga as bases sobre a defesa da concorrência — Revoga a Lei n.º 1936.

Presidência do Conselho:
Rectificação:
   Ao Estatuto da Empresa Pública de Urbanização de Lisboa, aprovado pelo Decreto-Lei n.º 613/71.

Ministério da Justiça:
Declaração:
   De terem sido autorizadas transferências de verbas e alterações de rubricas dentro do orçamento do Ministério.

PRESIDÊNCIA DA REPÚBLICA

Lei n.º 1/72
de 24 de Março

Em nome da Nação, a Assembleia Nacional decreta e eu promulgo a lei seguinte:

CAPÍTULO I
Disposições gerais

BASE I

Cabe ao Estado, institutos públicos, autarquias locais e organismos corporativos assegurar as condições de uma justa e efectiva concorrência, com vista ao desenvolvimento económico e social do País, tendo em consideração a estrutura do mercado, a situação conjuntural, a concorrência externa e as demais circunstâncias de cada sector da economia.

BASE II

O Governo estimulará a racionalização das estruturas produtivas, mediante a concessão de benefícios fiscais ou por qualquer outra forma adequada, quando em determinado sector da economia se verifique uma situação concorrencial excessiva ou insuficiente.

BASE III

As obrigações impostas às empresas quanto aos processos que visem a maior segurança, higiene e salubridade das condições de trabalho e a protecção do ambiente, dos consumidores e do público em geral serão extensivas a todas as empresas do mesmo sector, nos termos a fixar em regulamento.

BASE IV

1. Sempre que em um ou mais sectores da actividade a evolução da produção e das trocas, as flutuações anormais ou a rigidez dos preços e a situação de preponderância das empresas levem a presumir que a concorrência se encontra sèriamente afectada, cumpre ao Governo ordenar inquéritos sectoriais, podendo para tanto exigir às empresas do sector em causa os elementos indispensáveis à apreciação da estrutura e comportamento do mercado, nomeadamente os acordos, decisões ou práticas concertadas.

2. A recusa de informações, ou a sua inexactidão, a ocultação, destruição, inutilização, falsificação ou viciação de documentos serão punidas pelos tribunais ordinários com multa de 50 000$ a 1 000 000$, salvo se, pela lei penal comum, lhes corresponder pena mais grave, que será a aplicável. No caso de mera negligência, a pena será de multa de 5000$ a 50 000$.

3. As sociedades respondem solidàriamente pelas multas, nos termos do artigo 8.º do Decreto-Lei n.º 41 204, de 24 de Julho de 1957.

CAPÍTULO II
Das práticas restritivas da concorrência

BASE V

1. São consideradas práticas restritivas, para efeito da presente lei, as condutas isoladas ou concertadas, qualquer que seja a forma que revistam, de uma ou mais

empresas, individuais ou colectivas, que impeçam, falseiem ou restrinjam, directa ou indirectamente, a concorrência efectiva no território do continente e ilhas adjacentes e consistam em:

a) Fixar, directa ou indirectamente, um limite mínimo aos preços de venda, às margens de lucro do comprador ou a outras condições das transacções efectuadas no mesmo ou em diferentes estádios do processo de produção e comercialização;
b) Fixar, directa ou indirectamente, um limite máximo aos preços de compra, às margens de lucro do vendedor ou a outras condições das transacções efectuadas no mesmo ou em diferentes estádios do processo de produção e comercialização;
c) Restringir, por qualquer forma, a liberdade de outrem estabelecer os preços ou as condições comerciais nos contratos que celebre com terceiros, desde que essa restrição não tenha por fim a protecção de uma marca legalmente registada;
d) Recusar a venda ou a compra de bens e serviços, desde que a recusa tenha carácter discriminatório, por depender exclusivamente da pessoa do comprador ou do vendedor;
e) Aplicar, sistemática ou ocasionalmente, nas vendas ou nas compras, preços ou condições subsidiárias que, em igualdade de outras circunstâncias e independentemente das despesas de transporte, seguro e comercialização, variem conforme as pessoas com quem se realizam as transacções;
f) Subordinar a venda ou a compra de bens e serviços a uma dada quantidade ou à compra ou venda de outro ou outros bens e serviços, desde que essa subordinação, pela sua natureza ou pelos usos comerciais, não tenha ligação directa com a referida operação;
g) Limitar ou controlar a produção, o desenvolvimento técnico e os investimentos em prejuízo dos consumidores;
h) Repartir os mercados, produtos, clientes ou fontes de abastecimento;
i) Aproveitar posição de domínio total ou parcial do mercado para actuações lesivas da economia nacional, dos legítimos interesses dos concorrentes, quando os houver, ou dos consumidores.

2. Consideram-se igualmente práticas restritivas da concorrência as que como tal foram qualificadas pelas convenções ou acordos internacionais de que Portugal seja parte.

BASE VI

Sem prejuízo do disposto na base v, e apenas nos casos em que o justifiquem a promoção do progresso técnico ou económico ou as melhores condições de produção de bens e serviços, não são consideradas em si mesmas práticas restritivas para efeito da presente lei:

a) Os casos em que uma empresa assegure ela própria o seu fornecimento e o escoamento da sua produção, quer directamente, por depósitos, filiais, sucursais, agências, delegações ou qualquer outra forma de representação permanente, quer indirectamente, por intermédio de sociedades dominadas que lhe reservam ou a que ela reserva a totalidade ou parte substancial da sua produção;
b) Os contratos ou acordos de exclusivo, de duração conforme aos usos comerciais, em que o concedente se obriga a não aceitar outro distribuidor na zona atribuída ao seu concessionário e este assume, em contrapartida, a obrigação da venda exclusiva dos produtos do seu fornecedor ou, pelo menos, se vincula a não vender produtos concorrentes;
c) Os acordos que tenham por objecto a aplicação uniforme de normas ou tipos;
d) Os acordos que tenham exclusivamente como objecto a investigação em comum de melhoramentos técnicos, cujo resultado seja proporcionalmente acessível a todas as partes;
e) Os acordos de compra ou venda em comum, quando contribuam para um melhoramento apreciável da produção ou distribuição do produto;
f) Os acordos de especialização, com vista a racionalizar a produção de certos produtos;
g) Os acordos entre exportadores, as decisões ou práticas de associações de exportadores visando a expansão do sector para os mercados externos, a defesa da qualidade ou do preço dos respectivos produtos;
h) Os casos em que as condutas referidas na base v sejam impostas ou autorizadas por lei ou regulamento do Governo.

BASE VII

Sem prejuízo do disposto na presente lei, se os factos mencionados na base v tiverem a natureza de delitos antieconómicos, nos termos do Decreto-Lei n.º 41 204, de 24 de Julho de 1957, deverá seguir-se o procedimento aí estabelecido.

CAPÍTULO III

Dos órgãos e do processo

BASE VIII

1. A investigação dos factos referidos na base v será efectuada secretamente pelo Conselho Superior de Economia, com a colaboração dos serviços de fiscalização da Inspecção-Geral das Actividades Económicas.
2. O Conselho Superior de Economia será reorganizado de modo a poder desempenhar as funções que por esta lei lhe são cometidas.
3. As reuniões do Conselho serão presididas por entidade designada pelo Ministro da Economia e nelas participarão os presidentes das corporações e os delegados dos serviços dos Ministérios ou institutos públicos que superintendam nos sectores a que respeitarem os processos em causa.
4. O Conselho não reunirá com número inferior a cinco membros, cabendo ao presidente determinar a sua composição para cada caso e designar o relator.
5. As reuniões serão assistidas por um assessor jurídico, sem voto, designado pelo Ministro de entre doutores ou licenciados em Direito.

BASE IX

1. O Conselho promoverá a instrução oficiosamente ou a requerimento:

a) Do Ministro da Economia ou Ministro que superintenda no sector a que respeitem as práticas restritivas;

24 DE MARÇO DE 1972

b) Do presidente da corporação à qual estejam confiados os interesses do sector a que o processo respeite;

c) De quem seja titular de interesse directo, pessoal e legítimo.

2. O início da instrução será ordenado pelo presidente, não sendo para tanto necessária a reunião do Conselho.

3. São aplicáveis os artigos 11.º, 12.º, 17.º, 18.º e 19.º do Decreto-Lei n.º 452/71, de 27 de Outubro, ao exercício das funções de investigação nos processos de que trata esta lei.

4. Sempre que, em virtude do exercício das suas funções, o Conselho tenha conhecimento de um facto constitutivo de crime ou infracção disciplinar, deverá dela dar notícia às autoridades competentes.

Base X

1. O Conselho Superior de Economia não deliberará sem que àqueles a quem sejam imputadas as práticas restritivas seja dada a oportunidade de se defenderem, por escrito, salvo se o presidente entender necessária a sua audiência oral.

2. Para o efeito previsto no número anterior, poderão as pessoas nele indicadas fazer-se representar por advogado e assistir por perito da sua escolha.

Base XI

Se pela instrução se verificar a existência de qualquer das práticas restritivas a que se refere a base v, o Conselho fará notificar aquele ou aqueles a quem sejam imputáveis para adoptarem as providências indispensáveis à sua cessação ou à cessação dos seus efeitos, fixando um prazo não inferior a trinta dias para cumprimento da notificação.

Base XII

1. Das deliberações do Conselho Superior de Economia, quando arguidas de ilegalidade, haverá recurso directo para o Supremo Tribunal Administrativo.

2. As deliberações do Conselho deverão ser sempre fundamentadas, constar de acta, ser notificadas aos interessados e oficiosamente comunicadas ao Ministro da Economia.

Base XIII

1. A falta de cumprimento das providências determinadas pelo Conselho Superior de Economia é punida com multa de 100 000$ a 10 000 000$.

2. No caso de reincidência, os limites mínimo e máximo da multa são elevados ao dobro.

3. Ao pagamento das multas cominadas nesta base é aplicável o disposto no n.º 3 da base IV.

Base XIV

1. A aplicação das penas previstas na base anterior compete aos tribunais criminais de Lisboa e do Porto.

2. O tribunal não poderá apreciar a legalidade da deliberação do Conselho Superior de Economia que fixe as providências a adoptar pelos infractores, mas sòmente o incumprimento dessas providências.

3. O processo previsto nesta base seguirá, com as necessárias adaptações, os termos do processo de querela, sendo obrigatória a intervenção de um perito especializado.

4. Conjuntamente com a aplicação das penas que ao caso couberem, o tribunal declarará a ineficácia dos actos, contratos ou acordos que integrem as práticas restritivas imputadas aos arguidos.

CAPITULO IV
Disposições finais

Base XV

1. A presente lei não se aplica ao Estado e demais pessoas colectivas de direito público, salvo quando exerçam actividades de natureza comercial ou industrial reguladas pelo direito privado.

2. O Conselho de Ministros, sob parecer do Conselho Superior de Economia, pode, por decreto fundamentado, declarar as disposições da presente lei temporàriamente inaplicáveis, no todo ou em parte:

a) A determinado sector da economia, caso nele se verifiquem graves perturbações estruturais;

b) À generalidade da economia, em caso de grave e prolongada recessão.

Base XVI

1. É revogada a Lei n.º 1936, de 18 de Março de 1936.

2. Esta lei entra em vigor com o decreto que a regulamentar.

Marcello Caetano.

Promulgada em 16 de Março de 1972.

Publique-se.

O Presidente da República, Américo Deus Rodrigues Thomaz.

PRESIDÊNCIA DO CONSELHO
Secretaria-Geral

Tendo sido publicado com inexactidão no *Diário do Governo*, 1.ª série, n.º 304, de 31 de Dezembro de 1971, pelo Ministério do Interior, o Estatuto da Empresa Pública de Urbanização de Lisboa, aprovado pelo Decreto-Lei n.º 613/71, determino que se façam as seguintes rectificações:

No artigo 8.º, n.º 2, onde se lê: «No caso de os vogais exercerem cumulativamente funções...», deve ler-se: «No caso de os membros do conselho de administração exercerem cumulativamente funções...»

No artigo 21.º, onde se lê: «As funções de vogal do conselho de administração, salvo a de administrador-delegado, bem como as de membro do conselho fiscal, ...», deve ler-se: «As funções de membro do conselho de administração, salvo a de administrador-delegado, e do conselho fiscal ...»

No artigo 24.º, onde se lê: «Os vogais do conselho de administração e os membros do conselho fiscal ...», deve ler-se: «Os membros do conselho de administração e do conselho fiscal ...»

Presidência do Conselho, 16 de Março de 1972. — O Presidente do Conselho, *Marcello Caetano*.

BIBLIOGRAFIA

COLOMO, Pablo Ibáñez, "On the Application of Competition Law as Regulation: Elements for a Theory" *in Yearbook of European Law* (2010), vol. 29, pp. 261-306.
COMBE, Emmanuel, *Économie et politique de la concurrence* (Paris, Dalloz, 2005).
CONFRARIA, João, "Política económica" *in* Pedro Lains/Álvaro Ferreira da Silva (org.), *História Económica de Portugal: 1700-2000*, vol. III: *O Século XX*, 3ª edição (Lisboa, ICS, 2008).
CRUZ, Julio Baquero, *Between Competition and Free Movement. The Economic Constitutional Law of the European Community* (Oxford/Portland-Oregon, Hart, 2002).
FERREIRA, João E. Pinto e BANGY, Azeem Remtula, *Guia Prático do Direito da Concorrência em Portugal e na União Europeia* (Lisboa, AJE, 1998).
GAL, Michal, *Competition Policy for Small Market Economies* (Harvard, Harvard University Press, 2003).
GOMES, José L. Caramelo, *Lições de Direito da Concorrência* (Coimbra, Almedina, 2010).
HEIDRICH, Thomas, *Das evolutorisch-systemtheoretische Paradigma in der Wettbewerbstheorie* (Baden-Baden, Nomos, 2009).
HAYEK, Friedrich A., *Law, Legislation and Liberty* (Londres, Routledge, 1982).
LAINS, Pedro, *Os Progressos do Atraso. Uma Nova História Económica de Portugal* (Lisboa, ICS, 2003).
MIRANDA, Jorge, *As Constituições Portuguesas – De 1822 ao texto actual da Constituição* (Lisboa, Livraria Petrony, 1992).
MESTMÄCKER, Ernst-Joachim, "The EC Commission's Modernization of Competition Policy", reimpresso em Ernst-Joachim Mestmäcker, *Wirtschaft und Verfassung in der Europäischen Union: Beiträge zu Recht, Theorie und Politik der europäischen Integration*, 2ª edição (Baden-Baden, Nomos, 2006).
MOREIRA, Vital, *Auto-regulação profissional e Administração Pública* (Coimbra, Almedina, 1997).
PORTO, Manuel Lopes e ANASTÁCIO, Gonçalo, *Tratado de Lisboa – Anotado e comentado* (Coimbra, Almedina, 2012).
VILAÇA, José Luís da Cruz, "Introdução à Nova Legislação da Concorrência: *Vicissitudes dos Projectos de Modernização*" *in* António Goucha Soares/Maria Manuel Leitão Marques (coord.), *Concorrência: Estudos* (Coimbra, 2004, Almedina).
XAVIER, Alberto Pinheiro, *A Natureza Jurídica da Associação à Comunidade Económica Europeia* (Coimbra, Almedina, 1970).
XAVIER, Alberto Pinheiro, "Subsídios para uma Lei de Defesa da Concorrência" *in Cadernos de Ciência e Técnica Fiscal* (Lisboa, 1970, Centro de Estudos Fiscais da Direcção--Geral das Contribuições e Impostos – Ministério das Finanças).

Partidos políticos e *indirizzo politico*

LUÍS BARBOSA RODRIGUES
Prof. da Faculdade de Direito da Universidade Lusíada de Lisboa

Resumo: *O presente texto escrutina as implicações da acção dos partidos políticos na função política de direcção do Estado – ou de indirizzo politico.*

Palavras-Chave: *Partido político, Estado, direcção política – ou indirizzo politico.*

Abstract: *This text scrutinizes the implications of the political parties action in the political direction State function – or indirizzo politico.*

Key Words: *Political party, State, political direction – or indirizzo politico.*

I – A actividade partidária apresenta implicações directas na função política de direcção do Estado – ou de *indirizzo politico* – prosseguida por todos os órgãos políticos de soberania, Governo – *maxime* Primeiro-Ministro – Assembleia da República e Presidente da República.

Mais: atenta a sua expressa constitucionalização, essa actividade revela-se como actividade jurídica, não como actividade não-jurídica ou extra-jurídica.

Efectivamente, em primeiro lugar – no conspecto dos princípios fundamentais – a Constituição prevê que os partidos políticos concorram para a organização e para a expressão da vontade popular (art. 10º, nº 2).

E, nalguns casos, que concorram até infungivelmente para as aludidas organização e expressão da vontade popular, considerando que lhes reserva a apresentação de candidaturas a Deputado à Assembleia da República (art. 151º, nº 1)[1].

---

[1] Aliás, "uma monopolização do direito de apresentar candidatos por parte dos partidos políticos choca (...) não apenas com os princípios de direito eleitoral de generalidade e igualdade, mas

Em segundo lugar, a referida conexão dos partidos – ou das coligações de partidos – com o Estado encontra tradução institucional na configuração dos Grupos Parlamentares da Assembleia da República (art. 180º).

Em terceiro lugar, reforçando a mencionada articulação, a Norma Fundamental define alguns princípios essenciais reguladores da acção partidária.

De um lado, na óptica da sua actuação externa, prescrevendo-lhes o respeito pelos princípios da independência nacional, da unidade do Estado e da democracia política (art. 10º, nº 2, *in fine*).

De outro lado, num plano estritamente interno, exigindo-lhes a observância dos princípios da transparência, da organização e gestão democráticas, e da participação de todos os seus membros (art. 51º, nº 5).

Em quarto lugar, a Constituição faculta aos militantes partidários interessados a possibilidade de impugnação de eleições e deliberações partidárias junto do Tribunal Constitucional (art. 223º, nº 2, al. h)).

E, em quinto e último lugar, alberga um comando de natureza auto-derrogatória – aliás, de duvidosa legitimidade supra-constitucional – referente à exclusão de organizações e, por maioria de razão, de associações e de associações partidárias, racistas ou que perfilhem ideologia fascista (art. 46º, nº 4).

II – Não obstante, a actividade *sub judice* desenvolve-se num contexto distinto do relativo aos órgãos estaduais e ao próprio Estado, uma vez que os partidos políticos se recortam, definitivamente, como sujeitos de direito privado.

O que significa que não permite qualquer sinonimização entre acção partidária e funções do Estado, nem, especificamente, entre acção partidária e função de direcção política – *ou de indirizzo politico*.

Com efeito, se os partidos concorrem para a organização e para a expressão da vontade popular (art. 10º, nº 2), e se surgem como uma inferência da liberdade de associação (arts. 46º e 51º, nº 1), certo é que nem tal concurso se conforma como um seu exclusivo, nem a liberdade de associação se reduz, tão--pouco, à liberdade de associação política.

Nessa liberdade se inscrevem também, concorrendo para a actividade laboral, as relativas às organizações sindicais (arts. 55º e 56º), às comissões de trabalhadores (*maxime*, art. 54º, nº 5, als. d) e f)), e até às organizações representativas dos trabalhadores rurais e dos agricultores (art. 98º).

Na referida liberdade de associação há igualmente que incluir, concorrendo para a actividade económica, as organizações representativas das actividades económicas (art. 80º, al. g)), ou as associações de consumidores (art. 60º).

também com a liberdade de eleição"; assim, Stern, *op. cit.*, p. 565, referindo-se à jurisprudência do Tribunal Constitucional alemão.

No quadro de tal liberdade há ainda a considerar as organizações juvenis (art. 70º, nº 3) – que nalguns casos se sobrepõem, aliás, com as organizações partidárias – as organizações de cidadãos portadores de deficiência (art. 71º, nº 3), as associações e fundações de fins culturais, as colectividades de cultura e recreio, as associações de defesa do património cultural, as organizações de moradores e outros agentes culturais (art. 73º, nº 3), as associações de professores, de alunos, de pais, das comunidades e das instituições de carácter científico (art. 77º, nº 2), bem como as associações e colectividades desportivas (art. 79º, nº 2), organizações que concorrem também para a actividade, neste caso no plano social, do mesmo Estado.

Aliás, a sua similitude com as organizações de tipo partidário conduz a que constitucionalmente sejam por vezes tratadas em paralelo com estas, como se verifica, por exemplo, em sede de direito de antena (art. 40º, nº 1).

A única diferença relevante entre o modo como os partidos políticos concorrem para a actividade do Estado e o concurso de todas as restantes pessoas jurídica situa-se no alcance e na extensão dos fins prosseguidos, porque enquanto os partidos políticos desenvolvem fins de natureza geral, as remanescentes entidades organizatórias ou associativas vocacionam-se para a prossecução de escopos tendencialmente segmentares.

Ora, todos esses sujeitos se encontram constitucionalmente previstos e tutelados, e todos eles concorrem para a acção prosseguida ou a prosseguir pelo Estado em cada um dos respectivos domínios, impulsionando-a, determinando-a ou influenciando-a.

Mas nem por isso se integram no Estado, ou a respectiva acção com a deste se confunde.

De facto, concorrer para a organização e para a expressão da vontade popular (art. 10º, nº 2) significa tão-somente participar no funcionamento da estrutura estadual, intervir no exterior dessa estrutura, e não, em caso algum, ser parte integrante ou constitutiva da mesma.

III – Também não se apresenta como demonstração de natureza estadual ou para-estadual dos partidos políticos o tipo de modelagem constitucional estabelecida para os Grupos Parlamentares.

Desde logo, porque a circunstância de a composição destes reflectir os partidos não permite que lhes seja atribuída a natureza de órgãos partidários, ainda que ocorra uma absoluta sobreposição subjectiva entre a direcção partidária e o Grupo Parlamentar.

De facto, analogicamente, ainda que os titulares do Governo sejam os mesmos que compõem a direcção do respectivo partido, o Governo não se transforma em órgão partidário.

De forma idêntica, se o líder do partido assume o cargo de Primeiro-Ministro, este não passa a configurar-se como órgão partidário.

E, por maioria de razão, se o próprio Presidente da República surge como líder de um partido político, em caso algum a Presidência da República pode ser entendida como órgão partidário.

Ocorre, ainda, que não tem de existir – e frequentemente inexiste – sobreposição subjectiva entre a direcção do Grupo Parlamentar e a direcção do partido político e que não está sequer excluída a existência de clivagens ou contradições entre ambas.

Deste modo, os Grupos Parlamentares não apenas se afirmam como órgãos distintos dos órgãos partidários, como se definem como órgãos do órgão complexo Assembleia da República, ou seja, emergem como verdadeiros centros autónomos institucionalizados de poderes e deveres jurídicos (*maxime*, art. 180º; e art. 11º, do Regimento da Assembleia da República).

Em primeiro lugar, porque se lhe encontram atribuídas competências próprias e distintas quer das competências das Comissões ou do Plenário, quer das competências dos Deputados singularmente considerados (art. 156º; e arts. 5º e 6º do Regimento da Assembleia da República).

Em segundo lugar, porque a sua composição, embora variável, possui directa e imediata conexão com os resultados do sufrágio eleitoral, e a sua formação não depende de autorização ou acordo de qualquer dos restantes órgãos da Assembleia da República, designadamente de autorização do seu Presidente (art. 7º, nº 2, do Regimento da Assembleia da República).

Mais: embora tipicamente se apresentem como órgãos compostos por Deputados eleitos por um único partido – ao invés do que se verifica com os restantes órgãos parlamentares, mas a exemplo do que acontece usualmente com os titulares dos órgãos do órgão complexo Governo – não se encontra constitucionalmente vedada a formação de Grupos Parlamentares exclusivamente compostos por independentes.

Com efeito, ao referir-se aos Deputados eleitos por cada partido ou coligação (art. 180º, nº 1), a Constituição limita-se a reflectir o facto de as candidaturas serem um exclusivo destes, reportando-se a um momento inicial, ao momento da respectiva eleição. Assim sendo, nada obsta a que um conjunto de Deputados, eleito da forma constitucionalmente prescrita, mas que posteriormente haja abandonado os respectivos partidos, forme um Grupo Parlamentar.

Construção que, em rigor, surge coerente com a circunstância de a cessação do vínculo político-partidário não implicar a perda do mandato (art. 160º, nº 1, al. c), *a contrario*)[2].

---

[2] Em sentido oposto, o Regimento da Assembleia da República (art. 9º).

Nesse contexto, do incumprimento por parte dos Deputados ou dos Grupos Parlamentares de qualquer decisão ou deliberação dos órgãos partidários não resultam, nem podem resultar, quaisquer sanções externas regimentais, mas, tão-somente, eventuais sanções internas partidárias.

IV – A separação estrutural entre o Estado – ou a sua função política de direcção – e os partidos políticos fica adicionalmente demonstrada pelo facto de que, se na Constituição existem normas relativas ao funcionamento interno destes, o mesmo se passa explicitamente com outros tipos de associações.

Concretamente, em relação às associações sindicais prevê-se que devem também reger-se pelos princípios da organização e da gestão democráticas, baseados na eleição periódica e por escrutínio secreto dos órgãos dirigentes (art. 55º, nº 3).

Melhor: tais referências à democraticidade interna não podem deixar de constituir o afloramento de um princípio constitucional geral, aplicável a todas as organizações instituídas no quadro do direito de associação.

V – Em último lugar, revela-se inexacto concluir que os partidos políticos se intersectam com o Estado pelo facto de este proceder ao escrutínio de alguns aspectos da respectiva actividade interna.

De facto, o exame da institucionalidade interna[3] partidária emerge como um exame meramente jurídico, jurisdicional e procedimental, e não como um exame político, substantivo, da conformidade das respectivas deliberações ou decisões com a Constituição.

Mais: no limite, os referidos actos partidários podem inclusivamente prospectivar a mutação, sem ruptura, com ruptura pacífica, ou mesmo com ruptura violenta e revolucionária, dessa Constituição, desde que assegurando a existência de independência nacional, de unidade do Estado e de democracia política.

Por consequência, o controlo instituído não surge como um controlo da própria direcção partidária ou do sentido de semelhante direcção.

Apresenta-se antes como um controlo dos pressupostos da mesma, das respectivas condições, e dos necessários antecedentes, e é estabelecido porque a ausência de qualquer fiscalização sobre a actividade dos partidos políticos faria perigar a própria existência e efectividade do sistema democrático.

Na verdade, mesmo se se posicionam num plano anterior e exterior ao da direcção política do Estado, a "democraticidade interna dos partidos é condição indispensável para que estes concorram democraticamente para a determinação

---

[3] PITRUZZELLA, *op. cit.*, p. 33.

da política nacional e se não transformem em máquinas de poder não representativas dos sectores da vida civil"[4].

VI – Os partidos políticos desenham-se, pois, cartesianamente, como sujeitos distintos do Estado.

Como sujeitos dotados de órgãos independentes dos órgãos do Estado.

Como sujeitos cujas funções não podem confundir-se ou sobrepôr-se com as do Estado.

Como sujeitos que não detêm a função política de direcção – ou de *indirizzo político*.

Isto é, numa palavra, como sujeitos de natureza estritamente privatística[5/6].

Desse modo, a intervenção partidária revela-se meramente preparatória e necessariamente extrínseca ao procedimento jurídico-decisional estadual ou, desde logo, ao procedimento directivo político[7/8].

Com efeito, a eleição do líder partidário e a sufragação do respectivo programa recortam-se como meros ante-procedimentos decisórios, só se verificando a projecção jurídica dessa eleição e desse programa quando, saindo da esfera privada do partido político, se penetra no domínio do estadual[9].

Isto é, só se verificando a sua reflexão jurídico-pública plena com a prática dos actos de nomeação e posse do Primeiro-Ministro (arts. 187º, nº 1, e 186º, nº 1) e, em momento subsequente, de apreciação do Programa do Governo (art. 188º)[10].

---

[4] Volpi, *op. cit.*, p. 398.
[5] Por isso "não podem (...) usar (...) emblemas confundíveis com símbolos nacionais" (art. 51º, nº 3), entre outros, os conexos com a bandeira nacional (art. 11º, nº 1).
[6] Diversamente, Romano, *op. cit.*, p. 101: "actividade de Direito Público de sujeitos privados".
[7] No mesmo sentido, Pitruzzella, *op. cit.*, p. 150: "juridicamente são os órgãos do Estado os titulares dos poderes de *indirizzo*, enquanto a actividade dos partidos parece colocar-se numa fase ainda externa ao Estado-aparelho"; e USERA, *op. cit.*, p. 141: os partidos surgem apenas como "preparadores da vontade estadual", e como "passos prévios no processo de formação da orientação política".
[8] Próximo, Crisafulli, *cit. in* Pitruzzella, *op. cit.*,, p. 144: o programa partidário "pertence ao mundo do desejo e não ainda ao mundo do querer".
[9] No mesmo sentido, Silvestri, *op. cit.*, p. 25: importa "distinguir com clareza o programa político, formulado pelos partidos e submetido ao juízo do corpo eleitoral, do *indirizzo político*, entendido como esquema directivo da política geral do Estado (...) enunciado e executado pelos órgãos do Estado-sujeito".
[10] Próximo, Cheli, *op. cit.*, p. 62: a direcção é a "expressão de um programa de partido, traduzido em Programa do Governo".

VII – O referido ante-procedimento partidário, todavia, não se revela integralmente desprovido de efeitos jurídicos.

De um lado, porque contribui para a atenuação da politicidade da intervenção do Presidente da República na designação do Primeiro-Ministro, inviabilizando, nomeadamente, a escolha de uma diferente personalidade dentro do partido vencedor das eleições.

De outro lado, porque comprime o pressuposto da conexão necessária do Primeiro-Ministro com a Assembleia da República, ou mesmo o da eventual exigência de uma experiência governamental anterior.

Mais: no conspecto comparado – e em sistemas pluralistas – a existência jurídica de direcção política partidária e em simultâneo estadual pode, muito excepcionalmente, verificar-se.

Assim, quer em Israel, quer na Irlanda, quer na Islândia, a designação, respectivamente, do Primeiro-Ministro ou dos Presidentes da República, dispensa a realização do sufrágio sempre que os partidos políticos acordem sobre o nome de um único candidato.

Nos mesmos termos, em Itália, os próprios estatutos partidários chegaram a prever os modos de intervenção dos partidos no procedimento de formação do Governo, designadamente quanto aos órgãos partidários competentes para designar os Ministros e os Secretários de Estado, e as próprias maiorias de deliberação nessa co-direcção subjectiva[11].

VIII – Dir-se-ia igualmente existir direcção política subjectiva dos partidos políticos quando a substituição dos respectivos líderes ocorre no decurso do mandato, não sendo portanto sufragada eleitoralmente[12].

E existir direcção política simultaneamente subjectiva e objectiva desses partidos políticos quando à substituição se encontra associada uma mudança do sentido do Programa do Governo.

Mas semelhantes asserções não se apresentam verdadeiras.

Desde logo, porque, seja qual for o fundamento da substituição do Primeiro-Ministro, deverão sempre verificar-se a dissolução do Parlamento e a inerente realização de novas eleições.

Depois, porque, ainda que tais eleições não ocorram, a designação do novo Primeiro-Ministro e a elaboração do seu Programa do Governo não podem deixar de ter por referência o sufrágio popular que os antecede.

---

[11] PITRUZZELLA, *op. cit.*, p. 107.
[12] Sobretudo nos casos de necessidade sequente a uma emergência ou a um facto imprevisível, e sem que seja politicamente viável a convocação de um Congresso.

Efectivamente, em caso contrário, o Primeiro-Ministro mediatamente designado padeceria de uma legitimidade enfraquecida, que se reflectiria necessariamente no seu subsequente desempenho funcional.

IX – Numa óptica política, a problemática da articulação entre o partido e o Estado, bem como das suas repercussões em sede de directiva – ou de *indirizzo* – perspectiva-se de modo distinto[13].

Pode então advogar-se que o partido político e, endo-partidariamente, o seu líder e virtual candidato a Primeiro-Ministro, detêm o impulso primeiro da função de direcção política constituída[14] – e, até, da própria função de direcção constitucional[15].

Pode sustentar-se que esse líder partidário emerge como o impulsionador primário da direcção política do futuro líder do Governo, porque é o portador de uma nova ou continuada ideia de direcção partidária e de uma virtual ideia de direcção política estadual.

A sua eleição e a ratificação dessa direcção programática nos tradicionais congressos ou convenções revelam, ademais, uma progressiva analogia com as eleições primárias dos sistemas de governo presidenciais, designadamente quando se verifica a eleição directa do líder pela própria comunidade de militantes, sem mediação de quaisquer órgãos ou representantes.

Pode até defender-se que a intervenção fáctica partidária não se esgota numa pré-função política de direcção, configurando, igualmente, a existência de uma pré-função política de controlo da efectividade de tal pré-direcção política.

Na verdade, se esse impulso, se essa projectiva direcção política, postula a existência de unidade, quer por razões de eficácia, quer em nome de um *marketing* político permanentemente presente e que não desconhece a relevância eleitoral de tal unidade, os instrumentos partidários vocacionados para a prossecução desse desiderato são então de dois tipos.

Em primeiro lugar, uma verdadeira disciplina semi-militar[16] partidária interna, disciplina que encontra subsequente tradução estadual plena na previsão constitucional expressa de um princípio de solidariedade entre os membros

---

[13] Qualificando o partido político como "estrutura informal de poder", BERTSCH, CLARK, WOOD, *op. cit.*, p. 111.
[14] Próximo, GUERRA, *op. cit.*, p. 93: "só os partidos estão em condições de formular os programas de política nacional, que se legitimam como programação política do Estado na medida em que são sustentados pelos votos da maioria dos eleitores".
[15] Próximo, NADALES, *op. cit.*, p. 81: "esta função de impulso não reside na esfera orgânica do Estado, já que depende em grande parte do processo dinâmico do sistema de partidos".
[16] CROSSMAN, *op. cit.*, p. 180.

do Governo (art. 189º), mas que é igualmente inseparável do normal funcionamento de uma Assembleia da República hetero-dirigida pelo Primeiro-Ministro.

Em segundo lugar, um efectivo secretismo do funcionamento partidário, secretismo que encontra de novo correspondência mais vincada no que se refere ao Governo, mas que não é também inteiramente alheio ao que se verifica – sobretudo em sede de Comissão – quanto à própria Assembleia da República.

X – O procedimento de decisão intra-partidário assume pois, politicamente, uma relevância superior à do próprio procedimento directivo estadual, que surge, nas suas várias instâncias, como um modo de mera formalização de semelhante decisão unitária[17/18].

E, por consequência, os modernos sistemas de governo e sistemas partidários aproximam-se, sem qualquer excepção, de um verdadeiro conjunto de centralismos democráticos fácticos[19].

Mais: de centralismos democráticos fácticos geneticamente múltiplos que, como resultado do sufrágio eleitoral, se reduzem supervenientemente, em cada momento e em cada legislatura específicos, a um único.

O centralismo do partido político que detém a maioria na Assembleia da República, do partido que se encontra representado no Governo e do partido de que é originário o Primeiro-Ministro.

O centralismo em razão do qual, em caso de dissídio com o líder ou com o respectivo Programa, aos membros desse partido, aos remanescentes membros do Governo e ainda aos Deputados, apenas restam a submissão ou a demissão.

O centralismo que conduz a que quer a dissensão partidária, quer a cisão partidária, se revelem, sem excepção, mal sucedidas.

O centralismo que, por fim, implica a efectiva captura política pelos partidos da principal função jurídica do Estado, a função política de direcção – ou de *indirizzo politico* – colocando em crise profunda a essência do sistema de governo democrático e, inerentemente, o próprio núcleo fundamental da democracia.

---

[17] No mesmo sentido, PITRUZZELLA, *op. cit.*, p. 43: "os parlamentares (...) limitam-se, pelo menos quando estão em jogo questões políticas de importância crucial, a transferir para o interior da Assembleia decisões já pré-determinadas no próprio partido"; e AMATO, *op. cit.*, p. 360: "transformando os órgãos institucionais em meros terminais das escolhas dos partidos".
[18] Próximo, LOEWENSTEIN, *op. cit.*, p. 204: "a soberania reside nos partidos políticos".
[19] Próximo, BENEMY, *op. cit.*, p. 243: "o Parlamento e o Executivo são como duas máquinas conduzidas pelo mesmo motor – o partido. A máquina não é muito diferente neste aspecto do sistema de partido único. Legislativo e Executivo são o sistema constitucional; mas, na verdade, o partido exerce o poder sozinho".

REFERÊNCIAS

AMATO, Giuliano – *Un Governo nella transizione. La mia esperienza di Presidente del Consiglio.* In: Quaderni Costituzionale, nº 3, 1994.

BENEMY, F. W. G. – *The elected monarch. The development of the power of the Prime Minister,* Londres, 1965.

BERTSCH, Gary; CLARK, Robert; WOOD, David – *Comparing political systems: power and policy in three worlds.* Nova Iorque, Toronto, 1978.

CHELI, Enzo – *Atto politico e funzione di indirizzo politico,* Milão, 1961.

CIARLO, Pietro – *Mitologie dell' indirizzo politico e identità partitica,* Nápoles, 1988.

FERRARA, Gianni – *Indirizzo politico e forze politiche nel "contributo" de Martines.* In: Indirizzo politico e Costituzione. A quarent'anni dal contributo di Temistocle Martines, Milão, 1998.

GUERRA, Luís López – *Sistemas de legitimación parlamentaria y legitimación democratica del Gobierno: su aplicación a la Constitución española.* In: Revista Española de Derecho Constitucional, nº 23, 1988.

LOEWENSTEIN, Karl – *La Constitucion en vivo: teoria y prática.* In: El Gobierno: Estudios Comparados (Blondel, Duverger, Finer, Lipset y otros), Madrid, 1951.

NADALES, Antonio Porras – *La función de gobierno: su ubication en un emergente sistema de Estado pós-social.* In: Revista de Estudios Políticos, nº 56, 1987.

PITRUZZELLA, Giovanni – *Il Presidente del Consiglio dei Ministri e l'organizzazione del Governo,* Pádua, 1986.

RODRIGUES, L. Barbosa – *Sistemas políticos europeus comparados – Reino Unido, Alemanha, Espanha, França e Itália,* Porto, 2011.

ROMANO, Antonio – *La formazione del Governo,* Pádua, 1977.

SILVESTRI, Gaetano – *Introduzione.* In: Indirizzo politico e Costituzione. A quarent'anni dal contributo di Temistocle Martines, Milão, 1998.

SOUSA, Marcelo Rebelo de – *Os partidos políticos no Direito Constitucional português,* Braga, 1983.

SPADARO, Antonino – *Indirizzo politico e sovranità. Dal problema dell' "effectività" della democrazia (la lezione di Martines) a quello dei "limiti" alla democrazia (la lezione della storia).* In: Indirizzo politico e Costituzione. A quarent'anni dal contributo di Temistocle Martines, Milão, 1998.

STERN, Klaus – *Derecho del Estado de la República Federal Alemana,* Madrid, 1987.

USERA, Raul Canosa – *La actividad de orientación política. Su relevancia constitucional.* In: Revista de Estudios Políticos, nº 67, 1990.

Delitos ambientais cumulativos: direito penal preventivo?

MADALENA PERESTRELO DE OLIVEIRA
Assistente convidada da Faculdade de Direito de Lisboa

§ 1º Apresentação do problema

A moderna sociedade de risco[1] e o carácter global dos interesses ambientais têm levado a uma tendência expansiva de atribuição de responsabilidade[2], tanto no campo do direito civil, como no do direito penal. A atenção despertada pela necessidade de uma «ética orientada para o futuro»[3] revelou um novo protagonista no domínio dos danos ambientais: o «actor colectivo». De acções mínimas podem resultar danos globais se houver uma acumulação de actos individuais em quantidade inumerável e com uma frequência devastadora.

Perante isto, propomo-nos defender a «capacidade de ressonância do direito penal à figura da acumulação»[4/5], *i.e.*, a possibilidade de o direito penal regular

---

[1] Ideia introduzida por ULRICH BECK, que salienta também que os conceitos de «ecologia» e de «natureza» não são mais do que conceitos culturais, que, por isso mesmo, estão constantemente a ser redescobertos. Cf. ULRICH Beck, *World Risk Society*, Oxford, 2000 (reimpr. da ed. de 1999), p. 21.
[2] Cf. ALCÁCER GUIRAO, «La protección del futuro y los daños cumulativos», *em Revista Electrónica de Ciencia Penal y Criminología*, nº 4, 2002, p. 7, disponível em http://criminet.ugr.es/recpc/recpc_04-08.pdf.
[3] Cf. HANS JONAS, *El principio de responsabilidad: ensayo de una ética para la civilización tecnológica*, Madrid, 1995, p. 42. No entanto, a ideia de uma «ética orientada para o futuro» não implica que se trate de uma ética no futuro, mas, sim, de uma ética actual, preocupada com as consequências futuras de acções presentes.
[4] A expressão é de SILVA DIAS, «"What if everybody did it?": Sobre a "(in)capacidade de ressonância" do direito penal à figura da acumulação», separata da RPCC, nº 13, 2003, pp. 303-345, embora conclua pela incapacidade de ressonância.
[5] Constitui pressuposto do nosso trabalho a legitimidade, em geral, da intervenção penal no domínio ambiental, sem prejuízo do seu carácter de *ultima ratio*, nomeadamente, por confronto com a tutela contra-ordenacional. Sobre as vantagens e inconvenientes das duas formas de tutela,

processos sistémicos e macrosociais[6], ao contrário do que tem sido defendido pela «escola de Frankfurt». O problema que se coloca com maior intensidade é o de saber se o especial «enfraquecimento» da relação entre a acção e o bem jurídico obriga a «estruturas novas e atípicas de imputação particularmente questionáveis»[7].

§ 2º Valores e interesses

O verdadeiro alcance do direito do ambiente só pode ser determinado por referência aos seus princípios estruturantes. Na análise da legitimidade e capacidade de o direito penal criminalizar os delitos cumulativos deve ser feito um juízo de ponderação dos princípios ambientais e penais. Assim, por exemplo, a nossa solução há-de ser orientada pelo princípio do desenvolvimento sustentável, expressamente consagrado no art. 66º, nº 2, CRP, que estabelece que na tomada de qualquer decisão jurídica de natureza económica devem ser consideradas as consequências para o meio ambiente[8]. Quer dizer, para que uma medida económica seja levada a cabo, deverá ter benefícios incomparavelmente superiores aos custos ambientais.

Já o princípio da prevenção impõe que, na iminência de uma actuação humana que, comprovadamente, lesará, de forma grave e irreversível, bens ambientais, essa intervenção deva ser travada[9]. Poderíamos, eventualmente, argumentar que este princípio não é específico do direito do ambiente, pois qualquer ramo do direito pretende prevenir a violação das suas normas e os mecanismos sancionatórios só surgem devido à manifesta impossibilidade de o conseguir. Porém, justifica-se a especial atenção, até constitucional, conferida a este princípio no domínio em que nos situamos, dada a natureza única do bem jurídico a tutelar – o ambiente – e as dificuldades da sua recuperação[10]. De facto, em muitos

---

cf. VASCO PEREIRA DA SILVA, «Breve nota sobre o direito sancionatório do ambiente», em MARIA FERNANDA PALMA/AUGUSTO SILVA DIAS/PAULO SOUSA MENDES, *Direito sancionatório das autoridades reguladoras*, Coimbra, 2009, pp. 271-296.

[6] Cf. ALCÁCER GUIRAO, «La proteccion..., cit., p. 11.

[7] Cf. FIGUEIREDO DIAS, «Sobre a tutela jurídico-penal do ambiente – um quarto de século depois», em FIGUEIREDO DIAS/IRENEU BARRETO/TERESA BELEZA/PAZ FERREIRA (orgs.), *Estudos em Homenagem a Cunha Rodrigues*, vol. I, Coimbra, 2001, pp. 371- 392, em especial, p. 389.

[8] Na ordem jurídica internacional, este princípio surgiu associado à Declaração de Estocolmo de 1972 e à Carta da Natureza de 1982. Como nota VASCO PEREIRA DA SILVA, *Verde cor de direito*, Coimbra, 2005, p. 73, este princípio apareceu essencialmente com uma natureza económica, *i.e*, como forma de chamar a atenção para a necessidade de conciliar a preservação do meio ambiente com o desenvolvimento sócio-económico.

[9] Cf. CARLA AMADO GOMES, *A prevenção à prova no direito do ambiente*, Coimbra, 2000, p. 22.

[10] Cf. FIGUEIREDO DIAS, *Tutela ambiental e contencioso administrativo (da legitimidade processual e das suas consequências)*, Coimbra, 1997, pp. 51-53.

casos, depois de consumado, o dano será impossível de remover e, mesmo que a reconstituição natural seja materialmente possível, poderá ser demasiado onerosa. Daí ter surgido uma nova expressão, *Pollution Prevention Pays*, com a sigla, em inglês, propositadamente igual à do princípio do poluidor-pagador (PPP)[11].

O princípio da precaução, apesar das reticências suscitadas na doutrina quanto à sua autonomia[12], significa que o ambiente tem a seu favor um princípio de *in dubio pro* ambiente, *i.e.*, na dúvida sobre a perigosidade de uma certa actividade, decide-se a favor do ambiente contra o potencial poluidor[13].

---

[11] Cf. CLÁUDIA MARIA CRUZ SANTOS/FIGUEIREDO DIAS/MARIA ALEXANDRA DE SOUSA ARAGÃO, *Introdução ao direito do ambiente*, Lisboa, 1998, pp. 44 ss.

[12] Cf. VASCO PEREIRA DA SILVA, *Verde...*, cit., pp. 65 e ss. nega a autonomia do princípio da precaução e defende uma noção ampla de prevenção, por razões linguísticas, de conteúdo material e de técnica jurídica. Em primeiro lugar, sendo o direito do ambiente um domínio jurídico novo, deverá procurar evitar-se, tanto quanto possível, equívocos de linguagem. Ora, enquanto em inglês «prevention» e «precaution» não significam a mesma coisa, em português os vocábulos são sinónimos, pelo que não se justifica esta distinção. Segundo, os critérios de distinção entre os dois princípios são variáveis. Para uns, trata-se de uma exigência de ponderação jurídica que considera a dimensão ambiental dos fenómenos, enquanto outros fazem uma distinção eco-fundamentalista. A distinção destes princípios fundada na diferença existente entre «perigos», decorrentes de causas naturais, e «riscos», provocados por acções humanas, é questionável, já que as lesões ambientais são o resultado de um concurso de causas em que é impossível distinguir rigorosamente factos naturais e comportamentos humanos (basta pensar no exemplo das inundações). Também a distinção que parte da diferença entre carácter actual ou futuro dos riscos deve ser questionada, visto uns e outros se encontrarem interligados. Do mesmo modo, a recondução da precaução a um princípio «in dubio pro natura» não é adequada. Se se tratar apenas de um princípio de consideração da dimensão ambiental dos fenómenos, integrará o princípio da prevenção, pelo que a sua autonomização deixa de fazer sentido. Também não poderemos encarar este princípio como uma verdadeira presunção que obriga quem inicia uma actividade a fazer prova de que não existe qualquer perigo de lesão ambiental, porque representaria uma inadmissível restrição à iniciativa económica. Não pode exigir-se o ónus de provar que a actividade a desenvolver não vai provocar qualquer lesão ambiental, uma vez que até as medidas amigas do ambiente comportam alguns riscos ambientais. Por fim, como a Constituição eleva o princípio da prevenção à categoria de garantia constitucional, a adopção de uma noção ampla de prevenção será sempre a via mais eficaz para tutelar os valores ambientais. Já CARLA AMADO GOMES, «Dar o duvidoso pelo (in) certo? Reflexões sobre o "princípio da precaução"», *em Textos dispersos de direito do ambiente*, Lisboa, 2005, pp. 141-174, em especial, pp. 152 ss., agrupa as dificuldades operativas da ideia de precaução com factores de outras ordens: sociológica, política, económica, jurídica, científica e ecológica.

[13] Cf. CLÁUDIA MARIA CRUZ SANTOS/FIGUEIREDO DIAS/MARIA ALEXANDRA DE SOUSA ARAGÃO, *Introdução...*, cit., pp. 48 ss. A dúvida sobre a perigosidade de uma dada acção para o ambiente pode existir em várias circunstâncias: (i) quando ainda não se verificaram quaisquer danos decorrentes dessa actividade, mas se receie que venham a ocorrer, (ii) quando já houve danos para o ambiente, mas não há conhecimento científico de qual causa que está na sua origem, ou (iii) quando, apesar de haver danos provocados ao ambiente, não há provas científicas sobre o nexo de causalidade entre uma determinada causa hipotética e os danos verificados.

Da conjugação destes princípios resulta a necessidade de desenvolver os meios de tutela jurisdicional dirigidos ao ambiente[14]. Se há um determinado bem comunitário que é considerado valioso e se a sociedade sente necessidade de o proteger, então, o direito deve intervir para regular a sua gestão, limitar a sua utilização e impedir a sua destruição[15]. Daí que possamos, hoje, falar num verdadeiro «Estado ambiente» ou «Estado protector do ambiente», como forma de acentuar o relevo do problema ambiental na configuração do actual Estado de Direito[16].

Porém, os aspectos apontados são apenas princípios. O que caracteriza as «normas de princípio» e as distingue das «normas regra», como explica ALEXY[17], é o facto de o princípio apenas indicar um «sentido de regulação», apontando – mas sem determinar necessariamente – uma solução a considerar: apenas implica uma regulação *prima facie*, não definitiva[18], apresentando razões que podem ser afastadas por outras opostas, reclamando-se um *juízo de ponderação*[19]. Tal juízo envolve o estabelecimento de uma *relação de precedência condicionada*, ou seja, tomando em conta o caso, indicam-se as condições sobre as quais um princípio precede outro[20]. Assim, é importante determinar se os princípios acima enunciados devem, em concreto, prevalecer sobre os princípios da imputação penal que de seguida se analisam e justificar a punição dos delitos cumulativos.

§ 3º Os delitos cumulativos: violação do princípio da culpa?

Alguns Autores[21] afirmam que a punibilidade dos delitos cumulativos esbarra com o princípio da culpa, numa dupla vertente. O princípio seria contrariado,

---

[14] Assim o nota FIGUEIREDO DIAS, *Tutela...*, cit., p. 53.

[15] Cf. TIAGO ANTUNES, *Singularidade de um regime ecológico. O regime jurídico da rede natura 2000 e, em particular, as deficiências da análise de incidências ambientais*, separata de Estudos em Homenagem ao Prof. Doutor Sérvulo Correia, 2010, pp. 365-415, em especial p. 367, a propósito da protecção da biodiversidade.

[16] Cf. VASCO PEREIRA DA SILVA, *Da protecção jurídica ambiental – os denominados embargos administrativos em matéria de ambiente*, Lisboa, 1997, p. 5.

[17] *Teoría de los Derechos Fundamentales* (trad. espanhola da ed. alemã de 1993), Madrid, 2002, pp. 81 e ss.

[18] Por isso, os princípios apresentam uma «capacidade ordenatória» particularmente alargada (por confronto com as regras), que lhes permite realizar, relativamente ao conjunto normativo, tarefas de organização, de identificação e de consistência que as regras, em virtude da sua especificidade normativa, não podem realizar. Cf. DAVID DUARTE, *A Norma de Legalidade Procedimental Administrativa*, Coimbra, 2007, p. 128.

[19] Diferentemente do que sucede com as regras que se aplicam em termos de «tudo ou nada» (*all or nothing fashion*). Cf. DWORKIN, *Taking Rights Seriously*, Cambridge, 2002, p. 24.

[20] Trata-se de questão que já analisámos em MADALENA PERESTRELO DE OLIVEIRA, «Conflitos de princípios na repartição da competência material dos tribunais: os casos *aut-aut* e *et-et*», *O Direito*, ano 142º, 2010, III, pp. 593-615.

[21] É o caso de SILVA DIAS, «"What if..., cit., p. 340.

por um lado, enquanto exigência de imputação do facto ao agente como obra sua e, por outro, como princípio que faz depender a sua punibilidade de uma censura estritamente pessoal, fundada no facto danoso. Na primeira vertente, só poderão ser imputadas como típicas as condutas que representem a criação ou o aumento de um risco previsível e juridicamente desaprovado de realização do evento danoso. No caso de delitos aditivos, a perigosidade da conduta decorre apenas da acumulação e não é normalmente previsível para cada um dos agentes. Ora, o conceito de imputação com que lida o direito penal não consente na atribuição de responsabilidade por algo que jamais será produzido por determinada acção, mas, apenas, pela combinação de factores aleatórios e com o concurso de uma pluralidade de agentes que actuam ignorando-se reciprocamente[22]. Também a segunda vertente do princípio da culpa vedaria esta responsabilidade, uma vez que só devem ser punidas aquelas condutas cuja ofensividade seja pessoalmente censurável ao agente. Para se defender a punibilidade de delitos de acumulação teríamos, portanto, de recorrer a originais estruturas de imputação penal.

Uma solução aceitável neste campo pode ser alcançada com estruturas que já estão doutrinariamente consolidadas, como a doutrina da adequação ou da conexão de risco, sem que haja necessidade de acolher estruturas autónomas ou atípicas de imputação[23]. O primeiro argumento no sentido de que a acção não apresenta qualquer risco ou lesividade real pode ser ultrapassado por duas vias. Por um lado, podemos ver os delitos cumulativos como delitos de resultado, o que implicaria exigir, para a sua punição, um resultado específico, consequência deste tipo de acções[24]. É certo que este argumento poderá ser meramente

---

[22] Cf. SILVA DIAS, «"What if...», cit., p. 341.
[23] Cf. FIGUEIREDO DIAS, "Sobre a tutela...", cit., p. 391. No direito civil, ANA PERESTRELO DE OLIVEIRA, *Causalidade e imputação na responsabilidade civil ambiental*, Coimbra, 2007, pp. 104 ss., defende a admissibilidade da causalidade cumulativa, que resultaria numa responsabilidade solidária de todos os intervenientes, sem prejuízo do direito de regresso, cujo exercício permitirá, nas relações internas, demonstrar diferente proporção de responsabilidade, apesar da presunção de igualdade dos contributos. A imputação do dano ambiental a todos os agentes justificar-se-ia porque cada agente, por definição, aumenta o risco de verificação do facto total. Além disso, o princípio da prevenção obrigaria a que não se exigisse o conhecimento do contributo dos demais agentes, mas uma mera consciência (difusa) da aptidão danosa potencial do facto, seja de forma isolada, seja conjugadamente com o facto de terceiros. Por fim, se o recurso à ideia de risco visa, no direito do ambiente, permitir a imputação naqueles casos em que o recurso à *conditio sine qua non* não o permitiria, e se nos casos de causalidade cumulativa a *conditio* resolveria correctamente o problema (responsabilizar todos os agentes), então, não faria sentido que a teoria da conexão do risco funcionasse, neste domínio, contra o ambiente.
[24] Assim, LOTHAR KUHLEN, «Umweltstrafrecht – auf der Suche nach einer neuen Dogmatik», *em Zeitschrift für die gesamte Strafrechtswissenschaft*, nº 105, 1993, pp. 697-726.

«retórico»[25], uma vez que apenas descreve o delito em causa, sem o legitimar. Permanece ainda a dúvida sobre o fundamento da sua punição quando a acção individual do agente representa uma contribuição mínima para o dano global?

Apesar de afirmar que estes delitos implicam uma verificação concreta de uma deterioração do bem jurídico protegido, KUHLEN – o grande defensor dos delitos cumulativos – considera que estes não podem ser vistos como delitos de lesão, implicando um grau de perigo inferior ao dos delitos de perigo abstracto[26]. De facto, não se poderá negar o paralelismo de situações[27], pois que se trata de delitos em que a relação entre a acção e o bem jurídico é longínqua e nebulosa.

A constitucionalidade dos crimes de perigo abstracto já foi discutida pelo Tribunal Constitucional no acórdão nº 426/91, de 6 de Novembro, a propósito do crime de tráfico de estupefacientes, o qual se prenuncia no sentido da legitimidade da antecipação da tutela penal, desde que não se perca de vista a função de protecção dos bens jurídicos, que constitui o fundamento legitimador de qualquer sistema jurídico-penal característico de um Estado de Direito. A necessidade de previsão de crimes de perigo abstracto é explicável pela complexidade que surge em alguns domínios da vida. Ora, a compatibilidade deste tipo de crime com a Constituição dependerá, decisivamente, da razoabilidade de antecipação da tutela penal quando se incriminam acções com particular aptidão para serem elementos do processo causal dos danos, neste caso, ligadas ao ambiente[28].

Por outro lado, a escassa relevância do contributo do agente para o dano global não é argumento determinante para não punir estes delitos. É apenas questão a ser analisada em sede de medida concreta da pena e, não, de violação do princípio da culpa.

A legitimidade última para aplicar uma pena a condutas de lesividade insignificante será a necessidade de exercer uma protecção efectiva das condições das gerações futuras. Como refere ALCÁCER GUIRAO, o fundamento da punibilidade encontra-se no juízo de prognose realista de que serão realizadas, no futuro, acções semelhantes por outros agentes, o que constitui um funda-

---

[25] Cf. ALCÁCER GUIRAO, «La protección...», cit., p. 14.
[26] Cf. KUHLEN, «Umweltstrafrecht...», cit., p. 714. O Autor defende que o direito penal ambiental deve renunciar à exigência de uma lesão do bem jurídico e que os tipos penais mais relevantes, como a contaminação das águas, nem devem exigir uma relação de perigo abstracto entre a acção individual e o bem protegido. A dificuldade de determinação da efectiva diminuição do valor do bem jurídico teria de ser analisada como questão de prova.
[27] Cf. FIGUEIREDO DIAS, «O papel do direito penal na protecção das gerações futuras», em *Direito penal económico e europeu. Textos doutrinários*, vol. III, Coimbra, 2009, pp. 603-614, em especial, p. 613.
[28] Cf. Ac. TC nº 426/91, de 6 de Novembro, em *Acórdãos do Tribunal Constitucional*, 20º vol., 1991, pp. 423-452.

mento «ex iura tertii»[29], que o Autor reconhece que deve ser rejeitado face aos actuais pressupostos de imputação penal. Perante isto, restaria defender que o único critério de lesividade susceptível de aplicação prática seria a determinação, pelo legislador, de um volume máximo de poluição, «arbitrária e formalmente fixado»[30], *i.e.*, o legislador ordinário, depois de comprovar que a acção seria praticada em tão grande número que teria graves efeitos danosos, tomaria a decisão de a incriminar, mesmo quando a acção individual não produza danos. A partir daqui, defende KUHLEN[31], a questão resumir-se-á a apurar se a conduta realiza ou não o ilícito típico. Solução semelhante é acolhida por HEFENDEHL[32], para quem, sendo este um caso de responsabilidade por facto alheio, só poderá ser punido se no tipo penal não se fizer qualquer referência ao contributo de terceiros. No fundo, teria sempre de ser a lei a consagrar os tipos cumulativos. Encontrando-se estes previstos na lei, o problema ficaria confinado a uma questão de tipicidade.

Esta posição é criticada por SILVA DIAS por levar a crer que, se o contexto cumulativo não foi referido na composição do tipo, então, não se levantará qualquer problema na apreciação da punibilidade concreta, o que conduziria a uma «ruptura lógica entre discurso de fundamentação [...] e de aplicação»[33]. Permanece, ainda, em aberto a legitimidade do direito para punir os delitos cumulativos.

Antes de mais, importa questionar o seu fundamento à luz da legitimidade, em termos genéricos, da imposição de uma pena.

§ 4º Fundamento da imposição de uma pena em caso de delitos cumulativos

O discurso jurídico-penal no domínio dos delitos aditivos reflecte o confronto entre dois modelos de Direito Penal: o Direito Penal do reconhecimento recíproco, que assenta numa legitimação de base intersubjectiva e o Direito Penal sistémico, que privilegia a preservação e estabilização do organismo ou totalidade social[34].

Toda a pena, na medida em que priva um indivíduo da sua liberdade, é um mal imposto ao delinquente, o que significa que a sua legitimidade tem de ser especialmente forte e que a sua utilização resultará sempre de uma ponderação dos efeitos positivos que possa trazer. Mesmo KÖHLER, com a sua moderna

---

[29] Cf. ALCÁCER GUIRAO, «La protección...», cit., p. 14.
[30] Cf. ALCÁCER GUIRAO, «La protección...», cit., p. 16.
[31] «Umweltstrafrecht...», cit., pp. 718 e 719.
[32] *Kollektive Rechtsgüter im Strafrecht*, Köln-Berlin-Bonn-München, 2002, pp. 183 ss.
[33] Cf. SILVA DIAS, «"What if...», cit. p. 343.
[34] Cf. SILVA DIAS, «"What if...», cit., p. 321.

teoria da retribuição, afirma que a pena é uma necessidade categórica de um Direito penal aberto à liberdade, mas a sua finalidade é negar o delito, *sem ser um mal empírico*. O objectivo seria restaurar a validade das relações jurídicas[35]. Os pressupostos da teoria de LUHMANN[36] abrem a porta a infindáveis estudos em torno da teoria da prevenção geral positiva, que tentam encontrar algum tipo de racionalidade na imposição de uma pena. Os traços gerais da teoria dos sistemas estão, em boa medida, reflectidos em JAKOBS[37], que acentua em

[35] Cf. MICHAEL KÖHLER, *Strafrecht. Allgemeiner Teil*, Berlim, 1997, pp. 37 e ss., em especial, pp. 51 e 52.
[36] «Os homens não podem comunicar. Apenas a comunicação pode comunicar»: é o pressuposto da teoria dos sistemas de LUHMANN (Cf. LUHMANN, *Soziologische Aufklärung*, Wiesbaden, 2005, pp. 39 e ss.), que tanto «escândalo» causou entre a doutrina. A expressão é de ARMIN NASSEHI, «La diferencia de la comunicación y la comunicación de la diferencia. Acerca de los fundamentos teórico-comunicativos en la teoría de la sociedad de LUHMANN», em AAVV, *Teoría de sistemas y derecho penal* (coord.: CARLOS GÓMEZ-JARA DÍEZ), Colômbia, 2007, pp. 37 ss., que acusa a teoria de questionar a auto-compreensão fundamental da modernidade e todas as evidências empíricas. Problematiza a teoria com a pergunta: «Por acaso não sou eu, o autor deste texto, um homem?» É comum apontar-se que as normas jurídicas não estão desligadas umas das outras, mas que estão numa conexão multímoda, em forma de sistema normativo. Cf., *v.g.*, LARENZ, *Metodologia da Ciência do Direito* (trad. port.), Lisboa, 1997, pp. 621 e ss. Esta é a concepção generalizadamente aceite por autores como LARENZ ou CANARIS. Cf. CANARIS, *Pensamento sistemático e conceito de sistema na ciência do Direito*, Lisboa, 1989. Mas, e se o conceito de "sistema" não corresponder a um conjunto de normas, mas sim a um sistema comunicativo? É precisamente esta a ideia introduzida por LUHMANN, que vem alterar radicalmente o paradigma na teoria geral dos sistemas: passa-se de sistemas de normas a sistemas comunicativos e introduz-se a ideia de sistemas fechados. Este passo marca o início dos estudos sobre a auto-organização e dá origem ao conceito de *autopoiesis*. O conceito de autopoiesis foi, inicialmente, uma construção dos biólogos HUMBERTO R. MATURANA/FRANCISCO J. VARELA, *The Tree of Knowledge: The Biological Roots of Human Understanding*, Boston & London, 1992, pp. 43-52, que, questionando-se sobre o que é um sistema vivo, acabam por chegar à conclusão que aquilo que define um sistema vivo individual é a autonomia e a constância das relações entre os elementos constitutivos desse sistema. Organizar-se-iam de forma *auto-referencial*, uma vez que a sua ordem interna é gerada a partir da interacção dos seus próprios elementos, e *auto-reprodutiva*, no sentido de que os elementos são produzidos a partir da mesma rede de interacção circular e recursiva. Os seres humanos são organizações autopoiéticas que se «auto reproduzem continuamente». Um sistema autopoiético constitui um sistema auto-referencial, *i.e.*, Um sistema em que os seus elementos são produzidos e reproduzidos pelo sistema graças a uma interacção circular e fechada. Cf. LUHMANN, *Sociedad y sistema: la ambición de la teoría* (trad. esp.), Barcelona, 1997, pp. 90 e 91. São sistemas capazes de produzir as suas próprias condições originárias de produção, o que os torna independentes do respectivo meio envolvente. A auto-referência é o mecanismo gerador da ordem sistémica («estrutura»), mas também das próprias unidades sistémicas básicas («elementos»). Cf. ENGRÁCIA ANTUNES, em prefácio à obra de GUNTHER TEUBNER, *O Direito como Sistema Autopoiético* (trad. port.), Lisboa, 1989. Por isso, toda a compreensão tem que ver com situações circulares, que remetem para si mesmas. Cf. LUHMANN, *Teoría de la sociedad y pedagogia*, Barcelona, 1996, p. 93.
[37] Optamos por centrar a nossa análise na teoria de JAKOBS e seus discípulos. Porém, existem distintas versões da prevenção geral positiva. São elas as teorias do fim ético-social, do fim de

particular a função comunicativo-simbólica do Direito penal e a sua função de subsistema especializado na estabilização de expectativas de comportamento. Citando expressamente LUHMANN, afirma a função da pena não como forma de evitar lesões de bens jurídicos, mas apenas de *reafirmar a vigência da norma*[38], i.e., a pena faz com que a norma continue a ser um modelo idóneo. Daí que as normas sejam vistas como *expectativas de conduta contrafacticamente garantidas ou estruturas simbólicas generalizadas*. Porém, as expectativas estão sempre sujeitas à decepção. A única maneira de orientar os contactos sociais é assegurar uma continuidade dessas expectativas, função que caberia ao Direito. Partindo destes pressupostos, JAKOBS apenas poderia ver a pena como uma forma de manter a norma como modelo de orientação dos comportamentos sociais. O seu conteúdo será sempre uma reacção à violação da norma, que é conseguida à custa do infractor[39]. Os pressupostos LUHMANNIANOS no pensamento de JAKOBS são evidentes[40]. Se o ordenamento jurídico é auto-referencial e autopoiético nunca poderia comunicar com o indivíduo. A função da pena, então, nunca poderia ser concebida como de prevenção negativa, porque o Direito não é um sistema de normas dirigidas a indivíduos. O Direito apenas comunica consigo próprio, pelo que nunca poderá ter uma função de orientação de condutas futuras. Consequentemente, a única função lógica da imposição de uma pena seria assegurar perante o próprio ordenamento jurídico que a norma violada continua em vigor. O delito não deve ser entendido como um acontecimento causal no mundo exterior, mas,

---

integração ou do fim de protecção da vigência da norma. Cf. ALCÁCER GUIRAO, «Protecção de bens jurídicos ou protecção da vigência do ordenamento jurídico?», *Revista Portuguesa de Ciência Criminal*, ano 15, nº 4 (Outubro – Dezembro 2005), pp. 511- 555, em especial p. 512. Fazemos tal delimitação por considerarmos, com ALCÁCER GUIRAO, que o fim ético-social de WELZEL ou de MAYER se funda numa *moralização coactiva*, que aspira não só a regular as relações externas da vida social, mas também a conformar o foro interno dos cidadãos com os valores morais da colectividade inscritos nas normas jurídicas. No fundo, estas teorias ferem a autonomia moral da pessoa, identificando a moral individual e a moral colectiva através do Direito. Esta identificação é claramente afastada em LUHMANN, que se preocupa em traçar uma linha de fronteira entre Direito e Moral.

[38] Cf. JAKOBS, *Derecho Penal: Parte General Fundamentos y teoría de la imputación* (trad. esp.), Madrid, 1995, cit., p. 13.

[39] Cf. JAKOBS, "La imputacióm jurídico-penal y las condiciones de vigencia de la norma", em AAVV, *Teoría...*, cit., pp. 205 a 223, em especial, p. 210, onde se afirma que os desvios à norma apenas podem ser corrigidos comunicativamente.

[40] Optamos por não entrar na questão da influência que o pensamento de HEGEL exerceu em JAKOBS, por entendermos que tem menor relevância na construção da teoria da prevenção geral positiva. É uma influência assumida por este autor, mas que não implica uma concepção de Estado como «universo ético». Ao contrário de HEGEL, JAKOBS não vê o Estado como a instituição que administra a «objectividade, verdade e ética». Na melhor das hipóteses, garante as condições externas para que isso aconteça.

sim, como comunicação, *i.e.*, como «expressão de sentido» (*Sinnausdruck*[41]) de uma pessoa formalmente racional. Este é visto como a expressão de uma norma pessoal do autor com pretensões de reconfigurar a sociedade e a pena, por seu turno, como a resposta da sociedade que desautoriza a actuação do infractor e ratifica a norma violada[42]. Uma infracção normativa não é mais do que uma desautorização da norma.

Esta perspectiva, ainda que parecendo sedutoramente original, não é uma novidade. Já BECCARIA, em 1764, na sua obra *Delitos e Penas*, afirmava que as leis são condições pelas quais os homens independentes e isolados se uniram em sociedade, cansados de viver num contínuo estado de guerra e de gozar de uma liberdade tornada inútil pela incerteza de a conservar. Os homens sacrificaram uma parte da sua liberdade para gozar a restante em segurança e tranquilidade[43]. No fundo, a teoria dos sistemas baseia as suas premissas iniciais na teoria do contrato social[44].

Mas, se a pena é concebida apenas como uma comunicação com o ordenamento jurídico, para que essa função comunicativa seja cumprida não bastará qualquer tipo de comunicação, por exemplo uma mera sentença? Será necessário aplicar uma pena a quem individualmente não levou a cabo uma conduta lesiva, mas apenas potencialmente lesiva, caso se verifique um cenário de acumulação? Não se veria por que encarcerar alguém, quando a sentença cumpriria função de comunicar ao sistema que a norma continua em vigor[45]. JAKOBS, mais recentemente[46], respondeu a esta crítica, acentuando a necessidade de observar tanto a relação de reciprocidade entre acto punível e pena – no plano comunicativo – como a capacidade do autor para configurar objectivamente o mundo. O autor, com os seus actos, comunicou que considerava que aquela norma não deveria estar em vigor, como também reconfigurou a sociedade. Assim, produz-

---

[41] Cf. HEIKO LESCH, *Der Verbrechensbegriff. Grundlinien einer funktionalen Revision*, Köln, Berlin, Bonn, München, 1999, p. 211.
[42] Cf. ENRIQUE BACIGALUPO ZAPATER, «Sobre el derecho penal y su racionalidad», em AAVV, *Teoría...*, cit., pp. 351-371, em especial p. 364.
[43] Cf. BECCARIA, *De los delitos y las penas*, Madrid, 1986, p. 45.
[44] Basta pensarmos em HOBBES para quem a «guerra de todos contra todos» é a consequência inevitável do estado de liberdade natural. Daí que, em nome da segurança, se forme uma sociedade ou Estado, resultante de um contrato social. A função do soberano nessa sociedade será garantir aos súbditos que se respeitarão as condições do pacto social, eliminando a suspeita razoável de que os demais não respeitarão o cumprimento dos seus acordos. Cf. THOMAS HOBBES, *Elementos de Derecho Natural y Político*, Madrid, 1979, *passim*.
[45] Cf. CARLOS GÓMEZ-JARA DÍEZ, «Teoría de sistemas y derecho penal: culpabilidad y pena en una teoría constructivista del derecho penal», em AAVV, *Teoría...*, cit., p. 454.
[46] *Normativización*, pp. 52 e ss, *Revista Peruana de Doctrina y Jurisprudencia Penales*, apud CARLOS GÓMEZ-JARA DÍEZ, «Teoría...», cit., p. 455.

-se uma *dupla objectivização*: uma no plano simbólico da sua conduta e outra no mundo exterior. Vistas as coisas deste modo, se a pena apenas permanecesse no plano do simbolismo comunicativo – só na sentença que simboliza a incorrecção da conduta –, haveria um défice de objectivação. Por isso, a pena tem de objectivar as duas dimensões: o plano simbólico e o plano físico. Também a resposta confirmativa da vigência da norma supõe uma configuração definitiva do mundo exterior.

Porém, julgamos que esta resposta não é inteiramente satisfatória[47]. Na formulação de JAKOBS, a imposição de uma pena parece resultar da segunda objectivização, *i.e.*, daquela que se produz no mundo exterior, e não da objectivização que ocorre no plano comunicativo. Mas como podemos considerar esta perspectiva aceitável quando, num sistema comunicativo, como é o sistema jurídico, a informação apenas pode ser gerada por este mesmo? Como se produz esta *dupla objectivização* quando, na realidade, o meio envolvente não pode transmitir informação ao sistema? Julgamos que, aqui, nos devemos afastar dos últimos escritos de JAKOBS, em que este distingue significado (*Bedeutung*) e fim (*Zweck*) da pena. Na perspectiva que aqui adoptamos, apenas a vertente comunicativa tem relevância informativa. Assim sendo, a crítica anteriormente descrita somente poderá ser ultrapassada com um desenvolvimento da vertente comunicativa do Direito penal. Em termos gerais, passamos de uma retribuição funcional para uma retribuição comunicativa, adoptando uma *teoria dos meios de comunicação simbolicamente generalizados*[48]. O primeiro meio de comunicação seria a linguagem, graças à qual, precisamente, se criam novas possibilidades de comunicação que, paradoxalmente, levam a um acréscimo de possibilidades de negação da comunicação. Para aumentar as possibilidades de êxito da comunicação desenvolveram-se, ao longo da evolução da sociedade, meios de comunicação simbolicamente generalizados. A ideia é que estes meios ampliam a probabilidade de êxito da comunicação, facultando uma combinação, altamente improvável entre selecção e motivação[49]. A pena significa, então, um incremento da probabilidade de êxito da comunicação «a norma continua em vigor».

Diversamente de SILVA DIAS, que considera que o contributo singular «não revela a deslealdade comunicativa»[50] que justifica a censura penal, parece-nos

---

[47] Acompanhamos, portanto, algumas das críticas formuladas por ENRIQUE PEÑARANDA RAMOS, «Sobre la influencia del funcionalismo y la teoría de sistemas en las actuales concepciones de la pena y del concepto de delito», em AAVV, *Teoría...*, cit., pp. 253 a 284, também publicado em Doxa, nº 23, 2001, disponível em http://www.cervantesvirtual.com/servlet/SirveObras/public/12383873132368273109213/Doxa23_12.pdf?portal=0.
[48] É a ideia já introduzida por LUHMANN, *Sociedad...*, cit., *passim*.
[49] Cf. LUHMANN, *Die Gesellschaft der Gesellschaft*, Frankfurt am Main, 1998, pp. 320 e ss.
[50] Cf. SILVA DIAS, «"What if...*, cit., p. 337.

que a conduta individual é suficiente para colocar em causa a norma penal. Esta emite uma mensagem *positiva*: a estabilização da norma através da sanção de condutas desviadas não é apenas um meio de evitar factos puníveis, aparecendo também como funcional para atingir a finalidade mais ampla que é a estabilização da própria sociedade.

Pergunta-se, no entanto, se o direito penal está construído de forma a comportar a punibilidade dos delitos cumulativos. É questão que analisamos de seguida.

§ 5º A passagem do direito penal do bem jurídico para o direito penal do risco: breve nota

O paradigma tradicional do direito penal centra-se numa função de tutela subsidiária de bens jurídico-penais. Porém, tem sido crescentemente questionada a capacidade de este paradigma persistir na moderna sociedade de risco, que exige que a política criminal abandone a função minimalista de tutela de bens jurídicos e aceite uma função promocional e propulsora de valores orientadores da acção humana na vida comunitária[51]. Em ordem a evitar uma irresponsabilidade organizada[52], o direito penal deverá poder reagir contra qualquer contributo significativo para o potencial de perigo.

No entanto, os Autores[53] da «Escola de Frankfurt» consideram preferível manter o âmbito clássico de tutela penal, *i.e.*, os direitos fundamentais dos indi-

---

[51] Cf. FIGUEIREDO DIAS, *Direito Penal*, tomo I, 2.ª ed., Coimbra, 2007, p. 134.

[52] A expressão é de STRATENWERTH, «Zukunftssicherung durch die Mitteln des Strafrechts?», em *Zeitschrift für die gesamte Strafrechtswissenschaft*, nº 105, 1993, p. 8.

[53] Cf., por todos, HASSEMER, *História das ideias penais na Alemanha do pós-guerra*, Lisboa, 1995, pp. 42 ss; HASSEMER, «A preservação do meio ambiente através do direito penal», em *Lusíada, Revista de Ciência e Cultura*, 1996, nº especial, pp. 319-330. Para o Autor, o direito penal do ambiente seria «more of the same» e amplamente contraproducente. Com a criação na Alemanha, em 1980, de um verdadeiro direito penal do ambiente, após a introdução de um novo capítulo do StGB gerou-se um «défice de execução». Esta situação dever-se-ia a uma incapacidade de o direito penal lidar com os problemas ambientais. Seria assim, em primeiro lugar, devido ao fenómeno da acessoriedade administrativa (*Verwaltungsakzessorietät*). A entidade que controla o respeito pelas fronteiras do direito penal deixou de ser o juiz, para passar a ser a Administração, o que faz com que matéria da ilicitude da pena passe a ser objecto de negociação directa entre a Administração e o infractor, de que resulta numa perda de credibilidade do direito penal para a maioria dos cidadãos. Em segundo lugar, a imputação da responsabilidade criminal no domínio ambiental também seria muito duvidosa. Na verdade, escreve o Autor, a imposição de penas não pode ser feita com base em responsabilidades colectivas. Por fim, argumenta que os fins das penas não são aqui atingíveis. Perante estas evidências, HASSEMER acaba por propor um novo ramo do direito: o **direito de intervenção**. Ora, qualquer destes argumentos é refutável. O primeiro fundamenta-se numa descredibilização do direito penal. Porém, a questão deveria ser colocada de forma inversa: qual é a credibilidade de um direito penal que pune o ladrão convencional, mas deixa de fora a

víduos. A protecção perante os mega riscos sistémicos só poderia ser alcançada com o recurso a outros ramos do direito, sob pena de o direito penal se tornar uma *prima* ou *sola ratio* de protecção de bens jurídicos. Para estes Autores, os bens jurídicos modernos apresentariam um conteúdo demasiado indeterminado e diluível no interesse geral. É inadmissível que quando nos afastamos do núcleo duro dos bens jurídicos ancorado no indivíduo, seja então que se passa a verificar um enfraquecimento do direito penal garantista. Este enfraquecimento é uma inversão axiológica, já que, a existir algum afrouxamento do garantismo penal, então, deveria funcionar no sentido oposto: o de facilitar a tutela penal quando nos aproximássemos de âmbitos afectos à pessoa individual[54].

Pelo contrário, há quem defenda uma funcionalização do direito penal à actual sociedade de risco, que seja capaz de lidar com a *fabricated uncertainty*, na expressão de BECK[55]. Fala-se, até, de uma *actuarial justice* que teria a função de regular certos grupos de pessoas «perigosas» como parte de uma estratégia de gestão dos riscos[56]. Indo mais longe, STRATENWERTH preconiza um *direito penal do comportamento*, cujo paradigma se afasta do dano e do perigo de dano, e que deverá aplicar-se a crimes referidos ao futuro, nos quais a construção da ideia de bem jurídico-penal associada à tutela de interesses individuais e concretos não é operacional[57]. Deverá, portanto, existir uma tutela directa de relações ou contextos da vida enquanto tais.

---

criminalidade «moderna»? Quanto ao segundo argumento, demonstramos em texto a possibilidade de adoptar formas flexíveis de imputação objectiva em alguns domínios. Por fim, a teoria dos fins das penas tem aqui plena aplicação, tal como se expõe em § 4º.

[54] Cf. PAULO SOUSA MENDES, *Vale a pena o direito penal do ambiente?*, Lisboa, 2000, p. 173. Para o Autor, a importância atribuída a um bem jurídico nunca constitui argumento suficiente para se proceder à criminalização das condutas susceptíveis de o depreciar. Mesmo considerando a constitucionalização do direito ao ambiente, a Constituição não tem capacidade, nem legitimidade, para impor ao legislador ordinário a criminalização de condutas. Ainda que exista uma tendencial convergência entre elevada dignidade penal e necessidade de tutela penal, o legislador ordinário terá sempre de atender ao princípio da subsidiariedade, que obriga à abstenção do direito penal em todos os casos de suficiência de medidas de protecção extrapenais. Cf. PAULO SOUSA MENDES, *Vale...*, cit., pp. 174 ss. Porém, deve notar-se que esta posição poderá resultar num «direito penal de classes», em que ao ladrão convencional continua a ser aplicada uma pena, enquanto o delinquente ecológico permanece à margem do direito. Cf. SILVA SÁNCHEZ, *La expansión del derecho penal – aspectos de la politica criminal en las sociedades postindustriales*, 2ª ed., Madrid, 2001, pp. 157 e 158.

[55] Cf. ULRICH BECK, *World risk...*, cit., p. 19 ss. Uma sociedade de risco é uma «sociedade de risco global», que enfrenta os perigos produzidos pela civilização, que não podem ser delimitados no espaço ou no tempo.

[56] Cf. FIGUEIREDO DIAS, *Direito...*, cit., p. 138 ss.

[57] Cf. STRATENWERTH, «Zukunftssicherung...», cit.

Numa posição intermédia, aparece, por exemplo, SILVA SANCHÉZ[58] propugnando uma «expansão do direito penal», que se manifestaria numa flexibilização dos princípios político-criminais e das regras de imputação. A protecção penal do ambiente seria o exemplo mais claro desta tendência expansiva, orientada para a protecção de contextos cada vez mais genéricos. O direito penal, que reagia *a posteriori* contra o facto lesivo, converteu-se num direito penal de gestão punitiva de riscos gerais. Nesta medida, o direito penal administrativizou-se. Tradicionalmente, protegia bens concretos em casos concretos, segundo critérios de ofensividade e de imputação individual de acções individuais, enquanto o direito administrativo regulava sectores de actividade, sem ser tão rígido nos critérios de imputação[59], pelo que é essencialmente o direito do dano cumulativo. Mas o direito penal das sociedades pós-industriais tem adoptado também este tipo de raciocínio, o que resultaria na possibilidade de sancionar penalmente os delitos aditivos. Ainda assim SILVA SÁNCHEZ questiona se os «Kumulationsdelikte serão mais do que uma anedota»[60], concluindo que estes são uma consequência natural do processo expansivo do direito penal, mas inadmissíveis quando se trate de impor penas privativas da liberdade.

No fundo, os bens jurídicos no domínio ambiental são efectivamente merecedores de tutela penal, mas esta deve articular-se com outros sectores do ordenamento jurídico, de forma a conseguir delimitar um espaço de intervenção subsidiária onde a necessidade de tutela penal e a sua idoneidade sejam evidentes[61].

Enquanto tal não for plenamente conseguido, continuaremos com um direito penal «virtual», que nem atinge valor simbólico. No actual estado de desenvolvimento, o direito penal do ambiente quase não tem significado. Não opera preventivamente porque a Administração utiliza, preferencialmente, outros meios; não abrange, no seu âmbito legal, as situações mais específicas de dano ambiental, nem diferencia os casos de maior gravidade[62].

Importante é, parece-nos, defender a existência de um cerne do direito penal, no qual devem valer, plenamente, os princípios do direito penal clássico. Porém, deve também existir uma periferia de bens jurídico-penais, dirigida à protecção de novos e grandes riscos, em que os princípios tradicionais se encontrem

---

[58] *La expansión...*, cit.
[59] Cf. SILVA SÁNCHEZ, *La expansión...*, cit., p. 125. Esta é a posição adoptada pelo Autor depois de analisar os critérios clássicos de distinção entre direito penal e administrativo.
[60] Cf. SILVA SÁNCHEZ, La expansión..., cit., p. 131.
[61] Cf. FREDERICO COSTA PINTO, «Sentido e limites da protecção penal do ambiente», *em Direito Penal Económico e Europeu. Textos Doutrinários*, vol. III, pp. 591-601, em especial, p. 601.
[62] Cf. FERNANDA PALMA, «Acerca do estado actual do direito penal do ambiente», *O Direito*, ano 136, I, 2004, pp. 77-86, em especial, pp. 85 e 86.

flexibilizados[63]. Trata-se, na realidade, de um direito penal a duas velocidades, que compatibiliza funcionalidade e garantia, sem que isso resulte num «direito penal máximo»[64]. A protecção do ambiente estará, naturalmente, abrangida pela periferia do direito penal, com critérios de imputação mais flexibilizados.

§ 6º Direito penal de bagatelas?
Justificada a legitimidade da imposição de uma pena nos casos de delitos cumulativos, pergunta-se, ainda, se semelhante solução não implica a punição de bagatelas penais.

A medida de restrição de direitos fundamentais, que é imposta pelo direito penal, tem de corresponder geometricamente à medida da ofensa do bem jurídico tutelado. Aponta-se, por vezes, que não é constitucionalmente legítimo cominar a privação da liberdade se não for socialmente perceptível a danosidade imediata do comportamento. Sem ofensa ou dano de um bem jurídico dotado de referente pessoal, não existe o pressuposto para ameaçar com a restrição do bem jurídico pessoal que é a liberdade[65]. Efectivamente, se este não se verificar, estar-se-ia a punir bagatelas jurídicas.

A esta linha de argumentação levantamos três objecções. Primeiro, a punição penal de delitos cumulativos não resulta, necessariamente, na imposição de uma pena privativa da liberdade. Aliás, como referimos *supra*, há até alguns autores, como SILVA SÁNCHEZ[66], que aceitam que o direito penal incida sobre a acumulação, mas negam a possibilidade de aplicação de uma pena deste tipo[67]. Em segundo lugar, o argumento de que não existe danosidade imediata do comportamento é reconduzível à, eventual, violação do princípio da culpa, que, como vimos, é perfeitamente respeitado.Por fim, dizer que o bem jurídico ambiente não é dotado de referente pessoal é afirmação que carece de fundamentação adicional. Os bens jurídicos colectivos podem dividir-se em dois grupos[68]. Por

---

[63] Aderimos, portanto, à tese de SILVA SÁNCHEZ, *La expansión...*, cit., pp. 158 ss.
[64] Com uma perspectiva crítica das tendências ecléticas no direito penal, cf. BERND SCHÜNEMANN, «Consideraciones críticas sobre la situación espiritual de la ciência jurídico-penal alemana», em *Anuario de Derecho Penal y Ciencias Penales*, tomo XLIX, Janeiro-Abril, MCMXCVI, pp. 187-217.
[65] Cf. SILVA DIAS, «"What if...", cit., p. 333.
[66] *La expansión...*, cit.
[67] KUHLEN, «Umweltstrafrecht..., cit., p. 718 ss., relativiza este argumento perante a exigência de protecção das condições das gerações futuras. Reconhece que a protecção penal de grandes riscos através da regulação de condutas individuais implica, necessariamente, alguma funcionalização dos princípios de imputação próprios do direito penal. Como se escreveu *supra* essa funcionalização é perfeitamente admissível na protecção de bens jurídicos que se encontrem na periferia de protecção do direito penal.
[68] Divisão de ALCÁCER GUIRAO, «La protección..., cit., pp. 18 ss.

um lado, os bens jurídicos intermédios, que não são mais do que um estádio prévio de lesão de bens jurídicos individuais, pelo que se poderão reconduzir directamente a um bem jurídico pessoal. Seria o caso da segurança do tráfego. Por outro lado, haveria, ainda, bens jurídicos institucionais, que já não são meros sectores de risco para interesses individuais, mas verdadeiros bens públicos, institucionais, essenciais para o desenvolvimento social. Por isso, a sua lesão tem um carácter autónomo, não sendo uma antecipação de tutela de outros bens essenciais. Exemplo de um bem jurídico deste tipo seria a Fazenda Pública.

O ambiente terá um carácter ambivalente, com aspectos de cada uma destas modalidades[69]. Como o ambiente é, por excelência, pressuposto da liberdade pessoal, pode ser visto como um bem jurídico intermédio. Porém, o seu carácter sistémico e global e o carácter autónomo de alguns dos seus elementos apontam para uma protecção independente dos bens jurídicos pessoais. Assim se conclui que o ambiente é um bem jurídico que ainda tem um referente pessoal, pelo que se justifica plenamente a sua protecção penal.

De qualquer forma, sempre poderíamos utilizar as palavras de SCHÜNEMANN[70]: a teoria do bem jurídico pessoal tem operado sem atenção aos recursos das gerações vindouras com um «hedonismo sem sentido fundado num pseudo individualismo». Aliás, o conceito de bem jurídico é, antes de mais, uma forma de legitimar a intervenção penal. Se a necessidade e legitimidade de intervenção já ficaram demonstradas por outra via, não importa retomar esta argumentação.

Nestes termos, não haverá uma «bagatelização» do direito penal porque deverá ser mantida uma gravidade mínima do comportamento lesivo, para que este seja penalmente relevante. Como nota HEFENDEHL, o *Kumulationsprinzip* e o *Bagatellprinzip* são conciliáveis[71]. No fundo, o problema essencial será saber se houve, em concreto, a criação de um risco que deva ser considerado juridicamente relevante.

Para que haja imputação objectiva o agente tem de criar um perigo não coberto pelo risco permitido dentro do alcance do tipo. A imputação segundo a teoria da conexão do risco coincide, substancialmente, com a teoria da adequação e com o princípio da previsibilidade objectiva[72]. Uma condição é apta a produzir o resultado se aumentou a possibilidade da sua verificação. Terá de ser feito um juízo de prognose objectiva e realista, de forma a apurar-se se *ex ante* se teria considerado esta conduta arriscada ou susceptível de aumentar o risco. Este raciocínio, embora susceptível de ser tipificado, será eminentemente

---

[69] Cf. ALCÁCER GUIRAO, «La protección...», cit., p. 19.
[70] «Consideraciones...», cit., p. 194.
[71] Cf. HEFENDEHL, *Kollektive...*, cit., p. 188.
[72] Cf. CLAUS ROXIN, *Derecho penal – parte general*, tomo I, Madrid, 1997, pp. 360 e 367

casuístico[73]. A imputação ficará excluída quando uma acção não ultrapasse o risco juridicamente permitido. Aqui chegados, então, a questão será, antes, definir o limite de risco socialmente tolerado. Ou seja, no fundo, chegamos à mesma conclusão que KUHLEN: é necessário que o legislador penal tipifique estes comportamentos e determine qual o nível de risco socialmente adequado, ainda que isso resulte numa interpenetração entre direito penal e direito administrativo.

§ 7º HANS JONAS e a «ética orientada para o futuro»: solidariedade penal?

Partindo do conceito de «ética orientada para o futuro» de HANS JONAS, *i.e.*, de uma necessidade de solidariedade face às gerações futuras, pode ponderar-se se o fundamento da intervenção penal nos delitos cumulativos não será a protecção de *esferas futuras de liberdade*[74]. HANS JONAS parte do «vazio ético» do pensamento ecológico e da dificuldade humana em lidar com a irreversibilidade da acção, para afirmar que é a previsão ou antecipação da possibilidade de destruição do homem que fornece o conceito de homem e da vida humana[75]. É a ideia de JAKOBS, segundo a qual este fundamento de imputação seria motivado pela existência de determinadas instituições fundamentais para a vida social que, por isso, geram um dever de manutenção das mesmas[76].

Esta será uma fundamentação mais de acordo com o debate filosófico em torno da necessidade de protecção de gerações futuras, já que a relação entre um indivíduo e as gerações futuras não pode basear-se numa relação recíproca de esferas de autonomia individual.

A configuração do ambiente como um bem jurídico autónomo, e não apenas intermédio, levará também, à partida, a esta conclusão. Se a sua protecção é independente da protecção de bens individuais, então, o seu fundamento há-de ser a tutela de gerações futuras.

Concluindo-se por esta linha de argumentação, o fundamento da imputação será a violação de um dever de manutenção das condições futuras da sociedade, pelo que já não será necessário estabelecer um limite de risco relevante[77].

De facto, a relevância penal dos delitos cumulativos não pode justificar-se como forma de tutela mediata de interesses pessoais, uma vez que, nessa perspectiva, exigir-se-ia um grau de perigo *actual* para esses interesses. Resta, então,

---

[73] Cf. FIGUEIREDO DIAS, *Direito...*, cit., p. 332.
[74] ALCÁCER GUIRÃO, «La protección...», cit., pp. 16 ss., equaciona a possibilidade, embora conclua pela sua improcedência.
[75] Sobre os traços do pensamento de HANS JONAS, cf. MARIA DA GLÓRIA GARCIA, *O lugar do direito na protecção do ambiente*, Coimbra, 2007, pp. 75 ss.
[76] Cf. JAKOBS, *Derecho...*, cit., pp. 57 ss.
[77] Cf. ALCÁCER GUIRAO, «La protección...», cit., pp. 17 ss.

defender que o fundamento da punição da acumulação é a protecção *autónoma* do meio ambiente, que garante interesses pessoais, ainda que *futuros*.

§ 8º Balanço final

A dimensão e gravidade do dano ambiental podem ser exponenciais e irreversíveis, o que impõe uma maximização e antecipação da tutela penal, de acordo com a exigência social de reforço da prevenção[78]. Esta antecipação de tutela não é vedada pelo direito penal, que deverá ser encarado como um direito a «duas velocidades», em que determinados bens jurídicos, tipicamente afectados pela sociedade de risco, são protegidos com recurso a princípios mais flexíveis de imputação, que, no entanto, são ainda baseados na doutrina da conexão de risco. Com esta flexibilização consegue-se defender a punibilidade dos delitos cumulativos, responsabilizando todos os agentes que contribuem para o aumento do risco de dano ambiental. Essencial é que seja feito, pela lei, um juízo de prognose realista quanto a saber se a conduta vai efectivamente ser levada a cabo por vários agentes e causar um dano.

---

[78] Cf. CARLOS ADÉRITO TEIXEIRA, *A imputação objectiva nos crimes ecológicos ou o modo de enunciar um direito penal «simbólico»*, tese de mestrado inédita, 1998, p. 65. É apontada, porém, a dificuldade de estruturação deste tipo de crimes.

The law applicable to proprietary issues in respect of the cross-border holding, transfer and collateralization of intermediated securities[1]

MARIA JOÃO MATIAS FERNANDES
Assistente da Faculdade de Direito da Universidade Católica Portuguesa (Escola de Lisboa)

ABSTRACT: Dematerialization, immobilization and intermediation have brought about major operational changes to the traditional pattern of holding and transferring of securities and have thus prompted a mismatch between old concepts and the new realities. That mismatch and, indeed, the critical nature of transfer and collateral transactions to the liquidity of financial markets is at the heart of multiple law reforms which, requested by market participants themselves, have been introduced over the last 25 years in jurisdictions worldwide. With exception made, at an EU level, to the limited common approach provided by the Settlement Finality Directive (article 9.2), the Directive on the Reorganization and the Winding-UP of Credit Institutions (article 24) and the Collateral Directive (article 9.1), there is as of yet no common legal approach to the determination of the applicable law governing proprietary issues in indirectly held investment securities. A major breakthrough would be achieved with the entry into force of the 2006 Hague Convention on the Law Applicable to Securities Held with an Intermediary, adopted by the Nineteenth Diplomatic Session of the Hague Conference and so far only signed by the United States, Switzerland and The Mauritius. The paper's main goal is to understand how the rules set forward by the 2006 Hague Convention address the issue of the law applicable to proprietary issues in respect of the cross-border holding, transfer and collateralization of securities. The paper proposes to set out two related strands of analysis. First, it will assess how the Hague Convention rules cope with the operational changes – intermediation, dematerialization and immobilization – in the pattern of holding and transferring

---

[1] O texto que segue corresponde, no fundamental, a uma intervenção oral da signatária por ocasião da *Journal of Private International Law Conference* ocorrida, em 17 e 18 de Abril de 2009, na cidade de Nova Iorque. Mesmo se libertando-o, aqui e ali, de algumas marcas do discurso oral, decidiu-se conservar o texto na versão linguística em que originariamente foi escrito.

of investment securities brought about by the development of cross-border, electronic securities markets and, in so doing, how they depart from the traditional criterion of the situs of the security. Second, the paper will seek to establish how the Hague Convention rules introduce variations and add to approaches of the EU Directives and of the UCC.

Key-words: *Intermediated securities; Conflicts of law; Proprietary issues; Hague Securities Convention*

I - INTRODUCTION

1. The last forty years have witnessed dramatic changes in the structure and organization of securities markets. The factors behind these changes differ in nature and include, amongst others, the significant growth of market-raised capital, the pressure to reduce administrative burdens, delay, risk and expense through the diminution of paper volume and movement, and the necessity of doing away with principal risk.

2. The changes have evidenced themselves through:

a. Dematerialization: the development of uncertificated securities whose transfers take place through book-entry alone;

b. Immobilization: the shift from the use of individual certificates to the immobilization of securities by deposit with the ICSDs and by the issue of permanent global notes; and

c. Intermediation: the move from holdings being held directly from the issuer by entry on its registers or possession of bearer securities to indirect holdings where securities are held through one or more tiers of custodians.

3. The combination of the changes in the nature of securities holdings just outlined and the internationalization of investment security transactions lends pertinence to the question as to what is the law applicable to proprietary issues in respect of the cross-border holding, transfer and collateralization of intermediated securities. Legal certainty about who has what rights over securities is critical in financial markets; this includes certainty about which law determines those rights. In Roger McCormick frequently cited words, "[f]or a bank, (...) legal risk (...) is somewhat akin to, say, engineering risk for an aircraft manufacturer, maintenance risk for a railway operator, or fire and earthquake risk for an owner of valuable real estate."[2].

---

[2] Cf. *Legal Risk in the Financial Markets Following the Global Financial Crisis: a UK Perspective*, 14 de Julho de 2009, disponível em www//community.oecd.org/community

4. The 2006 Hague Convention on the Law Applicable to Certain Rights in Respect of Securities Held with an Intermediary stands as an unequivocal demonstration of the efforts made, through a private international law initiative, to seek the creation of a uniform global conflict of laws regime applicable to proprietary rights arising in relation to securities held with an intermediary. The preamble of the Convention refers to its drive as the "practical need in a large and global financial market to provide legal certainty and predictability as to the law applicable to securities that are now commonly held through clearing and settlement systems or other intermediaries." (first recital).

5. Leaving aside a more detailed discussion of all of the elements of the Hague Convention and of its 24 Articles – 16, if we exclude Final Clauses –, the presentation proposes to set out two related strands of analysis. First, it will assess how the Hague Convention rules cope with the operational changes in the pattern of holding and transferring of investment securities brought about by the development of cross-border, electronic securities markets. Second, the paper will seek to establish how the Hague Convention rules introduce variations and add to the approaches of the EU Directives and of the UCC and, in so doing, contribute to the reduction of legal risk.

6. Before proceeding it merits underlining that:
   a. the Convention covers all relationships where securities are held on account for others, so long as the account provider is acting in the course of a business or other regular activity; and that
   b. as far as material scope is concerned, Article 2 lays out an all-inclusive catalog of matters which the Convention covers.

II – THE HAGUE CONVENTION ON THE LAW APPLICABLE TO CERTAIN RIGHTS IN RESPECT OF THE SECURITIES HELD WITH AN INTERMEDIARY

7. Justly referred to as the heart of the Convention, Article 4 lays down the primary rule:
   a. Pursuant to its first part, the law applicable to all the issues spelled out in Article 2(1) is the law in force in the State expressly agreed in the account agreement as the State whose law governs the account agreement or, if the account agreement expressly provides that another law is applicable to all such issues, that other law.
   b. The second part of the rule sets out a "reality" or "qualifying office test". Under it, the parties' choice, whether specific or general, will be effective only if the relevant intermediary has, at the time of the parties' agreement, an office regularly engaged in securities account maintenance activities in

that State or if the office in question is designated by an "identification code" pursuant to Article 4(1)(b). Two lists – one that sets outs activities the performance of which satisfy the "reality test" (the so-called "white list") and another that specifies activities ineligible to account for the regular engagement in the business of maintaining securities accounts (the so-called "black list") – are included in Article 4, respectively in numbers 2 and 3.

8. Article 5 provides for the fall-back rules if the applicable law is not determined under the primary rule, either because the account agreement does not include the relevant selection of governing law provision, or because that selection does not pass the test of Article 4(1).

   a. Pursuant to the first fall-back rule, a written provision which expressly and unambiguously states that the relevant intermediary entered into the agreement through a particular office is taken as equivalent to the express election of the law of the State where that office is located, provided the test of Article 4(1) is satisfied (i.e., provided that office satisfies the condition set in Article 4(1) with reference to activities in which it is required to be engaged). A list of provisions not to be considered when deciding whether an account agreement expressly and unambiguously states that it was entered through a particular office is further included;
   b. Under the second fall-back rule, the applicable law is the one in force in the State under whose law the relevant intermediary is incorporated or otherwise organized at the time the written agreement was entered into or, if there is no such agreement, at the time the securities account was opened.
   c. Lastly, Article 5(3) provides for the application of the rule of the place of business, or of the principal place of business, of the intermediary.

9. When one considers the question of how the Hague Convention treats the indirect holding system, the straightforward answer is that it departs from the "look-through approach" (*approche de transparence*) – an application, to the securities environment, of the traditional principles of conflicts of laws, so called because it involves looking-through the several tiers of custodians to apply the law of the place where the underlying securities are physically located or, alternatively, the law governing the issuance – and embraces a solution pursuant to which the *lex causae* is determined solely by factors related to the relationship between the investor and the intermediary. By doing so, it follows an approach which is responsive both to the realities and to the needs of the modern system of securities holding through intermediaries.

10. Assessing the extent to which traditional conflict of laws solutions are inadequate within the context of securities indirect holding patterns that involve more than one jurisdiction is possible even through just a cursory look at the nature of contemporary indirect securities holdings and by the observation that, in current practice, investors will typically hold through accounts with intermediaries who, in turn, hold through accounts with other intermediaries and, ultimately, through accounts maintained by CSDs. This, of course, leads to the outcome that in a multi-tiered system of intermediaries there is no direct relationship between the issuer and the end-investor and that investors are not identified by any intermediary other than their own. The implications of one such scenario as far as the applicability of traditional conflict of law solutions are concerned seem clear:

   a. insofar as they require the undertaking of a look-through approach, such solutions reveal themselves to be unrealistic and unworkable (*Where are the securities?*)
   b. further, and even admitting that there is an ascertainable right answer to the question as to where the securities are, those solutions prove to cause severe practical difficulties (*What if the object of the transfer, whether outright or for collateral purposes, is a portfolio of securities, and those securities are issued by issuers located in jurisdictions around the globe?*)

11. It is worth underlining that the Hague Convention's rejection of look-through and inherent reception of PRIMA reflects sheer realism. It has nothing to do with the notion that the investor's interest is better referred to as a bundle of rights against the intermediary: the Hague Convention is a private international law instrument and, as such, totally respects the line between conflicts of laws and substantive law questions.

III – THE HAGUE CONVENTION *VIS À VIS* EU DIRECTIVES AND THE UCC

12. Efforts to achieve legal certainty when dealing with securities held through intermediaries on a cross-border basis are at the heart of several legal reforms that have been conducted at the European Union level. For the purposes of this presentation, reference is to be made to three Community legal acts, all Directives, which set out a rule to address questions about who has what rights over securities. The pertinent provisions are:

   a. Article 9(2) of the Settlement Finality Directive of 1998 [Directive 98/26/EC of the European Parliament and of the Council of 19 May 1998 on settlement finality in payment and securities settlement systems (SFD)], which provides that the determination of rights of participants to a system or central banks or the ECB as holders of collateral securities in relation to securities legally recorded on a register, account or centralizes deposit system located in a Member State is governed by the law of such State;

b. Article 24 of the 2001 Winding-Up Directive of Credit Institutions [Directive 2001/24/EC of the European Parliament and of the Council of 4 April 2001 on the reorganization and winding up of credit institutions (WUD)], pursuant to which "the enforcement of proprietary rights in instruments or other rights in such instruments the existence or transfer of which presupposes their recording in a register, an account or a centralized deposit system held or located in a Member State shall be governed by the law of the Member State where the register, account or centralized deposit system in which those rights are recorded is held or located.";

c. Article 9(1) of the Collateral Directive of 2002 [Directive 2002/47/EC of the European Parliament and of the Council of 6 June 2002 on financial collateral arrangements (FCD)], which provides that a number of issues as specified in paragraph 2 arising in relation to book-entry securities collateral are subject to the law of the State where the relevant security account is maintained.

13. With respect to the UCC, Article 8 – 110 (b) and (e) determines that the local law of the intermediary's jurisdiction rule on matters such as acquisition of a security entitlement from the securities intermediary, the rights and duties of the intermediary and entitlement holder arising out of a security entitlement, whether the intermediary owes any duties to an adverse claimant to a security entitlement and whether an adverse claim can be asserted against an entitlement holder or against the purchaser of a security entitlement or an interest therein. *Securities intermediary's jurisdiction* is a synonym for the law of the jurisdiction, if any, specified as governing an agreement between the intermediary and its entitlement holder; otherwise, the jurisdiction, if any, in which an office is located where the securities account is maintained, as stated in an agreement between the intermediary and its entitlement holder; otherwise, the jurisdiction in which is located the office, if any, identified in an account statement as the office servicing the entitlement holder's account; or, if none of the foregoing applies, the jurisdiction in which the chief executive office of the intermediary is located.

14. A preliminary observation is that, in purporting to address the needs and realities of indirect holding systems, all three sets of solutions depart from traditional conflict approaches that relied on connecting factors related to the underlying securities. All three embrace the same major conceptual shift that attaches a crucial role to the intermediary. They do so, however, in different ways.

15. Whilst the Community measures purport to determine the law of the place of the relevant intermediary on the basis of objective factors – the location of a securities account[3] – and UCC goes for the party autonomy approach – or, as others would prefer to call it, for the subjective PRIMA approach -, the Hague Convention can be regarded as taking a line between the two (unlike the HC, the UCC does not subject the validity of law selection by the parties to an account agreement to the determination that the State whose law is elected bears a reasonable relation to the transaction).

16. The solutions retained in the Hague Convention have met criticism. In particular, a broad-spectrum debate about the merits of adopting the Convention has been going on at an EU level, the ECB standing out as a fierce opponent. Appointed weaknesses include:

   a. The notion that a solution that gives effect, even if only partial, to an agreement between the intermediary and the account holder is not neutral oriented and necessarily disregards third-party interests. The assumption here is that the choice of applicable law made by an account holder and its intermediary would hinder third parties given that they would not know of it.
   b. The concern that the Convention may hinder the commonality needed for the operation of settlement in that a diversity of laws applicable to proprietary issues may come up within a system (that is to say, within the arrangements between the system's operator and its members).
   c. The fear that an investor's degree of protection will be diminished.
   d. The concern that the Convention could open the way to the use of US law in the EU.

17. We suggest that these claimed weaknesses or disadvantages are not materially relevant.

   a. As far as third party rights are concerned, it could be useful to bear in mind that:
      i. The law designated in the account agreement avoids ambiguities in settings where the various activities involved in the maintenance of securities accounts are dispersed across many jurisdictions (on its

---

[3] While in the SFD and WUD the reference is to the law of the place where the account is located, in the FCD it is to the law of the place where the account is maintained. That difference in wording should not be seen as a difference in substance.

own, the location of a securities account parameter is not sufficiently clear and gives rise to interpretative doubts);

ii. As is rightly noted in the European's Commission *Legal Assessment of Certain Aspects of the Hague Securities Convention*, a distinction is to be made between third parties that seek to gain an interest in securities by agreement – for example, by purchase or by taking a collateral interest – and those that do not. With regard to the former, it is to be noted: firstly, that third parties of the kind now considered already have to obtain information about the existence of a securities account, its location, and the securities held through it, so that the Convention law will only be an additional piece of information; secondly, that there does not seem to be a material difference between the situation where the transferee – for instance, the collateral taker – requests that the instruments be credited to his account located in a State of his choice and the situation where, within their account contract, the collateral taker and the relevant intermediary agree that the law of a specified State will apply. With regard to the latter – i.e. third parties that do not seek to gain an interest in securities by agreement, archetypically creditors seeking to attach securities through a court process –, legal proceedings exist that can be used to force the release of information Identifying the applicable law will only be one more element of additional information since current rules of confidentiality will already prohibit the making available of other relevant information such as the identity of the account holder and the details of his holding.

iii. It is illusory to suppose that third parties are put into a better position by parameters like the ones used by Community legal acts. It is sufficient to keep in mind that the existence of a collateral interest over securities under the FCD is also often not automatically known by third parties. In this respect we note that Article 3(1) of the FCD forbids legal requirement that collateral "be dependent on the performance of any formal act" such as giving it publicity.

iv. The fear that secured creditors may be hindered by any subsequent changes to the choice of applicable law made without their consent is groundless in that their pre-acquired rights are preserved by Article 7.

v. A future development of diagnostic numbers for securities accounts – similar to IBAN numbers as currently used for cash accounts – would further help diminish any lack of transparency.

b. As far as apprehension over the stability of an SSS is in question, we note that it seems unrealistic to imagine that a system's operator would consent to the choice of several laws or that a participant would have suf-

ficient bargaining power to secure that operator's consent to apply some national law. Anyway, and as far as EU settlement systems are concerned, the Commission has suggested that "the eligibility criterion in Article 2 SFD that systems be governed (as to their common rules and standardized arrangements) by one and only one law of a Member State chosen by the participants would be supplemented by an additional criterion, namely that, as regards the proprietary issues falling under the Convention, one and only one law should be expressly chosen by all participants."[4].
   c. The Hague Convention has no bearing on the level of protection dispensed to investors by company or insolvency law. Adequate protection is obtained by a cautious selection of intermediary and by effective supervision of intermediaries' activities carried out by regulators.
   d. The wide-spread use of US (NY) law is a fact, not a menace. Moreover, the Hague Convention is neutral as far as the determination of applicable law is concerned.

18. While at present it remains undetermined whether the Hague Convention will be extensively ratified – so far, only signatures by the USA, Switzerland and The Mauritius have taken place, with a lively debate still going on at EU level –, it seems clear that the solutions retained in the Convention will be an essential part of any analysis focusing on conflict of law issues for indirectly held securities.

---

[4] *Legal Assessment of Certain Aspects of the Hague Securities Convention.*

Portugal e a ratificação da Convenção de Viena de 1980 sobre a Compra e Venda Internacional de Mercadorias

MARIA JOÃO PALMA[1]
Docente de Estudos Europeus na Faculdade de Letras - Universidade de Lisboa

I - INTRODUÇÃO

O presente estudo tem por objetivo proceder a uma reflexão sobre a oportunidade e as vantagens da ratificação, por parte de Portugal, da Convenção de Viena sobre a Compra e Venda Internacional de Mercadorias, aprovada em Viena, em 1980 (*infra*, designada abreviadamente por Convenção de Viena, de 1980)[2].

Estudos recentes têm demonstrado a aceitação crescente da referida Convenção[3], o que pode ser justificado pela segurança jurídica que esta oferece ao unificar as regras de direito substantivo aplicável à compra e venda internacional de mercadorias (*infra*)[4].

No presente momento, a Convenção conta com 77 Estados Parte[5], com destaque, entre outros, para os EUA, a China, a Rússia, a Suíça, o Canadá, o México, o Japão, a Coreia, a Noruega, todos os Estados-membros da União

---

[1] L.L.M. Bruges, Mestre em Direito pela Faculdade de Direito de Lisboa, Consultora Jurídica do Ministério da Economia.
O presente estudo constitui um Parecer dado no âmbito da nossa atividade enquanto Consultora Jurídica do Ministério da Economia (DGAE).
[2] O texto da Convenção pode ser encontrado em http://www.uncitral.org/uncitral/en/uncitral_texts/sale_goods.html. Para uma análise detalhada das suas disposições, *vide*, entre nós, Maria Ângela Bento Soares e Rui Manuel de Moura Ramos – *Contratos Internacionais. Compra e venda. Cláusulas Penais. Arbitragem*, Coimbra, 1986.
[3] MICHAEL JOACHIM BONELL – "The CISG, European Contract Law and the Development of a World Contract Law", *in American Journal of Comparative Law*, Michigan, v. 56, nº 1, 2008, p. 10.
[4] A UNCITRAL, de forma a promover a aplicação uniforme da Convenção, mantêm uma base de dados de decisões jurisprudenciais de todo o mundo http://www.uncitral.org/clout.
[5] Sobre o estado das ratificações, *vide* http://www.uncitral.org/uncitral/en/uncitral_texts/sale_goods/1980CISG_status.html.

Europeia (com exceção do Reino Unido, da Irlanda e de Malta). Os últimos Estados a aderir foram a República Dominicana e a Turquia em 2010, e o Benin em 2011.

Salientamos como ausentes: o Reino Unido, a Irlanda, Portugal, a Índia, África do Sul e o Brasil[6].

II – AS ORIGENS DA CONVENÇÃO DE VIENA, DE 1980

A Convenção de Viena, de 1980, consubstancia um texto legal uniforme com vista a regular a **venda internacional de mercadorias**.

Dos parágrafos 2º e 3º do Preâmbulo da Convenção retiramos que o seu principal objetivo é o de **remover os obstáculos legais ao comércio internacional de modo a promovê-lo**. Entre esses obstáculos, JOHN HONNOLD[7] ressalta as dificuldades que suscita a determinação da lei aplicável e o frequente desconhecimento desta por uma das partes no contrato, em virtude de o mesmo ter elementos de conexão com vários Estados (v.g., o lugar de celebração do contrato, o estabelecimento do vendedor e o estabelecimento do comprador e o lugar da execução do contrato posicionam-se em Estados diferentes).

Esta Convenção foi preparada pela Comissão das Nações Unidas sobre Comércio Internacional (UNCITRAL) e aprovada numa conferência diplomática, em 11 de abril de 1980[8].

A preparação de uma Lei Uniforme para a venda internacional de mercadorias remonta aos anos 1930 quando, sob a égide do Instituto Internacional para a Unificação do Direito Privado (UNIDROIT, criado em 1926), em Roma, seria aprovado um projeto de uma Lei Uniforme sobre a Compra e Venda, publicado em 1935. Os trabalhos seriam interrompidos em decorrência da Segunda Guerra

---

[6] Note-se, porém que, o Brasil está em vias de aderir: a Presidência da República encaminhou o texto da Convenção para o Congresso Nacional para aprovação, através do Despacho nº 636, de 4 de novembro de 2010, publicado no Diário Oficial da União, de 5 de novembro de 2010. Vide, JOSÉ MARIA ROSSANI GARCEZ – "Adesão do Brasil à Convenção de Viena de 1980 para a compra e venda internacional de mercadorias", http://www.migalhas.com.br/dePeso/16,MI128667,91041-Adesao+do+Brasil+a+Con...
Sobre a adesão do Brasil à Convenção, ver ainda, JULIA DOLGANOVA e MARCELO BOFF LORENZEN – "O Brasil e a Adesão à Convenção de Viena de 1980 sobre a Compra e Venda Internacional de Mercadorias" – *Revista Fórum CESA*, ano 4, nº 10, jan./mar. 2009, p. 46-61.

[7] JOHN HONNOLD – *Uniform Law for International Sales under the 1980 United Nations Convention*, 3ª ed., 1999, p. 34.

[8] Sobre as origens da Convenção pode ver-se, *inter alia*, DÁRIO MOURA VICENTE – "A Convenção de Viena sobre a Compra e Venda Internacional de Mercadorias: características gerais e âmbito de aplicação", *in Estudos de Direito Comercial Internacional*, Vol. I, Almedina, Coimbra, 2004, p. 271 e segs., ou PATRÍCIA GALINDO DA FONSECA – "O Brasil perante uma nova perspetiva de direito mercantil internacional", *in* http://www.cisg.law.pace.edu/cisg/biblio/fonseca.html.

Mundial, para serem retomados com a apresentação de um Projeto a uma Conferência diplomática, realizada em Haia, em 1964, a qual aprovaria duas Convenções: uma sobre a Venda Internacional de Mercadorias (Lei Uniforme sobre a Compra e Venda Internacional de Mercadorias) e a outra sobre a Formação de Contratos para a Venda Internacional de Mercadorias (Lei Uniforme sobre a Formação dos Contratos de Compra e Venda Internacional de Mercadorias).

O fracasso destas duas Convenções[9] deveu-se, segundo alguma doutrina, ao facto de estas expressarem essencialmente os interesses dos países desenvolvidos: *"The above-mentioned Hague Conventions of 1964 were basically the result of the work of some Western countries. Apart from reservations concerning their substance, this was one of the main reasons that the conventions a priori did not have a change of being adopted worlwide. This followed from an analysis made on the basis of comments by Governments, which was submitted by the Secretary-General of the United Nations to the third session of UNITRAL in 1970"*[10].

Além da fraca representatividade em termos mundiais – a maioria absoluta dos países, 22 num total de 28, eram países desenvolvidos – também contribuiu para o insucesso das Convenções **o facto de a tradição civilista, ou romano-germânica ter sido o único instrumento jurídico utilizado, não tendo havido a necessária interação com o sistema anglo-saxónico da *Common Law***[11].

Assim se compreende que a Comissão das Nações Unidas para o Direito do Comércio Internacional (CNUDCI), criada em 1966, tenha estabelecido como uma das suas prioridades a revisão do Direito uniforme sobre a compra e venda internacional. A atividade desenvolvida pela CNUDCI culminaria numa Conferência diplomática realizada em Viena em 1980, onde foi aprovada a Convenção das Nações Unidas sobre os Contratos de Compra e Venda Internacional de Mercadorias, a qual entraria em vigor em 1 de janeiro de 1988[12/13].

---

[9] Apenas um número restrito de Estados aderiu a estas duas Convenções. Portugal não foi um desses Estados.

[10] FRITZ ENDERLEIN and DIETRICH MASKOW – *International Sales Law, United Nations Convention on Contracts for the International Sale of Goods – Convention on the Limitation Period in the International Sale of Goods*, New York, Oceana Publications, 1992, p. 2.

[11] G. EORSI – "A propos the Vienna Convention on Contracts for the Internacional Sale of Goods", *American Journal of Comparative Law*, 1983, vol. 31, nº 2, p. 335 e sgs.

[12] Neste sentido, DÁRIO MOURA VICENTE, *op. cit*, p. 272.

[13] Quando percorremos a Convenção encontramos, de facto, uma mescla de soluções da "commow law", com institutos do "civil law system". Por exemplo, o artigo 55º da Convenção de Viena prevê o instituto jurídico conhecido como contrato de preço aberto *"open price contracts"*, de raízes oriundas da *Commom Law*. Por outro lado, perante uma mercadoria defeituosa, a Convenção admite uma redução do preço por conta dos defeitos, o que é desconhecido pelo sistema da *Commom Law* mas admitido pelo sistema civilista. Sublinhando esta fusão de elementos, PATRÍCIA GALINDO DA FON-

III - ALCANCE MATERIAL DA CONVENÇÃO - TIPOS OU CATEGORIAS DE CONTRATOS ABRANGIDOS

De acordo com o **artigo 1º, nº 1 da Convenção** esta aplica-se a *contratos de compra e venda de mercadorias (i.e., de bens móveis corpóreos)*. Os artigos 30º a 53º da Convenção estabelecem as obrigações a cargo do vendedor e do comprador.

O **artigo 2º da Convenção** exclui expressamente do seu âmbito de aplicação algumas situações: vendas de mercadorias para uso pessoal, familiar ou doméstico[14]; vendas feitas em leilões e em processos executivos; a venda de valores mobiliários, títulos de crédito e moeda, navios, barcos, *hovercraft,* aeronaves e **eletricidade.**

A doutrina tem-se questionado sobre a **inclusão ou exclusão de outras formas de energia (nomeadamente, o petróleo e o gás)** havendo um relativo entendimento no sentido de que *"o que não está excluído está incluído"*[15].

SECA, *op. cit,* p. 1. A mesma autora considera que *"Os contratos internacionais exigem um entendimento jurídico que ultrapasse as fronteiras do juspositivismo característico do formalismo dos países que adotam o "civil-law system", exigindo, igualmente, um horizonte não tão pragmático como aquele caracterizador do sistema jurídico conhecido como "common law". A prática das relações internacionais de troca, isto é, o comércio internacional, vem provocando um contágio tal entre as duas famílias jurídicas que a sistematização harmônica dos princípios fundamentais regedores das transações internacionais constitui um processo jurídico evolutivo inevitável",* idem, p. 4.

[14] Sublinhe-se, a Convenção não se destina a proteger os direitos do consumidor final mas do operador económico que compra para recolocar o produto no mercado.

[15] Neste sentido, *vide,* RUY ROSADO DE AGUIAR JÚNIOR – "A Convenção de Viena e a Resolução do Contrato por incumprimento", *in Revista de Informação Legislativa,* vol. 31, nº 121, jan/mar, 1994, p. 2, http://bdjur.stj.gov.br. Na nota nº 1 do referido artigo, o autor invoca o Colóquio de Lausanne (1984), onde Volken formulou a questão da abrangência de outras formas de energia; Widmer e Louwe entenderam que o petróleo deve ser considerado mercadoria e, assim, toda a fonte de energia palpável, restando em aberto a questão do gás. Para RUY ROSADO DE AGUIAR JÚNIOR também o gás deverá ser considerado incluído, uma vez que perfilha o entendimento *supra* referido segundo o qual, *"o que não está excluído está incluído".*

Parece-nos que a questão é delicada e, ocorre-nos o facto de os Estados terem legislação especial para regular o comércio internacional de certas mercadorias (*maxime,* as novas formas de energia). Não fora o artigo 98º da Convenção que proíbe expressamente qualquer reserva para além das previstas na própria Convenção, diríamos que seria uma matéria que os Estados poderiam incluir ao nível das declarações e das reservas.

A nota explicativa preparada pelo Secretariado da Comissão sobre o Comércio Internacional das Nações Unidas sobre a Convenção (Anexo II) não nos ajuda a tomar posição sobre a questão. Limita-se a sublinhar o facto de a Convenção conter uma lista de tipos de vendas que são excluídas da Convenção, quer por causa do propósito da venda (uso doméstico), quer por causa da natureza da venda (leilões), quer pela natureza dos bens e enumera as várias alíneas do artigo em causa apenas indicando que, em muitos Estados, algumas ou todas estas vendas são reguladas por regras especiais que refletem a sua natureza especial. http://www.uncitral.org/uncitral/en/uncitral_texts/sale_goods/1980CISG_status.html. Pergunta-se: e se essa legislação especial existir

Saliente-se, também que, o contrato deverá ter *caráter internacional*. De acordo com o **artigo 1º, nº 1, a Convenção** aplica-se aos contratos de vendas de mercadorias entre partes cujos **estabelecimentos se encontrem em diferentes Estados** (a nacionalidade das partes no contrato é irrelevante): se uma parte não tiver estabelecimento, releva para este efeito a sua residência habitual (artigo 10º, b))[16].

No que se refere aos contratos de compra e venda internacional de mercadorias, a Convenção regula exclusivamente a sua formação (Parte II) e os direitos e obrigações que esses contratos fazem nascer entre o vendedor e o comprador (Parte III)[17]. Questões como a validade do contrato, ou os efeitos sobre a propriedade das mercadorias, são, implicitamente, por ausência de tratamento, remetidas para o direito nacional. De resto, a Convenção remete, de modo expresso, em questões mais delicadas para o direito nacional, como seja a questão da exigência de forma escrita dos contratos (artigo 12º)[18], ou a questão da execução específica das obrigações contratuais (artigo 28º)[19].

IV - ÂMBITO ESPACIAL DE APLICAÇÃO

Para que a Convenção de Viena seja aplicável é necessário, nos termos do artigo 1º, nº 1, que:

1. Os Estados em que as partes têm o seu estabelecimento sejam Partes Contratantes (artigo 1º, nº 1, alínea a)), ou que:

e a mercadoria não estiver coberta pela lista da Convenção? Segundo a doutrina *supra* referida não há espaço para contradições.
Saliente-se, porém que, **no caso de a matéria ser, ou vir a ser, coberta por um Acordo Internacional, este último prevalece**, *vide* o artigo 90º da Convenção de Viena que prevê: *"This Convention does not prevail over any international agreement which has already been or may be entered into and which contains provisions concerning the matters governed by this Convention, provided that the parties have their places of business in States parties, to such agreement"*.
[16] É também indiferente que se trate de pessoa singular ou coletiva.
[17] Como veremos *infra*, os Estados podem considerar-se vinculados apenas por umas das Partes da Convenção (a Parte II ou a Parte III).
[18] Da articulação do artigo 11º com o artigo 12º da Convenção, resulta que os contratos de compra e venda internacional não estão sujeitos à forma escrita. No entanto, ao abrigo do artigo 96º da Convenção, os Estados Contratantes podem fazer uma declaração a exigir a forma escrita dos contratos (*infra*).
[19] De acordo com o artigo 28º da Convenção: *"If in accordance with the provisions of this Convention, one Party is entitled to require performance of any obligation by the other party, a court is not bound to enter a judgement for specific performance unless the court would do so under its own law in respect of similar contracts of sale not governed by this Convention"*. Esta solução decorre do facto de, nos países de *Common Law* a execução específica ter caráter excecional relativamente aos contratos de compra e venda que não tenham por objeto bens imóveis. *Vide*, Maria Ângela Soares e Rui Moura Ramos – *Contratos Internacionais. Compra e venda. Cláusulas Penais. Arbitragem*, Coimbra, 1986, p. 72.

2. As regras do Direito Internacional Privado vigentes no "Estado do foro"[20] conduzam à aplicação da lei de um Estado Contratante (artigo 1º, nº 1, alínea b)).

Relativamente ao nº 1, cumpre-nos tecer as seguintes considerações: a Convenção aplica-se desde que as partes no contrato de compra e venda internacional (comprador e vendedor) tenham os respetivos estabelecimentos (ou residência habitual, na ausência deste) no território de Estados Parte na Convenção.

Note-se, porém, que as partes podem, mesmo situando-se os respetivos estabelecimentos no território de Estados Parte na Convenção **afastar, expressa ou implicitamente, a aplicação da mesma (artigo 6º da Convenção)**[21]. A exclusão da aplicação da Convenção decorre da escolha pelas partes como Lei aplicável ao contrato:

– da Lei de um Estado não Parte;
– ou da Lei nacional de um Estado Parte.

Por outro lado, a situação diametralmente oposta também é viável, i.e., **a Convenção aplicar-se independentemente do facto de os estabelecimentos em causa não se situarem em nenhum Estado Parte na Convenção, mediante a escolha da sua aplicação pelas partes no contrato**[22].

---

[20] Ou Estado onde venha a ocorrer um litígio entre as partes no contrato.
[21] *"The parties may exclude the application of this Convention or, subject to article 12, derogate from or vary the effect of any of its provisions".*
[22] Esta escolha é compatível com o disposto no **Regulamento (CE) nº 593/2008 do Parlamento Europeu e do Conselho, de 17 de junho de 2008 sobre a Lei Aplicável às obrigações contratuais (Roma I)**, nomeadamente com o artigo 3º que permite que as partes possam escolher a lei aplicável ao contrato e com o considerando (13) do Preâmbulo onde se afirma que as partes não ficam impedidas de incluírem, por referência, no seu contrato um corpo legislativo não estatal ou uma convenção internacional, nomeadamente, frisamos, a Convenção de Viena, de 1980.
Enfatize-se que, o Regulamento *supra* referido resultou de uma proposta da Comissão Europeia no sentido de proceder à transformação da Convenção de Roma sobre a Lei Aplicável às Obrigações Contratuais, de 1980, num instrumento comunitário. Sobre o processo de transformação da Convenção num instrumento comunitário pode ver-se o **Livro Verde da Comissão Europeia (COM (2002) 654 final)**.
A Convenção de Roma de 1980 aplica-se às obrigações contratuais nas situações que impliquem um conflito de leis. De acordo com esta, é dada às partes no contrato a possibilidade de escolher o direito aplicável à totalidade ou a uma parte do contrato em questão, bem como o tribunal competente, em caso de litígio.
A Convenção de Roma foi aberta para assinatura em Roma, em 19 de junho, pelos então nove Estados membros da Comunidade Europeia (CE), tendo entrado em vigor em 1 de abril de 1991. Posteriormente, todos os Estados que foram aderindo à CE assinaram a Convenção. Paralelamente

b) A condição de aplicabilidade referida em segundo lugar acha-se preenchida quando as normas de conflitos do Estado, i.e., o Direito Internacional Privado (DIP)[23], em que se situe o tribunal na qual é proposta a ação remetam para o direito de um Estado Parte na Convenção.

A este respeito deem-se alguns exemplos: no direito brasileiro[24], a lei interna reguladora do DIP é a Lei de Introdução ao Código Civil, de 1942. No caso das obrigações contratuais rege o artigo 9º, o qual consagra o princípio da *"lex loci celebrationis"*, ou lei do lugar da constituição da obrigação.

A lei do lugar da constituição da obrigação é, hoje, uma fórmula bastante criticada pela doutrina. O mesmo sucede com a fórmula proposta por alguns países da América Latina como a Argentina que remetem para o local da execução do contrato[25]. A tendência atual é no sentido de identificar as normas do direito com o qual o contrato mantenha os vínculos mais estreitos e, assim, **a liberdade de escolha da lei aplicável** é um critério seguido pelos Tratados que regulam o cenário das relações internacionais: a aplicação da lei nacional deve restringir-se aos contratos de direito interno.[26]

à assinatura da Convenção pela Áustria, Finlândia e Suécia, foi também elaborada uma versão codificada, publicada no JOCE em 1998. Em 2005, foi publicada no JOCE uma nova versão codificada, na sequência da assinatura da Convenção sobre o acesso dos 10 novos Estados membros. Portugal aderiu a esta Convenção em 1992, a qual entrou em vigor nas relações entre Portugal e os demais Estados que depositaram os respetivos instrumentos de ratificação em 1 de setembro de 1994: cfr. Aviso do Ministério dos Negócios Estrangeiros nº 240/94, DR, I Série – A, 19 de setembro de 1994.
A 17 de junho de 2008, seria, porém, aprovado o Regulamento *supra* referido. Este Regulamento **substitui** a Convenção de Roma (artigo 24º do Regulamento) e é aplicável aos **contratos celebrados após 17 de dezembro de 2009** (artigo 28º).
O artigo 3º da Convenção, idêntico ao artigo 3º do Regulamento estabelece que *"O contrato rege-se pela lei escolhida pelas Partes"*. No sentido de que este preceito admite que as partes escolham a Convenção de Viena, de 1980, como Lei aplicável para regular as suas obrigações contratuais, *vide*, **Dário Moura Vicente**, *op. cit.*, p. 281. O mesmo pode afirmar-se no que se refere à solução vertida no artigo 3º do Regulamento, como vimos.
Refira-se que, nem o Reino Unido, nem a Dinamarca participaram na aprovação do Regulamento, nem ficam sujeitos à sua aplicação, ao abrigo dos artigos 1º e 2º dos Protocolos respetivos anexos ao Tratado da União Europeia (*vide*, considerandos 45 e 46 do Regulamento).
[23] Como é sabido, o DIP é o conjunto de normas jurídicas criado por uma autoridade política autónoma com o propósito de resolver os conflitos de leis no espaço. Dito de modo simples, é um conjunto de regras de direito interno que indica ao juiz da causa ou "juiz do foro" que lei, se a nacional ou uma estrangeira, deverá ser aplicada ao caso, cujos vários elementos em causa se encontram dispersos, ou em conexão, com mais do que um ordenamento jurídico.
[24] Note-se que o Brasil ainda não ratificou a Convenção de Viena.
[25] Assim, Patrícia Galindo da Fonseca, *op. cit*, p. 3.
[26] Ibidem.

O direito português regula a matéria das normas de conflitos no Código Civil, de 1966 (adiante, CC), e, de um modo mais consentâneo com as modernas tendências, no que em particular se refere à lei reguladora das obrigações provenientes dos negócios jurídicos, o artigo 41º do CC elege como critério regulador **a lei escolhida pelas partes** ou, na sua falta, no que se refere aos contratos, a lei da residência habitual comum das partes.

A Convenção de Roma, de 1980, sobre a Lei aplicável às obrigações contratuais, recentemente substituída pelo Regulamento (CE) nº 593/2008 (Roma I), *supra*)[27] elege também como critério principal o da **lei escolhida pelas Partes**[28/29].

Ou seja, e retomando a análise da alínea b) do artigo 1º, nº 1 da Convenção de Viena: sempre que a norma de conflitos do "Estado do foro", i.e., do lugar onde ocorra um litígio, remeta para a lei de um Estado Parte da Convenção, é esta que se aplica.

Assim, a Convenção de Viena é aplicável em função do jogo ditado pelas regras do DIP independentemente de o elemento de conexão ser variável de Estado, para Estado: poderemos ser remetidos para a Convenção, quer por força

---

[27] O presente Regulamento deve ser articulado com o Regulamento (CE) nº 44/2001 do Conselho, de 22 de dezembro de 2000, relativo à competência judiciária, ao reconhecimento e à execução de decisões em matéria civil e comercial (Bruxelas I) e com o Regulamento (CE) nº 864/2007 do Parlamento Europeu e do Conselho, de 11 de julho de 2007, sobre a lei aplicável às obrigações extracontratuais (Roma II).

[28] O direito interno português estava, assim, em sintonia com a regra disposta na Convenção e, agora, com a solução plasmada no Regulamento Comunitário, i.e., a regra principal ser a lei escolhida pelas partes.
O problema coloca-se ao nível do **critério de aplicação supletivo**: enquanto o CC (artigo 42º) elege a residência habitual comum das partes e, na sua falta, a lei do lugar da celebração, a Convenção de Roma referia que o contrato seria regulado pela "*lei do país com o qual apresentasse uma conexão mais estreita*". Num **Acórdão do Supremo Tribunal de Justiça**, de 3.11.2005, seria, porém, considerado que não existiria qualquer dissonância este os dois critérios uma vez que se considerou que o critério da "conexão mais estreita" levaria ao mesmo resultado.
Todavia, o Regulamento elege como critério supletivo **a residência habitual do vendedor (artigo 4º, nº 1 a))**, o que não corresponde à solução prevista no CC. Em virtude não só da aplicabilidade direta do Regulamento mas sobretudo do primado do Direito comunitário, a solução vertida no Regulamento prevalece, devendo a solução propugnada pelo CC ser afastada pelo "juiz do foro", nos casos que envolvam Estados membros da UE. Na verdade, a solução ditada pelo CC deve permanecer válida apenas quando o conflito envolva Estados não membros da UE.
Os conflitos que envolvam o Reino Unido e a Dinamarca devem também ser regulados pelo CC, uma vez que estes se mantiveram à margem de Roma I (*supra*).

[29] O mesmo critério é eleito pela Convenção da Haia, de 1955, sobre a Compra e Venda Internacional de Coisas Móveis Corpóreas, de que Portugal **não é parte**. O texto da Convenção e respetivo estado das ratificações poder ver-se em www.hcch.net.

do lugar da celebração do negócio, quer por força do lugar da sua execução, ou em virtude do que tiver sido determinado pela vontade das partes. Neste último caso, a aplicação da Convenção de Viena resulta do facto de as partes terem elegido como lei aplicável ao contrato o direito de um Estado Contratante, ou porque as partes escolheram a Convenção como lei aplicável ao contrato.

V – PRINCIPAIS IMPLICAÇÕES DE UMA EVENTUAL RATIFICAÇÃO POR PARTE DE PORTUGAL DA CONVENÇÃO DE VIENA DE 1980: O *"PRÉ E O PÓS"* RATIFICAÇÃO DO PRISMA DA LEI APLICÁVEL AOS CONTRATOS CELEBRADOS POR OPERADORES ECONÓMICOS PORTUGUESES

Por um lado, se tivermos presente o facto de a Convenção ter servido de **modelo** a reformas levadas a cabo no Direito interno de Estados contratantes e de terceiros Estados, v.g., na UE a aprovação da Diretiva 1999/44/CE, do Parlamento e do Conselho, de 25 de maio de 1999, relativa a certos aspetos da venda de *bens de consumo e das garantias a ela relativas*[30], concluímos por uma **aplicação reflexa ou indireta do conteúdo normativo da Convenção no âmbito das *situações puramente internas*** (i.e., em que inexiste qualquer elemento de conexão com o ordenamento internacional) e, nessa medida, e nalguns aspetos, por uma similitude de regulamentação para as situações, sejam elas internas ou internacionais. Assim, do prisma dos operadores económicos, a ratificação da Convenção **não implicaria uma necessidade de adaptação inusitada.**

Por outro lado, recorde-se que **as partes no contrato são livres de remeter para a Convenção, mesmo não sendo os Estados onde os estabelecimentos em causa se situam Partes na Convenção, elegendo-a como lei aplicável ao contrato** (*supra*).

Por fim, saliente-se a **grande margem de flexibilidade que os mentores da Convenção conceberam para as partes no contrato, a qual prevê,** no artigo 6º, o seguinte: *"The parties may exclude the application of this Convention or, subject to article 12, derogate from or vary the effect of any of its provisions"*, o que se revela como um argumento adicional a favor da ratificação, uma vez que **a liberdade contratual** continua a ser uma pedra angular da regulação da matéria em causa.

Curiosamente, esta grande flexibilidade que é dada às partes no contrato **contrasta com a prática ausência de flexibilidade concedida aos Estados Parte** a quem, por contraposição, e nos termos do artigo 98º, *"No reservations are permitted except those expressly authorized in the Convention".*

Em suma e, muito embora deva afirmar-se que, da ponderação dos direitos e das obrigações previstas pela Convenção para os outorgantes nos contratos visa-

---

[30] Transposta para o direito português pelo Decreto-Lei nº 67/2003, de 8 de abril.

dos pela mesma se pode concluir por um *nítido favorecimento do comprador*[31], o que é um facto, é que a ratificação da Convenção por parte de Portugal não irá determinar significativas alterações do prisma dos operadores económicos visados pela mesma, uma vez que estes são livres de, acordo com o artigo 6º (*supra*) afastar a aplicação, no todo ou em parte, da Convenção, **o que é de resto uma prática bastante difundida em certos países como a Alemanha e os EUA**[32].

A pedra de toque da utilização da Convenção pelas partes no contrato passa por uma ponderação dos interesses em presença: o importador de mercadorias tem interesse em que esta seja, de um modo geral, a lei aplicável aos contratos de compra e venda de mercadorias, ao passo que o exportador terá interesse em modelar certas disposições à sua situação particular – sendo certo que, em ambos os casos, a referência à Convenção funciona como um "certificado" de bom comportamento ao nível das relações comerciais internacionais.[33]

De acordo com o princípio da liberdade contratual as partes são, assim, livres para:

a) escolher a Convenção como lei aplicável, através da remissão para esta no contrato;
b) afastar a aplicação da Convenção, quer expressamente, quer implicitamente, em virtude de terem escolhido um determinado direito nacional a ser aplicado, ou através da indicação da lei aplicável pelas normas do direito internacional privado;

Porém, note-se que **se as partes nada disserem a Convenção é aplicável e, na medida em que o Contrato de venda internacional de mercadorias não está sujeito a qualquer imposição no que se refere à forma escrita, se nada for estabelecido, ainda que verbalmente**[34]**, em contrário, a Convenção aplica-se.**

---

[31] Esse favorecimento reflete o *"intuito de conquistar a adesão de certos países em vias de desenvolvimento, predominantemente importadores de produtos manufaturados"*. Assim, DÁRIO MOURA VICENTE, *op. cit.*, p. 287.

[32] DÁRIO MOURA VICENTE, *op. cit.*, p. 282.

[33] Facto que não terá sido indiferente à adesão da China ou da Rússia à Convenção. *Vide* – PETER L. FITZGERALD – "The International contracting practices survey Project: an empirical study of the value and utility of the United Nation's Convention on the United Nations Sale of Goods (CISG) and the Unidroit Principles of International Commercial Contracts to Practitioners, Jurists, and Legal Academics in the United States", http://papers.ssrn.com/sol3/papers.cfm?abstract_id=1127382.

[34] Os usos e as práticas que se estabelecem entre as partes podem também delimitar negativamente o âmbito de aplicação da Convenção (artigo 9º).

Por fim, enfatize-se ainda que, a Convenção **não tem aplicação retroactiva** só se aplicando a contratos a celebrar após a sua entrada em vigor no Estado Parte (artigo 100º).

VI – *O PRINCÍPIO DO FAVORECIMENTO DO COMPRADOR* – ALGUNS EXEMPLOS COMPARATIVOS

Quando comparamos o regime instituído pela Convenção com aquele previsto pelo nosso ordenamento nacional, podemos identificar alguns pontos em que, à luz do regime da Convenção, o comprador é favorecido:

a) No que se refere à **revogação da proposta contratual**: enquanto o regime resultante do CC preconiza um princípio de irrevogabilidade da proposta (artigo 230º), na medida em que esta é irrevogável após ser recebida pelo destinatário ou dele ser conhecida, o regime resultante da Convenção assume-se como um regime misto: a proposta é revogável até que o destinatário tenha expedido uma aceitação, e será irrevogável apenas em casos de exceção (por exemplo, no caso de a proposta estabelecer um período fixo para a aceitação, *vide*, artigo 16º da Convenção);

b) No que se refere ao **regime de coisas defeituosas, ou não conformes ao contrato**, o artigo 46º, nº 2 da Convenção impõe a obrigação por parte do vendedor de substituir a mercadoria; o CC prevê a anulabilidade do contrato, por erro, ou dolo (artigo 913º); o comprador pode pedir a substituição da mercadoria mas essa obrigação não existe se *"o vendedor desconhecia sem culpa o vício ou a falta de qualidade de que a coisa padece"* (artigo 914º).

VII – A DOUTRINA PORTUGUESA E A ADESÃO À CONVENÇÃO DE VIENA

Existem vários autores portugueses que se pronunciaram em sentido favorável à adesão à Convenção de Viena, de 1980[35]. A título meramente exemplificativo citemos os seguintes:

---

[35] Sobre as razões da não ratificação de outros países pode ver-se o estudo de Iulia Dolganova e Marcelo Boff Lorenzen – "O Brasil e a Adesão à Convenção de Viena de 1980 sobre a compra e Venda Internacional de Mercadorias" – Revista Fórum CESA, ano 4, nº 10, jan./mar. 2009, p. 14, onde os autores salientam as razões de alguns dos principais ausentes. *Inter alia*, referem o caso da **Índia** cujas razões da não ratificação prendem-se, essencialmente, com o facto de as regras da Convenção serem mais brandas do que as regras internas de Direito indiano, nomeadamente por permitirem ao comprador devolver logo no início mercadorias que não respeitem estritamente a qualidade e a quantidade previamente acordadas, sobretudo em razão da introdução do conceito de *fundamental breach* no corpo do artigo 49º da Convenção. No caso do **Reino Unido** identificam como principal razão da não ratificação o facto de Londres ser uma praça internacionalmente reconhecida para a resolução de litígios arbitrais, temendo-se, assim que a adesão à Convenção ponha em risco

DÁRIO MOURA VICENTE, segundo o qual: *"A adesão de Portugal à Convenção facilitaria a contratação com empresas estabelecidas em território nacional, na medida em que as partes passariam a dispor de um quadro normativo minimamente ajustado às suas necessidades, que tornaria menos premente a necessidade de eleger a lei aplicável ao contrato; o que faria diminuir os riscos e encargos inerentes à aplicação de leis estrangeiras"*[36].

Por seu turno, LUÍS DE LIMA PINHEIRO considera "*... é de esperar que o número de Estados contratantes continue a aumentar... Sem razão aparente, Portugal ainda não ratificou a Convenção de Viena*".[37]

MARIA HELENA BRITO afirma, "*mantém-se a esperança de que Portugal venha dentro de breve prazo a aderir à Convenção de Viena*".[38] E, numa outra obra, a mesma autora considera que "*... por razões que se desconhecem, Portugal ainda não é parte na Convenção das Nações Unidas sobre Contratos de compra e venda internacional de mercadorias ... de que a Convenção de Otava sobre o factoring internacional constitui um complemento. Pode por isso causar estranheza que o nosso país venha a aderir em primeiro lugar à Convenção sobre o factoring. Esta última observação deve ser entendida como uma chamada de atenção às autoridades portuguesas, no sentido de iniciarem as diligências necessárias para a adesão à Convenção de Viena sobre os contratos de compra e venda internacional, e não como um argumento destinado a afastar a oportunidade de aderir à Convenção de Otava sobre o factoring internacional.*"[39]

VIII – AS RESERVAS PREVISTAS PELA CONVENÇÃO DE VIENA

A Convenção de Viena, de 1980, prevê a possibilidade de os Estados Contratantes estabelecerem determinadas reservas, sendo que, apenas são admissíveis as que a própria Convenção refira, tal como dispõe o artigo 98º da mesma: *"No reservations are permitted except those expressly authorized in this Convention"*. De outra forma, a pluralidade de declarações que os Estados poderiam introduzir poderia comprometer a unificação das normas[40].

As reservas mais utilizadas são as seguintes: a prevista no artigo 92º, a do artigo 95º e a do artigo 12º, combinado com o artigo 96º.

De acordo como o **artigo 92º:** "***1. A Contrating State may declare at the time of signature, ratification, acceptance, approval or accession that it will not be bound by***

---

a posição destacada a este nível, além de que, as regras jurídicas inglesas internas são consideradas adequadas à resolução de conflitos originados de transações comerciais internacionais.

[36] DÁRIO MOURA VICENTE, *op. cit.*, p. 288.
[37] LUÍS DE LIMA PINHEIRO – "Direito de conflitos, competência Internacional e reconhecimento de decisões estrangeiras", *in Estudos de Direito Internacional Privado*, Almedina, Coimbra, 2006.
[38] MARIA HELENA BRITO – *Direito do Comércio Internacional*, Almedina, Coimbra, 2003, p. 166.
[39] MARIA HELENA BRITO, *O factoring internacional e a Convenção Unidroit*, Edição Cosmos, 1998, p. 68.
[40] Assim, PATRÍCIA GALINDO DA FONSECA, *op. cit*, p. 11.

Part II of this Convention or that it will not be bound by Part III of this Convention; 2. A Contrating State which makes a declaration in accordance with the preceding paragraph in respect of Part II or Part III of this Convention is not to be considered a Contrating State within paragraph (1) of article 1 of this Convention in respect of matters governed by the Party to which the declaration applies".

As Leis Uniformes de Haia (*supra*) que serviram de fundamento para a Convenção de 1980 constituíram dois corpos distintos de normas, um relativo à formação do contrato e o outro ao próprio contrato. Compreende-se, assim, a razão da reserva prevista no artigo 92º[41].

Apenas a Dinamarca, a Finlândia, a Noruega e a Suécia tem uma reserva ao abrigo deste dispositivo relativamente à Parte II (Formação do contrato).

Saliente-se que **nenhum Estado introduziu uma reserva relativa à aplicação da Parte III** (Objeto do contrato).

Em segundo lugar, e de acordo com o **artigo 95º**: *"Any State may declare at the time of the deposit of its instrument of ratification, acceptance, approval or acession that it will not be bound by subparagraph (1) (b) of article 1 of this Convention".*

Como vimos *supra*, o artigo 1º da Convenção delimita o seu campo de aplicação. De acordo com este normativo, a Convenção aplica-se a contratos de compra e venda de mercadorias sempre que os estabelecimentos das partes se situem em Estados diferentes, desde que: a) os Estados sejam Partes Contratantes, ou, b) as regras de direito privado internacional conduzam à aplicação da legislação de uma Parte contratante.

Esta reserva prevista no artigo 95º vem possibilitar a exclusão desta segunda hipótese. Ou seja, neste caso a Convenção de Viena só será aplicável quando ambas a partes no contrato se situarem em Estados Contratantes. **Esta reserva afasta a incidência da Convenção quando esta for consequência da aplicação das normas de direito internacional privado.**

Entre outros, optaram por esta reserva a China, a República Checa, Singapura, a Eslováquia e os EUA.

A **Alemanha** optou também por esta reserva só que o fez de acordo com o **princípio da reciprocidade**[42], prevendo o seguinte: *"Upon ratifying the Convention, Germany declared that it would not apply article 1, paragraph 1 (b) in respect of any State that had made a declaration that that State would not apply article 1, paragraph 1 (b)".*

---

[41] *Ibidem*, p. 12.
[42] Em sentido favorável ao *modus faciendi* da Alemanha pronunciou-se, entre nós, DÁRIO MOURA VICENTE, *op. cit*. p. 281, ao considerar o seguinte: *"Por aqui se vê que a reserva em apreço prejudica a harmonia de julgados visada pela Convenção e favorece o fórum shopping, exceto relativamente aos países – como é o caso da Alemanha – que se hajam reservado o direito de não aplicar a Convenção quando as regras de conflitos locais remetam para a lei de um Estado que haja formulado a reserva prevista no artigo 95".*

Por último, saliente-se a reserva, nos termos conjugados dos artigos 12º e 96º da Convenção, de acordo com a qual os Estados declaram que a liberdade de forma prevista para o contrato ou a sua modificação não se aplica quando uma Parte tenha o seu estabelecimento no seu território[43].

Optaram por esta reserva a Rússia, o Chile, a Hungria, o Paraguai, a Ucrânia, a Letónia e a Lituânia.

IX – CONCLUSÕES FINAIS

1. Principais vantagens da ratificação

O objetivo primordial da Convenção é o de promover a **segurança jurídica e a previsibilidade quanto à lei aplicável no que se refere aos contratos de compra e venda de mercadorias internacionais,** uma vez que, ao não se tratarem de *situações puramente internas* mas de contratos com elementos de conexão com vários Estados (*v.g*, o lugar de celebração do contrato, o estabelecimento do vendedor e o estabelecimento do comprador posicionam-se em Estados diferentes), tal facto criaria incerteza quanto à lei aplicável, em virtude do complexo jogo das regras do direito internacional privado, o qual é assim contornado através da aplicação das soluções ditadas pela Convenção.

A Convenção promove, também, a **uniformização das regras substantivas**, muito embora exista toda a flexibilidade que referimos *supra*, quer da parte dos Estados Parte na Convenção ao nível das reservas, quer por parte dos operadores económicos que tem margem para, *in concreto*, afastar a aplicação da Convenção, no todo ou em parte, por altura da celebração de determinado contrato, conseguindo-se, aquilo a que, nas palavras de DÁRIO MOURA VICENTE, pode designar-se de *mínimo denominador comum*[44] – a contratação torna-se mais igualitária e, por esse motivo, mais justa.

Recorde-se também o facto de a Convenção ter inspirado os princípios UNIDROIT dos contratos de Comércio Internacional – facto que reforça a aceitação das soluções vertidas na Convenção por um raciocínio de maioria de razão e revalida a **internacionalização das suas opções.**

Uma outra vantagem que podemos salientar será **a redução dos custos de transação,** na medida em que a Convenção permite aceder às mais elaboradas e

---

[43] A Convenção estabelece um **princípio de informalidade**, o qual pode ser afastado pelos Estados Contratantes: aqueles Estados cujas legislações exigem a forma escrita para a perfeição de um contrato de compra e venda podem proceder à reserva regulada no artigo 96º. O requisito de forma escrita deve, nestas condições, ser observado por ambas as partes contratuais, ainda que tal declaração tenha sido efetuada pelo Estado de apenas um sujeito. Assim, PATRÍCIA GALINDO DA FONSECA, op. cit., p. 13.

[44] *Op. cit.*, p. 287.

modernas regras de contração internacionais neste domínio, praticamente sem custos, o que representará uma vantagem para os operadores económicos, com destaque para as PME.

Por fim poderemos referir o facto de a aplicação das regras contidas na Convenção permitirem aos operadores económicos estabelecer um **código de boas práticas** ao nível do cumprimento do contrato, o que agiliza a negociação e a penetração nos mercados.

2. Ratificação com ou sem reservas

No que se refere à questão mais complexa de saber se a **ratificação deverá ser feita com ou sem reservas**, entendemos que, e na senda de Ulrich Magnus, a Convenção deverá ser **ratificada sem reservas**[45]. Apenas uma ratificação nestes moldes produzirá a virtualidade de disseminar o desejado **efeito multiplicador de uniformização** das regras substanciais reguladoras da Venda Internacional de Mercadorias.

A admitir-se qualquer forma de reserva, seria **apenas** na modalidade eleita pela Alemanha (reserva prevista no **artigo 95º da Convenção**, *supra*), tendo em consideração a razoabilidade da mesma e a fundamentação à luz do **princípio da reciprocidade**.

3. A oportunidade da ratificação

Como vimos *supra*, a Convenção resultou do esforço de cooperação de países, desenvolvidos e em vias de desenvolvimento, representantes de diversas tradições jurídicas (civil law, Commom law, direito socialista, direito árabe e direito japonês), o que permitiu a elaboração de um texto **com virtualidades transnacionais**.

A vasta representatividade de países participantes na elaboração do texto inicial acabou por se revelar ao nível da aceitação do texto, que atualmente conta com 77 Estados Parte.

Sendo certo que, muitos desses Estados Parte na Convenção **são parceiros comerciais de Portugal**, tem cada vez menos sentido que Portugal mantenha uma postura de alheamento ou de indiferença ao contínuo processo de

---

[45] ULRICH MAGNUS – "Action Plan for a European Contract Law – European Contract Law and CISG", http://ec.europa.eu/consumers/cons_int/safe_shop/fair_bus_pract/cont_law/stakeholders/5-35.pdf. Em concreto o autor afirma que, " *The CISG should be ratified by all member states (or by the EU itself) without any reservation. It should also in future govern the inner-EU transborder sales transactions. The CISG should be taken as the basis for a European contract law. A European sales law should correspond as much as possible to the CISG*".
A ratificação sem reservas é também defendida no que se refere ao Brasil por IULIA DOLGANOVA e MARCELO BOFF LORENZEN – "O Brasil e a Adesão à Convenção de Viena de 1980 sobre a compra e Venda Internacional de Mercadorias" – Revista Fórum CESA, ano 4, nº 10, jan./mar. 2009, p. 23 e 24.

ratificação da Convenção, sob pena de ficar de certa forma isolado. Enfatize-se que, praticamente todos os Estados membros da União Europeia são Parte na Convenção.

Perante o exposto, assumimos uma **posição nitidamente favorável à ratificação** por parte de Portugal à Convenção de Viena de 1980, **a breve trecho.**

Lisboa, 30 de janeiro de 2012

BIBLIOGRAFIA

AGUIAR JÚNIOR, Ruy Rosado de – "A Convenção de Viena e a Resolução do contrato por incumprimento", in Revista de Informação Legislativa, vol. 31, nº 121, jan/mar, 1994, p. 211-225, http://bdjur.stj.gov.br;

BONELL, Michael Joachim – "The CISG, European Contract Law and the Development of a World Contract Law", in American Journal of Comparative Law, Michigan, v. 56, nº 1, p. 1-28, 2008.

BRITO, Maria Helena – "O factoring internacional e a convenção do UNIDROIT", Edição Cosmos, 1988;

BRITO, Maria Helena – " Direito do Comércio Internacional", Almedina, Coimbra, 2003;

CORDEIRO, António Menezes, Manual de Direito das Sociedades – Vol. I – "Das Sociedades em Geral", Almedina, Coimbra, 2004;

CORDEIRO, António Menezes, Manual de Direito das Sociedades – Vol. II – "Das Sociedades em Particular", Almedina, Coimbra, 2006;

DOLGANOVA, Iulia e Marcelo Boff Lorenzen – "O Brasil e a Adesão à Convenção de Viena de 1980 sobre a compra e Venda Internacional de Mercadorias" – Revista Fórum CESA, ano 4, nº 10, jan./mar. 2009, p. 46-61;

ENDERLEIN, Fritz and MASKOW, Dietrich – International Sales Law, United Nations Convention on Contracts for the International Sale of Goods – Convention on the Limitation Period in the International Sale of Goods, New York, Oceana Publications, 1992;

G. EORSI – "A propos the Vienna Convention on Contracts for the International Sale of Goods", American Journal of Comparative Law, 1983, vol. 31, nº 2, p. 335;

FITZGERALD, Peter l – "The International contracting practices survey Project: an empirical study of the value and utility of the United Nation's Convention on the International Sale of Goods (CISG) and the Unidroit Principles of International Commercial Contracts to Practitioners, Jurists, and Legal Academics in the United States", http://papers.ssrn.com/sol3/papers.cfm?abstract_id=1127382;

GALINDO DA FONSECA, Patrícia – "O Brasil perante uma nova perspetiva de direito mercantil Internacional", http://www.cisg.law.pace.edu/cisg/biblio/fonseca.html;

HONNOLD, Jonh – Uniform Law for International Sales under the 1980 United Nations Convention, 3º ed, 1999;

MAGNUS, Ulrich – "Action Plan for a European Contract Law – European Contract Law and CISG", http://ec.europa.eu/consumers/cons_int/safe_shop/fair_bus_pract/cont_law/stakeholders/5-35.pdf.

P. GILLETTE, Clayton and Robert E. SCOTT – "The Political Economy of International Sales Law", April 22, 2005, NYU, Law and Economics Research Paper No. 05-02, http://papers.ssrn.com/sol3/papers.cfm?abstract_id=709242

PEREIRA, Maria de Lurdes – "A obrigação de receção das mercadorias na Convenção de Viena sobre a compra e venda internacional de Mercadorias", *in Estudos em Homenagem à Professora Doutora Isabel de Magalhães Collaço*, Vol. II, Almedina, Coimbra, 2002;
PINHEIRO, Luís de Lima – "Direito de Conflitos, Competência Internacional e Reconhecimento de decisões estrangeiras" *in Estudos de Direito Internacional Privado*, Coimbra, Almedina, 2006;
ROSSANI GARCEZ, José Maria – "Adesão do Brasil à Convenção de Viena de 1980 para a compra e venda internacional de mercadorias", http://www.migalhas.com.br/dePeso/16,MI128667,91041-adesão+do+Brasil+a+Con...
SAMPAIO DE ABREU, Gustavo e Leonardo Carneiro da Rocha Carvalho – "Convenção de Viena para compra e venda internacional de mercadorias. Entendimentos acerca de sues benefícios e suas regras", http://www.cedin.com.brrevista eletrónica/volume4/arquivos-pdf;
SOARES, Maria A. Bento; RAMOS, Rui Manuel G. de Moura Ramos – *"Do contracto de compra e venda internacional: análise da Convenção de Viena de 1980 e das disposições pertinentes do direito português"*, Boletim do Ministério da Justiça, Documentação e Direito Comparado (Portugal), 1981;
SOARES, Maria A. Bento e Rui Manuel G. de Moura Ramos – *Contratos Internacionais. Compra e venda. Cláusulas Penais. Arbitragem*, Coimbra, 1986;
VARELA, João de Matos Antunes, *"Das Obrigações em Geral"* – Vol. I – Coimbra, 1986;
VICENTE, Dário Moura – "A *Convenção de Viena sobre a Compra e Venda Internacional de Mercadorias*: características gerais e âmbito de aplicação" *in* Estudos de Direito Comercial Internacional – Vol. I – Coimbra, Almedina, 2004, p. 271.

The 'F' word ...(O Princípio)

MARTA CALDAS
Assessora no Instituto de Direito Economico Financeiro e Fiscal da FDL

> *"Estamos certamente conscientes dos consideráveis progressos realizados durante esta geração, mas também é nossa tarefa agir de modo a que a próxima geração seja mais brilhante, mais criativa. Criemos a Europa!"*[1]

SUMÁRIO: 1. Considerações introdutórias; 1.0. Delimitação do objecto de estudo; 1.1. Considerações de natureza terminológica; 2. Conceptualizações; 2.0. Razão de ordem; 2.1. Conceito de Estado; 2.2. Conceito de Federalismo; 3. União Europeia; 4. Considerações gerais e finais

Resumo

A teorização sobre conceitos não significa a sua cristalização, pelo contrário. A delimitação de ideias chaves não acarreta que deixemos de reflectir sobre elas e desenvolvê-las face às novas realidades jurídico-políticas.

Pelo facto de nos dizerem que a União Europeia é um *objecto político não identificado* não significa que não seja identificável.

Nas palavras de Beate KOHLER-KOCH[2] "os conceitos...desenvolvem-se em situações históricas, interpretando condições contextuais com vista a melhor lidar com os problemas e desafios que se colocam." E perante o desafio criado com o processo de ratificação da constituição norte-americana de 1787 foi o que

---

[1] Discurso de Sir Henry Plumb, (então) Presidente do Parlamento Europeu, proferido em Roma por ocasião do 30º aniversário da CE em 25 de Maio de 1987, in 60Anos de Europa – Os Grandes Textos da Construção Europeia, edição Parlamento Europeu Gabinete de Portugal 2012, p.156.
[2] A prepósito do conceito de «boa governação» in "Evolução e transformação da governação europeia" Análise Social 1998 (4º) p. 669.

aconteceu. James Madison, Alexander Hamilton, John Calhoun e Samuel Beer, entre outros, foram protagonistas de um intenso debate sobre a natureza do sistema político criado pela Constituição norte-americana de 1787.

Se recuarmos ao século XVIII e tomarmos os Estados Unidos da América como paradigma, também este 'novo objecto' político teve que ser conceptualizado, dando origem a "um federalismo de tipo novo, consagrado na Constituição federal de 1787, que ainda hoje constitui um marco referencial para todos os processos de federalismo actualmente em marcha"[3].

Surgiu então o federalismo contemporâneo de matriz republicana, mas não sem antes ter sido alvo de intensos debates e reflexões, "o caso americano, [porém], traçava uma novel experiência, apelando a um modelo intermédio que ambicionava instituir um governo federal vigoroso sem prejuízo da autonomia e das prerrogativas dos governos estaduais."[4] (sublinhado meu)

Em primeiro lugar cabe aqui esclarecer que não é minha intenção estabelecer um paralelo entre o processo de integração da União Europeia e os Estados Unidos da América enquanto *Estados*, mas sim salientar que o debate perante um documento – Constituição ou Tratado – que cria uma nova entidade política sem par comparativo não é de todo inédito (e leia-se também impossível).

Entre questões de cooperação económica, organização comercial, ajuda financeira e económica, o destino da moeda única, a necessidade ou não de um maior federalismo orçamental cria-se uma oportunidade para a Ciência e a Filosofia Política *clarificar* a conceptualização de um novo 'F'ederalismo político.

Esta combinação de «condições de fundações» característica da União Europeia, "(...) um projecto único, irrepetível, ..."[5] propícia a reflexão sobre a integração política. A reorganização, com a respectiva clarificação, de competências poderá ser o inicio da inversão "(d)o círculo vicioso do défice democrático europeu", uma das maiores críticas apontadas ao processo de construção da União Europeia.

E concordar ou não com a consagração de determinado sistema político não é o fundamental, como nos mostra a história norte-americana[6]: "A singularidade deste sistema tornava pois difícil encontrar uma terminologia adequada para

---

[3] Viriato SOROMENHO-MARQUES, in Dicionário de Filosofia Moral e Política do Instituto de Filosofia da Linguagem da Universidade Nova de Lisboa.
[4] José Gomes ANDRÉ, Razão e Liverbade – O Pensamento Político de James Madison, Esfera do Caos Editores 2012, p. 98.
[5] Rita Calçada PIRES, "A Ideia de Europa: Reflexões sobre o Processo de Integração Europeia" in 25 Anos na União Europeia 125 Reflexões (Coord. Eduardo Paz FERREIRA), p. 611.
[6] De entre os muitos ensinamentos que nos é possível retirar do processo de ratificação da Constituição norte-americana de 1787, o mais valioso, em meu entender, é o debate que se gerou em seu torno. Deste nasceram obras de referência como o Federalist Papers e o Anti-Federalist Papers.

descrever as suas componentes, tendo Madison e os Pais Fundadores, em geral, nem sempre sido congruentes nesta matéria."⁷. Se o paradigma europeu, único conhecido à altura, não travou os Americanos de discutir sobre a natureza política da Constituição de 1787 e os impediu de construírem um federalismo do tipo novo, tal também não deve acontecer aos Europeus.

Acompanhando Philippe SCHIMITTER "o estudo da integração europeia tem vindo a ser prejudicado há muito pela inexistência de uma definição clara e comum da sua variável dependente. O que é a integração de estados nacionais anteriormente independentes?"⁸

Em plena discussão sobre o futuro da Zona Euro, sobre as políticas económico-financeiras a adoptar no seio da União Europeia é tempo de se iniciar o debate sobre a identidade política da União Europeia. Criará ela um novo sistema federal?

1. Considerações introdutórias
1.0. Delimitação do objecto de estudo
Como se sabe, quer na Ciência Política, quer nas Ciências Económicas não existem respostas "cabais", pelo que não é este o meu intuito, dar uma resposta definitiva, mas sim reflectir (apenas) sobre o sistema político subjacente à criação da União Europeia: "(...) um novo tipo de união entre Estados pertencentes à Europa com competências próprias, que partilha com os Estados-membros políticas comuns e até moeda própria"⁹.

Em 1957 o desafio foi lançado: as Comunidades Económicas Europeias criaram um novo sistema político, que tem evoluído e manifestado uma natureza dinâmica e ajustável às mais diversas situações económicas, políticas e sociais vividas pelos seus estados-membros em constante alargamento[10].

Tendo sido exactamente esta flexibilidade tão própria que acabou por não exigir que a, agora, União Europeia fosse rigidamente categorizada a nível político. Pelo que quando pergunto se a União Europeia cria um sistema federal tenho em mente a criação de um princípio funcional de organização de Esta-

---

[7] Jose Gomes ANDRÉ, Razão e Liberdade. p. 96.
[8] "A Comunidade Europeia: uma forma nova de dominação política" in Análise Social 1992 (4º-5º) p. 739.
[9] Artur Teodoro de MATOS, "Uma *União* inacabada" in 25 Anos na União Europeia 125 Reflexões (Coord. Eduardo Paz FERREIRA), p. 73.
[10] De 6 estados fundadores em 1957 passamos a 27 estados-membros em 2007 (sobre os sucessivos alargamentos vide http://ec.europa.eu/enlargement/the-policy/from-6-to-27-members/index_pt.htm).

dos (-membros) que se unem com vista a atingir determinados objectivos[11], respeitando valores comuns, como a Paz, a solidariedade e protecção dos direitos fundamentais.

Nesta reflexão irei tomar a União Europeia com um todo e não se considerará as especificidades dos regimes jurídicos da Política Externa e de Segurança Comum, nem da Cooperação Judiciária em Matéria Penal e Cooperação Policial[12].

Consciente de que estes regimes existem e da extrema importância que assumem para a caracterização política da União, a verdade é que enquanto 'novo' sistema político a complexidade que a diferenciação de regimes acarreta também é ela sinónimo de novidade.

É necessário desde já esclarecer que o conceito de Estado é incontornável no estudo de um qualquer sistema político, quer se defenda que devemos «trazer o Estado de volta» quer se enfatize a crise do Estado-nação. Pelo que irei utilizar de forma meramente instrumental o conceito de Estado, pois como se verá **o conceito de federalismo não exige a existência de um Estado.**

Porque **o objectivo fundamental é reflectir[13] sobre a existência de um novo sistema federal, e não de um 'novo' Estado federal**, quer o conceito de Estado quer o conceito de Federalismo serão tratados sumariamente no capítulo das Conceptualizações com o intuito de auxiliarem na compreensão do que poderá ser *este objecto político que dá pelo nome de União Europeia*.

Refiro ainda que apesar de se recorrer ao método comparativo com a experiência federal norte-americana, a Constituição de 1787 ou o sistema político com ela criado não são objecto de análise, mas apenas de contraponto, (daí as diversas referências ao debate outrora realizado).

---

[11] Por norma estes objectivos são bastante ambiciosos, dificilmente realizáveis individualmente por cada Estado-membro e que tanto podem ter um cariz económico, como a realização do mercado único ou a moeda única, como podem ter um cariz social, como a liberdade de circulação de pessoas.

[12] Apesar de com o Tratado de Lisboa a União Europeia ter deixado de assentar em três pilares e ter sucedido às Comunidades, a verdade é que o sistema de pilares ainda é visível no regime instituído a 01 de Dezembro de 2009; a título de exemplo refere-se o artigo 275º e artigo 276º do Tratado sobre o Funcionamento da União Europeia relativo à jurisdição do Tribunal de Justiça da União Europeia.

[13] "no sentido de que é indispensável um debate mais vasto sobre o futuro da Europa", expressão utilizada no Livro Branco sobre a Governança Europeia adoptado pela Comissão Europeia em 25 de Julho de 2001, in 60Anos de Europa – Os Grandes Textos da Construção Europeia, edição Parlamento Europeu Gabinete de Portugal 2012, p. 326.

1.1. Considerações de natureza terminológica

No que respeita ao Direito da União Europeia é visível que não se encontra definida uma terminologia precisa. Em grande parte devido à discussão sobre a natureza da própria União Europeia.

Como a União Europeia reflecte a evolução das Comunidades Económicas Europeias sem incisões abruptas no regime comunitário de transição das Comunidades para a União, irei utilizar o termo Direito da União Europeia, normas da União Europeia e Direito Comunitário e normas Comunitárias em sinonímia.

Como já referido não discuto as diferenças significativas entre os regimes jurídicos das Comunidades Europeias e os dos 'pilares intergovernamentais', mas a verdade é que ambos integram o ordenamento da União Europeia.

Saliento, que a terminologia utilizada ao longo do estudo é a da União Europeia, mas no seu sentido lato. Isto é, como designação de «uma nova etapa no processo de criação de uma união cada vez mais estreita entre os povos da Europa...»[14].

Quanto à expressão federalismo deixo apenas a breve referência de que será usada ao longo do presente estudo como sinónimo de sistema federal.

1.2. Sistematização

O presente estudo como reduz a escrito uma reflexão levada a cabo sobre o sistema político da União Europeia apresenta uma estrutura bastante simplificada.

O trabalho é composto por três partes essenciais. A primeira dedicada às conceptualizações, nas quais abordo as teorizações acerca do conceito estado e do conceito federalismo. A segunda referente à União Europeia, terminando com uma terceira parte na qual exponho as considerações gerais e finais.

2. Conceptualizações
2.0. Razão de ordem

Parafraseando John Locke "Desde que a coisa seja compreendida, eu sou indiferente relativamente ao nome"[15]..., mas tal como referido pela Comissão Europeia no Livro Branco sobre a Governança Europeia[16] a União Europeia é "um sistema mal compreendido e complexo" que gera desconfianças.

Cada vez se sente mais a necessidade *de baptizar* o sistema político que *nasceu* com a criação e evolução da União, pelo que muitas são as teorias e as tentativas

---

[14] Artigo 1º, §2º do Tratado da União Europeia.
[15] John LOCKE Second Treatise of Government APUD Viriato SOROMENHO-MARQUES A Revolução Federal: Filosofia Política e Debate Constitucional na Fundação dos E.U.A., pp. 160.
[16] In 60 Anos de Europa – Os Grandes Textos da Construção Europeia, edição Parlamento Europeu Gabinete de Portugal 2012, p. 326.

de enquadramento do sistema da União Europeia em uma das concepções tradicionais. Será a União Europeia um Estado, uma Organização Internacional, será uma Organização Supranacional, será uma Confederação, será uma Federação?

Na busca da resposta a esta questão, a União Europeia "deverá ser explicitamente tratada como uma nova forma de dominação política, susceptível de evoluir..."[17].

Já afirma Mario TELÒ que "a União Europeia não se confronta unicamente com um défice de voluntarismo, de táctica ou de estratégia. Estamos a experimentar um verdadeiro défice de conceptualização"[18].

Muito já foi dito (e escrito) sobre a caracterização da União Europeia como uma destas entidades políticas, (como Organização Internacional, Organização Supranacional, Confederação, entre outras), mas perante a falta consenso e a evolução das realidades sociopolíticas perguntei-me: criará a União Europeia um novo sistema federal?

Cabe aqui referir que intencionalmente não pergunto se a União Europeia cria um novo Estado Federal. A necessidade do processo federativo da União Europeia desembocar num *Estado* é uma outra problemática[19]. É pressuposto base deste texto que "o conceito de *federalismo* não se identifica com o de *Estado federal*, nem pressupõe a existência de Estado ou de outras entidades políticas, com ou sem personalidade jurídica."[20]

Neste pressuposto, o interesse do conceito de Estado para o presente estudo é o de acentuar a novidade trazida pela experiência política que se manifesta na ratificação dos Tratados institutivos das Comunidades Económicas Europeias e na agora União Europeia, bem como a constatação de que os conceitos evoluem, não são "estáticos" e absolutos[21].

O conceito de Estado é um dos mais polémicos no debate sobre a caracterização política da União Europeia[22]. Há alguns anos atrás talvez não se justifi-

---

[17] Phillipe SCHIMITTER op. cit., p. 741.
[18] In "Contribuições dos Estados Unidos e da Europa para a governação mundial: que novo multelateralismo?" p. 9 Revista Estratégia nº 16 (1º semestre 2002).
[19] Problemática essa também experiencializada pelo sistema federal norte-americano: "Os EUA também só se tornaram um Estado federal após a Segunda Guerra Mundial", Jürgen HABERMAS in "Um ensaio sobre a Constituição da Europa", p. 94.
[20] José F. TAVARES in "O Federalismo – sua caracterização – contributo para o estudo da natureza da União Europeia e das Comunidades Europeias", p. 11.
[21] Parafraseando Jürgem HABERMAS "as lealdades constroem-se e as tradições alteram-se" in "Um ensaio sobre a Constituição da Europa", p. 108.
[22] Afirma Miguel Poiares MADURO que "o monopólio estadual do Direito é posto em causa com o desenvolvimento de novas fontes de direito supra-nacionais que desafiam a hierárquia jurídica e a autoridade constitucional tradicionais nas ordens jurídicas estaduais" in "A Crise Existencial da Constituição Europeia" Working Paper 2/99 – FDUL Working Papers p. 2.

casse repensar o conceito Estado, mas perante o novo estilo de governação económica com consequências políticas e sociais, este conceito reaparece com um novo interesse, pelo que lhe dedico umas breves palavras.

2.1. Conceito de Estado

A palavra *Estado* provém do grego pólis (cidade-estado). De pólis advém o conceito de *política*, que é a ciência de governar a cidade. Para os romanos, a *civitas* ou *res pública* é chamada de *status*, que significa situação ou condição.

Na modernidade, o Estado será objecto das mais variadas conceptualizações entre as quais encontramos as correntes idealistas, realistas, objectivistas e subjectivistas, contratualistas, monistas e dualistas, normativistas e não normativistas. Todas elas a tentarem explicar o "problema da natureza, da essência, do ser do Estado"[23] que mais das vezes se confunde com o problema "acerca da formação ou da justificação do poder (ou da legitimidade do poder e dos governantes)"[24].

O que pretendo neste ponto do trabalho não é discorrer sobre a construção e conceptualização do conceito Estado ao longo dos séculos, mas sim salientar que a ideia de Estado não reúne consenso, (nem nos dias de hoje). Nas palavras de Manuel LUCENA "o Estado requer amplo tratamento, [mas] não tem cabal solução."[25]

Perante as mais diversas noções de Estado (moderno) irei adoptar para efeitos do presente estudo a noção de Estado como "sociedade política organizada", cujos elementos constitutivos ou condições de existência são três: povo, território e poder político[26].

"De um ponto de vista jurídico-constitucional, o povo constitui o substrato, o elemento humano do Estado", que se encontra estabelecido em determinado território, "um espaço delimitado pelas *fronteiras:* marítimas, terrestres e aéreas" que constitui o "elemento *objectivo* da sua definição" e no qual exerce o poder político que é "essencialmente o «poder de governo», o «governo do Estado», a sua posição de órgão superior, acompanhada do estabelecimento das modalidades relativas ao seu exercício, e, designadamente, os princípios relativos à separação e distribuição das competências de cada órgão e das autoridades que se lhes encontram subordinadas"[27].

---

[23] Jorge MIRANDA in Manual de Direito Constitucional Tomo III p. 9.
[24] Idem.
[25] "Ensaios sobre o tema do Estado" in Analise Social, vol. XII(47), 1976-3º, p. 621.
[26] Vide Jorge MIRANDA in Manual de Direito Constitucional Tomo I p. 43 e Cristina QUEIROZ, Direito Constitucional, p. 24.
[27] Cristina QUEIROZ, Direito Constitucional, pp. 25 a 29.

Mas este Estado "é apenas um dos tipos possíveis de Estado, o Estado nacional soberano"[28], afirmando Cristina QUEIROZ que "a soberania não constitui um elemento do Estado, mas unicamente uma «qualidade» que ostentam determinados Estados e outros não"[29].

Ainda de acordo com esta autora "o Estado sofre um processo contínuo de transformação. Não é uma entidade estática."[30] e com a globalização latente e intensamente experienciada no fim do século XX, o Estado Nacional passa a sofrer a competição de instituições supra-nacionais ou transnacionais.

São as organizações ou instituições externas que passam a exercer funções governamentais e a formular regulamentos e leis que se impõem aos Estados, anteriormente absolutamente imunes a qualquer instância de poder superior a si próprios.

As organizações multi-laterais como a Organização das Nações Unidas, a Organização Mundial do Comércio e o Fundo Monetário Internacional estão crescentemente a fortalecer-se e a impor restrições ao poder outrora absoluto dos Estados Nacionais.

O facto de que alguns Estados Nacionais hegemónicos exercem grande influência sobre essas organizações traduz as assimetrias no poder efectivo de diferentes Estados Nacionais, mas não elimina *o novo facto de que todos os Estados Nacionais estão hoje sujeitos a poderes mais amplos do que eles próprios*. Ou seja, mesmo que apenas os países que participam do conselho permanente do Conselho de Segurança da Organização das Nações Unidas tenham poder de veto sobre resoluções deste, não elimina o facto de que esses países também estão submetidos ao poder do Conselho de Segurança de uma organização que é supra-nacional.

Muitos outros exemplos poderiam ser lembrados para mostrar como passou a existir uma dupla soberania, ou soberanias super-postas, partilhadas, ou mesmo diferentes níveis de soberania (externa e internamente) que exercem constrangimentos e limitações sobre o antigo poder absoluto e indivisível dos Estados-nações[31].

Quer países como El Salvador, quer países como a França têm que aceitar as regras de comércio internacional estabelecidas no âmbito da Organização Mundial do Comércio, não importando o diferencial de poder e riqueza que os caracteriza, a despeito da imensamente maior influência dos países mais poderosos a

---

[28] Jorge MIRANDA in Manual de Direito Constitucional Tomo I p. 44.
[29] Cristina QUEIROZ, Direito Constitucional, p. 29.
[30] Idem p. 31.
[31] Dando azo à tão falada crise do Estado-nação, citando Alexandre Coutinho PAGLIARINI "[Para tanto], prova-se neste instante que o modelo de Estado moderno *Westphaliano* está fálido e não encontra mais pressupostos existênciais que possam sustentá-lo como fora concebido por Bodin, Hobbes e Hegel." in "Sobre Povo, Estado, Mundo e Democracia" p. 5, http://icjp.pt/seccoes/655.

nível económico aquando da formulação dessas regras, que uma vez aceites pela Organização Mundial do Comércio passam a impor-se de igual forma a ambos os Estados[32].

Ao lado das organizações multilaterais, os blocos regionais também são entidades supra-nacionais mais abrangentes que o Estado e que vão cada vez mais destacando grupos de Estados. Embora tenham diferentes graus de integração, a constituição desses blocos é uma tendência inequívoca na governação, principalmente económica, da actualidade. Veja-se por exemplo o Mercosul e o NAFTA.

Uma outra questão intimamente relacionada com o conceito Estado, mas diversa é "o modo e a forma como os seus [do Estado] elementos se articulam e os critérios que presidem historicamente a essa articulação levam-nos a referenciar o conceitos de «formas de Estado»", de entre as quais se destacam o Estado unitário e o Estado composto.

O Estado unitário pode ser simples ou regionalizado[33] e o Estado composto[34], tal como o nome indica compõe-se de várias entidades, "que se apresentam sob a forma de Estados, despojados de certos dos seus atributos, mas entre os quais se verificam laços de união."[35]

Ou seja, temos duas problemáticas diferenciáveis na conceptualização de Estado...a primeira relacionada com a sua própria definição e a segunda relacionada com a sua forma. E tendo presente esta diferenciação importa não confundir federalismo com Estado federal[36].

No início do processo de criação das Comunidades Económicas Europeias identificamos fins políticos imediatos que motivaram o início do processo da integração, a Paz e a criação de uma solidariedade de facto entre os Estados Europeus e fins políticos mediatos ou de longo prazo, inerentes desde sempre à construção da Europa unificada, como o são a consolidação de uma *Federação Europeia* assente na "Paz, na solidariedade europeia e no progresso económico e social".

---

[32] Com a devida ressalva em matéria de reservas nos termos do art. 2º, § 1º da Convenção de Viena
[33] Para maiores desenvolvimentos vide Cristina Queiroz, Direito Constitucional pp. 31 a 34.
[34] Como exemplos de Estado compostos pode-se referir a Confederação, a União Real, o Estado Federal. Para maiores desenvolvimentos sobre as Uniões de Estado vide Cristina Queiroz, Direito Constitucional, pp. 34 a 41; e sobre as Uniões de Estado enquanto sujeitos de Direito Internacional Público vide Fausto de Quadros e André Gonçalves Pereira, Manual de Direito Internacional Público, pp. 361 a 368.
[35] Idem p. 34.
[36] Como disse acima (1.0. delimitação do objecto de estudo e 2.0. Conceptualizações – Razão de ordem) a questão sobre se processo de integração europeia desemboca(rá) num Estado federal é uma outra problemática.

Como se pode constatar a problemática que rodeia o "Estado" é bastante complexa e arrasta consigo diversos contrastes, pelo que é só por si necessário "que se passe a redefinir esse conceito de uma forma que pouca ou nenhuma relação tem com o seu significado histórico, privando-o de noções como soberania, unidade de acção, centralidade de experiência, etc."[37] só para o incluir no estudo do processo de integração europeia.

2.2. Conceito de Federalismo

A palavra federalismo deriva do conceito latino "foedus", que significa tratado, contrato, união, aliança, entre outros sentidos possíveis, localizáveis no mesmo campo semântico.

"A ideia de federalismo sugere um acordo entre entidades políticas soberanas, gozando de um estatuto formalmente idêntico, visando prosseguir em conjunto objectivos a que cada um dos membros da aliança, isoladamente considerados, seria impossível atingir."[38]

"O federalismo é um mecanismo que pode transformar potenciais inimigos em concidadãos", tomando aqui de empréstimo a expressão de Viriato SOROMENHO-MARQUES[39] para salientar de que no federalismo/sistema federal encontra-se patente a ideia de que a organização/união de esforços permite uma maior eficácia e eficiência na obtenção de resultados (quer sejam eles económicos, sociais ou políticos).

As principais conceptualizações do federalismo e com as quais lidamos na actualidade ficaram a dever-se a autores como A. HAMILTON, E. KANT, TOCQUEVILLE, P. PROUDHON, C. FRIEDRICH e G. BURDEU ou ainda a autores como R. ARON, A. MARC e F. A. HAYEK que se dedicaram com profundidade ao tema do federalismo.

É minha opinião que na construção de (novos) modelos federativos se deve ter presente as três principais características do republicanismo, que estabelece a lógica comum do federalismo e que são as seguintes:

a. "**O Sistema representativo**. Os órgãos de poder da federação e dos Estados membros teriam de ser baseados no voto popular para a eleição de representantes, em conformidade com o princípio da soberania popular.

---

[37] Phillippe SCHIMITTER idem n.r 15 p. 754
[38] Viriato SOROMENHO-MARQUES "Tópicos de Filosofia e Ciência Política – Federalismo das raizes americanas aos dilemas europeus" p. 27.
[39] Proferida na sua intervenção na Conferência "Sim ou Não ao Tratado Intergovernamental? 2º Painel: O que não deveria estar no Tratado Intergovernamental? que teve lugar no dia 17 de Fevereiro de 2012 na Faculdade de Direito de Lisboa

b. **A Separação e equilíbrio de poderes.** A concepção de Locke e de Montesquieu sobre a relação e equilíbrio entre os poderes legislativo, executivo e judicial deveria estar presente tanto no desenho de funcionamento dos órgãos de poder comum (da federação), como nas instituições políticas dos Estados membros da união federal.

c. **O primado da Constituição.** Os direitos e os deveres dos cidadãos, as competências dos órgãos, o processo de formação e validação das leis, enfim, toda a gramática da ordem política não poderia ser deixada ao arbítrio das maiorias, ou ao império do costume, mas deveria ser definida com claridade e transparência no texto de uma lei fundamental"[40].

De acordo com Viriato SOROMENHO-MARQUES "na essência do federalismo encontra-se a ideia motora do alargamento de uma dada comunidade política, baseada na partilha de alguns valores fundamentais e áreas sensíveis de soberania, através de um processo de mútuo acordo e de consentimento generalizado"[41].

Também na senda de que a conceptualização do federalismo se encontra no âmbito dos valores, Fausto de QUADROS afirma "(...), o federalismo não é um valor *qualitativo* absoluto, mas, ao contrário, comporta uma graduação *quantitativa*, maior ou menor, o que vem dar ao conceito ainda maior *infixidez.*"[42].

Para autores como Daniel ELAZAR "o federalismo não se limita a ser uma reserva de dispositivos políticos e jurídicos, é sobretudo uma atmosfera cultural, uma constelação de valores..."[43].

José F. TAVARES afirma que "O federalismo respeitará à *forma, ao método de organização, funcionamento e actividade* de certas entidades, v.g. dos Estados, quer individualmente considerados, quer nas suas relações com outras; ou ainda, poderá ser perspectivado como um *valor*, um *princípio de organização*, ou até como uma *doutrina social*, compreendendo uma visão global de organização da sociedade."[44], pelo que "seria redutor confundir *federalismo* com teoria do *Estado federal.*"[45].

---

[40] Viriato SOROMENHO-MARQUES, "O Federalismo" in Dicionário de Filosofia Moral e Política do Instituto de Filosofia da Linguagem da Universidade Nova de Lisboa.
[41] In A Revolução Federal, p. 164.
[42] In Direito das Comunidades Europeias e Direito Internacional Público – Contributo para o estudo da natureza jurídica do Direito Comunitário Europeu, Almedina, Coimbra, 1991 (Reimpressão), pp. 104-105.
[43] Daniel Elazar Apud Viriato SOROMENHO-MARQUES, Topicos de Filosofia e Ciência Política, p. 31.
[44] In "O Federalismo – sua caracterização: contributo para o estudo da União Europeia e das Comunidades Europeias", Edição Digital Almedina 2010.
[45] Idem, p.14. Parece ser também exacta posição de Carl Schmitt que "vê no Estado federal «a solução das antinomias da federação»" (Verfassungslehle, ibidem, p.375) Apud Jürgen HABERMAS, op. cit., p. 94 – nota de rodapé 93.

Encontramos ainda José de Oliveira BARACHO que caracteriza o federalismo/sistema federal como "princípio de organização social"[46].

Sintetizando, da teorização sobre o federalismo é possível extrair que o seu conceito não se identifica com o de Estado federal, – o federalismo deve ser encarado como **princípio** –, e que o federalismo/sistema federal *não obedece a um modelo único*, sendo possível a co-existência de vários modelos federais.

E é o que se pode aferir com a discussão sobre o sistema político subjacente à Constituição norte-americana de 1787. O entendimento de que federalismo pode e deve ser encarado como um princípio e não como um modelo único e rígido permite defender a construção em 1787 de um federalismo "de um tipo completamente inovador"[47].

"(...) o modo singular como a Constituição dos Estados Unidos dividia a soberania entre dois governos distintos (mas ainda assim dotados de prerrogativas substanciais) exigia a formulação de uma nova terminologia política, sendo a expressão «governo federal» insuficiente (...)". Quero com isto dizer, que também para o processo de integração da União Europeia se devem ensaiar novos modelos federativos, que partem das conceptualizações já existentes, «mas diferentes» ...por exemplo para Teodoro Artur de MATOS "o modelo federativo, com acentuadas convergências, mas com liderança forte e determinada, mas respeitadora das autonomias e dos valores das sociedades que integram a União, dariam consistência e vigor ao modelo já criado."[48]

Mais, "O federalismo é ainda compatível com um grau acentuado à desregulamentação e «legislação competitiva» entre unidades, aliado, talvez a uma nova regulamentação por parte das autoridades centrais de sectores ou profissões de «interesse supranacional primordial». "[49]

Para Viriato SOROMENHO-MARQUES, quem se subscreve, "o federalismo é uma empresa essencialmente plural e diversificada, adaptada a contextos históricos, sociais e políticos diferenciados"[50].

Ou seja, devemos encarar e estudar o federalismo como um princípio ou valor de organização social, dinâmico e progressivo que comportará uma graduação quantitativa. Um sistema mais federal em relação a .... ou menos federal em relação a...poderá dar origem a um novo tipo de federalismo, menos, mais ou "completamente inovador" em relação aos sistemas federais já existentes.

---

[46] Vide Teoria Geral do Federalismo, Forense, Rio de Janeiro 1986, p. 7.
[47] Viriato SOROMENHO-MARQUES, A Revolução Federal, p. 52.
[48] "Uma *União* inacabada" in 25 Anos na União Europeia 125 Reflexões (Coord. Eduardo Paz FERREIRA), p. 73.
[49] Phillippe SCHIMITTER ibidem p. 752.
[50] In Tópicos de Filosofia e Ciência Política ...p. 34.

Nas palavras de Teodoro Artur de Matos, "Só com uma Europa federada e unida poderá surgir uma identidade europeia, já que esta é um processo dinâmico, de construção continuada e que se alimenta de várias fontes no tempo e no espaço."[51/52]

3. União Europeia

Em 9 de Maio de 1950, Robert Schuman apresentou uma proposta de criação de uma Europa *organizada*, requisito indispensável para a manutenção de relações pacíficas. Esta proposta, conhecida como "Declaração Schuman", é considerada o começo da criação do que é hoje a União Europeia.

A 25 de Março de 1957 França, Alemanha, Itália, Bélgica, Holanda e Luxemburgo assinam em Roma os três tratados que criam as Comunidades Económicas Europeias.

Quando "RESOLVIDOS a consolidar, pela união dos seus recursos, a defesa da paz e da liberdade e apelando para os outros povos da Europa que partilham dos seus ideais para que se associem aos seus esforços,"[53] os seis Estados fundadores da Comunidade Económica Europeia "DECIDIRAM criar"[54] um novo ordenamento jurídico-político que se mutou na agora União Europeia, que se assume como um projecto político, inovador, na medida em que tem por missão «organizar de forma coerente e solidária as relações entre os Estados-Membros e entre os respectivos povos»[55].

Sendo nos Povos, que partilham ideais de democracia, paz e liberdade, que reside a legitimidade política desta nova União, que "através da sua participação no processo constitucional, garantem que o Estado de cada um deles seja preservado, dentro da comunidade federal, na sua *função de garante da liberdade* de um Estado de democrático."[56/57]

---

[51] "Uma *União* inacabada" in 25 Anos na União Europeia 125 Reflexões (Coord. Eduardo Paz Ferreira), p. 73.
[52] A propósito da realidade dinâmica e progressiva da União cito uma frase da Declaração do Comité de Acção para os Estados Unidos da Europa feita a 17 de Outubro de 1958: "A própria realidade permitirá então alcançar a união política, que é o objectivo da nossa Comunidade, isto é, construir os Estados Unidos da Europa." In 60Anos de Europa – Os Grandes Textos da Construção Europeia p. 44.
[53] §8º do Preâmbulo do Tratado de Roma assinado no dia 25 de Março de 1957 in 60 Anos de Europa – Os Grandes Textos da Construção Europeia, p. 43.
[54] §9º do Preâmbulo do Tratado de Roma assinado no dia 25 de Março de 1957 in 60 Anos de Europa – Os Grandes Textos da Construção Europeia, p. 43.
[55] v. artigo 1.º do Tratado da União Europeia.
[56] Jürgen Habermas "Um ensaio ..." p. 100.
[57] Nas palavras de Claudio Franzius "os cidadãos sustentam o processo de constitucionalização enquanto cidadãos de Estados e da União..." Apud Jürgen Habermas, idem p.97 – nota de rodapé 102.

Nas palavras de Luís Pereira de COUTINHO "verifica-se que tanto uma normatividade escrita como uma normatividade não escrita são recognoscíveis por referência a uma parametrização normativa comunitariamente assumida, dando corpo à Constituição inevitavelmente – e mesmo desejavelmente – dinâmica a que cada povo se subordina"[58].

Os Tratados institutivos das Comunidades podem ser encarados como um "documento-constituição", tendo o valor que têm as Constituições internas, servindo para aferir a validade dos actos das instituições comunitárias. De acordo com Luís Pereira COUTINHO "quando a uma normatividade escrita subjaz uma *vontade geral* ou *comunidade de participantes morais* – algo de "fenomenológico" no sentido smendiano – tornam-se irrelevantes, salvo sob o ponto de vista de historiadores, a cujas "ciladas" não nos cumpre sucumbir, os sucessos que se encontraram subjacentes à aprovação da textualidade que lhes corresponde. Aquela normatividade exprime, sob pena de não ser tão-pouco pensável a mais curto prazo, a existência, *ao nível de uma historicamente alcançada comunidade política*, de um "patriotismo constitucional" – a existência de um povo que exerce a "força" de se lhe subordinar, no sentido arendtiano do termo. <u>Sendo, então, uma normatividade constitucional independentemente de a correspondente textualidade ter ou não ter sido aprovada por um realmente existente Povo-com-P-maiúsculo ou de ter tido origem convencional</u>. Assim, aquilo que originalmente tenha sido adoptado como um tratado pode ser um "documento – constituição de pleno direito"[59] (sublinhado meu).

Começa assim a delimitar-se o que penso que Miguel Poiares MADURO chama "a crise existencial da Constituição Europeia" e pressuposto base desta reflexão: "o processo de integração europeia constitui um desafio às concepções e funções tradicionais do Direito e do Constitucionalismo."[60]

As dificuldades de enquadrar a União Europeia numa das categorias dogmáticas 'tradicionais' de Direito Internacional Público não devem obstar à evolução dos conceitos, mutáveis face aos circunstancialismos, não só temporais, como políticos, económicos e sociais.

Não devemos também contentarmo-nos com a caracterização da União Europeia como uma entidade *sui generis*, ficando-nos pelo reconhecimento do seu carácter específico e, ao mesmo tempo, inovador no âmbito das relações internacionais. É minha convicção que no estágio actual da evolução política da

---

[58] in A Autoridade moral da Constituição – Da Fundamentação da Validade do Direito Constitucional, p. 574.
[59] idem...p. 557.
[60] "A Crise Existencial da Constituição Europeia", p. 2.

União Europeia é possível ir mais além, ultrapassar a fase do *sui generis* e fazer um enquadramento mais específico do sistema político criado pela União Europeia.

É nosso dever, é nossa obrigação, debater e teorizar sobre os conceitos, adequá--los a esta nova realidade que é a União Europeia. Enfim, levar a cabo uma tarefa semelhante à efectuada aquando da ratificação da Constituição norte-americana de 1787 e nos anos seguintes, "sobretudo até à eclosão da guerra civil (1861--1865) "[61] que visou "em primeiro lugar, a aceitação de que o modelo político mais adequado ... deveria corresponder a um projecto de natureza agregadora, capaz de harmonizar a preservação das autoridades estaduais com a existência de uma forma de governo central que coordenasse as matérias políticas supra--estaduais, gerando assim este *projecto federal* unidade e estabilidade a partir de um contexto complexo e instável."[62]

Também o baptismo dos Estados Unidos da América enquanto sistema político federal não foi unânime e livre de controvérsia. A título de exemplo enquanto "Tocqueville propunha assim designar o sistema norte-americano de «governo nacional incompleto» [*un gouvernement national incomplet*], uma formulação original para um sistema que soubera também ele transcender as experiências políticas conhecidas, nomeadamente ao aprofundar o centralismo sem anular o caracter compósito próprio de uma lógica federal"[63], James Madison manifestava "sincera preferência por um regime federal composto: (...) uma via intermédia [*middle ground*] que garanta uma devida supremacia da autoridade nacional e mantenha simultaneamente em vigor as autoridades locais na medida em que estas se revelarem subordinadamente úteis"[64].

Dois dos pontos mais controversos foram (e que também os são relativamente à União Europeia) as questões da Soberania e do Povo.

Relativamente à primeira diz-nos Viriato SOROMENHO-MARQUES que, "uma das mais importantes linhas de fractura situava-se na questão nuclear da soberania partilhada entre o sistema político dos Estados e o sistema político da União. Para os defensores mais argutos da nova Constituição essa dupla soberania tinha de ser contemplada a partir de um ângulo diverso daquele que aparecia como mais óbvio e evidente para as correntes de opinião em conflito. Para os defensores dos «direitos dos Estados» a dicotomia entre Estados e União, inerente ao conceito de soberania partilhada, deveria ser observada a partir do ponto de vista dos Estados, procurando ampliar ao máximo os seus «poderes reservados»

---

[61] Viriato SOROMENHO-MARQUES in A Revolução Federal p. 93, chamando a atenção para o lapso temporal (mais de 70 anos) de debate contínuo ...
[62] idem, p. 95.
[63] José Gomes ANDRÉ , Razão e Liberdade, p. 97.
[64] José Gomes ANDRÉ, Razão e Liberdade, p. 81.

(*reserved powers,*) diminuindo tanto quanto possível as áreas de competências explícitas (e sobretudo as implícitas) da União. (...)[65].

Quanto ao Povo: é possível retirar dos discursos dos *fouding fathers* do federalismo norte-americano soluções políticas para que o «povo americano» não emerja. Por exemplo no preâmbulo da Constituição norte-americana de 1787 não era para estar patente "Nós o Povo dos Estados Unidos...", mas sim "Nós o Povo dos Estados...."; "O federalismo é em tudo contrário à consolidação dos Estados, em tudo diverso da dissipação das diferenças particulares na noite de uma «vontade geral» reduzida à única lei da maioria." No federalismo norte-americano "a solução encontrada [foi] a criação de um Colégio Eleitoral [que] constitui uma engenhosa tentativa de evitar o aparecimento da figura do Povo Americano como uma só vontade geral."[66];

Inclusive na concepção do federalismo norte-americano de John CALHOUN a pedra basilar "consiste na primazia genética do «povo dos diversos Estados»"[67].

E sobre esta mesma temática do "povo europeu" afirma Jürgen HABERMAS que "as pessoas que participam no processo constitucional simultaneamente nos papéis de (futuros) cidadãos, tanto da União como de um dos seus Estados-Membros, são *as mesmas*."[68] e "com a pretensão de que as mesmas pessoas aprendam a diferenciar entre o papel de membro de um «povo europeu» e o papel de «cidadãos da União», tocamos na questão central do conceito de direito constitucional correto para esta comunidade federal atípica".[69]

Já afirma Miguel Poiares MADURO que "O processo de integração europeia pode ser o contexto adequado para uma linguagem do direito constitucional e desenvolver novos instrumentos de análise que nos permitam reinventar as noções de representação e participação e integrar novas formas de decisão social que interagem com os nossos ideais normativos."[70]

Com estes dois exemplos procuro simplesmente ilustrar que o aparenta ser tão controverso no sistema político da União Europeia já foi debatido aquando do sistema político criado pela Constituição norte-americana de 1787. Parece-me que à análise da natureza política da União Europeia está subjacente uma síndrome de D. Quixote, pensa-se estar a combater grandes monstros quando na realidade não passam de moinhos de vento.

---

[65] Viriato SOROMENHO-MARQUES op. cit. p. 97.
[66] ibidem pp. 88 e 89.
[67] Para maiores desenvolvimentos sobre a temática do povo americano vide Viariato SOROMENHO-MARQUES A revolução Federal p. 101.
[68] "Um ensaio sobre...", p. 98.
[69] Idem, p. 91.
[70] Miguel Poiares MADURO, "A Crise Existencial da Constituição Europeia", p. 16 e 17.

É preciso um James MADISON europeu que "em vez de aceitar uma leitura tendencialmente rígida da dicotomia entre Estados e União ... sugere um terceiro olhar, uma espécie de «revolução copernicana» que transporta a imagem de marca de um federalismo do tipo novo. Com efeito, Madison jamais coloca em causa o facto de que os Estados devam continuar a ser considerados como "soberanos distintos e independentes" (*distinct and independent sovereigns*),..."[71]

Sem uma *síndrome madisoniano* é apenas minha convicção de que não nos devemos limitar a um modelo único de federalismo, devemos olhar para as experiências do passado como linhas de partida. Nas palavras de Viriato SOROMENHO-MARQUES "o modelo consagrado na Constituição dos EUA não deve ser entendido como um «tipo ideal» da construção europeia."[72], o seu exemplo deve ser seguido na estrita medida em que estimule o debate e a reflexão sobre a natureza política da União Europeia.

O *novo federalismo europeu*, conforme se mencionou acima, pode e deve ser encarado como um princípio de organização social, que respeita à "forma, ao método" de organização de uma entidade política, que "poderá assemelhar-se a alguns regimes existentes ..., mas será diferente".[73]

Tal como "o projecto federal de Filadélfia ensaiava um caminho radicalmente novo para a inacabável tarefa de fundar a liberdade"[74] também o projecto europeu percorreu e percorre um "caminho radicalmente novo" em busca de uma *Paz duradoura*, como a Europa nunca viu. Valores como a Paz, a diversidade, a solidariedade e o bem-estar dos 'seus povos' são fundamentais no novo sistema federal criado com a União Europeia[75].

E penso não estar sozinha nesta visão, pois (também) José Miguel JÚDICE à questão: "1. Que modelo de integração económica e política consideraria adequado à União Europeia?" responde "(...) um modelo federal, que poderá evitar a guerra civil e assegurar alguma liberdade aos povos, através das nações que se forjaram ao longo de séculos, à maneira de Richelieu."[76]

---

[71] Idem p. 97.
[72] Tópicos de Filosofia e Ciência Política .., p. 34.
[73] Philippe Schmitter op. cit p. 772.
[74] Bidem, p. 56.
[75] A manutenção de uma paz entre os Estados europeus, que com a sua adesão ao projecto deixam de procurar a hegemonia nacional, quer se trate de uma hegemonia de nacionalismo, quer se trate de uma hegemonia económica.
[76] "Europa: Imperio, Anarquia ou Paz Perpétua?" in 25 Anos na União Europeia 125 Reflexões, p. 322.

Tal como em 1787 a **partilha**[77] – de competências, de valores, de objectivos e até de soberania – entre Estados, União e Povos é basilar no entendimento do novo federalismo europeu, que se caracteriza ainda pelo seu carácter evolutivo.

Estamos perante um sistema que não é inflexível e que se vai moldando às necessidades (económicas, sociais e políticas) de cada época.... não estaremos perante um sistema acabado. Vamos poder observar e aprender muito mais com os novos progressos que o sistema político europeu irá fazer.[78]

4. Considerações gerais e finais

Com o presente texto pretendo (apenas) realçar o benefício do debate e contraposição de ideias. Estes levar-nos-ão a ultrapassar os "paradigmas clássicos". Pense-se no conceito Estado: não existe uma definição única de Estado, há vários autores, cada um com uma concepção ou doutrina diferente.

A problematização do conceito Estado continua a evoluir, encontrando-se agora ligado à existência de uma "sociedade política organizada" composta por três elementos essenciais, o povo, o território e o poder político, que no entanto face aos métodos de governação têm vindo a sofrer pressões das organizações internacionais.

Face às pressões a que os Estados nacionais estão sujeitos pela comunidade internacional o Estado revela-se num conceito ajustável, que não é estático. Vai-se moldando às características da globalização económica e aceitando limitação e "partilha de soberanias".

Repare-se que o princípio de organização federal não exclui, em absoluto, a soberania dos Estados componentes, (embora a limite profundamente). O federalismo deve ser encarado como valor/princípio de organização social que não obedece a um modelo único, sendo possível a co-existência de vários modelos federais.

Ou seja, em primeiro lugar não devemos reduzir o *federalismo* ao *Estado federal*. O federalismo respeitará à *forma, ao método de organização, funcionamento e actividade* de certas entidades.

É essencial para se ultrapassar as barreiras que surgem na identificação da União Europeia tomar uma atitude semelhante à norte-americana no século XVIII e considerar que qualquer modelo político pré-existente transforma-se

---

[77] "...o Tratado de Lisboa em vigor sugere a conclusão de uma soberania «partilhada» entre os cidadãos e os Estados, porque o Parlamento, em caso de alterações do Tratado Constitucional, é envolvido (ainda que de forma limitada) e, no «processo legislativo ordinário», fica em pé de igualdade com o Conselho." Jürgen HABERMAS, "Um ensaio sobre ..." p. 96.

[78] "Se estudiosos tão eminentes, como Carl Friedrich estão certos, a adopção do federalismo para a Europa seria apenas uma fase transitória no caminho em direcção a uma futura transformação num Estado supranacional mais unificado" – Philippe Scmitter idem p. 752.

num paradigma negativo se não lhe atribuirmos um valor meramente pedagógico[79].

É no entanto minha convicção de que a identidade política da União Europeia tem sido alvo de equívocos, pois, "comparar um sistema político maduro [como é Estado-nacional] com um sistema político aberto e em formação pode confundir os critérios geralmente utilizados para esta aferição..."[80] pelo que ao reflectir sobre a União Europeia como um novo sistema federal devemos atender aos princípios que lhe subjazem e não as características específicas de uma outra qualquer *federação*, pois esta tem sempre como base o Estado Nacional.

É necessário interiorizar uma identidade política progressiva e dinâmica assente no respeito da dignidade da pessoa humana[81], que promove a diversidade, que repousa sobre o princípio da complexidade e privilegia as pessoas e os grupos, numa organização político-administrativa descentralizada e numa governação a três níveis, o da União, do estado e da região.

"A construção da União Europeia não é fácil. Mas é essencial e merece os esforços de todos."[82]

---

[79] "No essencial, tanto antifederalistas como federalistas concordavam que a Europa constituía um paradigma negativo, cujo valor pedagógico consistia em ensinar as Americanos a evitar qualquer imitação do mesmo." Viriato SOROMENHO-MARQUES bidem p. 157.

[80] António COVAS idem p. 93.

[81] Entendendo aqui o princípio da dignidade da pessoa humana como "cerne integrador, não apenas do sistema jurídico em si mesmo, como também da comunidade que lhe subjaz" in Luís Pereira COUTINHO, A Autoridade moral ... p. 531.

[82] Relatório Tindemans sobre a União Europeia apresentado a 29 de Dezembro de 1975 in 60 Anos de Europa – Os Grandes Textos da Construção Europeia, p. 101.

Combinação de papéis profissionais de médicos e de enfermeiros em Portugal
– limites normativos a uma revisão

MARTA TEMIDO
Docente na Faculdade de Farmácia da Universidade de Coimbra

Introdução

Encontrar a combinação adequada de profissionais para a prestação de cuidados constitui um dos desafios que se colocam aos sistemas de saúde [1], justificando uma importante área de investigação em torno daquilo que, na literatura anglo-saxónica, se designa por *skill mix*, conceito amplo que pode referir "the mix of posts in the establishment; the mix of employees in a post; the combination of skills available at a specific time; or the combination of activities that comprise each role, rather than the combination of different job titles" [2].

No decurso da última década e transversalmente a países de baixa e de alta renda, a discussão sobre o conteúdo e as fronteiras de algumas das profissões de saúde tem ganho terreno. Especificamente, no ocidente europeu, os desequilíbrios da força de trabalho em saúde, a cujos efeitos se soma a pressão para a diminuição da despesa[1], têm conduzido a procurar respostas na revisão do *skill mix* entre médicos e enfermeiros: "one response is to transfer many traditionally medical roles to other health professionals, in particular nurses..." [4].

---

[1] Um estudo recente para Portugal refere que "num contexto de múltiplos factores que afectam custos, um maior rácio enfermeiros/médicos traduz-se em menores custos", efeito que vai no mesmo sentido em centros de saúde e em hospitais e que constitui evidência preliminar dos mesmos efeitos que se encontram na literatura internacional. De facto, conclui-se que: "Se enfermeiros realizarem actividades em *casos que decorrem de cuidados de enfermagem* e que são actualmente feitos pelos médicos, estes podem, com esse tempo liberto, realizar outras actividades. Qual o valor desta *substituição na margem*? O valor da *substituição na margem* é o valor de ajudar a libertar a restrição mais activa." [3].

Em alguns casos, estas respostas configuram mesmo exemplos de *task shifting*, i.e., "process whereby specific tasks are moved, where appropriate, to health workers with shorter training and fewer qualifications", "rational redistribution of tasks among teams of health-care workers", sendo consideradas formas de reorganização da força de trabalho susceptíveis de contribuir para uma utilização mais eficiente dos recursos humanos [5].

Embora as implicações deste tipo de opção, em termos de análise custo-benefício e de impacto no longo prazo, não sejam claras [6], a investigação realizada evidencia que, em áreas específicas da actividade assistencial, os enfermeiros podem prestar cuidados, pelo menos, equivalentes aos prestados pelos médicos [7, 8], demonstrando a importância das análises das políticas de recursos humanos numa perspectiva internacional comparada [9].

Em Portugal, a análise da composição da força de trabalho da saúde mostra que o número de médicos/1.000 habitantes (3,7) é superior ao da média da UE-27 (3,3), enquanto o número de enfermeiros/1.000 habitantes (5,7) é muito inferior (9,8) e o rácio de enfermeiros/médico (1,5) é também bastante inferior (2,6) [10], indiciando-se uma combinação ineficiente de recursos e a existência de espaço para *task shifting* e delegação de tarefas entre médicos e enfermeiros [11].

Ora, apesar de se reconhecer que muitas das alterações nos papéis dos profissionais de saúde ocorrem incrementalmente, uma revisão do *skill mix* entre médicos e enfermeiros deve ser precedida da avaliação da sua mais-valia técnica, em termos de eficiência e qualidade [4, 12] e, como qualquer processo de formulação racional de uma política de recursos humanos, da análise da sua exequibilidade, em termos de "institutional/technical capacities, political feasibility, social acceptability" e "affordability" [13].

Ao nível da análise da exequibilidade política, entre outros aspectos, coloca-se a questão da avaliação da necessidade de introdução de alterações normativas. Com efeito, reconhecendo-se que os limites do quadro legal e regulamentar que sustenta as profissões de saúde podem ser constrangimentos à revisão do respectivo *scope of practice* [4, 5, 8], este estudo procura: analisar a moldura normativa da profissão de enfermagem em Portugal; sinalizar, por referência à profissão médica, as competências partilhadas e proibidas; identificar situações de evolução incremental do conteúdo funcional da profissão de enfermagem; e discutir a necessidade de mudanças normativas para uma alteração da combinação de papéis entre médicos e enfermeiros.

1. Da teoria das profissões

Compreender uma qualquer profissão aconselha uma análise, ainda que sumária, sobre as teorias das profissões, no âmbito sociológico, tendo em vista enquadrar alguns aspectos conceptuais.

À questão de saber o que é uma profissão começaram por responder as abordagens funcionalistas. Nelas se inscreveram, autores como Parsons, que, no final dos anos 30 do século XX, foi o primeiro sociólogo a abordar o fenómeno das profissões. Independentemente dos seus cambiantes, as leituras funcionalistas baseavam a explicação do fenómeno das profissões em critérios de legitimidade social, considerando como características definidoras do conceito de profissão: "o estatuto profissional resultante do saber científico (...); o reconhecimento social da competência; as instituições profissionais (...) de regulação e controlo sociais (...)" [14].

Ao mesmo tempo que as teorias funcionalistas se afirmavam, emergiam as teorias interaccionistas, entre cujos precursores se destacou Hughes, que considerava que "mais importante do que definir o que é uma profissão é identificar as circunstâncias segundo as quais as ocupações se transformam em profissões" e identificava as escolas e a formação como "centrais nos processos de profissionalização", visto que era através delas que se atribuíam licenças para trabalhar numa ocupação, o que constituiu, aliás, o marco diferenciador desta abordagem. [14]. Na lógica das correntes interaccionistas, a compreensão das profissões repousava nas relações de negociação e conflito desenvolvidas pelas ocupações.

Posteriormente, os trabalhos de Wilensky constituíram a "principal tentativa de síntese das abordagens funcionalista e interaccionista" [14]. Ao introduzir o conceito de profissionalização com o sentido de "sequência de eventos ou etapas seguidas pelos grupos ocupacionais até ao estádio do profissionalismo" [14], o autor partia da formação como aspecto nuclear de definição de uma profissão.

A partir do final da década de 60 do século passado, emergiram as correntes antiprofissionalistas num movimento crítico da bondade dos modelos profissionais. Gyarmati, um dos autores nucleares neste movimento, referia impressivamente que "as profissões constituem um sistema de mandarinato com duas características: autonomia para organizar e regular as respectivas actividades e monopólio profissional, ou seja, a faculdade jurídica de impedir todos os que não são oficialmente acreditados de oferecer serviços no domínio definido como exclusivo de uma profissão" [14]

Do antiprofissionalismo acabaram por derivar, posteriormente, leituras que procuraram explicar as profissões à luz das relações de poder. Neste âmbito, destacaram-se os trabalhos de Freidson, para quem a divisão do trabalho era entendida como o resultado de um processo de negociação social em que um determinado grupo reivindica possuir particulares competências, adquiridas em instituições formais de educação, que lhe conferem, por parte do Estado, o privilégio de controlar o exercício de certas tarefas, e que define a profissionalização como "o processo pelo qual uma ocupação obtém o direito exclusivo de realizar um determinado tipo de trabalho, o controlo sobre a formação e o acesso, bem como o direito de determinar e avaliar a forma como o trabalho é realizado" [14].

Nos anos 70 e 80, o debate sobre as profissões separou os autores, fundamentalmente, entre os que, com base na crença da importância do monopólio de conhecimentos técnicos e científicos, anteviam uma sociedade cada vez mais profissionalizada, e aqueles que perspectivavam uma tendencial desprofissionalização e proletarização. Entre os primeiros destacaram-se Gouldner e Perkin, que se referiram à "emergência de uma nova classe, a classe profissional numa sociedade profissional", e Mallet, que, inspirado no paradigma marxista, argumentou sobre a "emergência (não de uma classe profissional mas) de uma nova classe trabalhadora" [14]. Entre os autores que acreditaram numa tendencial desprofissionalização destacou-se Haug, para quem fenómenos como a crescente divisão e especialização do trabalho, com os seus reflexos na rotinização e codificação das actividades, ou o aparecimento de consumidores mais esclarecidos, contribuíram para o declínio do monopólio de conhecimento. Entre os autores que se inclinaram para uma proletarização das profissões evidenciou-se Oppenheimer, para quem a condição de assalariado, com as suas consequências de perda de controlo sobre os processos de trabalho (proletarização técnica) e de perda de valores agregadores (proletarização ideológica), transformara os profissionais em trabalhadores especializados [14].

Nas últimas três décadas, as abordagens sistémicas e, depois, as abordagens comparativas, assumiram a centralidade na teoria das profissões. Na escola das teorias sistémicas distinguiu-se o nome de Abbot, autor que partiu do conceito de jurisdição, definido como a "área de actividade na qual uma profissão detém o controlo da prestação de serviços", para a elaboração do seu modelo explicativo, fundamentado, entre outros, nos seguintes pressupostos: a história das profissões é a da luta de grupos ocupacionais pela reclamação de jurisdição sobre áreas de actividade que já existem e estão sob o domínio de outros grupos; as profissões não existem isoladamente pelo que devem ser analisadas no contexto do sistema de interdependência que caracteriza as relações entre os grupos profissionais; o principal recurso na disputa jurisdicional, simultaneamente característica que melhor define uma profissão, é o conhecimento abstracto controlado pelos grupos ocupacionais [14]. Por paradigmáticos deste modelo explicativo e referentes a exemplos relacionados com a temática das fronteiras profissionais, referem-se, a propósito, os trabalhos de investigação empírica de Begun e Lippincott, citados por Rodrigues [14], que "ilustram este tipo de abordagem com o caso do conflito que envolveu os optometristas e os oftalmologistas nos EUA, pretendendo os primeiros expandir os limites da sua área de actividade, incluindo nela a prescrição de medicamentos para os olhos" [14]. As abordagens comparativas da teoria das profissões correspondem ao despoletar, no continente europeu, do interesse teórico por matérias que, até então, se tinham mantido na reserva de interesse de países de matriz anglo-saxónica, e que agora passam a ser interpretadas à luz de um entendimento da profissionalização como processo histórico dinâmico.

Em conclusão, transversalmente às várias escolas, o conceito de profissão aparece sempre associado ao domínio que um determinado grupo ocupacional detém sobre um saber específico, atribuindo-lhe o monopólio sobre o exercício de um conjunto de actividades, conferindo-lhe autonomia de organização dessas actividades e garantindo-lhe, por parte do Estado, legitimação de certos privilégios profissionais.

A esfera de intervenção de cada profissão firma-se, portanto, ao longo da história da luta de grupos ocupacionais pela reserva de um saber específico, na medida em que "les professionnels, qui sont spontanément assez jaloux des frontières de leur domaine d'activités, ont tendance à resister à toute tentative de transgression de ces frontiéres" [15].

2. Do quadro normativo do exercício da profissão de enfermagem em portugal

Em Portugal, o enquadramento do exercício profissional dos enfermeiros está, desde 1996, maioritariamente consubstanciado no Decreto-Lei nº 161/96, de 4 de Setembro, o designado Regulamento do Exercício Profissional dos Enfermeiros, com as alterações introduzidas pelo Decreto-Lei nº 104/98, de 21 de Abril.

Referindo a enfermagem como a "profissão que, na área da saúde, tem como objectivo prestar cuidados de enfermagem", o Regulamento define, depois, cuidados de enfermagem como "intervenções autónomas e interdependentes a realizar pelo enfermeiros no âmbito das suas qualificações profissionais", considerando "autónomas as acções realizadas pelos enfermeiros, sob a sua única e exclusiva iniciativa e responsabilidade, de acordo com as respectivas qualificações profissionais, (...), com os contributos na investigação em enfermagem" e "interdependentes as acções realizadas pelos enfermeiros de acordo com as respectivas qualificações profissionais, em conjunto com outros técnicos, para atingir um objectivo comum, decorrentes de planos de acção previamente definidos pelas equipas multidisciplinares em que estão integrados e das prescrições ou orientações previamente formalizadas."

Daqui decorre que a noção de cuidados de enfermagem é encontrada no contexto da actuação da equipa de saúde, emergindo das diferentes responsabilidades sobre iniciativas tomadas no seio dessa equipa.

Na verdade, se há acções cuja iniciativa radica na exclusiva responsabilidade do enfermeiro, outras há, também, que decorrem de prescrições ou orientações formuladas por outros técnicos, designadamente, e para o que aqui interessa, de prescrições e orientações médicas[2].

Importará, por conseguinte, analisar de que forma o exercício da profissão de enfermagem se articula com o exercício profissional da medicina e, em particular, que áreas de intervenção constituem reserva médica. O que conduz, desde logo, à controvertida questão do acto médico.

2.1. O acto médico

Apesar de a Lei de Bases da Saúde referir que o conceito de acto médico é definido na lei (Lei nº 48/90, de 24 de Agosto, Base XXXII, nº 2), até à data Portugal não aprovou legislação neste domínio.

Em 1997, com o mote dado pela discussão pública das matérias de responsabilidade profissional, a Ordem dos Médicos apresentou ao Ministério da Saúde as designadas "Bases para a legislação do Acto Médico." Trabalhadas, depois, por uma comissão mista, integrada por representantes do Ministério da Saúde e da Ordem dos Médicos, as referidas bases vieram a consubstanciar uma proposta legislativa que, novamente submetida à apreciação da Ordem dos Médicos, e depois de algumas alterações[3], foi aprovada pelo Governo.

O decreto-lei que regulamentaria o Acto Médico, aprovado em reunião de Conselho de Ministros, de 29 de Julho de 1999, referia que "constitui acto médico a actividade de avaliação diagnóstica, prognóstica e de prescrição e execução de medidas terapêuticas relativa à saúde das pessoas, grupos ou comunidades" (artigo 1º, nº 1), ao mesmo tempo que reservava a competência para a sua prática aos "licenciados em medicina regularmente inscritos na Ordem dos Médicos" (artigo 2º). O referido decreto-lei definia, ainda, as condições da participação de outros profissionais de saúde no acto médico, limitando-as à prática "sob orientação ou mediante prescrição médica" (artigo 3º) e estabelecia que

---

[2] Diferentemente, em caso algum pode o exercício médico "ser subordinado à orientação técnica (...) de estranhos à profissão médica no exercício das funções clínicas" (Código Deontológico dos Médicos, artigo 3º nº 2).

[3] A proposta inicial, resultado dos trabalhos desenvolvidos pela mencionada comissão mista, foi aprovada pelo Conselho Nacional Executivo de 6 de Junho de 1997, com excepção do seu artigo 3º que, sob a epígrafe "Participação de profissionais de saúde no Acto Médico," dispunha: "Os outros profissionais de saúde legalmente habilitados podem praticar acções técnicas integradas no conceito de acto médico, sob orientação ou mediante prescrição médica, sem prejuízo da prática autónoma de actos que constituem competência própria da sua profissão." Com efeito, o Conselho Regional do Centro não esteve de acordo com este articulado e propôs que fosse suprimido o trecho "sem prejuízo da prática autónoma de actos que constituem competência própria da sua profissão", alegando tratar-se de uma forma de legitimar práticas de outros técnicos numa actuação independente da do médico, posição em que veio a ter vencimento. (Ordem dos Médicos, Boletim Informativo da Secção Regional do Centro, Setembro de 1998).

"os consultórios e outros locais onde se pratiquem actos médicos só podem funcionar sob a responsabilidade de médicos em condições de exercer legalmente a sua profissão" (artigo 5º).

Contra este projecto de definição de acto médico pronunciaram-se vários sectores da sociedade portuguesa. Desde logo, as associações de medicinas não convencionais; depois, a Ordem dos Enfermeiros, então em fase de instalação.[4]

Em 21 de Setembro de 1999, o Presidente da República decidiu vetar o decreto governamental que definia e regulamentava o acto médico suscitando acesa reacção da Ordem dos Médicos – "Sua Excelência o Presidente da República, que pela elevação do cargo que ocupa nos obriga a merecer o maior respeito, prestou uma mau serviços aos portugueses, prejudicou a saúde e ofendeu os médicos," escrevia em comunicado o Conselho Nacional Executivo da Ordem dos Médicos, em 28 de Setembro de 1999. Foram, fundamentalmente, duas as razões invocadas para justificar o veto presidencial: por um lado, a questão de saber se, ao incidir sobre concordância prática de valores constitucionais e sobre eventual restrição de direitos, liberdades e garantias, esta não deveria ser uma matéria objecto de lei da Assembleia da República; por outro lado, a contenção legislativa aconselhada pela proximidade do termo constitucional da legislatura relativamente a matérias não urgentes e de carácter substancialmente inovador e socialmente controverso (Comunicação ao Governo sobre o sentido da não promulgação do decreto registado na Presidência do Conselho de Ministros sob o nº 389/98/MS).

---

[4] "A necessidade de garantir ao cidadão padrões de acessibilidade e de qualidade nos cuidados de saúde determinou internacionalmente a exigência de regulamentar as profissões de saúde, o que no nosso país se concretizou já no âmbito da enfermagem através da publicação do Decreto-Lei nº 161/96, de 4 de Setembro, que regulamenta o exercício profissional dos enfermeiros. Neste diploma estão claramente definidas as intervenções autónomas e interdependentes, não incluindo intervenções dependentes. A definição da prática da medicina, nomeadamente, de acto praticado pelos licenciados em medicina é da responsabilidade daqueles. No entanto, porque no projecto de decreto-lei em apreço o conceito de acto médico envolve a esfera de competência de outros profissionais, a Comissão Instaladora da Ordem dos Enfermeiros entendeu ser indispensável assumir uma posição relativamente a esta matéria. A Comissão Instaladora considera que o projecto de decreto-lei em causa não pode ser aceite na medida em que por um lado, é contraditório com o que o Governo vem legislando (Decreto-Lei nº 106/96, de 4 de Setembro e Decreto-Lei nº 104/98, de 21 de Abril) e por outro não pode admitir que num diploma cujo objectivo é a definição do "Acto Médico", isto é o praticado pelo licenciado em medicina, se queira limitar a autonomia das outras profissões e interferir nas competências de outras organizações profissionais, nomeadamente, da Ordem dos Enfermeiros."

Durante semanas, na imprensa escrita, multiplicaram-se as colunas de opinião[5/6/7] e alguns jornais noticiaram intencionalidades ambíguas no apoio conferido pelo Ministério da Saúde à publicação desta legislação[8].

Uma nova tentativa de fazer aprovar legislação sobre esta matéria ocorreu quando, em 2000, pela mão de alguns deputados do grupo parlamentar do Partido Social-Democrata, foi apresentado à Assembleia da República um segundo projecto de lei sobre o acto médico. Na sua exposição de motivos referia-se: "Em Setembro de 1999 decidiu Sua Excelência o Presidente da República vetar o decreto governamental que definia e regulamentava o acto médico. Entre as

---

[5] "E ao reduzir o acto médico (acto de cuidar e ajudar o semelhante doente) ao acto do médico (acto de cuidar e ajudar o semelhante doente, mas feito por alguém que tem uma licenciatura em Medicina e está inscrito na Ordem dos Médicos) mudar-se-á a vida, avançar-se-á algo, melhorar-se-á a humanidade, melhorar-se-á a saúde pública, ficará a medicina científica prestigiada? Julgo que não." – Paulo Mendo, Jornal de Notícias de 30.09.1999.

[6] "Será que há lugar a uma lei do acto médico? Esta seria a interrogação de uma Ordem dos Médicos e dos seu bastonário se em consonância com a sociedade em que vivem. Mas a ideia do médico ser superior (...) levou a direcção da Ordem dos Médicos à Lei do Acto Médico. Lei que o senhor Presidente da República vetou. E muito bem." – Jorge Torgal, Público de 03.10.1999.

[7] "A última grande manifestação do poder das corporações profissionais envolve mais uma vez a Ordem dos Médicos e teve a ver com a definição do "acto médico". Elaborado de acordo com aquele organismo, o diploma visava ampliar essa definição, para, desse modo, alargar o monopólio profissional, ilegalizando entre outras coisas, todas as práticas curativas à margem da medicina ortodoxa. Porém, o Presidente da República vetou o diploma, devolvendo-o ao Governo. (...) A reacção da Ordem dos Médicos, publicada há poucos dias, foi violentíssima. Sem escrúpulos de cortesia, a corporação oficial dos médicos considera que o veto implica uma protecção à "bruxaria e ao curandeirismo." Que ele tem por fundamento princípios da sociedade medieval e pré-científica. E que por isso o Presidente da República se torna "responsável moral e politicamente por uma decisão que permite a proliferação de práticas que são causa de estropiamento e da morte de vários doentes." – Vital Moreira, Público de 19.10.1999.

[8] "O Presidente da República tomou uma decisão difícil e corajosa ao decidir vetar a Lei do Acto Médico (...). A decisão de Jorge Sampaio afronta uma das corporações com maior poder e influência em Portugal; contraria igualmente o Governo, que pretendia utilizar o apoio da Ordem contra o Sindicato Independente dos Médicos e apreciá-lo em Conselho de Ministros antes das eleições, de modo a ganhar a simpatia da classe (...). Acresce que a Ordem dos Médicos até pode ter razão em tentar disciplinar o sector e evitar o crescimento desenquadrado das medicinas alternativas. Se for isso que pretende (...) merece certamente ser ouvida com atenção. Mas a maneira como reagiu à decisão de Sampaio, admitindo que não o convidará para presidir ao Congresso Nacional de Medicina, o que significa o corte com uma longa tradição; a forma desrespeitosa como o bastonário se referiu ao Presidente, dizendo que ele se coloca "ao lado de quem não defende a qualidade da saúde dos portugueses" e que pôs em causa as Faculdades de Medicina e a Ordem dos Médicos; e a proposta de greves parciais de especialistas e de diminuição da severidade de julgamentos e penas disciplinares contra médicos, quando esteja em causa a qualidade dos actos praticados, permitem a suspeita de que a posição do organismo representativo da classe tem por base os piores motivos (...)." – Expresso de 02.10.1999.

razões então apontadas releva, porventura unicamente, a ausência de debate parlamentar sobre esta matéria dada a fonte e forma do articulado legal em questão. Ora, através da apresentação deste projecto de lei pretendem os signatários promover tal debate e decisão parlamentares e assim definitivamente enquadrar a actividade médica no âmbito dos cuidados de saúde. Em nosso entender, o acto médico só diz respeito à actividade exercida por licenciados em medicina regularmente inscritos na Ordem dos Médicos e segundo os conhecimentos da ciência médica. Não se trata, portanto, da definição de todo o acto terapêutico nem bem assim estão abrangidas outras intervenções autónomas que igualmente participam dos cuidados de saúde. Em sentido estrito define--se assim que a actividade de avaliação diagnóstica, prognóstica, de prescrição e execução de medidas terapêuticas relativa à saúde das pessoas, grupos ou comunidades caracteriza o acto médico, como a prática clínica médica claramente comprova. Esta definição não compreende obviamente toda a actividade de avaliação diagnóstica ou toda a execução de medidas terapêuticas no âmbito da prestação de cuidados de saúde, porquanto outras actividades profissionais podem concorrer para tais fins. Mas, nestes casos, não é de actos médicos que se trata, antes de actos próprios – técnicos, terapêuticos e outros – a exigir definição independente e regulamentação particular. Advoga-se, neste sentido, que outros actos de cuidados de saúde, como seja o caso de actos de enfermagem, de fisioterapia ou ainda de homeopatia ou acupunctura, por exemplo, venham a ser consagrados em legislação própria e distinta do acto médico." (Projecto de Lei nº 91/VIII).

Uma vez mais sujeito à controvérsia[9], o projecto de lei foi aceite, em 26 de Setembro de 2000, para discussão na Assembleia da República, por se entender que para tal reunia as condições regimentais e constitucionais, sem que, contudo, tenha chegado a ser agendado para discussão em plenário.

---

[9] "Poder-se-á facilmente compreender a razão pela qual, na maioria dos países do espaço europeu, foi abandonada a ideia de definição legal do acto médico, sem que todavia deixe de ser reconhecido aos cuidados prestados por médicos, a responsabilidade inerente às suas competências no conjunto dos cuidados de saúde de que a população necessita. Vários são os autores (médicos, juristas, enfermeiros e outros) que, sob diferentes perspectivas, têm vindo a demonstrar a inutilidade, incoerência e consequente perturbação, na resposta global às necessidades em cuidados de saúde, que a definição de acto médico virá introduzir. (...) se tal lei viesse a ser aprovada estar-se-ia perante um quadro legal que faria recair sobre uma única profissão de saúde – a profissão de médico – a responsabilidade exclusiva da globalidade dos cuidados de saúde, excluindo dessa responsabilidade os outros profissionais. O sentido da história demonstra o contrário" (Documento de posição da Ordem dos Enfermeiros sobre o Projecto de Lei nº 91/VIII).

Em 2005, após referendo, a Secção Regional do Norte da Ordem dos Médicos encabeçou, sem sucesso, uma nova tentativa de definição de acto médico com base em projecto de conteúdo semelhante ao das anteriores iniciativas.

Dado que, recentemente, os órgãos de comunicação interna da Ordem dos Médicos noticiaram a alegada "abertura" do Presidente da República Aníbal Cavaco Silva, manifestada, em audiência mantida em 14 de Março de 2011, "para aprovar um projecto de lei de definição de Acto Médico, caso a proposta encontrasse um consenso entre os diferentes parceiros na área da Saúde" (www.nortemedico.pt), esta é uma controvérsia que, certamente, não estará ainda encerrada.

De todo o modo, a efectiva inexistência, no ordenamento jurídico português, de definição legal do que seja o acto médico,[10] não permite buscar, por esta via, apoios para identificar quais as competências que – por consubstanciarem reserva legal exclusiva da profissão médica – são competências interditas à profissão de enfermagem.

Vejamos que suporte poderá ser encontrado por outra via, concretamente, na esfera do quadro regulamentar profissional.

---

[10] Relativamente à definição material de acto médico, alguma doutrina considera, aliás, que esta é uma situação, porventura, inultrapassável [16]. Começando por salientar que "É indubitável que muita razão acolhe ou cobre todos os que defendem a necessidade de se definir juridicamente o que seja *acto médico*" e que "(...) tem todo o sentido (...) ver atribuídas certas e determinadas tarefas ou funções a segmentos sociais particularmente diferenciados", Faria Costa refere que "Este tendencial monopólio para o exercício do *acto médico* ligado, umbilicalmente, a um modelo de medicina caracterizado como *paternalista* de raiz hipocrática fez com que se considerasse haver inscrita na natureza das coisas uma relação absolutamente biunívoca entre *acto médico* e *acto praticado por médico*. Mais ainda. Que se aceitasse que só os médicos poderiam praticar actos médicos em qualquer acepção que se quisesse atribuir a *acto médico*. Que se não pudessem conceber – porque contra a lógica material das coisas ou mesmo como perversão conceitual – actos médicos que não fossem senão praticados por médicos" [16]. Mas, o autor adverte "(...) as coisas mudaram e mudaram muito no mundo da medicina quando a olhamos pelo prisma das relações médico-paciente. (...) Ora esta alteração de paradigma das relações entre o médico e o agora doente faz com que o centro do acto médico como já se disse deixe de estar materialmente naquele que tem o status de médico mas antes e definitivamente no próprio doente" [16]. E sintetiza "Tudo conflui para se ter consciência crítica sobre quanto, cada vez mais, se torna difícil chegar a uma definição jurídica de acto médico. (...) Mas será que o acto médico está condenado à indefinição, ao limbo do sincrético, à ditadura da massa indiferenciada? Não. De modo algum. Em primeiro lugar urge afirmar (...) que a força do conceito, a espessura e a densidade do conceito de acto médico saem reforçadas pela inexistência de uma sua definição material. (...) Porém isso não impede (...) encontrar-se uma aproximação legal e funcional de acto médico" [16].

2.2. Os regulamentos profissionais

As ordens profissionais actualmente existentes em Portugal no campo das profissões da saúde[11] são, na sua maioria, fruto de criações normativas recentes.

Com efeito, depois de a Revolução Francesa ter decretado – juntamente com a liberdade de comércio, indústria e profissão – a abolição das corporações, no período entre as duas Grandes Guerras, o modelo de Estado corporativo recuperou o papel dos corpos profissionais na regulação das profissões liberais. E ainda que, entretanto, o corporativismo tenha sido, também ele, ideologicamente derrotado, mantém-se, generalizadamente, a sujeição das designadas profissões liberais a um sistema de regulação pública.

Em Portugal, "extinta a organização corporativa, as ordens sobreviveram a essa extinção, tendo-se as reformas limitado a revogar a organização interna não democrática e o contrato governamental sobre a sua gestão" [17]. Ainda assim, a falta de referência às ordens, na Constituição da República de 1976, conduziu à contestação da sua legitimidade constitucional, designadamente no que se referia ao aspecto da "filiação obrigatória, por ofensa da liberdade negativa de associação e da liberdade de profissão"[12] [17]. Esta controvérsia, na altura ultrapassada pelo parecer nº 2/78 da Comissão Constitucional[13], veio a ser definiti-

---

[11] São já seis as ordens profissionais existentes no âmbito das profissões de saúde: a Ordem dos Médicos, criada pelo Decreto-Lei nº 29171, de 24 de Novembro de 1938, a Ordem dos Farmacêuticos, criada pelo Decreto-Lei nº 334/72, de 23 de Agosto, a Ordem dos Médicos Dentistas, criada pela Lei nº 110/91, de 28 de Agosto de 1991, a Ordem dos Enfermeiros, criada pelo Decreto-Lei nº 104/98, de 21 de Abril, a Ordem dos Psicólogos, criada pela Lei nº 57/2008, de 4 de Setembro, e a recentemente criada Ordem dos Nutricionistas, com os estatutos aprovados pela Lei nº 51/2010, de 14 de Dezembro.

[12] Questão suscitada por Gomes Canotilho e Vital Moreira na 1ª edição da Constituição Anotada.

[13] Na sequência de solicitação dirigida pelo Presidente da República ao Conselho de Revolução, no sentido da apreciação do Decreto-Lei nº 282/77, de 5 de Julho, que aprovou o Estatuto da Ordem dos Médicos, a Comissão Constitucional pronunciou-se no sentido da não inconstitucionalidade da existência da Ordem dos Médicos, nos seguintes termos: "Há, com efeito profissões que apresentam como traços distintivos um elevado grau de formação científica e técnica, regras de exercício ou de prática de actos extremamente relevantes e exigentes, necessidade de confiança pública ou social tão marcada que se torna indispensável uma disciplina capaz de abranger todos os profissionais, traduzida não apenas em normas técnicas e deontológicas mas também em verdadeiras normas jurídicas. Estas normas tenderão a ser elaboradas pelos próprios profissionais quando a especialidade de formação se faça acompanhar de autonomia técnica, intensidade de relações profissionais e espírito de corporação. (...) Quais sejam as profissões que poderão estar sujeita a este regime especial, no âmbito da nova Constituição democrática, não é fácil dizê-lo; nem caberia neste parecer enunciá-las. No entanto, uma dessas profissões será certamente a Medicina. Na verdade, no exercício da medicina, porventura mais do que em qualquer outra profissão, avultam (...) os factores apontados (...). É do interesse dos próprios médicos que o código de honra e a disciplina jurídica do exercício da profissão sejam cumpridos, mas é sobretudo do interesse dos

vamente superada por via da revisão constitucional de 1982 que, no seu artigo 267º, nº 3, consagrou, expressamente, as associações públicas, sujeitando-as aos princípios da excepcionalidade e da especificidade ("As associações públicas só podem ser constituídas para a satisfação de necessidades específicas..."), ao princípio da proibição de exercício de funções sindicais ("... não podem exercer funções próprias das associações sindicais...") e ao princípio da democraticidade interna ("...e têm organização interna baseada no respeito dos direitos dos seus membros e na formação democrática dos seus órgãos").

No exercício das suas funções, as ordens dispõem de diversos poderes públicos, destacando-se, para o que aqui importa, o poder regulamentar – do qual podem resultar, entre outras, regras de organização, de acesso, de estágios, de deontologia, de disciplina e de honorários – cujo grau de autonomia está, naturalmente, vinculado pela lei [17].

Vejam-se, então, as regras que, inscritas no âmbito do poder normativo das Ordens dos Enfermeiros e dos Médicos, são susceptíveis de se revelar úteis para esta análise.

Da revisão do quadro regulamentar com fonte na Ordem dos Enfermeiros apenas resulta pertinente a menção aos deveres do enfermeiro como membro da equipa de saúde, no âmbito do artigo 91º do Estatuto da Ordem dos Enfermeiros (publicado em anexo à Lei nº 111/2009, de 16 de Setembro, que procedeu à primeira alteração ao Estatuto da Ordem dos Enfermeiros, aprovado pelo Decreto-Lei nº 104/98, de 21 de Abril). Este artigo refere, designadamente, o dever do enfermeiro de "actuar responsavelmente na sua área de competência e reconhecer as especificidades das outras profissões de saúde, respeitando os limites impostos pela área de competência de cada uma" e de "integrar a equipa de saúde, em qualquer serviço em que trabalhe, colaborando, com a responsabilidade que lhe é própria, nas decisões sobre a promoção da saúde, a prevenção da doença, o tratamento e recuperação", vinculando, com nitidez, o carácter de interdependência das actuações de enfermagem, sem prejuízo da autonomia que, no limite das suas competências, também lhe reconhece.

que recebem os seus serviços (...) e da sociedade no seu conjunto. Para garantir estes interesses o Estado teria de intervir. (...) Poderia intervir, criando no seu aparelho administrativo uma repartição especialmente encarregada de registar os médicos, fiscalizar o seu exercício profissional, exercer acção disciplinar sobre eles; ou poderia intervir, promovendo formas de auto-organização de classe sob a tutela ou integradas na administração pública (...). Uma tendência estatista preferirá, sem dúvida, a primeira via de organização: é aquela que os peticionários advogam. Uma tendência mais favorável ao pluralismo social melhor se coadunará com a segunda: e esta, embora não imposta como a única solução, dir-se-ia mais conforme com o espírito da Constituição portuguesa (...)" [18].

Idêntica análise, dirigida ao quadro regulamentar com fonte na Ordem dos Médicos, sobretudo às disposições do Código Deontológico (elaborado em cumprimento do Estatuto da Ordem dos Médicos, aprovado pelo Decreto-Lei nº 282/77, de 5 de Julho, com as alterações posteriores introduzidas), revela, indelevelmente, a natureza não subordinada do exercício médico, bem como o domínio exclusivo sobre certo tipo de actos. Com efeito, sob a epígrafe "Independência dos médicos", o artigo 3º nº 2 do Código Deontológico dispõe, desde logo, que "Em caso algum o médico pode ser subordinado à orientação técnica (...) de estranhos à profissão médica no exercício das funções clínicas." E o artigo 36º nº 6 do mesmo normativo refere que "não é permitida a delegação de actos médicos quando se transfira para não médicos as competências de estabelecimento do diagnóstico, prescrição ou gestão clínica autónoma de doentes", consagrando expressamente o acto de diagnóstico, de prescrição e de gestão clínica autónoma de doentes como reserva de exercício.

Aqui chegados, afigura-se importante destacar uma, pelo menos aparente, contradição normativa.

Considerando que este mesmo artigo 36º, no seu nº 4, refere que "Quando delegar competências noutros profissionais de saúde, médicos ou não médicos devidamente habilitados, é dever do médico não ultrapassar nesta delegação as competências destes profissionais, sendo também responsável pelos actos delegados nos termos do artigo 34º (ou seja, "actos praticados por profissionais sob a sua orientação, desde que estes não se afastem das suas instruções, nem excedam os limites da sua competência"), parece dever interpretar-se – sob pena de inexistência de sentido útil para esta delegação por incidir sobre competências da esfera, se não própria, pelo menos partilhada, do delegado – que a delegação não é um interdito absoluto. Indelegáveis parecem ser apenas, conforme anteriormente referido, os actos de diagnóstico, prescrição ou gestão clínica autónoma de doentes.

Com efeito, e nesta mesma linha, o artigo 147º do citado Código, ao vedar ao médico "delegar actos médicos noutros profissionais de saúde, sem prévio conhecimento e autorização da Ordem dos Médicos (...)" salvaguarda a possibilidade de, cumprido este requisito, poder haver lugar a delegação.

No mesmo sentido se considera ir, aliás, o artigo 151º do Código Deontológicos ao referir que "o médico não deve permitir que os seus colaboradores não médicos prestem aos doentes serviços da sua competência que não tenha prescrito", balizando, consequentemente, a respectiva margem de actuação por uma prescrição médica inicial.

Portanto, ainda que não sem dificuldade, poderá considerar-se que certos actos médicos – que não os actos de diagnóstico, prescrição ou gestão clínica autónoma de doentes[14] – poderão, em certos casos, ser delegados em enfermeiros como em outros profissionais de saúde.

Revisitado que foi, primeiro, o acto médico e, depois, os quadros regulamentares profissionais, no sentido de perceber de que forma o exercício da profissão de enfermagem se articula com o exercício profissional da medicina e, em particular, que áreas constituem reserva de intervenção médica, regressemos, então, ao âmbito do Regulamento do Exercício Profissional dos Enfermeiros, ainda tendo em vista o objectivo de sinalizar, por referência à profissão médica, as competências partilhadas e proibidas.

2.3. O regulamento do exercício profissional dos enfermeiros

Conforme anteriormente referido, o Regulamento do Exercício Profissional dos Enfermeiros começa por definir a profissão de enfermagem por referência ao seu objecto – "prestação de cuidados de enfermagem ao ser humano, são ou doente, ao longo do ciclo vital, e aos grupos sociais em que ele está integrado, de forma a que mantenham, melhorem e recuperem a saúde, ajudando-os a atingir a sua máxima capacidade funcional tão rapidamente quanto possível" (artigo 4º, nº 1, do Decreto-Lei 161/96, de 4 de Setembro). O Regulamento define, depois, os cuidados de enfermagem como as "intervenções autónomas e interdependentes a realizar pelos enfermeiros no âmbito das suas qualificações profissionais" (artigo 4º, nº 4) e considera "autónomas as acções realizadas pelos enfermeiros, sob a sua única e exclusiva iniciativa e responsabilidade, de acordo com as respectivas qualificações profissionais, seja na prestação de cuidados, na gestão, no ensino, na formação ou na assessoria, com os contributos na investigação em enfermagem" (artigo 9º, nº 2) e "interdependentes as acções realizadas pelos enfermeiros de acordo com as respectivas qualificações profissionais, em conjunto com outros técnicos, para atingir um objectivo comum, decorrentes de planos de acção previamente definidos pelas equipas multidisciplinares em que estão integrados e das prescrições ou orientações previamente formalizadas" (artigo 9º, nº 3).

De onde decorre que há intervenções que os enfermeiros não podem, autonomamente, desenvolver e que constituem actos que, por lhes estarem vedados, consubstanciam competências proibidas.

Este é, desde logo, o caso do acto de diagnóstico, na medida em que o Regulamento do Exercício Profissional dos Enfermeiros caracteriza os cuidados de enfermagem, entre outros aspectos, pela utilização de uma metodologia cientí-

---

[14] O Código Deontológico não oferece, nem teria provavelmente que o fazer, definição do que se entende por "acto de diagnóstico, de prescrição e de gestão clínica autónoma de doente."

fica que inclui a "formulação do diagnóstico de enfermagem", que, por esta via, se considera algo de diferente do diagnóstico médico[15].

Mas é também o caso do acto de prescrição terapêutica que o próprio Regulamento, no seu artigo 9º, nº 4, alínea e), descreve com as características de intervenção interdependente[16], ao referir que os enfermeiros "procedem à administração da terapêutica prescrita, detectando os seus efeitos e actuando em conformidade, devendo, em situação de emergência, agir de acordo com a qualificação e os conhecimentos que detêm, tendo como finalidade a manutenção ou recuperação das funções vitais." Ou seja, aos enfermeiros compete apenas a administração terapêutica[17] subsequente à prescrição[18], salvaguardadas as situações de emergência.

Isto, aliás, em coerência com a já referida disposição do artigo 36º nº 6 do Código Deontológico dos Médicos, que se refere aos actos de diagnóstico e prescrição como insusceptíveis de delegação.

---

[15] À semelhança do que, em outro âmbito, se referiu relativamente à definição de "diagnóstico médico", nem o Regulamento do Exercício da Práticas dos Enfermeiros, nem nenhum outro normativo, fornecem a definição do que deva entender-se por "diagnóstico de enfermagem." Ainda assim, face à estrutura da redacção do artigo 5º, nº 3, do Regulamento, poderá, sem dificuldade, considerar-se que o "diagnóstico de enfermagem" é, na prestação de cuidados de enfermagem, o passo metodologicamente intermédio entre as etapas "identificação dos problemas de saúde em geral e de enfermagem em especial, no indivíduo, família, grupos e comunidade/recolha e apreciação de dados sobre cada situação que se apresenta" e as etapas "elaboração e realização de planos para a prestação de cuidados de enfermagem/execução correcta e adequada dos cuidados de enfermagem necessários/avaliação dos cuidados de enfermagem prestados e reformulação das intervenções."

[16] Diferentemente do que sucede relativamente ao ensino do utente sobre administração e utilização de medicamentos, claramente desenhado, no artigo 9º, nº 4, alínea g do Regulamento do Exercício da Práticas dos Enfermeiros, como intervenção autónoma de enfermagem – "(...) os enfermeiros, de acordo com as suas qualificações profissionais: (...) g) Procedem ao ensino do utente sobre a administração e utilização de medicamentos ou tratamentos."

[17] A este propósito lê-se em recente parecer conjunto dos Conselhos de Enfermagem e Jurisdicional sobre preparação e administração terapêutica o seguinte: "As prescrições dos fármacos são da responsabilidade do médico responsável, e devem conter: o nome completo do doente, a data, o nome do fármaco, a via de administração, a dose, a duração da prescrição e a assinatura do médico. Poderá (...) haver especificação da concentração, da diluição e da velocidade do fluxo. (...) o enfermeiro deve atender aos "seis certos" da medicação: a pessoa (cliente) certa, o medicamento certo, a dose certa, o horário certo, a via correcta e o registo/documentação correcta (desde a transcrição da prescrição até à reacção da pessoa ao fármaco)" [19].

[18] Obviamente que não cabem aqui os casos de medicamentos não sujeitos a receita médica. De resto, o artigo 113º do Decreto-Lei nº 176/2006, de 30 de Agosto, ao classificar os medicamentos, quanto à dispensa ao público, entre "medicamentos sujeitos a receita médica" e "medicamentos não sujeitos a receita médica", imediatamente reconduz à esfera exclusiva da prescrição médica a dispensa de certos medicamentos.

Termos em que se considera, em definitivo, que o diagnóstico *médico* e a prescrição *terapêutica*[19], na medida em que consubstanciam competências proibidas para a profissão de enfermagem, constituem limites normativos a uma revisão do conteúdo funcional dos enfermeiros.

E que, na ausência de qualquer alteração, os actos praticados com desrespeito por esta fronteira são, inclusivamente, susceptíveis de preencher o tipo de crime de usurpação de funções, tal como se encontra previsto e punido no artigo 358º, nº 2 do Código Penal: "Quem (...) exercer profissão ou praticar acto próprio de uma profissão para a qual a lei exige título ou preenchimento de certas condições, arrogando-se, expressa ou tacitamente, possuí-lo ou preenchê-las, quando o não possui ou as não preenche (...) é punido (...)."[20]

3. Da evolução incremental do conteúdo funcional da profissão de enfermagem

Muito embora uma revisão da literatura permita identificar algumas tentativas de classificação e de sistematização das formas de mudança da combinação de competências das profissões médica e de enfermagem – de que é exemplo a taxo-

---

[19] Importa, todavia, sublinhar que a prescrição não se esgota na prescrição terapêutica. Com efeito, a prescrição pode referir-se, também e por exemplo, a meios complementares de diagnóstico (designação que engloba exames laboratoriais, imagiológicos, etc, realizados em regime ambulatório ou em internamento hospitalar) e a ajudas técnicas (designação que se refere a qualquer produto, incluindo dispositivos, equipamento, instrumentos, tecnologia e *software*, especialmente produzido para prevenir, compensar, monitorizar, aliviar ou neutralizar uma limitação da actividade). E se a prescrição de ajudas técnica, seja por enfermeiros ou por outros técnicos de saúde, pode ser controversa, a prescrição de alguns meios complementares de diagnóstico por enfermeiros tem, em alguns domínios, um claro enquadramento legal. É o caso da prescrição dos exames necessários para acompanhar a gravidez fisiológica por enfermeiros especialistas em saúde materna e obstétrica (artigo 39º da Lei nº 9/2009, de 4 de Março, que transpôs para a ordem jurídica interna a Directiva nº 2005/36/CE, do Parlamento e do Conselho, de 7 de Setembro, relativa ao reconhecimento das qualificações profissionais).

[20] Apenas se se verificarem todos os requisitos objectivos e subjectivos do tipo legal de crime, designadamente, o de o agente se arrogar, de modo expresso ou tácito, possuir título ou preencher condições que a lei exige para o exercício de certa profissão. "Trata-se, no fundo, de um *falsum*, de uma falsidade funcional (...) que não se esgota na *falsificação da aparência*, mas que inclui também a prática de actos próprios dessa profissão ou função que se finge ter. (...) O agente há-de representar e querer – dolo, em qualquer das suas formas – todos e cada um dos elementos da factualidade típica" [20]. " (...) consuma-se o delito por esta via sempre que, por exemplo, o sujeito activo, iludindo as pessoas perante quem actua, se apresente a exercer actos clínicos sem ter a licenciatura em medicina (...). E consuma-se igualmente quando ao agente, ainda que não invocando a qualidade que pretende impor, exerça os actos próprios dela, como se possuísse o título ou reunisse as condições que a lei para tanto reclama" [21].

nomia proposta por Sibbald: *enhancement, substitution, delegation* e *inovation*[21] – é importante sublinhar que muitas das alterações nos papéis dos profissionais de saúde ocorrem incrementalmente[22], na medida em que alguns grupos começam a desempenhar certos papéis e outros a abandoná-los.

Entre nós, o exemplo do papel dos enfermeiros no "Sistema de Triagem de Manchester"[23] ou na "Linha de Saúde 24"[24] parece inserir-se nesta lógica e constituir casos de evolução incremental[25] do conteúdo da profissão de enfermagem.

Com efeito, o "Sistema de Triagem de Manchester" – sistema de triagem hospitalar, baseado num algoritmo clínico, que permite identificar o critério de gravidade inerente à queixa apresentada pelo utente, indicando a prioridade com que o seu estado deve ser atendido – e a "Linha de Saúde 24" – sistema de triagem telefónica, também baseado num algoritmo clínico, que permite per-

---

[21] "Enhancement – increasing the depth of a job by extending the role or skills of a particular group of workers, substitution – expanding the breath of a job, in particular by working across professional divides or exchanging one type of worker for another, delegation – moving a task up or down a traditional unidisciplinary ladder, innovation – creating new jobs by introducing a new type of worker" [22].

[22] Com a referência à "evolução incremental das profissões" a autora pretende conceptualizar as mudanças dos papéis profissionais que ocorrem, espontaneamente, como resposta à dinâmica das necessidades sociais.

[23] Originalmente designado como "Manchester Triage System", este modelo nasceu, em 1997, na cidade de Manchester no Reino Unido. Em Portugal, foram pioneiros na sua implementação o Hospital Geral de Santo António e o Hospital Fernando da Fonseca, sendo, hoje, absolutamente residual o número de hospitais públicos que o não utilizam. O objectivo "Sistema de Triagem de Manchester" não é realizar um diagnóstico mas sim atribuir uma prioridade clínica no atendimento, mediante selecção de um quadro de sintomatologia, de entre 53 pré-definidos, e, utilização de fluxogramas que identificam um conjunto de sintomas ou sinais que definem a prioridade clínica no atendimento. Cada conjunto de sintomas ou sinais funciona como classificador e está associado a uma categoria e a uma cor: "Emergente ou Vermelha" (atendimento imediato), "Muito Urgente ou Laranja" (tempo de espera recomendado de 10 minutos), "Urgente ou Amarela" (tempo de espera recomendado de 60 minutos), "Pouco Urgente ou Verde" e "Não Urgente ou Azul (tempos de espera recomendados de120 minutos e de 240 minutos, respectivamente).

[24] Inspirada em modelos desenvolvidos no seio do "National Health Service" britânico, nomeadamente na Escócia, a "Linha Saúde 24" – iniciativa do Ministério da Saúde que remonta a 2007, que foi gerida em regime de parceria público-privada e hoje é abrangida por um contrato de cedência da exploração – é um ponto de contacto inicial com capacidade de orientação e encaminhamento dos utentes para as instituições integradas no Serviço Nacional de Saúde mais adequadas a responder às suas necessidades. Disponibiliza, entre outros segmentos, um serviço de "Triagem, Aconselhamento e Encaminhamento", acessível através do telefone, que identifica os cuidados de saúde necessários através de um processo de triagem e sugere o tipo e a localização dos recursos ou meios mais adequados a responder-lhes, contribuindo para atenuar a pressão sobre os serviços de urgência e melhorando a acessibilidade aos serviços de saúde (http://www.saude24.pt).

[25] *Idem* nota 22.

cepcionar o grau de severidade de cada caso e adequar o encaminhamento do utente para um determinado serviço de saúde à sua efectiva condição – constituem modelos de organização da actividade assistencial que encontram forte respaldo no trabalho dos enfermeiros triadores.

Alguns autores consideram os enfermeiros como os profissionais de saúde melhor posicionados para o desempenho das funções de triadores, na medida em que dominam uma linguagem clínica orientada para sinais e sintomas e não para diagnósticos, estão mais adestrados a estabelecer uma relação comunicacional empática com os utentes e possuem uma visão da globalidade dos serviços e dos recursos nele existentes [23].

O facto de o Sistema de Triagem de Manchester contar hoje com a chancela da Ordem dos Médicos não pode fazer esquecer que este modelo foi, inicialmente, alvo de importantes desconfianças por defensores da reserva do acto médico[26]. O mesmo se tendo passado, aliás, no quadro do início do funcionamento da Linha de Saúde 24, serviços de aconselhamento terapêutico, em termos de crítica da Ordem dos Farmacêuticos[27].

4. Da necessidade de alterações normativas para uma revisão da combinação de papéis profissionais entre médicos e enfermeiros

Por solicitação do Ministro da Saúde, e tendo como pressupostos os compromissos assumidos pelo país no Memorando de Entendimento entre a República Portuguesa e a Comissão Tripartida CE/BCE/FMI, a Entidade Reguladora da Saúde elaborou e publicou, em Setembro de 2011, um relatório designado *Análise da Sustentabilidade Financeira do Serviço Nacional de Saúde*, no qual inscrevia a "combinação eficiente das profissões de saúde" como um dos aspectos nucleares para a obtenção de ganhos de eficiência, referindo-se expressamente: "existem actos mais básicos que ainda hoje são praticados por médicos, mas que podem ser

---

[26] Na sua revista, edição de Fevereiro de 2007, a Ordem dos Médicos publicou um parecer sobre a aplicação do Protocolo de Manchester, aprovado no Conselho Nacional Executivo, no qual se contestava o facto de a referenciação feita pelo médico de família ser ignorada pelo Serviço de Urgência a que o doente se dirige, sobrepondo-lhe a indicação de um profissional que, normalmente, não é médico. "É desnecessária a avaliação feita por um não médico, que desvanece a verdadeira triagem, essa sim, previamente feita pelo especialista em Medicina Geral e Familiar", defendia a Ordem dos Médicos, no referido texto.

[27] "A Ordem dos Farmacêuticos desaconselhou hoje o recurso à Linha Saúde 24 porque não reconhece a validade das informações prestadas pelo serviço em matéria de medicamentos."Desaconselhamos o recurso da população a este serviço enquanto a entidade gestora não proceder à contratação de profissionais com formação e competências adequadas", lê-se num comunicado hoje divulgado. A Ordem dos Farmacêuticos alerta que este aconselhamento terapêutico não tem sido supervisionado por um farmacêutico e que "é efectuado por colaboradores sem qualificações para o efeito", noticiava o Expresso na sua edição online de 24 de Novembro de 2008.

exercidos, com ou sem supervisão por médico consoante a situação concreta, por outros profissionais de saúde, por exemplo enfermeiros ou técnicos de diagnóstico e terapêutica, desde que se encontrem incluídos no leque de competências adquiridas nas suas formações específicas" [24].

Na sequência da nomeação do Grupo Técnico para a Reforma Hospitalar,[28] foi ainda recentemente publicado o relatório *Os cidadãos no centro do sistema. Os profissionais no centro da mudança*, no âmbito do qual – secundando a tese que já se perfilhava – se considera a "atribuição de novas actividades aos enfermeiros" como uma das medidas para melhorar a eficiência dos hospitais, sublinhando--se que "esta é hoje uma realidade evolutiva em todos os sistemas de saúde, observando-se estratégias já bem firmes em países como o Reino Unido, a Espanha, entre outros" [25] e referindo-se que "Deverá ser definido um programa de implementação até ao final de 2012 (...). Em 2013, a transferência de tarefas deverá estar concluída e implementada" [25].

Ora, face ao que atrás foi dito, em Portugal, à data, uma tal alteração da combinação de papéis de médicos e enfermeiros confronta-se com limites normativos.

Com efeito, da análise do quadro legal e regulamentar do exercício das profissões médica e de enfermagem resultou que:

- Os actos de enfermagem dividem-se entre aqueles que apenas dependem da iniciativa do enfermeiro, esgotando-se na respectiva esfera de responsabilidade (intervenções autónomas), e aqueles que dependem da iniciativa de outro profissional de saúde, assumindo o enfermeiro unicamente a responsabilidade pela sua realização técnica (intervenções interdependentes) (artigo 9º, n.ºs 2 e 3, do Regulamento do Exercício Profissional dos Enfermeiros).
- Os actos de diagnóstico médico (diferentemente do diagnóstico de enfermagem), de prescrição terapêutica (diferentemente da prescrição não terapêutica) e de gestão autónoma de doentes constituem actos indelegáveis da profissão médica (artigo 36º nº 6 do Código Deontológico dos Médicos).
- Os outros actos funcionalmente considerados como actos da profissão médica afiguram-se susceptíveis de ser delegáveis em outros profissio-

---

[28] Criado através do Despacho nº 10.601/2011 do Ministro da Saúde, publicado no Diário da República nº162, 2ª Série, de 24 de Agosto de 2011, ao Grupo Técnico para a Reforma Hospitalar foi atribuída a missão de "reorganizar a rede hospitalar através de uma visão integrada e racional do sistema de saúde" que permitisse: "*a*) Melhorar o acesso e a qualidade das prestações de saúde; *b*) Melhorar a eficiência hospitalar; *c*) Garantir a sustentabilidade económica e financeira; *d*) Melhorar a governação e o desempenho dos profissionais ao serviço dos hospitais; *e*) Reforçar o protagonismo e o dever de informação aos cidadãos."

nais de saúde, designadamente, em enfermeiros, mediante autorização da Ordem dos Médicos (artigo 147º do Código Deontológico da Ordem dos Médicos) e com os limites definidos por uma prescrição médica inicial (artigo 151º do Código Deontológico da Ordem dos Médicos).

Assim, se não se vislumbra existir qualquer impedimento normativo a que os enfermeiros possam, por exemplo, prescrever meios complementares de diagnóstico[29], pelo contrário, para que possam iniciar a prescrição terapêutica[30], designadamente, farmacológica, será necessário que, primeiro, se realizem alterações normativas.

Este foi, de resto, o caminho percorrido em Espanha – e, anteriormente, pelos Estados Unidos, Nova Zelândia, Austrália, Canadá, Reino Unido e Suécia – onde, pela Lei 28/2009, de 30 de Dezembro, publicada no *Boletín Oficial del Estado*, se determinou que: "Los enfermeros, de forma autónoma, podrán indicar, usar y autorizar la dispensación de todos aquellos medicamentos no sujetos a prescripción médica (...). Lo Gobierno regulará la indicación, uso y autorización de dispensación de determinados medicamentos sujetos a prescripción médica por los enfermeros (...)."

Os exemplos de actos expressamente subtraídos ao âmbito de actuação da profissão de enfermagem – de que é, actualmente, paradigmática a prescrição terapêutica – tal como os exemplos de actos susceptíveis de ser incluídos na esfera de intervenção dos enfermeiros, não devem, todavia, fazer esquecer as vastas zonas em que a norma sempre será omissa. No nosso contexto, os actos de referenciar doentes entre níveis de cuidados, de assinar uma carta de alta, de interpretar os resultados de exames laboratoriais, entre tantos outros, são, face às práticas instituídas, actos que se inscrevem no âmbito de competências da profissão médica [26]. O que tolhe o enfermeiro na sua realização? Seguramente, não a lei.

De resto, sem prejuízo da segurança jurídica que sempre será necessário acautelar, a opção por uma definição genérica de qual seja o *scope of practice* das profissões de saúde e, em concreto, das profissões médica e de enfermagem – por exemplo, por referência à sua missão e não por escrutínio rigoroso das suas

---

[29] Conforme referido na nota 19, a prescrição dos exames necessários para acompanhar a gravidez fisiológica por enfermeiros especialistas em saúde materna e obstétrica encontra-se, aliás, expressamente prevista no artigo 39º da Lei nº 9/2009, de 4 de Março, que transpôs para a ordem jurídica interna a Directiva nº 2005/36/CE, do Parlamento e do Conselho, de 7 de Setembro.

[30] Mas já se oferecem dúvidas sobre a impossibilidade que, no actual quadro, possa existir de os enfermeiros renovarem uma prescrição farmacológica iniciada por um médico, desde que a mantenham nos seus mesmos moldes.

funções – é a solução que melhor responde[31] à constante evolução dos sistemas de saúde em resposta à dinâmica das necessidades assistenciais e à utilização racional dos recursos envolvidos [27].

Conclusões

Em Portugal, a análise da composição da força de trabalho em saúde indicia a existência de uma combinação ineficiente dos papéis de médicos e de enfermeiros. Ora, uma das respostas possíveis para o problema poderá ser encontrada na transferência de funções, classicamente inseridas no âmbito da profissão médica, para a profissão de enfermagem, visto que a evidência internacional demonstra que esta é uma opção que comporta ganhos de desempenho significativos.

Contudo, é sabido que os limites do quadro normativo que sustenta as profissões de saúde podem representar constrangimentos à revisão do respectivo *scope of practice*, razão pela qual se procurou discutir a necessidade de mudanças a este nível.

Apesar das pretensões hegemónicas do modelo biomédico, constatou-se que no ordenamento jurídico português não há uma definição funcional de acto médico, o que contrasta com o enquadramento legalmente conferido à noção de cuidado de enfermagem. Mas a análise do quadro normativo das duas profissões em estudo permitiu também evidenciar uma "reserva de acto médico" sobre o diagnóstico médico, a prescrição terapêutica e a gestão autónoma do doente.

Como tal, qualquer intenção de atribuir aos enfermeiros funções nestes concretos domínios exigirá alterações normativas, ressalvando-se, todavia, que uma descrição taxativa do conteúdo funcional de cada profissão é uma solução controvertida da qual importa não ficar refém.

---

[31] "The implementation of new APN (advanced practice nursing) roles often requires changes to legislation and regulation to remove barriers to extensions in their scope of practice. (...) In the United Kingdom (England), the scope of practice of advanced practice nurses is not defined in a specific legislation, thereby reducing barriers to modify their scope of practice. (...) France faces a different challenge. While the responsibility for defining the scope of practice of different health professionals is very much centralised, one of the barriers to the expansion of the role of nurses is that current national legislation defines in very specific terms what each profession can (or cannot) do. Any modification to the scope of practice of nurses therefore requires legislative changes, with often raise sensitive issues" [27].

REFERÊNCIAS BIBLIOGRÁFICAS

[1] WHO (2006). *The World Health Report 2006: Working together for health.* WHO Press, World Health Organization.

[2] BUCHAN, J., J. BALL, F. O'MAY (2001). *If changing skill mix is the answer, what is the question?* Journal of Health Services Research Policy, Vol 6, No 4, October 2001, 233-238.

[3] BARROS, P. P. (2011) *Substitution at the margin: physicians vs nurses.* [online] Disponível em: <http://momentoseconomicos.wordpress.com/arquivo> (acedido em 24.01.2012)

[4] DUBOIS, C. A., M. MCKEE, E. NOLTE (2006). *Human resources for health in Europe.* WHO Regional Office for Europe. European Observatory on Health Systems and Policies. England, Open University Press.

[5] WHO (2008). *Task shifting:* rational redistribution of tasks among health workforce teams: *global recomendations and guidelines.* WHO Press, World Health Organization.

[6] SIBBALD, B., J. SHEN, A. MCBRIDE (2004). *Changing the skill-mix of the health care workforce.* Journal of Health Services Research Policy, Vol 9, Suppl 1, January 2004, 28-38.

[7] BUCHAN, J., L. CALMAN (2005). *Skill-mix and policy change in the health workforce: nurses in advanced roles.* OCDE Health Working Papers, No 17, February 2005.

[8] DELAMAIRE, M., G. LAFORTUNE (2010). *Nurses in Advanced Roles: A description and Evaluation of Experiences in 12 Developed Countries.* OECD Health Working Papers, No. 54, OECD Publishing.

[9] RECHEL, B., C. A. DUBOIS, M. MCKEE (2006). *The health Care Workforce in Europe. Learning from experience.* WHO. European Observatory on Health Systems and Policies. United Kingdom.

[10] OCDE (2010). *Health at a Glance: Europe 2010.* [online] Disponível em: <ec.europa.eu/health/.../health_glance_2010> (acedido em 18.11.2011)

[11] DUSSAULT G., I. FRONTEIRA (2010). *PNS 2011-2016, Análise Especializada de Recursos Humanos.* [online] Disponível em: <http://www.acs.min-saude.pt/pns2011-2016/estudos> (acedido em 20.11.2011)

[12] SIBBALD, B., S. HALLIWELL, S. ROSE (2010). *A Bibliography of Skill Mix in Primary Care – The Sequel.* National Primary Care Research and Development Centre.

[13] DUSSAULT, G., C. A. DUBOIS (2004). *Human resources for health: a critical component in health policies.* The World Bank.

[14] RODRIGUES, M. L. (2002). *Sociologia das Profissões.* Celta Editora. 2ª edição.

[15] DUSSAULT, G. *L'analyse sociologique du profissionalisme au Québec.* Recherches sociographiques, vol 19, nº 2, 1978, 161-170.

[16] COSTA, J. F. (2009) *Em redor da noção de acto médico.* Revista de Legislação e Jurisprudência, nº 3954, ano 138, Janeiro – Fevereiro de 2009, 126-137.

[17] MOREIRA, V. (1997) *Auto-regulação profissional e Administração Pública*. Livraria Almedina.
[18] Comissão Constitucional. (1978) Parecer nº 2/78. Pareceres da Comissão Constitucional. 4º volume, 151-188.
[19] Conselho de Enfermagem Jurisdicional (2010). Parecer Conjunto do Conselho de Enfermagem e do Conselho Jurisdicional da Ordem dos Enfermeiros – 3/2010.
[20] MONTEIRO, C. L. (2001) Artigo 358º do Código Penal. Comentário Conimbricense do Código Penal. Parte Especial. Tomo III. Coimbra Editora.
[21] SIMAS, S. M., M. L. HENRIQUES (2000). Código Penal Anotado. 2º Volume. Editora Rei dos Livros.
[22] SIBBALD B., J. SHEN, A. MCBRIDE (2004) *Changing the skill-mix of the health care workforce*. Journal of Health Services Policy, Vol. 9, Suppl. 1, pp. 28-38, January 2004.
[23] DIOGO, C. S. (2007) Impacto da relação cidadão-sistema de triagem de Manchester na requalificação das urgências do SNS. Dissertação submetida como requisito parcial para obtenção de grau de Mestre em Gestão dos Serviços de saúde. Instituto Superior das Ciências do Trabalho e da Empresa.
[24] Entidade Reguladora da Saúde (2011). "Análise da sustentabilidade financeira do Serviço Nacional de Saúde" [online] Disponível em: <http://www.ers.pt/actividades/estudos> (acedido em 28.01.2012)
[25] Grupo Técnico para a Reforma Hospitalar (2011) *Relatório Final do Grupo Técnico para a Reforma Hospitalar – Os cidadãos no centro do sistema. Os profissionais no centro da mudança*. Ministério da Saúde.
[26] Department of Health. Royal College of Nursing (2003). *Freedom to practise: dispelling the myths*.
[27] DELAMAIRE, M., G. LAFORTUNE (2010). *Nurses in advanced roles: a description and evaluation of experiences en 12 developed countries*. OECD Health Working Papers No. 54.

Os Fundamentos do Direito da Concorrência na Jurisprudência do Tribunal de Comércio – Breves Notas

MIGUEL MOURA E SILVA
Professor Auxiliar da Faculdade de Direito da Universidade de Lisboa

> "The ideas of economists and political philosophers, both when they are right and when they are wrong, are more powerful than is commonly understood. Indeed, the world is ruled by little else. Practical men, who believe themselves to be quite exempt from any intellectual influences, are usually the slaves of some defunct economist. Madmen in authority, who hear voices in the air, are distilling their frenzy from some academic scribbler of a few years back".
>
> JOHN MAYNARD KEYNES, *The General Theory of Employment, Interest, and Money*,
> Londres: Macmillan, 1936.

1. No seu trabalho pioneiro sobre a defesa da concorrência em Portugal, Alberto Xavier escreveu que "a concorrência, tal como a propriedade privada e a livre iniciativa, constitui uma das instituições fundamentais em que aquele sistema económico assenta, podendo mesmo dizer-se que é seu pressuposto e condição de funcionamento".[1] Apesar de escrito ainda na fase final do Estado Novo, este

---

[1] Alberto P. XAVIER, *Subsídios para uma lei de defesa da concorrência*, Lisboa: Centro de Estudos Fiscais, 1970, a p. 13. Sublinhe-se que tal tese foi então sustentada perante um texto constitucional (a Constituição de 1933) que continha ainda uma relação ambígua com a concorrência. Veja-se, em especial, o artigo 34º da Constituição de 1933: "O Estado promoverá a formação e desenvolvimento da economia nacional corporativa, visando a que os seus elementos não tendam a estabelecer entre si concorrência desregrada e contrária aos justos objectivos da sociedade e deles próprios, mas a colaborar mutuamente como membros da mesma sociedade"; ao individualismo da concorrência contrapõe-se, deste modo, a concepção organicista da sociedade. Alberto Xavier, procurando definir um enquadramento constitucional mais propício à concretização de uma lei da concorrência,

trabalho continua a ser frequentemente citado pelo Tribunal de Comércio de Lisboa. Este tribunal é, desde há mais de uma década, a instância de recurso das decisões administrativas de aplicação das regras de concorrência.[2] Agora que este tribunal vai ser substituído pelo já anunciado Tribunal da concorrência, regulação e supervisão, é oportuno para fazer um balanço sobre os fundamentos do Direito da Concorrência e a própria (pré-)compreensão do conceito de concorrência na jurisprudência produzida pelo Tribunal de Comércio de Lisboa.[3]

Com efeito, a dimensão constitucional da defesa da concorrência, presente na generalidade das sentenças que se pronunciaram sobre o mérito das decisões administrativas recorridas (primeiro do Conselho da Concorrência e depois da Autoridade da Concorrência, criada em 2003), não sendo uma particularidade nacional, não deixa de contrastar com o tratamento doutrinário europeu que vê na defesa da concorrência um instrumento essencialmente vocacionado para a promoção da eficiência e – no caso das regras de concorrência da União Europeia – da integração económica.[4]

2. À perspectiva europeia da Escola de Friburgo contrapõe-se a visão actualmente prevalecente nos Estados Unidos, que identifica em muitas decisões da

---

faz um balanço mais moderado, retirando da Constituição de 1933 um tratamento neutro da concorrência ou até de "favor limitado por um complexo conjunto de condições e objectivos". XAVIER, *Subsídios para uma lei de defesa da concorrência*, a p. 39. Posteriormente à publicação daquele estudo, a Revisão Constitucional de 1971 introduziu o Parágrafo 6º no artigo 31º: "Estimular a iniciativa privada e a concorrência efectiva, sempre que esta contribua para a racionalização das actividade produtivas". Ficava assim perfeitamente legitimada a posição de Alberto Xavier.

[2] Lei nº 3/99, de 13 de Janeiro, al. c), nº 2, do artigo 89º: "Os recursos das decisões do Conselho da Concorrência referidas no nº 1 do artigo 27º do Decreto-Lei nº 371/93, de 29 de Outubro, e os recursos das decisões do Conselho da Concorrência e da Direcção-Geral do Comércio e da Concorrência, em processo de contra-ordenação, nos termos do artigo 38º do mesmo diploma". Já em 1986, decorridos pouco mais de dois anos da entrada em vigor do Decreto-Lei nº 422/83, de 3 de Dezembro, o Conselho aludia à conveniência de mudar o sistema então vigente, "que, designadamente, permite que decisões muitas vezes complexas e de funda incidência económica tenham de ser reapreciadas pelo Tribunal de Polícia ou pelo Tribunal Cível de primeira instância, que não parecem vocacionados para o tratamento de questões desta índole e complexidade e não podem assegurar, como seria desejável, a coerência e unidade de julgados". Conselho da Concorrência, *Relatório de Actividade*, 1986, p. 9.

[3] A Lei nº 46/2011, de 24 de Junho, cria o novo Tribunal de concorrência, regulação e supervisão, previsto no novo artigo 89º-B da Lei nº 3/99. Desconhece-se, por agora, qual a data em que este novo tribunal entrará em funcionamento.

[4] Neste sentido, por exemplo, Luís Morais considera existir uma "gradual aproximação das bases teleológicas do direito comunitário da concorrência a um modelo monista, caracterizado por considerações prevalecentes de salvaguarda da eficiência económica, embora com a manutenção de alguma abertura a outros objectivos". Luís Domingos Silva MORAIS, *Direito da Concorrência – Perspectivas do seu Ensino*, Coimbra: Almedina, 2009, a p. 117.

Comissão Europeia e acórdãos das instâncias judiciais da União, uma tendência para "proteger os concorrentes e não a concorrência".[5]

3. Pela nossa parte, como sustentámos noutro local, não podemos reduzir nem o ordenamento norte-americano nem o ordenamento europeu a uma "postulação unidimensional e redutora da eficiência económica como único parâmetro justificativo e dirigente das regras de concorrência", ainda que a eficiência económica não deixe de ser o elemento nuclear de um direito que procura a previsibilidade dos seus comandos através da coerência teórica e prática que aquele conceito económico promete.[6]

Daí que os valores políticos que presidiram à génese do Direito da Concorrência nos Estados Unidos, na União Europeia e nos Estados-membros desta não possam ser desconsiderados – mesmo se remetidos a uma penumbra e só visíveis nos raros casos onde estejam em causa problemas de índole político--social e não apenas económica. É por isso que se deve começar por sublinhar a linhagem constitucional que a defesa da concorrência assume entre nós.

4. A alínea f) do artigo 81º da CRP, com a epígrafe "incumbências prioritárias do Estado", dispõe que compete ao Estado:

"Assegurar o funcionamento eficiente dos mercados de modo a garantir a equilibrada concorrência entre as empresas, a contrariar as formas de organização monopolistas e a reprimir os abusos de posição dominante e outras práticas lesivas do interesse geral".[7]

---

[5] Para uma visão mais equilibrada do que a da generalidade dos comentadores norte-americanos, ver Eleanor M. Fox, "'We Protect Competition, You Protect Competitors'", *World Competition*, vol. 26, nº 2, 2003, p. 149. A Comissão acolhe esta preocupação nas suas Orientações de 2009 sobre abusos de exclusão, ao referir, no Parágrafo 6, que "o mais importante é a protecção de um verdadeiro processo de concorrência e não a mera protecção dos concorrentes. Isto poderá significar que os concorrentes que tenham um desempenho inferior para os consumidores em termos de preço, gama da oferta, qualidade e inovação poderão desaparecer do mercado". *Comunicação da Comissão – Orientação sobre as prioridades da Comissão na aplicação do artigo 82º do Tratado CE a comportamentos de exclusão abusivos por parte de empresas em posição dominante*, J.O. C 45, de 24.2.2009, p. 7.

[6] Miguel MOURA E SILVA, *Inovação, Transferência de Tecnologia e Concorrência – Estudo Comparado do Direito da Concorrência dos Estados Unidos e da União Europeia*, Coimbra: Almedina, 2003, a p. 308.

[7] Esta redacção resulta da IVª Revisão Constitucional (1997). Na versão original da Constituição de 1976, a al. g) incumbia o Estado de "Eliminar e impedir a formação de monopólios privados, através de nacionalizações ou de outras formas, bem como reprimir os abusos de poder económico e todas as práticas lesivas do interesse geral"; por seu turno, a al. j) encarregava o Estado de "Assegurar a equilibrada concorrência entre as empresas, fixando a lei a protecção às pequenas e médias empresas económica e socialmente viáveis". A integração destes dois objectivos na actual al. f) representa mais do que um mero *aggiornamento* terminológico, na medida em que, com a consagração do conceito de abuso de posição dominante se faz uma clara aproximação às regras

O artigo 81º, alínea f) é um corolário do princípio da subordinação do poder económico ao poder político democrático, um dos princípios fundamentais da nossa organização económico-social [artigo 80º, alínea a)].[8] Como em tempos sustentámos a respeito da interpretação do artigo 10º do Decreto-Lei nº 371/93, relativo à justificação de operações de concentração, daqui se pode extrair um comando dirigido ao intérprete da legislação nacional de defesa da concorrência no sentido de proceder a uma interpretação dos preceitos desta conforme à Constituição, o que implica a exclusão dos outros sentidos possíveis que contrariem os imperativos constitucionais expressos nesta matéria.[9]

5. Embora não tenha procedido a uma aplicação deste princípio na interpretação dos preceitos da lei ordinária em matéria de defesa da concorrência, o Tribunal de Comércio de Lisboa reconhece a dignidade constitucional da defesa da concorrência. Numa das fórmulas recorrentemente empregues por aquela instância:

"A defesa da concorrência, nas palavras de Alberto Xavier (*in* Subsídios para uma Lei de Defesa da Concorrência, Cadernos de Ciência e Técnica Fiscal, nº 136, pg. 87) é, conjuntamente com a propriedade privada e a livre iniciativa, uma das instituições em que assenta o sistema de livre economia de mercado, seu pressuposto e condição de funcionamento. Daí a sua consagração ao nível de Lei Fundamental, quer na Constituição da República Portuguesa [arts. 80º a) e 81º f)] quer no Tratado que instituiu a Comunidade Europeia (arts. 3º nº 1, al. g) e 4º nº 1), que encara a concorrência como um instrumento da própria construção europeia.

O direito de defesa da concorrência tem como função a preservação das estruturas concorrenciais do mercado contra o comportamento dos agentes económicos nesse mesmo mercado – José Mariano Pego *in* A Posição Dominante Relativa no Direito da Concorrência, pg. 11). Surge como uma garantia de igualdade de oportunidades que a todo o homem assiste e de um sistema equilibrado de desconcentração de poderes, em que os particulares não possam, indevidamente, constranger, e o Estado permaneça imune ao domínio e influência de grupos de particulares – loc. e autor citados, pg. 12. Arranca do próprio texto constitucional, resultando a necessidade de defesa da concorrência da protecção de um dos direitos fundamentais económicos, previsto no art. 61º, nº 1 da Constituição da República Portuguesa."

---

da actual União Europeia. Sobre a al. e) do artigo 81º da Constituição, ver ainda MORAIS, *Direito da Concorrência – Perspectivas do seu Ensino*, nota 210.

[8] António Luciano Sousa FRANCO; Guilherme d'Oliveira MARTINS, *A Constituição Económica Portuguesa. Ensaio Interpretativo*, Coimbra: Almedina, 1993, a p. 211.

[9] Miguel MOURA E SILVA, "PROMETEU AGRILHOADO: Breves reflexões sobre a justificação de concentrações no direito português da concorrência", *Revista Jurídica da AAFDL*, nº 23, 1999, p. 181.

[...] "O bem jurídico protegido por estas normas é, como já deixámos entrevisto na introdução, o livre jogo do mercado".[10]

6. Uma segunda fórmula, mais sucinta, indica ainda a matriz constitucional do sistema de defesa da concorrência em Portugal, dizendo, após citar o artigo 81º, al. f) da Constituição:

"Porquê esta consagração a nível constitucional? Porque a defesa e promoção da Concorrência são fundamentais para assegurar o saudável funcionamento do mercado. Na realidade em que vivemos a concorrência perfeita (sistema em que grande número de pequenos fornecedores abasteça o mercado com o mesmo tipo de produtos ou serviços, a preços idênticos, e sem qualquer tipo de colusão entre si) não existe. Vivemos num sistema em que se torna necessário organizar de modo eficiente a actividade económica, preservando sempre um certo grau de concorrência (i.e., uma dinâmica competitiva saudável), disciplinando a actividade dos vários agentes económicos, garantido os direitos dos consumidores e em última ratio promovendo a convergência dos esforços na busca de melhor realização do interesse geral.

Tendo em mente estes princípios e orientações e sendo evidente que qualquer agente económico, pelo mero exercício do seu direito de liberdade contratual, corolário do princípio da autonomia privada, pode interferir com o regular funcionamento do mercado, impedindo ou dificultando a entrada/permanência de empresas concorrentes no mercado, influenciando a formação da oferta e da procura, ou seja, impedindo a livre circulação de mercadorias e de prestação de serviços, surge a nível nacional a regulação da concorrência, em moldes aliás muito semelhantes aos previstos no direito comunitário".[11]

---

[10] Este *dictum* surge pela primeira vez na Sentença do Tribunal de Comércio de Lisboa (3º Juízo) de 13.12.2002, Proc. nº 419/2000, *Centralcer*. Este texto surge igualmente em Maria de Fátima Reis SILVA, "O direito à não auto-incriminação", *Sub Judice*, nº 40, 2007, p. 59. A pp, 66-67 (a Juíza Fátima Reis Silva decidiu o caso Centralcer). A mesma referência surge, *ipsis verbis*, nas seguintes sentenças: "Sentença do Tribunal de Comércio de Lisboa (1º Juízo) de 15.7.2004, Proc. nº 150/2002TYLSB, *Brisa – Auto-Estradas de Portugal, S.A. e o.*; Sentença do Tribunal de Comércio de Lisboa (3º Juízo) de 26.1.2006, Proc. nº 1302/05.5TYLSB, *Ordem dos Médicos Veterinários*; Sentença do Tribunal de Comércio de Lisboa (3º Juízo) de 23.6.2010, Proc. nº 412/09.4TYLSB, *Antram – Associação Nacional de Transportadores Públicos Rodoviários de Mercadorias*; Sentença do Tribunal de Comércio de Lisboa (1º Juízo) de 29.4.2011, Proc. nº 938/10.7TYLSB, *Ordem dos Técnicos Oficiais de Contas*".

[11] Sentença do Tribunal de Comércio de Lisboa (2º Juízo) de 14.12.2005, Proc. nº 1307/05.6TYLSB, *Ordem dos Médicos Dentistas*. Este modelo de fundamentação surge igualmente em Maria José COSTEIRA, "Introdução", *Sub Judice*, vol. 40, 2007, p. 7. (a Juíza Maria José Costeira decidiu o caso da Ordem dos Médicos Dentistas). Ver também Sentença do Tribunal de Comércio de Lisboa (2º Juízo) de 21.5.008, 48/08.7TYLSB, *Aeronorte e Helisul*; Sentença do Tribunal de Comércio de Lisboa (2º Juízo) de 2.3.2010, Proc. nº 1065/07.0TYLSB, *Portugal Telecom (condutas)*; Sentença do Tribunal

7. Nestes ou noutros termos, a generalidade das sentenças do Tribunal de Comércio de Lisboa refere o fundamento constitucional da legislação nacional de defesa da concorrência.[12]

8. Posteriormente ao estudo pioneiro de Alberto Xavier, a caracterização da defesa da concorrência como tendo uma dimensão de garantia constitucional foi defendida por outros autores, já à luz do texto da Constituição de 1976. Assim se pronunciou, por exemplo, Sousa Franco, radicando o aparecimento das normas de defesa da concorrência na salvaguarda da ordem liberal e, posteriormente, erigindo a defesa da concorrência num dos elementos essenciais da nossa constituição económica material:[13]

"O direito da concorrência constitui hoje um dos núcleos fundamentais do ordenamento jurídico da economia e da Constituição económica material. Com efeito, trata-se de um domínio no qual se preserva e salvaguarda a zona da auto-regulação económica e a livre iniciativa económica, encontrando-se os ordenamentos jurídicos nacionais e supranacionais, no contexto das economias abertas contemporâneas".[14]

Não basta, contudo, remeter para a Constituição. É necessário esclarecer qual a concepção de concorrência que se pode daí extrair como guia para a interpretação da legislação ordinária.

9. No direito português, a adesão à concorrência como princípio organizador de mercado não se tem feito senão com resistência – e a consequente persistência de quantos têm defendido essa construção liberal da concorrência como garantia institucional imprescindível à defesa do modelo de uma economia de mercado e às liberdades económicas que lhe estão associadas.[15]

---

do Comércio de Lisboa (2º Juízo) de 11.3.2008, Proc. nº 662/07.8TYLSB, *Rebonave e o*; Sentença do Tribunal de Comércio de Lisboa (2º Juízo) de 2.5.2007, Proc. nº 965/06.9TYLSB, *Vatel – Companhia de Produtos Alimentares, S.A. e o*.

[12] Sem usar qualquer dos dois modelos de fundamentação citados no texto, mas referindo o artigo 81º, al. f) da Constituição, ver Sentença do Tribunal de Comércio de Lisboa (3º Juízo) de 28.7.2006, Proc. nº 261/06.1TYLSB, *Agepor – Associação dos Agentes de Navegação de Portugal*; Sentença do Tribunal de Comércio de Lisboa (3º Juízo) de 18.1.2007, Proc. nº 851/06.2TYLSB, *Ordem dos Médicos*.

[13] António Luciano Sousa FRANCO, *Noções de Direito da Economia*, Vol. 1º, Lisboa: AAFDL, 1982-1983, a p. 12; FRANCO; MARTINS, *A Constituição Económica Portuguesa. Ensaio Interpretativo*, a p. 250.

[14] FRANCO; MARTINS, *A Constituição Económica Portuguesa. Ensaio Interpretativo*, a p. 255.

[15] Também neste sentido, ver MORAIS, *Direito da Concorrência – Perspectivas do seu Ensino*, a p. 134. Para este autor, "A formação do direito português da concorrência em 1983 não se apresenta assim tributária de um lastro teórico prévio ou, sequer, de qualquer *adquirido* jurídico relevante no contexto nacional, apresentando-se desde logo ligada ao sistema jurídico comunitário de defesa da concorrência e implicando, desde então, pelo contrário, um gradual e difícil processo de desenvolvimento '*ex novo*' de uma cultura jurídica de concorrência (sem apoio em elaborações

10. As referências aos objectivos de defesa da concorrência na doutrina nacional anterior à aprovação do Decreto-Lei nº 422/83 tendiam a identificar uma aparente contradição, inspirada também, mas não só, por um ideário marxista – mais correctamente anti-liberal e anti-individualista, já que a mesma tendência se encontra na Constituição de 1933 e na *praxis* do Estado Novo –, a da voragem auto-destrutiva da ordem liberal e da concorrência.[16]

11. Tal preocupação pode ser ilustrada, a título de exemplo, com uma das primeiras obras relativas ao Decreto-Lei nº 422/83, onde na introdução se pode ler:

"A concorrência não é o estado natural do mercado: abandonada a si própria tende a degenerar e a auto-destruir-se. A degenerar porque as empresas têm tendência a recorrer a práticas para limitar riscos, falseando e restringindo a concorrência. A auto-destruir-se porque, quer devido à sua degenerescência quer ao seu exacerbamento, a concorrência resulta num processo de concentração económica, originando situações de monopólio ou de oligopólio estrito. [...]

Por isso, a concorrência tem que ser protegida contra si mesma e ser concebida como um estado artificial que é preciso construir, ajudar e manter".[17]

---

teóricas precedentes e muitas vezes em contradição com esses ensinamentos teóricos)". Pela nossa parte, reconhecendo que as regras de concorrência constituem o cumprimento de uma condição da nossa posterior adesão às Comunidades Europeias, discordamos desta análise em dois aspectos. O primeiro diz respeito à ideia que transmite de falta de um "lastro teórico prévio". Julgamos que ele existia; todavia era contrário – conscientemente contrário – ao que implicava a cultura da concorrência que já vigorava na Europa comunitária de então. Um segundo aspecto reside no facto de o legislador de 1983 ter procurado identificar uma matriz sincrética – fundada nas regras do Tratado de Roma de 1957, sem dúvida, mas conjugando-a com elementos do direito alemão e francês, ambos tributários de diferentes experiências e influências doutrinárias.

[16] Vital MOREIRA, *A ordem jurídica do capitalismo*, 4ª ed., Lisboa: Caminho, 1987, a p. 83. Este texto é muito crítico da Escola de Friburgo: "Tal como o liberalismo clássico, a teoria neoliberal considera como princípio supremo de direcção da economia o princípio da concorrência, isto é, o princípio do mercado. Contudo, enquanto para os clássicos a ordem da concorrência era uma ordem natural que dispensava a ordem jurídica e exigia a não intervenção do Estado, a teoria neoliberal parte de uma posição menos optimista: a de que a concorrência não é um princípio dado e inalterável, pois a economia se não auto-regula, tendendo, pelo contrário, a criar elementos contraditórios, que levam à sua própria destruição como economia de concorrência. As instituições de que ela se serve contêm em si uma virtualidade suicidante: 'la liberté contractuelle se tue elle-même'".

[17] Maria Belmira MARTINS; Maria José BICHO; Azeem Remtula BANGY, *O Direito da Concorrência em Portugal*, Lisboa: s.n., 1986. Note-se que os autores acabam por sustentar precisamente a visão da concorrência enquanto estado ou melhor estrutura de mercado, desconsiderando os seus efeitos dinâmicos.

O próprio órgão criado para assegurar a defesa da concorrência partilhava essa concepção:

"Não se têm a este respeito ilusões quanto à contradição e delicadeza implícitas numa intervenção administrativa deste género; garantir a concorrência é favorecer a selecção e, por conseguinte, convidar à monopolização; monopolizar é anular a concorrência".[18]

Com efeito, o artigo 1º do Decreto-Lei nº 422/83 estabelecia um conjunto de valores que procuravam conciliar objectivos muito distintos e porventura conflituantes:

"O presente diploma tem por objecto a defesa da concorrência no mercado nacional, a fim de salvaguardar os interesses dos consumidores, garantir a liberdade de acesso ao mercado, assegurar a transparência do mercado, favorecer a realização dos objectivos gerais de desenvolvimento económico e social e reforçar a competitividade dos agentes económicos face à economia internacional".

Todavia, como resultava do preâmbulo, o legislador tinha em mente a *concorrência como um processo que estimula a eficiência produtiva através da garantia da liberdade de escolha dos consumidores.*

"A defesa da concorrência constitui, na verdade, um dos instrumentos essenciais da política económica, sendo-lhe comummente reconhecidas duas grandes virtualidades: a de garantir aos consumidores uma escolha diversificada de bens e serviços, nas melhores condições de qualidade e de preço e a de estimular as empresas a racionalizar ao máximo a produção e a distribuição dos bens e serviços e a adaptarem-se constantemente ao progresso técnico e científico".

Isto justificava o conceito de concorrência a que o Conselho da Concorrência aderiu à época, a propósito do DL 422/83, de 3.12:

"O intuito do diploma é manifestamente o da defesa e manutenção de uma concorrência efectiva no mercado nacional da generalidade dos bens e serviços, pressupondo, como aliás resulta do art. 1º do Dec.-Lei 422/83, que o bom funcionamento

---

[18] Conselho da Concorrência, Relatório de Actividade, 1984-1985, p. 11. Ver também Hermes dos SANTOS, "Defesa da Concorrência", *Pólis – Enciclopédia Verbo da Sociedade e do Estado*, Vol. II, Lisboa: Editorial Verbo, 1984, p. 22. Aliás, contrariando a tendência de outros autores para ver a concorrência em termos estáticos, Hermes dos Santos destacava precisamente o dinamismo da concorrência ao obrigar os produtores a melhorar os seus produtos e a oferecer melhores condições aos consumidores.

desse mercado contribui para acautelar um conjunto de interesses, tais como, a protecção do consumidor, a garantia da liberdade de acesso ao mercado, o desenvolvimento económico e social e a competitividade dos agentes económicos face à economia internacional. Neste contexto, deverá entender-se por concorrência efectiva aquela que permite que os aspectos positivos ligados ao funcionamento do mercado se desenvolvam".[19]

12. Menos claro era o Decreto-Lei nº 371/93, 29.10, que, tendo suprimido o elenco dos objectivos, se limitava no preâmbulo a proclamar que:

"O presente diploma visa integrar numa autêntica lei quadro da política de concorrência os desenvolvimentos próprios de uma economia aberta, em crescente processo de internacionalização e de dinamismo concorrencial, contribuindo para a liberdade de formação da oferta e da procura e de acesso ao mercado, para o equilíbrio das relações entre agentes económicos, para o favorecimento dos objectivos gerais de desenvolvimento económico e social, para o reforço da competitividade dos agentes económicos e para salvaguarda dos interesses dos consumidores".

13. Por seu turno, a Lei nº 18/2003 é totalmente omissa quanto aos objectivos a prosseguir. Apenas o diploma que criou a Autoridade da Concorrência fornece algumas pistas, ao estabelecer como missão da Autoridade "assegurar a aplicação das regras de concorrência em Portugal, no respeito pelo princípio da economia de mercado e de livre concorrência, tendo em vista o funcionamento eficiente dos mercados, a repartição eficaz dos recursos e os interesses dos consumidores".[20]

14. A acumulação de objectivos que caracterizava os diplomas de 1983 e (a título preambular) de 1993 dificultava a tarefa do intérprete de aí encontrar parâmetros relevantes para a aplicação das regras nacionais de concorrência, levando a que, supletivamente, os juízes se socorressem dos escritos económicos e jurídicos contemporâneos que, como vimos, tendiam a proceder de pré-compreensões críticas – quando não apenas datadas – do conceito de concorrência.

15. Parece-nos ser esta necessidade de – mais que suprir lacunas doutrinárias – conciliar um quadro teleológico nacional confuso com as transforma-

---

[19] Conselho da Concorrência, Relatório de Actividade, 1984-1985, p. 11.
[20] Artigo 1º, nº 2, dos Estatutos da Autoridade da Concorrência, aprovados pelo Decreto-Lei nº 10/2003, de 18 de Janeiro. V. também o preâmbulo daquele Decreto-Lei, onde se afirma que a criação da nova autoridade visava permitir "aos agentes económicos dispor de um ordenamento concorrencial seguro e moderno, capaz de promover o funcionamento eficiente dos mercados, a repartição eficaz dos recursos nacionais e, sobretudo, a satisfação dos interesses dos consumidores".

ções que se sentiam no plano europeu que justifica a procura, pelo Tribunal de Comércio de Lisboa, de um esteio na muito descredibilizada teoria da *workable competition*. Assim, a primeira sentença proferida por aquele tribunal em matéria de concorrência (ainda relativa ao regime do Decreto-Lei nº 371/93) faz apelo àquela teoria nos seguintes termos:

"A aplicação das disposições legais respeitantes à defesa da concorrência supõe a definição operacional deste conceito, mas, o termo de referência não pode obviamente ser a inatingível concorrência perfeita mas antes o de 'concorrência praticável' (*workable competition*) proposto pelo autor J.M. Clark, cfr. "Imperfect Competition Theory" in *American Economic Review*, 2, 1943."

Na verdade, este e outros parágrafos que o antecedem constituem uma paráfrase de um artigo de Hermes dos Santos, assim se explicando a estranha referência a um artigo de Clark menos conhecido que o seu artigo de 1940 onde enuncia o conceito de *workable competition*.[21]

16. Encontramos ainda na jurisprudência do Tribunal de Comércio de Lisboa três sentenças que não só referem o artigo de Clark de 1940 como apresentam uma longa citação (em português).[22] Sucede que a citação atribuída a Clark é, na verdade, originária de um trabalho citado em várias sentenças do Tribunal de Comércio, mas não associado à citação em causa, o estudo de António Robalo Cordeiro, inicialmente publicado em 1988.[23] Porém, como a mera leitura deste

---

[21] Hermes dos Santos, "Concorrência", *Pólis – Enciclopédia Verbo da Sociedade e do Estado*, Vol. I, Lisboa: Editorial Verbo, 1983, p. 1071. A sentença segue de perto o texto, embora não o cite em ponto algum. O artigo de Clark citado naquela sentença – ao que cremos *apud* Hermes dos Santos – é J.M. Clark, "Imperfect Competition Theory and Basing-Point Problems", *Am. Econ. Rev.*, vol. 33, nº 2, 1943, p. 283. Para Clark, a *workable competition* podia definir-se da seguinte forma: "Competition is rivalry in selling goods, in which each selling unit normally seeks maximum net revenue, under conditions such that the price or prices each seller can charge are effectively limited by the free option of the buyer to buy from a rival seller or sellers of what we think of as 'the same' product, necessitating an effort by each seller to equal or exceed the attractiveness of the others' offerings to a sufficient number of sellers to accomplish the end in view". Ver J.M. Clark, "Toward a Concept of Workable Competition", *Am. Econ. Rev.*, vol. 30, nº 2, 1940, p. 241, a p. 243.

[22] O texto surge pela primeira vez no caso AGEPOR, sendo repetido no caso da Ordem dos Médicos. O mesmo reaparece mais recentemente no caso da Ordem dos Técnicos Oficiais de Contas. "Sentença do Tribunal de Comércio de Lisboa (3º Juízo) de 28.7.2006, Proc. nº 261/06.1TYLSB, *Agepor – Associação dos Agentes de Navegação de Portugal*.

[23] António José da Silva Robalo Cordeiro, "As coligações de empresas e os direitos português e comunitário da concorrência", *R.D.E.S.*, vol. XXIX, nº 1, 1987, p. 81. As sentenças do Tribunal de Comércio de Lisboa citam uma republicação deste artigo em monografia, editada pela Universidade Lusíada em 1994. A citação atribuída a John Maurice Clark surge a pp. 90-91 do artigo citado.

texto demonstra, o texto que é imputado a Clark não se encontra naquele artigo. É deste modo menos rigoroso a teoria de Clark entra no ADN da jurisprudência do Tribunal de Comércio.[24]

17. O Tribunal de Comércio de Lisboa também não está sozinho nesta adesão ao conceito de *workable competition*, o qual parece ter cativado os juristas europeus interessados pela defesa da concorrência muito tempo depois de ter sido confinado a uma nota de rodapé dos manuais de economia.[25] Com efeito, o próprio Tribunal de Justiça invoca esta noção no seu famoso acórdão Metro I, de 1977.[26] Aí se afirma que:

> 20. A condição prevista nos artigos 3º e 85º do Tratado CEE de não falsear a concorrência implica a existência no mercado de uma concorrência eficaz (*workable competition*), isto é, de um grau de concorrência necessário para que sejam respeitadas as exigências fundamentais e alcançados os objectivos do Tratado e, em especial, o estabelecimento de um mercado único que estabeleça condições análogas às de um mercado interno.
> Tal exigência reconhece que a natureza e a medida da concorrência possam variar em função dos produtos ou serviços em causa e da estrutura económica dos mercado sectoriais em vista.
> Em especial no sector da produção de bens de consumo duradouros, de alta qualidade e tecnicismo, no qual um número relativamente reduzido de produtores, grandes e médios, oferece uma gama variada de aparelhos facilmente intercambiá-

---

[24] Dita a verdade que se diga que o texto que Robalo Cordeiro cita corresponde à tradução directa de uma citação feita por Dubois. Jean-Pierre Dubois, *La position dominante et son abus dans 'l'article 86 du Traité de la CEE*, Paris: Librairies Techniques, 1968, a p. 43. Dubois cita como fonte para aquele texto John Maurice Clark, "Competition and the objective of government policy", in *Monopoly and Competition and their Regulation*, Londres, 1954, p. 326. Não nos foi possível confirmar a veracidade desta referência. Os critérios de rigor académico certamente não se compaginam com as atribuições do nosso processo judicial, mas poderiam pelo menos servir de inspiração às nossas magistraturas. Também é verdade que estes são apenas *obiter dicta* e que o importante é avaliar as decisões à luz dos princípios jurídicos e económicos do Direito da Concorrência.

[25] Particularmente influenciado pelos escritos de John Maurice Clark, Kantzenbach constrói a sua teoria da concorrência e sua protecção jurídica em torno da teoria da *workable competition*, sendo talvez o principal responsável pela propagação desta no Direito da Concorrência europeu. Erhard Kantzenbach, *Die Funktionsfähigkeit des Wettbewerbs*, 2ª ed., Vol. 1, Göttingen: Vandenhoeck & Ruprecht, 1967. Como sublinha Hovenkamp, a génese da Economia Industrial, que partilha o esquema metodológico da *workable competition*, é marcada pela influência da Escola Histórica Alemã sobre os autores norte-americanos. Herbert Hovenkamp, "The Antitrust Movement and the Rise of Industrial Organization", *Texas L. Rev.*, vol. 68, 1989, p. 105.

[26] Acórdão do Tribunal de Justiça de 25.10.1977, Proc. 26/76, *Metro SB-Großmärkte c. Comissão*, Colect. 1977, p. 659.

veis, pelo menos aos olhos dos consumidores, a estrutura do mercado não se opõe à existência de canais de distribuição diferenciados, adaptados às características próprias dos diferentes produtores e às necessidades das diferentes categorias de consumidores."

Os factos que suscitaram aquele aresto podem esclarecer melhor o sentido desta referência. Neste caso, a Metro, uma cadeia grossista alemã que operava em modelo *cash & carry*, tinha solicitado a sua admissão à rede de distribuidores da Saba, um fabricante alemão de aparelhos electrónicos. Este último, invocando os parâmetros qualitativos do seu sistema de distribuição selectiva, rejeitou o pedido da Metro. A Comissão Europeia tinha concedido uma isenção individual, ao abrigo do actual artigo 101º, nº 3, do TFUE. Ora, a Metro alegava que esta exclusão de grossistas com custos inferiores, como as empresas de *cash & carry* levaria à estabilização dos preços de produtos Saba a um nível mais elevado, inibindo a concorrência intra-marca em termos de preços. Do lado da Saba, esta invocava o facto de o modelo de negócio da Metro confundir a função grossista com a função retalhista, uma vez que vendia também a, por exemplo, utilizadores finais profissionais e clientes institucionais. O acórdão do Tribunal de Justiça confirma a decisão da Comissão Europeia, aparentemente influenciado pelo facto de a exclusão da Metro se fundar mais no tipo de clientela do que pela possibilidade de prática de preços inferiores aos outros grossistas.[27] Na verdade, ao vender a utilizadores finais profissionais, a Metro estava a concorrer, isso sim, com os retalhistas e não apenas com os grossistas.

"A concorrência de preços, por muito importante que seja – de tal forma que nunca poderá ser eliminada –, não constitui, todavia, a única forma de concorrência efi-

---

[27] Na medida em que alguns vêem aqui um sacrifício da concorrência pelo preço, é discutível até que ponto o acórdão Metro I ainda era *good law* passados alguns anos; confronte-se o considerando 21 daquele acórdão ("A preocupação, no caso de grossistas e retalhistas especializados, de manter um certo nível de preços corresponde à preocupação de manter, no interesse do consumidor, a possibilidade de que o referido canal de distribuição subsista a par de novas formas de distribuição baseadas numa política de concorrência de diferente natureza entra no âmbito dos objectivos que podem prosseguir-se sem cair necessariamente na proibição do artigo [101º], nº 1, e, se tal for o caso, totalmente ou em parte, no âmbito do artigo [101º], nº 3. Esta conclusão é reforçada se, além disso, as referidas condições contribuírem para uma melhoria da concorrência, desde que esta incida sobre factores diferentes do preço.") com o considerando 37 do Acórdão AEG ("Com efeito, tal prática deve ser considerada ilícita quando o fabricante, com o objectivo de manter um nível elevado de preços ou de excluir certos canais de distribuição modernos, recusa a aprovação de distribuidores que preenchem os requisitos qualitativos do sistema."). Acórdão do Tribunal de Justiça de 25.10.1983, Proc. 107/82, *AEG c. Comissão*, Recueil 1983, p. 3151.

caz nem aquela à qual se deva, em qualquer circunstância, atribuir uma prioridade absoluta.

As competências atribuídas à Comissão nos termos do artigo [81º], nº 3, demonstram que as necessidades de manutenção de uma concorrência eficaz podem ser conciliáveis com a salvaguarda de objectivos de natureza diferente, e que, para este fim, são admissíveis determinadas restrições da concorrência quando se revelem indispensáveis à realização destes objectivos e não impliquem a eliminação da concorrência relativamente a uma parte substancial do mercado comum."

18. John Maurice Clark, professor de Economia na Universidade de Columbia, em Nova Iorque, e filho de John Bates Clark, um dos expoentes da escola neo-clássica nos Estados Unidos, expõe o seu conceito de *workable competition* mais no sentido de rebater a moda de teorias que excluíam o conceito de concorrência do centro da análise do comportamento de mercados. Assim sucedia com duas grandes obras dos anos 30 relativas às imperfeições da concorrência em mercados reais, a *Theory of Monopolistic Competition*, de Edward Chamberlin, e *Economics of Imperfect Competition*, de Joan Robinson, ambas publicadas em 1933.[28] É verdade que o seu artigo de 1940 inclui uma frase – provavelmente a única com que tiveram contacto, directo ou indirecto, muitos dos seus divulgadores – que é crítica do conceito de concorrência perfeita: *"perfect competition does not and cannot exist and has presumably never existed"*.[29] No entanto, o que o autor pretende é descrever as condições reais em que nos podemos aproximar daquele ideal.[30] Aliás, é neste sentido que vai a sua definição de concorrência[31] e a sua lista de (pelo menos) dez factores que influenciam a natureza da concorrência em cada sector.[32] É provável que as ideias de Clark tenham sido

---

[28] Edward H. CHAMBERLIN, *The Theory of Monopolistic Competition: A Re-orientation of the Theory of Value*, 8ª ed., Cambrigde, MA: Harvard Univ. Press, 1962; Joan ROBINSON, *The Economics of Imperfect Competition*, Londres: Macmillan, 1933.
[29] J.M. CLARK, "Toward a Concept of Workable Competition", *Am. Econ. Rev.*, vol. 30, nº 2, 1940, p. 241.
[30] "I am not quarreling with proper use of this standard as an ideal. However, it has seemed at times to lead to undesirable results, in that it does not afford reliable guidance to the factors which are favorable to the closest available working approximation to that ideal, under actual conditions. With this problem the present paper is concerned." Ibid.
[31] "Competition is rivalry in selling goods, in which each selling unit normally seeks maximum net revenue, under conditions such that the price or prices each seller can charge are effectively limited by the free option of the buyer to buy from a rival seller or sellers of what we think of as "the same" product, necessitating an effort by each seller to equal or exceed the attractiveness of the others' offerings to a sufficient number of sellers to accomplish the end in view." Ibid., a p. 243.
[32] Sobre estes dez factores e a sua inconsequência como suposta crítica do modelo de concorrência perfeita, Stigler afirmaria o seguinte: "Of the ten factors bearing on the identification of workable

grosseiramente deturpadas por uma divulgação menos técnica dos seus contributos e pela ânsia de novos paradigmas que caracteriza a imprensa especializada em temas económicos.[33]

19. Numa perspectiva da história do conceito de concorrência, verificamos que a morte do modelo de concorrência perfeita tem sido anunciada periodicamente – apenas para depois se descobrir que o óbito foi declarado prematuramente. A título meramente exemplificativo, veja-se o caso de Arthur Jerome Eddy e uma anunciada "New Competition", fundada na cooperação entre empresas através de associações patronais;[34] ou John Kenneth Galbraith e o processo dito de "countervailing power";[35] as teorias de Brian Arthur, saudadas como trazendo o fim da economia de Marshall;[36] ou ainda o logro que consiste na teoria da *co-opetition*, de Nalebuff e Brandenburger.[37]

20. A crítica de Hayek ao conceito de concorrência perfeita é mais certeira que a de Clark. Para Hayek, a concorrência perfeita descreve um estado e pressupõe – sem o assumir expressamente – o processo que conduz a esse estado.[38] Aliás, aquele autor é igualmente crítico das teorias da concorrência imperfeita e da concorrência monopolística pela respectiva natureza estática. O que falta

competition listed in the Report, the main ones-adequate numbers, freedom of entry, absence of collusion, and absence of persistent price discrimination-are simply parts of the theory of perfect competition restated in homely language. The other factors are either ambiguous symptoms of monopoly also discussed in the ordinary theory of competition (e.g., excess capacity) or are hypotheses on market behavior whose exploration will surely require the use of this theory." George W. STOCKING *et al.*, "Discussion", *Am. Econ. Rev. (Papers and Proceedings)*, vol. 46, nº 2, 1956, p. 496, a p. 505.

[33] Uma análise contemporânea das teorias da concorrência imperfeita dá conta da forma como a revista *Fortune* dava conta das ideias de John Maurice Clark: "The Word competition no longer means what it once did"."The New Competition." Fortune, Junho 1959, 99. Citado por Shorey PETERSON, "Antitrust and the Classic Model", *Am. Econ. Rev.*, vol. 47, nº 1, 1957, p. 60, a p. 63.

[34] Arthur Jerome EDDY, *The New Competition*, 4ª ed., Chicago: A.C. McClurg & Co., 1915.

[35] John Kenneth GALBRAITH, *American Capitalism: The Concept of Countervailing Power*, Boston: Houghton Mifflin, 1952.

[36] W. Brian ARTHUR, "Competing Technologies, Increasing Returns, and Lock-In by Historical Events", *Econ. J.*, vol. 99, 1989, p. 116; W. Brian ARTHUR. "Increasing Returns and the New World of Business." Harvard Business Review 1996, 100.

[37] Barry J. NALEBUFF; Adam M. BRANDENBURGER, *Co-opetition*, Londres: HarperCollinsBusiness, 1996.

[38] "Competition is by its nature a dynamic process whose essential characteristics are assumed away by the assumptions underlying static analysis." Friedrich A. HAYEK, *Individualism and Economic Order*, Chicago: Chicago Univ. Press, 1948, a p. 94.

nesses modelos é o processo concorrencial, que Hayek entende como um mecanismo de difusão de informação.[39]

21. O epitáfio da *workable competition* foi escrito ainda em vida de Clark e antes da publicação da versão alargada dos seus estudos sobre o tema.[40] Com a sua cruel ironia, Stigler conclui de forma lapidar:

"The workably competitive industry, like the workable wife or the workable university, is a concept which is unlikely to assist in the study of the subject to which it pertains."[41]

22. Mas a teoria da *workable competition* legou à disciplina da Economia Industrial o paradigma Estrutura-Comportamento-Resultado e a correspondente matriz de análise sectorial;[42] além disso, se o modelo de concorrência perfeita já não era um guia fiável para a análise dos mercados, então a análise empírica e casuística eram o caminho a seguir. Daí que a divisão dos dez factores de Clark entre Estrutura, Comportamento e Resultado seja a base do paradigma da Economia Industrial.[43]

23. A versão mais corrente da teoria da *workable competition* pode ser exposta em termos simples: a legislação *antitrust* procurou aplicar um modelo de concorrência perfeita e, como se constata pelo incremento da concentração económica ao longo do séc. XX, falhou; *ergo*, uma política de concorrência pragmática deve evitar "vertigens concorrenciais" e aceitar que apenas se pode fixar como parâmetro um grau de concorrência exequível face às condições de cada mercado. Por outras palavras, em vez de prosseguir uma concretização artificial do ideal da concorrência *perfeita*, devemos ter como objectivo a concorrência *possível*.

24. Qual a mistificação que se esconde sob esta teoria? A de que a legislação *antitrust*, na intenção do legislador ou de alguns dos seus aplicadores, almejava

---

[39] "Competition is essentially a process of the formation of opinion: by spreading information, it creates that unity and coherence of the economic system which we presuppose when we think of it as one market". Ibid., a p. 106. McNulty sublinha a transformação do conceito de concorrência na obra de Adam Smith, concorrência como um processo de rivalidade, num conceito de concorrência como "estado", imputando a sua origem à influência de Cournot. Ver Paul J. MCNULTY, "A Note on the History of Perfect Competition", *J. Pol. Econ.*, vol. 75, nº 4, 1967, p. 395, a p. 398.
[40] J.M. CLARK, *Competition as a Dynamic Process*, Washington, D.C.: The Brookings Institution, 1961.
[41] STOCKING et al., "Discussion", a p. 505.
[42] F.M. SCHERER; David J. Ross, *Industrial Market Structure and Economic Performance*, 3ª ed., Boston: Houghton Mifflin, 1990, a p. 53.
[43] Joe Bain, um dos pais fundadores da disciplina assume explicitamente essa relação ao partir do modelo da *workable competition*: Joe S. BAIN, "Workable Competition in Oligopoly: Theoretical Considerations and Some Empirical Evidence", *Am. Econ. Rev. (Papers and Proceedings)*, vol. 40, nº 2, 1950, p. 35.

a restauração de um mundo mítico onde os mercados seriam organizados de acordo com o modelo da concorrência perfeita. Só o desconhecimento da história legislativa e da aplicação jurisprudencial das leis de concorrência – sobretudo as dos Estados Unidos – pode justificar o apelo desta tese. Desde logo, porque o próprio legislador norte-americano cuidou – deliberadamente – de retirar do enunciado do *Sherman Act* qualquer referência ao conceito de concorrência. A proposta original do Senador Sherman previa a proibição de "all arrangements, contracts, agreements, trusts, or combinations between persons or corporations [...] made with a view or which tend to prevent full and free competition". Ao reformular o projecto, o *Judiciary Committee* do Senado suprimiu essa referência, substituindo-a pelo conceito proveniente da *common law – restraint of trade*.[44]

25. Também a aplicação judicial do *Sherman Act* demonstra que, em 120 anos, apenas podemos indicar com algum rigor quatro momentos em que o ideal da concorrência perfeita pode ter assumido alguma influência na aplicação da lei – ainda assim de curta duração. O primeiro refere-se ao conflito entre a posição do Juiz Peckham e o Juiz White sobre a proibição *per se* dos cartéis. E se White viria a conseguir o reconhecimento da metodologia da *rule of reason*, a verdade é que ainda hoje os cartéis são sujeitos à proibição *per se*. E porquê? Precisamente pelo reconhecimento da irrelevância da discussão sobre as condições de concorrencialidade de cada mercado quando a conduta em questão é tão claramente lesiva da concorrência quanto num cartel. Os restantes afloramentos de uma preocupação com a preservação de uma estrutura de mercado com vários produtores estão sobretudo ligados à aprovação pelo legislador de novos diplomas tendentes a contrariar a tendência para a concentração ou o desequilíbrio entre agentes económicos, como o Robinson-Patman Act de 1936 ou o Celler-Kefauver Act de 1950 e, entre 1959 e 1972, as propostas debatidas nos Estados Unidos de um regime legislativo tendente à redução da concentração industrial em sectores oligopolistas (proposta de 1959 dos Professores Kaysen e Turner, proposta de 1968 da *White House Task Force on Antitrust* de um *Concentrated Industries Act* e a proposta legislativa de 1972 do Senador Philip A. Hart de um *Industrial Reorganization Act*).

27. Vedado que está o recurso à teoria da *workable competition* como parâmetro da aplicação das regras de defesa da concorrência, ficamos assim reconduzidos à dimensão garantística identificada na doutrina e jurisprudência nacionais.

---

[44] Thorelli atribui ao Senador Edmunds a redacção final dos artigos 1º e 2º do *Sherman Act*, com excepção da frase "in the form of trust or otherwise", escrita pelo Senador Evarts. Hans B. THORELLI, *The Federal Antitrust Policy – Origination of an American Tradition*, Baltimore: The Johns Hopkins Press, 1955, a p. 212.

Mas qual o conteúdo dessa garantia constitucional – essa é a tarefa que se deve empreender e para a qual deixamos apenas algumas pistas.

28. Antes de mais, uma leitura atenta do artigo 81º, al. f) da Constituição revela que o comando constitucional se afasta de qualquer leitura tendente a reconduzi-lo a um fundamento para aplicações da lei tendentes a proteger concorrentes individualmente considerados.[45] Ou seja, o que a Constituição pretende garantir é que a liberdade de iniciativa económica se exerce num regime de concorrência que contribui para o "funcionamento eficiente dos mercados". Não se pretende, pois, tutelar um direito a entrar no mercado ou a nele permanecer quando tal só é possível mediante a introdução de medidas de protecção de empresas ineficientes. Por outras palavras, na nossa leitura, a garantia da concorrência é assumidamente instrumental à eficiência. Mas não à eficiência produtiva – a qual permitiria práticas que, numa perspectiva de bem-estar geral, admitiriam que perdas de bem-estar dos consumidores fossem compensadas em termos líquidos por ganhos (transferências) de bem-estar a favor dos produtores. Na nossa perspectiva, ao se referir ao "funcionamento eficiente dos mercados", o artigo 81º, al. f) da Constituição tem em vista o conceito de afectação eficiente dos recursos e, com isso, pressupõe que a protecção do bem-estar do consumidor que prevalece sobre eventuais análises positivas quanto ao bem-estar total.[46] Trata-se de matéria que, evidentemente, exige maior desenvolvimento e a que regressaremos noutra oportunidade.

---

[45] Massimo MOTTA, *Competition policy: theory and practice*, Cambridge: Cambridge University Press, 2004, a p. 26."*ex ante* equity (that is, the fact that firms have the same initial opportunities in the marketplace) is compatible with competition policy, which should guarantee a *level playing field* for all the firms. Instead, *ex post* equity (that is, equal outcomes of market competition) is unfortunately not something which necessarily coincides with competition policy, since markets work so that firms will invest more, innovate more, or simply are luckier than other will be more successful and reap higher profits".

[46] Assim o defendemos noutro local. MOURA E SILVA, "PROMETEU AGRILHOADO: Breves reflexões sobre a justificação de concentrações no direito português da concorrência", a p. 188. Não adquirindo aqui o conceito de eficiência económica a mesma natureza valorativa que outros lhe atribuem, não parece necessário responder aqui à crítica segundo a qual "é esta mesma visão pragmática que enforma outra corrente do neoliberalismo. Para ela, a economia de mercado já não se legitima por si, como princípio, mas apenas por uma consideração de eficiência. O papel do Estado e da ordem económica é contribuir para essa eficiência quer prevenindo ou afastando os factores económicos que a contrariem quer, também, criando ou favorecendo condições nesse sentido". MOREIRA, *A ordem jurídica do capitalismo*, a p. 85. Sobre a contraposição a que aludimos, ver Simon BISHOP; Mike WALKER, *The Economics of EC Competition Law: Concepts, Application and Measurement*, 3ª ed., Londres: Sweet & Maxwell, 2010, a p. 32.

APÊNDICE

Sentenças do Tribunal de Comércio de Lisboa[48]				
Data	Número do processo	Recorrente(s)	Referência ao art. 81º, al. f) da CRP	Referência ao conceito de *workable competition*
09.03.2001	3/01TYLSB	Câmara dos Técnicos Oficiais de Contas	Não	Sim
23.03.2001	358/00TYLSB	Associação de Dietéticos Nacionais	Não	Não
09.12.2002	2094/02TYLSB	ANTRAM	Não	Não
13.12.2002	419/00TYLSB	Centralcer	Sim	Não
15.07.2004	150/02TYLSB	Brisa e o.	Sim	Não
14.12.2005	1307/05.6TYLSB	Ordem dos Médicos Dentistas	Sim	Não
12.01.2006	1302/05.5TYLSB	Ordem dos Médicos Veterinários	Sim	Não
28.07.2006	172/07.9TYLSB	AGEPOR	Sim	Sim
18.01.2007	851/06.2TYLSB	Ordem dos Médicos	Sim	Sim
02.05.2007	965/06.9TYLSB	Vatel e o.	Sim	Não
11.03.2008	662/07.8TYLSB	Rebonave e o.	Sim	Não
21.05.2008	48/08.7TYLSB	Aeronorte e Helisul	Sim	Não
07.01.2010	350/08.8TYLSB	Abbott – Laboratórios, Lda. e o.	Não	Não
02.03.2010	1065/07.0TYLSB	Portugal Telecom	Sim	Não
23.06.2010	412/09.4TYLSB	ANTRAM	Sim	Não
25.06.2010	178/09.8TYLSB	AIPL	Não	Não
29.04.2011	938/10.7TYLSB	Ordem dos Técnicos Oficiais de Contas	Sim	Sim
12.09.2011	199/11.0TYLSB	Baxter e Glintt	Não	Não

[47] Apenas são tidas em consideração sentenças relativas ao mérito das decisões administrativas recorridas.

Cláusulas abusivas em contratos com os consumidores. A Directiva 1993/13/CE, de 5 de Abril de 1993, e a jurisprudência do Tribunal de Justiça

NUNO MANUEL PINTO OLIVEIRA

Prof. Associado com Agregação da Faculdade de Direito da Universidade do Minho

SUMÁRIO: 1. O direito europeu dos contratos de adesão/cláusulas contratuais gerais como um (sub-)sistema de protecção dos consumidores. 1.1. O direito europeu dos contratos de adesão/cláusulas contratuais gerais como um (sub-)sistema de protecção dos consumidores contra cláusulas abusivas. a) O acórdão do Tribunal de Justiça de 27 de Junho de 2000 nos processos C-240/98, C-241/98, C-242/98, C-243/98 e C-244/98 (*Océano*). b) O acórdão do Tribunal de Justiça de 26 de Outubro de 2006 no processo C168/05 (*Mostaza Claro*). 1.2. O direito europeu dos contratos de adesão/cláusulas contratuais gerais como um (sub-)sistema de protecção dos consumidores contra cláusulas abusivas em contratos não negociados. 2. A *proposta de regulamento sobre um direito europeu comum da compra e venda* como *indício* de uma *mudança de paradigma*? – Entre um (sub)sistema de protecção *dos consumidores* e um (sub)sistema de protecção *contra cláusulas abusivas em contratos não negociados*. 3. O controlo de inclusão das cláusulas contratuais não negociadas. a) O art. 5º da Directiva 1993/13/CE, de 5 de Abril de 1993. b) Os arts. 82º e 83º da proposta de regulamento sobre um direito europeu comum da compra e venda. c) O princípio *in dubio contra stipulatorem*. – O acórdão do Tribunal de Justiça de 9 de Setembro de 2004, no processo C-70/03 (Comissão das Comunidades Europeias contra o Reino da Espanha). 4. O controlo de conteúdo dos contratos através dos critérios gerais da "*boa fé*" e do "*desequilíbrio significativo, em detrimento do consumidor*". 4.1. Os arts. 3º e 4º, nº 1, da Directiva 1993/13/CE, de 5 de Abril de 1993. 4.1.1. O acórdão do Tribunal de Justiça de 1 de Abril de 2004, no processo C-237/02 (*Freiburger Kommunalbauten*). 4.1.2. Os problemas de interpretação do conceito de "cláusula abusiva". a) Coordenação entre os arts. 3º e 4º da Directiva 1993/13/CE. b) Coordenação entre os arts. 3º e 4º e o anexo, para remete o art. 3º, nº 3, da Directiva 1993/13/CE. 4.1.3. Os problemas de aplicação do conceito de "cláusula abusiva". a) O acórdão do Tribunal de Justiça de 27 de Junho de 2000 nos processos C-240/98,

581

C-241/98, C-242/98, C-243/98 e C-244/98 (*Océano*). b) Os acórdãos do Tribunal de Justiça de 4 de Junho de 2009, no processo C-243/08 (*Pannon*), e de 9 de Novembro de 2010, no processo C-137/08 (*VB Pénzügyi Lízing Zrt*). 4.2. Os arts. 83º e 86º da proposta de regulamento sobre um direito europeu comum da compra e venda. 5. O controlo do conteúdo dos contratos através das listas de cláusulas proibidas. a) O art. 3º, nº 3, da Directiva 1993/13/CE, de 5 de Abril de 1993. – O acórdão do Tribunal de Justiça de 7 de Maio de 2002, no processo C-478/99 (Comissão das Comunidades Europeias contra Reino da Suécia). b) Os arts. 84º e 85º da proposta de regulamento sobre um direito europeu comum da compra e venda. 6. O objecto do controlo do conteúdo. Os arts. 3º e 4º, nº 2, da Directiva 1993/13/CE, de 5 de Abril de 1993. 6.1. "[A] avaliação do carácter abusivo das cláusulas não incide [...] sobre a definição do objecto principal do contrato [...]". a) O acórdão do Tribunal de Justiça de 3 de Junho de 2010, no processo C-484/08 (*Caja de Ahorros y Monte de Piedad de Madrid*). b) Crítica do acórdão do Tribunal de Justiça de 3 de Junho de 2010, no processo C-484/08 (*Caja de Ahorros y Monte de Piedad de Madrid*). 6.2. "[A] avaliação do carácter abusivo das cláusulas [só] não incide [...] sobre a definição do objecto principal do contrato [...] desde que essas cláusulas se encontrem redigidas de maneira clara e compreensível [...]". – O despacho do Tribunal de Justiça de 16 de Novembro de 2010, no processo C-76/10 (*Pohotovosť*). 7. O sistema da protecção preventiva (administrativa ou jurisdicional) dos consumidores. – O acórdão do Tribunal de Justiça de 24 de Janeiro de 2002, no processo C-372/99 (Comissão das Comunidades Europeias contra República Italiana). 8. O sistema de protecção sucessiva (jurisdicional) dos consumidores. 8.1. O princípio da autonomia processual dos Estados-Membros. 8.2. Os limites ao princípio da autonomia processual dos Estados-Membros. a) O juiz pode e deve conhecer oficiosamente do carácter abusivo da cláusula. aa) O alcance do princípio de que o juiz pode e deve conhecer oficiosamente do carácter abusivo da cláusula. a) O acórdão do Tribunal de Justiça de 27 de Junho de 2000 nos processos C-240/98, C-241/98, C-242/98, C-243/98 e C-244/98 (*Océano*). b) Os acórdãos do Tribunal de Justiça de 4 de Junho de 2009, no processo C-243/08 (*Pannon*), e de 9 de Novembro de 2010 no processo C-137/08 (*VB Pénzügyi Lízing Zrt*). bb) Os limites do princípio de que o juiz pode e deve conhecer oficiosamente do carácter abusivo da cláusula. – O acórdão do Tribunal de Justiça de 4 de Junho de 2009, no processo C-243/08 (*Pannon*). b) O juiz pode e deve conhecer (oficiosamente) do carácter abusivo da cláusula a todo o tempo. aa) O alcance do princípio de que o juiz pode e deve conhecer do carácter abusivo da cláusula a todo o tempo. O acórdão do Tribunal de Justiça de 21 de Novembro de 2002 no processo C-473/2000 (*Cofidis*). O acórdão do Tribunal de Justiça de 26 de Outubro de 2006 no processo C-168/05 (*Mostaza Claro*). bb) Os limites do princípio. – O acórdão do Tribunal de Justiça de 6 de Outubro de 2009 no processo C-40/08 (*Asturcom Telecomunicaciones*).

1. O DIREITO EUROPEU DOS CONTRATOS DE ADESÃO/CLÁUSULAS CONTRATUAIS GERAIS COMO UM (SUB-)SISTEMA DE PROTECÇÃO DOS CONSUMIDORES

1.1. O direito europeu dos contratos de adesão/cláusulas contratuais gerais como um (sub-)sistema de protecção dos consumidores contra cláusulas abusivas

a) O acórdão do Tribunal de Justiça de 27 de Junho de 2000 nos processos C-240/98, C-241/98, C-242/98, C-243/98 e C-244/98 (*Océano*)[1]

O acórdão do Tribunal de Justiça de 27 de Junho de 2000 alega que *"o sistema de protecção implementado pela directiva repousa na ideia de que o consumidor se encontra numa situação de inferioridade relativamente ao profissional no que respeita quer ao poder de negociação quer ao nível de informação, situação esta que o leva a aderir às condições redigidas previamente pelo profissional, sem poder influenciar o conteúdo destas"*. Entre as partes de um contrato não negociado haveria uma situação de desequilíbrio: em primeiro lugar, por causa da desigualdade entre o profissional e o consumidor no *acesso à informação* e, em segundo lugar, por causa da desigualdade no *poder de negociação*. Ora *"[a] situação de desequilíbrio entre o consumidor e o profissional só pode[ria] ser compensada por uma intervenção positiva, exterior às partes do contrato"*.

b) O acórdão do Tribunal de Justiça de 26 de Outubro de 2006 no processo C-168/05 (*Mostaza Claro*)[2]

O acórdão do Tribunal de justiça de 26 de Outubro de 2006 completa a descrição do *"sistema de protecção implementado pela directiva"* contido no acórdão de 27 de Junho de 2000, dizendo que o direito europeu, *"tendo em conta a inferioridade de uma das partes no contrato, pretende substituir o equilíbrio formal que este estabelece entre os direitos e obrigações das partes por um equilíbrio real susceptível de restabelecer a igualdade entre estas"*.

O argumento da substituição de uma *liberdade formal* por uma *liberdade material*, de um *equilíbrio formal* por um *equilíbrio material*, ou de uma *igualdade formal* por uma *igualdade material* é repetido, p. ex., no acórdão de 4 de Junho de 2009,

---

[1] Acórdão do Tribunal de 27 de Junho de 2000 – Océano Grupo Editorial SA contra Roció Murciano Quintero (C-240/98) e Salvat Editores SA contra José M. Sánchez Alcón Prades (C-241/98), José Luis Copano Badillo (C-242/98), Mohammed Berroane (C-243/98) e Emilio Viñas Feliú (C-244/98) – com anotação de Jacobien R. Rutgers, "Cases: ECJ – Océano Grupo/Cofidis", in: *European Review of Contract Law*, vol. 1 (2005), págs. 87-96.

[2] Acórdão do TJUE (1ª Secção) de 26 de Outubro de 2006– Elisa María Mostaza Claro contra Centro Móvil Milenium SL (C168/05) – com anotações de Norbert Reich, "More Clarity After Claro?", in: *European Review of Contract Law*, vol. 3 (2007), págs. 41-61, e de Marco B. M. Loos, "Case: ECJ – Mostaza Claro", in: *European Review of Contract Law*, vol. 3 (2007), págs. 439-445.

no processo C-243/08 (*Pannon*), no acórdão de 6 de Outubro de 2009 no processo C-40/08 (*Asturcom*) e no acórdão de 9 de Novembro de 2010, no processo C-137/08 (*VB Pénzügyi Lízing*).

1.2. O direito europeu dos contratos de adesão/cláusulas contratuais gerais como um (sub-)sistema de protecção dos consumidores contra cláusulas abusivas em contratos não negociados

O art. 3º, nº 1, da Directiva 1993/13/CE determina que *"uma cláusula contratual que não tenha sido objecto de negociação individual é considerada abusiva quanto, a despeito da exigência de boa fé, der origem a um desequilíbrio significativo em detrimento do consumidor, entre os direitos e obrigações das partes decorrentes do contrato"*. O sistema de protecção dos consumidores só pode, por isso, aplicar-se a *"uma cláusula contratual que não tenha sido objecto de negociação individual"*. O art. 3º, nº 2, concretiza o conceito de *"cláusula contratual que não tenha sido objecto de negociação individual"*:

> "Considera-se que uma cláusula não foi objecto de negociação individual sempre que a mesma tenha sido redigida previamente e, consequentemente, o consumidor não tenha podido influir no seu conteúdo, em especial no âmbito de um contrato de adesão."

O texto do art. 3º, nº 2, da Directiva 1993/13/CE causa algumas dificuldades: O regime jurídico dos contratos de adesão (só) deverá deixar de aplicar-se desde que o destinatário *tenha influenciado* o conteúdo das cláusulas inseridas em contratos individualizados, ou deverá deixar de aplicar-se desde que o destinatário *tenha tido a possibilidade de influenciar* o conteúdo previamente determinado das cláusulas inseridas em contratos individualizados?

Hans-Werner Micklitz propôs recentemente uma reformulação do texto do art. 30º da Proposta de Directiva sobre os Direitos dos Consumidores, para esclarecer que o regime dos contratos de adesão se aplicasse às cláusulas contratuais que o consumidor aceitasse *sem ter influenciado o seu conteúdo, em termos para si vantajosos* – *"to contract terms established in advance by the trader or a third party, which the consumer agreed to* whithout having influenced their content to his/her advantage"[3].

Os critérios defendidos no artigo de Micklitz devem contribuir para uma adequada interpretação do (actual) art. 3º, nºs 1 e 2, da Directiva 1993/13/CE. O regime jurídico dos contratos de adesão deve aplicar-se a todos os contratos cujo conteúdo não tenha sido influenciado pelo consumidor aderente e, dentro

---

[3] Hans-Werner Micklitz, "Reforming European Unfair Terms Legislation in Consumer Contracts", in: *European Review of Contrat Law*, vol. 6 (2010), págs. 347-383 (360-361).

dos contratos cujo conteúdo tenha sido influenciado, a todas as cláusulas cujo conteúdo não tenha sido influenciado pelo consumidor aderente. Exceptuam-se, tão-somente, *as cláusulas contratuais cujo conteúdo só não tenha sido influenciado pelo consumidor aderente porque o consumidor aderente não quis influenciá-lo*.

2. A PROPOSTA DE REGULAMENTO SOBRE UM DIREITO EUROPEU COMUM DA COMPRA E VENDA COMO INDÍCIO DE UMA MUDANÇA DE PARADIGMA? – ENTRE UM (SUB)SISTEMA DE PROTECÇÃO *DOS CONSUMIDORES* E UM (SUB)SISTEMA DE PROTECÇÃO *CONTRA CLÁUSULAS ABUSIVAS EM CONTRATOS NÃO NEGOCIADOS*

Os arts. 83º e 86º da *proposta de regulamento sobre um direito europeu comum da compra e venda*, apresentada pela Comissão Europeia em Outubro de 2011, aproximam-se de um *modelo de controlo das cláusulas abusivas em todos os contratos de adesão*: o art. 83º da proposta de regulamento define um conceito de cláusulas abusivas para os *contratos entre profissionais e consumidores* e o art. 86º, um conceito de cláusulas abusivas para os *contratos entre profissionais*.

O alcance da projectada *mudança de paradigma* do direito europeu dos contratos é restringido pela circunstância de a *proposta de regulamento sobre um direito europeu comum da compra e venda* se dirigir *exclusivamente* aos contratos *com consumidores* e *com pequenas e médias empresas*. O art. 7º da proposta de regulamento diz que o direito europeu comum da compra e venda só poderá aplicar-se quando o *vendedor* for um *comerciante* ou uma *empresa*; caso vendedor e comprador sejam comerciantes ou empresas, o art. 7º da proposta de regulamento diz que o direito europeu comum da compra e venda só poderá aplicar-se desde que um dos sujeitos da relação contratual – comprador ou vendedor – seja uma pequena ou média empresa[4]. – Entre um *direito europeu dos contratos* (só) *para os consumidores* e um *direito europeu dos contratos para* (todos) *os consumidores e para* (todas) *as empresas*, a Comissão Europeia propõe uma solução intermédia: *um direito europeu dos contratos* (só) *para os consumidores e para as pequenas e médias empresas*. Entre um modelo de controlo das cláusulas abusivas em todos os contratos de adesão e um modelo de controlo das cláusulas abusivas (só) em alguns contratos de adesão – só nos contratos de adesão concluídos entre profissionais e consumidores –, a Comissão propõe uma solução intermédia: *um controlo das cláusulas abusivas só nos contratos concluídos com consumidores ou com pequenas e médias empresas*.

---

[4] O conceito de pequenas e médias empresas resulta do art. 7º, nº 2, da proposta de regulamento: *"For the purposes of this Regulation, an SME is a trader which (a) employs fewer than 250 persons; and (b) has an annual turnover not exceeding EUR 50 million or an annual balance sheet total not exceeding EUR 43 million, or, for an SME which has its habitual residence in a Member State whose currency is not the euro or in a third country, the equivalent amounts in the currency of that Member State or third country".*

3. O CONTROLO DE INCLUSÃO DAS CLÁUSULAS CONTRATUAIS NÃO NEGOCIADAS

a) O art. 5º da Directiva 1993/13/CE, de 5 de Abril de 1993

O direito europeu protege o aderente contra as cláusulas contratuais desconhecidas através do *dever de transparência* do art. 5º da Directiva 1993/13/CE – *"[n]o caso dos contratos em que as cláusulas propostas ao consumidor estejam, na totalidade ou em parte, consignadas por escrito, essas cláusulas deverão ser sempre redigidas de forma clara e compreensível"*.

O acórdão do Tribunal de Justiça de 10 de Maio de 2001, no processo C-144/99 (Comissão das Comunidades Europeias contra Reino dos Países Baixos), pronunciou-se sobre a admissibilidade de transposição do art. 5º da directiva através do art. 233º, al. b), do Código Civil neerlandês, ou de uma disposição análoga ao art. 233º, al. b), do Código Civil neerlandês: *"Uma estipulação que faça parte de condições gerais é anulável [...] se o utilizador não deu à outra parte possibilidade suficiente de tomar conhecimento das condições gerais"*.

O Tribunal de Justiça diz, explicitamente, que a transposição de uma directiva não exige uma *"actuação legislativa"* de cada Estado-Membro – e, por conseguinte, não exige uma *reprodução* do texto da directiva. *"Embora a transposição de uma directiva não exija necessariamente uma actuação legislativa de cada Estado-Membro"*, o Tribunal de Justiça considera *"indispensáveis"* três coisas: – "que o direito nacional em causa garanta efectivamente a plena aplicação da directiva"; – "que a situação jurídica decorrente desse direito seja suficientemente precisa e clara"; e, por último, – "que os beneficiários sejam colocados em situação de conhecer a plenitude dos seus direitos e, sendo caso disso, de os poder invocar perante os órgãos jurisdicionais nacionais".

O requisito de que "o direito nacional em causa garanta efectivamente a plena aplicação da directiva" poderia ser preenchido através de uma interpretação conforme à directiva, desde que a interpretação conforme à directiva fosse *unânime na jurisprudência*; o requisito de que a situação jurídica decorrente desse direito seja suficientemente precisa e clara" não poderia, porém, sê-lo.

O Tribunal de Justiça diz que *"uma jurisprudência nacional [...] que interprete disposições do direito interno num sentido julgado conforme às exigências de uma directiva não tem a [...] clareza e [a] precisão necessárias para satisfazer a exigência de segurança jurídica"*. O requisito deveria ser aplicado em termos particularmente exigentes (particularmente restritivos) quando estivesse em causa, como aqui está, a protecção dos consumidores. O art. 5º da Directiva 1993/13/CE não poderia ser transposto para o direito nacional dos Estados-Membros através do art. 233º, al. b), do Código Civil neerlandês, ou de uma disposição análoga ao art. 233º, al. b), do Código Civil neerlandês.

b) Os arts. 82º e 83º da proposta de regulamento sobre um direito europeu comum da compra e venda

O *regulamento sobre um direito europeu comum da compra e venda* propõe-se superar a dicotomia entre o controlo de inclusão e o controlo do conteúdo.

O art. 82º da proposta de regulamento corresponde ao art. 5º da directiva. O art. 83º, nº 1, da proposta de regulamento corresponde, sem alterações significativas, ao art. 3º, nº 1, e o art. 83º, nº 2, da proposta de regulamento corresponde, com uma alteração significativa, ao art. 4º, nº 1, da directiva.

O art. 4º, nº 1, concretiza o conceito de cláusulas abusivas do art. 3º, nº 1, da directiva. O carácter abusivo de uma cláusula contratual deve ser apreciado "em função da natureza dos bens ou serviços que sejam objecto do contrato"; "mediante consideração de todas as [...] cláusulas do contrato"; "mediante consideração de todas as [...] cláusulas [dos contratos coligados]"; e "mediante consideração de todas as circunstâncias que, no momento em que [o contrato] foi celebrado, rodearam a sua conclusão". O art. 83º, nº 2, da proposta de regulamento complementa o art. 4º, nº 1, da directiva 1993/13/CE. *O carácter abusivo de uma cláusula contratual deve ser apreciado mediante consideração da circunstância de a cláusula ter sido redigida de forma clara e compreensível.*

O alcance do controlo de inclusão da proposta de regulamento é demasiado restrito. Em primeiro lugar, os arts. 82º e 83º da proposta aplicam-se exclusivamente aos contratos entre profissionais e consumidores – *esquecendo-se* de que o perigo de o aderente não conhecer as cláusulas contratuais não negociadas ou de, *conhecendo as cláusulas não negociadas,* não as compreender existe quer nas relações entre profissionais e consumidores (*business to consumer*), quer nas relações entre profissionais (*business to business*) –; em segundo lugar, a proposta de regulamento deveria consagrar explicitamente deveres de esclarecimento e deveres de informação e, em terceiro lugar, ela deveria consagrar explicitamente a regra da exclusão das cláusulas-surpresa.

c) O princípio *in dubio contra stipulatorem*. – O acórdão do Tribunal de Justiça de 9 de Setembro de 2004, no processo C-70/03 (Comissão das Comunidades Europeias contra o Reino da Espanha)

O artigo 5º da Directiva 1993/13/CE distingue duas regras de interpretação das cláusulas contratuais gerais: a primeira aplica-se à protecção sucessiva do consumidor, através de acções em que esteja em causa o seu interesse individual; concretiza-se numa regra de interpretação "*subjectiva*", ou seja, numa regra de interpretação *favorável ao consumidor* e *desfavorável ao profissional* – "*Em caso de dúvida sobre o significado de uma cláusula [contratual não negociada], prevalecerá a interpretação mais favorável ao consumidor*" –; a segunda aplica-se à protecção preventiva do consumidor, através de acções em que estejam em causa interesses colectivos;

concretiza-se numa regra de interpretação *"objectiva"* – *"Esta regra de interpretação [mais favorável ao consumidor] não é aplicável no âmbito dos processos previstos no nº 2 do artigo 7º [scl. nas acções inibitórias]"*. Confrontando-se com a circunstância de a legislação espanhola não consagrar a distinção entre as duas regras de interpretação das cláusulas contratuais gerais, o Tribunal de Justiça alegou que *"[a] distinção efectuada no artigo 5º da directiva, quanto à regra de interpretação aplicável, entre as acções envolvendo um consumidor individual e as acções inibitórias, relativas a pessoas ou a organizações representativas do interesse colectivo dos consumidores, explica-se pela diferente finalidade destas acções"*:

"No primeiro caso [scl. nas acções envolvendo um consumidor individual], os tribunais ou os órgãos competentes são chamados a apreciar *in concreto* o carácter abusivo de uma cláusula incluída num contrato já celebrado, ao passo que, no segundo caso [scl. nas acções inibitórias, relativas a pessoas ou a organizações representativas do interesse colectivo dos consumidores], compete-lhes efectuar uma apreciação *in abstracto* sobre o carácter abusivo de uma cláusula susceptível de ser incorporada em contratos que ainda não foram celebrados. No primeiro caso, uma interpretação favorável ao consumidor individual beneficia-o de imediato. Em contrapartida, no segundo caso, para obter, a título preventivo, o resultado mais favorável a todos os consumidores, não há, em caso de dúvida, que interpretar a cláusula como se tivesse efeitos favoráveis a seu respeito. *Uma interpretação objectiva permite assim proibir mais vezes a utilização de uma cláusula obscura ou ambígua, o que tem como consequência uma protecção mais ampla dos consumidores"*.

Estando em causa algo de adequado e de necessário para uma "protecção mais ampla dos consumidores", a distinção entre as duas regras de interpretação das cláusulas contratuais gerais seria obrigatória para os Estados-Membros: "a precisão contida no artigo 5º, terceiro período, da Directiva 93/13[/CE], relativa às cláusulas abusivas nos contratos celebrados com os consumidores, segundo a qual a regra de que prevalece a interpretação mais favorável ao consumidor em caso de dúvida sobre o significado de uma cláusula não é aplicável no âmbito das chamadas acções 'inibitórias', previstas no artigo 7º, nº 2, da directiva, constitui[ria] uma *regra normativa e obrigatória* (sic!), que confere direitos aos consumidores e contribui para definir o resultado procurado pela directiva".

4. O CONTROLO DE CONTEÚDO DOS CONTRATOS ATRAVÉS DOS CRITÉRIOS GERAIS DA *"BOA FÉ"* E DO *"DESEQUILÍBRIO SIGNIFICATIVO, EM DETRIMENTO DO CONSUMIDOR"*

4.1. Os arts. 3º e 4º, nº 1, da Directiva 1993/13/CE, de 5 de Abril de 1993

O art. 3º, nº 1, diz que "uma cláusula contratual que não tenha sido objecto de negociação individual é considerada abusiva quando, a despeito da exigência de boa fé, der origem a um desequilíbrio significativo em detrimento do consumidor, entre os direitos e obrigações das partes decorrentes do contrato"; o art. 4º, nº 1, que "o carácter abusivo de uma cláusula poderá ser avaliado em função da natureza dos bens ou serviços que sejam objecto do contrato e mediante consideração de todas as circunstâncias que, no momento em que aquele foi celebrado, rodearam a sua celebração, bem como de todas as outras cláusulas do contrato, ou de outro contrato de que este dependa".

4.1.1. O acórdão do Tribunal de Justiça de 1 de Abril de 2004, no processo C-237/02 (*Freiburger Kommunalbauten*)

O acórdão do Tribunal de Justiça de 1 de Abril de 2004, no processo C-237/02, pronuncia-se sobre os critérios da atribuição/distribuição de competências entre os tribunais da União Europeia e os tribunais dos Estados-Membros da União Europeia. Os tribunais da União Europeia são competentes para a interpretação – *em abstracto* – e os tribunais dos Estados-Membros da União Europeia, para a aplicação – *em concreto* – dos conceitos indeterminados contidos na Directiva 1993/13/CE (p. ex., dos conceitos indeterminados de "*boa fé*" e de "*desequilíbrio significativo, em detrimento do consumidor*").

O Tribunal de Justiça alega que "[o] art. 3º, nº 1, da directiva enuncia de forma meramente abstracta os elementos que conferem um carácter abusivo a uma cláusula contratual que não foi objecto de uma negociação individual".

Existindo uma "cláusula contratual que não tenha sido objecto de negociação individual", o aplicador do direito confrontar-se-ia com dois problemas:

O primeiro consistiria em determinar os requisitos da qualificação de uma cláusula como abusiva; o segundo, em determinar se os requisitos da qualificação de uma cláusula como abusiva estão, ou não, preenchidos. – *O primeiro é um problema de interpretação; o segundo, um problema de aplicação.*

O problema da *interpretação* dos conceitos indeterminados, como, p. ex., dos conceitos de "*boa fé*" e de "*desequilíbrio significativo, em detrimento do consumidor*" deve ser resolvido pelos tribunais da União Europeia; o problema da aplicação dos conceitos indeterminados, pelos tribunais dos Estados-Membros da União Europeia, "em função das circunstâncias próprias do caso". Os tribunais da União Europeia devem dizer, *em abstracto*, quais são os "*elementos que conferem um carácter abusivo a uma cláusula contratual que não foi objecto de uma negociação individual*"; os tribunais dos Estados-Membros da União Europeia devem dizer, *em concreto*, se os "*elementos que conferem um carácter abusivo a uma cláusula contratual que não foi objecto de uma negociação individual*" estão, ou não, presentes na cláusula particular; devem dizer, *em concreto*, quais são as cláusulas particulares que devem ser consideradas *abusivas* e quais são as cláusulas particulares que não devem sê-lo:

"Compete ao órgão jurisdicional nacional determinar se uma cláusula contratual [...] preenche os critérios exigidos para ser qualificada de abusiva na acepção do artigo 3º, nº 1, da Directiva 93/13/CEE [...]"[5].

Os critérios de atribuição/distribuição de competências consignados no acórdão do Tribunal de Justiça de 1 de Abril de 2004 foram aplicados, p. ex., no acórdão de 4 de Junho de 2009, no processo C-243/08 (*Pannon*), no acórdão de de 9 de Novembro de 2010, no processo C-137/08 (*VB Pénzügyi Lízing Zrt*), e no despacho de 16 de Novembro de 2010 no processo C-76/10 (*Pohotovosť*).

O acórdão de 9 de Novembro de 2010, no processo C-137/08 (*VB Pénzügyi Lízing Zrt*), p. ex., enuncia-os em termos de particular clareza e simplicidade: – "a competência do Tribunal de Justiça abrange a interpretação do conceito de 'cláusula abusiva', referido no artigo 3º [...] da directiva [1993/13/CE]"; – "a competência do Tribunal de Justiça abrange [...] [a determinação d]os critérios que o órgão jurisdicional nacional pode ou deve aplicar no exame de uma cláusula contratual à luz das disposições da directiva"; – a competência do órgão jurisdicional nacional abrange a aplicação dos critérios determinados pelo Tribunal de Justiça: "*compete ao referido juiz [nacional] pronunciar se, tendo em conta os referidos critérios, sobre a qualificação concreta de uma cláusula contratual particular em função das circunstâncias concretas do caso em apreço*".

4.1.2. Os problemas de interpretação do conceito de "cláusula abusiva"

O acórdão do Tribunal de Justiça de 1 de Abril de 2004, no processo C-237/02 (*Freiburger Kommunalbauten*), explicita a relação entre a norma geral do art. 3º, nº 1, e as normas específicas do anexo para que remete o art. 3º, nº 3, da directiva. O acórdão de 4 de Junho de 2009, no processo C-243/08 (*Pannon*), o acórdão de 3 de Junho de 2010, no processo C-484/08 (*Caja de Ahorros y Monte de Piedad de Madrid*), o acórdão de 9 de Novembro de 2010, no processo C-137/08 (*VB Pénzügyi Lízing Zrt*), e, por último, o despacho de 16 de Novembro de 2010, no processo C-76/10 (*Pohotovosť*), relacionam os critérios enunciados no art. 3º com os critérios enunciados no art. 4º da directiva 1993/13/CE.

a) Coordenação entre os arts. 3º e 4º da Directiva 1993/13/CE
Os critérios gerais de controlo das cláusulas abusivas decorrem da coordenação entre os arts. 3º, nº 1, e 4º, nº 1, da Directiva 1993/13/CE:

1º – "[O]s artigos 3º [...] e 4º [...] da directiva definem, no seu conjunto, os critérios gerais que permitem apreciar a natureza abusiva das cláusulas contra-

---

[5] Com anotação (crítica) de Martijn W. Hesselink, "Case: ECJ – Freiburger Kommunalbauten v. Hofstetter", in: *European Review of Contract Law*, vol. 2 (2006), págs. 366-375.

tuais às quais as disposições da directiva se aplicam"; – 2º – "O art. 3º, nº 1, da directiva enuncia *de forma meramente abstracta* (sic!) os elementos que conferem um carácter abusivo a uma cláusula contratual que não foi objecto de uma negociação individual"; – 3º – "o carácter abusivo de uma cláusula contratual deve ser apreciado em função da natureza dos bens ou serviços que sejam objecto do contrato"; – 4º – "o carácter abusivo de uma cláusula contratual deve ser apreciado [...] mediante consideração de todas as [...] cláusulas do contrato"; – 5º – "o carácter abusivo de uma cláusula contratual deve ser apreciado [...] mediante consideração de todas as [...] cláusulas [dos contratos coligados]"; – 6º – "o carácter abusivo de uma cláusula contratual deve ser apreciado [...] mediante consideração de todas as circunstâncias que, no momento em que [o contrato] foi celebrado, rodearam a sua conclusão".

Completando os critérios gerais do arts. 3º, nº 1, e do art. 4º, nº 1, da directiva, o Tribunal de Justiça considera que o carácter abusivo de uma cláusula contratual deve ser apreciando mediante a consideração de todas "as consequências que a [...] cláusula pode ter no âmbito do direito aplicável ao contrato, o que implica um exame do sistema jurídico nacional".

b) Coordenação entre os arts. 3º e 4º e o anexo, para remete o art. 3º, nº 3, da Directiva 1993/13/CE

O anexo, para que remete o art. 3º, nº 3, da directiva, concretiza os critérios do art. 3º, nº 1, e do art. 4º, nº 1, contendo uma lista de cláusulas abusivas.

O Tribunal de Justiça propõe-se esclarecer as relações entre os critérios gerais dos arts. 3º, nº 1, e 4º, nº 1, com o art. 3º, nº 3, dizendo três coisas:

1º – que "[o] anexo para o qual remete o artigo 3º, nº 3, da directiva apenas contém uma lista indicativa e não exaustiva de cláusulas que podem ser declaradas abusivas"; – 2º – que "[u]ma cláusula que [...] figure [na lista cinzenta para que remete o art. 3º, nº 3,] não deve ser necessariamente considerada abusiva"; e – 3º – que "uma cláusula que [...] não figure [na lista cinzenta para que remete o art. 3º, nº 3,] pode, todavia, ser declarada abusiva".

4.1.3. Os problemas de aplicação do conceito de "cláusula abusiva"

a) O acórdão do Tribunal de Justiça de 27 de Junho de 2000 nos processos C-240/98, C-241/98, C-242/98, C-243/98 e C-244/98 (*Océano*)

O acórdão do Tribunal de Justiça de 27 de Junho de 2000 nos processos C-240/98, C-241/98, C-242/98, C-243/98 e C-244/98 (*Océano*) considerou que as cláusulas contratuais não negociadas por que se atribui *competência exclusiva* aos tribunais do foro da sede do profissional são sempre *abusivas*.

Em primeiro lugar, a cláusula por que se atribui competência exclusiva aos tribunais do foro da sede do profissional pode ser a causa de uma grande desvantagem para consumidor: "faz pesar sobre o consumidor a obrigação de se submeter à competência exclusiva de um tribunal que pode estar afastado do foro do seu domicílio, o que pode dificultar a sua comparência em juízo".

O Tribunal de Justiça sublinha que, *"[n]os casos de litígios relativos a valores reduzidos, as despesas em que o consumidor incorre para comparecer poderiam revelar-se dissuasivas e levar este último a renunciar a qualquer acção judicial ou a qualquer defesa"* – e, sublinhando-o, sustenta que *a cláusula tem por objectivo ou efeito suprimir ou entravar a possibilidade de instaurar acções judiciais por parte do consumidor*, coordenando-se ao conceito da al. q) do anexo.

Em segundo lugar, a cláusula por que se atribui competência exclusiva aos tribunais do foro da sede do profissional pode ser a causa de uma grande vantagem para o profissional:

"permite ao profissional reunir o conjunto do contencioso relativo à sua actividade profissional no tribunal do foro da sua sede, o que, simultaneamente, facilita a organização da sua comparência em juízo e torna esta menos onerosa".

Como é, simultaneamente, a causa de uma *grande vantagem* para o profissional e a causa de uma *grande desvantagem* para o consumidor, o *pacto de aforamento* cria um "desequilíbrio significativo entre os direitos e as obrigações das partes":

"uma cláusula contendo um pacto de aforamento, inserida num contrato entre um consumidor e um profissional sem ter sido objecto de negociação individual e que confere competência exclusiva ao tribunal do foro da sede daquele último, dev[e] ser considerada abusiva na acepção do artigo 3º da directiva [1993/13/CE], na medida em que cria, a despeito da exigência de boa fé, em detrimento do consumidor um desequilíbrio significativo entre os direitos e as obrigações das partes que decorrem do contrato".

b) Os acórdãos do Tribunal de Justiça de 4 de Junho de 2009, no processo C-243/08 (*Pannon*), e de 9 de Novembro de 2010, no processo C-137/08 (*VB Pénzügyi Lízing Zrt*)

Os acórdãos do Tribunal de Justiça de 4 de Junho de 2009, no processo C-243/08 (*Pannon*), e de 9 de Novembro de 2010, no processo C-137/08 (*VB Pénzügyi Lízing Zrt*), propuseram-se coordenar os critérios de atribuição/distribuição de competências desenvolvidos no acórdão de 27 de Junho de 2000 (*Océano*) e no acórdão de 1 de Abril de 2004 (*Freiburger Kommunalbauten*).

O acórdão de 1 de Abril de 2004 (*Freiburger Kommunalbauten*) sugeria que as cláusulas através das quais se atribui competência exclusiva aos tribunais do foro da sede do profissional constituíam uma *excepção*. O princípio geral de que o

Tribunal de Justiça não pode pronunciar-se sobre a qualificação de uma cláusula particular como abusiva não deveria aplicar-se-lhes:

> "É verdade que, no acórdão de 27 de Junho de 2000, [...] o Tribunal de Justiça [da União Europeia] declarou que uma cláusula previamente redigida por um profissional, que tem por objectivo atribuir competência, para todos os litígios decorrentes do contrato, ao órgão jurisdicional do foro onde está situada a sede do profissional, preenche todos os critérios para poder ser qualificada de abusiva à luz da directiva. Contudo, *esta apreciação foi feita relativamente a uma cláusula em benefício exclusivo do profissional e sem contrapartida para o consumidor, pondo em causa, independentemente do tipo de contrato, a eficácia da protecção judicial dos direitos reconhecidos ao consumidor pela directiva. Era, portanto, possível verificar o carácter abusivo desta cláusula sem ter de examinar todas as circunstâncias próprias da celebração do contrato nem apreciar os benefícios e inconvenientes ligados a esta cláusula no direito nacional aplicável ao contrato*" (n.º 23); ora, "[n]ão [seria] esse o caso da cláusula que é objecto do litígio no processo principal" (n.º 24)".

Os acórdãos de 4 de Junho de 2009, no processo C-243/08 (*Pannon*), e de 9 de Novembro de 2010, no processo C-137/08 (*VB Pénzügyi Lízing Zrt*), sugerem que as cláusulas através das quais se atribui competência exclusiva aos tribunais do foro da sede do profissional não constituem *excepção* nenhuma: "a competência do Tribunal de Justiça abrange [...] [a determinação d]os critérios que o órgão jurisdicional nacional pode ou deve aplicar no exame de uma cláusula contratual à luz das disposições da directiva" e a competência do órgão jurisdicional nacional, a aplicação dos critérios determinados pelo Tribunal de Justiça.

Excluído o argumento de que o acórdão de 1 de Abril de 2004 (*Freiburger Kommunalbauten*) se dirige à *regra* e o acórdão de 27 de Junho de 2000 (*Océano*) se dirige a uma *excepção*, os acórdãos de 4 de Junho de 2009 e de 9 de Novembro de 2010 constituem o órgão jurisdicional nacional num dever específico:

> "[a]o fazê-lo [ou seja: ao aplicar os critérios determinados pelo Tribunal de Justiça], o órgão jurisdicional nacional deve ter em conta o facto de que uma cláusula inserida num contrato celebrado entre um consumidor e um profissional, que não foi objecto de negociação individual e que atribui competência exclusiva ao órgão jurisdicional do foro onde está situada a sede do profissional, pode ser considerada abusiva".

4.2. Os arts. 83º e 86º da proposta de regulamento sobre um direito europeu comum da compra e venda

A proposta de *regulamento sobre um direito europeu comum da compra e venda* contém dois conceitos de cláusulas abusivas. O primeiro consta do art. 83º; aplica-se aos contratos concluídos entre os consumidores e os profissionais; corresponde exactamente ao art. 3º, nº 1, e ao art. 4º, nº 1, da Directiva 1993/13/CE; o segundo consta do art. 86º; aplica-se aos contratos concluídos entre profissionais; não corresponde exactamente ao art. 3º, nº 1, da directiva.

O art. 86º da proposta de regulamento diz que uma cláusula contratual que não tenha sido objecto de negociação individual deve ser considerada como *abusiva* quando se desvia grosseiramente das boas práticas comerciais (*"contract term [...] of such a nature that its use grossly deviates from good commercial practice, contrary to good faith and fair dealing"*). Ou seja: – O conceito de *boa fé* deverá coordenar-se com o conceito de *"desvio grosseiro das boas práticas comerciais"*.

O alcance da distinção entre o critério do *"desequilíbrio significativo, em detrimento do consumidor, entre os direitos e [as] obrigações das partes decorrentes do contrato"* (art. 3º, nº 1, da Directiva 1993/13/CE, de 5 de Abril de 1993, e art. 83º da *proposta de regulamento*) e o critério do *"desvio grosseiro das boas práticas comerciais"* (art. 86º da *proposta de regulamento*) é *controverso*. Hesselink, p. ex., tende a *restringi-lo*, sugerindo que os resultados da aplicação de cada um dos dois critérios serão, sempre ou quase sempre, *semelhantes*[6].

5. O CONTROLO DO CONTEÚDO DOS CONTRATOS ATRAVÉS DAS LISTAS DE CLÁUSULAS PROIBIDAS

a) O art. 3º, nº 3, da Directiva 1993/13/CE, de 5 de Abril de 1993. – O acórdão do Tribunal de Justiça de 7 de Maio de 2002, no processo C-478/99 (Comissão das Comunidades Europeias contra Reino da Suécia)

O acórdão do Tribunal de Justiça de 7 de Maio de 2002 pronunciou-se sobre a admissibilidade da não transposição do anexo para que remete o art. 3º, nº 3, da Directiva 1993/13/CE pelo direito nacional dos Estados-Membros.

A Comissão Europeia alegava que a Directiva 1993/13/CE prosseguia um duplo objectivo: por um lado, ela destinar-se-ia a "harmonizar as disposições em vigor nos Estados-Membros relativas às cláusulas abusivas inseridas nos contratos celebrados com os consumidores" e, por outro lado, ela destinar-se-ia "a melhorar a informação dos consumidores sobre as normas aplicáveis".

O *duplo objectivo* só poderia ser atingido através da publicação da lista de cláusulas abusivas *"como parte integrante das disposições de transposição da directiva."*

---

[6] Martijn W. Hesselink, "Unfair Terms in Contracts Between Businesses", Amsterdam Law School Legal Studies Research Paper No. 2011-11/Centre for the Study of European Contract Law Working Paper No. 2011-07, in: WWW: < http://ssrn.com >: *"It is true that the purpose of having two different definitions of unfairness would be frustrated if they always led to identical outcomes. But, in view of any plausible rationale for the review of unfair terms, it would be equally surprising if the implications of the two tests would always (or even most of the time) be different"*.

O facto de a lista ter sido considerada nos trabalhos preparatórios de uma lei não deveria ser considerado suficiente ou, sequer, adequado. "Ser[ia] duvidoso *que o público interessado, que inclui não apenas os consumidores mas também os operadores económicos tanto suecos como estrangeiros, e as autoridades nacionais competentes para a aplicação das medidas de transposição da directiva t[ivessem] um fácil acesso a estes trabalhos preparatórios, ou mesmo que est[ivessem] informados da sua existência e da sua importância"*.

O Tribunal de Justiça rejeitou – surpreendentemente – os argumentos da Comissão Europeia, distinguindo o dever de transposição dos arts. 3º, nº 1, 4º, nº 1, e 5º e o dever de transposição do anexo para que remete o art. 3º, nº 3, da Directiva 1993/13/CE. Os arts. 3º, 4º e 5º da directiva "definem o resultado que é prosseguido pela directiva"; destinam-se a atribuir ou a reconhecer direitos aos consumidores; logo, *a transposição dos arts. 3º, 4º e 5º com adequada clareza e suficiente precisão é essencial*. O anexo para que remete o art. 3º, nº 3, da directiva, esse, contém uma "lista indicativa e não exaustiva de cláusulas que podem ser declaradas abusivas". Ora, a lista contida no anexo para que remete o art. 3º, nº 3, não define, nem tão-pouco altera "em nada" o resultado que é prosseguindo pela directiva; "não se destina a reconhecer aos consumidores direitos que vão além dos que decorrem dos artigos 3º a 7º da directiva"; logo, *a transposição da lista contida no anexo não é essencial*: "a plena eficácia da directiva pode ser assegurada num quadro legal suficientemente preciso e claro sem que a lista que consta do anexo da directiva faça parte integrante das disposições de transposição da directiva". O facto de a lista *"te[r] um valor indicativo e ilustrativo, constitui[ndo] uma fonte de informação simultaneamente para as autoridades nacionais encarregadas da aplicação das medidas de transposição e para os particulares"* signfica; tão-só que Estados-Membros têm o dever de *"optar por uma forma e por meios de transposição que garantam de modo bastante o conhecimento da referida lista por parte do público"*.

b) **Os arts. 84º e 85º da proposta de regulamento sobre um direito europeu comum da compra e venda**
O anexo para que remete o art. 3º, nº 3, da directiva contém (só) uma *lista cinzenta* de cláusulas proibidas, concretizando *indicativa* e *não exaustivamente* o conceito do art. 3º, nº 1; a proposta de regulamento sobre o direito europeu da compra e venda contém duas listas de cláusulas proibidas nas *relações entre profissionais e consumidores*. A *lista negra*, contendo as cláusulas que são sempre abusivas, consta do art. 84º e a *lista cinzenta*, contendo as cláusulas que não são sempre abusivas, *só se presumindo que o sejam*, consta do art. 85º.

Os princípios e as regras aplicáveis às relações entre profissionais e consumidores e os princípios e as regras aplicáveis às relações entre profissionais são substancialmente distintos: quanto às relações entre os profissionais e os consumidores, há duas listas (indicativas e não exaustivas); quanto às relações entre profissionais, não há lista nenhuma. Ora o facto de o art. 86º recorrer a um conceito inovador – *"contract term [...] of such a nature that its use grossly deviates from good commercial practice, contrary to good faith and fair dealing"* –, sem o concretizar *sequer de forma indicativa*, pode restringir significativamente a *eficácia* do controlo dos contratos entre profissionais.

6. O OBJECTO DO CONTROLO DO CONTEÚDO. OS ARTS. 3º E 4º, Nº 2, DA DIRECTIVA 1993/13/CE, DE 5 DE ABRIL DE 1993

Os arts. 3º, nº 1, e 4º, nº 2, da Directiva 1993/13/CE dizem três coisas:
- em primeiro lugar, a avaliação do carácter abusivo (só) incide sobre *"cláusulas que não tenham sido objecto de negociação individual"*;
- em segundo lugar, *"a avaliação do carácter abusivo das cláusulas não incide [...] sobre a definição do objecto principal do contrato [...]"*;
- em terceiro lugar, a avaliação do carácter abusivo das cláusulas só não incide sobre a definição do objecto principal do contrato "[...] *desde que essas cláusulas se encontrem redigidas de maneira clara e compreensível* [...]".

6.1. "[A] avaliação do carácter abusivo das cláusulas não incide [...] sobre a definição do objecto principal do contrato [...]".

a) O acórdão do Tribunal de Justiça de 3 de Junho de 2010, no processo C-484/08 (*Caja de Ahorros y Monte de Piedad de Madrid*)[7]
O acórdão do Tribunal de Justiça de 3 de Junho de 2010, no processo C-484/08 (*Caja de Ahorros y Monte de Piedad de Madrid*), concluiu que "os Estados-Membros podem adoptar uma legislação nacional que autoriza um controlo jurisdicional do carácter abusivo das cláusulas contratuais relativas à definição do objecto principal do contrato ou à adequação entre o preço e a remuneração, por um lado, e os serviços ou bens a fornecer em contrapartida, por outro, ainda que estas cláusulas estejam redigidas de maneira clara e compreensível".

Os contratos de crédito destinados à compra de habitação celebrados entre a *Caja de Ahorros de Madrid* e os seus clientes continham uma "cláusula de arredondamento": – *"uma cláusula escrita, previamente inscrita num contrato-tipo, nos termos da qual a taxa de juro nominal prevista no contrato, variável periodicamente em conformidade com o índice de referência acordado, dev[ia] ser arredondada, a partir da primeira revisão, para o quarto de ponto percentual superior"*. O Supremo Tribunal conside-

---

[7] Com anotação de Jules Stuyck, "Case Note – Caja de Ahorros y Monte de Piedad de Madrid v. Asociación de Usuarios de Servicios Bancarios (Ausbanc), Case C-484/08", in: *European Review of Contract Law*, vol. 6 (2010), págs. 449-459.

rou que "a cláusula de arredondamento [das prestações devidas] é susceptível de constituir um elemento essencial de um contrato de crédito bancário"; ora, como a Espanha não transpôs o art. 4º, nº 2, da directiva, o controlo das cláusulas de arredondamento das prestações devidas suscitava três questões:

1) *"O artigo 8º da [directiva] deve ser interpretado no sentido de que um Estado-Membro pode prever na sua legislação e em benefício dos consumidores um controlo do carácter abusivo das cláusulas que o artigo 4º, nº 2, da mesma directiva exclui do referido controlo?"*
2) *"Consequentemente, o artigo 4º, nº 2, da [directiva 1993/13/CE], conjugado com o artigo 8º da mesma directiva, opõe-se a que um Estado-Membro institua no seu ordenamento jurídico, e em benefício dos consumidores, um controlo do carácter abusivo das cláusulas relativas à 'definição do objecto principal do contrato' ou à 'adequação entre o preço e a remuneração, por um lado, e os bens ou serviços a fornecer em contrapartida', ainda que estejam redigidas de maneira clara e compreensível?"*
3) *"Seria compatível com os artigos 2º [CE], 3º, nº 1, alínea g), [CE] e 4º, nº 1, [CE] uma interpretação dos artigos 8º e 4º, nº 2, da [directiva] no sentido de que um Estado-Membro pode fiscalizar judicialmente o carácter abusivo das cláusulas contidas nos contratos celebrados com os consumidores e redigidas de maneira clara e compreensível, que definam o objecto principal do contrato ou a adequação entre o preço e a remuneração, por um lado, e os bens ou serviços a fornecer em contrapartida [por outro]?"*

O Tribunal de Justiça alega que a Directiva 1993/13/CE consagra uma *harmonização mínima* das legislações nacionais sobre cláusulas abusivas.

Os Estados-Membros dispõem da faculdade de "adoptar[em] ou manter[em], no domínio regido pela [...] directiva, disposições mais rigorosas, compatíveis com o Tratado, para garantir um nível de protecção mais elevado para o consumidor" (nº 29); ora, as disposições da legislação espanhola, "ao autorizarem [...] um controlo jurisdicional completo do carácter abusivo das cláusulas [...] previstas num contrato celebrado entre um profissional e um consumidor", seriam disposições mais rigorosas, para garantir um nível de protecção mais elevado para o consumidor (nº 43); logo, as disposições da legislação espanhola seriam compatíveis com os arts. 4º, nº 2, e 8º da Directiva 1993/13/CE (nº 44).

b) Crítica do acórdão do Tribunal de Justiça de 3 de Junho de 2010, no processo C-484/08 (*Caja de Ahorros y Monte de Piedad de Madrid*)

O acórdão do Tribunal de Justiça de 3 de Junho de 2010 causa-nos dificuldades.

Em primeiro lugar, o Tribunal de Justiça não se pronunciou sobre o sentido dos termos *"objecto principal do contrato"*. O caso *sub judice* relacionava-se com a validade ou invalidade de uma cláusula de arredondamento das prestações – e as cláusulas de arredondamento das prestações não devem considerar-se cláusulas relativas ao *"objecto principal do contrato"*. Em segundo lugar, o controlo da validade ou invalidade das cláusulas relativas ao objecto principal do contrato ou à relação de valor entre a prestação e a contraprestação segundo os conceitos de "boa fé" e de "desequilíbrio significativo, em detrimento do consumidor", põe, pelo menos, dois problemas: o primeiro é o da sua compatibilidade com as regras da directiva e o segundo é o da sua compatibilidade com os princípios gerais do direito europeu – em particular, com o princípio da autonomia privada, concretizado nos (sub)princípios da liberdade contratual e da vinculatividade contratual. *Estando em causa o controlo do "objecto principal do contrato", ou da relação de valor entre a prestação e a contraprestação, a compatibilidade com os princípios gerais de direito europeu de uma restrição tão grave da autonomia privada é pelo menos duvidosa.*

6.2. "[A] avaliação do carácter abusivo das cláusulas [só] não incide [...] sobre a definição do objecto principal do contrato [...] desde que essas cláusulas se encontrem redigidas de maneira clara e compreensível [...]". – O despacho do Tribunal de Justiça de 16 de Novembro de 2010, no processo C-76/10 (*Pohotovost'*)

Completando a doutrina do acórdão de 3 de Junho de 2010, o despacho do Tribunal de Justiça de 16 de Novembro de 2010, no processo C-76/10, sublinha que "as cláusulas [relativas ao objecto principal do contrato, previstas no art. 4º, nº 2,] só "escapam [...] à avaliação do seu carácter abusivo" quando "o órgão jurisdicional competente [considere], após uma apreciação do caso concreto, que foram redigidas pelo profissional de maneira clara e compreensível".

7. O SISTEMA DA PROTECÇÃO PREVENTIVA (ADMINISTRATIVA OU JURISDICIONAL) DOS CONSUMIDORES. – O ACÓRDÃO DO TRIBUNAL DE JUSTIÇA DE 24 DE JANEIRO DE 2002, NO PROCESSO C-372/99 (COMISSÃO DAS COMUNIDADES EUROPEIAS CONTRA REPÚBLICA ITALIANA)[8]

O artigo 7º da Directiva 1993/13/CE constitui os Estados-Membros no dever de adoptarem "meios adequados e eficazes para pôr termo à utilização das cláusulas abusivas nos contratos celebrados com os consumidores por um profissional" (nº 1), compreendendo "disposições que habilitem as pessoas ou organizações que, segundo a legislação nacional, têm um interesse legítimo na defesa do consumidor, a recorrer [...] aos tribunais ou aos órgãos administrativos competentes para decidir se determinadas cláusulas contratuais, redigidas com vista a uma utilização generalizada, têm ou não um carácter abusivo, e para aplicar os meios ade-

---

[8] Com anotação de Cristina Amato, "Case: ECJ – Commission v. Italy", in: *European Review of Contract Law*, vol. 1 (2005), págs. 239-245.

quados e eficazes para pôr termo à utilização dessas cláusulas" – ou seja, acções inibitórias (nº 2). As acções inibitórias previstas no nº 2 podem ser propostas, "individualmente ou em conjunto, contra vários profissionais do mesmo sector económico ou respectivas associações que *utilizem* ou *recomendem a utilização* das mesmas cláusulas contratuais gerais ou de cláusulas semelhantes" (nº 3).

O acórdão do Tribunal de Justiça de 24 de Janeiro de 2002 pronunciou-se sobre a admissibilidade de uma transposição parcial do art. 7º, em que se previsse a possibilidade de as acções inibitórias serem propostas contra profissionais ou associações de profissionais *"que utilizem condições gerais de contrato cujo carácter abusivo seja manifesto"* e em que não não se previsse a possibilidade de as acções inibitórias serem propostas contra profissionais ou associações de profissionais que, *sem as utilizarem, recomendem a utilização de condições gerais de contrato cujo carácter abusivo seja manifesto*.

A Comissão das Comunidades Europeias alegava que "o artigo 7º da directiva regula um dos aspectos fundamentais da protecção instituída por este diploma"; que o "mecanismo" regulado no art. 7º, nºs 2 e 3, "tem por finalidade 'pôr termo' à utilização das cláusulas abusivas nos contratos celebrados entre profissionais e consumidores"; que a "finalidade de 'pôr termo' à utilização das cláusulas abusivas" exige que o mecanismo regulado no art. 7º possa ser dirigido contra a utilização actual ou efectiva e contra a utilização potencial das cláusulas abusivas – "contra os profissionais que utilizam tais cláusulas" e "contra as organizações profissionais ou outros profissionais que recomendem a sua utilização" (utilização potencial).

A República Italiana contra-alegava que o "mecanismo" regulado no artigo 7º, nºs 2 e 3, da directiva só tem por finalidade pôr termo à utilização actual ou efectiva das cláusulas abusivas: *"Seria [...] condição essencial [da acção inibitória] uma utilização efectiva, e não apenas potencial, das mesmas"*.

O Tribunal de Justiça julgou *procedentes* os argumentos da Comissão das Comunidades Europeias e *improcedentes* os argumentos da República Italiana:

"o artigo 7º, nº 3, da directiva deve ser interpretado no sentido de que exige a instituição de mecanismos que possam igualmente ser utilizados contra comportamentos que se limitam a recomendar a utilização de cláusulas contratuais de carácter abusivo".

8. O SISTEMA DE PROTECÇÃO SUCESSIVA (JURISDICIONAL) DOS CONSUMIDORES

8.1. O princípio da autonomia processual dos Estados-Membros

Os acórdãos do Tribunal de Justiça de 26 de Outubro de 2006 no processo C-168/05 (*Mostaza Claro*) e de 6 de Outubro de 2009 no processo C-40/08 (*Astur-*

com Telecomunicaciones) confrontam-se com os problemas decorrentes do princípio da autonomia processual dos Estados-Membros.

O princípio da autonomia processual significa que, "na falta de regulamentação comunitária na matéria, as vias processuais destinadas à salvaguarda dos direitos que decorrem para os particulares do direito comunitário dependem da ordem jurídica interna de cada Estado-Membro". Entre aos limites ao princípio da autonomia processual sobressaem dois: primeiro, o princípio da efectividade e, segundo, o princípio da equivalência.

O *princípio da efectividade* diz-nos que as vias processuais definidas pela ordem jurídica interna de cada Estado-Membro *não devem tornar impossível, na prática, ou excessivamente difícil o exercício dos direitos conferidos pela ordem jurídica comunitária.* O *princípio da equivalência*, que as vias processuais definidas pela ordem jurídica interna *não devem ser menos favoráveis do que as que regulam situações análogas de natureza interna.*

Entre os corolários do *princípio da efectividade* estão os seguintes três: – *o juiz nacional pode e deve conhecer oficiosamente do carácter abusivo da cláusula*; – *pode e deve conhecer (oficiosamente) do carácter abusivo da cláusula a todo o tempo*; e, por último, – *pode e deve, oficiosamente, adoptar medidas de instrução a fim de conhecer do carácter abusivo da cláusula.*

8.2. Os limites ao princípio da autonomia processual dos Estados-Membros
a) O juiz pode e deve conhecer oficiosamente do carácter abusivo da cláusula.
aa) O alcance do princípio de que o juiz pode e deve conhecer oficiosamente do carácter abusivo da cláusula

O acórdão do Tribunal de Justiça de 27 de Junho de 2000 nos processos C-240/98, C-241/98, C-242/98, C-243/98 e C-244/98 (*Océano*)
O acórdão de 27 de Junho de 2000 afirmou o *princípio* de que o juiz nacional pode e deve conhecer oficiosamente do carácter abusivo da cláusula.

Em primeiro lugar, o Tribunal de Justiça convoca um *argumento teleológico*:
Como "*o sistema de protecção implementado pela directiva repousa na ideia de que o consumidor se encontra numa situação de inferioridade relativamente ao profissional*", o art. 6º determina que "*[o]s Estados-membros estipularão que, nas condições fixadas pelos respectivos direitos nacionais, as cláusulas abusivas constantes de um contrato celebrado com um consumidor por um profissional não vinculem o consumidor [...]*". Ora, "*[o] objectivo prosseguido pelo artigo 6º da directiva [...] não poderia ser atingido se estes se vissem na obrigação de suscitar eles mesmos a questão do carácter abusivo dessas cláusulas*". O consumidor pode ser dissuadido de alegar o carácter abusivo de uma cláusula contratual não negociada por ter dificuldades no acesso à justiça ou, ainda que não tenha dificuldades no acesso à justiça, por ter dificuldades no acesso à informação.

O Tribunal de Justiça alude às dificuldades no acesso à justiça dizendo que, "[e]m litígios de valor frequentemente reduzido, os honorários do advogado podem ser superiores ao interesse em jogo" e às dificuldades no acesso à informação dizendo que, "[s]e é verdade que, em numerosos Estados-Membros, as regras de processo permitem, nesses litígios, aos particulares exercer a sua própria defesa, existe um risco não negligenciável de que, nomeadamente por ignorância, o consumidor não invoque o carácter abusivo da cláusula que lhe é oposta". Existindo tais dificuldades, o Tribunal de Justiça conclui: *"só se pode atingir uma protecção efectiva do consumidor se ao órgão jurisdicional nacional for reconhecida a faculdade de apreciar oficiosamente uma cláusula como essa"*.

Em segundo lugar, o Tribunal de Justiça convoca um argumento sistemático. "[O] sistema de protecção estabelecido pela directiva assenta na ideia de que a situação de desequilíbrio entre o consumidor e o profissional só pode ser compensada por uma intervenção positiva, exterior às partes do contrato". Entre os afloramentos da ideia de que *a situação de desequilíbrio só pode ser compensada por uma intervenção positiva, exterior às partes do contrato* encontra-se, p. ex., o dever de os Estados consagrarem a *acção inibitória*.

O acórdão de 27 de Junho de 2000 sugere um argumento *de maioria de razão*:
– Se a directiva permite o mais – se a directiva permite que o juiz nacional conheça, a título preventivo, de uma acção destinada a prevenir ou evitar a inclusão de cláusulas abusivas em contratos singulares –, deve permitir o menos – deve permitir que o juiz nacional conheça, a título sucessivo, de uma acção destinada a evitar que o consumidor fique vinculado a uma cláusula abusiva, cuja inclusão no contrato singular não pôde ser prevenida:

> "*dificilmente se pode conceber que, num sistema que exige a implementação a título preventivo de acções colectivas específicas destinadas a pôr termo aos abusos prejudiciais aos interesses dos consumidores, o juiz encarregado de um litígio respeitante a determinado contrato, no qual está inserida uma cláusula abusiva, não possa afastar a aplicação desta cláusula pela simples razão de que o consumidor não invocou o carácter abusivo da mesma*".

O Tribunal de Justiça considera que *a faculdade do juiz de apreciar oficiosamente o carácter abusivo de uma cláusula não negociada* é um meio adequado para realizar, simultaneamente, o objectivo do art. 6º e o objectivo do art. 7º:
– para realizar o objectivo do art. 6º da directiva, por impedir que o consumidor fique vinculado às cláusulas contratuais abusivas; – para realizar o objectivo do art. 7º da directiva, por dissuadir os profissionais da utilização das cláusulas contratuais abusivas, *ao impedir que o consumidor lhes fique vinculado*.

O princípio de que de que *o juiz nacional pode e deve conhecer oficiosamente do carácter abusivo da cláusula* foi entretanto reafirmado, p. ex., pelo acórdão de 26 de

Outubro de 2006, no processo C-168/05 (*Mostaza Claro*), pelo acórdão de 4 de Junho de 2009, no processo C-243/08 (*Pannon*), e pelo acórdão de 9 de Novembro de 2010, no processo C-137/08 (*VB Pénzügyi Lízing Zrt*).

Os acórdãos do Tribunal de Justiça de 4 de Junho de 2009, no processo C-243/08 (*Pannon*), e de 9 de Novembro de 2010 no processo C-137/08 (*VB Pénzügyi Lízing Zrt*)[9]

Os acórdãos de 4 de Junho de 2009 e de 9 de Novembro de 2010 decompõem o princípio de que o juiz pode e deve conhecer *oficiosamente* do carácter abusivo de uma cláusula contratual não negociada em quatro subprincípios:

– em primeiro lugar, o juiz nacional pode e deve, "em todos os casos e quaisquer que sejam as normas de direito interno [aplicáveis], determinar se a cláusula controvertida foi ou não objecto de negociação individual entre um profissional e um consumidor";

– em segundo lugar, ainda que o consumidor não peça que uma cláusula contratual que não tenha sido objecto de negociação individual seja declarada abusiva, o juiz nacional pode e deve apreciá-la oficiosamente;

– em terceiro lugar, ainda que o consumidor não peça que uma cláusula contratual que não tenha sido objecto de negociação individual seja examinada, o juiz nacional pode e deve examiná-la oficiosamente, "*desde que disponha dos elementos de direito e de facto necessários para o efeito*";

– em quarto lugar, o juiz nacional pode e deve, oficiosamente, adoptar medidas de instrução a fim de se determinar se uma cláusula contratual não negociada é abusiva.

O primeiro corolário do princípio de que o juiz nacional pode e deve conhecer oficiosamente do carácter abusivo de uma cláusula contratual decorre implicitamente do acórdão de 4 de Junho de 2009, no processo C-243/08 (*Pannon*), e explicitamente do acórdão de 9 de Novembro de 2010 no processo C-137/08 (*VB Pénzügyi Lízing Zrt*); o segundo e o terceiro corolários decorrem explicitamente do acórdão de 4 de Junho de 2009 (*Pannon*). O Tribunal de Justiça dstingue então "[a] simples faculdade (*sic!*) de [o juiz nacional] se pronunciar sobre a natureza eventualmente abusiva de uma cláusula contratual" e "a obrigação de [o juiz nacional] examinar oficiosamente [a] questão [da natureza eventualmente abusiva de uma cláusula contratual], desde que disponha dos elementos de direito e de facto necessários para o efeito", para concluir que:

---

[9] Sobre o acórdão de 9 de Novembro de 2010, *vide* Wulf-Henning Roth, "Case Note – Case 137/08 Pénzügyi Lízing Zrt v Ferenc Schneider", in: *European Review of Contract Law*, vol. 7 (2011), págs. 425-438.

"o papel que o direito comunitário atribui [...] ao órgão jurisdicional nacional no domínio em causa [*scl.* no domínio das cláusulas abusivas nos contratos com os consumidores] não se limita à simples faculdade de se pronunciar sobre a natureza eventualmente abusiva de uma cláusula contratual, abrangendo também a obrigação de examinar oficiosamente essa questão, desde que disponha dos elementos de direito e de facto necessários para o efeito, inclusive quando se interroga sobre a sua própria competência territorial".

O quarto corolário do princípio de que o juiz nacional pode e deve conhecer oficiosamente do carácter abusivo de uma cláusula, esse, resulta do acórdão de 9 de Novembro de 2010 no processo C-137/08 (*VB Pénzügyi Lízing Zrt*).

O órgão jurisdicional de reenvio considerava que as indicações dadas pelo Tribunal de Justiça no acórdão de 9 de Junho de 2009 (*Pannon*) eram insuficientes, por *"não permit[irem] resolver a questão de saber se o órgão jurisdicional nacional apenas pode examinar oficiosamente o carácter abusivo de uma cláusula contratual quando disponha dos elementos de direito e de facto necessários para o efeito ou se, pelo contrário, o exame oficioso desse carácter abusivo implica também que, no seu âmbito, o órgão jurisdicional esteja obrigado a determinar oficiosamente os elementos de facto e de direito necessários para o referido exame"*. Os termos *"desde que disponha dos elementos de direito e de facto necessários para o efeito"*, constantes do acórdão de 9 de Junho de 2009, conciliar-se-iam com duas concepções sobre o papel do juiz nacional na produção da prova: a primeira dá-lhe poderes mais restritos – o juiz nacional só poderia examinar oficiosamente o carácter abusivo da cláusula quando os *"elementos de direito e de facto necessários"* já constassem do processo, p. ex., por terem sido carreados pelas partes –; a segunda dá-lhe um poderes mais amplos – ainda que os *"elementos de facto e de direito necessários"* não constassem do processo, o juiz nacional poderia determinar a realização de diligências probatórias, para os adquirir. O órgão jurisdicional de reenvio perguntava se *"o órgão jurisdicional nacional, [caso constate o carácter eventualmente abusivo de] uma cláusula contratual [...], [pode] proceder oficiosamente a uma instrução para apurar os elementos de direito e de facto necessários a essa apreciação, apesar de as partes não o terem requerido, quando o direito processual nacional só [a] permite [...] a pedido das partes"*.

O Tribunal de Justiça considerou que a questão *"esta[va] formulada em termos muito gerais"*, esforçando-se por se restringir ao caso dos *pactos de aforamento*: *"o órgão jurisdicional nacional deve, oficiosamente, adoptar medidas de instrução a fim de determinar se uma cláusula atributiva de competência jurisdicional territorial exclusiva constante do contrato objecto do litígio que lhe cabe conhecer, e que foi celebrado entre um profissional e um consumidor, se enquadra no âmbito de aplicação da directiva e, em caso afirmativo, apreciar oficiosamente o carácter eventualmente abusivo dessa cláusula"*. Ora as *razões justificativas* da atribuição ao juiz nacional do dever de adoptar *medidas de instrução* para determinar se a cláusula contratual não negociada contendo um *pacto de aforamento* é, ou não, abusiva procedem para qualquer cláusula contratual não negociada.

O princípio de que o juiz nacional pode e deve, oficiosamente, adoptar *medidas de instrução* – 1º – para determinar se uma cláusula foi, ou não, objecto de negociação individual, *"enquadra[ndo]-se no âmbito de aplicação da directiva"* e, – 2º – em caso afirmativo, para determinar se uma cláusula que não foi objecto de negociação individual é, ou não, abusiva, só pode ser um *princípio geral*.

bb) Os limites do princípio de que o juiz pode e deve conhecer oficiosamente do carácter abusivo da cláusula. – O acórdão do Tribunal de Justiça de 4 de Junho de 2009, no processo C-243/08 (*Pannon*)

O acórdão de 4 de Junho de 2009 contribui para concretizar/para esclarecer a relação entre os *conceitos* de *ordem pública*, de *"ordem pública de direcção"* e de *"ordem pública de protecção"* e o *princípio* de que *o juiz nacional pode e deve conhecer oficiosamente do carácter abusivo da cláusula não negociada*.

O conceito de *ordem pública de direcção* implica que o juiz tenha o dever de *desaplicar* as cláusulas contratuais abusivas *desconsiderando a vontade do consumidor*. Caso a *imperatividade* das disposições da directiva deva reconduzir-se ao conceito de *ordem pública de direcção*, o juiz terá o dever de desaplicar as cláusulas contratuais contrárias à boa fé ainda que o consumidor não queira invocar o seu carácter abusivo. O conceito de *ordem pública de protecção* só implica que o juiz tenha o dever de *desaplicar* as cláusulas contratuais abusivas *considerando a vontade do consumidor*. Caso a *imperatividade* das disposições da directiva deva reconduzir-se ao conceito de *ordem pública de protecção*, o juiz não terá o dever de desaplicar as cláusulas contratuais contrárias à boa fé quando o consumidor não queira invocar o seu carácter abusivo. O consumidor poderá, por conseguinte, renunciar à protecção resultante da Directiva 1993/13/CE – e, em particular, dos arts. 6º e 7º da Directiva 1993/13/CE.

O acórdão pronuncia-se sobre o problema, relacionando a *imperatividade* das disposições da directiva com o conceito de *ordem pública de protecção*:

"o órgão jurisdicional nacional não é obrigado, por força da directiva, a não aplicar a cláusula [...] se o consumidor decidir, após ter sido avisado pelo órgão jurisdicional, não invocar o seu carácter abusivo e não vinculativo".

Os termos em que o acórdão se exprime são ambíguos, causando-nos dúvidas. Em primeiro lugar, quando se diz que "o órgão jurisdicional nacional não é obrigado, *por força da directiva*, a não aplicar a cláusula" põe-se um problema de articulação entre o direito europeu e os direitos nacionais dos Estados-Membros. O juiz nacional poderá ser obrigado, pelo direito interno, a não a aplicar, ou não poderá sê-lo? O direito nacional dos Estados-Membros poderá transformar a *ordem pública de protecção* consignada na Directiva 1993/13/CE em *ordem pública de direcção*? Em segundo lugar, que significa dizer-se que "*o órgão jurisdicional nacional não é obrigado* [...] *a não aplicar a cláusula*"?; significa, tão-só, que não tem o *dever* de não a aplicar, ou que não tem o *poder* de não a aplicar?; significa, tão-só, que a *liberdade de apreciação* do juiz nacional é ampliada, pela *supressão* de um dever ou que a *liberdade de apreciação* do juiz nacional é restringida, pela *supressão de um poder*? Em terceiro lugar, que significa dizer-se "se o consumidor decidir, após ter sido avisado pelo órgão jurisdicional, não invocar o seu carácter abusivo e não vinculativo"?

O poder-dever do juiz nacional de apreciar oficiosamente o carácter abusivo de uma cláusula contratual não negociada estará sujeito à *condição* de avisar o consumidor de que considera a cláusula contratual abusiva e, eventualmente, à *condição* de dar ao consumidor um *prazo razoável*, para que o consumidor decida se quer, ou não, invocar "o seu carácter abusivo e não vinculativo"?

O texto do acórdão sugere que não – sugere que o consumidor terá o encargo de comunicar ao órgão jurisdicional nacional que decidiu não invocar o carácter abusivo e não vinculativo da cláusula contratual não negociada:

"[O] órgão jurisdicional nacional é obrigado a examinar oficiosamente o carácter abusivo de uma cláusula contratual [não negociada], desde que disponha dos elementos de direito e de facto necessários para o efeito. Quando considerar que a cláusula é abusiva, não a deve aplicar, salvo se o consumidor a isso se opuser".

Como o caso concretamente apreciado pelo Tribunal de Justiça se relacionava com uma cláusula contratual não negociada contendo um *pacto de aforamento*, o acórdão de 4 de Junho de 2009 esclarece que o dever de examinar oficiosamente o carácter abusivo da cláusula "também incumbe ao órgão jurisdicional nacional [a]quando da apreciação da sua própria competência territorial".

b) O juiz pode e deve conhecer (oficiosamente) do carácter abusivo da cláusula a todo o tempo

aa) O alcance do princípio de que o juiz pode e deve conhecer do carácter abusivo da cláusula a todo o tempo

O acórdão do Tribunal de Justiça de 21 de Novembro de 2002 no processo C-473/2000 (*Cofidis*)

O acórdão de 21 de Novembro de 2002, no processo C-473/2000 (*Cofidis*), completa o *princípio* de que o juiz nacional pode e deve conhecer *oficiosamente* do carácter abusivo da cláusula, dizendo que o juiz nacional pode e deve conhecer do carácter abusivo da cláusula *a todo o tempo*.

O acórdão do Tribunal de Justiça de 27 de Junho de 2000, nos processos C-240/98, C-241/98, C-242/98, C-243/98 e C-244/98 (*Océano*), ao dizer *explicitamente* que o juiz pode e deve conhecer *oficiosamente* do carácter abusivo de uma cláusula contratual não negociada, estaria a dizer *implicitamente* que a protecção conferida pela directiva deveria *desligar-se* da circunstância de o consumidor invocar, ou não, o carácter abusivo da cláusula:

> "[a] protecção que a directiva confere aos consumidores estende-se [...] aos casos em que o consumidor [...] se abstenha de invocar o carácter abusivo dessa cláusula, ou porque desconhece os seus direitos ou porque é dissuadido de o fazer devido aos custos de uma acção judicial".

Ora, como a protecção conferida pela directiva deveria *desligar-se* da circunstância de o consumidor invocar, ou não, o carácter abusivo da cláusula, o poder-dever do juiz de apreciar a sua compatibilidade com os critérios da "*boa fé*" e do "*desequilíbrio significativo, em detrimento do consumidor, entre os direitos e os deveres das partes resultantes do contrato*", não poderia estar sujeito a nenhum "limite temporal" (p. ex., a um prazo de caducidade):

> "nos processos que têm por objecto a execução de cláusulas abusivas, intentados por profissionais contra consumidores, a fixação de um limite temporal ao poder do juiz de, oficiosamente ou na sequência de excepção invocada pelo consumidor, afastar tais cláusulas é susceptível de prejudicar a eficácia da protecção pretendida pelos artigos 6º e 7º da directiva."

Os "limites temporais" – p. ex., os prazos de caducidade – tornariam *impossível* ou, pelo menos, *excessivamente difícil* a actuação ou o exercício dos direitos dos consumidores atribuídos ou reconhecidos pela directiva. Entre os argumentos do Tribunal de Justiça está, p. ex., o de que, "para privarem os consumidores [da] protecção [decorrente da Directiva 1993/13/CE]", os profissionais teriam tão-somente de aguardar que os prazos (p. ex., de caducidade) fixados pelo direito nacional expirassem, "para pedirem a execução das cláusulas abusivas que continuariam a utilizar nos contratos".

O acórdão do Tribunal de Justiça de 21 de Novembro de 2002, no processo C-473/2000 (*Cofidis*) determina então que os arts. 6º e 7º da Directiva 1993/13/CE "[se] opõe[m] a uma regulamentação interna que, numa acção intentada por um profissional contra um consumidor e emergente de um contrato entre eles, impede o juiz nacional de, findo um prazo de caducidade, conhecer, oficiosamente ou por excepção suscitada pelo consumidor, do carácter abusivo de uma cláusula inserida no referido contrato".

O acórdão do Tribunal de Justiça de 26 de Outubro de 2006 no processo C-168/05 (*Mostaza Claro*)

O acórdão de 26 de Outubro de 2006 concretiza o princípio de que o juiz nacional pode e deve conhecer do carácter abusivo de uma cláusula contratual não negociada *a todo o tempo*, dizendo que o consumidor pode invocá-la – 1º – no âmbito de um processo arbitral ou – 2º – no âmbito de um recurso de anulação da decisão proferida em processo arbitral.

O Tribunal de Justiça reafirma as premissas de que *"[o] sistema de protecção implementado pela directiva assenta na ideia de que o consumidor se encontra numa situação de inferioridade relativamente ao profissional"*; de que o equilíbrio entre os direitos e as obrigações das partes instituído pelo contrato é um *"equilíbrio formal"*; de que *a situação de inferioridade do consumidor relativamente ao profissional "só pode ser compensada com uma intervenção positiva, exterior às partes do contrato"*; e de que *"[o sistema de protecção implementado pela directiva], tendo em conta a inferioridade de uma das partes no contrato, pretende substituir o equilíbrio formal que este estabelece entre os direitos e obrigações das partes por um equilíbrio real susceptível de restabelecer a igualdade entre estas"*, para concluir que *"o objectivo prosseguido pelo artigo 6º da directiva [...] não pode ser atingido se, em sede de recurso de uma decisão arbitral, o tribunal estiver impedido de apreciar a nulidade dessa decisão, pela simples razão de o consumidor não ter invocado a nulidade da convenção de arbitragem no âmbito do processo arbitral"*.

Excluindo-se a possibilidade de o tribunal anular a decisão arbitral, "[a] omissão [...] do consumidor não pode[ria] [...], de modo algum, ser suprida pela acção de terceiros relativamente ao contrato. *O sistema de protecção especial instituído pela directiva ficaria definitivamente comprometido"*.

O acórdão de 26 de Outubro de 2006 dirige-se ao recurso de decisões arbitrais: "a Directiva [1993/13/CE, de 5 de Abril de 1993], deve ser interpretada no sentido de que implica que, em sede de recurso de anulação de uma decisão arbitral, o tribunal nacional aprecie a nulidade da convenção arbitral e revogue essa decisão por a referida convenção conter uma cláusula abusiva, mesmo que o consumidor não tenha invocado essa nulidade no âmbito do processo arbitral mas apenas no do recurso de anulação".

Os argumentos do acórdão de 26 de Outubro de 2006 aplicam-se, *a pari,* – 1º –ao recurso de *decisões arbitrais* e – 2º – ao recurso de *decisões judiciais*.

O Tribunal de Justiça, ao dizer (explicitamente) que o consumidor pode invocar o carácter abusivo da cláusula contratual – 1º – *no âmbito de um processo arbitral* ou – 2º – *no âmbito de um recurso de anulação da decisão proferida em processo arbitral*, está a dizer (implicitamente) que o consumidor pode invocar o carácter abusivo da cláusula contratual *no âmbito de uma (qualquer) acção e/ou no âmbito de um (qualquer) recurso.*

O acórdão de 6 de Outubro de 2009 no processo C-40/08 (*Asturcom Telecomunicaciones*) confirma-o, ao dizer que "um órgão jurisdicional nacional chamado a conhecer de uma acção executiva de uma decisão arbitral transitada em julgado, proferida sem a comparência do consumidor, é obrigado, desde que disponha dos elementos jurídicos e de facto necessários para esse efeito, a apreciar oficiosamente o carácter abusivo da cláusula de arbitragem contida num contrato celebrado entre um profissional e um consumidor, *na medida em que, segundo as regras processuais nacionais, possa proceder a tal apreciação no quadro de recursos similares de direito interno*".

bb) Os limites do princípio. – O acórdão do Tribunal de Justiça de 6 de Outubro de 2009 no processo C-40/08 (*Asturcom Telecomunicaciones*)[10]

O acórdão de 6 de Outubro de 2009 restringe o alcance da afirmação do princípio de que o juiz nacional pode e deve conhecer do carácter abusivo da cláusula a todo o tempo, no âmbito de uma (qualquer) acção ou no âmbito de um (qualquer) recurso, com a constatação da importância do princípio da autoridade do caso julgado: *"para garantir a estabilidade do direito e das relações jurídicas, e uma boa administração da justiça, é necessário que as decisões judiciais que se tornaram definitivas após o esgotamento das vias de recurso disponíveis ou depois de decorridos os prazos previstos para tais recursos já não possam ser postas em causa"*; e, por ser necessário que as decisões judiciais que se tornaram definitivas já não possam ser postas em causa, *"o direito comunitário não obriga um órgão jurisdicional nacional a afastar a aplicação das regras processuais internas que conferem autoridade de caso julgado a uma decisão, mesmo que isso permita obviar a uma violação do direito comunitário pela decisão em causa"*.

Os casos considerados pelo acórdão de 26 de Outubro de 2006, no processo C-168/05 (*Mostaza Claro*), e pelo acórdão de 6 de Outubro de 2009, no processo C-40/08 (*Asturcom Telecomunicaciones*), seriam substancialmente distintos: no primeiro, a autora não se manteve totalmente passiva, tendo interposto um recurso de anulação da decisão arbitral; no segundo, a autora manteve-se "totalmente passiva no decurso dos diferentes processos [...] e, em especial, não interpôs um recurso de anulação da decisão arbitral [...] a fim de contestar o carácter abusivo da cláusula de arbitragem". O problema concretizar-se-ia então em "determinar se a necessidade de substituir o *equilíbrio formal* que o contrato esta-

---

[10] Com anotação de Chantal Mak, "Case Note – Judgement of the Court (First Chamber) of 6 October 2009, Asturcom Telecomunicaciones SL v. Cristina Rodriguez Nogueira, Case C-40/08", in: *European Review of Contract Law*, vol. 6 (2010), págs. 437-448.

belece entre os direitos e as obrigações das partes por um *equilíbrio real* susceptível de restabelecer a igualdade entre estas últimas obriga o juiz de execução a garantir uma protecção absoluta ao consumidor", ainda que o consumidor *"não te[nha] intentado [nenhu]uma acção judicial com vista a obter a defesa dos seus direitos"* e que, pelo facto de o consumidor não ter intentado nenhuma acção judicial com vista a obter a defesa dos seus direitos, a decisão arbitral entretanto proferida tenha adquirido a *autoridade de caso julgado*.

O Tribunal de Justiça relaciona o problema da *autoridade de caso julgado das decisões judiciais* com o princípio da *autonomia processual dos Estados-Membros* e com os dois limites do princípio da *autonomia processual* – princípio da efectividade e princípio da equivalência –, para sustentar as seguintes teses:

Quanto ao *princípio da efectividade*, o acórdão de 6 de Outubro de 2009 diz:

1º – que o princípio da efectividade não implica que o juiz nacional "deva suprir integralmente a passividade total [de um] consumidor [...], que [...] não participou no processo arbitral nem [sequer] interpôs [...] recurso de anulação da decisão [proferida no processo] arbitral"; e – 2º – que o princípio da efectividade não implica que os Estados-Membros não possam fixar prazos razoáveis de recurso das decisões jurisdicionais, "sob pena de caducidade, por razões de segurança jurídica"; "tais prazos[, desde que sejam razoáveis,] não são susceptíveis de tornar impossível, na prática, ou excessivamente difícil o exercício dos direitos conferidos pela ordem jurídica comunitária".

Confrontado com o problema da *razoabilidade* de um prazo de recurso de 60 dias, o Tribunal de Justiça considerou que "um prazo de recurso de 60 dias não é, em si, criticável"; que um prazo de recurso de 60 dias "permite avaliar se existem motivos para contestar uma decisão arbitral e, eventualmente, preparar o recurso de anulação [da] decisão arbitral"; e que o prazo de recurso só "começa a correr a partir da notificação da decisão arbitral", pelo que *"o consumidor não pode encontrar-se numa situação em que [um] prazo [de caducidade ou] de prescrição começa a correr, ou mesmo em que já se esgotou, sem ter tido conhecimento dos efeitos da cláusula de arbitragem abusiva em seu prejuízo"*.

Quanto ao princípio da equivalência, o acórdão de 6 de Outubro de 2009 diz:

1º – que o princípio da equivalência implica que *"os requisitos impostos pelo direito nacional para suscitar oficiosamente [a aplicação de] uma regra de direito comunitário não sejam menos favoráveis do que os [requisitos impostos para suscitar oficiosamente] a aplicação [...] de regras do mesmo grau hierárquico de direito interno"*; – 2º – que *"o artigo 6º [da Directiva 1993/13/CE deve ser considerado uma norma equivalente às regras nacionais que ocupam, na ordem jurídica interna, o grau [hierárquico?] de normas de ordem pública"*; e, por conseguinte, – 3º –que o princípio da equivalência implica que os requisitos impostos pelo direito nacional para suscitar oficiosamente a questão da aplicação do art. 6º da Directiva 1993/13/CE não sejam menos favoráveis que os requisitos impostos para suscitar a aplicação *"das regras nacionais que ocupam, na ordem jurídica interna, o grau de normas de ordem pública"*.

Ou seja: "*o órgão jurisdicional nacional chamado a conhecer de uma acção executiva de uma decisão arbitral transitada em julgado [...] [só] é obrigado [...] a apreciar oficiosamente o carácter abusivo da cláusula de arbitragem contida num contrato celebrado entre um profissional e um consumidor, na medida em que, segundo as regras processuais nacionais, possa proceder a tal apreciação no quadro de recursos similares de direito interno*". O princípio de que o juiz nacional pode e deve conhecer do carácter abusivo da cláusula a todo o tempo, no âmbito de uma (qualquer) acção ou no âmbito de um (qualquer) recurso, tem, consequentemente, um *limite:* – *as modalidades de aplicação do princípio da autoridade do caso julgado definidas pela ordem jurídica interna dos Estados-Membros.*

Entre a forma e o conteúdo na desconstituição dos negócios jurídicos simulados

PAULO DE BARROS CARVALHO
Professor emérito e titular da Pontifícia Universidade Católica de São Paulo – PUC-SP
e da Universidade de São Paulo – USP. Membro da Academia Brasileira de Filosofia

1. Introdução

Antes de ingressar, propriamente, no assunto posto aos meus cuidados, entendo serem oportunas algumas palavras sobre o modo e por quais caminhos pretendo aproximar-me do objeto, para que seja possível articular suas complexidades, refletir sobre elas e poder, ao fim, construir conclusões consistentes capazes de acalmar o espírito instigado pela dúvida.

De fato, todo trabalho com aspirações mais sérias há de expor previamente seu método, assim entendido o conjunto de técnicas utilizadas pelo analista para demarcar o objeto, colocando-o como foco temático e, de seguida, penetrar no seu conteúdo. Parece apropriado efetuar breves considerações sobre o itinerário do pensamento, no sentido de abrir caminho para que o leitor possa percorrê-lo com desenvoltura, consciente do plano traçado pelo autor. Tal informação, que é de grande utilidade para ensejar a iterativa conferência do rigor expositivo, volta-se, fundamentalmente, para esclarecer o trajeto que vai ser trilhado, facilitando sobremaneira a fundamentação das proposições apresentadas.

Tomarei o direito positivo como objeto cultural que se apresenta como camada de linguagem em função prescritiva, projetando-se sobre o domínio das condutas intersubjetivas, para regulá-las com seus operadores deônticos (permitido, obrigatório e proibido). Tais reflexões pedem atenção para o modo pelo qual se opera a construção do sentido, interpretação do direito posto.

Para apropriada compreensão do tema, releva tecer alguns comentários sobre a função da linguagem na constituição da realidade jurídica. É importante também dedicar algumas linhas à dicotomia forma e conteúdo, que tem ocupado importante espaço nas discussões sobre a desconsideração de negócios jurídicos "simulados". Além disso, essa ordem de considerações nos levará à conclusão de que somente o fato *juridicamente* qualificado pode ser tomado para fins de determinar a formação do liame tributário, sendo descabidas análises de ordem meramente econômica.

Com suporte em tais premissas, e tendo em vista o princípio da autonomia da vontade e da livre iniciativa, aliados àqueles da estrita legalidade e da tipicidade tributária, passo à análise da possibilidade jurídica de o contribuinte praticar fatos que lhe acarretem menor ônus tributário. Somente nos casos de simulação, com a prática de atos fraudulentos e dolosos, ter-se-á a possibilidade de o Fisco desconsiderar os negócios praticados, fazendo recair a tributação sobre a forma negocial oculta (negócio dissimulado). Examinarei, desse modo, a figura da simulação, demarcando-lhe os traços característicos e discorrendo sobre seu uso na seara tributária.

2. Conhecimento e linguagem

Decompondo-se o fenômeno do conhecimento, encontramos o dado da linguagem, sem o qual ele não se fixa nem se transmite. Já existe um *quantum* de conhecimento na percepção, mas ele se realiza mesmo, na plenitude, no plano proposicional e, portanto, com a intervenção da linguagem. "Conhecer", ainda que experimente mais de uma acepção, significa "saber proposições sobre". Conheço determinado objeto se posso expedir enunciados sobre ele, de tal arte que o conhecimento, nesse caso, se manifesta pela linguagem, mediante proposições descritivas ou indicativas.

Por outro lado, a cada momento confirma-se a natureza da linguagem como constitutiva de nossa realidade. Já afirmava Wittgenstein, na proposição 5.6 do *Tractatus Logico-Philosophicus*, que *"os limites da minha linguagem são os limites do meu mundo"*, significando: meu mundo vai até aonde for minha linguagem. A experiência o comprova: olhando para uma folha de laranjeira, um botânico seria capaz de escrever laudas, relatando a "realidade" que vê, ao passo que o leigo ficaria limitado a poucas linhas. Dirigindo o olhar para uma radiografia de pulmão, o médico poderia sacar múltiplas e importantes informações, enquanto o advogado, tanto no primeiro caso, como neste último, ver-se-ia compelido a oferecer registros ligeiros e superficiais. Por seu turno, examinando um fragmento do Texto Constitucional brasileiro, um engenheiro não lograria mais do que construir mensagem adstrita à fórmula literal utilizada pelo legislador, enquanto o bacharel em Direito estaria em condições para desenvolver análise ampla, contextual, trazendo à tona o conteúdo das normas jurídicas, identificando valores e apontando princípios. Por que alguns têm acesso a esses campos e outros não? Por que alguns ingressam em certos setores do mundo, ao mesmo tempo em que outros se acham absolutamente impedidos de fazê-lo? A resposta é uma só: a realidade do botânico, com relação à Botânica, é bem mais abrangente do que a de outros profissionais, o mesmo ocorrendo com a realidade do médico, do engenheiro e do bacharel em Direito. O fator determinante para que essas realidades se expandissem, dilatando o domínio dos respectivos conhecimentos, é a *linguagem* ou a *morada do ser*, como proclamou Heidegger.

O laço que prende um termo a seu significado costuma apresentar-se aos nossos olhos como algo dado a nós, um vínculo natural conhecido como elemento da realidade. Todavia, essa relação entre a palavra e a coisa é artificial. Quando aprendemos o nome de um objeto, não aprendemos algo acerca da coisa, senão sobre os costumes linguísticos de certo grupo ou povo que fala o idioma no qual esse nome corresponde a um específico objeto. Não obstante seja corriqueiro afirmar-se que uma coisa tem nome, seria mais rigoroso dizer que nós é que temos um nome para essa coisa. Disso decorre uma conclusão necessária: não existem nomes verdadeiros ou falsos. Há, tão somente, nomes aceitos ou não aceitos. A possibilidade mesma de inventar nomes, por sua vez, também leva um nome: liberdade de estipulação. Nesse sentido, asseveram Guibourg, Ghigliani e Guarinoni[1], cheios de convicção:

> Estas consideraciones nos llevan a una nueva conclusión, más profunda que la anterior: al inventar nombres (o al aceptar los ya inventados) trazamos límites en la realidad, como se la cortáramos idealmente en trozos; y al asignar cada nombre constituimos (es decir, identificamos, individualizamos, delimitamos) el trozo que, según hemos decidido, corresponderá a ese nombre. (...) Por esto la realidad se nos presenta ya cortada en trozos, como una pizza dividida en porciones, y no se nos ocurre que nosotros podríamos haber cortado las porciones de otro tamaño o con otra forma.

Decididamente, é também a linguagem que nos dá os fatos do mundo físico e do social. Feita a observação, verifica-se que o homem vai criando novos nomes e novos fatos, na conformidade de seus interesses e de suas necessidades. Para nós, basta uma só palavra para designar "neve". Para os esquimós, entretanto, envolvidos por circunstâncias bem diversas, impõe-se a distinção entre as várias modalidades de "neve" e a cada uma corresponderá um termo. Não se pode precisar o motivo exato, mas os povos de cultura portuguesa houveram por bem, em determinado momento de sua evolução histórica, especificar a palavra "saudade", diferentemente de outras culturas que a mantêm incluída em conceitos mais gerais, como "nostalgia", "tristeza" etc. Em português, como em castelhano, temos "relógio" (*"reloj"*); já em inglês discriminou-se *"clock"* para o relógio de parede e *"watch"* para o de bolso ou de pulso. E, em francês, existem três

---

[1] *Introducción al conocimiento científico*, Buenos Aires: EUDEBA, 1985, p. 37.

vocábulos distintos: *"horloge"* (de torre ou de parede), *"pendule"* (de mesa ou de pé) e *"montre"* (de bolso ou de pulso).

O esclarecimento das razões determinantes dessas especificações é, muitas vezes, encontrado na Gramática Histórica, disciplina incumbida de estudar as dinâmicas que presidem a evolução do idioma. A observação revela que tanto as palavras recém-criadas como as novas acepções atribuídas àqueles termos já conhecidos, incorporam-se ao patrimônio linguístico por força de necessidades sociais. A Física tinha no átomo a unidade irredutível da matéria. Com o progresso do interesse científico e o avanço pesquisa que culminou com a possibilidade de decomposição daquela partícula, tornou-se imperiosa a expansão da linguagem para constituir a nova realidade: eis o "próton", o "nêutron", o "elétron".

Breve comparação entre dicionários de um mesmo idioma, editados em momentos históricos diferentes, aponta para significativo crescimento do número de palavras, assim na chamada "linguagem natural", como nos discursos das várias ciências. É a linguagem constituindo realidades novas e alargando as fronteiras do nosso conhecimento.

2.1. A constituição da "realidade jurídica" por meio da linguagem

A linguagem natural está para a realidade em que vivemos assim como a linguagem do direito está para a nossa realidade jurídica. Dito de outra maneira, da mesma forma que a linguagem natural constitui o mundo circundante, por nós chamada de realidade, a linguagem do direito cria o domínio do jurídico, isto é, o campo material das condutas intersubjetivas, dentro do qual nascem, vivem e morrem as relações disciplinadas pelo direito. Se não há fato sem articulação de linguagem, também inexistirá fato jurídico sem a linguagem específica que o relate como tal. Se, por exemplo, S' empresta quantia em dinheiro para S", mas não consegue expressar sua reivindicação mediante as provas prescritas pelo direito como ajustadas à espécie, vale dizer, faltando a linguagem jurídica competente para narrar o acontecimento, não se poderá falar em fato jurídico. A circunstância conserva sua natureza factual porque descrita em linguagem ordinária, porém não alcança a dignidade de fato jurídico por ausência da expressão verbal adequada.

O direito positivo é vertido em linguagem técnica, assim entendida toda aquela que se assenta no discurso natural, aproveitando, em quantidade considerável, palavras e expressões de cunho determinado, pertinentes ao patrimônio das comunicações científicas. Projeta-se sobre o campo do social, disciplinando os comportamentos interpessoais com seus três operadores deônticos (obrigatório, proibido e permitido), orientando as condutas em direção aos valores que a sociedade quer ver implantados. Sua função é eminentemente prescritiva, incidindo como um conjunto de ordens, de comandos, produzidos com o intuito de alterar comportamentos sociais, motivando seus destinatários.

Em termos de ação direta, é a linguagem do direito posto que constitui as realidades do mundo jurídico. Mesmo quando mal aplicadas, as regras do direito operam em nome do ordenamento em vigor, recortando-se o mundo social na estrita conformidade das determinações contidas nos seus comandos. Eis o fato meramente social adquirindo a dimensão de fato jurídico. Foi juridicizado, na expressão empregada por Pontes de Miranda, e, nesse momento, constituiu-se uma situação nova, ampliando a realidade do direito pela ação de sua linguagem própria.

3. Interpretação dos fatos: definição de "fato puro", "fato contábil" e "fato jurídico"

Feitas as necessárias considerações sobre a relevância da linguagem prescritiva do direito na constituição da realidade jurídica, convém discorrer sobre assunto de grande atualidade: os contornos constitutivos do fato jurídico tributário. O fato que dá causa a uma relação jurídica pode ser objeto de qualificações não--jurídicas? Em outras palavras, o fato, antecedente da norma jurídica individual e concreta, pode ser entendido como fato econômico, fato contábil, fato político ou mesmo fato histórico? É o que iremos examinar. Adianto, porém, que no contexto jurídico, só tem cabimento falar-se em elementos juridicizados, sendo inadmissível pretender atribuir efeitos de direito a fatos meramente econômicos, contábeis, políticos ou históricos.

Retornemos da digressão para considerar que, no degrau da hermenêutica jurídica, o grande desafio de quem pretende desvelar o conteúdo, sentido e alcance das regras de direito radica na inafastável dicotomia entre a letra da lei e a natureza do fenômeno jurídico subjacente. O desprestígio da chamada interpretação literal dispensa meditações mais profundas, bastando recordar que, prevalecendo como método de interpretação do direito, seríamos forçados a admitir estarem os meramente alfabetizados, quem sabe com o auxílio de um dicionário de tecnologia jurídica, credenciados a identificar a substância das mensagens legisladas, explicitando as proporções de significado da lei. O reconhecimento de tal possibilidade roubaria à Hermenêutica Jurídica e à Ciência do Direito todo o teor de suas conquistas, relegando o ensino universitário a um esforço sem expressão e sentido prático de existência. Talvez por isso, e sem o perceber, Carlos Maximiliano haja sufragado, com suficiente ênfase, que todos os métodos interpretativos são válidos, conquanto seus resultados coincidam com aqueles colhidos na interpretação sistemática.

Não sobeja repetir: para nós, as normas jurídicas são as significações que a leitura do texto desperta em nosso espírito e, nem sempre, coincidem com os artigos nos quais o legislador distribui a matéria no campo escrito da lei. Dito de outro modo, na realidade social em que vivemos, experimentamos sensações visuais, auditivas, tácteis, capazes de suscitar noções. Estas, agrupadas em nosso intelecto, fazem surgir os juízos ou pensamentos que, por sua vez, se exprimem verbalmente como proposições. A proposição aparece como o enunciado de um juízo, da mesma maneira que o termo expressa uma ideia ou noção. E a norma jurídica é, exatamente, o juízo hipotético provocado pela percepção do texto provoca no plano de nosso consciente, da mesma forma em que tantas outras noções não-jurídicas poderiam ter sido originadas daquele mesmo conjunto de percepções físicas. Diz-se, portanto, que a noção é jurídica quando se enquadra a uma determinada hipótese normativa.

Quer isto exprimir, por outros torneios, que a única forma de se entender o fenômeno jurídico, conclusivamente, é analisando-o como um sistema, visualizado no entrelaçamento vertical e horizontal dos inumeráveis preceitos que se congregam e se aglutinam para disciplinar o comportamento do ser humano, no convívio com seus semelhantes. O texto escrito, na singela expressão de seus símbolos, não pode ser mais do que a porta de entrada para o processo de apreensão da vontade da lei, jamais confundida com a intenção do legislador. Sem nos darmos conta, adentramos a análise do sistema normativo sob o enfoque semioticista, recortando, como sugere uma análise mais séria, a realidade jurídica em seus diferentes campos cognoscitivos: sintático, semântico e pragmático.

Bem sabido que não se pode priorizar qualquer das dimensões semióticas, em detrimento das demais. Todavia, o momento semântico, num exame mais apurado sobre o tema ora tratado, chama a atenção pela maneira intensa como qualifica e determina as questões submetidas ao processo dialógico que prepara a decisão ou conclusão. Daí exclamar Alfredo Augusto Becker, cheio de força retórica, ser o jurista *nada mais que o semântico da linguagem do direito*. A ele cabe a árdua tarefa de examinar os textos, quantas vezes obscuros, contraditórios, penetrados de erros e imperfeições terminológicas, para captar a essência dos institutos, surpreendendo, com nitidez, a função da regra, no implexo quadro normativo.

No processo de cognição da linguagem prescritiva de condutas, o hermeneuta esbarra em numerosos entraves que a realidade jurídica mesma lhe impõe. O primeiro obstáculo está cravado na própria matriz do direito. A produção das normas de mais elevada hierarquia no sistema, que são gerais e abstratas, está confiada aos parlamentos, casas legislativas de natural heterogeneidade, porquanto se pretendem. Com isso, a despeito dos esforços na elaboração de uma linguagem técnica, dotada da racionalidade suficiente para atingir padrões satisfatórios de eficácia social, a verdade é que a mensagem legislada quase sempre vem penetrada de imperfeições, com problemas de ordem sintática e semântica, tornando muitas vezes difícil sua compreensão pelos sujeitos destinatários. É neste ponto que a Dogmática (Ciência do Direito em sentido estrito) cumpre papel de extrema relevância, compondo os enunciados frequentemente dispersos em vários corpos legislativos, ajeitando-os na estrutura lógica compatível e apontando as correções semânticas sugeridas pela leitura contextual. Com tais ponderações, a comunicação normativa flui mais facilmente do emissor ao receptor, realizando os propósitos da regulação jurídica com mais clareza e determinação.

Num segundo momento, depara-se o estudioso com uma realidade juridicamente complexa. Analisando no contexto de uma visão sistemática, onde as unidades normativas se entreligam formando uma estrutura sintática; onde há, inequivocamente, um referente semântico consubstanciado pela região material das condutas, ponto de confluência das iniciativas reguladoras do comportamento intersubjetivo; e onde se verificam as inesgotáveis manifestações dos fatores pragmáticos. Tudo isso, repito, traz ao estudo do fenômeno jurídico complexidades imensas. Na qualidade de exegeta, deve partir da literalidade do texto, e buscar as significações sistêmicas, aquelas que retratam os específicos parâmetros instituídos pelo sistema. Do mesmo modo, a consistência material das regras há de encontrar fundamento no sistema, sob pena de não prevalecerem, vindo a ser desconstituídas. Daí a tendência para cortar cerce o problema, ofertando soluções simplistas e descomprometidas, como ocorre, por exemplo, com a canhestra "interpretação literal" das formulações normativas, que leva consigo a doce ilusão segundo a qual as regras do direito podem ser isoladas do sistema e, analisadas na sua compostura frásica, desde logo "compreendidas". Vê-se o jurista, portanto, na contingência de consultar diversos preceitos de um diploma e, até, a sair dele, fazendo incursões pelo sistema.

Por fim, não nos esqueçamos de que a camada linguística do direito está imersa na complexidade do tecido social, cortada apenas para efeito de aproximação cognoscitiva. O real, com a multiplicidade de suas determinações, só é suscetível de representação intuitiva, porém aberta para receber inúmeros recortes cognoscitivos. Com tais ponderações, torna-se hialina a afirmativa de que a partir de um mesmo evento, poderá o jurista construir o fato jurídico; como também o contabilista, o fato contábil; e o economista o fato econômico. Tudo, portanto, sob a dependência do corte que se deseja promover daquele evento.

E quanto ao âmbito de compreensão desse fenômeno, retornando à linha de raciocínio inicial, citemos que todos os fatos são construções de linguagem, e, como tanto, são representações metafóricas do próprio evento. Seguem a gramaticalidade própria do universo linguístico a que pertencem, o jurídico, quando constituinte do fato jurídico, ou o contábil, por exemplo, quando construtores do fato contábil. As regras da gramática cumprem função linguística reguladora de um idioma historicamente dado. Prescrevem a forma de combinação dos vocábulos e das expressões para produzirmos oração, isto é, construção com sentido daquele universo linguisticamente dado e não de outro. O direito, portanto, é linguagem própria compositiva de uma realidade jurídica. Provém daí o nominar-se Gramática Jurídica ao subconjunto das regras que estabelecem como outras regras devem ser postas, modificadas ou extintas, dentro de certo sistema.

Posto isso, perceberemos que a construção do fato jurídico nada mais é que a constituição de um fraseado normativo capaz de justapor-se como antecedente normativo de uma norma individual e concreta, dentro das regras sintáticas ditadas pela gramática do direito, assim como de acordo com os limites semânticos arquitetados pela hipótese da norma geral e abstrata.

Há que inserir, neste caminho, relevante advertência: as palavras componentes da frase "constitutiva de realidade jurídica" têm denotação: o conjunto dos significados que representam o signo. Seus termos classificam dicotomicamente os fatos em universos, estabelecendo as seguintes categorias: a dos objetos representados e aquel'outra dos objetos por ele não representados.

Tal ocorre com a expressão fato jurídico. Tem-se como certo, nos dias de hoje, que o conhecimento científico do fenômeno social, seja ele qual for, advém da experiência, aparecendo sempre como uma síntese necessariamente *a posteriori*. Na constituição do fato jurídico, a análise relacional entre a linguagem social e a linguagem jurídica, redutora da primeira, sobrepõe-se a esse conhecimento sinzetético, obtendo como resultado um novo signo, individualizado no tempo e no espaço do direito e recebendo qualificação jurídica: eis o fato jurídico. É, portanto, uma construção de sobrelinguagem. Há duas sínteses: (i) do fenômeno social ao fenômeno abstrato jurídico e (ii) do fenômeno abstrato jurídico ao fenômeno concreto jurídico.

Adotados esses pressupostos, verificaremos que o termo ou expressão ao adquirir o qualificativo "jurídico" não somente será representativo de uma unidade do universo do direito, como também denotará seu contraponto, isto é, todos os outros fatos linguisticamente possíveis de serem construídos a partir daquele mesmo evento, mas que não se enquadram às regras sintáticas e semanticamente dadas pelo sistema de linguagem do direito. A demarcação do objeto implica a delimitação do corte de sua classe e, ao traçar esses limites o exegeta obtém como resultado indireto a formação do conjunto dos fatos que não se qualificam como tal. Trata-se de singela construção resultante da lógica, pois, no universo das proposições normativas, "p" (proposição) é diferente e oposto de "n-p" (não-proposição), impedindo a quem se dispõe a conhecer o sistema incluir a classe "n-p" dentro do conjunto "p". São categorias que tomam o mesmo universo, mas não se entrecruzam. Ou seja, de um mesmo evento pode-se construir um fato jurídico ou um fato contábil; mas um e outro são sobremaneira diferentes, isso impede de inscrever o último como antecedente da norma individual e concreta, dado que representa unidade carente de significação jurídica. O fato capaz de implicar o consequente normativo haverá de ser sempre fato jurídico, mesmo que muitas vezes haja situações nas quais num e noutro estejam presentes os mesmos conteúdos denotativos. A partir desses dados é que poderemos demarcar o conjunto dos fatos jurídicos, separando-o do conjunto dos fatos não-jurídicos, onde se demoram os fatos econômicos, os fatos contábeis, os fatos históricos e tantos outros quantas sejam as ciências que os constroem. O critério utilizado para a separação desses dois domínios é justamente a homogeneidade sintática do universo jurídico.

Com tais considerações, cabe relembrar que todo conhecimento do objeto requer cortes e mais recortes científicos, cuja função é simplificar a complexa realidade existencial, delimitando o campo da análise. Não nos esqueçamos que a camada linguística do direito está imersa na complexidade do tecido social, cortada apenas para efeito de aproximação cognoscitiva. O direito positivo é objeto do mundo da cultura e, como tal, torna árdua a tarefa do exegeta em construir a plenitude de seus conteúdos de significação, obrigando-o a reduzir a complexidade empírica, ora isolando ora selecionando caracteres do dinâmico mundo do existencial. O objeto passa a ser uma construção em linguagem feita pelo intérprete ao reduzir as características próprias e imanentes daquilo que se toma do universo físico-social.

Eis uma barreira intransponível à concepção do "fato puro", seja ele econômico, histórico, político, jurídico ou de qualquer outra qualidade que se lhe pretenda atribuir. Tais fatos, como acrescenta Lourival Vilanova[2], são elaborações conceptuais, subprodutos de técnicas de depuração de ideias seletivamente ordenadas.

Pelo exposto, fica a ressalva de que não há fatos jurídicos puros ou fatos econômicos puros. Existem cortes de linguagem. Nós, juristas, montamos a realidade jurídica que representa o corte. Desta maneira, construímos a interpretação jurídica. Nada disso impede que economistas tomem a mesma base objetiva e produzam enunciados econômicos sobre ela. Produzem-se, por sua vez, outros cortes sobre o mesmo acontecimento, compondo novo signo. E a mesma coisa ocorre para o historiador, que constitui o fato histórico; para o sociólogo, que constrói o fato sociológico, entre tantos outros recortes que se possam produzir naquela realidade. À confusão metodológica que se estabelece no instante do corte Becker chamou de "mancebia irregular" do direito tributário com outras Ciências. Aliás, foi precisamente pela pretensão de fixar como objeto a atividade financeira do Estado, passando a examiná-la sob todos os ângulos possíveis e

---

[2] *Estruturas lógicas e o sistema do direito positivo*, São Paulo: Noeses, 2006, p. 104.

imaginários, sem qualquer prioridade metodológica, que a Ciência das Finanças rotundamente faliu, não mais existindo como disciplina nas grades curriculares das Faculdades de Direito do Brasil.

Discorrendo acerca do modo de pensar algumas vezes irrefletido da doutrina tradicional, também conhecida como "doutrina bem comportada do Direito Tributário", Alfredo Augusto Becker esclarece:

> Exemplo de carência de atitude mental jurídica é a divulgadíssima tese (aceita como coisa óbvia) que afirma ser a hipótese de incidência ("fato gerador", "fato imponível", "suporte fáctico") sempre um fato econômico. Outro exemplo atual é a muito propagada doutrina da interpretação e aplicação do Direito Tributário segundo a "realidade econômica do fenômeno social". Como se demonstrará, ambas as teorias têm como resultado a demolição da juridicidade do Direito Tributário e a gestação de um ser híbrido e teratológico: o Direito Tributário invertebrado[3]

No âmbito dessas investigações, chegaremos à conclusão de que os fatos, assim como toda construção de linguagem, podem ser observados como jurídicos, econômicos, antropológicos, históricos, políticos, contábeis, etc.; tudo dependendo do critério adotado pelo corte metodológico empreendido. Existe interpretação econômica do fato? Sim, para os economistas. Existirá interpretação contábil do fato? Certamente, para o contabilista. No entanto, uma vez assumido o critério jurídico, o fato será, única e exclusivamente, fato jurídico; e claro, fato de natureza jurídica, não econômica ou contábil, entre outras matérias. Como já anotado, o direito não pede emprestado conceitos de fatos para outras disciplinas. Ele mesmo constrói sua realidade, seu objeto, suas categorias e unidades de significação.

4. Forma e conteúdo

Que é o conteúdo de algo? Aquele que se depare com a pergunta: *"que é a federação brasileira?"*, poderia muito bem responder à indagação com a frase *"é a união indissolúvel dos Estados e Municípios e do Distrito Federal"*, que consta do art. 1º da Constituição da República. Eis o *conteúdo*, diria ele. Mas mesmo essa frase, terá ela também seu suporte físico, suas marcas de tinta no papel (ou até mesmo pontos luminosos numa tela de computador) que a encerram em uma *forma*. E não pode ser diferente: não há maneira de ser senão pelo meio de uma forma.

---

[3] *Teoria Geral do Direito Tributário*, 4ª ed., São Paulo, Marcial Pons/Noeses, 2007, p. 17 (grifos do autor).

Incisivas as palavras de Lourival Vilanova[4]:

> [...] Não há vida sem sê-lo em forma. Já o corpo é a forma-limite, que contrapõe o ser vivente ao seu contorno. Pouco importa que seja a mais rudimentar espécie de vida biológica: há sempre um contorno próprio, em face do mundo circundante. Sem isso, não seria de um microcosmos imerso dentro do macrocosmos. A vida social não escapa a essa congênita presença da forma. Apenas há um pluralismo de formas modeladoras da existência social. O direito pré-político, ou a sociedade juridicamente sem Estado é, historicamente, a protoforma. Depois, vem o Estado e dá-se a politização do direito, forma mais potente para conter a multiplicação dos fatores sociais.

A prevalência do conteúdo sobre a forma é mais um dentre muitos falsos problemas de que perturbam a compreensão do direito positivo. Isso porque forma e conteúdo não são aspectos separáveis a ponto de tornar-se possível preterir um em favor do outro, são dimensões de um objeto incindível. Com propriedade, o escritor e crítico literário José Veríssimo: *"a forma é o fundo aparecendo"*. E não há outro jeito de se conhecer, descer às entranhas do significado atribuindo-lhe significação, senão pela contato com a forma com que se apresente o signo.

A expressão de São Paulo *"a letra mata, mas o espírito vivifica"*[5], longe de refutar, o argumento reforça a importância da forma. Inexiste outro meio de travar contato com um objeto objeto senão pela forma, porquanto, diante dela, não bastará a aproximação via intuição sensível: é preciso que haja esforço do sujeito cognoscente para apreendê-lo e, assim, *vivificá-lo* em seu espírito. Com outras palavras: é necessário interpretar a forma para outorgar-lhe conteúdo.

O conhecimento somente faz-se presente quando exteriorizado e, para que possa romper as fronteiras do mundo intrasubjetivo, objetivando-se, tornar-se-á imprescindível exprimir o sabido. Vertendo-o numa forma.

Assim também no direito, como já dizia Pontes de Miranda[6]:

> Todos os fatos jurídicos têm conteúdo e forma. Mas só a forma dos atos jurídicos é relevante para o direito. Qualquer que seja a forma com que se morre, o que importa é o fato da morte, como só importa o fato do nascimento ou o ato-fato da tomada de posse ou do pagamento.

---

[4] *O Poder de Julgar e a Norma*. In: Escritos Jurídicos Filosóficos, v.1. São Paulo: IBET/Axis Mundi, 2003. p.358.
[5] 2 Coríntios 3:6.
[6] PONTES DE MIRANDA, Francisco Cavalcanti. *Tratado de Direito Privado*. v.3. Rio de Janeiro: Borsoi, 1962, p.349.

Enquanto a vontade permanece íntima, não-exteriorizada, não interessa ao direito.

Ao atribuir conteúdo, dá-se vida à forma e pela ação de interpretar, a forma passa a implicar um conteúdo. Mas forma a que não se atribua conteúdo não pode aspirar ao *status* de signo, com o que o conteúdo, sempre que seja objeto de enunciação, também implica forma. Insta dizer então: num signo qualquer, forma e conteúdo co-existem e, mais que isso, se co-implicam.

A forma é, a um só tempo, a porta que nos dá acesso ao plano do conteúdo e também é a saída para o domínio da intersubjetividade. Um dicionário, por exemplo, ao explicitar o conteúdo de uma palavra qualquer, não tem outro meio de fazê-lo senão pelo emprego de outros termos, indubitavelmente formas para outros conteúdos. Assim também o fez o Poder Constituinte ao grafar já no art. 1º uma definição de Federação. Tanto na definição lexical de um verbete, como naquela estipulativa do direito, vê-se logo que o conteúdo de um signo somente pode fazer-se aparente – intersubjetivo – pelo emprego de outro signo e, com isso, mostram-se forma e conteúdo unidos, inseparavelmente.

E que dizer então daquilo que está *implícito*, como os chamados princípios implícitos? Como dizia Gomes Canotilho[7], ao citar como exemplo o princípio do procedimento justo (due process), arremata: "*Este princípio não está enunciado linguisticamente; não tem disposição, mas resulta de várias disposições constitucionais(...)*". Ora, se resulta de várias disposições constitucionais, assenta-se não em um enunciado apenas, mas em vários. Sucede que as construções de sentido têm de partir da instância dos enunciados lingüísticos, independentemente do número de formulações expressas que venham a servir-lhe de fundamento.

Insta perceber que, mesmo quando se diga estar diante de uma idéia implícita no texto, não se está a contemplar algo *amorfo*, ou *aformal*, como escrevera Pontes de Miranda[8]:

> Se a forma, por palavras ou atos, não é explícita, pode explicitar-se por interpretação ainda que se hajam de invocar manifestações anteriores de formas diferentes, ou outras circunstâncias. Aí não se está a complementar o formal com o aformal, mas sim a interpretar o todo formal. O fito é apenas de se descobrir o sentido, como se.

Mesmo o conhecimento daquilo que está "implícito" faz-se pelo contato com formas que o "explicitam" ou intérprete que, em sua enunciação daquilo

---

[7] CANOTILHO, J.J. *Direito constitucional e teoria da Constituição*, 4ª ed, Coimbra, Almedina, 2000, p. 208.
[8] PONTES DE MIRANDA, Francisco Cavalcanti. *Tratado de Direito Privado*. v.3. Rio de Janeiro: Borsoi, 1962, p. 349

que construiu, haverá de referir-se ao conjunto de formas das quais se valeu para construir seu enunciado.

Insisto que ao definir um conceito qualquer, não se produz somente conteúdo, estar-se-á diante de uma forma, porque sem elas não é possível travar contato com o objeto. Assim a aporia forma e conteúdo, mostra-se, em verdade, relação entre uma e outra forma. É forma o termo república federativa, como também o é sua definição no art. 1º da Constituição da República. E da mesma natureza é o cotejo da forma produzida em uma alteração de contrato ou estatuto social de uma sociedade empresarial com aquela outra que diz o Fisco ser a "substância econômica do negócio".

Se há situações em que as formas põem-se em acordo mútuo, como no caso das definições (mesmo aquelas chamadas estipulativas), haverá ocasiões em um domínio linguístico nas quais se verifique o conflito. Nesses casos, é necessário que existam regras do próprio sistema para orientar a decisão do interprete sempre que da divergência resultar a dúvida sobre qual deve prevalecer.

5. O subsistema constitucional tributário e os princípios que orientam a atividade interpretativa: estrita legalidade e tipicidade tributária

O conceito de sistema incide em todas as regiões ônticas: no mundo dos objetos naturais, ideais, metafísicos e culturais. Falamos em sistema nervoso, sistema solar, sistema social, sistema jurídico e outros mais. Aquele que particularmente nos interessa é o sistema jurídico, locução referente tanto ao direito positivo quanto à Ciência encarregada de sua descrição.

Da concepção global de sistema jurídico-positivo, tomada a expressão como conjunto de normas associadas segundo critérios de organização prescritiva, e todas elas voltadas para o campo material das condutas interpessoais, extraímos o subsistema das normas constitucionais e, dentro dele, outro subsistema, qual seja o subsistema constitucional tributário. Pode-se dizer, ainda que em traços largos e sobremodo abrangentes, serem suas unidades integrantes as normas constitucionais relacionadas, direta ou indiretamente, à matéria tributária.

O subsistema do qual falamos é fortemente marcado por enunciados de cunho axiológico, revelando a orientação do legislador constituinte em impregnar as normas de inferior hierarquia com uma série de conteúdos de preferência por núcleos significativos.

O primeiro é o cânone da **legalidade**, projetando-se sobre todos os domínios do direito e inserido no art. 5º, II, do Texto Constitucional vigente: *"ninguém será obrigado a fazer ou deixar de fazer alguma coisa senão em virtude de lei"*. No setor do direito tributário, porém, esse imperativo ganha feição de maior severidade, por força do que se conclui da leitura do art. 150, I, do mesmo diploma: *"sem prejuízo de outras garantias asseguradas ao contribuinte, é vedado à União, aos Estados,* ao *Distrito Federal e aos Municípios: I – exigir ou aumentar tributo sem lei que o estabeleça".* Em outras palavras, qualquer das pessoas políticas de direito constitucional interno somente poderá instituir tributos, isto é, prescrever a regra-matriz de incidência, ou aumentar os existentes, majorando a base de cálculo ou a alíquota, mediante expedição de lei.

Quadra advertir que a mensagem não é dirigida somente ao legislador das normas gerais e abstratas, mas, igualmente, ao administrador público, ao juiz e a todos aqueles a quem incumba cumprir ou fazer cumprir a lei. No desempenho das respectivas funções, a todos se volta o mandamento constitucional, que há de ser cumprido. Qualquer tipo de imposição tributária a se instituir há de curvar-se aos ditames desse primado, conquista secular dos povos civilizados que permanece como barreira intransponível para os apetites arrecadatórios do Estado-Administração.

O mesmo cabe dizer das demais regras impositivas de comportamentos aos contribuintes. Em linha de princípio, o veículo introdutor da norma tributária no ordenamento há de ser sempre a lei (sentido lato). O princípio da estrita legalidade, todavia, vem acrescer os rigores procedimentais em matéria de tributo, dizendo mais: estabelece que a lei adventícia traga, no seu bojo, os elementos descritores do fato jurídico e os dados prescritores da relação obrigacional. Esse *plus* caracteriza a tipicidade tributária.

A **tipicidade** tributária significa a exata adequação do fato à norma, e, por isso mesmo, o surgimento da obrigação se condicionará ao evento da subsunção, que é a plena correspondência entre o fato jurídico tributário e a hipótese de incidência, fazendo surgir a obrigação correspondente, nos exatos termos previstos em lei. Não se verificando o perfeito quadramento do fato à norma, inexistirá obrigação tributária. Nesse percurso, ou ocorre a subsunção do evento relatado à regra, ou não ocorre, afastando-se terceira possibilidade. Perfaz-se aqui a eficácia da lei lógica do terceiro excluído: a proposição "p" é verdadeira ou falsa, inadmitindo-se situação intermediária. Por outro lado, ocorrido o fato, a relação obrigacional que nasce há de ser exatamente aquela estipulada no consequente normativo.

Em síntese: sem lei anterior que descreva o fato imponível, não nasce obrigação tributária (princípio da legalidade); sem subsunção do evento descrito à hipótese normativa, também não surge obrigação tributária (princípio da tipicidade); e havendo previsão legal e a correspondente subsunção do fato à norma, os elementos do liame jurídico irradiado devem equivaler àqueles prescritos na lei (princípio da tipicidade). São condições necessárias para o estabelecimento de vínculo tributário válido. O desrespeito a esses cânones fulminará, decisivamente, qualquer pretensão de cunho tributário.

5.1. Comentários adicionais acerca da tipicidade e do caráter vinculado da tributação

Como já anotei, o exercício do poder impositivo-fiscal, no Brasil, encontra-se orientado por uma série de diretrizes, dirigidas especialmente para organizar as relações que nesse setor se estabelecem. São os chamados "princípios constitucionais tributários", na maioria explícitos, e aos quais deve submeter-se a legislação infraconstitucional, quando o tema da elaboração normativa seja a instituição, administração e cobrança de tributos. Pois bem, entre tais comandos, em posição de indiscutível preeminência, situa-se o princípio da tipicidade tributária, definido como a estrita necessidade de que a lei adventícia traga no seu bojo, de maneira expressa e inequívoca, os elementos descritores do fato jurídico e os dados prescritores da relação obrigacional.

A aplicação do princípio exige, como se verifica, que os agentes da Administração, no exercício de suas funções de gestão tributária, indiquem, pormenorizadamente, todos os elementos do tipo normativo existentes na concreção do fato, além dos traços jurídicos característicos da conduta ilícita.

De outra parte, o princípio da vinculabilidade da tributação, recortado do Texto Supremo e inserido no art. 142 do Código Tributário Nacional, traduz uma conquista no campo da segurança dos administrados, em face dos poderes do Estado Moderno, de tal forma que o exercício da administração tributária encontra-se tolhido, em qualquer de seus movimentos, pela necessidade de aderência total aos termos inequívocos da lei, não podendo abrigar qualquer resíduo de subjetividade própria dos atos de competência discricionária.

Por isso é que no procedimento administrativo de gestão tributária não se permite ao funcionário da Fazenda o emprego de recursos imaginativos. Para tanto, a mesma lei reguladora do gravame, juntamente com outros diplomas que regem a atividade administrativa, oferece um quadro expressivo de providências, com expedientes das mais variadas espécies, tudo com o escopo de possibilitar a correta fiscalização do cumprimento das obrigações e deveres estatuídos.

É imprescindível que os agentes da Administração, incumbidos da constituição da obrigação tributária, ao relatarem o fato jurídico tributário, demonstrem-no por meio de linguagem admitida pelo direito. Assim se diz que as provas da ocorrência factual devem ser aptas para certificar a ocorrência do evento narrado: comprovar a legitimidade da norma individual e concreta que documenta a incidência tributária significa promover a verificação de que o acontecimento fáctico narrado e a relação jurídica instaurada mantêm estrita correspondência com as provas montadas e apresentadas mediante formas linguísticas selecionadas pelo direito positivo.

6. O princípio da autonomia da vontade

No exercício da atividade de fiscalização, compete à autoridade administrativa investigar os fatos ocorridos, colhendo, com observância às regras pertinentes ao direito das provas, elementos que possibilitem a formulação de juízo quanto à incidência das normas tributárias. Ao desempenhar tal função, porém, deve ater-se a apurar os fatos praticados, averiguando se estes preenchem as linhas definitórias circunscritas na hipótese normativa: havendo o perfeito enquadramento, nasce a obrigação tributária, mediante seu relato na linguagem prevista pelo direito positivo; existindo algum ponto dissonante, a percussão jurídica fica obstada.

As considerações acima formuladas são de extrema relevância, pois em virtude do princípio da autonomia da vontade, que viceja no âmbito do Direito Privado, pode o particular adotar as mais variadas estruturas negociais. Para atingir o resultado econômico pretendido, está habilitado a escolher livremente o arcabouço negocial que melhor lhe aprouver, de forma que os custos sejam reduzidos e os lucros multiplicados.

A título de exemplo, são inegavelmente lícitas as atitudes dos contribuintes que objetivem à reestruturação e reorganização de seus negócios. A própria Constituição da República, ao garantir o direito de propriedade (art. 5º, XXII) e o pleno direito ao exercício da autonomia da vontade (art. 5º, IV, IX, XIII, XV e XVII; e art. 170 e seus incisos), dentre os quais se encontra a liberdade contratual, confere ao contribuinte a permissão para ordenar-se do modo que entender mais vantajoso, segundo o princípio da livre iniciativa.

Consignadas tais anotações, impõe-se o registro segundo o qual, prevendo a norma tributária, em sua hipótese, "tipo estrutural", somente poderá ser aplicada com a ocorrência do negócio jurídico nela previsto. A prática de negócio jurídico diverso, ainda que permita atingir resultado econômico parecido, não autoriza à autoridade administrativa lavrar o lançamento, constituindo crédito tributário. A supremacia da segurança jurídica nas relações entre Estado e indivíduo determina a tendência conceptual classificatória no Direito Tributário, representada pelo princípio da tipicidade cerrada, impedindo a juridicização de fatos outros que não aqueles estipulados no antecedente da regra-matriz de incidência.

A opção negocial feita pelo contribuinte, para melhor operacionalizar o desempenho de suas atividades, não pode ser desconsiderada pela autoridade administrativa, para fins de tributação. O desprezo pela forma adotada encontra óbice intransponível na legalidade tributária e na tipicidade fechada.

Ademais, como já insistia Alfredo Augusto Becker[9],

---

[9] Ob. cit., p. 130.

[...] *a doutrina da Interpretação do Direito Tributário, segundo a realidade econômica, é filha do maior equívoco que tem impedido o Direito Tributário de evoluir como ciência jurídica. Esta doutrina, inconscientemente, nega a utilidade do direito, porquanto destrói precisamente o que há de jurídico dentro do Direito Tributário.*

Em face da taxatividade da tipologia tributária, à autoridade administrativa não resta espaço para valoração econômica acerca dos negócios praticados. O tipo estrutural exige, para que se efetue a subsunção, que a parcela da realidade a qual se pretende tributar corresponda à exata qualificação jurídica prevista na hipótese normativa. Se, em virtude dos princípios da autonomia da vontade e da livre iniciativa, o fato for reputado, pelo Direito Privado, como diverso daquele descrito no antecedente da regra-matriz, não há que se falar em surgimento da obrigação tributária. Inadmissível a desconsideração das formas adotadas pelo particular para, usando critérios meramente econômicos, sujeitá-lo, à tributação, como se diversa fosse a forma negocial por ele praticada

7. A figura da "Simulação" no direito brasileiro

Uma coisa é eleger forma menos onerosa para o desempenho, pelo particular, de suas atividades. Outra, bem diferente, é agir com malícia, no intuito de prejudicar terceiros. Enquanto na primeira hipótese tem-se ato lícito, cuja desconsideração é inconcebível, a segunda encontra-se no campo da ilicitude, sendo repudiada pelo ordenamento jurídico.

O Código Civil, ao regular o assunto, dispôs no art. 167, §1º, sobre as hipóteses em que se considera simulado o negócio jurídico:

§ 1º Haverá simulação nos negócios jurídicos quando:
I – aparentarem conferir ou transmitir direitos a pessoas diversas daquelas às quais realmente se conferem, ou transmitem;
II – contiverem declaração, confissão, condição ou cláusula não verdadeira;
III – os instrumentos particulares forem antedatados, ou pós-datados.

"Simular" significa disfarçar uma realidade jurídica, encobrindo outra que é efetivamente praticada. Nas palavras de Marcos Bernardes de Mello[10],

o que caracteriza a simulação é, precisamente, o ser não-verdadeira, intencionalmente, a declaração de vontade. Na simulação quer-se o que não aparece, não se querendo o que efetivamente aparece.

---

[10] *Teoria do fato jurídico: plano da validade*, 2ª ed., São Paulo: Saraiva, 1997, p. 153.

Além disso, para que o ocultamento da realidade seja considerado defeito, é imprescindível haver intenção de prejudicar terceiros ou de violar disposição de lei, isto é, dolo.

A simulação é, em síntese, uma declaração enganosa da vontade, visando a produzir efeito diverso daquele que a declaração real da vontade acarretaria. Nas palavras de Orlando Gomes[11], ocorre a simulação quando *"em um negócio jurídico se verifica intencional divergência entre a vontade real e a vontade declarada, com o fim de enganar terceiros"*. No negócio simulado, as partes fingem um negócio que na realidade não desejam.

Aplicando esses conceitos ao campo do Direito Tributário, conclui-se que os atos tendentes a ocultar ocorrência de fato jurídico tributário configuram operações simuladas, pois não obstante a intenção consista na prática do fato que acarretará o nascimento da obrigação de pagar tributo, este, ao ser concretizado, é mascarado para que aparente algo diverso do negócio praticado pelas partes.

Por outro lado, a celebração de negócio jurídico válido, cuja escolha decorre da autonomia da vontade e livre iniciativa do particular, implicando a ausência de subsunção do fato à norma tributária ou acarretando o quadramento à norma tributária que prescreva exigências menos onerosas, é perfeitamente lícita e não susceptível de desconsideração pela autoridade administrativa. Isso porque, como tenho reiteradamente afirmado, a realidade jurídica é constituída pelo próprio direito: este prevê a forma e a linguagem a ser adotada para que se tenha determinado fato ou não. Dessa maneira, havendo preferência por certa forma, é inaceitável que esta seja ignorada pela simples razão de seu resultado econômico vir a ser semelhante ao de outra forma, diferençadamente tributada.

Pelo exposto, depreende-se que, tendo a obrigação tributária nascimento apenas se e quando ocorrido o fato previsto na hipótese normativa, quaisquer atos do contribuinte que impliquem a verificação de fato distinto daquele previsto pela legislação tributária impedirão, também, o surgimento da respectiva obrigação. Esse modo de agir é lícito, não podendo ser ignorado pelo Fisco. Tão-só na hipótese de, já ocorrido o fato jurídico tributário, vir este a ser ocultado, mediante atos simulados, é que a fiscalização estará diante de autênticas "operações simuladas", susceptíveis de serem desconhecidas para fins de tributação e imposição de penalidades.

Apenas as operações do contribuinte que mascarem determinada transação jurídica, ocultando, por formas artificiosas, a realidade do direito, configuram "operações simuladas". Sucede, por exemplo, quando o comerciante registra a venda da mercadoria por uma quantia inferior àquela realmente cobrada, objetivando reduzir o montante do ICMS a ser pago, ou quando as partes, ao firma-

---

[11] *Introdução ao estudo do direito*, 7ª ed., Rio de Janeiro: Forense, 1983, p. 374.

rem contrato, fixam remuneração em valor inferior àquele acordado, com vistas a omitir receitas. Em ambos os casos, há duas formas: uma aparente, outra dolosamente oculta.

Para que haja simulação é necessário, portanto: (i) conluio entre as partes; (ii) divergência entre a forma do negócio praticado pelas partes e a forma do negócio por elas declarado; e (iii) intenção de lograr o Fisco.Se não há comprovado qualquer espécie de desvio jurídico na declaração de vontade dos partícipes, ela é real, verdadeira e efetiva, condizente, portanto, com a vontade das partes. Inexiste, consequentemente, o objetivo de burlar o Fisco ou de ocultar a ocorrência de fato jurídico tributário, mas a finalidade de praticar negócios lícitos, para reduzir custos e aumentar a eficiência administrativa dos sujeitos envolvidos.

7.1. Interpretação dos atos praticados pelo contribuinte – a ilicitude como requisito para desconsideração do negócio jurídico

A interpretação dos negócios jurídicos, bem como os efeitos deles decorrentes, há de ser feita segundo as prescrições do direito posto. E a legislação brasileira não admite sobreposição do conteúdo econômico em relação à forma. Mesmo porque o conteúdo econômico é ele uma forma, recortada do contínuo da realidade social segundo critérios próprios da ciência econômica e não de acordo com os traços apontados pelo direito positivo como aptos à produção de efeitos na realidade jurídica. Apenas uma forma jurídica pode se sobrepor a outra e tão somente quando o direito assim o determinar. Se lícito o ato, não pode ele ser desconsiderado pela autoridade administrativa, com o tão só argumento de que implicaria menor carga tributária.

Sem dúvida, é legítima a técnica de organização preventiva dos negócios jurídicos a serem praticados, visando à economia de tributos. Com maior razão, é admissível a realização de atos que, além da redução de carga tributária, venham revestidos de propósito negocial.

A Lei Complementar nº 104/2001 acrescentou o parágrafo único ao art. 116 do Código Tributário Nacional, dispondo que *"a autoridade administrativa poderá desconsiderar atos ou negócios jurídicos praticados com a finalidade de dissimular a ocorrência do fato gerador do tributo ou a natureza dos elementos constitutivos da obrigação tributária, observados os procedimentos a serem estabelecidos em lei ordinária"*. É de ver que referido preceito não introduziu alteração alguma no ordenamento brasileiro, uma vez que este já autorizava a desconsideração de negócios jurídicos dissimulados, a exemplo do disposto no art. 149, VII, do Código Tributário Nacional.

O enunciado acima transcrito veio apenas a ratificar regra existente no direito pátrio. Todavia, necessário se faz enfatizar a recomendação acerca do cuidado que se deve ter para não ampliar demasiadamente a aplicação do comentado parágrafo único, vindo a considerar dissimulado negócio jurídico lícito, pelo simples fato de acarretar vantagens de ordem tributária. Neste último caso, as partes celebram negócio que, não obstante importe redução ou eliminação da carga tributária, é legal e, dessa maneira, válido, diferentemente dos atos dissimulados, consistentes na ilegal ocultação da ocorrência do fato jurídico tributário. O parágrafo único do art. 116 do Código Tributário Nacional não veio para impedir negócios tendentes a redução de carga tributária; nem poderia fazê-lo, pois o contribuinte é livre para escolher o ato que pretende realizar, acarretando, conforme sua escolha, o nascimento ou não de determinada obrigação tributária.

Demais disso, em face do princípio da estrita legalidade e da tipicidade fechada, que já foram objeto de análise em tópico anterior, somente haverá tributação se o fato concretizado guardar quadramento com a hipótese da regra-matriz de incidência. Consequentemente, apenas os atos fraudulentos, praticados com o único intuito de ocultar o verdadeiro negócio efetivado, mascarando o fato jurídico, são suscetíveis de desconsideração pela autoridade fiscal, com a correspondente lavratura do auto de infração. É o que prescreve expressamente a legislação brasileira, a qual, ao delimitar o conceito de simulação, exige a presença do dolo e a prática de ilícitos.

Vejamos o que dispõem os arts. 71, 72 e 73 da Lei nº 4.502/64, que disciplinam as figuras da sonegação, fraude e conluio:

> Art. 71. Sonegação é toda ação ou omissão dolosa tendente a impedir ou retardar, total ou parcialmente, o conhecimento por parte da autoridade fazendária:
> I – da ocorrência do fato gerador da obrigação tributária principal, sua natureza ou circunstâncias materiais;
> II – das condições pessoais de contribuinte, suscetíveis de afetar a obrigação tributária principal ou o crédito tributário correspondente.
>
> Art. 72. Fraude é toda ação ou omissão dolosa tendente a impedir ou retardar, total ou parcialmente, a ocorrência do fato gerador da obrigação tributária principal, ou a excluir ou modificar as suas características essenciais, de modo a reduzir o montante do imposto devido, a evitar ou a diferir seu pagamento.
>
> Art. 73. Conluio é o ajuste doloso entre duas ou mais pessoas naturais ou jurídicas, visando qualquer dos efeitos referidos nos arts. 71 e 72.

Nota-se que as figuras da sonegação e da fraude estão relacionadas com a ocultação da realidade: pratica-se ato ensejador o nascimento da obrigação tributária, mas impede-se o Fisco de tomar conhecimento do pactuado, seja mediante condutas mascaradoras do negócio realizado (simulação), seja por meio de atitudes que, ilicitamente, modifiquem ou excluam os caracteres do fato (fraude). O conluio, por sua vez, caracteriza-se exatamente pelo acordo entre duas ou mais pessoas, com vistas a concretizar atos simulatórios ou fraudulentos.

Para que seja admissível a autuação fiscal, desconsiderando o negócio jurídico praticado, não basta serem os efeitos econômicos de tal prática semelhantes aos de ato diverso, mas passível de tributação. É imprescindível que tenha havido ilicitude em tal realização, nos exatos termos dos arts. 71, 72 e 73, acima transcritos.

7.2. Imprescindibilidade do elemento subjetivo "dolo" para configurar simulação

Tomadas as infrações tributárias na sua extensa generalidade, podemos fixar o critério da participação subjetiva do agente na descrição hipotética da norma e classificá-las em (i) infrações subjetivas e (ii) infrações objetivas. Para que as primeiras se configurem, faz-se necessário que a lei exija do autor do ilícito o haver operado com dolo ou culpa, esta, em qualquer de suas três modalidades. No que atina às objetivas, a singela ausência do elemento volitivo na composição da hipótese normativa já denuncia sua presença. Nestas últimas, não é preciso apurar o comportamento subjetivo do agente ao realizar o ilícito: tenha ele pretendido o resultado ou assumido o risco de produzi-lo, tenha descurado dos efeitos de sua conduta, procedendo com negligência, imperícia ou imprudência, ou, finalmente, se nada aconteceu, mas o resultado se verificou concretamente, basta para se definir o vulto jurídico da infração objetiva.

Ainda que o princípio geral, no campo das infrações tributárias, seja o da responsabilidade objetiva, o legislador não está tolhido de criar figuras típicas de ilícitos subjetivos. São elas a sonegação, a fraude e o conluio, além daquelas em que se elege a culpa como ingrediente necessário do tipo legal, aplicando-se penalidade mais severa, exatamente em virtude da presença do elemento subjetivo. Para que se configure a fraude, o agente deve atuar de maneira dolosa. Consequentemente, identificado esse ilícito, a multa é agravada, dado o repúdio com que são tratadas as figuras onde o infrator age com intenção de se locupletar indevidamente, em prejuízo do Erário.

A distinção entre infrações objetivas e subjetivas abre espaço à larga aplicação prática. Tratando-se das primeiras, o único recurso de que dispõe o suposto autor do ilícito, para defender-se, é concentrar razões no sentido de demonstrar a inexistência material do fato acoimado de antijurídico, descaracterizando-o em qualquer de seus elementos constituintes. Agora, no setor das infrações subjetivas, em que penetram o dolo ou a culpa na compostura do enunciado descritivo do fato ilícito, a situação inverte-se, competindo à autoridade administrativa, com toda a gama instrumental dos seus expedientes, exibir os fundamentos concretos reveladores da presença do dolo ou da culpa, como nexo entre a participação do agente e o resultado material que dessa forma se produziu. Os embaraços dessa comprovação, nem sempre fácil, incumbem ao acusador, a quem o sistema atribui a tarefa intransferível de evidenciar não só a materialidade do evento, como, também, a presença inafastável do elemento volitivo que propiciou ao infrator atingir seus fins contrários às disposições da ordem jurídica vigente.

É com base em tais argumentos que se predica a inadmissibilidade das presunções no que tange às infrações subjetivas. No direito brasileiro, dolo e a culpa não se presumem: provam-se.

8. Requisitos para a realização do lançamento e para a aplicação das sanções em face de operações simuladas: existência de provas

No hemisfério do direito, o uso competente da linguagem pressupõe a manipulação adequada dos seus signos e, em especial, a simbologia que diz respeito às provas, isto é, à técnica que o direito elegeu para articular os enunciados fáticos com os quais opera. De ver está que o discurso prescritivo do direito posto indica, fato por fato, os instrumentos credenciados para constituí-los, assim os acontecimentos do mundo social que não puderem ser relatados com tais ferramentas de linguagem não ingressam nos domínios do direito, por mais evidentes que sejam.

Com efeito, surge como outro requisito indispensável à perfeita configuração das hipóteses de incidência tributária, assim como da simulação, a existência de provas aptos a atestar a vontade do agente de criar situação ludibriante para evitar que se conheça a ocorrência do evento capaz de ensejar efeitos tributários. Somente com a demonstração da evidente intenção de fraudar é que será possível desencadear as normas previstas pela legislação para coibir as práticas de burla à legislação fiscal. Vale, nesse caso, reiterar a afirmação: não se admitem presunções ou suposições no tocante à configuração de fraude, dolo e simulação, pois são atos que dependem da vontade do agente.

Convém anotar que durante muitos anos foi admitida a tese segundo a qual o ônus da prova, em matéria fiscal, era incumbência do contribuinte. Com a evolução da doutrina, nos dias de hoje, não se apregoa mais a inversão da prova por força da presunção de legitimidade dos atos administrativos e tampouco se pensa que esse atributo exonera a Administração de provar as ocorrências cuja existência é afirmada. Na própria configuração oficial do lançamento, a lei institui a necessidade de que o ato jurídico administrativo seja devidamente fundamentado, é dizer que o Fisco tem de oferecer prova concludente da ocorrência do evento em estrita conformidade da previsão genérica da hipótese normativa. Seguindo adiante, vindo o sujeito passivo contestar a fundamentação do ato aplicativo lavrado pelo Fisco, o ônus de exibir a improcedência dessa iniciativa impugnatória volta a ser, novamente, da Fazenda, a quem competirá provar o descabimento jurídico da impugnação, fazendo remanescer a exigência. Vê-se, no fundo, que é função precípua do Estado-Administração empregar a linguagem jurídica competente na produção dos atos de gestão tributária. O pressuposto de fato da incidência há de ser relatado de maneira transparente e cristalina, com suporte nas provas admissíveis nesse setor do direito, para que possa prevalecer, surtindo os efeitos de estilo, quais sejam os de constituir o vínculo da obrigação, atrelando o particular ao Fisco, em termos da satisfação do objeto prestacional.

Supor que um fato tenha acontecido ou que sua materialidade tenha sido efetivada, porém, não é o mesmo que exibir a concretude de sua existência, mediante prova, conferindo-lhe segurança e certeza. Esse o motivo por que, no Direito Tributário, os recursos à presunção devem ser utilizados com muito e especial cuidado. Nesse subdomínio jurídico, não deve a presunção ser concernente aos aspectos estruturados da norma de incidência tributária.

Se levarmos em consideração os valores máximos abrangidos por nosso Texto Constitucional, principalmente em termos de tributação, que respaldam os cânones da legalidade e da tipicidade, torna-se extremamente problemático captar a figura da presunção, sempre fértil para suscitar imprecisão, dubiedade e incerteza.

O indício não é suficiente para acarretar a presunção da ocorrência de determinado fato, sendo apenas o pretexto jurídico que autoriza a pesquisa, na busca das provas necessárias. Juridicamente verificados os indícios, servirão eles de ponto de partida para a procura daquilo que se chama "verdade dos fatos", o que há de ser efetivado mediante a utilização dos meios de prova em direito admitidos. O caminho seguro que os agentes do Poder Tributante devem seguir, no sentido de manter-se dentro dos parâmetros do sistema constitucional tributário brasileiro, aponta para o afastamento de hipóteses presuntivas, tanto quando diga respeito ao acontecimento do fato jurídico como nas situações de infrações tributárias.

No procedimento administrativo de gestão tributária, é imprescindível a cabal demonstração de causalidade entre o fato observado, considerado como indício, e a efetiva existência do ato infrator. Em outras palavras, não pode haver sombra de dúvida sobre a concreção do fato que dá causa à autuação administrativa, sendo inadmissível adotar a figura da presunção, tendo em vista que esta consiste no processo lógico em que de um fato conhecido infere-se fato desconhecido e, portanto, incerto.

9. Considerações finais

Traçadas algumas ideias que julgo de grande importância para o tema, penso ter demonstrado que a dicotomia entre forma e conteúdo não pode ser resolvida com a prevalência de um sobre o outro.

A cada domínio de linguagem há de corresponder a forma que lhe é própria e capaz de explicitar os conteúdos relevantes segundo as regras de combinação e seleção dos signos para a formação dos enunciados. Também assim no direito, que deve valer-se das regras apropriadas à construção de seus fatos, desprezando tudo aquilo que não houver sido juridicizado. Portanto, mostra-se inadequado o emprego de técnicas como a chamada *interpretação econômica do direito*.

Quero dizer também que todo *tipo* é uma forma, assim também a norma esquematizada na Regra-Matriz de Incidência Tributária. Quadrar aquilo que foi vertido em linguagem sob uma forma, transmutando-o em outra forma é fazer nova operação de subsunção, submetendo-se a todos os requisitos existentes para tanto e outros mais, sem os quais não pode a nova forma substituir a primeira.

Que faz o contribuinte ao estruturar seu negócio? Uma forma. Que pretende o Fisco ao reduzir a termo sua pretensão de "desconstituir" o negócio jurídico produzido pelo contribuinte? Impor-lhe **outra** forma. Como decidir o conflito entre essas formas? Há regras no sistema que prevêem tais possibilidades: o princípio da autonomia da vontade privada desempenha aí papel fundamental, mas que comporta suas exceções, em especial a figura da simulação. Afora essas situações é vedado à Administração intervir sob a forma escolhida pelo sujeito.

Em torno do Tratado Europeu sobre a disciplina orçamental[1]

PAULO DE PITTA E CUNHA
Professor Jubilado da Faculdade de Direito de Lisboa

O Tratado Intergovernamental sobre a disciplina orçamental na União Europeia merece reflexão atenta.

A matéria da estabilidade orçamental podia ser equacionada na legislação ordinária da União, como sucedeu com o próprio Pacto de Estabilidade. Este, no entanto, apesar da sua aparente força vinculativa, nunca conseguiu recuperar da descredibilização motivada pela atitude da França e da Alemanha, eximindo-se, em 2003, ao processo sancionatório que as atingia, e dando o pior exemplo aos outros países.

Mas, optando-se pela via convencional, um novo Tratado deveria, em princípio, resultar de uma revisão dos Tratados da União em sentido próprio, mesmo que tivesse de conter certas cláusulas de excepção, como a que assegurou ao Reino Unido a sua exclusão da moeda única, em Maastricht. Não foi, porém, a via seguida, mas antes o afastamento, à partida, daquele país e da República Checa. Depara-se-nos, assim, um acordo enfraquecido em termos de integração europeia, marcado, aliás, pela visão obsessiva da estabilidade orçamental. E a manifestação do desejo de o integrar mais tarde nos Tratados da União não passa de um voto piedoso.

Quando, há mais de dez anos, o Pacto de Estabilidade foi projectado, adverti que poderia constituir um colete de forças, atenta a conveniência de, perdida pelos Estados signatários a independência na formulação e aplicação da política monetária e cambial, se lhes deixar uma margem significativa de actuação

---

[1] (Bases para uma intervenção na Conferência sobre "Sim ou Não ao Tratado Intergovernamental", realizada na Faculdade de Direito de Lisboa, em 17.02.2012)

no plano da política orçamental. Afinal, mesmo com o Pacto, foi imprudente o comportamento de vários Governos. A verdade é que a intenção de combater os défices excessivos foi afirmada, mas a responsabilização de alguns dos Estados membros por um grau mínimo de rigor orçamental não funcionou.

Compreende-se, em certa medida, o renovado empenho em se consagrar, mesmo que em documento multilateral amputado de dois dos países membros, uma forma de se induzir a tal disciplina. Só que esta consagração padece de dois males: por um lado, aperta ainda mais o já referido colete-de-forças, mantendo o mesmo sistema de aplicação uniformizada a todos os países, e a mesma ladainha das regras estabelecidas – a começar pela dos 3% –, agora ainda mais reforçada pelo objectivo do défice estrutural de 0,5% e pelo controlo jurisdicional. Por outro lado, é sensível, por influência da Alemanha, uma visão marcada por sanções financeiras, em vez de caldeada com a perspectiva de solidariedade entre os países membros, e do acolhimento de fórmulas de responsabilização colectiva e de apoio ao crescimento – para além de afirmações a este respeito que, por ora, se confinam em retórica.

Estas considerações afiguram-se pertinentes numa altura em que Portugal permanece "na corda bamba". Por um lado, o Governo regozija-se, prematuramente, por ter sido alcançado o que chamou a viragem do processo; por outro, os mercados, fortemente impulsionados pela visão depreciativa das agências de notação, reflectem na sensível elevação das taxas de juro a descrença dos investidores quanto à capacidade de o País regressar no tempo previsto (2013) à captação de fundos nos mercados internacionais. Isto equivale a deixar antever a renegociação do acordo traduzido no "Memorando de entendimento", trazendo à luz a experiência da Grécia e a reestruturação da sua dívida. Como se sabe, no caso helénico, operar-se-á um amplíssimo "hair cut" da dívida externa detida por investidores privados, tendo como contrapartida a resignação desse país a exigências de medidas como uma importante redução do número de funcionários públicos e a diminuição do salário mínimo. São perspectivas muito pouco animadoras.

Em contraste com a Irlanda, que vem enfrentando a crise com a retoma do crescimento e resultados positivos nas trocas externas, Portugal continua a afundar-se na recessão e, até agora, não dá sinais de regressar a um círculo virtuoso de crescimento – única forma de tranquilizar os credores internacionais quanto à capacidade de solver a dívida.

Estará, então, Portugal mais próximo da Grécia do que da Irlanda? É uma questão fundamental, a que só a evolução económica e financeira nos próximos meses, incluindo o andamento da conjuntura internacional, poderá trazer uma resposta.

Perante o alastrar da crise, que teria sido fácil, caso existisse vontade política da Alemanha, resolver logo à partida, e a contaminação verificada aos outros países que recorreram a apoio externo, e mais recentemente à Itália e à Espanha, as soluções contidas no Tratado Intergovernamental são visivelmente insuficientes – e inserem-se na óptica punitiva que está longe de constituir a melhor maneira de enfrentar o problema.

Está ausente do Tratado a visão solidária que caracterizou, por exemplo, o plano Marshall – o auxílio às economias em dificuldade devendo prevalecer sobre a acção repressiva que, privilegiando a austeridade, gera recessão e abre o ciclo de nova austeridade.

Era necessária uma solução diferente, com outro fôlego, envolvendo a aceitação de uma responsabilidade colectiva (veja-se a fórmula dos "eurobonds"), compreendendo modalidades de auxílio a taxas de juro mais reduzidas e períodos mais extensos de maturidade, e maior ênfase no apoio à realização de reformas estruturais, na perspectiva solidária que era tradicional na integração europeia.

Se, por exemplo, a União Europeia assumisse a responsabilidade pelas dívidas soberanas dos países da zona euro acima dos 60% definidos em Maastricht, os mercados ficariam bem mais tranquilizados ao serem confrontados com a visão das exigências rígidas (e, aliás, de problemática realização) quanto ao equilíbrio orçamental. Mas, no contexto da actual crise, uma solução na linha de uma "transfer union" depara com a resistência de vários países, à frente dos quais a Alemanha – para a qual o que parece importar é uma "fiscal union", de índole sobretudo sancionatória.

Perante as características do novo Tratado, continua a faltar a resposta à questão de saber como poderá passar-se da austeridade para o crescimento.

Voltando a Portugal, afigura-se que, na fase de incerteza em que continua a viver-se, é bem possível que não se consiga, como atrás se observou, o antevisto regresso ao mercado em 2013. Este ponto deveria reconsiderar-se numa reapreciação, necessária, das condições do "Memorando", tal como a questão da data comprometida para a consecução do défice de 3%, que deveria ser adiada, bem como a revisão das condições quanto ao montante, prazo e juros do auxílio internacional.

A União Europeia tem fixado as taxas devidas pelos empréstimos concedidos a níveis superiores às praticadas pelo próprio Fundo Monetário Internacional. Isto é paradoxal, atendendo a que o "bail out" por parte da União visa proteger um parceiro integrado na união monetária, pelo que deveria logicamente reflectir maior empenho em apresentar um sinal de preferência no confronto com as responsabilidades do Fundo Monetário Internacional, instituição vocacionada para actuações no plano mundial.

A revisão das condições do auxílio externo no sentido da extensão dos prazos de reembolso e de redução dos juros exigidos, que foi prevista em função da Grécia, mas declarada extensiva a Portugal e à Irlanda, seria um passo no bom sentido. Esta ideia foi aprovada numa cimeira europeia, mas falta ainda a concretização.

No confronto entre os mercados e as posições oficiais das instâncias da União Europeia assume especial relevo a questão do tempo. Tem havido sucessivas cimeiras, e de cada uma resulta uma aparência de superação da crise. Mas, após muito breve período de acalmia, logo regressa a descrença nos mercados financeiros.

Pelo que ficou dito, julgo que o Tratado Intergovernamental não traz a resolução da crise, ou crises, do euro. É indispensável uma atitude mais solidária e construtiva, que possa completar a visão do rigor e das sanções – visão que parece assimilar-se a uma espécie de "masoquismo" assumido pelos países membros da zona em face da poderosa Alemanha –, e que seria certamente desejável que fosse completada por maior equilíbrio de posições.

Mais do que o tratado multilateral sobre a disciplina orçamental, o que importa é que a Alemanha retome ou que Helmut Schmidt recentemente chamou "o seu caminho certo na integração europeia" – compenetrando-se do que há de errado em desatender em que os seus enormes excedentes da balança comercial são os défices dos outros, exprimindo a sua solidariedade para com os parceiros, designadamente através da assunção em comum das dívidas, a que os alemães, sublinha o antigo Chanceler, "não deverão recusar-se por razões nacionais e egoístas".

Resta saber qual o grau de probabilidade de o País dominante na Europa regressar à sua participação solidária na integração, o que é bem mais difícil do que escrever apressadamente tratados, e inserir neles "regras de ouro" de problemática utilidade, e constranger a maior parte dos membros da União a subscrevê-los.

O problema do tempo é particularmente relevante para Portugal. O Governo parece está a realizar medidas que vão no sentido da responsabilização. Mas esperarão os mercados pelo resultado de tais medidas? É esta uma questão em suspenso.

Por outro lado, subsistem em Portugal deficiências de informação que deveriam ser colmatadas, a bem da transparência e do conhecimento pelos cidadãos do andamento do mesmo.

Seria importante que fossem regularmente divulgados, até ao pormenor, os dados relativos à dívida (não só a soberana, mas também a dos sectores privados) e especificado o programa de reembolso da mesma, esclarecendo-se quais as condições do financiamento no quadro do auxílio externo e que esforços se vão realizando para melhorar este regime.

E deveria também apresentar-se um programa credível sobre a transição para o crescimento económico, com relevo para a superação do défice externo corrente, elencando as medidas necessárias para se operar essa transição. Seria uma forma de compensar a estrita preocupação de austeridade e contrariar a impressão, que vai alastrando, de que esta abafa a economia e afecta as forças vitais da recuperação.

Depois, mesmo em relação à austeridade, faltam explicações do Governo sobre a distribuição dos sacrifícios exigidos e os seus previstos efeitos, para que se possa concluir-se se se confirma a imagem de que estes não são equitativos, e resolver as dúvidas que persistem sobre se tais sacrifícios vão no caminho certo para a recuperação. É que persiste a desconfortável impressão de que a penalização incide mais sobre o sector público do que sobre o sector privado, e de que se acentua o gravame que pesa sobre os mais desfavorecidos, e em particular os reformados (veja-se o contraste com a Espanha, em que as pensões de reforma, em lugar de diminuídas, como sucede em Portugal, foram actualizadas). É, aliás, preocupante a degradação que envolve a classe média, atenta a importância desta para a estabilidade e a consolidação do sistema democrático.

Algumas reflexões sobre a força maior nos contratos administrativos de concessão de obras públicas

PEDRO MELO*

Licenciado e Mestre em Direito pela Faculdade de Direito de Lisboa. Advogado

I – OS CONTRATOS ADMINISTRATIVOS DE CONCESSÃO DE OBRAS PÚBLICAS

A título vestibular, refira-se que contratos de concessão de obras públicas consubstanciam contratos administrativos[1], na modalidade de contratos administrativos de colaboração subordinada[2]. Daqui fluem duas principais consequências:

i. No plano substantivo, estes contratos regem-se por normas jurídico-públicas, sendo, no essencial, regulados pelo disposto nos artigos 407º a 430º do Código dos Contratos Públicos. São ainda evidentemente relevantes, as normas ínsitas no Título I, da Parte III daquele Código.

ii. No plano adjectivo, os conflitos emergentes dos contratos em apreço devem ser dirimidos pelos Tribunais Administrativos (ou por um tribunal arbitral se tiver sido estatuída uma cláusula compromissória, ou se,

---

* O presente artigo é da responsabilidade exclusiva do autor e as opiniões aqui vertidas são estritamente pessoais, pelo que não vinculam a Sociedade de Advogados na qual o autor exerce a sua actividade.

[1] Trata-se um dado indubitável e com amplo tratamento doutrinal e jurisprudencial, pelo que se dispensam mais desenvolvimentos sobre este ponto. Em todo o caso, observe-se que os contratos de concessão, seja de obras públicas, de serviços públicos ou de exploração do domínio público, são contratos administrativos por qualificação legal (cfr. os artigos 1º, nº 6, alínea a., 407º, nºˢ 1 e 2 e 408º do Código dos Contratos Públicos).

[2] *Brevitatis causa*, dir-se-á que através deste tipo de contratos a Administração associa um particular (v.g. um concessionário) à prossecução de uma actividade administrativa, mantendo, contudo, uma posição de supremacia em relação ao mesmo, por força da pléiade de poderes de conformação contratual que lhe é legalmente atribuída. Para uma síntese dos vários critérios classificativos dos contratos administrativos, cfr. PEDRO GONÇALVES, "O Contrato Administrativo", Almedina, Coimbra, 2003, pp. 63 a 70.

na pendência desses contratos, for celebrado entre as partes um compromisso arbitral)[3].

Ainda em sede introdutória, cumpre realçar que as empresas concessionárias integram a categoria das denominadas "sociedades de interesse colectivo"[4], fazendo consequentemente parte do designado "sector privado"[5].
Por outro lado, observe-se que a criação de uma relação concessória, quer no caso das concessões translativas, quer no caso das concessões constitutivas[6], pressupõe a preexistência na esfera da Administração do direito ou actividade a transferir para o concessionário[7].

---

[3] Importa aqui, portanto, atender ao ETAF e ao CPTA. Sobre a arbitragem administrativa, cfr., entre outros, JOSÉ LUÍS ESQUÍVEL, "Os Contratos Administrativos e a Arbitragem", Almedina, Coimbra, 2004, e PAULO OTERO, "Admissibilidade e Limites da Arbitragem Voluntária nos Contratos Públicos e nos Actos Administrativos", *in* Intervenções no II Congresso do Centro de Arbitragem Voluntária da CCIP, Almedina, Coimbra, 2009, pp. 81 a 91.

[4] De acordo com Freitas do Amaral, *"as sociedades de interesse colectivo são empresas privadas, de fim lucrativo, que por exercerem poderes públicos ou estarem submetidas a uma fiscalização especial da Administração Pública, ficam sujeitas a um regime específico traçado pelo Direito Administrativo"* (cfr. DIOGO FREITAS DO AMARAL, "Curso de Direito Administrativo ", Vol. I, 3ª Edição, Almedina, Coimbra, 2006, p. 725). É interessante notar que, logo nas suas primeiras lições, Marcello Caetanto advogou a integração das sociedades concessionárias na categoria das *"emprezas de interesse colectivo"* (cfr. MARCELLO CAETANO, "Direito Administrativo", Lisboa, 1934, lições coligidas pelos alunos António Gomes, Lopes de Sousa, Nunes Correia e Sanches de Baêna, p. 159).

[5] As sociedades de interesse colectivo são pessoas colectivas privadas e, por conseguinte, segundo o disposto no artigo 82º, nº 3, da Constituição pátria, pertencem ao sector privado. Sobre a invocada disposição constitucional, cfr. RUI GUERRA DA FONSECA, "Comentário à Constituição Portuguesa", II Vol. (coordenação de Paulo Otero), Almedina, Coimbra, 2008, pp. 232 a 234. Note-se que já foi sustentada posição diversa, considerando-se que as sociedades concessionárias fariam parte do sector público. Nesse sentido, *vide* ARMANDO MARQUES GUEDES, "Concessão – Estudo de Direito, Ciência e Política Administrativa", Coimbra Editora, Coimbra, 1954, p. 541. Como escreveu este autor, *"em termos genéricos, tomada a expressão no seu mais amplo sentido organizativo e estrutural, a entidade concessionária figura como órgão indirecto da Administração. (...) A concessão constitui, também ela, um processo de administração indirecta; ou, – o que é o mesmo – de descentralização institucional"*.

[6] Sobre as concessões translativas e constitutivas, cfr. MAURIZIO MIRABELLA, MASSIMO DI STEFANO e ANDREA ALTIERI, "Corso di Diritto Amministrativo", Giuffrè Editore, Milano, 2009, p. 631.

[7] Como esclarecia Marcello Caetano, na forma lapidar a que nos habituou, *"a concessão implica a transferência temporária do exercício dos direitos e poderes da pessoa colectiva de direito público necessários à gestão do serviço pelo concessionário"* (cfr. MARCELLO CAETANO, "Manual de Direito Administrativo", Vol. II, 10ª Edição, 4ª Reimp., Almedina, Coimbra, 1991, p. 1100). Na doutrina estrangeira, cfr., entre outros, GUIDO LANDI, GIUSEPPE POTENZA e VITTORIO ITALIA, "Manuale di Diritto Amministrativo", 11ª Edizione, Giuffrè Editore, Milano, 1999, p. 214.

Finalmente, no âmbito desta nótula preambular, destacamos as seguintes principais características das concessões:

i. a necessidade de fundamento legal para a sua atribuição (enquanto reflexo do princípio da legalidade)[8];

ii. a existência de normas injuntivas relativas ao procedimento de formação deste tipo de contratos[9] e a sujeição desse procedimento a princípios jurídicos de índole nacional e também comunitária[10];

iii. o facto de, na sua génese, estar em causa um acto jurídico de direito público (*maxime*, um acto bilateral – contrato administrativo[11]);

iv. a transferência *"significativa e efectiva"* do risco para o concessionário[12];

v. a remuneração do concessionário: realizada através de taxas cobradas aos utentes da concessão (*"redevances"*), ou, em geral, mediante o produto de exploração da concessão, havendo, contudo, a possibilidade de ser pago um determinado *preço* pelo concedente ao concessionário[13];

vi. a existência de claras prerrogativas da Administração concedente, em particular traduzidas nos designados actos administrativos contratuais[14], e

vii. a exclusividade do exercício do direito ou actividade concedida[15].

---

[8] Actualmente previsto no artigo 409º, nº 1, do Código dos Contratos Públicos (trata-se, agora, da norma geral habilitante para a celebração de contratos de concessão).

[9] Previstas no Código dos Contratos Públicos (cfr. os artigos 1º, nº 2, e 51º deste Código).

[10] Sobre os princípios nucleares de contratação pública, cfr. CLÁUDIA VIANA, "Os Princípios Comunitários na Contratação Pública", Coimbra Editora, Coimbra, 2007. Com interesse, *vide*, ainda, DIOGO DUARTE CAMPOS, "A Escolha do Parceiro Privado nas Parcerias Público-Privadas – A adjudicação in-house em particular", Coimbra Editora, Coimbra, 2010, pp. 80 a 93.

[11] Cfr. o artigo 407º do Código dos Contratos Públicos.

[12] Cfr. o artigo 413º do Código dos Contratos Públicos. Sobre a matéria em questão, cfr. PEDRO MELO, "A Distribuição do Risco nos Contratos de Concessão de Obras Públicas", Almedina, Coimbra, 2011.

[13] Cfr. o artigo 407º, n.ᵒˢ 1 e 2 do Código dos Contratos Públicos.

[14] Cfr. os artigos 302º a 310º do Código dos Contratos Públicos. Em especial, cfr. o artigo 307º, nº 2 do invocado Código. Sobre esta temática, cfr. CARLA AMADO GOMES, "A Conformação da Relação Contratual no Código dos Contratos Públicos", *in* Estudos de Contratação Pública – I, Coimbra Editora, Coimbra, 2008.

[15] Relativamente a este ponto, cfr. MARCELLO CAETANO, ob. cit., pp. 1121 a 1124, e PEDRO GONÇALVES, "A Concessão de Serviços Públicos", Almedina, Coimbra, 1999, pp. 266 a 268. Como explica este Autor, *"tal posição de privilégio pode resultar de uma cláusula contratual expressa que faça referência ao «direito exclusivo do concessionário»; pode também resultar implicitamente da obrigação, que a Administração concedente assume, de não atribuir a empresas terceiras títulos para a exploração de actividades concorrentes ou que possam fazer concorrência ao concessionário (pactum de non licitando); na falta de qualquer indicação da «lei da concessão», parece-nos dever entender-se que o concessionário goza de um direito exclusivo de gerir o serviço público que lhe foi concedido"* (ob. cit., pp. 266 e 267).

II - A FORÇA MAIOR

1. O conceito de "caso de força maior", numa acepção ampla, tem o mesmo sentido significante de "caso fortuito" e consiste num acontecimento natural ou num facto de terceiro que, não sendo imputável à culpa do devedor[16], torna impossível a prestação a que este estava obrigado, traduzindo, assim e em síntese, um *"facto imprevisível alheio à vontade dos contraentes, que impossibilita absolutamente de cumprir as obrigações contratuais e, consequentemente, exonera aquele que assumiu tais obrigações de qualquer responsabilidade pelo seu incumprimento"*[17/18].

Segundo alguns autores, é possível, todavia, distinguir ambos os referidos conceitos, sendo-lhes, portanto, atribuível um sentido estrito, muito embora, como também já se defendeu relativamente a tais distinções conceptuais, estejam em causa *"meras classificações de escola"*[19].

---

[16] Isto de acordo com a teoria que concebe a "culpa", genericamente, como um "erro de conduta". Recorde-se que a culpa deve ser valorada em abstracto (cfr. o art. 487º, nº 2, do Código Civil). Como nos diz Galvão Telles, o Código Civil pátrio adoptou o princípio da apreciação em abstracto da culpa em todos os campos da responsabilidade civil. De acordo com este autor, *"esse princípio aparece formulado, a propósito da responsabilidade civil extraobrigacional, no artigo 487º, nº 2 (...) e, depois, no sector do não cumprimento das obrigações, declara-se, no artigo 799º, nº 2, que «a culpa é apreciada nos termos aplicáveis à responsabilidade civil», fórmula esta em que a expressão «responsabilidade civil» tem o sentido restrito de responsabilidade extraobrigacional. O artigo 799º, nº 2, não exclui os casos em que a obrigação desrespeitada provém de contratos, e por isso o critério da apreciação em abstracto formulado no art. 487º, nº 2, aplica-se também, hoje em dia, no campo da responsabilidade contratual"* (cfr. GALVÃO TELLES, Direito das Obrigações", 7ª Edição, Coimbra Editora, Coimbra, 1997, p. 352).

[17] Cfr. DJAP, Vol. IV, Lisboa, 1991, p. 377. De acordo com Ana Prata, o caso de força maior, nesta acepção lata, corresponde a *"um facto cuja verificação não era razoavelmente previsível e cujos efeitos não podiam ser evitados"* (cfr. ANA PRATA, "Dicionário Jurídico", 3ª Edição, Almedina, Coimbra, 1999, p. 184).

[18] É interessante atender, em recente monografia espanhola, ao que escreve Concepción Barrero Rodríguez sobre a figura agora em exame: *"a força maior constitui um conceito que embora perfeitamente definido no plano teórico, apresenta uma concretização extremamente casuística uma vez que exige uma interpretação técnica dos factos que coloca a vis maior no terreno das valorações jurídicas permeáveis"* (cfr. CONCEPCIÓN BARRERO RODRÍGUEZ, "Fuerza Mayor e Responsabilidad Administrativa Extracontractual", Aranzadi, Navarra, 2009, p. 199). Em geral, sobre este tema, cfr., na doutrina inglesa, a monumental obra de G. H. TREITEL, "Frustration and Force Majeure", 2nd Edition, Sweet & Maxwell, London, 2004, e, também, EWAN MCKENDRICK, "Force Majeure and Frustration of Contract", 2nd Edition, LLP, London, 1995. Na doutrina norte-americana, cfr. JOHN P. DAWSON, BURNETT HARVEY e D. HENDERSON, "Contracts – Cases and Comment", 7th Edition, Foundation Press, New York, 1998, em especial, pp. 638 a 680.

[19] Cfr. MÁRIO JÚLIO DE ALMEIDA COSTA, "Direito das Obrigações", 11ª Edição, Almedina, Coimbra, p. 1073. Adoptaremos, pois, por facilidade de exposição, o conceito de "caso de força maior" em sentido amplo. Sobre os vários critérios da distinção entre "caso fortuito" e "caso de força maior", v., por todos, MANUEL DOMINGUES DE ANDRADE, "Teoria Geral das Obrigações", 2ª Edição, Almedina, Coimbra, 1963, pp. 421 e 422.

Nesta linha, o conceito de "caso de força maior" teria subjacente a ideia de inevitabilidade, correspondendo, por conseguinte, a todo o evento natural ou resultante de acção humana que, embora previsível ou até prevenido, não se pôde evitar, nem quanto à sua ocorrência, nem quanto às suas consequências (um evento *irresistível, inevitável, fatal*), enquanto que o conceito de "caso fortuito" teria subjacente a ideia de imprevisibilidade, sendo que, se tivesse sido previsto o evento relevante causal, poderia ser evitável a sua ocorrência e respectivos efeitos.

2. No âmbito do Direito Civil, a matéria atinente ao caso de força maior tem sido tratada na *"manualística"*, sobretudo, a propósito do não cumprimento das obrigações[20], em particular, a respeito da impossibilidade superveniente e absoluta do cumprimento das obrigações não imputável ao devedor e também a propósito da responsabilidade civil objectiva.

No que tange ao primeiro dos assuntos invocados, releva o disposto no art. 790º do Código Civil, que, laconicamente, estabelece que a impossibilidade absoluta de cumprimento, superveniente e não imputável ao devedor, extingue a obrigação a que este estava adstrito[21].

Note-se que no caso da impossibilidade de cumprimento da obrigação ser originária, a consequência da mesma consistirá na nulidade do negócio jurídico, quer essa impossibilidade fosse conhecida ou reconhecível pelos contraentes, quer o não fosse[22].

---

[20] A respeito do não cumprimento das obrigações, é necessário obviamente determinar a sua causa. De acordo com Mário Júlio de Almeida Costa, *"importa distinguir, na verdade, se a prestação deixou de ser realizada em consequência de facto do devedor, ou se, pelo contrário, isso derivou de facto do credor ou de terceiro, de circunstância fortuita ou de força maior, ou inclusive, da lei. Assim, o incumprimento dir-se-á imputável ou não imputável ao devedor. Só no primeiro caso existe uma autêntica e característica falta de cumprimento. Outra perspectiva utilizada para a definição das modalidades de incumprimento atende ao seu efeito ou resultado, no que concerne à relação obrigacional. Pode estar-se em face de não cumprimento definitivo, de simples atraso no cumprimento ou de cumprimento defeituoso. (...) Daí que a nossa lei discipline, em separado, a impossibilidade do cumprimento e mora não imputáveis ao devedor (arts. 790º a 797º), a falta de cumprimento e mora imputáveis ao devedor (arts. 798º a 812º) e a mora do credor (arts. 813º a 816º)"* (cfr. MÁRIO JÚLIO DE ALMEIDA COSTA, "Direito das Obrigações", ob. cit., pp. 1034 e 1037).

[21] Este normativo corresponde ao artigo 705º do Código Civil anterior, de 1867, mas enquanto que esta disposição legal *"usou um critério positivo para afastar a responsabilidade do devedor – ter sido impedido por facto do outro contraente, por força maior ou por caso fortuito –, no novo Código recorreu-se a um critério negativo – tornar-se a obrigação impossível por causa não imputável ao devedor. Conceitualmente, esta* [cfr. o artigo 790º do CC] *é uma disposição mais ampla, pois abrange casos além dos previstos no Código de 1867, como por ex. o da impossibilidade imputável a terceiro"* (cfr. PIRES DE LIMA e ANTUNES VARELA, "Código Civil Anotado", Vol. II, 4ª Edição, Coimbra Editora, Coimbra, 1997, pp. 42 e 43).

[22] Cfr. os artigos 280º e 401º do Código Civil.

Assim, sublinhe-se, somente a impossibilidade superveniente tem o efeito exoneratório da responsabilidade do devedor previsto na invocada disposição legal.

Por outro lado, não deve confundir-se a impossibilidade superveniente e absoluta de cumprimento da obrigação, com os casos de alteração de circunstâncias. De facto, desde que não haja uma impossibilidade absoluta de cumprimento, ou, se quisermos, ante uma mera impossibilidade relativa de cumprimento, a obrigação *qua tale*, não se extingue, isto é, não libera o respectivo devedor, nos termos do artigo 790º do Código Civil, muito embora este possa obter a resolução do contrato ou a sua modificação, segundo juízos de equidade, conquanto, naturalmente, se verifiquem os demais requisitos do instituto da alteração de circunstâncias (cfr. o artigo 437º do Código Civil[23]).

Por outro lado, em nossa opinião, os casos de força maior são sempre imputáveis a actos de terceiros (ou a factos naturais), diversamente do que sucede com a alteração de circunstâncias que pode ser motivada pelo contraente público, como resulta expressamente do artigo 314º, nº 1, alínea a). do Código dos Contratos Públicos.

No que concerne à responsabilidade civil objectiva, a matéria em apreço avulta no quadro dos artigos 505º e 509º do Código Civil.

Com efeito, no primeiro caso, respeitante a acidentes ocasionados por veículos de circulação terrestre[24], infere-se do artigo 505º do Código Civil que os acidentes produzidos por *"causa de força maior estranha ao funcionamento do veículo"*, constituem, *inter alia*, um dos motivos possíveis de exclusão da responsabilidade objectiva do respectivo detentor[25].

---

[23] Note-se que já no longínquo ano de 1926, o nosso STJ decidiu que *"o caso fortuito ou a força maior só existe quando se verificam circunstâncias que impedem absolutamente o cumprimento do contrato; não constitui por isso caso de força maior a elevação dos preços ou aquelas circunstâncias que apenas dificultam ou tornam mais oneroso o cumprimento do contrato"* (cfr. o acórdão do STJ, de 30 de Julho de 1926, com anotação do Professor Adriano Vaz Serra, *in* BFDUC, Ano X, 1926-1928, pp. 192 a 215). Mais recentemente, v. o acórdão do STJ, de 3 de Março de 1998, Proc. nº 97B561 (Responsabilidade Civil – Relator: Costa Soares), disponível em *www.dgsi.pt*.

[24] Esclareça-se que se incluem aqui todos os veículos de circulação terrestre. Assim, estão sujeitos a esta disciplina jurídica, quer os veículos utilizados na circulação rodoviária, quer os veículos utilizados na circulação ferroviária (cfr. o artigo 508º, nº 3, do Código Civil).

[25] Como muito bem explica Luís Menezes Leitão, *"por causa de força maior, entende-se aqui o acontecimento imprevisível, cujas consequências não podem ser evitadas, exigindo-se, porém, que esse acontecimento seja exterior ao funcionamento do veículo. Assim, circunstâncias relativas ao funcionamento do veículo, ainda que provocadas por um facto externo, como a derrapagem, o rebentamento de pneus, a quebra da direcção ou o incêndio por curto-circuito do motor não excluem a responsabilidade pelo risco. Essa exclusão, porém, ocorrerá, se o veículo for projectado por um ciclone ou arrastado por uma inundação, uma vez que essas*

No que tange ao segundo caso, relativo a danos causados por instalações de energia eléctrica ou de gás (aqui abrangendo também os danos provocados pelo transporte ou distribuição de energia eléctrica ou gás, bem com os danos emergentes da sua produção ou armazenagem), o artigo 509º do Código Civil assaca a responsabilidade, objectiva, a quem tenha a direcção efectiva dessas instalações e as utilize em proveito próprio (empresas proprietárias, concessionárias ou com outro título habilitante para a prossecução dessas actividades).

Todavia, à imagem do que se verifica com os acidentes ocasionados por veículos de circulação terrestre, a norma legal invocada não obriga à reparação dos danos que hajam sido motivados por caso de força maior, que aqui corresponde, especificamente, a *"toda a causa exterior independente do funcionamento e utilização da coisa"*[26].

3. No domínio do Direito Administrativo, o tema da força maior tem sido tratado, principalmente, a propósito da execução dos contratos de empreitada de obras públicas e, bem assim, a propósito da responsabilidade objectiva do Estado e demais pessoas colectivas de direito público[27].

---

circunstâncias não se podem considerar riscos da utilização do veículo" (cfr. Luís Menezes Leitão, "Direito das Obrigações", Vol. I, 3º Edição, Almedina, Coimbra, 2003, p. 376).

[26] Um dos exemplos de escola que é oferecido a propósito desta norma, é o da queda de um poste de alta tensão em consequência de um ciclone. De acordo com Almeida Costa, também é excluída a responsabilidade objectiva prevista nesta disposição legal quando os danos são devidos a facto do próprio lesado ou de terceiro. Além disso, afastam-se igualmente do regime desta responsabilidade objectiva os danos provocados por utensílios de uso da energia (cfr. o artigo 509º, nº 3, do Código Civil), como é o caso dos fogões, frigoríficos, instalações de ar condicionado, etc., (cfr. Mário Júlio De Almeida Costa, "Direito das Obrigações", ob. cit., p. 655). Sobre o assunto, v. os acórdãos do STJ, de 24 de Janeiro de 1990, Proc. nº 077926 (Responsabilidade Civil – Relator: Almeida Ribeiro), e de 10 de Dezembro de 2009, Proc. nº 220/03.6 TBSTB.E1 (Actividade Perigosa – Relator: Alberto Sobrinho), ambos disponíveis em www.dgsi.pt.

[27] Esclareça-se, desde já, que não está em causa uma concepção distinta da figura do caso de força maior no Direito Civil e no Direito Administrativo. Assim, apenas se pretende dar nota nesta secção da nossa investigação, sobre as principais matérias onde releva a predita figura do caso de força maior, naqueles dois ramos do Direito. De resto, a nível doutrinal, os "administrativistas" andam, sem surpresa, aliás, muito perto dos "civilistas" na definição e na caracterização dos efeitos da figura em apreço. Assim, entre outros, diz-nos Mário Esteves de Oliveira que se verifica um caso de força maior *"quando, em virtude de circunstâncias imprevisíveis e alheias à pessoa dos co-contratantes, o cumprimento das obrigações contratuais se torna absolutamente impossível. (...) São esses os requisitos da força maior no contrato administrativo: alheia à pessoa dos contraentes, imprevisibilidade e impossibilidade objectiva de cumprimento"* (cfr. Mário Esteves de Oliveira, "Direito Administrativo", Vol. I, Almedina, Coimbra, 1980, p. 718). Em sentido idêntico, v. Diogo Freitas do Amaral, "Curso de Direito Administrativo", Vol. II, 2ª Edição, Almedina, Coimbra, 2011, p. 652. Na jurisprudência administrativa refira-se, na mesma linha e apenas a título de exemplo, o acórdão do STA, de 20 de

No primeiro caso, a aludida prevalência daquele tipo contratual sobre os demais, no que tange ao tratamento da figura do caso de força maior, compreende-se perfeitamente não apenas pela frequência da utilização do contrato de empreitada de obras públicas pela Administração, mas, fundamentalmente, por virtude da sua disciplina jurídica contemplar, *expressis verbis* e de há muito tempo a esta parte, tal figura.

Efectivamente, no âmbito do REOP[28], considerava-se *"caso de força maior o facto de terceiro ou facto natural ou situação, imprevisível e inevitável, cujos efeitos se produzam independentemente da vontade ou das circunstâncias pessoais do empreiteiro, tais como actos de guerra ou subversão, epidemias, ciclones, tremores de terra, fogo, raio, inundações, greves gerais ou sectoriais e quaisquer outros eventos da mesma natureza que impeçam o cumprimento do contrato"*[29].

Acresce que o tratamento normativo dado pelo REOP à figura em alusão não se restringia à sua definição e à prescrição do respectivo procedimento na circunstância de ocorrer um caso de força maior[30].

Muito pelo contrário, o tratamento que o REOP deu à figura em apreço foi sempre amplamente densificado, prevendo-se o impacto concreto do caso de força maior no que toca ao retardamento da consignação dos trabalhos, no que concerne à falta de cumprimento de ordens dimanadas do fiscal da obra e ainda no que respeita à suspensão e resolução do contrato de empreitada[31].

A consequência da verificação de um facto subsumível no conceito de caso força maior residia, ainda à luz do REOP, na exoneração da responsabilidade do

---

Abril de 1999, Proc. nº 044573 (Empreitada de Obras Públicas – Relator: Marques Borges), onde se decidiu que *"o caso de força maior nas empreitadas de obras públicas tem de se traduzir numa situação ou facto que se apresente com as características de «insuperabilidade» e «imprevisibilidade» de tal modo que o dono da obra não podia evitar tal situação ou facto e subtrair-se às suas consequências"* (aresto disponível em www.dgsi.pt). Em geral, sobre as empreitadas de obras públicas, cfr., por último Pedro Melo, "O Direito das Obras Públicas", Tratado de Direito Administrativo Especial, vol. II, Almedina, Coimbra, 2012.

[28] Para não recuarmos muito no tempo, basta assinalar que, pelo menos desde o vetusto DL nº 48871, de 19 de Fevereiro de 1969 (cfr. o artigo 170º), a figura do caso de força maior não deixou nunca de estar expressamente prevista em nenhum dos sucessivos regimes jurídicos aplicáveis às empreitadas de obras públicas (cfr. o artigo 172º do DL nº 235/86, de 18 de Agosto, o artigo 176º do DL nº 405/93, de 10 de Dezembro, e o artigo 195º do DL nº 59/99, de 2 de Março). Veremos, contudo, que o CCP não se lhe refere directamente; solução normativa esta que é inusitada, em face da tradição legislativa, e criticável pela insegurança jurídica que propicia.

[29] Cfr. o artigo 195º, nº 3, do REOP. De realçar que se estivermos perante um facto estranho à vontade do empreiteiro, imprevisto e irresistível, mas que não o impeça de cumprir integralmente o contrato, antes tornando esse cumprimento mais oneroso, não se poderá falar, em rigor, de um caso de força maior; ao invés, estaremos em face do designado "caso imprevisto" e relevará, então, em princípio, o instituto da alteração de circunstâncias.

[30] Cfr. o artigo 197º do REOP.

[31] Cfr., respectivamente, os artigos 154º, 184º, 185º e 189º do REOP.

empreiteiro quanto ao incumprimento das obrigações afectadas por tal circunstância ou, no limite, na resolução do contrato[32/33].

Mas para além do efeito (típico) liberatório da responsabilidade do empreiteiro emergente de um caso de força maior, o legislador reconhecia ainda a este último a possibilidade de ser ressarcido pelo dono da obra relativamente a danos causados nos trabalhos da empreitada, desde que não correspondessem *"a riscos que devam ser assumidos por aquele nos termos do contrato"*[34].

Consequentemente, se nada fosse estipulado em sentido diverso no contrato, seria ao dono da obra que caberia suportar os prejuízos causados pelos casos de força maior incidentes sobre os trabalhos da empreitada, com vista ao prosseguimento da relação contratual, nas situações em que tal prosseguimento fosse ainda possível, isto é, não obstante a ocorrência do evento determinante do caso de força maior.

Em certa medida, o mesmo se verifica com os contratos de concessão de obras públicas até ao momento celebrados entre nós.

De resto, adiante-se, sem qualquer estranheza, já que o REOP foi aplicado a tais contratos *"com as necessárias adaptações"*[35].

Na verdade, encontram-se nesses contratos cláusulas que definem o caso de força maior em termos similares aos enunciados no REOP[36].

---

[32] Cfr. os artigos 154º e 189º, nº 2, do REOP.

[33] Também assim em Espanha e, tal como sucede entre nós, de há muito tempo a esta parte. Sobre o assunto, cfr. EDUARDO GARCÍA DE ENTERRÍA Y CARANDE, "Riesgo y Ventura y Fuerza Mayor en el Contrato Administrativo", RAP, nº 2, Madrid, 1950, pp. 83 a 108.

[34] Cfr. o artigo 195º, nº 2, do REOP. Trata-se, pois, de uma regra equiparável ao disposto no artigo 1227º do Código Civil. Pode assim falar-se, num caso e no outro, numa aplicação do princípio *res suo domino perit*.

[35] Cfr. o art. 2º, nº 2, do REOP. Com maior propriedade deverá dizer-se que o REOP ainda é aplicável a tais contratos de concessão, e sê-lo-á durante muitos mais anos (até à cessação dos contratos de concessão em causa que têm períodos de vigência, por regra, de 30 anos), porquanto o (novel) regime decorrente do Código dos Contratos Públicos só rege os contratos celebrados na sequência de procedimentos pré-contratuais iniciados após a sua data de entrada em vigor, logo, após o dia 29 de Julho de 2008 (cfr. o artigo 16, nº 1 do DL nº 18/2008). Ora, como é sabido, foram variadíssimos os contratos de concessão e de subconcessão de obras públicas celebrados antes da vigência do Código dos Contratos Públicos (é, por exemplo, o caso de todo o chamado "Programa de Concessões SCUT" e da vasta maioria das subconcessões rodoviárias integradas no ulterior "Programa de Subconcessões da EP").

[36] A título exemplificativo, refira-se o contrato de concessão de obra pública celebrado entre o Estado Português e a Euroscut Norte, S.A. ("Concessão SCUT do Norte Litoral"), em 2001. De acordo com o disposto na cláusula 79ª, n. 1, desse contrato, *"consideram-se unicamente casos de força maior os acontecimentos imprevisíveis e irresistíveis, cujos efeitos se produzam independentemente da vontade ou das circunstâncias pessoais da Concessionária"*. Sendo que, nos termos do estatuído na cláusula 79ª, nº 2, pode ler-se que *"constituem nomeadamente casos de força maior actos de guerra ou subversão, hostilidades*

Ora, também aqui, ou seja, nos contratos de concessão de obras públicas, regista-se, como é bom de ver, o efeito exoneratório da responsabilidade dos concessionários e a possibilidade de tais eventos permitirem arreigar um direito a reequilíbrio financeiro a favor dos mesmos, na circunstância de os casos de força maior não conduzirem à resolução dos contratos de concessão, situação que também é expressamente contemplada[37].

Em abono do rigor, não deve deixar de ser aqui apontado que, na generalidade dos contratos de concessão de obras públicas, a exoneração do cumprimento das obrigações dos concessionários por motivo de caso de força maior sofre uma particular restrição, a saber: não ocorrerá tal efeito liberatório do cumprimento das obrigações contratuais, se, por via da contratação de seguros em praças da União Europeia até seis meses antes do evento causador do caso de força maior, os concessionários receberem (ou pudessem receber se tivessem contratado tais seguros) uma indemnização que tornasse possível o cumprimento das obrigações contratuais em questão.

Relativamente ao actual quadro legal, deve assinalar-se, não sem surpresa, porém, a omissão de uma norma no Código dos Contratos Públicos que verse directamente sobre o caso de força maior. E isto, note-se bem, quer na parte referente ao regime substantivo dos contratos administrativos em geral, quer na "parte especial", aplicável, especificamente (e entre outros) ao contrato de empreitada de obras públicas e ao contrato de concessão de obras públicas. Ou seja, não se descortina um único dispositivo legal naquele Código que defina o conceito de caso de força maior e que estabeleça especificamente as consequências da sua verificação, muito embora, algo desgarrada e contraditoriamente com tal opção legislativa, se aluda, *expressis verbis*, à possibilidade de resolução do contrato de empreitada de obras públicas por esse motivo[38].

---

ou invasão, rebelião ou terrorismo, epidemias, radiações atómicas, fogo, raio, inundações catastróficas, ciclones, tremores de terra e outros cataclismos naturais que directamente afectem as actividades compreendidas na Concessão" (cfr. a Resolução do Conselho de Ministros nº 139/2001, de 19 de Julho). Exactamente com a mesma redacção, pode ver-se a cláusula 79ª, n.ᵒˢ 1 e 2 do contrato de concessão de obra pública celebrado entre o Estado Português e a Lusoscut Auto-Estradas do Grande Porto, S.A. ("Concessão SCUT do Grande Porto"), em 2002 (cfr. a Resolução do Conselho de Ministros nº 114/2002, de 28 de Agosto).

[37] Por referência aos mesmos contratos de concessão de obras públicas, cfr. as cláusulas 79ª, nº 4, e 79ª, nº 6, alínea c). de ambos os mencionados contratos, ou seja, do contrato de concessão SCUT do Norte Litoral e do contrato de concessão SCUT do Grande Porto.

[38] Cfr. o artigo 406º, alínea d)., i)., do Código dos Contratos Públicos (suspensão da empreitada por período superior a um quinto do prazo de execução da obra, quando resulte de caso de força maior).

De uma outra perspectiva, pode dizer-se que não há no Código dos Contratos Públicos, ao contrário do que sucedia com a pretérita disciplina do REOP, um "tratamento unitário" da matéria atinente ao caso de força maior.

Todavia, esta constatação não significa, nem poderia significar ante a importância da matéria em alusão e, sobretudo, a par de ponderosas razões de justiça comutativa, que o legislador do Código tenha votado os casos de força maior a um puro esquecimento em termos de tratamento normativo.

O que se regista, como dissemos, é apenas a ausência de uma densificação legal deste assunto, isto é, de um acolhimento exaustivo do mesmo, como anteriormente sucedia, estando agora o efeito liberatório da responsabilidade do co--contratante, em face de um caso de força maior, previsto, em geral, no disposto do artigo 325º, nº 1, *in fine* do Código dos Contratos Públicos.

De facto, a norma ínsita em tal preceito legal, com um alcance que não se circunscreve unicamente a esta matéria, afasta a responsabilidade do co-contratante sempre que *"o cumprimento* [das obrigações] *se tenha tornado impossível"*[39], inscrevendo-se, portanto, aqui, em nossa opinião, os casos de força maior.

Naturalmente, cabe ao co-contratante a demonstração de que o incumprimento da obrigação em causa não procede de culpa sua[40], antes sendo atribuível a um caso de força maior, a um facto imputável ao contraente público ou a terceiro.

Do mesmo modo, os casos de força maior continuam a poder ter como sequela directa a extinção dos contratos administrativos, posto que impossibilitem absolutamente a consecução do objecto desses mesmos contratos[41].

Relativamente à responsabilidade pelo risco, cumpre aqui, no essencial e em primeiro lugar, observar a existência no nosso ordenamento jurídico de um princípio geral de responsabilidade civil do Estado, em sentido amplo, que compreende não apenas a responsabilidade por factos ilícitos e culposos, e que se

---

[39] Norma esta que é subsidiariamente aplicável aos contratos administrativos previstos na "parte especial" do Código dos Contratos Públicos, aqui se incluindo, entre outros, os contratos de empreitada de obras públicas e os contratos de concessão de obras públicas (cfr. o artigo 280º, nº 2, do Código). Esta norma é, pois, equivalente ao inciso legal incluso no artigo 790º, nº 1, do Código Civil.

[40] É o que decorre da regra da presunção de culpa do devedor prevista no artigo 799º, nº 1 do Código Civil. Neste exacto sentido, v., o acórdão do STA, de 16 de Março de 2004, Proc. nº 047077 (Empreitada de Obras Públicas – Relatora: Fernanda Xavier), disponível em www.dgsi.pt.

[41] Cfr. o artigo 330º, alínea a). do Código dos Contratos Públicos. Saliente-se que os casos de força maior também podem motivar uma suspensão da execução dos contratos administrativos (cfr. o artigo 297º, alínea a. do Código, ao aludir à *"impossibilidade temporária de cumprimento do contrato"*).

ancora, directamente, no art. 22º da Constituição nacional[42], mas igualmente a responsabilidade pelo risco e a indemnização pelo sacrifício, concretizada no direito infraconstitucional ou ordinário, respectivamente, através dos artigos 11º e 16º da Lei nº 67/2007, de 31 de Dezembro[43].

Em segundo lugar, no que toca em concreto à responsabilidade administrativa pelo risco, merece realce o facto deste tipo de responsabilidade, ao contrário do que vimos suceder no Direito Privado, não ter um carácter excepcional, ou seja, o Estado e as demais pessoas colectivas públicas respondem pelos danos causados por actividades, coisas ou serviços administrativos "especialmente perigosos", apenas por via da consagração da "cláusula geral" ínsita no artigo 11º, nº 1, do aludido diploma legal.

Em terceiro lugar, e por fim, como pressupostos materiais da responsabilidade administrativa pelo risco são de assinalar[44]:

(i) o carácter de especial perigosidade da actividade, coisa, ou serviço[45];

---

[42] Como nos dizem J.J. Gomes Canotilho e Vital Moreira, *"o art. 22º, referente à responsabilidade civil ou patrimonial das entidades públicas, é um dos preceitos constitucionais que mais dúvidas tem suscitado nos planos dogmático, metódico e metodológico. Em primeiro lugar, coloca-se o problema de saber qual é o objecto de protecção. Objecto de protecção devem considerar-se, desde logo, os direitos, liberdades e garantias lesados por acções ou omissões dos titulares de órgãos, funcionários ou agentes do Estado e demais entidades públicas. Em segundo lugar, pergunta-se pelo sentido jurídico-constitucional do instituto da responsabilidade do Estado e demais entidades públicas. A localização deste instituto em sede constitucional significa que ele não transporta apenas uma lógica indemnizatória-ressarcitória decalcada na responsabilidade do direito civil. A responsabilidade conexiona-se, desde logo, com outros princípios jurídico-constitucionalmente estruturantes como o princípio do Estado-de-Direito (arts. 1º e 2º), o princípio da constitucionalidade e legalidade da acção do Estado (art. 4º), e o princípio da igualdade (art. 13º). Mas a responsabilidade dos poderes públicos garante a substantividade jurídico-constitucional sobretudo como um direito de defesa, legitimador de pretensões indemnizatórias, contra a violação de direitos, liberdades e garantias dos cidadãos"* (cfr. J.J. GOMES CANOTILHO e VITAL MOREIRA, "Constituição da República Portuguesa Anotada", 4ª Edição, Coimbra Editora, Coimbra, 2007, p. 425).

[43] A Lei nº 67/2007 foi já alterada pela Lei nº 31/2008, de 17 de Julho. De notar ainda que a Lei nº 67/2007 revogou o anterior regime jurídico da responsabilidade civil extracontratual do Estado, fixado pelo DL nº 48.051, de 21 de Novembro de 1967.

[44] Seguimos aqui de perto o comentário de FERNANDES CADILHA, *in* "Regime da Responsabilidade Civil do Estado e Demais Entidades Públicas – Anotado", Coimbra Editora, Coimbra, 2008, pp. 172 a 190.

[45] A expressão "especialmente perigosos" (o regime pretérito do art. 8º do DL nº 48.051 utilizava o advérbio "excepcionalmente") reportada às actividades, coisas ou serviços administrativos tem apenas por escopo evidenciar que estamos perante uma forma de responsabilidade civil ou patrimonial decorrente de uma acentuada exposição ao perigo (ficando de fora do âmbito objectivo desta norma as actividades que encerrem um perigo comum ou um "perigo vulgar", que são imanentes a uma grande variedade de actividades públicas e que, na hipótese de causarem danos, devem estar sujeitas ao regime da responsabilidade por culpa). O que se pretende, então,

(ii) a verificação de um dano na esfera jurídica de terceiro[46];
(iii) a existência de um nexo causal entre a actuação da entidade pública em questão e os prejuízos causados[47], e,
(iv) a circunstância de os danos não serem imputáveis a um caso de força maior[48].

No que tange a este último pressuposto, cumpre referir que a lei estabelece, expressamente, como causa de exclusão da responsabilidade administrativa pelo risco, por funcionamento de actividades, coisas ou serviços públicos, a verificação de um caso de força maior[49].

é destacar a característica das actividades da Administração às quais anda associada a ameaça de danos a terceiros, a grande probabilidade de lesões ou a potencialidade de causação de danos. São usualmente referenciados os seguintes exemplos: as manobras ou exercícios militares, as repressões de tumultos, as perseguições de criminosos, a utilização de depósitos de combustíveis, de produtos tóxicos ou de armas, a evasão de presos, a realização de trabalhos públicos (ruptura de diques ou de barragens ou a execução de obras na via pública) e a condução de veículos prioritários (ambulâncias, veículos policiais ou outros). Com interesse, embora ao abrigo do anterior regime, cfr. o acórdão do STA, de 1 de Março de 2005, Proc. nº 01610/03 (Responsabilidade Civil Extracontratual – Relator: Alberto Augusto Oliveira), onde se decidiu que *"I. Para efeitos do disposto no artigo 8º do DL nº 48.051, deve considerar-se que em Janeiro de 1994, e face aos meios de despistagem então disponíveis, era actividade excepcionalmente perigosa uma transfusão de concentrado eritrocitário resultante de recolha sanguínea"*.

[46] Em geral, pode dizer-se que o conceito de dano não tem aqui grandes especificidades em relação à responsabilidade delitual; mas, diversamente do que sucede com algumas situações de responsabilidade pelo risco no Direito Privado (cfr. o artigo 508º do Código Civil), a ressarcibilidade dos danos não tem nestes casos quaisquer limites quantitativos. Pode então falar-se num princípio de ressarcimento de todos os danos, tudo se passando como se estivesse aqui em causa uma indemnização por facto ilícito (cfr. MARCELO REBELO DE SOUSA e ANDRÉ SALGADO DE MATOS, "Responsabilidade Civil Administrativa", Edições Dom Quixote, Lisboa, 2008, p. 39).

[47] É de aplicar a designada teoria da causalidade adequada, pelo que é necessário que o facto relevante seja, em concreto, condição *sine qua non* do dano verificado, e, para além disso, que tal facto constitua uma condição normalmente idónea para produzir o resultado danoso.

[48] O artigo 11º, nº 1, da Lei nº 67/2007, pressupõe a "teoria do risco de autoridade", ou seja, a teoria que funda a responsabilidade objectiva na exigência de que quem tem sob seu controlo uma coisa ou actividade deve responder pelos riscos que elas envolvem. No entanto, este regime legal também tem subjacentes, ainda que de forma negativa, a "teoria da criação do risco" e a "teoria do risco-proveito": a primeira, porque a responsabilidade pelo risco é excluída ou modificada se houver culpa do lesado ou de terceiro; a segunda, porque a responsabilidade pelo risco é apenas das pessoas colectivas administrativas e não dos titulares dos seus órgãos ou agentes, posto que o risco é criado em benefício exclusivo do interesse público prosseguido pelas primeiras e não em função dos interesses particulares dos segundos (cfr. MARCELO REBELO DE SOUSA e ANDRÉ SALGADO DE MATOS, "Responsabilidade Civil Administrativa", ob. cit., p. 38).

[49] Refira-se que, em Espanha, o caso de força maior, não obstante não se encontre definido no regime atinente à responsabilidade administrativa (cfr. o artigo 139.1 da "Ley de Régimen Jurídico de las Administraciones Públicas y del Procedimiento Administrativo Común" – Ley 30/1992,

Saliente-se, contudo, que a figura em apreço tem, neste plano, um sentido específico, *id est*, mais preciso do que aquele que se deixou assinalado em sede contratual.

De outra perspectiva, podemos dizer que a figura do caso de força maior deve ser entendida, na sede em apreço, numa acepção estrita: a força maior só opera quando o facto que lhe subjaz é estranho, externo, ao funcionamento da actividade, coisa ou serviço administrativo, mantendo-se o dever de indemnizar quando tal facto, ainda que não imputável ao agente, se mostre relacionado com o funcionamento dessas actividades, coisas ou serviços[50].

Por conseguinte, um caso de força maior inerente ao serviço administrativo corre pela Administração[51], só se verificando, portanto, o efeito liberatório da força maior quando o evento que lhe está na origem seja estranho ao funcionamento desse serviço.

III - CONCLUSÕES

1. O Código dos Contratos Públicos não dispõe de um regime específico atinente aos casos de força maior, diversamente daquela que era a tradição normativa pátria.
2. Este dado não obnubila, contudo, a importância desta figura, como bem atestam, designadamente, os contratos administrativos de concessão de obras públicas que compreendem, sem excepções, estatuições contratuais directamente incidentes sobre esta matéria.

---

de 26 novembre) é a única causa de exclusão da responsabilidade administrativa legalmente prevista, o que tem determinado a aplicação supletiva, não sem alguns escolhos, do artigo 1105º do Código Civil espanhol (cfr. CONCEPCIÓN BARRERO RODRÍGUEZ, "Fuerza Mayor e Responsabilidad Administrativa Extracontractual", ob. cit., p. 198).

[50] Cfr. FERNANDES CADILHA, "Regime da Responsabilidade Civil Extracontratual do Estado e Demais Entidades Públicas", ob. cit., p. 184. Segundo este autor, *"é neste sentido estrito, com um campo de aplicação circunscrito à responsabilidade pelo risco, que é utilizada a expressão força maior que consta do artigo 11º, nº 1, segunda parte"*. Como refere o mesmo autor, para ilustrar esta acepção mais limitada do conceito de força maior no campo em análise, *"(...) o dano produzido no decurso de uma intervenção cirúrgica por interrupção de energia eléctrica ou por uma avaria no equipamento médico não exclui a responsabilidade objectiva da Administração (ainda que não possa ser imputada qualquer responsabilidade aos funcionários ou agentes a título de culpa), enquanto que o mesmo dano quando provocado por uma inundação ou terramoto envolve isenção do dever de indemnizar com base no risco"* (ob. cit., p. 185).

[51] Cfr. MARCELO REBELO DE SOUSA e ANDRÉ SALGADO DE MATOS, "Responsabilidade Civil Administrativa", ob. cit., p. 40. De acordo com estes autores, *"apesar da lei não o dizer, deve entender-se que, para que o caso fortuito ou de força maior exclua a responsabilidade pelo risco, repondo-se a regra geral segundo a qual cada esfera jurídica suporta os danos que nela se produzam, é necessário que aquele seja estranho ao funcionamento do serviço (...)"* (ob. cit., p. 40).

3. Recortado o perímetro da figura do caso de força maior no Direito Civil e no Direito Administrativo, constata-se a existência de uma relativa identidade das respectivas causas e efeitos.
4. Na verdade, em ambos os ramos do Direito verifica-se que a força maior está imbuída de imprevisão (corresponde a um evento *estocástico*), podendo dizer-se que essa é a sua verdadeira *raison d'être*, a par do carácter *insuperável* das causas de *vis* maior.
5. De igual modo, no plano das consequências, a força maior acarreta um efeito liberatório ou exoneratório da responsabilidade pelo cumprimento de determinadas obrigações contratuais, podendo, no limite, conduzir à resolução do contrato (civil ou administrativo).
6. Registam-se, não obstante, algumas particularidades operativas desta figura nos contratos de concessão de obras públicas, que podem conduzir a resultados práticos distintos daqueles que se verificam, em geral, nos contratos de Direito Privado.

Protecção ou Proteccionismo?
A Organização Mundial do Comércio
e o Princípio da Precaução

PEDRO INFANTE MOTA
Professor Auxiliar da Faculdade de Direito da Universidade de Lisboa.

> "As we know, there are known knowns. There are things we know we know. We also know there are known unknowns. That is to say we know there are some things we do not know. But there are also unknown unknowns, the ones we don't know we don't know"[1].

1. Origem e definição do princípio da precaução

As origens do princípio da precaução podem ser encontradas no *vorsorgeprinzip* de origem alemã, [2]. É um dos princípios fundamentais reconhecidos no direito alemão como base da política ambiental e está relacionado com as políticas de controlo da poluição do ar dos anos 70 do século passado[3], que reclamavam por

---

[1] Donald Rumsfeld, United States Department of Defense briefing, 12-2-2002, in Arie TROUW-BORST, *The Relationship between the Precautionary Principle and the Preventative Principle in International Law and Associated Questions*, in Erasmus Law Review, 2009, p. 127.

[2] Na Alemanha, o *Vorsorgeprinzip* "demands that damage to the environment be avoided in advance and provides for action absent conclusive science, buttressing governmental precautionary action". Cf. James CAMERON, The Precautionary Principle, in *Trade, Environment, and the Millennium*, 2ª ed., Gary Sampson e Bradnee Chambers ed., 2002, p. 298.

[3] Isto não significa que não seja possível encontrar anteriormente exemplos de *precautionary approach*. Nesse sentido, veja-se o seguinte caso, ocorrido em meados do século XIX:

> "In a 10-day period from 31 August to 9 September 1854, there were about 500 deaths from cholera in the parish of St. James, which included the Golden Square area of Central London. A short investigation by John Snow, a London physician, revealed that virtually all of the 83 people who had died in the Golden square

vorsorge ou cuidado prévio, previsão e planeamento futuro, na ausência de conclusões científicas convincentes, de modo a impedir os efeitos nefastos da poluição.

Apesar de a Alemanha ter introduzido a ideia de precaução no plano internacional durante uma série de conferências sobre a protecção do Mar do Norte realizadas em Bremen (1984), Londres (1987), Haia (1990) e Esbjerg (1995)[4], é o Princípio 15 da Declaração do Rio sobre Ambiente e Desenvolvimento (1992) que é responsável por catapultar o princípio da precaução para a cena internacional[5],

---

area between 31 August and 5 September had drawn water from the popular Broad Street water pump, rather than from the available, and cleaner yet less popular, piped water supplies. On 7 September, Snow recommended the removal of the Broad Street water pump on the grounds that there was no Cholera except amongst persons, who were in the habit of drinking the water of the Broad Street water pump. The authorities removed the pump handle the next day, thereby helping to speed up the declining cholera outbreak and preventing further infection from that source. The biological mechanism underlying the link between polluted water and cholera was unknown at the time of this successful precautionary prevention in 1854; that came 30 years later, in 1884, when Koch announced his discovery of the cholera vibrio in Germany" (cf. AGÊNCIA EUROPEIA DO AMBIENTE, *Late lessons from early warnings: the precautionary principle 1896-2000*, Environmental issue report No. 22, Copenhaga, 2001, p. 15).

Um autor refere mesmo que "some have argued that the precautionary principle is thousands of years old because millennial oral traditions of indigenous people contain the concept of precaution". Cf. Robert PERCIVAL, *Who's Afraid of the Precautionary Principle?*, in Pace Environmental Law Review, Vol. 23, 2005-2006, p. 23.

[4] Por exemplo, segundo a Declaração de Bremen:

"Cientes de que o dano ao ambiente marinho pode ser irreversível ou remediável apenas com custos consideráveis e durante longos períodos, os Estados costeiros e a Comunidade Económica Europeia não devem, por conseguinte, esperar pela prova de efeitos danosos para adoptar medidas".

Ainda que o princípio não tenha sido referido pelo nome, a ideia de precaução está claramente presente.

[5] () Diahanna L. POST, *The Precautionary Principle and Risk Assessment in International Food Safety: How the World Trade Organization Influences Standards*, in Risk Analysis, Vol. 26, No. 5, 2006, p. 1262. Segundo alguns autores, os juristas internacionais que escrevem sobre o princípio da precaução baseiam-se geralmente em duas definições similares do princípio (cf. Sabrina SHAW e Risa SCHWARTZ, *Trading Precaution: The Precautionary Principle and the WTO*, United Nations University-Institute of Advanced Studies, 2005, p. 4). A primeira definição encontra-se na Declaração Ministerial sobre Desenvolvimento Sustentável de Bergen (1990):

"Para alcançar o desenvolvimento sustentável, as políticas devem basear-se no princípio da precaução. As medidas ambientais devem antecipar, prevenir e atacar as causas de degradação ambiental. Quando existem ameaças de dano grave e irreversível, a falta de total certeza científica não deverá ser usada como razão para adiar a adopção de medidas para impedir a degradação ambiental".

A segunda definição encontra-se no Princípio 15 da Declaração do Rio sobre Ambiente e Desenvolvimento (1992). Estas duas definições do princípio da precaução apresentam diferenças importantes. Ao passo que a definição de Bergen não faz qualquer menção aos aspectos económicos, o Princípio 15 tem em conta uma relação custo/eficácia e a capacidade de um país adoptar tais

contendo, aliás, a definição mais vezes citada[6] e aceite[7] do princípio da precaução, a saber:

> "Com o fim de proteger o meio ambiente, os Estados deverão aplicar amplamente medidas de precaução, de acordo com as suas capacidades. Quando houver perigo de dano grave ou irreversível, a falta de total certeza científica não deverá ser utilizada como motivo para o adiamento da tomada de medidas eficazes, em termos de custos, para impedir a degradação do meio ambiente"[8].

medidas (ou seja, as medidas aplicadas ao abrigo do princípio da precaução poderão variar de país para país). Em contraste, ambas convergem quanto à causa da sua aplicação: ameaças de danos graves ou irreversíveis. Numa reunião do Programa das Nações Unidas para o Ambiente, foram dados os seguintes exemplos de danos graves ou irreversíveis: extinção de espécies, poluição tóxica generalizada e ameaças importantes a processos ecológicos essenciais. Cf. Alexander GILLESPIE, *The Precautionary Principle in the Twenty-First Century: A Case Study of Noise Pollution in the Ocean*, in The International Journal of Marine and Coastal Law, Vol. 22, No. 1, 2007, p. 75.

[6] Jaye ELLIS, *Overexploitation of a Valuable Resource? New Literature on the Precautionary Principle*, in European Journal of International Law, 2006, p. 446.

[7] John APPLEGATE, *The Taming of the Precautionary Principle*, in William and Mary Environmental Law and Policy Review, Volume 27, 2002, p. 13; Robert PERCIVAL, *Who's Afraid of the Precautionary Principle?*, in Pace Environmental Law Review, Vol. 23, 2005-2006, p. 28.

[8] Quer os Estados Unidos, quer as Comunidades Europeias, "have endorsed the Rio Declaration which presents a definition that both can live with" (cf. Wybe DOUMA, How Safe is Safe? The EU, the USA and the WTO Codex Alimentarius Debate on Food Safety Issues, in *The European Union and the International Legal Order: Discord or Harmony?*, Vincent Kronenberger Ed., T.M.C. Asser Press, Haia, 2001, p. 196). Assinada por representantes de 178 países, a Declaração do Rio resultou da Conferência das Nações Unidas sobre Ambiente e Desenvolvimento, mais conhecida por Cimeira da Terra, realizada em Junho de 1992, no Rio de Janeiro, que, entre outras coisas, aprovou a agenda 21, um plano mundial que visa o "desenvolvimento sustentável", conduziu a quatro novos tratados internacionais sobre alterações climáticas, diversidade biológica, desertificação e pesca no alto mar, criou a Comissão das Nações Unidas sobre Desenvolvimento Sustentável, com o objectivo de acompanhar a aplicação dos acordos do Rio e servir de fórum permanente de negociação da política mundial nos domínios do ambiente e do desenvolvimento. Em termos de valor, a Declaração do Rio sobre Ambiente e Desenvolvimento é talvez o instrumento intergovernamental que expõe mais de perto os princípios do direito do ambiente, mas é claramente não vinculativo e somente as disposições que são costume internacional poderão ser vistas como vinculativas (cf. John JACKSON e Edith Brown WEISS, The Framework for Environment and Trade Disputes, in *Reconciling Environment and Trade*, John Jackson e Edith Brown Weiss ed., Transnational Publishers, Ardsley-Nova Iorque, 2001, p. 12). O texto da Declaração do Rio pode ser encontrado in International Legal Materials, vol. XXXI, 1992, pp. 876-880.

Outra definição muitas vezes citada do princípio da precaução consta do Protocolo de Cartagena:

"A ausência de certeza científica devida a insuficiência de informações e de conhecimentos científicos pertinentes quanto à extensão dos potenciais efeitos adversos de um organismo vivo modificado para a conservação e a utilização sustentável da diversidade biológica na Parte de importação, tendo igualmente em conta os riscos para a saúde humana, não impedirá essa Parte de, consoante adequado, tomar uma decisão sobre a importação desse organismo vivo modificado nos termos do nº 3 supra, a fim de evitar ou minimizar esses potenciais efeitos adversos" (art. 10º, nº 6)[9].

O princípio da precaução passa a determinar, assim, o comportamento de uma parte do Protocolo relativamente à importação de um organismo vivo modificado[10], podendo um país recusar a sua importação por não ter a certeza da sua inocuidade e sem que tenha de encontrar argumentos científicos claros[11].

A condição de aplicação do princípio da precaução no âmbito do Protocolo de Cartagena ("potenciais efeitos adversos") é bem menos exigente que a condição constante do Princípio 15 da Declaração do Rio sobre Ambiente e Desenvolvimento de 1992 ("quando houver perigo de dano grave ou irreversível").

---

[9] O Protocolo de Cartagena sobre Segurança Biológica entrou em vigor no dia 11 de Setembro de 2003 e, em 29 de Janeiro de 2012, tinha 162 países como partes. O seu texto pode ser encontrado in http://www.biodiv.org/biosafety/protocol.asp.

[10] O Protocolo de Cartagena entende por organismo vivo modificado "qualquer organismo vivo que possua uma combinação nova de material genético obtida através da utilização da biotecnologia moderna" (art. 3º, alínea g)). De notar que a manipulação das características genéticas, por exemplo, das plantas agrícolas não constitui uma novidade. A selecção natural e técnicas de reprodução têm sido utilizadas desde há muito tempo no desenvolvimento de variedades de plantas com atributos mais benéficos (por exemplo, o tomate cereja era, no início, pequeno e ligeiramente venenoso). A novidade reside, sim, no facto de as características desejáveis poderem ser implantadas directamente, através da biotecnologia, em organismos usando genes derivados de variedades de organismos vivos totalmente diferentes. O mercado mundial dos organismos geneticamente modificados está avaliado em cerca de 17 biliões de dólares norte-americanos (cf. Valerie HUGHES, Accomplishments of the WTO dispute settlement mechanism, in *The WTO in the Twenty-First Century: Dispute Settlement, Negotiations, and Regionalism in Asia*, Yasuhei Taniguchi, Alan Yanovich e Jan Bohanes Ed., Cambridge University Press, 2007, p. 199) e é provável que este valor aumente no futuro.

[11] Patrick VALLELY, *Tension between the Cartagena Protocol and the WTO: The Significance of Recent WTO Developments in an Ongoing Debate*, in Chicago Journal of International law, 2004, p. 372.

Alguns autores distinguem, ainda, o princípio da precaução da simples prevenção ou acção preventiva[12]. O próprio Tratado sobre o Funcionamento da União Europeia determina, no art. 191º, nº 2, que:

"A política da União no domínio do ambiente terá por objectivo atingir um nível de protecção elevado, tendo em conta a diversidade das situações existentes nas diferentes regiões da União. Basear-se-á nos *princípios da precaução e da acção preventiva*, da correcção, prioritariamente na fonte, dos danos causados e do poluidor pagador" (itálico aditado).

Basicamente, a simples prevenção ou acção preventiva assenta na ideia de riscos definidos, em que a relação de causalidade entre o acontecimento e o prejuízo está provada cientificamente, ainda que possam existir dúvidas sobre o momento da ocorrência do prejuízo, ao passo que a precaução está preocupada com riscos incertos, cuja existência é plausível, apesar de não ter sido ainda estabelecida pela ciência[13].

Não falta, no entanto, quem defenda que "action taken to combat *risks* can be named precautionary as much as preventative"[14], isto porque a ciência não pode nunca oferecer a certeza absoluta de que todos os riscos para a saúde que podem ser causados, por exemplo, por uma dada substância ou produto já se encontram definidos. Essa certeza absoluta da inexistência de mais riscos é um conceito utópico[15].

---

[12] Julien CAZALA, *Food Safety and the Precautionary Principle: the Legitimate Moderation of Community Courts*, in European Law Journal, 2004, p. 546; Maria Eduarda GONÇALVES, O princípio da precaução no direito europeu ou a difícil relação do direito com a incerteza, in *Em Homenagem ao Professor Doutor Diogo Freitas do Amaral*, Almedina, Coimbra, 2010, p. 568.

[13] Laurence BOISSON DE CHAZOURNES, Precaution in international law: reflection on its composite nature, in *Law of the sea, environmental law and settlement of disputes: Liber amicorum Judge Thomas A. Mensah*, Tafsir Malick Ndiaye e Rüdiger Wolfrum ed., Martinus Nijhoff, Leiden, 2007, pp. 22-23. Para além dos dois tipos de riscos referidos, esta autora fala, ainda, dos riscos residuais, que a actividade humana normalmente implica e que devem ser tolerados (por exemplo, os riscos associados às viagens de avião ou de carro). Estes riscos devem ser excluídos do âmbito de aplicação do princípio da precaução. Cf. *Idem*.

[14] Arie TROUWBORST, *The Relationship between the Precautionary Principle and the Preventative Principle in International Law and Associated Questions*, in Erasmus Law Review, 2009, p. 118.

[15] "Scientific uncertainty is endemic in the field of human health and risk assessment". Cf. Tracey EPPS, *Resolving Complex Health-Related Disputes Under the WTO's Dispute Settlement System*, in American Society of International Law Proceedings, 2010, p. 28.

2. A organização mundial do comércio
2.1. Introdução

Desde que os produtos nacionais e importados fossem vistos como similares e o seu tratamento idêntico, o GATT de 1947 conferia às partes contratantes plena liberdade para adoptarem as medidas nacionais que consideravam necessárias à protecção da saúde e da vida das pessoas e dos animais ou à preservação dos vegetais, ou seja, a fundamentação científica das medidas nacionais não era relevante. Por conseguinte, uma vez que a proibição relativa à carne de vaca com hormonas de crescimento aplicada pela Comunidade Económica Europeia desde 1989 se aplicava também à carne de vaca originária dos então Estados membros da Comunidade, não havia qualquer violação da importante cláusula do tratamento nacional (art. III, nº 1, do GATT).

Contudo, com a entrada em vigor, em Janeiro de 1995, do Acordo relativo à Aplicação de Medidas Sanitárias e Fitossanitárias[16], uma medida sanitária ou fitossanitária adoptada por um Membro da Organização Mundial do Comércio (OMC) pode ser considerada incompatível com os seus princípios e regras mesmo se a medida em causa não procede a discriminações, *de jure* ou *de facto*, entre as importações e a produção nacional (cláusula do tratamento nacional) ou entre as importações de diferentes origens (cláusula da nação mais favorecida)[17]. O mero facto de a medida sanitária ou fitossanitária não ter justificação científica constitui, em princípio, razão suficiente para ser considerada incompatível com o Acordo relativo à Aplicação de Medidas Sanitárias e Fitossanitárias[18]. São

---

[16] O Acordo que Cria a Organização Mundial do Comércio entrou em vigor no dia 1 de Janeiro de 1995 e tem 4 anexos: o Anexo 1, relativo aos acordos comerciais multilaterais e que abarca três anexos (o 1A referente às mercadorias e onde se encontram o GATT e o Acordo relativo à Aplicação de Medidas Sanitárias e Fitossanitárias; o 1B constituído pelo Acordo Geral sobre o Comércio de Serviços e o 1C referente ao Acordo sobre os Aspectos do Direito de Propriedade Intelectual relacionados com o comércio); o Anexo 2, relativo ao Memorando de Entendimento sobre as Regras e Processos que regem a Resolução de Litígios; o Anexo 3, respeitante ao Mecanismo de Exame das Políticas Comerciais e o Anexo 4, concernente aos Acordos Comerciais Plurilaterais (Acordo sobre o Comércio de Aeronaves Civis e Acordo sobre Contratos Públicos). Diferentemente dos acordos comerciais multilaterais, os acordos comerciais plurilaterais só criam direitos e obrigações para os membros da OMC que os tenham aceitado (art. II, nºs 2 e 3, do Acordo que Cria a OMC). O texto destes importantes acordos pode ser encontrado in Eduardo Paz FERREIRA e João ATANÁSIO, *Textos de Direito do Comércio Internacional e do Desenvolvimento Económico*, Volume I – Comércio Internacional, Almedina, 2004, pp. 55-663.

[17] Sobre estas duas cláusulas no âmbito do sistema GATT/OMC, ver, por exemplo, Pedro Infante MOTA, *O Sistema GATT/OMC: Introdução Histórica e Princípios Fundamentais*, Almedina, Coimbra, 2005, em especial pp. 107-202.

[18] Nos termos do nº 2 do art. 2º do Acordo relativo à Aplicação de Medidas Sanitárias e Fitossanitárias, "Os Membros assegurarão que qualquer medida sanitária ou fitossanitária só seja aplicada na medida necessária à protecção da saúde e da vida das pessoas e dos animais ou à protecção vegetal,

várias as disposições deste Acordo que reconhecem um papel especial à ciência na avaliação e prevenção dos riscos, assim como na determinação da legalidade das medidas sanitárias e fitossanitárias adoptadas, a saber: artigos 2º, nº 2; 3º, nº 3; 5º, nº 1; 5º, nº 2; e 5º, nº 7[19].

Tendo os membros da OMC seleccionado *good science* como o critério decisivo para determinar se uma determinada medida sanitária ou fitossanitária é ou não compatível com as regras da OMC (caso a medida seja apoiada pela ciência, presume-se que ela não é proteccionista), o Acordo relativo à Aplicação de Medidas Sanitárias e Fitossanitárias representa um ponto de viragem. Ao apostar na ciência, "the traditional and internationally recognized basis of authority in food safety regulation"[20], o acordo em causa é visto como único no sistema da Organização Mundial do Comércio e representa claramente uma estratégia para possibilitar uma apreciação objectiva dos factos (art. 11º do Memorando de Entendimento sobre Resolução de Litígios) e distinguir as medidas sanitárias e fitossanitárias genuínas das medidas adoptadas com intuitos simplesmente proteccionistas[21]. Como argumentaram as Comunidades Europeias durante o caso *European Communities Measures Concerning Meat and Meat Products (Hormones)*:

> "As medidas devem basear-se em princípios *científicos*, em oposição aos não científicos, como a superstição. Caso se proponha uma medida para reduzir ou eliminar um risco para a saúde, tal medida deverá tratar o risco de maneira cientificamente justi-

seja baseada em princípios científicos e não seja mantida sem provas científicas suficientes, com excepção do previsto no nº 7 do artigo 5º".

[19] A legislação australiana em matéria de quarentena, por exemplo, exigia a certa altura que a carne de galinha importada da Tailândia fosse aquecida a 70 graus Celsius durante 143 minutos, a fim de eliminar a possibilidade de transmissão de certas doenças. Como é fácil de ver, esta exigência fechou o mercado australiano à carne de galinha tailandesa e diz-se que o aquecimento requerido transformava a carne em papel! Cf. Prema-Chandra ATHUKORALA e Sisira JAYASURIYA, *Food Safety Issues, Trade and WTO Rules: A Developing Country Perspective*, in The World Economy, 2003, p. 1404.

[20] Grace SKOGSTAD, Regulating Food Safety Risks in the European Union: A Comparative Perspective, in *What's the Beef? The Contested Governance of European Food Safety*, Christopher Ansell e David Vogel Ed., The MIT Press, Cambridge-Massachusetts, Londres, 2006, p. 215.

[21] Um autor tão importante como STEVE CHARNOVITZ defende mesmo que:

> "It is unfortunate that this respect for science does not permeate other areas of WTO law. Aside from the Sanitary and Phytosanitary Measures Agreement and the review of environmental measures under GATT Article XX, the scientific basis for government regulations is not being scrutinized elsewhere in the WTO system. For example, is there a scientific justification for the WTO to condemn 'dumping' in a broad definition that includes the practice of selling a product at less than its cost of production when that prevents price increases in the country of importation?". Cf. Steve CHARNOVITZ, Improving the Agreement on Sanitary and Phytosanitary Standards, in *Trade, Environment, and the Millennium*, 2ª ed., Gary Sampson e Bradnee Chambers ed., 2002, p. 223.

ficada. Se, por exemplo, a medida proposta visa eliminar um organismo patogénico de um alimento, existem vários métodos, por exemplo, cozer, salgar, etc. cuja eficácia pode ser provada cientificamente. Se, no entanto, um Membro prescreve rezar orações sobre os alimentos, ou executar uma dança ritual em torno deles, isso não seria compatível com o Acordo relativo à Aplicação de Medidas Sanitárias e Fitossanitárias, porque a eficácia de tais métodos não pode ser provada cientificamente"[22].

E, como bem nota TRACEY EPPS:

"Despite the limitations of science as a decision-making tool, it arguably remains the best tool we have to sift out unwarranted protectionism from genuine health protection measures. Without science, we are left at the mercy of competing unproven claims and perspectives. Even if we accept that public risk perceptions are often rational, they cannot be the only guide. (...) Powerful economic interests cannot change objective truth, but they can change public perception. Money and media are influential"[23].

2.2. O Artigo 5º, nº 7

Apesar de nenhum dos acordos da Organização Mundial do Comércio reconhecer *expressis verbis* o princípio da precaução, várias disposições do Acordo relativo à Aplicação de Medidas Sanitárias e Fitossanitárias incorporam a sua *ratio*. Nesse sentido, o Órgão de Recurso defende que o princípio da precaução se encontra reflectido no sexto considerando do preâmbulo, no art. 3º, nº 3, e no art. 5º, nº 7, do Acordo relativo à Aplicação de Medidas Sanitárias e Fitossanitárias ([24]) e que:

"Um painel encarregue de determinar se existem 'provas científicas suficientes' para garantir a manutenção por um Membro de uma determinada medida sanitária e fitossanitária pode e, claro está, deve ter presente que governos representativos, responsáveis actuam normalmente com prudência e precaução quando estão em causa riscos de um prejuízo irreversível (por exemplo, mortais) para a saúde humana"[25].

---

[22] Relatório do Painel no caso *European Communities Measures Concerning Meat and Meat Products (Hormones)* (WT/DS26/R/USA), 18-8-1997, parágrafo 4.25. Os relatórios dos painéis e do Órgão de Recurso da OMC emitidos ao abrigo do Memorando de Entendimento da OMC sobre as Regras e Processos que Regem a Resolução de Litígios podem ser facilmente encontrados no site da OMC: http://www.wto.org.
[23] Tracey EPPS, *Reconciling public opinion and WTO rules under the SPS Agreement*, in World Trade Review, 2008, p. 378.
[24] Relatório do Órgão de Recurso no caso *European Communities Measures Concerning Meat and Meat Products (Hormones)* (WT/DS26/AB/R, WT/DS48/AB/R), 16-1-1998, parágrafo 124.
[25] *Idem*.

A mais importante das disposições referidas é, seguramente, a última, a qual permite que um membro da OMC adopte uma medida sanitária ou fitossanitária que, normalmente, não seria permitida ao abrigo do nº 1 do art. 5º do Acordo relativo à Aplicação de Medidas Sanitárias e Fitossanitárias[26]. Assim, um Membro da OMC pode adoptar provisoriamente uma medida sanitária ou fitossanitária, se tal medida for:

(1) Aplicada a respeito de uma situação em que as provas científicas pertinentes sejam insuficientes; e
(2) Adoptada com base nas informações pertinentes disponíveis.

No entanto, de acordo com a segunda frase do mesmo nº 7 do art. 5º, tal medida adoptada provisoriamente só pode ser mantida se o membro que a adopta:

(3) Se esforçar por obter as informações adicionais necessárias para proceder a uma avaliação mais objectiva do risco; e
(4) Examinar, em consequência, a medida aplicada num prazo razoável.

Estes quatro requisitos têm uma natureza claramente cumulativa, pelo que a não observância de um deles implica que a medida em causa seja considerada incompatível com o nº 7 do art. 5º do Acordo relativo à Aplicação de Medidas Sanitárias e Fitossanitárias[27]. E, dado que esta disposição tem sido caracterizada como uma isenção qualificada (*qualified exemption*) da obrigação dimanada do nº 2 do artigo 2º de não manter medidas sanitárias ou fitossanitárias sem provas científicas suficientes[28], incumbe ao membro que aplica provisoriamente a medida provar que são respeitadas as quatro condições impostas[29].

---

[26] De acordo com o nº 1 do art. 5º do Acordo relativo à Aplicação de Medidas Sanitárias e Fitossanitárias, "Os Membros assegurarão que as suas medidas sanitárias ou fitossanitárias sejam estabelecidas com base numa avaliação, realizada de uma forma adequada às circunstâncias, dos riscos para a saúde e a vida das pessoas e dos animais ou para a protecção vegetal, tendo em conta as técnicas de avaliação de riscos desenvolvidas pelas organizações internacionais competentes".

[27] Alguns autores referem, ainda, e pensamos que bem, a existência de um quinto requisito, a saber, que as medidas impostas ao abrigo do nº 7 do art. 5º do Acordo relativo à Aplicação de Medidas Sanitárias e Fitossanitárias devem respeitar a obrigação de não discriminação constante do nº 3 do art. 2º e os requisitos de consistência e de necessidade consagrados, respectivamente, nos nºs 5 e 6 do art. 5º, todos do Acordo relativo à Aplicação de Medidas Sanitárias e Fitossanitárias. Cf. Henrik HORN e Petros MAVROIDIS, *Environment, Trade, and the WTO Constraint: Bop Till You Drop?*, in Revue Hellénique de Droit International, 2009, p. 56.

[28] Relatório do Órgão de Recurso no caso *Japan – Measures Affecting Agricultural Products* (WT/DS76/AB/R), 22-2-1999, parágrafo 80.

[29] Joost PAUWELYN, Does the WTO Stand for "Deference to" or "Interference with" National Health Authorities When Applying the Agreement on Sanitary and Phytosanitary Measures (SPS

Significativamente, o nº 7 do art. 5º do Acordo relativo à Aplicação de Medidas Sanitárias e Fitossanitárias não requer, comparativamente à Declaração do Rio de 1992, uma análise custo/eficácia nem que exista perigo de dano grave ou irreversível.

Relativamente aos dois primeiros requisitos referidos, o Órgão de Recurso precisou que:

> "179. (...) Os testemunhos científicos pertinentes serão "insuficientes" no sentido do nº 7 do artigo 5º se o conjunto de testemunhos científicos disponíveis não permite, em termos quantitativos ou qualitativos, realizar uma avaliação adequada dos riscos, como requer o nº 1 do artigo 5º e como se define no Anexo A do Acordo relativo à Aplicação de Medidas Sanitárias e Fitossanitárias. (...).
> 184. A aplicação do nº 7 do art. 5º do Acordo relativo à Aplicação de Medidas Sanitárias e Fitossanitárias implica não a existência de incerteza científica, mas sim a insuficiência das provas científicas. O texto do nº 7 do art. 5º é claro: ele refere-se a 'casos em que as provas científicas pertinentes são insuficientes', não à 'incerteza científica'. Os dois conceitos não são permutáveis. Em consequência, não podemos aceitar a abordagem feita pelo Japão ao nº 7 do art. 5º interpretando-o sob o prisma da 'incerteza científica'"[30].

Deste modo, ao defender que o recurso ao nº 7 do art. 5º só é apropriado nos casos de insuficiência científica, não de incerteza científica, o Órgão de Recurso exclui a possibilidade de uma extensa aplicação do princípio da precaução no âmbito do Acordo relativo à Aplicação de Medidas Sanitárias e Fitossanitárias. ALBERTO ALEMANNO conclui mesmo que:

Agreement)?, in *The Role of the Judge in International Trade Regulation: Experience and Lessons for the WTO*, Thomas Cottier e Petros Mavroidis ed., Studies in International Economics – The World Trade Forum, volume 4, The University of Michigan Press, 2003, p. 182. No entanto, o painel do caso *European Communities – Measures Affecting the Approval and Marketing of Biotech Products* afasta-se do entendimento do Órgão de Recurso, quando afirma que "incumbe à parte queixosa, e não à parte demandada, demonstrar que a medida sanitária e fitossanitária impugnada é incompatível com pelo menos um dos quatro requisitos previstos no nº 7 do artigo 5º" (cf. Relatório do Painel no caso *European Communities – Measures Affecting the Approval and Marketing of Biotech Products* (WT/DS291/R, WT/DS292/R, WT/DS293/R), 29-9-2006, parágrafo 7.2976). Atendendo à complexidade dos factos e ao papel da ciência, a questão de saber a quem incumbe o ónus da prova é particularmente importante nos litígios relativos a medidas sanitárias e fitossanitárias

[30] Relatório do Órgão de Recurso no caso *Japan – Measures Affecting the Importation of Apples* (WT/DS245/AB/R), 26-11-2003, parágrafos 179 e 184.

"This interpretation would rule out from the scope of Article 5.7 all those situations in which, notwithstanding the existence of a 'more than little' quantity of scientific evidence, scientific uncertainty persists. Thus, for instance, the present considerable amount of scientific studies regarding the actual or potential effects of Genetic Modified Organisms on human health and on the environment might not be regarded as justifying precautionary action under Article 5.7 of the Agreement on the Application of Sanitary and Phytosanitary Measures"[31].

Em contraste, o facto de se terem acumulado tantos estudos científicos e experiência práticas nos últimos 200 anos relativamente ao risco de transmissão do chamado *fire blight* pelas maçãs foi considerado pertinente pelo Órgão de Recurso para a discussão ao abrigo do nº 7 do artigo 5º[32] e levou-o a declarar que a medida fitossanitária em causa, imposta pelo Japão (a parte demandada), não tinha sido aplicada a respeito de uma situação em que os testemunhos científicos pertinentes seriam insuficientes e, por conseguinte, não era uma medida provisional justificada em virtude do nº 7 do artigo 5º do Acordo relativo à Aplicação de Medidas Sanitárias e Fitossanitárias[33].

Subsequentemente, o Órgão de Recurso defende no caso *United States – Continued Suspension of Obligations in the EC – Hormones Dispute* que:

"A existência de uma controvérsia científica não basta por si só para chegar à conclusão de que as provas científicas relevantes são 'insuficientes'. É possível realizar uma avaliação do risco que cumpra as prescrições do nº 1 do artigo 5º mesmo quando existem opiniões divergentes na comunidade científica em relação a um determinado risco. Em contraste, o nº 7 do artigo 5º lida com situações em que as deficiências do conjunto das provas científicas não permitem a um Membro da OMC chegar a uma conclusão suficientemente objectiva relativamente ao risco. Ao determinar se existem ou não essas deficiências, um Membro não deve deixar de ter em consideração

---

[31] Alberto ALEMANNO, *Trade in Food: Regulatory and Judicial Approaches in the EC and the WTO*, Cameron May, Londres, 2007, p. 286.
[32] Relatório do Órgão de Recurso no caso *Japan – Measures Affecting the Importation of Apples* (WT/DS245/AB/R), 26-11-2003, parágrafo 187. A enfermidade a que se refere a medida fitossanitária do Japão objecto deste litígio denomina-se "fogo bacteriano" (*fire blight*), frequentemente designada pelo nome científico da bactéria que a causa, *Erwinia amylovora* ou *E. amylovora*. As frutas infectadas por esta bactéria produzem um exsudado bacteriano, ou inoculo, que é transmitido principalmente através do vento e/ou chuva e pelos insectos ou aves, contaminando as flores abertas da mesma planta ou novas plantas hóspedes. A bactéria *E. amylovora* multiplica-se externamente nos pistilos destas flores abertas e penetra na planta por diversos orifícios. Para além das maçãs, são hóspedes do fogo bacteriano as peras, os marmelos e as nêsperas, assim como várias plantas de jardim. Cf. *Idem*, parágrafo 8.
[33] *Idem*, parágrafo 188.

provas científicas pertinentes de qualquer fonte qualificada e respeitada. Quando existe, entre outras opiniões, uma opinião científica qualificada e respeitada que põe em causa a relação entre as provas científicas relevantes e as conclusões relativas ao risco, e que não permite a realização de uma avaliação suficientemente objectiva do risco com base nas provas científicas existentes, o Membro pode adoptar medidas provisórias ao abrigo do nº 7 do artigo 5º com base nessa opinião qualificada e respeitada"[34].

Não tendo o Órgão de Recurso definido o que entende por "opinião qualificada e respeitada", pensamos que devem ser tidos em conta e ponderados em conjunto, no preenchimento de tais condições, factores como a qualidade do relatório e a reputação do instituto de investigação, assim como a publicação em revistas académicas de topo. Caso contrário, existirá sempre o perigo de uma confiança em opiniões científicas minoritárias transformar o requisito da avaliação dos riscos em obstáculos processuais mínimos, visto que será sempre possível encontrar um perito com uma opinião científica dissonante.

No que diz respeito à condição de exame da medida aplicada num prazo razoável, o argumento do Japão no caso *Japan – Measures Affecting Agricultural Products* de que a sua medida sanitária e fitossanitária era provisória não foi aceite por existir há 48 anos[35] e, no caso *Australia – Measures Affecting Importation of Salmon*, apesar de a Austrália não ter invocado o nº 7 do art. 5º, o Painel concluiu que, "não consideramos que esta disposição se aplique à medida impugnada, uma vez que ela foi imposta há mais de 20 anos e em consequência dificilmente pode ser considerada uma medida adoptada 'provisoriamente'"[36].

Pese embora o nº 7 do art. 5º do Acordo relativo à Aplicação de Medidas Sanitárias e Fitossanitárias tenha sido pensado inicialmente pelos seus redactores para ser usado em situações de emergência em que, por exemplo, o alastrar de uma doença tivesse que ser parado rapidamente, antes de ser praticável realizar uma avaliação dos riscos[37], consideramos que o Órgão de Recurso esteve bem quando declarou que:

---

[34] Relatório do Órgão de Recurso no caso *United States – Continued Suspension of Obligations in the European Communities – Hormones Dispute* (WT/DS320/AB/R), 16-10-2008, parágrafo 677.
[35] Nick COVELLI e Viktor HOHOTS, *The Health Regulation of Biotech Foods under the WTO Agreements*, in Journal of International Economic Law, 2003, p. 781.
[36] Relatório do Painel no caso *Australia – Measures Affecting Importation of Salmon* (WT/DS18/R), 12-6-1998, parágrafo 8.57.
[37] Gabrielle MARCEAU e Joel TRACHTMAN, Responding to National Concerns, in *The Oxford Handbook of International Trade Law*, Daniel Bethlehem, Donald McRae, Rodney Neufeld e Isabelle Van Damme Ed., Oxford University Press, 2009, p. 226.

"O que se entende por 'prazo razoável' deve ser estabelecido caso a caso e em função das circunstâncias específicas de cada caso, incluindo a dificuldade em obter a informação adicional necessária para o exame e as características da medida sanitária ou fitossanitária provisional"[38].

Com efeito, não obstante a agência norte-americana Administração de Alimentos e Fármacos (*Food and Drug Administration*) ter aprovado, em 1992, o primeiro alimento geneticamente modificado – Calgene's Flavr Savr Tomato – para venda nos Estados Unidos[39], alguns membros da comunidade científica continuam a alegar que estão a aprender a formular as questões relevantes no que concerne à sua segurança[40], ou seja, as avaliações dos riscos que têm sido levadas a cabo não permitiram pôr fim à controvérsia científica que rodeia os organismos geneticamente modificados. No caso da clonagem de animais, porém, a controvérsia científica, apesar de existir, não parece ser tão intensa. A própria Administração de Alimentos e Fármacos tem sido mais assertiva e apresentou mesmo em finais de Dezembro de 2006 um relatório de 678 páginas, intitulado *Animal Cloning: A Draft Risk Assessment*, no qual conclui que "meat and milk from cloned animals and their progeny are safe for human consumption and that no special system of labeling is needed to introduce cloned meat and milk products into the food market"[41], isto apesar do nascimento da famosa ovelha Dolly ter ocorrido apenas em 1996.

O Órgão de Recurso defendeu, ainda, no caso *European Communities Measures Concerning Meat and Meat Products (Hormones)* que o princípio da precaução:

"não foi incorporado no Acordo sobre a Aplicação de Medidas Sanitárias e Fitossanitárias como causa justificativa das medidas sanitárias e fitossanitárias que são

---

[38] Relatório do Órgão de Recurso no caso *Japan – Measures Affecting Agricultural Products* (WT/DS76/AB/R), 22-2-1999, parágrafo 93.
[39] Mark POLLACK e Gregory SHAFFER, *When Cooperation Fails: The International Law and Politics of Genetically Modified Foods*, Oxford University Press, 2009, p. 1.
[40] Christine NOIVILLE, Compatibility or Clash? EU Food Safety and the WTO, in *What's the Beef? The Contested Governance of European Food Safety*, Christopher Ansell e David Vogel Ed., The MIT Press, Cambridge-Massachusetts, Londres, 2006, p. 312.
[41] Cinnamon CARLARNE, *From the USA with Love: Sharing Home-Grown Hormones, GMOs, and Clones with a Reluctant Europe*, in Environmental Law, 2007, pp. 321 e 328. O *final risk assessment*, com 968 páginas, da agência norte-americana Administração de Alimentos e Fármacos veio a ser apresentado em Janeiro de 2008 e concluiu que "food from cattle, swine and goat cloners is as safe to eat as that from their more conventional counterparts". Cf. Mark POLLACK e Gregory SHAFFER, *When Cooperation Fails: The International Law and Politics of Genetically Modified Foods*, Oxford University Press, 2009, p. 272.

incompatíveis com as obrigações dos membros enunciadas em disposições específicas daquele acordo"[42].

Deste modo, enquanto o princípio da precaução é admitido com grande amplitude no Protocolo de Cartagena, ele é reconhecido de modo limitado no Acordo relativo à Aplicação de Medidas Sanitárias e Fitossanitárias[43]. Aliás, no caso do Protocolo, não existe sequer "linguagem provisional", pelo menos expressamente[44].

Conferindo o Protocolo de Cartagena maior liberdade aos decisores, não admira que a Comunidade Europeia tenha argumentando que o seu esquema regulador dos organismos geneticamente modificados deveria ser analisado à luz das suas disposições[45] e questionado a competência do sistema de resolução

---

[42] Relatório do Órgão de Recurso no caso *European Communities Measures Concerning Meat and Meat Products (Hormones)* (WT/DS26/AB/R, WT/DS48/AB/R), 16-1-1998, parágrafo 124.

[43] Como refere um antigo Membro do Órgão de Recurso da OMC, "the Cartagena Protocol allows a Member to take a measure to prohibit or control imports of genetically modified organisms products even if there is no scientific evidence. In this sense, the Cartagena Protocol permits the precautionary principle much more widely than the SPS [Acordo relativo à Aplicação de Medidas Sanitárias e Fitossanitárias]". Cf. Mitsuo MATSUSHITA, *Food Safety Issues under WTO Agreements*, in Manchester Journal of International Economic Law, Vol. 2-Issue 2, 2005, p. 12.

[44] Terence STEWART e David JOHANSON, *A Nexus of Trade and the Environment: The Relationship Between the Cartagena Protocol on Biosafety and the SPS Agreement of the World Trade Organization*, in Colorado Journal of International Law and Policy, 2003, pp. 24 e 33. Não obstante, o nº 2 do art. 12º do Protocolo de Cartagena toma em consideração que a ciência evolui e, por isso, prevê que uma parte de exportação pode solicitar à parte de importação que reveja uma decisão por esta tomada a seu respeito ao abrigo do artigo 10º, quando a parte de exportação considerar que: *a*) ocorreu uma mudança de circunstâncias susceptível de influenciar o resultado da avaliação de riscos sobre o qual a decisão se baseou; ou *b*) surgiram entretanto mais dados científicos ou técnicos pertinentes.

[45] De notar que, caso ocorra um conflito entre dois membros da OMC, envolvendo uma medida comercial relativa a um organismo geneticamente modificado, mas em que só um deles é parte do Protocolo de Cartagena, o litígio deve ser dirimido no âmbito do sistema de resolução de litígios da OMC (cf. Ruth MACKENZIE, *The International Regulation of Modern Biotechnology*, in Yearbook of International Environmental Law, 2002, p. 120). E, como é recordado muitas vezes, os Estados Unidos, o maior produtor de organismos geneticamente modificados, não são parte do Protocolo. Ao mesmo tempo, conquanto o nº 1 do art. 23º do Memorando de Entendimento sobre Resolução de Litígios da OMC estabeleça que:

"Sempre que os membros queiram opor-se à violação de obrigações ou à anulação ou redução de vantagens previstas nos acordos abrangidos [todos os acordos da OMC, menos o Mecanismo de Exame das Políticas Comerciais], ou a um impedimento para atingir qualquer objectivo previsto nos referidos acordos, deverão recorrer e respeitar as normas e procedimentos previstos no presente Memorando",

o nº 3 do art. 11º do Acordo relativo à Aplicação de Medidas Sanitárias e Fitossanitárias determina que:

de litígios da OMC para decidir as questões apresentadas pelas partes queixosas no âmbito do caso *European Communities – Measures Affecting the Approval and Marketing of Biotech Product*[46].

"Nenhuma disposição do presente acordo prejudicará os direitos dos Membros decorrentes de outros acordos internacionais, incluindo o direito de recorrer aos bons ofícios ou aos mecanismos de resolução de litígios de outras organizações internacionais ou estabelecidos no âmbito de qualquer acordo internacional".

Esta disposição nunca foi invocada por qualquer parte num litígio analisado por um painel ou pelo Órgão de Recurso e dificilmente acontecerá essa invocação. Como é dito muitas vezes, o facto de o sistema de resolução de litígios da OMC ser automático, rápido e eficaz e poder redundar na aplicação de sanções comerciais leva a que ele "atraia jurisdição" (cf. Gabrielle MARCEAU, *Conflicts of Norms and Conflicts of Jurisdictions: The Relationship between the WTO Agreement and MEAs and other Treaties*, in Journal of World Trade, 2001, p. 1109). Veja-se, por exemplo, os casos da Convenção de Paris para a Protecção da Propriedade Industrial e da Convenção de Berna para a Protecção das Obras Literárias e Artísticas. Ambas as convenções estabelecem que qualquer litígio relativo à interpretação e aplicação das convenções pode ser levado ao Tribunal Internacional de Justiça (artigos e 28º e 33º, respectivamente), mas tal nunca aconteceu (cf. Ernst-Ulrich PETERSMANN, *La Proliferación y Fragmentación de los Mecanismos de Solución de Controversias en el Comercio Internacional: Los Procedimientos de Solución de Diferencias de la OMC y los Mecanismos de Solución Alternativa de Controversias*, in *Solución de Controversias Comerciales Inter-Gubernamentales: Enfoques Multilaterales y Regionales*, Julio Lacarte e Jaime Granados ed., Banco Interamericano de Desarrollo, 2004, p. 311). Em contraste, desde que as disposições básicas das convenções de Paris e Berna foram incorporadas por referência no Acordo sobre os Aspectos dos Direitos de Propriedade Intelectual Relacionados com o Comércio (conhecido vulgarmente por Acordo TRIPS), já vários litígios relativos a ambas as convenções foram dirimidos no âmbito do sistema de resolução de litígios da OMC. No caso *United States – Section 211 Omnibus Appropriations Act of 1998*, por exemplo, o Órgão de Recurso observou que os membros da OMC, sejam ou não países da União de Paris, estão obrigados, ao abrigo do Acordo OMC, a aplicar as disposições da Convenção de Paris (1967) que estão incorporadas no Acordo TRIPS. Cf. Relatório do Órgão de Recurso no caso *United States – Section 211 Omnibus Appropriations Act of 1998* (WT/DS176/AB/R), 2-1-2002, parágrafo 125.

[46] Jacqueline PEEL, *A GMO by Any Other Name ... Might Be an SPS Risk!: Implications of Expanding the Scope of the WTO Sanitary and Phytosanitary Measures Agreement*, in European Journal of International Law, 2006, p. 1019. Este agora famoso caso teve origem numa queixa apresentada durante o ano de 2003, pelos Estados Unidos, Canadá e Argentina, contra as Comunidades Europeias com base na: 1) administração e aplicação pelas Comunidades Europeias do seu regime para a aprovação de produtos biotecnológicos; e 2) adopção e manutenção de determinadas medidas por Estados membros das Comunidades Europeias a proibirem ou restringirem a comercialização de produtos biotecnológicos. O regime comunitário para a aprovação de produtos biotecnológicos constava, então, de dois instrumentos jurídicos principais: a Directiva 2001/18 das Comunidades Europeias, relativa à liberação intencional no meio ambiente de organismos modificados geneticamente, e o Regulamento 258/97 das Comunidades Europeias, relativo a novos alimentos e novos ingredientes alimentares. De notar que, em 2003, ano em que foi apresentada a queixa contra as Comunidades Europeias, a área global de cultivo de produtos geneticamente modificados tinha aumentado já 40 vezes desde 1996 e seis países eram responsáveis por 99% daquela área global (Estados Unidos: 63%; Argentina: 21%; Canadá: 6%; Brasil e China: 4% cada; e África do Sul: 1%). Cf. Simonetta ZARRILLI,

Ao mesmo tempo, a Comunidade Europeia tem sido o defensor mais proeminente do princípio da precaução no âmbito da OMC, situação que parece reflectir uma consciência institucional da necessidade de adoptar uma abordagem mais activa e socialmente sensível à regulação do risco, na sequência de uma série de crises de saúde e de segurança alimentar ocorridas na Europa nas últimas décadas. Há mesmo quem avance com o argumento de que o recurso ao princípio da precaução por parte da Comunidade Europeia se deve a uma aversão institucional e cultural ao risco[47] e esta ao acentuado envelhecimento demográfico da Comunidade[48]. Os Estados Unidos, em contraste, ao permitirem a utilização de hormonas de crescimento na engorda do gado e o consumo de organismos geneticamente modificados, podem ser caracterizados como uma sociedade mais tolerante ao risco[49]. É verdade que os Estados Unidos parecem mais cautelosos do que a Comunidade Europeia em determinadas situações (por exemplo, os Estados Unidos proibiram o uso de clorofluorocarbonos em aerossóis em 1978, a Comunidade quase uma década depois[50]), mas também o é que a legislação norte-americana nunca adoptou oficialmente o princípio da precaução como base geral de toda a regulação de riscos, apenas *precautionary approaches*[51]. De modo semelhante, ao passo que a União Europeia centra a sua atenção na incerteza científica quando invoca o princípio da precaução, os Estados Unidos exigem a existência de um risco, um critério mais severo[52].

International Trade in GMOs: Legal Frameworks and Developing Country Concerns (UNCTAD/DITC/TNCD/2004/1), United Nations Conference on Trade and Development, Genebra, 8-11-2004, p. 3.
[47] Lawrence KOGAN, *The Precautionary Principle and WTO Law: Divergent Views Toward the Role of Science in Assessing and Managing Risk*, in Seton Hall Journal of Diplomacy and International Relations, Volume V, Number 1, 2004, p. 79.
[48] "European electorates are aging much faster than America's, making Europeans generally more risk-averse". Cf. *Idem*, p. 106.
[49] Arno SCHERZBERG, *EU-US Trade Disputes about Risk Regulation: The Case of Genetically Modified Organisms*, in Cambridge Review of International Affairs, Volume 19, Number 1, March 2006, p. 135. Daí haver quem descreva os casos dos organismos geneticamente modificados e das hormonas de crescimento no âmbito da Organização Mundial do Comércio "as a 'cold war'" entre pessimistas (a União Europeia) e optimistas (os Estados Unidos). Cf. Stephanie SWITZER, *Environmental Protection and the Generalized System of Preferences: A Legal and Appropriate Linkage?*, in International and Comparative Law Quarterly, 2008, p. 142.
[50] Jonathan WIENER, *Whose Precaution After All? A Comment on the Comparison and Evolution of Risk Regulatory Systems*, in Duke Journal of Comparative & International Law, 2003, p. 227.
[51] *Idem*, pp. 211-212.
[52] Antonia ELIASON, *Science versus Law in WTO Jurisprudence: The (Mis)interpretation of the Scientific Process and the (In)sufficiency of Scientific Evidence in EC – Biotech*, in New York University Journal of International Law and Politics, 2009, p. 370. Ou seja, recorrendo à célebre distinção de Frank Knight (*Risk, Uncertainty and Profit*, 1921), o risco é algo que pode ser calculado, ao contrário da incerteza.

Mesmo que se defenda que nenhum país adoptou tão plenamente a essência do princípio da precaução no direito interno como os Estados Unidos[53], a verdade é que este país tem questionado frequentemente o princípio da precaução nos fóruns internacionais[54].

2.3. O Estatuto do Princípio da Precaução

Não obstante um autor ter concluído, num artigo publicado em 2008, que o princípio da precaução era, então, referido em cerca de 50 instrumentos jurídicos juridicamente vinculativos e em cerca de 45 instrumentos e decisões internacionais sem carácter vinculativo[55], a verdade é que aquele princípio raramente é definido de modo preciso e nem sempre ocupa o mesmo lugar. Um autor chega a identificar 19 formulações do princípio da precaução e, como ele mesmo conclui, tal facto torna-o "difficult to operationalise and thus difficult to apply"[56], e o princípio tanto aparece no preâmbulo (por exemplo, da Convenção sobre Diversidade Biológica) como entre as obrigações gerais (por exemplo, da Convenção de Barcelona para a Protecção do Ambiente Marítimo e da Região Costeira do Mediterrâneo)[57]. Consequentemente, uma das questões mais interessantes a respeito do princípio da precaução prende-se com o seu estatuto no direito internacional.

No caso concreto da OMC, quer o Órgão de Recurso, quer um painel, recusaram tomar posição sobre o estatuto do princípio da precaução no direito internacional. No caso do primeiro órgão:

---

[53] James CAMERON, The Precautionary Principle, in *Trade, Environment, and the Millennium*, 2ª ed., Gary Sampson e Bradnee Chambers ed., 2002, p. 299. Há quem entenda, porém, que, na prática, "United States regulatory policy generally has been reactive, rather than precautionary". Cf. Robert PERCIVAL, Who's Afraid of the Precautionary Principle?, in Pace Environmental Law Review, Vol. 23, 2005-2006, p. 79.

[54] James CAMERON, The Precautionary Principle, in *Trade, Environment, and the Millennium*, 2ª ed., Gary Sampson e Bradnee Chambers ed., 2002, p. 299.

[55] Els Reynaers KINI, The Status of the Precautionary Principle in Public International Law, in *Essays on the Future of the World Trade Organization, Volume I – Policies and Legal Issues*, Julien Chaisse e Tiziano Balmelli Ed., Editions Interuniversitaires Suisses, Genebra-Lugano-Bruxelas, 2008, p. 340.

[56] Per SANDIN, *Dimensions of the Precautionary Principle*, in Human and Ecological Risk Assessment, Vol. 5, No. 5, 1999, p. 890. Há quem afirme, todavia, que todas as formulações do princípio têm um elemento essencial em comum: "rational decisions may and should be taken on the basis of uncertain science, despite a lack of full scientific uncertainty or of conclusive evidence to prove a causal relation between inputs and their effects". Cf. Jonathan WIENER, Precaution, in *The Oxford Handbook of International Environmental Law*, Daniel Bodansky, Jutta Brunnée e Ellen Hey Ed., Oxford University Press, 2007, p. 604.

[57] Laurence BOISSON DE CHAZOURNES, Precaution in international law: reflection on its composite nature, in *Law of the sea, environmental law and settlement of disputes: Liber amicorum Judge Thomas A. Mensah*, Tafsir Malick Ndiaye e Rüdiger Wolfrum ed., Martinus Nijhoff, Leiden, 2007, p. 25.

"O estatuto do princípio da precaução no direito internacional continua a ser objecto de discussão entre os académicos, os profissionais do direito, os reguladores e os juízes. Alguns consideram que o princípio da precaução se cristalizou num princípio geral do direito internacional consuetudinário do *ambiente*. A questão de saber se ele é amplamente aceite pelos membros como princípio de *direito internacional consuetudinário* ou *geral* é menos clara. Consideramos, contudo, que é desnecessário, e provavelmente imprudente, que o Órgão de Recurso tome posição no presente recurso sobre esta importante, mas abstracta, questão. Notamos que o próprio Painel não avançou com qualquer conclusão definitiva relativamente ao estatuto do princípio da precaução no direito internacional e que o princípio da precaução, pelo menos fora do âmbito do direito internacional do ambiente, ainda espera por uma formulação a que seja reconhecida autoridade"[58].

Mais recentemente, o Painel do caso *European Communities – Measures Affecting the Approval and Marketing of Biotech Products* recusa igualmente tomar posição sobre o estatuto do princípio da precaução:

"Não houve, até agora, nenhuma decisão com autoridade de uma corte ou tribunal internacional a reconhecer o princípio da precaução como um princípio geral ou comum de direito internacional. É certo que disposições que aplicam explícita ou implicitamente o princípio da precaução foram incorporadas em numerosas convenções e declarações, ainda que, na sua maioria, sejam convenções e declarações ambientais. De igual modo, o princípio tem sido referido e aplicado pelos Estados no plano nacional, também principalmente no âmbito do direito do ambiente. Por outro lado, subsistem questões no que concerne à definição e conteúdo do princípio da precaução. Finalmente, a respeito da doutrina, notamos que muitos autores expressaram a opinião de que o princípio da precaução existe como princípio geral de direito internacional. Ao mesmo tempo, como já foi notado pelo Órgão de Recurso, outros expressaram cepticismo e consideram que o princípio da precaução não tem ainda o estatuto de princípio geral de direito internacional"[59].

Há quem defenda, apesar de tudo, que o apoio em relação ao princípio da precaução está a tornar-se cada vez mais claro e profundo, talvez mesmo ao ponto de poder ser apresentado como um princípio de direito consuetudiná-

---

[58] Relatório do Órgão de Recurso no caso *European Communities – Measures Concerning Meat and Meat Products (Hormones)* (WT/DS26/AB/R, WT/DS48/AB/R), 16-1-1998, parágrafo 123.
[59] Relatório do Painel no caso *European Communities – Measures Affecting the Approval and Marketing of Biotech Products* (WT/DS291/R, WT/DS292/R, WT/DS293/R), 29-9-2006, parágrafo 7.88.

rio[60]. As próprias Comunidades Europeias defenderam ante o Órgão de Recurso que o princípio da precaução constituiria já uma regra consuetudinária geral do direito internacional ou, pelo menos, um princípio de direito geral[61]. Em contraste, quer os Estados Unidos e o Canadá, quer os países em desenvolvimento, têm objectado de modo persistente contra a aceitação do princípio da precaução como costume internacional[62]. No caso específico dos Estados Unidos, a sua oposição expressa e consciente ao tratamento do princípio da precaução como

[60] James CAMERON, The Precautionary Principle, in *Trade, Environment, and the Millennium*, 2ª ed., Gary Sampson e Bradnee Chambers ed., 2002, p. 304.

[61] Relatório do Órgão de Recurso no caso *European Communities Measures Concerning Meat and Meat Products (Hormones)* (WT/DS26/AB/R, WT/DS48/AB/R), 16-1-1998, parágrafo 16. Apesar de DOAA MOTAAL declarar que as Comunidades Europeias recorrem ao princípio da precaução na fase da gestão dos riscos e não na fase da avaliação dos riscos (cf. Doaa MOTAAL, *Is the World Trade Organization Anti-Precaution?*, in Journal of World Trade, 2005, p. 486), posição igualmente defendida pela Comissão Europeia (cf. COMISSÃO EUROPEIA, *Comunicação da Comissão relativa ao princípio da precaução*, Bruxelas, 2-2-2000, COM(2000) 1 Final, p. 14), as Comunidades Europeias defenderam no caso *Hormones* que o princípio da precaução se aplicava tanto na fase da gestão dos riscos como na fase da avaliação dos riscos e que o Painel que analisou o caso errou juridicamente ao considerar que o princípio da precaução só era relevante para as "medidas provisórias" adoptadas ao abrigo do nº 7 do artigo 5º do Acordo relativo à Aplicação de Medidas Sanitárias e Fitossanitárias. Posteriormente ao caso *Hormones*, as Comunidades Europeias avançaram com a seguinte formulação do princípio da precaução em matéria de segurança dos géneros alimentícios:

"Artigo 7º
Princípio da precaução

1. Nos casos específicos em que, na sequência de uma avaliação das informações disponíveis, se identifique uma possibilidade de efeitos nocivos para a saúde, mas persistam incertezas a nível científico, podem ser adoptadas as medidas provisórias de gestão dos riscos necessárias para assegurar o elevado nível de protecção da saúde por que se optou na Comunidade, enquanto se aguardam outras informações científicas que permitam uma avaliação mais exaustiva dos riscos.
2. As medidas adoptadas com base no nº 1 devem ser proporcionadas e não devem impor mais restrições ao comércio do que as necessárias para se alcançar o elevado nível de protecção por que se optou na Comunidade, tendo em conta a viabilidade técnica e económica e outros factores considerados legítimos na matéria em questão. Tais medidas devem ser reexaminadas dentro de um prazo razoável, consoante a natureza do risco para a vida ou a saúde e o tipo de informação científica necessária para clarificar a incerteza científica e proceder a uma avaliação mais exaustiva do risco". Cf. CONSELHO DA UNIÃO EUROPEIA/PARLAMENTO EUROPEU, Regulamento (CE) Nº 178/2002 de 28 de Janeiro de 2002 *que determina os princípios e normas gerais da legislação alimentar, cria a Autoridade Europeia para a Segurança dos Alimentos e estabelece procedimentos em matéria de segurança dos géneros alimentícios*, in Jornal Oficial das Comunidades Europeias L 31, 1-2-2002, p. 9.

[62] Akawat LAOWONSIRI, *Application of the Precautionary Principle in the SPS Agreement*, in Max Planck Yearbook of United Nations Law, Volume 14, 2010, pp. 590-591. Existem excepções no caso dos países em desenvolvimento. Por exemplo, no caso *Aerial Herbicide Spraying (Ecuador v. Colombia)*, um dos fundamentos da queixa apresentada pelo Equador ante o Tribunal Internacional de Justiça, em 31-3-2008, era o seguinte:

costume internacional tem-se verificado ao nível dos seus argumentos ante os órgãos de resolução de litígios da OMC ou durante as negociações do Protocolo de Quioto da Convenção Quadro das Nações Unidas sobre as Alterações Climáticas ou na recusa em ratificar acordos multilaterais de protecção do ambiente que contenham referências importantes ao princípio da precaução (por exemplo, o Protocolo de Cartagena)[63]. Relativamente à União Europeia, pelo contrário, a prática e a *opinio iuris* apoiam a conclusão de que o princípio da precaução já recebeu o apoio necessário para poder ser visto como um costume regional[64].

Fora do contexto da OMC, o princípio da precaução já foi referido em diversos litígios analisados pelo Tribunal Internacional de Justiça. No caso *Nuclear Tests (New Zealand v. France)*, por exemplo, o Juiz Weeramantry considera, em opinião dissidente, o princípio da precaução um princípio importante do direito ambiental e observa que o Tribunal deveria ter aproveitado a oportunidade para tomá-lo em consideração[65]. Posteriormente, no caso *Gabcikovo – Nagymaros Project (Hungary v. Slovakia)*, o Tribunal Internacional de Justiça limita-se a reconhecer que:

"O Equador alega que, através da pulverização aérea de herbicidas tóxicos em locais próximos e ao longo da sua fronteira com o Equador, a Colômbia violou os direitos do Equador ao abrigo do direito internacional consuetudinário e convencional. Os prejuízos causados e outros prejuízos iminentes terão, seguramente, consequência irreversíveis, o que indica que a Colômbia não cumpriu as suas obrigações de prevenção e precaução" (parágrafo 37).

Sabe-se, também, que os diferentes grupos que participaram nas negociações do Protocolo de Cartagena tiveram opiniões diferentes no que toca à sua relação com os Acordos da OMC e, em particular, com o Acordo relativo à Aplicação de Medidas Sanitárias e Fitossanitárias. Um dos grupos (o chamado Grupo de Miami), compreendia os principais países exportadores de organismos geneticamente modificados (Estados Unidos, que não sendo parte da Convenção sobre Diversidade Biológica, participou nas negociações apenas como observador, Canadá, Austrália, Argentina, Uruguai e Chile), considerava que os acordos da OMC deveriam prevalecer sobre o Protocolo, pelo que propunha inserir uma "cláusula de salvação" (*savings clause*) que impedisse a aplicação do princípio da *lex posterior* consagrado no nº 3 do art. 30º da Convenção de Viena sobre o Direito dos Tratados de 23 de Maio de 1969. Esta proposta foi, todavia, rejeitada pela Comunidade Europeia e por alguns países em desenvolvimento.

[63] Els Reynaers KINI, The Status of the Precautionary Principle in Public International Law, in *Essays on the Future of the World Trade Organization, Volume I – Policies and Legal Issues*, Julien Chaisse e Tiziano Balmelli Ed., Editions Interuniversitaires Suisses, Genebra-Lugano-Bruxelas, 2008, p. 371.
[64] Meinhard SCHRÖDER, Precautionary Approach/Principle, in *Max Planck Encyclopedia of Public International Law* (Updated August 2009), Oxford University Press, «http://www.mpepil.com», p. 3.
[65] TRIBUNAL INTERNACIONAL DE JUSTIÇA, *Request for an examination of the Situation in Accordance with Paragraph 63 of the Court's Judgment of 20 December 1974 in the Nuclear Tests Case (New Zealand v. France)*, Ordem de 22-9-1995, p. 84.

"ambas as partes estão de acordo sobre a necessidade de tomar em consideração seriamente as preocupações ambientais e de adoptar as medidas de precaução que se impõem, mas elas estão fundamentalmente em desacordo sobre as consequências que isto tem para o projecto conjunto. Em tal caso, o recurso a uma parte terceira pode ser útil e permitir encontrar uma solução, desde que cada uma das partes mostre flexibilidade na sua posição"[66].

Mais recentemente, no caso *Pulp Mills on the River Uruguay (Argentina v. Uruguay)*, o Tribunal Internacional de Justiça entende que:

"**162.** Segundo o princípio bem estabelecido *onus probandi incumbit actori*, incumbe à parte que avança certos factos estabelecer a sua existência. Este princípio, confirmado pelo Tribunal em diversas ocasiões, aplica-se aos factos avançados quer pela parte queixosa, quer pela parte demandada.
164. (...) Enquanto uma abordagem de precaução pode ser relevante na interpretação e aplicação das disposições do Estatuto [Estatuto do Rio Uruguai, de 1975], ela não tem por efeito operar uma inversão do ónus da prova (...)"[67].

Assim, ao rejeitar explicitamente o uso do princípio da precaução pela Argentina (a parte queixosa) para inverter o ónus da prova[68], o Tribunal Internacional de Justiça limita fortemente a relevância do princípio da precaução. Como nota DANIEL KAZHDAN, "ultimately, the ICJ's decision in *Pulp Mills* left only a vaguely defined and weak precautionary principle"[69].

Finalmente, não partilhamos a opinião do Órgão de Recurso quando defende que é desnecessário, e provavelmente imprudente, tomar posição sobre a importante, mas abstracta, questão de saber se o princípio da precaução é amplamente aceite pelos membros como princípio de direito internacional consuetudinário ou geral. Pode ser imprudente, mas não desnecessário. Isto porque, devendo os painéis e o Órgão de Recurso aplicar as normas consuetudinárias de interpretação do direito internacional público (art. 3º, nº 2, do Memorando de Entendi-

---

[66] TRIBUNAL INTERNACIONAL DE JUSTIÇA, *Case Concerning the Gabcikovo-Nagyramos Project (Hungary v. Slovakia)*, Acórdão de 25-9-1997, parágrafo 113.
[67] TRIBUNAL INTERNACIONAL DE JUSTIÇA, *Case Concerning Pulp Mills on the River Uruguay (Argentina v. Uruguay)*, Acórdão de 20-4-2010, parágrafos 162 e 164.
[68] Segundo a Argentina, "a abordagem de precaução adoptada no Estatuto de 1975 tem por efeito transferir o ónus da prova para o Uruguai, pelo que incumbirá a este país demonstrar que a fábrica de celulose Orion (Botnia) não causará danos significativos ao meio ambiente". Cf. *Idem*, parágrafo 160.
[69] Daniel KAZHDAN, *Precautionary Principle: Pulp Mills and Evolving Dispute between International Tribunals over the Reach of the Precautionary Principle*, in Ecology Law Quarterly, Vol. 38, 2011, p. 551.

mento sobre Resolução de Litígios), eles estão obrigados a ter em conta "toda a regra pertinente de direito internacional aplicável às relações entre as partes" (art. 31º, nº 3, alínea c), da Convenção de Viena sobre o Direito dos Tratados). E, naturalmente, estas "regras pertinentes" incluem as regras do direito internacional consuetudinário ou geral. Assim, caso o princípio da precaução tivesse sido aceite como costume internacional, o Órgão de Recurso estaria obrigado a dar-lhe prevalência "if later in time and in conflict with an earlier sanitary and phytosanitary treaty rule (...), unless it found an intention to continue applying the sanitary and phytosanitary treaty rule as *lex specialis*"[70]. Consequentemente, o estatuto do princípio da precaução no direito internacional não pode ser visto como uma questão abstracta, sem qualquer relevância para a análise do litígio em causa.

3. Algumas breves reflexões

Na sua essência, o princípio da precaução constitui uma advertência sobre as limitações do conhecimento científico para servir de guia à tomada de decisões e um sinal para ter em conta as lições do passado e evitar a ocorrência de acidentes ambientais e de outro tipo no futuro[71].

Paralelamente, é necessário ter presente que uma aplicação extrema do princípio da precaução pode ser muito prejudicial para a inovação tecnológica. STERLING BURNETT, por exemplo, nota que:

---

[70] Joost PAUWELYN, *The Role of Public International Law in the WTO: How Far Can We Go?*, in American Journal of International Law, 2001, p. 570.

[71] A este respeito, é bem elucidativo o estudo apresentado pela Agência Europeia do Ambiente em 2001, o qual, depois de analisar vários casos (por exemplo, a encefalopatia espongiforme bovina ou doença da vaca louca, o éter metal tert-butílico, o hidrocarboneto benzeno, o composto químico bifenil policlorado, o uso dos antimicrobianos para promoção do crescimento, o amianto, os haletos, o composto químico dioxide de enxofre, as hormonas de crescimento, a contaminação química dos chamados grandes lagos e a radiação), chega às seguintes conclusões principais:

"– Regulatory appraisal and control of technologies and economic developments involves balancing the costs of being too restrictive on innovation with the hazards and costs of being too permissive, in situations of scientific uncertainty and ignorance. The case studies provide many examples where regulatory inaction led to costly consequences that were not – and sometimes could not have been – foreseen;

– The case studies also provide many examples where 'early warnings', and even 'loud and late' warnings, were clearly ignored; where the scope of hazard appraisal was too narrow; and where regulatory actions were taken without sufficient consideration of alternatives, or of the conditions necessary for their successful implementation in the real world;

– The scope of regulatory appraisal needs to be broadened to include adequate considerations of relevant social issues alongside the physical, chemical, biological and medical aspects of technologies". Cf. AGÊNCIA EUROPEIA DO AMBIENTE, *Late lessons from early warnings: the precautionary principle 1896-2000*, Environmental issue report No. 22, Copenhaga, 2001, pp. 192-194.

"The Precautionary Principle requires one to do the impossible: prove a negative. (...) The application of the Precautionary Principle tends to impose an impossible burden of proof on proponents of new technologies. In the name of absolute safety they are asked nothing less than to demonstrate conclusively that the new technologies they advocate offer no possible harm. (...) Every food (including organic foods), product, and tool poses some risk of harm"[72].

De facto, só se a sociedade renunciar a toda e qualquer inovação, é que haverá a certeza do afastamento de todo e qualquer risco. Dependendo a nossa sociedade da inovação para evoluir, o que implica a aceitação de alguns riscos, "any effort to be universally precautionary will be paralysing, forbidding every imaginable step, including no step at all"[73] e, por isso, "in the real world of multiple risks and imperfect government, precaution itself may be a risky activity", ou seja, "amidst multiple risks, we need to exercise precaution against excessive precaution"[74].

A *probatio diabolica* mencionada torna-se ainda mais infernal quando sabemos que, em muitos países, os consumidores e os governos preocupam-se mais com os riscos desconhecidos ou novos (por exemplo, os associados aos organismos geneticamente modificados) do que com os riscos há muito conhecidos (por exemplo, os associados ao peixe fumado e ao queijo não pasteurizado)[75]. Como salienta Frans Van Waarden:

> "the French are willing to trade off the risk of contracting tuberculosis from consuming raw unpasteurized milk (though pasteurization was a French invention) in cheese production in order to enjoy the pronounced tastes of camembert or pont l'eveque"[76].

---

[72] Sterling Burnett, *Understanding the Precautionary Principle and Its Threat to Human Welfare*, in Social Philosophy & Policy, 2009, p. 393.
[73] Cass Sunstein, *Beyond the Precautionary Principle*, in University of Pennsylvania Law Review, 2003, p. 1008.
[74] Jonathan Wiener, Precaution, in *The Oxford Handbook of International Environmental Law*, Daniel Bodansky, Jutta Brunnée e Ellen Hey Ed., Oxford University Press, 2007, p. 610.
[75] Gavin Goh, *Tipping the Apple Cart: The Limits of Science and Law in the SPS Agreement after Japan – Apples*, in Journal of World Trade, 2006, p. 678. Este facto parece merecer acolhimento no nº 5 do art. 5º do Acordo relativo à Aplicação de Medidas Sanitárias e Fitossanitárias, quando esta disposição refere "o carácter excepcional dos riscos para a saúde aos quais as pessoas se expõem voluntariamente".
[76] Frans van Waarden, Taste, Traditions, Transactions, and Trust: The Public and Private Regulation of Food, in *What's the Beef? The Contested Governance of European Food Safety*, Christopher Ansell e David Vogel Ed., The MIT Press, Cambridge-Massachusetts, Londres, 2006, pp. 38-39.

Na prática, enquanto o fabrico de queijo a partir de leite não pasteurizado é permitido na França, Itália e Suíça, ele é proibido noutros países[77].

O princípio da precaução pode ter igualmente efeitos distributivos infelizes[78]. Ainda recentemente, alguns economistas do Banco Mundial concluíram que a aplicação das normas propostas no final dos anos 90 pela Comissão Europeia para as aflatoxinas (substância cancerígena presente no amendoim e noutros produtos agrícolas), invocando para tal o princípio da precaução, normas essas bem mais exigentes que as estabelecidas nos Estados Unidos, Canadá e Austrália e pela Comissão do *Codex Alimentarius*[79], implicaria uma redução das exportações africanas de cereais, frutos secos e nozes para o mercado comunitário em cerca de 700 milhões de dólares norte-americanos por ano, o que não aconteceria se as normas internacionais fossem aplicáveis. Mas será que as normas propostas pela Comissão se justificavam realmente por razões ligadas à protecção da saúde dos cidadãos comunitários? Segundo estudos realizados no âmbito da Organização Mundial de Saúde e da Organização para a Alimentação e a Agricultura, as normas comunitárias reduziriam as mortes causadas por cancro do fígado em somente 1,4 mortes por bilião de pessoas (na mesma altura, o número estimado de mortes por cancro do fígado na União Europeia ascendia a aproximadamente 33,000 por ano[80]), ou seja, menos de um morto por ano, con-

---

[77] Alessandro NUCARA, *Precautionary Principle and GMOs: Protection or Protectionism?*, in International Trade law & Regulation, 2003, Issue 2, p. 50.

[78] Cass SUNSTEIN, *Laws of Fear: Beyond the Precautionary Principle*, Cambridge University Press, 2005, p. 51.

[79] A Comissão do *Codex Alimentarius* é um órgão consultivo misto criado em 1963 pela Organização para a Alimentação e a Agricultura e pela Organização Mundial de Saúde para aplicar o programa comum Organização Mundial para a Alimentação e Agricultura/Organização Mundial de Saúde sobre normas alimentares. O objecto deste programa é proteger a saúde dos consumidores e assegurar que se observam práticas leais no comércio de produtos alimentares, mediante a elaboração de normas alimentares. Tais normas, juntamente com as notificações recebidas dos governos relativas à sua aceitação das normas, constituem o *Codex Alimentarius*. Este é pois um compêndio de normas alimentares adoptadas no âmbito internacional e apresentadas de modo uniforme. Podem ser membros da Comissão do *Codex* todos os Estados membros e membros associados da Organização para a Alimentação e a Agricultura e da Organização Mundial de Saúde. As análises técnicas e científicas da presença de medicamentos veterinários, aditivos alimentares e algumas outras substâncias em alimentos e bebidas não são realizadas pela própria Comissão do *Codex* mas, de modo independente, pelo Comité Misto da Organização para a Alimentação e a Agricultura e da Organização Mundial de Saúde de Peritos em Aditivos Alimentares. Este Comité Misto é composto por cientistas independentes, que actuam a título pessoal na sua qualidade de peritos e não como representantes dos seus governos ou organizações.

[80] Graham MAYEDA, *Developing Disharmony? The SPS and TBT Agreements and the Impact of Harmonization on Developing Countries*, in Journal of International Economic Law, 2004, p. 753.

clusões que levam GIANDOMENICO MAJONE a perguntar se salvar menos de duas vidas num bilião na Europa vale a miséria imposta aos agricultores africanos?[81].

O caso do Dicloro-Difenil-Tricloroeatano, vulgarmente conhecido por DDT, é algo similar. Apoiada supostamente pelo princípio da precaução, a proibição de toda a utilização de DDT[82], e não apenas na agricultura, pode aumentar a propagação da malária[83] e é particularmente prejudicial para muitos países pobres[84], uma vez que o DDT constitui o meio mais barato e eficiente de combate à malária[85]. A doença da malária mata entre um a dois milhões de pessoas por ano, infecta outras 650-750 milhões e o número de casos está a aumentar em todo o mundo[86].

Mesmo no caso dos organismos geneticamente modificados, é essencial ter presente que, à medida que a Índia e a China enriquecem, será necessário mais comida, o que implicará maior escassez de terra arável, água e energia e, em consequência, um aumento dos respectivos preços. Mais, a proibição dos alimentos geneticamente modificados pode perpetuar a fome nos países pobres e

---

[81] Giandomenico MAJONE, *What Price Safety? The Precautionary Principle and its Policy Implications*, in Journal of Common Market Studies, 2002, pp. 105-106. Posteriormente, a Comunidade Europeia decidiu adoptar a norma estabelecida internacionalmente para as aflatoxinas nos amendoins. Cf. Donna ROBERTS e Laurian UNNEVEHR, *Resolving trade disputes arising from trends in food safety regulation: the role of the multilateral governance framework*, in World Trade Review, 2005, p. 487.

[82] Em 1945, graças à descoberta do DDT por Paul Hermann Müller (prémio Nobel da medicina em 1948), a erradicação da malária parecia um objectivo perfeitamente plausível. Acontece que, após a publicação do livro *Silent Spring* (1962) pela bióloga norte-americana Rachel Carlson, alegando que o DDT seria particularmente tóxico para alguns pássaros, aquele químico passou a ser proibido nos Estados Unidos a partir de 1972.

[83] Jonathan WIENER, *Whose Precaution After All? A Comment on the Comparison and Evolution of Risk Regulatory Systems*, in Duke Journal of Comparative & International Law, 2003, p. 224.

[84] Quase 60% dos casos de malária afligem os 20% mais pobres da população mundial, os países mais afectados afectam, com frequência, 40% dos gastos em saúde pública ao combate à doença e África, por exemplo, perde cerca de 12 biliões de dólares norte-americanos por ano devido à doença da malária. Cf. Ashley MARTIN, *The Regulation of DDT: A Choice between Evils*, in Vanderbilt Journal of Transnational Law, 2008, pp. 681-682.

[85] Cass SUNSTEIN, *The Paralyzing Principle*, in Regulation, Winter 2002-2003, p. 36. Em 2004, entrou em vigor a Convenção de Estocolmo sobre Poluentes Orgânicos Persistentes, clamando a eliminação de vários químicos conhecidos como poluentes orgânicos persistentes, uma categoria que inclui o DDT. A Convenção criou, no entanto, uma excepção para o DDT. Em vez de bani-lo por completo, como faz em relação aos outros poluentes orgânicos persistentes, a Convenção permite o uso de DDT "for limited public health purposes" (cf. Ashley MARTIN, *The Regulation of DDT: A Choice between Evils*, in Vanderbilt Journal of Transnational Law, 2008, p. 680). Todavia, uma análise custo-benefício sugere que a abordagem de precaução retida pela Convenção de Estocolmo "is misguided", uma vez que as vantagens para a saúde pública superam os custos incertos da utilização do DDT para o ambiente. Cf. *Idem*, p. 698.

[86] *Idem*, p. 680.

converter florestas tropicais em terrenos agrícolas[87]. Ora, "if they fulfil their promise", os organismos geneticamente modificados "offer a way out of this bind, providing higher yields even as they require less water, energy and fertiliser"[88].

Muitos países em desenvolvimento têm mesmo muitas dificuldades em entender a mentalidade prevalecente nos países ocidentais em matéria de risco, uma vez que as pessoas nunca viveram tanto tempo como agora[89].

A política ideal passa, portanto, não pela precaução máxima, mas sim por uma precaução óptima, que permita olhar não apenas para os custos, mas também para os benefícios[90]. Pela lógica da precaução máxima, nunca teríamos aceite o fogo, a electricidade, o automóvel, os antibióticos, o avião, a Internet, ou numerosas outras invenções que permitem o funcionamento das sociedades modernas[91].

---

[87] Jonathan WIENER, Precaution, in *The Oxford Handbook of International Environmental Law*, Daniel Bodansky, Jutta Brunnée e Ellen Hey Ed., Oxford University Press, 2007, p. 609.

[88] THE ECONOMIST, *The next green revolution*, 21-2-2008.

[89] Tracey EPPS, *International Trade and Health Protection: A Critical Assessment of the WTO's SPS Agreement*, Edward Elgar, Cheltenham, UK/Northampton, USA, 2008, p. 129.

[90] E, como realça CASS SUNSTEIN, "participants in a democratic society might choose to proceed even when the costs exceed the benefits – but if they do so, it should be after receiving the information that the cost-benefit analysis provides" (cf. Cass SUNSTEIN, *Laws of Fear: Beyond the Precautionary Principle*, Cambridge University Press, 2005, p. 130). Ainda segundo o mesmo autor, "in the context of safety and health regulation generally, I have urged that cost-benefit analysis is a partial corrective against both excessive and insufficient fear. When national security is threatened, cost-benefit analysis is far less promising, because the probability of an attack usually cannot be estimated" (cf. *Idem*, p. 205). Finalmente, "cost-benefit analysis is an exceedingly helpful tool, simply because it provides an understanding of the stakes – of what is to be gained and what is to be lost from regulatory interventions" (cf. *Idem*, p. 225). Ao mesmo tempo, "the outcome of cost-benefit analysis should not be decisive. Perhaps those who would benefit from regulation are poor, whereas those who would pay are wealthy; if so, regulation might be justified whatever cost-benefit analysis says". Cf. *Idem*.

[91] DOUGLAS KYSAR nota a este respeito que:

"Two policymaking paradigms compete for acceptance within environmental, health, and safety regulation: One – known as cost-benefit analysis and increasingly associated with the United States – strives to enhance social welfare by predicting, weighting, and aggregating all relevant consequences of policy proposals in order to identify those choices that represent welfare-maximizing uses of public resources; the other – associated with the precautionary principle and the European approach to risk regulation – eschews optimization in favour of more pragmatic forms of decision-making. One oft-cited articulation of the precautionary principle, for instance, seeks to trigger an incremental process of risk regulation through the simple admonition, 'When an activity raises threats of harm to human health or the environment, precautionary measures should be taken even if some cause and effect relationships are not fully established scientifically" (cf. Douglas KYSAR, *It Might Have Been: Risk, Precaution and Opportunity Costs*, in Journal of Land Use & Environmental Law, 2006, pp. 3-4).

Ainda segundo este autor:

O processo de gestão dos riscos deve ser, igualmente, participativo e transparente e ter em conta e reflectir o ponto de vista dos múltiplos interessados e o princípio da precaução deve ter sempre algum tipo de fundamentação científica, não podendo basear-se em receios completamente imaginários ou não investigados[92]. Como assinalam MICHAEL TREBILCOCK e JULIE SOLOWAY:

"according a more expansive role to the Precautionary Principle, at least if the principle is understood as justifying a regulatory action purely on the basis of entirely unsubstantiated conjectures about future safety risks, would largely eviscerate the Agreement [Acordo relativo à Aplicação de Medidas Sanitárias e Fitossanitárias]"[93].

Por exemplo, no caso do recurso à utilização de hormonas de crescimento na produção de carne de vaca, as próprias Comunidades Europeias admitiram publicamente, repetidas vezes, que nunca tinham avaliado a segurança das hormonas[94]. Ademais, existia um registo de aproximadamente 50 anos de estudos científicos em diversos países e a utilização generalizada e duradoura de hormonas na produção de carne de vaca em mais de 20 países[95]. Após a entrada em vigor dos acordos da OMC, as Comunidades Europeias patrocinaram mesmo a realização de uma Conferência Científica sobre a Promoção do Crescimento na

---

"The classic defense of the precautionary principle contends that the benefits of regulatory precaution consist of saved human lives or averted ecological harms, while the costs typically consist of lost economic profits or some other opportunity cost that is not viewed as fully commensurable with human or environmental harm". Cf. *Idem*, p. 8.

[92] Doaa MOTAAL, *Is the World Trade Organization Anti-Precaution?*, in Journal of World Trade, 2005, p. 488. Basta recordar que, quando do aparecimento do comboio, uma grande parte da população era contra a construção do caminho de ferro, por acreditar que os seres humanos não sobreviveriam às altas velocidades. Cf. Christian GOLLIER, *Precautionary Principle: The Economic Perspective*, in Economic Policy, 2001, p. 305.

[93] Michael TREBILCOCK e Julie SOLOWAY, International trade policy and domestic food safety regulation: The case for substantial deference by the WTO Dispute Settlement Body under the SPS Agreement, in *The Political Economy of International Trade Law – Essays in Honor of Robert E. Hudec*, Daniel Kennedy e James Southwick ed., Cambridge University Press, 2002, p. 562.

[94] Robert Z. LAWRENCE, Charan DEVEREAUX e Michael WATKINS, *Case Studies in US Trade Negotiation – Vol. 2: Resolving Disputes*, Institute for International Economics, Washington, DC, 2006, p. 68. Na origem deste importante caso, está uma queixa apresentada, em Abril de 1996, pelos Estados Unidos e Canadá ao abrigo do sistema de resolução de litígios da OMC contra, como já foi referido, a proibição de utilização de hormonas de crescimento na carne de vaca imposta pela Comunidade Económica Europeia desde 1989.

[95] William KERR e Jill HOBBS, Consumers, Cows and Carousels: Why the Dispute over Beef Hormones is Far More Important than its Commercial Value, in *The WTO and the Regulation of International Trade: Recent Trade Disputes between the European Union and the United States*, Nicholas Perdikis e Robert Read ed., Edward Elgar, 2005, p. 193.

Produção de Carne, realizada entre 29 de Novembro e 1 de Dezembro de 1995. Participaram na conferência 86 cientistas dos Estados membros das Comunidades, da Austrália, do Canadá, da Nova Zelândia e dos Estados Unidos e, relativamente à avaliação da segurança dos agentes promotores do crescimento, o relatório final concluía do seguinte modo:

> "At present, there is no evidence for possible health risks to the consumer due to the use of natural sex hormones for growth promotion, since: – residue levels of these substances measured in meat of treated animals fall within the physiological range observed in meat of comparable untreated animals; – the daily production of sex hormones by humans is much higher than the amounts possibly consumed from meat, even in the most sensitive humans (prepubertal children and menopausal women); and – due to an extensive first-pass metabolism, the bioavailability of ingested hormones is low, thus providing a further safety margin"[96].

A proibição de hormonas de crescimento na carne de vaca teve, pois, pouco a ver com a segurança alimentar. Na verdade, segundo PATRICK MESSERLIN:

> "Clearly, the main reason for the 1989 ban was the European Communities' shrinking beef markets (the European Communities consumption of beef meat has declined at an annual rate of 1.3 percent since the early 1980s). Because hormones allow substantial increases in beef production, they could only create massive stocks in an European Community unable to reform the Common Agricultural Policy"[97].

Não deixa de ser significativo, também, que, até Fevereiro de 2007, os Estados Unidos tenham estado envolvidos em 11 litígios relacionados com o Acordo relativo à Aplicação de Medidas Sanitárias e Fitossanitárias, nove vezes como parte queixosa, e as Comunidades Europeias igualmente envolvidas em 11 litígios do mesmo tipo, mas oito vezes como parte demandada[98].

Num contexto mais vasto, os últimos dados disponíveis mostram que, até finais de 2010, foram suscitados 312 problemas comerciais específicos junto do comité das medidas sanitárias e fitossanitárias[99], 28% dos quais respeitantes à

---

[96] Dale MCNIEL, *The First Case Under the WTO's Sanitary and Phytosanitary Agreement: The European Union's Hormone Ban*, in Virginia Journal of International Law, 1998, p. 106.

[97] Patrick MESSERLIN, *Measuring the Costs of Protection in Europe: European Commercial Policy in the 2000s*, Institute for International Economics, Washington, DC, 2001, p. 117.

[98] Mark POLLACK e Gregory SHAFFER, *When Cooperation Fails: The International Law and Politics of Genetically Modified Foods*, Oxford University Press, 2009, p. 150.

[99] OMC, *Specific Trade Concerns – Committee on Sanitary and Phytosanitary Measures, Note by the Secretariat* (G/SPS/GEN/204/Rev.11), 25-2-2011, p. 2. O comité das medidas sanitárias e fitossanitárias

segurança dos alimentos, 25% à protecção dos vegetais, 41% à saúde dos animais e 6% a outras questões (por exemplo, exigências de certificação)[100]. As medidas em causa eram mantidas por países desenvolvidos em 188 casos, por países em desenvolvimento em 161 casos e os países menos avançados tiveram uma medida contestada[101]. Concretizando em termos de membros da OMC, foram visadas 63 medidas das Comunidades Europeias, 35 medidas dos Estados Unidos, 24 medidas do Japão, 16 medidas da Austrália e 13 medidas do Brasil[102].

Quais serão, então, as razões que levam a que a União Europeia seja o membro da OMC mais visado? Têm sido avançadas três razões fundamentais: primeiro, as regras comunitárias em matéria de segurança alimentar tendem a ser aproximadas às do Estado membro menos tolerante ao risco[103]; segundo, a União Europeia é geralmente conhecida por ter as regulamentações sanitárias e fitossanitárias mais rigorosas em todo o mundo[104]; terceiro, as entidades reguladoras responsáveis das União Europeia não gozam porventura de grande independência.

A respeito da terceira razão, importa ter presente que a agência norte-americana Administração de Alimentos e Fármacos[105], "one of the most authoritative administrative agencies in the world"[106], permite a utilização de todas as

---

exerce as funções necessárias à aplicação das disposições do Acordo relativo à Aplicação de Medidas Sanitárias e Fitossanitárias e à prossecução dos seus objectivos, em especial incentivando e facilitando a realização de consultas ou negociações *ad hoc* entre os seus Membros sobre questões sanitárias ou fitossanitárias específicas (art. 12º do Acordo relativo à Aplicação de Medidas Sanitárias e Fitossanitárias).

[100] *Idem*, p. 3.
[101] *Idem*, p. 4. Os países desenvolvidos membros da OMC suscitaram 195 problemas comerciais, os países em desenvolvimento 163 problemas comerciais e os países menos avançados três problemas. Cf. *Idem*.
[102] *Idem*, pp. 6-22.
[103] Peter Holmes e Alasdair Young, Protection or Protectionism? EU Food Safety and the WTO, in *What's the Beef? The Contested Governance of European Food Safety*, Christopher Ansell e David Vogel Ed., The MIT Press, Cambridge-Massachusetts, Londres, 2006, p. 283.
[104] Kasturi Das, *Coping with SPS Challenges in India: WTO and Beyond*, in Journal of International Economic Law, 2008, p. 983.
[105] A agência Administração de Alimentos e Fármacos tem funções de regulação a respeito dos medicamentos, dos produtos feitos a partir de organismos vivos (vacinas e produtos sanguíneos), dos cosméticos, dos produtos electrónicos que emitam radiações, dos produtos veterinários e de todos os produtos alimentares (com excepção da carne que não seja de caça, produto regulado pelo Departamento de Agricultura dos Estados Unidos). Cf. Tomas Philipson e Eric Sun, *Is the Food and Drug Administration Safe and Effective?*, in Journal of Economic Perspectives, Volume 22, Number 1, 2008, p. 85.
[106] Alberto Alemanno, Food Safety and the Single European Market, in *What's the Beef? The Contested Governance of European Food Safety*, Christopher Ansell e David Vogel Ed., The MIT Press,

hormonas de crescimento que estavam em causa no caso *Hormones*[107] e aproximadamente 75% dos alimentos norte-americanos processados (cereais em caixas, refeições congeladas, óleos de cozinha, etc.) contêm ingredientes geneticamente modificados e todos os produtos são vendidos sem qualquer tipo de rótulo obrigatório e sem que os consumidores saibam da presença desses ingredientes[108]. Nas Comunidades Europeias, apesar de uma comissão de cientistas não ter encontrado provas de que as hormonas de crescimento eram prejudiciais para os humanos, o Conselho de Ministros proibiu a sua utilização. E a criação posteriormente da Autoridade Europeia de Segurança Alimentar (*European Food Safety Authority*) não parece ter mudado grandemente o estado da situação, isto apesar de a Comissão Europeia ter consultado amplamente as suas contrapartes norte-americanas quando da criação da agência europeia[109]. A Autoridade Europeia de Segurança Alimentar limita-se ao papel de avaliador dos riscos, mantendo-se a Comissão Europeia como o gestor dos riscos, responsável pela adopção das decisões[110]. A agência Administração de Alimentos e Fármacos, pelo contrário, tem a seu cargo simultaneamente as funções de avaliação e de gestão dos riscos[111]. Ora, como bem nota ANNA SZAJKOWSKA:

Cambridge-Massachusetts, Londres, 2006, p. 252. Os medicamentos aprovados pela agência Administração de Alimentos e Fármacos tendem a ser bastante seguros, sendo raramente retirados do mercado. Entre 1979 e 2002, por exemplo, apenas 2.5% dos medicamentos aprovados foram depois retirados do mercado. Cf. Tomas PHILIPSON e Eric SUN, *Is the Food and Drug Administration Safe and Effective?*, in Journal of Economic Perspectives, Volume 22, Number 1, 2008, p. 90.

[107] Estavam em causa seis hormonas de crescimento, três naturais (estradiol-17, testosterona e progesterona), e três sintéticas (trenbolona, zeranol e acetato de melengestrol). Nem todas as hormonas de crescimento são autorizadas pela agência norte-americana. É o caso, por exemplo, do dietilestilbestrol, conhecido comummente como DES.

[108] Cinnamon CARLARNE, *From the USA with Love: Sharing Home-Grown Hormones, GMOs, and Clones with a Reluctant Europe*, in Environmental Law, 2007, pp. 313-314.

[109] Mark POLLACK, The Political Economy of Transatlantic Trade Disputes, in *Transatlantic Economic Disputes: The EU, the US, and the WTO*, Ernst-Ulrich Petersmann e Mark Pollack ed., Oxford University Press, 2003, p. 94.

[110] Alberto ALEMANNO e Stephanie MAHIEU, *The European Food Safety Authority before European Courts*, in European Food and Feed Law Review, 5/2008, p. 320.

[111] A agência norte-americana difere da Autoridade Europeia de Segurança Alimentar ainda a respeito dos seguintes aspectos: – é suposto os responsáveis pela gestão dos riscos atenderem exclusivamente a factores científicos; – a sua organização institucional compreende aproximadamente 9,000 funcionários, responsáveis por monitorar o fabrico, importação, transporte, armazenamento e venda de um conjunto extenso de produtos através do território norte-americano, e assenta no trabalho de cerca de 2,100 cientistas e 40 laboratórios dispersos pelo país; – os poderes da agência norte-americana derivam "from a powerful text such as the Food, Drug, and Cosmetic Act" e não de um simples regulamento como acontece com a Agência Europeia de Segurança Alimentar (cf. Alberto ALEMANNO, Food Safety and the Single European Market, in *What's the Beef?*

"Precaution built in risk assessment, forcing scientists to identify uncertainties and calling for more scientific evaluation to eliminate them, is different from the precautionary principle applied in risk management. The principle as a risk management tool leaves much more appreciation for decision makers, giving them the power to arbitrate whether scientific information is sufficient and certain, and to bias uncertainties in favour of safety, even against the main conclusions of scientific risk assessment"[112].

Finalmente, é importante reconhecer que é difícil a um juiz, por definição um não cientista, avaliar se uma medida é apoiada pela ciência na sua actividade de *dicere legem*. Isso mesmo foi reconhecido pelo Juiz Rehnquist em 1993, então Presidente do Supremo Tribunal dos Estados Unidos, na sua opinião dissidente no caso *Daubert v. Merrell Dow Pharmaceuticals*:

"The various briefs filed in this case are markedly different from typical briefs, in that large parts of them do not deal with decided cases or statutory language – the sort of material we customarily interpret. Instead, they deal with definitions of scientific knowledge, scientific method, scientific validity, and peer review – in short, matters far afield from the expertise of judges. This is not to say that such materials are not useful or even necessary in deciding how Rule 702 should be applied; but it is to say that the unusual subject matter should cause us to proceed with great caution in deciding more than we have to, because our reach can so easily exceed our grasp" [parágrafos 598-599].

É, por isso, de salutar a prontidão revelada pelos painéis da OMC na consulta de peritos científicos[113], facto que contrasta com a relutância dos tribunais comunitários "to rely on external advice", preferindo antes analisar as medidas contestadas "by relying solely on their (by definition, non-scientific) evaluation

---

The Contested Governance of European Food Safety, Christopher Ansell e David Vogel Ed., The MIT Press, Cambridge-Massachusetts, Londres, 2006, p. 253). A Autoridade Europeia de Segurança Alimentar, pelo contrário, emprega apenas cerca de 370 pessoas e dispõe de um orçamento de 70 milhões de euros. Cf. Mark POLLACK e Gregory SHAFFER, *When Cooperation Fails: The International Law and Politics of Genetically Modified Foods*, Oxford University Press, 2009, p. 106.

[112] Anna SZAJKOWSKA, *The Impact of the Definition of the Precautionary Principle in EU Food Law*, in Common Market Law Review, 2010, p. 181.

[113] Nos próprios termos do nº 2 do artigo 11º do Acordo relativo à Aplicação de Medidas Sanitárias e Fitossanitárias, "Quando se levantem questões científicas ou técnicas no quadro de um litígio no âmbito da aplicação do presente Acordo, um painel *deve* solicitar o parecer de peritos escolhidos pelo próprio painel em consulta com as partes em litígio" (itálico aditado).

of the scientific evidence brought to the dispute by the parties"[114]. Alguns juízes do Tribunal Internacional de Justiça afirmaram mesmo que a Organização Mundial do Comércio é talvez a organização que mais tem contribuído para o desenvolvimento das melhores práticas em matéria de consulta a peritos externos, a fim de avaliar melhor as provas que lhe são apresentadas[115].

Não dispondo os painéis (e o Órgão de Recurso) da perícia ou dos conhecimentos indispensáveis para analisar as avaliações de risco, eles devem limitar-se a perguntar se os membros da OMC levaram a cabo uma rigorosa avaliação dos riscos, se essa avaliação não contraria os protocolos acordados pela comunidade científica internacional. Essencialmente, não importam tanto as conclusões a que se chega, mas sim o modo como se chega a essas conclusões:

> "There is currently a strong trend, internationally, to formalize procedures for dealing with risk analysis issues and to promote commonalities of approaches throughout the different sectors where risk assessment may be developed. In recent years, these standard organizations [as três organizações mencionadas no Acordo relativo à Aplicação de Medidas Sanitárias e Fitossanitárias] have contributed more to the trade system by setting out scientific approaches to regulation than by promulgating standards that are identical across countries"[116].

4. Algumas conclusões

A importância económica e a omnipresença dos alimentos na nossa vida quotidiana implicam que a saúde pública e a segurança alimentar devem ser um dos principais interesses da sociedade em geral e das autoridades públicas e dos produtores em particular. E, apesar da ciência ser vulnerável a manipulações e captura, o recurso à *good science* pode ajudar a diminuir a incerteza de saber se estamos perante medidas sanitárias ou fitossanitárias perfeitamente legítimas ou restrições

---

[114] Alberto ALEMANNO, The Dialogue between Judges and Experts in the EU and WTO, in *Shaping the Rule of Law through Dialogue: International and Supranational Experiences*, Paolo Carrozza, Filippo Fontanelli e Giuseppe Martinico ed., Europa Law Publishing, 2010, p. 359.

[115] TRIBUNAL INTERNACIONAL DE JUSTIÇA, *Case Concerning Pulp Mills on the River Uruguay (Argentina v. Uruguay)*, Acórdão de 20-4-2010, Opinião Dissidente Comum dos Juízes Al-Khasawneh e Simma, parágrafo 16.

[116] Alberto ALEMANNO, The Dialogue between Judges and Experts in the EU and WTO, in *Shaping the Rule of Law through Dialogue: International and Supranational Experiences*, Paolo Carrozza, Filippo Fontanelli e Giuseppe Martinico ed., Europa Law Publishing, 2010, p. 371. As três organizações mencionadas no Acordo relativo à Aplicação de Medidas Sanitárias e Fitossanitárias são o *Codex Alimentarius* no que respeita à inocuidade dos produtos alimentares, o Gabinete Internacional de Epizootias (actual Organização Mundial da Saúde Animal) no que respeita à saúde dos animais e o Secretariado da Convenção Fitossanitária Internacional no que respeita à protecção vegetal.

disfarçadas ao comércio e impedir que consumidores não informados sejam subjugados politicamente por interesses especiais e poderosos[117]. Mais, reconhecer a incerteza teórica como base legítima das decisões nacionais em matéria de risco resultaria, na prática, na inutilidade de todo o sistema estabelecido pelo Acordo relativo à Aplicação de Medidas Sanitárias e Fitossanitárias. O próprio Órgão de Recurso acentuou no caso *European Communities Measures Concerning Meat and Meat Products (Hormones)* que:

"numa parte dos seus Relatórios, o Painel opõe a condição de um 'risco identificável' à incerteza que sempre subsiste no plano teórico, uma vez que a ciência não pode *nunca* oferecer a certeza absoluta de que uma dada substância *nunca* terá efeitos adversos para a saúde. Concordamos com o Painel de que esta incerteza teórica não é o tipo de risco que deve ser avaliado ao abrigo do nº 1 do artigo 5º [do Acordo relativo à Aplicação de Medidas Sanitárias e Fitossanitárias]"[118].

Muito importante, a abordagem dos órgãos de resolução de litígios da OMC à interpretação das disposições do Acordo relativo à Aplicação de Medidas Sanitárias e Fitossanitárias que reconhecem um papel especial à ciência tem sido, em grande parte, procedimental, isto é, no sentido da harmonização dos procedimentos sanitários ou fitossanitários dos países, principalmente, através da imposição do requisito da avaliação dos riscos, facto que leva JOANNE SCOTT a realçar que:

"to this extent, the constraints implied by these obligations may be understood in terms of decision making *methodology* and not outcomes. (...) To the extent that the relevant obligations have been construed as imposing procedural requirements, claims of epistemic imperialism based on science seem less than plausible. On the contrary, to this extent, the agreement serves to open up decision making to more

---

[117] Por vezes, a questão da boa ou má ciência nem se coloca. Por exemplo, num caso analisado pelo Tribunal de Justiça da União Europeia, a República da Polónia faz referência a uma concepção cristã da vida que se opõe a que organismos vivos criados por Deus sejam manipulados e transformados em materiais objecto de direitos de propriedade industrial, a uma concepção cristã e humanista do progresso e do desenvolvimento que impõe o respeito pelo projecto da criação e da procura de uma harmonia entre o homem e a natureza e, por último, a princípios cristãos e humanistas relativos à ordem social, dado que a redução de organismos vivos à condição de produtos para puros fins comerciais é, nomeadamente, susceptível de destruir os fundamentos da sociedade. Cf. Acórdão do Tribunal de Justiça de 16 de Julho de 2009, *Comissão das Comunidades Europeias contra República da Polónia*, Processo C-165/08, parágrafo 31.

[118] Relatório do Órgão de Recurso no caso *European Communities Measures Concerning Meat and Meat Products (Hormones)* (WT/DS26/AB/R, WT/DS48/AB/R), 16-1-1998, parágrafo 186.

and better information, and to induce reflexivity in the elaboration of regulatory outcomes"[119].

Não se pense, todavia, que é adoptada uma abordagem bastante inflexível do requisito da avaliação dos riscos. Não só o Acordo relativo à Aplicação de Medidas Sanitárias e Fitossanitárias não impõe nenhum método em especial de condução da avaliação dos riscos, limitando-se a avançar com uma definição geral de avaliação dos riscos no seu Anexo A, como também o Órgão de Recurso afirma que a avaliação dos riscos não necessita de ser realizada pelo membro que adopta a medida sanitária:

"O artigo 5º, nº 1, não exige que um Membro que adopta uma medida sanitária proceda à sua própria avaliação dos riscos. Ele exige unicamente que as medidas sanitárias ou fitossanitárias sejam 'estabelecidas com base numa avaliação, realizada de uma forma adequada às circunstâncias ...'. A medida sanitária ou fitossanitária pode bem encontrar a sua justificação objectiva numa avaliação dos riscos efectuada por um outro Membro ou por uma organização internacional"[120].

O facto de uma medida sanitária ou fitossanitária encontrar apoio em opiniões científicas minoritárias não impede, também, um Membro da OMC de adoptá-la:

"Não acreditamos que uma avaliação de riscos tenha que chegar a uma conclusão monolítica que coincida com a conclusão ou a opinião científica implícita na medida sanitária ou fitossanitária. A avaliação dos riscos pode coincidir quer com a opinião prevalecente, representativa da corrente científica 'dominante', quer com opiniões de cientistas com um ponto de vista divergente. O artigo 5º, nº 1, não exige que a avaliação dos riscos deva necessariamente incorporar apenas a opinião da maioria da comunidade científica interessada. (...) Na maioria dos casos, os governos responsáveis e representativos têm tendência a basear as suas medidas legislativas e administrativas na opinião científica 'dominante'. Noutros casos, governos igualmente responsáveis e representativos podem agir de boa fé com base no que pode ser, num dado momento, uma opinião divergente procedente de fontes competentes e res-

---

[119] Joanne SCOTT, *The WTO Agreement on Sanitary and Phytosanitary Measures – A Commentary*, Oxford University Press, 2007, p. 78.
[120] Relatório do Órgão de Recurso no caso *European Communities Measures Concerning Meat and Meat Products (Hormones)* (WT/DS26/AB/R, WT/DS48/AB/R), 16-1-1998, parágrafo 190; Relatório do Órgão de Recurso no caso *Australia – Measures Affecting Importation of Salmon* (WT/DS18/AB/R), 20-10-1998, nota de rodapé 68.

peitadas. Em si mesmo, isto não significa necessariamente a ausência de uma relação razoável entre a medida sanitária ou fitossanitária e a avaliação dos riscos, especialmente quando o risco em questão pode ser mortal e visto como representando uma ameaça evidente e iminente para a saúde e segurança públicas. A existência ou a ausência desta relação só pode ser determinada caso a caso, depois de termos presente todas as considerações que afectam racionalmente a questão dos potenciais efeitos negativos para a saúde"[121].

Esta conclusão do Órgão de Recurso faz todo o sentido. A ciência nem sempre é capaz de fornecer uma resposta e, em muitas situações, os resultados da investigação científica são contraditórios ou inconcludentes.

[121] Relatório do Órgão de Recurso no caso *European Communities Measures Concerning Meat and Meat Products (Hormones)* (WT/DS26/AB/R, WT/DS48/AB/R), 16-1-1998, parágrafo 194.

BIBLIOGRAFIA

AGÊNCIA EUROPEIA DO AMBIENTE – *Late lessons from early warnings: the precautionary principle 1896-2000*, Environmental issue report No. 22, Copenhaga, 2001.

ALEMANNO, Alberto – Food Safety and the Single European Market, in *What's the Beef? The Contested Governance of European Food Safety*, Christopher Ansell e David Vogel Ed., The MIT Press, Cambridge-Massachusetts, Londres, 2006, pp. 237-258.

— *Trade in Food: Regulatory and Judicial Approaches in the EC and the WTO*, Cameron May, Londres, 2007.

— The Dialogue between Judges and Experts in the EU and WTO, in *Shaping the Rule of Law through Dialogue: International and Supranational Experiences*, Paolo Carrozza, Filippo Fontanelli e Giuseppe Martinico ed., Europa Law Publishing, 2010, pp. 345-373.

ALEMANNO, Alberto e MAHIEU, Stéphanie – *The European Food Safety Authority before European Courts*, in European Food and Feed Law Review, 5/2008, pp. 320-333.

APPLEGATE, John – *The Taming of the Precautionary Principle*, in William and Mary Environmental Law and Policy Review, Volume 27, 2002, pp. 13-78.

ARAGÃO, Alexandra – *Dimensões europeias do princípio da precaução*, in Revista da Faculdade de Direito da Universidade do Porto, Ano VII (Especial), 2010, pp. 245-299.

ATHUKORALA, Prema-Chandra e JAYASURIYA, Sisira – *Food Safety Issues, Trade and WTO Rules: A Developing Country Perspective*, in The World Economy, 2003, pp. 1395-1416.

BERNASCONI-OSTERWALDER, Nathalie – The Cartagena Protocol on Biosafety: A Multilateral Approach to Regulate GMOS, in *Reconciling Environment and Trade*, John Jackson e Edith Brown Weiss ed., Transnational Publishers, Ardsley-Nova Iorque, 2001, pp. 689-721.

BOHANES, Jan – *Risk Regulation in WTO Law: A Procedure-Based Approach to the Precautionary Principle*, in Columbia Journal of Transnational Law, Vol. 40, 2002, pp. 323-389.

BOISSON DE CHAZOURNES, Laurence – Precaution in international law: reflection on its composite nature, in *Law of the sea, environmental law and settlement of disputes: Liber amicorum Judge Thomas A. Mensah*, Tafsir Malick Ndiaye e Rüdiger Wolfrum ed., Martinus Nijhoff, Leiden, 2007, pp. 21-34.

BURNETT, Sterling – *Understanding the Precautionary Principle and Its Threat to Human Welfare*, in Social Philosophy & Policy, 2009, pp. 378-410.

CAMERON, James – The Precautionary Principle, in *Trade, Environment, and the Millennium*, 2ª ed., Gary Sampson e Bradnee Chambers ed., 2002, pp. 287-319.

CARLARNE, Cinnamon – *From the USA with Love: Sharing Home-Grown Hormones, GMOs, and Clones with a Reluctant Europe*, in Environmental Law, 2007, pp. 301-337.

CAZALA, Julien – *Food Safety and the Precautionary Principle: the Legitimate Moderation of Community Courts*, in European Law Journal, 2004, pp. 539-554.

CHAOIMH, Eadaoin Ni – *Trading in Precaution: A Comparative Study of the Precautionary Jurisprudence of the European Court and the WTO's Adjudicating Body*, in Legal Issues of Economic Integration, 2006, pp. 139-165.

CHARNOVITZ, Steve – Improving the Agreement on Sanitary and Phytosanitary Standards, in *Trade, Environment, and the Millennium*, 2ª ed., Gary Sampson e Bradnee Chambers ed., 2002, pp. 207-233.

CHEYNE, Ilona – *Gateways to the Precautionary Principle in WTO Law*, in Journal of Environmental Law, 2007, pp. 155-172.

COMISSÃO EUROPEIA – *Comunicação da Comissão relativa ao princípio da precaução*, Bruxelas, 2-2-2000, COM(2000) 1 Final.

COMITÉ DAS MEDIDAS SANITÁRIAS E FITOSSANITÁRIAS – *Specific Trade Concerns – Committee on Sanitary and Phytosanitary Measures, Note by the Secretariat* (G/SPS/GEN/204/Rev.11), 25-2-2011.

CONSELHO DA UNIÃO EUROPEIA/PARLAMENTO EUROPEU – Regulamento (CE) Nº 178//2002 de 28 de Janeiro de 2002 *que determina os princípios e normas gerais da legislação alimentar, cria a Autoridade Europeia para a Segurança dos Alimentos e estabelece procedimentos em matéria de segurança dos géneros alimentícios*, in Jornal Oficial das Comunidades Europeias L 31, 1-2-2002, pp. 1-24.

COVELLI, Nick e HOHOTS, Viktor – *The Health Regulation of Biotech Foods under the WTO Agreements*, in Journal of International Economic Law, 2003, pp. 773-795.

CUNHA, Luís Pedro – *Responsabilidade e Mercado; Organismos Geneticamente Modificados e Comércio Internacional*, in Boletim de Ciências Económicas, Volume LIII, 2010, Faculdade de Direito/Universidade de Coimbra, pp. 61-91.

DAS, Kasturi – *Coping with SPS Challenges in India: WTO and Beyond*, in Journal of International Economic Law, 2008, pp. 971-1019.

DOUMA, Wybe – *How Safe is Safe? The EU, the USA and the WTO Codex Alimentarius Debate on Food Safety Issues*, in *The European Union and the International Legal Order: Discord or Harmony?*, Vincent Kronenberger Ed., T.M.C. Asser Press, Haia, 2001, pp. 181-197.

ECHOLS, Marsha – *Food Safety Regulation in the European Union and the United States: Different Cultures, Different Laws*, in Columbia Journal of European Law, 1998, pp. 525-543.

— *Food Safety and the WTO: The Interplay of Culture, Science and Technology*, Kluwer Law International, Londres-Haia-Nova Iorque, 2001.

ELIASON, Antonia – *Science versus Law in WTO Jurisprudence: The (Mis)interpretation of the Scientific Process and the (In)sufficiency of Scientific Evidence in EC – Biotech*, in New York University Journal of International Law and Politics, 2009, pp. 341-406.

ELLIS, Jaye – *Overexploitation of a Valuable Resource? New Literature on the Precautionary Principle*, in European Journal of International Law, 2006, pp. 445-462.

EPPS, Tracey – *Reconciling public opinion and WTO rules under the SPS Agreement*, in World Trade Review, 2008, pp. 359-392.

— *International Trade and Health Protection: A Critical Assessment of the WTO's SPS Agreement*, Edward Elgar, Cheltenham, UK/Northampton, USA, 2008.
— *Resolving Complex Health-Related Disputes Under the WTO's Dispute Settlement System*, in American Society of International Law Proceedings, 2010, pp. 26-30.

FERREIRA, Eduardo Paz e ATANÁSIO, João – *Textos de Direito do Comércio Internacional e do Desenvolvimento Económico*, Volume I – Comércio Internacional, Almedina, 2004.

FOSTER, Caroline – *Precaution, Scientific Development and Scientific Uncertainty under the WTO Agreement on Sanitary and Phytosanitary Measures*, in Review of European Community and International Environmental Law, 2009, pp. 50-58.

GILLESPIE, Alexander – *The Precautionary Principle in the Twenty-First Century: A Case Study of Noise Pollution in the Ocean*, in The International Journal of Marine and Coastal Law, Vol. 22, No. 1, 2007, pp. 61-87.

GOH, Gavin – *Tipping the Apple Cart: The Limits of Science and Law in the SPS Agreement after Japan – Apples*, in Journal of World Trade, 2006, pp. 655-686.

GOLLIER, Christian – *Precautionary Principle: The Economic Perspective*, in Economic Policy, 2001, pp. 302-321.

GONÇALVES, Maria Eduarda – O princípio da precaução no direito europeu ou a difícil relação do direito com a incerteza, in *Em Homenagem ao Professor Doutor Diogo Freitas do Amaral*, Almedina, Coimbra, 2010, pp. 565-584.

HOLMES, Peter e YOUNG, Alasdair – Protection or Protectionism? EU Food Safety and the WTO, in *What's the Beef? The Contested Governance of European Food Safety*, Christopher Ansell e David Vogel Ed., The MIT Press, Cambridge-Massachusetts, Londres, 2006, pp. 281-305.

HORN, Henrik e MAVROIDIS, Petros – *Environment, Trade, and the WTO Constraint: Bop Till You Drop?*, in Revue Hellénique de Droit International, 2009, pp. 1-63.

HUGHES, Valerie – Accomplishments of the WTO dispute settlement mechanism, in *The WTO in the Twenty-First Century: Dispute Settlement, Negotiations, and Regionalism in Asia*, Yasuhei Taniguchi, Alan Yanovich e Jan Bohanes Ed., Cambridge University Press, 2007, pp. 185-211.

JACKSON, John e WEISS, Edith Brown – The Framework for Environment and Trade Disputes, in *Reconciling Environment and Trade*, John Jackson e Edith Brown Weiss ed., Transnational Publishers, Ardsley-Nova Iorque, 2001, pp. 1-37.

KAZHDAN, Daniel – *Precautionary Principle: Pulp Mills and Evolving Dispute between International Tribunals over the Reach of the Precautionary Principle*, in Ecology Law Quarterly, Vol. 38, 2011, pp. 527-552.

KERR, William e HOBBS, Jill – Consumers, Cows and Carousels: Why the Dispute over Beef Hormones is Far More Important than its Commercial Value, in *The WTO and the Regulation of International Trade: Recent Trade Disputes between the European Union and the United States*, Nicholas Perdikis e Robert Read ed.; Edward Elgar, 2005, pp. 191-214.

KINI, Els Reynaers – *The Status of the Precautionary Principle in Public International Law*, in *Essays on the Future of the World Trade Organization, Volume I – Policies and Legal Issues*, Julien Chaisse e Tiziano Balmelli Ed., Editions Interuniversitaires Suisses, Genebra-Lugano-Bruxelas, 2008, pp. 333-383.

KOGAN, Lawrence – *The Precautionary Principle and WTO Law: Divergent Views Toward the Role of Science in Assessing and Managing Risk*, in Seton Hall Journal of Diplomacy and International Relations, Volume V, Number 1, 2004, pp. 77-123.

KYSAR, Douglas – *It Might Have Been: Risk, Precaution and Opportunity Costs*, in Journal of Land Use & Environmental Law, 2006, pp. 1-57.

LAOWONSIRI, Akawat – *Application of the Precautionary Principle in the SPS Agreement*, in Max Planck Yearbook of United Nations Law, Volume 14, 2010, pp. 565-623.

LAWRENCE, Robert Z., DEVEREAUX, Charan e WATKINS, Michael – *Case Studies in US Trade Negotiation – Vol. 2: Resolving Disputes*, Institute for International Economics, Washington, DC, 2006.

MACKENZIE, Ruth – *The International Regulation of Modern Biotechnology*, in Yearbook of International Environmental Law, 2002, pp. 97-163.

MAJONE, Giandomenico – *What Price Safety? The Precautionary Principle and its Policy Implications*, in Journal of Common Market Studies, 2002, pp. 89-109.

MARCEAU, Gabrielle – *Conflicts of Norms and Conflicts of Jurisdictions: The Relationship between the WTO Agreement and MEAs and other Treaties*, in Journal of World Trade, 2001, pp. 1081-1131.

MARCEAU, Gabrielle e TRACHTMAN, Joel – *Responding to National Concerns*, in *The Oxford Handbook of International Trade Law*, Daniel Bethlehem, Donald McRae, Rodney Neufeld e Isabelle Van Damme Ed., Oxford University Press, 2009, pp. 209-236.

MARTIN, Ashley – *The Regulation of DDT: A Choice between Evils*, in Vanderbilt Journal of Transnational Law, 2008, pp. 677-704.

MATSUSHITA, Mitsuo – *Food Safety Issues under WTO Agreements*, in Manchester Journal of International Economic Law, Vol. 2-Issue 2, 2005, pp. 7-17.

MAYEDA, Graham – *Developing Disharmony? The SPS and TBT Agreements and the Impact of Harmonization on Developing Countries*, in Journal of International Economic Law, 2004, pp. 737-764.

MCNIEL, Dale – *The First Case Under the WTO's Sanitary and Phytosanitary Agreement: The European Union's Hormone Ban*, in Virginia Journal of International Law, 1998, pp. 89-134.

MESSERLIN, Patrick – *Measuring the Costs of Protection in Europe: European Commercial Policy in the 2000s*, Institute for International Economics, Washington, DC, 2001.

MOTA, Pedro Infante – *O Sistema GATT/OMC: Introdução Histórica e Princípios Fundamentais*, Almedina, Coimbra, 2005.

MOTAAL, Doaa – *Is the World Trade Organization Anti-Precaution?*, in Journal of World Trade, 2005, pp. 483-501.

NOIVILLE, Christine – Compatibility or Clash? EU Food Safety and the WTO, in *What's the Beef? The Contested Governance of European Food Safety*, Christopher Ansell e David Vogel Ed., The MIT Press, Cambridge-Massachusetts, Londres, 2006, pp. 307-325.

NUCARA, Alessandro – *Precautionary Principle and GMOs: Protection or Protectionism?*, in International Trade law & Regulation, 2003, Issue 2, pp. 47-53.

PAUWELYN, Joost – *The Role of Public International Law in the WTO: How Far Can We Go?*, in American Journal of International Law, 2001, pp. 535-578.

— Does the WTO Stand for "Deference to" or "Interference with" National Health Authorities When Applying the Agreement on Sanitary and Phytosanitary Measures (SPS Agreement)?, in *The Role of the Judge in International Trade Regulation: Experience and Lessons for the WTO*, Thomas Cottier e Petros Mavroidis ed., Studies in International Economics – The World Trade Forum, volume 4, The University of Michigan Press, 2003, pp. 175-192.

PEEL, Jacqueline – *A GMO by Any Other Name ... Might Be an SPS Risk!: Implications of Expanding the Scope of the WTO Sanitary and Phytosanitary Measures Agreement*, in European Journal of International Law, 2006, pp. 1009-1031.

PERCIVAL, Robert – *Who's Afraid of the Precautionary Principle?*, in Pace Environmental Law Review, Vol. 23, 2005-2006, pp. 21-81.

PETERSMANN, Ernst-Ulrich – La Proliferación y Fragmentación de los Mecanismos de Solución de Controversias en el Comercio Internacional: Los Procedimientos de Solución de Diferencias de la OMC y los Mecanismos de Solución Alternativa de Controversias, in *Solución de Controversias Comerciales Inter-Gubernamentales: Enfoques Multilaterales y Regionales*, Julio Lacarte e Jaime Granados ed., Banco Interamericano de Desarrollo, 2004, pp. 273-318.

PHILIPSON, Tomas e SUN, Eric – *Is the Food and Drug Administration Safe and Effective?*, in Journal of Economic Perspectives, Volume 22, Number 1, 2008, pp. 85-102.

POLLACK, Mark – The Political Economy of Transatlantic Trade Disputes, in *Transatlantic Economic Disputes: The EU, the US, and the WTO*, Ernst-Ulrich Petersmann e Mark Pollack ed., Oxford University Press, 2003, pp. 65-118.

POLLACK, Mark e SHAFFER, Gregory – *When Cooperation Fails: The International Law and Politics of Genetically Modified Foods*, Oxford University Press, 2009.

POST, Diahanna L. – *The Precautionary Principle and Risk Assessment in International Food Safety: How the World Trade Organization Influences Standards*, in Risk Analysis, Vol. 26, No. 5, 2006, pp. 1259-1273.

RANDALL, Alan – *Risk and Precaution*, Cambridge University Press, 2011.

ROBERTS, Donna e UNNEVEHR, Laurian – *Resolving trade disputes arising from trends in food safety regulation: the role of the multilateral governance framework*, in World Trade Review, 2005, pp. 469-497.

SANDIN, Per – *Dimensions of the Precautionary Principle*, in Human and Ecological Risk Assessment, Vol. 5, No. 5, 1999, pp. 889-907.

SCHERZBERG, Arno – *EU-US Trade Disputes about Risk Regulation: The Case of Genetically Modified Organisms*, in Cambridge Review of International Affairs, Volume 19, Number 1, March 2006, pp. 121-137.

SCHRÖDER, Meinhard – Precautionary Approach/Principle, in *Max Planck Encyclopedia of Public International Law* (Updated August 2009), Oxford University Press, «http://www.mpepil.com», 6 pp.

SCOTT, Joanne – *The WTO Agreement on Sanitary and Phytosanitary Measures – A Commentary*, Oxford University Press, 2007.

SHAW, Sabrina e SCHWARTZ, Risa – *Trading Precaution: The Precautionary Principle and the WTO*, United Nations University-Institute of Advanced Studies, 2005.

SKOGSTAD, Grace – Regulating Food Safety Risks in the European Union: A Comparative Perspective, in *What's the Beef? The Contested Governance of European Food Safety*, Christopher Ansell e David Vogel Ed., The MIT Press, Cambridge-Massachusetts, Londres, 2006, pp. 213-236.

STEWART, Terence e JOHANSON, David – *A Nexus of Trade and the Environment: The Relationship Between the Cartagena Protocol on Biosafety and the SPS Agreement of the World Trade Organization*, in Colorado Journal of International Law and Policy, 2003, pp. 1-52.

SUNSTEIN, Cass – *The Paralyzing Principle*, in Regulation, Winter 2002-2003, pp. 32-37.

— *Beyond the Precautionary Principle*, in University of Pennsylvania Law Review, 2003, pp. 1003-1058.

— *Laws of Fear: Beyond the Precautionary Principle*, Cambridge University Press, 2005.

SWITZER, Stephanie – *Environmental Protection and the Generalized System of Preferences: A Legal and Appropriate Linkage?*, in International and Comparative Law Quarterly, 2008, pp. 113-147.

SZAJKOWSKA, Anna – *The Impact of the Definition of the Precautionary Principle in EU Food Law*, in Common Market Law Review, 2010, pp. 173-196.

THE ECONOMIST – *The next green revolution*, 21-2-2008.

TREBILCOCK, Michael e SOLOWAY, Julie – International trade policy and domestic food safety regulation: The case for substantial deference by the WTO Dispute Settlement Body under the SPS Agreement, in *The Political Economy of International Trade Law – Essays in Honor of Robert E. Hudec*, Daniel Kennedy e James Southwick ed., Cambridge University Press, 2002, pp. 537-574.

TROUWBORST, Arie – *The Relationship between the Precautionary Principle and the Preventative Principle in International Law and Associated Questions*, in Erasmus Law Review, 2009, pp. 105-127.

VALLELY, Patrick – *Tension between the Cartagena Protocol and the WTO: The Significance of Recent WTO Developments in an Ongoing Debate*, in Chicago Journal of International law, 2004, pp. 369-378.

WAARDEN, Frans van – Taste, Traditions, Transactions, and Trust: The Public and Private Regulation of Food, in *What's the Beef? The Contested Governance of European Food Safety*, Christopher Ansell e David Vogel Ed., The MIT Press, Cambridge-Massachusetts, Londres, 2006, pp. 35-59.

WIENER, Jonathan – *Whose Precaution After All? A Comment on the Comparison and Evolution of Risk Regulatory Systems*, in Duke Journal of Comparative & International Law, 2003, pp. 207-262.

— Precaution, in *The Oxford Handbook of International Environmental Law*, Daniel Bodansky, Jutta Brunnée e Ellen Hey Ed., Oxford University Press, 2007, pp. 597-612.

ZARRILLI, Simonetta – *International Trade in GMOs: Legal Frameworks and Developing Country Concerns* (UNCTAD/DITC/TNCD/2004/1), United Nations Conference on Trade and Development, Genebra, 8-11-2004.

A informação administrativa vinculativa. Em direito do urbanismo, direito do ambiente e direito fiscal

RAQUEL CARVALHO
Professora Auxiliar da Escola de Direito do Porto da Faculdade de Direito da UCP

1. O direito à informação administrativa e os procedimentos de informação vinculativa

A Constituição Portuguesa (CRP) reconhece nos n°s 1 e 2 do artigo 268º o direito à informação administrativa, quer na vertente procedimental, quer na vertente *uti cives*, de acesso ao arquivo aberto.

Quanto à natureza jurídica do ato que resulta do exercício do direito de acesso à informação administrativa procedimental já antes sustentámos tratar-se de ato de natureza informativa, sem conteúdo decisório e portanto com tutela judicial efetiva traduzida em meio processual específico – a intimação para a prestação de informações, consulta de processos ou passagem de certidões – em particular quando a Administração viola, de algum modo, o direito constitucionalmente consagrado[1].

O direito do Urbanismo conhece uma concretização do direito de acesso à informação administrativa procedimental na alínea b) do artigo 110º do RJUE[2] e o direito de acesso a arquivos e registos administrativos na alínea a) do nº 1 do mesmo normativo[3]. O legislador criou ainda uma espécie de informação -

---

[1] Cfr. o nosso *O Direito à Informação Administrativa Procedimental*, PUC, Lisboa, 1999.
[2] Regime Jurídico da Urbanização e Edificação aprovado pelo Decreto-Lei nº 555/99, de 16 de Dezembro, com as alterações introduzidas pela Lei nº 13/2000, de 20 de Fevereiro, pelo Decreto-Lei nº 177/2001, de 4 de Junho, pela Lei nº 15/2002, de 22 de Fevereiro, pela Lei nº 4-A/2003, de 19 de Fevereiro, pelo Decreto-Lei nº 157/2006, de 8 de Agosto, pela Lei nº 60/2007, de 4 de Setembro, pelo Decreto-Lei nº 18/2008, de 29 de Janeiro, Decreto-Lei nº 116/2008, de 4 de Julho, DL nº 26/2010, de 30 de Março e Lei nº 28/2010, de 2 de Setembro.
[3] O legislador entendeu regular a concretização do direito de acesso à informação administrativa, quer na vertente procedimental, quer na vertente de acesso a registos e arquivos, no mesmo

"informação concretizada"[4], a comparar com a alínea a) do nº 1 do artigo 110º, que é o procedimento de informação prévia[5].

Este tipo de garantia encontra-se também consagrado, no direito administrativo do ambiente, no domínio da água[6].

Também no âmbito do direito fiscal se reconheceu Lei Geral Tributária (LGT)[7], como direito dos contribuintes, o direito à informação na vertente procedimental: saber em que fase se encontra o procedimento e a data previsível da sua conclusão, a existência e teor de denúncias dolosas não confirmadas e respetivo autor e a concreta situação tributária do contribuinte[8].

Prescreve depois o artigo 68º a hipótese das chamadas informações vinculativas, cujo objeto é distinto do que se prevê no artigo 67º: situação tributária dos sujeitos passivos e pressupostos dos benefícios fiscais.

2. No direito do Urbanismo
2.1. Breves nótulas históricas

O atual regime jurídico da urbanização e edificação veio unificar uma matéria urbanística que se cindia em dois diplomas distintos, pelo menos desde 1991. Constava do Decreto-Lei nº 448/91, de 29 de Novembro, o regime jurídico do licenciamento das operações de loteamento e das obras de urbanização, e do Decreto-Lei nº 445/91, de 20 de Novembro, o regime jurídico de licenciamento de obras particulares.

Qualquer destes diplomas continha regras jurídicas disciplinadoras de um procedimento administrativo de informação prévia[9]. A este propósito, FERNANDO ALVES CORREIA saudou a inovação da introdução do regime da infor-

---

normativo, o que pode contribuir para alguma confusão de regimes.

[4] FERNANDA PAULA OLIVEIRA/MARIA JOSÉ CASTANHEIRA NEVES/DULCE LOPES/FERNANDA MAÇÃS, *Regime Jurídico...*, cit., nota 1 ao artigo 14º, p. 249.

[5] Exatamente neste sentido, FERNANDA PAULA OLIVEIRA/MARIA JOSÉ CASTANHEIRA NEVES/DULCE LOPES/FERNANDA MAÇÃS, *Regime Jurídico da Urbanização e Edificação*, 3ª Ed., Almedina, Coimbra, 2011, nota 1 ao artigo 14º, p. 249.

[6] Desde logo no artigo 65º da Lei da Água (Lei nº 58/2005, de 29 de Dezembro) e depois regulamentada no Decreto-Lei nº 226-A/2007, de 31 de Maio, que disciplina o regime jurídico dos títulos de utilização do domínio hídrico.

[7] Aprovada pelo Decreto-Lei nº 398/98, de 12 de Dezembro.

[8] Cfr. o disposto no artigo 67º da LGT.

[9] Cfr. o que se dispunha nos artigos 6º, 7º e 7º – A. do Decreto-Lei nº 448/91, de 24 de Novembro, e artigos 7º, 10º, 11º, 12º, 13º, 31º, 32º, 33º, 37º, 38º, 42º, 43º e 44º do Decreto-Lei nº 445/91, de 20 de Novembro.

mação prévia no licenciamento de obras particulares, embora afirmasse que tal procedimento sucedia "ao denominado «parecer de viabilidade»"[10].

O regime jurídico do loteamento previa o direito à informação dos administrados e estabelecia, nos artigos 7º e 7º-A, o regime do pedido de informação prévia: a competência decisória cabia à Câmara Municipal, devendo ser promovidas pelo órgão executivo as necessárias consultas. As entidades consultadas dispunham de um prazo de 30 dias para proferir o respetivo parecer, findo o qual, na ausência do mesmo, se teria por favorável. A Câmara dispunha de 15 dias para dar resposta ao administrado. A lei estabelecia que "a deliberação da câmara [era] constitutiva de direitos" – o que indiciava que a resposta tinha a de ato administrativo – e a vinculatividade do conteúdo da informação por um prazo de um ano.

No que concerne ao regime jurídico do licenciamento de obras, o legislador optou por reafirmar o direito à informação dos administrados, em sede geral do regime jurídico, e estabelecer regras específicas – quando a elas houvesse lugar – quanto ao regime de informação prévia. Quando o pedido de informação se referia a uma obra a ser construída em área abrangida por plano de pormenor, a câmara dispunha de 10 dias para se pronunciar. Já se a obra se situasse em área abrangida por plano de urbanização, o prazo passava para 15 dias. O prazo de deliberação alargava-se para 23 dias, caso a obra se situasse em área abrangida por plano diretor municipal. Por fim, se a obra se situasse em área não abrangida por PDM ou alvará de loteamento, o prazo de deliberação alargava-se para 30 dias.

As informações prestadas eram sempre constitutivas de direitos e vinculavam a administração pública pelo período de um ano.

2.2. O regime atual

Com a entrada em vigor do RJUE, os dois diplomas anteriores foram revogados e a matéria da informação prévia ficou disciplinada num único procedimento (artigos 14º e ss. do RJUE).

O procedimento tem como objeto uma específica operação urbanística e não uma genérica informação sobre as normas jurídicas aplicáveis em abstrato. Mesmo dentro do procedimento de informação prévia há níveis de especificidade distintos. Basta comparar o teor do nº 1 com o teor do nº 2 do artigo 14º.

Uma primeira nota importante a sublinhar prende-se com a não tipicidade do objeto do procedimento de informação prévia, mesmo atendendo às diferentes densidades do que se pode solicitar à Administração.

---

[10] *In As Grandes Linhas da Recente Reforma do Direito do Urbanismo*, Almedina, Coimbra, 1997, pp. 131-132, nota 77.

Cabe ao requerente portanto desenhar o conteúdo do pedido de informação prévia[11], sendo de sublinhar que o alcance da informação prestada inclui o exercício de poderes vinculados como por exemplo *a volumetria, alinhamento, cércea e implantação da edificação e dos muros de vedação*, mas também o exercício de poderes discricionários, antecipando a ponderação administrativa para momento anterior ao da decisão, como é o caso da previsão de *condicionantes para um adequado relacionamento formal e funcional com a envolvente*". Portanto, a lei colocou sob a responsabilidade do requerente o alcance da sua própria "proteção"[12].

Impõe-se ainda sublinhar que também têm legitimidade para pedir uma informação prévia outros interessados para além do proprietário. Nos termos do disposto no nº 3 do artigo 14º, a lei apenas impõe que a titularidade do direito invocado conste de certidão do registo predial. Verificando-se o início do procedimento com tais legitimidades, o proprietário ou outros interessados são tidos por interessados e portanto devem ser notificados do início do procedimento[13].

A entidade competente, a Câmara Municipal, deverá dar resposta em 20 dias (úteis), no caso do pedido previsto no nº 1 do artigo 14º, sendo largado para 30 dias, na hipótese do nº 2 do mesmo normativo[14]. Há lugar às consultas que estão previstas para o concreto licenciamento da operação urbanística nos termos do que se dispõe no artigo 15º, numa concretização do princípio do paralelismo procedimental e que terá como principal consequência a economia processual no efetivo e consequente procedimento de licenciamento/comunicação prévia que o interessado desencadeie de seguida[15].

O procedimento de informação prévia resulta assim numa aceleração do procedimento de licenciamento. Desde logo, porque as entidades que, em sede de informação prévia já foram consultadas, não necessitam de voltar a sê-lo, no procedimento de licenciamento, aproveitando-se a sua pronúncia. Até porque sendo notificadas ao requerente, passam a fazer "parte integrante" da informação prestada[16]. Para além deste ganho temporal, sempre que a informação

---

[11] Cfr. o disposto na Portaria nº 232/2008, de 11 de Março, retificada pela Declaração de Retificação nº 26/2008, de 9 de Maio.

[12] Neste sentido, referindo-se ao ónus do requerente, FERNANDA PAULA OLIVEIRA/MARIA JOSÉ CASTANHEIRA NEVES/DULCE LOPES/FERNANDA MAÇÃS, *Regime Jurídico*..., cit., nota 2 ao artigo 14º, p. 250.

[13] Nos termos expressos do nº 4 do artigo 14º do RJUE, mas como já decorria em regra do artigo 55º do CPA.

[14] Nos termos do que se dispõe no nº 1 do artigo 16º

O prazo diferente justifica-se atenta a maior especificidade contida no pedido e consequentemente na resposta da Administração Pública, nos casos de pedidos relativos a operação de loteamento.

[15] Cfr. o disposto no nº 1 do artigo 17º

[16] Cfr. o disposto na parte final do nº 2 do artigo 16º

prestada tenha sido favorável, se tenha tornado vinculativa e diga respeito às operações urbanísticas de loteamento, em área não abrangida por plano de pormenor, ou a obra de construção, ampliação ou alteração em área não abrangida por plano de pormenor ou operação de loteamento, o prazo de decisão da concreta operação urbanística é reduzido para metade[17]. Por fim, nos casos em que existe a possibilidade de alteração das regras urbanísticas, desde que tenha havido uma informação prévia favorável e vinculativa, não há lugar à suspensão do procedimento de licenciamento, como se prevê no artigo 13º, por força do disposto no nº 4 do artigo 17º

Concomitantemente a esta função, está a da simplificação procedimental[18].

3. A informação vinculativa no direito do ambiente – no regime de utilização do domínio hídrico

A Lei da Água, no artigo 65º, prevê a possibilidade de ser feito um pedido de informação prévia a propósito da utilização dos recursos hídricos, delegando para o diploma regulamentador o regime de tal informação, em particular no que respeita à constituição de efeitos[19].

O Decreto-Lei nº 226-A/2007, de 31 de Maio, que veio regulamentar a utilização dos recursos hídricos, disciplina no artigo 11º o pedido de informação prévia. O objeto do pedido é a possibilidade de utilização dos recursos hídricos para o fim que o requerente tem em vista, tendo ficado estabelecido um prazo de 45 dias para a decisão e a vinculação, por um ano, da entidade competente, mas sem prejuízo de ponderação no procedimento decisório *"dos condicionalismos resultantes quer do respeito pelas regras do concurso quer das decisões ou pareceres, dotados de carácter vinculativo, emitidos posteriormente no âmbito do licenciamento"*[20].

Trata-se de um procedimento pouco circunstanciado, por comparação com o procedimento disciplinado no RJUE e que apresenta, ainda assim, uma diferença importante que cumpre sublinhar desde já: ficam ressalvados os condicionalismos que sobrevierem no âmbito dos procedimentos de solicitação de

---

[17] Cfr. o disposto no nº 3 do artigo 17º
[18] Apontando esta como uma das funções do procedimento de informação prévia, a par de outras, FERNANDA PAULA OLIVEIRA/MARIA JOSÉ CASTANHEIRA NEVES/DULCE LOPES/FERNANDA MAÇÃS, *Regime Jurídico...*, cit., anotação 6 ao artigo 17º, p. 277
[19] Artigo 65º (Pedido de informação prévia): *"Qualquer interessado pode dirigir à autoridade nacional da água um pedido de informação prévia sobre a possibilidade de utilização dos recursos hídricos para o fim pretendido, mas a informação prestada só constituirá direitos ou interesses legalmente protegidos na esfera do requerente se tal vier a ser reconhecido no diploma complementar previsto no artigo 56º"* (redação de acordo com a alínea a) do nº 2 do artigo 4º do DL 130/2012, de 22 de Junho).
[20] São devidas taxas, nos termos do artigo 87º, pela apresentação do pedido de informação prévia.

títulos de utilização[21]. Significa então tal salvaguarda que não ocorre antecipação de consultas, como no procedimento urbanístico, e que o legislador foi bastante mais cauteloso, na medida em que também qualquer alteração de pressupostos jurídicos fica igualmente salvaguardada precisamente porque se refletirá nas decisões ou pareceres *"emitidos posteriormente no âmbito do licenciamento"*.

Cumpre do mesmo passo dar nota de que o legislador se refere ao desfecho do procedimento de informação prévia como uma tomada de decisão. Opção que poderá ser relevante para a questão da natureza jurídica do ato de informação prévia.

4. A informação vinculativa no direito fiscal
4.1. Breve evolução histórica

O instituto que antecedeu a informação vinculativa era a "consulta prévia", pela qual o contribuinte pedia à Administração Fiscal informação sobre uma situação hipotética e não sobre uma situação concreta[22]. A jurisprudência continuou a sustentar, com a alteração operada pela LGT, que as situações hipotéticas podiam continuar a constituir objeto do "novo" instituto da informação vinculativa. No Acórdão do STA de 7/12/2004 (P. nº 908/04), que se debruçou sobre esta questão, o Tribunal inclui no procedimento as situações ainda não concretizadas, e por isso, hipotéticas, sendo contudo concretizáveis[23].

O regime das informações vinculativas surgiu na versão inicial da LGT, constante do artigo 68º, tendo apenas sofrido uma alteração significativa com a lei do Orçamento de 2009[24].

Este procedimento tinha por objeto a "situação tributária dos sujeitos passivos e os pressupostos ainda não concretizados dos benefícios fiscais", tendo legitimidade os sujeitos passivos, outros interessados ou representantes legais, nascendo para a Administração fiscal a obrigação de não "proceder posteriormente no caso concreto em sentido diverso da informação prestada". Têm ainda legitimidade "os advogados ou outras entidades legalmente habilitadas ao exercício da consultadoria fiscal", mas para evitar o desvirtuamento do acesso à informação por estes específicos representantes, a informação prestada é igual-

---

[21] Para além do diferente prazo.

[22] O antecedente histórico mais remoto deste instituto encontrava-se no Código do Processo das Contribuições e Impostos, de 1963. Posteriormente, a evolução legislativa aproximou-se da atual disciplina legal no Estatuto dos Benefícios Fiscais.

[23] Cfr. o ponto II do sumário do referido Acórdão: "II – A Administração está obrigada a prestar a informação vinculativa solicitada pelos contribuintes, quer relativamente a situações de facto já ocorridas, quer relativamente a situações de facto que ainda se não deram, mas que o contribuinte configure como concretizáveis".

[24] Cfr. o disposto na Lei nº64-A/2008, de 31 de Dezembro.

mente notificada aos respetivos clientes. O nº 4 do artigo 68º referia-se à dimensão vinculativa das informações prestadas quanto ao cumprimento de deveres acessórios e às orientações genéricas constantes de circulares, regulamentos ou outros instrumentos equivalentes[25].

A partir da Lei do Orçamento para 2009, o regime das informações vinculativas passou a ser mais detalhado.

4.2. O regime atual

O procedimento da informação vinculativa enquadra-se nos procedimentos de natureza informativa e tem como objetivo, segundo a doutrina, "facilitar o cumprimento das obrigações fiscais, em face da abundância legislativa e regulamentar em matéria fiscal, e procura facultar aos contribuintes um meio expedito e eficaz de prestação de informações"[26]. Trata-se por conseguinte de uma *ratio iuris* um pouco diferente daquela que sustenta a informação prévia urbanística[27].

O objeto deste pedido de informação é substancialmente limitado: informação sobre a concreta situação tributária de um contribuinte ou pressupostos de benefícios fiscais. Deve ser dirigido ao dirigente máximo de serviço (artigo 68º, nº 1 da LGT), cabendo a legitimidade ao próprio contribuinte, a outros interessados ou respetivos representantes legais, nos termos do que dispõe o nº 4 do artigo 68º da LGT.

---

[25] O Acórdão do STA de 16/05/2007 (P. nº 184/07) estabeleceu que o "entendimento expresso [pela Administração Pública] numa informação prestada no âmbito de uma ação de fiscalização" não assume a natureza de informação vinculativa. Referindo-se à vinculação resultante do nº 4, *vide* o Acórdão do STA de 14/03/2007 (P. nº 1154/06).

[26] Joaquim Freitas de Sousa, *Lições de Procedimento e Processo Tributário*, 4ª Ed., Coimbra Ed., Coimbra, 2011, p. 157; nas palavras de Saldanha Sanches, a informação vinculativa fornece "ao contribuinte um domínio onde pode atuar com absoluta segurança" (*in Manual de Direito Fiscal*, 3ª Ed., Coimbra Ed., Coimbra, 2007, p. 205). No sentido de que na origem do instituto está o intuito não só de facilitar o cumprimento das obrigações fiscais, mas também a transparência na relação tributária, *vide* o Acórdão do TCA (Sul) de 9/11/2010, P. nº 4292/10. No sentido de que a informação vinculativa também prossegue objetivos de "prevenção de conflitos", *vide* o Acórdão do TCA (Sul) de 22/11/2011, P. nº 3013/09.

[27] O ordenamento jurídico conhece outros procedimentos decisórios que preveem o da informação prévia com diferente configuração. Por exemplo, o regime jurídico de instalação e modificação dos estabelecimentos de comércio a retalho contém um procedimento de informação prévia que é obrigatório, funcionando como fase preliminar da autorização comercial (cfr. o disposto no artigo 5º do Decreto-Lei nº 21/2009, de 19 de Janeiro: *"Para efeitos de instrução do processo de autorização de instalação e de modificação dos estabelecimentos e conjuntos comerciais, e desde que o mesmo implique uma operação urbanística sujeita a controlo prévio, os interessados devem solicitar à câmara municipal pedido de informação prévia sobre a conformidade do empreendimento na localização pretendida com os instrumentos de gestão territorial vigentes, nos termos dos artigos 14º e seguintes do Decreto-Lei nº 555/99, de 16 de Dezembro, com a redacção que lhe foi dada pela Lei nº 60/2007, de 4 de Setembro"*).

O prazo de resposta revela-se alongado – 90 dias – sendo possível encurtá-lo para 60 dias em caso de urgência. Nesta hipótese, se acompanhada de proposta de enquadramento tributário, a resposta silente da Administração tributária é "sancionada como informação vinculativa", embora com alcance limitado aos atos identificados e período de tributação, nos termos do que se dispõe nos nºs 8 e 9 do artigo 68º da LGT. Quanto ao prazo de 90 dias, a ausência de resposta não mereceu da lei o enquadramento como uma situação de silêncio valorado como deferimento tácito, à semelhança do que sucedeu para as situações de pedidos urgentes[28]. O que coloca a questão de saber que tutela se deve desencadear face ao silêncio em pedidos de informação vinculativa normal[29].

Quanto ao alcance e tipo de vinculação, a lei é mais detalhada: a informação vale, como vinculativa, entre a Administração fiscal e o contribuinte, com efeitos a partir da notificação (não sanciona situações anteriores à emanação da informação), sendo que os tribunais podem decidir em contrário da informação prestada[30].

Se os pressupostos legais se alterarem, a informação vinculativa caduca[31].

Curiosamente e apesar dos efeitos atribuído por lei à informação prestada, o legislador parece não a ter configurado como ato administrativo. Contudo permite a recorribilidade do ato que se consubstancia na informação[32]. JORGE LOPES DE SOUSA claramente sustenta que o ato não se reconduz à definição de ato administrativo constante do artigo 120º do CPA[33]. Do mesmo passo, a doutrina entende que as informações estão a salvo de revogação ou alteração retroativa...[34]. A revogação produz efeitos retroativos em duas circunstâncias: ou

---

[28] O nº 8 do artigo 68º da LGT prevê, em rigor, que o pedido seja tacitamente sancionado (?). A urgência é taxável, a acrescer às taxas já previstas no nº 7 do artigo 68º da LGT. Dado o valor apontado como referência, pode colocar-se a questão de saber se o emolumento não estará a funcionar (indevidamente) como entrave ou limitação ao exercício do direito.

[29] A doutrina tem qualificado o prazo de 90 dias como um prazo ordenador. Atendendo ao regime processual administrativo, não sendo valorado pela lei, conduzirá o administrado ao uso da ação para condenação à prática de ato administrativo devido (se se entender tratar-se de um ato administrativo) ou, não sendo assim entendido, à intimação para a prestação de informações.

[30] Cfr. o disposto no nº 14 do artigo 68º da LGT. Sobre a extensão e alcance da vinculação, vide o Acórdão do TCA (Sul) de 22/6/2010, P. nº 3694/06.

[31] Cfr. o disposto no nº 15 do artigo 68º da LGT.

[32] Cfr. o disposto no nº 14 do artigo 68º da LGT.

[33] In Código de Procedimento e de Processo Tributário, Anotado e Comentado, 6ª Ed., Vol. I, Áreas Editora, 2006, anotação 6 ao artigo 57º, p. 497.

[34] Neste sentido, JOAQUIM FREITAS DE SOUSA, Lições..., cit., p. 160. Cfr. o disposto no nº 16 do artigo 68º da LGT ("As informações vinculativas podem ser revogadas, com efeitos para o futuro, após um ano a contar da sua prestação, precedendo audição do requerente, nos termos da presente lei, com a salvaguarda dos direitos e interesses legítimos anteriormente constituídos").

quando a revogação é uma anulação ou quando, nos termos da lei, o seu autor lhe pode conferir eficácia retroativa. Na lei fiscal, ao entender-se que não haverá eficácia retroativa está-se no fundo a reconhecer que o que se pode fazer cessar é a vinculação da Administração Fiscal para o futuro, solução que na nossa opinião casa melhor com o entendimento de que não estamos exatamente perante um ato administrativo mas antes um ato informativo com regime específico. Caso então em que, em bom rigor, não se deverá falar em revogação do efeito vinculativo. Aliás, instituto já considerado no próprio regime da informação vinculativa, no nº 15 do artigo 68º da LGT, a propósito da superveniência de pressupostos de facto (?) e de direito. Claro que o nº 16 do artigo 67º, ao referir-se à revogação, claramente estabelece o seu âmbito normativo após o prazo de vinculação. Então, não será caducidade por decurso de prazo, mas atuação após o fim do período de vinculação.

5. As questões dogmáticas
5.1. Natureza jurídica do ato informativo
Qual a natureza jurídica da resposta dada pela Administração Pública quando solicitada a dar uma informação no âmbito dos procedimentos acima sumariamente descritos?

A resposta a esta questão, no direito do urbanismo, encontra-se no artigo 17º do RJUE, sob a designação de "efeitos", mas também no artigo 16º a propósito do prazo para a "deliberação".

Em abstrato e no que se refere ao tipo de conteúdo, a resposta da Administração pode ser totalmente favorável, desfavorável ou parcialmente favorável. Em bom rigor, a Administração dirá se a operação urbanística é viável/parcialmente viável (em que moldes) ou inviável. Mas atendendo à parte final do nº 1 do artigo 14º, a Administração Pública, quando o requerente seja diligente, está legalmente obrigada a informar sobre os "respetivos condicionamentos legais ou regulamentares, nomeadamente relativos a infraestruturas, servidões administrativas e restrições de utilidade pública, índices urbanísticos, cérceas, afastamentos e demais condicionantes aplicáveis à pretensão". Entendemos por isso que estruturalmente são exercidos poderes distintos.

Quanto à decisão sobre a viabilidade, parece-nos de facto adequada a consequência da vinculação constante do artigo 17º, nº 1. Já no que respeita à segunda parte, o conteúdo da resposta da Administração Pública aproxima-se bastante mais da tradicional informação administrativa. Claro que a ligação incindível sobre as duas partes do pedido aconselha estender a vinculação à totalidade da resposta.

Revela-se porém importante detalhar o conteúdo da informação prévia, à luz do que se prescreve no artigo 16º

Sendo a informação de conteúdo favorável, impende sobre a Administração o dever, na sequência do princípio da colaboração com os particulares, de indicar o procedimento administrativo adequado à concretização da operação urbanística[35]. Tratando-se de informações desfavoráveis, deverá a Administração Pública indicar os termos "em que a mesma, sempre que possível, pode ser revista por forma a serem cumpridas as prescrições urbanísticas"[36]. Não aborda o referido normativo a questão da informação parcialmente favorável ou desfavorável. Entendemos que deverá aplicar-se, à parte desfavorável, o nº 4 do artigo 16º do RJUE.

Que argumentos militam então, nesta sede, para se considerar a informação prévia como um ato administrativo?

Existem na lei alguns argumentos impressivos. Por um lado, o artigo 17º atribui um efeito jurídico à informação prestada: a vinculação. Ou seja, faz nascer na esfera jurídica do requerente o direito de solicitar (e obter) futuramente a operação urbanística cujas condicionantes constam da informação prévia, embora nem todos os pressupostos estejam verificados, ficando a Administração Pública com o poder/dever de ponderação.

Acresce que a lei prevê igualmente que a informação prévia (não distinguindo a lei o sentido da mesma) possa padecer de vícios que a tornam nula. O artigo 68º do RJUE inclui na sua previsão, desde a revisão de 2010, a informação prévia[37]. O facto de a informação prévia estar prevista ao lado de inequívocos atos administrativos, indicia que o legislador entende que a mesma assume a mesma natureza jurídica, tendo-lhe estendido o conjunto de causas invalidantes de atos administrativos. Curiosamente, o legislador não teve a mesma opção no que respeita ao regime da revogação, que consta do artigo 73º do RJUE.

A doutrina usa por isso a previsão do artigo 68º como argumento de reforço da tese da natureza de ato administrativo da informação prévia, aproveitando para lhe estender as previsões legais quer do artigo 103º do Regime Jurídico dos

---

[35] Referindo-se à função de "auxílio e facilitação da atuação dos particulares", FERNANDA PAULA OLIVEIRA/MARIA JOSÉ CASTANHEIRA NEVES/DULCE LOPES/FERNANDA MAÇÃS, *Regime Jurídico...*, cit., nota 3 ao artigo 16º, p. 263.
[36] Cfr. o disposto nos nºs 3 e 4 do artigo 16º do RJUE.
[37] Nos termos do artigo 68º são nulos os *"as licenças, as admissões de comunicações prévias, as autorizações de utilização e os pedidos de informação prévia previstos no presente diploma que: a) Violem o disposto em plano municipal de ordenamento do território, plano especial de ordenamento do território, medidas preventivas ou licença ou comunicação prévia de loteamento em vigor; b) (Revogada). c) Não tenham sido precedidas de consulta das entidades cujos pareceres, autorizações ou aprovações sejam legalmente exigíveis, bem como quando não estejam em conformidade com esses pareceres, autorizações ou aprovações".*

Instrumentos de Gestão Territorial (RJIGT)[38], quer do artigo 133º do Código do Procedimento Administrativo (CPA).

No regime jurídico da utilização dos recursos hídricos, o legislador optou também pela vinculação e pela utilização da expressão "decisão" para se referir ao desfecho do procedimento de informação prévia. Ora, um dos elementos descritivos do ato administrativo constante da definição do artigo 120º do CPA é precisamente a de que ele (ato administrativo) consubstancia uma decisão. Contudo, o regime jurídico, como já dissemos, é muito pouco circunstanciado, não contribuindo com mais nenhum argumento para esta questão.

No direito fiscal, o legislador não tomou posição na disciplina legal, nunca qualificando dogmaticamente o desfecho do pedido de informação vinculativa. Quanto à doutrina, parece existir convergência no entendimento de que a informação vinculativa não consubstancia um ato administrativo[39]. Recuperando aqui a nota final da exposição do regime do procedimento, a previsão da caducidade por superveniência de pressupostos, acrescendo a regra de "revogação" com efeitos para o futuro, cabe sublinhar ainda que os fiscalistas trabalham com o conceito de ato tributário, oscilando a doutrina acerca da qualificação do mesmo como espécie de ato administrativo ou não. CASALTA NABAIS, a propósito do tipo de atos no domínio fiscal, ensina que no domínio do Código do Processo Tributário existiam três tipos de atos: o ato em matéria tributária (ato preparatório e prévio a ato tributário), ato tributário (ato de liquidação administrativa de imposto) e ato administrativo em matéria fiscal (que se incluía na

---

[38] Decreto-Lei nº 380/99, de 22 de Setembro, com as alterações introduzidas pelos Decretos-Leis nºs 53/2000, de 7 de Abril, 310/2003, de 10 de Dezembro, pela Lei nº 58/2005, de 29 de Dezembro, pela Lei nº 56/2007, de 31 de Agosto, pelo Decreto-Lei nº 316/2007, de 22 de Setembro, pelo Decreto-Lei nº 46/2009, de 20 de Fevereiro e pelo Decreto-Lei nº 181/2009, de 7 de Agosto.

[39] Para DIOGO LEITE CAMPOS/ BENJAMIM SILVA RODRIGUES/JORGE LOPES DE SOUSA "as informações vinculativas não constituem ato administrativo, em face da definição que dele é dada no artigo 120º do CPA, sendo insusceptíveis de ser objeto de recurso contencioso" (in Lei Geral Tributária, comentada e anotada, 3ª Ed., Vislis, Setembro de 2003, nota 12 em anotação ao artigo 68º, p. 346). Curiosamente, os mesmos AA, entendem que a tutela judicial do administrado se fará com recurso à ação para reconhecimento de um direito ou interesse legítimo em matéria tributária, previsto no artigo 145º do CPPT. A dúvida que se nos coloca é a de saber se este meio processual tutela o direito a ter uma resposta no procedimento especial de informação vinculativa – caso em que nos parece não ser o meio processual adequado – ou se se destina a tutelar a situação tributária do administrado. Na verdade, o CPPT também prevê no artigo 146º, como meio processual acessório, a intimação para a consulta de documentos e passagem de certidões, regulado nos termos do Código do Processo dos Tribunais Administrativos. Resta saber se, à semelhança do que sucede no direito administrativo, também nesta sede este meio processual pode funcionar como meio principal e, até previamente, se o procedimento de informação vinculativa regula uma particular dimensão do direito à informação administrativa, neste caso, fiscal/tributária.

definição de ato administrativo constante do artigo 120º do CPA e que concluía os procedimentos que não findavam com um ato tributário). Com a LGT e o CPPT, passou a existir ato tributário, ato em matéria tributária, ato administrativo em matéria tributária e ato administrativo relativo a questões tributárias que, para o A., seria sinónimo da expressão imediatamente antecedente[40]. Sem querer entrar na discussão doutrinal sobre o que distingue (distinguirá) o ato tributário do ato administrativo na construção administrativa, sempre será pelo menos conveniente sublinhar que a distinção preocupa e ocupa a doutrina e a jurisprudência. Por exemplo, o Acórdão do STA de 2/2/2011 (P. nº 8/11) considerou o ato de suspensão da execução fiscal como ato administrativo à luz do conceito vertido no artigo 120º do CPA[41].

Muito recentemente, o Supremo Tribunal Administrativo, no Acórdão de 5/01/2012 (P. nº 1011/11), entendeu que "as informações vinculativas não constituem actos administrativos, à face da definição que dele é dada no art. 120º do CPA".

Que peso e importância assumem estes argumentos?

Sob a vigência do regime jurídico revogado pelo RJUE e porque a lei se referia à natureza constitutiva de direitos da informação prévia prestada, existia o entendimento de que "a informação prévia [era] um ato constitutivo de direitos de eficácia limitada (a um ano)"[42]. Consequentemente, entendia-se como perfeitamente possível a revogação com base em ilegalidade e a responsabilidade civil por ato ilícito e culposo. FERNANDA PAULA OLIVEIRA, salientando que "no domínio do direito do urbanismo é costume distinguir-se o pedido de informação prévia do direito à informação", sustentava a natureza de ato administrativo do ato que punha termo ao procedimento administrativo de informação prévia[43].

Quanto a nós, entendemos que, mesmo quando a lei referia a natureza constitutiva de direitos da informação prestada, tal não significava, de *per si*, estarmos

---

[40] In *Direito Fiscal*, 6ª ed., Almedina, Coimbra, 2010, pp. 376 e ss.
[41] Sobre a problemática da qualificação e distinção de ato administrativo e ato tributário, *vide* SALDANHA SANCHES, *A Quantificação da Obrigação Tributária*, 2ª Ed., Lex, Lisboa, 2000, pp. 92 e ss. (http://www.saldanhasanches.pt/A_QUANTIFICACAO_DA_OBRIGACAO_TRIBUTARIA.)
[42] MARIA DA GLÓRIA DIAS GARCIA, *Direito do Urbanismo – Relatório*, Lex, Lisboa, 1999, cit., p. 91. Ainda muito recentemente o TCA (Sul) no seu Acórdão de 06/09/2011, P. nº 4672/08 disse que "a aprovação do pedido de informação prévia é um ato constitutivo de direitos, sujeito ao regime de revogação de atos administrativos consignado no artigo 141º do Cod. Proc. Administrativo, sendo o prazo para revogar aquele ato o de um ano a partir da data da sua prática". Tal conceção claramente aponta para a natureza de ato administrativo do ato de informação prévia. Ou pelo menos para o ato o que o aprova.
[43] In *Medidas Preventivas e Silêncio da Administração – Anotação ao Ac. do STA 11.01.2001*, CJA nº 29, p. 53.

perante um ato administrativo. O que poderia induzir em tal entendimento era a expressão "constitutiva de direitos", normalmente associada aos atos administrativos. A expressão então encontrada pelo legislador destinava-se a sublinhar o específico regime jurídico associado *ex legis a* esta informação face ao regime genérico do direito de acesso à informação.

Como já tivemos oportunidade de defender, a estrutura de um ato que presta a informação não se coaduna com o conceito de ato administrativo, designadamente aquele que consta do artigo 120º do CPA. Desde logo, porque não tem um conteúdo decisório. Se "a recusa de prestação de informação consubstancia um ato jurídico cujo conteúdo, para além de não incorporar uma decisão, não inova a esfera jurídica do particular", também a prestação de informação não tem ínsita uma decisão, apenas enriquecendo, com conhecimento, a esfera jurídica do particular[44]. Da mesma forma também já afirmamos, o único momento de decisão, de criação jurídica *ex nuovo* da Administração Pública salda-se em prestar ou não a informação requerida[45], bem como, no caso de prestação da informação, a extensão da que é fornecida.

O mesmo tipo de raciocínio poderia à partida ser transposto para o ato que culmina o procedimento de informação prévia. Se atentarmos no conteúdo de tal ato, logo seríamos levados a concluir que a Administração Pública, ao produzi--lo, não introduz nenhuma regulação na esfera jurídica do destinatário do ato. Apenas dá conhecimento da *viabilidade de realizar determinada operação urbanística e respetivos condicionamentos legais*, o que resulta, não de uma decisão administrativa daquele momento, mas da análise de documentos normativos que balizarão uma futura decisão administrativa (concreta). Ou seja, o ato jurídico conteria apenas uma declaração de ciência. Concordamos com FERNANDA PAULA OLIVEIRA, quando a A. sustenta a natureza verificativa do ato de informação prévia[46]. É certo, até pela definição legal, que quando se pede uma informação sobre a viabilidade de uma determinada operação urbanística, o requerente pretende que a Administração verifique se, face às determinantes legais e regulamentares vigentes para a dita operação, ela será possível nos termos em que ele – requerente – pretende. Repare-se, no entanto, que o interessado na informação ainda não requer uma licença ou autorização, a propósito de uma concreta operação

---

[44] Cfr. o nosso *Direito à Informação...*, cit., p. 260.
[45] No pressuposto de que cumpre as circunstâncias em que é legalmente legítimo não prestar a informação requerida.
[46] In *Que Direitos me Dás, que Direitos me Recusas? Reflexão em Torno da Questão da Impugnabilidade de Informações Prévias Desfavoráveis*, CEDOUA, nº 20, Ano X, Coimbra Ed., 2008, pp. 149-151; IDEM, *Medidas Preventivas...*, cit., p. 53.

urbanística⁴⁷. Pretende apenas ficar na posse de conhecimentos e informações acerca de uma possível e futura operação urbanística.

Sublinhe-se também que não é "com base nela [informação prévia] que o particular pode promover e executar a operação urbanística apreciada. Para tal, o particular terá de dar início a outro procedimento administrativo tendente ao licenciamento da operação urbanística"⁴⁸. FERNANDA PAULA OLIVEIRA/MARIA JOSÉ CASTANHEIRA NEVES/DULCE LOPES/FERNANDA MAÇÃS sustentam inequivocamente a natureza constitutiva do ato de informação prévia favorável: do *direito ao licenciamento* e não do direito a concretizar a operação urbanística⁴⁹.

O que vem alterar a linearidade da reflexão é o facto de a lei atribuir um conjunto de efeitos jurídicos a este concreto ato de conteúdo informativo. Não propriamente quanto à natureza do seu conteúdo – claramente informativo – mas quanto ao alcance dos respetivos efeitos, redundando numa atipicidade quando a análise parte do conteúdo do ato. Dito de outro modo, é um ato jurídico que, por força direta e clara do regime legal instituído, apesar do seu conteúdo declarativo, tem os efeitos de ato administrativo, pois faz nascer um direito na esfera dos particulares. Com isto pretende-se demonstrar que a regulação do ato decorre da lei, em termos expressos, e já não da *autoritas* da Administração Pública. Nas palavras de MÁRIO AROSO DE ALMEIDA, os atos administrativos declarativos são aqueles que "se esgotam numa verificação de circunstâncias, sem que à respetiva declaração se associe a introdução de um efeito constitutivo, de uma modificação inovadora da ordem jurídica"⁵⁰. Como sustenta o mesmo A., o ato administrativo declarativo não constitui porém uma simples declaração de ciência porque declara o direito no caso concreto⁵¹.

---

⁴⁷ São inclusive distintos os órgãos competentes para dar a informação prévia (Câmara Municipal, nos termos do nº 4 do artigo 5º e do artigo 16º) e para decidir a concreta operação urbanística (Presidente da Câmara, umas vezes por delegação de competências, outras por competência originária, nos termos do disposto no artigo 5º)

⁴⁸ FERNANDA PAULA OLIVEIRA, *Medidas Preventivas...*, cit., p. 53.
Sobre o alcance do conteúdo da informação prévia, *vide* o Acórdão do TCA (N) de 3/7/2008, P. nº 1628/04. BEPRT:"Não obstante ter emitido informação prévia positiva, a câmara municipal sempre poderá indeferir o respetivo pedido de licenciamento [ou de autorização] com base em qualquer dos fundamentos legalmente admitidos, desde que a razão que motiva o indeferimento não tenha sido objeto de apreciação no âmbito do pedido de informação prévia, não constando dos elementos entregues pelo interessado nem do conteúdo da informação prestada".

⁴⁹ Aliás, em anotação ao artigo 14º, as mesmas AA. inequivocamente sustentam a natureza de ato administrativo (*in Regime Jurídico...*, cit., anotação 3 ao artigo 14º, p. 251; IDEM, *Regime Jurídico...*, cit., anotação 1 ao artigo 17º, p. 265).

⁵⁰ In *Anulação de Actos Administrativos e Relações Jurídicas Emergentes*, Almedina, Coimbra, 2002, pp. 101-102.

⁵¹ *In ob. cit.*, p. 103.

A generalidade dos atos administrativos estudada em sede de teoria geral do ato administrativo é dotada de conteúdo decisório, o qual é determinado pela autoridade administrativa, revestindo carácter de imperatividade. Porém, a sua força como ato administrativo decorre intrinsecamente da lei que, ao prever entes administrativos, atribuições e competências permite a atuação administrativa imperativa. No caso da informação prévia, o cenário normativo é distinto. O ato praticado pela Administração é de facto verificativo e, não contém intrinsecamente uma regulação, uma decisão. Contudo, a lei atribui-lhe efeitos jurídicos específicos, criando direitos, ainda que limitados no tempo, para o particular requerente. No caso em análise, a lei confere tais efeitos jurídicos ao estipular a vinculatividade da informação prestada, pelo período de um ano[52].

O ato de informação prévia surge, na doutrina alemã e no âmbito do direito do urbanismo, como um exemplo de ato sem carácter permissivo e que se insere na lógica classificatória de atos prévios e atos parciais[53]. Ou seja, vemos reforçada a tese, já expendida, de que o ato não possui carácter permissivo, pelo que o exercício do possível direito do requerente ainda não está autorizado[54]. Entendemos que, apesar do efeito de vinculação e da nomenclatura que o legislador usa no direito do urbanismo e no direito do ambiente (nos regimes jurídicos ilustrativos), a informação prévia, quanto ao seu conteúdo não se reconduz ao modelo paradigmático de ato administrativo, mas antes ao modelo de atos administrativos declarativos. Por outro lado, apesar de o conteúdo ser de natureza verificativa e informativa, não se consubstancia também num típico ato de informação, em virtude dos efeitos específicos – em particular a vinculação e a possibilidade de padecer de vícios próprios de ato administrativo – que a lei atribui expressamente a tal tipo de ato.

5.2. A vinculatividade
A questão decisiva neste tipo de procedimento é a força jurídica que a lei atribui à resposta dada pela Administração Pública. O artigo 17º do RJUE confere uma

---

[52] Um pouco à semelhança do que acontece com as sentenças judiciais de mera apreciação.

[53] H. MAURER analisa os actos prévios, no âmbito de procedimentos urbanísticos, sublinhando precisamente que tal acto se pronuncia sobe alguns dos pressupostos da decisão, revelando-se uma decisão antecipatória (*als Vorab-Entscheidung*), (*in Allgemeines Verwaltungsrecht*, 17. Auflag, Munique, 2009, pp. 229-230). No mesmo sentido de que os actos prévios são actos administrativos, BANDURA, BURGI, EHLERS, ERICHSEN, OSSENBÜHL, PAPIER, RÜFNER, *Allgemeines Verwaltungsrecht*, 12. Auflag, Berlim, 2002, pp. 544 e ss.

[54] Dando expressamente o exemplo da informação prévia como o de um ato prévio, *vide* FREITAS DO AMARAL, *Curso de Direito Administrativo*, Vol. II, 2ª Ed., Almedina, Coimbra, 2011, p. 294; *vide* também FILIPA CALVÃO, *Os Actos Precários e os Actos Provisórios no Direito Administrativo*, Porto, 1998, p. 49 e bibliografia aí citada.

específica força jurídica a este tipo de informação. A informação prévia favorável vincula. E a desfavorável? Adiantamos que nos parece que a vinculação deverá existir, quer quanto à informação de conteúdo favorável, quer a de conteúdo desfavorável (ou nos respetivos alcances parciais). A jurisprudência não tem sido contudo unânime a este propósito[55].

A vinculação perdura por um ano que se deve contar da notificação do ato de informação prévia, como era inequívoco no domínio da legislação anterior, por razões de segurança jurídica[56]. Decorrido o prazo, caduca a vinculação. Tal significa que não está obrigada a Administração a decidir de acordo com a informação prestada, mas, tal como sublinham FERNANDA PAULA OLIVEIRA/MARIA JOSÉ CASTANHEIRA NEVES/DULCE LOPES/FERNANDA MAÇÃS[57], se se mantiver o quadro normativo que baseou a referida informação prévia, qualquer decisão de concretização da operação urbanística que vá em sentido contrário, está sujeita à obrigação específica de fundamentação constante na alínea c) do nº 1 do artigo 124º do CPA. Não por violar uma informação prévia – já não é vinculante – mas porque, mantendo-se o enquadramento normativo, contraria uma informação anterior.

5.3. Alteração das circunstâncias que fundaram a informação

Questão completamente distinta e mais complexa é a decisão de um pedido de concretização, ainda no período de vinculação de uma informação prévia favorável, mas em que o enquadramento legal foi legitimamente alterado. Por um lado, existe um ato a que a lei atribui efeitos constitutivos e que, por isso se encontra sob a alçada do efeito vinculativo e, para alguns, da irrevogabilidade prevista no artigo 140º do CPA. Por outro lado, dá-se uma sucessão de normas que vêm incidir sobre uma situação de pronúncia que constituiu direitos. Logo, não se trata de normas que vêm tornar ilegal o ato de informação prévia, uma vez que vigora

---

[55] *Vide*, no sentido de que a informação prévia é vinculativa, qualquer que seja o seu conteúdo, o Acórdão do STA de 12/3/2009 (P. nº 1018/08); no sentido de que o ato de informação prévia desfavorável tem conteúdo "meramente informativo", *vide* o Acórdão do STA de 12/07/2007, P. nº 415/07.
[56] No mesmo sentido, FERNANDA PAULA OLIVEIRA/MARIA JOSÉ CASTANHEIRA NEVES/DULCE LOPES/FERNANDA MAÇÃS, *Regime Jurídico...*, cit., anotação 1 ao artigo 17º, pp. 265-266. A atual redação do nº 2 do artigo 17º não se refere ao momento do início do prazo como sendo o da notificação mas o da decisão. Ora, atendo aos efeitos associados à decisão favorável (em particular), este ato deverá ser notificado, sendo difícil ao seu destinatário saber quando foi praticado. Outra interpretação poderá ser defendida nas situações de silêncio da Administração, pois a verificar-se a formação de um ato de deferimento tácito, por definição não haverá notificação, sendo contudo possível ao destinatário saber, pelo decurso de prazo, quando se forma a decisão silente.
[57] *In Regime Jurídico...*, cit., anotação 1 ao artigo 17º, p. 267.

o princípio de que ao tempo da prática do ato regem as normas então em vigor. O que significa que as novas normas apenas disporão para o futuro.

O problema coloca-se porque a operação urbanística ainda não se concretizou e a informação prévia é uma decisão parcial: aprecia-se parte do conteúdo da futura licença ou comunicação prévia. Pedindo-se a concretização da operação urbanística, vê-se a Administração Pública na contingência de ter de decidir de acordo com um quadro normativo alterado e uma informação prévia ainda vinculante e que de algum modo contraria aquele "novo" quadro normativo. De todo o modo, trata-se da vinculação a uma decisão parcial e não total. A maior dificuldade prende-se com a hipótese de, na parte não decidida, e que a Administração Pública mantém ainda poder decisório, se poder manifestar alguma contradição entre a informação prévia vinculante e as novas regras aplicáveis à parte sob ponderação.

FERNANDA PAULA OLIVEIRA/MARIA JOSÉ CASTANHEIRA NEVES/DULCE LOPES/FERNANDA MAÇÃS ao elencarem os requisitos para que a informação prévia seja vinculante enunciam, entre outros, a formulação do pedido de licenciamento ou comunicação prévia no prazo de uma ano e a não existência de um novo quadro legal ou regulamentar[58]. Convém voltar a sublinhar que o legislador estabeleceu que os procedimentos de licenciamento ou comunicação prévia iniciados com base em PIP's não se suspendem partir da data fixada para o início da discussão pública e até à entrada em vigor daquele instrumento. O que é perfeitamente razoável pois até à entrada em vigor as normas vigentes não são ainda as novas. Mas a questão que legitimamente se coloca é: e entrando em vigor, formando um quadro normativo novo, afetam o procedimento de licenciamento?

Quer no domínio da legislação revogada, quer atualmente, a doutrina aponta precisamente a possibilidade de alteração de regras como a razão da vinculatividade da informação, protegendo o titular do PIP[59]. Todavia, FERNANDA PAULA OLIVEIRA indica que os instrumentos regulamentares deveriam conter cláusulas de salvaguarda relativamente a PIP's pré-existentes[60]. Do mesmo passo, FERNANDA PAULA OLIVEIRA/MARIA JOSÉ CASTANHEIRA NEVES/DULCE LOPES/ FERNANDA MAÇÃS sustentam a mesma orientação, como modo de assegurar

---

[58] In Regime Jurídico..., cit., p. 265. Curiosamente, a lei não específica este último requisito. A sua enunciação, conquanto possa parecer razoável à primeira vista, não deixa de colocar em causa e efeito vinculativo e que as AA. reconhecem e validam amplamente.

[59] Neste sentido, FERNANDA PAULA OLIVEIRA/MARIA JOSÉ CASTANHEIRA NEVES/DULCE LOPES/ FERNANDA MAÇÃS, Regime Jurídico..., cit., anotação 2 ao artigo 17º, p. 268; FREITAS DO AMARAL, Curso de Direito Administrativo, Vol. II, p. 293; ANDRÉ FOLQUE, Curso de Direito da Urbanização e Edificação, Coimbra Ed., Coimbra, 2007, pp. 224-225.

[60] In A Regulamentação de Situações Intemporais pelos Planos Diretores Municipais, Revista de Direito Público e Regulação, CEDIPRE, nº 2, 2009, em www.fd.uc.pt/cedipre/revista/revista_2.pdf, p.44.

inequivocamente a vinculatividade, prevenir a aprovação de normas contrárias a informações prévias anteriores, conseguindo-se assim que não se coloque a questão de como conciliar informações prévias vinculantes com normas jurídicas contrárias[61].

Perante tal hipótese, alguma doutrina argumentou com a ilegalidade de tais cláusulas nos instrumentos regulamentares por contrariar a regra contida no artigo 67º do RJUE. FERNANDA PAULA OLIVEIRA sustenta a legalidade de tal opção com a argumentação de que "nas exigências decorrentes da obrigação de uma *ponderação circunstanciada dos interesses em causa* e do *cumprimento do princípio da proporcionalidade* em matéria de planeamento territorial que decorre, a mais das vezes, a necessidade de integração nos planos diretores municipais de um regime particular para as situações que lhe são preexistentes. Regime esse que consta, em regra, de um artigo integrado nas suas *disposições gerais* e que, por esse motivo, deve necessariamente ser lido em articulação com as normas aplicáveis a cada classe e categoria de uso do solo"[62].

A hipótese mais complexa é por isso aquela em que tais salvaguardas não se encontram nos instrumentos de planeamento relevantes para os PIP's e se aprovam normas que entram em vigor ainda durante o período de um ano da informação prévia prestada. FERNANDA PAULA OLIVEIRA/MARIA JOSÉ CASTANHEIRA NEVES/DULCE LOPES/FERNANDA MAÇAS, na 3ª edição do seu comentário, sustentam que tais alterações não podem afetar as posições jurídicas resultantes de PIP's válidos[63]. Todavia, na 2ª edição do mesmo comentário também se referiam à problemática em análise: ou a entrada em vigor da nova regra regulamentar, por não ponderar as situações pré-existentes e respetivos interesses, seria inválida; ou as referidas situações, designadamente os PIP's foram ponderados, havendo, nesse caso, lugar a indeferimento do pedido de licenciamento ou rejeição de comunicação prévia, havendo lugar a indemnização[64]. Neste último caso, deverá entender-se que a situação cairá sob a alçada das designadas *expropriações de sacrifício*, reguladas pelo artigo 143º do RJIGT, cujo teor literal, ao referir-se a "restrições singulares" parece, segundo a doutrina, incluir precisamente as situações de informações prévias favoráveis[65].

No direito fiscal, a questão está expressamente resolvida, prevendo-se no nº 15 do artigo 68.º da LGT que "as informações vinculativas caducam em caso

---

[61] *In Regime...*, cit., anotação 2 ao artigo 17º, pp. 269 e ss.
[62] *In A Regulamentação...*, cit., p. 46.
[63] *In Regime...*, cit., anotação 2 ao artigo 17º, p. 269.
[64] *In Regime Jurídico da Urbanização e Edificação*, 2ª Ed., 2008, nota 2 ao artigo 17º, pp. 229-230.
[65] Neste sentido, ALVES CORREIA, *Manual de Direito do Urbanismo*, Vol. I, Almedina, Coimbra, 2008, p. 771; FERNANDA PAULA OLIVEIRA, *Reflexões sobre algumas questões práticas no Âmbito do Direito do Urbanismo*, BFDUC, 75º, Comemorativo, 2003, p. 968.

de alteração superveniente dos pressupostos de facto ou de direito em que assentaram".

Ainda dentro da genérica questão do alcance da vinculação, é importante advertir para mais duas hipóteses. A primeira é aquela em que o pedido que concretiza a informação prévia inclui dimensões não abordadas no pedido de informação prévia[66]. Nesse caso, no que respeita ao que não está na informação a Administração Pública mantém integralmente os seus poderes de ponderação. A segunda hipótese é aquela em que o projeto apresentado é distinto daquele que esteve pressuposto no pedido de informação prévia[67]. Ora, parece que também aqui a Administração Pública está na situação em que não há qualquer informação vinculativa.

5.4. O valor do silêncio no procedimento de informação

A conceção do ato de informação prévia como um ato administrativo coloca ainda problemas quando estamos perante uma situação de silêncio da Administração Pública. Se é verdade que a lei atribuía um determinado valor ao silêncio, em certos casos, como eram as situações previstas nos artigos 108º e 109º do Código do Procedimento Administrativo, no caso de inércia da Administração perante um pedido de informação prévia, não se pode concluir, sem mais, pela existência de um ato administrativo. O silêncio da Administração não cumpre uma função verificativa. Até se podia estar perante um caso em que a lei, perante o silêncio, um pouco como acontece com o silêncio no caso de parecer obrigatório, atribui o significado de que a Administração entendia que a operação urbanística projetada não contendia com nenhuma norma regulamentar e legal em vigor. O que, face ao carácter de vinculatividade que o regime jurídico atribui à informação prévia, levava a que o requerente pudesse, pelo prazo de um ano, requerer (e esperar) um deferimento do pedido de licenciamento, pelo menos quanto à parte da decisão já tomada.

O RJUE refere-se ao silêncio da Administração no artigo 111º estabelecendo agora duas consequências: possibilidade de recurso à intimação judicial para a prática de ato legalmente devido; deferimento tácito para as demais situações em que devesse haver pronúncia da Administração. Ora, parece poder equacionar-se duas possíveis situações para o caso do silêncio no âmbito de um procedimento de informação prévia: considerar-se que estamos, em sentido amplo, no âmbito de um procedimento de licenciamento – o tal pré-pro-

---

[66] Mais uma vez se demonstra a importância da diligência do requerente no pedido que dirige à Administração Pública, devendo ser o mais detalhado possível.
[67] Abordando estas hipóteses, FERNANDA PAULA OLIVEIRA/MARIA JOSÉ CASTANHEIRA NEVES/ DULCE LOPES/FERNANDA MAÇÃS, *Regime Jurídico...*, cit., anotação 1 ao artigo 17º, pp. 266-267.

cedimento a que se refere Diogo Freitas do Amaral – e o particular poderá recorrer ao processo de intimação para a prática de ato legalmente devido; ou então, entender-se-á que estamos na previsão da alínea c) do artigo 111º e considerar-se-á que o silêncio da Administração significa a não existência de obstáculos à operação urbanística que se pediu para ser verificada, constituindo uma informação prévia favorável, com as consequências estabelecidas na lei, em especial a da vinculatividade[68]. A doutrina parece entender de forma inequívoca que o silêncio da Administração Pública cairá na previsão da alínea c) do artigo 111º e que se formará por conseguinte um ato de informação prévia favorável tácito[69].

No direito fiscal, existe apenas uma específica situação relativa ao silêncio que a lei qualifica como ficando "sancionado" o pedido de informação vinculativa urgente. Para além da questão da interpretação e integração do conceito de "sancionar" (presumimos que signifique aceitar tacitamente), coloca-se ainda uma outra questão. O silêncio está então ponderado para situações de pedidos urgentes, sendo que o prazo relevante para o dito "sancionamento" se refere aos 60 dias para decisão. Contudo, cumpre chamar a atenção para o facto de a própria urgência, pressuposto para que se reduza o prazo de decisão, está ela própria sujeita a um prazo. Como se deve tratar então a hipótese do silêncio no que toca ao reconhecimento ou não da urgência? Neste caso concreto, o reconhecimento da urgência, faz nascer para o administrado direitos imediatos, desde logo o encurtamento do prazo de decisão e a possibilidade de sancionamento do seu pedido. A tutela então deverá passar por um expediente de reconhecimento, mas urgente. Uma tutela cautelar!

Cabe ainda sublinhar que nos termos do disposto no nº 8 do artigo 63º do CPPT, não podem ser aplicadas as normas antiabuso se o contribuinte tiver solicitado informação vinculativa sobre determinados factos e não tiver obtido resposta no prazo de 90 dias. Trata-se de proteção da confiança e dos direitos do contribuinte.

---

[68] Ao abrigo da legislação revogada, entendia Maria da Glória Dias Garcia poder colocar-se a hipótese de um deferimento tácito face a duas disposições: o disposto no artigo 61º do Decreto-Lei nº 445/91, de 20 de Novembro; e o artigo 67º do Decreto-Lei nº 448/91, de 29 de Novembro, que regiam no mesmo sentido o problema dos atos tácitos (*Direito do Urbanismo...*, cit., p. 91).

[69] Neste sentido, Fernanda Paula Oliveira/Maria José Castanheira Neves/Dulce Lopes/ Fernanda Maçãs, *Regime Jurídico...*, cit., anotação 2 ao artigo 16º, pp. 261-262; Fernando Alves Correia, *Manual...*, III, cit., pp. 182. Sobre o silêncio no direito do urbanismo, *vide* Fernando Alves Correia, *O Silêncio da Administração no Direito do Urbanismo Português: Sinopse de uma Reforma*, Ars Iudicandi, estudos em Homenagem ao Prof. Doutor António Castanheira Neves, Vol. III, Coimbra, 2008, pp. 119 e ss.

Já no que respeita ao regime de utilização dos recursos hídricos, a lei é omissa quanto a este aspeto, o que poderá querer significar que o silêncio perante o pedido não é relevado legislativamente, remetendo o particular para a tutela contenciosa da intimação para a prática de ato devido.

5.5. A informação errada

Uma última questão pertinente prende-se com a hipótese de uma informação prévia errada ou em violação de normas jurídicas e que nos vai remeter novamente para a questão da natureza jurídica do ato. No Acórdão do STA de 16/4/2008 (P. nº 927/07), disse o Tribunal: "o ato de deferimento de um pedido de informação prévia sobre viabilidade de construção é nulo se violar o Plano Diretor Municipal em vigor. II – Por isso, desse ato não podem derivar vinculações para ulterior ato de licenciamento".[70]

Para além da expressa previsão constante no artigo 68º do RJUE, também a doutrina se parece inclinar para a atribuição de um desvalor jurídico ao ato de informação prévia que viole o princípio da legalidade. O que parece militar a favor da argumentação de que estamos perante um ato administrativo, uma vez que apenas esse tipo de atuação poderá ser sujeito à qualificação de desvalor. Não temos para nós como absolutamente líquido que uma informação que viole as regras urbanísticas, isto é, que informe que uma dada operação urbanística é possível, quando na realidade ela é vedada por um concreto instrumento regulamentar ou, ao invés, informe ser possível uma operação que, ao tempo da informação, de facto não o é, padeça de uma invalidade. É certo e indiscutível que existe uma errada apreciação dos pressupostos jurídicos e que tal circunstância, na teoria do ato administrativo, conduz à respetiva invalidade. Mas a errada informação resulta, não de uma errada ponderação na tomada de decisão, mas antes da errada recolha de informação[71]. Esta circunstância, na perspetiva do administrado, é, ao cabo e ao resto, de pouca monta: a informação prestada indu-lo em erro quanto à futura viabilidade da operação urbanística. Do ponto de vista dogmático, porém, o erro é aqui diferente

---

[70] Sobre questões idênticas, vide o Acórdão do STA de 23/11/2005, P. nº 1112/04 : "Incorre no vício de violação de lei, a deliberação camarária que, ignorando os pareceres emitidos pelas entidades consultadas em pedido de informação prévia formulado nos termos do DL 445/91, que apontavam para o indeferimento do pedido, com fundamento na alínea d) do nº 1 do artº 63, concluiu no sentido do deferimento sem adiantar quaisquer razões factuais ou jurídicas – que suportassem essa posição

[71] O único ponto em que a Administração Pública vai um pouco mais além do que a mera recolha de informações é a que se prevê no nº 1 do artigo 14º quando a lei estabelece que se possa solicitar informação sobre a "viabilidade", uma vez que tal informação resultará necessária da conjugação da informação existente e da ponderação desses elementos com os factos/elementos fornecidos pelo requerente.

do erro sobre os pressupostos quando a lei impõe/possibilita à Administração Pública uma decisão. Na informação prévia não há decisão; há declaração de ciência à qual a lei, de modo distinto do habitual, confere um conjunto de efeitos temporários. A vinculação à informação dada em futuro pedido de licenciamento. A magna questão, para além da que está associada da natureza jurídica do ato, é a de saber se, mantendo-se a vinculação, por estar ainda dentro do prazo legal, tem a Administração o dever de proceder de acordo com uma informação errada. Sob a perspetiva do princípio da legalidade e da igualdade, só podemos sustentar que não. E foi talvez por essa razão que a revisão de 2010 incluiu a informação prévia na previsão do artigo 68º Contudo, a ser assim coloca-se de imediato o problema de como resolver a força jurídica atribuída por lei. Como vimos *supra* a jurisprudência entende que o ato de informação é inválido e que portanto não pode vincular a Administração num futuro procedimento de licenciamento, esse sim, contendo o exercício de poderes decisórios.

O que nos parece mais razoável e dogmaticamente mais adequado é entender que o ato de informação prévia que seja errado não reúne as condições para beneficiar do regime legal específico, sendo-lhe por isso retirado o efeito extraordinário da vinculação da Administração Pública. Que é no fundo o regime da nulidade: não se produzo efeito de fazer nascer o direito a obter o licenciamento/comunicação prévia nos termos contantes da informação prévia e respetivo período de vinculação.

Buscando a solução (parcial) do direito fiscal, o nº 14 do artigo 68º da LGT prescreve uma solução que nos parece servir de auxílio à nossa questão: "a administração tributária, em relação ao objeto do pedido, não pode posteriormente proceder em sentido diverso da informação prestada, salvo em cumprimento de decisão judicial". Existe portanto vinculação, que se circunscreve à Administração Fiscal, mas que permite a avaliação, neste caso judicial, caso a informação não esteja certa. Só pode ser este o alcance da disposição.

6. A tutela judicial dos administrados
A questão da tutela dos administrados a propósito da relação jurídica criada com os pedidos de informação prévia deve analisar-se em dois contextos. O primeiro prende-se com a violação do direito do administrado de obter uma informação prévia com as características acima descritas. Feito o pedido à Administração, esta nada responde (silêncio) ou indefere ilegalmente o pedido. Há depois um outro contexto que pode necessitar de tutela que é o incumprimento, por parte da Administração, do direito que nasce na esfera do administrado em consequência de uma informação prévia vinculativa.

Dada a diferente conceção dogmática a propósito da informação prévia no direito fiscal e no direito administrativo, advertimos já que a tutela judicial será também ela distinta.

Vamos analisar em detalhe a informação prévia regulada no RJUE, por o regime ser aí mais circunstanciado.

Quanto às situações de silêncio face a um pedido de informação prévia, parece a hipótese cair na previsão normativa constante do artigo 111º, alínea c), pelo que a lei atribuiu a tal inércia o valor de um ato administrativo tácito de deferimento. Portanto, a questão de tutela passará a ter de eventualmente ser decidida se, aquando do pedido de licenciamento, a Administração Pública não reconhecer o direito do particular a obter o licenciamento nos termos constantes do pedido tacitamente deferido[72]. Ou seja, passamos para o segundo cenário gizado.

Se face ao pedido, a resposta da Administração Pública for um indeferimento ilegal, ou seja, uma recusa, então parece que se deverá recorrer ao processo de condenação à prática de ato administrativo devido, regulada nos artigos 66º e ss. do CPTA.

Já se a questão de tutela se colocar em momento sucessivo, isto é, a Administração não cumpre o efeito vinculativo, entramos no segundo cenário. A questão que se coloca face a uma resposta negativa face ao pedido de licenciamento, nos moldes definidos no PIP, é de saber se o administrado põe uma ação para reconhecimento do direito ou, à semelhança do que sucede face à inércia ou recusa indevida de prática de ato requerido, o particular deverá lançar mão novamente do processo de condenação à prática de ato devido. Agora, com a advertência de que se se tratar de ato de licenciamento, face ao silêncio, deverá usar o referido meio com o desenho legislativo constante do artigo 112º do RJUE, e o meio com o desenho dos artigos 66º e ss. do CPTA, no caso de indeferimento expresso do licenciamento[73]. Atendendo à pretensão do particular, parece-nos que o meio processual que melhor tutela a sua posição, neste segundo cenário, é de facto a intimação para a prática de ato devido[74]. Que no caso de situação de silêncio, corre como processo urgente...

---

[72] Só não será desse modo, no nosso entendimento, se o particular gizou o requerimento em contravenção à lei ou caindo nas situações previstas no artigo 68º, caso em que entendemos que se deverá reputar como nulo aquele ato de deferimento tácito.

[73] Neste sentido, Fernanda Paula Oliveira/Maria José Castanheira Neves/Dulce Lopes/ Fernanda Maçãs, *Regime Jurídico...*, cit., anotação ao artigo 112º.

[74] Manda a prudência chamar a atenção para que a informação prévia favorável pode não ter levado a cabo toda a ponderação envolvida no pedido de licenciamento ou comunicação prévia, o que traz à colação a problemática do alcance dos poderes judiciais no domínio deste meio processual, quando se pretende obter a licença ou emissão da comunicação prévia. Mas esta é já uma outra questão jurídica que não está em análise nestas reflexões.

Apreciação substantiva das operações de concentração no direito português - revisitar a questão

SOFIA OLIVEIRA PAIS
Professora da Faculdade de Direito da Universidade Católica Portuguesa

SUMÁRIO: 1. O controlo das concentrações de empresas no direito português. Uma história (relativamente) recente 2. Apreciação substantiva das operações de concentração 2.1. O teste da posição dominante 2.2. O teste do *Substantial Lessening of Competition (SLC)* 3. A solução seguida no direito da União Europeia 4. A solução vigente no direito português 5. Conclusão

1. O controlo das concentrações de empresas no direito português. Uma história (relativamente) recente

Com a entrada em vigor do Decreto-Lei nº 422/83, de 3 de Dezembro, Portugal passou a dispor, pela primeira vez, de uma legislação de defesa da concorrência[1]. O Decreto-Lei referido fixava o regime geral de proteção da concorrência no mercado nacional, mas não continha qualquer referência ao controlo das concentrações de empresas em território português.

Note-se que, no contexto europeu, o controlo das concentrações de empresas ainda era uma situação rara. A maioria dos Estados desconhecia mecanismos de fiscalização das operações de concentração, até porque eram vistas com grande condescendência, dadas as vantagens que lhes eram tradicionalmente atribuídas, designadamente, permitir economias de escala, incentivar o pro-

---

[1] Sobre o regime de defesa da concorrência, fixado nesse Decreto-Lei, e pautado em larga medida pelas coordenadas comunitárias então vigentes, cf. Sofia Oliveira Pais, *O controlo das concentrações de empresas no direito português. Decreto-Lei nº 371/93 de 29/10*, Universidade Católica Editora – Porto, 1997, pp. 12 e ss. e Carolina Cunha, *O controlo das concentrações de empresas. Direito Comunitário e Direito Português*, Almedina, 2005, pp.187 e ss.

gresso técnico e económico e o crescimento da eficácia a nível da produção e da distribuição[2].

No plano nacional, entendia igualmente parte significativa da doutrina que as concentrações de empresas eram necessárias para a economia portuguesa se poder afirmar no contexto internacional. Assim afirmava, aliás, Alberto P. Xavier: é desejável "fomentar a concentração sempre que esta se revele necessária para assegurar uma posição competitiva da nossa economia em relação ao exterior"[3].

A situação começa a mudar a partir do final da década de 80, com a crescente consciência dos eventuais efeitos perniciosos das operações de concentração no plano da concorrência: possibilidade de as empresas reforçarem o seu poder de mercado e cometerem abusos, nomeadamente, privando os consumidores de preços reduzidos, produtos de qualidade elevada e maior escolha de bens e serviços. Além disso, no contexto da Comunidade Económica Europeia (hoje União Europeia), a necessidade de um mecanismo que permitisse o controlo preventivo das operações de concentração acentuou-se com a aproximação da data da criação do mercado interno, prevista para 1992, e com a insegurança jurídica entretanto criada, dada a utilização dos mecanismos *antitrust*, estabelecidos no Tratado da Comunidade Europeia, para se efetuar a fiscalização das concentrações de empresas[4].

---

[2] São vários os benefícios invocados pelas empresas que se querem concentrar. Desde logo, o recurso a uma operação de concentração pode ser necessário para as empresas se defenderem de aquisições hostis ou ainda para a aquisição de empresas com dificuldades económicas, evitando o processo de falência. Sobre a utilização do argumento da empresa insolvente (failing firm defense) como justificação das operações de concentração, cf. Sofia Oliveira Pais, "Failing Firm Defense in Merger Cases: A First Look", in Juris et de Jure Nos vinte anos da Faculdade de Direito da Universidade Católica Portuguesa – Porto, ed. Universidade Católica Portuguesa (Porto), 1998, pp. 129-1261.

[3] "Subsídios para uma lei de defesa da concorrência", *Cadernos de Ciência e Técnica Fiscal*, Centro de Estudos Fiscais, Lisboa, 1970, vol. 95, p. 113.

[4] No Tratado da Comunidade Económica Europeia (designado a partir de 1992 como Tratado da Comunidade Europeia [TCE] e hoje redenominado Tratado sobre o Funcionamento da União Europeia [TFUE]), adotado em 1957, e com vigência ilimitada, foram adotadas duas disposições para o controlo dos comportamentos restritivos da concorrência: o art. 85º (hoje artigo 101º do TFUE), que proibia os acordos entre empresas restritivos da concorrência, e o artigo 86º (hoje artigo 102º do TFUE), que proibia os abusos de posição dominante. Não existindo legislação europeia sobre o controlo das concentrações de empresas, a Comissão, a partir de 1973, passou a utilizar as disposições referidas para efetuar o dito controlo, como o testemunham os casos carismáticos *Continental Can e Philip Morris*. Para uma análise detalhada destes casos, bem como das dificuldades levantadas com a aplicação das disposições do Tratado para se realizar o controlo das concentrações de empresas, cf. Sofia Oliveira Pais, *O Controlo das Concentrações de Empresas no âmbito do Direito Comunitário da Concorrência*, Almedina, Coimbra, 1996, pp. 76 e ss.

A entrada em vigor do Decreto-Lei nº 428/88, de 19 de Novembro, permitiu responder a algumas destas preocupações, no plano nacional. As operações de concentração com dimensão nacional passaram a ser objecto de fiscalização por parte das autoridades nacionais, cumprindo o desígnio estabelecido no referido diploma: evitar que as operações de concentração conduzissem a um "abuso de posição dominante no mercado de bem ou serviço". Deste modo, o Decreto-Lei aplicava-se às concentrações de empresas que envolvessem um volume anual de vendas igual ou superior a 5 milhões de contos ou detivessem uma quota de mercado igual ou superior a 20% quanto ao mercado português, ou 5% quanto ao mercado comunitário, ou conduzissem a uma alteração substancial da estrutura concorrencial do mercado do tipo de bens ou serviços em causa.

A fixação, nesse Decreto-Lei, de limiares pouco elevados e a utilização de conceitos gerais, que não foram clarificados, e, sobretudo, a entrada em vigor do Regulamento (CEE) nº 4064/89, de 21 de Dezembro[5], seguindo soluções diferentes das que tinham sido apresentadas nas várias propostas de regulamento, e que tinham servido de inspiração ao Decreto-Lei nº 428/88, conduziu à sua revogação pelo Decreto Lei nº 371/93, de 29 de Outubro[6].

O novo diploma procurou adaptar o regime português relativo ao controlo das concentrações de empresas " à nova ordem nacional e internacional", aumentando a sua eficácia. Desta forma, além de introduzir alterações ao processo, ampliou o campo de aplicação da legislação anterior, estendendo o controlo às operações que envolvam empresas com um volume de negócios, em Portugal, superior a 30 milhões de contos, ou com quotas superiores a 30% do mercado nacional.

Os benefícios auferidos com o novo diploma acabaram por se revelar insuficientes. De facto, ao deixar de fora a fiscalização das concentrações realizadas por instituições de crédito e pelas empresas seguradoras, em divergência, aliás, com o regime estabelecido pelo Regulamento (CEE) nº 4064/89, o Decreto--Lei nº 371/93 foi objecto das mais variadas críticas. Por outro lado, a evolução do próprio direito da concorrência da Comunidade Europeia (hoje União Europeia) quer na sua metodologia (a apreciação das concentrações foi tendo progressivamente em conta a necessidade de uma análise económica) quer nas suas finalidades (a criação de um mercado interno, considerado um dos objectivos do direito e da política de concorrência comunitária, foi cedendo lugar às

---

[5] Jornal Oficial nº L 395 de 30.12.1989. O direito da concorrência da União, referido neste artigo, incluindo as Orientações da Comissão Europeia, encontra-se disponível em http://ec.europa.eu/competition/index_en.html.

[6] D.R. nº 254 (I série – A) de 20.10.1993.

finalidades de promoção da eficiência económica e defesa dos consumidores) obrigaram a repensar o regime português[7].

Para responder às preocupações enunciadas foi criada a Autoridade da Concorrência, pelo Decreto-Lei nº 10/2003[8], que revogou a anterior estrutura institucional, e, por outro lado, foi adoptada a Lei nº 18/2003, aplicável a "todas as atividades económicas exercidas, com carácter permanente ou ocasional, nos sectores privado, público e cooperativo"[9]. Mais uma vez o legislador ampliou a jurisdição do Estado português, considerado competente para fiscalizar as práticas restritivas da concorrência, bem como as operações de concentração, realizadas no território nacional ou que nele tenham efeitos. Em consequência, serão obrigadas a notificar previamente a Autoridade da Concorrência (AdC), para que esta aprecie a operação de concentração, as empresas anteriormente independentes que se queiram fundir, as que pretendam adquirir o controlo da totalidade, ou de partes, de uma outra empresa, e ainda as empresas que pretendam adquirir ou criar uma empresa comum que desempenhe de forma duradoura todas as funções de uma entidade económica autónoma[10], desde que tenham uma certa dimensão nacional. É, assim, necessário, nos termos do artigo 9º do novo diploma, que a operação crie ou reforce uma quota superior a 30% no mercado nacional, ou, em alternativa, que as empresas envolvidas na operação de concentração realizem um volume de negócios superior a 150 milhões de euros, garantindo-se, deste modo, que a operação envolve empresas com uma certa dimensão, ou poder económico, e ainda que o volume de negócios realizado individualmente em Portugal, por pelo menos duas dessas empresas, seja superior a dois milhões de euros (note-se que este último limiar estabelecido com o objetivo de garantir o caráter nacional da operação, tem sido considerado muito baixo).

2. Apreciação substantiva das operações de concentração

O teste substantivo a aplicar pela Autoridade da Concorrência vem estabelecido no art. 12º da Lei nº 18/2003, que segue a solução então vigente no Regulamento (CE) nº 4064/89. Este proibia as operações de concentração que (1) criassem ou reforçassem uma posição dominante no mercado relevante; (2) de que resultassem entraves significativos à concorrência. A criação ou reforço de uma posição dominante é pois, no direito português, *requisito* da proibição da operação

---

[7] Para uma análise desta evolução, cf. Sofia Oliveira Pais, *Entre inovação e concorrência. Em defesa de um modelo europeu*, Universidade Católica Editora, 2011, pp. 61 e ss.
[8] Decreto-Lei nº 10/2003, de 18 de Janeiro, D.R. nº 15 (Série I-A), de 18 de Janeiro de 2003.
[9] Lei nº 18/2003, de 11 de Junho, D. R. nº 134 (Série I-A), de 11 de Junho de 2003.
[10] Art. 8º da Lei nº 18/2003.

de concentração. O problema, como veremos em seguida, é que em certos casos não se verifica tal condição (isto é, não se encontra preenchido o conceito clássico de posição dominante) e ainda assim a concentração é susceptível de restringir a concorrência, justificando-se a sua fiscalização pelas autoridades públicas competentes.

O nosso propósito é pois o de revisitar as dificuldades suscitadas pelo teste substantivo referido e averiguar da necessidade de soluções alternativas, questão particularmente relevante no contexto atual do direito da concorrência, marcado pelas propostas de revisão e alteração da Lei nº 18/2003[11], e pela entrada em vigor da Lei nº 46/2011, de 24 de Junho, que procedeu à criação, designadamente, de um Tribunal de competência especializada para a concorrência, regulação e supervisão.

2.1. O teste da posição dominante

O conceito de posição dominante, nuclear no teste substantivo de apreciação das operações concentração, tem uma longa tradição no contexto da União Europeia (que sucede e substitui a Comunidade Europeia desde 1 de Dezembro de 2009, data da entrada em vigor do Tratado de Lisboa). Trata-se de um conceito elaborado pela jurisprudência do Tribunal de Justiça, que tem sido incorporado, designadamente, na legislação dos Estados-Membros, sendo Portugal um caso paradigmático.

O conceito clássico de posição dominante foi dado no acórdão *United Brands*, segundo o qual uma empresa detém uma posição dominante quando tem um *poder económico* que lhe permite "obstar à manutenção de uma concorrência efetiva e de se comportar, em medida apreciável, independentemente[12], dos seus

---

[11] Veja-se, nomeadamente, a "Proposta de alteração e revisão da Legislação de Defesa da Concorrência", apresentada pelo Círculo dos Advogados Portugueses de Direito da Concorrência, disponível em http://www.capdc.pt/pdf/proposta_de_revisao_capdc.pdf.

[12] Note-se que o conceito de «atuação independente» tem sido criticado pela doutrina, nomeadamente por Bishop e Walker (*The economics of EC competition law*, Sweet and Maxwell, London, 2002, pp. 183-184), para quem as teorias económicas ensinam que uma empresa, esteja ou não em posição dominante no mercado, não poderá atuar de forma independente dos comportamentos e preferências dos seus clientes ou dos consumidores. A melhor solução, segundo os mesmos autores, será as empresas centrarem-se na parte do conceito de posição dominante que se refere à capacidade da empresa para «impedir a manutenção de uma concorrência efetiva». Veja-se, no entanto, R. Whish, para quem os dois elementos (o poder da empresa atuar de forma independente e o de impedir a concorrência no mercado) seriam cumulativos. Para este autor o primeiro elemento traduzir-se-ia, essencialmente, no poder de uma empresa restringir a produção ou aumentar os preços acima do nível de concorrência, atribuindo ao segundo elemento um carácter meramente descritivo (R. Whish, *Competition Law*, Butterworths, UK, 2003, pp. 179-180).

concorrentes, clientes e, finalmente, dos consumidores»[13]. Trata-se de uma noção próxima da acolhida no artigo 22º da Lei Alemã para a defesa da concorrência[14], bem como da promovida pela Comissão Europeia no Memorando, de 1 de Dezembro de 1965[15].

Para aferirem a existência de uma posição dominante, as instituições europeias têm privilegiado a utilização de mecanismos tradicionais, designadamente, as quotas de mercado (que, sendo elevadas, constituem, geralmente, um indício relevante de uma posição dominante), as barreiras à entrada e o poder dos compradores. Utilizam, deste modo, como assinala Motta, instrumentos que permitem apreciar o poder económico *apenas* de forma *indireta*, em detrimento de modelos econométricos, preocupados em aferi-lo *diretamente* a partir dos custos e preços das empresas. Apesar das desvantagens associadas à utilização dos critérios referidos (isto é, nem sempre permitem uma análise fiel da realidade)[16], tal opção explicar-se-ia pelo facto de tais modelos económicos, nem sempre serem facilmente aplicáveis e pela frequente indisponibilidade das informações necessárias para a sua aplicação[17].

Simultaneamente, com o objectivo de tornar "mais eficaz" a aplicação do teste da posição dominante, procurou-se uma aproximação desse conceito ao de poder de mercado[18], que seria a capacidade de a empresa, por um período

---

[13] Acórdão *United Brands*, de 14.2.78, proc. 27/76, *Recueil* (Rec.) 1978, p. 208. A jurisprudência dos tribunais da União encontra-se disponível em http://eur-lex.europa.eu/pt/index.htm.

[14] De acordo com a lei alemã, uma empresa estaria em posição dominante quando não «tivesse concorrentes ou não estivesse exposta a uma concorrência apreciável» (legislação citada por B. Goldman, Antoine Lyon-Caen e Louis Vogel, *Droit commercial européen*, Dalloz, Paris, 1994, p. 410, e que, apesar das suas sucessivas revisões, mantém a generalidade das normas substantivas originárias).

[15] Note-se que no Memorando a Comissão identificara tal conceito com o de poder económico da empresa, ou seja, o poder que permitia à empresa influenciar o comportamento e as decisões económicas das outras empresas, sem ser por elas influenciada. Para uma análise do contexto em que foi adotado este documento, cf. Sofia Oliveira Pais, *O controlo das concentrações de empresas...*, cit., pp. 41 e ss.

[16] Refira-se, por exemplo, a inadequação do critério da quota de mercado nos mercados das novas tecnologias (por exemplo, mercados de *hardware*, *software*, Internet, telemóveis etc.). Por outras palavras: se as empresas, nos mercados das novas tecnologias, detiverem quotas de mercado muito elevadas, tal não significa que possuam uma posição dominante (duradoura), uma vez que tais mercados se caracterizam pela inovação contínua, sendo, geralmente, a posição dominante das empresas uma situação precária. Para uma análise desta questão, cf. Sofia Oliveira Pais, Entre inovação..., ob. cit., pp. 449 e ss.

[17] M. Motta, *Competition policy Theory and practice*, Cambridge University Press, Cambridge, 2005, p. 117.

[18] Cf. por todos e Ivo van Bael e J. F. Bellis, *Competition Law of the European Community*, Kluwer Law International, The Hague, 2005, p. 118.

de tempo razoável, e de forma rentável, reduzir a produção ou aumentar os preços acima do custo marginal[19], isto é, acima do preço que surgiria em condições de concorrência (hoje, este raciocínio aplica-se igualmente às outras vertentes da concorrência, como qualidade e inovação, isto é, a empresa detém poder de mercado quando reduz a inovação, a qualidade, ou variedade dos produtos e, portanto, os custos, sem reduzir os respectivos preços). Ao conceito tradicional, acabado de referir, entendido como o *poder de controlar os preços*, também designado por *poder de mercado stigleriano*[20], contrapõe-se o *poder de exclusão dos concorrentes*, intitulado igualmente *poder de mercado bainiano* (sendo aqui nuclear o conceito, utilizado nas teorias económicas sobre comportamentos estratégicos, de *poder de aumentar os custos dos rivais*). Em síntese, o poder de mercado deve, como sublinham Krattenmaker, Lande e Salop[21], englobar os dois conceitos; ou seja, o poder de mercado pode ser exercido, quer pela empresa que consegue aumentar os seus próprios preços, -isto é, a empresa tem o poder de controlar os preços, restringindo a sua própria produção-, quer pelas empresas que podem aumentar os custos de concorrentes e conseguem levá-los a restringir a sua própria produção (ou seja, as empresas em causa têm o poder de excluir os concorrentes)[22].

---

[19] Repare-se, ainda, que o próprio conceito económico de custo marginal não é evidente, suscitando inúmeras dúvidas, referidas por Ian Dobbs e Paul Richards, cf. "Output restrictions as a measure of market power", *European Competition Law Review*, 2005, pp. 572 e ss.

[20] As duas expressões – poder de controlar o preço e poder de excluir os concorrentes – foram utilizadas pelo *Supreme Court* no caso *US v. EI du Pont Nemours & Co*. Já as designações – poder de mercado 'stigleriano' ou 'bainiano'- foram adotadas por Krattenmaker, Lande e Salop, cf. "Monopoly power and market power in antitrust law", in *Revitalizing Antitrust in its Second Century, Essays on Legal Economic and Political Policy*, ed. Harry First, Eleanor M. Fox, Robert Pitofsky, Quorum Books, New York, 1991, p. 199 nota 44 e ss.

[21] Thomas G Krattenmaker, Robert H. Lande Steven C Salop, "Monopoly power and market power in antitrust law", in *Revitalizing...*, ob.cit., pp. 180 e ss.

[22] Além do acórdão do Tribunal de Justiça *United Brands*, já referido, contribuiu ainda para a densificação do conceito de posição dominante o acórdão *Hoffmann-La Roche, segundo o qual* são proibidos pelo artigo 102º do TFUE os «comportamentos de uma empresa em posição dominante susceptíveis de influenciar a estrutura do mercado, no qual, precisamente em consequência da presença da empresa em questão, o grau de concorrência já está enfraquecido, e que têm por efeito impedir, através do recurso a meios diferentes dos que regulam a concorrência normal de produtos ou de serviços com base nas prestações dos operadores económicos, a manutenção do grau da concorrência ainda existente no mercado ou o desenvolvimento dessa concorrência», cf. acórdão Hoffmann-La Roche de 13.2.79, proc. 85/76, Rec. 1979, p. 461, parágrafo 91. Esta solução foi confirmada no acórdão *Michelin I*, no qual o Tribunal de Justiça esclareceu que embora a existência de uma posição dominante não acarrete nenhuma censura em relação à referida empresa, «impõe-lhe, porém, independentemente das causas dessa posição a responsabilidade especial de não atentar, pelo seu comportamento, contra uma concorrência efetiva e não falseada no mercado

A aplicação do teste da posição dominante, no contexto do Regulamento (CE) nº 4064/89, sobre o controlo das concentrações de empresas, refletia algumas das dificuldades e dúvidas enunciadas. Por um lado, alegava-se que o teste da posição dominante não permitia apreciar devidamente os efeitos das operações de concentração, nos casos em que o mercado era concorrencial. Ou seja, se o conceito de posição dominante continuasse a apoiar-se, sobretudo, em certos elementos estruturais, estáticos, como a necessidade de a empresa deter uma quota de mercado superior a 40%[23] para se presumir que era dominante, em vez de se identificar tal conceito com o de poder de mercado significativo, não seria possível a fiscalização de um certo número de concentrações, susceptíveis de produzir efeitos anticoncorrenciais.

Por outro lado, alertava-se para o facto de o alargamento do conceito de posição dominante aos casos de posição dominante colectiva permitir ampliar o campo de aplicação não só do regulamento, mas do próprio art. 102º do Tratado sobre o Funcionamento da União Europeia (TFUE). De facto, o Tribunal desenvolveu um conceito, aparentemente unitário[24], de *posição dominante colectiva*, à

comum». Cf. nº 57 do acórdão *Michelin* I, de 9.11.1983, proc. 322/81, Rec. 1983, p. 3461. Desta forma, ao contrário das empresas que não são dominantes no mercado, a empresa dominante tem uma responsabilidade especial, isto é, o ónus de se abster de certos comportamentos no mercado. Isto significa que é preciso distinguir-se entre posição dominante reforçada através de *comportamentos anticoncorrenciais*, e como tal proibida, e posição dominante reforçada por via de *condutas concorrenciais baseadas no mérito (competition on the merits)*, consideradas comportamentos *normais*, solução que se coaduna, aliás, com os ensinamentos da escola ordoliberal de Freiburg, e com a visão do direito da concorrência como verdadeiro limite ao poder económico público e privado. David J. Gerber, *Law and Competition in the twentieth Century Europe: Protecting Prometheus*, Oxford University Press, New York, 2001, p. 232 ss. Observe-se ainda que as instituições europeias têm-se limitado a interpretar restritivamente a expressão comportamento normal baseado no mérito (reflexo, sobretudo, da visão ordoliberal da concorrência como um processo de rivais), reduzindo-o geralmente à existência de economias de escala e aos descontos de quantidade (ligados ao volume de compras efetuadas a um produtor dominante) e deixando de fora práticas consideradas vulgares do ponto de vista do comércio e eficientes do ponto de vista económico

[23] O Tribunal de Primeira Instância reconheceu no caso *British Airways/Comissão* -acórdão de 17.12.2003, proc. T-219/99, Colectânea (Col.) 2003, p. 5917- que uma empresa podia deter uma posição dominante mesmo com quotas inferiores a 40% (em 1998, a quota da British Airways era de 39,7%, sendo igualmente decisivo, na opinião do Tribunal, a situação do concorrente mais próximo, cf. nºs 211, 224, 274).

[24] Recorde-se que, no domínio das concentrações, a nova redação dada ao artigo 2º do Regulamento (CE) nº 139/2004 (que consagrou o critério de entrave significativo à concorrência) é explicitada no considerando 25 do dito regulamento: verifica-se uma redução substancial da concorrência não só nos casos em que se aplica o conceito de posição dominante, mas também na hipótese de efeitos anticoncorrenciais de uma concentração "resultantes do comportamento não concertado de empresas que não teriam uma posição dominante no mercado em questão". No mesmo sentido as Orientações para a apreciação das concentrações horizontais nos termos do regulamento do

luz do artigo 102º do TFUE e do regulamento sobre o controlo das concentrações de empresas, designadamente, a partir da jurisprudência *Gencor e Airtours*[25], afastando os argumentos literais[26], sistemáticos e teleológicos invocados contra a fiscalização de situações de domínio colectivo[27]. Hoje, a existência de uma posição dominante colectiva depende, nos termos da jurisprudência *Vidro Plano, Gencor, Airtours* e *Laurent Piau*, da verificação dos seguintes requisitos cumulativos[28]: em primeiro lugar, cada empresa em situação de oligopólio deve poder conhecer o comportamento das outras empresas para fiscalizar a adopção da política comum, isto é, o mercado tem de ser suficientemente transparente;

Conselho relativo ao controlo das concentrações de empresas, 2004/C 31/03, estabelecem que os efeitos anticoncorrenciais decorrentes da operação de concentração podem ser coordenados ou não coordenados (ponto 13).

[25] Cf. nºs 273 a 279 do acórdão do Tribunal de Primeira Instância de 25.3.1999, *Gencor*, proc. T-102/96, Col. 1999, p. 879. Neste caso, a Comissão e o Tribunal confirmaram que o regulamento sobre o controlo das concentrações podia ser aplicado aos casos de posição dominante colectiva, e que, quer neste caso, quer nos casos de aplicação do artigo 102º do TFUE, não era essencial a existência de vínculos estruturais entre as empresas; ou seja, vínculos que conduzam à coordenação tácita dos comportamentos, como seria o caso de licenças ou mesmo a partilha de infraestruturas. Sobre este conceito, cf. R. Whish, "Recent developments in Community Competition Law 1998/99", *European Law Review*, 2000, 25, pp. 236 e 239, Aldo Frignani, "Intese, posizioni dominanti e imprese pubbliche nelle decisioni dell'AGCM", in *Antitrust between EC law and national law*, Bruylant Bruxelles, 1998, pp. 137-138, e ainda Cristoforo Osti, Antitrust e oligopolio, *Concorrenza, cooperazione e concentrazione: problemi guiridico-economici e proposte di soluzione*, Il Mulino, Bologna, 1995, pp. 62-65.

[26] Era recorrente o argumento de que o regulamento das concentrações não se podia aplicar ao domínio do mercado por várias empresas, pois, ao contrário do artigo 102º do TFUE, não referia expressamente no seu texto tal hipótese. Tratava-se, por exemplo, da posição defendida por M. Siragusa e R. Subiotto, "The EEC merger control regulation: the Commission's evolving case law", *Common Market Law Review*, 1991, 28, p. 918, mas que desde cedo foi afastada por um sector significativo da doutrina. Sobre esta questão, cf. Sofia Oliveira Pais, *O controlo...*, ob.cit., 1996, p. 399.

[27] Contra a aplicação do artigo 102º do TFUE aos 'abusos colectivos' invoca-se o facto do artigo 101º do mesmo Tratado, inserido no mesmo capítulo, se revelar mais adequado, bem como o argumento de que a finalidade do artigo 102º seria punir condutas unilaterais. Assim, se compreende, por exemplo, que no nº 39 do acórdão *Hoffmann-La Roche*, o Tribunal tenha defendido o seu afastamento aos casos de coordenação tácita, solução acolhida na altura de forma relativamente pacífica na doutrina, com o argumento de que a norma vocacionada para comportamentos oligopolistas seria o artigo 101º do TFUE.

[28] Cf. acórdão do Tribunal de Primeira Instância, *Laurent Piau*, 26.1.2005, proc. - T-192/02, Col. 2005 p. 209. Apoiaria a tese da construção de um conceito unitário de posição dominante colectiva à luz do artigo 102º do TFUE e do regulamento sobre as concentrações o facto, designadamente, de no caso Gencor, cit., (adotado no âmbito do regulamento) o Tribunal seguir a definição dada no caso *Vidro Plano* (acórdão do Tribunal de Primeira Instância de 10 de Março de 1992, proc. T-68, 77 e 78/89, Colectânea. 1992, p. 1403, que foi, aliás, apreciado à luz do artigo 102º do TFUE). Cf. igualmente acórdãos *Gencor, cit.,* e *Airtours* (acórdão do Tribunal de Primeira Instância de 6 de Junho de 2002, proc. T -342/99, Col. 1999, p. 2585).

em segundo lugar, devem ser estabelecidos incentivos (leia-se mecanismos de retaliação) para as empresas cumprirem a referida política; e, finalmente, concorrentes e consumidores não exercem qualquer pressão concorrencial, isto é, não reagem às medidas das empresas em causa[29]. Ora, a existência de um conceito unitário de posição dominante colectiva pode levantar alguns problemas[30], especialmente na hipótese da sua aplicação a casos alheios aos da coordenação em mercados oligopolistas[31].

Finalmente, discutiu-se a falta de competência da Comissão Europeia para fiscalizar certas operações de concentração. Tal seria, por exemplo, o caso das concentrações em que o número de empresas no mercado era reduzido de três para dois, mas a empresa que não se concentrava continuava a ser a líder no mercado, não existindo indícios que depois da operação surgiria a coordenação[32]. Outra hipótese seriam as operações em que as quotas de mercado combinadas das empresas que se concentravam eram relativamente baixas, mas, uma vez que os concorrentes tinham uma capacidade limitada, eram capazes de aumentar os preços depois da concentração[33]. Os exemplos dados ilustram a existência de lacunas no sistema de fiscalização instituído à luz do Regulamento (CE) nº 4064/89, e seguido no contexto nacional, que, aparentemente, só poderiam ser colmatadas com a alteração do teste substantivo fixado para a apreciação das operações de concentração.

2.2. O teste do *Substantial Lessening of Competition* (SLC)

As dificuldades sentidas com a aplicação do teste substantivo de apreciação das operações de concentração, centrado no conceito clássico de posição dominante, explicam que no Livro Verde, relativo à revisão Regulamento (CEE) nº 4064/89[34], tenha sido sugerido a sua substituição pelo critério, utilizado nomeadamente nos EUA e na Austrália, do SLC (*substantial lessening of competition*, ou impacto subs-

---

[29] Acórdão Airtours, cit., especialmente nºs 62, 94, 191 a 195 e 294.

[30] Note-se que esta solução tem sido criticada, uma vez que existem diferenças substanciais entre o artigo 102º do TFUE e o regulamento das concentrações. Sobre esta questão, cf. Alison Jones e Brenda Sufrin, *EC Competition Law – Text, Cases and Materials*, Oxford University Press, Oxford, 2004, pp. 898 e ss.

[31] Veja-se, por exemplo, o caso *Irish Sugar (hipótese de "domínio colectivo vertical")*: Decisão da Comissão *Irish Sugar*, JO L 258/1,1997, e acórdão do Tribunal de Primeira Instância, de 7.10.99, proc. T-228/97, nº 63. Observe-se que tem sido questionada a aplicação do artigo 102º do TFUE ao caso em apreço. Para Jones e Sufrin (ob.cit., p. 830), por exemplo, só seria necessária a intervenção do artigo 102º, do TFUE, se o acordo tivesse sido isento.

[32] Foi o que sucedeu, por exemplo, no caso norte-americano *Heinz* 246 F.3d 708 (DC Cir 2001).

[33] Esta hipótese, a par de outras, é analisada por Alistair Lindsay, cf. *The EC merger regulation substantive issues*, Sweet & Maxwell, London, 2006, pp. 46 e ss.

[34] Cf. http://eur-lex.europa.eu/LexUriServ/site/pt/com/2001/com2001_0745pt01.pdf.

tancial de redução da concorrência): as operações de concentração serão proibidas se se provar que terão por efeito uma redução substancial da concorrência[35].

Em defesa deste teste são, geralmente, alinhados o seguintes argumentos[36]. Por um lado, alega-se que se, na União, for adoptado o teste SLC, existirá harmonia entre soluções seguidas na União e as aplicadas noutros ordenamentos jurídicos, facilitando a cooperação entre as autoridades da concorrência e garantindo a segurança jurídica das próprias empresas envolvidas na concentração.

Por outro lado, afirma-se que certas operações de concentração, que escapariam ao teste da posição dominante, passariam a ser objecto de fiscalização e que a análise desenvolvida se centraria nos efeitos da operação.

Acresce que a aplicação do teste SLC evitaria o 'efeito contaminação'. De facto, sendo o conceito de posição dominante o mesmo no contexto do art. 102º do TFUE e do regulamento, tendo sido estabelecia a existência de uma posição dominante no plano do regulamento, tal facto poderia ser utilizado mais tarde no contexto do art. 102º do TFUE. Aliás, esta preocupação seria particularmente visível no caso do conceito de posição dominante colectiva, como já referimos.

Em suma, a alteração do teste substantivo da posição dominante para o do *Substantial Lessening of Competition* permitiria, aparentemente, uma análise mais abrangente e economicamente mais rigorosa das operações de concentração.

3. A solução seguida no direito da União Europeia

Apesar da maior flexibilidade e clareza do teste SLC, em termos de análise económica, uma série de Estados, entre os quais se incluía Portugal, opuseram-se ao abandono, na União, do teste da posição dominante.

Argumentou-se, em primeiro lugar, que o teste da posição dominante é adequado ao objectivo, atualmente, visado pelo direito da concorrência da União (designadamente, a proteção dos consumidores), desde que interpretado de forma economicamente coerente. O conceito de posição dominante seria um critério flexível, que tem evoluído ao longo do tempo, procurando adaptar-se aos ensinamentos das novas teorias económicas.

Em segundo lugar, sublinhou-se que a maioria dos Estados-Membros adotou o teste da posição dominante, em conformidade com a solução vigente no Regulamento (CE) nº 4064/89. E à luz desse teste tem sido desenvolvida uma ampla *praxis* nos planos nacionais e europeu. Logo, alterar tal teste, no novo regulamento sobre o controlo das concentrações de empresas, significaria ignorar toda a experiência acumulada pelas autoridades nacionais da concorrência

---

[35] Cf. http://www.australiancompetitionlaw.org/law/mergers.html.
[36] Cf. Alistair Lindsay, ob. cit., pp. 53 e ss.

e pela Comissão Europeia, conduzindo, aliás, à criação de soluções divergentes no contexto da União.

Por fim, sustenta-se que, na sua aplicação, os dois critérios enunciados conduzem a soluções geralmente próximas, sendo apenas necessário que a interpretação dessas disposições seja realizada em sentido convergente[37].

Depois de ponderados os vários argumentos esgrimidos, França e Espanha sugeriram uma solução de compromisso: afastar o critério SLC, sem (grande) tradição no contexto europeu, e ampliar o critério utilizado pelo regulamento sobre o controlo das concentrações de empresas, o qual continuaria a fazer apelo ao conceito de posição dominante, mas centrando a análise nos efeitos da operação de concentração na concorrência. E daí que, em 1 de Maio de 2004, com a entrada em vigor do Regulamento (CE) nº 139/2004, tenha sido estabelecido um novo teste substantivo no art. 2º, nº 3: "Devem ser declaradas incompatíveis com o mercado comum as concentrações que entravem significativamente uma concorrência efetiva, no mercado comum ou numa parte substancial deste, em particular em resultado da criação ou do reforço de uma posição dominante".

Note-se que o conceito de posição dominante continua a ocupar um papel central neste critério. Até porque, como explicou a Comissão Europeia, nas *Orientações sobre as Concentrações Horizontais*[38], "a maior parte dos casos de incompatibilidade de uma concentração com o mercado comum continuarão a basear-se na existência de uma posição dominante", sendo por isso de "preservar na íntegra as orientações que podem ser extraídas da prática decisória anterior e tomar plenamente em consideração a jurisprudência anterior dos tribunais comunitários".

Simultaneamente, o novo teste permite abranger, designadamente, concentrações em mercados oligopolistas que deem origem a efeitos anticoncorrenciais "não coordenados" de empresas, que não seriam dominantes no mercado[39], bem como operações que criem ou reforcem a posição dominante de uma terceira empresa[40]. Recorde-se que, já no domínio do Regulamento (CE) nº 4064/89, a Comissão Europeia tinha decidido, no caso *Exxon/Mobil*, que a criação ou reforço da posição dominante de uma terceira empresa não era excluída do campo e aplicação do regulamento. Com o novo teste substantivo

---

[37] Para uma visão geral destes argumentos, e em defesa da manutenção do teste de posição dominante, com certas correções, cf. Bishop e Walker, *The economics of EC Competition Law*, Sweet & Maxweel, London, 2002, pp. 310 e ss.
[38] Orientações..., cit., pontos 4 e 5.
[39] Considerandos 25 e 26 do Regulamento (CE) nº 139/2004.
[40] Proc. IV/M.1383 [2004] JO L 103/1 nºs 225 a 229).

consagrado no Regulamento (CE) nº 139/2004, tal solução deixou de poder ser considerada duvidosa.

Em síntese, à luz do novo critério, são proibidas as operações de concentração de empresas que "entravem significativamente a concorrência no mercado comum", mesmo que não criem ou reforcem uma posição dominante no mercado relevante, reforçando a certeza jurídica quanto a soluções já anteriormente defendidas pela Comissão Europeia.

4. A solução vigente no direito português

No ordenamento jurídico nacional, o critério material de apreciação das operações de concentração vem fixado no art. 12º, nº 3, da Lei18/2003: "Serão autorizadas as operações de concentração que não criem ou reforcem uma posição dominante de que resultem entraves significativos à concorrência efetiva no mercado nacional ou numa parte substancial deste", bem como as respectivas restrições acessórias (nº 5 do art. 12º)[41]. São proibidas as concentrações na hipótese inversa (nº 4 da mesma disposição). Além disso, é preciso que a Autoridade da Concorrência, nos termos do nº1 da mesma disposição, tenha em conta uma série de factores estáticos - geralmente critérios quantitativos e de curta duração, como é o caso das quotas de mercado-, e dinâmicos, que partem de uma visão qualitativa e a longo prazo, como por exemplo a concorrência potencial, barreiras à entrada, a evolução do progresso técnico e económico ou o seu contributo para a competitividade internacional.

Note-se, desde já, que a Lei nº 18/2003 não distingue entre operações de concentração horizontais (isto é, entre empresas que são concorrentes no mesmo mercado relevante)[42] e não horizontais – verticais e conglomerais –, ainda que as primeira sejam geralmente mais nefastas do ponto de vista já concorrência, até porque eliminam a concorrência direta entre as empresas que se concentram. De facto, as concentrações verticais, que dizem respeito "a empresas que desenvolvem atividades a níveis diferentes da cadeia de abastecimento" – por exemplo, concentração entre um fabricante (empresa a montante) e o distribuidor (empresa a jusante)[43] –, e as conglomerais – ou seja, "concentrações entre empresas que desenvolvem atividades em mercados estreitamente relacionados

---

[41] Solução seguida igualmente no contexto da União. Cf. Comunicação da Comissão relativa às restrições diretamente relacionadas e necessárias à concentração, 2005/C 56/03.

[42] Orientações para a apreciação das concentrações horizontais nos termos do regulamento do Conselho relativo ao controlo das concentrações de empresas, 2004/C 31/03, pt 6. Também o regulamento da União sobre o controlo das concentrações de empresas não faz tal distinção, apesar de a Comissão Europeia a fazer nas suas Orientações sobre as concentrações.

[43] Orientações para a apreciação das concentrações não horizontais nos termos do regulamento do Conselho relativo ao controlo das concentrações de empresas 2008/C 265/07, p. 6 e ss.

(por exemplo, concentrações que envolvem fornecedores de produtos complementares ou produtos que pertencem à mesma gama)[44] –, são, regra geral, menos susceptíveis de restringir a concorrência efetiva, que as concentrações horizontais, e podem fornecer substanciais ganhos de eficiência[45].

Na prática, a distinção entre os três tipos de concentrações nem sempre é fácil, pois as concentrações podem ter simultaneamente efeitos horizontais e não horizontais; tal ocorrerá, por exemplo, quando as empresas que se concentram, além de terem relações verticais ou conglomerais, são ainda concorrentes em mercados relevantes. Nesta hipótese, os efeitos serão apreciados na sua globalidade, podendo ser chamadas à colação quer as Orientações sobre as Concentrações Horizontais, quer as relativas às Concentrações Não Horizontais.

Por outro lado, convém não esquecer que, ao contrário do que se passa no contexto da União, a decisão da Autoridade da Concorrência, que proíba uma operação de concentração, pode ainda ser objecto de recurso extraordinário para o Ministro da Economia, que pode autorizá-la com base em interesses fundamentais da economia nacional (art. 34º dos Estatutos da Autoridade da Concorrência). Já não pode é a operação de concentração ser autorizada pela Autoridade da Concorrência, solução vigente no regime anterior e que foi eliminada na Lei nº 18/2003[46]. Essencial é que na apreciação da concentração a Autoridade da Concorrência tenha em atenção os efeitos da operação, que não devem entravar a concorrência efetiva no mercado nacional, ou seja, não devem, sobretudo, prejudicar os interesses dos consumidores[47].

Por fim, convém sublinhar que a proibição, estabelecida no nº 4 do artigo 12º, continua a basear-se no conceito de posição dominante[48]: só serão proibidas

---

[44] Orientações para a apreciação das concentrações não horizontais nos termos do regulamento do Conselho relativo ao controlo das concentrações de empresas 2008/C 265/07, pp. 6 e ss, n.5.

[45] Por exemplo, a integração vertical pode permitir reduzir os custos de transação, e dessa forma os preços. Sobre os benefícios das concentrações não horizontais, cf. Orientações para a apreciação das concentrações não horizontais, cit., pt 13.

[46] No regime anterior, a Autoridade da Concorrência verificava se o balanço económico era positivo e/ou se a concentração conduzia a um reforço significativo da competitividade internacional das empresas participantes. Sobre a questão de saber se as duas alíneas do art. 10º do Decreto –Lei nº 370/93 eram, ou não, cumulativas, cf. Carolina Cunha, ob. cit., pp. 236 e ss.

[47] Não sendo o único interesse visado pelas legislações, nacionais e europeia, que instituem um controlo das concentrações de empresas, é, em todo o caso, um interesse fundamental. Também neste sentido, cf. Alistair Lindsay, ob. cit., pp. 38 e ss. Sobre a evolução das finalidades da política de concorrência na União, cf. Sofia Oliveira Pais, *Entre inovação...*, ob. cit., pp. 61 e ss.

[48] O art. 6º da Lei nº 18/2003, em consonância com o regime vigente na União Europeia, distingue, respectivamente nas suas alíneas a) e b), entre posição dominante colectiva e individual, estabelecendo que dispõe de uma posição dominante relativamente ao mercado de determinado bem

as concentrações que criem ou reforcem uma posição dominante de que resultem entraves significativos à concorrência efetiva. O legislador português antecipou, mais uma vez, soluções diferentes das vigentes no ordenamento jurídico da União. De facto, e como já referimos, no Regulamento (CE) nº 139/2004 foi ampliado o critério substantivo de apreciação das concentrações, ao passo que no direito português continua a aplicar-se o teste da posição dominante.

É certo que a divergência de regimes não tem, geralmente, levantado dificuldades, uma vez que a Autoridade da Concorrência se preocupa, via de regra, em apreciar as concentrações, atendendo ao seus efeitos, nomeadamente sobre a estrutura da concorrência no mercado nacional[49]. Em todo o caso, por razões de coerência e certeza jurídica, convém estender o campo de aplicação do teste substantivo, fixado na Lei nº 18/2003, alinhando-o pelo estabelecido no Regulamento (CE) nº 139/2004.

5. Conclusão

Desde 1 de Maio de 2004, com a entrada em vigor do Regulamento (CE) nº 139/2004, que assistimos à existência de critérios materiais divergentes no contexto da União e no direito português, no que diz respeito à apreciação das operações de concentrações de empresas. O ordenamento nacional continua a utilizar um critério substantivo que exige, para a proibição de uma concentração, que as empresas envolvidas na operação criem ou reforcem uma posição dominante de que resultem entraves significativos a uma concorrência efetiva no mercado relevante, ao passo que na legislação da União foi fixado um critério mais abrangente que permite fiscalizar as concentrações, mesmo na hipótese de não ser criada ou reforçada tal posição dominante. É certo que, tendo em conta a experiência ocorrida no contexto da União, verificamos que adoção do novo teste teve um impacto reduzido, o que será explicado pelo facto de já antes da entrada em vigor do Regulamento (CE) 139/2004 a Comissão se preocupar em apreciar as concentrações atendendo ao seus efeitos, nomeadamente no bem-estar dos consumidores. Em todo o caso, por razões de coerência e certeza jurídica, convém que a extensão do teste substantivo, formulada no regulamento sobre o controlo das concentrações de empresas, seja seguida pelo legislador português. De facto, será mais fácil a harmonização das solução nacional com a

---

ou serviço: "a) A empresa que atua num mercado, no qual não sofre concorrência significativa ou assume preponderância relativamente aos seus concorrentes; b) Duas ou mais empresas que atuam concertadamente num mercado do qual não sofrem concorrência significativa ou assumem preponderância relativamente a terceiros".

[49] Para uma análise das principais decisões (iniciais) da Autoridade da Concorrência, neste domínio, cf. Carolina Cunha, ob.cit., pp. 242 e ss.

europeia e evita-se que certas operações escapem à fiscalização da Autoridade da Concorrência, apenas porque não criam ou reforçam uma posição dominante no mercado relevante, ainda que susceptíveis de prejudicar a concorrência efetiva no mercado nacional.

ADENDA

Depois de concluída a redacção deste trabalho foi finalmente publicada a Lei 19/2012, de 8 de Maio, que estabelece o novo regime de defesa da concorrência em Portugal, revogando a Lei nº 18/2003, de 11 de Junho. Destacamos, sobretudo, a alteração significativa dos limiares das operações de concentração que devem ser notificadas à Autoridade da Concorrência (doravante terão de ser notificadas as concentrações que (i) criem ou reforcem uma quota de mercado superior a 50%, ou (ii) criem ou reforcem uma quota de mercado superior a 30% e inferior a 50% desde que o volume de negócios realizado individualmente em Portugal, por pelo menos duas das empresas participantes, seja superior a cinco milhões de euros, ou (iii) quando o volume de negócios de todas as empresas participantes em Portugal tenha sido superior a 100 milhões de euros e o realizado individualmente, por pelo menos duas empresas participantes, tenha sido superior a 5 milhões de euros) e a revisão dos critérios substantivos de apreciação dessas operações. O novo diploma segue a solução consagrada no regulamento da União, ao proibir as concentrações suscetíveis de "criar entraves significativos à concorrência efetiva", reforçando a eficácia e coerência das soluções jurídicas neste domínio.

O Conceito de Justiça: Perspectiva Clássica e Moderna*

TIAGO SERRÃO
Mestrando em Direito pela Faculdade de Direito da Universidade de Lisboa. Advogado

Introdução
O presente estudo é dedicado à análise do conceito de justiça em Aristóteles (384-322 a.C.) e em Thomas Hobbes (1588-1697). Tratando-se de *vozes* que surgiram em momentos históricos não coincidentes, devendo mesmo afirmar-se que Aristóteles é um antigo e Thomas Hobbes um moderno – o primeiro moderno[1] – procurar-se-á apurar, com clareza, qual a concepção de justiça adoptada, por um e por outro Autor, mediante uma prévia investigação da concepção antropológica que subjaz a cada uma das perspectivas.

Esse exame afigura-se verdadeiramente fundamental, porquanto, quer em Aristóteles, quer em Thomas Hobbes, a justiça é pensada a partir de uma determinada visão da natureza humana que de modo algum poderá ser descurada, sob pena de os resultados de uma investigação assim promovida redundarem em desacerto ou, pelo menos, em manifesta carência de pressupostos válidos.

Entendemos, pois, que apenas uma observação sistemático-compreensiva – leia-se, uma análise que não descure o entendimento antropológico adoptado pelos referidos Autores – permitirá compreender cabalmente a concepção de justiça propugnada pelos mesmos. Neste sentido, pode dizer-se que a promoção

---

* O presente trabalho corresponde, com alterações de pormenor, ao Relatório de Mestrado apresentado, em Setembro de 2010, na disciplina de Ciência Política do curso de Mestrado Científico em Ciências Jurídico-Políticas da Faculdade de Direito de Lisboa, sob a regência do Prof. Doutor Luís Pereira Coutinho, a quem se agradece todos os profícuos ensinamentos que permitiram o seu tratamento dogmático.

[1] Cfr. LEO STRAUSS, *On the Basis of Hobbes's Political Philosophy*, in *What is Political Philosophy and other Studies*, reimpressão, University of Chicago Press, Chicago, 1988, p. 172. Em acréscimo à constatação segundo a qual Thomas Hobbes é o precursor da modernidade, diz-nos Leo Strauss, na página referenciada, que *"a filosofia moderna surgiu em expressa oposição à filosofia clássica"* e que *"apenas em função da contraposição entre antigos e modernos a modernidade pode ser entendida"*.

de uma pesquisa antropológica constitui uma verdadeira chave de compreensão do tema que nos ocupa, sendo certo que, no presente trabalho, procuraremos demonstrar que entendimentos diversos sobre o homem e sobre a sua natureza conduzem inelutavelmente a soluções bem diferentes quanto ao conceito de justiça.

Uma vez apurado, de modo separado, qual o modo de ver o homem para a ciência política aristotélica e para a ciência política hobbesiana, e determinada, também autonomamente, a concepção de justiça consequentemente adoptada por uma e por outra, estaremos em condições de, em momento subsequente – de natureza final ou conclusiva –, determinar quais as principais dissemelhanças que subjazem a cada uma das visões analisadas.

É este, afinal, o percurso que, longe de se revelar revolucionário, nos parece o mais adequado para obtermos ilações tão válidas quanto possível relativamente ao tema em apreço. Tratar-se-á, em suma, de um *iter* ontologicamente empenhado na procura do conceito de justiça em Aristóteles e em Thomas Hobbes.

Ainda a título introdutório, importa referir que a elaboração do presente trabalho não dispensará um diálogo continuado e directo com duas obras fundamentais de Aristóteles – a *Política* e a sua *Ética a Nicómaco*[2/3], tantas vezes imerecidamente esquecidas nos tempos hodiernos – e uma obra de Thomas Hobbes: o seu monumental *Leviatã*[4].

Com efeito, sempre que se revelar conveniente no decurso da presente investigação, tentaremos ilustrar as afirmações efectuadas com excertos elucidativos das respectivas obras. Não que nos *cegue* uma busca formal e acrítica de respostas nos textos em causa – *cegueira* ou, pelo menos, *miopia grave* que impediria a promoção de leituras reconstrutivas que, apesar de bem mais complexas, se afiguram a vários níveis desejáveis e necessárias –, mas porque parte significativa das asserções que iremos tecer brota da riqueza argumentativa dos seus Autores, cabendo ao investigador, por razões de honestidade intelectual, não fazer olvidar ao leitor a sua fonte imediata.

---

[2] Referindo-se ao cruzamento necessário entre as duas obras de Aristóteles, designadamente para efeitos de plena compreensão da concepção antropológica do referido Autor, vide ALASDAIR MACINTYRE, *A Short History of Ethics – A History of Moral Philosophy from the Homeric Age to the Twentieth Century*, reimpressão, Routledge, Londres e Nova Iorque, 2009, p. 55.

[3] Por reporte à *Política* seguir-se-á a tradução de António Campelo Amaral e de Carlos de Carvalho Gomes (edição bilingue, Vega, Lisboa, 1998). Relativamente à obra *Ética a Nicómaco* será tida em conta a tradução de António de Castro Caeiro (3ª edição, Quetzal, Lisboa, 2009). De ora em diante, omitiremos qualquer referência à fonte das mencionadas obras.

[4] Atenderemos à tradução de João Paulo Monteiro e de Maria Beatriz Nizza da Silva (4ª edição, Imprensa Nacional-Casa da Moeda, Lisboa, 2009). De ora em diante, omitiremos qualquer referência à fonte da referida obra.

1. A Natureza Humana e o Conceito de Justiça em Aristóteles
1.1. A Concepção Antropológica em Aristóteles

1.1.1. É sabido que foi na Grécia antiga que, de modo bem visível, se passou de uma reflexão cosmológica – centrada em torno do universo – para um pensamento de cariz antropológico, posicionado no ser humano e no seu agir[5]. É justamente nesse contexto que cumpre apurar de que modo Aristóteles compreendeu o homem, no fundo, a sua natureza, enquanto pressuposto base da analítica a promover em momento subsequente[6].

Em Aristóteles a natureza humana é sinónimo de natural predisposição para o bem e para a felicidade. Esse estado consuma-se quando o homem é um bom cidadão, um cidadão justo, virtuoso – enquanto modo ou processo de agir[7] – e quando ele é bom[8].

Conforme se deixa antever do que ficou dito, esse superior modo de existir[9] efectiva-se quando o homem vive na *polis*, enquanto comunidade político-social constituída tendo em vista atingir o bem. É que, para Aristóteles, a natureza do indivíduo só é realizável através da comunidade político-social na qual o mesmo se integra – o estado de natureza adquire uma matriz eminentemente social –, sendo que o homem isolado comporta-se *"como um bicho ou um deus"*[10].

1.1.2. Atentemos, por ora, de modo mais desenvolvido, na figura da *polis*, procurando responder, de modo claro, às seguintes questões: (i.) De que modo surge a cidade? (ii.) Quem são os seus membros? (iii.) Qual é o seu fim primordial?

Somente em estádio ulterior estaremos em condições de enunciar uma noção de *polis* deduzida da obra aristotélica, sendo que em momento algum perderemos de vista a nossa preocupação de continuação da definição dos pressupostos antropológicos ínsitos à obra aristotélica.

---

[5] Cfr. Paulo Otero, *Instituições Políticas e Constitucionais*, volume I, Almedina, Coimbra, 2007, p. 62 e seguintes.

[6] Salientando que um dos principais contributos de Aristóteles para a história das ideias políticas foi precisamente o desenvolvimento de uma concepção de natureza humana *"da qual deduz depois como consequências as suas observações e propostas"* vide Diogo Freitas do Amaral, *História das Ideias Políticas*, volume I, 8ª reimpressão, Almedina, Coimbra, 2009, p. 113.

[7] Cfr. Diogo Freitas do Amaral, *História das Ideias ...*, p. 131.

[8] Teremos, no entanto, oportunidade de esclarecer que, na obra aristotélica, a categoria antropológica do *"homem bom"* encontra-se reservada apenas para alguns, ao invés da virtude do *"bom cidadão"* que deve pertencer a todos.

[9] Para Leo Strauss, a natureza humana em Aristóteles é sinónimo de *"vida humana de excelência"*, sendo que este fim se afigura verdadeiramente universal, no sentido de que *"nenhuma vida humana pode ser compreendida, ou analisada naquilo que é, que não seja através deste fim"* (cfr. Leo Strauss, *The City and the Man*, University of Chicago Press, Chicago, 1978, p. 44).

[10] Cfr. 1253a, 25 da *Política*.

1.1.3. Em primeiro lugar, cabe referir que a cidade, em Aristóteles, surge da aglomeração de um conjunto de aldeias[11]. Com efeito, se a associação de um homem e de uma mulher forma um casal ou uma família – enquanto *"comunidade formada de acordo com a natureza para satisfazer as necessidades quotidianas"*[12] – e se a reunião de várias famílias gera uma aldeia, tendente à *"satisfação de carências além das necessidades diárias"*[13], a *polis* surge como *"uma comunidade completa"*[14], formada pela junção de várias aldeias, anteriormente ligadas por via de um quadro de crenças e costumes comuns entre os seus membros.

A cidade é anterior à família e a cada indivíduo[15], existe por natureza[16] – nessa medida, não é uma criação do homem – e constitui uma necessidade ou, dito de outro modo, uma exigência social.

Quando cotejada com as demais formas de associação elementar *supra* elencadas, a *polis* surge como uma comunidade superior e que, conforme se demonstrará, tende para um fim maior, em rigor, para um fim por natureza.

No seguimento do leque de questões *supra* enunciado, importa ainda notar, em segundo lugar, que a cidade é composta por uma pluralidade de sujeitos[17]. Um dos seus segmentos fundamentais diz respeito aos cidadãos, ou seja, a todos os que positivamente podem participar nas magistraturas da cidade (na administração da justiça e no governo)[18].

Cabe, no entanto, deixar bem claro que, para Aristóteles, a categoria do *"homem bom"* não se confunde com a do *"bom cidadão"*.

A segunda qualidade, enquanto expressão de virtude cívica, deve ser apanágio de todos os cidadãos, sendo inclusivamente *"condição necessária para a cidade*

---

[11] Sobre o surgimento da *polis*, de uma perspectiva, em certa medida, de sociologia política, que é possível vislumbrar em Aristóteles, *vide* Leo Strauss, *The City and ...*, p. 31 e seguintes e ainda, com relevância para a compreensão dessa realidade, sobretudo do prisma da sua ligação com o regime político, *vide*, nessa mesma obra, p. 46 e seguintes.

[12] Cfr. 1252b, 10 da *Política*.

[13] Cfr. 1252b, 15 da *Política*.

[14] Cfr. 1252b, 25 da *Política*.

[15] Cfr. 1253a, 15 e ainda 25 da *Política*.

[16] *Vide* as referências constantes da nota anterior.

[17] Salientando o carácter compósito da *polis*, Aristóteles enuncia que *"a cidade é, pois, uma realidade composta, da mesma maneira que o são todas as outras coisas que, não obstante possuírem diferentes partes, formam um todo composto"* (cfr. 1274b, 35 da *Política*). Referindo-se à natureza subjectivamente plural da cidade *vide* Dmitri George Lavroff, *História das Ideias Políticas, Da Antiguidade ao Fim do Século XVIII*, Edições 70, Lisboa, 2006, p. 47.

[18] Cfr. 1275a, 20; 1275b, 15; 1278a, 35 da *Política*. Por reporte à governação, Aristóteles diz-nos, de modo impressivo, que *"um cidadão é, em geral, o que alternadamente governa e é governado, mas o seu estatuto varia de regime para regime. No regime melhor, é cidadão aquele que é capaz e que escolhe deliberadamente governar e ser governado, visando uma vida virtuosa"* (cfr. 1283b, 40 e 1284a da *Política*).

ser a melhor"[19]. Já a virtude do *"homem bom"* encontra-se reservada para alguns, justamente porque a cidade é, em termos subjectivos, expressão de pluralidade constitutiva e porque é impossível existir uma equivalência ou identidade moral, entre os seus membros, em termos absolutos[20].

Deste modo, a virtude do *"homem bom"* e a do *"bom cidadão"* não se equivalem. Verifica-se apenas uma única excepção a esta regra, respeitante aos governantes, relativamente aos quais deve ocorrer uma simultaneidade entre as referidas qualidades: à virtude cívica, característica do *"bom cidadão"* – de todo o cidadão –, deve associar-se a virtude ética, típica do *"homem bom"*. É, aliás, neste contexto que Aristóteles nos fala da prudência (*phronesis*) que *"é a única virtude peculiar ao governante"*[21].

No enunciado conceito restrito de cidadania, não cabem os estrangeiros nem os escravos. Os estrangeiros ficam excluídos do gozo do estatuto de cidadania, porquanto *"nenhum indivíduo é cidadão só porque habita num determinado lugar"*[22] e a possibilidade de recurso à justiça não é característica do cidadão[23]. Por seu turno, os escravos, enquanto instrumentos puros de produção – no fundo, enquanto bens detidos inteiramente pelos respectivos senhores[24] –, não são homens livres e nessa medida também não podem adquirir a condição de cidadãos da *polis*[25].

---

[19] Cfr. 1277a da *Política*.

[20] A este propósito pode ler-se na *Política* o seguinte: *"(...) a virtude do homem bom não pode pertencer a todos, já que não é necessário que sejam homens bons todos os cidadãos que vivem na cidade perfeita, tanto mais que a cidade é composta por elementos distintos. Assim como um ser vivo é composto de corpo e alma; e a alma de razão e de desejo; e a casa de homem e de mulher; e a propriedade de senhor e de escravo; também a cidade é composta por estes elementos e ainda por outros diferentes. Daqui segue-se que não pode existir uma virtude idêntica em todos os cidadãos, assim como não pode haver uma só virtude comum ao corifeu e aos seus coreutas"* (cfr. 1277a e 1277a, 10 da *Política*).

[21] Cfr. 1277b, 25 da *Política*. Do mesmo segmento da obra de Aristóteles resulta ainda que, por contraposição aos governados, exige-se aos governantes que possuam a *"opinião verdadeira"*, enquanto expressão da virtude do *"bom cidadão"* e não do *"homem bom"*. Sobre as noções de *"homem bom"* e de *"bom cidadão"* vide as anotações n.os 22 e 30 introduzidas por António Campelo Amaral e Carlos de Carvalho Gomes, na tradução da obra de Aristóteles, *Política*, pp. 607 e 608, respectivamente. Sobre a *phronesis* vide ALASDAIR MACINTYRE, *After Virtue*, 3ª edição, reimpressão, University of Notre Dame Press, Notre Dame-Indiana, 2007, p. 154.

[22] Cfr. 1275a, 5 da *Política*.

[23] Cfr. 1275a, 5 da *Política*.

[24] Cfr. 1254a, 10 da *Política*.

[25] Cfr. 1275a, 5 da *Política*. A latere, é curioso notar que Aristóteles não era cidadão ateniense – nasceu na Macedónia, em Estagira –, portanto não gozava de direitos, em rigor, do estatuto de cidadania. Para uma referência à vida e obra de Aristóteles *vide*, a título exemplificativo, DIOGO FREITAS DO AMARAL, *História das Ideias...*, pp. 111 e 112 e, do mesmo Autor, *História do Pensamento Político Ocidental*, Almedina, 2011, p. 52.

As crianças e os anciãos são *"cidadãos de modo imperfeito"*[26]. As primeiras, porque demasiado jovens, ainda não desenvolveram as capacidades de discernimento que lhes permitirão, no futuro, aceder às honras e os segundos já se encontram dispensados do exercício dessas tarefas. As primeiras são, no rigor dos termos, *"cidadãos incompletos"* e os segundos *"cidadãos eméritos"*[27].

E qual é, afinal, o fim da *polis*? Para que tende essa forma de comunidade política? A cidade é, sem dúvida, estabelecida tendo em vista a realização da vida comunitariamente virtuosa, da *"vida boa"*[28], entendida não em sentido material – enquanto expressão de uma busca incessante de bens perecíveis – mas em sentido ético, como meio de realização da existência humana *"perfeita e autónoma"*[29]. Diz-nos Aristóteles que, se os homens se associassem apenas para partilhar um espaço físico, visando simplesmente viver, então *"existiriam cidades de escravos, ou mesmo de animais; mas é impossível existirem cidades de escravos e de animais porque estes não partilham da felicidade nem escolhem o seu modo de vida"*[30].

Há ainda que referir que o bem-estar/felicidade da *polis* é verdadeiramente inseparável do bem-estar/felicidade dos cidadãos que, assim, formam um todo unitário e indivisível[31]. Dando expressão a tal simbiose, é possível afirmar que a cidade ideal é a que melhores condições de felicidade proporciona a todos e a cada um dos seus membros de pleno direito: os cidadãos.

É este, em síntese, o fim por natureza para o qual tende a *polis*. Um fim que se afigura humanamente libertador e que se conquista na cidade, enquanto *"comunidade [política] de homens livres"*[32].

1.1.4. Mas analisada a *polis* na sua riqueza constitutiva, o nosso estudo sobre o homem, que na mesma se cumpre, ficaria incompleto se não atentássemos, de modo autónomo, na célebre afirmação de Aristóteles segundo a qual *"o homem é, por natureza, um ser vivo político"*[33]. Da presente expressão resulta que o homem, para a concepção em análise, não é um animal gregário mas sim um *"animal*

---

[26] Cfr. 1275a, 10 da *Política*.
[27] Cfr. 1275a, 15 da *Política*.
[28] Cfr. 1280a, 30; 1280b, 30; 1281a da *Política*.
[29] Cfr. 1280b, 30 da *Política*.
[30] Cfr. 1280a, 30 e seguintes da *Política*.
[31] Cfr. 1278b, 20, onde se pode ler o seguinte: *"Apesar de não carecer de auxílio mútuo, os homens desejam viver em conjunto; também é verdade que estão unidos pela utilidade comum, na medida em que, a cada um, corresponde uma parcela de bem-estar. Este é o fim principal, quer da comunidade quer de cada indivíduo"*. Sobre este tema *vide* ainda o ponto 1, do Livro VII da *Política*.
[32] Cfr. 1279a, 20 da *Política*.
[33] Cfr. 1253a da *Política*. Tal afirmação é reiterada em momento posterior da obra em referência, mais concretamente em 1278b, 15.

político". Um ser que prossegue uma vida político-social activa[34], como meio de alcançar a felicidade. Tal estado é acessível através da sua inserção na *polis* e mediante a sua acção nessa comunidade, na qual almeja revelar os sentidos de bem e de mal.

Dito de outro modo, o homem realiza-se *na* e *para* a cidade, enquanto comunidade político-social, sendo que, nas palavras do filósofo, "*aquele que, por natureza e não por acaso, não tiver cidade, será um ser decaído ou sobre-humano (...) porque aquele que é assim por natureza, está, além do mais, sedento de ir para a guerra, e é comparável à peça isolada de um jogo*"[35].

A conhecida afirmação de Aristóteles visa, assim, traduzir a circunstância de o homem se inserir naturalmente na *polis*, devendo o termo "*político*" ser interpretado numa acepção mais restrita, como sinónimo de "*cívico*", porquanto é disso que se trata: de uma inserção congénita do *cives* na *polis* plural e que se encontra estabelecida em ordem a um bem.

1.2. O Conceito de Justiça em Aristóteles

1.2.1. À natureza humana corresponde, como se evidenciou, a qualidade do "*bom cidadão*". Mas noutro passo, intrinsecamente conexo, cumpre perguntar: o que é ser justo para Aristóteles[36]?

Para o mencionado Autor, ser justo é sinónimo de actuar, de agir virtuosamente. É, no fundo, ser um "*bom cidadão*" que apreende o sentido de justiça (válido) na *polis*, pois que a justiça é a virtude[37] ou, dito de outro modo, "*é a*

---

[34] Salientando que a conhecida afirmação de Aristóteles "*respeita à sua natureza social, conforme resulta do contexto, e não a uma vocação para as lides políticas, ou de governança*" vide PEDRO SOARES MARTÍNEZ, *Textos de Filosofia do Direito*, reimpressão, Almedina, Coimbra, 2006, p. 28, nota 1. Sobre a natureza eminentemente política do homem em Aristóteles *vide* ainda OTFRIED HÖFFE, *Justiça Política – Fundamentação de uma Filosofia Crítica do Direito e do Estado*, (tradução de Ernildo Stein), Martins Fontes, São Paulo, 2001, p. 113.

[35] Cfr. 1253a da *Política*. Noutro excerto da magna obra de Aristóteles pode ainda ler-se o seguinte: "*quem for incapaz de se associar ou que não sente essa necessidade por causa da sua auto-suficiência, não faz parte de qualquer cidade, e será um bicho ou um deus*" (cfr. 1253a, 25).

[36] Sobre a presente temática *vide* DIOGO FREITAS DO AMARAL, "O Princípio da Justiça no Artigo 266º da Constituição", *Estudos em Homenagem ao Professor Rogério Soares*, Coimbra Editora, Coimbra, 2001, p. 689 e seguintes.

[37] Cfr. PEDRO SOARES MARTÍNEZ, *Textos de Filosofia...*, p. 27, nota 1. Salientando este aspecto particularmente relevante da obra de Aristóteles *vide* ainda ROBERT C. SOLOMON e MARK C. MURPHY, *What is Justice? Classic and Contemporany Readings*, Oxford University Press, Nova Iorque, 2000, p. 38. Referem os Autores que "*este tipo de justiça (...) é o todo, e não uma parte, da virtude*" e ainda que "*a virtude é o mesmo que a justiça*".

virtude própria do exercício da cidadania"[38]. A virtude da justiça assume um cariz marcadamente intersubjectivo[39], cívico e comunitário, *"já que a justiça é a ordem da comunidade de cidadãos e consiste no discernimento do que é justo"*[40].

A *polis* é, assim, o local de eleição onde se vive e partilha o sentido de justiça entre os seus membros de lei. Na expressão sintética e paradigmática de Aristóteles, *"a justiça é própria da cidade"*[41], sendo a virtude – e a correspondente sabedoria – o facto fundamental para a teoria em análise.

Aqui chegados, cumpre, no entanto, apurar de que modo o homem apreende os sentidos de bem e de mal na *polis*. E a resposta a tal questão é, uma vez mais, cristalina. Diz-nos Aristóteles que esses sentidos são revelados através da linguagem. Em Aristóteles, o homem tem linguagem, aliás, só o homem possui a palavra que lhe permite *"tornar claro o útil e o prejudicial e, por conseguinte, o justo e o injusto"*, sendo *"que, perante os outros seres vivos (...) só ele sente o bem e o mal, o justo e o injusto; é a comunidade destes sentimentos que produz a família e a cidade"*[42].

1.2.2. Um estudo, o mais completo possível, do conceito de justiça em Aristóteles, não seria alcançado se não fosse questionado um derradeiro, mas bastante relevante, aspecto. Trata-se de compreender se, na teoria aristotélica, a justiça assume (ou não) um sentido unívoco.

A resposta é negativa. É que diferentes *polis* podem ter diferentes sentidos de justiça, o que significa que tal conceito, apesar de corresponder à natureza, não se apresenta fixo e homogéneo. A este propósito afigura-se oportuno atender ao conceito de *"justiça convencional"*. Mas uma análise da obra aristotélica a este respeito carece ainda de uma observação dos conceitos (i.) de *"justiça natural"* – que a par da *"justiça convencional"* constituem formas de *"justiça política"* – (ii.) de *"justiça universal ou legal"* e, por fim, (iii.) de *"justiça parcial ou particular"*. Comecemos pela análise do conceito de *"justiça convencional"*.

Tal qual se encontra explicitado no capítulo VII, do livro V, da sua obra *Ética a Nicómaco*, para Aristóteles a *"justiça convencional"* seria composta por normativos que são obtidos por acordo e que, nessa medida, se mantêm em pleno vigor até serem alterados, também por consenso. E se, *ab initio*, esta modalidade de

---

[38] Cfr. ANTÓNIO CAMPELO AMARAL e CARLOS DE CARVALHO GOMES, anotação nº 16, p. 595, à obra *Política*, de Aristóteles.
[39] Cfr. ANTÓNIO PEDRO BARBAS HOMEM, *O Justo e o Injusto*, reimpressão, Associação Académica da Faculdade de Direito de Lisboa, Lisboa, 2005, p. 25.
[40] Cfr. 1253a, 35 da *Política*.
[41] Cfr. 1253a, 35 da *Política*.
[42] Cfr. 1253a, 5 e 10 da *Política*.

justiça admite diferentes modalidades de expressão, *"uma vez estabelecida o seu conteúdo não é indiferente"*[43].

As regras que a compõem não são, porém, idênticas em todo o espaço, justamente porque, como se adiantou, diferentes *polis* podem exprimir tal sentido de justiça de diferentes modos. Neste contexto, é perfeita a analogia estabelecida por Aristóteles entre as disposições de justiça decretadas por convenção e as denominadas medidas-padrão: *"De facto, as medidas para o vinho e para os cereais não são as mesmas em toda a parte, são maiores, por exemplo, no comércio por atacado e menores na venda a retalho. E o mesmo se passa com as determinações de justiça que não existem por natureza mas por decreto humano – pois não são as mesmas em toda a parte, tal como nem as constituições dos Estados são para todos as mesmas"*[44].

Este conceito de justiça é radicalmente diferente do conceito de *"justiça natural"*. Esta última tem validade universal ou absoluta (*"tem a mesma validade em toda a parte"*[45]) e força impositiva (*"ninguém está em condições de a aceitar ou rejeitar"*[46]), não podendo ser minimamente afectada por visões relativas do ponto de vista espácio-temporal. É, assim, composta por imposições de princípio que vigoram, de modo imutável, independentemente de quaisquer condicionamentos de espaço – valem em todas as *polis* – e de tempo.

Como se adiantou, na concepção de Aristóteles, quer a *"justiça natural"*, quer a *"justiça convencional"*, constituem formas da *"justiça política"* que relevam, quer uma, quer outra, embora em planos diversificados, para o asseguramento da vivência subjectiva do homem socialmente integrado.

Na obra de Aristóteles, podemos ainda descortinar outras categorias ou classificações de justiça, cuja análise se impõe no imediato. Encontramos, desde logo, no capítulo II, do livro V, da sua obra *Ética a Nicómaco*, uma clara distinção entre o conceito de *"justiça universal ou legal"* e o conceito de *"justiça parcial ou particular"*. A primeira identifica-se com a legalidade, ou seja, com a justiça palpável ou traduzível na lei e a segunda com a igualdade e a equidade.

A *"justiça parcial ou particular"* centra-se no indivíduo. É esta categoria de justiça que Aristóteles dá real enfoque e relativamente à qual faz todo o sentido afirmar que a justiça se identifica com a virtude. Enquanto modalidade de justiça, conhece dois tipos[47]: (i.) a *"justiça distributiva"* e (ii.) a *"justiça correctiva"*[48].

---

[43] Cfr. 1134b20, da *Ética a Nicómaco*.
[44] Cfr. 1135a1, da *Ética a Nicómaco*.
[45] Cfr. 1134b18 a 1134b20, da *Ética a Nicómaco*.
[46] Cfr. 1134b20, da *Ética a Nicómaco*.
[47] Cfr. 1130b1, 30 da *Ética a Nicómaco*.
[48] Sobre os conceitos de *"justiça distributiva"* e *"justiça correctiva"* em Aristóteles *vide* o interessante estudo de BRIAN BIX, *Jurisprudence: Theory and Context*, 5ª edição, Sweet & Maxwell, Londres, 2009,

A *"justiça distributiva"* – que incide sobre as relações entre o Estado e os cidadãos – relaciona-se com a justa distribuição de qualquer realidade susceptível de ser dividida pelos seus membros (por exemplo, as magistraturas, ou seja, as honras ou mesmo as riquezas). Inere à mesma uma lógica de proporcionalidade[49], de *"justa medida"*[50], porque o que se pretende é uma repartição de modo a que as posições, antes de uma dada operação, se mantenham *a posteriori*, segundo o mérito próprio de cada um dos envolvidos.

Por seu turno, a *"justiça correctiva"* – própria das relações *inter partes* – tem uma função rectificadora nas transacções, voluntárias ou involuntárias, estabelecidas entre os indivíduos.

Nas transacções voluntárias, a iniciativa das partes é expressão de uma vontade individual. Nas segundas, verifica-se uma associação involuntária de pelo menos uma das partes nessa relação de *permuta*. Aristóteles vai mesmo ao ponto de exemplificar. São voluntárias *"transacções como a venda, a compra, o empréstimo a juro, a penhora, o aluguer, o depósito, a renda"*[51]. São involuntárias e praticadas de modo oculto, transacções *"como o roubo, o adultério, o envenenamento, o proxenetismo, a sedução de escravos, o assassínio e o falso testemunho"*[52]. São involuntárias e praticadas de modo violento, transacções *"como o assalto, o aprisionamento, o assassinato, o rapto, a mutilação, a linguagem abusiva, o insulto"*[53].

Quer por relação às transacções voluntárias, quer relativamente às involuntárias, deve prevalecer uma fórmula de proporção aritmética, ou seja, de *"recta equivalência"*[54] e não já de igualdade geométrica que deve valer na *"justiça distributiva"*[55/56]. Em casos de transacções voluntárias, ao juiz cabe remediar a

---

p. 107 e 108 e ainda M.D.A. FREEMAN, *Introduction to Jurisprudence*, 8ª edição, Sweet & Maxwell, Londres, 2008, p. 583.

[49] Cfr. o capítulo III, do livro V, da *Ética a Nicómaco*, onde se pode ler que *"«justo» neste sentido é então a proporção. «Injusto», enquanto a acepção oposta, é o que viola o princípio da proporcionalidade"* (cfr. 1131b, 15 e 20).

[50] Considerando, em obra recente, que a racionalidade omnipresente neste conceito de *"justa medida"* *"não era uma característica permanente do pensamento grego ou das suas atitudes político-legislativas"* vide EDUARDO VERA-CRUZ PINTO, *Curso Livre de Ética e Filosofia do Direito*, Princípia, Cascais, 2010, p. 55.

[51] Cfr. 1131a1 e 5 da *Ética a Nicómaco*.
[52] Cfr. 1131a5 da *Ética a Nicómaco*.
[53] Cfr. 1131a5 da *Ética a Nicómaco*.
[54] Cfr. ROBERT C. SOLOMON e MARK C. MURPHY, *What is Justice? Classic...*, p. 35 e ainda, sobre este ponto, p. 41.
[55] Cfr. o capítulo IV, do livro V, da *Ética a Nicómaco*, em especial o ponto 1132a1.
[56] Particularmente interessantes e claras são as considerações aduzidas por Freitas do Amaral quanto à actualidade das modalidades de *justiça particular* propostas pelo filósofo em análise: *"(...) Aristóteles vem defender uma ideia que chegou até ao século XX: na justiça distributiva, o critério que se deve*

situação de injustiça criada, mediante a restauração do equilíbrio pré-existente. Em situações de transacções involuntárias, o juiz deve punir quem encapotadamente ou com violência agiu sobre terceiros.

1.3. Síntese Parcelar
1.3.1. Em jeito de conclusão, importa denotar o seguinte:

a) Para Aristóteles a natureza humana corresponde a um modo de ser maior, perfeito, de excelência humana, que se consuma na *polis*. Cidade que, enquanto comunidade político-social, constitui a forma superior de associação humana, composta por uma multiplicidade de sujeitos, dos quais se destacam os cidadãos – os que podem (e devem) participar nas magistraturas – e pela qual se visa realizar a *"vida boa"*;

b) O estado natural é um estado político, sendo o homem, na interacção com a *polis*, um verdadeiro *"animal político"*, na expressão paradigmática do filósofo. Dito de modo diferente, o homem é um ser social detentor de um sentido de moralidade intrínseco. O facto fundamental, para a concepção aristotélica, é a virtude e a correspondente sabedoria;

c) Para Aristóteles, ser justo é ser um *"bom cidadão"*, o mesmo é dizer, um cidadão virtuoso que, através da linguagem, apreende o sentido de justiça válido na *polis*, sendo que a própria cidade visa assegurar a virtude;

d) O conceito de justiça não apresenta um sentido unívoco. No entanto, em Aristóteles, assume fundamentalmente uma configuração restrita. Aristóteles preocupa-se, de modo particular, com o conceito de justiça quando perspectivado do lado das relações subjectivas e das obrigações do indivíduo perante a *polis*.

utilizar para que haja justiça é o da proporcionalidade entre os cidadãos segundo os seus méritos; na justiça correctiva, o critério deve ser o da igualdade matemática. Ou seja, no primeiro caso, na organização da sociedade, nas relações do indivíduo com o Estado, não é possível obter uma igualdade matemática porque as situações de cada um são diferentes. O que tem de haver é uma justiça baseada na proporcionalidade. Por exemplo, a ideia de que os ricos devem pagar mais impostos do que os pobres, e de que os pobres devem receber mais segurança social do que os ricos, é uma ideia de proporcionalidade. Pelo contrário, nos contratos e nas outras transacções entre indivíduos, deve prevalecer, para que haja justiça, a ideia de igualdade: quem compra uma casa deve dar por ela o preço justo, que será igual ao valor que a casa tem; quem comete um crime deve sofrer uma pena correspondente ao mal que praticou; quem causa um prejuízo deve pagar uma indemnização igual ao dano provocado à outra pessoa; etc." (cfr. DIOGO FREITAS DO AMARAL, "O Princípio da...", p. 690).

2. A Natureza Humana e o Conceito de Justiça em Thomas Hobbes
2.1. A Concepção Antropológica em Thomas Hobbes
2.1.1. Thomas Hobbes sustenta que a compreensão da natureza humana[57] pode ser realizada através da física, mais concretamente mediante os seus princípios gerais. Neste âmbito, cumpre destacar a adopção, pelo filósofo, do *princípio da conservação do movimento*[58]. Um princípio formulado, com maior rigor científico, por Descartes, na sua obra *Principia Philosophiæ*, mas que colhe em Galileu muitos dos seus alicerces válidos. Segundo esse princípio, os corpos movem-se naturalmente até que algo altere a seu trajecto originário.

Utilizando uma expressão tipicamente heraclitiniana, podemos afirmar que, influenciado por este princípio, Thomas Hobbes vê os seres humanos num *"constante devir"*, o mesmo é dizer, nunca em prisão apática de movimentos[59]. É essa, a seu ver, a condição natural do homem. Uma condição ou um estado dirigido à procura permanente daquilo a que o filósofo chama, indevidamente, de *"felicidade"* ou, com maior propriedade, de *prazer*[60], enquanto processo con-

---

[57] Salientando a umbilicalidade que liga o conceito de justiça hobbesiano a uma determinada concepção do homem (que analisaremos imediatamente) vide Luís PEREIRA COUTINHO, *A Autoridade Moral da Constituição – Da Fundamentação da Validade do Direito Constitucional*, Coimbra Editora, Coimbra, 2009, p. 21 e seguintes. Luís Pereira Coutinho salienta ainda que a construção de Thomas Hobbes é, em boa medida, tributária de Maquiavel, esclarecendo, a título adicional, que *"onde Hobbes superará Maquiavel será nos propósitos da sua construção e, consequentemente, na estrutura e consequências da mesma"*. Se em Maquiavel o que se encontra, verdadeiramente, é a enunciação de um conjunto de cânones necessários para o exercício da arte de governar, no Leviatã está *"em causa a configuração do poder político e a concomitante definição das relações do homem com esse poder, normativamente plasmadas em deveres"* (cfr. Luís PEREIRA COUTINHO, *A Autoridade Moral ...*, p. 22). Sobre a ligação entre a *"teoria da moral"* e a *"teoria da natureza humana"* em Thomas Hobbes vide ainda ALASDAIR MACINTYRE, *A Short History ...*, p. 134.

[58] Cfr. JONATHAN WOLFF, *Introdução à Filosofia Política*, Gradiva, Lisboa, 2004, p. 21.

[59] Nas palavras do Autor, *"a vida não é mais do que um movimento dos membros"* (cfr. THOMAS HOBBES, *Leviatã,...*, Introdução, p. 23). Como expressão máxima da visão mecanicista do homem que o Autor adopta, pode ler-se na sua magna obra a seguinte interrogação: *"Pois o que é o coração, senão uma mola; e os nervos, senão outras tantas cordas; e as juntas, senão outras tantas rodas, imprimindo movimento ao corpo inteiro, tal como foi projectado pelo Artífice?"* (cfr. THOMAS HOBBES, *Leviatã,...*, Introdução, p. 23). Denote-se, em acréscimo, que toda a primeira parte do *Leviatã* é dedicada à natureza constitutiva do homem. Thomas Hobbes não se inibe de tratar um leque bastante elevado de componentes dessa realidade, como sejam a sensação, a imaginação, a linguagem, a razão, a ciência, a origem interna das paixões, a linguagem/o discurso, as virtudes intelectuais e os defeitos contrários a esta, os diferentes objectos do conhecimento, o poder, o valor, a dignidade, a honra, o merecimento, as diferenças de costumes e mesmo a religião (cfr. os capítulos I a XII da primeira parte do *Leviatã*).

[60] Na obra hobbesiana, o *"bem"* é fundamentalmente idêntico ao *"prazer"*. Neste sentido, vide LEO STRAUSS, *Direito Natural e História*, Edições 70, Lisboa, 2009, p. 146.

tínuo de obtenção de bens tendentes ao deleite pessoal, ou seja, à satisfação dos desejos físicos ou materiais, o mesmo é dizer, das paixões humanas.

Sucede que, num estado de natureza, sem qualquer poder instituído, essa procura permanente leva à guerra de todos contra todos, numa verdadeira luta pela sobrevivência de cada ser. Tal asserção de Thomas Hobbes – verdadeiramente determinante para a concepção filosófica em apreço – fundamenta-se em várias razões que passaremos a expor individualizadamente[61].

Em primeiro lugar, essa luta constante é inevitável porque no estado de natureza verifica-se uma situação de falta de bens, presentes e futuros. Para a concepção hobbesiana, tal situação gera uma fatal e constante competição e concorrência conflitual, geradora de disputas entre os homens que se encontram nesse estado.

Em segundo lugar, porque para Thomas Hobbes, os seres humanos são, por natureza, iguais, pois dispõem praticamente do mesmo potencial físico e de faculdades de espírito[62] e, assim sendo, todos os homens são detentores de idêntica esperança em atingir os seus fins, gerando-se desconfiança ou suspeita indeclinável entre os mesmos.

Desconfiança inter-subjectiva geradora de subjugação, de morte ou, pelo menos, de medo de morte, justamente porque atendendo à referida igualdade fáctica, ninguém está imune ao ataque alheio ou à possibilidade de ofensa e, assim sendo, *"contra esta desconfiança de uns em relação aos outros nenhuma maneira de se garantir é tão razoável como a antecipação, isto é, pela força ou pela astúcia subjugar as pessoas de todos os homens que puder, durante o tempo necessário para chegar ao momento em que não veja qualquer outro poder suficientemente grande o ameaçar"*[63].

O estado de natureza é, nessa medida, sinónimo de reino de incerteza e de desconfiança, sendo que, nessa condição, atacar o próximo é, muitas vezes, senão praticamente em todas as ocasiões, a forma mais eficaz de o homem obter o que pretende e, em último termo, de conseguir manter-se vivo[64].

---

[61] Sobre este ponto releva, fundamentalmente, o capítulo XIII (*"Da condição natural da humanidade relativamente à sua felicidade e miséria"*), da primeira parte do *Leviatã*. Quanto ao leque de argumentos seguidamente elencados, acompanhamos, em boa medida, JONATHAN WOLFF, *Introdução à Filosofia* ..., p. 22 e seguintes.

[62] Explicitando, de modo expresso, o sentido de igualdade adoptado por Thomas Hobbes vide ROBERT C. SOLOMON e MARK C. MURPHY, *What is Justice? Classic...*, p. 36. Um sentido qualificado, por MICHEL FOUCAULT, de *"igualdade radical"* (cfr. MICHEL FOUCAULT, *Em defesa da sociedade*: Curso no Collège de France (1975-1976), (tradução de Maria Ermantina Galvão), Fontes Martins, São Paulo, 2000, p. 98).

[63] Cfr. THOMAS HOBBES, *Leviatã*, ..., capítulo XIII, p. 110.

[64] A análise da presente argumentação torna bem perceptível a importância que o medo assume na construção hobbesiana. Medo – gerador de atitudes de autodefesa no estado de natureza e

Finalmente, em terceiro lugar, a sede de glória ou de poder também é susceptível de levar o homem a atacar o outro, dado que cada ser humano possui a pretensão inalterável de ver os seus pares reconhecerem-lhe "*o mesmo valor que ele se atribui a si próprio*"[65].

Destas causas de discórdia humana – escassez de recursos, igualdade fáctica/desconfiança intersubjectiva, desejo de poder – resulta a conhecida conclusão de que o estado de natureza, porque desprovido de um poder comum gerador de ordem, é um estado bélico que "*é de todos os homens contra todos os homens*", pois que "*a guerra não consiste apenas na batalha, ou no acto de lutar, mas naquele lapso de tempo durante o qual a vontade de travar batalha é suficientemente conhecida*"[66/67].

Um estado de guerra motivado pelo lucro e pela ganância (material e imaterial[68]) dos seus membros que procuram, acima de tudo, garantir a sua própria sobrevivência, no fundo, a sua segurança pessoal.

2.1.2. O quadro descrito parte do pressuposto segundo o qual os seres humanos são puras bestas, cruéis, tremendamente egoístas e com tendência natural para a vaidade. São seres apolíticos e associais[69], marcados por uma realidade biológica.

Tal pressuposto é, a nosso ver, profundamente errado. E assume tal qualificação porque essa concepção da realidade humana olvida, por completo, a circunstância de o indivíduo corresponder a um produto cultural que se vai sedimentando no tempo. É nesse *local* que a realidade humana se constitui.

---

elemento tendente à construção da paz, mediante a instituição de um poder soberano – que o próprio Autor sofreu no seu percurso de vida e que terá influenciado decisivamente a sua obra.

[65] Cfr. THOMAS HOBBES, *Leviatã*,..., capítulo XIII, p. 110.

[66] Cfr. THOMAS HOBBES, *Leviatã*,..., capítulo XIII, p. 111.

[67] THOMAS HOBBES enfatiza as semelhanças que, no seu entender, existem entre as guerras, em sentido real, e os conflitos vividos num estado de natureza dizendo que "(...) *tudo aquilo que é válido para um tempo de guerra, em que todo o homem é inimigo de todo o homem, o mesmo é válido também para o tempo durante o qual os homens vivem sem outra segurança senão a que lhes pode ser oferecida pela sua própria força e pela sua própria intervenção. Numa tal situação não há lugar para a indústria, pois o seu fruto é incerto; consequentemente, não há cultivo de terra, nem navegação, nem uso das mercadorias que podem ser importadas pelo mar; não há construções confortáveis, nem instrumentos para mover e remover as coisas que precisam de grande força; não há conhecimento da face da Terra, nem cômputo do tempo, nem artes, nem letras; <u>não há sociedade</u>; e o que é pior do que tudo, um constante temor e perigo de morte violento. E a vida do homem é solitária, pobre, sórdida, selvagem e curta*" (sublinhado nosso – cfr. THOMAS HOBBES, *Leviatã*,..., capítulo XIII, p. 111).

[68] Ganância imaterial dado o desejo de glória e reconhecimento subjectivo perante os demais.

[69] THOMAS HOBBES rejeita, em toda a linha, a concepção antropológica de Aristóteles que, como se viu, concebe o ser humano em termos totalmente distintos: o homem, para Aristóteles, é por natureza um ser vivo político, ou seja, um ser social. Sobre a rejeição deste pressuposto na concepção hobbesiana vide LEO STRAUSS, *Direito Natural e ...*, p. 146 e seguintes.

Uma realidade determinada pela constante abertura do ser humano ao mundo, por via da ordem político-social em que se insere genuinamente e que não constitui algo que se contrapõe à ordem natural em sentido estrito. Em incisivas palavras, deve falar-se de uma realidade materialmente parametrizadora que se encontra bem longe da concepção puramente biológica da natureza humana, pressuposta na construção hobbesiana. Esta última é, portanto, uma visão do ser humano que verificamos na obra de Thomas Hobbes, mas que, em termos teórico-práticos, rejeitamos em absoluto.

2.2. O Conceito de Justiça em Thomas Hobbes

2.2.1. No presente estudo, a investigação sobre o conceito de justiça em Thomas Hobbes partirá da resposta à seguinte questão: existirá alguma espécie de moralidade no estado de natureza? Ou, dito de outro modo, aceita o referido filósofo a possibilidade de o ser humano desvelar sentidos de bem e de mal no estado de natureza?

A resposta é, peremptoriamente, negativa. Com efeito, no *Leviatã* pode ler-se o seguinte: *"Desta guerra de todos os homens contra todos os homens também isto é consequência: que nada pode ser injusto. As noções de bem e de mal, de justiça e de injustiça, não podem aí ter lugar. Onde não há poder comum não há lei, e onde não há lei não há injustiça. (...) A justiça e a injustiça não fazem parte das faculdades do corpo ou do espírito. (...) São qualidades que pertencem aos homens em sociedade"*[70].

E é assim, depreende-se da obra em análise, porque no estado de natureza só existe podridão humana ou, pelo menos, potencialidade de destruição e morte. O homem, que no estado de natureza idealizado por Thomas Hobbes vai (sobre)vivendo, não existe verdadeiramente, porque se encontra desprovido da sua dimensão ética e, nessa medida, vê-se impossibilitado de compreender os sentidos de bem e de mal que, na concepção aristotélica, se encontram ao dispor do cidadão, na sua interacção e consequente realização na *polis*.

Este quadro é, a nosso ver, comprovado, de modo pleno, no segmento em que o Autor admite, sem mais, que *"todo o homem tem direito a todas as coisas, incluindo os corpos uns dos outros"*[71]. No limite, no estado de natureza, é permitido ao homem fazer cessar a vida de outra pessoa sem que esse acto possa ser considerado injusto.

Independentemente de juízos de certo ou errado, nesse estado, o homem hobbesiano pode, pura e simplesmente, fazer tudo o que lhe aprouver, desde

---

[70] Cfr. THOMAS HOBBES, *Leviatã*,..., capítulo XIII, pp. 112 e 113.
[71] Cfr. THOMAS HOBBES, *Leviatã*,..., capítulo XIV, p. 115. Dito de outro modo, igualmente expressivo, *"(...) não há nada a que um homem não tenha direito por natureza"* (cfr. THOMAS HOBBES, *Leviatã*,..., capítulo XIV, p. 116).

que considere que tais acções lhe permitem garantir o fim primeiro e último do seu agir: assegurar a sua sobrevivência contra a dos seus adversários, ou seja, acautelar, custe o que custar, *"a sua auto-preservação no sentido mais estrito"*[72].

Deste modo, no sentido hobbesiano do termo, deparamo-nos com um homem livre, pois que não conhece obstáculos ou impedimentos externos ao seu movimento[73].

Seria assim porque cada ser humano se apresentaria como sendo detentor de um *"direito de natureza"*[74] que o habilitaria a actuar nesses termos, no sentido de preservar, a todo o custo, a sua existência física (*"conatus"*[75]). Um direito que Thomas Hobbes define como *"a liberdade que cada homem possui de usar o seu próprio poder, da maneira que quiser, para a preservação da sua própria natureza, ou seja, da sua vida; e consequentemente de fazer tudo aquilo que o seu próprio julgamento e razão lhe indiquem como meios adequados a esse fim"*[76]. Uma liberdade negativa e absoluta que, na nossa perspectiva, se afigura incompatível com o reconhecimento, nesse estado, de qualquer tipo de moralidade ao ser humano assim não compreendido[77].

2.2.2. As considerações acabadas de tecer, e a releitura do excerto do *Leviatã* transcrito em momento inicial do número anterior, conduzem-nos a um sentido de justiça que se afigura possível discernir formalmente na obra de Thomas Hobbes e que pode ser sintetizado do seguinte modo: a injustiça consiste na violação da lei e a justiça no seu cumprimento, sendo que para que a lei exista é necessário um poder comum – um soberano – que a elabore e que lhe dê efectividade. Um soberano, adiante-se, que permita obstar aos constrangimentos de

---

[72] Cfr. Luís Pereira Coutinho, *A Autoridade Moral ...*, p. 23.

[73] Cfr. Thomas Hobbes, *Leviatã,...*, capítulo XIV, p. 115 (*"Por liberdade entende-se, conforme a significação própria da palavra, a ausência de impedimentos externos, impedimentos que muitas vezes tiram parte do poder que cada um tem de fazer o que quer, mas não podem obstar a que se use o poder que lhe resta, conforme o que o seu julgamento e razão lhe ditarem"*) e capítulo XXI, p. 175 (*"Liberdade significa, em sentido próprio, a ausência de oposição (entendendo por oposição os impedimentos externos de movimento); e não se aplica menos às criaturas irracionais e inanimadas do que às racionais"*).

[74] Cfr. Thomas Hobbes, *Leviatã,...*, capítulo XIV, p. 115.

[75] Sobre o conceito em questão na visão antropológica de Thomas Hobbes, vide Júlia Alexim Nunes da Silva, *Obediência e Liberdade em Hobbes e Espinosa*, p. 7, disponível em http://icjp.pt/sites/default/files/media/641-959.pdf.

[76] Cfr. Thomas Hobbes, *Leviatã,...*, capítulo XIV, p. 115.

[77] Em sentido contrário vide Jonathan Wolff, *Introdução à Filosofia ...*, p. 31. O Autor sustenta que mais do que uma ausência de noções morais no estado de natureza, o que se pode constatar é, por regra, uma impossibilidade objectiva, subjectivamente motivada, de vivência de acordo com a virtude moral. Neste sentido, Jonathan Wolff diz-nos ainda que *"devemos agir moralmente apenas quando podemos estar certos de que quem nos rodeia faz o mesmo, mas isto é tão raro no estado de natureza que, na verdade, as Leis da Natureza raramente serão cumpridas"*.

uma guerra permanente de todos contra todos, ou seja, um poder que, no fundo, crie condições de convivência, *rectius*, de sobrevivência humana.

Neste sentido, verifica-se uma identificação da justiça com a existência de lei (formal) e da injustiça com a sua ausência.

Ora, para a concepção em análise, no estado de natureza não existe qualquer poder comum – o estado de natureza é um estado pré-político – e no qual, como decorrência desse facto, não há lei, nem Direito. Assim sendo, não pode haver qualquer violação ou desrespeito do quadro de legalidade, o que significa que, no estado de natureza, inexiste qualquer noção de injustiça ou de justiça. Verificar-se-ía uma total neutralidade ético-jurídica, pois que, como se viu, num estado de guerra *"nada pode ser injusto"* ainda que tudo seja permitido, pela simples razão de que não há poder instituído, nem qualquer normativo jurídico--formal dotado de coercitividade.

Em conclusão, segundo a presente leitura, no estado de natureza pré-político adoptado por Thomas Hobbes, a noção de justiça não tem qualquer aplicação.

2.2.3. Mas a nossa análise não pode, de modo algum, ficar por aqui. Efectivamente, seria desacertado não reconhecer que, para além do *"direito de natureza"*, Thomas Hobbes, no final do capítulo XIII do *Leviatã* e nos capítulos imediatamente subsequentes da mesma obra, sustenta que a *"razão sugere adequadas normas de paz, em torno das quais os homens podem chegar a acordo"*[78].

Essas normas são as *"leis de natureza"*[79], que preceituam aquilo que é racional para o conjunto dos homens e que o próprio filósofo define como sendo regras gerais estabelecidas pela razão, pelas quais se proíbe os seres humanos de fazerem tudo o que possa destruir as suas vidas ou despojá-los dos meios indispensáveis para a assegurar ou, simplesmente, *"omitir aquilo que pense melhor contribuir para a preservar"*[80].

Partindo da constatação de que, num estado de natureza, as hostilidades ou as ameaças de agressão são uma inevitabilidade e que, nesse cenário, todo o homem tem naturalmente direito a tudo, Thomas Hobbes enuncia a primeira lei da natureza ou, em rigor, a lei de natureza fundamental que destaca o esforço de *"todo o homem (...) pela* [busca da] *paz, na medida em que tenha esperança de a conseguir"*[81]. Quer isto dizer que todo o homem deve almejar a concórdia.

---

[78] Cfr. THOMAS HOBBES, *Leviatã*,..., capítulo XIII, p. 113.
[79] Cfr. THOMAS HOBBES, *Leviatã*,..., capítulo XIV, p. 115.
[80] Cfr. THOMAS HOBBES, *Leviatã*,..., capítulo XIV, p. 115.
[81] Cfr. THOMAS HOBBES, *Leviatã*,..., capítulo XIV, p. 116.

Simplesmente, *"caso não a consiga, pode procurar e usar todas as ajudas e vantagens da guerra"*[82]. Eis a síntese do *"direito de natureza"*: a defesa intransigente do bem vida.

Da primeira lei de natureza fundamental deriva uma segunda lei de natureza que persuade os homens a tomarem comportamentos de índole consensual: *"Que um homem concorde, quando outros também o façam (...) em renunciar ao seu direito a todas as coisas"*[83]. Este seria a único modo de evitar que o estado de natureza fosse *"um local muito desagradável"*[84].

Esta segunda lei de natureza encontra-se, em certa medida, na génese da ideia da criação do próprio Estado – sempre na lógica da construção hobbesiana –, pois que os direitos tanto podem ser objecto de renúncia, como de transferência. É precisamente o que se verificará na instituição do Estado: uma transferência, ainda que forçada[85], dos direitos de todos para o poder centralizado do soberano.

A terceira lei de natureza diz-nos que os homens devem cumprir os pactos que celebrarem, sendo que, segundo Thomas Hobbes, é precisamente nesta lei que reside a fonte e a origem da justiça. Assim, *"depois de celebrado um pacto, rompê-lo é injusto. E a definição de injustiça não é outra senão o não cumprimento de um pacto. E tudo o que não é injusto é justo"*[86/87]. A justiça surge, neste contexto, definida em termos residuais por relação ao abrangente conceito de injustiça.

Mas a teorização do filosófico em análise vai mais longe. Se é certo, considera Thomas Hobbes, que a origem da justiça se encontra na celebração de pactos, a verdade é que a fonte de receios – originada pelo seu possível incumprimento, por qualquer das partes – carece de ser removida.

Ora, essa operação de eliminação do medo intersubjectivo não ocorre no estado de natureza. Antes pelo contrário, por todas as razões já analisadas, esse estado é o palco, por eleição, dos temores humanos. E assim sendo, num excerto particularmente relevante da sua obra, Thomas Hobbes explica que *"para que as palavras «justo» e «injusto» possam ter lugar, é necessário alguma espécie de **poder coer-***

---

[82] Cfr. THOMAS HOBBES, *Leviatã*,..., capítulo XIV, p. 116.
[83] Cfr. THOMAS HOBBES, *Leviatã*,..., capítulo XIV, p. 116.
[84] Cfr. ROBERT C. SOLOMON e MARK C. MURPHY, *What is Justice? Classic...*, p. 63.
[85] Discordamos dos Autores que, por reporte à concepção hobbesiana, vislumbram a criação do poder comum como um acto voluntário. Nesse sentido, *vide*, entre nós, DIOGO FREITAS DO AMARAL, *História das Ideias...*, pp. 111 e 112. Na nossa perspectiva, a criação do Estado em Thomas Hobbes é imposta, pois que é inevitável à sobrevivência humana. É nessa medida um poder (necessário) que se impõe, porquanto o ser humano não possui verdadeira escolha, não se vislumbrando uma vontade constituinte livre e autónoma.
[86] Cfr. THOMAS HOBBES, *Leviatã*,..., capítulo XIV, p. 125.
[87] Sobre a presente lei *vide* ainda THOMAS HOBBES, *Do Cidadão*,..., parte I, capítulo III, p. 53 e seguintes.

citivo, capaz de obrigar igualmente os homens ao cumprimento dos seus pactos, mediante o terror de algum castigo que seja superior ao benefício que esperam tirar do rompimento do pacto, e capaz de fortalecer aquela propriedade que os homens adquirem por contrato mútuo, como recompensa do direito universal que renunciaram"[88].

Para que haja justiça – e (possibilidade de) sobrevivência humana – torna-se, no fundo, imprescindível a instituição de um poder forte e comum, personificado num só homem ou numa assembleia de homens, que garanta a segurança de cada homem individualmente considerado. As leis de natureza são, de *per se*, insuficientes para esse efeito[89].

Tal segmento da obra em estudo, devidamente conjugado com outros excertos da mesma que apontam em sentido idêntico, bastariam para que se chegasse à conclusão segundo a qual, para a concepção em análise, a justiça é, verdadeiramente, sinónimo de poder ou, em rigor, nas palavras do filósofo em apreço, de *"poder coercitivo"*. E é assim porque nada é *"justo"* ou *"injusto"* sem o surgimento de um soberano – de *"um poder suficientemente grande"*[90] – detentor de uma autoridade maior sobre todos os homens.

Num estado pré-político, tais juízos de bem e de mal afiguram-se de impossível percepção, sendo que os pactos, a vida em comum e, sobretudo, a vida de cada um encontrar-se-íam em permanente perigo, porque a auto-preservação, no sentido oportunamente examinado, revela-se *"mutuamente destrutiva na ausência de poder político, na ausência de uma força que contenha os seus imperativos"*[91].

Mas se, em nosso entender, nos termos *supra* explicitados, uma leitura formal da obra em apreço habilita tal asserção – a justiça hobbesiana é sinónimo de poder – não deixa igualmente de ser inteiramente verdade que uma leitura reconstrutiva da mesma obra, bem mais difícil mas seguramente bem mais interessante, não nos afasta dessa solução.

Com efeito, se encetarmos uma operação de indagação de um elemento – em rigor, do elemento – efectivamente agregador de toda a construção hobbesiana, a resposta é inequívoca: é o poder o único plano unificador da realidade pressuposta nessa visão.

Um poder que se impõe, por se afigurar necessário à sobrevivência humana, que prevalece sobre todos e que assume a forma de um Estado, enquanto *"pessoa de cujos actos uma grande multidão, mediante pactos recíprocos uns com os outros, foi ins-*

---

[88] Cfr. THOMAS HOBBES, *Leviatã,*..., capítulo XV, p. 125 (destaque nosso).
[89] Cfr. THOMAS HOBBES, *Do Cidadão,*..., parte II, capítulo V, p. 91 e seguintes.
[90] Cfr. THOMAS HOBBES, *Leviatã,*..., capítulo XVIII, p. 143.
[91] Cfr. LUÍS PEREIRA COUTINHO, *A Autoridade Moral* ..., p. 23.

tituída por cada um como autora, de modo a ela poder usar a força e os recursos de todos, da maneira que considerar conveniente, para assegurar a paz e a defesa comum"[92].

Um poder que pode ser adquirido mediante a força natural – idêntico ao que se verifica *"quando um homem obriga os seus filhos a submeterem-se e a submeterem os seus próprios filhos à sua autoridade, na medida em que é capaz de os destruir em caso de recusa"*[93] – ou de modo voluntário, quando existe acordo entre os visados na submissão a um homem ou a uma assembleia de homens *"com a esperança de serem protegidos por ele contra todos os outros"*[94]. Um poder que, independentemente do respectivo modo de aquisição, cria Direito, livre de quaisquer considerações materiais ou supra-positivas, não podendo ser sindicado por este ângulo, porquanto a legitimidade do soberano é incontestável.

Bem longe de elementos como o bem e a virtude – agregadores e constitutivos da própria *polis* e, nessa medida, de cada cidadão individualmente considerado, que na mesma se realiza –, que nos levaram a definir a justiça em Aristóteles como a *"virtude suprema"*, na concepção hobbesiana é o poder que ocupa ou, com maior propriedade, que toma essa posição, razão pela qual, para essa perspectiva, a justiça deve ser definida como algo que se impõe ao homem do exterior, ou seja, na expressão já adiantada, a justiça é sinónimo de poder. Em termos precisos, nas elucidativas palavras de Luís Pereira Coutinho, a justiça em Thomas Hobbes é *"uma «justiça» que define um poder ou, mais precisamente, que meramente se define como poder"*[95].

2.3. Síntese Parcelar

2.3.1. Imediatamente antes de apresentarmos as conclusões globais do nosso estudo – que pretendem revelar um cruzamento entre a visão aristotélica e a perspectiva hobbesiana sobre o tema em exame –, é tempo de promover algumas conclusões parcelares. Vejamos, então:

a) O ser humano hobbesiano vive em permanente desassossego de movimentos, numa busca ininterrupta de bens físicos, de prazer material, de paixões humanas;

b) Esse estado de natureza pré-político é gerador de um estado de guerra *"de todos os homens contra todos"*, pois que a escassez de recursos, a igualdade fác-

---

[92] Cfr. Thomas Hobbes, *Leviatã*,..., capítulo XVII, p. 146.
[93] Cfr. Thomas Hobbes, *Leviatã*,..., capítulo XVII, p. 146.
[94] Cfr. Thomas Hobbes, *Leviatã*,..., capítulo XVII, p. 147.
[95] Cfr. Luís Pereira Coutinho, *A Autoridade Moral* ..., p. 24. Neste mesmo sentido *vide* ainda Otfried Höffe, *Justiça Política*..., p. 113. Diz-nos este último Autor, na obra e local específico agora indicado, que *"a justiça serve apenas à autorização de uma instituição coercitiva, mas não à sua limitação. Assim, Hobbes reconhece a justiça como elemento conceitual necessário de uma entidade de direito e de Estado; mas esse conhecimento é apenas uma instituição do poder público"*.

tica, a desconfiança e o desejo de glória pessoal não conduzem a outro destino que não seja a auto-destruição colectiva num *local* onde inexiste qualquer poder comum;

c) A concepção hobbesiana adopta um conceito de realidade humana extremamente redutor. Mais do que isso: um conceito errado, dado que o ser humano não pode ser analisado de um ponto de vista puramente biológico. A realidade humana é de índole cultural, circunstância que Thomas Hobbes olvida em absoluto e que, nessa medida, é susceptível de crítica;

d) Numa primeira aproximação, de índole formal, ao conceito que aqui nos preocupa, pode dizer-se que, na óptica de Thomas Hobbes, a justiça é sinónimo de existência de lei e, por contraposição, a injustiça é reveladora da sua ausência. Inexistência de lei revelada, em plenitude, no estado de natureza hobbesiano que redunda em falta de justiça, dado que, nesse estado, tudo é permitido e não existe poder instituído com aptidão para proceder à emissão de quaisquer normativos;

e) Ainda de um ponto de vista formal – que resulta, portanto, de uma mera leitura quase literal da obra em referência – poder-se-á definir a justiça como o cumprimento dos pactos celebrados entre os homens, sendo que a injustiça corresponde ao seu incumprimento. A noção de justiça surge, aqui, a título residual, por relação ao conceito de injustiça avançado pelo Autor;

f) A completa remoção do receio de não cumprimento dos pactos carece da instituição de um *"poder coercitivo"* que elimine, em idêntica medida, o ataque intersubjectivo e a ameaça constante que permanece entre os indivíduos. Um poder que resulta de uma transferência não livre de todos homens – porque se impõe, inexistindo uma efectiva vontade fundadora – para um só (ou para uma assembleia), assim formando o Estado, enquanto soberano a quem compete zelar pela sobrevivência humana;

g) Na construção hobbesiana a justiça é sinónimo de poder. É assim porque, numa visão reconstrutiva da teoria em análise, inexiste qualquer outro elemento unificador do sistema desse modo instituído. Um poder – logo, uma concepção de justiça – que se impõe ao homem de um ângulo exterior ao mesmo.

Conclusões

No seguimento de todo o exposto, é chegado o momento de concluir numa lógica de cotejo dinâmico da perspectiva aristotélica com a concepção hobbesiana, *supra* analisadas. É nosso fito promover um cruzamento analítico entre as posições antropológicas e, consequentemente, entre os conceitos de justiça vislumbráveis, segundo o nosso modo de ver, nos filósofos em destaque.

Note-se, desde logo, que a visão da natureza humana subjacente à tradição aristotélica é radicalmente distinta da posição propugnada por Thomas Hobbes quanto à mesma realidade.

Com efeito, enquanto na primeira, o ser humano se exprime na *polis* – em rigor, na expressão de Macintyre, nas *"formas da polis"*[96] – pois que é um *"animal político"* – no sentido de ser um autêntico ser vivo social, que não sabe existir que não seja em sociedade –, na segunda, bem diferentemente, o homem é um ser que se move constantemente tendo em vista, não a sua integração e realização em qualquer *polis*, mas com o único fito de garantir a sua auto-preservação, num contexto de guerra permanente. E é precisamente essa circunstância que, na construção de Thomas Hobbes, leva à edificação de um poder corporizado num Estado forte que garanta a segurança de todos os indivíduos.

Dito de modo diferente, podemos afirmar que, contrariamente à construção antropológica aristotélica, na qual o homem, enquanto ser virtuoso, se integra na *polis*, tendo em vista atingir o bem[97], no *edifício* leviatânico, o homem é, pura e simplesmente, reduzido à condição de um animal irracional, desprovido, portanto, de qualquer identidade e, consequentemente, de qualquer possibilidade de auto e hetero compreensão.

É que, no contexto hobbesiano, o homem não interage pacificamente com os seus semelhantes. Bem ao invés, apenas pretende reunir bens, por natureza escassos, acumular fama – no fundo, cumular prazeres – e garantir que consegue sobreviver num local hostil do ponto de vista humano, porquanto a guerra ou a potencialidade de conflito, que podem levar à própria morte, são uma constante.

Resulta, assim, das considerações precedentes que, se em Aristóteles, o estado natural é um estado político – diríamos mesmo, atento o exposto, que é um estado eminentemente político –, em Thomas Hobbes, esse mesmo estado assume uma natureza pré-política.

Ademais, se na concepção aristotélica o facto fundamental é a virtude e a correspondente sabedoria, dado que o homem é um ser naturalmente predisposto para o bem e para a felicidade, com uma indelével marca ética[98], em Tho-

---

[96] ALASDAIR MACINTYRE, *Whose Justice? Whose Rationality?*, University of Notre Dame Press, Notre Dame-Indiana, 1988, p. 97.
[97] Um bem que *"já não se aparta do homem"* antes está ao seu alcance e *"consuma-se como eudaimonia"* (cfr. LUÍS PEREIRA COUTINHO, *A Autoridade Moral ...*, p. 182). Sobre a *"eudaimonia"* na obra aristotélica vide ALASDAIR MACINTYRE, *After Virtue, ...*, p. 148.
[98] Sustentando, com propriedade, que a concepção de Aristóteles sobre a justiça revela *"abertamente"* uma *"declarada (...) fusão da Ética com o Direito (...) ou (...) a legalização da Moral"* correspondente à *"tão famosa definição da Justiça como caritas sapientis"* vide GIORGIO DEL VECCHIO, *A Justiça*, (tradução de Maria Henriquetta della Castagna), Boletim do Ministério da Justiça, nº 15, Novembro de 1949, p. 7. Em idêntico sentido, EDUARDO CARLOS BIANCA BITTAR, *A Teoria Aristotélica da Justiça*, Revista

mas Hobbes o facto fundamental é (apenas) o direito à auto-preservação. Se em Aristóteles se verifica uma preocupação primordial com a virtude, na construção hobberiana essa inquietação centra-se na procura de uma ordem política que se imponha e assegure a paz e a segurança.

E quanto ao conceito de justiça, o que dizer da análise das concepções examinadas de um ponto de vista comparativo e conclusivo?

Estamos em crer que se afigura patente que a existência de uma realidade antropológica tão distinta não poderia conduzir, por manifesta impossibilidade estrutural, a um conceito de justiça idêntico. É justamente em decorrência directa da verificação de distintas concepções antropológicas que, quanto ao conceito de justiça, também se constata, entre os dois filósofos, uma ruptura ou uma descontinuidade ou, em termos mais rigorosos, uma diferença radical na compreensão do termo.

E é assim porque em Aristóteles a justiça é a *"virtude principal, a virtude perfeita"*[99], constituindo algo que releva dos sentidos interiorizados do homem, da sua dimensão ética e, nessa medida, determina o homem de um ponto de vista interno, enquanto em Thomas Hobbes a justiça constitui um princípio que se encontra na génese do próprio Estado, do poder soberano, e é uma realidade que se impõe ao homem numa perspectiva puramente exterior. É neste sentido que também afirmamos que, no sistema hobbesiano, a justiça é sinónimo de poder.

---

da Faculdade de Direito, Universidade de São Paulo, nº 92, Janeiro-Dezembro de 1997, p. 56 e seguintes.
[99] Cfr. HANS KELSEN, *A Justiça e o Direito Natural*, (tradução de João Baptista Machado), Almedina, Coimbra, 2009, p. 64.

Uma missão para um novo Código Administrativo[1]

VITALINO CANAS
Professor universitário, advogado

1. Introdução

O *ponto de partida* deste estudo é o número crescente de entidades que são criadas ou controladas por entidades públicas e desenvolvem atividades administrativas em sentido material, a título principal, que não se deixam reconduzir (ou que deliberadamente fogem) aos padrões clássicos do Direito Administrativo, designadamente no que toca à dicotomia público/privado, à personalidade jurídica, ao regime jurídico aplicável e à arrumação nas grandes zonas da Administração Pública. O *ponto de chegada* é a necessidade de uma regulamentação sistemática e coerente que enquadre devidamente esse fenómeno de desnaturalização, quer da Administração Pública quer das figuras jurídicas privadas[2].

A arrumação das entidades públicas baseia-se tradicionalmente no critério do modo como cada entidade se relaciona com a pessoa coletiva Estado e vê a Administração Pública como uma espécie de sistema solar em que a pessoa coletiva Estado é o Sol que ou aglutina as demais entidades ou constitui o centro em torno do qual estas gravitam. O artigo 199º, alínea d), da Constituição Portuguesa é um reflexo dessa visão.

Esta arrumação clássica das entidades, com ou sem personalidade jurídica, que integram a Administração Pública, continua a servir de referência à Constituição, à doutrina e à lei. A Constituição traça no referido artigo 199º, alínea d), uma distinção entre Administração direta e Administração indireta do Estado,

---

[1] O presente texto resulta de um aprofundamento de lições proferidas no ISCAD (Instituto Superior de Ciências da administração – Grupo Lusófona), na disciplina de Direito Administrativo I.
[2] De *desnaturalização* fala por exemplo RAMÓN PARADA, *Derecho Administrativo*, vol. II, Marcial Pons, 2008, p. 252, referindo-se criticamente, de modo específico, às fundações públicas de direito privado, mas em termos suscetíveis de generalização. O panorama que descrevemos neste trabalho tem correspondência no ordenamento jus-administrativo espanhol.

por um lado e administração autónoma, por outro[3]. No que toca à doutrina, basta consultar os manuais de referência mais utilizados no ensino e na prática forense para o confirmar[4]. A lei segue *grosso modo* essa orientação. Por exemplo, o Código do Procedimento Administrativo (CPA), referindo-se aos órgãos, mas pressupondo uma classificação das pessoas coletivas que os integram, esclarece no art. 2º, nº 2, que, para efeitos daquele Código, são órgãos da Administração Pública os do Estado e das Regiões Autónomas (que exerçam funções administrativas, bem entendido), os dos institutos públicos e das associações públicas e os das autarquias locais e suas associações e federações. Este preceito inculca que, *para efeitos do CPA*, a Administração Pública tem, basicamente, cinco componentes:

---

[3] Apesar de a redação original deste preceito, de 1976, ter sido alterada em 1997, a visão adotada pela Constituição continua a não cortar radicalmente com a que já era desenvolvida *mutatis mutandis* por Marcello Caetano nas últimas edições do seu Manual, embora com uma individualização e uma definição da extensão da administração autónoma ainda incipientes; v. por exemplo, *Manual de Direito Administrativo*, tomo I, Almedina, reimpressão da 10ª edição, p. 183 e ss. O tratamento dispensado ao tema por Marcello Caetano não era, porém, adotado generalizadamente pela doutrina nacional, como se depreende da recensão realizada por VITAL MOREIRA, *Administração autónoma e associações públicas*, Coimbra Editora, 1997, p. 99 e ss.

[4] SÉRVULO CORREIA, *Noções de Direito Administrativo*, vol. I, Editora Danúbio, 1982, p. 145: Administração – direta e indireta – do Estado e Administração autónoma, incluindo nesta as regiões autónomas, as autarquias locais e as associações públicas em sentido restrito; MARCELO REBELO DE SOUSA, *Lições de Direito Administrativo*, Lisboa, 1994-5, p. 189 e ss: Administração Pública diretamente dependente do Estado (que abrange também algumas pessoas coletivas que outros autores integram na Administração indireta), Administração Pública indiretamente dependente do Estado e Administração autónoma do Estado-Administração) (incluindo nesta última as universidades públicas na Administração autónoma); VITAL MOREIRA, *Administração autónoma...*, p. 125, aproxima-se do primeiro autor; FREITAS DO AMARAL, *Curso de Direito Administrativo*, vol. 1, 3ª edição, Almedina, 2006, depois de alguma evolução, estabilizou o seu ensino em torno da distinção entre (i) Administração direta do Estado (central e periférica), (ii) Administração estadual indireta e (iii) Administração autónoma. Fora da Administração Pública, situam-se as instituições particulares de interesse público; JOÃO CAUPERS, *Introdução ao Direito Administrativo*, 10ª edição, 2009, Âncora, p. 120-1, de forma mais pormenorizada, distingue primariamente: (i) administração estadual e (ii) administração autónoma. Dentro da estadual, diferencia a (iii) administração direta e a (iv) administração indireta. Dentro da administração direta distingue a (v) administração subordinada e (vi) a administração independente. Dentro da subordinada separa a (vii) administração central da (viii) administração periférica. Finalmente, dentro da periférica distingue a (ix) administração especializada e (x) administração comum. Contra a corrente, na medida em que integra as associações públicas na Administração estadual indireta, pode ver-se, por exemplo, ANTÓNIO FRANCISCO DE SOUSA, *Direito Administrativo*, Prefácio, 2009, p. 272 e ss. Nas suas traves mestras, adotam um registo próximo do que temos adotado no nosso ensino e refletido neste ensaio, JOSÉ EDUARDO FIGUEIREDO DIAS/FERNANDA PAULA OLIVEIRA, *Noções Fundamentais de Direito Administrativo*, 2ª ed., Almedina, 2010, p. 65 e ss.

a. Estado;
b. Regiões Autónomas;
c. Institutos públicos;
d. Associações públicas;
e. Autarquias locais, suas associações e federações.

Concebe-se que o CPA adote uma conceção restritiva da estrutura da Administração Pública, não abrangendo, por exemplo, as entidades públicas empresariais, que são *pessoas coletivas de direito público* (artigo 23º, nº 1, do Decreto-Lei nº 558/99, de 17 de Dezembro), sujeitas a regime de direito privado; igualmente, pode prescindir de especificar todas as entidades que a doutrina ou a lei incluem naquelas grandes categorias, ou de se pronunciar sobre o regime jurídico aplicável a algumas entidades híbridas, que conjugam elementos distintivos de duas ou mais categorias. Mas isso torna esta "fotografia instantânea" da Administração Pública incapaz de retratar adequadamente a sua complexidade. O mapa que se segue é apenas uma primeira demonstração disso. Para mais fácil delimitação negativa das fronteiras da Administração Pública[5], o mapa inclui também

---

[5] Tal como João Caupers, *Introdução...*, p. 119, Marcelo Rebelo de Sousa/André Salgado de Matos, *Direito....*, p. 48 e ss, e outros, consideramos que para definir a organização administrativa não se deve tomar como ponto de partida a personalidade jurídica *pública* (podendo, aliás, discutir-se se o conceito de personalidade jurídica mantém algum tipo de utilidade em direito público, ou se, com tantas adulterações ou desnaturalizações, não é já um conceito que obscurece mais do que clarifica), devendo admitir-se que há pessoas coletivas de direito privado que integram a Administração Pública em sentido orgânico. O critério que entendemos mais curial atende às mais recentes indicações fornecidas pelo legislador. Assim: (i) o art. 3º, nº 1, do Decreto-Lei nº 558/99, de 17 de Dezembro, considera empresas *públicas* as sociedades constituídas nos termos da lei comercial, nas quais o Estado ou outras entidades públicas estaduais possam exercer, isolada ou conjuntamente, de forma direta ou indireta, *uma influência dominante*; (ii) este critério da *influência dominante* é retomado quase *ipsis verbis* pelo artigo 3º, nº 1, da Lei nº 53-F/2006, de 29 de Dezembro, sobre empresas municipais, intermunicipais e metropolitanas; (iii) o art. 2º, nº 1, c), da Lei nº 1/2012, de 3 de Janeiro, define fundações públicas de direito privado como as fundações *criadas* por uma ou mais pessoas coletivas públicas ou com pessoas de direito privado, desde que aquelas, isolada ou conjuntamente, detenham uma *influência dominante* sobre a fundação. Daqui decorre que a lei ou considera o requisito da *influência dominante* suficiente para considerar alguma entidade como entidade pública (nos casos referidos, empresas públicas, municipais, intermunicipais e metropolitanas), ou postula também o requisito da *criação* por pessoas coletivas públicas (no caso evocado, as fundações). Entendemos, porém, que mesmo nos casos em que a lei não é clara, o requisito da *criação* por pessoas coletivas públicas ou por estas e pessoas privadas, ou, pelo menos, alguma expressão de vontade de recriação de um empresa originariamente privada (como é, no fundo, o ato de nacionalização, por exemplo), é imprescindível. Assim, uma entidade pública, integrante da Administração Pública, tem de ser criada (ou "recriada") por pessoas coletivas públicas ou por estas e por pessoas privadas e tem de estar sujeita a uma influência dominante de pessoas coletivas

o que designamos por sujeitos privados substitutos da Administração Pública, que não integram a Administração Pública (em sentido orgânico).

Um dos aspetos que dissocia a sistematização adotada neste mapa das construções doutrinárias mais difundidas[6] é o da identificação diferenciada de três pilares da Administração Pública: dois deles comummente aceites, a Administração do Estado (direta e indireta) e a Administração autónoma; o terceiro, Administração independente[7], normalmente não autonomizado por ser con-

públicas, entendendo-se por influência dominante, por exemplo, a detenção da maioria do capital ou dos direitos de voto (empresas públicas), a titularidade da maioria dos títulos de participação (cooperativas), a maioria dos associados (associações), o direito de designar ou de destituir a maioria dos membros dos órgãos de administração ou de fiscalização (fundações e empresas públicas), etc. Por outro lado, é necessário que a entidade desenvolva *uma atividade materialmente administrativa a título principal*. Mais abreviadamente, entidades públicas, integrantes da Administração Pública, *são entidades criadas por pessoas coletivas públicos ou por estas e por pessoas privadas, que exercem a título principal uma atividade materialmente administrativa e estão sujeitas à influência dominante de pessoas coletivas públicas*. Esta posição aproxima-se da de PEDRO GONÇALVES, *Entidades privadas com poderes públicos. O exercício de poderes públicos de autoridade por entidades privadas com funções administrativas*, Almedina, 2008, p. 265. No entanto, não atribuímos relevo à *iniciativa* e não considerarmos a investidura em poderes públicos alternativa aos requisitos da criação e da influência dominante ou controlo. Tudo visto, os nossos critérios resultam talvez numa malha ligeiramente mais apertada, isto é, são suscetíveis de considerar entidades públicas algumas que porventura não recairiam nesse grupo nos termos dos critérios daquele Autor. Mas não vamos tão longe quanto João Caupers quando considera que as IPSS são também parte da Administração Pública autónoma não territorial (cfr. *ob. cit.*, p. 142): não havendo criação ou influência dominante por entidades públicas não se pode dizer que integrem a Administração Pública. Todavia, é insofismável a sua inclusão no conceito de *organismos de direito público* para efeitos das normas de contratação pública.

[6] Sendo certo que aquela sistematização não se afasta radicalmente das orientações tradicionais centradas na distinção entre Administração direta e indireta do Estado e Administração autónoma, por respeito à lógica sistematizadora que decorre da Constituição. Em alternativa, poderíamos seguir uma orientação que distinguisse Administração *com base territorial* e Administração *especializada*, como faz RAMÓN PARADA, *Derecho...*, p. 83 e ss. Dentro da Administração territorial coloca (i) a Administração do Estado, incluindo o Governo, a periférica e a exterior; (ii) as comunidades autónomas; (iii) os municípios; e (iv) as províncias. Na Administração especializada distingue: (i) a Administração institucional, que abrange os organismos públicos estatais (organismos autónomos e entidades públicas empresariais; na terminologia portuguesa, institutos públicos e entidades públicas empresariais), agências estatais e entes públicos atípicos ou apátridas, os entes instrumentais de direito privado, onde se abrigam as sociedades comerciais (pessoas jurídico-privadas), as fundações públicas (que são pessoas jurídico-privadas), os organismos especializados locais, a administração institucional nas comunidades autónomas e as empresas de economia mista; (ii) as administrações independentes; (iii) a administração corporativa ou associativa; e (iv) a administração consultiva e de controlo.

[7] Não podendo desenvolver o estudo sobre os traços identificadores das entidades administrativas independentes, partimos das exposições de VITAL MOREIRA, *Administração autónoma...*, p. 126 e ss. e de JOSÉ LUCAS CARDOSO, *Autoridades Administrativas Independentes e Constituição*, Coimbra Editora,

Estado	direta	– não subordinada, central (ou superior: Governo, ministros, secretários de Estado)				
		– subordinada	central	– órgãos centrais (diretores-gerais, inspetores gerais, chefes militares) – serviços centrais (ministérios, direcções gerais, autoridades, agências, etc.) – empresas públicas sem personalidade jurídica (?)		
			periférica	– local	– especializada – comum – parcialmente autónoma (ex: estabelecimentos públicos de educação pré-escolar e dos ensinos básico e secundário)	
				– exterior (embaixadas, consulados)		
	indireta	com regime público	institutos públicos	*critério estrutura*	– estabelecimentos públicos (universidades/hospitais) – fundações públicas de direito público – serviços personalizados	
					– consorciais	– integralmente públicos (A. M. Transportes) – público-privados (entidades r. turismo)
				critério actividade	– prestação – reguladores – fiscalização – infraestruturas	
			– órgãos com personalidade jurídica			
		sem regime público	– entidades públicas empresariais (epe)	Empresas públicas		
			– empresas públicas sob forma societária			
			– de natureza associativa (associações privadas de iniciativa pública)			
			– de natureza cooperativa			
			– de natureza institucional	– institutos públicos de direito privado – fundações públicas de direito privado		
Administração Autónoma	– com regime público	– com base regional ou geográfica	autarquias	regiões autónomas		
				– regiões administrativas	– sector empresarial autárquico com estatuto público	– entidades empresariais locais – serviços municipalizados
				– municípios	– associações com estatuto público	– fins múltiplos (comunidades intermunicipais) – áreas metropolitanas
				– freguesias		
			– com ou sem base geográfica – associações públicas			
	– sem regime público	– sociedades comerciais pertencentes ao sector empresarial autárquico				
		– associações autárquicas de fins específicos				
Administração independente	– sem personalidade jurídica (Provedor de Justiça, CNPD, CADA, CNE)					
	– com personalidade jurídica (Banco de Portugal, ERSE, Autoridade da Concorrência)					
Sujeitos privados substitutos da Administração Pública	– sociedades de interesse coletivo	– empresas concessionárias – empresas de economia mista – outras				
	– pessoas coletivas de utilidade pública	– pessoas coletivas de mera utilidade pública – pessoas coletivas de utilidade pública administrativa – instituições particulares de solidariedade social				
	– fundações público-privadas					
	– associações público-privadas					
Parcerias público-privadas						

siderado como parte da Administração direta ou indireta do Estado. Entendemos, porém, que sendo intuito da lei criar um alto grau de independência das entidades independentes em relação aos órgãos da pessoa coletiva pública administrativa Estado – e outros órgãos, inclusive de soberania – não é coerente considerar que as entidades da Administração independente (pessoas coletivas, órgãos e serviços) integram a Administração direta ou indireta do Estado-administração[8]. Tal como as entidades da Administração autónoma – talvez até por maioria de razão –, consideramos as entidades da Administração independente um pilar separado da Administração Pública, aliás de crescente relevo; são uma componente do Estado como comunidade constitucional e não do Estado-pessoa coletiva administrativa[9].

Só por si, o mapa patenteia a simplificação excessiva das "arrumações" adotadas pela lei e pela doutrina. Mas ele próprio é simplificador, uma vez que não distingue nem identifica todas as hipóteses de entidades híbridas[10] atualmente

---

2002, p. 217, tendo porém em consideração que a construção do segundo autor visa essencialmente as "autoridades independentes", sendo o conceito de "entidades independentes" mais vasto. Entendemos que entidades administrativas independentes são as estruturas organizatórias que reúnam cumulativamente os requisitos (i) da *independência* em relação aos órgãos de soberania, de modo que estes não possam emitir ordens nem instruções aos membros das entidades no exercício das suas funções, nem os possam demitir discricionariamente e (ii) titularidade de atribuições, missões e competências administrativas. Apontam alguns para um terceiro requisito, (iii) a existência de poderes de autoridade, designadamente traduzidos na aprovação de regulamentos ou atos administrativos, mas, em nosso entender, esse requisito pode não estar preenchido e mesmo assim haver entidade independente: é o caso do (órgão) Provedor de Justiça. Também não é requisito a *personalidade jurídica* da entidade.

[8] O art. 10º, nº 3, do CPTA, se interpretado de certa forma, pode ser visto como um argumento a favor da orientação de que todos os entidades administrativas independentes que não têm personalidade jurídica integram o Estado ou outra pessoa coletiva pública. Reza o preceito que "os processos que tenham por objeto atos ou omissões de entidade administrativa independente, destituída de personalidade jurídica, são intentados contra o Estado ou [a] outra pessoa coletiva de direito público a que essa entidade pertença." Sempre se notará, porém, que verdadeiramente o preceito não inculca que essas entidades *ou* integram o Estado *ou* integram outra pessoa coletiva pública.

[9] Rejeitando claramente a integração da administração independente na administração *direta* do Estado, VITAL MOREIRA, *Administração autónoma* ..., p. 127.

[10] A expressão "entidades híbridas" não é vulgarmente empregue na doutrina portuguesa ou, quando o é, pode não coincidir exatamente com o sentido que lhe atribuímos (v. MANUEL DE ANDRADE, *Teoria geral da relação jurídica*, vol. I, Almedina, 1960, p. 70 e ss.; VITAL MOREIRA, em numerosos locais de *Administração autónoma*..., como p. 25, 365, etc.). O mesmo se passa no exterior: por exemplo, PATRICK BIRKINSHAW, IAN HARDEN, NORMAN LEWIS, *Government by moonlight: the hybrid parts of the state*, Routledge, 1990, utilizam o conceito de hibridismo no estudo dos modos de interação público-privada entre o Estado e a sociedade, especificamente o *corporatism*, que resultante da delegação de poderes do Estado em organizações quase governamentais, organizações quase não governamentais e associações privadas.

existentes no ordenamento jurídico-administrativo. Algumas já aparecem individualizadas, mas outras surgem aglutinadas nas categorias com as quais têm maior proximidade, escondendo os atributos que as aproximariam de outras categorias.

2. As manifestações de hibridismo

As entidades híbridas caracterizam-se por uma elevada heterogeneidade, sendo difícil uma definição ou enumeração suficientemente compreensiva[11/12]. Neste estudo preocupam-nos as entidades híbridas da Administração de Pública (todavia, não nos deteremos em algumas entidades híbridas já profundamente estudadas, como as *associações públicas de entidades privadas*, designadamente as associações profissionais, as associações de regantes, a Casa do Douro e, porventura, também as academias e outras[13]). Por outro lado, embora os *sujeitos privados substitutos da Administração Pública* sejam também, no essencial, entidades com algum nível de hibridismo, não os analisaremos, com exceção de alguns casos que têm na sua origem, do ponto de vista formal, um ato público de criação ou são parcialmente controlados por entidades públicas, suscitando por isso dúvidas sobre se integram a Administração Pública[14].

---

[11] Até porque, como nota VITAL MOREIRA, *Administração autónoma...*, p. 276, fora as entidades públicas originárias (Estado e coletividades territoriais), a maior parte das demais entidades públicas são de regime híbrido, misto, isto é, de direito privado para determinados efeitos, de direito público para outros.

[12] Quando falamos de entidades híbridas não queremos em rigor superar a dicotomia entre entidades públicas e entidades privadas, que admitimos continuar a justificar-se. Nesse sentido, por exemplo PEDRO GONÇALVES, *Entidades privadas com poderes públicos*, p. 249 e ss. Queremos antes apresentar entidades que, sendo públicas ou privadas, conjugam alguns atributos das outras (aí residindo o seu hibridismo), sem perderem a qualificação de públicas ou de privadas, consoante o caso.

[13] V. uma proposta de lista em JORGE MIRANDA, *As associações públicas no direito português*, Cognitio, 1985, p. 20, abrangendo, contudo, entidades hoje já extintas ou cuja natureza jurídica sofreu evoluções ou clarificações (como as regiões de turismo ou as casas do povo, estas com o Decreto-Lei nº 246/90, de 27 de Julho); também VITAL MOREIRA, *Administração autónoma...*, p. 403 e ss.; FREITAS DO AMARAL, *Curso...*, p. 435 e ss.

[14] No quadro do ordenamento jurídico português não representa um fator adicional de complexização a existência de situações de *personalidade pública formal*, isto é, conforme escreve PEDRO GONÇALVES, *Entidades privadas com poderes públicos...*, p. 250, casos de atribuição de personalidade de direito público a coletividades e organizações compostas por particulares que se dedicam a tarefas privadas de que são exemplo, particularmente no ordenamento germânico, as associações religiosas. Em Portugal parece inequívoco que face à Lei da Liberdade Religiosa, Lei nº 16/2001, de 22 de Junho, as igrejas e comunidades religiosas e outras entidades religiosas que adquiram personalidade jurídica pela inscrição no registo das pessoas coletivas religiosas, nos termos do art. 33º e ss daquela, *são pessoas coletivas privadas*. No mesmo sentido, FREITAS DO AMARAL, *Curso...*, p. 444.

Assim, dedicar-nos-emos às entidades híbridas que:

- são pessoas coletivas de direito público sujeitas, essencialmente, ao direito privado;
- detêm personalidade jurídica de direito privado, mas integram a Administração Pública por terem sido criadas por pessoas coletivas públicos ou por estas e por pessoas privadas, por exercerem a título principal uma atividade materialmente administrativa e por estarem sujeitas à influência dominante de pessoas coletivas públicas e até possuírem, por vezes, poderes de autoridade;
- têm personalidade jurídica de direito privado, mas desenvolvem atividades administrativas a título principal e são parcialmente controladas por entidades públicas, não integrando porém a Administração Pública;
- conjugam traços de Administração autónoma e de administração estadual indireta;
- são pessoas coletivas criadas por ato público, desenvolvem atividades de utilidade pública, mas não integram a Administração Pública;
- embora integrem a Administração direta do Estado ou outra pessoa coletiva, têm autonomia significativa;
- são órgãos e serviços independentes não integrados numa pessoa coletiva pública;
- são órgãos que aglomeram entidades públicas e privadas e possuem, eles próprios, personalidade jurídica;
- são entidades sem personalidade jurídica que associam pessoas coletivas públicas e pessoas privadas.

Passaremos a estudar e exemplificar sucintamente cada uma destas situações.

3. Pessoas colectivas de direito público sujeitas, essencialmente, ao direito privado

O hibridismo consiste, neste caso, na conjugação do traço da personalidade jurídica pública *ope legis*, com a sujeição a um regime de direito privado. Analisamos as:

– entidades públicas empresariais;
– entidades empresariais locais.

3.1. Entidades públicas empresariais

Para além das sociedades comerciais estudadas *infra* (4.1.), sob o conceito de empresas públicas integrantes do sector empresarial do Estado abrigam-se também as entidades públicas empresariais a que se refere o artigo 3º, nº 2, do

Decreto-Lei nº 558/99, de 17 de Dezembro[15]. Trata-se de pessoas coletivas de direito público (artigo 23º, nº 1), criadas, transformadas, fundidas, cindidas e extintas por decreto-lei (artigos 24º, nº 1, 33º e 34º), dotadas de autonomia administrativa, financeira e patrimonial (artigo 25º, nº 1). O capital estatutário é integralmente detido pelo Estado (artigo 26º, nº 1) que, consequentemente, detém o controlo integral. Estão sujeitas a tutela económica e financeira e a superintendência, exercidas por membros do Governo (artigo 29º, nº 1). Não obstante a sua *personalidade jurídico-pública*, o princípio geral é o da aplicação do regime de direito privado (artigo 7º, nº 1), designadamente com sujeição a tributação direta e indireta, nos termos gerais, aplicação do regime do contrato individual de trabalho (artigo 16º, nº 1), aplicação do direito privado à estruturação e funcionamento dos órgãos de administração e fiscalização (artigo 27º, nº 1 e 2) e sujeição a registo comercial (artigo 28º).

3.2. Entidades empresariais locais

O artigo 33º, nº 1, da Lei nº 53-F/2006, de 29 de Dezembro, permite que os municípios, as associações de municípios e as áreas metropolitanas de Lisboa e do Porto constituam *pessoas coletivas de direito público*, com natureza empresarial, designadas entidades empresariais locais. São constituídas por contrato, salvo se for exigida forma mais solene, têm autonomia administrativa, financeira e patrimonial, têm capital estatutário integralmente detido por aquelas entidades e estão sujeitas a tutela económica e financeira e a superintendência dos órgãos do poder local a que reportam (artigo 39º, nº 1). Embora a aplicação subsidiária das normas do direito privado seja referida, no artigo 6º, apenas após os regimes do sector empresarial local e do sector empresarial do Estado, é claro que aquelas normas serão as mais utilizadas também nas entidades empresariais locais, sendo designadamente regulados pelo direito privado a estruturação e funcionamento dos seus órgãos de administração e fiscalização (artigo 38º, nº 1 e 2), a sujeição ao registo comercial (artigo 33º, nº 4) e a aplicação do regime do contrato individual de trabalho (art. 45º, nº 1).

---

[15] Freitas do Amaral, *Curso...*, I p. 385, continua a referir que pode haver empresas públicas sem personalidade jurídica, integradas na administração direta do Estado. No entanto, ao nível da Administração do Estado, esta modalidade de empresas públicas sem personalidade tem valor meramente teórico, uma vez que, face à lei, é hoje um anacronismo. No passado houve relevantes exemplos: serviços postais, telecomunicações, estabelecimentos fabris militares e outras. Aliás, o autor dá como exemplo atual apenas situações da administração direta autárquica, como são os serviços municipalizados.

4. Entidades de direito privado integrantes da Administração Pública

Neste caso, o hibridismo resulta de se tratar de entidades que integram a Administração Pública – indireta – não obstante o seu estatuto e personalidade jurídica de direito privado.

Estas entidades de direito privado preenchem cumulativamente dois requisitos:

- São de iniciativa ou criação pública[16], ou são controladas pela Administração Pública;
- Desenvolvem uma atividade administrativa.

Não é um requisito, mas reforça a indiciação de pertença à Administração Pública, a circunstância de possuírem, por vezes, poderes de autoridade.

Identificamos no nosso ordenamento jurídico-administrativo atual pelo menos os seguintes tipos de entidades de direito privado integrantes da Administração Pública:

a. sociedades comerciais que são empresas públicas (estatais ou autárquicas);
b. fundações públicas de direito privado;
c. associações públicas de direito privado:
  i. associações de direito privado de iniciativa pública;
  ii. associações autárquicas de fins específicos;
d. institutos públicos de direito privado;
e. cooperativas de interesse público

4.1. Sociedades comerciais que são empresas públicas

Um dos tipos de empresas públicas, pertencentes ao sector empresarial do Estado, previstos no Decreto-Lei nº 558/99, de 17 de Dezembro, é o das sociedades constituídas nos termos da lei comercial, nos quais o Estado ou outras entidades públicas estaduais possam exercer, isolada ou conjuntamente, de forma direta ou indireta, uma influência dominante em virtude da detenção da maioria do capital ou dos direitos de voto, ou do direito de designar ou de destituir a maioria dos membros dos órgãos de administração ou de fiscalização (artigo 3º, nº 1). Para além de terem *personalidade jurídica de direito privado*, regem-se em geral pelo *direito privado* (artigo 7º, nº 1), mas integram a Administração Pública.

Simetricamente, a Lei nº 53-F/2006, de 29 de Dezembro, prevê que um dos tipos de empresas municipais, intermunicipais e metropolitanas, pertencentes

---

[16] Ou houve uma espécie de refundação por "mão pública" em certo momento da sua existência, através, por exemplo, de um ato de nacionalização ou de publicização de empresa, de fundação ou de associação. V. sobre isso, por exemplo, VITAL MOREIRA, *Administração autónoma...*, p. 290.

ao sector empresarial local, é o das sociedades constituídas nos termos da lei comercial, nas quais os municípios, associações de municípios e áreas metropolitanas de Lisboa e do Porto, respetivamente, possam exercer de forma direta ou indireta, uma influência dominante em virtude da detenção da maioria do capital ou dos direitos de voto, ou do direito de designar ou de destituir a maioria dos membros dos órgãos de administração ou de fiscalização (artigo 4º, nº 1).

Têm também *personalidade jurídica de direito privado* e, embora a aplicação subsidiária das normas do direito privado seja referida, no artigo 6º, apenas após os próprios regimes do sector empresarial local e do sector empresarial do Estado, é manifesto que aquelas normas serão as dominantes.

4.2. Fundações públicas de direito privado

Trata-se de fundações de direito privado criadas por pessoas coletivas públicas, ou por estas e pessoas de direito privado, desde que haja influência dominante das primeiras[17]. Exemplos, são a Fundação Centro Cultural de Belém, a Fundação para a Computação Científica Nacional, a Fundação Casa da Música[18], a Fundação Mata do Buçaco, a Fundação INATEL, bem como a Fundação Luso-Americana para o Desenvolvimento (FLAD) ou as Fundações-Universidades[19].

A FLAD é uma das mais antigas. O Decreto-Lei nº 168/85, de 20 de Maio, que a cria, caracteriza-a como *instituição de direito privado e utilidade pública* dotada de personalidade jurídica, que tem por fim contribuir para o desenvolvimento económico e social de Portugal através da promoção da cooperação científica, técnica, cultural, educativa, comercial e empresarial entre Portugal e os Estados Unidos da América (art. 3º, nº 1, dos estatutos). Para assegurar a prossecução deste fim, a Fundação deve prestar assistência a atividades que visem a modernização da economia portuguesa, o aumento dos níveis de investimento e exportação, a promoção de associações empresariais entre os sectores privados dos dois países e, em geral, o apoio a atividades que promovam formas adequadas de cooperação entre Portugal e os Estados Unidos da América e que sejam de interesse mútuo para ambos os países (art. 3º, nº 2, dos estatutos). De acordo com o Artigo 4º, nº 1, "a Fundação é instituída pelo Governo Português com um fundo inicial próprio de 38 milhões de dólares americanos, resultante da cooperação com o Governo dos Estados Unidos da América", sendo acrescido com

---

[17] Reportamo-nos ao enunciado do artigo 2º, c), da Lei nº 1/2012, de 3 de Janeiro.
[18] Em sentido diverso, rejeitando a integração da Fundação da Casa da Música na Administração Pública, por em seu entender aquela visar de forma imediata a prossecução exclusiva de fins privados e não dispor de poderes de autoridade, JOSÉ EDUARDO FIGUEIREDO DIAS/FERNANDA PAULA OLIVEIRA, *Noções Fundamentais ...*, p. 83.
[19] Coincidentemente, JOSÉ EDUARDO FIGUEIREDO DIAS/FERNANDA PAULA OLIVEIRA, *Noções Fundamentais ...*, p. 71.

futuras contribuições do Governo Português de proveniência idêntica, podendo ainda integrar quaisquer subsídios ou doações, quer do Governo Português, quer de terceiros, portugueses ou estrangeiros, de natureza pública ou privada. De acordo com o artigo 6º, nº 1, a Fundação goza de plena autonomia financeira, estando a sua ação apenas subordinada às regras do direito privado. Quando aos órgãos da Fundação é de destacar que o conselho diretivo é composto por 3 membros, sendo 2 designados pelo Primeiro-Ministro, ouvidos os Ministros dos Negócios Estrangeiros e das Finanças e do Plano, e o terceiro o Embaixador dos Estados Unidos da América em Portugal ou um representante por este designado, cabendo ao Primeiro-Ministro indicar, de entre os membros por si designados, aquele que presidirá ao conselho diretivo.

Entre as mais recentes encontra-se, por exemplo, a Universidade de Aveiro, que é hoje uma fundação pública de direito privado, resultante da transformação pelo Decreto-Lei nº 97/2009, de 27 de Abril, da Universidade de Aveiro em fundação pública com regime de direito privado nos termos da Lei nº 62/2007, de 10 de Setembro, que aprova o regime jurídico das instituições de ensino superior.

4.3. Associações públicas de direito privado

O hibridismo destas entidades consiste em serem associações com personalidade jurídica de direito privado, regidas essencialmente pelo direito privado, mas cujas iniciativa, criação e controlo são públicos. Além disso, exercem atividades administrativas a título principal e estão muitas vezes sujeitas a normas de Direito Administrativo. Por isso, devem ser consideradas parte integrante da Administração Pública.

4.3.1. Associações privadas de iniciativa, criação e controlo públicos

Neste grupo, distinguem-se as:

- Associações integralmente constituídas por entidades públicas estaduais:
  - Associações de divulgação científica (ex. Associação Ciência Viva de Estremoz);
  - ADENE, Agência para a Energia, Decreto-Lei nº 223/2000, de 9 de Setembro;
- Associações integralmente constituídas por entidades públicas não estaduais
  - Associação Nacional de Municípios Portugueses;
  - Associação Nacional de Freguesias.
- Alguns casos de associações de entidades públicas e privadas:

– Associações de desenvolvimento regional (mencionadas no art. 64º, nº 2, j), da Lei 169/99, de 18 de Setembro), quando de iniciativa, criação e controlo públicos.

4.3.2. Associações municipais de fins específicos

As associações municipais de fins específicos, estão contempladas no artigo 2º, nº 4, da Lei nº 45/2008, de 27 de Agosto: são pessoas coletivas de direito privado criadas pelos municípios para a realização comum de interesses específicos dos municípios que as integram, na defesa de interesses coletivos de natureza sectorial, regional ou local. O artigo 37º, nº 1, daquela Lei esclarece que as associações de municípios de fins específicos se regem pelas disposições do direito privado, mas também por disposições do direito público, como são as respeitantes ao contrato individual de trabalho na Administração Pública (hoje, contrato de trabalho em funções públicas), ao Código dos Contratos Públicos, às normas do Tribunal de Contas e ao regime jurídico de tutela administrativa.

4.4. Institutos públicos de direito privado

O hibridismo consiste em tratar-se de pessoas coletivas de carácter institucional que, por razões históricas ou outras, possuem personalidade de direito privado e regem-se pelo direito privado, mas prosseguem atribuições do Estado, estão sob o seu controlo e estão parcialmente sujeitas a normas de Direito Administrativo.

Exemplo clássico é o da Santa Casa da Misericórdia de Lisboa (SCML)[20]. Nos termos dos respetivos estatutos, aprovados pelo Decreto-Lei nº 235/2008, de 3 de Dezembro, a SCML é uma *pessoa coletiva de direito privado e utilidade pública administrativa*. A tutela da SCML é exercida pelo membro do Governo que superintende a área da segurança social e abrange, além dos poderes especialmente previstos nos estatutos, a definição das orientações gerais de gestão, a fiscalização da atividade da SCML e a sua coordenação com os organismos do Estado ou dele dependentes. Os órgãos de administração da SCML são a Mesa e o Provedor. A Mesa da SCML é composta pelo Provedor, pelo Vice-Provedor e por cinco vogais. O Provedor é nomeado por despacho conjunto do Primeiro-Ministro e do membro do Governo que exerça a tutela sobre a SCML. O Vice-Provedor e os

---

[20] Considerando que a SCML faz parte da Administração Pública, JOSÉ EDUARDO FIGUEIREDO DIAS/FERNANDA PAULA OLIVEIRA, *Noções Fundamentais...*, p. 83. Admitindo que a SCML é um *organismo de direito público* para efeitos de aplicação de normas de contratação pública, mas sem chegar (ao que parece) a integrá-la na Administração Pública, PEDRO GONÇALVES, *Entidades privadas com poderes públicos...*, p. 252; v também RUI MOURA RAMOS, «A Santa Casa da Misericórdia de Lisboa e o âmbito pessoal de aplicação do Decreto-Lei nº 55/99, de 29 de Março», in *Estudos de Direito Público – Santa Casa da Misericórdia de Lisboa*, Almedina, 2003, p. 127 ss.

vogais da Mesa são nomeados por despacho do membro do Governo que exerça a tutela sobre a SCML, ouvido o Provedor.

4.5. Cooperativas de interesse público

Exemplo, é a Cooperativa António Sérgio para a Economia Social (CASES), estatutariamente definida como uma cooperativa de interesse público de responsabilidade limitada. Sobre ela, pode dizer-se que, não obstante o plural usado na epígrafe deste número, mais do que um caso de hibridismo é um caso de características *únicas* dentro da Administração Pública. Criada e regulada ao abrigo das normas do Código Cooperativo[21] e de Direito Administrativo (a começar pela própria Lei orgânica do Ministério da Solidariedade e da Segurança Social[22]), tem por objeto promover o fortalecimento do sector da economia social, aprofundando a cooperação entre o Estado e as organizações que o integram, tendo em vista estimular o seu potencial ao serviço do desenvolvimento socioeconómico do País (artigo 4º do estatutos). Podem ser cooperantes entidades públicas e privadas. Atualmente, são cooperantes o Estado, com uma participação maioritária (que nunca pode ser inferior a 60%), e várias outras entidades do chamado terceiro sector (Associação Portuguesa para o Desenvolvimento Local, Confederação Cooperativa Portuguesa, Confederação Nacional das Cooperativas Agrícolas e do Crédito Agrícola de Portugal, Confederação Nacional das Instituições de Solidariedade, União das Misericórdias Portuguesas, União das Mutualidades Portuguesas). A parte pública está representada na assembleia geral da Cooperativa na proporção do respetivo capital social, competindo a sua designação e exoneração ao membro do Governo responsável pela área do trabalho e da solidariedade social, estando previstas várias outras competências do Governo no que concerne ao funcionamento da CASES. De entre as atribuições administrativas da CASES destacam-se várias que se traduzem no exercício de relevantes poderes de autoridade: fiscalizar a utilização da forma cooperativa, emitir credencial comprovativa da legal constituição e regular funcionamento das cooperativas, requerer a dissolução das cooperativas, credenciar as cooperativas.

5. Entidades com personalidade jurídica de direito privado, que desenvolvem atividades administrativas a título principal e são parcialmente controladas por entidades públicas, mas não integram a Administração Pública

O hibridismo aqui consiste na circunstância de pessoas coletivas privadas de utilidade pública, com traços de associação e de instituto públicos, desenvolverem

---

[21] Lei nº 51/96, de 7 de Setembro.
[22] Atualmente, Lei nº 126/2011, de 29 de Dezembro: v. os artigo 7º, nº 3, b), que qualifica a CASES de "entidade externalizada MSSS" (*sic*) e 22º.

uma atividade administrativa, estarem sujeitas a normas de Direito Administrativo[23] e serem parcialmente controladas por entidades públicas, mas esse controlo ser partilhado com outras entidades não públicas em termos que impedem de considerar a entidade como parte da Administração Pública, embora se deva considerar que se trata de uma situação de fronteira que suscita dúvidas[24].

Caso típico é o da Cruz Vermelha Portuguesa (CVP), ativa em Portugal desde 1865. O Decreto-Lei nº 281/2007, de 7 de Agosto, que aprova o seu estatuto, esclarece que a CVP é uma instituição humanitária não governamental, de carácter voluntário e de interesse público (art. 3º, nº 1, do diploma preambular), que desempenha a missão de "prestar assistência humanitária e social, em especial aos mais vulneráveis, prevenindo e reparando o sofrimento e contribuindo para a defesa da vida, da saúde e da dignidade humana", sendo definida pela lei como uma *pessoa coletiva de direito privado e de utilidade pública administrativa*, sem fins lucrativos (artigo 3º, nº 2), que exerce a sua atividade com autonomia face ao Estado.

Tem várias categorias de membros (associados, beneficiários, zeladores), singulares e coletivos, nacionais e estrangeiros, que denotam a sua estrutura associativa. Tem, contudo, uma forte ligação ao Estado: por exemplo, o presidente de honra por inerência é o Presidente da República; o presidente nacional, responsável máximo da instituição, é nomeado e exonerado por despacho conjunto do Primeiro-Ministro e do Ministro da Defesa Nacional, sob proposta do conselho supremo ou, não sendo obtido consenso neste órgão, por proposta de uma comissão constituída pelo Ministro da Defesa Nacional ou seu representante e pelos presidentes da assembleia geral e do conselho fiscal (artigo 14º do estatuto). Por outro lado, está sujeita à tutela inspetiva do Ministro da Defesa Nacional (artigo 57º, nº 1, do estatuto), a quem cabe ainda promover as iniciativas legislativas que respeitem à CVP, homologar o relatório e contas dos exercícios anuais da CVP e promover as necessárias medidas de forma a contribuir para a realização do suporte financeiro adequado. Em caso de dissolução da CVP, todo o seu património é transmitido para o Estado, que o deve utilizar no respeito pelos intuitos humanitários que permitiram a sua constituição (artigo 51º do estatuto). Está instituído um conjunto de apoios do Estado (artigo 58º) e, nos termos do artigo 59º, nº 1, a CVP goza de vários benefícios (isenção de custas judiciais, de franquia postal, de redução de taxas telefónicas e telegráficas, da bonificação nos encargos da publicidade que realize nos meios de comunicação social de empresas do sector público), que vão para além dos benefícios fiscais

---

[23] Que FREITAS DO AMARAL, *Curso...*, p.444, qualifica de sujeição bastante intensa.
[24] JORGE MIRANDA, *As associações públicas no direito português*, Cognitio, 1985, p. 20-21, diferentemente do texto, insere a Cruz Vermelha Portuguesa no grupo das associações *públicas* sociais.

concedidos às pessoas coletivas de utilidade pública e às instituições particulares de solidariedade social, de que também beneficia.

6. Entidades que conjugam traços de Administração autónoma e de administração estadual indireta

Neste caso o hibridismo emerge quer da circunstância de se tratar de pessoas coletivas públicas que conjugam características próprias da Administração estadual indireta e da Administração autónoma, quer da associação entre entidades públicas e privadas.

São institutos públicos de natureza consorcial, isto é, caracterizados por manifestações associativas ao nível da organização e do funcionamento do instituto[25]. Podem ser:

    a. integralmente públicos;
    b. público-privados.

Os primeiros são institutos públicos consorciais[26] em que a vertente associativa congloba apenas entidades públicas. Os segundos são institutos públicos consorciais público-privados, em que a vertente associativa se baseia na participação de entidades públicas e privadas.

6.1. Institutos públicos de natureza consorcial integralmente públicos

Exemplo é o das Autoridades Metropolitanas dos Transportes (AMT) de Lisboa e do Porto, institutos consorciais de natureza integralmente pública, conforme a Lei nº 1/2009, de 5 de Janeiro. São pessoas coletivas públicas, dotadas de autonomia administrativa e financeira, a quem compete o exercício das funções de autoridades organizadoras de transportes no âmbito dos sistemas de transportes urbanos e locais das áreas metropolitanas de Lisboa e do Porto (art. 2º). A supervisão e o acompanhamento da atividade das AMT são exercidos conjuntamente pelo membro do Governo responsável pela área das finanças, pelo membro do Governo com a tutela dos transportes e pelo presidente da junta metropolitana da respetiva AMT (art. 12º), aqui residindo uma primeira manifestação da dimensão associativa. Outras manifestações são: a composição dos órgãos, designadamente

---

[25] Falamos de institutos públicos de natureza consorcial como quarta categoria de institutos públicos, a aditar aos serviços personalizados, fundações públicas e estabelecimentos públicos, na categorização proposta por FREITAS DO AMARAL, *Curso...*, p. 366 ss., retomada por NUNO SOUSA, *Noções...*, p. 192.

[26] Diferente, mas com alguns traços próximos, é o caso dos *institutos públicos com elementos corporacionais*, de que o principal exemplo são as universidades (sendo, porém, isso objeto de discussão). V. o resumo das várias posições doutrinárias em VITAL MOREIRA, *Administração autónoma...*, p. 367/8.

o conselho geral, o conselho executivo, com membros da administração central (maioritários) e membros da administração local (art.s 13º e 15º) e o conselho consultivo (art. 17º); e o financiamento baseado, em parte, em comparticipações, dotações e subsídios atribuídos pelo Orçamento do Estado, pela respetiva área metropolitana e pelos municípios dela integrantes, destinados a financiarem a estrutura orgânica da AMT (art. 21º, nº 2, a))[27].

6.2. Institutos públicos de natureza consorcial público-privados

Exemplo é o das entidades regionais de turismo que, de acordo com o Decreto--Lei nº 67/2008, de 10 de Abril, substituíram as regiões de turismo. As entidades regionais de turismo são pessoas coletivas de direito público, cujos estatutos são aprovados por portaria (v., por exemplo, Portaria nº 1039/2008 de 15 de Setembro, que aprova os estatutos da entidade regional de turismo do Norte – Turismo do Porto e Norte de Portugal), que integram (como membros da assembleia geral) os municípios da área da entidade, departamentos do Estado, bem como entidades públicas e entidades privadas com interesse na valorização turística da região da área regional de turismo[28].

[27] Sobre a evolução do regime das AMT, v. JOSÉ LUÍS ESQUÍVEL, in *Transportes em Revista*, nº 72, Fevereiro de 2009, descarregável em: http://www.transportesemrevista.com/Default.aspx?id=1610&language=pt-PT&tabid=210 Conforme lembra o autor, a figura já estava prevista na Lei de Bases do Sistema de Transportes Terrestres, aprovada pela Lei nº 10/90, de 17 de Março, denominada à data como "comissão metropolitana de transportes". Em 2003, foi feita uma primeira tentativa de instituição das AMT através do Decreto-Lei nº 268/2003, de 28 de Outubro. Este sofreu alterações por força do Decreto-Lei nº 232/2004, de 13 de Dezembro, mas as autoridades metropolitanas de transportes de Lisboa e do Porto não chegaram a operar plenamente. A Lei 1/2009 procura introduzir mecanismos que permitam uma convivência entre a administração central (pelo menos durante a fase de arranque efetivo), as autarquias locais, os operadores de transportes (públicos e privados) e os utilizadores do sistema, protagonizando um regresso às origens no que respeita à natureza jurídica das autoridades metropolitanas de transportes. Inicialmente, no quadro do DL 268/2003 as mesmas foram constituídas como "pessoas colectivas de direito público, dotadas de autonomia administrativa e financeira". Por sua vez, o DL 232/2004 alterou-lhes a natureza modificando-a para "entidades públicas empresariais" nos termos do Decreto-Lei nº 558/99, de 17 de Dezembro. A Lei 1/2009 vem devolver-lhes a natureza inicial de, ao prever no nº 1 do artigo 2º do diploma, que as "AMT são pessoas colectivas públicas, dotadas de autonomia administrativa e financeira e de património próprio" que atuam num quadro de devolução de poderes por parte do Estado e das autarquias locais em matéria de organização do sistema de transportes.

[28] FREITAS DO AMARAL, *Curso...*, p. 435, referindo-se às duas dezenas de regiões de turismo antes existentes, sustenta, porém, que as entidades privadas e algumas das públicas, embora participem no órgão deliberativo (agora, assembleia geral), não assumem o estatuto de associadas, uma vez que não participam no ato de criação da região de turismo e não contribuem para as receitas.

7. Entidades que são pessoas coletivas privadas criadas por ato público

O hibridismo consiste na circunstância de se tratar de pessoas coletivas criadas por ato de uma entidade pública, que exercem atividades de utilidade pública, mas são pessoas coletivas privadas, estão essencialmente sujeitas ao direito privado e não integram a Administração Pública, designadamente por o ato público de criação ser um ato concertado entre os reais instituidores/promotores e a entidade pública formalmente criadora, ou por ser produzido mediante solicitação daqueles, com vista, designadamente, a beneficiar automaticamente do estatuto de utilidade pública.

É o caso das *fundações privadas criadas por ato público*.

Trata-se de pessoas coletivas privadas, cujo substrato são fundos integral ou maioritariamente privados, mas que foram criadas por acto público, designadamente Decreto-Lei, que também aprova os respectivos estatutos. Dois exemplos: Fundação Calouste Gulbenkian e Fundação Aga Khan Portugal.

A primeira foi constituída através do Decreto-Lei nº 40690, de 18 de Julho de 1956. Conforme o Artigo 1º, "a Fundação Calouste Gulbenkian, criada por Calouste Sarkis Gulbenkian, em testamento datado de 18 de Junho de 1953, é uma instituição particular de utilidade pública geral, com sede em Lisboa, perpétua e dotada de personalidade jurídica, que se regerá pelos estatutos anexos ao presente diploma, e que dele fazem parte integrante, e, subsidiariamente, pela legislação portuguesa aplicável."

A segunda foi instituída em 1996, pelo Decreto-Lei nº 27/96, de 30 de Março[29], por tempo ilimitado, como pessoa coletiva de direito privado e utilidade pública. O Decreto-Lei aprovou os respetivos estatutos, cuja alteração só é eficaz depois de ratificada por decreto-lei. A Fundação está sujeita à fiscalização genérica do Estado e, na parte em que venha a facultar diretamente serviços ou prestações de assistência social, à ação orientadora do Estado nos termos previstos para as instituições particulares de solidariedade social. Fica adstrita aos deveres impostos às pessoas coletivas de utilidade pública. De acordo com o artigo 6º dos estatutos, o património é essencialmente constituído por dotações realizadas por Sua Alteza o Aga Khan[30].

---

[29] Sendo de alguma forma uma emanação ou autonomização da Fundação Aga Khan, constiuída ao abrigo do direito suíço, com sede em Genebra, que havia sido autorizada a iniciar a sua actividade em Portugal através do Decreto-Lei nº 130/83, de 16 de Março.

[30] Como antecedente do Decreto-Lei nº 27/96, de 30 de Março, veja-se o Parecer do Conselho Consultivo da Procuradoria Geral da República, votado em 27 de Abril de 1995 e homologado pelo Governo, publicado no *Diário da República*, nº 152, de 4 de Julho de 1995, acessível em http://www.dgsi.pt/pgrp.nsf/0/f91f96f8082a08e680256617004214ec?OpenDocument#_Section4

8. Entidades que embora integrem a Administração direta do Estado ou outra pessoa coletiva, têm autonomia significativa

O hibridismo neste caso reside na circunstância de se tratar de entidades públicas, sem personalidade jurídica, que integram a Administração direta do Estado, mas desfrutam de um grau de autonomia que as aproximam da Administração autónoma. Esta autonomia vai mais longe ou é qualitativamente mais profunda do que uma simples autonomia administrativa, como a que é conferida a certos serviços da Administração direta central do Estado[31]. Assim sucede, por exemplo, com os *serviços da administração central desconcentrada ou local do Estado com autonomia*.

Trata-se de serviços integrados na pessoa coletiva Estado, mas que gozam de significativo grau de autonomia em relação ao Governo[32]. Exemplos: os estabelecimentos públicos de educação pré-escolar e dos ensinos básico e secundário e as comissões de dissuasão da toxicodependência.

Sobre os primeiros, diz o Decreto-Lei nº 75/2008, de 22 de Abril, que são estabelecimentos públicos os agrupamentos de escolas e as escolas não agrupadas (artigo 2º, nº 2). Estão sob um regime de autonomia (que pode ser aprofundada através de contratos de autonomia, art. 56º e ss), definida como a faculdade de aqueles estabelecimentos tomarem decisões nos domínios da organização pedagógica, da organização curricular, da gestão dos recursos humanos, da ação social escolar e da gestão estratégica, patrimonial, administrativa e financeira, no quadro das funções, competências e recursos que lhe são atribuídos (art. 8º, nº 1). No contexto da autonomia organizacional é admitida "diversidade de soluções organizativas" (art. 4º, nº 2). Os instrumentos de autonomia estão previstos no art. 9º, nºs 1 e 2: designadamente, projeto educativo, planos e orçamento.

---

[31] Por exemplo, o Decreto Lei nº 274/2007, de 30 de Julho, define a Autoridade de Segurança Alimentar e Económica (ASAE) como um serviço central da administração direta do Estado dotado de autonomia administrativa. A esta autonomia administrativa do *serviço* acresce a autonomia técnica de que os *dirigentes do serviço e o pessoal de inspeção* gozam nos termos do artigo 10º, do Decreto-Lei nº 276/2007, de 31 de Julho. Sobre as dimensões da autonomia, pode ver-se VITAL MOREIRA, *Administração autónoma*..., p. 170 e ss: autonomia *jurídica*, autonomia *governativa* (ou auto-governo), *autodeterminação*, autonomia *estatutária*, autonomia *regulamentar*, autonomia *administrativa*, autonomia *disciplinar*, autonomia *jurisdicional*, autonomia *financeira*; JOSÉ EDUARDO FIGUEIREDO DIAS/ FERNANDA PAULA OLIVEIRA, *Noções Fundamentais*..., p. 76, decompõem a autonomia *financeira* em autonomia *patrimonial, orçamental*, de *tesouraria, creditícia, tributária* e especificam a autonomia de *orientação*, autonomia *organizacional* e a autonomia *estatutária*. A estas dimensões poderiam acrescentar-se outras, como a autonomia *pedagógica*, a autonomia *técnica* ou a autonomia *gestionária* de recursos humanos.

[32] FREITAS DO AMARAL, *Curso*..., p. 348, fala de Administração Central desconcentrada; nos mesmos termos, NUNO SOUSA, *Noções de Direito Administrativo*, Coimbra Editora, 2011, p. 192; mas parece que se aproxima antes de uma Administração local do Estado, com traços de autonomia, que a transformam em quase-institutos, faltando-lhes essencialmente o traço da personalidade jurídica.

Os estabelecimentos públicos de educação pré-escolar e dos ensinos básicos e secundário gozam de um certo nível de auto-governo[33], na medida em que dispõem de órgãos próprios – alguns deles compostos por representantes eleitos, como é o caso do conselho geral, que por seu turno elege o diretor –, mas não têm personalidade jurídica. São pois entidades da Administração direta do Estado, podendo discutir-se se são institutos públicos com incidência local sem personalidade jurídica, do género estabelecimento público, ou administração local integrada na Administração direta do Estado, mas com um regime de autonomia que os aproxima da Administração *autónoma*.

Sobre as comissões de dissuasão da toxicodependência, criadas pela Lei nº 30/2000, de 29 de Novembro e reguladas pelo Decreto-Lei nº 130-A/2001, de 23 de Abril (alterado pelo Decreto-Lei nº 114/2011, de 30 de Novembro), a lei nada diz sobre a sua natureza jurídica ou sobre o seu grau de autonomia em relação ao Governo. Todavia, analisando o respetivo estatuto concluímos que embora dependam (atualmente) do Instituto da Droga e da Toxicodependência (IDT) e do Governo no que se refere à criação de condições logísticas e técnicas de funcionamento (instalações, designação de técnicos, orçamento), dispõem de ampla margem de decisão no exercício das respetivas competências, sem qualquer interferência do Governo ou do IDT, ou sujeição a poder de direção ou outro. Em cada distrito do continente existe pelo menos uma (artigo 2º, nº 1, do Decreto-Lei nº 130-A/2001, de 23 de Abril), formada por três membros nomeados por vários membros do Governo, inamovíveis pelo período do mandato (3 anos, artigo 3º, nº 1 e artigo 7º, nºs 1 e 2 da Lei nº 30/2000, de 29 de Novembro). Às comissões compete a aplicação do regime jurídico da descriminalização do consumo de drogas, cabendo-lhe conduzir processos dissuasivos do consumo, através da aplicação de uma coima ou através da canalização para tratamento. Em certas circunstâncias, podem decidir não optar nem por uma coisa nem pela outra, suspendendo provisoriamente o processo. Qualquer uma destas decisões segue-se a uma tramitação quase-jurisdicionalizada. As decisões são objeto de recurso nos termos do regime geral do ilícito de mera ordenação social. A possibilidade de as comissões agirem com uma alto grau de autonomia decisória em relação ao Estado, gozando de um estatuto que se assemelha em alguns aspetos ao estatuto de alguns tribunais, permite qualificá-las como *Administração local do Estado com autonomia*.

---

[33] No caso, por imposição constitucional. V. artigo 77º, nº 1: "Os professores e alunos têm o direito de participar na gestão democrática das escolas, nos termos da lei".

9. Órgãos e serviços independentes destituídos de personalidade jurídica

Trata-se de entidades que integram a Administração independente. O seu hibridismo consiste na circunstância de não terem personalidade jurídica[34/35] e não estarem integrados em nenhuma pessoa coletiva administrativa – designadamente, não integram a pessoa coletiva Estado-administração –, mas desfrutarem de soluções normativas[36] que nos termos das teorias administrativas clássicas pressuporiam personalidade jurídica própria, como é o caso de um certo grau de autonomia administrativa e financeira, auto gestão e auto governo e até atributos que algumas pessoas coletivas públicas não têm, como a ausência de sujeição a qualquer relação jurídica de supervisão ou tutela[37].

Alguns têm direta consagração ou âncora constitucional. É tipicamente o caso do Provedor de Justiça (v. artigo 23º da CRP que, no nº 3, o caracteriza como órgão independente).

Outras derivam da execução de normas constitucionais ou do uso da faculdade que o artigo 267º, nº 3, da CRP, atribui ao legislador de criar entidades administrativas independentes. Também estas, terão frequentemente relação direta com a garantia do exercício de direitos, liberdades e garantias em condi-

---

[34] Naturalmente que há entidades administrativas independentes que são pessoas coletivas, isto é, dispõem de personalidade jurídica que suporta níveis de autonomia administrativa, financeira e até patrimonial mais consonante com o estatuto de independência. V. por exemplo a Entidade Reguladora da Saúde, regulada pelo Decreto-Lei nº 127/2009, de 27 de Maio, que a define como uma pessoa coletiva de direito público, dotada de autonomia administrativa e financeira e de património próprio, a quem está cometida a missão da regulação da atividade dos estabelecimentos prestadores de cuidados de saúde. Outros exemplos: o Banco de Portugal, a Comissão de Mercado dos Valores Mobiliários, a Autoridade da Concorrência, o Instituto de Seguros de Portugal, a Entidade Reguladora para a Comunicação Social (definida como entidade independente pela própria Constituição no artigo 39º, nº 1), a Entidade Reguladora dos Serviços Energéticos, a Autoridade Nacional das Comunicações (ANACOM), etc.

[35] Outras entidades caracterizadas por algum hibridismo resultante da ausência de personalidade jurídica, não obstante uma elevada autonomia de decisão, que leva o Direito da União Europeia a integrá-las nas *quase sociedades* (v. neste sentido o Regulamento (CE) nº 2223/96, do Conselho, de 25 de Junho de 1996), são os serviços municipalizados. Segundo informa o *Livro Branco do Sector Empresarial Local*, de Novembro de 2011, p. 114, existem atualmente 25 serviços municipalizados. Estas quase sociedades não têm personalidade jurídica, mas o seu comportamento económico e financeiro é diferente do dos seus proprietários e semelhante ao das sociedades. Não são entidades do sector empresarial local em sentido estrito, continuando a ser reguladas pelos artigos 164º e seguintes do "velho" Código Administrativo.

[36] Que VITAL MOREIRA, *Administração Autónoma...*, p. 274, designa de "sucedâneos da personalidade jurídica".

[37] Sublinhando justamente a possibilidade de certas entidades sem personalidade serem mais autónomas do que alguns organismos ou serviços personalizados, VITAL MOREIRA, *Administração Autónoma...*, p. 274-5.

ções de independência, não obstante poderem estar dependentes de decisões do legislador (por exemplo, sobre a sua continuidade), da Assembleia da República ou do Governo (sobre a sua composição) ou da Administração financeira (sobre o seu orçamento). Não prosseguem interesses próprios de uma colectividade delimitada – distanciando-se, por isso, da administração autónoma[38] –, mas sim interesses que lhes estão constitucional ou legalmente confiados. É o caso da Comissão de Acesso aos Documentos Administrativos, da Comissão Nacional de Protecção de Dados, do Conselho de Fiscalização do Sistema de Informações da República Portuguesa, da Comissão Nacional de Eleições, do Conselho de Fiscalização do Sistema Integrado de Informação Criminal ou da Comissão de Protecção às Vitimas de Crimes[39].

10. Órgãos que integram entidades públicas e privadas e têm personalidade jurídica

O hibridismo (ou, mais do que simples hibridismo, a absoluta heterodoxia jurídica...) reside nas circunstâncias de serem *órgãos*, a que a lei atribui *personalidade jurídica*, mas não autonomia financeira, e de terem uma composição que integra entidades públicas e privadas, estando sujeitos, aparentemente, a tutela ou a superintendência do Governo ou até sob a sua dependência.

Exemplos, são a Comissão para a Igualdade no Trabalho e no Emprego (CITE) e o Centro das Relações Laborais (cfr. por último, a orgânica do Ministério da Economia e do Emprego, Decreto-Lei nº 126-C/2011, de 29 de Dezembro, artigos 34º e 37º).

A CITE é um *órgão* colegial tripartido, dotado de autonomia administrativa e *personalidade jurídica* (art. 34º, nº 2, do Decreto-Lei nº 126-C/2011). Segundo o sítio oficial da própria entidade[40], a CITE é o "mecanismo nacional de igualdade entre homens e mulheres no trabalho e no emprego, sob a tutela do Ministério da Economia e do Emprego, com supervisão, em articulação, do Ministro da Solidariedade e da Segurança Social e com o membro responsável pela área da igualdade de género, de composição tripartida – 4 representantes do Estado, 4 representantes sindicais (CGTP-IN e UGT) e 4 representantes patronais (CCP, CIP, CAP e CTP)".

---

[38] O prosseguimento de interesses públicos próprios ou específicos de uma certa colectividade é um dos elementos constitutivos da administração autónoma. V. por todos VITAL MOREIRA, *Administração autónoma...*, p. 78 e ss.

[39] Sobre algumas destas e outras entidades administrativas independentes, embora a carecer de alguma atualização, José Lucas Cardoso, *Autoridades Administrativas Independentes* ...

[40] V. em http://www.cite.gov.pt/pt/acite/quemsomos.html

A CRL, criada pelo citado Decreto-Lei nº 126-C/2011 (artigo 40º, nº 2, a)), é, nos termos do artigo 37º, nº 2, um órgão colegial *tripartido*, dotado de *autonomia administrativa* e *personalidade jurídica* que funciona sob a *dependência* do Ministério da Economia e do Emprego.

11. Agrupamentos sem personalidade jurídica que associam pessoas coletivas públicas e pessoas privadas

Neste número cabem as parcerias público-privadas.

Em sentido amplo, a noção de parceria público-privada refere-se a uma qualquer forma de *cooperação* entre atores públicos a atores privados para a realização de alguns fins, formalizada ou não[41]. De modo mais circunscrito, de acordo com o Decreto-Lei nº 86/2003, de 26 de Abril, alterado pelo Decreto-Lei nº 141/2006, de 27 de Julho, parceria público-privada consiste no *contrato ou na união de contratos*, por via dos quais entidades privadas, designadas por parceiros privados, se obrigam, *de forma duradoura*, perante um parceiro público, a assegurar o desenvolvimento de uma atividade tendente à satisfação de uma necessidade coletiva, e em que o financiamento e a responsabilidade pelo investimento e pela exploração incumbem, no todo ou em parte, ao parceiro privado (artigo 2º, nº 1).

As parcerias público-privadas não originam uma entidade, pública ou privada, distinta dos parceiros, mas configuram uma *associação* sem personalidade jurídica entre entidades públicas e privadas que, por vezes, obriga à constituição de órgãos que, sem perderem a sua vinculação ao Estado, têm uma conexão umbilical com a parceria: caso típico é o da comissão de negociação dos artigos 14º, nº 2 e 14º-A do Decreto-Lei nº 141/2006, a qual é designada para o estudo e preparação de uma alteração dos termos e condições de um contrato de parceria já celebrado. A comissão de negociação representa o parceiro público nas negociações que venham a ocorrer com o parceiro privado.

Conclusão

O fenómeno do crescente recurso ao hibridismo, com frequentes descontinuidades da lógica "*atividade pública implica personalidade jurídico-pública, que implica regime de direito público, que implica criação e controlo públicos*", gera um quadro altamente complexo, de múltiplas situações resultantes de inúmeros cruzamentos do que agora são consideradas meras variáveis e não dados adquiridos na organização administrativa. Isso ofusca a transparência no exercício de atividades administrativas, compromete a linearidade dos regimes aplicáveis, com consequências ao nível da segurança e da certeza jurídicas, perturba a "leitura" que

---

[41] V. Pedro Gonçalves, *Entidades privadas com poderes públicos...*, p. 328.

os cidadãos fazem das relações que travam com a Administração Pública, dificulta a responsabilização (política) do poder democrático. Tudo isto aconselha que se pondere uma solução que, não pondo em causa a pertinência de alguns instrumentos e mecanismos de flexibilização da atividade das entidades públicas, uniformize o grosso dos aspetos procedimentais, estatutários, organizativos, relacionais[42] e, eventualmente, até alguns com implicação processual[43], através de um novo Código Administrativo que seja um verdadeiro código das entidades públicas ou, para adotar terminologia cara ao direito europeu, dos organismos públicos. Em abono da verdade, a produção desse código seria apenas a modalidade ordenada, sistematizada e coerente, de uma certa "contra revolução" que já começou a reagir ao hibridismo, através de respostas normativas desconexas e casuísticas[44], que rodeiam de normas de direito administrativo certas "fugas para o direito privado" nas fundações, nas associações, no sector empresarial do Estado e local e em domínios como o da contratação pública.

S. Pedro de Sintra, Janeiro de 2012

---

[42] E que, de certo modo, confirme e aprofunde as vinculações jurídico-públicas a que essas entidades estão sujeitas, independentemente da sua natureza e regime jurídicos, como é o caso dos princípios fundamentais de direito administrativo e a vinculação aos direitos, liberdades e garantias em termos diferentes daqueles que se aplicam aos cidadãos e às pessoas coletivas privadas *tout court*. Cfr., frisando estas vinculações, MARCELO REBELO DE SOUSA/ANDRÉ SALGADO DE MATOS, *Direito...*, p. 50.

[43] Por exemplo, quando o artigo 37º do CPTA, sobre o objeto da acção administrativa comum, alude em diversas alíneas do nº 2 a "Administração", a "pessoas coletivas", "entidades administrativas", "autoridades competentes", deve assumir-se que essas noções abrangem as entidades híbridas estudadas neste texto, designadamente as entidades de direito privado integrantes da Administração Pública? Se sim, todas ou apenas algumas, e quais? Se não, porquê? Será essa a solução adequada *de jure condendo*?

[44] A mais recente manifestação é a Lei nº 1/2012, de 3 de Janeiro, antes referida, publicada justamente no momento em que concluímos o presente escrito.

AUTORES

Ana Neves
Ana Soares Pinto
António Menezes Cordeiro
Carla Amado Gomes
Catarina Santos Botelho
Cláudia Trindade
Dário Moura Vicente
Eduardo Paz Ferreira
Ana Perestrelo
Eduardo Vera-Cruz Pinto
Fausto Quadros
Fernando Conde Monteiro
Gonçalo Coelho
Helena Gaspar Martinho
João Valbom Baptista
Jorge Miranda
Jorge Morais Carvalho
José Engracia Antunes
José Luís Bonifácio Ramos

Leonor Xavier
Lúcio Tomé Féteira
Luís Barbosa Rodrigues
Madalena Perestrelo Oliveira
Maria João Matias Fernandes
Maria João Palma
Marta Caldas
Marta Temido
Miguel Moura e Silva
Nuno Manuel Pinto Oliveira
Paulo de Barros Carvalho
Paulo de Pitta e Cunha
Pedro Melo
Pedro Mota Infante
Raquel Carvalho
Sofia Oliveira Pais
Tiago Serrão
Vitalino Canas

ÍNDICE

ANA NEVES
O regime de pessoal e a mobilidade nas empresas municipais   7

ANA SOARES PINTO
A aplicação da tramitação prejudicial urgente no espaço de liberdade, segurança e justiça pelo Tribunal de Justiça: um primeiro balanço   39

ANTÓNIO MENEZES CORDEIRO
"Normas corporativas" e diplomas privados como fontes do Direito   67

CARLA AMADO GOMES
Catástrofes naturais e acidentes industriais graves na União Europeia: a prevenção à prova nas directivas Seveso   89

CATARINA SANTOS BOTELHO
O Tribunal de Estrasburgo, o Tribunal de Justiça da União Europeia e os Tribunais Constitucionais nacionais: perigo de um "Triângulo das Bermudas"? – A Complexa Interacção Multinível Entre as Instâncias Jurisdicionais de Protecção dos Direitos Fundamentais   119

CLÁUDIA TRINDADE
Prova, justificação e convicção racional – A propósito do conceito de verdade proposicional no processo decisório jurisprudencial   149

DÁRIO MOURA VICENTE
A Informação como Objeto de Direitos   187

EDUARDO PAZ FERREIRA E ANA PERESTRELO
A (i)legitimidade da criação ou participação em sociedades comerciais por associações de empregadores: consequências jurídicas   203

EDUARDO VERA-CRUZ PINTO
A luta pela Universidade nos Estatutos da Faculdade de Direito de Lisboa:
a autonomia como elemento comum estruturante das normas estatutárias 219

FAUSTO QUADROS
Vária – A minha homenagem a Alberto Xavier 241

FERNANDO CONDE MONTEIRO
A pena de morte no âmbito do sistema jurídico-penal – reflexões críticas 243

GONÇALO COELHO
Abuse of Dominance by Undertakings with Exclusive Rights 259

HELENA GASPAR MARTINHO
O direito à não auto-incriminação no Direito da Concorrência – O diálogo
jurisprudencial e o silêncio do arguido 271

JOÃO VALBOM BAPTISTA
Grupos societários de facto: da confiança como fundamento
da responsabilidade das sociedades dominantes perante credores
das sociedades dependentes 303

JORGE MIRANDA
As Constituições dos países de língua portuguesa 337

JORGE MORAIS CARVALHO
A ordem pública como limite à autonomia privada 351

JOSÉ ENGRACIA ANTUNES
Os Grupos Societários no Direito da Concorrência 379

JOSÉ LUÍS BONIFÁCIO RAMOS
O artigo 5.º do Código de Registo Predial e a Compra e Venda Imobiliária 411

LEONOR XAVIER
Vária – Homenagem ao Professor Alberto Xavier 439

LÚCIO TOMÉ FÉTEIRA
Regulação para a Concorrência: uma proposta de re-leitura
dos "Subsídios para uma Lei de Defesa da Concorrência" 441

LUÍS BARBOSA RODRIGUES
Partidos políticos e indirizzo politico 463

MADALENA PERESTRELO OLIVEIRA
Delitos ambientais cumulativos: direito penal preventivo? 473

MARIA JOÃO MATIAS FERNANDES
The law applicable to proprietary issues in respect of the cross-border
holding, transfer and collateralization of intermediated securities   491

MARIA JOÃO PALMA
Portugal e a ratificação da Convenção de Viena de 1980 sobre a Compra
e Venda Internacional de Mercadorias   501

MARTA CALDAS
The "F" word (O Príncipio)   519

MARTA TEMIDO
Combinação de papéis profissionais de médicos e de enfermeiros
em Portugal – limites normativos a uma revisão   539

MIGUEL MOURA E SILVA
Os Fundamentos do Direito da Concorrência na Jurisprudência
do Tribunal de Comércio – Breves Notas   563

NUNO MANUEL PINTO OLIVEIRA
Cláusulas abusivas em contratos com os consumidores.
A directiva 1993/13/CE, de 5 de Abril de 1993, e a jurisprudência
do Tribunal de Justiça   581

PAULO DE BARROS CARVALHO
Entre a forma e o conteúdo na desconstituição dos negócios
jurídicos simulados   611

PAULO DE PITTA E CUNHA
Em torno do Tratado Europeu sobre a disciplina orçamental   635

PEDRO MELO
Algumas reflexões sobre a força maior nos contratos administrativos
de concessão de obras públicas   641

PEDRO MOTA INFANTE
Quão Seguro é Suficientemente Seguro? A Organização Mundial
do Comércio e o Princípio da Precaução   657

RAQUEL CARVALHO
A informação administrativa vinculativa. Em direito do urbanismo,
direito do ambiente e direito fiscal   699

SOFIA OLIVEIRA PAIS
Apreciação substantiva das operações de concentração
no direito português – revisitar a questão   723

TIAGO SERRÃO
O Conceito de Justiça: Perspectiva Clássica e Moderna   739

VITALINO CANAS
Uma missão para um novo Código Administrativo   763